中华全国律师协会
ALL CHINA LAWYERS ASSOCIATION

LAWYER

全国律师执业基础培训指定教材

律师执业基本技能

下

LAWYER

第四版

中华全国律师协会　编

北京大学出版社
PEKING UNIVERSITY PRESS

重印说明

自 2020 年以来，全国人民代表大会及其常委会的法律、最高人民法院的司法解释、中华全国律师协会的行业管理制度等相继出台、更新，特别是 2020 年《中华人民共和国民法典》的颁布以及《中华人民共和国刑法修正案（十一）》的出台，使我国民事及刑事法律环境发生了很大的变化。为使本套教材内容能够与新颁布的法律、法规、司法解释等同步，充分吸收司法实践中的有益经验，我们特邀请各章的作者对教材相关内容进行了针对性的修改、完善，并重印出版。

实习律师集中培训指定教材编委会

2022 年 3 月

第四版修订说明

本套教材自2007年面世,已经进行了三次修订。

自2013年以来,全国人民代表大会及其常务委员会、最高人民法院、中华全国律师协会都有重要法律、司法解释及行业管理规章制度相继出台,为使本套教材能够跟上国家的立法精神,同时充分吸收司法实践中的有益经验,几年来,我们收集和了解了各方面对本套教材的意见与建议,并经过大量走访、调研,针对各地律师协会及学员提出的比较集中的问题,结合新出台的法律、司法解释及关于律师执业管理方面的规章制度,在中华全国律师协会的统一安排部署下,从2017年3月开始,邀请本套教材的作者,启动了教材的第四次修订工作。

此次修订基本情况如下:

《律师执业基本技能》(上):第一编"刑事诉讼业务基本技能",主要根据2017年9月中华全国律师协会通过的《律师办理刑事案件规范》、2018年10月通过的全国人民代表大会常务委员会《关于修改〈中华人民共和国刑事诉讼法〉的决定》进行了修订;第二编"民事诉讼业务基本技能",根据2015年2月4日最高人民法院发布的《关于适用〈中华人民共和国民事诉讼法〉的解释》以及2018年10月通过的全国人民代表大会常务委员会《关于修改〈中华人民共和国公司法〉的决定》进行了修订;第三编"行政诉讼业务基本技能",根据2018年2月通过的最高人民法院《关于适用〈中华人民共和国行政诉讼法〉的解释》进行了修订;第四编"仲裁业务基本技能"进行了部分修订。

《律师执业基本技能》(下):第六编"合同法律业务基本技能"、第七编"公司法律业务基本技能"、第八编"知识产权法律业务基本技能"、第九编"房地产法律业务基本技能"、第十编"劳动法律业务基本技能"进行了全部修订;新增第十一编"婚姻法律业务基本技能";第五编"法律咨询、顾问业务基本技能"进行了部分修订。

律师职业伦理是贯穿于律师执业过程始终的,为此我们将中华全国律师协会编写的律师培训教材《律师职业伦理》纳入实习律师集中培训指定教材之中。教材撰写人员及分工如下:

《律师职业伦理》:许身健(第一章)、陈虎(第三、四、六、八章)、袁钢(第二章)、刘育昌(第五、七、九、十、十一、十二章)。

《律师执业基本技能》(上):徐平(第一编);郭振忠、陈浮(第二编);吕立秋(第三编);杨学芳(第四编)。

《律师执业基本技能》(下):杨学芳(第五编);吴江水(第六编);龚志忠(第七编);庞正忠、王进(第八编);张学兵(第九编);姜俊禄(第十编);贾明军(第十一编)。

实习律师集中培训指定教材编委会

2019年5月

第三版修订说明

近年来,我国立法及司法实践有很大的发展,法治建设也在向着更完善、更健全的目标迈进。2012年《刑事诉讼法》《民事诉讼法》的修正,为拓展律师业务领域和促进形成良好的律师执业环境创造了有利条件。《律师法》《律师和律师事务所违法行为处罚办法》《律师事务所管理办法》《律师执业行为规范》等律师执业管理方面的法律、法规、规章及行业规范的陆续制定和修订,也对律师执业提出了新的要求。同时,自本套教材面世以来,我们进行了大量的走访和调查,收集和了解了各方面对本套教材的意见与建议。针对各地律师协会及学员提出的比较集中的问题,结合新出台的关于律师执业管理方面的法律、法规,同时充分吸收司法实践中的有益经验,在中华全国律师协会的统一安排部署下,我们邀请本套教材的作者,启动了教材的修订工作,以使本套教材能够跟上国家的立法精神。

此次修订所涉及的法律、法规、规章及行业规范主要包括:2012年修正的《刑事诉讼法》《民事诉讼法》,2007年修订、2012年修正的《律师法》,2009年修订的《律师执业行为规范》,2010年制定的《律师事务所年度检查考核办法》和《律师和律师事务所违法行为处罚办法》,2012年修正的《律师事务所管理办法》,2010年修正的《中华人民共和国著作权法》,2012年制定的《律师事务所从事商标代理业务管理办法》,2012年修订的《闲置土地处置办法》,2010年通过的《中华人民共和国社会保险法》,2010年修订的《工伤保险条例》,2011年修正的《中华人民共和国职业病防治法》,2012年制定的《女职工劳动保护特别规定》等。根据前述法律、法规,本套教材对相关内容均进行了较大幅度的修订,如《律师职业道德与执业基本规范》及《律师执业基本技能》(上)中的"刑事诉讼业务基本技能"编、"民事诉讼业务基本技能"编及"仲裁业务基本技能"编和《律师执业基本技能》(下)中的"公司业务基本技能"编、"知识产权业务基本技能"编、"房地产业务基本技能"编及"劳动法业务基本技能"编等。此外,本次修订还充分汲取了2012年《商标法修订草案》《专利法修订草案》及《著作权法修订草案》第三稿的立法精神,并对本套教材文字和体例作了进一步完善。

作为实习律师集中培训指定教材,本套教材包括三部分,撰写人员及分工如下:

第一部分,《律师职业道德与执业基本规范》:李本森(第一、二、三、四、五、七章,第十一章第一、二、三节);袁钢(第六章);许身健(第八、九、十章);张远毅(第十一章第四节)。

第二部分,《律师执业基本素养》:柳宪章。

第三部分,《律师执业基本技能》(上、下):钱列阳、徐平(第一编);吕立秋(第二编);郭振忠、陈浮(第三编);杨学芳(第四、五编);吴江水(第六编);龚志忠(第七编);庞正忠、王进(第八编);张学兵(第九编);姜俊禄(第十编)。

由于时间仓促,书中难免有一些错误及不足之处,还望广大学员提出宝贵意见与建议。

本次教材修订依据的法律、法规截止时间为2012年12月31日。

实习律师集中培训指定教材编委会

2013年3月

第二版修订说明

为贯彻实施《中华人民共和国律师法》关于律师协会组织管理申请律师执业人员实习活动的规定，中华全国律师协会于2007年上半年组织编写了全国律师执业基础培训指定教材，中国律师界首次拥有了由自己为整个行业量身定做的、系统介绍律师执业技能、执业素养、执业规范的全国统一教材。

本套教材的出版发行，对规范律师执业行为、提高律师执业水平起到了巨大的推动作用。它既是整个律师行业基础教育各自为政的结束，也为中国律师行业今后建立统一的执业标准打下坚实基础，不仅有着广泛的现实意义，而且有着深远的历史意义。

《律师职业道德与执业基本规范》《律师执业基本素养》《律师执业基本技能》(上、下)一经出版发行即在同行中深受好评。参加集中培训的广大实习律师以及翻阅过本套教材的资深律师普遍认为，本套教材内容丰富、针对性强，扭转了当前执业培训只讲法律不讲技能、只知法理不知操作的局面；不仅是新律师职前培训的必选教材，也是律师执业过程中极具实用价值的参考资料，许多技能可以直接用于执业实践。目前除了个别地区外，全国已有28个省、自治区、直辖市的律师协会采用本套教材作为律师执业基础培训的标准教材，其权威性、实用性得到了广泛的认可。

由于法律环境总是处于不断的发展变化之中，本套教材中的某些内容需要通过修订来适应现行的法律环境。为此，在中华全国律师协会的统一组织下，本套教材的编委会重新组织作者针对以往的版本进行了修订，主要是根据2007年1月1日起至2009年3月31日止的法律规范和司法解释的更新情况，对教材内容进行有针对性的修改和补充，同时综合两年来的变化情况，更新了部分数据等相关内容，针对第一版中存在的缺陷并根据各地律师协会的反馈、律师业务的发展及需求，补正、调整、充实了相关内容。

由于编写执业培训统一教材是中华全国律师协会历史上的第一次，许多模式需要探索，许多经验需要积累。在此谨向大力支持本套教材编撰、发行的社会各界人士表示衷心的感谢，同时也向对本套教材的改进、提高提出宝贵意见的各界人士深表谢意，并诚挚欢迎社会各界继续对本套教材提出宝贵意见，我们将通过不懈努力不断对本套教材予以完善并推向新的高度。

实习律师集中培训指定教材编委会

2009年7月1日

编写说明

如何成为合格的律师？如何成为优秀的律师？这不仅是初出茅庐的实习律师们迫切想知道的，也是律师行业管理所孜孜以求的。今天的实习律师代表着明天的整个律师行业。如何提高律师行业的执业水准，如何提升律师行业的整体素质，是关系到律师行业持续、稳定、健康发展的首要命题。

司法部将申请律师执业人员的实习管理工作移交给中华全国律师协会之后，中华全国律师协会六届三次常务理事会审议通过了《申请律师执业人员实习管理规则(试行)》，并于2007年3月1日起开始施行。根据该规则的规定，申请律师执业人员在为期一年的实习过程中，必须参加一个月的集中培训，并按照中华全国律师协会制定的培训大纲的要求，系统学习由中华全国律师协会统一编写的集中培训教材，学习掌握律师执业基本规范、基本素养和基本技能。编写这套教材成为做好集中培训工作的关键。为完成这一使命，在中华全国律师协会律师教育委员会的主持下，一批执业经验丰富、业务专长突出、热心律师教育事业、理论及实务均有建树的律师共同参加了培训教材的编撰工作。

本套教材的编撰，是中华全国律师协会的一次历史性尝试，是中国律师为适应中国政治、经济、社会的飞速发展，从律师执业的基本素质及基本技能着手，组织行业力量、发挥集体智慧，开始系统地构筑符合律师行业发展规律的规则体系、教育体系和文化体系的标志。本套教材的主要特点有：

第一，面向实习律师，普及“应知应会”。本套教材读者范围定位于已取得法律职业资格并申请成为执业律师的实习人员，内容不再重复法学理论、基本概念和基础知识，而是立足于律师行业的基本规范、基本素养和基本技能。

第二，理论联系实际，突出操作技能。《律师执业基本素养》及《律师执业基本技能》(上、下)是各领域经验丰富的资深律师对执业理念、专业思维和执业技能的总结，内容突出实用性，覆盖了律师实际工作中的基本领域。本套教材完全有别于传统的教材和学术论著，创立了律师职业教育的基本体例和风格。

第三，结合执业需求，力求基础牢固。为帮助实习律师将理论知识转化为执业能力，本套教材强调律师执业经验，并注意结合实例，其中《律师执业基本技能》(上、下)的一些编、章中还分别设有概述和提示，以便于实习律师理解和掌握其中的要点。

第四，观点反复推敲，提法客观中立。作为中华全国律师协会首次组织编写的教材，本套教材力求做到分类科学、体例完整、内容严谨,无论是对学理和法律规范的引用,还是阐述观点、开示范例,均遵循客观中立的主旨。

作为实习律师集中培训指定教材,本套教材包括三部分,撰写人员及分工如下:

第一部分,《律师职业道德与执业基本规范》:李本森(第一、二、三、四、五、六章,第十章第一、二、三节);许身健(第七、八、九章);张远毅(第十章第四节)。

第二部分,《律师执业基本素养》:柳宪章。

第三部分,《律师执业基本技能》(上、下):钱列阳、徐平(第一编);吕立秋(第二编);郭振忠、陈浮(第三编);杨学芳(第四、五编);吴江水(第六编);龚志忠(第七编);庞正忠、王进(第八编);张学兵(第九编);姜俊禄(第十编)。

为了保证教材的质量,编委会多次召开会议,在体例、风格、内容、语言等方面进行了多次的修改和调整,诸位编委付出大量的时间和精力,终于成就本书。同时,任继圣、高宗泽、江平、陈光中、贺卫方等专家对本套教材及时进行审定,为本套教材的修改定稿提供了大量的帮助。此外,在本套教材的编撰过程中,戈宇、刘桂林、周俊武、胡凌、邓念燕、陈岳琴、陈奇明等律师提供了无私的支持,在此一并表示感谢。

由于编撰计划的原因,本套教材所依据的法律规范截止于2006年12月31日,在此提请读者注意。

作为中国律师职业教育的第一套标准教材,本套教材或许在不同方面和不同程度上存在一定的缺憾。我们欢迎读者提出宝贵的建议和意见,在此基础上适时对教材进行修订,以便更好地满足读者的需求。

本套教材既可以作为实习律师的培训教材,也可以作为律师执业的参考资料,故又称"全国律师执业基础培训指定教材"。不过,律师的成长需要持之以恒的自我约束和勤勉尽责,以及用心钻研和不断总结提高,本套教材所介绍的经验及工作方法只作参考,不可生搬硬套。此外,本套教材仅为基础性的教材及参考,不能作为评判律师业务水平及工作责任的依据。

实习律师集中培训指定教材编委会

2007年3月

目　录

第十一编　婚姻法律业务基本技能

第五编　法律咨询、顾问业务基本技能

第一章　法律咨询

本章提示

咨询有广义和狭义之分。广义的咨询范围很广，整个律师行业都属于咨询业。本章所讲的咨询是狭义的，仅指作为律师传统业务的咨询。当然，律师的各专项服务中也都包括咨询，如房地产业务、公司业务、知识产权业务、刑事业务等。本章所讲的法律咨询仅指正式签订委托代理合同之外的咨询业务，是指律师就国家机关、事业单位、企业、社会团体和其他经济组织或者公民个人提出的有关法律事务问题，以口头或者书面的形式作出解释或说明，提出建议和提供解决方案的一项业务活动。

咨询可分为现场口头咨询和当事人提供案件材料给律师的书面咨询。从是否收费的角度划分，还可分为正式的收费咨询和非正式的不收费的仅供参考的咨询。

在律师事务所的日常业务活动中，客户会提出各种各样的法律问题请求律师给予解答。如，公司招聘职工，劳动合同怎么签订？公司的购销合同有没有问题？遗产如何分配？货款被诈骗后怎么办？公司的大股东侵害小股东的权益怎么办？等等。客户请求律师解答各种各样的法律问题，目的是为了应付未来可能发生的法律问题，维护自身的合法权益。律师作为法律方面的专家，应通过提供咨询建议，指导客户采取作为和不作为的方式，最大限度地维护自身的合法权益。

解答法律咨询对律师有很高的要求，因为律师的建议往往对当事人具有直接的指导作用，影响到当事人的直接利益。因此律师在提供法律咨询服务时应慎重对待，最大限度地掌握证据材料，依法提出咨询意见供客户参考，并对其中的重大、不确定事项向客户进行风险提示。

作为律师的一项经常性的工作，解答法律咨询所涉及的问题专业性较强。律师通过对当事人提出的各种各样的法律问题给予正确的解释和回答，能够发挥如下的重要作用：

(1) 法律宣传。律师通过解答咨询告诉当事人什么是合法的，什么是非法的；怎样处理纠纷是正确的，怎样做是不正确的，法律依据是什么。从而可以最直接、最有针对性地起到宣传法律、法规和政策的作用。

(2) 平抑诉讼。律师通过解答法律咨询，可以帮助当事人提高认识，正确对待和处理矛盾、纠纷，把纠纷消灭在萌芽状态，防止纠纷扩大化，减少诉讼。

(3) 沟通情况。律师通过咨询，可以掌握社会动态，了解群众亟待解决的问题，从而起到联系群众、及时与有关机关沟通情况的作用。

(4) 提高水平。解答法律咨询，要接触各种各样复杂的法律问题，碰到许多新问题、新情况，这会促使律师加强学习和研究，进而起到提高律师业务水平的作用。

总之，解答法律咨询，是一项群众性、政治性和业务性要求都很高的法律服务工作，其服务质量的高低，集中反映着律师的业务水平和解决实际问题的能力，直接影响着当事人的切身利益。因此，解答法律咨询不仅要求律师必须具有丰富的法律知识、政策水平、社会经验和判断能力，而且要求律师必须具有认真细致的工作作风和很强的责任心。如果不重视此项工作，不仅不会起到上述作用，而且还有可能出现不该出现的错误，造成不应有的损失。所以，每个律师对解答法律询问都应予以足够的重视。

在内容安排上，本章首先介绍律师解答法律咨询的基本环节，然后逐一介绍常见问题的咨询与答复，如关于法律条文理解方面的咨询、关于诉讼常识方面的咨询等，最后对解答法律咨询应注意的问题进行比较详细的介绍。

第一节 基本环节

目前,由于我国电讯业、互联网、物联网的飞速发展,律师进行法律咨询的方式多种多样。其中主要的方式有电话解答、网络沟通、所内面谈咨询、公共场所咨询等,其中以电话咨询为最多。不同的咨询方式有不同的特点,律师应根据不同方式采取不同策略。但是,不管律师采取上述何种方式解答法律咨询,就整个工作程序来说,律师进行法律咨询一般可以分为六个步骤,即一记、二听、三看、四问、五析、六答。下面就这六个步骤,谈谈具体做好此项工作的方法。

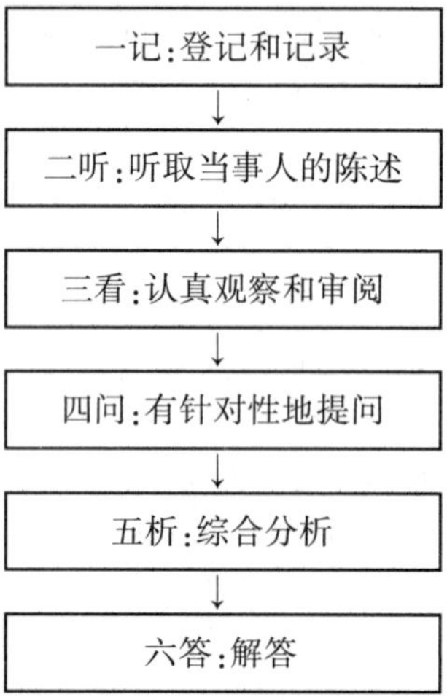

法律咨询的步骤图

一、登记和记录

登记和记录包括两层意思:

1. 登记

登记需填写法律询问登记表。律师在解答法律咨询时,要了解当事人的情况,如姓名、性别、年龄、民族、职业、工作单位、住址、电话号码等;了解和登记当事人的文化程度。在了解了这些基本情况并填入表格后,有针对性地询问当事人的基本信息。根据询问的情况,当即能够解答的,就当即解答并把情况填入表内;如果当即不能解答,可约定时间解答或以打电话、写信或出具法律意见书等方式解答,并按规定收费。

2. 记录

对咨询中遇到的主要问题及情况加以记录,以便解答咨询之需。有时候当事人咨询的问题比较复杂,在记录过程中要注意详略得当,将案件的主要事实、主要问题和主要证据记录清楚,对一些细枝末节的内容,则可酌情省略。

对有些重大问题或案件的咨询,如果当事人拒绝公开身份、不同意登记的,律师可以不解答。

二、听取当事人的陈述

听取当事人的陈述是解答法律咨询的前提和基础。律师解答法律咨询,对于当事人的陈述,必须认真倾听,这样才能掌握情况,有的放矢。在听取当事人的陈述时应注意做到:

(1)听完事情的全过程,弄清来龙去脉。即便是杂乱无章、冗长的叙述也要耐心听完。否则,易从片面情况出发,引出不切合实际的结论,造成错误。

(2)对于问题的细节或关键情节要听真切,可以作必要的记录,绝不能含混或疏漏。

(3)要听准问题的关键和实质所在,即抓住问题的实质和争议的焦点。在听的过程中,既要了解事实的全貌,又要注意其中的主要情节,弄清咨询问题的实质,为解答问题、提供方案打好基础。

三、认真观察和审阅

该步骤包括两层意思:一是要查看当事人提供的证据与其叙述有无关联,即当事人的叙述有无根据;二是观察当事人的精神状态、情绪反应、感情变化等,目的在于弄清其真实意图。在观察当事人的精神状态时,力求避免表面化和片面性,不能看到来访者悲伤落泪便断定他"确实有理",对于一时感情过激者要善于稳定他们的情绪,透过现象看本质,找出问题的症结所在,为正确地提供咨询服务创造条件。

四、有针对性地提问

律师在听取当事人叙述的过程中,除认真观察叙述者的表情和审阅相关资料之外,还要针对发现的问题及时提问,使当事人省去那些不必要的或重复的叙述,并使其叙述所涉及的事实尽快明确起来,为分析、回答咨询提供条件。提问的方式,应根据不同的对象、不同的问题而各不相同。律师可以根据具体情况使用不同的提问方式,通过提问的引导作用达到询问的目的。

谈心式的提问,适用于当事人心存顾虑、欲言又止的情况。这种方式易使当事人及时建立起对律师的信任感,引导当事人讲出真实思想和事实真相。

探讨式的提问,适用于一些重大疑难问题,或者司法实践中出现的新问题、新情况。通过提问引导当事人提高认识,找出解决矛盾的办法。

发问式的提问,适用于当事人不知如何说明或一时难以说明的情况。通过提问引导当事人讲清矛盾点,回忆某些重要过程和重要情节,从模糊不清的问题中抓住矛盾和争议的焦点。

五、综合分析

在采取了上述步骤之后,律师对当事人咨询的问题有了一定程度的了解,并收集和记录了关键性的证据和材料。在此基础上,律师对于当事人陈述的内容从法律和政策的角度,进行综合分析,判断问题的性质,确定正确的法律依据和处理办法。

对于比较复杂的问题,要进行综合分析,明确总体性质是什么,然后进行具体事件的分析,以便有针对性地提出法律意见和最佳处理方案。对于当事人提出的问题,首先要从总的方面分类,然后再具体弄清纠纷的性质,只有这样,才能找准具体的法律依据,提出切实可行的解决方法和途径。

在解答法律咨询时,分析是很重要的一环,必须非常重视。在具体分析过程中,律师对于界限不清、自己不了解的问题,要查阅法律、法规,相关政策、文件,或向有关机关和同事进行请教,不能凭着记忆或想象作出判断;对政策、法律没有规定、不太明确的问题,要向当事人作出说明。

六、解答

该步骤就是针对当事人所询问的问题,在分析判断之后,进行回答。除一时不能回答的问题需要另约定时间回答之外,一般都要当即回答。回答问题总的要求是实事求是,符合法律、法规,提出的方案具体可行,讲出的道理明确易懂。具体要做到:

①解答问题一定要有的放矢,针对当事人提出的问题作答,不能答非所问。例如,当事人咨询逃税罪会受到什么样处罚,律师不能一上来就先讲犯罪构成理论,而是要针对逃税的具体情况具

体分析,有针对性地解答当事人最关心的问题。

②解答问题一定要以法律、法规为依据,不能不懂装懂,随声附和,更不能有意规避法律,提供不合法意见。

③解答法律咨询,内容一定要具体,作出的结论和提供的解决问题的方法都必须具体和可行。不能以不切实际的、空洞的理论去回答。

④解答法律咨询,语言一定要通俗,深入浅出。不能只用法言法语回答而不作相应解释,使当事人听后似是而非、糊里糊涂,更不能用教训人的口吻去说教。

⑤对于明显不符合法律规定的不合理要求,要耐心地做宣传工作,使之心悦诚服,不要激化矛盾。

⑥法律咨询涉及一些机密或隐私的问题,需要保密的,要注意做好保密工作。

⑦当事人提出的问题涉及具体诉讼的,在基本情况没有弄清前,也可以不作具体回答,以防所答与事实不符,使当事人形成错误的理解,给以后的工作带来不便。

以上所讲的几个方面,在解答询问工作中并不是彼此孤立的,它们相互联系,既可以按顺序进行,又可以相互穿插进行。比如记录,既可以在倾听当事人陈述的时候适当地进行记录,也可以在对当事人进行提问时记录要点。另外,也有可能在进行综合分析时对其中的问题要求当事人再进行陈述或提供一定的证据材料。至于这几个步骤中哪个是关键环节,应根据具体问题、具体情况来确定,不能千篇一律。

第二节 常见问题的咨询与答复

律师在解答法律咨询时,可能会遇到很多问题。律师对在咨询过程中可能遇到的四种常见问题的处理分析如下:

一、关于法律条文理解方面的咨询

很多当事人会就具体法律条文如何理解询问律师,这是咨询中常见的问题。对于当事人的询问,律师应根据实际情况对其提出的具体问题给予解释。这方面的咨询一般分为三种情况:

1. 单纯的法律条文解释

对于这类问题的回答要注意,律师要严格按照法律的相关规定进行解释,有明文规定、司法解释、立法解释的,要按规定、司法和立法解释进行解释;没有司法、立法解释的,要根据立法意图和学理解释进行解释。比如当事人咨询盗窃罪成立的条件,这一问题在《中华人民共和国刑法》(以下简称《刑法》)中有明确的规定,律师要严格按照《刑法》的相关规定进行解释。律师在进行法律咨询中要注意向当事人讲明解释的具体出处和各自的效力。

2. 相近或者相似法律条文及罪名的解释

相近或相似的法律条文和罪名的解释是指界限不清、容易发生混淆的条文和罪名的解释。如《刑法》中自首和立功的区别、《中华人民共和国民法典》(以下简称《民法典》)合同编中要约撤回和要约撤销的区别、《中华人民共和国民事诉讼法》(以下简称《民事诉讼法》)中执行中止和执行终结的区别,当事人可能都不清楚,需要咨询律师。对于这类问题的解答,要注意弄清各自的概念,抓住相互区别的本质特征,使当事人明白相似与区别之处。如《民法典》第 475 条规定:“要约可以撤回。要约的撤回适用本法第一百四十一条的规定。”第 141 条约定:“行为人可以撤回意思表示。撤回意思表示的通知应当在意思表示到达相对人前或者与意思表示同时到达相对人。”第 477 条规定:“撤销要约的意思表示以对话方式作出的,该意思表示的内容应当在受要约人作出承诺之前为受要约人所知道;撤销要约的意思表示以非对话方式作出的,应当在受要约人作出承诺之前到达受要约人。”对上述两个概念,律师应结合案件的实际情况,将两个相似概念进行充分的对比分析,向当事人清楚地解释其中的区别以及对当事人的影响。

3. 司法文书中引用具体法律条文的解释

解释涉及具体案件的法律条文,首先要分析司法文书中概括的案情,针对具体案情进行解释,但只宜说明引用这些条款是否正确,而对于裁量幅度及过错大小、情节轻重,因不了解案卷中的证据情况,一般不宜解释。

二、关于诉讼常识方面的咨询

关于诉讼常识方面的咨询,内容比较多,一般包括诉状的写法、管辖、审级、当事人的权利和义务、执行的申请期限等。对于类似这方面的咨询,要依照有关的法律规定,向当事人讲明法律是怎样规定的,可以怎么做,使其能独立运用,掌握具体方法,维护当事人自己的诉讼权利。例如对于民事诉讼中的执行期限,《民事诉讼法》第 239 条规定:“申请执行的期间为二年。申请执行时效的中止、中断,适用法律有关诉讼时效中止、中断的规定。前款规定的期间,从法律文书规定履行期间的最后一日起计算;法律文书规定分期履行的,从规定的每次履行期间的最后一日起计算;法律文书未规定履行期间的,从法律文书生效之日起计算。”虽然法律规定很清楚,但当事人可能不知道上述规定的具体内容。如果当事人进行咨询,律师应将上述规定向当事人进行解释,并向其说明中止、中断的概念区别。

三、对于涉及其他部门问题的咨询

对于涉及其他部门的咨询,能当即解答的,可以当即解答;如果对具体规定或细则不清楚的,可以指明当事人应去咨询的单位。比如当事人提出国有资产管理的问题,可以指引其到国有资产管理部门进行咨询。再如涉及税务的有关具体问题,可以指引其到税务局进行咨询。而有关审计、验资、资产评估方面的问题,可以指引其到会计师事务所、资产评估事务所进行咨询。

四、对于其他问题的咨询

1. 关于申诉方面的咨询

要结合相关证据认真分析案情。对属于冤、假、错案的,要给予支持;对于理由明显不合法的,应做说服工作,使之放弃无理要求。

2. 在咨询中发生异常情况的,要作特殊处理

比如,有的当事人提出要用非法手段保护自己的合法权益的情况,对此,要晓之以法,服之以理,还应积极与有关单位联系或向有关部门报告,采取措施,不能听之任之,防止恶性事件发生。

3. 关于有关部门与群众之间冲突和矛盾方面的咨询

对于这类咨询,要采取慎重的态度。既不掩盖、偏袒,也不激化矛盾,要讲明利弊,尽可能做好疏导工作,防止事态扩大。

4. 关于当事人就有关事项的决策的咨询

比如当事人的某个重要客户有违约行为,其在是否起诉问题上拿不定主意时,律师应从正反两个方面进行分析,说明相关利害关系,为当事人进行决策提供相应的参考,但不应代替当事人决策,避免相应的法律风险。

第三节 解答法律咨询应注意的问题

1. 律师在进行法律咨询时要恪守“以事实为根据,以法律为准绳”的原则

律师一定要在准确、全面和深入掌握客观事实和分析适用法律的基础上,客观、公正地表达自

己的法律意见和建议。在进行事实调查的过程中,要提醒当事人讲实话,不要只表述对自己有利的事实和只提供对自己有利的证据。在需要律师进行独立调查时,其一定要独立完成。在进行法律分析时,要准确适用法律,既不能一味迎合,甚至助长客户的错误观点和主张,也不能因为忌讳各种压力,避重就轻,敷衍了事。

【示例】

张先生就其与某商贸有限公司之间的买卖合同纠纷向一家律师事务所的马律师进行咨询。张先生称,其与某商贸有限公司长期以来一直保持业务联系。2001 年 10 月 11 日,张先生向某商贸有限公司送货,货物为饮料 100 件,价款为 3 500 元。某商贸有限公司收到货物后,向张先生出具收条一张,收条上写明了货物的数量、价款等,并由某商贸有限公司盖章。但其拒不向张先生支付货物款项,经张先生多次催要,无果。

马律师经过分析认为,上述货物买卖行为事实清楚、证据充分,某商贸有限公司应向张先生支付货款,并建议张先生在继续催要无果的情况下提起民事诉讼。后张先生依据马律师的建议向法院提起诉讼。经法院审理查明,张先生提供的货物是自己私自生产的产品,没有经过任何部门审批,也没有食品卫生许可证等必要的资质证件,属于假冒伪劣产品,遂驳回张先生的诉讼请求。马律师出具咨询意见错误的原因就在于没有进行独立的调查,在没有掌握案件真实情况的前提下得出了错误的结论。

2. 准确掌握基本情况

对于表达有一定的问题,如有口音或者患有口吃的当事人需要特别耐心。实践中,因为口音不清造成的张冠李戴经常发生,例如,有的地方在数字“四”和“十”的发音上分不清楚,有的方言将“拒绝”说成“自觉”,当事人一些常用字的发音可能与普通话完全不同,所以,要反复核对当事人所说词语,以免产生错误,影响对案情的理解和解答。

3. 不故意炫耀法律词语

在回复问题时,律师除应严肃认真、思路敏捷、口齿清晰外,还要注意不故意使用当事人不熟悉的法律专业词语。

4. 对难以回答的问题,应记录并事后答复当事人

律师在进行口头咨询遇到某些一时难以圆满回复的问题时,应把问题记录下来,以后再以口头或者书面形式进行回复或者补充说明。

5. 言之有据,切忌妄下结论

律师解答法律咨询,必须做到既有事实依据,又有法律依据,且应准确无误;不能随声附和,更不能不懂装懂。解答咨询时,由于存在对案件证据及事实情况了解的局限性,故不可妄下结论。律师可以根据掌握的具体情况提出倾向性意见。否则,一旦出现差错,不仅会造成矛盾和负面影响,还会直接损害律师事务所和经办律师的威信。

律师在出具咨询意见时,要向当事人强调,咨询意见出具的基础是当事人介绍的事实情况及其提供的相关证据,如果上述事实和证据不准确,就可能影响咨询意见的准确性。如果出现新的证据或证据与当事人介绍的情况有出入,应根据情况重新进行分析。

6. 不断学习,提高执业技能

从目前的法律工作实践来看,当事人提出的问题,都来源于社会及司法实践,因此,律师除了精通法律业务之外,还应当具有一定的阅历和社会经验。故律师必须坚持自我学习,既要注意积累和掌握法律及相关知识,如心理学、逻辑学、法医学、侦查学等各类基础知识,还要对如计算机、历史文化、建筑工程、财务会计等学科的知识有所了解,以便更好地为社会提供法律服务。

7. 发现解答错误,积极纠正

律师绝不能为了保全面子而使谬误流传。法律咨询工作是一项很重要的工作。律师事务所对律师的咨询要进行定期检查,加以分析,作出总结,使这项工作能更好地发挥作用。

8. 最大限度地维护当事人的合法权益

为维护当事人的合法权益,律师应当在法律允许的范围内作出最大的努力。在进行法律咨询时,凡是涉及当事人合法权益的地方,律师都应当重点关注,并提出尽可能有利且可以付诸实施的建议。当然,对于不利于当事人的问题,律师也不能隐瞒,反而应当在可能的范围内提出尽可能好的解决方案。

【示例】

某公司就借款纠纷向一家律师事务所的王律师咨询。该公司成立于2001年9月15日,注册资金50万元,其中刘某出资30万元,占60%;朱某出资15万元,占30%;李某出资5万元,占10%。出资完成一个月后,经三人商议,三人分别以借款的名义将上述出资款借出。2003年5月24日,因业务需要大量款项,刘某建议三股东将借出款项的50%还给公司,但遭到朱某和李某拒绝。因此,该公司向王律师进行咨询。王律师在进行分析后认为,本案件不仅仅是借款纠纷,还牵涉到股东抽逃出资的问题。因此,王律师根据情况进行了风险提示,并提出了相应的解决方案。

9. 避免激化矛盾,尽量减少当事人的诉讼之累

在现实生活中,有一小部分律师有时为了自己的利益,故意激化原本并不十分激烈的矛盾,希望从中赚取更多利益。这种做法严重违反了律师的职业道德,不符合当事人的根本利益,应当坚决杜绝。在可能的范围内,律师应当采取积极措施,避免激化矛盾,尽量减少当事人的诉讼之累。

10. 为当事人提供高质量的法律服务

律师提供的服务是职业服务,职业服务应当是高质量的。高质量的法律服务意味着所提供的法律咨询在内容上做到准确、客观、全面、细致;在语言表达上做到主旨明确,用词准确,语言简练流畅,并且富有逻辑性;在形式上做到口齿清晰,文字无误,材料打印清晰,装订整齐。

11. 避免利益冲突

接到当事人的咨询请求后,先通过律师事务所的管理软件作利益冲突检索,进行排查,以免利益冲突。律师事务所根据不同情况安排专人咨询、专业咨询、专项咨询等,所内律师对同一法律问题或行政部门办事规程的咨询结果应当放在内部局域网上,以备其他律师遇到同类问题时查找。国外大的律师事务所还会进行行业咨询,即在未接受当事人的委托时就预先进行行业风险评估。

第二章 法律顾问

本章提示

“法律顾问”一词,有广义和狭义之分。从广义上说,具有法律专业知识,接受公民、法人或者其他组织的聘请为其提供法律服务的人员,以及法人或其他组织内部设立的专门性法律服务机构中的人员,均为法律顾问;从狭义上说,法律顾问仅指接受公民、法人或者其他组织的聘请为其提供法律服务的执业律师。本书所指法律顾问,即指狭义上的法律顾问。另外,本章所说的内容不包括专项法律顾问,如上市公司的法律顾问。

根据《中华人民共和国律师法》的规定,接受公民、法人和其他组织的聘请担任法律顾问,是执业律师的主要业务之一。法律顾问具有非常重要的作用:

(1)预防可能发生的问题,防患于未然。律师可以帮助聘请方建立和完善内部规章制度,强化法律意识,增强法制观念,弥补经营、管理活动中的漏洞;同时帮助聘请方合法地进行经营和管理活动,提供法律意见,预见可能出现的风险,从而避免、减少聘请方不必要的经济损失,维护其合法权益。

(2)处理聘请方已经存在的问题。律师可以帮助聘请方合法地处理已经出现的问题,维护聘请方的合法权益。

(3)促进聘请方管理工作的规范化。律师可以发挥自身的专业优势,帮助聘请方落实相关的规章制度,促使聘请方的工作更加规范化。

(4)节约费用。一方面,律师担任法律顾问,可以通过参加谈判、审查重大经济合同、为重大决策提供法律意见等方式,预防各种损害聘请方合法权益的事件发生,减少不必要的损失;另一方面,在现阶段,聘请律师担任法律顾问与在单位内部设立专门性的法律服务机构相比,在一般情况下能节省一定的费用。

本章首先阐述了法律顾问的聘用程序以及聘用合同的签订,然后分类详述了法律顾问的职责范围,最后对法律顾问操作实务进行了有针对性的分析。

第一节 法律顾问的收费和聘用方式

一、聘请法律顾问的收费模式

2006年国家发展与改革委员会与司法部联合下发的《律师服务收费管理办法》第4条规定:“律师服务收费实行政府指导价和市场调节价。”随后第5条列举的政府指导价适用范围中并未包括法律顾问服务收费,而实行市场调节的律师收费,由律师事务所与委托人协商确定,具体需要考虑的因素包括耗费的工作时间、法律事务的难易程度、委托人的承受能力、律师可能承担的风险和责任、律师的社会信誉和工作水平等。

随着社会市场经济的日益成熟和律师行业本身的不断发展,法律顾问收费也日趋灵活,但基本的收费模式主要集中在以下三种:

1. 年费制

这一模式即企业与法律顾问协商确定一个固定期限作为计费周期,一般是以年为单位,也存在以月或季度作为计费周期的情形,并设定固定的法律顾问收费数额。其间,律师依据双方协议确定的法律顾问范围开展工作,不再额外收取费用。

从实践来看,采取年费制收费模式聘用法律顾问的企业较多,原因在于,相对于费用总额无法预估的计时收费而言,固定的年费制省却了日常法律顾问服务开展过程中的工作量统计等极易产生争议的环节,也容易满足企业少花钱、多办事的期望值。当然从企业的接受能力来看,即便同样是年费制收费模式,各企业之间的标准也存在较大差异。

2. 计时收费

这一模式即企业与法律顾问协商确定单位计时收费标准,然后根据一个计费周期内顾问律师的合计工作时间确定律师收费数额。

相对于年费制,计时收费显然可以更直接地反映律师的法律服务工作强度,利于体现律师的工作价值,但同时对律师工作细致程度也提出了较高要求,需要律师不断优化自身工作方式、方法,提高工作效率。目前市场上除了原有的涉外业务中大量采用外,越来越多的国内企业也愿意通过计时收费模式来确定法律顾问事务的收费模式。

3. 特殊事项的单独收费

考虑到企业在经营活动中除了日常可预见的法律顾问事务外,还有可能存在一些较为特殊的单项法律事务,例如诉讼、仲裁、企业改制、收购、上市等。这些事务可能需要更多的律师及工作时间等,因此在固定年费制收费模式下,律师常常将此类法律事务作为例外情形,排除在年费所涵盖的律师服务范围之外,通过另行协商的方式确定收费方式、数额。

二、法律顾问的聘用方式

目前常见的法律顾问聘用合同往往通过如下方式签署:

1. 直接协商

这一方式即由拟聘用法律顾问的企业与特定的律师事务所进行一对一的直接协商以确定法律顾问服务关系。

随着我国市场经济的不断发展,企业的法律服务需求日益常态化、持续化,因此聘用法律顾问已经成为众多企业的共识,而主要的法律顾问选聘方式往往是基于对律师个人或者律师事务所本身的信誉、实力的信任,由双方直接展开一对一的接触,通过协商的方式确定服务模式、价格等。需要指出的是,这种一对一的模式首先是建立在企业对于特定律师或律师事务所充分了解的基础上或者企业本身的法律顾问需求存在特殊性的前提下。

2. 招投标

随着律师行业的不断发展壮大,企业在法律顾问方面的选择也越来越宽,如何在众多律师事务所或专业律师中进行选择已经成为企业“甜蜜的烦恼”,招投标这种方式被引入顾问律师聘用机制中来。

与常见的项目招投标一样,法律顾问招投标同样由企业向相关的律师事务所发出招标意向,律师事务所根据招标要求投标,提出自身的法律服务方案、律师团队等,然后由企业通过公开招投标程序确定法律顾问服务提供者。从现实情况来看,通过招投标方式选择提供法律顾问服务的律师已经成为市场主流。这种公平竞争机制的引入不仅有利于企业选择更符合自身要求的法律顾问服务提供者,促使律师队伍的专业化,还有利于律师行业的自身发展。

3. 律师库

目前国内一些大型国有企业由于自身的法律服务需求量非常大,个别的律师事务所无法单独满足其服务需求,因此纷纷筹建律师库,即不拘泥于与个别律师事务所建立固定的法律服务关系,而是根据律师及律师事务所的专业能力,通过一定的选聘程序,选择一定量的律师事务所组建律师库,然后根据自身业务发展需要及专项法律服务需求,随机选择相关的律师事务所,由其提供专项法律顾问服务。在这种顾问律师选聘方式下,企业一般不再支付统一的年费,而是根据专项法律服务一事一付,这不仅极大地提高了企业选择法律服务的灵活性,而且也对律师专业化能力提出了更高的要求。

三、委托聘请合同的主要内容

聘方提出要约,律师事务所作出承诺后,双方应当相互协商,在权利、义务方面达成协议后,签订委托聘请合同。委托聘请合同是律师担任法律顾问、开展法律顾问工作的依据,凡是聘请律师担任法律顾问的单位和个人,都必须同律师事务所签订委托聘请合同。

律师事务所在决定接受聘请担任法律顾问之后,应当与聘请方进行协商,双方达成一致意见后,签订委托聘请合同。委托聘请合同是聘请方与应聘方之间签订的,确定双方权利义务关系的一种协议。委托聘请合同主要包括以下内容:

①合同的名称;

②合同双方的名称或姓名、地址;

③合同双方法定代表人的姓名、职务、住址;

④应聘方指派的律师的姓名、职务等个人情况;

⑤顾问律师的职责范围;

⑥顾问律师的工作时间和工作方式;

⑦聘任期限;

⑧聘请方为顾问律师提供的必要的工作条件和物质保证;

⑨聘请方的付酬方法,即聘请方聘请顾问律师的费用标准、结算方式、结算时间等;

⑩律师参与诉讼、仲裁等活动是否另行收费,另行收费的优惠规定;

⑪合同的生效和有效期限;

⑫合同变更或解除的条件;

⑬违约责任和处理办法;

⑭双方签署合同的法定代表人,以及合同签订的时间。

此外,还应当写明合同文本的份数。

法律顾问合同的文本应说明是律师协会的推荐文本,还是根据当事人要求的特殊文本。服务方式有律师定期到顾问单位去,有事通知律师,根据情况给律师发传真、电子邮件,出具备忘录等。如果顾问单位是根据竞聘的方式选择律师作为法律顾问的,律师参与竞聘的投标文件也应作为合同的组成部分。

【示例】

常年法律顾问合同

字(____年)第____号

甲方:××

法定代表人:××

地址:××市××街××号

邮编:

电话:

传真：

乙方：××市××律师事务所

地址：××市×××街××号

邮编：

电话：

传真：

甲方因业务发展和维护自身利益的需要，根据《中华人民共和国民法典》《中华人民共和国律师法》的有关规定，聘请乙方的律师作为常年法律顾问。

甲乙双方按照诚实信用原则，经协商一致，立此合同，共同遵守。

第一条　乙方的服务范围

乙方律师的服务内容为协助甲方处理日常法律事务，包括：

1. 解答法律咨询；

2. 协助草拟、制定、审查或者修改章程等法律文件；

3. 应甲方要求，参与企业经营管理和经营活动的磋商、项目谈判，进行法律分析、论证；

4. 受甲方委托，签署、送达或者接受法律文件；

5. 应甲方要求，就甲方已经面临或者可能发生的纠纷进行法律论证，提出解决方案，参与非诉讼谈判、协调、调解；

6. 应甲方要求，讲授法律实务知识；

7. 双方商定的其他法律事务。

未经双方协商同意，乙方的服务范围不包括甲方控股、参股的子公司、分支机构和其他关联企业的法律事务。

第二条　乙方的义务

1. 乙方委派________律师作为甲方常年法律顾问，甲方同意上述律师指派其他律师配合完成前述法律事务工作，但乙方更换律师担任甲方常年法律顾问应取得甲方认可；

2. 乙方律师应当勤勉、尽责地完成第一条第一款所列法律事务工作；

3. 乙方律师应当以其依据法律作出的判断，尽最大努力维护甲方利益；

4. 乙方律师应当在取得甲方提供的文件资料后，及时完成委托事项，并应甲方要求通报工作进程；

5. 乙方律师在担任常年法律顾问期间，不得为甲方员工个人提供任何不利于甲方的咨询意见；

6. 乙方律师在涉及甲方的对抗性案件或者交易活动中，未经甲方同意，不得担任与甲方具有法律上利益冲突的另一方的法律顾问或者代理人；

7. 乙方律师对其获知的甲方商业秘密负有保密责任，非由法律规定或者甲方同意，不得向任何第三方披露；

8. 乙方对甲方业务应当单独建档，并保存完整的工作记录，对涉及甲方的原始证据、法律文件和财物应当妥善保管。

第三条　甲方的义务

1. 甲方应当全面、客观和及时地向乙方提供与法律事务有关的各种情况、文件、资料，并对所提供的资料及相关证据的真实性、合法性负责；

2. 甲方应当为乙方律师办理法律事务提出明确、合理的要求;

3. 甲方应当按时、足额向乙方支付法律顾问费和工作费用;

4. 甲方指定________为常年法律顾问的联系人,负责转达甲方的指示和要求,提供文件和资料等,甲方更换联系人应当通知常年法律顾问;

5. 甲方有责任对委托事项作出独立的判断、决策,甲方根据乙方律师提供的法律意见、建议、方案所作出的决定而导致的损失,非因乙方律师错误运用法律等失职行为造成的,由甲方自行承担。

第四条 法律顾问费

乙方法律顾问费为每年________元人民币;或

乙方法律顾问费按小时计,每小时________元人民币。

支付方式和期限:

一次性支付/分期支付。

乙方户名:

开户行:

账号:

行号:

本合同到期终止或者提前解除的,双方应结清有关费用。

第五条 乙方担任甲方法律顾问期间的诉讼和非诉讼案件代理费的每个程序收费比例

根据司法部《律师事务所收费程序规则》和《××律师事务所法律服务收费办法》的规定,乙方对在担任甲方法律顾问期间个案代理费的收取予以优惠,双方约定按以下比例收费:

1. 诉讼(仲裁)收费比例:

争议标的额在________万元以上的一切合同纠纷和与财产相关的权益纠纷、破产等其他民事案件,包括刑事案件的财产部分,均按________%收取代理费,双方在委托合同中另行约定代理费的支付方式和期限。

2. 非诉讼收费比例:

(1)乙方为甲方草拟、制定、审查、修改各类合同及该合同签订履行的法律跟踪、监控;

(2)出具各类涉及财产权益、资产关系的分析论证报告书、相关律师函、律师建议书、意见书、法律意见书;

(3)律师参加调解的各类案件;

(4)甲方与第三方相互长期投资、融资、企业改制、重组、购并、股票发行、上市等其他专项法律顾问事务;

上述(1)(2)(3)(4)非诉讼法律事务的标的额在________万元以上均按________%收取代理费,双方在委托合同中另行约定代理费的支付方式和期限。

本合同到期终止或者提前解除的,双方应结清有关费用。涉及委托代理合同项下有关费用的结清,由该委托代理合同约定。

第六条 工作费用

乙方律师办理甲方委托事项所发生的下列工作费用,应由甲方承担:

1. 相关行政、司法、鉴定、公证等部门收取的费用;

2. ××市市区外发生的差旅费、食宿费、翻译费、复印费、长途通讯费等;

3. 征得甲方同意后支出的其他费用。

乙方律师应当本着节俭的原则合理使用工作费用。

第七条　合同的解除

甲乙双方经协商同意,可以变更或者解除本合同。

乙方有下列情形之一的,甲方有权解除合同:

1. 未经甲方同意,擅自更换作为甲方常年法律顾问的律师的;

2. 因乙方律师工作延误、失职、失误导致甲方蒙受损失的;

3. 违反第二条第5—8项规定的义务之一的。

甲方有下列情形之一的,乙方有权解除合同:

1. 甲方的委托事项违反法律或者违反律师执业规范的;

2. 甲方有捏造事实、伪造证据或者隐瞒重要情节等情形,致使乙方律师不能提供有效的法律服务的;

3. 甲方逾期30日仍不向乙方支付法律顾问费或者工作费用的。

上述第1、2项因甲方的过错而解除本合同的,乙方所收法律顾问费不予退还。

第八条　违约责任

乙方无正当理由不提供第一条规定的法律服务或者违反第二条规定的义务,甲方有权要求退还部分或者全部已付的法律顾问费。

乙方律师因工作延误、失职、失误导致甲方蒙受损失,或者违反第二条第5—8项规定的义务之一的,乙方应当通过其所投保的执业保险机构向甲方承担赔偿责任。

赔偿范围以保险机构赔偿为限。不属保险机构理赔范围或超出保险机构理赔数额之外的部分,乙方以本合同约定的律师费为限承担赔偿责任。

甲方无正当理由不支付法律顾问费或者工作费用,或者无故终止合同,乙方有权要求甲方支付未付的法律顾问费、未报销的工作费用以及延期支付的利息。

第九条　争议的解决

本合同适用《中华人民共和国民法典》《中华人民共和国律师法》《中华人民共和国民事诉讼法》《中华人民共和国仲裁法》等法律。

甲乙双方如果发生争议,应当友好协商解决。如协商不成,任何一方均有权将争议提交×××仲裁委员会,按照提交仲裁时该委员会现行有效的仲裁规则进行仲裁,仲裁裁决是终局的,对甲乙双方均有约束力。

第十条　合同的生效

本合同正本一式三份,甲方执一份,乙方执两份,自甲乙双方代表签字并加盖公章之日起生效。

第十一条　合同的期限

本合同的期限为______年。

合同期满前30日内,由甲乙双方协商决定是否续签常年法律顾问合同。

第十二条　通知和送达

甲乙双方因履行本合同而相互发出或者提供的所有通知、文件、资料,均以扉页所列明的地址、传真送达,一方如果迁址或者变更电话,应当书面通知对方。

通过传真方式的,在发出传真时视为送达;通过邮寄方式的,挂号寄出或者投邮当日视为送达。

甲方： 乙方：
代表： 代表：
签约日期： 年 月 日 签约日期： 年 月 日

四、签订委托聘请合同应当注意的问题

在签订聘请法律顾问的委托聘请合同过程中，为了防止合同在履行过程中产生纠纷，律师事务所作为合同的一方主体，应当注意以下三个问题：

1. 合同的主体双方是聘请单位和律师事务所

律师事务所在签订委托聘请合同时，应当明确合同双方的主体。委托聘请合同的双方主体，不是聘请单位的领导和具体担任法律顾问的律师，而是聘请单位和律师事务所。合同主体双方的关系是服务与被服务、付出劳动与给付报酬的关系，体现了按劳分配原则。

2. 聘任期限要适宜，人员安排要合理

委托聘请合同一经签订，一般情况下，聘请、应聘双方都不能无故随意中断合同。因此，律师事务所在初次与聘请方签订合同时，任期不宜太长，以免由于种种原因被迫提前解除合同。原应聘律师在合同到期后因故不能续聘的，可另行指派。目前，许多律师一人身兼几个，甚至几十个单位的法律顾问，再加上律师事务所分配的其他工作，致使法律事务过多，律师应接不暇，难以认真负责地做好顾问工作，出现"多顾少问、顾而不问"的现象。针对这种情况，为了保证顾问律师的服务时间和服务质量，维护律师事务所的信誉，必须合理安排律师的法律顾问工作，一名律师担任的法律顾问不宜太多，要根据聘请方法律事务的多少适当进行安排。顾问律师在工作过程中由于自身的原因给聘请方造成经济损失的，律师事务所应当承担相应的赔偿责任，并追究律师的责任。

【示例】

2006年3月5日，××市××律师事务所(以下简称"律师事务所")与××市胜利集团公司(以下简称"胜利公司")签订《法律顾问合同》，确定由律师事务所担任胜利公司的法律顾问，期限为1年，并约定由律师事务所指派吴××、张××律师为胜利公司提供服务。2006年8月29日，胜利公司因需要与客户签订一份重要合同，要求律师事务所对合同文本进行审核，但因吴××出差、张××已经调离律师事务所，而所内其他律师也都无法抽出时间，于是，律师事务所安排刚到事务所实习的小周对合同进行了审核，并以律师事务所和吴××律师的名义出具了相关的法律意见。胜利公司遂按照法律意见签订了相关的协议，后因该协议严重不利于胜利公司，给胜利公司造成了重大经济损失。胜利公司向法院提起诉讼，要求律师事务所赔偿相应的经济损失。胜利公司胜诉。

3. 恰当地选择律师的应聘方式

律师事务所指派律师应聘法律顾问，在实践中有多种方式，主要有：

①联合应聘制，指根据聘请方的要求，由数家律师事务所经过协商达成一致，分别指派各自的律师共同应聘，担任聘请方的法律顾问。

②指名聘任制，即律师先与聘请方取得联系，然后由聘请方到律师事务所指名选聘该律师担任法律顾问，经律师事务所同意后签订合同。

③共同服务制，是指由律师事务所指派律师，律师与聘请方内部的法律事务机构共同为企业

提供法律服务,或者由聘请方确定一名具有一定法律知识的工作人员作为律师的助手,协助律师工作。

④特别代理制,指同一律师事务所的几位律师共同应聘,由其中一名律师担任首席律师,负责组织和协调几位律师为聘请方服务。律师事务所应该结合自己的实际情况,恰当地选择最佳应聘方式,保证既能充分发挥律师的作用,又能真正为聘请方提供较好的法律服务。

第二节　法律顾问的职责范围

一、企业法律顾问的工作范围

企业是市场经济的主导力量,是社会政治、经济和文化生活的基本单元。近年来,我国企业迅猛发展,对社会各方面的影响日益扩大,随之对企业行为进行调整的法律规范也日益增多。如果企业缺少法律方面的人才,又没有法律顾问的帮助,就很难在市场经济的大潮中立于不败之地。因此,越来越多的企业开始聘请律师担任法律顾问,作为自己的参谋和助手。企业作为经济组织,直接目标是最大化地创造经济价值。因此,企业法律顾问的工作重点应是促进企业提高经济效益。因此,企业法律顾问的工作范围主要包括以下七个方面:

1. 为企业生产、经营、管理中遇到的法律问题提供法律意见

企业的生产、经营和管理决策,直接关系到企业的经济效益,甚至关系到企业的生存和长远发展,因此,法律顾问必须高度重视为企业决策提供法律意见的工作。法律顾问为企业决策提供法律意见的方式有两种:一种是口头解答法律咨询,一种是书面提供法律意见或建议。法律顾问应在全面掌握企业的基本情况和有关的法律、政策之后,对企业决策的合法性、可行性提出法律建议。法律顾问需要提供法律意见的主要内容有:

(1)可行性法律分析

法律顾问对企业决策的法律分析主要包括:某项决策是否符合我国现行法律、政策的要求,立项采用哪种法律形式对企业更为有利等。

(2)风险分析

市场对于从事生产经营活动的企业来说,既有机遇,也有风险。法律顾问应当针对企业决策可能带来的风险进行分析,并针对不同的风险制定相应的法律对策。

【示例】

关于北京××集团公司与甘肃××实业股份有限公司
同业竞争事项的法律意见

北京××集团公司:

××市××律师事务所作为贵公司的法律顾问,根据贵公司提供的相关文件资料,依据我国相关法律规定,对贵公司与甘肃××实业股份有限公司(以下简称“××实业”)同业竞争事项提供以下法律意见,以作为贵公司经营决策之参考:

一、出具本意见的依据

1. 贵公司提供的相关文件和资料

(1)北京××集团公司出具的《北京××集团公司关于避免同业竞争承诺函》(征求意见稿)

(2)北京××集团公司规划部出具的《关于甘肃××实业股份有限公司上市申报提供资料的意见》

2. 相关法律法规

(1)《中华人民共和国公司法》

(2)《中华人民共和国证券法》

(3)《上市规则》

(4)《公开发行证券的公司信息披露内容与格式准则第1号——招股说明书》

(5)《公开发行证券的公司信息披露内容与格式准则第9号——首次公开发行股票并上市申请文件》

(6)《公开发行证券公司信息披露的编报规则第12号——公开发行证券的法律意见书和律师工作报告》

(7)《股票发行与交易管理暂行条例》

(8)《公开发行股票公司信息披露实施细则》

(9)《首次公开发行股票并上市管理办法》

(10)其他法律规定

二、现行法规以及中国证券监督管理委员会的实际要求

根据上述规定以及我国首次公开发行股票的实践,可以看出,中国证券监督管理委员会对上市公司与其控股股东、实际控制人及其控制的其他企业之间的同业竞争的要求是非常严格的。其要求基本可以概括为:已有的同业竞争要完全消除,将来的同业竞争尽力避免,最大限度地减少关联交易。

在公司上市的整个过程中,中国证券监督管理委员会提出以下要求,以达到避免同业竞争、减少关联交易的目的:

(一)上市前的要求

在上市前的改制和资产重组过程中,拟上市公司及其控股股东、实际控制人及其控制的其他企业要充分考虑双方的同业竞争问题。应在改制方案中将控股股东、实际控制人及其控制的其他企业与主业相关的资产全部转入拟上市公司(或无关联关系的第三方),将无关的资产全部剥离,并采取可行的措施和方案,尽量减少以后可能发生的关联交易。如无法剥离,必须采取委托经营、承包等其他可以消除证券监督管理委员会疑虑的措施解决这一问题。如果拟上市公司没有很好地解决这一问题,就很可能被认为改制不彻底,从而大大降低通过证券监督管理委员会的审核、获得上市资格的可能性。特别是在目前国内证券市场低迷、首发相对困难的情况下,如果不能很好地解决这一问题,获得上市资格的可能性更小。

如果公司计划到海外上市,同样要很好地解决上述问题。因拟到海外上市的公司要首先得到中国证券监督管理委员会的批准。其次,国外证券市场对同业竞争也有较为严格的要求。

(二)上市过程中的要求

公司在上市过程中,需要就同业竞争准备以下几方面的文件(材料):

1. 控股股东、实际控制人及其控制的其他企业出具的关于避免同业竞争的承诺函

该承诺函主要包括以下几方面的内容:

(1)应在该承诺函中明确说明拟上市公司与其控股股东、实际控制人及其控制的其他企业之间有没有同业竞争。如果不存在同业竞争,对此问题的典型表述为:“本公司确认及保证不存在与××公司直接或间接的同业竞争的情况。”

公司如果作出不存在同业竞争的判断,就必须有相关的资料进行支持。其中应主要对控股股东、实际控制人及其控制的其他企业,以及拟上市公司的原料供应、产品生产、销售市场、投资、研发等情况进行市场细化、分析,以对控股股东、实际控制人及其控制的其他企业与拟上市公司是否形成同业竞争作出判断。其细化、分析的工作量可能比较大。

公司如果作出存在同业竞争的判断,则应在承诺函的下一部分提出相应的解决方案。

(2)在存在同业竞争的情况下,提出解决同业竞争的方案。该解决方案的基本要求是,应在公司上市之前或上市的当时完全解决同业竞争问题,而不是在公司上市之后再逐步解决该问题。也就是说,公司一上市,就不应该再有与股东进行同业竞争的问题了。

实践中,特别是国有企业改制上市中,对同业竞争的处理主要有以下几种方式:

①将控股股东、实际控制人及其控制的其他企业所有与拟上市公司有与同业竞争有关的资产全部重组到拟上市公司。这是采取的较多、效果最好的一种方式。

②将控股股东、实际控制人及其控制的其他企业所拥有的与拟上市公司有同业竞争关系,但又不准备投入拟上市公司的资产转让、变卖给其他公司、企业,这主要是适用于这部分资产并不优良、不适合投入拟上市公司的情况。在实践中采用得较少。

③将控股股东、实际控制人及其控制的其他企业所拥有的与拟上市公司有同业竞争关系,但又不准备投入拟上市公司的资产托管给其他公司、企业,或者在拟上市公司成功上市后将这部分资产转让或托管给上市公司,进行委托经营或承包经营。实践中,有很多公司采取了这种方式,但证券监督管理委员会对此的审查往往较严。

(3)控股股东、实际控制人及其控制的其他企业承诺在公司上市后避免新发生的同业竞争。其典型表述为:

①本公司不在中国境内单独或与企业、个人、合伙或其他任何组织(包括经济和非经济组织,下同)以投资、联营、合资、合作、合伙、承包、租赁等方式,生产、经营或销售与××公司在中国市场上直接或间接地竞争或可能竞争的业务、服务及产品。

②本公司不以任何形式支持××公司除外的企业、个人、合伙或其他任何组织生产、经营或销售与××公司在中国市场上直接或间接竞争或可能竞争的业务、服务及产品。上述支持包括但不限于提供生产场地、水、电或其他能源、资金、技术、设备、原材料、销售渠道、咨询、宣传等。

③本公司及其控股、参股的企业不参与经营、从事与××公司及其附属公司构成直接或间接竞争或可能竞争的业务或项目,并在其中拥有利益。

④本公司及其控股、参股的企业不联同或代表企业、个人、合伙或其他任何组织参与、经营、从事与××公司及其附属公司直接或间接竞争或可能竞争的业务或项目。本公司及其控股、参股的企业在有任何该等业务或项目的机会时,本公司将立刻通知××公司,并将竭尽全力促使将该等业务或项目机会提供给××公司。

⑤本公司及其关联企业所发明或创制的任何新业务、产品、技术、系统或商标使用权,如其是与××公司业务存在直接或间接竞争或可能竞争("竞争性产品及业务"),本公司及其关联企业将在本协议生效日起及在本协议整个有效期内,在竞争性产品及业务的发展或创制进行之前30日内通知××公司,并尽其最大努力保证前述竞争性产品及业务不致与××公司业务构成竞争。××公司对竞争性产品或技术有优先购买权。

2. 需要时签订《避免同业竞争协议》

为了保证公司上市申请能够顺利通过,如果需要,拟上市公司的控股股东、实际控制人及其控制的其他企业往往与拟上市公司签订《避免同业竞争协议》,以保证控股股东、实际控制人及其控制的其他企业与上市公司不构成同业竞争,同时在一定程度上保证控股股东、实际控制人及其控制的其他企业的利益。

3. 券商要对拟上市公司的同业竞争情况发表意见。

4. 律师要对拟上市公司的同业竞争情况发表意见。

5. 在招股说明书、招股说明书摘要中披露承诺函、避免同业竞争协议、券商意见、律师意见的具体内容。

6. 在拟上市公司的其他法律文件和相关活动中要披露上述相关文件的内容。

(三)上市后的要求

在公司上市以后,证券监督管理委员会和证券交易所会持续要求上市公司及其股东严格按照承诺函或"避免同业竞争协议"的内容执行,避免同业竞争。如果被证券监督管理委员会查实违反了上述规定,则可能会遭受到严厉的处罚,并且使上市公司在较长的时间内失去再融资的资格。这对上市公司是致命的。

三、对《北京××集团公司关于避免同业竞争承诺函》的意见

从《北京××集团公司关于避免同业竞争承诺函》的整体表述可以看出,贵公司承认与××实业之间存在同业竞争,但从整体上来讲,《北京××集团公司关于避免同业竞争承诺函》没有完全达到相关法规及证券监督管理委员会的要求,在具体内容上存在以下几方面的问题:

1. 承诺函的第2条,贵公司承诺"××实业上市后,根据其财务状况和资本市场的实际情况,××实业可通过逐步收购本集团内与其主营业务相关的资产或本集团将与其主营业务相关的资产转让给无关联关系的第三方的方式,解决同业竞争问题"

该条存在以下几方面的问题,可能因此影响证券监督管理委员会的判断:

(1)时间问题。贵公司承诺的内容是"××实业上市后"再采取措施解决同业竞争问题。而按照证券监督管理委员会的规定,拟上市公司应在上市前的资产重组过程中或在上市过程中解决同业竞争问题,不能将同业竞争问题留给上市后的公司解决。

(2)是有条件解决还是无条件解决。贵公司承诺的内容是"根据其财务状况和资本市场的实际情况"采取措施,该表述方式不符合证券监督管理委员会的要求,因为根据相关的规定,对同业竞争的解决应该是无条件的。

(3)是逐步解决还是一次性解决。原则上,上市公司对同业竞争应当一次性解决,而不是在长时间内逐步解决。贵公司承诺函中"逐步"解决的表述可能会引起证券监督管理委员会的关注与疑虑。当然,如果贵公司提供其他资料说服证券监督管理委员会豁免贵公司一次性解决的义务也是可行的,但其实现的难度较大。

(4)不必局限于转让这一种方式。根据前述分析,上市公司的控股股东、实际控制人及其控制的其他企业可以通过转让,也可以通过把相关资产委托经营、承包给上市公司或无关联关系的第三方,甚至采取信托等方式来解决,可以说,其解决手段和方法是很多的,只要是能消除证券监督管理委员会认为存在同业竞争的疑虑的方法都是可行的,不必局限于转让这一种方式。

(5)本条的典型表述应为"本公司作出如下郑重承诺:将本公司所属分公司、子公司中与××公司属于同类业务的企业交由××公司承包(委托)经营,双方签订承包(委托经营)协议,本公司尊重其独立经营自主权"。

2. 在承诺函的第3条,贵公司承诺"对于今后本集团在全国投资、建设、经营管理的与××实业主营业务相关项目,××实业在同等条件下拥有优先投资权"

该条存在以下几方面的问题,可能因此影响证券监督管理委员会的判断:

(1)从该条中可以推出,贵公司保留了在××实业上市以后继续投资与其主营业务相关项目的权利。可以说,该表述方式肯定不能被证券监督管理委员会所接受。根据证券监督管理委员会的要求,控股股东、实际控制人及其控制的其他企业必须无条件地承诺今后不投资与拟上市公司相关的项目。

(2)对于赋予拟上市公司优先购买权的内容,其表述内容没有必要太过复杂。其典型描述为:"对××(情况下的资产),××公司有优先购买权。"

(3)对于本条的典型描述,见本法律意见的二、(二)1.(3)项。

3. 对承诺函第5条内容的典型描述为"如出现因本公司违反上述承诺与保证而导致××公司或其他股东权益受到损害的情况,本公司将依法承担相应的赔偿责任"

四、对《关于甘肃××实业股份有限公司上市申报提供资料的意见》的法律意见

《关于甘肃××实业股份有限公司上市申报提供资料的意见》里的主要内容是贵公司规划发展部根据贵公司的实际情况,站在对贵公司的合法利益进行保护的角度,对《北京××集团公司关于避免同业竞争承诺函》内容所提出的意见。本所律师认为,上述意见分析得比较到位,也很实际。但同时本所律师认为,出具避免同业竞争承诺函的目的就是通过牺牲发起人(股东)的眼前利益,来换取子公司的上市资格,以期待在日后获得投资增值的长远利益。这就需要贵公司从长远眼光综合考虑这种牺牲是否值得。

五、建议

从贵公司提供的全部资料可以看出,贵公司与××实业目前可能存在着同业竞争(因公司提供的资料有限,具体同业竞争的程度的确定需要贵公司提供更详细的资料)。

本所律师认为,对于实际存在的同业竞争,不能简单地认为出具一份承诺函就能解决所有的问题。本所律师认为,贵公司应从以下几个方面来着手解决这一问题:

1. 市场细化与分析

组织相关人员对控股股东、实际控制人及其控制的其他企业与××实业的原料供应、产品生产、销售市场、投资、研发等情况进行市场细化、分析,最终准确地说明两公司在哪些领域存在同业竞争,其范围有多大,如果进行剥离需要采取哪些措施,剥离的成本有多少。

2. 明确××实业的主业范围

确定同业竞争范围的一个非常重要的概念是拟上市公司的主业。只有确立了主业才能对同业竞争作出准确的判断。主业范围的大小可能对以后的资产剥离、委托经营范围以及以后上市公司的融资、发展都具有重要的影响。

对主业的确定应明确、可行。

3. 进行相应的资产剥离

在确定了××实业的主业以后,依据主业范围,制订相关的方案,对相应的资产进行剥离、置换。

4. 进行委托经营、承包、信托等措施

对无法剥离,但属于××实业的主业范围内的资产,采取委托经营、承包、信托等多种可行方式。其交易对象既可以是××实业,也可以是无利害关系的第三人,但不能为贵公司下属的其他公司或实体。

5. 依据上述步骤,出具避免同业竞争的承诺函(具体格式和典型表述见本法律意见第三部分)。

6. 如果贵公司认为××实业上市以后有可能依据上述承诺严重侵害贵公司的利益,控股股东、实际控制人及其控制的其他企业可以在不与上述承诺函冲突的基础上,与

××实业签订相关的避免同业竞争协议,对××实业的各项权利进行一定的限制。

因贵公司提供的资料有限,所以我们只能依据相关法规和经验,根据业内的一般做法,对贵公司与甘肃××实业股份有限公司同业竞争事项提供以上简单的法律意见,仅为贵公司进行经营决策提供参考。

××市××律师事务所
律师:章××　辛××
××××年××月××日

2. 为聘请方草拟、审查法律文书

企业涉及的法律文书包括经济合同、企业章程、管理规定等。其中经济合同是最为重要的一项内容。企业的经济合同是企业经济行为的法律表现形式,直接关系到企业的切身利益。因此,凡是对企业有重大影响的经济合同,顾问律师都应当亲自拟定,严格地规定各项条款。对于一般性的经济合同,则可以指导企业有关人员先行起草,然后再加以审查和修改。尤其是对于内部设有法律服务机构的企业,律师更不应包揽全部工作,而应就重大、疑难问题提出意见。具体工作方式见本书第六编“合同法律业务基本技能”。

3. 参加重大经济活动的谈判

由于不同的人对同样的事物可能作出不同的评价,因此,需要通过谈判解决问题。谈判的直接目的是使当事人的利益最大化。法律顾问参加重大经济活动谈判的职能作用就是,为这种利益的最大化提供法律上的帮助。为了实现这一目标,法律顾问应在谈判前做好谈判的准备工作,如收集与谈判项目有关的法律、政策资料,草拟、审查谈判所需要的各种法律文书,协助聘请方制订谈判的方案等。在谈判过程中,顾问律师应当与聘请方密切合作,根据谈判情况,及时提供法律意见。在谈判后,法律顾问应当综合各方面的意见,制作有关法律文书,并协助办理好合同的审批、公证等手续。谈判能力是律师综合素质的表现,因此,法律顾问应当加强这方面的训练。

4. 代理参加诉讼、调解或仲裁活动

聘请方在对内、对外活动中发生纠纷后,法律顾问可作为聘请方的代理人参加诉讼、调解或仲裁活动。法律顾问代理的案件主要涉及两方面的内容:一是对外经济活动中发生的经济纠纷,主要是经济合同纠纷;二是对内管理中发生的纠纷,主要是涉及劳动法方面的纠纷。纠纷的解决有多种方式,法律顾问可根据具体情况,权衡各方面的得失,协助聘请方选择适当的纠纷解决方案。

5. 帮助企业建立健全各项规章制度

在现代化社会中,企业内部的规章制度,对于企业管理的规范化、科学化起着重要作用。企业的规章制度,一方面要反映企业生产、经营的要求,另一方面要反映国家法律的要求。因此,企业的法律顾问一方面要适应企业生产经营和管理的现实需要,帮助企业建立合同管理制度、劳动人事制度、产品质量管理制度、商业秘密保守制度等规章制度;另一方面要对企业已有的规章制度进行审查、清理,加以完善。法律顾问在帮助企业建立、健全规章制度的工作中,一方面要注意其形式上的规范化,另一方面要保证其内容的合法性和可操作性。

6. 协助企业建立法律服务机构,进行法律培训和法制宣传

目前,我国律师人数相对较少,而律师的业务内容又十分广泛,律师不可能把全部精力投入到企业服务中。因此,法律顾问应当根据企业的具体情况,有计划、有步骤地帮助企业建立内部法律服务机构。此外,法律顾问还应当根据企业管理者和普通员工的具体情况,对他们进行法律培训和法制宣传,提高他们的法律水平。这样,一方面有利于增强企业在市场经济中的生存能力,另一方面有利于稳定社会秩序。可以说,法律顾问这方面的工作,也是社会治安综合治理的一个重

要组成部分。

7. 办理其他法律事务

在市场经济条件下,顾问律师受聘请方委托办理的其他法律事务的内容很多,如帮助企业转换经营机制,落实企业经营自主权,帮助企业进行清产核资、界定产权,帮助企业进行股份制改造,帮助企业清算整顿、破产还债,帮助企业转产、合并、兼并,帮助企业进行资信调查、企业登记、商标注册、专利申请和转让、办理公证、抵押、信托、租赁,帮助企业进行业务宣传、发表启事、声明等。在建立现代企业的过程中,涉及大量非争讼性法律事务,因而顾问律师大有用武之地。

综上所述,在社会主义市场经济体制下,企业之间的竞争日趋激烈。企业法律顾问作为企业的好参谋,可以充分发挥自己的聪明才智,或为聘请方决策提供分析、调查意见,或参与重大经济活动的谈判,或者代理参加诉讼、调解和仲裁活动,或协助聘请方建立、健全各项规章制度,或办理其他法律事务。顾问律师可以从多方面维护聘请方的合法权益,减少生产、经营、管理中的盲目性和风险性。聘请方应充分信任、支持法律顾问的各项工作,重视他们的合理意见和建议,只有这样企业才能在市场中规避风险,求得更大的发展。

二、个人法律顾问的工作范围

公民个人聘请律师担任法律顾问是律师的一项重要业务。当前,法律顾问已逐步进入人们的日常生活。

根据目前的实践,个人法律顾问的主要业务范围包括以下四个方面:

1. 为公民经营、管理活动提供法律意见

个体工商户、农业承包户等公民在经营管理活动中,也会遇到各种各样的法律问题,顾问律师应当就有关问题的可行性及其风险提供法律意见,如某项经营活动是否符合我国现行法律、法规的规定,采取何种方式更为有利,如何减少经营风险等。

2. 为公民日常生活中的法律问题提供法律意见

公民在日常工作、学习、生活中也会遇到大量的法律问题,如婚姻问题、继承问题、收养问题、未成年人保护问题等。顾问律师对这些问题及时给予解答,有利于促进公民法律意识的提高,有利于促进社会的安定团结。

3. 代理参加诉讼、调解和仲裁活动

聘请法律顾问的公民大多数不具备参加诉讼、调解或仲裁活动的法律知识,顾问律师代理公民参加这些活动,可以充分维护公民的合法权益,保障公民的人身权利、民主权利和财产权利不受侵犯。

4. 为公民代书法律文书

例如为公民代书遗嘱,代书合同、协议。

此外,律师还可以办理公民委托的其他法律业务、担任政府机关的法律顾问。

第三节　法律顾问操作实务

一、全面了解并及时掌握聘请方情况

律师接受单位聘请后,要首先通过个别访问、开座谈会、听取有关人员的介绍等方式,对聘请方进行调查研究,完成对聘请方的了解。律师所应了解的主要内容包括:

①了解聘请方的基本情况,包括聘请方的名称、法定代表人的姓名、人员编制、企事业单位的性质、经营方式、业务范围、核算形式、银行账号、投资总额、注册资本、企业的固定资产、流动资产、

产销能力、电话、传真、电报挂号、简史。

②了解聘请方在本行业、本系统中所处的地位、作用、服务对象与竞争对手。

③了解聘请方的隶属关系,包括直接享有管理权的上级主管机关和拥有监督管理权的机关,其中包括银行、审计机关、海关、市场监督管理机关、物价管理机关、税务机关,以及交通监理、卫生监理、环境保护等部门。

④了解聘请方有哪些业务关系户和其他业务上需要往来的单位或个人。业务关系户对企业来说,包括能源供应单位、原材料供应单位、产品主要销售单位以及外加工、运输等关系单位。

⑤收集有关聘请方的产品、技术资料以及其他有关业务方面的资料,要了解其中主要的技术术语。作为企业的法律顾问,顾问律师为了服务聘请方,起到智囊作用,要尽快掌握基本产品、技术资料,由外行尽快变成内行。

⑥了解企业的发展规划、阶段计划,以及近期需要解决的问题。

⑦收集聘请方现行的规章制度。

⑧了解聘请方现存的法律问题。

⑨根据了解的聘请方的业务情况和可能涉及的法律问题,掌握有关的法律规定。

二、在调查研究的基础上,及时处理相关问题

①对于聘请方正在违约的合同,要在对方接受的前提下,明确责任,签订弥补协议,以消除违约后果,尽可能减少财产损失。

②对于口头合同,要尽快采取措施,用书面形式固定下来。

③对于将要超过诉讼时效的债权,要尽快起诉;对于不能起诉的,要用书面形式公证催告使诉讼时效中断。

④选择最易见效的案件,重点突破,使聘请方尽快看到企业法律顾问的作用。

⑤对于其他纠纷,区别轻重缓急,选择最佳方式,一个一个地解决,尽最大努力维护聘请方的合法权益,避免财产损失。

律师在完成相应的法律顾问工作或单项顾问工作以后,应给顾问单位出具工作报告,分为定期出具和根据单项工作出具,具体的报告形式和报告内容根据工作的具体情况而定。

三、协助聘请方建立法律纠纷的预防机制

1. 进行法律、法规培训

针对聘请方企业管理方面存在的问题,顾问律师应举办各业务部门的培训班,学习与企业经营管理有关的法律、政策,提高业务人员的素质,防止纠纷的发生。

2. 协助建立法律顾问室

律师担任法律顾问,虽然可以起到维护聘请方合法权益的作用,但由于人员和时间有限,不可能将全部精力都放在某一法律顾问点。因此,大、中型企业事业单位除聘请律师担任法律顾问外,还需要设立专门处理法律事务的机构,负责处理聘请方日常的法律事务。律师作为法律顾问协助建立法律顾问室的工作主要包括:协助聘请方确定该机构的规模;帮助推荐、选择适当的工作人员;帮助确定该机构的工作范围;帮助制定有关的规章制度;明确法律顾问与法律顾问室的具体分工。

3. 帮助聘请方培养法律事务人才

聘请方的法律事务机构要想真正发挥作用,首先要有懂法的专业人才。法律顾问在做好工作的同时,还要注意为聘请方培养法律事务人才。顾问律师应通过法律顾问业务,在实际工作中传授相关的法律基本知识,为从事法律事务的工作人员联系进修培训。

4. 协助聘请方进行法律宣传

对聘请方的职工、干部进行法律宣传，是提高职工素质、增强法制观念、在企业内部建立良好的秩序的重要手段之一。法律顾问开展这项工作，要注意和聘请方的宣传部门相配合，针对不同对象和聘请方存在的实际问题，举办不同类型的学习班，也可采用多种形式如讲故事、编排文艺节目、组织法律知识竞赛等，使广大职工懂法、守法，建立良好的生产、生活秩序。

5. 协助聘请方制定厂规，审查企业的规章制度

为了更好地依法处理在生产、经营和工作中，与各方的日益复杂的关系，有效地组织生产、科研、经营活动，企事业单位就有必要修改、制定一些规章制度，并使之符合实际。法律顾问从事该项工作，要从编纂、修改原有的规章制度入手，在此基础上参与新的厂规、厂法的起草，并作出提交职工代表大会讨论的说明，使企业内部规章制度的起草、通过、执行合法化。

四、与聘请方相关部门的协作和配合

法律顾问与聘请方的关系涉及律师事务所与聘请方的关系，法律顾问作为律师事务所的代表与聘请方法定代表人的关系以及法律顾问与聘请方法律顾问室和其他职能部门的关系。

首先是律师事务所与聘请方的关系。从双方签订的合同来看，两者是地位平等的合同关系，不存在谁服从谁、谁支配谁的问题，是独立主体间有偿服务的法律关系。其次是法律顾问与聘请方的关系。从我国现行法律规定看，法定代表人要对法人负责。律师事务所派出的法律顾问要对法定代表人以及其代表的法人负责，同时，法律顾问要开展工作，发挥作用，要取得法定代表人的支持和协助，否则，法律顾问的工作就无法深入。只有通过聘请方管理机构的协调，律师才有可能收集相应的证据，取得相关人员的配合，顺利展开相应的工作。最后，律师应与聘请方的业务部门包括生产、销售、财务等部门展开合作，通过各方的共同努力顺利完成工作。需要强调的是，律师应取得聘请方内部法律事务机构的配合。内部法律事务机构是指各级政府、企事业单位等设立的、作为其管理组织机构一个组成部分的法律事务职能机构，主要负责处理本单位的法律事务。顾问律师和聘请方内部法律事务机构的工作人员，都要运用法律手段，以事实为根据，以法律为准绳，维护聘请方的合法权益。一方面，顾问律师和聘请方内部法律事务机构的工作人员在与聘请方的关系、职责、任务等方面，两者之间有明显的区别；另一方面，他们的目标是一致的，在工作中各有分工，应相互配合。

第三章 律师调查

本章提示

律师处理诉讼事务及其他法律事务时的调查权是法律赋予的。《中华人民共和国律师法》第34条规定："律师担任辩护人的，自人民检察院对案件审查起诉之日起，有权查阅、摘抄、复制本案的案卷材料。"第35条规定："受委托的律师根据案情的需要，可以申请人民检察院、人民法院收集、调取证据或者申请人民法院通知证人出庭作证。律师自行调查取证的，凭律师执业证书和律师事务所证明，可以向有关单位或者个人调查与承办法律事务有关的情况。"第36条规定："律师担任诉讼代理人或者辩护人的，其辩论或者辩护的权利依法受到保障。"《中华人民共和国刑事诉讼法》第43条规定："辩护律师经证人或者其他有关单位和个人同意，可以向他们收集与本案有关的材料……辩护律师经人民检察院或者人民法院许可，并且经被害人或者其近亲属、被害人提供的证人同意，可以向他们收集与本案有关的材料。"

但律师的行为也必须符合规范。根据《律师执业行为规范》第五章的规定，律师在诉讼中调查取证，不得向司法机关或者仲裁机构提交明知是虚假的证据；律师作为证人出庭作证的，不得再接受委托担任该案的辩护人或者代理人出庭。

第一节 调查取证的原则和内容

一、律师调查取证的原则

律师调查取证的原则，是律师进行调查取证过程中需要遵循的基本规则，是判断律师是否正当地行使权利的标准，也应当是在有关法律、法规以及部门规章中确立的律师调查取证权的指导性原则。律师在进行调查取证时应当遵循以下原则：

1. 合法性原则

律师行使调查取证权，出具的调查手续和文件要合法，调查的方法、手段要合法。比如律师没有委托人的授权而擅自进行查证，是非法的行为。

2. 正当性原则

律师行使调查取证权要具有正当性，要符合律师的职业道德和规范，不得用于非法目的。司法实践中，在有相关当事人授权的情况下，律师对某一事务的调查看起来似乎与案件无关，但从法律的角度看却是有关系的，此时，就需要以正当性原则判断这一调查权是否被滥用，相关部门和人员据此判断是否给予配合支持。

3. 便捷原则

律师的调查取证是为了有利于委托律师的公民和组织，因此，给予律师便利的调查取证通道，可以节约当事人成本，提高整个社会的劳动生产率。反之，渠道不畅，事实无法查明，有利证据无法取得，纷争难以解决，积怨不能化解，则不利于整个社会的和谐发展。

4. 有利于当事人的原则

从调查取证的方向看，辩护律师应当遵循有利于当事人的原则。刑事诉讼证据分为有利于被告人和不利于被告人两种。检察机关对上述两种证据应当一律加以注意和收集。辩护职能是辩护律师的核心职能,如果辩护律师也像检察机关那样收集不利于被告人的证据,就会混淆控诉职能和辩护职能,损害辩护律师的形象,妨碍其履行辩护职能。辩护律师对在调查取证中得知的不利于被告人的证据,可区别情况进行如下处理:如果有利证据单独存在或者能够与不利证据分开,只调取有利的证据。如果有利证据与不利证据不能分开,而检察机关只注意不利证据的,可以将有利证据连同不利证据一并收集并提交法庭。因为在此种情况下,不利证据并非秘密。如果有利证据和不利证据不能分开,且检察机关均未收集,辩护律师可根据情况决定是否申请司法机关调取,而不宜自行收集。

5. 保守职务秘密的原则

从调查取证与社会关系看,辩护律师应当遵循保守职务秘密的原则。辩护律师保守职务秘密,即不向社会泄露在调查取证中得知的不利于被告人的情况,这是各国刑事诉讼的普遍做法。辩护律师对被告人提供的或自行发现的不利于被告人的情况应当保密,但是,危害国家安全、公共安全以及严重危害他人人身安全的重大犯罪预谋除外。

6. 事后性原则

从调查取证的时间看,辩护律师应当遵循事后调查取证的原则。

①司法机关调查之后,辩护律师再行补充调查。同一证据来源,首次调查权属于司法机关,辩护律师享有事后补充调查的权利。

②先阅卷再调查。仔细阅读案卷,辩护律师不仅可以了解案情,还可以找出案卷中存在的疑点。找准问题,补充调查才可能是有效的。

③先听取被告人陈述,再调查取证。被告人最了解案件情况,先听取被告人陈述有助于辩护律师发现问题,以便确定调查取证的方向。其中从调查取证的程序看,辩护律师应当遵循依法调查取证的原则,凡司法机关不得采取的非法取证方法,辩护律师也不得采取。辩护律师不得威胁、引诱或指使证人作伪证,更不得变造、伪造证据,如果遭到拒绝,也不得强制进行调查。

二、调查取证的要求

律师调查取证,应力争达到如下的要求:

1. 调查取证要有利于犯罪嫌疑人、被告人

辩护律师要实现辩护职能,应该侧重调查收集能够证明犯罪嫌疑人、被告人无罪、罪轻或者减轻、免除其刑事责任的证据材料。

2. 调查取证要客观

律师调查取证必须坚持客观性原则,实事求是,既不夸大,也不缩小,不能应犯罪嫌疑人、被告人的要求而歪曲和捏造证据。

3. 调查取证要有目的地进行

律师为能"证明犯罪嫌疑人、被告人无罪、罪轻或减轻、免除其刑事责任",应针对案件的不同情况,研究确定调查取证的方向、范围、方法和步骤,如拟定调查取证的计划或提纲,以避免盲目性。

4. 调查取证要深入、细致

刑事案件的复杂性以及刑事诉讼的严肃性和判决后果的严重性,都要求律师在调查时必须耐心、细致,不能忽略了那些微不足道、不引人注意的细节。一个小小的细节在证明犯罪嫌疑人、被告人无罪或罪轻中往往起着举足轻重的作用,而这些细节是侦查机关容易忽视的。

5. 调查取证一定要讲究策略

由于辩护律师的调查取证存在条件和程序的限制,会遇到各种错综复杂的情况,这就要求律师在调查取证时讲究策略,注意研究被调查对象的心理状态,善于运用计谋、策略、手段,促使他们

自愿陈述案件的真实情况,但绝不等同于欺骗、引诱证人、被害人作证,而要严格遵守法定程序。有人认为可以采用暗示的方法启发他们作证。即使某个证人、被害人同意作证,但并不意味着对辩护律师提出的每一具体问题同意作证,因此,辩护律师在调查取证过程中不得采用暗示的方法,而应对每一个问题作出明示,应该让他们在直接了解自己作证行为后果的情况下作证。

三、调查取证权的分类与内容

律师调查取证权可以从多个角度、各个方面进行分类。

1. 以调查取证涉及的法律部门区分

可分为民事类、刑事类、行政类、非诉讼类等,在这些分类中,律师行使的调查取证权有很大的不同,三大诉讼法和《中华人民共和国律师法》(以下简称《律师法》)分别对此作了规定。

2. 以调查的对象区分

可分为公民个人、社会经济组织、国家机关的调查取证。这样分类的意义在于,各个对象所掌握的资源不同,对律师调查取证权的要求也不完全相同。

3. 以律师取证的内容区分

分为调查询问证人证言、查询、复制与法律事务有关的材料、现场查验和搜集物证等。

调查取证应当抓住要害。确定律师调查取证的范围,应着重考虑以下三种因素:

(1)案件的焦点问题

辩护律师应注意发现能够证明犯罪嫌疑人、被告人无罪、罪轻或者减轻、免除刑事责任的关键问题。

律师在收集证据时要紧紧围绕证明犯罪嫌疑人、被告人无罪、罪轻、减轻和免除刑事处罚这个中心进行。具体说来,要重点收集以下几个方面的证据:①对犯罪嫌疑人、被告人的行为定性是否准确;②量刑的法定从轻、减轻、免除处罚情节是否认定;③量刑的酌定从轻、减轻、免除刑事责任的情节是否认定;④数额的认定及计算方法是否正确;⑤牵连犯、吸收犯、连续犯是否按一罪处理;⑥其他从轻、减轻和免除处罚的情节。只有这样,才能做到取证工作既有的放矢,又避免不必要的阻力,达到实效。

(2)控诉的论点和证据

辩护律师应仔细研究控诉的论点和证据,发现疑点,寻找突破口,调查收集对犯罪嫌疑人、被告人有利的证据,用以反驳指控的部分或全部。

(3)个案的具体情况

①犯罪嫌疑人、被告人有无刑事责任能力。比如是否有不具备法定治罪的年龄或情节。②是否具有免除刑事责任的情形。比如正当防卫,即使属于防卫过当或超过必要限度,也要寻找减轻或者免除刑罚的证据材料。③行为所产生的损害结果是否夸大失实。比如赃物价值大小及去向,当造成危害结果时,容易套用动机与效果相一致的理论逆推行为人主观上出于故意,有时会混淆故意与过失,有时还会混淆故意犯罪与过失犯罪的界限。还应特别注意危害结果的发生是否因为意外事件、不可抗力所致。④犯罪嫌疑人、被告人犯罪过程中所处的主从地位和犯罪后有无自首或立功表现。此种情况虽不影响犯罪构成,但属于法定的从轻、减轻或者免除处罚的条件,可以从量刑方面进行辩护。⑤犯罪嫌疑人、被告人对某种法律推定或事实推定的否认是否成立。比如,"国家工作人员的财产或者支出明显超过合法收入,差额巨大的可以责令说明来源。本人不能说明来源是合法的,差额部分以非法所得论"。此类情况下,律师应对犯罪嫌疑人、被告人对这种推定的否认是否成立进行调查取证,以求获得有利于犯罪嫌疑人、被告人的证据。

第二节　调查取证的途径和方法

一、律师在诉讼中调查取证的途径

1. 向当事人调查收集证据

律师接受当事人委托后，就要着手开始收集相关的证据。代理律师可以要求当事人提供诸如合同、契据、函电、书信、鉴定书、诊断书和其他证据，也可以根据委托人提供的材料和线索进行调查。

律师在向当事人收集证据时应当注意，一定要求委托人如实陈述案情。通常情况下，当事人由于处于利害关系之中，往往叙述案情时带有偏见，尽量夸大对自己有利的事实，缩小对自己不利的事实，使律师难以对案情作出正确判断。因此，律师在向当事人收集证据时，不仅要向当事人讲清如实陈述案情的重要性，要求其提供所有对自己有利或不利的事实，将案件情况实事求是地讲清楚，而且还要通过当事人的叙述发现一些有价值的证据。

2. 向证人调查和收集证据

根据《律师法》和《民事诉讼法》的规定，律师向有关单位和个人调查取证时，有关单位和个人有责任给予支持和配合。律师在向证人调查、收集证据时，应持律师事务所的调查专用介绍信，并首先告知律师身份，出示律师执业证，告知证人应当如实反映与案件有关的情况，并向其讲明作伪证应负的法律责任。律师向证人调查、收集证据，可以由证人自己书写证言内容；证人不能自己书写的，可由他人代为书写，本人签名、盖章或按指纹确认。有关单位书写的证人证言，应由单位负责人签名或者盖章，并加盖单位公章。

律师调查、收集与本案有关的证据，可以制作调查笔录。调查笔录应当载明调查人、被调查人、调查时间、调查地点、调查内容、调查笔录制作人等基本情况；还应当有律师身份的介绍，律师要求被调查人实事求是作证的内容，调查的内容通常是查明民事纠纷发生的时间、地点、原因、人物、经过、结果、争执的焦点，以及搜集证据和寻找证据来源。但就具体的被调查人来说，调查则应围绕阅卷中出现的存疑和线索进行，对不同的案件还要根据其特点进行调查。调查时对于问题单一的，可以不制作调查提纲；对于问题多而复杂的，则应拟定调查提纲，以防遗漏。律师制作调查笔录，应当全面、准确地记录谈话内容，律师应遵守实事求是的原则，切忌先入为主，切忌诱导被调查人。谈话完毕后，应将调查笔录交由被调查人阅读或向其宣读。如有修改补充，应由被调查人在修改、补充处加盖印章或按指纹确认。被调查人在律师调查笔录上，还应签署以下文字："以上笔录我已阅读过(或向我宣读过)，与本人陈述的一致。"

律师应向一切了解案件情况的人进行调查，制作调查笔录，包括向有关单位收集能够证明案件情况的文件及有关标准等方面的证据，明确双方争执的关键所在和当事人诉讼请求的根据和理由。

辩护律师在向证人、被害方、有关单位调查取证时，尤其需要掌握方法，利用技巧，把握策略。要对有关单位和个人进行耐心细致的法制教育，掌握其心态，打消其顾虑，使其主动配合，自愿地向辩护律师提供案件的真实情况，合理运用固定证据的技巧。一般来说，辩护律师以笔录的形式收集证据最为合适，在条件允许的情况下，亦可使用录音或录像的方法。

3. 查阅案件卷宗材料

代理律师查阅的主要材料包括：起诉状、被告所作的答辩状、双方当事人的举证材料、法院调查或鉴定而得来的相关证据材料。律师查阅案卷材料应当做到核实事实，了解双方当事人在叙述事实方面的主要观点，核实事实要根据各方的不同主张抓住最基本的、足以影响实体裁判的事实进行;要了解双方当事人在叙述事实方面的差距,对对方当事人多次叙述的事实,要注意前后是否一致。审查、分析、判断案件材料中对方当事人提供的证据,这是阅卷最关键的环节。"以事实为根据"最终要落脚在"以证据证明事实"上。因此,律师在阅卷中对双方所提供的证据要进行甄别,注意鉴别真假,找出矛盾证据,并把有利证据和不利证据分开排列,掌握对方当事人的意见和观点,做到知己知彼。律师应认真审阅法院的调查结论和有关材料,看是否存在倾向性或违法情况。

律师查阅案件卷宗材料要有目的,对有疑问的事实和需要进一步弄清楚的事实在阅卷中要认真审阅,对有可能在法庭上提出的问题要在阅卷中寻找答案。案卷中审阅不清、寻找不到答案的,律师还要进行调查。律师在阅卷时注意制作阅卷笔录。笔录的主要内容应包括:对方当事人陈述的主要事实,人民法院的调查结果和有关材料。摘录卷内材料不可断章取义,要保持其连贯性、完整性,摘录材料不可改变原意,并注明卷号、号码。摘录案卷中的材料应注明出处,以便在庭审中引用。

阅卷不仅要全面细致,更应当注意抓住重点,重点把握案件的关键及焦点问题、双方当事人的主要分歧和矛盾、对方当事人的主要观点和理由、证人证言及有关证据材料证明的事实。

【示例】

××律师事务所的刘××律师担任胡××交通肇事罪中被告人胡××的辩护人,刘××在阅卷中发现,一份证人证言对胡××交通肇事罪的认定具有决定性作用。该证人为交通事故现场附近的村民于××,事发当天,他正在田里干农活。根据于××在证人证言中的陈述,他亲眼看到胡××在经过十字路口时超速行驶,未注意到路口的行人,径直将行人撞飞,行人失血过多死亡。但律师发现,证人证言缺少一些细节,如证人于××在交通事故发生时的位置及其与被害人的关系等。

后律师经过调查发现,证人于××的地块离公路将近400米,其在田里干农活,根本不可能看到公路上交通事故的细节,同时律师发现,证人于××与被害人于××为同村人。于是律师在庭审过程中将上述问题向证人进行了质问,后经过庭审发现,因离得太远,于××根本未看到交通事故发生的过程,其所陈述的细节是看了当地新闻报道后才得知的。法庭采纳了律师的意见,判决胡××不构成交通肇事罪。

4. 申请法院调查收集证据

最高人民法院《关于适用〈中华人民共和国民事诉讼法〉的解释》第94条规定:"民事诉讼法第六十四条第二款规定的当事人及其诉讼代理人因客观原因不能自行收集的证据包括:(一)证据由国家有关部门保存,当事人及其诉讼代理人无权查阅调取的;(二)涉及国家秘密、商业秘密或者个人隐私的;(三)当事人及其诉讼代理人因客观原因不能自行收集的其他证据。当事人及其诉讼代理人因客观原因不能自行收集的证据,可以在举证期限届满前书面申请人民法院调查收集。"法院调集证据,主要是因当事人存在客观原因不能自行收集证据,即只有在确有客观原因的情况下,当事人方可申请法院调查收集证据。这里的客观原因主要是指涉及档案材料和秘密材料的情形。在某些案件中,也可以因为情况特殊或者律师处境的困难,无法单独对某些需要调查的问题进行调查,更无法取得必要的证据。在这种情况下,根据以上的规定,律师可以申请人民法院进行调查。

在申请人民法院调查时,律师应当以书面形式在举证期限内提出申请,申请书应当载明基本的证据线索,所要调查证据为书证、物证、证人证言、当事人陈述、鉴定结论、勘验笔录、视听材料、电子数据中的哪一类,涉及的主要内容以及所要证明的事实,以供人民法院判断该证据与争议的案件事实是否具有关联性。书面申请中应当载明申请人申请人民法院调查收集证据的原因及不能自行收集的原因,以供人民法院判断申请是否属于《民事诉讼法》和最高人民法院关于《适用〈中华人民共和国民事诉讼法〉的解释》所规定的情形。当调查对象是自然人或单位时,应当列明被调查人的姓名或单位名称、住所地或居住地等基本情况,以便人民法院的调查人员能查明被调查人的住所,迅速展开调查工作。最好在申请书后面附一份调查提纲,写明调查的事项、目的和要求,并可以提出调查的对象和有关建议,供调查人员参考。

二、律师在诉讼中调查取证的方法

1. 律师调查取证的方法

依照法律规定,律师进行调查取证有以下主要方法:

(1)会见访问。律师会见或访问有关人员时,要制作询问笔录和谈话记录,注明时间、地点、询问人、被询问人及询问的主要内容。询问笔录和调查笔录,要由被询问人、被调查人核对无误后签名或盖章。

(2)抄录、复印。律师对可作为证据的文件、信件、图片等书面材料抄录或复印,并由持件人核对无误后签名或盖章。

(3)拍照。律师应对案件事实具有证明意义的文件,因犯罪行为而引起的外界变化的物证和犯罪分子犯罪的地点、遗留的痕迹及物体的现场进行拍照。

(4)录音、录像。

(5)鉴定。对应鉴定而未进行鉴定的案件,或对已经鉴定,但对鉴定结果持异议的案件,律师应申请鉴定或重新鉴定。

(6)勘验、现场勘验律师要制作勘验笔录。

(7)试验。律师根据案情进行实地验证或模拟试验,并制作试验笔录,记录试验的时间、地点、参加人员、试验方法以及试验的结果等。

以上方法,律师根据案情,可以单独使用,也可以选择综合使用。

2. 律师调查取证时应注意的问题

律师在采取上述各种手段进行调查取证时,应注意以下问题:

(1)关于询问证人或被害人

在询问证人或被害人遭到拒绝时,辩护律师无权直接采取任何带有强制性的措施,不得损害证人和被害人的权益。鉴于被告人与辩护律师的特殊身份关系,被告人陈述只宜作为了解案情的方法使用。无论被告人的陈述对其本人是否有利,辩护律师都不得向司法机关揭示。

(2)关于调取书证或物证

辩护律师能否调取书证或物证,完全取决于持有人或持有单位的自愿合作,在遭到拒绝时,辩护律师可以申请司法机关调取证据。

(3)关于采用鉴定结论

律师事务所是律师工作的组织,具有司法组织的某些性质。辩护律师认为有专门问题需要进行鉴定时,可以交由所在的律师事务所委托法定鉴定部门进行鉴定。如果法定鉴定部门拒绝委托,辩护律师可以申请司法机关进行鉴定。法定鉴定部门接受律师事务所委托作出鉴定结论的,辩护律师可以将其作为证据向法庭提交,法庭也应当作为证据予以接受和审查。

(4)关于收集视听资料

辩护律师不能自行录制视听资料。因为视听资料侵犯公民隐私权的可能性极大,只宜作为公安司法机关调取、固定证据的方法。但是如果单位或个人自己制作了视听资料,辩护律师在取得同意的情况下可以调取、复制,并作为证据提交法庭审查。简言之,辩护律师只能收集,不能自行制作视听资料。

(5)关于勘验、检查笔录

司法机关在讯问被告人或采取搜查、勘验检查等措施时,辩护律师经同意,可以到场。这是保护被告人合法权益的有效方法,但不宜成为辩护律师调查取证的方法。理由是勘验、检查、搜查、扣押等诉讼行为,权力色彩浓厚,而且事前应当办理有关手续,需要较多的人力、物力以及有关单位的配合支持,辩护律师一般不具有这样的条件和能力。

第三节 辩护律师进行调查取证应特别注意的问题

一、辩护律师享有调查取证权

律师只有在担任辩护人时才享有调查取证权,人民团体或者犯罪嫌疑人、被告人所在单位推荐的人以及犯罪嫌疑人、被告人的监护人、亲友担任辩护人的不享有调查取证权。

二、辩护律师调查取证手续必须合法

辩护律师调查取证必须由两人进行,应当出示律师执业证和律师事务所专用证明,并说明来意,征询是否同意作证,并在调查笔录中将同意作证的意见记录在卷,以备审查。律师在向被害人及其近亲属、被害人提供的证人调查取证时,应先得到人民检察院、人民法院的许可。

三、辩护律师应当注意对证人的保护

辩护律师在调查取证中发现有人对证人及其近亲属进行威胁、侮辱、殴打或者打击报复的,应及时劝止,情况严重的,向司法机关报告,申请对证人及其近亲属予以保护。

四、辩护律师无法取证时应及时申请司法机关收集、调查证据

遇到足以影响诉讼结果的证据,取证又十分困难时,律师应及时申请人民检察院或人民法院收集、调查证据,并将证据线索告知司法机关。《中华人民共和国刑事诉讼法》(以下简称《刑事诉讼法》)对律师的此项权利作了明确的规定,这是对辩护律师调查取证权的重要补充,也是诉讼公正性的必要保障。

五、律师调查取证应注意不要违反法律规定

《刑法》第306条规定:"在刑事诉讼中,辩护人、诉讼代理人毁灭、伪造证据,帮助当事人毁灭、伪造证据,威胁、引诱证人违背事实改变证言或者作伪证的,处三年以下有期徒刑或者拘役;情节严重的,处三年以上七年以下有期徒刑。辩护人、诉讼代理人提供、出示、引用的证人证言或者其他证据失实,不是有意伪造的,不属于伪造证据。"律师应对此予以特别注意。

【示例】

2006年3月20日,××律师事务所章××律师接受委托,担任李××故意伤害案中被告人李××的辩护人。章××律师会见被告李××以后,根据李××提供的线索,找到本案的被害人周××。章××律师表示,如果周××在庭审中改变陈述,将故意伤害说成两人因琐事纠纷李××过失致使周××受伤,事成以后,李××愿意给付周××10万元的补偿。在庭审过程中,周××依照约定改变了陈述,致使侦查结果与被害人陈述严重不符,李××被判无罪。案后,公安机关经过调查,发现了章××律师引诱被害人改

变陈述的情况，遂进行了立案侦查。后章××律师以辩护人伪造证据罪被起诉，并被判处有期徒刑2年。

六、辩护律师应着重提高自身素质

律师自身素质不高也是造成律师调查取证难的一个重要原因。虽然我国对律师职业进行准入控制，但和过去相比，律师队伍不断壮大，律师的业务素质和执业能力也在不断提高。然而不可否认的是，和一些国家相比，由于我国在律师见习、培训、管理等方面还有许多工作不系统和不规范，大批刚取得律师资格的人没有得到系统地培训、见习就仓促上阵，有些律师经验不足、实际办案能力不强，因此，他们在刑事诉讼的调查取证工作中不能适应当前法律规定的对辩护律师调查取证的高标准要求，收集证据的方法少、自信心不强，影响到调查取证工作的有效开展。所以应对辩护律师进行相应的培训，强化业务素质，为提高办案能力和水平打下坚实的理论基础。

第四章　代　　书

本章提示

代书,即代写法律文书,是我国律师的主要业务之一,是指律师受当事人的委托,以委托人的名义,以事实为根据,以法律为准绳,为当事人书写有关法律文书的业务活动。

在律师向当事人所提供的各种法律服务中,代书是律师的法律功底、逻辑思维、文字表达能力等的综合体现,是衡量律师法律专业素质的一个重要尺度。

律师代书业务具有十分重要的意义。首先,代书是为委托人提供法律帮助、维护其合法权益的重要方式。随着法律在日常生活中的不断深入,法律发挥作用的范围越来越大。我国广大人民群众由于主客观因素的制约,一旦自己的合法权益遭到侵犯,迫切需要律师为其代写诉讼文书或其他法律文书。懂法律、懂政策的律师为委托人代书是为委托人提供法律帮助的一种非常便利的服务方式。其次,代书有助于宣传、普及法律知识,起到息讼解纷的作用。律师在代书过程中,通过对有关事实进行依法评断,可以使委托人知晓法律、明辨是非。对于委托人的合法要求,律师应大力支持;对于委托人的无理要求,律师应当对其进行说服教育,使之放弃不正当要求,从而有利于促进社会安定团结,促进社会治安综合治理。最后,代书可以为诉讼的顺利进行创造条件。律师作为法律专业工作者,在代书过程中制作的法律文书一般论点明确、叙述清楚、请求具体、合乎法律规定,从而为法院提高工作效率、顺利进行审判工作创造条件。同时,代书能起到预防纠纷的作用。随着社会主义市场经济的发展,社会经济往来越来越多,由律师代书起草各种严谨周密的合同或章程,无疑对预防纠纷的发生能起到十分重要的作用。

在此,笔者强调,律师代书不同于法律意见书。律师代书只是律师代替当事人书写的法律文书,其义务人为当事人,而不是律师。而法律意见书是以律师事务所或律师的名义书写的,其义务人为律师事务所或律师。由此,两者在制作程序、制作内容、权利义务人等方面都有根本的不同。

第一节　基本原则和应注意的问题

一、律师代书要遵循的基本原则

1. 以事实为根据

①以事实为根据,要求律师在代书前必须做好案情的了解工作。律师应根据当事人的陈述,详细了解案情,把握事实真相,为代书做好资料准备。

②以事实为根据要求律师在代书时,要正确运用事实材料,如实反映客观情况,切忌增减,主观拼凑。在此,需要强调的是,以上所说的事实是指法律事实,即有证据能够证明的事实,而非客观事实。

2. 以法律为准绳

①以法律为准绳要求律师在代书前根据了解的事实决定是否代书。律师代书不是简单的代笔,而是要依法代书。当事人诉讼请求不合理、不合法,按法律规定已过诉讼时效以及根据法律其他规定不应代书的,律师应当坚决拒绝代书。

②以法律为准绳,要求律师在代书时应准确恰当地引用法律条文,保证法律文书的严肃性。

只有“以事实为根据，以法律为准绳”，律师才能真正为人民服务，为社会主义现代化建设服务。此外，代书还应当注意语言文字的运用。语言文字功夫的优劣直接关系到代书的质量，因此，每一字、每一词、每一句都应认真推敲，仔细琢磨，避免使用模棱两可的词句，尽量使用法律语言，只有这样，法律文书才能做到论证充分，说服力强。

3. 谨慎原则

律师在代书时要坚持谨慎原则。律师应注意不要因为措辞不当而让对方抓住把柄，也不要在代书中作出对本方当事人不利的陈述。律师在解答法律咨询后，如果发现回答错误，应当立即纠正，以免因此造成不良影响和后果。

二、律师代书需要特别注意的问题

1. 要充分领会当事人的意图和目的

律师需注意加强与当事人的沟通，不能自以为是。没有充分表达，或者错误表达当事人意图和目的的法律文书，不论写得多么完美，也是南辕北辙、毫不足取，律师本人也要承担责任。

【示例】

赵×将自产小麦3 000公斤卖给张×，张×称自己成立了商贸公司，并以商贸公司名义给赵×出具欠条一份。张×一直不向赵×支付粮食款，于是，赵×委托××律师事务所的肖律师帮助起草起诉书一份，并将欠条交给肖律师，肖律师接受委托以后，遂帮助赵×起草了一份以商贸公司为被告的起诉书。赵×将该起诉书交到法院进行起诉。法院在审查起诉书时查明，商贸公司根本就没有进行工商注册，遂驳回了赵×的起诉。

2. 文字书写的形式要规范

律师在代书时要使用钢笔、签字笔、毛笔进行书写或者签字；提交打印文件的，要注意打印清晰。所有书面文件切忌涂抹。

3. 文字表达要清楚、简练

在文书表述上，要做到主题突出，尽量直接、明确地表达当事人的意图，切忌言之无物；要做到法律逻辑清晰，有理有据，切忌自相矛盾，逻辑混乱；要做到表达流畅，行文简练。

4. 文书格式注意遵循法定或通行格式

在文书格式上，尤其是向各级人民法院呈送的诉讼文书和正式的合同协议、遗嘱等一定要注意遵循法定的，或者通行的格式。

5. 注意文书的技术性问题

要注意有关部门对于文书纸张、份数等问题的特别要求，避免在这些技术问题上耽误时间。比如在民事诉讼中，应按被告的个数向法院提供民事起诉书的副本，并附送相关的证据材料，如果缺少相关材料，可能就会阻碍受理和审判的顺利进行。

6. 文书要做到实用、有效

在制作法律文书时切忌形式主义，要尽量做到实用、有效。在制作过程中尽量心平气和，有理有据地将观点表达清晰、完备。

7. 文书要谨慎，避免常见错误

实践中，起草法律文书可能出现一些常见的错误，例如民事诉状中由于没有核准各方当事人的名称和地址被法院驳回起诉；有限责任公司漏掉“责任”二字，被法院驳回等。如果律师代书出现上述问题，律师就应承担诉讼费。所以，在代书过程中，律师应仔细核实上述关键内容，对有关事项应以当事人盖章或市场监督管理部门查询的名称为准。

第二节　常用法律文书

一、民事起诉状

(一) 概述

民事起诉状是指公民、法人和其他组织,在认为自己的合法权益受到侵害或者与他人发生争议时,向人民法院提交的请求依法裁判的法律文书。

《民事诉讼法》第 119 条规定:“起诉必须符合下列条件:(一)原告是与本案有直接利害关系的公民、法人和其他组织;(二)有明确的被告;(三)有具体的诉讼请求和事实、理由;(四)属于人民法院受理民事诉讼的范围和受诉人民法院管辖。”起诉必须符合该条规定,否则,即使当事人向人民法院递交了民事起诉书也不会被人民法院受理。

民事起诉状是人民法院受理民事诉讼案件的依据,也是人民法院启动民事诉讼程序的途径之一,但必须是在起诉本身符合法定条件的基础上人民法院才会受理。因此,制作民事起诉书应充分保证起诉的合法性,否则也就无法发挥该文书应有的作用。人民法院对于符合上述规定的起诉,必须受理,反之,将不予受理。

代理民事案件或代书民事诉状,如遇不符合上述规定者,应针对案情,告知当事人通过其他途径解决。如属于行政诉讼的,应告知当事人依照《中华人民共和国行政诉讼法》的有关规定起诉;属于请求再审的,应告知当事人向告申庭提出请求;属于应由仲裁机构仲裁的,应告知当事人向协商确定的仲裁机构申请仲裁;属于应由行政部门处理的争议,应告知当事人向有关部门申请解决;因其他情节,人民法院不予受理或在一定期限内不予受理的,应明确告知当事人。

(二) 写作内容和制作方法

《民事诉讼法》第 121 条规定:“起诉状应当记明下列事项:(一)原告的姓名、性别、年龄、民族、职业、工作单位、住所、联系方式,法人或者其他组织的名称、住所和法定代表人或者主要负责人的姓名、职务、联系方式;(二)被告的姓名、性别、工作单位、住所等信息,法人或者其他组织的名称、住所等信息;(三)诉讼请求和所根据的事实与理由;(四)证据和证据来源,证人姓名和住所。”

民事起诉书内容包括:

1. 首部

(1)标题。居中写明“民事起诉状”。

(2)当事人的基本情况。包括原告、被告的姓名、性别、出生年月日、民族、职业、工作单位和职务、住址等内容,如果同案被告有 2 人以上,应按责任大小的顺序写明。如果原告或被告系无诉讼行为能力人,应在其项后写明法定代理人的姓名、性别、职业、工作单位和住址,及其与原告或被告的关系。如果被告是法人或其他组织的,应写明其名称和住所,以及法定代表人或主要负责人的姓名和职务。如果有第三人,应写明第三人的姓名、性别、出生年月日、民族、籍贯、职业、工作单位和住址等。如果第三人是法人或其他组织的,应写明其名称和住所,以及法定代表人或主要负责人的姓名和职务。

(3)案由。写明纠纷是哪一种原因引起的。

(4)诉讼请求。写明原告请求人民法院依法解决的有关民事权益的问题,即诉讼标的。依确认之诉、变更之诉和给付之诉的不同请求,具体写出。

2. 正文

(1)事实。应写明原告、被告之间民事法律关系存在的事实及双方发生争议之事实,以及争议发生的缘起、经过、情节、后果。一般应以时间为序,既要如实写明案情,又要重点叙述被告行为的后果。

（2）理由。主要依据案情和有关法律法规及政策性规定阐明被告行为的性质以及其应承担的责任，并对如何处理该纠纷提出意见。

（3）证据。写明向人民法院提供的能够证明案情证据的名称、件数或证据线索，并写明证据来源。有证人的，应写明证人的姓名和住址。

3. 尾部

（1）致送人民法院的名称。

（2）原告签名，如果是法人则应加盖公章。

如果委托律师为原告代书起诉状，可在诉状的最后写上代书律师的姓名及代书律师所在的律师事务所的名称。

（3）起诉时间。

4. 附项

（1）起诉状副本份数。起诉状副本份数应按被告（含第三人）的人数提交。

（2）其他有关证据及证明材料。

【示例】

起　诉　状

原告：李××，女，××××年×月×日出生，汉族

住址：××市××区××小区×号楼××室

身份证号：

联系电话：

被告：周××，男，××××年×月×日出生，汉族

住址：××市××区××小区×号楼××室

身份证号：

联系电话：

诉讼请求：

一、请求依法判令原、被告离婚；

二、婚生子随原告生活，由被告每月支付1 000元抚养费。

事实与理由：

原、被告于2003年2月建立恋爱关系。因原、被告未婚同居致使原告未婚先孕，双方未经深入了解便于2005年8月办理结婚登记。婚前，原告对自己已购房屋进行了财产公证。原、被告约定婚姻存续期间所得财产及婚前财产归各自所有。婚后，双方在很多方面差异甚大，且男方缺乏起码的家庭责任感，双方为此频繁发生争吵。自结婚以来，被告经常因小事对原告实施家庭暴力。原告于2005年11月5日生下一女孩。原告出院后在调养身体期间，被告有时因言语不和就对原告进行殴打，给原告的身心造成了巨大的伤害。

综上所述，原告认为，原、被告双方感情确已破裂，再无继续生活的可能和必要。现原告坚决要求离婚，请求法院准予离婚并对孩子的抚养问题依法作出处理。

此致

××市××区人民法院

具状人：李××

2006年5月15日

附:1. 起诉状副本2份;
2. 身份证复印件1份;
3. 婚姻登记证明原件1份。

二、民事答辩状

(一) 概述

民事答辩状是指民事案件中的被告或被上诉人针对原告的起诉或上诉人的上诉予以答复和辩驳的法律文书。律师在民事答辩状中的代书应注意以下几点:

1. 民事答辩状的提交必须在法定期限内完成

按照《民事诉讼法》第125条的规定,答辩状应在被告或被上诉人收到起诉书或上诉书副本后15日内提出。虽然逾期提出甚至不提出答辩状对人民法院的审理并无影响,但从答辩人的角度而言,答辩状的制作、使用是行使自身诉讼权利,充分表达个人意见的最好途径,因此受当事人委托的律师应在法定期限内完成代书,以便更好地维护委托人的合法权益。

2. 要求当事人实事求是

要求当事人打消顾虑,讲明事实真相,既不要一味强调对自己有利的情节,也不要隐瞒不利事实,更要注意甄别当事人所提供情况的真实性,不偏听偏信。

(二) 写作内容与制作方法

1. 首部

(1)标题。居中写明"民事答辩状"。

(2)答辩人的基本情况。包括原、被告的姓名、性别、出生年月日、民族、职业、工作单位和职务、住址、联系方式等内容。如果同案被告有2人以上,应按责任大小的顺序写明。如果原告或被告系无诉讼行为能力人,应在其项后写明法定代理人的姓名、性别、职业、工作单位和住址,及其与原告或被告的关系。如果被告是法人或其他组织的,应写明其名称和住所,以及法定代表人或主要负责人的姓名和职务。

(3)答辩缘由。写明答辩人因某案进行答辩。

2. 正文

(1)答辩的理由。应针对原告或上诉人的诉讼请求及其所依据的事实与理由进行反驳和辩解。

被告、被上诉人的答辩主要从实体方面针对原告、上诉人的事实、理由、证据和请求事项进行答辩,全面否定或部分否定其所依据的事实证据,从而否定其理由和诉讼请求;一审被告的答辩还可以从程序方面进行答辩,例如提出原告不是正当的原告,或原告起诉的案件不属于受诉法院管辖,或原告的起诉不符合法定的起诉条件,说明原告无权起诉或起诉不合法,从而否定案件。

无论一审被告,还是二审被上诉人提出的答辩理由,都要实事求是,要有证据。

(2)答辩请求。这是答辩人在阐述答辩理由的基础上针对原告的诉讼请求向人民法院提出的请求。

应写明根据有关法律规定,请求人民法院保护答辩人的合法权益。一审民事答辩状中的答辩请求主要有:

①要求人民法院驳回起诉,不予受理;

②要求人民法院否定原告请求事项的一部分或全部;

③提出新的主张和要求,如追加第三人;

④提出反诉请求。

（3）证据。答辩中有关举证事项，应写明证据的名称、件数、来源或证据线索，有证人的，应写明证人姓名、住址等。

3. 尾部

（1）致送人民法院的名称。

（2）答辩人签名，如果是法人或其他组织的，应写明全称，并加盖公章。

（3）答辩时间。

4. 附项

（1）答辩状副本份数。答辩状副本份数应按被告（含第三人）的人数提交。

（2）其他有关证据及证明材料。

【示例】

答　辩　状

答辩人：××市××家具厂

住址：××市××路××号

因张××诉××市××家具厂人身损害赔偿一案，现提出答辩意见如下：

1. 答辩人与张××之间不存在直接的合同关系，答辩人于2006年3月18日与××市××电器有限责任公司签订合同一份，由××市××电器有限责任公司负责为答辩人安装空调，张××是受××市××电器有限责任公司的委托来安装空调的，与答辩人之间不存在直接合同关系。

2. 张××的伤害赔偿应由××市××电器有限责任公司负责。其一，根据我国法律和有关司法解释的规定，××市××电器有限责任公司对其职工在履行合同的范围内所受到的伤害应负责任，张××的伤害并不是由于合同客体以外的事物造成的。其二，受××市××电器有限责任公司委托的张××在安装空调的过程中，存在严重违反操作程序的行为，未佩戴安全帽并采取必要的防护措施，未尽应尽的注意义务。

3. 答辩人对张××的伤害赔偿不应承担责任。根据我国《民法通则》的规定，从事高度危险作业的人致他人损害的，应负赔偿责任。而本案中答辩人与××市××电器有限责任公司订有合同，高度危险来源已通过合同合法地转移给××市××电器有限责任公司。××市××电器有限责任公司成为该危险作业物的主体，张××在操作过程中受到伤害，这是××市××电器有限责任公司在履行合同过程中，合同客体造成自己员工的伤害行为，与答辩人无关。

综上所述，××市××家具厂为不适格被告，请贵院依法驳回原告的起诉。

此致

××市××区人民法院

答辩人：××市××家具厂

2006年5月20日

附：1. 本答辩状副本2份；

2. 合同复印件1份，共3页。

三、民事反诉状

(一)概述

反诉是法律给予民事案件被告的一种权利。民事反诉应当以本诉为基础:一是反诉的被告必须是本诉的原告,反诉的原告必须是本诉的被告;二是反诉必须以达到和本诉互相抵消为目的。也就是说,被告提起反诉的诉讼与本诉产生于同一法律关系,或者以同一事件为诉讼缘由。反诉之所以成为反诉,应当是在原告起诉以后,人民法院作出裁判以前提出,而且只能向审理本诉的人民法院提起,不能向其他人民法院提起。

(二)主要内容及制作方法

1. 首部

(1)标题。居中写明"民事反诉状"。

(2)当事人的基本情况。分别写明反诉人(本诉被告)、被反诉人(本诉原告)的姓名、性别、出生年月日、民族、职业、工作单位和职务、住址等。如果反诉人或被反诉人是法人或其他组织的,应写明其名称和所在地址,以及法定代表人(或主要负责人)的姓名和职务。如果反诉人委托律师代理诉讼,应写明代理律师的姓名及代理律师所在的律师事务所名称。

(3)反诉缘由及反诉请求。要写明反诉人请求人民法院依法解决与本案有关民事权益争议的具体主张和要求,如果不止一项,则分项写出。

2. 正文

(1)事实部分。应写明与本诉同一的和相关联的事实,写明事实、原因和经过,重点写明被反诉人的侵权或违约行为。

(2)理由部分。应根据自己陈述的事实和有关法律,阐明反诉人对本案的性质、被反诉人的责任以及如何解决纠纷的意见。

(3)证据。写明向人民法院提供的能够证明反诉请求的证据的名称、件数,并写明证据来源。有证人的,应写明证人的姓名和住址。反诉状要反驳原告的起诉,所以举出证据,说明真相,尤为重要。

3. 尾部

(1)致送人民法院的名称。

(2)反诉人签名。如果仅委托律师为反诉人代书反诉状,可在反诉状的最后写上代书律师的姓名及代书律师所在的律师事务所名称。

(3)反诉时间。

4. 附项

反诉状副本份数。反诉状副本份数应按被反诉人的人数提交。

【示例】

民事反诉状

反诉人:××市××建筑材料有限公司

地址:××市××区××路××号

法定代表人:王××　　职务:总经理

被反诉人:××市××建筑公司

地址:××市××区××路××号

法定代表人：李××　职务：董事长

诉讼请求：

一、请求依法判令被反诉人继续履行合同；

二、判令被反诉人支付反诉人剩余款项26.1万元；

三、判令被反诉人承担违约责任10万元，并赔偿给反诉人造成的直接经济损失30万元。

事实与理由：

被反诉人于2006年3月6日向贵院起诉，以反诉人未能履行合同义务为理由，要求解除双方于2005年10月24日签订的《沟盖板供销协议》，并要求反诉人退还货款，承担违约责任并赔偿经济损失。

反诉人认为，反诉人已经完全按照《沟盖板供销协议》履行了合同义务。同时，反诉人认为是由于被反诉人违反协议约定的付款义务，才导致合同无法继续履行下去，根据合同约定，被反诉人应支付反诉人款项26.1万元，但被反诉人迟迟不能支付，其行为已经违反了合同的约定，给反诉人造成了较大的经济损失。为维护自身的合法权益，反诉人根据我国《民事诉讼法》的规定，向贵院提起反诉，请求贵院将本诉与反诉合并审理，查明事实，维护反诉人的合法权益。

此致

××市××区人民法院

反诉人：××市××建筑材料有限公司

2006年4月13日

附：反诉状副本1份。

四、民事上诉状

（一）概述

民事上诉状，是民事案件中的当事人对人民法院第一审的判决、裁定不服，而在法定期限内向上级人民法院提出的，要求撤销、变更原判决、裁定的法律文书。

在期限上，对一审民事判决上诉的要求在判决书送达之日起15日内提起，对一审民事裁定上诉的要求在裁定书送达之日起10日内提起。

《民事诉讼法》有关规定强调，对一审判决、裁定提起上诉的只能采用书面形式，如果当事人仅在一审判决、裁定送达时口头表示上诉而未在法定期间递交上诉状，则视为未提起上诉。

根据《民事诉讼法》的规定，上诉是第一审案件当事人依法享有的诉讼权利。无论是一审原告，还是一审被告均有上诉权。人民法院判决承担民事责任的第三人也有权提起上诉。

（二）写作内容与制作方法

1. 首部

（1）标题。居中写明“民事上诉状”。

（2）当事人基本情况。分别写明上诉人、被上诉人的姓名、性别、出生年月日、民族、职业、工作单位和职务、住址等，并分别写明上诉人、被上诉人在一审程序中的诉讼地位。

如果有第三人，应写明第三人的姓名、性别、出生年月日、民族、职业、工作单位和职务、住址等。

如果当事人是法人或其他组织的,应写明其名称、所在地址、法定代表人(或主要负责人)的姓名和职务。

如果委托律师代理诉讼,应在上诉人项后或在上诉人的法定代理人项后写明律师姓名及律师所在的律师事务所的名称。

(3)上诉请求。写明上诉人请求二审人民法院依法撤销或者变更原审裁判,以及如何解决本案民事权益争议的具体要求,写明第一审人民法院的名称、判决书或裁定的编号及案由。

2. 正文

(1)上诉理由。明确提出原审裁判在认定事实方面、适用法律方面或诉讼程序方面存在的错误或不当之处,可以是其中的一个方面,也可以是两个、三个方面,但都必须运用充分的事实证据和有关的法律依据加以论证,以说明自己的上诉请求是合法的。

(2)证据。如有新的证据、证人,应写明证据的名称、件数、证人姓名和地址。

3. 尾部

(1)致送人民法院的名称。

(2)上诉人的签名。

(3)上诉时间。

4. 附项

副本等资料信息。民事上诉状副本数应按被上诉人的人数提交。

【示例】

民事上诉状

上诉人:××市××餐饮服务有限责任公司

地址:××市××路××号

法定代表人:吴×× 职务:总经理

被上诉人:××市××粮油食品公司

地址:××市××路××号

法定代表人:周×× 职务:总经理

上诉人对××市宝山区人民法院(2006)宝民初字第×××号民事判决书不服,提起上诉。

诉讼请求:

一、请求撤销(2006)宝民初字第×××号民事判决书;

二、驳回被上述人的诉讼请求,判令双方继续履行合同;

三、判令被上诉人承担上诉人损失25万元。

事实与理由:

原判决事实不清,适用法律错误,请求依法改判。

(一)本案中,被上诉人违约在先,原判决认定事实不清

根据上诉人与被上诉人2006年3月22日签订的《房屋租赁协议》,被上诉人除将房屋租赁给上诉人外,还应向上诉人提供中央空调服务。本合同签订以后,被上诉人虽然将房屋交付给了上诉人,但其并没有完全按照合同的约定提供中央空调服务。根据上诉人的统计,从2006年6月1日到2006年9月1日3个月时间内,被上诉人开启空调的时间不到10天。上诉人经营的是餐饮服务,由于被上诉人不开启中央空调,对上诉人的经

营造成严重的影响。正是在这种情况下,上诉人拒绝支付2006年第四季度的房屋租赁费。但一审法院未对被上诉人的上述违约行为进行认定,而上诉人的相关意见也没有被采纳。

(二)一审判决对法律的适用错误

一审判决支持了被上诉人要求解除合同的请求。其实是一审法院由于认定事实不清,导致适用法律错误。《合同法》第94条规定:“有下列情形之一的,当事人可以解除合同:(一)因不可抗力致使不能实现合同目的;(二)在履行期限届满之前,当事人一方明确表示或者以自己的行为表明不履行主要债务;(三)当事人一方迟延履行主要债务,经催告后在合理期限内仍未履行;(四)当事人一方迟延履行债务或者有其他违约行为致使不能实现合同目的;(五)法律规定的其他情形。”本案中,被上诉人不按照合同的约定提供相应的服务,其违约在先,上诉人是在被上诉人先行违约的情况下才拒绝支付2006年第四季度的房屋租赁费。《合同法》第66条规定:“当事人互负债务,没有先后履行顺序的,应当同时履行。一方在对方履行之前有权拒绝其履行要求。一方在对方履行债务不符合约定时,有权拒绝其相应的履行要求。”因此,上诉人拒绝支付2006年第四季度的房屋租赁费是有法律依据的。一审判决对法律的适用错误。

综上所述,一审法院判决主要事实不清,适用法律错误,无视被上诉人的违约行为以及给上诉人造成的损失,从而作出错误的判决。特依法向贵院提起上诉,恳请贵院维护上诉人的合法权益。

此致

××市××人民法院

上诉人:××市××餐饮服务有限责任公司

2006年11月8日

五、财产保全申请书

财产保全申请书分为诉讼财产保全申请书和诉前财产保全申请书。

(一) 诉讼财产保全申请书

1. 概述

诉讼财产保全是指人民法院在审理给付之诉的案件中,为了保证将来发生法律效力的判决能够得到全部执行,在作出判决之前,对当事人的财产或争议标的物采取查封、扣押、冻结或者法律规定的其他方法进行保护的措施。

《民事诉讼法》第100条规定:“人民法院对于可能因当事人一方的行为或者其他原因,使判决难以执行或者造成当事人其他损害的案件,根据对方当事人的申请,可以裁定对其财产进行保全、责令其作出一定行为或者禁止其作出一定行为;当事人没有提出申请的,人民法院在必要时也可以裁定采取保全措施。人民法院采取保全措施,可以责令申请人提供担保,申请人不提供担保的,裁定驳回申请。人民法院接受申请后,对情况紧急的,必须在四十八小时内作出裁定;裁定采取保全措施的,应当立即开始执行。”

采取财产保全的程序有两种:一种是人民法院根据当事人的申请裁定采取的,另一种是人民法院依职权主动采取的。当事人申请财产保全的文书,即诉讼财产保全申请书。

2. 写作内容和制作方法

(1)首部

①标题。居中写明“财产保全申请书”。

②申请人、被申请人的基本情况。申请人是指就双方争议的标的物或有关财产正在被对方当事人变卖、隐匿、转移、毁损、挥霍或正在遭受自然力的破坏,有可能使将来的判决不能执行或难以执行,而要求人民法院采取相应保全措施的一方当事人。

被申请人即对方当事人。

应分别写明申请人、被申请人的姓名、性别、出生年月日、民族、职业、工作单位和职务、住址等;申请人、被申请人是法人或其他组织的,应写明名称、所在地址、法定代表人(或主要负责人)的姓名、职务。

③请求事项。写明要求保全的财物情况,包括申请人与被申请人的关系,申请人和被申请人与要求被保全财物的关系及财物名称、数量、质量、形状、花色、品种、价格、所在地点及现状等。

④必须写明要求保全财产的总金额,如无法计算精确,也可以写作"或以相应价值的财产",这一点尤为重要。

(2)正文

①申请的事实和理由。主要写明需要保全的财物遭受侵害的情况,以及采取保全措施的重要性、紧迫性及在判决执行中的意义。

②证据。写明能够证明申请请求的证据的名称、件数和证据来源。有证人的,应写明证人的姓名和住址。如果证据不在申请人手里,应向人民法院提供证据线索。

(3)尾部

①致送人民法院的名称。

②申请人签名或盖章。如果仅委托律师为申请人代写申请书,可在申请书的最后写上代书律师的姓名及代书律师所在的律师事务所名称。

③申请时间。

(4)附项

除附上有关证据外,还应附上担保材料。

(二)诉前财产保全申请书

1. 概述

诉前财产保全,是指在特殊情况下因一方利害关系人的行为或其他原因可能造成对方利害关系人财产的重大损失,以至于无法挽回和难以补救的,对方利害关系人在起诉以前先向人民法院提出的财产保全。

《民事诉讼法》第 101 条规定:"利害关系人因情况紧急,不立即申请保全将会使其合法权益受到难以弥补的损害的,可以在提起诉讼或者申请仲裁前向被保全财产所在地、被申请人住所地或者对案件有管辖权的人民法院申请采取保全措施。申请人应当提供担保,不提供担保的,裁定驳回申请。人民法院接受申请后,必须在四十八小时内作出裁定;裁定采取保全措施的,应当立即开始执行……"

诉前财产保全是《民事诉讼法》为了更好地保护权利人的合法权益而设置的规定,是申请人的合法权益受到侵犯或与他人发生争议,在不能即时提起诉讼的情况下,先向人民法院书面申请提出的财产保全措施。

2. 写作内容和制作方法

诉前保全申请书的写作内容和制作方法大致和诉讼财产保全申请书一致,因此可以参照前文诉讼财产保全申请书的写作内容与制作方法。要特别强调的是,诉前申请必须具有必要性和紧迫性,应提出证据,并提供担保。

【示例】

财产保全申请书

申请人:李××,男,××××年×月×日出生,汉族
住址:××省××市××路4号
身份证号:
联系电话:
被申请人:段××,男,××××年×月×日出生,汉族
住址:××省××市××路65号
身份证号:
联系电话:
申请事项:
查封被申请人位于××省××市××路65号的房产。
事实和理由:

申请人李××与被申请人段××合同纠纷一案,已由贵院受理。在诉讼过程中,申请人查明,被申请人段××在××省××市××路65号拥有一处房产。为维护自己的合法权益,保障将来贵院裁判的顺利进行,申请人根据我国《民事诉讼法》第100条的规定,向贵院提出上述请求。同时,依据我国《民事诉讼法》第100条的规定,申请人愿意提供位于××省××市××路4号的一套自有房产作为本次诉讼财产保全申请的担保。

以上申请,请予批准。

此致
××市人民法院

申请人:李××
××××年××月××日

附:1. 证据材料1份;
2. 担保书1份;
3. 担保财产清单及权属证明。

六、先予执行申请书

(一) 概述

先予执行是指人民法院在审理给付之诉时,在作出判决与交付执行之前,因权利人难以或无法维持生活、生产经营以及其他紧急情况,及时裁定义务人先行给付一定款项、特定物或停止实施一定行为,并立即付诸执行的措施。

《民事诉讼法》第106条规定:"人民法院对下列案件,根据当事人的申请,可以裁定先予执行:(一)追索赡养费、扶养费、抚育费、抚恤金、医疗费用的;(二)追索劳动报酬的;(三)因情况紧急需要先予执行的。"

申请人递交先予执行申请书之后,人民法院可以责令申请人提供担保,申请人不提供担保的,驳回申请。人民法院裁定先予执行的,应当先行给付。当事人对先予执行裁定不服的,可以申

请复议一次,复议期间不停止裁定的执行。申请人败诉后,应当赔偿被申请人因先予执行而遭受的财产损失。

(二) 写作内容和制作方法

1. 首部

(1)标题。居中写明"先予执行申请书"。

(2)申请人(原告)、被申请人(被告)的基本情况。写明申请人、被申请人姓名、性别、出生年月日、民族、职业、工作单位和职务、住址等;如系法人或其他组织的,应写明名称、所在地址、法定代表人(或主要负责人)的姓名和职务。

(3)案由。写明案件起因。

2. 正文

(1)请求事项。写明先予执行的具体要求。如果申请先予执行的是金钱,要写明具体数额;如果申请先予执行的是财物,要写明名称、数量、规格等。所提要求应以解决申请人紧迫需要为限,不能超过权利范围和被申请人的承受能力。

(2)事实与理由。应写明申请人、被申请人之间确定的民事法律关系;申请人已向人民法院提起要求被申请人给付之诉;申请人确实存在困难,如不先予执行,申请人的生活或经营将很困难,甚至无法维持生活和不能经营;被申请人有一定的履行能力,有能力给付先予执行的金钱或财产。

(3)证据。列明能够证明申请请求的证据的名称、件数和证据来源。

3. 尾部

(1)致送人民法院的名称。

(2)申请人签字,如系法人或其他组织的,应由法定代表人(或主要负责人)签字,加盖单位公章。

(3)申请时间。

【示例】

先予执行申请书

申请人:马××,男,××××年8月28日出生,汉族

住址:××省××市××村××号

身份证号:

联系电话:

被申请人:马××,男,××××年5月12日出生,汉族

住址:××省××市××村××号

身份证号:

联系电话:

申请事项:

请求人民法院裁定被申请人先予给付申请人1 200元赡养费。

事实和理由:

申请人与被申请人系父子关系。申请人年事已高,家住农村,没有其他生活来源,而被申请人是申请人唯一的子女,应负担起赡养申请人的义务,但被申请人一直不履行上述义务,也从未向申请人支付过任何赡养费。近年来,由于申请人身体状况逐渐变差,每年要支付的医药费就超过1 000元,同时生活费用也没有着落。而被申请人有固定工作,收入稳

定。申请人多次向被申请人催要赡养费,但被申请人一直没有支付。为此,2006年8月18日,申请人向贵院提起诉讼,要求被申请人履行赡养义务,并支付相应的赡养费。由于近期申请人病情加重,需要支付相关的医疗费,因此申请人特依据我国《民事诉讼法》的相关规定,按照当地的生活水平,请求人民法院先予执行上述请求,以解决申请人的困难。

此致

××省××市人民法院

申请人:马××

2006年8月26日

附:申请人与被申请人关系证明。

七、强制执行申请书

(一) 概述

强制执行申请书,是指享有权利的当事人根据人民法院作出的已经发生法律效力的民事判决、裁定、调解书,或根据仲裁机关已经发生法律效力的仲裁书,或根据公证机关依法赋予强制执行效力的债权文书以及行政机关作出的决定书,在对方当事人不履行或拒绝履行义务时,向人民法院提出强制执行的书面请求。

《民事诉讼法》第236条规定:"发生法律效力的民事判决、裁定,当事人必须履行。一方拒绝履行的,对方当事人可以向人民法院申请执行,也可以由审判员移送执行员执行。调解书和其他应当由人民法院执行的法律文书,当事人必须履行。一方拒绝履行的,对方当事人可以向人民法院申请执行。"

执行申请书必须在法定的执行期限内提出。双方或一方当事人是个人的,申请执行的期限为1年;双方是法人或者其他组织的为6个月。期限均从法律文书规定履行期限的最后一日起计算。法律文书规定分期履行的,则从规定的每次履行期限的最后一日起计算。

(二) 写作内容和制作方法

1. 首部

(1)标题。居中写明"强制执行申请书"。

(2)申请人和被申请人的基本情况。

(3)申请事项。写明申请执行的生效法律文书的制作单位、文书标题、案件编号、案由、执行的具体要求。

2. 正文

(1)事实与理由。申请执行的事项,即各种生效法律文书中主文涉及财产执行的内容。写明被申请人应当给付事项的种类、范围、数量,被申请人没有履行的情况,以及被申请人逾期拒不履行法律文书中指定义务的情况。

(2)被申请人可供执行的财产状况,包括被申请人的经济收入、有无履行义务的能力以及其财产所在地等。

3. 尾部

(1)致送人民法院的名称。

(2)申请人签名或盖章

律师代书的,可写上律师姓名和律师事务所名称。

(3)申请时间。

【示例】

强制执行申请书

申请人:××市××贸易有限公司
地址:××市××区××路××号
法定代表人:刘×× 职务:董事长
被申请人:××市××区××商场
地址:××市××区××路××号
法定代表人:赵×× 职务:总经理
请求执行事项:
1. 请求强制执行被申请人向申请人支付货款65 200元;
2. 由被申请人承担执行费用。
申请理由:

申请人与被申请人合同纠纷一案,业经××市××区人民法院于2006年3月25日作出(2006)海民初字第×××号民事判决书。判决书判令被申请人应于判决生效后30日内向申请人支付货款65 200元。但该判决生效以后,被申请人并没有按照判决书确定的期限向申请人履行判决所确定的付款义务。据此,依据我国《民事诉讼法》第249条的相关规定,特向贵院申请强制执行被申请人的财产,以维护申请人的合法权益。

此致
××市××区人民法院

申请人:××市××贸易有限公司
2006年5月17日

附:执行依据:××市××区人民法院(2006)海民初字第×××号民事判决书1份。

八、遗嘱代书

(一)概述

遗嘱是遗嘱人生前对自己的遗产或其他事务作出处理,并于死亡时发生效力的法律行为。根据《中华人民共和国继承法》的规定,公民可以依照该法的规定立遗嘱处分个人财产,并可以指定遗嘱执行人。公民可以立遗嘱将个人财产指定由法定继承人的一人或者数人继承。公民可以立遗嘱将个人财产赠给国家、集体或者法定继承人以外的人。

(二)写作内容和制作方法

1. 首部

(1)标题。写明“遗嘱”。

(2)订立遗嘱人的基本情况:姓名、年龄、性别、民族、籍贯、住址等。

2. 正文

(1)写明遗嘱人订立遗嘱的原因。要依据客观事实,简要写明遗嘱人订立遗嘱的真实意图。

(2)写明订立遗嘱人所有的财产名称、特征、数额及所在地。

(3)写明遗嘱人对遗产的处理意见。分别列明继承人的具体情况、与立遗嘱人的关系及他们应继承的份额,如需要,可以列表附后。立遗嘱人对继承人的要求。

(4)应注意立遗嘱人处分遗产的行为必须在法律、法规的范围内进行,对附条件、附期限的遗嘱一定要审查其所附条件是否合法。

(5)写明订立遗嘱的时间和地点及证明人的情况。

3. 尾部

分别由立遗嘱人、见证人、代书人等签名或盖章,另外要写明订立遗嘱的日期、遗嘱的份数、执行人及执行单位。

(三) 书写遗嘱应注意的问题

(1)代书遗嘱的内容不得与现行法律和政策相抵触。

(2)代书的遗嘱必须是立遗嘱人的真实意思表示。

(3)代书遗嘱的内容必须齐全。

(4)律师代书遗嘱必须有两个以上无利害关系人在场见证,方才有效。

【示例】

林××遗嘱

立遗嘱人:林××,男,68岁,××省××市人,住××市××路××号。

我今年68岁,且患有高血压,身体随时可能发生意外,故立此遗嘱,表示我对自己所有的财产在我去世之后的处理意愿。

一、目前,我所有的财产状况如下:

1. 位于××市××路××号商品房一套,83平方米,内有组合家具和组合沙发各一套,以及椅子等其他家具若干。

2. 有××市农业银行定期存款单一张,存有人民币7万元。

二、在我离世后,财产按以下方式进行分配:

1. 商品房及房内的所有家具归儿子林××所有;

2. 定期存款单7万元,分给儿子林××2万元,女儿林××5万元。

三、本遗嘱一式三份,经公证机关公证后,我本人、儿子林××、女儿林××各执一份。

立遗嘱地点:××市××路××号

立遗嘱时间:××××年×月×日

立遗嘱人:林××(签名盖章)

见证人:王××(签名盖章)
刘××(签名盖章)

九、控告举报代书

(一) 概述

控告是指机关、团体、企事业单位和个人向司法机关揭露违法犯罪事实或犯罪嫌疑人,要求依法予以惩处的行为。《中华人民共和国宪法》(以下简称《宪法》)第41条第1款规定:“中华人民共和国公民对于任何国家机关和国家工作人员,有提出批评和建议的权利;对于任何国家机关和国家工作人员的违法失职行为,有向有关国家机关提出申诉、控告或者检举的权利,但是不得捏造或者歪曲事实进行诬告陷害。”《刑事诉讼法》第110条第2款规定:“被害人对侵犯其人身、财产权利的犯罪事实或者犯罪嫌疑人,有权向公安机关、人民检察院或者人民法院报案或者控告。”

举报是指机关、团体、企事业单位和个人向司法机关和有关部门检举、揭发犯罪嫌疑人的犯罪事实或者犯罪嫌疑人线索的行为。举报是《宪法》和法律赋予公民对国家机关和国家机关工作人员进行监督的一项民主权利。《宪法》第41条第1款对此亦有规定。《刑事诉讼法》第110条第1款规定:“任何单位和个人发现有犯罪事实或者犯罪嫌疑人,有权利也有义务向公安机关、人民检察院或者人民法院报案或者举报。”

(二) 控告书(举报书)的写作内容和制作方法

1. 首部

(1)标题。写明“控告书”或“举报书”。

(2)控告(举报)人的基本情况。姓名、年龄、性别、民族、籍贯、住址等。

(3)被控告(举报)人的基本情况。被控告人是自然人的,写明其姓名、性别、出生年月日、民族、职业、工作单位和职务、住址等内容。如果被控告(举报)人是行政机关、法人、其他组织的,应写明其名称和住所,以及法定代表人或主要负责人的姓名和职务。

2. 正文

(1)写明控告(举报)所依据的事实和理由。

(2)写明控告(举报)的法律依据。

(3)写明控告(举报)的目的以及对相关事件的处理要求。

3. 尾部

控告(举报)人签名或盖章,另外要写明日期,同时写明相应的证据。

(三) 书写控告(举报)书应注意的问题

(1)控告(举报)要有事实和法律依据,如果是诬告陷害,应承担相应的法律责任。

(2)控告(举报)书应写明相关的证据和证人名称,或提供相应的线索,以利于相关机关进行查证。

【示例】

控 告 书

控告人:李××,男,现年35岁,汉族,××省××市人,农民,家住××市办事处院内(死者之夫)。

被控告人:王××,男,现年47岁,汉族,××省××市人,××区卫生院院长,家住××卫生院。

请求事项:

一、要求××市人民检察院依法起诉玩忽职守者王××,追究其刑事责任。

二、要求××区卫生院偿付安葬费1 000元及死者之子李××抚恤金2 500元。

事实和理由:

2006年8月12日凌晨2时10分,控告人之妻张××因产前大出血被送至××区卫生院急诊(前胎曾做剖宫产手术),该院院长,即被控告人王××听取了经管医师吴××诊断病情后的汇报。吴××提出由妇产科唯一的医师周××参加剖宫产手术的建议,并通知天明即做手术(因当夜停电)。8月12日上午9时,被控告人王××来到病房见张××下肢水肿已至腹股沟部,宫底在脐下四指,子宫收缩等症状,在场保健员朱××建议即行手术。同日下午5时,产妇全身水肿,宫缩无进展,病情严重,经管医师吴××建议立即转院或即行剖宫产手术。但是,被控告人王××对医护人员的上述正确意见均置若罔闻,未采取任何具体措施。被控告人明知产妇病情严重,唯有妇产科医师周××参加会诊并医治,方能保障安全,否则应当立即转院。但被控告人不顾产妇家属的请求,仍安排周××继续下乡搞计划生育工作。更为严重的是13日上午8时,产妇宫缩加强,胎心音消失,病情危急,但王××仍然让周××下乡,而未采取及时的抢救措施。至10时,产妇岌岌可危,王××方派人寻找周××。同日下午1时40分周××仍未归,产妇张××终因未被及时剖腹,子宫破裂合并低血容量休克,于下午1时45分死亡。2006年8月20日,原××县医疗事故鉴定小组认定产妇张××之死为"一级医疗责任技术事故"。

被控告人王××,身为医院院长,竟玩忽职守,对病危产妇漠不关心,不积极组织会诊小组,让妇产科唯一的医师离院下乡,置病危产妇于不顾;不采纳医护人员的合理建议,及时为产妇做剖宫产手术或及时转院,致使产妇张××未得到及时医治长达36小时之久,以致病情恶化死亡,后果严重,影响极坏。有关机关给予其行政处分并不能代替司法机关依法追究其刑事责任。为了保障公民的生命安全,维护医疗卫生正常秩序,根据《中华人民共和国刑法》第187条、《中华人民共和国刑事诉讼法》第107条第1款及第18条第2款之规定,特告于你院,请依法立案、侦查、起诉。

此致

××省××市人民检察院

具状人:李××

附:1.《××市卫生局×卫字[84]第××号》一份;

2.××县医疗事故鉴定小组《鉴定报告》一份;

3.本案刑事附带民事诉状另呈于××市人民法院;

4.证人周××,女,40岁,××区卫生院妇产科医师,家住本院;

证人吴××,女,40岁,××区卫生院外科医师,家住本院;

证人朱××,女,31岁,××区卫生院保健员,家住本院。

2006年10月25日

第三节　其他常用法律文书

一、法律意见书

(一)概述

法律意见书是指律师事务所应当事人的请求,指派律师针对特定的法律事务,根据委托人所提供的事实材料,正确运用法律进行分析和阐述,提供给委托人的书面意见。

法律意见书是律师业务中的重要文书,写作法律意见书是律师执业的主要技能之一。一份形式严谨、结构缜密、分析准确、论述精当的法律意见书不仅是可以为客户提供专业性的法律服务,而且也是律师对纷繁复杂的各种法律关系的宏观驾驭能力和微观操作技巧的充分展示。

制作法律意见书不仅要求律师对相关事实做到由表及里、由此及彼、去粗取精、去伪存真的深入掌握,而且要求律师对不同法律渊源、不同效力等级、不同适用范围的相关法律文件进行细致分析,从而为解决核心法律问题提供正确的分析意见、出具最优的操作方案。因此一份优秀的法律意见书不仅是律师法学素养的具体实践和延伸,还是律师实践操作技能的理性升华。律师只有通过大量实践经验的积累和细致的分析研究,才能保证其法律意见书真正做到以事实为依据、以法律为准绳,才能保障客户在法律意见书指引下展开的各项业务顺畅和高效。

律师制作法律意见书具有非常重要的意义。对委托人来讲,在案前,法律意见书是一种法制宣传,能对委托人起到指点迷津的作用;在案件进行过程中,法律意见书是一份行动指南,能使委托人正确并有条不紊地进行各种法律活动;在案件完结后,法律意见书对委托人也是一份珍贵的材料。对律师事务所来讲,学习制作法律意见书是律师入行的基本功训练,在大量撰写法律分析意见的过程中积累经验,培养利用法律专业知识分析案件的逻辑思维能力,为以后的律师工作奠定良好的基础;养成制作法律意见书的良好工作习惯,可以帮助律师更好地完成进一步的案件代理工作,律师制作法律意见书的过程亦是对案件进行事实整理及法律逻辑分析的过程,法律意见书通常是律师制作代理词、辩护词等法律文书的依据,律师通过法律分析得出可能的结果,找到焦点问题,进行重点突破,综合分析得出对策,因此法律意见书可以说是律师办案的提纲;法律意见书是律师给委托人的一种专业展示,一份专业、科学的法律意见书可以体现一名律师甚至是一家律师事务所的专业能力,它可以提升律师及律师事务所在委托人心目中的信任度和满意度。

(二)法律意见书的制作程序

律师事务所出具法律意见书一般应遵循以下程序:

(1)由律师事务所统一接受委托人的委托,订立委托合同,明确律师事务所和委托人的权利义务,指派承办律师。

(2)委托人必须提供有关材料,送律师事务所审查。

(3)由承办律师草拟法律意见书初稿,并与委托人就有关问题进行讨论。

(4)律师事务所将法律意见书以公函的形式打印,加盖主办律师和律师事务所的印章,交给委托人。

(三)法律意见书的主要内容

1. 首部

首部应写明以下五项内容:

(1)标题。居中写明“法律意见书”。

(2)主送对象。主送对象即委托人,是法律意见书制作完毕之后所出示的唯一对象,其适用范围包括法人、公民或其他组织。

(3)案由。案由即案件的性质。有些委托人不是为已经形成的案件而来寻求法律支持,只是要求对合同进行审查、对项目进行法律分析之类,则直接写明委托人要求即可。

(4)审查材料。审查材料,即委托人提供的与案件有关的材料,是律师事务所出具法律意见书的重要根据。

材料问题是一个十分重要的问题,必须明确表述其范围,如因材料不全或不实,导致分析不够准确、精到、深刻或必须作出假设时,应在具体分析时加以说明,因为其中包含律师执业责任问题。审查材料一项,有两种表述方法,既可以将委托人提供的材料一一列出,也可以概述一句“本法律意见书限于委托人提供的材料”。

(5)调查活动。调查活动,即律师事务所根据需要,征得委托人的同意并就费用负担达成一致意见后,派员前往现场进行调查的活动。

以上(2)—(5)项内容中,有的是必须具备的,如标题、主送对象、案由和审查材料;有的是可以省略的,例如调查活动,如无必要,则可省略。(2)—(5)项内容在法律意见书中一般由简要文字完成。

2. 正文

正文部分应写明以下五项内容:

(1)案件当事人。案件当事人是指与案件有利害关系的法人、公民或其他组织,有关事项虽有涉及但在案件中与委托人没有利害关系的不属于案件当事人。案件当事人的排列顺序:首先是委托人与其在案件中的相对方,然后是相对涉案人员。涉案人员的排列顺序既可以其在案件基本事实中出现早晚为序,也可以其在案件中与委托人利害关系的重要程度为序。此外,在案件形成发展过程中,案件当事人的名称或其他项目发生变化时,应在其名下标出其改变的内容以及前后变化关系,必要时标出其有关项目发生变化的时间。

(2)基本事实。律师制作法律意见书要以事实为依据,以法律为准绳,站在客观中立的角度上为当事人进行法律分析。而要进行正确的法律分析,必须以把握事实真实为前提,因此律师要对当事人提供的书面材料及口头陈述进行审查:先对相关材料进行梳理;必要时,还要对相关事实及证据材料进行进一步的调查取证,尽可能多地收集案件的真实材料;从中寻找出案件的焦点问题,定义出准确的法律关系;有条理、有重点,准确、完整、周密地加以表述,为进行法律分析做好准备。

(3)法律分析。法律分析部分是法律意见书的主要部分。律师在进行法律分析时,要以法律为准绳,有针对性地去衡量案件事实。律师在着手起草法律分析部分之前,首要任务是要对与案件有关的法律、法规、规章、立法解释、司法解释乃至相关判例等进行查询。即使经办律师对法律法规非常清楚,也必须继续深入查询其他相关规定甚至是地方性法规、部门规章。

在诉讼案件中,往往一个司法解释就可以起到扭转全局的作用,甚至可能直接影响案件的审理结果。此外,值得一提的是,对判例的查询也十分重要。虽然我国是成文法国家,判例不作为审判依据,但在审判实践中,一些新的专业领域中出现的案件,在没有相关法律规定的情况下,已往的判例则会被司法机关作为办理案件的重要参考依据。律师在掌握了所有的相关法律依据之后,再运用法理进行专业的法律分析就能够得出比较准确的意见。假如某一法律问题在查询了法律、法规、规章及司法解释之后仍然无法解决,则应寻求法理支持,即尽可能地查阅相关的法学著述或法学论文。

律师在对案件事实进行法律分析之后,必须对案件形成宏观上的认识、总体上的判断,以帮助委托人对案件有一全面理解。法律分析及结论部分在法律意见书中是介乎事实部分与措施、操作流程部分之间承前启后的一个内容,既可以使律师为委托人出谋划策,又可以使委托人对有关法律知识从不知到知、从不懂到懂,从虚到实,理解法律,在律师指导下进行诉讼活动。

(4)解决方案。解决方案,包括建议、措施、步骤、对策、操作方式与流程等项内容,是法律意见书实质性内容的最后一部分。这部分是委托人最想要的——法律活动实务指导部分,律师要在这一部分中根据上面的事实及法律分析突破焦点问题,得出倾向性结论,提出处理问题的建议性措施,告知当事人较为清晰的操作方法,进行归纳、总结后完成法律意见书。

(5)结论。结论一般是以简明扼要的语言概述法律分析和解决方案的主要内容,给当事人一个完整而精要的答复,以便当事人根据这一结论性意见思考下一步的行动。当然,一份出色的法律意见书往往会使当事人信服,从而使当事人按照法律意见书的意见操作。

3. 尾部

尾部应当写明以下三项内容:

(1)声明。声明大多是固定的格式化的语言,需要注意:一是未经允许,不得出示给第三人;二是不得作为证据使用,其目的在于避免节外生枝,以维护律师正常执业的良好环境。但是,有些情况比较复杂,如案情正在发展变化,或委托人提供的材料不够完整,律师事务所在出具法律意见书时应作必要声明,以保证声明内容之严谨、周密。

(2)署名。署名一般是既署律师事务所名称,加盖公章,又署承办律师姓名,盖上名章或签字。

(3)成文日期。法律意见书大多是由某一两位律师具体完成的,但具体完成法律意见书的行为是受律师事务所指派的,并且是代表律师事务所向委托人出具的,所以一般会有在律师事务所内探讨研究、审核、签发的过程。法律意见书的成文日期应是这一切工作完结之后实际制作的日期。

(四)法律意见书的制作要点

法律意见书制作中最重要的部分是法律意见书的撰写,其中既涉及对案件事实的描述和判定,也包括对法律关系、运用具体法律的把握。同时法律意见书的表述方式,甚至格式都对法律意见书的质量具有非常重要的作用。所以,在制作法律意见书的过程中,其各部分的内容一般应遵循以下要点。

1. 对案件事实的叙述要完整

所谓事实完整,是指事实部分所叙述的案件事实内容中:有发生、发展;有历史沿革和现实状况;有争议焦点和各方主张;能全面反映案情的形成过程和目前状态。这一要求,不仅要写清案件事实本身,而且还应注意如下几点:

(1)运用背景材料。所谓背景材料是指能够影响事实发生、发展的外在环境的材料,甚至是能够决定事实发生、发展的周围环境的材料。一个案件的发生、发展会受到环境的影响,环境或促使或限制其发展,在表述案件事实时,讲清这一点是十分必要的。

(2)显示因果关系。所谓因果关系,是指一个事物的前因与后果之间的关系,其中又分直接因果关系和间接因果关系。在叙述案件事实时,写清因果关系是十分必要的。只有写清了因果关系,才能分清责任;只有分清了责任,才能确定争议各方的权利义务。

(3)注明真假虚实。出具法律意见书是针对案件事实真相进行法律分析,向委托人提供法律支持的一个过程,因此,事实部分对真真假假的情节必须及时地在行文中加以注明,以防真假莫辨、以假乱真。

(4)剔除多余事项。所谓内容完整,应是只对案件事实的产生、发展起到作用的事实,或虽未成为事实但也对案件发生、发展起到了作用以及说明、解释、参考、印证作用的情节加以归纳;否则,对凡是委托人提供的各种事实不分与案件有关还是无关,也不分最后形成事实与否,一股脑儿地全部写入法律意见书,就不能称为完整,而只能说是臃肿。

2. 对与案件相关事实的表述要完备

律师通过对委托人所提供的材料,再加上律师经过调查得到的材料进行梳理之后,可以说基本掌握了案件事实的全部材料。这只是为制作法律意见书打下了基础;而在此基础上将案件事实归纳并表述出来,才是更具有价值的工作。内容完整是归纳和表述完备的前提,内容不完整,表述就难以完备;但内容完整,表述得不好,也难以完备,仍不能给人以内容完整的印象,不能起到法律意见书事实部分的应有作用。

表述完备主要体现在以下几点:

(1)不漏掉必要情节。一个案件可能有若干事实,一个事实又可能有若干情节。这些情节,有些是无关紧要的,可以不写入事实部分;但有些情节是构成事实、反映案情的必要成分,必须写入,不然会影响事实、案情的表述。当然,这些情节,当事人知道,律师审查了材料之后也可能知道,可能就因此而没有在事实部分中表述出来,这就会造成事实部分有所缺漏、不够完备,会影响下一步的法律分析。

（2）写出争议焦点所在。委托人到律师事务所寻求法律支持，除合同审查、项目分析等“防患于未然”的咨询事项外，大多面对的是各种争议；特别是民事案件的委托人则更多遇到的是各种民事纠纷。对此，律师事务所必须问清委托人的目的，以便有的放矢地审查材料、分析案情、制作法律意见书。如果法律意见书的事实部分没有明确写出纠纷所在、咨询目的所在，一是会难以有针对性地分析解答，二是即便分析解答了，也可能给人以无的放矢、泛泛而论之感。

（3）重点写清关键细节。案件事实是由若干情节组成的，而某一情节又是由若干细节组成的，对于关键性的细节，无论是时间、地点，还是人物、事件，均应写入事实部分，如有遗漏，则可能使案件事实模糊不清，甚至影响真实性。对此应特别注意。

（4）对客观事实造成的不完备应合理应对。律师在制作法律意见书的过程中可能会遇到一些情况，比如委托人提供的材料本身并不充分，虽然经过梳理、归纳，但也无法做到内容完备。在这种情况下，律师应在法律意见书中直接表明材料的不完备和可疑之处，指明造成这种情况的原因，排除是律师疏忽的可能性。

3. 对事件要按照时间和逻辑顺序有序表述

任何案件，都有一个发生、发展的过程，而这个过程是随着时间的推移而进展的，所以，要想将整个案件事实完整地表述清楚，最好的办法就是以时间为顺序，表述案件的发生、发展。但是，在实践中，案件的情况往往错综复杂，在以时间为顺序的前提下，应注意以下几种情况：

（1）案件的材料来源不同。有些案件，律师事务所接受委托之后，通过审查、分析委托人提供的书面材料就可以出具法律意见书。但也有一些案件，由于种种原因，诸如委托人的材料不全，或者有关案件涉及的具体环境情况不明，或者相关政策具有一定的特殊性，律师事务所需要在征得委托人同意后进行相关的调查才能出具法律意见。委托人提供的材料、律师通过调查得到的材料，必要时可以分别以时间为顺序进行表述，但在表述过程中，一定要注意各种情况和证据之间的内在联系，尽量做到两个来源相互印证、相辅相成。

（2）案件的材料性质不同。案件的材料大多数来源于委托人提供的书面材料，但这些书面材料的性质不同，如既有当事人双方签订的合同、协议，又有当事人之间的来往信函，也可能有当事人与他人之间的来往公文函件。这些公私文件有的与案件有直接的关系，有的与案件有间接的关系，如果一味以时间为顺序，有时可能无法分清主次，无法将事实叙述完整，在这种情况下，就可以考虑把不同性质的材料分别表述，做到眉目清晰，有条有理。

（3）按照不同的事实分别描述。在一些案件中，有时是全案总体作为一个大的事实，通过细分又可包括若干个小的事实，也有可能整个案件包括若干独立性很强但具有逻辑联系的事实。在这种情况下，如果对全部事实材料均严格按照时间顺序表述，就势必造成我中有你、你中有我的状态，可能很难把事情说清楚，此时，如果以各个事实的出现时间为顺序，按照各自的时间顺序进行描述，反而可以描述得更清楚一些。

（4）按照案件发生的时间顺序描述清楚。随着全民普法活动的不断深入，我国公民的法律意识日渐增强，法律知识水平已有明显的提高，一些简易的法律问题，一般不再寻求律师的帮助，而到律师事务所来寻求法律支持的问题，相对而言大都比较复杂，其中一些已经存在较长时间。针对这种情况，律师制作法律意见书的事实部分时不妨将这些相对较长的时期以时间为序分解为几个相对独立的材料，以先后顺序加以表达，这样既符合案件发生的事实顺序，也可以更加清晰地描述案件的发展变化。

4. 法律意见书的描述要详略得当

前来律师事务所进行咨询的案件，大多是比较复杂的案件，有些案件往往千头万绪，事实和法律关系相互交错。律师在制作法律意见书的时候，一定要把主要事实、主要材料重点突出出来，这

样,才能突出重点,有针对性地进行分析。所以在制作法律意见书时,要做到:

(1)要把握表述重点。要在众多的案件材料中把握住主要事实、主要材料,也就是其中的关键性材料,主要包括体现案件主要矛盾的材料,决定有关事实、事件性质的材料和将成为处理中的关键问题的材料。

(2)注重重点变化。案件事实的形成是一个过程。在案件形成的全过程中,随着时间的推移,事实中的重点也有可能发生变化。律师在法律意见书事实部分的表述中,应当充分注意这种变化,不同时段有不同的重点,应当予以把握,并在行文中加以体现。

(3)注意案件材料的选取和处理。法律意见书的重点确定下来之后,详写与略写的问题也就随之而来,重点详写,非重点略写。在案件事实较为复杂的法律意见书事实部分的制作中,只有筛选出与案件法律分析有关的内容材料,并从中选择能反映案件实质、决定其发展方向的关键性材料,才能突出重中之重,才能找到问题的症结所在,只有这样才能使接下来的法律分析更具有针对性,也才能作出正确的分析。

(4)力求行文简约。在一些案件中存在相对独立的若干事实,而这些若干事实之间又难有轻重、主次之分,或者说,都是同等重要的。这种情况下,如果各相对独立事实中的情节各不相同,则应一一叙述,不能遗漏某一事实或某一事实的某一情节;如果各相对独立事实是先后重复的事实,即事实中情节大体相同,则可选取其中之一,或最早发生者,或数额、规模较大者,或影响较大者等,详细进行表述,而对其他相对独立又相类似者简略表述。这种方法,既可给人以全面的认识,又可给人以清晰的印象,既节省笔墨,又达到了行文简约的目的,不失为一种制作事实部分的好方法。

5. 法律意见书对其他材料的引用要讲求规范

对原文材料的引用,有原文引用、意义引用和介乎二者之间的引用。如果是原文引用,必须加上引号;如果是意义引用,可不引用原文而概括原意,但必须忠于原意;如果是介乎二者之间的引用,则是概括原意,再加上引号引用原文。引用不能断章取义、抛却原文语言环境摘取只言片语,也不能加上自己的误解,更不能对原文本来的意思进行篡改。

6. 律师事务所出具法律意见书应严格依法进行

律师事务所是为公民、法人或其他组织提供法律服务的机构,法律意见书是为委托人提供法律支持的文书,因此,无论是从哪一角度出发,法律意见书均应依法制作。所谓依法制作,就是对案件事实的分析,不唯权、不唯上、只唯法——这是一般意义上的依法。但是律师事务所出具的法律意见书中的法律分析,还应做到:不能无原则地迎合委托人的心理,而要全心全意为委托人着想,不仅从法律上寻求保护其权益的方法和措施,还要对委托人进行必要的法律知识的讲解。只有这样,才能尽到责任,起到律师的作用。

(1)不能无原则地迎合委托人的心理。委托人到律师事务所咨询,都是满怀希望而来,希望自己能在某一具体的案件中得到律师的帮助,并在此帮助下达到一定的目的,实现一定的期望,而这个期望值一般都较高。这一点,就委托人的心情来讲,是可以理解的;但是就不同的案件事实来讲,有的案件中可能委托人对法律分析的结果很满意,有的案件中委托人可能比较满意,而有的案件依法分析之后,可能让委托人大失所望,甚至不满。对于案情的分析,律师必须在自己心理上有所把持,不能无原则地迎合委托人的心理,不能曲解法律,不能牵强附会,不能强词夺理,更不能玩弄文字游戏。依法直言,可能委托人一时之间会感到难以接受,律师事务所也可能会失去一个客户;但是委托人最终是会理解这样做是忠言逆耳的劝告和建议,会回来重新或以后就其他案件再来律师事务所求助的。从律师事务所发展的角度看,这种不能无原则地迎合委托人心理的做法,终会赢得委托人的信赖。

(2)要为委托人着想。律师是一种崇高的职业,要具备高尚的职业道德。律师既然受委托人之托,为其涉及的问题出具法律意见书,就应依法进行法律分析,就应全心全意为委托人着想。有些前来咨询的案件可能有多种分析方法,有多种操作方式,这时律师就应以委托人的利益为重,尽量控制事态,平息纠纷,而不能片面地从律师事务所的业务量来考虑,更不能单纯从律师个人的收入来考虑。

(3)注意宣传法律知识。律师为委托人提供法律服务的同时还肩负着向委托人进行法制宣传的责任,提升其知法、用法的能力。因此律师在为委托人解决法律疑难时,向他们宣传法律,解释有关法律法规的含义,应该是一种责无旁贷的义务。有些委托人可能对部分法律条文不甚了解。对此,律师不应因其需求不合乎法律规定而断然回绝,而应给予理解,向其宣传法律、法规的精神、要领,并对委托人所提问题作出实质性的答复,以增加其法律知识,提高其法律意识,并使其知道如何运用法律维护自身合法权益。

7. 进行法律分析要注重分析方法

出具法律意见书,进行法律分析,具体的分析方法十分重要。分析方法得当,能使人明白、易懂、受用;分析方法不当,会让人不得要领,难以信服。因此,在制作法律分析部分时应注意如下具体分析方法:

(1)分析要有重点。在叙述案件事实时,必须抓准关键,详细叙述;在进行法律分析时,同样要抓准关键,重点分析。这个关键就是案件事实中各种法律关系、法律活动的主要矛盾之所在。抓准关键,详尽分析、深入分析,将主要矛盾——什么性质、合法违法、谁是谁非、权利义务等分析透彻,其余一切自然迎刃而解。据此而提出的方案自然可行,委托人的合法权益就可能得到保护。当然,笔者强调抓准重点,并非"不及其余",其余相关事实、情节、条件以及环境等还是应当考虑、分析与表述的,只是居于次要地位而已。

(2)分析要分清主次。一个案件,可能涉及多个问题。例如,有些案件既涉及实体问题又涉及程序问题,如何安排先后顺序?办法只有一个,即分清主次,先后分析。何为主,何为次,要视案件具体情况而定。如果程序问题决定着案件能否受理、可否继续审理、能否提起再审、是否尚有其他法律救济的可能,则应先写程序问题,后写实体问题;倘若不存在这些问题,即可先写实体问题后写程序问题,或者写实体问题附带写程序问题,甚至不写程序问题。

(3)分析要理顺关系。一个案件,涉及的关系很多,如当事人之间的法律关系,此事实与彼事实之间的因果关系,各种人与事上的主从关系,委托人来律师事务所咨询时所提问题之间的关系,等等。其中,前三种关系,在法律意见书的事实部分大多已经解决,笔者这里所说的理顺关系主要是指委托人前来咨询时所提出的问题之间的关系。由于委托人的法律知识有限,也可能是心情急迫所致,往往会提出若干个问题。对此,法律分析如何应对?这里不可忽视的是要理顺若干问题之间的相互关系,其中包括大小、主次以及各自与案件事实本身的联系等。在进行法律分析时,原则上应当有问必答,不予拒绝。应讲究若干问题之间的层次安排,例如以问题范围大小为序,或者以问题所涉及事实主从为序等,并尽量讲清相互之间的关联关系。

【示例】

××省××市××(集团)公司"组合"工程之关联交易的法律意见书

金律证字(2006)第×××号

致:××省××市××股份有限公司

一、序言

根据《中华人民共和国公司法》(以下简称《公司法》)、《中华人民共和国证券法》(以下简称《证券法》)、《深圳证券交易所上市规则》(以下简称《上市规则》)和中国证券监督管理委员会《关于上市公司重大购买、出售、置换资产若干问题的通知》(以下简称《通知》)及其他法律、法规和规范性文件的规定,××律师事务所接受××省××市××股份有限公司(以下简称“股份公司”)的委托,就其收购××省××市××(集团)公司(以下简称“集团公司”)“组合”工程的有关事宜,出具本法律意见书。

本所律师声明事项:

1. 为出具本法律意见书,本所律师对本次交易所涉及的有关事项进行了审查,查阅了本所律师认为出具本法律意见书所必须查阅的文件,包括但不限于收购及出让各方的主体资格、交易资产的状况、收购协议、相关的授权和批准及本次交易的信息披露资料等文件,并对有关问题进行了必要的核查和验证。

2. 股份公司已作出保证,其向本所律师提供的资料和文件是真实的、准确的和完整的,不存在重大隐瞒和遗漏;有关材料上的签章真实,有关副本材料或复印件均与正本材料或原件一致。

3. 本所律师仅根据本法律意见书出具之日前已经发生的事实和我国现行的法律、法规和规范性文件,就本次交易的有关事项发表意见,并对本次交易的评估、决策等专业事项发表评论。

4. 本法律意见书仅供股份公司本次交易使用,未经本所书面许可,不得用于其他任何目的。

5. 本所律师同意将本法律意见书作为本次交易的相关文件之一,随同其他材料一起申报或予以披露,并依法对本法律意见书的意见承担法律责任。

再次提醒投资者注意,本意见书不构成对股份公司的任何投资建议,对投资者根据本意见书所作出的任何投资决策可能产生的投资风险,本所不承担任何责任。

本所也特别提醒股份公司全体股东及其他投资者务必请认真阅读股份公司董事会关于本次资产收购的公告及本次资产收购所涉及法律意见书、相关资产的评估结果以及资产评估报告全文。

因此,本所律师已按照律师行业公认的业务标准、道德规范和勤勉尽责的精神,对本次交易的有关事项进行了核查和验证,现出具法律意见书。

二、释义

除非另有说明,以下简称在本报告书中的含义如下:

股份公司:指××省××市××股份有限公司

集团公司:指××省××市××(集团)公司

本次资产收购:指股份公司向集团公司收购“组合工程”资产的行为

元:指人民币元

本所/律师事务所:指××律师事务所

资产评估师事务所:指××资产评估有限公司

三、主要假设

本报告的有关意见以下述主要假设为基础:

1. 股份公司所要进入行业的国家政策及市场环境无重大的不可预见的变化。

2. 交易各方所在地区的经济法律环境无重大变化。

3. 交易各方目前执行的税种、税率及政府给予的优惠政策无重大变化。

4. 本次资产收购能按预定计划完成,公司决策不出现重大失误。

5. 交易所涉及资产的评估方法科学、公允,评估值准确。

6. 无其他不可抗力造成的重大不利影响。

四、本次交易各方的主体资格及其关联关系

1. 股份公司

(1)股份公司系一家依据中国法律在××市工商行政管理局登记注册并有效存续的股份有限公司,在深圳证券交易所上市(股票代码为:____);其注册资本为人民币 12 亿元,法定代表人为张××,住所地为××省××市××路××号,经营范围为:机械设备制造、销售,工商注册号为:____________。

(2)经本所律师核查,截至本法律意见书出具之日,股份公司不存在根据法律、法规及其章程规定而需要终止经营的情形。

2. 集团公司

(1)集团公司系一家依据中国法律在××省××市工商行政管理局登记注册并有效存续的国有独资企业;其注册资本为人民币 56 000 万元,法定代表人为刘××,住所地为××省××市××路××号,经营范围为:医疗器械的生产销售,工商注册号为:____________。

(2)经本所律师核查,截止到本法律意见书出具之日,集团公司不存在根据法律、法规及其章程规定而需要终止经营的情形。

3. 交易双方的关联关系

集团公司目前持有股份公司的股份 70 000 股,占股份公司股本总额的 58.33%,系股份公司第一大股东。

五、本次交易的资产及其状况

1. 根据股份公司与集团公司于 2006 年 3 月 22 日签署的《××省××市××集团与××省××市××股份有限公司关于收购"组合"工程的协议书》,股份公司本次收购的资产为集团公司合法拥有的"生产能力为年产医疗设备 20 万台并能加工成 5 000 万件保健品的生产项目"(以下简称"组合资产")。

对于上述组合资产,集团公司持有下列相关批准文件和合法权证:

(1)2004 年 5 月 11 日国家经济贸易委员会《关于××省××市××集团保健品技改项目可行性研究报告的批复》;

(2)2005 年 6 月 8 日国家医药管理局《关于××省××市××集团保健品技改项目可行性研究报告的批复》;

(3)2005 年 8 月 3 日××市卫生防疫站关于《预防性卫生监督验收意见书》;

(4)2005 年 8 月 10 日××市公安局消防支队《关于保健生物技改工程建筑工程消防验收合格的意见》;

(5)2005 年 9 月 8 日××市医药管理局关于《建设项目竣工验收合格证书》;

(6)2005 年 10 月 11 日××市环境保护局关于《建设项目环境保护设施竣工验收审核意见》;

(7)2005 年 10 月 12 日××市规划局关于《建设工程竣工验收合格证》;

(8)××市土地管理局颁发的《国有土地使用证》;

(9)××市房地产管理局颁发的深房权证字第____________号《房屋所有权证》。

备查地点:××省××市××路×号股份公司董事长秘书办公室

联系人:　　　　联系电话:　　　　传真:

2. 经资产评估事务所隆评报字[2006]第×××号《资产评估报告书》评估,上述组合资产以 2006 年 6 月 30 日为基准日的评估价值为人民币 1.66380780 亿元。

3. 经集团公司确认及本所律师审核,上述组合资产上不存在抵押、担保和司法限制等情形。

4. 2005年12月25日集团公司与股份公司控股子公司——××市××制药有限公司签署《租赁协议》一份,根据该协议,集团公司上述组合资产所涉及的厂房、生产设备目前由××市××制药有限公司租赁使用,租赁期间从2005年12月25日起至上述资产被收购日止。

六、本次交易的授权和批准

1. 股份公司于2006年3月20日召开的临时股东大会作出决议,在关联方集团公司回避表决的情况下,以有效表决权的79.81%同意,决议收购前述资产。

2. 为履行本次收购协议,集团公司于2006年3月28日作出《关于同意将集团"组合工程"项目转让的决定》,该决定确定评估基准日为2006年6月30日,转让价格以资产评估机构的评估结果为依据。

3. ××市财政局《关于××省××市××股份公司资产评估结果审核的批复》,确认资产评估师事务所《资产评估报告书》对前述组合资产的评估结果。

4. ××市国有资产管理局《关于同意××省××市××(集团)公司"组合工程"有偿转让的批复》,同意集团公司将前述组合资产以评估确认价1.66380780亿元转让给股份公司。

七、本次交易所涉及的协议及其履行

1. 股份公司收购集团公司拥有的组合工程资产,系股份公司首次向社会公众公开发行股票的募集资金项目之一。双方因该收购行为而签署了《××省××市××(集团)公司与××省××市××股份有限公司关于收购"组合"工程的协议书》;为明确收购的定价原则,双方又签署了补充协议。

以集团公司实际投入的资金为基础,经具有证券从业资格的资产评估机构评估后,由双方协商确定。

2. 2006年8月31日,集团公司与××市××制药有限公司签署《终止租赁"组合"协议书》,双方终止了组合资产的租赁关系;同日集团公司将该等组合资产移交给股份公司,并由股份公司出具《资产移交确认书》。对于相关不动产的权属过户,根据上述协议将在3个月内完成。

3. 到本法律意见书出具之日,股份公司已向集团公司支付了上述协议书项下的收购款项计人民币________元,剩余款项计人民币________元将在90日内付清。

八、本次交易的信息披露

本次交易过程中,股份公司应当按照有关法律、法规和规范性文件的规定,向深圳证券交易所报告并履行相关的信息披露义务。经本所律师审查,股份公司不存在应当披露而未披露的合同、协议或安排。

九、关于关联交易和同业竞争的说明

本次资产收购属于关联交易,但本次资产收购的价格确定是以具有证券从业资格的资产评估师事务所出具的资产评估报告书中所确定的评估价值为依据,并经由国有资产管理部门确认,因此本次交易价格是公允的;同时,公司两名独立董事就本次资产收购发表了意见;在表决程序上,关联方将遵守回避制度,由非关联股东对本次资产收购的相关议案进行表决;在信息披露方面,公司遵循公开、公平、公正的原则履行与此有关的信息披露义务。因而,本次关联交易是公允、合理的,不会损害非控股股东的合法权益。

股份公司在本次资产收购之后,同上述关联方仍然会存在关联交易,其中主要仍是向××市各家分公司销售股份公司产品的关联交易。公司董事会已经承诺,对于未来发生的各项关联交易仍将本着诚信的原则，确保各有关关联交易遵循公平、公正、公开、自愿的原则进行，保证关联交易的公允性和合理性，维护全体股东合法权益。

本次收购完成后，各个企业关联系统之间不会构成同业竞争。

十、对本次交易公平合理性的评价

1. 本次资产收购的相关协议分别由××律师事务所审查，同时履行了与此有关的信息披露义务，遵循了公开、公平、公正的原则。

2. 本次资产收购的价格确定以具有证券从业资格的资产评估师事务所出具的资产评估报告书中所确定的评估价值为依据，并经由国有资产管理部门确认。

3. 本次资产收购已经××市国有资产管理办公室国资［2006］第×××号文批准。

4. 本次资产收购尚须获得股份公司股东大会审议表决。在表决时，相关关联方将遵守回避制度，由非关联股东对本次资产收购的相关议案进行表决，以维护非关联股东的利益。

据此，本所律师认为本次资产收购的程序合法，交易价格的确定方法合理。

因此，本次资产收购有利于维护公司全体股东的利益。

十一、结论意见

综上所述，本所律师认为，股份公司本次收购××省××市××（集团）公司"组合"工程之关联交易，其交易各方的主体资格真实、有效，相关协议的内容和形式符合法律规定，本次交易已获得了必要、正当的授权和批准，交易资产权属清晰；因此，本次交易行为符合《公司法》《证券法》《上市规则》和《通知》的相关规定。

十二、关于独立法律顾问

法律顾问：××省××律师事务所 法定代表人：孙××

办公地址：××省××市××北大街××号

邮政编码：____________

联系人：张××　传真：____________

本法律意见书出具日期为2006年10月31日。本法律意见书正本六份，无副本。

××律师事务所

承办律师：孙××　张××

二、代理词

（一）概述

代理词是在刑事自诉案件、民事案件、行政案件和刑事附带民事诉讼案件中，当事人的代理人在法庭辩论阶段为维护被代理人的合法权益而发表的综合性发言，又称代理意见书。从上述定义可以看出，代理词的基本作用在于充分体现并维护被代理人的合法权益，协助法院对案件作出全面公正的处理。

从分类上看，按委托人的不同，代理词可分为原告方代理词、被告方代理词及第三方代理词；按案件性质的不同，代理词可分为刑事自诉案件代理词、民事案件代理词（包括刑事附带民事诉讼案件的代理词）和行政案件代理词；按诉讼审级，可将代理词分为一审代理词、二审代理词和再审代理词。

（二）主要内容和制作方法

1. 首部

这部分一般应讲明代理人受谁委托就何案件参加诉讼，以及代理人在出庭前做了哪些工作,还可简要谈及对本案的基本看法,进而引出对代理意见的具体阐述。从文字看,首部力求简洁明了。

2. 正文

代理意见是代理词的正文部分,是一份代理词的核心与灵魂,要求代理人在代理权限之内依据事实和法律,对被代理人的诉讼请求和理由进行详细阐述并加以论证,从而力求己方意见在案件判决中被法院采纳。

根据委托人法律地位的不同,以及案件诉讼审级的区别等情况,代理意见的作出在直接针对性上存在相当的差别。如一审中原告方代理词应围绕起诉事实和理由这一中心,充分阐述争议产生的原因,其主要情节及争议焦点之所在,并提供相应证据,从而合理合法地提出一定的诉讼请求。相反,若是从一审被告方的角度出发,则在代理词的内容中须直接针对原告诉称的事实及理由和具体的诉讼请求予以反驳,指出原告方意见在事实和法律上的漏洞并进一步提出己方认定的事实证据,还可提出己方的具体请求。若是代理词在二审阶段作出,则其针对的重点便应转移到一审判决或裁定认定的事实、证据和法律适用等方面,同时也应对他方意见作出回应。

(三) 制作中应注意的几个问题

代理词在制作上根据其种类的不同而各有侧重,不过从总体上看值得注意的问题包括以下几个方面:

1. 保持相对独立性

代理意见是代理词的中心内容,而代理意见的形成必须是代理人发挥独立意志的结果,即代理人的代理意见的作出不应受到任何机关、团体和个人的干扰、妨碍。对代理人在这一方面的独立性必须从法律上加以保障,如果代理人在案件审理过程中受到不当干预则其保留依法控告的权利。但这种独立性是相对的而不是绝对的,代理人在制作代理词过程中不得超越其代理权限,应保证代理词的内容是以被代理人委托事项的具体范围为基础的。代理人若需代为承认、放弃或变更诉讼请求,进行和解,提出反诉或上诉都须被代理人特别授权才行。因此代理人在代理词制作中的独立性始终是相对的。

2. 用语严谨,情理交融

代理词是为充分体现被代理人的合法权益,利于法院全面公正地处理案件所作,因此从用语上看,一方面应避免过激词语;另一方面,代理词在立足于事实和法律的基础上,对被代理人的实际心态和所处的现实环境也可有一定的反映,融情于理、融情于法的文字会促使法院采纳己方的意见。

【示例】

代　理　词

审判长、审判员:

××律师事务所依法接受原告王××的委托,指派我担任王××诉李××离婚纠纷案的一审诉讼代理人,经过调查取证及庭审质证和辩论,现结合有关事实并依据有关法律规定,发表代理意见如下:

一、原、被告之间的夫妻感情已彻底破裂,法庭应依法解除双方的婚姻关系

原、被告于2004年结婚,由于系媒人介绍、父母包办的婚姻,双方婚前并不了解,没有可靠的婚前感情基础。婚后,原告一直没有工作,没有经济收入,平时主要负责整理家务和照看孩子。由于家庭的收入、支出主要由被告负担,双方在家庭中地位不平衡,原告一切都得看被告的脸色行事,被告在家庭中处于说一不二的地位,动辄对原告和孩子进行辱骂和

殴打,致使双方的夫妻感情彻底破裂,被告对夫妻双方的感情破裂负有重大的过错。

二、婚生子女应当由原告抚养,由被告承担相应的抚养费用,并一次性付清

《中华人民共和国婚姻法》第36条第3款规定:"离婚后……哺乳期后的子女,如双方因抚养问题发生争执不能达成协议时,由人民法院根据子女的权益和双方的具体情况判决。"最高人民法院《关于人民法院审理离婚案件处理子女抚养问题的若干具体意见》(法发〔1993〕30号)规定:"人民法院审理离婚案件,对子女抚养问题……从有利于子女身心健康,保障子女的合法权益出发,结合父母双方的抚养能力和抚养条件等具体情况妥善解决。"其中第3条规定:"对两周岁以上未成年的子女,父方和母方均要求随其生活,一方有下列情形之一的,可予优先考虑:(1)已做绝育手术或因其他原因丧失生育能力的;(2)子女随其生活时间较长,改变生活环境对子女健康成长明显不利的……(4)子女随其生活,对子女成长有利,而另一方患有久治不愈的传染性疾病或其他严重疾病,或者有其他不利于子女身心健康的情形,不宜与子女共同生活的。"

本案中,双方离婚的主要原因是被告的种种过错行为,比如实施家庭暴力,与固定的婚外异性长期公开地生活、同居,已给孩子的心灵上造成了巨大的伤害,如果孩子与被告共同生活势必会给孩子造成更大的伤害。被告长期在外,经常不回家,与孩子共同生活的时间很短,反之,原告长期在家中照顾家庭与孩子,与孩子一直共同生活,孩子已习惯与原告共同生活,改变环境对孩子的成长明显不利。而且,原告已做了绝育手术,今后不可能再生育子女。综合以上案件事实,根据最高人民法院的司法解释,婚生子女应该由原告抚养、由被告承担孩子的抚养费,加之被告的经济状况特别优越,应该按每月承担400元的标准,由被告一次性付清。

三、关于家庭共同财产及债务的分割与承担

根据《中华人民共和国婚姻法》及相关的司法解释以及其他法律规定,在离婚案件中,照顾妇女儿童、照顾无过错方、照顾生活困难的一方是处理家庭共同财产的重要原则。本案中,原告作为一名女性,自结婚后没有另谋职业,在家中照料家务、相夫教子,全力支持被告在外创业,在结婚的14年中,为家庭付出了人生最美好的青春,从而失去了为今后的事业铺垫基础的机会,现在离婚后,没有任何技能,没有任何社会基础与经济来源,将面临巨大的就业乃至生存的压力,况且根据今天法庭的调查,是因为被告的种种过错才导致了今天家庭的离散,被告负有重大的过错。法庭在处理家庭共同财产中,应当依法给予原告一定的照顾,并依法支持原告据被告的过错行为而提出的损害赔偿的要求。

以上观点,请法庭予以采纳。

此致

××市××区人民法院

代理人:××律师事务所×××律师

2006年8月16日

三、申诉书

(一)概述

申诉书是在刑事、民事及行政案件中,当事人及其法定代理人、近亲属或法律规定的其他人对人民法院已经发生法律效力的判决、裁定或调解书不服而向人民法院或者人民检察院要求对案件进行重新审查的法律文书。

申诉的提起不能停止判决、裁定及调解书的执行,但如果申诉请求符合事实和法律且理由正当

充分,则可以对案件进行重新审判。这对于纠正错判,维护当事人的正当利益当然具有更大意义。

申诉书是以业已产生法律效力甚至已经执行完毕的刑事、民事及行政法律文书为直接针对对象的,其目的是指出该类文书中可能存在的错误并借此希望法院重新作出公正的审理,以求弥补当事人因判决、裁定或调解书的错误而受到的损失,因此在内容上,既要注意用足够的证据来证明申诉事实,又要注意对法律依据的准确引证。申诉书不同于再审申请书。再审申请书是指在民事案件中,当事人对已经发生法律效力的判决、裁定或者调解协议认为确有错误,而依法向原审人民法院或者上一级人民法院申请重新审理的法律文书。

(二) 主要内容和制作方法

1. 首部

(1)标题。在文书顶端居中写明“申诉书”。

(2)申诉人和被申诉人的基本情况。包括姓名、性别、年龄、民族、籍贯、职业、住址,以及单位的名称、地址、法定代表人姓名、职务或行政机关名称和所在地址、负责人姓名、职务等。

2. 正文

(1)申诉的由来,指申诉的直接对象是哪级法院在第几审中的哪类判决、裁定或调解书,要标明具体文号。

(2)申诉事实和理由,这是申诉书的核心部分。它应根据事实,运用法律、法规的有关规定和证据,针对生效判决或裁定从多个角度进行阐述,以求说明原判决或裁定是错误的,必须撤销或改判。

3. 尾部

(1)写明接受申诉书的机关名称;

(2)附件名称及份数;

(3)申诉人的签章及申诉日期。

【示例】

民事申诉书

申诉人:刘××,男,1970年3月26日出生,汉族

住址:××省××市××路××号

身份证号:

联系电话:

被申诉人:××省××市××医院

地址:××省××市××路××号

法定代表人:王×× 职务:院长

申诉人对××市中级人民法院作出的(2006)东民终字第×××号民事判决书,××市××区人民法院作出的(2005)东民初字第×××号民事判决书不服,提出申诉。

申诉事项:

1. 对××市中级人民法院作出的(2006)东民终字第×××号民事判决书,××市××区人民法院作出的(2005)东民初字第×××号民事判决书不服,提出申诉;

2. 请求依法改判被申诉人向申诉人支付损害赔偿金5万元;

3. 一、二审诉讼费由被申诉人负担。

事实与理由：

该一、二审判决书认定事实错误，适用法律不当。

1. 法院认定事实错误，××省××市××医院（以下简称"××医院"）在本次医疗事故中应承担"完全责任"，而非"主要责任"。

法院对××医院"主要责任"的认定存在明显的事实和程序上的瑕疵。两级医学会进行的医疗事故技术鉴定对于本案的一个关键性事实——B超检查结果未显示出血的认定明显缺乏事实依据，存在程序及事实认定违法的情形。两次鉴定对于导致本次医疗事故的客观因素的认定缺乏事实依据，这些因素不能构成××医院仅承担主要责任的借口和理由。鉴定分别提到了检查手段的限制和出血部位等因素作为导致××医院过错的客观因素，根本不能成立。同时，××医院在医疗事故鉴定过程中提供的病历内容、封存方式等存在重大问题。

2. 一审和二审在法律适用上存在重大问题

本案应适用《中华人民共和国民法通则》、最高人民法院《关于审理人身损害赔偿案件适用法律若干问题的解释》的相关规定。

法院虽然认定××医院构成一级甲等医疗事故，且应承担主要责任，但是在法律适用上并未参照《中华人民共和国民法通则》、最高人民法院《关于审理人身损害赔偿案件适用法律若干问题的解释》的相关规定，支持被害人关于伤残补偿费的诉讼请求，而仅仅支持了若干医疗票据的诉讼请求，上述判决缺乏法律依据，违反法律精神和公平原则，应在再审中予以撤销。

综上，××市中级人民法院作出的（2006）东民终字第×××号民事判决书，××市××区人民法院作出的（2005）东民初字第×××号民事判决书认定事实错误、适用法律不当。请贵院按照审判监督程序再审，以维护法律的尊严，保护公民的合法权益。

此致

××人民法院

申诉人：刘××

2006年9月5日

四、授权委托书

（一）概述

授权委托，是一种常见的民事法律行为，律师在授权委托关系中总是处于被授权和被委托的一方，依据当事人的授权以当事人的名义代其完成一定的法律事务。授权委托书正是委托人为了实施某一行为而授权律师代为执行的书面文件。非诉讼事务授权委托书，是非诉讼事务当事人单方向律师出具的，由律师代为办理某项非诉讼法律事务并明确其权限范围的法律文书。

授权委托书不仅规定了律师被授予的事项和权限，更是其他公民、法人和组织据以确定委托人真实意思表示的重要凭据。律师作为职业的代理人，无论从事何种代理活动，均应持有授权委托书，否则就是无权代理。

民事诉讼的授权委托书应写明是一般授权、全权授权还是特别授权。根据最高人民法院的司法解释，全权授权委托即一般授权，代为起诉、出庭、提交证据、质证，代为变更和放弃诉讼请求等，提出反诉、和解、上诉等都需要特别授权。

授权委托书按其适用范围的不同，可以进行多种类型的划分，如可以分为诉讼中的授权委托书和非诉讼中的授权委托书，非诉讼中的授权委托书又可以根据业务种类的不同再作细分，但其基本要素是一致的,只需根据实际情况略作修改,完全可以相互套用。

(二) 主要内容与制作方法

1. 首部

(1)标题。居中写明“授权委托书”即可,也可写明具体的事项名称,如“办理房屋抵押登记的授权委托书”。

(2)委托人和被委托人。应写明委托人的基本情况,包括姓名、性别、年龄、住址、工作单位、身份证号(或单位全称、法定代表人、住址)等内容;被委托的律师事务所全称和承办律师的姓名。

2. 正文

(1)授权委托事项,即委托人欲授权律师代为完成的具体法律事务。这是授权委托书的一个重点,授权事项不能空泛,必须具体而明确。

(2)授权委托权限。这一部分一般应写明具体的权限范围,特别是在涉及委托人实体权利处分的时候。但在有的情况下非诉讼授权委托书不同于诉讼类的授权委托书,权限不属于必须写明的内容,因为相当多的非诉讼授权委托,只要事项明确,实际上就已经对权限作了界定。

(3)期限。根据所授权事项的不同,可写明起止日期,也可仅写至某事项完成时止,比如,“至本次谈判工作结束达成协议为止”。

3. 尾部

(1)委托人应签名或签章,是法人或其他组织的还应该由法定代表人签名。

(2)授权委托日期,这是律师获得代理权的时间起算点,必须明确。

【示例】

授权委托书

委托单位:××市××贸易有限责任公司

法定代表人:汪×× 职务:董事长

代理方:××市××律师事务所

地址:××市××大街××号

电话:

传真:

诉讼代理人:吴×× 黄××

现委托上列代理人作为委托方与××市××食品有限责任公司合同纠纷诉讼一案一审程序的诉讼代理人。

代理人的代理权限为:

特别授权代理:含代为承认、放弃、变更诉讼请求,进行和解,提起反诉。

代理人在本委托书授权范围内单独或联合所做的事务及签署的文件,委托方均予以承认。

除非委托方书面提前撤销,本授权委托书至委托事项完成之前持续有效。

委托方:(盖章) 法定代表人:

2006年10月23日

五、律师授权声明书

(一) 概述

律师授权声明书,是律师根据当事人的委托,在当事人的授权范围内,为维护当事人的合法权益,对涉及或可能涉及当事人的民事权益问题,在报纸、杂志上或通过广播、电视等传播媒介公开表明立场、主张或澄清事实、提出警戒而发表的书面材料。

律师授权声明既可以用于公开澄清事实、挽回影响,防止招摇撞骗;又可以起到警戒作用,对侵权者提出警告;还可以起到宣传教育作用,揭露假冒伪劣,有效地制止侵权行为;终止某项行为或事务的声明,还可以起到证明作用,以利于日后纠纷的解决。

(二) 制作中应注意的几个问题

1. 必须有当事人的委托授权

律师授权发表声明是一种代理行为,必须根据当事人的委托及授权范围,依照律师工作程序进行。应当由当事人向律师事务所办理委托授权手续,应明确授予的权限和声明的事项。同时应注意委托人的主体资格必须合法。

2. 声明的内容必须真实

由于律师授权发表声明是公开的法律行为,涉及面广,社会影响大,内容的真实与否至关重要。律师要严格地审查核实,并对事实的真实性负责,声明的内容必须合法。

声明的内容不得涉及国家机密,不得侮辱、诽谤他人,不得损害社会公共利益和他人的合法权益。

(三) 主要内容和制作方法

1. 标题

可以有以下几种写法:

(1)声明;

(2)律师授权声明;

(3)授权××律师声明;

(4)授权××律师发表关于________的声明。

2. 正文

正文即声明的内容,包括声明事项和声明意见。声明事项是指声明人对什么事情发表声明,需写明具体事实。声明意见是指声明人对声明事项所持的主张。内容文字要简洁,用词要准确,避免产生歧义。

如果发表声明是为了维护当事人的某项产品、商标、服务项目等在公众中的信誉,揭露假冒伪劣以及其他有损当事人声誉的现象,以警戒违法行为,提高公众的识别能力,则应写明:

(1)该产品的品种、质量、功用、突出特点,或者该商标的特征及其在国内外的信誉等;

(2)写明有人伪造、假冒的情况及其特点;

(3)提请公众注意识别,提供联系方式以便举报。

3. 尾部

(1)授权发表声明人的姓名或全称;

(2)授权律师的签名及其所在律师事务所的全称;

(3)发表声明的日期。

【示例】

律师授权声明书

××市××食品公司是国家大型企业,其产品在国内具有很高的知名度,并远销30多个国家和地区。××市××食品公司独立研制的××系列膨化食品自上市以来以其新颖的造型、独特的口味赢得了广大消费者的青睐。但是,近来,市场上出现了大量对××系列膨化食品的仿造食品,不仅仿造××系列膨化食品的造型,而且仿造食品的包装、商标,甚至直接标明该仿造食品为××市××食品公司制造。上述不法行为严重侵犯了××市××食品公司的合法权益,同时损害了广大消费者的利益,扰乱了市场秩序。鉴于上述情况,本律师受××市××食品公司的委托,发表声明如下:

凡生产、销售上述仿造食品的厂商,必须立即停止一切不法行为,销毁相关的仿造食品,并承担由此造成的全部后果。对上述侵权行为,××市××食品公司将委托××市××律师事务所依法追究相关厂商和相关人员的法律责任。

××市××律师事务所
律师:朱××
2006年11月5日

六、律师见证书

(一) 概述

律师见证书是指律师应当事人的请求,依法对自己亲眼所见的或亲自审查的法律事实或法律行为的真实性、合法性予以证明而制作的法律文书。

(二) 主要内容和制作方法

1. 首部

(1)标题。应写明“律师见证书”。

(2)文书编号。写在标题的右下方,要按年度、律师事务所的简称、文书简称及编号的顺序排列。

(3)委托人的基本情况。委托见证人是公民的,应写明其姓名、性别、年龄、民族、籍贯、工作单位及职务、住址等身份情况;如果是法人或其他组织,应写明其全称和所在地址,并另起一行写明其法定代表人(或代表人)的姓名和职务。如果委托人不止一人的,应分情况,按顺序逐一书写。为了表明委托见证人在具体法律关系中所处的不同地位,可以在它们各自姓名或全称之后加括号予以注明。如加工承揽合同的见证,可以在委托见证人的企业全称之后注明定作方与承揽方。

2. 正文

这是见证书的主体部分,要依次写清楚见证事项、见证过程、见证结论和法律依据四个部分内容。

(1)见证事项,是指委托见证人就何事请求律师见证,要写得简明扼要。如“委托律师就《放弃继承权申明书》进行见证”。

(2)见证过程,要概述从接受委托到办理完见证的全过程,着重说明律师本着“以事实为依据,以法律为准绳”的原则,为确认见证事项具有真实性、合法性做了哪些工作,从而可以顺理成章地过渡到下面的见证结论。篇幅不宜过长,表述力求清晰、全面。例如一份分房协议的见证过程是这样写的:“本所于某年某月某日接受上列委托人的委托,指派律师办理此项见证。经查阅委托见证人的身份证件,审阅了分房协议书全文以及该房屋产权证,并与委托见证人分别进行了谈话,根据查核情况,特作如下见证……”见证过程和见证结论可以合并写,也可以分开写。如果委托见证人提供的证据材料不足或有疑义,“见证过程”栏内对律师的调查情况也要有所交代。

(3)见证结论,是律师对有关见证事项的各种材料经过一丝不苟的审查后作出的结论,是见证书的核心,既要写明委托见证人的主体资格合法,具有权利能力和行为能力,又要写明见证事项真实合法。见证结论要求实事求是,明确具体,可以与见证事项的法律依据合在一起写,也可以分开写。

(4)法律依据,主要在于说明见证事项的合法性。如一件自书遗嘱见证书的见证结论就是和法律依据一起写的:“兹证明刘××在书立自书遗嘱时神智正常,思维敏捷,具有权利能力和行为能力。该遗嘱系由刘××亲笔书写,在见证律师面前签名盖章,并注明书立遗嘱的年、月、日,符合《中华人民共和国继承法》第16条第2款和第17条第2款的规定。”

制作正文时,除见证事项一栏要单独列出外,见证过程、见证结论和法律依据三项不必列出小标题,可以视情况合并写或分段写,但要注意使整个正文部分形成有机的统一体。

3. 尾部

应在右下方按序分行写明:

(1)律师事务所的全称;

(2)见证律师的签名;

(3)出具见证书的日期,并加盖律师事务所公章。

见证律师在见证事项中所审查并据以出具见证书的有关材料,如当事人身份证明材料或资格证明材料、合同书等见证材料,可以作为附项在最后予以列明。

【示例】

律师见证书

(2006)同见证字12345号

委托见证人:李××
身份证号码:
住址:××市××东街×××号

××律师事务所接受订立遗嘱人李××的委托,指派辛××律师、张××律师就其订立遗嘱行为进行见证。

根据《中华人民共和国民法通则》《中华人民共和国律师法》《中华人民共和国继承法》等法律法规的规定,见证律师审查了委托人提供的身份证、房产证等有关文件,并到委托见证人住址××市××东街×××号见证了立遗嘱过程。

兹证:

一、李××房产证(房屋所有权证号:重房权证新字第×××号)、身份证真实;

二、李××订立的遗嘱是其真实意思表示;

三、李××订立遗嘱的过程不违背《中华人民共和国继承法》的相关规定。

特此见证。

××律师事务所
见证律师:辛××
张××
2006年9月7日

七、备忘录

(一) 概述

备忘录是指记载交易框架、各方就该交易已达成一致和尚未达成一致的事项、各方下一步应该采取的行动等内容的书面文件。

在公文函件中,备忘录的等级是比较低的,主要用来提醒、督促对方,或就某个问题提出自己的意见或看法。在业务上,备忘录一般用来补充正式文件的不足。

备忘录的主要目的是确定交易框架,明确交易涉及的事项,为下一步行动奠定基础。

(二) 主要内容

备忘录主要应由以下几个方面的内容组成:

(1)标题,应写明"备忘录"或"关于____________的备忘录";

(2)前言(鉴于条款);

(3)达成一致的事项;

(4)尚需要进一步磋商的事项;

(5)下一步的行动;

(6)签字盖章;

(7)附件或附录。

备忘录一般是在没有律师参与的情况下签署的。但是,备忘录需要由律师来起草,其原因是律师作为法律方面的专家,可以确保备忘录所指交易的框架在法律上可行,并且具有可操作性;备忘录能清楚地表达各方当事人的意思,避免就无意承担的义务作出承诺,并确定项目的进程。

备忘录与合同表达的都是各方的意思表示,但在条款的效力上,备忘录与合同有较大的差别。备忘录的条款分为有约束力的条款和无约束力的条款。其中有约束力的条款一般包括保密条款、独家谈判权、提供有关的文件、配合对方进行调查;无约束力的条款主要包括具体的商务条款(即使是在备忘录中已经确定为达成一致的事项)、下一步要采取的行动等。当然,双方可以在备忘录中明确表明各个条款的具体效力。

【示例】

备 忘 录

(2006年8月22日)

鉴于:中国××公司(简称甲方)为国内大型公司,在行业内居于领先地位;美国××公司(简称乙方)为大型跨国公司,在资金、技术上具有优势,甲、乙双方代表于2006年4月25日在中国××市就兴办合资项目进行初步协商,双方交换了意见,达成了谅解,双方的承诺如下:

(一)依据双方的交谈,乙方同意就合资经营本合同所列项目进行投资,投资金额大约5 000万美元。投资方式待进一步磋商。甲方所用于投资的厂房、场地、机器设备的作价原则和办法,亦待进一步协商。

(二)关于利润的分配原则,乙方认为自己的投入既有资金,又有技术,应该占60%~70%,甲方则认为应该按投资比例分成,没有取得一致意见。但乙方代表表示,利润分配比例愿意考虑甲方的意见,另定时间进行协商确定。

（三）合资项目生产的医疗产品，乙方承诺在国际市场上销售产量的45%，甲方希望乙方提高销售额，达到70%，其余的在中国国内市场上销售。

（四）工厂的规模、合营年限以及其他有关事项，均没有详细地加以讨论，双方都认为待第二项事情向各自的上级汇报确定后，其他问题都好办。

（五）这次洽谈，虽未能解决主要问题，但双方都表达了合作的愿望。期望在今后的两个月再行接触，以便进一步商洽合作事宜，具体时间待双方磋商后再定。

中国××公司
代表 （签章）
2006年4月25日

美国××公司
代表 （签章）
2006年4月25日

第四节 撰写法律文书应特别注意的问题

一、客观性

有些案件比较复杂，律师如果在进行法律分析时不够慎重，未作全面的考虑，就有可能致使分析结果出现偏差。所以，律师在进行法律分析时，切忌过于自信、轻下断言、不留余地，否则，就有可能影响法律意见的质量，有损律师事务所的形象。

【示例】

某律师事务所的孙律师接受××加工有限公司的委托，就该公司员工朱×违反劳动合同纠纷出具法律意见。孙律师在其出具的法律意见书中认为：根据该公司与朱×于2004年11月15日签订的劳动合同，朱×负有维护该公司合法权益、保守该公司商业秘密的义务，并约定，如朱×违反上述义务，应向该公司支付违约金100万元，上述约定是双方的真实意思表示，应合法有效。朱×将公司与重要客户签订的合同文本透露给第三人，证据确凿，明显违反上述保密义务，虽然还没有证据证明其行为给该公司造成任何损失，但由于该公司与朱×有明确约定，所以朱×应按照劳动合同之约定，支付约定数额的违约金。

后该公司依照上述法律意见向法院提起诉讼，要求朱×支付违约金100万元，但法院经过审理认为，朱×虽然将公司与重要客户签订的合同文本透露给第三人，但并没有给该公司造成明显的经济损失，虽然该公司与朱×约定了100万元的违约金，但违约金数额畸高，违反公平原则，法院不予支持。

在上述法律意见书中，孙律师在分析时只是注重了合法性原则，而忽视了合理性和公平原则。

二、针对性

法律分析必须是有针对性的，即针对委托人所涉及的案件事实，进行相关的法律分析。这种分析应当是把疑难的、复杂的法律问题说清楚、讲明白，越通俗、越简单越好。因此，不能把法律分析写得过于学究气、论文化，这样做往往会脱离案件事实，节外生枝，实用性不强，影响法律文书的质量。例如，某律师事务所的梁律师就某合同的有效性问题，出具如下法律意见：

【示例】

我们认为,某商贸公司的行为属于无权处分,其行为不发生物权变动的效果,其原因在于无权处分的特殊效果。

无权处分是经济生活中常常发生的现象,对无权处分加以法律调整时,涉及复杂的多方法律关系,其法律规范的构成居于债权法与物权法的结合之点:

一、无权处分应遵循区分原则

区分原则是指将物权变动和原因行为的构成要件相区别的原则。区分原则又叫分离原则,在德国,区分原则是其民法物权体系中最基本的原则之一。在我国,研究德国物权法的学者认为,分离原则的建立不但符合物权为排他权而债权为请求权的基本法理,而且被民法实践证明是一条分清物权法和债权法的不同作用范围、区分当事人的不同法律责任的行之有效的原则。

在本案中,我们认为,由于区分原则的存在,商贸公司的行为根本不发生物权变动的效果,其原因主要在于:

(一)区分原则是妥当处理无权处分的基础

无权处分是指无处分权的人通过合同转移特定物所有权的行为。就他人之物订立买卖合同,即使尚未交付标的物或尚未办理登记手续,也属处分。处分行为无法从合同中独立出来。

处分行为和负担行为不加分离,涉及无权处分的场合,会产生理论上的不协调。这种不协调表现为:债的产生和物权变动的发生是同一个法律事实的效力。但是,因无权处分而使债的效力不发生,在某些场合殊不合理。若仅认为不发生物权变动的效力,那么等于赋予了债的效力与物权变动以不同的构成要件,这就违反了意思主义的逻辑。

区分的是合同的债的发生效力和物权变动效力。而且,这种区分并不使物权变动建立在一定的"形式"基础之上。无论哪种"区分",都力图实现这样的一个目的:使处分权的有无不至于影响合同的债法效力。

(二)无权处分的后果

《合同法》(已失效)第51条规定:"无处分权的人处分他人财产,经权利人追认或者无处分权的人订立合同后取得处分权的,该合同有效。"最高人民法院《关于审理买卖合同纠纷案件适用法律问题的解释》(2012年)第3条规定:"当事人一方以出卖人在缔约时对标的物没有所有权或者处分权为由主张合同无效的,人民法院不予支持。出卖人因未取得所有权或者处分权致使标的物所有权不能转移,买受人要求出卖人承担违约责任或者要求解除合同并主张损害赔偿的,人民法院应予支持。"从以上两个文件内容可知,《合同法》第51条与《关于审理买卖合同纠纷案件适用法律问题的解释》第3条存在矛盾,实践中更多是采用司法解释的规定来审理案件,有违反上位法优于下位法原则之嫌,所以《民法典》对此予以关注和调整,《民法典》第597条第1款规定:"因出卖人未取得处分权致使标的物所有权不能转移的,买受人可以解除合同并请求出卖人承担违约责任。"按照民法理论,解除合同或者承担违约责任的前提是合同成立且有效,因此本条可以进一步解读为买卖双方签订的买卖合同成立且有效,出卖人无权处分的行为不会导致物权的变动,也不会导致合同的无效,买受人有权解除合同并要求出卖人承担违约责任。

所以,我们认为,无权处分的否定后果往往落在作为原因行为的合同之上,造成利益的扭曲。只有确立区分原则,才能分别实现不同法领域的规范价值,即:合同领域贯彻意思自治,避免国家主义的不当干预;物权变动领域贯彻保护他人利益,避免合同自由的滥用。以合同调整合同当事人的利益关系,以物权变动的要件调整合同当事人与交易外部之人的利益关系。

二、物权合同独立于原因行为而存在,具有无因性

首先,抽象原则是以区分负担与处分两种不同的法律行为为理论前提的,所以,在解决无权处分方面不存在债权效力与物权效力混杂的障碍,是其优势。其次,无权处分的法律后果因抽象原则的承认与否而有不同。承认物权行为的无因性,第一受让人在其获得交付的原因行为无效时,仍可有权处分该物。

公示效力核心模式的基本含义是:物权公示有其独立的效力体系。在我国,公示效力是由形成力和公信力构成的。物权变动不是债权合同的直接效力,也不是物权合同的效力,而是公示的效力所引起的。对无权处分的处理应建立在这样的理论平台之上。

(一)公示效力核心模式实现了效力上的区分

公示效力核心模式的区分是合同效力与公示效力的区分。可见,是否承认物权行为并不影响区分的效果。我们的困惑来源于借用德国法上的概念来解释本国法上的问题。虽然我国目前不认为有物权行为的存在,但"处分行为"的概念还有表达上的价值。公示效力核心模式下,原因行为与公示是一对范畴。处分行为不再是原因行为的对称。处分行为变为对合同行为与公示行为的结合的一种表述。

(二)物权公示的形成力分为相对的形成力和绝对的形成力两种

相对形成力的发生要件是:有效的合同,有处分权,完成了公示。这样,合同的生效与否就与公示状态、处分权的有无无关,无权处分不会致使合同无效。反之,相对形成力使物权变动成为有因。绝对形成力仅以完成了公示为发生要件。即:物权的取得、丧失、变更仅依登记为已足,对于第三人不问其善意与否,登记有绝对的效力。

(三)公信力与善意制度相连,形成力与交付登记的原因关系相连,构成维护交易安全和归属安全的制度结构

公示效力模式"从物权变动当事人外部入手,直接保护第三人对公示的信赖利益,并不改变物权变动当事人内部的法律关系的性质,因而更具合理性"。当买卖合同无效、被撤销、不成立时,标的物所有权不发生转移,让与人可基于物上请求权要求返还。若买受人已将标的物转让给第三人,则构成无权处分。可统一适用善意取得制度保护第三人,不必追究无权处分的成因。有效简化适用无因性原则。而且,公示效力核心模式对动态交易安全的保护以善意为根据,不必牺牲物权人的地位,与抽象物权契约理论相比可谓一种进步。这是符合我国法律传统的选择。

由此我们认为,从区分原则来看,商贸公司的行为属于无权处分,其行为根本无法产生物权变动的效果。

在本法律意见书中,梁律师旁征博引,但其只是在长篇累牍地罗列理论知识,对案件没有直接性的指导,也没有列出明确的法律依据,其法律意见书的质量就大打折扣。

三、统一性

律师在法律分析中,如果在一个问题上是这样一个是非标准,而在类似的另一个问题上又是那样一个是非标准,没有固定的是非标准。这样一来,律师则会使自己陷入进退维谷的境地,法律文书的可信性也就大打折扣。

四、准确性

制作法律文书,有时时限很紧,既要保证质量,又要保证时间,行文匆匆,往往可能出现一些意

想不到的偏差和失误。所以在法律文书的制作过程中,要特别注意审核相关的内容。审核中,主要是检查其内容是否正确,诸如论点、论据、论证过程等,同时形式上的很多因素,包括书写和录入中的种种笔误,也要注意,否则就有可能差之毫厘,谬以千里。比如在法律文书中将"终止"误写成"中止"会出现严重的错误。

第六编　合同法律业务基本技能

第一章　概　　述

本 章 提 示

契约文明是人类文明中非常重要的一个组成部分，它促进了资源的交流并提高了资源的效用、促进了文明的进程。无论是人与人之间达成的物物交换还是国与国之间达成的宪章、公约，都是不同意义上的合同关系。

随着交易及法律环境的日益复杂，合同事务已经逐渐成为一门独立、重要而又非常基本的专业事务，需要律师参与其中。在专业化程度不断提高的今天，诉讼律师需要充分利用合同的约定及法律规定去维护当事人的合法权益，非诉讼律师则需要分析各类案例及法律环境，事先预见可能出现的问题并在合同中加以规避，以降低合同风险、减少社会资源的不必要浪费。

从全体情况来看，不同的律师对于合同业务的理解及操作方式、工作效率及质量均存在着极大的不同。有鉴于此，本编基于实践经验先对合同业务进行入门指引，再从审查技能、修改技能、起草技能、风险管理四个方面加以详细介绍，力求提供一套易于理解和操作的工作思路及工作方法，以帮助新律师迅速掌握足够的执业技能。同时也希望借此形成律师执业的基本水准，以便于整体专业水准及服务质量的提升。

为了表述方便，本编许多章节中的买方，如无特别说明则指交易中的一切付款方，而将交易中的一切收款方称为卖方，无论他们交易的内容是产品、财产，还是服务、指定的工作。因此，这里的买方与卖方并不局限于买卖合同中的买方与卖方。敬请读者在阅读时加以注意。

由于定位于合同业务基本技能，故本编只讨论基本的应用技能，一般不涉及相关的法律及理论。而本章作为基础中的基础，着重介绍合同业务的基本情况、基本理念和基本工作思路，以帮助新律师养成良好的工作习惯和思维习惯，更好、更快地掌握合同业务的各项技能。

第一节　律师合同业务的基本情况

由于行业发展历史较短，以及各地经济、文化发展的不均衡，当前律师合同业务的工作内容、质量水平等均存在巨大差异，总体上处于自然发展状态。在许多地区，传统的律师合同服务已经无法满足经济发展的需要，掌握合同业务技能，提高合同业务水平，既是时代的需要，也是律师行业向更高层面发展的需要。

一、目前律师合同业务的整体状况

随着社会和经济的发展、法治建设的深入、社会普遍认知能力的提高及经验教训的不断积累，全社会对于合同重要性的认识越来越高，合同质量及制作水平有了质的飞跃。目前，许多律师的日常主要工作便是对各类合同进行审查、修改、起草，大多数企业的合同业务已经远远超过诉讼业务而成为法律顾问最为常见的一项工作。而且，合同业务已经成为一项独立的业务，常常以谈判、起草等专项法律服务的形式出现。

社会上的合同业务存在着非常不均衡的情况。一方面，合同审查与起草方式仍旧存在，特别是一些起步阶段的企业、维持传统观念的企业或小型企业，它们对于合同质量和技巧的要求并不高，沿用以前简单的工作方式仍旧能够满足其需求。另一方面，一些具有现代管理理念的企业及规模较大的企业,则已建立了自己的法务工作体系,并且由于其交易金额大、交易模式复杂,所以特别需要提高合同质量、控制企业主要风险,对于合同业务的要求也高得多。

二、合同业务的主要内容

合同业务既包括直接面向合同的审查与起草工作,也包括与合同有关的谈判、出具法律意见书等外围工作。从工作频度的高低来看,由高到低依次是审查、修改、起草及出具法律意见书、参与谈判。

1. 合同的审查与修改

目前,合同如何审查并没有强制性的规范而只有行业业务指引。而企业虽有审查合同的需求,但对应该审查什么、应该达到何种结果则往往心中无数。因此,合同审查工作的工作量、质量水平都差异巨大。一位律师可能仅对合同提出几条原则性的意见,而另一位律师则可能将合同条款全部推翻重来。律师的工作深度、发现问题的能力、工作的主动性,以及当事人的要求及重视程度,都会造成工作量与工作质量的差异。

2. 合同的起草

合同起草是更高层面的合同业务,能够看懂合同并不等于能够起草出高质量的合同,这也是主攻合同的律师与诉讼律师、法官的区别所在。审查合同只要发现问题即可,修改合同也往往只是就事论事。但起草合同不仅要考虑交易需要,还要事先发现问题并在合同中设防,并通过一定的结构安排和条款顺序表述出来,其工作量远远大于合同审查,对技能的要求也更高。

3. 出具法律意见书

要求针对合同审查情况或修改建议单独出具法律意见书的情况不多,大部分企业只要结果而不问过程及原因。只有对合同审批流程有严格要求的企业,或有特别重要合同的企业,才会要求单独出具法律意见书。

4. 合同谈判

目前,除非是有专项委托,否则律师一般并不直接参与谈判,至多是参与合同中被认为是“法律条款”的谈判。即使在企业界,也普遍认为谈判属于商务活动,律师的工作只是从法律上“把关”。

如果当事人需要律师参与谈判,则标的、价格等一般不是律师关注的重点,这些商务条款完全应由当事人自行决定。但律师应当充分注意合同标的以及履行中的各类细节,并在谈判中一一加以明确,特别是要防止由于条款上的漏洞或约定不明、安排不当而引起的法律风险。

三、合同业务所涉及的法律规范

律师从事合同业务所涉及的法律最主要的是《中华人民共和国民法典》,但不限于此。参照2015年修订的《中华人民共和国立法法》(以下简称《立法法》)及业务实践,还涉及大量的其他法律等规范。

1. 国家法律及立法解释

全国人大及其常委会制定的法律、全国人大常委会作出的立法解释,是最高层面的法律规范。其中,《民法典》是从事合同业务的基础。由于文字量大、专业化程度高,要想完全掌握其内容并不容易,重中之重是通则部分及买卖合同部分,“典型合同”分编中的其他典型合同则可在涉及具体合同时加以研究。

2. 最高人民法院司法解释

司法解释不属于法律,但最高人民法院在对于《民法典》及其他法律的司法解释中提供了大量的各类合同在应用方面的效力、解释等规则,作为相关法律、立法解释的有力补充,是从事合同业务所必须熟读的内容。而其下发的判例也往往代表了最高人民法院对于某些法律问题的主流观点，而这些观点往往会影响某些法院的判决。无论如何，合同条款中的约定应尽可能避免与这类判决的观点相冲突。

3. 国务院行政法规

国务院颁布的各类行政法规是合同工作中经常要接触的内容，而且数量庞大，不熟悉这类法规非常容易影响合同的效力或受到行政处罚。

例如，审查或起草面向消费者的合同，不仅要具备合同法、消费者权益保护法方面的知识，还要关注标的所属行业的行政法规，以及各级政府部门的不同规定，否则难以准确把握合同条款。

此外，根据最高人民法院的司法解释，人民法院确认合同无效，是以全国人大及其常委会制定的法律和国务院制定的行政法规为依据，不得以地方性法规、行政规章为依据，因此要注意区分哪些法规可能导致合同无效。

4. 地方性法规

这一层级包括地方性法规和民族自治地方人民代表大会的自治条例、单行条例。地方性法规的立法权分属不同层级的地方人民代表大会而不是地方政府，这是其与地方政府规章的最大区别。

自治区、直辖市的人民代表大会及其常务委员会根据本行政区域的具体情况和实际需要，在不与宪法、法律、行政法规相抵触的前提下，可以制定地方性法规。除此之外，还有设区的市、经济特区所在的市、较大的市、其他设区的市的立法权的设定。

合同履行都有地域性，因而在审查、修改、起草合同时往往要考虑地方性法规对交易标的、交易程序的要求。例如产品质量、消费者权益领域的地方性法规数量庞大，如果忽略当地的规定则很有可能因标的物质量要求不合法或交易方式违法而受到行政处罚。

5. 规章及其他规定

规章分为中央和地方两个不同的层级。中央层级是国务院各部、委员会、中国人民银行、审计署和具有行政管理职能的直属机构，可以根据法律和国务院的行政法规、决定、命令在本部门的权限范围内制定规章。地方层级则比较复杂，省、自治区、直辖市和设区的市、自治州的人民政府可以根据法律、行政法规和本省、自治区、直辖市的地方性法规制定规章。但除此之外，立法主体还包括省或自治区人民政府所在的市、设区的市或自治州的人民政府、经济特区所在地的市以及国务院已经批准的较大的市等，有时需要查询才能明确。地方政府规章是《立法法》中规定的最为基层的法律规范，这些规章直接影响某些交易所涉及的程序性规定。

第二节　律师合同业务的基本理念

合同是企业经营的必由之路，守住这道防线，就可“一夫当关，万夫莫开”，否则企业的法律风险就难以避免。因而，从事合同业务的律师必须比诉讼律师掌握更多的工作原则和技巧，并以高度的责任心应对合同。

一、以当事人的交易目的为工作导向

合同业务的起点是了解和理解当事人的需求，并根据客观的实际情况控制合同的内容及表述方式，以保证交易目的顺利实现，同时力争当事人合法权益最大化、风险最小化，而不仅仅是在满足合法性的前提下完成工作。这也要求律师除了熟悉前面所提到的各类法律规范之外，还要具备一定的标的知识、行业知识、经营管理知识以及娴熟的文字表达技能，否则就会心有余而力不足，要么词不达意、要么不够严谨、要么结构混乱。因此，对当事人的业务范围、交易方式、行业特点、交易习惯等具备一定的了解，将非常有助于加强合同文本的针对性和实用性。

二、根据交易背景考虑合同内容

合同是当事人进行利益博弈后所达成的一致。虽然合同法已经赋予当事人约定合同内容的更多自由,但合同内容却始终无法摆脱客观因素的限制。

1. 双方交易地位

交易双方手中资源的稀缺程度决定了各方在合同中的地位,处于强势地位的一方能使合同对自己更为有利。以买卖合同为例,当某一产品属于卖方市场时,掌握资源的卖方处于强势地位;当某一产品因市场饱和甚至过剩而转为买方市场时,买方也会因手中的订单和资金成为稀缺资源而处于强势地位。

2. 企业管理水平

不同的发展阶段、发达水平直接影响着人们对交易细节和交易习惯的要求。实力雄厚的企业往往会在交易中提供交易数量保证、交易安全等附加利益,这种附加利益优势有时会削弱甚至抵消对方掌握稀缺资源的优势,因而往往要求合同有更明确的细节、更严谨的条款。

3. 交易复杂程度

不同标的的交易复杂程度不同,比如通常情况下的建筑施工合同总是比常规的买卖合同复杂,周期长、内容复杂、程序复杂的企业收购也远比一次性交付、一次性付款的股权转让要复杂。对于程序或内容复杂的交易,为了厘清交易事项及环节并控制风险,采用大篇幅的合同实属必要。

4. 合同认知水平

除了业务人员、律师,往往还有技术人员、管理者、决策者参与合同事务。当事人的意志,往往就是管理者或决策者的意志,这些意志均带有强烈的个人认知水平及偏好的烙印,往往决定着合同的最终具体条款及风格,如选择简单条款还是复杂条款、笼统的违约责任还是明确的违约责任等。

5. 机会紧迫程度

机会的紧迫程度也会影响合同最终形态。越是时间紧迫的交易,合同大幅度修改的可能性越小,甚至当事人会要求能不改的尽量不要改,以便抓住机会。而对于长期存在的机会,往往双方都有足够的时间仔细推敲合同条款。

需要特别强调的是,律师在合同业务中不是交易内容及交易方式的决策者,应当尊重决策者的选择,但对于潜在的交易风险应进行善意的提醒,必要时还要进行书面提醒,避免自己陷入执业风险。

三、以专业的方式提供专业的服务

企业的业务人员也会参与合同的审查、修改、起草等工作,但他们往往更加关注合同中的经济利益,而律师则更加关注其中的法律风险。作为专业人员,律师必须用专业水准与理念去工作,其工作成果也必须体现出专业素质。

1. 使用专业语言

合同使用的是正式书面语,但以书面形式表达的语言并不等于是书面语。书面语是正式、凝练、抽象化的语言,属于非常正式的专业语体。其风格严谨、凝练、庄重,只有陈述句式,完全没有感情色彩及口语的随意性。没有这样的表达,合同就不具备专业法律文书之“形”。这种体现专业性的外在标志,主要体现在以下三个方面:

(1)选词庄重

合同用词大多采用没有褒贬意味及感情色彩,且词义可准确衡量的词汇,大量采用术语、学名、通用语言、全称、文言词、双音节词等书面语词汇。

（2）用句严谨

合同语句较长且使用不同的关联词来固定句子成分、语法关系和表达的内容，以确保表达的精确、严谨，经常使用但书条款、假设及对于假设的处置等表达方式。

（3）逻辑缜密

强调全篇内容的系统性，各条款间配合默契，有较强的逻辑关系，能够间接、清晰、永久性地向所有阅读对象传递约定信息。

大多数客户虽然无法熟知专业化的法律问题，但却足以判定哪些用语不够规范或语句不够严谨。不规范的合同语言即使不会导致法律风险，也会削弱当事人的信任。

2. 辅以说明、提示

说明与告知是许多法律所规定的义务，律师执业也同样要履行这一义务。即使从提高服务质量、回避执业风险的角度考虑，律师也应将重要内容充分告知当事人，以防止因当事人理解错误而产生执业风险。

例如，合同标的物的型号、数量、价格、付款总额及期限等条款属于当事人的决策范围，一般不归律师审查，律师可以只对条款是否明确进行审查。但律师有义务说明哪些条款应由当事人自行审定，防止当事人误解。

3. 恪守执业准则

律师是为委托人提供法律服务的法律从业人员，没有实质义务一定要维护对方的合法权益，但这并不等于没有工作的准则。对于出自同行的文本，应客观地加以评价及提出修改意见，不应贬低别人的劳动成果，更不应该进行人身攻击。

即使是维护委托人的合法权益，律师也不能违背职业操守采用欺骗、设置陷阱等方式，否则将损害律师的整体形象并自贬人格。

四、根据不同需要控制合同质量

合同的质量与当事人是否满意并不完全对应。有些当事人非常满意的合同，只不过是符合了他们的习惯及认知水平，但并不符合合同的自身规律。而那些产生争议的合同也未必存在质量问题，关键要看争议是合同质量问题所致还是对方不诚信的行为所致。某些合同之所以履行完毕没有争议，则完全是出于运气和合同双方的共同努力，并不是合同质量没有问题。

合适的质量才是最好的质量。质量达不到当事人的要求自不必说，质量过剩不仅意味着劳动时间的过度消耗，也会耗费当事人更多的时间去阅读和理解。根据篇幅及使用习惯，合同大致分为四个不同的质量层面：

1. 业务层面

这是合同业务的最基础层面，往往用于简单的交易或小额交易，内容笼统到只有合同基本条款或略多于合同基本条款，甚至相当于业务表单，往往只是锁定了交易内容以及交易的时间、地点等正常履行所需的基本内容，很适合即时结清的交易。而且一般情况下当事人也不愿意此类合同太复杂，因为复杂合同用于简单交易不便操作。

2. 商务层面

这是合同通常达到的境界，其结构未必合理、约定未必精细，除了基本条款外还有其他实用条款，一般用于相对正式的交易。这类合同通常由业务部门起草，具有一定经营或技术层面的专业性，条款也相对前者详细，但内容的系统性和结构的合理性不强。

3. 专业层面

这是专业律师或行业专家才能达到的层面，往往用于因金额较大而比较慎重的合同，以及交易内容或交易程序复杂的合同。这一层面的合同有清晰的框架结构和严谨的条款配合，并有较多的专业性条款或基于实践经验的实用性条款,能在相关领域的交易中得心应手且几乎没有缺陷。

4. 专家层面

这是律师合同业务的最高境界,能在满足前一层面要求的前提下,充分考虑经营中的细节和合同的可操作性、使用的便利程度、决策者意图等因素,企业负责人可以不经审核而直接签署。达到这一境界的律师往往比当事人还要了解交易的标的及规律,并同时熟悉法律与合同所涉业务,而且与企业有着良好的沟通。

以上只是大致的分层,在具体操作中,某些层面间的界限可能并不十分清楚。律师需要根据自己的能力,为不同需求的当事人提供相应层面的服务,控制合同质量。

五、利用综合技巧提高工作效率

合同业务往往工作量大,必须掌握一定的工作技巧才能提高工作效率,并用节省下的时间提高合同质量。这类技巧主要有以下四点:

1. 建立标准的工作接口

参与合同审查、修改的人员往往包括企业的联系人、业务员及主办律师、律师助理,因此需要建立标准的"工作接口"理顺人际关系及分工合作的方式,从而减少无效劳动、提高工作效率。这些工作接口包括如何明确地发出和传递工作指令、文件如何传送、遇到问题与谁联络和通常的工作内容、工作方式、工作成果提交方式,以及工作成果的大致标准等。

2. 充分利用各种办公设备

随着科技的发展,许多原来价格昂贵的办公设备现在已经非常平常,甚至许多家庭也装备了传真机、打印机、扫描仪等设备,各类办公软件、数据库也层出不穷,这些都可用于提高工作的质量及效率。例如,利用专业数据库查询相关法律及案例、利用扫描仪实现文档的电子化保管等。

3. 掌握文字处理软件

作为合同工作的经常性内容,唯有充分利用软件的功能才能充分保证质量和效率。虽然无时无刻不在与文字处理软件打交道,但大多数人只是发挥了文字处理软件的一小部分功能。而在合同工作中,至少应学会设定自动保存时间、找回丢失文件的路径、两份电子文档的文本比对、关键词检索、使用修订功能修改、通过排版功能美化版面,等等。

4. 高效管理合同文件

面对不同的当事人、不同的合同、不同的版本,必须通过良好的工作习惯提高效率。至少在工作中必须为不同的客户设立不同的文件夹,并根据不同内容设立不同的子文件夹。通常,为合同电子文档命名时所应包括的信息及排列顺序一般为:

当事人字号+合同相对方字号+合同类别+文档名称+完成时间+个人识别码

如果合同经过多人之手或经过多个版本,则每经手一人都要在最后加上识别码,每个版本都需要另存后再编辑以便回头查找。这样做的目的是在需要时可以通过关键词查找的方式找出所需要的合同。

第三节 合同原理及质量控制

合同的内在原理以及质量控制是合同工作的基础,理解这些才能看懂合同的"弦外之音",才能从本质上去理解合同,才能为与合同相关的工作提供方向。

一、对书面合同的理解

合同是交易双方在相互妥协后所达成的一致,这种一致是双方利益的平衡点,也是双方各种力量博弈的结果。

1. 书面合同的优势

人们采用书面合同,既是用以弥补记忆能力的局限性,也是为了防止“口说无凭”。越是履行周期长、履行内容多、履行过程复杂的交易,其信息量越是远远超过人类记忆能力的极限,这也是为什么某些法律规定、某些合同一定要用书面形式的原因之一。而且,当合同在诉讼中作为书证使用时,书面形式也最为便利和可信。

2. 合同的基本条款

尽管合同的篇幅、表现形式、复杂程度各不相同,但双务合同的基本条款没有本质区别。《民法典》第 470 条列出了合同的八项主要内容,分别是:

①当事人的姓名或者名称和住所;

②标的;

③数量;

④质量;

⑤价款或者报酬;

⑥履行期限、地点和方式;

⑦违约责任;

⑧解决争议的方法。

不同的合同会对具体的基本条款进行不同程度的明细化、具体化,从而增加了合同的复杂程度。例如,设备安装合同的履行过程非常重要,因而会有大量的篇幅用于每一个环节控制质量。

3. 合同的法律属性

合同是当事人之间就交易进行的商务和法律安排。设立合同条款的最终目的,是通过双方的按约履行取得自己预期的利益。合同条款的作用相当于交通标志,平时用以规范交通行为、维持交通秩序;而一旦出现问题,可以借助交通标志判定过错方,并按约定及法律规定由过错方承担相应的责任。

此外,相对于只有立法才能解决的社会基本秩序、基本权利义务问题,合同是通过约定来设定当事人之间具体的权利义务。这种以约定的方式取得的权利义务,是对法定的权利义务的有力补充。

二、对合同基本条款的理解与应用

每条合同条款都会对交易后果产生不同影响,涉及交易目的能否圆满实现,同时还涉及是否违法、是否违约、承担何种责任等问题。因此,理解合同基本条款的相关规定,是合同工作的基础。

1. 当事人的名称或者姓名和住所

明确当事人名称或住所的用途是锁定交易平台,是合同的起码内容。规定这些内容的目的是用于识别合同当事人的身份,为合同履行以及履行通知、协助等义务乃至为诉讼维权提供准确的地点。

2. 合同标的

通俗地说,合同的标的就是双方交易的内容。这一条款与后续的三个条款一道构成了合同中的锁定交易内容模块,以明确此交易内容与彼交易内容的区别。合同标的的表述必须精确,否则容易被鱼目混珠或无法实现交易目的。

3. 数量

“数量”限定了标的的交易规模等级,既包括具体的数目也包括具体的计量单位。对于采用非公制计量单位的合同,如果不对其计量单位进行约定,往往会造成重大误解。例如,一个企业所标称的"套"可能与另一同类产品生产企业所称的"套"有着很大的差异,甚至是散件与总成的区别。

4. 标的质量

合同标的质量有多种衡量方式,如以技术标准衡量、以样品衡量、以主观标准衡量等。所谓"买的不如卖的精",就是由于卖方比买方更加了解产品质量及成本等情况。卖方既可以提供高价高质的产品,也可以提供低质低价的产品,不锁定质量而一味杀价其实毫无意义。而客观技术标准方面,质量又可分为国家标准、行业标准、地方标准、企业标准。

5. 价款或者报酬

价款或报酬与数量、计量单位、质量等有关,在合同中一定要将几者结合起来才能明确到底要付出或得到多少。尤其是合同中明确的价款或报酬,在合同履行中出现意外情况,或合同发生变更的情况下,已经履行部分或变更部分如何计价往往是约定中的空白。

6. 履行期限、地点和方式

明确履行的期限、地点和方式用于锁定交易方式,通过精心设计这些约定,可以设定对自己有利的条件以降低自己的成本或风险转移时间。这些约定同样可使违约具有可识别性,便于判定哪一方违约。特别是履行的地点与方式,往往关系到合同履行地、管辖地问题,经常是双方当事人谈判的必争之处。

7. 违约责任

这一内容用于锁定问题处理方案。除了法定的违约情况外,许多种履行情况是否属于违约、承担何种违约责任可由当事人自行约定。在设定了周密的违约范围之后,才能通过提高违约成本的方式,迫使对方按双方约定的方式履行以确保交易安全。通过违约责任的约定,在给对方以惩罚的同时,转嫁因对方违约可能给己方带来的损失。

8. 解决争议的方法

这一内容同样用于锁定问题处理方案。它假设可能出现的问题,并设定解决问题的方法,包括是协商、诉讼还是仲裁解决,以及自行解决问题时的赔偿方法等。许多合同中约定的"如有争议双方协商解决"其实没有实际意义,因为任何一方均有权未经协商而提起诉讼或按约定申请仲裁。

三、合同条款的四大功能

从最简单的订单到大型的 BOT 项目,乃至复杂的 FIDIC 工程承包合同条款,如果透过现象看本质,所有合同其本质性的规律便是四大基本功能,分别是锁定交易平台、锁定交易内容、锁定交易方式、锁定问题处理。

1. 锁定交易平台

这一功能用于确定合同主体及合同本身的基本秩序,主要回答"与谁交易"的问题,以及合同本身基本规则方面的问题,主要内容有合同名称、交易各方及基本情况描述、术语定义、生效条件、解释方式等。这一功能并不解决交易中的实体和程序问题,但涉及主体是否合法以及主体问题引发的交易是否合法等问题。

2. 锁定交易内容

这一功能用于明确双方所交易的内容是什么,以及交易的数量及价格、质量标准等,主要内容有交易内容及范围、质量标准、计量单位及数量、单价及总价、辅助交易内容、知识产权等,属于锁定"交易什么"的功能。

3. 锁定交易方式

这一功能锁定交易的履行程序以确保合同意愿的实现,解决"怎么交易"的问题。其内容是围绕标的的提供时间、提供地点、过程要求、验收方法等,主要内容有如何交易,包括时间及地点、批次及每批数量、运输及装卸方式、交接及清点方式、售后服务内容及方式、结算条件及方式等。

4. 锁定问题处理

前面的三个内容对于正常履行合同已经足够,但履行中很可能出现非正常的情况,影响交易目的的实现,如何解决这些问题就是合同条款的第四个功能,即锁定“怎么处理”。其目标是约定履行中出现意外及违约等非正常情况时的解决方案,建起解决争议的基本秩序。具体内容有违约范围、违约责任、责任承担方式、损失计算方法、特殊情况处理等。

四、合同条款间的秩序

前述四大基本功能属于合同的内在规律,其具体实现还要通过表述和秩序安排达成。很多内容相近的合同,有的看起来杂乱无章,有的看起来行云流水,就是由于条款秩序不同所致。

1. 对于条款秩序的理解

条款秩序体现在条款位置及条款间关系的安排上。如果将条款比作骨骼,合同就是由所有骨骼共同组成的骨架标本。按照骨骼之间的排列规律,就非常容易判断整个骨架结构是否完整、各部位骨骼是否完备。没有这种秩序安排,合同条款胡乱堆放在一起,会造成阅读者的思维混乱。

篇幅较大的合同往往要分成不同的章、节等单位,并通过不同层级的标题显示出合同的架构,就是为了体现条款的秩序。这种秩序对于合同业务的意义非常重大,不仅有利于从整体上审视合同,也便于对合同的细节进行精雕细琢。

2. 设定条款秩序的方法

条款秩序是将合同条款按一定的层级关系、前后顺序加以安排,并以此形成合同的整体。简言之,设立合同条款秩序,就是先将合同条款按内容分解成若干个大标题,然后将这些大标题按一定的排序规则排序。如果需要,每个大标题之下还可以设立第二层甚至第三层、第四层标题并按一定顺序排列,目的是使合同思路清晰可辨。越是内容复杂的合同,越是忌讳将合同条款不分青红皂白地一一罗列在合同里,因为这将使合同“只见树木、不见森林”,看不到合同的全貌。

设定条款间秩序的方式主要有三种:

第一种是按正常程度排序,即正常情况下必然发生的在前,按发生的概率排列合同条款顺序。例如,按合同正常履行时对标的物的描述、货物的检验、价款的支付等在先,而违约责任、合同解除等在后。

第二种是按重要程度排序,即对交易重要的条款在前,按条款重要程度决定条款排列时的先后顺序。《民法典》中对于合同应当具备的基本条款的描述,实际上就是在按此种方法排序。

第三种是按时间顺序排序,即按照因果关系或正常情况下的先后关系,必须先履行的条款在前,后履行的在后,基本符合履行义务的时间顺序。如按交货、验收、质量异议、争议处理等顺序排列。

合同条款一般混合使用上述三种顺序,很少有合同可以只用一种排序方式。履行程序复杂的合同大多将主要条款按发生的时间顺序排序,既规定双方在各阶段的权利义务,又使合同条款顺序成为履行合同的顺序表和时间表。这样既起到便于当事人履行的作用,也使合同阅读起来符合人们的思维习惯。

五、对合同质量的控制

合同质量无法同工业产品一样拥有量化的质量标准。为了便于理解合同质量的要素,可以从当事人的需求、法律的规定、执业的需要等方面出发,将合同质量问题分解成两个方面,其一是与法律有关的内在质量方面,其二是与表述有关的外在质量方面。内在质量直接与法律规定的实体和程序权益有关,对法律后果影响比较直接;外在质量则是合同内容的载体和外在体现形式,是与表述方式有关并影响合同工作质量和效率的合同质量问题。

内在质量包括主体是否合格、内容是否合法、约定是否实用、权责是否明确、目的能否满足五个方面,均与法律规定有关。

外在质量包括结构是否体系化、功能是否模块化、思维是否严谨、表达是否精确、版面是否美观五个方面,除第五个方面外,都与表达能力有关。

在下一章内容中,将结合合同审查来分析合同质量的这十个方面。

第二章　合同审查基本技能

本章提示

合同审查工作的内容，既包括合同中存在的法律问题，也包括合同中存在的表述问题，律师的审查工作主要是这两点，因为两者都会引起不利的法律后果，如果再进一步则还有交易安排问题。而商业行为最主要应由当事人自行把握。《民法典》虽是合同方面最为重要的法律，但它只是部“交易规则法”，并不直接解决交易中涉及的客观规律及技巧。因此，律师对合同审查的视角与审判机关的视角虽有一致之处，但更侧重于交易安排和对法律风险的预见和控制。

合同审查是律师在综合运用相关法律知识，并结合标的及标的所属行业知识的基础上，事先发现合同中所存在的可能导致不利后果的法律及法律以外的问题，为后续的合同修改或合同谈判、经营决策提供依据。或者说，合同审查工作就是三个比对：条款间权利义务有无冲突遗漏的比对、权利义务约定与法律条文规定的比对、合同现实状况与合同理想状况的比对。尽管审查与修改经常一并进行，但合同审查仍是一门独立的技能，也是所有合同实务的基础。

本章将重点介绍合同审查工作中操作层面的内容，以帮助新律师掌握常规的合同审查技能。鉴于本书仅是入门教材，介绍的重点将是基本思路及考虑问题的角度而非细节，实务工作技能只能在理解合同工作原理的基础上，通过实践及后续培训不断融会贯通，才能在合同审查中发现更多的问题。

第一节　合同审查前的应知内容

合同审查是最常见的合同业务，往往与合同修改一并完成。但有时企业仅以合同审查意见作为决策的依据，并不需要修改合同。合同审查虽然没有统一标准，主观性较强，但合同审查是修改的前提，也是合同工作的基础。

一、合同的组成部分及特点

合同全文一般包括首部、正文、尾部、附件四个组成部分。由于对合同形态并无统一规定，因此各部分所包括的内容并不一致，许多合同也根本没有附件。

1. 合同首部

合同首部是正式条款前的内容，主要由合同名称、当事人身份栏、合同引言三个部分组成。

某些合同会在合同名称之前的左上角写上合同编号，也有一些合同在合同名称下方右侧写上合同签订日期。合同身份栏一般只列举合同当事人及其在合同中的身份地位，如“甲方：北京××××通信有限公司”“出卖人：北京××××房地产开发有限公司（甲方）”等。当事人地址、联系方法等大多放在尾部的地址栏中。而合同引言在绝大多数的合同中只是“甲乙双方根据××××法之有关规定，签订合同如下”之类的套话，只有少量会开宗明义讲明签订合同的目的。

某些合同出于模仿会在正文前列举一大堆的“鉴于”。这些条款如果并不构成签订合同的前提条件或承诺，其实并无显著的实际意义。

2. 合同正文

合同正文包括从第一个合同条款到最后一个合同条款的所有内容，一般以有规律的序号加以编排、连接。合同正文的条款,是前面所述的合同四大基本功能的具体体现,只不过各个功能的条款有时交织在一起。

合同正文包括并扩展了合同应当具备的八个基本条款,并随着交易背景的不同而对各基本条款进行细化、具体化,以增强权利义务的明确性。无论何种内容,只要是列入合同正文的编排序号之中,就仍旧是合同正文而不是合同的尾部。

3. 合同尾部

合同正文之后的所有内容均属于尾部,主要是签署栏。某些合同的尾部还有审批、公证、鉴证等第三方意见栏,但此类情况比较少见。简单的签署栏只有当事人及签署时间,复杂的则有当事人名称及地址、开户银行及账号、签订地点、签订时间、授权代表、电话号码、电子信箱等。如有附件,则还包括附件的名称及份数等。

签署栏中的内容包含双方当事人确认的通信地址、付款账号等信息,是履行合同给付义务或附随的通知等义务的约定途径,可用于履行通知、协助、付款等义务。如果当事人对合同已盖章确认,则等于确认与签署栏中签字的代表之间存在代理关系,这在合同事务中也有着非常重要的意义。

4. 合同附件

合同附件主要是证明当事人主体资格的文件或标的的细节参数等,这类内容与合同条款不属同一层面,但往往又是合同的必备前提条件或具体的执行标准,因此只能以附件的形式而不是以合同条款的形式出现。

只要是与合同主体的明确性或权利义务的明确性有关的内容,无论是当事人资质、身份方面的证明还是工作内容、质量标准等内容,均可以成为合同的附件,以增强合同的明确性,便于实现合同目的或交易目的。

二、合同的倾向性与审查要点

合同文本都在不同程度上存在一定的倾向性,出具文本的一方往往对自己权益的保护比较到位,而对另一方的保护则不太重视。因此,合同审查往往首先要明确委托人处于合同的哪一方,以及合同利益向哪一方倾斜,避免审查结果南辕北辙。

1. 合同出具方的合同倾向性

委托人一方出具的合同中对自身利益的维护一般不会存在问题,但很容易忽略自己文本中的漏洞。例如,在一份由车主出具的出租车承包经营合同中,其他考虑都十分周到,却忘了约定承包费的收取时间。

而相对方出具的合同文本,同样是基于合同倾向性的考虑,在审查时不仅要看清各条款中的权利义务,还要看清对方的“言外之意”,发现对委托人可能不利的条款。至于审查出的问题条款是否能够更改,则完全取决于当事人的谈判能力,以及哪一方在交易中处于优势地位。

例如,一份卖方出具的电梯买卖合同中仅约定了“由有管辖权的人民法院管辖”,条款似乎无足轻重。但合同同时约定了交货地点为供方仓库、运输方式为代办需方托运,同时还约定安装由另一公司负责。这些条款一经组合,根据现行法律及司法解释,该合同的争议管辖地只能是供方所在地的人民法院。

2. 交易身份与合同倾向性

除了非常罕见而又特殊的交易,合同中都会存在收款方和付款方,虽然名义上同为平等的交易主体,但其权利义务有很大的不同,也有明显的倾向性。为了表述简便,在此暂且将收款方称为卖方、将付款方称为买方,而无论其属于何种交易、何种合同。

由于买卖双方在信息方面存在着不对称性,买方通常不可能比卖方更熟悉交易内容的质量、性能等细节。如果没有明确的规定,许多意料之外的细节问题都有可能影响买方的预期利益。卖方完全可以利用买方专业知识上的不足,通过减少功能、降低成本、放宽质量标准等方式,提供与通常标准略有不同的产品。

此外,由于买方的主要义务是付款,违约的类型比较少且非常容易判断,主要就是付款的金额、时间上的违约。而卖方的违约类型则非常“丰富”,而且不加约定就难以判断。以产品买卖为例,除了与买方的违约类型相对应且容易识别的交货数量、交货时间上的违约之外,还有质量、款式或型号等方面的违约。

在总体上,当相对方是买方时,审查其出具的合同往往要注意其付款条件、期限上是否存在问题;当相对方是卖方时,审查其出具的合同往往要更多关注质量责任范围、质量责任承担方式等。其实审查这类合同最大的难点,往往是律师甚至当事人对于交易标的、相关行业的情况等缺乏足够的了解,因而难以发现商务条款中存在的问题。这类问题在需要时应及时与委托人的技术部门沟通,或直接建议委托人交由业务部门审查相关条款。

3. 对第三方合同文本的审查

所谓的第三方合同文本,是指虽被一方当事人提交出来,但其内容是套用了行政管理部门的标准文本或来自其他方的文本。这些文本同样会存在合同的倾向性问题,并进而存在适用性问题,不经调整就无法使用。政府部门制作的示范文本仅起示范作用并非强制使用,某些主管部门起草的文本由于立场问题也同样存在着倾向性。

买卖合同、广告代理合同等常见示范文本的通用性强,但由于其缺乏具体交易中的修改化条款因而适用性差,实用性条款往往需要“填空”式地以个性化的条款加以实现。对于这类合同,要针对交易特点及实际情况进行适用性方面的审查,特别是要增加文本中没有而又与利益有着很大关系的条款、变更虽有规定但根本不适用的条款。

而建筑工程类的专业性示范文本,如建设工程施工合同等,正文中一部分是标准文本,一部分是约定文本,当事人还是有非常大的意思自治余地。除了直接审查具体条款之外,还要核对约定的文本与标准的文本之间的差异。这类文本本身就立足于建筑行业,加上专业性、经验性都比较强,条款往往会对建设方不利。

总的来看,只要是合同的主体、交易条件、交易背景等有所变化,合同就可能产生适用性问题。因此,对于第三方文本的审查要特别注意其适用性。

三、合同中的一些常见问题

目前,现实中的合同水平虽参差不齐,但总的来说文本相对简单,大多是沿用、模仿、套用以前或别人的文本,难以最大限度地维护当事人的合法权益。特别是较容易出现以下问题:

1. 以罗列的方式安排条款

某些合同不区分功能、不考虑秩序地将合同条款依次排列,虽然编排起来方便,但读起来却十分复杂。这样的行文方式无法体现合同条款间的层级关系、顺序关系和主题差异,相当于宾馆将所有房间按数字序号从 1 号开始编到最后一号,仅从编号上根本无法判断某个房间是在哪幢楼、哪层楼,以及房号之间的顺序关系。这样行文的结果,必然是条理上的混乱,不仅影响阅读理解,也严重影响对合同缺陷的发现和合同的履行。

2. 不能充分满足交易目的

合同条款是为实现交易目的而达成的权利义务体系,而企业的合同条款的实际水平与实现交易目的所需要达到的条款水平之间往往存有很大差距。其中既有滥用文本的原因,也有法律知识、工作经验不足的问题,还有一些明显是由于经办人员缺乏敬业精神所致。有些经办人甚至只求完成任务而不求达到交易目的,直接将粗制滥造的合同文本提交给律师审查及修改。

一般来说,企业送审的合同中真正涉及法律问题的一般不到10%,而表述问题、逻辑问题、操作性问题等在90%以上,甚至送审的合同与交易毫无关系。

3. 未充分行使约定权

合同法赋予了当事人充分的意思自治权利,但如果套用合同范本而不是根据交易的特点及关注点制作合同,往往会遗漏重要内容并造成权利义务约定不明。特别是在法律条文并未规定强制性义务时,交易双方的权利义务只能通过行使约定权的方式确定,没有行使这一权利,也就是放弃了对合同利益的保护。

例如,某些企业在向广告公司支付了大量费用后,由于广告公司的设计内容违法而企业作为广告主受到处罚。对于这种情况其实完全可以在合同中约定:由于广告公司的设计内容违法、侵权或资格等问题而引起的损失,均由广告公司承担。

4. 以“点式”思维考虑问题

以“点式”思维考虑问题的结果,是对权利义务“有一说一,有二说二”,没有进行全面的举一反三,遗漏同一性质的问题,从而造成合同不够严谨。例如,只约定了质量违约如何处理,而对时间、空间等方面的违约却没有约定。

还有一种情况是,没有协调好条款间的关系导致合同缺乏整体性,合同条款间存在“有前言,无后语”、条款之间无法衔接甚至相互抵触等现象。

5. 表述的精确性不足

表述的精确性有时比合同的有效性更为重要,表述上存在的问题往往会导致相互扯皮,甚至通过反复诉讼也无法解决。表述不够精确的原因之一是对语言歧义现象重视不够,以至于在关键的权利义务条款上出现了无法确定其含义的内容,争议也因此在所难免。

6. 忽略合同版面质量

版面上“不修边幅”是目前合同的通病,其“病根”是文字处理软件对于版面的默认设置,以及对传统的中文排版方式一无所知。

目前的许多文字处理软件是将英文的排版方式“汉化”后成为缺省的标准版式,因而所排出的版面根本不符合中文的排版规律,一方面,许多人根本不知如何将版面设置成中文的排版格式;另一方面,许多合同工作人员缺乏版面意识,随意的排版使合同版面不便阅读并影响美观。

四、审查合同前的必要沟通

面对客户提交的合同不知从何下手的情况有很多原因,这不仅是工作经验问题,也与客户要求不明有关。比较负责的客户,会明确告诉律师要审查什么、达到什么目的,而比较偷懒的客户可能只是说让律师看一下或“看看有什么问题”,甚至什么都不说。如果遇到的是后者,最好是了解清楚再行动,避免无效劳动。

由于交易金额、交易方、重要性、复杂程度的不同,合同审查的工作宽度与工作深度并无一定之规,只要当事人没有特别需求,一般只作一般性的审查。即使当事人对于合同审查有所指示,有时这些指示也不可能全面。因此,在比较正式的合同审查工作中,对于工作量比较大或影响比较大的合同,应尽可能多地从当事人处了解下列内容,具体内容可根据当事人及合同的实际情况而定。

1. 明确当事人的审查目的

当事人将合同提交审查的目的有多种,有的是对合同风险进行一般了解,有的是了解其中的风险并作为决策或谈判依据,也有的是对即将签订的合同进行审查以便完善。需求明确后,即可根据情况调整工作量和工作方向。

2. 明确是审查还是修改

审查与修改有不同的工作量,许多问题可以审查出来,但某些问题条款却由于交易地位等问题而无法修改。即使是修改,也有修改程度、多寡的区别,以及修改后的篇幅、复杂程度等问题。

3. 合同文本的来源

当事人送审的文本来自何方是重要的审查或修改线索,因为这涉及利益保护的倾向性问题,如果源于政府部门提供的示范文本,还有通用性与适用性之间的差异。

4. 明确文本与交易的关系

即便是同样的标的物,不同的交易背景、交易目的也往往需要采用不同的合同条款,因此需要关注文本与交易目的的相关性。脱离了交易目的和现实需求,合同便无法实现条款的实用化和利益的最大化。

5. 审查的工作范围

合同审查一般以法律问题为主,包括合同的合法性、法律漏洞或法律陷阱等,有时还包括并非法律问题的商务条款等审查,包括商业模式、表述质量、业务安排等,明确的工作范围或方向便于工作开展,没有指示则通常只作一般审查。

6. 审查成果的提交

提交审查成果包括时间上的要求和成果提交方式上的要求。提交成果的方式多种多样,可直接在来稿上提出审查意见后传回、以修订加批注的方式提出审查意见等。正式的提交一般应出具合同审查法律意见书,还有的需要直接提交修改后的合同文本。有要求则按要求提交,没有特别要求则可采用便利的方式。

在一般情况下,律师与委托人采用哪种沟通方式均可。对于长期合作且管理比较规范、要求比较严格的当事人,上述必须依当事人提供的指令,也可制成标准工作联系单,由当事人在每次提交合同审查时,以选项的方式加以明确。

五、合同审查工作的操作要点

审查合同没有一定之规,但许多来自实践的工作方法对于提高合同审查的效率和质量非常有帮助,也可以理解为审查合同时的注意事项。

1. 尽量少收原件

无论是前期的合同文本还是背景参考资料,只要是原件就有可能增加律师的保管风险。因为原件往往意味着它无可替代,无论是遗失还是毁损,均属于执业过错,并有可能导致当事人无法挽回的损失。

因此,应当尽可能让当事人提供复印件、传真件、扫描件或电子邮件。即使接收了原件,也要尽可能先将其复印然后对复印件进行审查,避免因保管不慎或直接书写意见而造成原件的损坏。

2. 预览合同文本

除非是篇幅很短的合同,比如说只有千余字的合同,否则最好不要立即从头到尾进行咬文嚼字式的审查,很有可能产生许多无效劳动。许多合同条款间的关联性比较强,有时认为前面需要改的在后面已经另有约定,只有全部看清了再改才能避免无效劳动。

对于需要审查的合同,不妨先预览一下合同的总体内容,分清它的结构体系。对于篇幅较长的合同,可以通过目录或大小标题分清它的结构体系。在预览并对合同形成整体判断的同时,还可标记出重点条款,这些都对后续工作有益。

3. 看清关联条款

从专业角度来说,对于某项约定是否存在法律上的缺陷,最好不要妄下结论,而是先查询一下法律规范的相关规定,并核对合同其他条款的配合情况。只有在排除了其他可能的情况下,才能提出准确的审查意见,否则很容易得出错误结论。

此外,当事人提供的合同文本形形色色,某些细节很可能被放于合同附件中,甚至附件中的细节会与合同约定发生冲突。因此,审查合同时必须关注附件中的内容,否则提出的审查意见可能会存在缺陷。

4. 核对相应法规

除非是审查非常熟悉的合同,并对交易所涉及的行业法律规范非常了解,否则律师在审查合同时需要花很多时间核对相关的法律规定。尤其是在合同中出现一些陌生的术语,或出现法律并无明文规定的情况时更是如此。

经常需要核对的法律法规有合同法与行政法两类。前者主要是指涉及典型合同时,要核对合同中的约定是否与相关规定相抵触、相关权利是否用足。后者主要是指当合同的交易内容涉及行政法规时,要核对行政法规的具体规定,防止内容违法。这项工作有时很烦琐,因为不同层级的法律规范往往对同一问题有着各自的规定。

5. 慎重对待商务条款

合同中的商务条款,一般是指当事人为了实现交易目的而必须约定的、与交易内容和交易方式有关的条款,如合同标的内容或规格、质量要求、数量及价格、价款或报酬的支付方式及期限等。这些条款完全是交易所必需且由当事人自行决定的内容,如果这些条款不完备,则交易根本无法进行。

这类条款的决定权属于当事人,律师可以指出哪些是商务条款并提醒当事人自行决定。律师的职责是核对相关条款是否严密、是否存在遗漏、是否对当事人不利等,并提醒当事人注意相关问题或提出建议。但在提交工作成果时,应说明哪些是律师的意见或建议、哪些该由当事人自行审查及决定,防止出错。

第二节 对合同法律问题的审查

合同中所存在的直接与法律规范相冲突的内容,或者未能充分行使意思自治权的情况,都属于合同的内在质量问题。这些问题在实际交易中未必严重,但如果在审查时未能发现则属于明显的失误。

在前面章节中,为了理解原理和控制质量上的方便,可以将合同质量分为内在质量与外在质量,并分别列出了五项内容。审查合同法律问题的工作目的,最主要是从内在角度发现合同中存在的缺陷和法律风险,为企业的决策或后续修改奠定基础。

一、合同主体是否合格

合同主体是否具备签订及履行合同的资格,往往是合同审查中首先接触到的问题。有时通过合同名称及当事人的名称,即可确定合同主体是否具备相应资格,但要保证稳妥,就不得不对各类证照进行审查。

除了对合同主体进行审查外,有时还要审查合同主体对于交易标的是否有处分权,以及代理人是否具有代理资格和权限等。如果交易主体在合同上加盖了真实有效的公章,对代理权的审查有时可以省略。

1. 合同主体资格的合法性

合同业务涉及的最主要的主体是企业法人,也就是拥有合法、有效的《企业法人营业执照》的经济组织,个别情况下还涉及机关事业法人、具备法人资格的其他组织,以及不具备法人资格的个体户、合伙企业、自然人等。

在某些个别情况下,其他组织也会成为合同主体,其具体的诉讼资格及法律地位可参见《民事诉讼法》及最高人民法院的相关司法解释。

2. 经营资格的合法性

对于企业法人的合同主体资格进行审查,除了针对是否拥有《企业法人营业执照》以及批准的经营范围、经营方式是否与合同相适应外,还要审查其是否在合法的经营期限之内、是否已经通过年检,超过经营期限或未通过年检都意味着丧失了经营资格。营业执照上大多直接注明了年检时间,使这种审查非常容易实施。

《企业法人营业执照》注明了经营范围,有些经营活动可能存在超越经营范围的风险。例如,某些广告公司从事其营业执照经营范围中没有标注的企业管理咨询业务,便属于超越经营范围的行为。

但需要说明的是,这方面的审查只是为了提高交易安全系数,合同是否有效并非以营业执照上的经营范围为主,非独立法人也并非不可以成为合同主体。

3. 许可资格的合法性

《民法典》第 153 条第 1 款规定:"违反法律、行政法规的强制性规定的民事法律行为无效。但是,该强制性规定不导致该民事法律行为无效的除外。"而这些"法律、行政法规的强制性规定"多以行政主管部门颁发的各类许可证为代表。未经颁发许可证等行政许可程序,会直接引起交易主体不合格,并进而导致合同的无效。

例如,金融企业除了市场监督管理部门颁发的营业执照外,还需持有《金融许可证》方可营业。除此之外,还有大量企业需要获得许可证方可合法生产或经营。

4. 企业资质的合法性

工程建设、安装、运输等行业对企业有资质上的要求,企业一般只能在其资质所限定的范围内从事经营活动。对于资质进行管理的行政法规、部门规章非常多,特别是在房地产开发、建设工程及相关的监理、安装等行业,企业在取得相应等级的资质证书后,方可在其资质等级许可的范围内从事经营活动。

例如,《房地产开发企业资质管理规定》第 3 条第 2 款规定:"未取得房地产开发资质等级证书(以下简称资质证书)的企业,不得从事房地产开发经营业务。"因而未取得相应资质而从事房地产开发的,其相应合同当然无效。

5. 履行人员资格的合法性

除了企业经营活动外,法律法规、部门规章等对于某些行业的执业资格或从业资格等也有具体的规定。如果履行合同时的具体人员并不具备相应的从业资格,则合同履行的质量就难以保障。

在职业分类方面最为权威的《中华人民共和国职业分类大典》(2015 年增补本)中将职业分为 8 个大类、75 个中类、434 个小类、1481 个细目。除此之外,还有 1000 多个职业标准,并还在陆续增加。

二、条款内容是否合法

条款内容是否合法,是指合同中的约定应尽可能与法律的规定相符,涉及合同的名称、约定的条款、术语、生效前提等方面。

1. 合同名称的合法性

《合同法》分则中有 15 种合同,也就是常说的"有名合同"。合同的名称代表了合同所属的法律关系,如果合同名称与实际内容不一致,会给合同的解释及争议的处理带来无谓的麻烦。

在实际交易中,存在着大量的无名合同,某些合同也会同时具备两种有名合同的特征。例如在服装行业,需方在大批量采购时往往对材质、质量等有一定额外的要求,使合同同时具备了买卖合同和承揽合同的特征,属于混合合同。

2. 约定内容的合法性

每份合同都会同时涉及多个法律关系,要使约定完全合法就要考虑所有相关法律规范的要求。例如,一份简单的电信服务合同,不仅受《合同法》的调整,还要受到《中华人民共和国民法通则》(以下简称《民法通则》)、《中华人民共和国消费者权益保护法》(以下简称《消费者权益保护法》),以及《中华人民共和国电信条例》(以下简称《电信条例》)等众多法律法规的调整。再如商品房买卖合同,既受合同法约束又受房地产法律规范的约束,还受消费者权益保护法的约束。要想确保其合法性,就必须查询所有法律法规,以避免约定内容与法律规定相冲突而导致合同无效或部分无效等不利后果。

民事主体在民事活动中有法定的权利义务,也有约定的权利义务。法定权利义务中主要是强制性的作为或不作为的规定。约定的权利义务不宜与这类规定相冲突,而与强制性规范完全一致的条款完全可以不用约定。

3. 处分权的合法性

合同主体的处分权问题最主要是合同主体对于标的物是否有处分权,包括在物权法层面上是否有处分权,以及上级公司、企业章程等是否授权该合同主体处分相关标的物。这些方面如有瑕疵,很有可能使交易合同的效力待定甚至无效。

4. 术语的合法性

术语的合法性是指合同中所使用的法律、技术等方面的术语,要符合法律规范及技术标准等规范性文件的用法及解释,以减少不必要的风险、排除条款效力和权利义务上的不确定性。反之,如果所用的术语与通常的专业理解有所不同,则非常有必要在合同中加以解释,以防止混淆和效力无法确定。

例如,在合同中经常出现的“订金”“押金”等不确定的用语,均应以规范的术语“定金”所替代。以此类推,合同中也要杜绝“××市仲裁委员会”的提法,而以标准的“××仲裁委员会”代替。

5. 生效前提的合法性

合同的成立与生效是完全不同的概念。有的合同自双方签字盖章时起生效,有的则自符合条件或符合期限后方可生效。依照法律规定必须经过批准或登记的合同,必须经依法批准或依法登记后才能生效,否则即使双方签字盖章也只是成立,尚未生效。

三、双方约定是否实用

除了交易中的必备条款以外,是否根据交易目的、交易背景、合同性质、对方特点等因素制定了“个性化”的条款,决定了合同是否实用。这些条款是基本条款的细化和延伸,有利于实现交易目的、体现合同的实用价值。

1. 合同条款的针对性

能够实现交易目标的合同条款才是有价值的条款,而有价值的条款往往在合同中有针对性、有预见性,并预设了责任归属、违约责任等内容。

(1)针对特有风险的实用条款

以户外广告合同为例,该类广告一般是在建筑物或构筑物上发布,且广告牌的制作一般要用许多金属结构、板材。此类广告牌如果年久失修,或因风力作用等导致坠落或倒塌、脱落,非常容易造成人身或财产损害。正因如此,广告主应当在广告发布合同中约定广告牌的维修、保管责任,避免无故卷入纠纷。

(2)针对违约特点的实用条款

仍以广告合同为例,无论是报纸杂志广告还是广播电视广告,由于时效性强,发布时如有任何的错发、漏发、少发都会产生不利影响。在审查这类合同时,要注意审查是否针对这些最有可能出现的违约设定实用条款。

(3)针对标的特性的实用条款

每种交易都有其特殊性,针对这些特殊性设定的条款才有实用价值。例如,设备采购合同往往都要考虑到资料的移交、人员的培训、售后服务的响应时间等问题,否则有可能影响到交易目的的实现。又如,对于存在计量误差的交易,需要在合同中约定误差的正常幅度,以避免争议。

(4)针对交易对象的实用条款

视对象不同设定不同的实用条款并非商业歧视,而是为了更好地保护自身的交易利益。实践中,那些信誉好的长期客户只要约定明确,即使产生争议也比较容易解决。但对于新产品或新客户,以及信誉不佳或有不良记录的客户,则要注意是否设置了更多的对应条款。

2. 管辖约定的实用性

争议管辖地一直是当事人的必争之地,这既有诉讼成本方面的原因也有其他方面的原因。根据《民事诉讼法》以及相关的司法解释,合同或者其他财产权益纠纷的当事人可以书面协议选择被告住所地、合同履行地、合同签订地、原告住所地、标的物所在地等与争议有实际联系的地点的人民法院管辖,但不得违反级别管辖和专属管辖的相关规定。

不同的管辖约定有着不同的特点。例如,选择由被告住所地法院管辖往往对于违约可能性大的一方有利,选择合同履行地法院管辖有时可以只约定合同履行地点,选择合同签订地法院管辖需要明确约定或有充分证据证明合同的签订地点。约定管辖地的目的是保证一旦发生诉讼会在预期的地点进行,因此需要确保其唯一性。如果通过判断条款已经对自己当事人一方有利而且可以排除其他不利情况,则可以完全不予约定。在交易中处于优势地位的一方总是更容易掌握争议的管辖选择权,因为弱势的一方如要交易便别无选择。

3. 合同目的的实用性

对于有特定交易目的的合同,以合同目的的形式体现出交易目的比没有体现更为实用。因为有了合同目的,对方便能够预见到其违约行为可能给相对方造成的可得利益损失,从而增加了向对方追讨可得利益损失的机会。

四、权利义务是否明确

权利义务如果不明确,会严重影响交易安全及交易结果的可预见性。这类问题可以通过提高表述精确度、加强条款配合等方式改善。

1. 条款缺陷导致权利义务不明确

条款的内涵、外延不当或条款之间的搭配不当,都会引起合同权利义务不明确。这种不明确大多由于疏忽或思维方式而引起,需要进行逻辑判断。

(1)条款内容表述不当

合同中的许多看似“专业”的条款实际上没有多少可操作性,变相属于约定不明条款。

例如“未尽事宜由双方协商解决”的约定,由于诉权不受这类约定的限制,不经协商同样可以直接起诉,因此这类条款除了表示姿态外毫无意义。要想解决实际问题,不如确定处理争议的原则及责任承担方法。

又如,某旅游服务合同中约定“与本次旅游有关的广告、宣传制品视为本合同的一部分,对乙方具有约束力”。旅行社的广告,既包括景点介绍也包括服务介绍,既可以是自己的宣传资料也可以是景点方的宣传资料,有的构成对旅游者的义务或承诺,有的则毫无关系。从《民法典》及《消费者权益保护法》的角度考虑,只有那些通过广告或宣传品承诺的服务项目或活动内容才应由旅行社承担责任。因此,这一约定模糊了旅行社的风险范围,也属一种约定不明。

(2)条款之间缺乏配合

条款缺失或者内容不严谨都会造成合同权利义务的不明确。

例如,某广告合同中约定:"乙方负责在本市电视台新闻综合频道《行遍街》栏目中制作、播出20秒的'短信有奖竞猜'节目,同时在该栏目片尾播出甲方10秒形象广告。"这一条款本身没有什么问题,但合同中没有对连播几周、每周几期、每期播几次、每次播出的时段等进行约定,存在着极大的权利义务不明确性。实际履行时,既可以一直播下去,也可以播出一次后马上不再履行相关义务。

又如,某广告承揽合同中约定:"承揽方不能按期履行合同义务的,每逾期一天,须向定作方按未履行部分广告费的0.5%偿付违约金。定作方逾期支付广告费用,每逾期一天,须向承揽方按所欠款项的0.5%偿付违约金。"由于合同中根本没有约定完成广告制作的时间限制,只有对支付广告费的期限规定,因此对承揽方的限制形同虚设,难以追究承揽方的违约责任,仅便于追究定作方的责任。

2. 可识别性差导致权利义务的不明确

权利义务是否明确与权利义务是否可以识别有关,如果无法判断权利义务的内涵、外延以及是否履行,合同的权利义务不可能明确。

(1)约定方式与权利义务的明确性

如果没有约定明确的、可操作的具体标准,是否违约以及如何追究违约责任有时就会难以判断甚至通过诉讼也没有定论。无论出于何种动机,没有可识别性的权利义务由于缺乏判断标准,难以保护当事人的权益。例如,合同中的"长期""重大""及时"等均无识别标准,而以具体的时间、事件为界限则易于识别。

对于合同中的违约标准不明或违约责任不明情形,律师应明确指出并提醒当事人这类缺陷对追究违约责任的不利影响。由于行业习惯的原因,许多企业明知违约责任不明,也不愿"冒天下之大不韪"在合同中约定非常明确的违约责任。但判定是否违约的标准与违约责任标准同样重要,应尽可能在合同中写明。

(2)附件与权利义务的明确性

合同中对于质量标准、履行细节的约定是买方确保交易安全及结果可预见性的重要手段。这些问题由于过细、过多,大多很难在合同正文中加以详细约定,因此往往采用合同附件的方式加以解决。

附件可分为技术类和资质类,前者约定技术指标、规格型号等内容,后者主要是证明某方资质的文件。对于附件,有时还要约定其必须"真实、齐全、合法、有效",以充分保护合同一方或双方的利益。技术类附件对购买服务的合同也同样有效,因为服务的标准、具体要求等同样为争议处理所需。

将技术类文件作为合同附件,等于约定了产品或服务的技术标准,如果产生争议也仅需证明是否达到标准即可明确责任方。而将资质类文件作为附件,特别是在对方资质的真实性一时无法核实时,一旦对方存在资质上的欺诈,可直接用附件证明欺诈事实的存在,并依此解除合同。如果需要,甚至可以约定合同的生效前提是对方资质性资料的真实有效,以便更好地维护自身权益。

在使用合同附件时,最好将合同附件的清单明确写入合同正文,这样在签署正文时就同时确认了附件的件数及名称。对于合同条款中所提及的文件,如果是合同一方自有的,必须作为合同附件,以防止权利义务不明或持有文件的一方怠于履行合同的附随义务。正文与附件可能产生冲突的,还要约定冲突产生时的解释效力顺序,这样使用附件才算完整。

五、交易需求能否满足

合同条款要想能够满足交易需求,需要在审查合同时置身事外地宏观审查合同。合同既要在具体的条款上满足实际交易的需要,顺利地获得产品或服务;也要在宏观上能够通过交易达到目的,使交易为宏观利益服务。

换言之,从这一角度审查合同的目的,是保证通过合同获得真正需要的东西。但在一般的合同审查中,并不需要进行这一内容的审查。

1. 判断标的能否满足交易目的

除了合同或附件中需要由专业技术人员进行审查的技术参数、规格、型号、数量、价格等内容外,产品的说明、介绍等文字,只要没有另外约定就同样是质量标准的一部分。通过对这些文字的审查,有时可以发现产品或服务的质量标准及性能能否满足交易需要。

在"非典"期间,某单位采购红外测温设备用于在公共场所发现发热病人,供方提供了合同文本并经一再要求后提供了使用说明书。虽然热成像技术专业性较强,但只要具有一般知识水平仍能看懂其产品说明。通过对产品说明书的审查,发现:①产品使用对象是矿山、钢铁厂、森林防火、工业探伤等场所,根本不具备探测人体体温的设计用途;②测量误差为2%或2℃,远远超过医学上测量体温所允许的误差范围;③所测温度仅为体表温度而非体温,测量结果易受人为因素影响,且体表温度与体温的对应关系无法确定。因此,从说明书中可以判断该产品仅能起到辅助性的粗略甄别作用,无法精确测定体温。对于这类无法实现交易目的的合同,律师可以提醒需方产品性能可能无法达到交易目的,但是否采购不在律师的职责范围之内。

2. 判断合同能否满足交易目的

交易目的与合同目的有时并不完全相同。合同目的一般仅仅是在合同中体现的通过交易所得到的结果,而交易目的则更多地体现出达到交易结果所要实现的更长远的目的。因而,尽管二者有时重合,但交易目的更能反映交易所要达到的根本目标,这一点是实现利益最大化的保障。

例如,收购一个企业的目的有多种,有的是在收购后利用其生产能力、业务渠道、知识产权等进行经营,有的不过是收购后重新包装出售。不同的根本目标就有不同的交易侧重点,也决定了合同权利义务的重点。

又如,收购目标企业的目的是未来经营的,就需要通过合同尽可能多地保留原有的技术骨干、熟练员工、管理人才、知识产权等资源。如果收购目的仅仅是为了取得其土地资源,则对于其他的附加成本应尽可能压缩。因此,合同审查必须从其交易目的出发,才能为企业的决策、经营提供有力的支持。

第三节　对合同表述问题的审查

语言文字是合同权利义务的载体,专业化的内容也只有用专业化的表述才能体现其整体质量,因而合同的表述水平体现了律师的综合专业水准。表述水平虽然只是对合同外在表述形式上的要求,但不当的表述不仅损害律师的执业形象,也同样会直接产生不利的法律后果。这类问题的审查同样包括五个方面,具体可视当事人的要求、合同的重要程度等确定。

一、结构体系是否清晰

虽然并非每份合同都需要审查结构体系,但篇幅较大的合同或以"条款堆砌"方式制作的合同往往首先要看清或重新整理其结构体系,然后才能在理解其结构的基础上进行审查。不经过这一工作,有时反而会影响工作效率及质量。

1. 对合同结构体系的理解

合同是交易双方围绕交易中的权利义务进行约定而最终形成的意思表示一致,这种意思表示一致是个系统,由条款或条款组成的集合构成的系统的不同模块。将所有模块有秩序地组合在一起所形成的框架便是合同的结构体系,它既包括各个应当具备的模块,也包括安排这些模块的秩序。正如人的骨骼共有206块,但这些骨骼不是简单地堆放在一起,而是分成不同的种类、系统,各有各的位置、功能、名称,而且彼此无法替换。

制作精良的合同一般都以标题体系来体现出清晰的思路和结构,即使不看具体内容也能大致看出合同是否完备。而对于结构混乱的合同,往往像财务人员清点现钞一样,先清点共有几捆,再清点每捆的张数,这样才能理清合同的结构体系,为审查做好准备工作。

如果当事人对合同的审查质量要求较高,律师应首先识别出每个条款中的不同内容,然后将不同的内容重组到归纳出的标题之下,最后才能进行法律问题及表述问题的审查,包括审查其必备内容是否缺失。

2. 结构体系的代表方式——标题体系

在审查篇幅较长的合同时,最令人深恶痛绝的莫过于那些连篇累牍、既不划分章节又不设立标题的合同。审查此类合同,律师必须一边看眼前的条款一边寻找其他相关条款,以便了解全貌,而这一过程犹如在一条从未去过且没有门牌号码的街上寻找一个陌生的住户。

以一份只有1 000字的合同为例(因篇幅所限,原文略),该合同共有9个条款,但各条款没有任何标题,完全是直接罗列。虽然文字及条款都不多,但阅读这样的合同仍然并不轻松,因为它不仅没有标题,思路也很乱,完全是条款的随意罗列,且条款间界限混杂。

标题体系是结构体系的实质性体现,而不仅仅是一种形式。许多合同正是由于其标题体系徒具形式而无实质,因而其条款间的秩序仍旧混乱不堪。审查合同时理清合同的结构体系也是个双向的过程,既要将不同的内容归到不同的标题之下,又要反过来推敲标题的设立是否合理、标题间的内容是否重叠等问题,只有这样才能在结构理清后直观地审查出合同中存在的条款缺失等问题。

例如,某2 000字左右的代理合同将内容分成以下几大类并分别设立了标题:

①合同双方主体描述;

②委托代理事项;

③委托代理权限;

④特殊情况处理;

⑤费用的计算与给付;

⑥违约责任的认定与承担;

⑦合同的生效与解除;

⑧其他约定。

这种结构体系的合同将不同内容归入不同标题之下,各标题下的信息量均处于可以承受的范围之内,律师既可以借助标题直接找到自己想要了解的内容,也可以借助标题判断内容是否完备,工作的质量和效率都有了保障。

二、合同条款是否完备

对于已经建立了标题体系,或已经按前述方法清理出了结构体系并建立了标题体系的合同,由于合同已经因此有了完整的“骨架”,就可以根据这个“骨架”判断合同的条款是否完备。这方面的审查是必备的,否则容易遗漏重大条款。

1. 标题体系完备度的审查

在合同标题是否完备方面,既要核对各标题是否名实相符,还要在名实相符的基础上核对标题体系是否存在缺陷。标题体系的设立,可以将合同内容参照法律条文依次归纳为编、章、节、条、款、项等几个层级,篇幅较小的合同可以少用几级。其目的是通过建立合同内容的层级、顺序等秩序,将合同内容表达得井井有条。

特别需要强调的是：

①各级标题应当与下辖的条款主题相符且层级分明。标题体现了对于条款内容的归类，如果名实不符或层级混乱，就有可能因上下及前后关系的不同而影响到对条款的理解。

②标题必须具有一定之规，是否设定标题也要前后一致，序号必须体现出层级和顺序关系，且绝对不能重复或跳跃。尤其是条款序号的重复或跳跃，如果出现在特定的地方，同样会影响到对合同的解释或被人认为合同条款不完备。

2. 基本条款完备度的审查

为了表述上的精确，有时会根据需要将标题分为两级、三级甚至更多，如果各标题下的内容及功能清晰可辨、系统性强、逻辑严谨，人们在阅读时可以直接切入要找的内容，以此抵消合同文字量过多所带来的不便。

现实中的合同很少按《民法典》第470条所列举的那样，直接将合同按8个基本条款分为8个组成部分。这8个基本条款在合同中多以不同的形式存在，在审查时可以先判断它们是否在合同中已经体现。

复杂的合同未必完备，如果不设标题体系，则这类合同更容易掩盖条款上的缺陷。例如，某企业采购了数十万元的电子元器件用于某自动控制工程，在出现质量问题并准备索赔时才发现，由于合同条款之间相互引证掩盖了质量标准问题，实际上没有约定质量标准。恰逢该产品没有强制性的国家标准或行业标准，以致索赔难度非常大。

3. 辅助条款完备度的审查

在合同基本条款之外，合同中用于锁定交易平台的功能条款可称之为辅助性条款。这些条款是各基本条款之外，围绕实现交易目的而对合同中的某些细节进行的补充。这些条款并非每份合同都全部需要，大多只需使用其中的一部分。

例如，合同中对于委托代理人的约定、对银行账号的约定等均为辅助性条款，但如果忽略这些条款有可能付出沉重的代价。又比如，房屋租赁合同纠纷中有的房东故意躲避以使房客无法交租，超过付款期后再以房客逾期不付房租为由要求解除合同。如果有了明确的银行账号，就不会存在无法履行的问题。

三、整体思维是否严谨

合同的严谨程度与当事人的要求、合同的重要程度、合同风险高低有关，并不是所有的合同都要按最高的标准进行严谨度审查，但应具备相应意识。

1. 话题丢失对严谨度的影响

合同中的许多相关内容不得不安排在不同的条款中，这便有可能由于遗忘而造成相关内容“有前言、无后语”。例如，某广告合同中约定“乙方有权对样本进行认可及提出异议”，但对于如何提出异议、对方如何应对异议等，却没有相关约定，也未规定异议成立后不予改正或答复是否属于违约、应承担何种责任，使得这一条款失去意义。越是复杂的合同，就越是容易出现这种话题丢失的情况。

2. 假设不足对严谨度的影响

合同的四大基本功能之一便是锁定问题处理，也就是解决合同未按约定正常履行时应该如何处理的问题。围绕这一功能设立的条款，都是先假设某种情况出现，然后约定如何处理。假设越是全面，则合同中锁定问题处理的功能越完整，条款也越严谨。

例如，一份广告代理合同仅规定“未经乙方同意，甲方如擅自改动经乙方确认的内容，每发生一次向乙方支付当笔业务总金额的10%作为违约金，并赔偿由此引起的乙方的一切损失”。这个违约责任条款中仅假设了一种情况，而可能发生的违约还有漏登、错登、延误等情况，因而这种假设的严谨度较差。

3. 条款冲突对严谨度的影响

条款间的冲突有的与结构体系的规划不合理有关,有的与具体条款在内涵外延上表述不当有关。只要条款间的权利义务有重叠的现象,冲突就会在不同的程度上存在。

以大型配套设备的买卖、安装、调试为例,其"验收"往往分为到货验收、进场验收、试车验收、综合验收等类型。如一概称为"验收",必然造成适用阶段上的混淆。特别是到货时的"验收",从本质意义上讲,其实应该是"清点接收",这一"验收合格"与最终的验收合格存在天壤之别。虽然最高人民法院在关于买卖合同的司法解释中对此已经有所明确,但在合同中仍以直接明确为妥。

如果没有争议,条款冲突的影响甚微,但在争议诉诸法律后,细微的区别就有可能决定诉讼的胜负,因此在审查中要及时发现这种冲突。

四、语言表达是否精确

合同条款中的语言表达是否精确,涉及从词汇选择到句法、语法、语体、语言歧义等多个方面。

1. 语体及标点符号问题

合同的语言风格,毫无疑问是正式的专业书面语体,其风格庄重、精确、严谨、正式,如果偏离这类风格,会令合同显得不伦不类。用错语体的问题多发生在企业人员或没有经验的法务人员身上,主要有口语化、使用广告语体、使用商业信函语体等情况。由于语言风格、语法特征、法律背景等存在诸多不同,许多直译的外文合同同样存在语体问题,不仅难读、难懂、难记,而且浪费大量的篇幅。与其说这种表达方式专业有余,还不如说这类合同汉化不足。

合同语句中的标点符号是划分权利义务的标志,随意使用同样会后果严重,特别是逗号位置的不同会导致语意、句意的不同,并进而影响对于权利义务的理解。曾有一件长达 4 年的诉讼,决定一二审不同判决结果的,只是其中的一个关键标点到底该是逗号还是句号。标点符号的标准用法参见国家标准《标点符号用法》(GB/T 15834-2011)。在合同审查中对于标点符号使用不规范且影响到交易安全的情况,律师也必须提出意见。

2. 合同的词汇使用问题

合同中的用词必须让具有一定文化知识但不具备专业知识的人能够看懂,如有不明确则需调整特定关键词或增加词义解释来降低阅读难度。词汇选择不当可能令人无法看懂条款甚至导致败诉,这类问题有的是措辞本身的原因,有的是搭配不当、语言歧义等原因。日常生活中的许多语言一旦脱离了具体的场景,其语意就会变得含糊不清,而合同恰恰是没有语言场景的书面语,因此需要精确地表述。

(1)术语似是而非

法律术语大量"近亲"的存在,使用不准确不仅影响合同表达的精度,往往还会带来不利的法律后果。例如,企业里大量使用的"商业机密",其实根本没有明确的法律定位,标准的术语是《中华人民共和国反不正当竞争法》(以下简称《反不正当竞争法》)中的"商业秘密"。因此,"商业机密"的提法一旦遇到纠纷,必然引起争议。

还有一些术语只适合于学理研究,不适合于合同。例如,某些法规、范本合同中经常出现的"守约方""非违约方"其实都应该是"相对方",因合同双方互有违约也属常见。如果合同只保护"守约方""非违约方"的利益,当双方均有违约行为时,违约责任将无从谈起,逻辑上难以自洽。

(2)词义难以衡量

某些条款会由于关键词义无法衡量而影响到精确性。例如,日常生活中经常出现的"基本符合""基本一致"等,由于"基本"一词缺乏衡量标准,除非予以量化,否则几乎等于没有约定。

又如,"乙方在提供服务过程中如引起用户的严重投诉或众多用户的投诉"这一语句中,"严重”和“众多”均无计量标准,最好分别改为“引起媒体或行政主管部门的点名批评”“投诉量占用户总数××‰以上的”。

(3)措辞指代不明

如果句子中主语或宾语较多,或语法关系复杂,有时会导致指代内容不明确。如果无法确认所指代的是施动者还是受动者,最坏的结果是导致合同双方权利义务的颠倒。例如,“甲方代理乙方为其客户提供租赁业务”这一条款中,当双方都有客户时,根本无法确定“其客户”是甲方客户还是乙方客户。

有些常用词出现在特定场合也会产生指代不明。如“乙方产品由乙方承担为期一年的质量保修”这一条款,如果用于成套设备的买卖,特别是成套设备中既有乙方自产产品又有外购配套产品时,乙方产品到底是指“乙方提供的产品”还是“乙方生产的产品”,便有了概念上的区别并影响乙方的责任范围。

(4)表述不精确

有些合同条款需要描述范围,其中有些术语,例如“以内”“以上”等,从法律上讲包括本数,但非法律专业的人士一般并不清楚这点。对此,应采用更明确的表述方法,如口语中的“大于或等于××元”“××件或以上的”,在合同中应尽可能表述为“不低于××元”“不少于××件”等。

有些概念有狭义与广义之分,审查时要特别注意。此类概念如用于格式合同会引起很大的麻烦,因为接受格式条款的一方对于条款有优先解释权。例如,电信企业的“话费”,其狭义的理解只是通话费,而广义的话费则还包含基本月租费、频率占用费等费用。也许正是基于这一原因,《电信条例》中使用的措辞是“电信费用”而不是“话费”。

除上述情况外,合同中对当事人的称谓应统一。例如某合同中对于一方当事人竟然会出现四种称谓:“甲方”“出租方”“××公司”“××有限责任公司”。这类合同无论质量如何,都令人对合同制作者产生不信任。

3. 合同的用句问题

由于权利义务的表述务求严谨,因而合同中有时被迫采用长句、复句以及连词、副词等加以表达,以体现语意的完整、确切及逻辑的严谨。因此,如果合同条款全部以单句堆积起来,要么由于句间关系疏远而影响精确性,要么因重复出现某些语言成分而使全文过于啰唆。

(1)单句罗列

单句罗列的表述方式在效果和质量上无法与正式法律语言的表述方式相比。如“甲方业务活动所造成的损失由甲方承担,其余业务活动所造成的损失由乙方全部承担”这一条款,以标准的法律语言长句表述则是:“因业务活动所造成的损失由乙方全部承担,但甲方原因造成的损失除外。”

(2)行为主体不明

合同必须明确每种行为的施动者或受动者是谁,如果在主语或宾语上不明确,往往可能造成权利义务不明确,这是合同的大忌。

例如,一份合同中约定的“甲方有权要求乙方保证其开展的服务的合法性,发现乙方或其用户通过乙方向用户提供非法信息,要求其采取相应措施进行规范”。这个条款不仅句间过渡不顺畅,而且语句中的“保证其”指代不明、“用户”的外延也前后不一。

(3)句间关系处理不当

合同中由于大量使用复句,为精确表达句间关系,便需要大量使用关联词,关联词使用不当就会影响语意。最具代表性的复句是表示转折的“但书”条款,这与法律语言强调内涵与外延的精确性、注重概括规定与除外情况的特点有关。

关联词使用不当会引起句间关系的变化,并导致语意不明或歧义。例如,某合同中有如下条款:“乙方承诺并保证其提供的内容或信息不会侵犯任何第三方的知识产权或其他民事权利,乙方进一步承诺将就违反上述承诺与保证所引起的一切诉讼、索赔、行政处罚、损失与损害向甲方承担赔偿责任。”由于前句与后句之间其实没有递进关系,后句以“并承诺”开头就可以了。

五、版面安排是否美观

版面质量问题大部分不属于律师合同审查的工作范围,特别是在客户只要求在原稿上进行合同审查时,没有必要对原稿排版质量过多关注。由于语体不同,对于合同版面安排是否美观的问题,一般仅从是否大方、是否正式、是否便于阅读考虑,而非单纯的美化。

1. 中文版式问题

虽然电子科技的发展已经使文字输入成为一种大众化的基本技能,但许多人头脑中似乎没有标准的中文排版方式的概念,任由文字处理软件随便排版。其实每个文字处理软件都可以设定基本的版式,可以令版面更为美观。

(1)中文的通常版式

正式的中文公文体排版方式,是首行缩进两格、次行顶格、各行间距均匀分布。这种排版方式更能体现段落与段落之间的分别,其版面也符合合同庄重、正式的风格要求。现在流行的各种文字处理软件都有自行设置功能,完全可以将版式设置成传统中文的排版风格,以使版面严肃、正式。

(2)中文的段落分配

无论是审查合同还是阅读合同都是繁重的脑力劳动,如果自然段的文字量过大则更会加重劳动的强度,因为人的注意力和记忆力毕竟是有限的。对于合同条款中文字量过大的自然段,应当在审查时根据内容适当另起一行分成不同段落,以降低每个阶段所阅读的单位文字量,从而降低阅读难度。

2. 标题序号问题

标题序号上的混乱有时会扰乱不同条款的归属关系,并导致权利义务的变化。标题序号问题包括两个方面,一方面各层序号基本上只占一格,另一方面序号要层次分明、连贯。

(1)编排序号使用的字符

正式的中文版式中,带括号、带圈的数字序号只占一个字符且后面不跟顿号。例如,首行缩进两格后如果恰好是带括号的标题一,应当使用只占一个字符的“㈠”而不是使用占三个字符的“(一)”,更不应该使用带顿号的“(一)、”。如果使用带括号的阿拉伯数字,则也同样使用只占一个字符的“⑴”而不是占了三个字符的“(1)”,且后面不带顿号。这些只占一个字符的序号,文字处理软件一般都有。

(2)从大标题到小标题的顺序

篇幅较小的合同可以直接用条来一一列出具体条款,如果合同内容较为复杂或篇幅较大,则可按章、节、条的方式由大到小层层细分。如果需要采用数字编号,常规的从大到小顺序分别为“一、”“㈠”“ 1.”“⑴”“①”,也可以用西式的“1. ”“1. 1”“1. 1. 1”等方式划分。

第四节　合同审查中的特殊工作

为确保质量,有时在审查合同时必须从事一些合同文本以外的工作,即便是合同审查本身,也要认识到不同合同的特殊性,并认识到一些不是合同但其表现形式、法律后果与合同相似的文件。

一、合同审查阶段的调查

对于企业而言,交易相对方是否具备相应的经营范围、经营资格等有时并不重要,重要的是通过交易得到预期的利益且不受损失。因此,除非交易中存在交易安全隐患,比如必须先付款项或先交货,一般没有当事人会要求律师调查对方的资信等情况。但在某些特殊情况下,尽职调查是合同审查的组成部分。

如果在合同审查过程中需要进行尽职调查。调查内容一般包括对方的身份、经营许可资格、资产状况、信用情况、签章真伪等。需要注意的是,某些信息可能是严重滞后的、不完整的,可能无法实现调查的目的。

1. 调查身份事项

调查交易对象身份,其目的是核实对方的身份是否真实,防止"冤无头、债无主"或对起诉造成障碍,包括对法人、其他组织以及自然人的调查。

对于法人、其他组织主要是调查其登记情况,也就是核实其是否具有合法、有效的营业执照或《事业单位法人证书》等证照,以及这些证照与对方提供的内容是否相符。在合同业务中,律师接触最多的是对企业法人、其他经济组织的调查,对这类当事人的调查,一般只要在其经营所在地的市场监督管理部门即可完成。对于自然人的调查,主要是从公安部门调查其户籍登记情况,以核实该当事人是否真实存在,同时也便于在发生争议时能够正常起诉。

2. 调查许可资格

这类调查视行业而定,一般是核实对方是否有经营或生产方面的许可。没有这方面的许可资格而从事相关交易,往往会导致合同无效。

经营或生产方面的许可一般都比较专业,大多由政府相关行政部门颁发并与市场监督管理部门所颁发的营业执照共同使用。如卫生许可证、排放污染物许可证、食盐批发许可证、烟草专卖许可证,以及金融许可证、建筑施工企业安全生产许可证、安全生产许可证、电信业务经营许可证等。有些许可证还可以进一步细分,例如,烟草专卖许可证可以细分为烟草生产、批发、零售、准运许可证等。

3. 调查资产状况

对于资产状况进行调查的情况多见于与资产抵押、担保,以及借款等有关的合同。对于此类资产情况的调查,主要目的是核实资产是否确实存在、是否被设置了他项权益,以便权衡是否交易、如何交易等细节问题。

通常情况下能够了解的资产一般只是登记的资产,如在房产管理部门登记的房产、在土地管理部门登记的地产、在机动车管理部门登记的机动车辆、在证券交易所登记的股权等,有时从其报表中也可以看出其对外投资等情况。银行存款则不属于律师可以调查的范围,必须由司法机关进行调查。

4. 调查信用状况

对于信用状况进行调查的活动空间比较小,因为目前还没有建立起统一的征信系统,不过通过某些渠道,还是能够知道一些相关信息的。

例如,某些市场监督管理部门设立了诚信档案管理体系,如果某个企业败诉后没有履行,则签订合同前可以通过调档了解判决书。另外,某些法院在执行过程中发布的敦促执行公告也是非常重要的信息来源。这些调查虽然不能全面反映企业的情况,但能够证明企业有丧失商业信誉或丧失履行能力的情况,对决策或行使抗辩权有一定的作用。

5. 调查签章真伪

这类调查主要是为了确认签字生效的合同中对方的签字是否与平时一致,或是确认合同上加盖的公章是否与其正式公章一致,从而确定意思表示是否真实、合同是否成立,以及是否要采取某种补救措施。

对于企业的公章,可以通过与在市场监督管理部门的登记资料中的图章式样进行比对来确定真伪。同样,在市场监督管理部门的登记中有时也可以找到法定代表人等人的签名。

二、几类特殊合同的审查

由于内容特点、适用法律上的不同,许多合同在审查时要注意《民法典》中的特别规定及其他法律的相关规定,否则容易影响审查质量并带来执业风险。

1. 格式合同的审查

根据《民法典》第496条的规定,出具格式条款的一方必须履行特定的义务:

①“应当遵循公平原则确定当事人之间的权利和义务”;

②“采取合理的方式提示对方注意免除或者减轻其责任等与对方有重大利害关系的条款”;

③“按照对方的要求,对该条款予以说明”。

同时,该法第497条还规定了三种格式条款无效的情况:

①“具有本法第一编第六章第三节和本法第五百零六条规定的无效情形”;

②“提供格式条款一方不合理地免除或者减轻其责任、加重对方责任、限制对方主要权利”;

③“提供格式条款一方排除对方主要权利”。

《民法典》第498条还特别规定:“对格式条款的理解发生争议的,应当按照通常理解予以解释。对格式条款有两种以上解释的,应当作出不利于提供格式条款一方的解释。格式条款和非格式条款不一致的,应当采用非格式条款。”

由于这些特别规定的存在,审查企业的格式合同时,不仅要考虑通常的权利义务,还要考虑这些特别规定所带来的附加义务和风险。尤其是,格式合同一旦出现漏洞或问题,受到影响的将是采用同一种格式合同的一大批交易,如果处理不当,一份合同中的法律漏洞足以使一大批交易无法进行。

制作格式合同的本意,往往是对自己的权利加以妥善的保护并提高工作效率,加上《民法典》中有特别规定,因此要比其他合同付出更多的努力。大批量使用的格式合同,往往还要涉及《中华人民共和国产品质量法》(以下简称《产品质量法》)、《消费者权益保护法》《反不正当竞争法》等方面的法律规定,甚至还会涉及标准化法、行业管理部门的部门规章、质量标准、地方性法规等,对于合同中所涉及的相关法律法规往往要一一核对。

2. 框架合同的审查

框架合同只是一种习惯上的叫法,也被称为持续履行合同。此类合同往往用于大宗、长期、反复而且对象固定的交易,其合同中约定除具体的数量、价格、品种等细节外的所有内容,并约定在特定的有效期内所有的交易均按此执行,而每次交易的细节如数量、价格、品种等则通过交易时的简单表单确定。

这种做法在企业里普遍存在,尤其是化工行业等需要进行长期、大量、对象固定的采购时,往往使用这类合同。用这种方式签订合同,双方的权利义务明确,而每次签订后无须重新审查复杂的合同文本,因而操作简便。但由于履行期间较长,往往需要设定退出机制,并在审查时特别注意合同正文与附属表单之间的衔接。

3. 担保合同的审查

根据司法解释,单方出具的担保书也是担保合同的一种表现,因此对于担保书的审查也同样属于合同审查的范围。

使用量最大的担保合同是银行提供贷款时由担保人出具的担保合同。但银行贷款时所用的担保合同往往都是各家银行总行出具的标准文本,各下属银行无权改动,而且资金紧张需要借款的企业在借款合同中处于弱势地位,因此借贷双方对于担保合同几乎没有讨价还价的余地,故对这类合同无须过多讨论。

除了银行贷款要使用担保合同外,经济交往中也会遇到各类不同的担保,如其他方为合同一方的承诺提供担保等。这类担保合同由于没有标准的文本,而且管理也不像银行那样严格,其交易安全存在极大的不确定性。特别是有时担保合同没有写明与主合同的关系,令人不知所云。

例如,某担保书中陈述:“现我××××有限公司(下称担保人)根据周××(下称出借人)与黄××(下称借款人)于××年×月×日签订的借款合同(下称主合同)愿意给借款人提供担保。”但全文没有介绍出具担保书的背景,也没有将主合同作为担保合同附件,一旦产生争议很容易对担保人不利。

4. 附标准条款合同的审查

建设工程施工类等非常专业的合同往往会在合同中附有“通用条款”或“标准条款”等固定不变的条款,这类合同的审查方法与通常的方法略有不同。这类合同往往由协议书、通用条款、专用条款三部分组成,有时还有补充条款等。

由于专业性比较强,涉及内容也比较多,因此这类合同中的通用条款或标准条款是设定双方权利义务的基本尺度,不作直接修改。所有的个性化约定,都是先将需要约定的通用条款或标准条款连同序号一并列入专业条款或专用条件中,然后将原内容转换成为双方约定的内容,而序号则保持不变。经过这样的约定,专用条款或专用条件中的条款序号是不连贯的。

审查这类合同时,往往第一部分“协议书”的内容非常简单,律师审查工作的重点是核对冗长的“标准条款”与“专用条款”的不同,或是比对“通用条款”与“专用条款”的不同,但除非是标注有误,否则无需变更任何条款的序号。

某些个性化的财产保险合同也有类似情况,这类合同往往也分为保险合同、标准条款、扩展条款三个部分,建设工程一切险及第三者责任险一类的财产保险便是如此。对于这一标准条款,投保方往往很难修改,其实也无需修改,因为许多个性化的内容大多可以通过扩展或补充条款进行约定,从而绕过甚至否定标准保险条款中的某些不适用的内容。

三、特殊法律文件的审查

在企业经营过程中,有时还会用到一些性质与合同类似甚至相同的法律文件。这些文件虽然不是合同,但其在审查上与合同类似,而且往往也需要进行审查。

1. 对意向书的审查

在商务活动中经常出现的意向书,从其本意来说并非合同,因为它一般没有合同履行所需要的必备条款、不具备可履行性。签订意向书的目的,有的只是表示姿态,有的则是由于不确定因素太多而无法签订合同。如果企业将意向书当成签订合同的预备活动,则必须遵照预约合同方面的规定。《民法典》第495条第1款规定:“当事人约定在将来一定期限内订立合同的认购书、订购书、预订书等,构成预约合同。”

当意向书的内容符合《民法典》及其司法解释中对合同的认定时,仲裁机构或审判机关均有可能援引合同的定义而判定其为本约合同。有时,某些“意向书”也确实是不折不扣的合同。例如,某银行与开发商签订的合作意向书,除了名称以外,均与合同毫无二致,违约金等规定比一般的合同还要严格、详细,甚至双方已经按照该“意向书”的约定履行了近两年。此类“意向书”只能被认定为合同。

实际操作中,要想使双方的“意向”受到法律保护,有时可以将其签订为附条件的合同。操作时需要识别出签订并履行合同所必备的条件,以附条件的方式待条件成就时生效履行,既可抓住机遇又可控制风险。

由于以上因素的存在,审查或修改意向书时应首先明确是意向还是合同,避免界限的混淆带来不利后果。对于真正意义上的意向书,最好以申明等方式避免其与预约合同或本约合同混淆,尤其要防止意向书具备明确的权利义务关系而产生可履行性或具备构成合同成立的要件。

2. 对产品说明书或业务说明书的审查

产品说明书一向是界定产品质量、产品责任的重要依据,它虽然不是合同条款,一般也不作为合同附件,但却往往是用来界定法律责任的重要依据。产品说明书是对产品质量、质量责任的补充承诺及说明,特别是当标的物为民用机械、电子产品时更是如此。而且,提供说明书也可理解为应尽的合同附随义务。

无论是消费品还是设备,没有产品说明书的产品往往不具备出厂销售的条件。产品说明书不仅仅是产品出厂销售的形式要件,还是对外表明质量承诺、行使性能瑕疵说明权的重要手段。也就是说,产品说明书的内容及形式要符合法律规定,产品质量要符合说明书中所列。即使提供的是服务产品,产品的说明书或业务说明也同样重要。因为服务产品在推向市场时,面临的问题是同一性质的,即界定产品的质量标准、价格标准、质量责任,并说明不合理使用可能产生的风险等。由于涉及产品质量法等法律法规,只有让律师参与审查产品说明书,才能通过产品说明书实现企业合法权益的最大化。

《消费者权益保护法》第 18 条第 1 款规定:“经营者应当保证其提供的商品或者服务符合保障人身、财产安全的要求。对可能危及人身、财产安全的商品和服务,应当向消费者作出真实的说明和明确的警示,并说明和标明正确使用商品或者接受服务的方法以及防止危害发生的方法。”因此,律师对产品说明或服务说明进行审查,往往要深入技术部门了解产品不合理使用可能产生的风险,产品使用性能上存在的瑕疵,并通过法律语言,以符合法律规定的方式予以说明或警告。这既是在履行法定义务,也是企业对自己的保护。

无论是工业产品还是服务产品,判定生产者或经营者是否承担产品质量责任的依据是产品的默示担保条件、明示担保条件或者是产品缺陷。默示担保条件,是指国家法律、法规对产品质量规定的必须满足的要求,是生产者法定的担保责任。明示担保条件,是指生产者、销售者通过标明采用的标准、产品标识、使用说明、实物样品等方式对产品质量作出的明示承诺和保证,这类似于生产者与消费者之间的约定义务。产品缺陷是指产品存在危及人身、财产安全的不合理的危险。产品说明书或业务说明在起草或审查中,应当围绕法律对相关行业的规定,明确界定经营者的产品责任范围。

以电冰箱为例,某一进口冰箱的使用说明中提醒用户:冰箱内不能储存易挥发、易燃、易爆物质,压缩机启动时可能产生的电火花,有可能导致挥发到空气中的这类物质发生爆炸。国内也确曾发生过因冰箱内的酒精挥发而导致的爆炸事件。对于这类风险,如果厂家在使用说明中已经明确提醒用户,则爆炸的发生属于用户使用不当所致,厂家可以不负或者少负责任;如果厂家未作相关警示,则属于对可能发生的危险未予说明和提醒,应当对损害结果负全部责任。

3. 对备忘录的审查

备忘录最早的来源,是外交上往来文书的一种。其内容一般是对某一具体问题的详细说明,和据此提出的论点或辩驳,格式不像照会那样正式。外交会谈的一方为了使自己所作的口头陈述明确或不致引起误解,在会谈末了当面交给另一方的书面纪要,也是一种备忘录。此外,有些国家的政府或群众团体有时利用备忘录的形式阐明对某一问题的立场、态度和要求。

从目前中国的情况来看,企业人士对于备忘录的理解与使用,有的是用于在双方没有签订合同的情况下通过备忘录的形式确定某些内容,有的则是用于合同签订后通过备忘录补充合同或对履行中产生的争议约定处理方法。因此,如果双方签署了这些备忘录或承认其效力,等于对双方的意思表示共同加以确认,也就是对双方所达成的一致形成了一份证据。

由于备忘录只能以补充合同的身份甚至只能以证据的身份出现,因此在比较正式的场合中,对于双方权利义务的补充约定应当尽可能以补充合同的方式出现。另外,有时需要明确签署备忘录的动机,防止产生法律风险。在某些情况下,对方收到备忘录的证据比备忘录内容本身还重要。

第五节　合同审查工作成果的提交

合同审查工作成果的提交，是合同审查的最后阶段。在这一阶段，律师的工作能力及工作质量将以具体的形态体现出来供人评判。而且，如果提交时不够谨慎，容易带来执业风险。由于如何提交合同审查的工作成果并无统一规定，本节内容仅供参考。

一、提交工作成果的原则

以书面形式提交的合同审查意见会持续经受不同时间、不同对象、不同角度的检验，它的任何缺陷都会在不特定的对象面前暴露无遗。随着工作成果的提交，律师的执业风险也可能形成，因此要遵守一定的原则以控制质量和执业风险。

1. 依据资料及法律出具意见

对于所有意见，无论是具体问题的意见还是总体问题的意见，都必须依据现有资料及现有的法律规定提出。也就是说，所有的意见必须有资料能够证明、有法律规定可以引用。如果是以正式方式出具合同审查工作成果，还应将来件的复印件附在意见书后面作为依据。

如果必须对没有资料佐证的问题出具意见，则必须注明是根据某人的陈述，以及如果属实则结论如何，同时还要注明：该结论除了某人的陈述外尚无其他资料可以证明，仅供参考。即使出具这类没有资料证明的法律意见，这部分的意见也只能是辅助意见，法律意见的主要部分仍应依据资料提供。

2. 依据职责范围出具意见

律师行业是提供咨询代理服务的行业，因此只能对当事人所咨询、所委托的法律事务在行业法律法规所规定的范围内提供法律方面的服务。律师的职责只是针对合同出具法律意见，而不是替当事人决策。

换言之，说明合同中的法律风险是律师的职责，而是否交易则是由当事人决策的事情。即使当事人要求律师决策，而律师又具有某些交易方面的特长和经验，但依据这些特长及经验得出的结论不属于合同审查意见的范围，而是个人私下提供的意见，与律师的身份无关。

只要不是由于律师的合同审查意见出现质量问题，并且律师所出具的审查意见符合资料所表明的事实以及法律的规定，当事人是否采纳律师的咨询意见、是否接受律师的建议，都不在律师的职责范围之内。

3. 依据职责操守出具意见

除了法律专业方面的内容外，合同的其余部分应当是具有一定文化知识但不具备法律专业知识的人能够看懂。其实当事人完全能够看懂大部分的合同条款，但当审查意见的专业性与通俗性无法平衡时，则宁可另行加以解释，也要维持其专业严谨性。

需要提醒的是，有时出于某种动机，某些企业人员会将律师出具的合同审查意见当成挡箭牌以实现自己的目的。为了避免卷入企业内部之争，律师出具的法律意见，一方面要客观、公正，另一方面也应当依据自己的独立思考，秉承中立角度，毫无个人好恶倾向地发表自己的意见。

二、常见的工作成果提交方式概述

前面章节所介绍的审查内容，是从整体角度进行介绍，并非每个合同审查工作都要如此详细地了解需求、审查细节。在与当事人有着良好的沟通和信任的基础上，许多工作可以用比较简单的方式加以处理。

例如，对于某些长期合作的客户，以及某些合同业务能力较强的客户，他们并不需要每次都由律师指出细节内容,而是需要律师在他们不确定以及超出他们能力范围时能够提供专业的支持。而对于另外一些客户,可能即使变动一下具体的措辞或标点也要律师亲自完成。

通常提交工作成果的方式大致有四种:

①直接在来稿上注明审查意见;

②针对审查出的问题签署书面意见;

③就合同审查结果出具法律意见书;

④论证相关法律问题并出具法律意见书。

合同修改属于下一章讨论的范畴,因此本节仅大致涉及这四种方式,其中前两种方式为便捷方式,后两种方式为正式方式。

通常情况下,除非当事人要求或律师认为需要,合同审查成果都是以便捷方式提交,因为以这种方式提交意见比较直观,工作量也较少。而对于那些用于重大决策依据的合同审查,或者律师认为使用便捷方式无法说清审查意见的合同审查,则需要以正式的方式即通过法律意见书提交。

以便捷方式提交审查意见时,如果涉及合同中的简单问题,如措辞、术语不当、错别字等都会直接加以修改。在调整范围不大的情况下,对于某些条款可以提供修改意见供当事人参考。但修改不是合同审查的主要工作,除非当事人的要求是审查及修改。

三、以便捷方式提交工作成果

以便捷方式提交工作成果,主要适用于审查内容较为简单、影响不是很大的合同。前面所说的前两种提交方式都是便捷方式,但同时多附带简单说明。如果当事人对律师非常信任并对于工作成果提交没有特别要求,则大多数合同的审查成果都可以用便捷方式提交。这种审查意见只是指出哪一条款存在什么问题,并不详细解释法律依据,提交的方式也比较随意,因此工作量小、效率高。

合同审查意见一般包括具体性和总体性两类。前者是针对具体条款存在的问题而提出意见,后者是指出具体条款以外存在的缺陷。如果是内容简单或总体性缺陷不严重的合同,也可以不提出总体性意见。总体性意见一般包括下列内容:

①合同的审查范围说明,即本次审查包括哪些或不包括哪些内容。有时可简单注明合同中的计算公式、技术要求等,由当事人自己审查。

②对合同的总体评价,包括合同利益倾向性、严谨程度、条款外存在的问题、当事人的利益维护程度等。如果资料不齐,应说明仅根据现有资料评价。

③对当事人的特别提醒。如果合同中存在重大条款缺失,或当事人存在需要特别注意的事项,以及合同中存在重大法律风险,应当予以提醒。

如果当事人的来稿是传真件、复印件,可在复制后直接在复制件上标注问题条款及审查意见。合同总体性问题,一般写在来稿的首部或尾部的空白处,提交成果时一般由负责审查的律师在页面适当位置签名并注明审查日期。

以电子文档形式提交审查的合同,可将文档打开后另存一个副本,并直接在副本上以修订及批注的形式进行审查,以便于当事人核对原文和阅读理解。对于存在的总体性问题,既可以写在来稿的副本上,也可以写在电子邮件的回函中。

如果当事人要求以意见单、会签单、联系单等方式提交工作成果,其工作方式与前面的相同,一般只是将总体性意见写在当事人指定的表单中即可。此类表单不属于律师的法律意见书,只是按当事人要求的格式提供审查意见。

四、以正式方式提交工作成果

前面提到的第三、第四种提交审查意见的方式为正式方式,内容、体例等非常正规、严肃,但实际采用的比较少。

1. 以法律意见书的方式提交

在法律意见书中,律师指出存在的问题并提出建议或修改意见,但不进行大量修改。这种方式与便捷方式的区别,无非是便捷方式直接在原稿上提出具体问题的意见而无需引用原文,而这种方式则要引用原文并指出存在的问题。由于全部使用书面形式,这种方式必然会增加必需的首部、尾部以及礼貌用语等标准内容,因此工作量比前一种增加了许多。而且当事人在阅读法律意见书时,也需要边看法律意见边看合同,工作量也会增加。

以这种方式提交工作成果时,只要把相关的总体问题、具体问题写在一起,并加上固定的开头和结尾即可完成。例如,广告合同类的法律意见书样本如下:

××律师事务所法律意见书

××集团有限公司:

贵公司传真至本所的,签署方分别为贵公司与《××晚报》广告部(以下简称"广告部")的《广告发布合同书》正文两页、附件一页,本所已于×月×日收悉。

在收到相关传真件的同时,贵公司口头要求本所:

①审查该合同可能存在的法律问题;

②审查合同条款中对贵公司可能不利的情况。

现根据传真件中的合同内容,以及目前的法律规定提供审查意见如下:

一、总体问题

通过审查,我们发现该合同的版本显然比较陈旧,难以满足贵公司进行长期广告合作的需要。

(1)对方的合同主体问题

代表报社与贵公司签订合同的为晚报所属的广告部,该主体显然不具备独立的法人资格,贵公司与这样的主体签订合同存在一定风险。

但通过广告部对外招揽广告业务是媒体界较为普遍的做法。如其能够提供报社授权其招揽广告业务的授权书原件,则贵公司与之签订合同基本没有法律主体风险。

(2)合同文本本身的问题

该合同文本的条款源于已经淘汰的示范文本,仅能满足单次广告服务的需要,而贵公司拟与广告部签订的合同其有效期为1年,因此该文本不符合贵公司的实际要求。

对此,建议贵公司通过另行制作文本,或与主合同同时签订补充协议的方式加以解决。目的是细化权利义务条款、增加适用性。

(3)文本的倾向性问题

该合同文本系对方提供的第一稿,其合同条款倾向于维护广告部单方的权益,对贵公司权利的保护非常有限,如果不加修改直接签订,将会严重影响贵公司在该合同履行过程中的正当权益。

二、条款中的具体问题

(1)合同中的称谓不统一

该合同以贵公司为甲方、广告部为乙方,但合同中同时存在"集团公司""广告部"的不同称谓,应当统一为合同"甲方""乙方",避免混乱。

(2)合同援引的法律已经废止

合同约定"根据《中华人民共和国经济合同法》"签订该合同,但该法早已于1999年

10月1日废止,即使该法没有废止,该条款也无实际意义,因此该条款应当删除或改成"根据《中华人民共和国合同法》"。

(3)工作内容应当调整

合同第1条所约定的"形象广告"含义不明,不如改成"甲方指定广告",以给贵公司更多的灵活性,也防止合同条款的不确定性。

(4)广告部应承担审稿中的义务

合同中规定广告部有审稿权,这与法律规定并无冲突。根据贵公司的目前状况,建议该条款约定为"乙方负责审查广告内容及表现形式的合法性并负责广告发布相关手续的办理,因上述工作中的过错而引起的侵权、违法等问题由乙方负责处理并承担赔偿责任,包括因此而给甲方造成的损失"。

(5)对本合同附件的审查

合同第6条规定的"乙方《广告刊例》"为合同附件,但此次传真件中未见该《广告刊例》,因此无法审查。

同时,本次来稿中的第3页为附件,内容为付款的具体金额及日期,该附件内容不属于律师审核工作范围,请贵公司相关部门自行审查决定。

(6)广告费余额的退款时间应明确

由于采用先预付、后结算的方式支付广告费,因此在年终很有可能存在退还余额或优惠部分广告款的问题,故应当在合同中明确退还的时间。

(7)合同的违约条款不对等

合同第9条只约定了甲方的违约责任而无乙方的违约责任,考虑到报社可能发生错登、漏登、少登的情况,故应当约定乙方的违约责任。

(8)合同第11条的其他约定

该条内容部分字迹不清,而且贵公司无法提供更为清晰的文本,因此该条款无法审查。

以上意见仅供贵公司参考,如有不明之处请及时与我们联系。

顺颂商安!

××律师事务所

律师:×××

××××年×月×日

2. 以论证报告的方式提交

第四种提交合同审查工作成果的方式是对合同法律问题进行论证并以法律意见书的形式提交论证报告,是最为正式也最为复杂的审查结果提交方式,一般是当事人有特别要求才这样提交。以这种方式提交,需要对合同内容、主旨等进行详细论证,不仅要指出问题还要从法律角度分析问题,给出答案,以便于当事人决策或在谈判中掌握尺度。出具这类法律意见书,需要对相关法律进行调研并对合同进行整体分析、判断,因此会消耗大量的工作时间。

这种法律意见书的复杂程度远高于前一种,由于作出判断所需要的信息有时无法取得或无法确定,有时不得不进行复杂的假设并根据不同的假设分别进行判断。此外,作为最为正式的法律意见书,有时这类法律意见书还要附免责声明,以履行对当事人的告知义务并排除某些不必要的风险。

第三章 合同修改基本技能

本章提示

合同修改往往是与合同审查紧密联系在一起的后续配套法律服务，是合同审查目的的最终实现。合同修改建立在充分发现问题的基础之上，但能够发现问题不等于能够解决问题，而如何根据客观条件选择最优方案解决问题，也是修改水平高低的体现。

修改合同的过程，是调整交易方之间的权利义务边界的过程，也就是发现问题并通过协商和调整使之达成双方均可接受的平衡过程。修改合同的目的，是克服合同中存在的缺陷，建立新的权利义务之间的平衡，将合同中的各类风险控制在可以接受的范围之内。而检验修改合同的标准，则是一旦发生诉讼，不能因修改过的合同存在质量瑕疵而导致败诉，或者是由于约定上的缺陷而导致法律上的争议。因此，交易内容、交易程序、问题处理功能都必须充分发挥作用，内在质量问题、外在质量问题都要解决。

合同修改是一项承上启下的技能，既是审查的后续工作也是合同起草技能的基础。在修改合同的过程中，既要解决合同的合法性问题，又要解决如何实现交易目的的问题。不仅需要具备足够的法律知识，还要充分运用文字表述、逻辑分析等综合技巧，才能针对所发现的问题，将合同修改到可以接受的程度。

第一节 合同修改的目标与理念

修改合同的工作量要远大于审查，不仅要考虑如何修改，还要考虑修改后的条款是否会产生冲突，以及合同各条款之间的均衡。正因为如此，合同修改更能体现律师的执业水准及工作态度。

一、从争议处理结果看合同质量

如果从最为实用的角度考虑问题，让合同经历诉讼或仲裁的检验远比主观评价更能说明合同质量。虽然不可能让每个合同都去经历这种检验，但根据法律规定、执业经验以及典型的案例、司法解释，有时足以判定合同缺陷的性质。

1. 存在严重缺陷的合同

完全受制于人或完全授人以柄的合同属于存在严重缺陷的合同。这类合同一经签订，除非出现意外或对方不追究，否则当事人根本没有机会摆脱被动局面或修补合同缺陷。这种合同对当事人非常不利，不仅风险极大，而且难以通过正常的司法手段得到救济。

(1)必然受损的合同

某些先天不足的合同，一旦签订则损失在所难免。主要问题是己方权利过少而对方义务过少，或是对方权利过多而己方义务过多，其结果是整个利益向对方倾斜。这类合同如果没有制定退出机制，则己方履行下去会受到重大损失或面临更大风险，而解除合同则面临高额违约金或定金损失，因而进退两难、损失难免。

例如，某开发商与中介机构签订的一份商品房代理销售合同，不仅其代理费较高且中介机构职责规定笼统，而且还约定开发商如果提前解除合同需赔偿损失 500 万元，使开发商处于进退两难的境地，后虽通过诉讼进行了减免但仍赔偿了巨额损失。

能否在合同中确立对自己有利的条款并不完全取决于律师,更主要的是取决于当事人在交易中是否处于强势地位。但在能够争取的情况下,律师审查修改的合同,应当避免使当事人陷入这种被动挨打且进退两难的境地。

(2)必然败诉的合同

合同主体是否合法、交易是否合法属于交易安全方面最为基本的保障,而且无可回避。如果主体资格方面或交易内容、交易方式违反国家法律法规的强制性规定,一旦相关争议诉至法院,必将导致合同无效。一旦这一后果出现,轻则只能保本而无法得到预期利益,重则既要赔偿对方经济损失又要被行政主管部门罚款。

例如,在以前特定的历史时期里,普通企业之间的资金拆借不仅利息无法得到有效保护,如果进行诉讼,甚至还要收缴约定的利息。(但目前,法院早已不再收缴约定的利息,甚至还可能判令借款方赔偿一部分利息损失。)

2. 存在较大缺陷的合同

这类合同同样存在严重缺陷,起因是关键性条款无论依据法律规定还是依据合同约定,都无法得出唯一的结论,从而使合同各方无法就责任归属、法律后果达成共识,只有通过复杂的诉讼或仲裁才能得到有利结果。

通过艰难的努力能够取得诉讼或仲裁的胜利,这类合同中所存在的缺陷虽然不是致命的,但要通过艰难的努力才能取得胜利,则合同的审查与修改工作本身就已非常失败。这种险胜与失败只有一步之遥,企业的风险极大。

因此,修改合同有时要考虑交易行为在法律上能否准确定位。如果不能准确定位,无论是由于约定不明还是由于自相矛盾,当合同条款同时具有不同类型的法律属性或处于法律上的灰色地带时,往往就会导致胜诉的艰难。如果在修改中不解决这些问题,无法通过"合法化"等方式弥补合同缺陷,会存在极大隐患。

3. 存在一般缺陷的合同

如果合同不存在前两种情况,其缺陷往往并不严重。例如,在表述上存在容易误解之处,在条款间存在一定冲突等。这些缺陷虽然给正常的合同工作带来了额外的麻烦,但认真通读合同或依据法律规定,还是能够确定其真实意思表示的,存在的缺陷能够通过合理的解释或法律的规定得出权威的结论。这类缺陷一般不会构成对己方当事人权利的重大影响,只是会给对方以扯皮、推卸责任的借口,给合同的顺利履行带来一定的干扰。

这类合同一般虽有缺陷但仍能胜任具体的交易,双方的权利义务也比较明确。在通常情况下,除了当事人的原因及意外情况,律师应当保证对方当事人没有任何借口可以不按修改或起草后的合同履行,也没有任何借口可以减轻或免除自己的责任。这才是律师在合同业务方面应当具备的专业水准。

二、修改程度及质量目标的确定

在前一章中已经提到,当事人对合同的要求越是具体则合同修改工作就可以越顺利。如果当事人在审查前就能说明合同需要修改到什么程度、修改所要达到的目标等要求,无疑会对修改工作具有重要的指导意义。

1. 对修改程度的确定

合同的修改并非随心所欲,如果不被当事人或对方当事人认可,只能是无效劳动。因此,必须首先了解当事人的要求再进行审查与修改,这样既可以提高工作效率,避免事倍功半。就修改到什么程度征求当事人的意见时,最好是让当事人从律师提供的几个方案中完成选项,而不是让当事人自己动脑去决定质量标准,只有这样,律师才像是个经验丰富的专家,而不是个毫无主见的生手。

在第一章第二节已经介绍过，决定合同最终形态的，主要有双方交易地位、企业管理水平、交易复杂程度、合同认知水平、机会紧迫程度五个方面。手中资源的稀缺程度决定了交易方在合同中处于强势地位还是弱势地位，经济发展水平制约着合同的总体复杂程度，决策者的认知能力往往决定着合同具体条款的精细程度及风格，而机会的紧迫程度则往往更能决定合同能够修改到什么程度。许多当事人都非常明白自己在交易中的地位，也非常清楚合同文本的最终定位，因此会指示律师对哪些合同条款尽可能少作改动、对哪些合同权利应当用足。

一般来说，在确定合同修改程度时，可以向当事人询问：

①交易地位——当事人一方在交易中处于强势还是处于弱势；

②修改范围——哪些条款不能改动、哪些条款可以改动；

③修改程度——篇幅、复杂程度、表述方式、结构体系等是否可以调整；

④时间限制——是否急需、完成修改并提交成果的截止时间。

2. 对质量目标的确定

合同修改质量过低，当事人当然会不满意，而修改质量过高则不仅会花费大量的工作时间，当事人也未必满意。理论上，只有最适合的修改才是最好的。更高质量的合同需要更先进的理念、更高的业务素质、更高的管理水平才能操作，在不具备这些条件的前提下，合同修改得越复杂自己出错的机会也越多，甚至对方当事人也会拒绝采用这类他们认为过于复杂、过于严格的合同。

前面章节提到过合同质量大致分为业务、商务、专业、专家四个层面。在着手进行合同修改时，可以结合实际情况确定修改后的合同质量控制在哪个层面。在篇幅、结构不进行重大调整的情况下，大幅度提升合同各层面质量的余地不大。而一旦篇幅、结构进行了大的改动，则有可能成为更高质量层面的合同。一般来说，律师可以在同一层面只将合同质量水平略为提高，而不必使其“升级”为更高质量层面的合同。

针对某一具体交易通过修改而较大幅度地提高合同质量比较容易操作，当事人也容易接受。如果是对经常使用的样本合同进行修改，大量增加篇幅的做法最好征得当事人同意，因为许多企业会抵制篇幅较大的合同。而专家层面的合同，往往只有管理水平比较高、规模比较大并且在签订合同时占据优势地位的企业才有这样的需求，一般性的企业很少能够用上这一层面的合同。

在理想状态下，合同在修改完成后所要达到的质量水平，最好是除了对方当事人明知故犯式的违约外，没有任何合同漏洞能够导致不全面履行。或者说，经过修改以后的合同，其质量标准应该是通过诉讼或仲裁解决争议时，当事人可以毫无悬念地胜诉。至少，经过修改后的合同必须在经过较为艰难的诉讼或仲裁后能够维护自己的合法权益不受损失。这一目标未必能够达到，但必须去追求。

三、修改合同的基本原则

合同修改是在理想与现实之间进行平衡，既不能因强调交易安全而无视客观条件，也不能为了操作方便而牺牲风险控制手段。但修改毕竟不同于起草，由于受到原有体例及客观条件的限制，修改工作只是在原合同的基础上针对所发现的问题进行调整和优化，因此合同修改一般不去改变合同的结构，也不会去进行大篇幅的增加。如果必须将原合同条款打散后重组才能完成修改，这时的修改其实已经属于重新起草。

从合同修改的角度来看，主要应掌握如下原则：

1. 适应交易原则

由于受到客观条件的制约，许多合同即使已经定稿，技术上也并不完善。其实这也容易理解，合同的使用目的是为了交易，而交易往往是双方利益达到平衡时才能达成，这种平衡有时与合同是否完善无关。合同的修改只能是在尽可能完善合同的前提下，在理想与现实之间进行平衡。

经济行为的目的是营利,如果都因合同不完备而排斥交易,无疑因噎废食。特别是当交易对方拥有垄断性的稀缺资源时,要想得到这一资源就不得不做出让步,甚至以"无条件投降"的方式接受对方的合同条款。

例如,某广告公司虽然向开发商提交了英美风格的服务合同,但由于房地产广告策划服务属于买方市场,该文本被开发商修改得面目全非后才得以签订。当然,如果在当事人不得不进行的交易中存在着重大风险,律师应当提醒其注意。

2. 忠实原意原则

对于合同条款的修改,在没有更好的且经当事人同意的方案前,要忠实于当事人的原意。这种忠实是对原合同中当事人意图和利益的忠实,既围绕当事人的意志又围绕当事人的交易目的。对于某些被当事人认为特别重要的条款,如果能够参透其实质,则完全可以使用更能保护当事人利益的表述代替,而不必拘泥于原文。

换言之,修改时所要忠实的是当事人的利益和交易目的而不是相应的条款,对于具体的条款完全可以合并、删除、调整。

3. 合理谨慎原则

修改合同的工作成果代表了律师的执业水平。在电子文本上修改合同,由于调整的余地更大,修改后的合同质量更高,更能体现律师的工作质量。

谨慎,意味着修改后的合同不仅要弥补原有缺陷还要避免新的缺陷,而且还要使对方的任何不当行为落入违约范围并为此而承担足够的违约责任。至于违约责任能否按合同得到落实,则不是律师在合同修改业务中的责任。此外还要让合同的法律关系清晰明了,法律上难以定论,意味着委托人的权益难以得到有利的保护。

不过这种谨慎应当是合理、适度的,否则任何合同条款的篇幅都会很长,不适合那些简单、小型的交易。总的原则,仍是通过诉讼能够胜诉。

四、合同修改中的常见问题

与合同质量参差不齐一样,合同修改质量也存在着巨大的差异。这里面既有质量标准问题,也有工作技巧及经验问题。常见问题有以下几种:

1. 忽略合同目的

围绕交易目的而设立的条款如在合同中以合同目的方式体现,不仅可以是用于解释合同未尽事宜的重要依据,而且还会影响到可得利益能否顺利获偿,但绝大多数合同并未注意到合同目的的表述,失去了以合同目的明确合同内容的机会。

例如,许多合同以"根据《中华人民共和国民法典》及相关法律,经友好协商,双方签订合同如下"的方式开场。这种引言毫无法律意义可言,是不折不扣的套话,真正有用的方式是结合交易目的描述与可得利益有关的合同目的。

2. 修改有名无实

有些合同修改并未深入进行而只是表面文章,既未进一步明确双方的权利义务也未回避潜在的风险,只是纠正了个别措辞。这种修改对合同质量的提高没有实际意义,只相当于文字校对和一般性的文章修改。

除非需要修改的合同确实在权利义务、潜在风险上没有什么问题,或者说合同因交易背景所限没有修改的余地,否则这类蜻蜓点水式的修改应当避免。

3. 产生缺陷替代

合同是个系统、是个整体,因而无论审查、修改都要从系统的角度、整体的角度考虑问题。如果不是从这些角度考虑合同的修改,就容易造成修改后的条款与其他条款之间的"不兼容",从而在消灭了旧问题后又产生了新问题，使问题只是被替代而不是被根除。

例如，有些合同修改在将违约责任细化为延迟交货的责任、不能交货的责任后，未在两种责任之间确定一个明确的界限，仍旧存在引发争议的隐患。

4. 忽略表述质量

合同是对双方权利义务进行综合的表述，某些合同由于律师本身语言功底不足，或对合同表述质量未予充分重视，有的语句过于复杂且没有必要、有的语句应当分拆而没有分拆、有的用语本身不规范、有的没有将毫无实际意义而又占据很大篇幅的废话去掉，如此等等。这些问题从表面上看只是表达能力问题，而实质上仍旧是质量控制水平问题。

人在阅读时的注意力和记忆力都是有限的，因此应当压缩不够精练的内容、拆分增加理解难度的语句，从质的层面减少阅读的难度、提高表述质量。

5. 脱离交易目的

交易目的是当事人进行交易的真实动机，这种动机体现在合同中就是合同目的，否则只是交易目的。以买卖合同为例，如果交易目的是为了赶上在旺季销售而采购季节性商品，当合同中没有提及这一点而发生违约时，因合同目的只是得到相应的商品，如无其他证据则很难追究可得利益损失。

由于目前绝大部分企业的管理仍旧粗放，甚至某些企业对送交审查修改的合同没有说明或指示。而律师在并不了解交易背景的情况下，也只能从字面上理解和修改合同，无法通过合同修改充分保障交易目的的实现。

此外，交易目的往往只是当事人才清楚的内容，并不直接属于合同审查修改的范围，在初级阶段可以仅作一般了解。

第二节　对合同中法律问题条款的修改

在着手修改合同时会发现，有些问题其实不是修改能够解决的，合同中的许多法律问题都是如此。而合同中的法律缺陷，往往最容易引起争议且无转移责任的余地。为了从思路上与合同审查衔接，本节仍旧采用合同内在质量因素与外在质量因素的划分方式，讨论如何通过修改提高法律问题条款的质量。

一、力争主体合格

从严格意义上说，合同主体上的法律问题无法通过修改条款加以解决。只有合同主体切实符合法律法规的要求，主体的合法性、合同的有效性才能得到保障。在实际操作中，合同主体问题未能解决则法律风险会持续存在，而且并非总能解决。但至少应为事后救济保留通道，使合同拥有可以合法追溯并令其担责的主体。

合同主体的合法性问题常令企业感到两难。一方面，与这种主体之间的交易是他们所需要的，甚至是无可替代的；另一方面，与不合法的主体签订合同，无论是在有效性还是在安全性上都存在隐患。对于审判机关来说，合同主体是否有效是非常重要的一项工作，而对当事人来说则未必。合同主体是否有效既不是当事人委托律师审查的首要目的，也不是律师审查的首要目标。

对于当事人来说，交易安全及交易利益比合同主体是否有效更为重要，只要收益令其满意且风险处于可以承受或可以控制的范围之内，他们便愿意交易。何况即使合同主体无效，也并非所有权益均不受法律保护。

修改这类合同时，如果对方存在主体资格缺陷，可以在合同中约定对方必须在实际履行前具备相应的经营范围或资质，并约定对方未履行这一合同义务时应承担一切损失及后果。在合同主体根本不可能具备相应资质的情况下,也可以将某些交易的流程进行分解并只负责其中合法的一部分,从而回避此类风险。

随着经济的高速发展及经济发展的不均衡,某些行政法规已经明显不适应时代的需要。这类情况在合同业务操作时要特别加以注意,尽可能在回避与相应法规的正面冲突的前提下促成交易。例如,可通过新设具备相应资质要求的公司、增加经营范围、办理许可手续等方式,增加交易的安全性和合法性。

二、确保内容合法

确保合同内容合法,是指合同中的交易内容、交易方式、问题处理方式,以及合同名称、各类术语要通过修改使之与法律规定相符。

1. 约定内容的合法性

从谨慎原则出发,经律师修改后的合同条款,无论是交易内容、交易方式、问题处理方式,都不能与法律强制性规定相抵触,以避免无效或部分无效。例如,《民法典》第 705 条规定:“租赁期限不得超过二十年。超过二十年的,超过部分无效。租赁期限届满,当事人可以续订租赁合同;但是,约定的租赁期限自续订之日起不得超过二十年。”如果合同约定的租期超过 20 年,则超过部分显然无效,且属于合同中的严重失误。除此之外,如果法律对于合同生效的程序有明文规定,或者交易必须按企业章程、上级企业同意方可进行,则合同条款中最好再现这样的约定,以避免出错。

在内容合法方面,还有许多事项值得注意。但某些约定是否合法与其约定技巧有关,关键是能否既锁定交易利益而又并不违反法律规定。

2. 合同名称的合法性问题

《民法典》只规定了 19 种典型合同,而现实的交易中除了比较熟悉的买卖、委托等合同外,还存在大量的混合合同或非典型合同。对于这些没有专门规定的合同,除了要保证其内容不违反《民法典》等法律规定外,还要使合同在法律上的定位尽可能与最为相近的合同相符,以便其法律适用更明确、权利义务更明确。如果合同性质非常明确,也务必使合同名称与相应的典型合同相符。在同一交易同时符合两种典型合同的法律特征时,选择其中最为有利的加以命名显得尤其重要。如果存在实在无法定位的合同,则不如以最为简单的方法修改其名称,也就是将合同名改成通用的《合同书》或《协议书》,以防止法律适用上的混淆。

如果合同名副其实且为标准的典型合同,往往可以同时受到《民法典》通则及该典型合同有关规定的妥善保护。如果合同内容属于非典型合同,则合同所适用的法律以及合同法律责任的承担,只能通过通则等来解决。

3. 术语的合法性问题

合同中的术语必须符合法律规范或技术规范的标准解释,如有不符则必须修改至一致。在特定情况下,术语有时会因所处环境的不同而发生语意上的变化,为防止这种变化引起权利义务偏离本意,必须通过在术语前增加句子成分的方式限制或扩大其内涵及外延,以保证其内涵、外延与合同表述中的意义完全相符。

如果某些术语必须在合同中出现,而法律规范、技术规范等规范上又无具体的解释,在其内涵、外延对于合同的权利义务有明显影响时,应当专门对其进行解释,以明确其含义。

三、增加实用约定

通过修改增加实用性,也就是增加必备条款以外有助于实现该具体交易的交易目的条款,或提高现有条款的实用价值,确保当事人的交易利益和交易安全。

1. 根据特有风险提高实用性

所有合同中都存在着给付款项方的风险和给付标的方的风险,但每种合同甚至每个交易又都存在着各自不同的特有风险。如果针对特有风险设定条款,为该类交易中多发、易发问题设定解决方案,则合同的实用性就会大大提高。

以旅游服务合同为例,这类非典型合同存在着签订及履行中与其他合同不同的交易内容及交易程序、问题处理。法律层面上,这类合同既涉及合同法又涉及消费者权益保护法,同时还由于属于格式条款而受到某些地方性法规等方面的监管。解决这些问题就能提高合同的实用价值,这是修改合同时所要考虑的问题。

2. 根据违约特点提高实用性

同样以旅游服务合同为例,在某国内旅游服务合同的示范文本中,规定了旅行社须承担违约责任的四种情况:擅自减少旅游景点、擅自增加购物地点和自费娱乐项目、擅自改变住宿饭店、导游在旅游期间擅自离队。然而在旅游过程中,旅行社可能存在的违约情况远远不止上述四种,例如,擅自更改旅游景点、导游不具备相应的资质、因旅行社的原因导致旅游者误机、擅自更换旅游服务者等违约情况,都属于违约甚至属于对于旅游者影响非常大的严重违约,但此类违约却未在合同中约定,不利于保护旅游者的合法权益,没有完全起到示范文本的作用。

3. 根据标的特性提高条款实用性

仍以旅游服务合同示范文本为例,旅游服务中既存在签约后旅游者因故无法成行的情况,也存在旅行社在签约后无法成行或必须变更的情况。这是合同标的的特性所决定的,也是在增加合同约定实用性时所要考虑的。

由于旅游者大多是一般主体,而依据《民法典》的规定,在没有特别约定及法律限制的情况下权利可以转让。因此,一方面,可以约定无法成行的旅游者有权转让合同权利,但要承担由此而增加的费用并履行通知义务。另一方面,也可以通过合同中附加的条件或事先声明,明确在某些特定条件无法满足时合同如何变更,借此在向旅游者履行告知义务的同时为旅游者提供选择权,并在非旅行社能够控制的情况发生时,顺利地解除合同或变更合同。

4. 根据交易对象提高条款实用性

交易对象不同,意味着交易条件、商业信誉、履行能力等方面的不同。一个国内的行业领袖型企业,有可能面对众多合作商时一枝独秀,但在面对垄断着其所需资源的企业时,其角色却又往往不得不发生逆转。这还只是交易地位的变化,如果扩大视野,随着交易对象法律主体身份的不同,有时会引起双方间法律关系的变化、法律风险类型的变化,从而对交易安全产生不同的影响。只要交易对象的变化有可能超过既定的风险控制能力范围,就有必要通过调整实用性条款的方式,增加交易细节约定,有针对性地控制由此而新产生的法律风险。

四、明确权利义务

权利义务的明确性有时比合同是否有效还要重要。一般的民事合同即便无效,责任方也应承担因此而给对方造成的损失。但如果权利义务不明确,不仅会造成直接损失,还会由于权利义务难以明确而增加解决争议的时间成本和其他成本,从而造成二次损失。

1. 对于责任范围的明确

如果仔细加以研究,概念上的广义与狭义之分以及内涵与外延的变化,都会引起责任范围的不明确。例如,某旅游服务合同中约定"乙方提供的服务应符合国家标准和行业标准的规定"。这一条款虽界定了旅行社提供服务的标准问题,但由于旅游服务合同中的服务项目多由沿线不同企业提供,所以"乙方提供的服务"有时难以界定。

在 2012 年时,旅游行业共有国家标准 22 项、旅游业相关国家标准 4 项、旅游业行业标准 14

项。其中针对旅行社的有3个行业标准。作为旅行社所提供的服务一般涉及餐饮、住宿、交通等多种服务,因此不能仅考虑针对旅行社的质量标准,而且要关注其提供的各项服务标准,这些需要在仔细调研相关标准以及相关法规后才能得出结论,否则对合同的修改只是相当于文字编辑。

2. 对于质量标准的明确

对于涉及人身健康、财产安全的行业,一般都会存在强制性的国家标准,除此之外的,属于推荐性国家标准。另外,还有许多行业标准法律规范,如《行业标准管理办法》等。根据《国家标准管理办法》第3条的规定,下列标准是强制性国家标准:

“(一)药品国家标准、食品卫生国家标准、兽药国家标准、农药国家标准;

(二)产品及产品生产、储运和使用中的安全、卫生国家标准,劳动安全、卫生国家标准,运输安全国家标准;

(三)工程建设的质量、安全、卫生国家标准及国家需要控制的其他工程建设国家标准;

(四)环境保护的污染物排放国家标准和环境质量国家标准;

(五)重要的涉及技术衔接的通用技术术语、符号、代号(含代码)、文件格式和制图方法国家标准;

(六)国家需要控制的通用的试验、检验方法国家标准;

(七)互换配合国家标准;

(八)国家需要控制的其他重要产品国家标准。

其他的国家标准是推荐性国家标准。”

强制性标准是最低的质量标准,不达到这一标准则根本不允许生产及销售,而且国家鼓励企业自行制定优于强制性标准的企业标准。因此,绝对不能将国家标准理解为产品的最高标准,更不能理解为只能遵守这一标准。如有特别需要,完全可以约定更高的标准,以便于实现交易目的。如果合同标的仅有推荐标准,应明确约定以推荐标准为合同标准,否则该标准对合同没有约束力。

某些合同,特别是广告策划等提供智力服务的合同,由于质量无法量化或标准化,因而往往成为“付钱合同”。因为何时付钱、付多少钱是清楚的,而所提供服务的质量是含糊的、无法确定的。对于此类合同一定要确定判断质量的原则性标准,实在没有办法确定标准的则强调以委托方的主观判断为准,以杜绝质量条款的缺失,否则委托方的权益很难保障。

3. 对于违约责任的明确

在违约判断标准以及违约责任的承担标准上,大多数合同的约定都比较笼统,特别是当某些权利义务缺少可识别性时,违约责任往往难以追究。要让违约责任条款落到实处,需要考虑以下方面的问题:

(1)约定违约范围

哪些情况属于违约,是约定违约责任的第一步。虽然因违反了合同约定而未能全面履行都算是违约,而且《民法典》中还有附随义务方面的规定,但从明确权利义务的角度出发,还是需要根据交易利益中的重点去设定违约范围,并通过违约责任的设定保护交易利益。尤其是其中的许多辅助性义务,仅仅凭借法律对于附随义务的规定很难得到充分保护,必须将其中的重点内容列入合同义务。

(2)约定损失范围

按目前的法律体系,对于各类损失范围,法律已有规定,地方性法规或不同地区的法院有时也会有针对性地扩大损失范围以维护公平原则。某些地区将因违约而产生的调查费、律师代理费等费用细分后全部划入损失范围,以便在对方违约时将损失转嫁给对方。例如律师费问题,除了某些法律规定损失包括律师费外,某些地区的法院对于合同中明确约定必须赔偿律师费的,也会予以支持。

(3)约定责任计算

在违约责任的计算方式中,最为笼统的便是赔偿损失。这种约定在交易双方之间不易伤和气,因而容易被接受,但必须在诉讼中通过证据证明自己的损失。

按固定比例计算违约金,其特点是简单明了、举证成本低,并随违约所涉金额而变化。但这种方式也有其缺点,也就是过高的违约金可能会导致对方要求法院予以减少,因此尺度要适当。但如果约定过低,也可以要求调高。

以固定金额作为违约责任的承担方式,与约定固定比例的承担方式并无本质区别。但这种方式较为粗犷,而且违约金的金额相对交易总额比例较高时,审判或仲裁机关同样有权加以调整。

五、满足交易需求

对于偏离交易目的的合同,必须通过交易机制、法律定位方面的修改,使之尽可能实现交易目的。以并购合同为例,收购方的交易目的有的是转手出售、有的是为得到生产资料或服务,从而间接地获取企业经营利润。因此,交易中的买方必须认真考虑所购买的内容是否是己方所需、己方的目的是什么、最需要满足的需求是什么。

例如,某公司在出租办公楼时,为了回避税务成本,准备让承租人与该公司的下属咨询公司签订咨询合同。这个方案其实并未消除法律风险,只是以一种风险替代了另一种风险。咨询公司签订了合同而不提供服务,承租方完全可以要求其返还"咨询费"。不如直接与承租人分摊税务成本,并在合同中注明是税前价、税费由承租人承担并缴纳。特别是对于广告、加工承揽、劳务、保安等服务类合同,由于既没有标准的服务内容也没有足以量化的服务质量标准,因此根据需求约定具体的服务内容、服务标准等,就成为修改此类合同的必备工作。

交易内容与交易目的有关,而交易目的必须通过对当事人需求的了解才能掌握。律师的工作,是通过修改使原合同的交易目的更易实现,或是以合同目的的形式点明交易目的,并通过具体措施保障交易目的的顺利实现。

第三节　对存在表述问题合同条款的修改

合同中的表述不当可与法律问题处理不当一样产生"异曲同工"的不利影响,而且许多合同如果不改动其结构,就没有办法进一步提高合同质量。但对合同条款重新排列组合属于合同的起草而不是修改,属于下一章的内容。在探讨通过修改提高表述质量的过程中,前一章提及的内容将不再重复。

一、优化结构体系

结构调整不是合同修改的必需工作,一般只在不得已时调整合同中的一部分而不是全部结构,否则相当于合同的重新起草。部分结构的调整纯属迫不得已,因为体系上的混乱,会导致整个合同权利义务体系的混乱。

1. 结构体系的理解与识别

许多合同之所以显得混乱,就是由于结构体系混乱或名不副实,甚至是条款之间缺乏秩序。标题体系是结构体系的代表,它标示出了合同结构体系中的不同组成部分,以及每个组成部分进一步细化所形成的不同层级,是各条款顺序关系和层级关系的体现。对于1 000字左右的合同来说,如果各条款均不设立标题而直接列出内容,由于篇幅不大尚可接受。但如果能将其内容归类分为几个组成部分并列出标题,甚至直接将各个条款列出标题,这份合同就会增色不少,不论是阅读还是审查修改都十分方便。

有了内容分类和标题后,可以借助标题了解合同总体内容情况,并依此判断合同内容是否完备,或以标题为索引只核实所关心的条款。如果通过标题将完整的合同分成不同的模块,每个标题下的信息量均处于人们阅读时可以承受的范围之内,加上内容分类清晰可辨,就会为阅读和理解以及审查和修改提供方便。

2. 基本结构缺陷的判断及调整

结构性缺陷是指内容归类上的混乱及不合理而引起的结构缺陷,往往从每一条款的篇幅上就可以直观地进行判断。如果某些条款间的内容或文字量差距悬殊,基本上就可以断定标题划分上存在问题,也就是说,合同内容的划分尚不合理。可将内容过多的主题拆分成不同的主题,以解决主题划分过少而导致的内容过分集中的问题,对于过于分散的内容则可以另设主题放在一起。以一份较为极端的合同为例,这份合同约 1 900 字,标题及相应文字量分配如下(包括标点符号):

一、合作内容(约 1 600 字);
二、付款方式(约 60 字);
三、违约责任(约 140 字);
四、本协议自签订之日起生效(14 字);
五、未尽事宜,双方友好协商解决,本协议一式六份,双方各执三份(31 字)。

这份合同的第 1 条约为 1 600 字,占全部文字的 84%,内容分为"甲方的权利""甲方的义务""乙方的义务""乙方负责的媒体工作""乙方的宣传品提供"五个部分。而第 4 条、第 5 条则既是标题又是条款。

由于 84%的文字量集中在第 1 条上,内容分配不均,合同的五个组成部分形同虚设,既不合理也不美观。事实上,第 1 条完全可以分成五个主题,而第 4 条、第 5 条由于过短,不妨设立一个"其他约定"标题将它们纳入其中。

3. 标题顺序的排列

如果条款分为不同层面,有时第二层或更下层面的内容及标题也需要调整。例如,某合同的第二层标题分为以下四个小标题:

①开通准备;
②投诉处理;
③运营中具体约定;
④乙方职责。

这四个内容中,第 4 条内容与其他 3 条没有逻辑关系,放在这里显得不伦不类,条款顺序也颠三倒四。因此,应将第 4 条归入其他条款,并将结构调整为:

①开通前的准备;
②与运营有关的具体约定;
③投诉处理。

从上述实例可以看出,对于标题体系不合理的合同,首先需要识别出每个标题之下各条款的真正功能和应当采用的标题,然后才能对其是否合理进行判断。从系统的角度去理解和分析合同结构,有助于从整体上完善合同、提高质量。

值得一提的是,合同条款中的绝大部分都是双方的权利义务,用“甲方权利义务”“乙方权利义务”设立标题并不科学,不但会割裂合同履行过程中双方之间的交互关系,打乱正常的履行顺序,而且令人无法看清合同及交易的全貌,也不利于履行过程中的双方配合和工作的顺序安排。

二、完备合同条款

梳理出合同结构并以标题表示,最重要的功能是通过这一标题体系判断合同条款是否完备、是否合理。这一过程相当于将一堆骨骼按人体骨骼的排列规律分门别类地放在不同的部位,然后查看是否缺少、是否摆错了位置。

1. 补充合同基本条款

原则上,判断合同条款是否完备主要应考虑两个方面:一是合同应当具备的基本条款是否具备;二是根据交易目的应当具备的条款是否具备。

《民法典》第470条列出的合同一般应当具备的基本条款分别为:

①当事人的姓名或者名称和住所;

②标的;

③数量;

④质量;

⑤价款或者报酬;

⑥履行期限、地点和方式;

⑦违约责任;

⑧解决争议的方法。

合同中具备了这些条款未必足够,但如果连这些基本条款都不完整,缺少的内容就是合同需要修改之处。

2. 补充合同应有条款

除了根据基本条款是否完备判断合同是否存在条款缺失外,还可以根据交易目的判断合同条款是否缺失。这类判断有时还需借助于合同四大基本功能的思维方式进行判断,在找出缺陷后加以修改、补充。

判断合同是否应有某些条款,其重要依据是通过交易所要实现的目的的条款是否完备。为实现这一目的而需要在交易内容、交易方式、问题处理三个基本功能上增加条款。例如,为了生产季节性很强的圣诞礼品而采购原料,就应该以合同目的的形式体现交易目的,也使供方能够预见到如果违约可能给需方造成的可得利益损失,追索可得利益也就有了依据。

3. 明确条款界限

有时,虽然合同条款总体上比较完备,但具体条款所调整的范围却搭配不当,有的过泛,有的过窄,需要通过拆分、合并等方式加以完善。这时,需要按照“条款无关性”原则来操作,以便于后续修改。

这种“条款无关性”原则的实际操作,是在避免条款之间出现重叠或遗漏时,有意识地将不同的内容放在不同的条款之中,尽可能合理地界定和调整各标题、各条款的“势力范围”,以防止合同条款间产生冲突或遗漏。对于履行的阶段性非常明显的合同,有时不妨按不同的阶段设立标题,并将同一阶段的相关内容及违约标准、处置方法等统一纳入该标题下,从而避免与其他条款产生冲突。

例如,对于大型设备买卖、安装、调试合同,可将不同阶段“验收”的标准、内容、目的分别设立于各阶段的标题之下,如分为到货验收、进场验收、综合验收等标题,并在同一标题下同时约定验收标准、违约处理等条款,以避免与其他阶段的相关内容相混淆。

三、保持思维严谨

不严谨的合同虽然未必造成利益的损失,但谈判扯皮、诉讼扯皮都会带来许多无形的损失,因而还是要保持思维的严谨性,避免出现问题。

1. 提高假设的完整度

影响合同严谨度的最主要因素,是假设中遗漏某些可能性,这是逻辑思维方式的问题。要想让合同浑然一体、滴水不漏,逻辑思维能力是关键。要想让所有可能的细节一览无余,有时需要采用推理的方式穷尽所有的可能,这样才能保证合同中的假设没有遗漏。

例如,某商品房买卖合同示范文本中,对于商品房规划、设计变更后的处置方式约定为:"买受人有权在通知到达之日起15日内作出是否退房的书面答复。买受人在通知到达之日起15日内未作书面答复的,视同接受变更。"通过分析可知,该条款没有考虑买受人在规定时间内书面通知出卖人既不同意变更也不同意退房的情况。因此,这一条款要么约定买受人只能在是否退房之间选择,要么应将后一句改为"未书面要求退房的"。

2. 明确权利义务的限制条件

为了防止权利义务的适用范围被随意扩大而影响交易安全,有时需要对表述内容进行严格的限制。例如,某合同对于撤销项目管理机构的约定如下:

> 除另有约定外,本合同至各项工程的质量保证期满后终止。但在正常履行状态下,当项目管理人的工作符合下列条件时,项目管理人可以撤销项目管理机构及项目经理:
>
> (1)项目管理人向委托人办理完毕全部竣工验收及全部工程移交手续;
>
> (2)施工单位编制的保修期责任计划全部审查完毕,且各供应商、承包商已经全部与委托人签订工程保修责任书;
>
> (3)工程审价工作已经全部完成,且委托人已扣除本项目管理合同报酬5%的质保金;
>
> (4)供应商或承包商的尾款已经结清或未能结清的原因与项目管理人无关;
>
> (5)委托人所委托的其他事务,除质保期内的事务外已经全部办理完结;
>
> (6)无尚未了解的争议处理或诉讼等事务。

这样的约定已经充分考虑到了正常撤销时的情况,是一种"正列举",除了列举的情况外,除非经过对方同意,否则不能撤销项目部或项目经理。

3. 增加限制成分控制的内涵与外延

在包括合同在内的法律文书中,通过限制性的定语或状语对某些特定词的内涵、外延进行调整,可以使文书内容的表达更为严谨。这些表达可能比较繁琐,但一般情况下都对合同的严谨性有很大的帮助。合同中一般采用限制性的定语和状语以增加中心词的内涵、限制中心词外延,使得表达更为精确。体现在合同语句中,对于关键性的措词往往会有较长的定语或状语,以表述的复杂提高条款的严谨性。

例如,"由甲方承担责任"的责任范围因过宽而不够严谨。如果对中心词"责任"增加限制性的定语,则可以修改成:"由甲方承担法律有明文规定且符合本合同约定限度的责任。"随着前提的增加,甲方可能承担的责任范围也大大缩小,提高了明确性。

四、提升表达的精度

合同中的任何语句都有可能成为今后双方争议的焦点,甚至成为决定当事人命运的关键。因此必须以最精确的方式进行表达，并在必要时解释关键词的定义，同时还应使合同条款只有一种解释，不能给任何人以可乘之机。

1. 表达的精确性问题

表达上的任何问题往往都隐含着“无事生非”的危险。以某商品房买卖合同示范文本为例，合同中规定开发商在交房后有将权属证书“备案”的约定。而事实上，在所有的相关法规中，只有权属的初始登记而无“备案”一说。由于这个条款在表述上的不精确，制造了许多开发商与买受人之间的纠纷。

精确的表达代表着理解的唯一性，无论是各类术语、关键词、语句表达等其解释都必须是唯一的，否则可能“失之毫厘，谬以千里”。为了保持合同条款解释中的这种唯一性，针对容易发生混淆的内容，必须在合同中加以明确解释。例如，某些地方所称的“高炮广告”，事实上与高炮毫无关系，指的仅是架在较高的架子上并有灯光照明的大型户外广告。

这类例子比比皆是。虽然许多用语在特定的地域和特定的人群中不会产生理解上的麻烦，但在合同中则必须修改成标准的用语，防止产生不同理解甚至构成“重大误解”。

2. 语言歧义问题

汉语的表述由于没有词性、时态等变化，再加上组词方式灵活、词组结构多样，出现语言歧义的机会就大得多。在一起真实的案例中有这样一张欠条：“张某借高某人民币 1.4 万元，今还欠款 4 000 元。”这里的“还”如果读成 hái，是说明仍旧欠款 4 000 元；如果读成 huán，则说明现在已经归还 4 000 元，仍欠 10 000 元。由此可见语言歧义对权利义务所产生的巨大影响。

并列关系词组中非常容易出现歧义，如：“根据我国民法通则及合同法有关条文的规定”一语，既可以理解为根据“民法通则”的全部与“合同法的有关条文”；也可以理解为根据“民法的有关条文和合同法的有关条文”的规定。又如，“提供三套产品的技术标准”这一约定，既可以理解为提供多套产品中三套产品的技术标准，也可以理解为同样的技术标准提供三套。

语言歧义的类型与原因还有很多，但特征上都是对一个语句产生了不同的理解，而且每种理解在语法上都可以成立。对于这类问题，可通过调整语序、拆分语句、增加句子成分等方式加以消除。

3. 表达精度的控制

由于语言风格、语法特征等原因，在翻译过程中如果不加以适当调整，某些从英语直译过来的合同简直无法忍受。例如，某咨询合同条款内容为：“对于委托人或其他任何经在受托人同意的根据本合同的约定可以从受托人所提供的专业服务中获益的第三方（委托人和该第三方统称为‘报告收件人’），受托人应承担的因本专业服务或相关交易所引致的或与此相关的所有损失（包括费用和利息）的任何性质的赔偿责任的赔偿金额的总和，无论是因合同、民事侵权行为（包括但不限于疏忽责任）导致或因其他因素造成，亦无论其种类及如何因本约定服务或相关交易所引致或与之相关，均不应超过受托人于本合同项下所收取的专业服务费用的两倍。报告收件人承认受托人在任何情况下都有权就受损方自身有过错提出辩护并从中获益，且当有关仲裁庭或法院认定受损方自身有过错时，上述赔偿责任限额将相应减低。”

这种表述方式与其说是“专业”有余，还不如说是“汉化”不足。由于其表述非常啰嗦，显得表述精度过剩且不符合汉语习惯，并不值得推广。

五、美化版面质量

在对电子文档合同进行修改时，律师可以调整合同的排版而使之“赏心悦目”。这是律师工作作风的体现，而不是合同修改的必备内容。当事人未必能够看懂合同中的法律内容，却能看懂律师是否敬业、是否服务周到。而且，版面质量也关乎人们阅读时的情绪和效率。

1. 页面设置与标题

页面设置问题对视觉的影响最大。而页面上、下、左、右之所以留有空当,是因为存在一定的美学比例关系,决定了版面的美观度。而文字处理软件所默认的页边距往往都是比较美观的设置,与此偏离过大的均应纠正。

如果使用文字处理软件的自动排版功能,有时序号的位置会非常不整齐,甚至出现序号与文字之间的空白。这非常影响美观,需要以手动的方式重排。

合同标题的排版影响到合同结构体系的体现。为了阅读的方便,除合同名称外,不同层级的标题均应在排版时突出出来。除了让标题独占一行外,有时还需要将标题的字体加粗或加大字号。此外,还可以在每个标题的段前增加 0.5 倍行间距,通过行距的增加使标题更加显著和突出。

此外,页码是必备的内容,因为它可以为阅读、查找及引述提供方便。

2. 字体、字号问题

对于合同而言,似乎只有宋体及其衍生的字体适合合同的属性,因为此类字体显得正式、庄重,并且这类字体横平竖直,便于在电脑上认读。

对于合同字号,过小的字号无疑会影响阅读,而过大的字号也会令合同看起来非常“空洞”。从实际使用的效果来看,合同正文的字号以 Word 中的小四号为宜,而合同名称等处可以适当采用较大字号。

在没有特别需要的情况下,合同字号、字体应当一致,如果不一致也应当有规律,一般只有标题与正文在字体或字号上有区别。

3. 字、行间距问题

在没有特别的排版需要时,正文的字间距与行间距必须均匀分布、整齐划一。字间距采用标准方式即可应付一切,过小的字间距会令文字过于拥挤甚至部分笔画重叠,过大的字间距则使整行文字显得稀稀拉拉。在某些时候,为了保持版面的整齐,需要通过调整字间距的方法使相邻各行的冒号上下对齐。

行间距对版面视觉效果的影响较大。过小的行间距不仅会令人感到压抑,也不利于在原稿上审查或修改。过大的行间距也同样影响美观,不仅令人感觉内容“平淡”,而且必然增加合同的页数,引起阅读及携带的不便。从美学角度看,行间距大小与字号大小有关,对于使用小四号字体的文本来说,行间距不应大于 2,也不应小于 1.25。

第四节 合同修改实例

合同中的许多问题只要能够发现,自然就会修改,修改程度根据需求和合同的重要性而定。本节合同的示范修改幅度较大,并非所有合同都要这样修改。

一、商务类合同的修改

某金融企业为提高其网络结算系统的安全性,准备将其机房设在某电信企业的标准机房内。因竞争激烈,该电信企业非常希望得到该业务,并主动提供了合同样本。在整个谈判中,金融企业处于强势地位,可以进行较大幅度的修改。

1. 样本合同的基本情况

该合同共 3700 字,分为 14 条,甲方为金融企业。合同结构及各条字数如下:

合同描述(160 字);
一、合同标的物(160 字);

二、××× 公司数据中心 VIP 机房建设的相关要求(8 款 660 字);
三、甲方权利和义务(7 款 520 字);
四、乙方权利和义务(10 款 700 字);
五、资费标准和付费方式(2 款 230 字);
六、质量保障和故障处理(2 款 120 字);
七、违约责任(1 款 60 字);
八、权利义务的转让(1 款 40 字);
九、保密(1 款 40 字);
十、免责条款(1 款 160 字);
十一、通知(1 款 80 字);
十二、争议的解决(1 款 80 字);
十三、合同期限(3 款 130 字);
十四、附则(3 款 140 字)。

从结构上看,这份合同文字量最多的条有 700 字、最少的条仅有 40 字,条下各款中甲方逾期付款责任最长,共 190 字,因此整个合同条款的疏密两极分化。尤其是其中的"甲方权利和义务""乙方权利和义务"两个条款共有 1 200 多字,不仅文字量大,而且割裂了履约的阶段性,看不清履行期间的双方配合。

从内容上看,该合同倾向性很明显,表述质量问题严重,且甲方权利很不明确,律师应在维持原意的基础上进行有针对性的修改,维护权利义务的平衡。

2. 对样本合同的修改

在了解了合同背景、出处、当事人要求,并通过初步的审查发现问题、确定方案后,该合同的部分条款修改情况如下:

(1)合同名称及签名栏问题

该合同的名称"关于为 ×× 市 ×× 公司提供 VIP 机房托管的服务合同"。合同名称太长而且没有必要,因此将其简化为"VIP 机房托管服务合同"。虽然此合同更接近于租赁合同,但不按典型合同修改并无大碍,因此只进行简化。

另外,这份合同的签署栏设在合同内容前面、合同名称下方,有些不合通常的合同习惯,因此移到了合同尾部。

(2)合同内容描述

在该合同的首部,有一段既是引言,也是合同目的描述的条款:

> 鉴于 ×× 市 ×× 公司(以下简称"甲方")作为本市重要的金融机构,并有组建金融数据中心机房托管的需求,而 ×× 公司 ×× 分公司(以下简称"乙方")作为中国 ×× 运营商之一,有着丰富的数据中心机房托管以及建设维护经验。双方经友好、坦诚协商,就甲方"建设 ×× 数据中心并提供 VIP 机房托管"项目的合作事宜,达成以下合同。

这段内容虽然文字量不少,但法律意义不大。甲方委托乙方管理,是因为乙方能够非常专业地保障服务器的安全、稳定,这一目的最好点明。而甲乙双方的身份已经在身份栏中列明,这里没有必要重复。因此,该段文字修改压缩成如下内容:

> 甲方系本市重要的金融机构,具有组建金融数据中心机房并托管的需求;乙方系通信

运营商,有着丰富的数据中心机房托管以及建设维护经验。为确保甲方数据中心的安全和畅通,双方就乙方为甲方数据中心提供建设及VIP机房托管服务相关事宜,达成以下合同。

(3)“合同标的物”问题

原合同第1条“合同标的物”的条款内容为:

甲方按照本合同向乙方租用××六楼VIP机房托管服务。机房设计面积为350平方米,其中VIP机房托管面积为300平方米,租金为8500元/平方米/年,VIP机房托管年租金为255万元/年;机房其余部分为监控室,按办公场所性质租用,租金为每天5元/平方米。若甲方根据需要未来将监控室更改为机房,租金按照机房价格进行计算。

该条款存在的问题有:

①条款内容不仅有标的物,还包括了租金价格等约定,因此标题并不确切;

②“租用”与“VIP机房托管服务”系搭配错误,因为“服务”无法“租用”;

③“VIP机房托管年租金”的提法不当,托管是一种服务,不该用“年租金”计算;

④“VIP机房托管年租金”中的“VIP机房托管”属于画蛇添足;

⑤租赁物所在地点不明;

⑥合同究竟是关于场地租赁还是关于托管服务不明确;

⑦与标的有关的条款没有放在一起,还有部分内容被放在其他条款内;

⑧场地问题与价格问题、今后租用问题搅在一起。

为了让整个合同条理清楚,第1条的标题修改为“服务及价格”,具体条款内容也修改为:

1. 乙方利用位于××六楼的VIP机房向甲方提供VIP机房托管服务,该机房的地址为××市××路××号。

2. 上述机房设计面积为350平方米,其中向甲方提供VIP机房托管服务的面积为300平方米,租金为每年8 500元/平方米,即VIP机房年租金为255万元/年。

3. 除甲方租用的VIP机房面积外,机房其余部分为监控室,甲方可按办公场所性质全部或部分租用,租金为每天5元/平方米。甲方有权根据需要将监控室改为机房,届时租金按机房价格计算。

4. 甲方的数据中心机房设在所承租的VIP机房内并由乙方提供托管服务,乙方将为甲方提供优质的IDC机房VIP包房服务,服务费用包括在租金中。

由于对方未提供关于“优质的IDC机房VIP包房服务”的说明,因此在修改合同时,应直接要求乙方将该服务的说明及技术标准列为合同附件。

(4)对合同第2条的修改

该条的标题及该条项下的8款内容均存在一定问题,主要问题包括:

①原稿第2条标题为“×××公司数据中心VIP机房建设的相关要求”。这样长的标题显然不合适,故根据内容修改为“甲方数据中心VIP机房的建设要求”。

②该条第2款内容为:

考虑甲方大型服务器的需要,双方商定机房空调采用下出风。乙方承诺:空调功率符合设计要求;消防设施符合公安消防有关规定要求,并通过公安消防部门的检查;铺设的防静电地板符合国家的有关标准,并根据设计方案铺设。

这款内容虽然意思大致明白,但表述得十分凌乱,因此改用列举式加以表述,整理以后的内容为:

为满足向甲方提供本合同项下服务的要求,乙方提供的机房尤其须符合如下要求:
空调功率符合设计要求,机房空调采用下出风,以满足甲方大型服务器的使用要求;
消防设施符合公安消防有关规定,并通过公安消防部门的检查;
根据设计方案铺设符合国家有关标准的防静电地板。

③该条第7款为:"甲方承诺:在乙方采购的UPS主机设备未到货前,由甲方提供2台120kV的UPS主机设备暂供乙方机房使用。"

这里存在两个问题:一是"暂供"最好有个时间限制,否则界限不明确;二是"乙方机房"对象太大,既包括甲方租用的,也包括甲方未租用的。对于前者,只能在修改过程中备注一下,让甲方自己去界定,而对于后者则可以修改为"甲方承租的乙方机房"。

④该条第8款为:

双方确认:根据"谁投资,谁所有"的原则界定所涉及的各类资源(如通信设备、管线等)的所有权,在合同有效期内,使用方根据合同获得资源的使用权,未经所有权方同意,使用方不得与他人共用、挪移、毁损、废弃。

这条存在的问题有:第一,"谁投资,谁所有"是口语说法,用在合同中不够庄重;第二,"使用方根据合同获得资源的使用权"的表达不确切;第三,"共用、挪移、毁损、废弃"并未包括对甲方的全部可能的不利影响。

因此该款修改为:

各类资源(如通信设备、管线等)由投资方拥有所有权。在本合同履行期内,任何一方有权根据本合同或为了履行本合同而获得对方资源的使用权,但未经所有权方同意不得改变对方资源的初始状况,也不得出借或与他人共用对方资源。

(5)对第3条甲方权利和义务的修改

该条中约定:

甲方保证所托管的设备符合国家规定的相关行业标准。

由于甲方并非这一专业的公司,因此无法知道托管设备是否符合国家相关行业标准,因此这一问题必须由乙方解决,这一约定修改为:

甲方保证所托管的设备符合国家规定的相关行业标准,具体由乙方检定。

(6)对第4条乙方权利和义务的修改

该条所属的10个条款同样不同程度地存在问题,部分修改情况如下:

①原稿第 2 款规定：

> 乙方对甲方托管的设备应妥善保管，如因乙方过错造成甲方设备的损坏，乙方予以赔偿，赔偿额以该设备的重置价格为限；由此引起的其他相关损失，双方另行协商。

这一款除了“其他相关损失，双方另行协商”没有实际意义外，其他没有太大问题。当然，这一条款也只能如此，否则过多的责任会令乙方望而却步。但甲方租用乙方机房并由乙方提供服务的目的，是为了保障数据中心设备的安全、稳定运营。而除了乙方的过错行为外，还有其他因素可能会影响到甲方数据中心的安全，因此在修改中加了许多内容。最终的条款为：

> 乙方对甲方托管的设备应妥善保管及巡视，由于乙方过错造成甲方设备损坏的，乙方应在第一时间通报甲方并采取有效措施加以修复，以确保甲方数据中心的安全、正常运行。乙方在正常保管或巡视时如发现故障或故障隐患，应立即采取保护性措施并及时征求甲方的处理意见。
>
> 因乙方作为或不作为的过错给甲方造成的损失由乙方予以赔偿，其中对设备的赔偿额以重置价为限、其他相关损失赔偿比例另行协商。

②原稿第 4 款约定：

> 如果甲方在使用本合同项下服务时违反有关法律、法规的规定，乙方应及时通知甲方，甲方应在双方商定的时间内予以改正，否则乙方有权立即中止向甲方提供相关服务，直至部分或全部解除合同。

这条对于甲方来说有些可怕，因为这里的“使用本合同项下服务时违反有关法律、法规的规定”其外延实在太大，而“乙方有权立即中止向甲方提供相关服务”也会给甲方这种大型金融企业带来灭顶之灾，因为网络数据中心的中止服务足以令其经营瘫痪。因此必须对这一条款进行修改，以明确范围、降低风险。

这一条款最后修改为：

> 如甲方在接受本合同项下服务时具有违反国家有关法律、法规的行为，乙方应及时通知甲方并由甲方在双方商定的时间内予以改正。
>
> 如甲方严重违反国家电信管理法律法规，利用机房从事违法犯罪及妨碍社会治安等行为，则乙方有权在立即通知甲方后暂时中止向甲方提供相关服务。乙方因此而部分或全部解除合同的，无须承担赔偿责任，但在中止前乙方必须采取有效措施保管甲方的数据以防丢失。

（7）新增的条款

该合同中存在的一个较大的法律问题是，违约责任条款援引了《电信条例》的规定，按照所欠费用每日加收 3‰违约金。由于服务器代管并非电信业务，因此不能按电信业务的标准收取违约金。故在修改时将其改为每天 0.21‰。此外，原合同中存在大量表述不严谨、语法错误等情况。在调整合同结构后，根据甲方的交易目的，增加或扩充了如下的实用性条款：

①除另有明确约定外或甲方同意外，甲方向乙方所支付的上述费用已经包括乙方履行本合同而应收取的所有费用。因收取上述费用而产生的税、费由乙方自行承担。

②乙方应当采取有效措施保护甲方的数据安全，包括数据的完整、准确，以及不为他人所接触、取得。

③乙方对于在履行本合同中所知悉的甲方信息负有保密义务，非经甲方同意不得接触甲方数据，更不得以任何阅读、截取、复制、保存等方法取得或提供给他人。

由于只是审查和修改，故虽然修改较多但仍保留原合同结构，只是调整了标题和内容的分布。调整后的文字量增加了不到800字，但双方的权利义务更加明确，特别是明确了甲方的权利。所增字数主要用于新增条款以及提高表述的严谨性、精确性，虽然大部分句子调整后增加了内涵，但字数并未增加。

二、消费类格式合同的修改

修改消费类格式合同需要非常细致。因为这类合同除了受合同法、行业法律规范调整外，还要遵守格式条款的特别规定，并要考虑《消费者权益保护法》《产品责任法》的具体规定。同时，还要考虑到消费者阅读上的方便和企业形象。

1. 样本合同的基本情况

某珠宝销售企业委托律师审查其销售所用的订购合同，该合同用于订购非现货的饰品，使用这类表单的客户往往是比较重要的客户。原合同来稿如下：

购 销 合 同

甲方(供方)：______________________

乙方(需方)：______________________

经甲乙双方友好协商，发生如下购销业务：

1. 乙方向甲方订购饰品，具体要求如下：

饰品名称	单位	数量	重量要求范围(每件)	价格要求范围(每件)	备注说明
	件		约	约	
	件		约	约	
	件		约	约	

(1)具体图案详见附件。附件经甲乙双方签字确认后具有同样的法律效力。

(2)重量要求范围和价格要求范围，乙方应尽量满足条件。

2. 销售单价为________元/克，如订购的饰品属于珠宝类、18K、银器、钻石类等，则采用按件分别核算价格。

3. 乙方应在签字之日，向甲方支付定金(大写)__________元。同时，甲方应在______年____月____日前通知乙方到指定商店(地址：__________________)提货。

4. 货到验收合格后，按实际重量和合同约定的单价进行结算，如属于珠宝类、18K、银器、钻石类等饰品则采用每件价格之和进行结算。同时另加收起版费

__________元/件,乙方须支付余款。

5. 如乙方在收到提货通知3天内未提货,应视乙方违约,本合同自动终止,同时已付定金将作为违约金不予退还。
6. 本合同未尽事宜由甲乙双方协商解决。
7. 本合同自签字之日起生效。

甲方:	乙方:
代表:	代表:
日期:	日期:
(盖章)	(盖章)

该合同总共438字,其中7条正文共有393个字,篇幅几乎小到极限。但这一合同首先是排版实在不够美观;其次是文字量虽然不多但仍旧不够精练,而且某些约定在法律上的实用性不足;最后是某些措辞对于乙方来说过于生硬。

2. 对该样本合同的修改情况

由于该合同内容不多,在修改时建议采用表单式的合同以增强企业与客户之间的亲和力,企业也认同这种做法。

根据当事人的要求、该合同所涉及的具体法规,以及对当事人行业特点、交易习惯的理解,在初步审查后,初步判定合同中需要修改的问题有20余个。这里面既有排版问题也有表述问题、法律问题。

排版方面存在下列问题需要修改:

①合同名称的字体过小,不够协调;

②身份栏及签署栏的字号过大,与正文字号不统一;

③表格宽度超出正常的文字页面宽度;

④序号顶格书写,不是规范的中文版式;

⑤部分条款序号与正文之间有自动排版引起的空格;

⑥合同字号均需调整。

表述质量方面存在较多问题。为了控制篇幅,许多无效的表述及无效的重复都应去掉,以腾出空间用于表达更多的内容。主要问题有:

①合同左上角增加当事人的标识,以适用于所有连锁店;

②“经甲乙双方友好协商,发生如下购销业务”无意义,可以去掉;

③首部的当事人身份栏均可去掉,双方身份直接在落款处体现;

④第6条协商解决争议的条款没有实际意义,可以去掉;

⑤“本合同自双方签字之日起生效”条款无实际意义,可以去掉。

内在质量方面,部分条款对于标的的描述不明确且不便于实际使用时填写,因此需要在保留原意图的基础上,提高表达的精确度、增加实用性强的条款,并优化布局。主要项目有:

①合同性质应为定作而非买卖,故需要变更表单名称;

②表格下的备注说明改成正文条款,与其他说明条款并列使用;

③表格栏目无法用于所有饰品,应当调整;

④起版费应在表格中体现;

⑤合同中的“违约”提法过于生硬,应当弱化。

经对上述等内容进行修改后,完成的表单如下:

(公司标记略)

饰品订购单(稿)

饰品名称	单位	数量	单价	重量范围(每件)	价格范围(每件)	起版费	备注
订单总价(大写)：					预付款(大写)：		

订货说明：

(一)具体饰品图样以双方签字确认为准,并作为本订单不可分割的附件。

(二)订货时需付清预付款。订货后约____天方可到货,届时由店方通知客户到本店或指定门店(地址:__________,联系电话:______)提货。

(三)本订单是提货的唯一凭证。客户应在收到通知后3日内凭本订单前往门店验货,验收合格并按饰品实际重量及上表约定的单价结清余款后方可提货。

(四)重量或价格超出约定范围而客户同意接收的,由店方按超出或不足部分的折算金额给予____%的优惠,不同意接收的由店方免费调换或退货。

(五)逾期提货,店方有权按货值的____‰每日加收保管费且风险由客户承担。

(六)放弃订货或未经同意逾期超过____天,店方有权从预付款中扣除损失费____元后余款退还、货品不再交付。

本订单一经签署即视为客户同意并接受上述条件。

客户：　　　　　　　　　　店方：
联系地址：　　　　　　　　联系地址：
联系电话：　　　　　　　　联系电话：
委托代理人：　　　　　　　经办人：
开户行及账号：　　　　　　订购日期：______年____月____日

经过修改,总的信息量及条款的实用性及权利义务的明确性大为增加,而字数基本不变。当然,仅凭订单条款不能解决所有问题,还有一些操作性的问题需要通过企业内部的操作规范及业务培训加以解决。

三、补充合同的修改

补充合同用于对原合同的补充或变更,一般不能独立存在而是依附于原合同,这就产生了补充条款与原条款之间的衔接问题。有的补充合同由于考虑不周,以至于“补丁一”“补丁二”接二连三;有的合同因为补充而造成新旧条款间的冲突;有时甚至补充合同本身也有问题,造成了“补丁摞补丁”的现象。因此,律师修改补充合同一定要首先明确当事人的意图,不仅要实现当事人的意图,还要完成新旧条款冲突的审查,并解决遗留问题,防止产生新问题。

有时双方当事人签订补充合同并不是真的要补充什么,而只是为了绕开主合同中不便操作的具体条款,以补充合同的方式约定双方真正需要执行的条款。许多企业面对并不适用而又必须采用的合同文本时,往往采用同时签订“补充合同”的办法规避原合同的内容。

某开发商销售的商铺由于部分面积无法达到规定的层高,双方签订补充协议由开发商按约退还层高不足部分的商铺房款并承担利息。后由于面积减少影响使用价值,交房时经协商,开发商同意买受人退掉商铺。由于整个过程及内容比较复杂,加上退房按当地政府规定要房管部门批准,更增加了退房协议的复杂性。协议原稿仍属补充协议,内容如下:

退房协议

甲方:××××××房地产开发有限公司

乙方:×××

双方曾于2005年5月1日签订《商品房买卖合同》,约定乙方向甲方购买×××小区×幢1层××路临时号码7、8、9号营业房,合同单价为人民币8 000元/m^2,合同总价为人民币1 660 000元,合同约定按揭付款,乙方于2006年____月____日已全额付清合同总价人民币1 660 000元。经双方协商,具体约定如下:

一、甲方同意乙方退还所购全部营业房与所购地下室的使用权,甲方同意退还乙方全部所付房款。该款自房管部门批准后10个工作日内付清(含已付乙方的人民币250 000元)。

二、甲方自愿补偿人民币56 000元,与前述款项一并结清。

三、本协议以乙方提出退房为前提,双方并无其他争议。

本协议一式三份,甲乙双方各一份,××区房管处一份,自双方签字之日起生效。

甲方:××××××房地产开发有限公司　　乙方:×××

2006年11月____日　　2006年11月____日

这份合同一共340字,其优点是对来龙去脉有基本描述,能够明确知道前因后果。但不足之处有以下六点:

①未提及双方曾经签订过的补充协议及相互发生过的收付情况,容易混淆;

②排版方面比较随意,该缩进两格的未缩进两格;

③“地下室”的提法概念不明确,其他人无法明确其意;

④最后一条的协议份数等其实也是一个条款,但无条文序号;

⑤第3条“本协议以乙方提出退房为前提”结合全文显得有些莫名其妙;

⑥商铺的单价、总价没有必要重复出现。

鉴于这份合同基本能够满足向房管部门提交退房申请的需要,因此确定修改时另行设计配套合同解决其余的问题。经修改,该合同被分为两份合同:

退房协议

甲方:××××××房地产开发有限公司

乙方:×××

双方曾于2005年5月1日签订编号为________的《商品房买卖合同》一份,由乙方向甲方购买×××小区×幢1层××路临时号码7、8、9号营业房。合同总价为人民币1 660 000元,乙方曾以按揭方式付款,并于2006年×月××日全额付清总价。现乙方因面积不适合而提出退房,双方经协商后约定如下:

一、乙方一次性退还全部所购营业房。

二、甲方退还乙方所付全部房款,该款自房管部门批准后10个工作日内付清。

三、甲方自愿补偿乙方人民币56 000元,与前述款项一并支付。

四、双方无其他争议,乙方放弃其他要求。

五、本协议一式三份,甲乙双方各一份、××区房管处一份,自双方签字盖章确认之日起生效。

甲方:(章)　　乙方:
代表人:　　身份证号:
签订日期:_____年____月____日　　签订日期:_____年____月____日

修改后文字量并未增加,而是通过优化表述的方式达到了内容增加而文字量减少的目的。对于面积调整而产生的双方收付行为则通过另一协议解决:

退房补充协议

甲方:××××××房地产开发有限公司
乙方:×××

双方曾于2005年5月1日签订编号为________的《商品房买卖合同》一份,由乙方向甲方购买×××小区×幢1层××路临时号码7、8、9号营业房。后因乙方提出退房,经甲方同意后双方达成《退房协议》。由于房屋交付前双方曾就面积调整达成过约定,并发生过款项收付,双方特对退房事宜补充约定如下:

一、与乙方所购营业房相连且层高不足部分,由乙方与营业房一道退还甲方,退房后,乙方在甲方处不再拥有房产等方面的权益。

二、甲方将其在双方调整面积后所收取的50 000元退还乙方,该款自房管部门批准后10个工作日内付清。

三、甲方因面积调整而已经支付乙方的利息补偿款合计人民币250 000元,仍旧用于补偿乙方,不再返还甲方。

四、双方再无其他争议,乙方放弃其他要求。

五、本协议一式三份,甲乙双方各一份,自双方签字盖章确认之日起生效。

甲方:(章)　　乙方:
代表人:　　身份证号:
签订日期:______年____月____日　　签订日期:______年____月____日

这份补充协议的产生其实是起草而不是修改,它是对前一份协议的补充。两份协议结合起来使用,既解决了退房问题,又解决了双方的其他款项结算问题。同时,也不会因补充协议内容过杂而引起房管部门的质疑。由于双方之间另有商品房买卖合同,因此补充协议的身份事项可以从简。

第五节 合同修改工作成果的提交

合同修改后的工作成果提交与合同审查工作成果的提交非常相似,许多要点与原理可以通用,甚至提交的形式也可以参照。由于修改后的合同很有可能被直接采用,因此其风险比出具合同审查意见要大得多。

本节中的实例均相对复杂,实际工作中可视具体情况加以简化。

一、提交合同修改工作成果的原则

提交合同审查的工作成果,相当于对合同中存在的问题出具综合体检报告。而提交合同修改的工作成果,相当于提供对症的成药。律师必须对修改过的合同全面负责,因此也要遵守一定的原则,以控制质量、防范执业风险。

1. 提交正稿原则

与出具合同审查成果不同,合同修改往往需要结合当事人提供的资料及现有法律规定,解决合同中的问题、弥补合同中的漏洞,因此质量上要超越原稿。而且合同修改成果提交后,其执业风险将更为直接。

律师所提供的修改成果,虽然对于当事人来说只是半成品,但对律师来说,每次提交的都必须是自己的成品。即使合同需要反复修改几次才能定稿,律师也应该每次都提供自己的"成品"。辅助性的校对、审核是律师应该完成的工作,而不是应由当事人去完成的工作。这是律师的执业素养问题,也是执业风险控制手段。

2. 合理说明原则

律师对于合同的修改属于专业性的工作,为了便于当事人理解修改的思路和用意,或者为了明确律师的工作范围、提醒当事人应当自己考虑的事项,都应当将某些情况在合理范围内告知当事人。这既是与当事人进行良好沟通的需要,也是回避执业风险的需要,更是合同法中所规定的附随义务。

说明的内容因修改幅度、修改项目的不同而有很大差异。较为简单的说明可在回复的传真件上直接写明,或在将修改稿发还当事人时以电子邮件的方式加以简单说明。那种一言不发地将修改稿发还当事人的做法需要避免,因为那样既不礼貌也体现不出律师对工作的重视,会让人感觉律师的重视程度不足。

二、工作成果提交前的校对

对修改稿进行校对并不轻松,直接在原稿上修改时更是如此。在电子科技日益发达的今天,应尽可能与当事人通过电子邮件进行联络。这样既方便合同稿的往来传输,节约在途时间及传输费用,又可以方便地以电子数据的方式记录双方的文件往来内容及说明,同时也更加便于文档的修改、保存及查询。

当以电子文档的方式修改合同后,提交工作成果时应注意以下几点:

1. 核对关键用词的一致性

在文字处理软件非常便捷、实用的今天,在电脑上核对关键用词是否一致非常简单,分为几个方面。

(1)称谓的一致性

表述某方当事人的称谓要一致,这是最简单不过的要求,否则合同中当事人的身份会非常乱,影响执业形象。例如,某公司与某广告商之间的广告代理合同中,对该公司的称谓有五种:

①公司的全称“××有限责任公司”；

②公司的简称“××公司”；

③合同中的身份称谓“甲方”；

④委托合同中的身份称谓“委托方”；

⑤委托合同中的法律称谓“委托人”。

这样的合同未必会影响到合同的履行和效力，但给人的感觉非常差。对于这样的合同，人们在阅读时往往会产生以下印象：

①该公司的员工工作不认真、缺乏责任心；

②该公司在管理上存在问题，至少在细节管理上没有章法；

③该公司的法律事务管理人，存在能力或责任心问题；

④该公司履行合同可能也是马马虎虎的，有很大的违约可能性存在。

这些例子中的错误实在过于低级。合同也是企业的名片，许多企业花了不少的代价建立企业的CIS系统、企业文化、管理规范，但其出具的合同在质量上实在有损于好不容易建立起来的企业形象。

比较严谨的做法，是在第一次出现某一名称时随即以附注或其他方式说明以后简称为什么，并在以后的引用时直接使用简称。当合同首部的身份栏已经列明甲、乙方的单位名称时，在合同的其他部分直接使用“甲方”“乙方”即可，根本无须重复解释。

（2）引用词的一致性

合同中引用其他措辞之处也经常会发生矛盾。例如，一份《聘请法律顾问合同》中，虽然名称是“合同”，但条款中却约定：“本协议一式两份、双方各执一份，具有同等法律效力。”

另外，合同中反复出现的关键用词必须一致，以便内涵外延一致。如某框架合同中第一次出现“订货单”以后，后续所有的相关内容均应使用“订货单”，至多使用“订单”，而不能再用“订购单”之类的其他提法，以防止产生事端。

（3）其他词的一致性

数字的表述有阿拉伯数字、汉语数字之分，汉语数字中又有大小写之分，无论采用何种写法，必须保持数字种类的一致。例如，某合同中约定“本合同一式肆份，双方各执二份”。这里面既有大写的“肆”又有一般写法的“二”，两者之间要么全部用前面的大写写法，要么全部用后面的小写写法，否则就显得不伦不类。

事实上，古人发明大写的目的是为了防止涂改，现在合同一般都用打印机打印，已经没有涂改的可能，因而汉语数字已经没有必要使用大写，无论是阿拉伯数字还是汉语中的小写都已经足够安全了。

2. 换位思考与举一反三

由于合同修改阶段“身在此山中”，只有到了最终的善后阶段才有机会置身事外去看清合同的“庐山真面目”，并通过换位思考和举一反三发现问题。

（1）以换位思考排查合同漏洞

换位思考就是从对方的角度审视合同是否存在问题，避免修改成果提交后因存在重大问题而需要重新调整所引起的尴尬，除非已经能够熟练地多角度审视合同。

从合同的四大基本功能角度进行分析，合同条款中需要解决的主要是干什么、怎么干、怎么办三个问题。在对合同根据内在质量因素、外在质量因素的划分进行全面审查后，有时仍旧需要从对方的角度考虑一下是否有违约而不承担违约责任的机会、合同条款上是否有模糊不清的可以钻空子的机会，以及是否可以根据合同的不明之处索赔的机会，以利于发现合同中的重大缺陷。

（2）对合同条款的举一反三

对合同条款中的问题举一反三的过程，首先是对发现的问题进行抽象归纳，当上升到一个更高、更抽象的层面时,便得出一个抽象的、更反映本质的结论,再用这个抽象结论,运用演绎推理的方式推断出尚未发现但有可能发生的问题。

例如,某服务企业与某施工企业所签订的《装饰工程施工合同》原稿中约定:“乙方施工期内发生施工伤亡事故,则由乙方自行负责,甲方不承担任何责任。”由于服务企业不希望卷入乙方施工而引起的麻烦中,因此才有这一条款,以使服务企业远离合同履行期间非正常事件的影响。但在施工过程中可能发生的问题还有很多,至少还包括火灾、失窃两类,发生问题的直接原因也未必是施工,伤亡人员也未必是施工人员。为了分清责任,最后将该条款修改为“乙方施工期内发生火灾、失窃及人员伤亡事故,则由乙方自行负责,甲方不承担任何责任”。

三、工作成果的几种提交方式

合同修改工作包括审查,并强调工作结果,所以在成果提交方面与审查工作略有不同。

1. 工作成果的常见提交方式

根据提交方式上的简单还是正式,提交修改成果一般分为四种方式:

①直接在来稿上修改;

②以书面形式说明具体的修改;

③直接在电子文档合同上修改成新的合同;

④既要修改电子文档又要出具总体修改意见。

上述四种方式中,第一种及第三种的修改方式最为普遍。尤其是第三种方式,只要打开文字处理软件的修订功能,就能一边修改一边留下鲜明的备注,让当事人在看合同时明白哪些地方进行了修改、修改成了什么样子。而第二种方式仅限于修改量不大的情况,往往是为了满足审批及归档的流程需要,这种方式无论是对于律师还是对于当事人,一边看原合同一边对照修改情况彼此都不方便。第四种方式仅限于对公文流程管理比较严格并要求有纸质文档存档的单位。

在大多数情况下,对于纸质合同稿,多用第一种方式直接在来稿的复印件上修改并提交。需要注意的是,无论来稿是原件还是复印件,都最好复印一份并在复印件上修改以保留来稿原貌,否则一旦修改中产生错误就无法保证版面的整洁。而且,如果修改较多,则最好另用一张纸,否则当事人阅读起来非常麻烦。

目前,大量的合同修改都以电子文档加电子邮件的方式完成,因而第三种方式已经成为提交合同修改工作成果的主流。同样也是极个别的情况,某些单位会要求律师以第四种方式提交工作成果。这种方式对律师来说也并不麻烦,只要按照通常的说明内容写一下总体情况,然后注明“具体修改内容详见附件”,再将修改完毕的合同稿当成附件即可。

2. 提交工作成果时的简单说明

合同修改的工作成果,尤其是以电子文档修改合同后的工作成果,在提交时最好提供一定的说明,以告知当事人修改了哪些内容、修改是出于什么考虑、哪些内容提请当事人自行决定等。

除非已经通过口头方式通知当事人修改成果已经提交,否则无论是在传真上还是电子邮件上,律师礼节性地写上几句话都是非常重要的。这一方面是种礼仪,代表了律师的基本素质,另一方面也可以对自己进行一定程度的保护。这种简单说明一般直接发给当事人的经办人。例如,在以电子邮件方式提交工作成果时,可以简单地在邮件中写上这样的话:

×××:

你好!

合同稿已经修改完毕,请查收。内容详见附件,并请关注修改的内容。

如有不明之处或需进行调整,请及时与我联系。

顺颂商祺!

×××律师事务所
×××

这是一种再简单不过的礼节性语句,但在体现礼仪的同时,它还含有这样的意味:附件所提供的仍旧是供参考用的文本,请核对修改之处,如有问题或需要调整需及时与律师联系。更重要的是,这也意味着除此以外不是律师的责任。因此,这也是一种律师自我保护的方式。

3. 提交工作成果时的正式说明

正式的说明比较复杂,多用于管理严格的企业或非常正式的场合,或用于重大项目的合同修改。主要包括四个组成部分。这四个内容是在非常正式情况下所用的说明,一般情况下可以从简但不能省略,否则不够正式。

(1)资料及当事人工作要求

这类内容第一部分是说明当事人提供了哪些资料、多少页,第二部分是当事人对于合同审查及修改的指示。如果来稿中存在缺页情况,也应在此加以说明。

(2)对于来稿的评价

这是对当事人所提供的资料进行的总体评价,包括利益倾向性、普遍性存在的问题、对于当事人的利益维护程度等。评价可简可繁,简单的评价只是谈来稿存在的主要问题,复杂的评价可以列出某些具体存在的问题。

(3)合同修改情况

这一部分是概括性地介绍合同的主要修改情况,以及修改时主要考虑的因素、修改所要达到的目的、比较重大的修改等。如果需要,还可以介绍共修改了多少条款等情况。

(4)对当事人的特别提醒

这一部分内容主要是用于说明除了已经修改的条款外,哪些应当由当事人自行确定,当事人签订及履行合同时应当注意哪些内容,对方不同意修改的条款存在什么问题等。

在这一部分,合同修改无法解决的主体资格问题应在此予以说明,因资料不齐而影响修改工作的情况也应说明现行修改是基于何种假设。这类提交工作成果时的说明没有固定的格式,下面提供一份样本供参考:

××集团有限公司:

贵公司于××年×月×日提交至本所的,签署方分别为贵公司与××股份有限公司的《××企业年金受托管理合同》一份共21页、合同附件《××企业年金投资策略》一份共22页,均已收悉。

根据贵公司的指示,我们对该合同及附件的合法性及合同条款能否充分保护贵公司利益进行了审查,并根据审查结果对合同条款进行了修改。

通过对合同合法性及合同内容的审查,我们未发现《××企业年金受托管理合同》与现行法律规定之间的冲突。但合同条款中大量约定了合同以外第三方的义务,由于此类第三方并非该合同的当事人,故相关约定对于第三方无约束力。同时,作为受托方的相对方公司,其过错责任也并不明确。

本次修改侧重于在符合国家法律规定的前提下,明确受托方的义务与责任,以保护作为委托方的贵公司的合法权益。同时也对合同条款中大量责任不明的约定进行了明确。具体的条款修改情况请见附件。

经我们审核,合同附件一中的内容为对方提供的工作计划,虽然有大量的公式及计算方式说明,但并未约定双方的权利义务,不属于法律问题,因此请贵公司相关部门自行审查。

以上意见及修改后的条款仅供贵公司参考,请在与对方协商后再进行后续审查,如有不明之处请及时与我们联系。

顺颂商安!

××律师事务所
律师:×××
××××年×月×日

附:修改后的合同文本。

第四章　合同起草基本技能

本章提示

无论是合同的审查还是修改，都要能够看透事先已经存在的合同，而合同的起草则是根据交易需求等条件创造出一份事先并不存在的合同。因而合同起草是律师合同业务综合素质的最好体现，属于合同业务中的最高技能，只有能够娴熟地起草高质量的合同，才代表律师参透了合同的真谛。

合同起草，是对当事人的交易作出商务及法律上的安排，以提高交易过程及交易结果的确定性。因此必须充分理解当事人的交易动机和交易背景、熟练运用各类合同技巧，并在整体思维的指导下完成文本。由于工作角度不同，起草工作与审查、修改工作具有很大差异，甚至不同的行业、不同的使用对象，其合同都会千差万别，丝毫不容懈怠。而且，律师必须在成文前就发现问题并加以解决，根本不允许问题条款出现在律师制作的文本中。

本章主要介绍起草合同过程中经常接触或应当考虑的问题及解决方法，供入门律师参考。工作成果的提交与合同修改时的情况相同，因此不再介绍。虽然许多合同起草工作可以依托一定的先例文本，但任何文本都会存在适用性问题，只可将其当成基本稿并以“修改”的方式辅助完成起草工作。否则，根据先例文本“起草”再多的合同，也无法理解合同起草的真谛。

第一节　对合同素材的分析

起草合同是个从无到有的过程，需要律师将笼统的只言片语、抽象的总体概念转换成实实在在并可以操作的合同。它同时也是在检验律师的法律功底和文字功底，并检验律师的思维能力和筹划能力，而且要求更高、律师承担的责任更大。

合同的起草从素材的收集开始，对于素材的发现及收集能力，影响着合同起草过程中的效率和起草的质量，因而要从本质上理解合同的素材来源。

一、界定当事人的需求

与合同的审查、修改不同，合同的起草如果没有委托人的具体要求及基本条款要素，其工作根本无法开展。因而，起草合同前首先要了解客户需求。

1. 锁定当事人的交易需求

当客户要求律师起草合同时，律师首先要让客户描述他想做什么、怎么做、达到的目标等设想。这既是专业性的需要，也是减少无效劳动、回避执业风险的需要。客户需求只有客户自己才清楚，必须由客户提供，律师能够做的是协助客户将需求描述清楚，但不可越俎代庖。

客户所能提供的信息越多越好，最好是提供锁定交易平台、锁定交易内容、锁定交易程序、锁定问题处理这四个合同基本功能所要涵盖的内容，但实际上没有客户能够全面提供。客户提供的信息越详细、越多，则律师越能理解当事人的需求，合同条款也越容易起草。如果客户根本没有概念，可向其询问如下问题：

①交易目的、意图，关注的主要内容；

②对方当事人的情况、交易背景；

③标的物的特点及相关的技术问题；

④交易的相关履行细节要求;

⑤重点防范的问题及争议处理方式;

⑥提交工作成果的质量、时间要求。

并非所有当事人都能全面回答上述问题,不同的合同所需了解的内容也可能有多有少,许多情况依赖于律师对当事人业务的理解和双方的沟通。

2. 识别客户的交易目的

"合同目的"在合同法中的出现次数非常多,它在合同中起着拾遗补阙缺的作用,是对未尽事宜进行解释的重要依据,也是判断可得利益损失可预见范围的依据。交易目的与合同目的并不完全一样,它主要是指当事人进行交易的动机。只有在合同中表述了交易目的时,合同目的就是交易目的,否则二者之间还是存在区别的。有时,交易的真正目的只有决策者才能明白,而合同目的则只是在合同中以明示或默示的方式表明的签订及履行合同的目的,往往只是得到交易对价。

例如,采购电子元件的实际交易目的可能是备用,也可能是用于赶制季节性产品,其真正目的即使是企业的采购人员也未必知道。合同上既可以注明采购元件是为了赶制季节性产品,也可以不加表述。一旦供方未能交货,前一种用途说明,因可使对方预见到违约的后果而有可能获得季节性商品可得利益损失的赔偿;而没有任何表述时,则可得利益损失往往很难主张赔偿。

因此,交易目的与合同目的有时并不一致,律师的工作目标是尽可能帮助当事人实现交易目的,而交易目的大多应以合同目的的形式出现。

3. 区分法律条款与商务条款

前面已经介绍过,合同首先是经济行为,因而合同中充斥着商务条款。而法律人士介入合同,只是为经济行为控制法律风险,所以合同中才有了法律条款,只不过法律条款的多少,依交易性质及当事人的需要而定。

合同中的法律条款是律师责无旁贷的工作范围,这类条款主要是与强制性规范有关的条款,以及法律授权当事人自行约定并产生不同后果的条款,例如合同主体是否合法、合同约定是否合法、争议管辖地如何约定等。商务条款则是当事人自己需要权衡和决策的问题,主要是一些从以营利为目的的角度来看,对己方是否合算、是否方便的条款,例如标的、价格、付款条件等条款。

有些合同条款同时具有法律条款与商务条款两种性质,因而区别有时并不十分明显。原则上,一个条款中所列出的交易对象、交易内容及交易方式等主要应该由当事人决策的内容均为商务条款,律师只是解决表述方式上权利义务是否明确、是否隐含不利因素、是否违反法律以及法律风险如何控制等问题。

例如,在买卖合同中买什么、什么价格、多少数量、技术指标、如何交货、如何结算都是当事人自行决定的问题,律师在起草时以空格代替即可。

二、参考合同谈判情况

合同审查很少需要面对对方当事人,合同修改则有可能与对方当事人面对面针锋相对。而对于那些边谈判边起草的合同,直面对方当事人的机会就会很多。律师有时会直接参与合同谈判,并根据谈判结果反复修改合同直至完成。

1. 资源稀缺与谈判结果

合同的最终形态主要取决于当事人之间的优势对比,这种优势对比的表现形式是哪一方在合同谈判中处于强势地位和具有主动权。例如,当卖方所提供的产品或服务处于垄断地位时,相对于买方的价款,他们的产品或服务更为稀缺,他们在交易中会更加主动,只有满足他们的条件才肯出售。反之,当卖方的产品或服务处于充分竞争、市场饱和的行业时,买方的采购相比他们的产品或服务更为稀缺,卖方为了得到商机,便会处于相对弱势的地位,而买方则处于强势地位。

从目前的情况看，除了为数不多的产品或服务属于稀缺资源、在交易中处于强势地位外，大部分产品或服务都属于买方市场而导致买方更具优势。更有甚者，汽车、家电等生产行业的大型企业，由于采购量大、采购持续时间长而令众多零件供应商趋之若鹜，因而在交易中占据强势地位。

合同谈判只有在双方的力量对比不是过分悬殊的情况下，才有可能取得权利义务上的均衡。否则弱势一方往往只能被迫接受强势一方所提出的条件，使用强势一方所提供的合同文本。

2. 产品价值与谈判结果

产品或服务的真正卖点不在于产品或服务本身，而在于产品或服务所能够为客户提供的价值。合同之所以能够达成一致，也是因为双方均能通过交易取得自己所需要的价值。这种价值既包括产品或服务本身所能提供的价值，也包括产品或服务所能够提供或带来的附加价值。

由于产品除了其本身以外还存在着不同层面的属性，因此即使是同类产品也会有不同的价值，这些价值有时也会形成谈判中的优势，并左右谈判结果。

3. 议价能力与谈判结果

在其他条件不变的情况下，充分发挥谈判技巧有时能够为己方争取到更多的权益。但谈判技巧也不是凭空存在的，它仍旧要建立在对方能够从交易中取得利益的基础之上。所谓的技巧也就是能够发现并展示对方能够得到的利益并据此施加影响，综合运用各种技能去说服对方达成交易。这些展示利益、施加影响的能力，也通常被称为“波特五力”中的议价能力。

卖方的议价能力是指调高售价或降低品质对买方的影响能力，主要包括：

①卖方主宰市场；

②买方无适当替代品；

③买方非卖方重要客户；

④卖方产品对买方有决定性影响；

⑤买方更换卖方的成本极高；

⑥卖方能影响上家。

买方的议价能力是压低价格、抬高品质对卖方的影响能力，主要包括：

①买方采购量大；

②卖方产品是标准化产品；

③买方更换卖方的成本低；

④买方能够影响下家；

⑤买方信息充足；

⑥同类产品卖家很多。

从合同角度，这些内容更应该是当事人所应当知道的，因为这是商务谈判中所必须涉及的内容。但律师在了解这些内容后，可以更准确地为合同定位，并适当提醒委托方掌握谈判的分寸。

三、辨析合同基础样本

不借助任何文本而完全凭自己的能力独立制作文本的情况不多，多数律师都会借助于某个最为接近的文本起草合同，以减少时间及精力成本，并弥补思考能力的局限性。如果对各类文本的特性不是十分了解，非常容易走入误区。

1. 理性对待合同文本

目前，影响合同起草质量的重要因素是对待合同基础文本的态度，这种态度影响着合同质量的进一步提高。

(1)过度依赖他人文本

无论是理论上还是实践上，交易之间的不同犹如天下没有两片完全相同的叶子。只有亲自设计、制作合同,才能真正体会和理解合同的结构和技巧,审查和制作合同的水平才能得到本质的提高。但目前,许多人却过于急功近利,不是把精力放在客户需求和结构分析等基础工作上,而是本末倒置地将精力放在寻找他人文本上,从而在执业多年后,仍旧处于“知其然,而不知其所以然”的状态。其结果往往是企业抱怨律师提供的合同文本不切实际或缺乏实用价值。这是因为律师所提供的文本很可能是照搬而来,并不切合企业的实际。

(2)过分推崇外来合同

随着大量的英文法律文书被译成中文,在充分感受其体系性、严密性之余,此类文书开始逐步成为模仿的对象,不仅有时会被“生吞活剥”,甚至有些纯粹的境内交易也要模仿这类文书的表达风格,这其实是一种误解。

合同文本的整体水平和风格,是各国的政治、经济、文化、法律等因素共同作用的结果。发达程度越高的国家,人们对于事物的认识越深入、越广、越注重细节,并总是努力通过标准的程序水到渠成地达到希望的结果。因而,许多合同条款在英美法里非常重要也非常有效,而在我国的法律环境下却似是而非。特别是我国成文法中设有许多当事人必须遵守的强制性规范,即使不加约定也必须执行,因而国内的许多合同可以简化篇幅。此外,不同语系的语言风格不尽相同,生搬硬套会给合同的阅读和使用带来极大的不便。特别是某些翻译水平不高的合同,由于语言习惯并未转变,读起来既非汉语也非英语,无谓地增加了工作难度。

因此,在没有充分理解其结构及逻辑之前,最好不要对外来合同随意模仿。即使是来自我国台湾地区、香港特别行政区的合同文本,有时也会与通用汉语存在词义、语法上的差别。对于外来文本应该学习的是其思维方式和工作作风,而其表述方式、内容组织中大量存在着不适合中国境内法律环境及语言环境的问题,根本没有必要照搬照抄,否则往往会产生许多既莫名其妙又毫无用处的条款。

2. 合理选用基础文本

从事合同起草工作,最为关键的是参透各合同文本的内在规律及原理,而不是收集别人的基础文本。基础文本虽可提高律师的工作效率及工作质量,但也会降低律师的思维能力和经验积累,将会使其难以达到无需任何文本就能胸有成竹地起草高质量合同的境界。

(1)示范文本的选择

各行政主管部门为了提高所辖行业的合同文本质量、建立合同文本秩序,颁布了大量的示范文本。这些文本为相关交易提供了具有一定质量的基础文本,提高了工作效率。但由于许多交易是个性化的,而示范文本又必须兼顾大量的不同交易,故这些示范文本往往只具备交易所需的基本内容,实用价值并不算高。

例如,广告可以细分为户外广告、广播电视广告、报纸杂志广告等类型,近年来还出现了网络广告、显示屏广告等新形式。不同的广告要面对不同的法律法规、不同的违约形式、不同的意外情况、不同的不利后果等情况,根本无法用简单的文本加以统一。

而建筑等行业的示范文本虽然专业性强、条款也比较严密,但却倾向于保护自己所辖行业的企业。因此,起草合同时如果需要选用示范文本作为基础,首先要看其适用性如何。如果能够基本满足交易需求,就增加一些个性化的条款、调整体例,以形成新的文本;如果不适用,可以借鉴其中的某些内容条款,并在此基础上加以扩张、增加实用条款,从而形成新的合同。

(2)先例文本的选择

先例文本是指在其他具体交易中已经使用过的、根据交易具体情况制作的文本,既包括因没有示范文本而专门制作的合同,也包括基于示范文本而专门制作的合同。某些当事人也会提供先例文本供律师在起草合同时参考。无论是基于哪种文本,都必须根据需要理性地加以选择。经过实践检验的先例文本往往比示范文本更有参考价值,在没有先例文本的情况下,可以借鉴其他最为类似的先例合同,但最主要的是借鉴其体例和思维方式、对法律问题的处理,具体内容需要重新设计及表述,实际上已与重新起草合同无异,也就是将先例文本以要素重组并优化的方式写成新的文本。

比较成熟的先例文本,其交易针对性、权利保护倾向性往往也非常明显,不可不加区分地照搬照用。在一个比较极端的例子中,作为需方的某外资企业,在向一家内资企业购买只有一百多万元人民币的设备时,其出具的双语合同文本竟然有一百多页。由于双方均为中国法人,这份交易只能适用我国法律,而双语合同中的许多内容我国法律中已有明确的强制性规定,而合同文本中所反复出现的某些"法律术语"则根本不知所云,因而该合同文本没有太大价值。最后,卖方将对方文本压缩到了符合我国交易习惯的十余页,双方按此文本签订了合同。事实上,即使是买方人员也对其律师出具的一百多页的合同文本表示无法接受。

四、借鉴律师的经验判断

合同起草过程中需要律师大量运用想象力。律师的工作能力与工作经验决定了最终文本的质量差距。在合同起草过程中,律师不仅要考虑合同的整体定位及整体结构,还要考虑如何以具体的方式表述权利义务,以及双方当事人对文本能够接受到何种程度、己方当事人的管理能力和业务素质能否胜任合同的履行。并且,所有条款都要考虑如何为实现交易目的而服务。

如果拥有充分的施展空间,起草合同时应掌握以下基本理念:

1. 合同权利必须用足

权利义务有法定、约定两种。法定义务为普遍意义上的、有强制性的规定,如果当事人之间的权利义务完全符合法律强制性的规定,则不再需要另行约定,即使约定也只能补充而不能违背。而约定义务则是法律并未强制规定或法律规定当事人可以自行约定的权利义务,这种权利义务一经当事人自行约定即产生约束力。任何一份合同,都是这两种权利义务的结合体。此外,某些法律除了强制性条款外,还设有授权性条款,《民法典》中屡屡出现的"另有约定的除外"即为这类条款,这些都是用足权利的机会和依据。

法律是一种免费的资源,任何人都可以充分加以利用。同时它也是一件非常有力的武器,不会使用这种武器不仅是对资源的浪费,也会给自己带来风险。尤其是在他人掌握了这种武器时,如果自己不在法律方面加强防范力度,其后果与自我放弃权利是一样的。

例如,除了强制性的法律法规外,机电产品所涉及的国家强制标准、食品及化妆品所涉及的卫生标准,以及影响广泛的消费者知情权、经营者的告知义务等内容,都是在合同起草中所要考虑的,至少需要了解以防范相应法律风险。

2. 合同要有前瞻性

前瞻性是合同实用性和严谨性的基础,是指通过对交易内容、交易背景的分析,预见到履行中可能发生的问题并在合同中事先约定解决办法。前瞻性越强,合同越严谨、实用、明确,也越有威慑性。通过合理的前瞻可以设定履行质量的判断标准、双方的责任界限、违约责任承担方式,从而保证对意外情况的处理有理有据,并通过条款设置而避免遭受重大损失。律师在起草合同时,有时需要将对方当事人设想成不守信用、准备违约的对手,充分假设可能的违约情况并设计处置方案,以保证合同的实用性和严谨性。

从经济学的角度分析,企业的使命是通过交易实现自身价值的最大化。如果能够提高自身的营利水平而又不受制裁,企业便会尽可能地多收入或少投入。而合同的前瞻性所要解决的,就是杜绝此类损人利己行为的实施机会,防止缺乏诚信的交易方既利用合同的漏洞违约又不受制裁,或是从违约中得利。

3. 违约要有可识别性

越是条款简陋的合同,对于违约的识别标准越是模糊,而我国的合同在传统上很少将违约责任约定清楚。但许多问题在谈判阶段如果不能明确,一旦发生纠纷就会付出巨大的解决争议成本。让违约具备可识别性是降低争议处理成本最为简单和廉价的方式。这样的条款犹如合同中的"红绿灯",一是维持最基本的通行秩序,二是对是否违约可有效地判断并追究责任。

例如,"逾期拒不履行合同"中的"拒",有明知和故意的成分,属于主观心理活动,非常难以识别。如果改用"逾期未履行合同",由于"未"只强调客观结果而无论其动机,因而提高了可识别性。

4. 运用专业的思维方式

实用、严谨的合同虽然多出自律师之手,但并非出于律师的法律知识,而是出于其思维方式,以及良好的工作态度。甚至实用性、严谨性与是否有意识地运用逻辑学原理也没有什么关系,只要在合同制作过程中习以为常地运用符合逻辑原理的技能,就能够提供实用、严谨的合同。

合同中其实并不需要过多的法律专业知识,更多的是需要将头绪理清楚,严谨地思考问题,并对假设与处置条款进行周全的安排。法律只能解决什么事可以做以及应当怎样做的问题,并不能解决所有的细节问题。在合同制作过程中,自行设计权利义务体系,需要的不是法律知识,而是大量运用逻辑原理进行归纳、推理的能力。产生争议的合同未必是坏合同,只有争议是由于约定不明引起的,合同才有缺陷。而避免缺陷产生的方法是依靠逻辑而不是依靠法律。

第二节 合同起草中的整体安排

在取得了各方面的素材后,起草合同首先要考虑的是合同的定位和整体结构安排,而不是具体的条款。在这些工作完成后,特别是将标题体系建立起来后,各个具体条款的内容往往会水到渠成。

一、合同取向的基本定位

合同的定位并不涉及具体的合同条款和权利义务,主要是确定合同应当处于何种质量层面,以及如何平衡合同中存在的几种关系,这是整体设计的基础。

1. 合同的质量层面

对于合同的总体定位始于合同篇幅及质量标准的确定。按前面的介绍,合同可以大致分为业务、商务、专业、专家四个层面,不同层面的合同存在着不同的篇幅范围和质量标准,并用于不同类型的交易。

律师起草的合同,无论属于哪个质量层面,都应保持上乘的内在和外在质量,否则会与专业身份不符。而且,小合同未必简单、大合同未必严密,合同的质量取决于对目标及细节的精心控制。但律师起草的合同一般都在商务层面与专业层面之间,极少部分为企业量身定做的合同,则属于专家层面。

对于这一点,如果当事人有明确的指示当然好,如果没有,律师可以根据交易的复杂程度、重要性以及交易所涉行业的大致情况,确定为商务或专业层面。

2. 合同中的几个平衡

在起草合同过程中,律师需要考虑到各种因素的平衡,以牺牲部分利益为代价去实现整体利益的最大化。其实,合同本身就是各种因素平衡的产物。

(1)合同质量与现实利益的平衡

起草合同时,应当在尽可能完善合同的前提下,在理想与现实之间进行平衡。绝大部分合同都是用来营利的,如果因合同不完备而排斥交易,将会失去很多商业机会。特别是在面对资源垄断型的交易方时,有时甚至只能以"无条件投降"的方式接受对方的合同条款。

因此,律师应当充分利用各种条件为当事人争取利益,即便无法争取到更多利益,也应尽可能地降低风险。至于是否交易，则是当事人应当决定的事项。

(2)严密性与可操作性的平衡

合同的严密性与可操作性之间有时会出现一定的冲突。为了提高合同的严密性，势必增加一些假设与处置等条款，无论这些增加的条款将权利义务归于哪一方，其结果都会导致履行难度、管理难度的增加，从而影响可操作性。

合同的可操作性强调合同的约定要便于己方的执行、操作，尽量避免因过于繁琐而给执行带来的不便或违约。因此，必须考虑严密性与可操作性的平衡。

(3)专业性与可读性的平衡

法律语言与日常书面语言之不同，在于其特定的语体、句法、句型等方面，特别是在一些重要的合同中经常出现的长句、复杂句，有时会令人困惑很长时间。

过于深奥的合同会给阅读和理解带来不便，从而影响到合同的履行。因此，简单的做法是按照具有一般文化程度的、没有接触过该合同的人能够看懂为标准进行起草。令人看不懂的合同并不是好合同，也并不真正代表其专业水准。合同的阅读难度以具有一般文化水平的人能够看懂为宜。

(4)己方利益与对方利益的平衡

合同是各方均可接受的利益平衡点。即使双方都想更多地限制对方的权利、更多地减少自己的义务，但不达到平衡便无法形成合同。

许多大型的成功企业，在建立客户关系时都非常注重双方的利益平衡。甚至某些企业在承租了房屋后，当营业额上升到一定程度时，会主动按一定的比例回馈房东，以与房东之间达成利益的平衡、保障合同的长期稳定履行。

二、合同基本模块的确立

许多人在合同起草阶段都要依赖先例性的基础样本，有时当事人也会提供他们认为合适的样本。如果样本属于同类交易的文本，而且基本能够满足当事人的需要，无疑会降低合同起草的工作量和复杂程度。其实，不依赖合同样本而直接起草合同也非常容易，这是一个从无到有、从基本框架到完整合同的过程，有如通过树图分析问题。

1. 按基本条款划分合同的组成模块

无论是以参考文本要素重组的方式还是直接起草的方式，起草合同首先要做的是列出合同的基本结构，也就是根据需要将合同内容划分成不同的组成部分，每个组成部分都是合同的一个模块，然后为每个模块标上标题以便于后续工作的开展。这种内容划分是合同起草最基础性的工作，相当于建筑物的基础设计。

完成这一工作的方法很多，最简单的是将合同的八个必备条款当成合同的八个模块并设立第一层标题，分别是：

①当事人的名称或者姓名和住所；
②标的；
③数量；
④质量；
⑤价款或者报酬；
⑥履行期限、地点和方式；
⑦违约责任；
⑧解决争议的方法。

在实际操作中,可以针对具体的合同性质而拆分、增加不同的模块,如买卖合同可以根据需要增加包装方式、检验标准和方法、结算方式、合同使用的文字及其效力等条款。即便再复杂的合同,也要符合这个基本规律,只不过是每个模块下的具体内容要详细得多、复杂得多。

2. 按履行顺序或前提条件设立组成模块

除前一方式外还有另外一些非常直观的方式,就是按照合同履行的不同阶段规划合同的各个模块,然后将特别约定等放在后面;也可以根据需要解决的问题的先后顺序,一环套一环地排列。例如,某企业需要在各地通过合作的方式开办营业厅,其合同内容是按考虑问题的顺序设立的:

第一章　定义
第二章　双方的资格及权限
第三章　合作范围
第四章　运营成本及费用
第五章　服务标准及价格
第六章　物流管理
第七章　酬金
第八章　双方权利义务的特别约定
第九章　违约责任及赔偿
第十章　协议的终止
第十一章　其他约定事项

由于合同全文约5000字并涉及一些关键词、技术规范,因此要通过定义明确各关键词的内涵,并通过合同对合作的资格进行约定。而其中的"其他约定事项"则纯粹是将比较零散的条款放在一起,避免单独的条款与其他章"平起平坐",维持整体版面的整齐。

标题是为了后续工作的方便而设,它既是合同结构的外在表现,也是各标题下所必须具备的内容,对于大型的合同更是如此。合同的组成模块,来源于要实现交易目的而必须考虑的实体问题及程序问题,是通过归纳、分类而总结出的最基本组成部分及排列顺序。每个模块上的标题,代表着这一模块的内容。

3. 对设立基本模块的总结

无论是用哪种方式建立合同的第一层模块,只要是在起草过程中已经有了更为明确的信息来源,就可能根据交易的需要划分内容、设立模块。合同的模块划分取决于实际需要,标题体系只是对模块内容的真实反映。例如,在大型成套设备的买卖合同中,非常强调采购、安装、调试、验收的过程及各个过程中的质量控制,也就非常需要对这些功能设立专门的模块加以安排。

在建立第一层模块时,只要还有其他选择,应尽可能回避"甲方权利义务""乙方权利义务"这种模块划分方式。这种方式不可避免地将一个有先后发生顺序、双方权利义务交织在一起的过程,生硬地分成了截然不同的两部分,既混淆了合同履行的程序关系,也割裂了双方权利义务的交互履行关系;既不便于理解合同全貌,也不便于审查修改。

三、合同基本模块的扩展

对于千字以下的合同,只分一层模块,每个模块设立一个标题已经足够安排具体的内容,因为人的注意力和记忆力足够容纳这些简短的内容。但对于数千字甚至上万字的合同,每个基本模块下还要分出两层的模块甚至更多。这些不同层次的模块如果以图形表示则为树状结构,反映出合同的主干及各标题的层次、分支情况。如果一份合同的内容能够抽象出这样一幅逻辑关系树图,则后续的工作就会轻松许多。

1. 模块无关性原则

前面已经提过,将内容划归不同模块时,“模块无关性”是非常有用的一个原则。特别是在将第一层模块的内容细化为更小的具体模块时,要严格界定每个模块的具体内容,各层模块只对上一层模块负责,每个模块只有单一的内容或功能,分属不同模块的相关内容各司其职。

根据这一原则,每个模块中的内容均与其他模块没有重叠,相同的内容不会出现在两个不同的模块之中,从而避免冲突及重复。例如,对于产品质量问题,在产品质量标准模块中只谈产品的质量标准,在产品验收程序模块只谈验收方式,在争议解决模块只谈产品质量不符合约定时的处理等。在切断了各模块之间内容上的关联以后,可以有效地避免合同条款间的冲突和干扰,也可以大大减少合同内容调整时的工作量,不必逐条进行调整,只需改动很少的模块。

有些合同的内容可能需要分成三层甚至更多,分层越多随之而来的逻辑分析、校对的工作量也会呈几何级上升,这也是强调模块无关性原则的重要因素。因为模块之间的关系越少,因合同复杂而引起的工作量的增加也越少。

2. 对合同模块的扩展

第一层的模块划分出来后,接下去的工作就是根据实际需要,将每个基本模块的内容细分成更多的模块直到条款。按这些方法一个层级接一个层级地细分下去,就可以使合同从抽象的模块一点点地变成具体的成品。

在经过上一个层面的内容划分后,下一层面的内容往往可以轻松地细分出来。例如“质量”条款可轻易地细分为产品质量、包装质量、技术资料质量等内容;“验收”也可以细分为到货时的外在质量验收、投产前的质量验收,大型成套设备可能还会有更多的验收步骤和验收方式;等等。

当模块的细分工作均已完成、每个模块的标题也均已确定,而且这些不同层级的标题已经构成了合同的整体标题体系时,这意味着合同的整体结构已经成形了。但有些问题只有在起草过程中才能发现,因而初步形成的模块体系在实际起草过程中还必须根据实际情况进行调整。合同中始终存在两条主线,一条是静态的履行内容问题,一条是动态的履行程序问题,有时许多内容必须同时在两条主线中均有体现,这些交叉点就是格外需要注意的内容。

四、具体合同条款的完成

从抽象的合同到具体的条款,如果以不同层级的模块加以表示,则这些不同层级的模块便构成倒置的树状结构,其最上端是合同名称、最底端是具体的条款。无论合同模块分为几级,只要是根据最底端的模块名称,往往就能写出其下属的具体合同条款。

例如,某份总计 12000 字的设备采购合同,其组成模块分为 12 个部分,这 12 个部分组成了该合同第一层的模块。在第一层模块之下又细分出了第二层模块,并全部列出了内容标题。该合同局部的标题结构如下:

一、合同概述
1. 合同双方
2. 合同目的
3. 合同定义解释
二、交易内容描述
1. 有形产品
2. 文件资料
3. 知识产权

4. 售后服务

三、卖方的质量保证

1. 产品的质量保证范围

2. 文件资料的质量保证范围

3. 服务的质量保证范围

4. 质量保证期

5. 保证责任

6. 卖方对买方的声明

7. 衡量质量的方法及标准

用这一例子已经能够说明,当第二层的模块设计完成后,余下来的工作便只是根据第二层模块的标题写出具体的约定内容而已。例如,大型设备买卖合同的交易对象不仅仅是产品,还会有许多其他无形的东西。因此其交易内容包括了有形产品、文件资料、知识产权、售后服务等项。同理,质量方面的承诺必须覆盖所有卖方所提供的内容,因此第 3 条又细分为样本中所示的 7 个条款,覆盖了与质量有关的各方面内容。只要稍加设想,就可以写出第二层模块的具体条款内容。

五、标题体系的精确安排

在划分前述各层合同模块的过程中,第一层模块如果没有标题却堆放在一起,会对阅读及修改带来非常大的不便,有时为了找一个内容不得不找遍各个条款。而第二层模块是否标出标题则视情况而论。如果合同的篇幅较长,第二层模块也应标出标题,这样做不仅便于审查、修改合同,也便于在合同审查时判断合同结构是否合理、合同功能是否完备。如果合同篇幅不大,比如不足 1000 字,则不仅是第二层模块不必设立标题体系,甚至第一层模块的标题也可以省略。

某些条款规定得比较细致的合同,例如面向消费者的格式合同,如果对许多问题不加约定,消费者会抱怨,而约定太多,消费者也会抱怨,要在二者之间进行平衡,唯一的方法就是各个条款前都加标题,以便于消费者在阅读时可以方便地找到相关内容。同时,这类合同条款间的顺序也非常重要,要根据合同从签订到履行各个阶段的时间顺序排列条款,以符合人们的阅读习惯。各阶段可能发生的违约情况及违约责任条款,也最好同时安排在描述不同阶段权利义务的条款中,以便于消费者在了解各阶段权利义务的同时,了解哪些行为是违约行为以及违约的后果。

而对那些与履行合同关系不大或属于个别情况的约定,则以重要性或发生概率为标准安排在正常情况条款的后面,重要的、概率大的在前,次要的、概率小的在后。这样安排也同样是为了使整个合同的思路符合人们的阅读和思维的习惯,既便于阅读和使用,也便于安排整个合同条款间的秩序。

由于标题之间存在前后顺序和上下层级关系,如果序号出现差错,有可能会引起条款归属及条款之间关系的变化,从而影响到双方对权利义务的理解。这也是在设定标题、调整标题体系时需要注意的问题。

第三节 合同起草中的细节安排

如果合同只是表述了交易的必备条款,则合同还只是处于表单层面。由于律师参与合同工作的目的是为了控制当事人合同中的法律风险,因此必须从法律风险控制的角度考虑合同的内容,在许多问题上从法律后果层面对合同进行精雕细刻。

一、合同中的掌握主动权问题

除了实现交易所必须履行的义务外，如果在整个交易中没有任何主动权而完全任人宰割，就会非常被动甚至危险，也很难充分保护己方的利益。同时，合同中还应为己方留下一定的余地。

1. 力争主动的原则

律师起草的合同如果不能完全掌握主动，至少也要力争相互制约以实现平衡，避免全面的受制于人。掌握了主动权，进则在可承受的范围内全面履行完毕，退则可在情势不利时以合适的代价解除合同，并便于其他操作。

掌握主动是努力的方向，可以将履行环节细分成若干具体问题，并约定何种情况下有权决定是否变更、是否解除，使合同履行操作灵活，避免明显不利却还不得不继续履行的被动局面。

2. 便于操作的原则

对于义务和权利的约定同样都会带来操作性问题。是否易于操作与企业的管理水平、员工素质、工作能力有关。操作的复杂程度应尽量与员工素质相适应，防止因当事人员工素质跟不上而造成违约或利益丧失的情况。

例如，甲方与乙方的服务类合同中约定"甲方负责对乙方的操作质量、管理进行指导"，但甲方的用意只是保留一种制约的权利，而且这种权利无法普遍行使。由于"负责"已经使指导的权利变成了指导的义务，非常容易造成甲方违约并使乙方也有理由以甲方指导不当为由进行抗辩。因此，不如约定成"有权对乙方的操作质量、管理进行指导"，既保留了指导的主动权，又避免了甲方责任的加重。

3. 便于解除的原则

对于那些履行期限比较长、履行内容比较多、质量基本没有标准的合同，例如房地产广告全案策划合同，开发商何时付钱、付多少钱往往非常清楚，但广告设计质量如何，却很难确定标准。因此，广告商希望合同期越长越好，而开发商则希望对合同解除具有灵活性，以便在对广告商的服务不满意时予以调换。为了掌握这类合同中的主动权，可以将完整、长期的履行内容，根据房地产开发的不同阶段，划分成一个个短期的、具体的履行内容，再设定不同阶段或不同服务的基本价格。经过这样的分解后，开发商便有了合同的主动权，即使中途被迫解除合同，其损失也在可以控制或可以承受的范围之内。

二、合同中的以人为本

合同的使用对象是人，这似乎是句不折不扣的废话，但许多合同恰恰欠缺以人为本的精神。这是在合同起草过程中除了帮助当事人实现交易目的，满足当事人的法律服务需求外需要考虑的问题。

1. 表述措辞与以人为本

日常生活中存在许多人们认为"不吉利"的词汇。除非万不得已，这类词汇最好加以避免。例如，"在借款合同履行完毕前借款人死亡的"，可以淡化为"在借款合同履行完毕前借款人身故的"。虽然是同一意思，但后者听起来不是那么让人不可接受。如果严谨地从法律角度考虑问题，则上一条款可以改为"在借款合同履行完毕前借款人丧失民事行为能力的"，这样表述扩大了适用范围，更有利于对贷款方的利益保护，将死亡以外的其他情况也包括在内了。

又如，某合同中约定"广告发布期间，因广告牌坠落等造成人身或财产伤害的，由承揽方承担法律责任"。由于广告牌坠落只是一种可能性，这样的约定会被认为是让人"破财"的"乌鸦嘴"，可以表述成"广告发布期间，承揽方对广告牌负有维护义务并对广告牌的安全负责，并对因安全问题造成的各类损害承担法律责任"，更为委婉且责任仍旧明确。

2. 表述口气与以人为本

某些企业的合同中会出现“罚款”“处罚”的约定。需要明确的是,企业有权在合同中约定对方违约时如何承担违约责任,但任何企业无权向对方“罚款”“处罚”,只有行政机关才具有这些权力。对于这类容易引起不悦的措词,只能以违约责任的方式来约定。

即使是从形式上尊重对方当事人也是必要的。例如,“不得”“禁止”等可以转换成“ × 方的下述行为属于违约行为”,并约定违约责任应该如何承担。而且,没有具体的违约责任约定,再多的“不得”“禁止”也是形同虚设。

3. 表述方式与以人为本

从阅读的便利性考虑,合同中出现的内容最好能够直接理解而不必非要核查才能理解。

条款间的引用如果只引用序号而不点明内容,会迫使阅读者停止阅读去核对该条款的确切内容,从而打乱正常的阅读思路和阅读秩序。比如,“违反本合同第 10 条约定的”这种表述,会强制阅读者中断阅读去查阅相关内容,从而打断阅读的思路。而表述为“违反本合同关于知识产权的约定的”,由于有了直观的内容导向,既方便阅读又不会产生歧义。

对于涉及双方甚至多方的行为,应尽可能保持主语的一致性以便于阅读和理解。例如,“甲方向乙方支付货款,乙方向甲方提供提货凭证,甲方凭乙方的提货凭证提货”这样的句子,主语不断切换,阅读者的注意力也会被迫不断切换。如果将该条文中的主语统一为其中的一方,并用被动句表达其中的一定内容,则这类句子的阅读就会容易得多。例如,该条款可以改为“甲方在向乙方支付货款后,凭乙方提供的提货凭证自行提取货物”,共用一个主语读起来既流畅也减少了篇幅。

除了上述几点外,还有大量的内容其实都与以人为本有关。例如表述的精确性问题、无效表述的压缩,以及排版、设立标题体系、条款无关性等。这些手段的直接或间接目的,都是在提高工作效率及工作质量,并体现出以人为本。

三、条款的完成与优化

起草完成的合同初稿有时需要对内容进行优化,也就是细述或压缩。其目的有时仅仅是出于表述质量的考虑,有时则是出于回避某些法律问题的考虑。在合同条款的“取”与“舍”之间其实存在很多变化。过多的“取”,在增加合同的篇幅和复杂程度的同时也会增加出错的机会;过度的“舍”,又往往使合同条款缺乏“点睛之笔”。过多的“露”,往往是想强调或威慑;遮遮掩掩的“藏”,有时却是充满杀机。这些都是合同内容的取舍问题,但具体取舍要视当事人的理解能力等情况而定。

1. 对强制性规定内容的取舍

对于法律已经有了明确的规定,且未允许当事人自行约定的权利义务,要根据不同的情况采取不同的措施。有时仍需将相关内容在合同中加以约定,其目的是提醒或强调某些内容;有时则可以隐去以防止多费口舌。法无明文规定或法律明确规定当事人可以自行约定的,则要通过详尽、明确的约定来确保合同中权利义务的明确。约定的权利义务不能对抗法定的强制规定。对于强制性规定,事实上在合同中无须约定,即使非要约定,也只能对其不明之处加以明确,而不能与之冲突。

例如,某合同套用了境外的文本,约定:“本协议的有效性、解释、执行及履行和争议解决应适用中华人民共和国的法律和地方性法规。”由于合同各方、交易地点等均在中国境内,没有任何理由适用境外法律,因而这条其实无须约定。

2. 对合同既有约定事项的取舍

合同中有时会重复出现某个措词或词组,这些重复除了用于强调或引用外,其余情况均可压缩。例如,某合同中的身份栏出现了这样的条款:

甲方：××房地产开发有限公司(以下简称“甲方”)

乙方：××塑钢门窗制造有限责任公司(以下简称“乙方”)

在这一例子中，括号里的内容与句前表明的身份构成重复且毫无意义，根本无需这种注释。

为避免因反复引用而引起无效表述增加、篇幅增大，可以在某一需要反复引用的内容中设定一个标志性的关键词，并使这一关键词在合同中保持唯一性。当合同其他部分需要引用这些内容时，只要使用这一独一无二的关键词即可。

例如，某合同规定代理商不得违反销售地域的约定在其他地域销售产品，并将这种行为定义为独有的关键词“串货”。在合同其他条款中，只要是引用了“串货”这一词语，其含义就必然是“违反销售地域的约定在其他地域销售产品”，从而不必再花费过多的文字去描述。

3. 对合同局部条款的取舍

在起草合同过程中，有时会发现某些条款过细，从而在精细程度上无法与其他条款匹配，这时就必须考虑一个整体平衡和取舍的问题。例如，合同履行细节中的条款如果过细，就会带动合同违约识别体系的细化、违约责任等条款的细化，从而使整个合同的复杂程度提高。有时这种细化是必要的，特别是当委托人有此类要求或交易性质决定必须细化时。除此之外，对于局部过细的条款，如果其他条款实在没有必要全部细化，则只能“忍痛割爱”将其转为合同附件，以保持合同正文条款间的平衡。

在一份简单的担保合同中，由于套用境外文本，其“鉴于”条款占合同中近40%的篇幅，而其真正的担保正文部分又有许多重复的内容，其总金额又不足3万元。对于此类合同，与其将其他条款也复杂化，还不如将既非交易条件又非某方承诺的“鉴于”条款去掉，改成三言两语的简单事实描述，以通过整体的优化取得合同的均衡。

四、对合同关键词的解释

国内的合同一般很少约定关键词的定义，而某些律师起草的合同中虽然已经开始使用释义条款，但许多只是在模仿一种格式。因为许多合同中的“定义”只在定义部分出现，而且仅仅是在解释定义时出现，因而这种定义毫无意义。

1. 解释关键词与交易明确性

除了法律、技术规范或技术标准等有明确解释的关键词外，许多人们日常使用的词汇其内涵与外延都是不确定的。即使是通常所说的“当事人”，有时是指委托方，有时是指双方，以至于不得不分辨一番才能判明是指哪一种，更不用说某些词本身就有广义与狭义、术语与俗语之分。

对合同关键词的解释有时会与合同目的一样，成为交易安全的“防火墙”。这种解释是在合同目的以外，进一步避免当事人之间因权利义务不确定而发生争议的有效措施。这种做法使合同能够紧密结合个案的实际情况确定各词的概念，从而保证合同条款的严谨。

以“非机动车”的概念为例，日常理解的非机动车与法律规定的非机动车并不完全等同。中国法律中规定，“虽有动力装置驱动但设计最高时速、空车质量、外形尺寸符合有关国家标准的残疾人机动轮椅车、电动自行车等交通工具”为非机动车。为此，某香港公司在内地所签订的收费公路BOT项目合同中，为了避免不必要的麻烦，干脆规定机动车是指“所有以动力装置进行驱动的车辆”，而非机动车和行人则不准使用该收费公路。

2. 解释关键词的方式

在合同的起草过程中，如果发现某个措词的定义与通常的理解不太一致或是一词多义，必须通过增加定语或状语等方式明确表述的内容，或者是根据实际需要对相关措词加以定义解释。解释可以分为三种方式：

(1)专条解释

在合同中专设一个条款进行解释,适合在条文严密、复杂,以及篇幅较长、术语或措词反复出现的合同中使用。

(2)附带解释

在合同中对于首次提到的措词,在相关条款中直接加以解释。此类解释适合解释文字较少时使用,一般在解释的语句前加"即"。

(3)括号解释

在合同中对于首次提到的术语或措词之后加设括号,在括号内对该措词进行解释。有时对于某一措词在合同中的简称也大量用此方式加以约定。

对于关键词的解释应在该关键词第一次出现时就进行,因为只有这样才便于向下阅读,概念才能明确,也便于起草过程中以后每次使用该词时其内涵、外延保持一致。

3. 关键词解释与法律冲突回避

无论是将内涵、外延加以扩大还是缩小,对关键词的解释都不能与法律规定或司法解释相冲突,否则就要考虑能否以其他方式避免这种冲突而达到同样的目的。因为许多扩大或缩小的解释,可能使解释本身陷入法律的冲突或合同条款间的冲突之中,反而会影响合同条款的效力问题,或给合同带来更多的麻烦。

例如,《民法典》规定委托合同有强制性的随时解除权,如果在合同条款中约定未履行完毕前解除合同属于违约,则这一约定与法定的解除权存在冲突并面临效力问题。对于此类情况,还不如直接约定解除合同如何补偿另一方的损失,因为这样约定更合法、更安全。

此外,人们经常可以看到,某些合同将因政府行为造成的合同无法继续履行约定为"不可抗力",但这种情形严格来说不属于不可抗力,因而这种约定并不可靠。对于此类情况,不如直接约定因政府行为造成的合同无法履行应该如何处理,这样的约定与"不可抗力"异曲同工,而且不会产生异议。

4. "合理"问题

"合理"是《民法典》中频繁出现的重要关键词之一,有合理的期限、合理的方式、合理的低价、合理的选择等。"合理"系列的出现,与合同目的相辅相成,实际上是站在旁观者的角度解释合同未尽事宜,按照通常的理解去推定合同未明确的问题应当如何解决。但什么是"合理",有时却难以达成共识。

是否"合理"的问题总是在约定有遗漏或约定不明时才会出现,一旦需要这一规定来保护自己,足以说明合同当事人的某些约定不明确,并为此产生了争议。总的来说,"合理"在一般情况下并不是一个可以主动利用的条款。合同起草总的原则是尽可能对合同的某些细节进行必要的约定,与其等待别人对什么是"合理"进行判断,不如多花一点时间前瞻性地细化和明确合同条款,避免那些只能用是否"合理"去衡量的情况出现,确保权利义务的明确无误。

五、对合同效力的控制

为了交易安全或为了实现交易目的,有时需要对合同的生效时间予以干预,而这种干预完全可能也完全合法。合同中常见的"本合同自双方签字盖章后生效",其实是将"成立"与"生效"合二为一的结果。事实上,并非所有的合同都在成立时当场生效。

1. 签订前成立的合同

通常情况下,大多合法有效的交易所签订的合同,基本上是在合同成立之时生效,也就是当双方签字盖章时生效。但签字盖章并非合同成立的唯一标志,也有一些交易已经开始实际履行但双方尚未订立书面合同。

《民法典》第 490 条规定："当事人采用合同书形式订立合同的，自当事人均签名、盖章或者按指印时合同成立。在签名、盖章或者按指印之前，当事人一方已经履行主要义务，对方接受时，该合同成立。法律、行政法规规定或者当事人约定合同应当采用书面形式订立，当事人未采用书面形式但是一方已经履行主要义务，对方接受时，该合同成立。"如果是起草这类合同，往往还要查清合同成立前已经实施了哪些行为，避免因内容遗漏或不符所产生的法律风险。

2. 签订后成立的合同

附条件或附期限的合同在签订后并不生效。附条件或附期限的合同是在合同中对合同生效或合同失效进行特别约定的合同，是精细化管理合同、提高风险控制能力的手段。对于某些交易，虽然双方已经约定了各类权利义务，但合同需要符合一个特定条件时才会生效或失效。对于合同中的约定，如果条件未成就则合同未生效，双方无须履行。

附条件是一种同时锁定风险与利益的高级合同手段。它既可以充分地约定交易各方的权利义务，又可以用于有效地控制风险。交易的风险按交易内容、环境的不同往往可以分解为几类，而每类风险又可以识别出产生风险的要素与控制风险的要素，如果这两种要素之间的关系确定，则可以约定当控制风险的要素具备、控制风险的条件成就时合同开始履行。

由于附条件的合同具有合同的性质，因此其约束力要强于意向书。以房地产开发为例，由于房地产行业是资金密集型行业，众多投资者往往会约定待某一方取得土地使用权后，各方通过共同组建房地产开发公司或对现有房地产企业股权进行收购等方式共同投资。这样的约定即是一种简单的附条件的合同，当一方取得了土地使用权后，双方的合作即按合同约定履行，如果另一方未能取得则双方不再履行。如果对方在合同生效后不履行，则可以追究其违约责任，这一点比意向书更具优势。

3. 经确认才成立的合同

在签订合同的过程中，有时需要一方先将合同签署完毕然后交另一方签署，这个过程是存在一定风险的。如果对方恶意更改合同条款后再签署合同，则对于先签署合同的一方可能意味着巨大的损失。

对于这种情况，可以利用合同成立与生效相分离的原理，在合同中约定只有当双方签署完毕并相互发出确认书时生效。这样处理合同生效问题，增加了一道确认程序，将普通合同变成了附生效条件的合同，可以有效地控制法律风险。

而且，《民法典》本身也规定了类似的情况，即第 491 条所规定的，"当事人采用信件、数据电文等形式订立合同要求签订确认书的，签订确认书时合同成立。当事人一方通过互联网等信息网络发布的商品或者服务信息符合要约条件的，对方选择该商品或者服务并提交订单成功时合同成立，但是当事人另有约定的除外"。

第四节　合同起草中的特殊工作

在合同起草工作中，有时还会有些相对少见的工作。这些工作通常不是合同起草阶段的标准工作内容，但仍旧与合同起草有关并属于合同起草工作的范围，只是具有一定的特殊性。

一、律师参与合同谈判

合同内容的素材之一来源于合同谈判。在合同谈判中，虽然商务条款主要是委托人应该注意的问题，但商务条款毕竟还是要以合同的形式体现出来，因而最终还是由律师进行表达。律师在合同审查、修改、起草过程中都有可能接触商业谈判，其在这些谈判中的作用及工作内容基本相同。

1. 参与谈判时的工作内容

一般情况下,当一方当事人已经委派律师参与谈判,另外一方当事人也会为了防御而加派一名律师参加谈判。那些自恃业务熟练而未派律师加入谈判的企业,往往会在谈判中吃暗亏,因为他们对权利义务的敏感程度、对法律后果的预见能力、表述的精确程度均远远不及律师,由此而签下问题合同并不奇怪。

由于商务谈判本身并不是律师的本职工作,律师在谈判中的实质性作用,是根据交易所涉及的背景情况及法律环境,对谈判及合同条款中遇到的法律障碍、潜在的风险、权利义务不明确等问题进行分析,并将分析的结果及时提交委托人用于决策。对于在法律上可以解决的问题,应当提交解决方案供委托人决策,或根据委托人的意愿修改合同条款;对于法律上有明确限制而又无法回避的法律问题,应当将法律规定及可能的风险等明确提示给委托人,由委托人自行决策。如果口头无法说清或有可能存在误解,或者委托人有要求,此类提示还要以法律意见书的形式提交,以防范执业风险的发生。

除非有特别的委托,否则律师可以将合同中的商务问题交由委托人自行解决,但一定要发现合同中可能存在的各类法律问题,以便于委托人选择是否交易、如何交易。如果当事人决定进行交易,则律师要根据委托人的意愿完成文本。

总之,律师在合同谈判中的作用,是弥补委托人法律专业知识方面的缺陷、控制交易中的法律风险,将委托人视而未见的“暗箭”全部变成“明枪”,让委托人凭借自己的能力与对方进行力量的博弈,同时尽最大努力消除合同缺陷。

2. 理解谈判中的“霸王条款”

“霸王条款”并非法律术语,它是指在合同中违反公平原则,通过限制甚至剥夺对方的权利、强行增加对方的义务,以及减少甚至免除己方的责任、不合理地增加己方权利等手段,以极端的方式保护己方利益的条款。对于那些“霸王条款”非常多的合同,人们在习惯上有时也称其为“霸王合同”。

“霸王条款”未必是格式条款,格式条款也未必是“霸王条款”。为了重复使用而预先拟定并在订立合同时未与对方协商的条款才是格式条款,而在条款中对双方权利义务进行不公平约定的才是“霸王条款”。如果一方当事人被迫接受“霸王条款”,往往一经签订合同就等于“无条件投降”,权益将得不到合理保障。

出具“霸王条款”未必能够充分保护自己的权益,因为在“霸王条款”之下,双方的合作并不融洽。而“霸王条款”往往会掩盖企业自身管理上的不足,并不利于自身管理、防范水平的提高。而且,“霸王条款”也未必无懈可击,尤其当“霸王条款”是格式条款时,对方增加了利用合同法对于格式条款的限制性要求从而变被动为主动的机会。

其实,许多“霸王条款”只是虚张声势,出具“霸王条款”的一方仍旧摆脱不了供求关系等经济因素对它的影响。律师在参与谈判过程中,只要是己方在交易中具有某种议价能力方面的优势,就完全可以将对方提交的合同中的“霸王条款”等闲视之,并从容地加以修改。

3. 应对谈判中的“行业惯例”

律师参与谈判时的一个工作障碍,就是一般都缺乏对交易所涉行业的足够了解,而不同的行业也确实存在着不同的内情、不同的行业惯例。这种“行业惯例”一般会涉及质量标准、争议处理、支付方式等内容。从合同法的角度来看,如果合同约定不明,这些“行业惯例”很有可能就会成为具有合同法意义的合同解释条款,成为确认各方权利义务的“交易习惯”。

许多企业在谈判中往往会找出许多对自己有利的“行业惯例”“交易习惯”等,试图说服对方接受,甚至有些依据貌似非常权威。从合同法的角度来看,只要没有强制性法律依据或强制性标准,当事人之间的约定就必须优先执行。因此,除了应对“霸王条款”以外,对于“行业惯例”,也需要查明有无相关的法律规定或强制性标准,然后从容应对。

从合同法的角度来讲,只要不是法律有明文规定且未允许当事人自行约定的条款,双方当事人均有权利自行约定。因此,无论是何种行业协会自行制定的规范、协会章程、自律性公约,也无论是何种行业内部通行的做法,只要不在合同中约定适用该规范或做法,合同中行业外的一方就不受其约束。尤其是这些"行业惯例"往往只代表了这一行业的利益,对于其他行业利益的保护一般不足。谈判中律师应尽可以大胆地突破这些约束,提出自己的观点。

此外,某种行业惯例是否存在是需要举证的内容,即使能够举证其权威性也存在问题。为了减少日后的麻烦,既不要相信没有依据的承诺,也不要相信没有依据的"惯例",而是要踏踏实实地仔细分析可能存在的问题并约定解决方案,防止合同因约定不明,而去适用那些内容不确定的"交易习惯",也防止为了证明某种"交易习惯"的存在而耗费大量精力。对于某些行业内部的书面规范,如果同意接受则应将其作为合同附件,否则可以不予理会。

二、合同文稿的反复修改

合同谈判的基础文本大都由卖方提供,因为这对他们来说是经常性的业务,而且使用自己的文本也比较安全。只有在买方具备采购量巨大等谈判优势时,才会采用买方的合同条款作为基础文本。

谈判是交易双方力量的博弈,合同文本也会随着这种博弈而不断修改。在这种情况下,特别需要利用文字处理系统掌握文本内容、控制合同的修订,并妥善管理文档,以确保交易安全及提高工作效率。

1. 尽量采用电子文档

合同谈判的传统方式大多是面对面进行的,但随着现代通信手段的发展,以传真或电子邮件方式反复交换意见也已成为一种谈判方式。特别是通过免费的电子邮件进行合同谈判及修改,已经是一种非常有效的工作方式。

对于需要反复谈判、修改的合同,可以建议双方全部采用电子文档的方式提供、保存、传输、修改,因为这样非常便于管理,也便于借助电脑中的文字处理软件高效地完成文件的管理、核对、修改等作业。特别是某些关键词的检索、替换在电子文档上非常方便,而在纸质文档上则非常不便。

2. 加强文本的综合管理

为提高工作效率和准确性,非常有必要对一个项目甚至一份需要反复修改的合同专门设立一个文件夹,不仅保存所有的与该合同有关的文件,而且对每个文件不同时期的版本都要加以保存以备不时之需。

同时,各文件也需要有非常规范、统一的文件名,以便于后续工作的开展,必要时还要在文件名中用最简单的方式注明每一稿是哪方提供的、具体日期。例如,用"A 与 B 房屋租赁合同 061206"作为文件名,表示 A 公司与 B 公司之间的房屋租赁合同,律师收到合同的日期为 2006 年 12 月 6 日。在审查或修改这一合同时,可将文件另存为"A 与 B 房屋租赁合同 061206A"以示区别。

3. 约定双方的修改方式

对于长达数千字的合同,如果每次都要将对方修改过的合同从头至尾、一字一句地进行审查,无疑是劳民伤财的工作,不仅费时费力还容易出错。因此要采取措施,保证双方跳过那些已无异议的条款,只关注分歧部分及修改部分。

通常的做法是,约定双方均利用文字处理软件的修订功能进行修改,并以标注的方式说明自己的意见。这种模式可以同时显示修改前后的不同情况,方便另一方的核对、确认及否定。另外,也可以约定将修改之处采用某种颜色的字体或背景加以显示以提醒对方注意。两种方式都可以在同意对方修改方案时,将条款转为正常状态,使双方可以在不断的求同存异中达成一致。

4. 核对文本是否变化

合同中的某些条款即使进行个别措辞、标点符号的修改,也会影响整个合同的利益平衡。作为一种防御手段,在对方提供了修改过的合同文本后,即使对于未经修改的条款也要进行核对。

用传统的方式校对文本间的不同是非常困难的,借助于文字处理软件,可以轻易地将对方修改后传输过来的文本与己方的最后文本进行比较,发现其删除或增加的内容,减少无谓的时间和精力的消耗。

大多数企业在谈判时会严格遵守约定,标注出自己修改的内容。但无论如何,作为一种防御手段,认真核对未标注部分是否修改,才能保证合同文本的安全。在某些情况下,也可以直接以PDF文本提供给另一方以防止随意修改。

三、合同的补充及变更

在某些情况下,由于合同存在约定不明的情况,或是签约时所依据的客观条件发生了变化,就必须签订补充合同增加或变更合同条款以确保合同的继续履行。无论是真正的补充还是需要变更某些条款,一般都用"补充合同"或"补充协议"的方式加以补充约定,有时也会直接以"协议书"等名义出现。

还有一种补充合同,其并不是真正意义上的补充,因为其签订的时间与原合同是相同的。这类"补充合同"有时是为了应对那些必须采用而又不太适用的合同文本,其中必须使用的文本为"阳合同",真正履行的文本则是"阴合同",而补充合同多为"阴合同"。

无论是哪种补充合同,都是基于原合同并对原合同的条款进行变更,因此在起草时要考虑诸多需要与原合同协调的因素。

1. 体现原合同

补充合同依附于原合同,因此往往并不完全具备合同应当具备的基本条款,无法独立存在。特别是以"协议书"的名义出现的合同,如果在内容上未能体现出所依附的原合同,往往会被理解为一份独立的合同。除非能够排除其他可能,否则补充合同必须能够反映出其依附的原合同,批量签订补充合同时更是如此。

例如,对于一份有缺陷的长期供货合同的补充合同,可以在其首部加上一句简单的描述:"甲乙双方曾于2006年10月8日签订《长期供货合同》一份,现对未尽事宜补充约定如下。"借此锁定补充合同与哪份原合同有关。

另外,在合同条款发生变更后,补充合同与原合同之间到底是何种关系,需要在补充合同中约定清楚。如果是以新合同替代原合同,还要注明原合同自新合同生效之日起废止,并约定原合同遗留问题如何处理。因为新合同并不当然溯及原合同,必须明确新旧合同交替时原有权利义务遗留问题如何处理。

2. 关注条款关系

由于合同条款之间会存在某种权利义务关联性,往往在补充一个条款或变更一个条款的同时,要特别注意这一补充或者变更可能会影响到其他条款的履行或与合同中的其他约定产生冲突。一个交易内容的改变,有可能同时引起交付时间、合同总额、付款方式、质量责任等一系列合同条款的变化。因此在签订补充合同时,其工作量有时会与重新审查原合同相差无几。如果在起草合同时遵循了"条款无关性原则",对于后续的修改及补充就会带来许多便利。

例如,某承租人将其承租店面的一部分用于同第三方合伙经营,后与第三方产生矛盾并最终引起租赁合同的变更。表面上看只是一个承租人变成了两个,但实际上既要考虑房屋的水表、电表等共用设施的分割使用,还要考虑楼上店面如何通过楼下店面的消防通道等问题。

3. 协调效力交接

补充合同一经签订,就涉及原来约定的权利义务与补充约定的权利义务如何衔接、何时衔接的问题,以及因变更本身引起的新问题如何解决的问题。不解决这些问题,就有可能产生争议,甚至留下潜在的重大隐患。

这主要涉及原来的权利义务履行到何时为止、新的约定何时生效、跨越新旧合同的履行行为如何界定其性质等问题。另外,由于新旧权利义务的交替大多会产生新问题,有时还要考虑因原合同到新合同的转换引起的损失如何界定、由谁承担,以及因此而增加的审批手续该由哪一方完成、相关费用如何承担等。

4. 重签代替补充

从实用角度看,补充后的合同在履行时要不断将原合同与补充合同对照使用,因而非常麻烦。有时与其签订补充合同还不如签订一份新合同,并在新合同中约定终止原合同。特别是当补充合同与原合同之间内容上相差无几,或者补充合同会导致两份合同间的条款关系非常复杂时更是如此。

当后一种情况出现时,无论是从合同业务的工作量角度还是从合同履行的便利性角度,签订补充合同绝对不如重新签订合同来得直接、方便,只不过是要在新合同中约定两份合同间如何顺利过渡的问题。

第五节　合同起草实例

合同业务中的审查、修改和起草技能之间有着循序渐进的关系,每一技能都在一定程度上依赖前一技能的知识及经验的积累。在起草中需要注意的法律问题、表述问题等内容前文已经提及,而合同起草实战不仅是对相关知识和经验的综合应用,而且还是逻辑上的推导、演绎过程,或者说是要领划分和细化以及分层、建秩的过程。

本节将以一份合同的真实起草过程为案例,介绍各阶段的具体工作。为避免对当事人产生不利影响,部分内容进行了修改。

一、了解客户的需求及背景

多年以前,某服务行业的大型公司为了促进销售业绩的提高,需要在各地大量开办营业厅,以便于向客户提供便捷的服务。公司对于此前的各个版本的合同均不满意,认为过于简单、缺乏可操作性和指导性,因此要求重新起草。由于该公司拥有合同履行中所必需的独有资源,因此在合同中处于优势地位。对需要起草的合同,当事人所提供的基本设想及需求是:

①公司准备在城市里以开办营业厅的方式组建营销网络,以便于产品的推广,便于客户办理业务,便于占领竞争中的有利商业地段,因而是大量使用的合同。

②营业厅开办后公司无足够的自派人员从事具体的经营、管理,而是由其他企业提供人员,按公司的标准和要求对外提供服务。

③经营期间,公司仅对营业厅进行非常驻式的指导和监督,因而对企业派出员工的管理、双方的协调、服务的规范及标准方面要有明确约定。

④经营期间会有多种费用产生,双方必须明确约定各种可能产生的费用以及风险的承担方式、双方报酬的分配方式。

⑤经营过程中要有数据终端连接公司与营业厅,同时还需不断地提供产品给营业厅用于分销,在提供产品问题上,公司与企业之间存在买卖关系。

⑥由于某些特定条件的限制,只能采用这一形式,无法进行更多的变通和重新定位,但合作各方均对这一形式看好,并乐于接受比较详细的合同。

⑦合同应在广大的区域内有示范作用,要涵盖所有营业厅设立及经营过程中的各类问题,并对下属公司设立营业厅有指导作用,可根据合同直接操作。

⑧要有效地衔接法律事务管理与经营管理。

二、对合同基本结构的设计

合同可以分为首部、正文、尾部、附件这四个基本组成部分,合同起草中最主要的是正文部分。因此,这里沿用前面讨论过的工作方法将合同内容分割成不同的模块。具体操作上,按双方合作所涉及的各类问题进行归类,然后按照因果顺序以及待解决问题的先后顺序排列,将合作事宜分成如下十个方面:

一、定义及合作宗旨
二、双方的资格及权限
三、经营活动内容及方式
四、投资及日常费用的承担
五、经营用物品的提供
六、人员提供及经营管理
七、酬金的标准与结算
八、协议的终止
九、违约责任及赔偿
十、其他约定事项

为便于理解,现解释这样设立合同基本结构的原因如下:

(1)"定义及合作宗旨"条款

"定义及合作宗旨"总是放在最前面,因为只有这样才能明确合同中的关键词到底是什么含义,并明确签订及履行合同的目的。而且,这种合作模式前所未有,基本概念需要在合同中加以明确。

(2)"双方的资格及权限"条款

约定合作双方在经营资格方面应当具备的条件,是由于某些合作对象本身拥有多个门市,因此必须限定合同权利行使的范围,在这一条中明确主体资格。

(3)"经营活动内容及方式"条款

这是一个双方"干什么"的条款,专设这条内容以明确双方合作的经营活动内容及方式,也让对方对能否营利有预期。

(4)"投资及日常费用的承担"条款

在前面几个问题解决之后,如何投资、如何分摊费用的问题便成为首要的问题,这也是"怎么干"模块功能的一部分。

(5)"经营用物品的提供"条款

双方合作的营业厅开办以后,经营中还有许多设备、物品等需要由合同主导方持续提供,否则经营无法进行。因此对经营中各类物品如何提供进行约定。

(6)"人员提供及经营管理"条款

由于合同的主导方不可能保有数量庞大的人员在各营业厅提供服务,必须借用从属方的人力并加以管理,因此专门设立这一条款调整人员及管理权问题。

(7)“酬金的标准与结算”条款

这一条是所有服务性合同都要涉及的,本身没有什么特别,但该合同的酬金计算方面比较独特,因此需要特别约定双方的利益分配问题。

(8)“协议的终止”条款

前面第四条至第七条均为“怎么干”条款,而这一条则是“出了问题怎么办”模块中的条款。考虑到合作期限较长,因此必须设立退出机制,以便于情况不利时及时终止合同,避免损失扩大或利益受到损失。

(9)“违约责任及赔偿”条款

同样是“出了问题怎么办”模块中的条款,对违反前面各条规定时所需要承担的责任统一加以约定,既提高了合同的威慑力,也列出了解决问题的方法。

(10)“其他约定事项”条款

这个条款实际上是个大杂烩,将合同所需要且处于其他条款之外的条款放在一起,避免由于条款有的过长有的过短而造成的不均衡。这些条款往往内容十分繁杂,专门设立一个条款则条款太短,因此干脆放在一起。

三、对合同基本结构的扩展

这十项基本内容已经包括了建立、运营营业厅所必须考虑的各大问题,结构已相对完备,进一步细化模块功能有了明确的目标,也容易得多。但这些内容还只是一些简单的大类,与具体的条款还有一定的距离,因此要将上一步所得出的模块进一步细分成更细的、更具体的内容。扩展完成后的结构如下:

一、定义及合作宗旨
(一)营业厅的定义
(二)合作经营的定义
(三)合作的宗旨
二、双方的资格及权限
(一)甲方的经营资格及承诺
(二)乙方的经营资格及承诺
(三)双方合作的范围限制
三、经营活动内容及方式
(一)营业厅的经营活动内容
(二)营业时应当遵循的服务标准
(三)服务范围的扩大
四、投资及日常费用的承担
(一)开业费用的承担
(二)经营费用的承担
五、经营用物品的提供
(一)印章和发票的提供
(二)业务宣传资料的提供
(三)服装及标识的提供
(四)甲方产品的提供

(五)各类物品提供的原则
六、人员提供及经营管理
(一)甲方派出人员的权利
(二)乙方在合作中的权利
(三)甲方对营业厅所承担的义务
(四)乙方对营业厅所承担的义务
七、酬金的标准与结算
(一)计算酬金的数据管理
(二)营业款管理
(三)利润核算办法
(四)酬金支付方法
(五)酬金的范围
八、协议的终止
(一)因履行期满后的终止
(二)因乙方违约后的终止
(三)因非双方原因造成的终止
九、违约责任及赔偿
(一)保证金条款
(二)乙方的违约责任
(三)甲方在乙方违约时的权利
(四)保证金的处理
(五)甲方违约的责任
十、其他约定事项
(一)协议与其他内容或标准内容冲突时的解释顺序
(二)附件的效力
(三)仲裁条款

由于没有相应的文本可以借鉴,因此对于基本模块的细化基本上来自推理,但该推理得出的结果得到了业务部门的一致认可。

四、对合同最终文本的确定

经过上述工作以后,具体的条款以及条款中的内容已经基本确定,各具体条款的起草已经相当于命题作文,合同的正文已经呼之欲出。按此思路丰富各条款的具体内容后,最终的合同条文如下:

营业厅合作经营协议

编号:____

甲方:××有限责任公司
乙方:××有限公司
甲乙双方为充分发挥各自优势,多渠道向用户提供优质服务、进一步推广甲方业务、规范甲方业务的市场管理,经充分协商,本着公平合理、紧密合作、互惠互利的精神,就双方合作经营甲方所属营业厅事宜达成如下协议,并共同遵守:

一、定义及合作宗旨

(一)本协议所称的营业厅,系指由甲方上级单位依法设立并授权甲方经营管理的、由甲方与乙方合作经营的营业场所,该场所专业从事甲方相关业务。

营业厅的地址:__________,正式名称为:__________,负责人为甲方负责人。

(二)本协议中所称的合作经营,系指营业厅由甲方根据上级公司授权,与乙方按约定承担费用及经营责任,乙方提供营业人员按照甲方的服务标准及服务模式,在规定范围内向甲方用户提供服务,并由甲方按乙方的工作业绩支付酬金的经营行为。

(三)营业厅的经营宗旨,系为了充分发挥各自的优势共同为甲方用户提供便捷、优质的服务,并使双方均取得良好的经济效益。

营业厅由甲方对外承担民事责任,在甲方对外承担民事责任后,由双方按照本协议及公平的原则各自承担应负的责任。

二、双方的资格及权限

(一)甲方系合法注册的经营企业,有合法的经营范围及充分的经营能力和经验,从事本协议中的相关经营业务。

甲方在此承诺:对履行本协议所需的法律手续由甲方自行负责,如有与法律相抵触的行为其责任由甲方承担。

(二)乙方系合法注册的器材经营企业,营业执照注册号为__________、经营范围为__________、经营地点为__________。

乙方在此承诺对履行本协议所需的法律手续由乙方自行负责,如有与法律相抵触的行为其责任由乙方承担。

(三)乙方根据本协议开展相关的业务经营和用户服务,其权利仅限于前述经营地点并由乙方自行单独行使,不得以任何方式转让该权利或在其他地点或与其他方共同行使。

甲方在与乙方合作的同时,仍有权与其他方进行合作,经营其他营业厅。

三、经营活动内容及方式

(一)营业厅的经营范围按依法注册的范围执行。本条所述营业厅的业务活动内容由甲方根据乙方的内在条件和外部环境在综合考察后逐步开设,并按甲方授权的业务内容和期限执行。具体的业务活动内容如下:

(1)业务受理

①受理甲方业务的新用户开发以及新业务办理;

②销售甲方所属品牌产品;

③受理甲方所属品牌用户综合业务的办理;

④由甲方指派的短期或临时性的业务办理。

(2)服务提供

①向甲方所属用户提供账务查询、投诉处理、业务咨询;

②进行用户回访、大客户服务、集团客户服务、特殊用户的上门服务。

(3)营销实施

①按公司要求对市场信息及其他同业经营企业的信息进行收集及反馈;

②经公司授权或审核后开展的短期业务促销、业务宣传、业务演示;

③集团用户、大客户的发展与挽留。

(4)代理店服务

①按甲方要求从事甲方与代理店之间的中间服务,包括资源配送、平台受理、资料复核、业务培训招集、发票管理等;

②对甲方指定的下属代理店的业绩数据进行统计。

(二)营业厅所从事的业务活动必须按甲方下列管理要求及管理标准执行:

①《营业厅营业服务规范》;

②《业务操作规范》;

③《营业厅服务、管理质量考评办法》;

④《日常管理规范及工作流程》;

⑤甲方以传真形式出具的规范性的业务通知及临时性调整或增加的业务、服务规范。

上述管理要求及管理标准在协议履行期间如发生变更,按变更后的要求及标准执行,本协议继续有效。

(三)营业厅的经营以本协议关于经营活动内容的约定为主。经甲方同意,乙方或其他方可在营业厅指定区域内,以自己的名义开展终端设备的销售及搭载甲方产品的促销活动。销售方应按甲方的有关规定进行经营活动,并负责对所销售的终端设备的维修等售后服务。

四、投资及日常费用的承担

(一)营业厅开办所需的经营场地租用、执照注册、设计装潢、终端设备的提供及安装、专线的申请、安装由甲方负责。营业厅统一使用甲方的企业标识和企业识别系统,所需费用由甲方全额投入。

(二)营业厅所需的日常经营费用由双方按下列方式承担:

(1)营业场所租金由甲方承担;

(2)维护费用,包括房屋、营业场所以及计算机设备、演示设备、专线费用的日常维护费用由甲方负责;

(3)运营费用,包括日常运营开支的房屋水电费、固定电话费用、管理费、差旅费等杂费由乙方承担;

(4)员工薪酬及福利,甲方派驻营业厅的业务指导员的薪酬及福利待遇由甲方承担,营业人员由乙方招聘并由乙方参照甲方标准提供薪酬及福利待遇;

(5)培训费用,营业人员的培训费用由甲方承担,但因培训而产生的交通费、餐费、住宿费由乙方承担;

(6)促销、广告费,营业厅由甲方指定的促销活动及广告费用按具体活动中的办法规定承担,乙方经甲方认可的营业厅的日常促销活动及广告支持所需费用由乙方承担。

五、经营用物品的提供

(一)甲方负责向乙方提供开展受理业务中所必需的以甲方名义出具的发票以及用于在发票上加盖的日戳章等图章、票据。

乙方对于发票及图章等物品的使用必须按照甲方的要求执行。

(二)营业场所用于免费赠阅的各类业务资料,主要是甲方指定摆放的业务资料及宣传资料,由甲方负责免费提供。

(三)员工服装及标识,包括乙方员工的服装、工号牌、桌牌等规范标识物由甲方统一制作、免费提供。

(四)营业场所经营所需的甲方产品由乙方每次以买断的方式向甲方领取,相应的发票由甲方等额提供。乙方已买断的甲方产品除有质量等问题而无法正常使用的外，甲方不予退换。

（五）当营业厅内甲方产品的存量低于50%时，乙方可申请补足，但在产品出售之前，乙方不得私自使用，否则视为乙方已经对外销售并计入乙方已销售的总额。其他物品的提供以不影响正常营业为限。

六、人员提供及经营管理

（一）甲方业务部门或派驻营业厅的业务指导员代表甲方对营业厅进行全方位的业务指导、监督及考核，主要权利如下：

(1) 有权对营业厅的店面布局、格调总体设计、广告发布内容及形式进行监督，并有权要求乙方对不符合甲方要求的附加装潢、宣传及时变更或拆除，以使之与甲方企业形象相协调；

(2) 有权对乙方营业人员进行上岗考试及对其业务操作进行管理及监督，对于考试不合格或不胜任的人员，甲方有权要求乙方予以及时调换，对于违反规定的行为有权要求改正或调换其他经培训合格的人员；

(3) 有权对乙方的服务流程、服务态度、服务质量、服务手段、业务能力、设施设备等进行全面的指导和监督，并有权督促乙方及时改进工作以共同创造良好的企业形象和营业环境；

(4) 其他甲方或甲方授权的业务指导员认为符合甲方有关业务或管理规定，且有利于提升甲方公司形象、提高客户服务水平的意见，乙方必须遵照执行；

(5) 有权按照甲方的规定对营业厅的业绩、乙方人员的工作情况等进行综合评定，以确定乙方的酬金总额，并有权对乙方每个员工的薪酬提供发放标准的参考建议。

（二）乙方有权依照本协议的约定行使对营业人员的经营管理权，负责具体经营行为的实施及日常的经营管理，但不得从事有损于甲方利益的行为。主要权利如下：

(1) 有权自行招聘人员、设定劳动岗位及乙方员工的职位、对员工进行考核，但乙方与营业人员的劳动关系必须符合劳动法律的规定；

(2) 有权在合理范围内自行处理用户投诉，承担理赔风险；

(3) 在不与甲方的经营方针、服务宗旨相抵触的前提下，根据市场需求信息，向甲方提出调整经营策略的建议，并在经甲方同意后结合乙方的实际情况制定、实施营销策略，合法经营、自负盈亏；

(4) 依本协议取得酬金。

（三）在本协议履行期内，甲方承担如下义务：

(1) 负责乙方业务受理人员的上岗培训，并不定期组织受理人员进行操作规范、新业务等方面的培训；

(2) 如有关价格发生变动，甲方提前书面通知乙方调整售价；

(3) 当乙方因业务需要，须以甲方名义办理相关手续时，甲方提供必要的协助；

(4) 对于营业厅经营所需的物品、产品应当及时配送，保障营业的正常、顺利开展。

（四）在本协议履行期内，乙方必须确保其员工承担如下义务：

(1) 遵守法律法规及职业道德，合法经营，自负盈亏，不得以诋毁其他营业厅等方式进行不正当竞争；

(2) 乙方在业务活动中所知悉的甲方技术资料、用户资料、管理文件等不被公众所知悉且一旦泄露即可能对甲方产生不利影响的信息均属甲方的商业秘密，乙方对甲方的商业秘密负有保密义务，未经许可不得提供给任何第三方；

(3)维护经营的一致性,非经甲方书面同意,乙方及其所属企业、分支机构不得代理任何其他同业竞争行业的业务和服务;

(4)遵守本协议及甲方的管理、奖励等办法,接受甲方的业务管理和指导,以优质服务及市场的不断开拓,树立和维护甲方的良好信誉;

(5)严格遵守甲方的资费标准,不得擅自改变甲方规定的资费价格,更不得向甲方用户加收任何不合理费用;

(6)妥善保管和合法使用由甲方提供的各类发票、图章,甲方提供给乙方用于向用户开具的发票不得以涂改、抽芯等非正常、非法的方式使用;

(7)乙方应按甲方规范进行业务受理、提供用户服务,因乙方原因造成的服务投诉、纠纷及责任等经济赔偿责任,均由乙方承担;

(8)确保营业厅建筑物、设备、设施的安全,发现隐患及时向甲方反映,防止发生人身伤害事故及营业厅财产的损坏、失窃;

(9)及时执行甲方要求调换营业人员的要求,并自行解决被调换人员的安置问题,对于经甲方查处的乙方营业人员的违规行为,有义务按甲方的建议在支付酬金时作相应的扣减。

七、酬金的标准与结算

(一)乙方人员必须按照甲方规范的要求,及时在甲方提供的终端输入相关的营业收入、销售情况数据,并在每个营业日终止后进行核对。每次核对后,应通过终端向甲方提交核对结果报告,以便双方及时纠正误差。

(二)营业厅的营业款管理按国家及甲方的有关规定执行,具体的管理办法见本协议附件中甲方的有关业务操作规范规定,在操作时必须做到账实相符。

乙方经甲方同意对外开办的服务必须首先计入甲方的收入,然后按双方约定分配。

(三)营业厅当月利润测算按甲方制定的《营业厅利润测算标准》执行,该测算包括对乙方人员进行考评后的酬金增减调整。

本协议项下营业厅月利润不小于____万元时,超出部分由甲方按《销售酬金考核办法》支付乙方酬金。如营业厅月利润不足____万元,差额部分由甲乙双方平均分摊。

(四)乙方收取甲方支付的酬金时必须向甲方开具正式的结算凭证,所涉税务问题由乙方自行解决。甲方每月对乙方的酬金进行结算,并在次月15日前一次性支付。

(五)除酬金外,甲方不再另行向乙方支付其他费用,乙方所聘员工的劳动保险、福利待遇等均由乙方负责解决。

八、协议的终止

(一)本协议自履行期满后终止,终止前双方均有意愿继续合作的,由双方另订延长协议。双方未及时订立延长协议的,视为按本协议规定的内容执行,有效期不定期延长。

当本协议履行期限届满且甲方仍需与其他方合作时,在同等条件下乙方享有优先权。

(二)本协议履行期间如有下列情况发生,甲方有权在向乙方发出正式通知后单方面终止协议,并由乙方承担损失:

(1)乙方因涉及经营范围、经营方式等工商法律问题,无能力或无法在合理的期限内解决,并因此影响到营业厅的正常经营的;

(2)因乙方的过错或处置不当,或因违反本协议的行为,导致甲方营业厅被有关部门或甲方上级公司查处、停业整顿、通报批评,严重影响甲方名誉的;

(3)因乙方的过错、管理不善导致甲方的设备等财产受到巨大损失,且乙方拒绝、没有能力或未能在合理期限内以合理方式补救的；

(4)乙方人员或经营活动连续两个月无法达到甲方考评标准，或经甲方要求整改后仍不按甲方规范执行的，或乙方人员虽经培训、考核但仍旧无法满足起码的工作人数要求的；

(5)乙方或其所属企业、分支机构经营甲方之外的其他同业竞争企业产品或服务的，或擅自将本协议项下权利转移给他方的；

(6)乙方具有违法或违约行为且拒不执行甲方监督意见，未能及时改正、采取补救措施、承担责任，或乙方在经营期间使用欺骗手段损害甲方利益的。

本协议履行期间如有上述情况发生，甲方除有权解除协议外，还有权要求乙方赔偿甲方的经济损失。

(三)本协议如遇下列情况发生，由双方按本协议要求自行清理善后事宜：

(1)因不可抗力致使营业场所的建筑物毁损并已失去使用功能，且在3个月内无法恢复的；

(2)因房屋拆迁、规划调整、马路拓宽等政府行为的影响，致使营业场所无法继续使用的；

(3)因双方中的任一方上级政策调整或无法达到满意的经济效益，已无力或无法继续按本协议的规定履行的，需提前30天通知对方，并由双方本着平等、公平的原则，妥善处理善后事宜；

(4)本协议期满且双方中的任一方无意继续合作的；

(5)本协议的操作方式违反法律，且无其他补救措施能够解决的。

如因上述原因双方无法继续合作的，由双方本着公平的原则，互相承担应付的费用和责任。

九、违约责任及赔偿

(一)为表示履行本协议的诚意，乙方自愿将人民币60万元存入共同约定的保证金账户。一旦乙方违约，除乙方需按双方的约定承担相应的责任外，甲方有权按双方的约定解除本协议，并按约定从该账户中扣款。

(二)乙方所聘人员的违法或违约行为视为乙方的违约或违法行为，包括但不限于下列行为：

(1)因自身管理不善或其他原因受到新闻媒介曝光，影响到甲方利益或形象的；

(2)乙方员工私自将甲方的财物占为己有，或因保管不善造成甲方所提供的服装、工号牌、桌牌等规范标识物、营业用物品毁损、遗失的；

(3)乙方员工私自储存、泄露甲方经营数据、用户资料、管理文件等商业秘密的；

(4)因乙方过错造成房屋或设备损坏、营业款短少的；

(5)因乙方非正常或非法使用甲方所提供的发票而给甲方造成损失的。

一旦有上述违约行为发生，由乙方全额承担赔偿费用，包括因影响正常营业而造成的经济损失，甲方有权视情节的严重程度决定是否终止协议的履行。

(三)一旦发现乙方的服务或其他经营活动不符合甲方的标准或要求的，甲方有权要求及时改正。不能及时改正的，甲方有权关闭终端并要求乙方停业整顿，由此而产生的损失由乙方承担。

(四)因乙方行为给甲方造成的损失，在乙方未能按甲方要求的期限赔偿完毕时，甲方有权将不足部分从乙方当期应付酬金中予以扣除，酬金仍旧不足的，甲方有权从乙方的保证金中扣除，直至解除本协议。

(五)甲方未能按本协议的约定支付酬金的,乙方除按中国人民银行有关逾期贷款利率收取滞纳金外,有权解除协议并要求赔偿损失。

十、其他约定事项

(一)本协议各条文间及协议与附件间的规定如不一致,按下列顺序进行解释:

①国家相关法律、法规,包括信息产业部[①]的相关部门规章;

②省公司标准文件规定、甲方的标准文件规定;

③本协议的目的;

④本协议及本协议附件内容;

⑤甲方解释;

⑥通常的理解。

(二)本协议如有未尽事宜,由双方协商后另订补充协议。本协议的附件为本协议不可分割的组成部分,与本协议具有同等法律效力。

(三)本协议一式四份,双方各执两份,自双方盖章之日起生效,有效期为两年。如有未尽事宜由双方本着公平原则协商解决,协商不成由×××仲裁委员会仲裁。

合同附件:

(1)甲方《营业执照》复印件;

(2)乙方《营业执照》复印件;

(3)甲方《营业厅营业服务规范》;

(4)甲方《业务操作规范》;

(5)甲方《日常管理规范及工作流程》;

(6)甲方《营业厅服务、管理质量考评办法》;

(7)甲方《代理店统计考评办法》;

(8)甲方《销售酬金考核办法》;

(9)甲方《营业厅利润测算标准》;

(10)营业厅《营业执照》复印件;

(11)营业厅《租房协议》复印件。

甲方:	乙方:
通信地址:	通信地址:
银行账号:	银行账号:
代表人:	代表人:

××××年×月×日

五、对合同起草过程的总结

这份合同大量涉及设立公司及日常经营中的各种资源分配、权利义务平衡,许多思路在其他合同中也同样适用。由于当时熟知当事人的企业战略及经营模式,这份合同考虑问题的详细程度超过了业务部门的工作计划,以至于同时被当成工作计划安排使用,得到业务部门的广泛认可,并

① 已更名为工业和信息化部,下同。

被大范围推广。

今天看来,这份多年前的合同已经有了许多值得改进的地方,法律环境也发生了变化,因此仅用于示范结构设计和起草过程。同时说明,只要了解当事人的需要和情况,不依赖任何文本,同样可以轻松地起草出质量上乘的合同。

第五章　合同管理中的法律风险管理

本章提示

前面几章所讨论的都是如何完善合同文本,也就是控制从文本中产生的法律风险。而在合同文本以外,包括合同签订以前、合同的履行过程等,仍有大量的事务需要以专业的方式加以处理,文本的完善在这个大布局中只不过是其中的一环。引入合同管理的概念,对文本以外的合同事务同样实施有效的管理,才能在更高的层面上为企业创造价值。其中,对于合同管理中所涉及的法律风险的管理,则更是律师应当认真掌握的内容。

随着我国经济的发展,企业的资产规模和交易规模不断上升。随之而来的,便是企业由于法律风险而导致的各类损失越来越大。为此,许多企业加强了合同管理。但某些企业的合同管理其实不过是合同专用章和空白合同或介绍信的管理,还有一些企业的"合同管理"不过是合同的归档管理,并未从法律风险角度考虑问题,无法保证企业在法律方面的权益最大化。

无论是缺乏法律知识或对法律问题应对不当,都存在导致企业遭受不利后果的可能性,这种可能性就是法律风险。由于合同行为是企业经营中必不可少且举足轻重的活动,合同法律风险是企业遭遇的最为频繁的法律风险,也是企业法律风险管理的重中之重。

合同管理中的法律风险管理,应当从合同谈判开始,直到合同因终止、履行完毕、诉讼并执行完毕等原因而彻底了结时止,既包括合同文本法律风险的管理,也包括与合同有关的一系列法律风险的正确处理方式。因此,无论是称为全面合同管理也好,还是称为合同法律风险管理、合同法律风险控制也好,其实质都是充分利用法律手段,应对文本之中以及文本之外的各种法律风险。

第一节　合同生效前的法律风险管理

对于发生在合同生效之前的行为,当事人一般不会承担违约责任。但基于《民法典》等法律规定,即使合同没有生效,当事人也未必没有任何义务。合同生效前当事人的诸多行为均有可能承担法律风险,而这些行为往往与合同本身并无关系。

一、交易安全的相关事项

在决定是否交易时,交易安全是与交易成本同样重要的决策因素。交易安全是指从协商一致的交易条件出发,实际的交易结果与预期的交易对价之间的符合程度,符合程度越高则交易越安全。影响预期交易对价实现的任何违法、违约行为以及意外事件等,都是影响交易安全的因素。交易安全与交易成本相互作用,共同影响着是否交易的决策。甚至二者之间存在一定的反比关系,越安全的交易,其回报一般也会越低。

在合同文本以外,提高交易安全程度的方法主要有三种:

①由对方自己或第三方为对方的交易行为提供担保,直到合同履行完毕;

②约定后履行义务,例如卖方款到发货、买方货到付款等,确保不受损失;

③通过尽职调查、分析等一系列手段,选择信誉及实力良好的交易对象。

1. 由对方提供担保

由对方为其交易行为提供担保是最为稳妥的确保交易安全的手段。只要担保方式选择得当，这一手段能够得到比其他方式更多的交易安全。但这并非一厢情愿就能实现，还取决于对方交易的迫切程度及第三方是否愿意担保等。此外，还存在着保证金等似是而非的“担保”，需要加以识别。

最高人民法院《关于适用〈中华人民共和国民法典〉有关担保制度的解释》第 68 条第 1 款规定：“债务人或者第三人与债权人约定将财产形式上转移至债权人名下，债务人不履行到期债务，债权人有权对财产折价或者以拍卖、变卖该财产所得价款偿还债务的，人民法院应当认定该约定有效。当事人已经完成财产权利变动的公示，债务人不履行到期债务，债权人请求参照民法典关于担保物权的有关规定就该财产优先受偿的，人民法院应予支持。”

而该《解释》的第 70 条第 1 款又规定：“债务人或者第三人为担保债务的履行，设立专门的保证金账户并由债权人实际控制，或者将其资金存入债权人设立的保证金账户，债权人主张就账户内的款项优先受偿的，人民法院应予支持。当事人以保证金账户内的款项浮动为由，主张实际控制该账户的债权人对账户内的款项不享有优先受偿权的，人民法院不予支持。”从这些解释可以看出，将财产形式上转移至债权人名下或设立专门财务由债权人实际控制，可以使债权人得到更好的保护。

此外，“保函”的概念已经越来越多地出现在国内交易中。对于涉及保函条款的审查，可参见最高人民法院《关于审理独立保函纠纷案件若干问题的规定》。

2. 选择后履行义务

从总体上看，后履行义务的一方总会比先履行一方安全。因为当对方先履行后，己方想要得到的对价已经得到，单方安全已经得到了保障。由于收到对方的对价后只剩下向对方提供对价的义务，完全可以在自己的掌控之中，因而交易安全有着更多的保障。

但以后履行来保证交易安全的方式，主要适用于一次性的、标的简单的交易，如果交易存在着双方的后续履行，则这种方式一般难以起到确保交易安全的目的，除非一方在交易中占足了优势地位且可以为对方提供足够的交易安全。

3. 调查对方资信等情况

资信调查从理论上讲是在交易之前了解对方底细，从而选择具有足够履行能力和商业信誉的对象进行交易，分为向对方直接调查和向相关机构间接调查两种。直接调查大多在并购及贷款等合同签订之前，由收购方或贷款方向目标公司发出调查函，由对方按清单上所列的内容提供相应的资料。后者则主要通过向工商管理部门及各类产权登记部门了解对方的资产状况，还可以通过这些部门或通过其他方式了解对方的信用状况、违法或违约记录。

由于目前的信息公布体系不健全、信誉记录体制不健全以及企业经营记录管理上的不规范，除了上市公司外，许多企业的真实信息无法通过调查得到。而且，虽然全国性的信用记录体制在不断完善，但能够得到的信息既不完整也不及时。相对来说，对于交易对象的调查，在许多情况下还是能够解决不少问题，如通过对某些企业直观的调查，就可以了解主体是否真实存在、是否具备履行能力、能否按合同履行、信誉状况等情况。

二、对要约或承诺的应对

要约与承诺是合同成立过程中非常关键的阶段，要约是交易谈判的开始，承诺则是合同的成立。如果将要约当成要约邀请发送，或者将反要约当成了承诺，都有可能为此承担民事责任。

1. 要约的性质及应用

按照《民法典》中的相关规定，要约是希望和他人订立合同的意思表示，而要约邀请则是希望他人向自己发出要约的意思表示，因而要约邀请无法直接承诺及履行。《民法典》第 473 条规定：“要约邀请是希望他人向自己发出要约的表示。拍卖公告、招标公告、招股说明书、债券募集办法、基金招募说明书、商业广告和宣传、寄送的价目表等为要约邀请。商业广告和宣传的内容符合要约条件的,构成要约。”因此,具体的商业广告属于要约还是要约邀请,需要视其实际内容而定。

如果发出的要约中存在错误,可以通过撤回及撤销的方式加以补救。但两者的到达时间并不相同,撤回要约的通知不得迟于要约到达受要约人之时,而撤销要约的通知则必须在受要约人发出承诺之前到达。如果要约已经明示不可撤销或以注明承诺期限的方式表示其不可撤销,则存在当情势对要约方不利时被他人承诺的风险。为此,《民法典》第 476 条规定:“要约可以撤销,但是有下列情形之一的除外:(一)要约人以确定承诺期限或者其他形式明示要约不可撤销;(二)受要约人有理由认为要约是不可撤销的,并已经为履行合同做了合理准备工作。”这一规定增加了发出要约时的法律风险,也提醒企业加强对要约及要约邀请的管理,并根据企业能力为要约设定有效期限或条件,规避因要约或要约邀请而引发的法律风险。

2. 承诺的性质及应用

《民法典》对于承诺的规定要远远多于对要约的规定,因为承诺的情况远比要约复杂,而且一经承诺则合同成立。

以信件、电报发出要约的时间,及以发出要约的电话、传真到达的时间均为承诺期限的开始。如果没有明确的承诺期限,则通过对话发出的要约应当即时承诺或在双方约定的期限内承诺,而对于非对话方式发出的要约,则应在“合理的期限内”承诺,存在不确定性。

承诺虽然是在通知到达要约人时生效,但“到达”的标准比较复杂,按照合同法条款的不同,承诺的生效时间主要有以下几类:

①根据交易习惯或者要约的要求,受要约方作出承诺的行为时;

②以信件、电报发出承诺的,发出承诺的信件、电报到达时;

③采用数据电文订立合同的,发出承诺的数据电文进入收件人指定的特定系统,或收件人未指定特定系统而首次进入收件人的任何系统时;

④在承诺期限内发出的承诺,因其他原因在到达要约人时超过承诺期限的,要约人未及时通知承诺人该承诺因超过期限不再接受的;

⑤承诺对要约的内容作出非实质性变更,要约人未及时表示反对,或要约已表明承诺不得变更任何要约内容的。

承诺到达对方的后果是合同成立,如果不违反法律规定或没有特别的生效条件限制,则合同在成立时生效。这时如果承诺方不按合同履行,将可被追究违约责任。如果承诺存在问题,撤回承诺的通知应当不迟于承诺的通知到达要约人,否则属于合同成立后要求变更,同样可能被追究违约责任。在实际的经营活动中,许多企业对于承诺到达后撤回承诺的行为未予追究,其实是出于追究成本及精力消耗的考虑,但从法律上完全可以追究责任。

如果对于要约的内容不能完全接受,可以在承诺的同时对原要约作出变更。如果承诺时对要约的合同标的、数量、质量、价款或者报酬、履行期限、履行地点和方式、违约责任和解决争议方法等内容进行变更,属于《民法典》中对要约内容的实质性变更,不再属于承诺,而是向对方提出的新要约,必须由对方承诺后才有约束力。如果承诺的同时对要约的内容作出以上范围外的变更,则一般情况下承诺有效且合同内容以加入了变更内容的承诺为准,但前提是,要约方未表明承诺不得对要约内容进行任何变更或要约人未及时表示反对。

站在要约方的立场上,如果承诺对于要约的内容进行了变更,必须认真加以对待,以决定是否接受并对不能接受的要约及时发出通知。也可以在设计要约时,直接规定要约内容不得进行任何变更,以减少工作压力、避免法律风险。

三、重视合同的生效方式

对于合同的生效,《民法典》第 502 条规定:“依法成立的合同,自成立时生效,但是法律另有规定或者当事人另有约定的除外。依照法律、行政法规的规定,合同应当办理批准等手续的,依照其规定。未办理批准等手续影响合同生效的,不影响合同中履行报批等义务条款以及相关条款的效力。应当办理申请批准等手续的当事人未履行义务的,对方可以请求其承担违反该义务的责任。依照法律、行政法规的规定,合同的变更、转让、解除等情形应当办理批准等手续的,适用前款规定。”

但这一条款并非对于合同生效的唯一规定。《民法典》第158条、第160条分别规定:“民事法律行为可以附条件,但是根据其性质不得附条件的除外。附生效条件的民事法律行为,自条件成就时生效。附解除条件的民事法律行为,自条件成就时失效。”“民事法律行为可以附期限,但是根据其性质不得附期限的除外。附生效期限的民事法律行为,自期限届至时生效。附终止期限的民事法律行为,自期限届满时失效。”这两条规定在合同实务中的意义是为合同是否生效设置一道控制阀门,改变了以往合同签订即生效的常规惯例,使合同生效条件的控制成为一种高级合同技能。

除此之外,《民法典》第491条还规定:“当事人采用信件、数据电文等形式订立合同要求签订确认书的,签订确认书时合同成立。当事人一方通过互联网等信息网络发布的商品或者服务信息符合要约条件的,对方选择该商品或者服务并提交订单成功时合同成立,但是当事人另有约定的除外。”这条虽然只是针对以信件、数据电文等形式订立合同时的规定,但在企业的合同法律风险控制中也可以参照这一条款及上一条款,以附条件生效的方式对合同的法律风险进行控制。

也就是说,合同虽然盖章、签字成立,但还需经过一个附加的确认程序,合同经过确认则生效并履行,否则根本不生效。这种合同生效方式尤其对将盖好章的合同交给另一方盖章、签字的一方有利,这种合同落在不法之徒手中,就存在被涂改或增加条款后盖章、被存有恶意的其他方盖章等不利后果的可能性。先盖章一方可以在合同中约定涂改及手写无效,并约定在双方盖章且经书面确认后方为生效,以避免盖章后的合同被恶意利用。

在合同成立与生效问题上,《民法典》第492条的规定可以作为确定数据电文合同签订地的依据,从而成为确定合同争议管辖权的依据。该条内容为:“承诺生效的地点为合同成立的地点。采用数据电文形式订立合同的,收件人的主营业地为合同成立的地点;没有主营业地的,其住所地为合同成立的地点。当事人另有约定的,按照其约定。”在实际案例中,曾有被告事先将盖好章的合同传真发送给原告,原告在签字后传回给被告,最终被法院认定该合同属于以数据电文形式订立的合同,应以收到承诺的收件人的主营业地为合同成立地点,并据此确定被告住所地法院管辖的情形。

四、避免合同效力待定

效力待定合同是一种存在特殊缺陷的合同。虽然合同存在这种缺陷并不等于无效,但有可能产生最终因合同被撤销而被认定为无效的后果,因此会严重干扰合同双方对于合同的正常履行,并严重影响交易结果的可预见性,妨碍至少其中一方的交易利益取得。这种情况是指合同虽然已经成立,但因其不完全符合有关生效要件的规定,其效力能否发生尚未确定,一般须经有权人表示承认才能生效,影响了正常的交易步骤。①

这类合同的效力之所以处于一时无法确定的状态,大多是由于权利主体存在缔约资格或履行能力、有效授权方面的某种缺陷。

1. 效力待定合同与无效合同

无效合同的内容中大都存在严重违反国家法律、行政法规的强制性规定,或者是恶意损害国家利益、社会公共利益及其他方利益的行为,因此这种无效是根本性的、无条件的自始无效。而效

① 参见王利明、崔建远:《合同法新论·总则》(修订版),中国政法大学出版社2000年版,第295页。

力待定合同主要分为限制民事行为能力人所订立的合同、代理权存在瑕疵时所订立的合同、无权处分他人财产所订立的合同。①

由于无民事行为能力人只能由其法定代理人从事民事行为,因此《民法典》中仅规定了限制民事行为能力人所订立的合同需要其法定代理人同意、追认,而因代理权存在瑕疵而导致的合同效力问题,该法第171条第1款规定:"行为人没有代理权、超越代理权或者代理权终止后,仍然实施代理行为,未经被代理人追认的,对被代理人不发生效力。"

而无权处分的合同涉及《合同法》时代的效力待定合同,但《民法典》有了新的规定,即第311条规定:"无处分权人将不动产或者动产转让给受让人的,所有权人有权追回;除法律另有规定外,符合下列情形的,受让人取得该不动产或者动产的所有权:(一)受让人受让该不动产或者动产时是善意;(二)以合理的价格转让;(三)转让的不动产或者动产依照法律规定应当登记的已经登记,不需要登记的已经交付给受让人。受让人依据前款规定取得不动产或者动产的所有权的,原所有权人有权向无处分权人请求损害赔偿。当事人善意取得其他物权的,参照适用前两款规定。"

除上述标准的效力待定合同以外,还有两类合同的性质与效力待定合同非常相近。一类是基于《民法典》第504条而签订的合同,即"法人的法定代表人或者非法人组织的负责人超越权限订立的合同,除相对人知道或者应当知道其超越权限外,该代表行为有效,订立的合同对法人或者非法人组织发生效力"。另一类是基于该法第172条的表见代理行为,即"行为人没有代理权、超越代理权或者代理权终止后,仍然实施代理行为,相对人有理由相信行为人有代理权的,代理行为有效"。

2. 对效力待定合同的应对

效力待定的合同是否有效,处于不确定状态,这就使得相对人进退两难,不经催告程序直接履行则有可能被认为存在恶意而丧失救济机会,不予履行则又有可能在交易得到追认后被追究违约责任,因此效力待定合同会严重影响交易效率。同时,效力待定合同的履行后果无法确定,从而导致相对人所预期的收益或所预期的标的一时无法取得,而最终能否取得也不确定,影响交易安全,并因此增加履行成本。

在合同实务中,效力待定合同的上述缺陷会对正常交易带来诸多不利影响。主要的应对方式为,加强对方主体行为能力情况的审查、加强代理人代理权限的审查、加强标的物权益归属的审查,如果这些审查都未能避免效力待定合同的出现,则要充分运用法律所赋予的催告权和撤销权,避免合同的效力待定而导致的不利影响。

五、慎重对待缔约过失责任

缔约过失责任是法律所规定的,双方在没有达成合同的情况下可能产生的民事责任。这种规定既可以使在缔约过程中利益受损的一方得到法定的救济理由,也会使当事人在缔约过程中因粗枝大叶而遭遇缔约过失责任的追究。如果双方最终达成了合同,则可以通过合同追究对方的违约责任。即便所达成的合同为无效合同或可撤销的合同,也只可以援引相关的规定进行责任追究,不能援引缔约过失责任。

按照《民法典》第500条的规定:"当事人在订立合同过程中有下列情形之一,造成对方损失的,应当承担赔偿责任:(一)假借订立合同,恶意进行磋商;(二)故意隐瞒与订立合同有关的重要事实或者提供虚假情况;(三)有其他违背诚信原则的行为。"上述需要承担缔约过失责任的情形中,前两种都是一方的恶意行为,而第三种情况是对前述两种行为的补充,而且规定十分宽泛,便于追究违反诚信原则的行为责任。

除此之外,《民法典》第501条所规定的商业秘密保护责任,也可能转换为缔约过失责任。其

① 参见唐德华主编:《合同法理解适用》,人民法院出版社2000年版,第158页。

内容为:“当事人在订立合同过程中知悉的商业秘密或者其他应当保密的信息,无论合同是否成立,不得泄露或者不正当地使用;泄露、不正当地使用该商业秘密或者信息,造成对方损失的,应当承担赔偿责任。”这里所说的商业秘密,是《反不正当竞争法》第 9 条中的定义,是指“不为公众所知悉、具有商业价值并经权利人采取相应保密措施的技术信息、经营信息等商业信息”。正因如此,商业秘密问题也可依据《反不正当竞争法》解决,甚至更具可操作性。

总的来说,交易安全及先合同义务等问题在实际经营活动中很容易遇到,只不过真正援引这些规定进行追究的并不多。但从法律风险管理的角度来看,在合同生效前仍需谨慎行事,以提高交易安全程度、规避可能的法律风险。

第二节　合同生效后的法律风险管理

高质量的合同并不只是正常履行时能够实现交易结果,还要在合同未能正常履行时预见到了所有情况并进行了约定,从而迫使对方按约定履行,或足以通过追究对方违约责任的方式使损失得以转嫁。

合同履行是对合同整体质量的全面检验,同时也会由于处置不当而丧失某种权益,惹出合同以外的麻烦。因此,合同生效后诸多问题的处理,仍旧是合同法律风险管理不可或缺的组成部分。

一、附随义务与合同

附随义务是指无论是法律规定还是合同约定都不甚具体,但为维护对方当事人的利益,依照诚实信用原则和社会的一般交易观念而应当负担的义务。与之相对的,是主给付义务,即合同关系所固有、必备并用以决定合同种类的基本义务。主给付义务与附随义务共同构成了合同义务①,无论是履行合同的主给付义务还是履行合同的附随义务,其实都是当事人的法定义务,即使合同约定不甚明确,也都必须按照诚实信用原则加以履行而不能以合同并未约定为由拒绝履行。

《民法典》第 509 条第 1、2 款规定:“当事人应当按照约定全面履行自己的义务。当事人应当遵循诚信原则,根据合同的性质、目的和交易习惯履行通知、协助、保密等义务。”对其内容进行分析可以得知,合同附随义务并非合同中直接约定的合同义务,而是根据合同性质、合同目的、交易习惯,基于诚实信用原则而在合同条款约定以外应该履行的义务。这一规定在合同条款相对粗略的情况下很有价值,有助于争议双方走出“没有合同=没有义务”的怪圈,促进诚实信用原则的普及,解决无谓的争议。

由于判断是否属于附随义务所依据的都是主观标准,并且是否属于交易习惯还需要通过举证的方式加以证明,因而附随义务具有极大的不确定性,仅仅依靠这一条款来维护权益有时并不容易。从合同技巧上来说,可根据合同性质、交易背景的不同将重要的通知、协助、保密等义务直接在条款中加以体现,化附随义务为合同义务是有效避免争议的手段。而且在法律规定上,不同性质的合同会有不同的附随义务,对于附随义务的规定也不仅限于《民法典》的通则部分,还散见于某些典型合同的具体规定之中,需要依据具体合同的类型等核查《民法典》通则及其他行政法规,以分清合同的主给付义务与附随义务,避免由于过失而未履行附随义务,或由于特定附随义务未能转化为合同义务而带来的不利后果。

以通知类的义务为例,《产品质量法》《中华人民共和国标准化法》《消费者权益保护法》等法律都对产品说明等进行了明确的规定,提供这些说明是产品买卖交易中的一部分附随义务。而在合同履行过程中,对于某些细节问题,如标的物在保管或安装中的注意事项、对于迟到承诺是否生

① 参见唐德华主编:《合同法理解适用》,人民法院出版社 2000 年版,第 258 页。

效的通知、对于因无法按约定履行合同而向对方发出的通知等,如果未能通知则极易造成对方的损失,而对方也完全可以援引附随义务条款追究未尽义务方的责任,因此必须及时通知对方。

协助类的义务也同样如此。合同履行期间往往会涉及一些合同未加约定而实际履行中又必须协助的义务,如出租人维修出租物时需承租人的协助等。如果不提供这类协助,出租人的维修就无法实施,因此而造成的承租人损失扩大便不应归责于出租人。对于因这类细节问题而产生的争议,援引附随义务条款完全可以从理论上分清责任的归属及应有的解决方案。

无论哪种附随义务,既然是附随义务,就不可能在合同法中存在明确的规定,许多仅仅依靠条文无法解决的问题仍旧需要通过合同条款进行约定。例如,承租人履行附随义务而增加的支出或减少的收入,需要由谁承担、如何承担等,最好在合同中加以明确。也就是说,附随义务中的许多内容如果相对重要,最好在合同中加以规定,至少应当进行原则性的约定,不能依靠合同附随义务的相关条款解决所有问题。

二、三种抗辩权的行使

抗辩权,是指对抗请求权或否认他人权利主张的权利。①《民法典》中所规定的抗辩权有三类,分别是同时履行抗辩权、后履行抗辩权、不安抗辩权。

1. 同时履行抗辩权

同时履行抗辩权顾名思义,可以理解为对抗对方的先履行请求,主张同时履行的抗辩权。这类抗辩权的法律依据为《民法典》第 525 条的规定,即"当事人互负债务,没有先后履行顺序的,应当同时履行。一方在对方履行之前有权拒绝其履行请求。一方在对方履行债务不符合约定时,有权拒绝其相应的履行请求"。其实,这种抗辩权可以理解为在没有履行先后顺序规定或约定时,以"一手交钱、一手交货"的方式同时履行。如果没有其他办法可以控制法律风险,同时履行抗辩权是保护自己权益的有效手段。但一般只有一方履行之前,另一方才有权拒绝相对方的履行要求,如果一方只是履行债务不符合约定,则另一方只能行使相关部分的抗辩权,而不能全部拒绝对方的履行要求。

在合同应用中,如果条件许可,应当考虑将权利义务的履行顺序与各种抗辩权相配套,尤其是要在合同中对履行债务的细节进行约定、对履行不符合某项细节应当如何应对进行约定,以便在履行期间通过这种抗辩权主动维护合法权益,分散风险,降低不利后果的损害程度。

2. 后履行抗辩权

后履行抗辩权可以理解为对抗对方的履行请求,主张己方可以后履行的抗辩权。其对应的《民法典》条款为第 526 条的规定,即"当事人互负债务,有先后履行顺序,应当先履行债务一方未履行的,后履行一方有权拒绝其履行请求。先履行一方履行债务不符合约定的,后履行一方有权拒绝其相应的履行请求"。

前面已经介绍过后履行是一种简单而有效的法律风险控制手段,在信用缺失的环境中,任何一方先履行债务都将面临无法取得对价的风险。而能否取得后履行的机会,则主要取决于是否在交易中处于优势地位,并非一厢情愿就能实现。

例如,在甲企业向乙企业销售锅炉的合同中,双方约定买方先付定金若干,在卖方交货时买方加付 30%的货款,然后卖方派人前往买方企业负责安装、调试,并对后续合同履行进行了约定。而在实际履行中,乙企业故意用有瑕疵的汇票支付货款,并在收货后有意不再重新付款,故甲企业拒绝提供技术人员前往安装。乙企业虽然试图自己安装,但安装后的设备无法达到使用标准。在这一案例中,甲企业拒绝委派技术人员进行安装的行为,其实就是行使后履行抗辩权的行为,因为对

① 参见唐德华主编:《合同法理解适用》,人民法院出版社 2000 年版,第 244 页。

方违反约定未能先行支付30%的货款,因此他们有权拒绝派出技术人员前往提供安装服务。

3. 不安抗辩权

有先行履行义务的一方在对方处于特定状态时,可以中止债务的履行,这种权利被称为不安抗辩权。先履行的一方行使这一权利,可以充分地保护其利益并控制法律风险,但必须具备法定的条件及形式要件。《民法典》对于不安抗辩权的规定有两条,分别为:

> 第五百二十七条　应当先履行债务的当事人,有确切证据证明对方有下列情形之一的,可以中止履行:
>
> (一)经营状况严重恶化;
>
> (二)转移财产、抽逃资金,以逃避债务;
>
> (三)丧失商业信誉;
>
> (四)有丧失或者可能丧失履行债务能力的其他情形。
>
> 当事人没有确切证据中止履行的,应当承担违约责任。
>
> 第五百二十八条　当事人依据前条规定中止履行的,应当及时通知对方。对方提供适当担保的,应当恢复履行。中止履行后,对方在合理期限内未恢复履行能力且未提供适当担保的,视为以自己的行为表明不履行主要债务,中止履行的一方可以解除合同并可以请求对方承担违约责任。

此外,《民法典》第614条也是一种抗辩权方面的规定,即"买受人有确切证据证明第三人对标的物享有权利的,可以中止支付相应的价款,但是出卖人提供适当担保的除外。"

履行义务的先后在商务合同中往往取决于交易地位,而在消费合同中则主要取决于交易习惯。例如,影剧院、铁路及航空运输等都是先收费后履行,欠款风险较小;而餐饮、住宿等行业则往往是先履行后收费,欠款风险较高。而无论是消费类合同还是商务类合同,先履行的一方都应该了解先履行抗辩权的规则并学会运用,以控制先履行所带来的法律风险。

由于不会行使不安抗辩权,许多企业本来可以合法、合理地维护自身的合法权益,但因为方法不当反而使民事责任发生了逆转。例如,甲企业租用乙企业的房屋并与乙企业合作开办酒店,对外提供餐饮等服务。合同签订后,虽然其他事项双方均已履行,但乙企业并未按约定投资,甲企业在对方未能按照约定投资后,本来可以通过行使不安抗辩权的方式,以对方丧失商业信誉为由在通知对方后暂停支付房租,但甲企业在根本没有通知对方的情况下,无视合同中对于支付租金方面的严格规定,长期未能按时支付租金,最终被乙企业以长期不付租金为由赶出了合作开办的酒店。

三、代位权与撤销权

《民法典》第535条对于代位权的规定为:"因债务人怠于行使其债权或者与该债权有关的从权利,影响债权人的到期债权实现的,债权人可以向人民法院请求以自己的名义代位行使债务人对相对人的权利,但是该权利专属于债务人自身的除外。代位权的行使范围以债权人的到期债权为限。债权人行使代位权的必要费用,由债务人负担。"

《民法典》第538条对于撤销权的规定为:"债务人以放弃其债权、放弃债权担保、无偿转让财产等方式无偿处分财产权益,或者恶意延长其到期债权的履行期限,影响债权人的债权实现的,债权人可以请求人民法院撤销债务人的行为。"作为债权人的一种特定权利,代位权和撤销权使合同生效后的法律风险管理有了更多的手段,可以在充分掌握债务人资产状况信息的基础上为债权人提供更多的权益保障。尤其是某些实现债权的费用可以由债务人负担,有助于债权人打消顾虑,放手维护自己的合法权益。

四、权利义务的转让与终止

合同权利义务的转让与终止虽然分属两个不同的范畴,但都是一方或双方结束合同权利义务履行状态的一种手段,以便于根据情况及时摆脱原合同的束缚。

1. 合同权利义务的转让

合同权利义务转让使得当事人在债权债务处理方面有了更多的选择余地,也使双方有了更多优化社会资源的机会。债权人可以依此将债权转让给毫无顾忌的一方去行使,也可以将债权批量转让给有足够的精力和技能行使债权的受让人,从而快速甩掉包袱。我国各大银行上市前的不良资产剥离,之所以能够大行其道,其主要的法律依据就是债权转让。

转让生效的前提,是债权转让必须通知债务人、债务转让必须征得债权人同意。《民法典》第545条规定:“债权人可以将债权的全部或者部分转让给第三人,但是有下列情形之一的除外:(一)根据债权性质不得转让;(二)按照当事人约定不得转让;(三)依照法律规定不得转让。当事人约定非金钱债权不得转让的,不得对抗善意第三人。当事人约定金钱债权不得转让的,不得对抗第三人。”

其中,根据合同性质不得转让的债权,多与债权人的身份有关,当债权人与债务人之间的关系依据合同性质属于特定时,债权人的变动会影响交易目的的实现,这种情况下的债权当然不得转让。而专属于债权人自身的从权利,比如附属于主债权的因担保而产生的权利,如果单独转让,担保的性质将会丧失,因而这种权利也不得转让。

由于《民法典》没有对权利义务转让的对价作出特别规定,因而可视为对价完全属于出让方与受让方之间协商一致的范围。而且,转让的对价一般无需通知相对方。

2. 合同权利义务的终止

当合同的继续履行已经无法实现主要交易目的时,合同权利义务的终止可以使当事人及时从合同的束缚中解脱出来。合同权利义务终止所依据的,可以是法定理由也可以是约定理由。实际操作中,应当针对合同履行中可能发生的情况,以及这些情况对于交易目的的影响程度,充分利用约定的权利,约定哪些情况下应如何终止权利义务,并约定如何处理善后事宜。

按照《民法典》第557条,合同相关的债权债务终止分为以下情形:

①债务已经履行;

②债务相互抵销;

③债务人依法将标的物提存;

④债权人免除债务;

⑤债权债务同归于一人;

⑥法律规定或者当事人约定终止的其他情形。

合同解除的,该合同的权利义务关系终止。

在以上情况中,律师真正需要处理的往往是合同如何解除的问题,处理提存、抵销等情形的概率很低。

在与解除合同有关的法律规定中,依据双方当事人的约定解除合同非常重要,《民法典》第562条第2款规定:“当事人可以约定一方解除合同的事由。解除合同的事由发生时,解除权人可以解除合同。”而《民法典》第563条又规定了可以解除合同的情形,即:“有下列情形之一的,当事人可以解除合同:(一)因不可抗力致使不能实现合同目的;(二)在履行期限届满前,当事人一方明确表示或者以自己的行为表明不履行主要债务;(三)当事人一方迟延履行主要债务,经催告后在合理期限内仍未履行;(四)当事人一方迟延履行债务或者有其他违约行为致使不能实现合同目的;

(五)法律规定的其他情形。以持续履行的债务为内容的不定期合同,当事人可以随时解除合同,但是应当在合理期限之前通知对方。"从这些规定中可以看出,充分利用合同中的约定条款及表述对于解除合同是何等的重要,这就要求当事人在合同签订之前对于可能发生的需要解除合同的情况进行假设并列入条款之中,以便在该等情况发生时加以使用。

此外,《民法典》中的典型合同往往也另有解除合同的个性化规定。例如,买卖合同一章中针对买卖合同的特点作出了多项关于解除合同的规定,包括标的物为数物时的违约解除、出卖人分批交付标的物时的违约解除,以及分期付款的买受人未支付到期价款时的处理方式等。

解除合同往往有期限上的限制。《民法典》第 564 条规定,"法律规定或者当事人约定解除权行使期限,期限届满当事人不行使的,该权利消灭。法律没有规定或者当事人没有约定解除权行使期限,自解除权人知道或者应当知道解除事由之日起一年内不行使,或者经对方催告后在合理期限内不行使的,该权利消灭。"基于这条规定,在合同中约定哪些情况下合同解除的同时,还可以约定解除权的行使期限,避免合同处于是否继续履行的不确定状态。如果没有约定解除权行使期限,而相关交易又没有法定的解除权行使权限,则可以主动催告对方明确是否解除合同,超过合理的期限则按合同继续履行处理。

需要提醒的是,主动要求解除合同的一方往往会给对方留下追究违约责任的机会。因此在处理程序上及证据上一定要慎重对待,避免因对方违约而解除合同时由于处理不当,从证据上来看,己方反而成为违约方。

五、法律依据与证据管理

为了在遇到诉讼时能够得以顺利解决,合同的内容设计及履行行为都必须对处理争议的依据及证据进行有意识的安排。解决争议所用的法律依据,是相关法律规范方面的具体规定以及合法的合同条款中的相关约定,两者与证据一道构成控制合同法律风险的基本屏障。

1. 解决争议的法律规范依据

在法律风险控制领域,法律规范体系是法律环境中最为重要的衡量尺度,衡量是否存在法律风险、确定如何防范法律风险,都必须依据法律的强制性要求。这些法律规范涉及《立法法》范畴内的不同法律层面,既包括合同相关法律,也涉及与交易相关的部门法,还涉及相关的司法解释。因此,要从合同所涉及的各类法律规范中寻找依据。

《民法典》全文 90000 余字,关于合同的"第三编"占了一半,熟读全部章节几无可能。但其中几个涉及法律适用的条款则必须了解,这些条款分别为:

> 第四百六十七条　本法或者其他法律没有明文规定的合同,适用本编通则的规定,并可以参照适用本编或者其他法律最相类似合同的规定。
>
> 在中华人民共和国境内履行的中外合资经营企业合同、中外合作经营企业合同、中外合作勘探开发自然资源合同,适用中华人民共和国法律。
>
> 第六百四十六条　法律对其他有偿合同有规定的,依照其规定;没有规定的,参照适用买卖合同的有关规定。

这些条款既是解决争议的必经之路,也是合同工作中控制法律风险的基本方向,许多问题必须在合同文本及履行过程中就应该考虑周全。

2. 控制法律风险的证据管理

除了合同依据,双方权利义务履行情况的证据也是争议中决胜的关键,这也就是合同履行中的各种证据管理问题。

《民法典》第469条规定:“当事人订立合同,可以采用书面形式、口头形式或者其他形式。书面形式是合同书、信件、电报、电传、传真等可以有形地表现所载内容的形式。以电子数据交换、电子邮件等方式能够有形地表现所载内容,并可以随时调取查用的数据电文,视为书面形式。”因而无论是合同还是补充协议等,只要能够证明双方履行权利义务的情况,相关的交货凭证、验收结果、往来信函等,都必须全部地加以保留。

许多决定案件命运的证据完全可以通过完善的资料管理得以实现。例如,某出口产品生产企业由于合同管理混乱,未能保留因对方违约造成该生产企业无法履行合同的证据,反而被对方以逾期支付代理报酬为由告上法庭。如果该企业能够保留关键的一封EMS信封,则诉讼结果完全可以逆转。

对于履行通知、协助等义务的行为,也同样需要保留证据。对于已经实际履行的情况,比如通知义务,可以在封面内件栏说明内容,并在投递完成后将邮局提供的回单或将网上查询的结果作为送达的依据。目前,各地法院基本上都认同这种通知方式。

另一种方式是利用公证保留证据。由于公证证据在效力上强于普通证据,而且目前的网络知识产权侵权等证据的固定大多只能通过公证的方式加以解决,因此公证证据在这两年适用广泛。其中,电话录音等传统证据一般证明力不足,如果辅以公证手段,公证过的通话录音将具有很强的证明效果。

除此之外,公证证据有时还能更为有效地固化双方的权利义务,并减少发生后续纷争的可能性。例如,《民法典》第658条规定:“赠与人在赠与财产的权利转移之前可以撤销赠与。经过公证的赠与合同或者依法不得撤销的具有救灾、扶贫、助残等公益、道德义务性质的赠与合同,不适用前款规定。”也就是说,通常在赠与合同中,赠与行为在标的物完成权利转移之前很可能被撤销,但公益性的赠与及经过公证的赠与则属于例外情形。另外还有遗嘱公证、财产公证等,都能有效地固化当事人的权利义务关系,甚至某些公证书可以直接用于人民法院的执行,而不必经过诉讼。

第三节　违约法律风险的管理

许多人在研究合同的违约责任时都会觉得枯燥乏味,其实合同首先属于经济行为,违约责任的法定化是经济责任的一种延伸。如果从经济学的角度理解违约责任,其目的只有两个:一是通过设定违约责任而提高违约成本,迫使对方按合同约定履行,从而维持交易结果的可预见性;二是通过违约责任的设定,在对方违约时将己方所受到的损失转移给对方,以保证己方不因对方的违约行为而受到损失。

一、违约责任与“约”

《民法典》第三编第八章对违约行为及违约责任进行了集中的规定,但也有一些关于违约责任的规定,散见于不同的典型合同的规定之中。与违法的责任不同,只要约定的权利义务合法,甚至是只要不违法,则当事人均有义务全面履行约定,无论是本约还是预约。“违约”顾名思义,只有在合同中进行了约定才构成违约,否则要么没有责任,要么属于其他责任。

1. 违约责任的范围与承担方式

“约”的总体目的,是为了实现预期的交易目的,因而需要锁定交易平台、锁定交易内容、锁定交易方式、锁定问题处理。这四项基本功能既包括合同的实体内容,又包括交易的程序内容,是全面实现交易目的的根本保障。设定违约责任的目的,是为了维护交易安全、转嫁对方违约造成的损失而将法定权利具体化、可执行化。

《民法典》第577条规定:“当事人一方不履行合同义务或者履行合同义务不符合约定的,应当承担继续履行、采取补救措施或者赔偿损失等违约责任。”这是关于违约及违约责任最为基本的规定,与该章的其他违约责任规定一起,扩大了违约责任的范围、增加了承担违约责任的种类。这些规定包括了赔偿其他损失的规定,及赔偿可得利益的规定,以及双方违约时各自承担相应责任的规定、因第三人原因造成违约时的责任承担等。

2. 违约责任与不确定的“约”

违约责任问题的重点在于“约”,为了解决“约”的不明确性问题,《民法典》特别规定了合同内容不明确时应如何解释,并将是否“合理”作为衡量权利义务关系的尺度之一。例如,“合理的期限”“合理选择”“合理的方式”等。一方面,要求在合同前期的审查、修改等过程中,必须将权利义务安排清楚、表述清楚以避免受制于人的不利局面。另一方面,也要求当合同存在漏洞时,在解决问题时尽可能使相关的举措“合理”,以避免产生新的不确定性。

《民法典》第 511 条则列举了各类约定不明情况的处理方式,包括质量不符合约定、价款或者报酬不明确,以及履行的地点、期限、方式不明确等情形。而在合同编的违约责任部分,以及各个典型合同的规定中,又设定了各类承担违约责任的情形和具体方式。这些规定,都是通过更明确的约定提高违约条款制作水平的依据。

但在实际处理时,对于约定不明确的解决方案,尤其是诉讼解决时的判决,有时会掺杂“交易习惯”等问题。因而,要想妥善处理合同中的违约问题,就必须细化合同中的“约”,使“约”和“违约”都易于识别,以避免履行中可能遇到的麻烦。

二、风险转移与违约责任控制

在合同履行过程中,标的物的转移意味着标的物风险的转移,因而其也是控制违约责任的一种方式。但产生违约责任的原因不只是标的物方面,当法律风险已经客观存在,控制违约责任幅度可以有效抑制不利后果的负面影响,除了与合同相对人协商处理外,还要充分运用法律的相关规定,争取有利的态势。

1. 违约责任与风险转移

《民法典》在其买卖合同章的第 604 条中规定:“标的物毁损、灭失的风险,在标的物交付之前由出卖人承担,交付之后由买受人承担,但是法律另有规定或者当事人另有约定的除外。”虽然这只是对买卖合同的规定,但由于《民法典》第 646 条规定“法律对其他有偿合同有规定的,依照其规定;没有规定的,参照适用买卖合同的有关规定”,因而其他交易也可以参照这一规定通过标的物的交付转移风险。

在法律没有特别规定、合同没有特别约定的情形下,交付既引起所有权的转移也引起风险责任的转移。而在对于买卖合同的相关规定中则提供了更多的细节,包括出卖交由承运人运输的在途标的物的风险由买受人承担、交付地点不明确时的标的物风险承担、将标的物置于交付地点而买受人未收取时的风险责任、买受人拒绝接受质量不符标的物时的风险承担,等等。

通过这些条款可知,当合同约定不明时,标的物毁损、灭失的风险将以这些方式转移。如果这些转移方式正是当事人所需要的,则在合同中可以不加约定;如果相反,则必须在合同中加以明确约定。

2. 对违约责任的控制

任何情况下的违约都有可能给合同相对方造成经济损失,因而在已经违约的情况下,即便合同中没有明确规定,出于合同附随义务的考虑,违约一方应当及时通知合同相对方,以便于相对方及时采取措施防止损失扩大。同理,当合同相对方发生了违约的情况时,己方也应当及时采取措施防止损失扩大。

违约或可能违约一方在已经尽了最大努力,仍然不能履行或者不能完全履行合同的,应当及时向相对方说明情况,以便于相对方及时采取措施以避免或者减少损失。这种通知应当留下足够的证据以证明已经发出相关的通知,并以此证明相对方何时知道并应该开始采取适当措施防止损失扩大。至于防止损失扩大而支出的合理费用,则是属于举证及判断的问题,支出的费用是否合理可以在争议解决阶段协商解决或由法院、仲裁机构去认定。

与设法减少对方的损失相对应,因对方违约而给己方造成的损失也应当考虑如何转嫁给违约方。这需要通过约定来解决,同时还要考虑行使权利的期限规定。

按照《民法典》第 188 条的规定,“向人民法院请求保护民事权利的诉讼时效期间为三年。法律另有规定的,依照其规定”。而该法中的“另有规定”也并不鲜见,例如,在第 663 条中就规定,当受赠人有某些行为时,赠与人可以撤销赠与,“赠与人的撤销权,自知道或者应当知道撤销事由之日起一年内行使”。而因受赠人违法导致赠与人死亡或者丧失民事行为能力的,赠与人的继承人或者法定代理人撤销赠与的权利,必须在自知道或者应当知道撤销事由之日起 6 个月内行使。

三、违约责任的替代承担

除了出于无奈或管理上的混乱,决定企业违约还是守约的重要原因是经济利益。当违约成本足够低甚至没有时,企业间的违约现象就会增多甚至成为一种常态。当违约收益远远大于违约成本时,有些企业就会选择违约以牟取厚利。

《民法典》中所规定的继续履行、采取补救措施或者赔偿损失三种主要的承担违约责任方式存在着履行成本之间的差异,需要考虑在具体交易中哪一种最为有利,以减少一方甚至双方因违约而造成的损失。其中,继续履行大多对守约方最为有利,但《民法典》第 580 条规定:“当事人一方不履行非金钱债务或者履行非金钱债务不符合约定的,对方可以请求履行,但是有下列情形之一的除外:(一)法律上或者事实上不能履行;(二)债务的标的不适于强制履行或者履行费用过高;(三)债权人在合理期限内未请求履行。有前款规定的除外情形之一,致使不能实现合同目的的,人民法院或者仲裁机构可以根据当事人的请求终止合同权利义务关系,但是不影响违约责任的承担。”

从这些规定中可以看出,当存在上述三种情况时,合同已经不再适合继续履行,这时应允许违约方以采取补救措施或赔偿损失的方式代替合同的继续履行。

从难易程度来看,以赔偿损失的方式承担违约责任是最简便易行的方式,但这意味着利润的净支出。当合同的继续履行会带来更多的损失时,企业才宁可承担违约责任而不愿继续履行。在买卖双方关系融洽时,采取补救措施往往是双方更容易接受的方式。如何以采取补救措施或赔偿损失的方式替代合同的继续履行,是在违约责任不可避免时需要权衡的问题,但最好是在合同制作中已经深思熟虑并加以安排。例如,某企业由于采购管理不严,其采购的控制元件在用至自动化控制设备后质量问题不断。该企业虽然可以选择采取补救措施或赔偿损失的方式承担违约责任,但其不惜巨资采购了其他品牌的成熟产品,替换了所有问题产品。替换产品的成本极高,但该企业借此维护了企业的信誉并留住了市场。

只有符合法定的不能继续履行的情况,违约方才可以以其他方式替换继续履行的违约责任。如果合同已经履行完毕而只是存在个别的质量违约,往往以补救措施加以弥补,但如果弥补的成本比较高,也会直接赔偿损失了事。例如,在当前的经济形势下,原材料等产品的价格波动往往导致越来越多的合同难以继续履行,迫使合同标的的价格从固定价格转变为浮动价格,甚至转变为以某种定价机制决定最终价格。

从法律风险控制角度考虑,可以将这类面临巨大价格波动的合同分为若干个组成部分,并约定当客观情势发生何等程度的变更时,可以采取何种措施回避法律风险。而在履行责任或违约责任替代方面,应当约定当合同履行已经无法实现时,以何种程序和方式采取补救措施,以及当采取补救措施也失去意义时，以何种方式赔偿损失，也就是建立合同退出机制。在新的经济形势下，只能以合同水平的提高来适应合同环境的变化，解决实际履行中可能发生的问题，通过有意识的分散、转移、替换、终止合同等方式控制法律风险，增加合同的实用价值。

四、违约责任的转移

违约责任是企业对违约行为所应该承担的责任，而承担违约责任也是企业经营中的正常情况。诚实守信地承担违约责任体现了企业的道德水准和社会责任态度，这种企业由于能够使交易有安全保障，会吸引更多的企业与之合作。所以，承担违约责任是应该的，问题是如何承担。

如果违约责任是由第三人原因引发，企业在承担了违约责任后可以追究第三人。《民法典》第593条规定："当事人一方因第三人的原因造成违约的，应当依法向对方承担违约责任。当事人一方和第三人之间的纠纷，依照法律规定或者按照约定处理。"这条既是企业对合同相对人承担责任的依据，也是企业将承担违约责任所造成的损失转移给有过错的第三方的依据。

从法律风险管理的角度分析，应对法律风险的方式有分散、规避、转移等方式，其目的都是减轻所要承担的法律风险的不利后果。从法律风险控制的角度来看，当履行合同时由于第三方的原因而造成质量、交付时间等违约后，由第三方承担一定的责任完全受到法律的认可。从实际操作的层面来说，要求供应商为其产品瑕疵导致的损失承担一定的责任，只要是合同中的一种特别约定就同样会受到法院的认可，但这种约定必须是相对公平的，而不是将全部权利归于一方而将全部义务归于另一方。但这种方式一般很难为供应商们所接受，因为这将加大他们所要承担的风险，而这种风险又往往是他们无法承受的。

另外，这种转移法律风险的方式未必在所有的合同中都能奏效。许多厂家在向中间商供货时或向市场推出消费品时都会声明其产品责任范围，以防止承担过多的法律责任。这类声明有的在合同中加以约定，有的则在产品说明书中加以约定。在商务合同中进行约定的条款，除非是格式条款的内容或有一些比较特殊的情况，一般会被认为是双方合意的结果并被认定有效。

但消费品使用说明中的声明，未必都能够成为免除责任的依据，因为商务行为与消费行为毕竟不同。而且，《民法典》第186条也规定："因当事人一方的违约行为，损害对方人身权益、财产权益的，受损害方有权选择请求其承担违约责任或者侵权责任。"这一条款说明了两个问题：一是合同中的声明或特别约定未必能够彻底免除违约方的责任，因为某些责任是法定的、强制性的；二是合同履行中并非只能产生违约责任，还有可能产生侵权责任。

五、约定违约责任的不同方式

违约金和定金都是以金钱赔偿承担违约责任的方式，熟悉这两方面的内容不仅有助于解决纠纷，更有利于通过反向工程去完善合同，以亡羊补牢的方式避免重复失误，并提高今后争议解决的水平。《民法典》对两者的规定分别为：

> 第五百八十五条　当事人可以约定一方违约时应当根据违约情况向对方支付一定数额的违约金，也可以约定因违约产生的损失赔偿额的计算方法。
>
> 约定的违约金低于造成的损失的，人民法院或者仲裁机构可以根据当事人的请求予以增加；约定的违约金过分高于造成的损失的，人民法院或者仲裁机构可以根据当事人的请求予以适当减少。
>
> 当事人就迟延履行约定违约金的，违约方支付违约金后，还应当履行债务。
>
> 第五百八十八条　当事人既约定违约金，又约定定金的，一方违约时，对方可以选择适用违约金或者定金条款。

定金不足以弥补一方违约造成的损失的,对方可以请求赔偿超过定金数额的损失。

从这些条文可知,违约金既可以约定金额也可以约定计算方法,但违约金与定金不能并用。依据《民法典》,定金存在金额的上限,不得超过主合同标的额的百分之二十。违约金的比例虽然可以突破这一限制,但比例过分高于所造成的损失或过分低于所受到的损失时,法院或仲裁部门可能会予以调整。因此,违约金在约定时要有个合理的范围,即足以弥补自己的损失。

1. 违约金

在违约金方面,约定具体金额对于诉讼或是仲裁来说非常便利,因为只要合同真实、有效,违约金就能成立,虽然有被调整的可能。而约定违约金的计算方法则可以适用于存在诸多不确定因素的情况,以包罗万象的方式保障损失可以受偿,但其缺陷是必须举证证明各种损失的切实存在,还要面对诉讼质证过程中"鸡蛋里面挑骨头"式的筛选。

笼统的违约责任往往语焉不详,必须通过约定详细的违约项目才能起到真正的作用,有时甚至需要对不同的违约行为设定不同的违约责任,无论是用违约金的方式还是定金的方式。如果合同需要细化违约条款,细化约定情形及违约责任其实是非常细致的工作,有时既要核对合同的内容及履行环节,又要核对法律上的相关规定,找出可以及需要约定的环节并加以约定。

例如,《民法典》第621条规定:"当事人约定检验期限的,买受人应当在检验期限内将标的物的数量或者质量不符合约定的情形通知出卖人。买受人怠于通知的,视为标的物的数量或者质量符合约定。当事人没有约定检验期限的,买受人应当在发现或者应当发现标的物的数量或者质量不符合约定的合理期限内通知出卖人。买受人在合理期限内未通知或者自收到标的物之日起二年内未通知出卖人的,视为标的物的数量或者质量符合约定;但是,对标的物有质量保证期的,适用质量保证期,不适用该二年的规定。出卖人知道或者应当知道提供的标的物不符合约定的,买受人不受前两款规定的通知时间的限制。"这些规定可以结合实际交易拆分成具体的合同条款以保护实际交易。如分别约定检验期间、检验内容、通知时间、通知内容、是否知悉标的物质量状况等,从而详细确定各类违约责任。

2. 定金

定金在《民法典》中有明确规定,某些相关司法解释中也有提及。为了控制交易中的法律风险,在合同制作及合同履行中可参照法律规定进行不同的精细化操作。例如:

①约定以按时全额付清定金作为主合同生效条件,否则合同不生效,以避免延期交付或未足额交付带来的不确定性。

②当对方实际交付定金的金额、日期、方式与约定不符时,及时决定是否接受并根据需要以通知、要求对方确认等方式明确权利义务。

③对于先签预约的合同,约定除了特定事由外,未按预约的约定签订主合同则适用不予返还定金或双倍返还定金的定金规则。

④约定责任以定金为限,便于以丧失定金或双倍返还定金为代价解除合同。

⑤约定哪些属于严重影响合同目的的实现的行为,以及当这些情况出现时的定金罚则如何适用,或约定按比例适用的计算方法。

需要注意的是,根据《民法典》的规定,定金合同并非签订后生效,而是从实际交付定金之日起生效。

除此之外,要想使合同的法律风险管理达到出神入化的境界,除了前面所介绍的内容外,其实要想从根本上解决问题还得从企业的经营战略上着手。只有企业发展到具有明显的优势时,才能在签订合同时取得有利的态势并订立有利的合同条款,从而更好地控制法律风险。

第七编　公司法律业务基本技能

第一章 概 述

律师从事公司法律业务是帮助客户完成财产投资,包括动用财产对目标公司进行股权投资和处置其现有股权投资,作为同一件事的另一面,接受财产投资的目标公司也同时完成了权益性融资。律师甲帮助投资人对外投资,律师乙同时就在帮助目标公司进行权益融资。在本编中,笔者把上述财产投资行为和权益融资行为统称为交易或交易行为。

律师接受委托开展公司业务到底能帮助客户达到什么目的呢?这是一个有挑战性的问题,也是一个能否使律师赢得尊重的问题。客户普遍期待的答案大致是:

①律师应当保障客户交易行为的持久安全性,即保障交易是安全的;

②律师应当保障客户进行交易所预期的收益取得或损失控制具有可实际执行性,即保障交易的预期结果是可执行的。

这是简单的答案,但却是需要艰苦的努力才能实现。这需要律师与客户达成以下共识:

所谓"交易是安全的",是指交易不会被裁判或认定为无效或予以撤销,包括:

①交易行为没有与任何禁止性的法律规范(包括法律、行政法规、行政规章和司法解释)相冲突;

②交易行为达到了法律规范规定的最低要求或条件;

③交易行为不存在利益倾斜或意思表示不真实从而导致一方当事人对履行交易持消极态度的情形;

④交易行为没有侵犯或干涉第三人的权利,因而没有第三人的异议、阻止或限制的风险;

⑤交易各方对各自的交易目的、交易标的、交易内容、交易程序和交易风险已经充分获悉和正确理解,各方参与交易时不存在重大误解的情形。

所谓"交易的预期结果是可执行的",是指在交易安全的前提下,交易不会因为交易文件存在技术瑕疵而使交易当事人无所适从或产生歧义,导致无法履行或无法补救,包括:

①关于交易的计划、安排、约定和描述是完整的而不是留下空白的;

②关于交易的计划、安排、约定和描述是准确的而不是留下歧义的;

③在一方消极履行交易时,他方可以按照约定的方式和途径依赖司法强制力或行政强制力,使交易得以履行或得以补救。

保障交易安全和可执行,正是律师区别于其他社会中介服务机构和专业人士之所在,也是律师能够赢得尊重的原因所在,当然,也是律师面临的挑战。

要保障交易安全和可执行,根据客户的委托,律师的核心工作是完成法律尽职调查、参与交易方案制订、落实交易文件和发表独立法律意见。

上面所列四项核心工作不是截然分割而是相互关联和包含的。

(1)完成法律尽职调查

尽职调查是对交易各方、交易所涉财产和行为(即公司诸要素)进行准确、完整的了解,以便:

①发现可能限制、干涉、阻止交易成立或履行的各种与法律权利、义务和责任有关的制约因素和风险因素;

②积累确定交易目的和交易方案所需要的信息;

③提供制订交易文件和发表独立法律意见的事实依据。

尽职调查是律师开展公司业务的基础工作。

(2)参与交易方案制订

参与交易方案制订是协助客户构思并与其他交易当事方协商确定交易主体、交易标的、交易内容、交易条件和交易程序,通过不同的公司要素的重新组合安排,实现投资人投资于目标公司或处置其现有股权投资的目的。

(3)落实交易文件

这是指将交易当事方就交易主体、交易标的、交易内容、交易条件和交易程序达成一致的计划、安排、约定和陈述,体现为下列法律文件:

①以交易合同为代表的当事人间的协议文件;

②以公司章程为代表的交易标的所涉公司的组织文件;

③以董事会决议和股东会决议为代表的内部批准文件;

④以申请报告为代表的当事人向各相关主管部门提交的申报文件。

(4)发表独立法律意见

将交易方案落实为交易文件是律师开展公司法律业务时,受当事人委托,代表其利益并代理其完成的工作成果,而发表独立法律意见则是律师作为独立主体向客户或交易各方当事人出具的有关交易合法性、有效性以及交易风险分析的独立专家意见和建议,主要包括:

①各方当事人是否具备参与本项交易的主体资格;

②交易所涉财产作为交易标的是否适格;

③交易所涉行为是否符合法定要求;

④交易目标、交易内容和交易条件的设置与安排是否与法律规范存在冲突之处;

⑤交易约定是否为真实意思表示;

⑥交易程序的设定是否合法及完备;

⑦是否存在导致交易不能成立或不能履行的、与合法性和有效性有关的重大风险因素。

发表独立法律意见是律师职能区别于其他中介服务机构的基本标志,是律师完成公司法律业务并以自己名义提供的工作成果。

本编将以公司要素和公司运行程序为两大主线,介绍律师开展公司法律业务的基本技能。公司要素是指能够概括公司的人格性、财产性和动态性特征的各项本质因素;公司运行程序是指在公司设立、变更和解散情形下所要经历的必需程序。事实上,由于公司所参与的商业交易的多样性和活跃性,公司要素和公司运行程序的提取标准也具有多样性。

在本编中,考虑到一方面律师经办的公司业务本质上都可以归结为投资交易(即对目标公司进行股权投资或处置其现有股权投资)中的律师业务,另一方面公司登记行为是公司最重要的要式行为和行政许可行为,因此,笔者按照对投资交易有意义和对公司登记有意义两大标准提取公司要素。

不能获得核准、备案、登记及其他必需的行政许可,未完成必需的行政许可程序,投资交易将不能发生效力。为此,本编将反复提示律师注意相关行政许可程序的要求,以及对应的法律、行政法规、部门规章等规范性法律文件。尽管如此,我们仍然以公司登记程序为基础展开公司运行程序。

需要提示的是,有关投资交易的行政许可行为和程序具有一定的地域特征,律师经办公司业务应当查明与本业务相关的主管机关,并按照其要求履行相应程序。随着政务公开的日益推进,中央行政机关和地方政府的各主管部门都通过现场公示和互联网公示的方式,公开各自进行具体行政许可行为的实质要求、形式要求和程序要求,同时将常用的文书格式化,置备于服务窗口现场和其官方网站,以供随时领取或下载。

律师应当恪尽职守,通过对公司要素和公司运行程序的理解、分析和建议,协助客户在促成交易和确保持久安全的诉求当中找到好的结合点。

笔者希望,本编的内容有助于律师在从事公司业务的过程中能够作如下自我肯定:

①我促成了一项对当事各方都有益的交易;

②我明了这项交易将经过哪些主管机关的审核,并且我确信将顺利获得所有必需的审核、批准和登记、备案;

③我确信这项交易将会按预期实际执行,如果不能执行,我确信有足够的、可行的补救措施,而这些补救措施将不会不利于我的委托人;

④我确信这项交易不存在被裁判为无效或予以撤销的风险,也不存在阻碍或限制其执行力的客观障碍。

本编可以分为具有不同侧重点的三个部分,第二、三、四章为第一部分,第五、六章为第二部分,第七章为第三部分。

第一部分包括"律师应掌握的公司要素""律师应掌握的公司治理结构"和"对公司的法律尽职调查"三章,侧重于介绍律师如何掌握公司诸要素,如何通过公司要素了解由财产组合而成但却人格化了的、以追求收益为存续目标的、动态行为中的公司;第二部分包括"公司设立业务"和"公司变更业务"两章,侧重于介绍律师在参与上述交易时如何协助客户参与交易方案设计,以及如何将交易方案落实为交易文件;第三部分为"公司解散和清算业务",侧重介绍律师在参与公司解散、清算和破产活动时如何把握程序要点。

第一部分和第三部分的内容共同适用于有限责任公司和股份有限公司,第二部分的内容适用于有限责任公司和未公开募集股份并上市的股份有限公司。公开募集股份并上市的股份有限公司的设立和变更业务属于证券发行和交易业务,不属于本编的范畴,敬请留意。

综上所述,笔者特别强调公司要素和公司运行程序两大主线。无论是参加对公司的法律尽职调查,还是参与公司设立、公司变更或公司解散清算的方案设计,或是拟制或审查相关交易文件,如果律师既能够始终关注对交易有影响和制约的公司要素,又能够关注对交易有影响的所有程序(尤其是各项内外部批准程序),我们就有理由相信,律师已经具备了从事公司法律业务的基本素质和基本技能了。

第二章　律师应掌握的公司要素

本 章 提 示

律师开展的公司业务包罗万象,从哪里入手建立自己的公司业务技能体系呢?

笔者尝试从提取一些元素入手,提出关于如何认知公司的建议,然后再进一步提出关于如何开展公司业务的建议。这些元素就是我们所称的公司要素,包括登记意义上的公司要素和投资交易意义上的公司要素。

登记意义上的公司要素是由登记机关登记并强制进行信息公示的公司元素,这些要素的存在意义是便于社会公众发现和识别公司。

投资交易意义上的公司要素是当事人自愿信息披露所包含的公司元素,掌握这些要素的意义,便于在特定当事人之间完成投资交易,因为这些要素涵盖了交易当事方所关注的四个基本问题:

①谁是这个公司的所有者;

②这个公司靠做什么生存并营利;

③这个公司经营业务占用了什么样的资源并取得了什么样的经营结果;

④这个公司由谁在打理。

这也就是律师同样应当关注的投资意义上的公司四要素:

①公司的股东和实际控制人;

②公司的主营业务;

③公司的净资产;

④公司的管理当局和员工。

这四个要素将在随后的公司治理结构、对公司的法律尽职调查、公司设立业务、公司变更业务、公司解散和清算业务等章节中反复出现,而笔者介绍和建议的律师关于公司业务的基本技能,也将一直围绕这四个要素而展开。

第一节　登记公示的公司要素

本节围绕值得律师关注的公司登记事项讲述公司要素。

一提到调查、了解公司,大多数律师的第一反应是查询公司登记档案。的确,公司登记档案是权威的公司信息汇集和信息公示之处,社会公众可以通过查询这些公示信息,发现、了解和识别目标公司。

登记公示的公司要素由法律规定。根据《中华人民共和国公司法》(以下简称《公司法》)、《公司登记管理条例》以及将于 2022 年 3 月 1 日实施的《市场主体登记管理条例》的规定,公司的登记要素包括有限责任公司股东和股份有限公司发起人、注册资本、公司名称、公司住所、经营范围、公司类型和法定代表人。

一、股东

公司的股东是指公司设立时或在公司成立之后合法取得公司股权(股份)并对公司享有权利和承担义务的人。民事主体通过向公司出资或是购买公司股权(股份)的方式,获得公司股东的身份。

登记股东的意义在于公示对公司享有出资权益的所有权利人及其各自享有的出资权益份额。

对自然人、法人和非法人组织成为公司股东的限制情形可以查询市场监督管理机关公示的办事指南。

公司股东通过记名和登记的方式,对内行使获取收益、参与重大决策、选择管理者和获悉公司信息等权利;对外对抗第三人的股东权利主张和承担连带责任请求。记名对内发生效力,登记对外发生效力。记名和登记的意义本节会以实例说明。

有限责任公司的股东都是记名股东,记名通过公司向股东签发出资证明书和记载出资于公司章程和公司股东名册的方式完成。股份有限公司发行记名股份的,股东也都是记名股东,记名通过公司向股东签发股票、记载发起人及其所持股份于公司章程和记载所有股东所持股份于公司股东名册的方式完成。目前股份有限公司基本都是发行记名股份。股东登记只包括有限责任公司股东的登记和股份有限公司发起人股东登记,股份有限公司的非发起人股东不作登记。

公司通过提交公司章程和股东名册的方式将股东的姓名或者名称及其实际认缴的出资额向公司登记机关登记。

二、注册资本

注册资本是公司股东承诺的,将在法定期限内完成对公司出资总额的缴付。

登记注册资本的意义在于公示公司全体股东承诺缴付给公司的本钱总额,也就是全体股东承担公司债务的总限额。它体现公司依赖股东出资来偿还债务的能力。

事实上,公司依法设立以后,公司注册资本就没有了太大的实际意义,因为股东可以分期缴付对注册资本的出资,另外,随着公司经营业绩的变化,公司占用的总资产减去总债务以后的余额可能与注册资本相差甚远。不过,公司如果在认缴期内清算且现有资产不足以清偿债务,则股东将缴付全部出资至注册资本。

三、公司名称

公司名称指公司的法定名称,包括行政区域、字号、行业或者经营特点和组织形式四个组成部分。

登记公司名称的意义在于将自己区别于其他任何机构或组织。公司成立后,其所有行为都要以登记的名称进行,并且,所有在其名下从事行为的后果均由该公司承担。

公司名称能够提示公司开展业务的主要行政区域,公司主营业务的所在行业经营特点以及公司的组织形式。

公司名称按照国务院颁布的《企业名称登记管理规定》登记和使用。

公司名称中的字号可以提示该公司与其他公司之间的关联关系。

四、公司住所

公司的住所或公司主要经营场所亦称公司法定地址。

公司以其主要办事机构所在地为住所,经公司登记机关登记的公司的住所只能有一个。公司的住所应当在其公司登记机关辖区内。

登记公司住所的意义在于使公司股东和债权人以及第三人能够寻找到或通知到公司。如果公司作为被告参加诉讼,则公司住所对管辖法院的确定具有决定性的意义——如果没有特别约定或规定,按照“原告就被告”的民事诉讼管辖原则,公司住所地法院通常就是诉讼的管辖法院。

五、经营范围

公司的经营范围是企业从事经营活动的业务范围,由公司章程规定,并依法登记。公司可以修改公司章程,改变经营范围,但是应当办理变更登记。属于国家限制经营或特许经营的,公司在登记其经营范围之前须取得行业主管部门的许可或批准。

登记经营范围的意义在于公示公司的行为能力范围,不过从民事责任角度而言,公司超越登记的经营范围订立合同的,合同并不因此被认定为无效,但违反国家限制经营、特许经营及法律、行政法规禁止经营规定的除外。

登记经营范围并不一定能提示公司的主营业务所在。

六、公司类型

在我国,依法可以登记设立的公司类型包括有限责任公司和股份有限公司。《公司法》允许设立单一股东的有限责任公司,包括由单一自然人或单一法人出资设立的一人有限责任公司和由国家单独出资、由国务院或者地方人民政府授权本级人民政府国有资产监督管理机构履行出资人职责的国有独资公司。一个自然人只能投资设立一个一人有限责任公司,且该一人有限责任公司不能投资设立新的一人有限责任公司。一人有限责任公司应当在公司登记中注明自然人独资或者法人独资,并在公司营业执照中载明。

七、法定代表人

依照法律和公司章程的规定,代表公司法人行使职权的负责人,是公司的法定代表人,由公司董事长、执行董事或者经理担任,并依法登记。

登记法定代表人的意义在于公示虚拟人格的行为能力的自然人载体。法定代表人履行职务的行为由公司承担后果,而公司从事违反法律的行为,法定代表人亦将承担相应责任。

八、企业信息公示

提示律师,除登记机关登记记载公司的信息以外,为完善商业信息公示和商业信用体系建设,国务院于2014年8月7日颁布了《企业信息公示暂行条例》。根据该条例,全社会均可以通过"国家企业信用信息系统"(www.gsxt.gov.cn)查询包括公司在内的各类市场主体的注册登记、许可审批、年度报告、行政处罚、抽查结果、经营异常状态等信息。

根据《公司法》第32条的规定,公司应当将股东的姓名或者名称向公司登记机关登记;登记事项发生变更的,应当办理变更登记。未经登记或者变更登记的,不得对抗第三人。

九、基于登记而确认股东资格的案例

> 2010年,张三、李四、王五各自出资10万元设立甲公司,约定王五为隐名股东,其出资额挂在张三名下,在向工商管理部门报送的登记资料文件中,股东仅为张三、李四,而不包括王五。随后三人各自按时将10万元出资缴纳完毕。工商管理部门审核完毕后,核准甲公司成立,并颁发营业执照。半年后,张三因欠第三人债务,其在甲公司的股权全部被债权人申请人民法院保全。王五随即向人民法院提出异议,主张张三在甲公司所持20万元股权当中有10万元是属于自己的。虽然王五出具了自己实际出资10万元的证据,李四也出具证言,证明王五系公司隐名股东,且确实向公司实际缴付了10万元出资,但人民法院仍未支持王五的异议。

根据《公司法》第32条的规定,公司应当将股东的姓名或者名称向公司登记机关登记;登记事项发生变更的,应当办理变更登记。未经登记或者变更登记的,不得对抗第三人。

如果本案系王五与张三就甲公司股东身份及对应10万元的股权归属发生确认之诉,则根据王五出资的真实意思表示和实际出资的客观行为，应当认定王五具有甲公司股东的身份且拥有甲公司 10 万元的股权，但在本案中，当王五的股东资格确认与第三人的合法权益存在直接对抗时，由于王五没有在公司登记机关登记为股东，故不能对抗第三人。

这个案例传递出一个基本结论需要律师牢记：股东之间、股东与公司之间的记名和约定具有确认相互间权利的效力，登记具有对抗第三人权利的效力，不登记则不能对抗第三人。

第二节　投资交易中的公司要素

本节围绕投资交易来介绍公司要素。

当事人不能仅凭登记公示的公司要素和信息来进行投资交易，律师也不能仅凭登记公示的公司要素和信息去参与投资交易的方案制订、将交易方案落实为交易文件以及发表法律意见，因为登记公示的公司要素及其他公司信息主要具有主体区别的法律意义，通常不反映公司的实际控制权关系、不描述公司的实际业务活动、不登记公司的详细财产状况和财务状况、不记录公司的经营管理活动。投资交易和公司业务需要对投资交易更有意义的公司要素，包括股东和实际控制人、主营业务、净资产和管理当局及员工。

一、股东和实际控制人

当事人确定股东和实际控制人的真实身份是为了确认交易伙伴，律师确定股东和实际控制人的真实身份，是为了在参与制订交易方案并落实交易文件时确认交易主体的资格，在整个交易过程中都能够正确回答以下问题：

公司的股东到底是谁？
每个股东享有的权益到底是多少？
股东是否利用身份优势甚至控制优势破坏治理结构，或与公司发生输送利益的交易？

（一）谁是公司真实的股东

股东身份本应是最容易确认的事实，但出于对记名和登记的淡漠或规避，在公司已经实际取得登记文件，完成设立或变更等程序以后，甚至实际运营若干年以后，仍然可能扑朔迷离，实务中的常见情形包括：

1. 隐名出资或委托、信托出资

例如，甲不愿或不能成为记名股东，于是委托乙代为持股，成为记名股东。这种情况常见于对股东身份有限制或对单一股东持股比例有限制的行业。

2. 已交付的非现金出资资产权属不明或有争议或有其他权利人

例如，甲的出资为土地使用权和厂房，但土地和房产为与乙共有的财产，并且甲、乙正在为权利分割进行诉讼。这种情况常见于股东以需要登记确定权属的财产出资，而权属证明还没有取得，或权属证书上有第三人权利，或权属证书已经被用于担保，或权属证书已经被保全，或权属证明尚未生效、失效、过期、附条件以及存在其他瑕疵。

3. 出资行为尚未获得必需的批准

例如，甲系国有企业，拟向外商投资的保险公司出资，但尚未取得国有资产监督管理部门或银行保险行业监督管理部门中的任何一个部门或所有部门的批准，就已经实际拨付了出资。这种情况常见于出资时需要前置审批的行业或向外商投资企业出资。注意，“批准”也包括出资人内部有权机构如董事会或股东（大）会的批准。

4. 出资尚未缴付完毕,包括实物没有实际移交和权利没有完成转移手续

例如,到期应缴付的现金出资没有缴付到账,应当移交的设备没有移交给公司,应当变更到公司名下的专利权没有变更。这种情况常见于公司的出资为分期进行时,而公司从设立到生产运行需要较长的周期。

5. 转让对价尚未支付完毕或转让协议的履行出现违约情形

例如,甲是通过受让乙所持的股权成为公司股东的,但甲的转让款并没有实际支付完毕。另如,甲、乙原约定,甲须代公司清偿部分债务,而乙须自行安置公司部分现有职工,但双方都没有实际履行合同义务。

6. 名为出资实为借贷或名为借贷实为出资

例如,甲、乙为公司记名股东,但双方约定,甲不参加公司的任何经营管理活动,无论经营情况如何,公司每年按10%支付甲固定收益,公司无力支付收益时,由乙向甲支付。

7. 抽逃出资

例如,股东出资的验资完成,公司成立,甲利用控制公司财务的便利,将出资又汇回甲自己的银行账户。当公司从设立到生产运行需要的周期较长,股东的出资将分期投入使用时,常见此种情形。

8. 因为其他任何原因,记名股东已不符合法定条件

关于各类非正常出资行为的识别和相应法律后果的判定,我们将在第四章第一节“准备尽职调查”中的“确定法律尽职调查的范围”部分再给出进一步的指引。

(二) 确认公司股东真实身份的依据

确认股东真实身份的资料包括登记资料、出资缴付资料、股东行权资料和股东协议资料四大类。如前所述,登记资料具有对外对抗第三人的效力,其他资料具有对内确权的效力。

1. 公司登记资料中股东名册的记载和公司章程关于股东的记载

这些文件是确定股东身份和股东权益数额的直接证据,但在进行内部确权时,这些文件可能只是形式证据。

2. 验资报告记载

验资报告是确认股东是否完成出资行为的法定证据,但验资报告也可能只是形式证据和间接证据。

3. 出资凭证或权属转移凭证的记载

现金出资的银行单证、实物出资的交接记录、产权交易机构的成交记录以及资产权属证明的变更文件,是确认股东完成出资义务的最直接、最实质和最基础的证据。

注意:公司股东名册、公司章程、验资报告和出资缴付凭证都可能只是证明记名股东已经完成出资的事实,但不能完全证明记名股东确实也是实际股东的事实,也不能证明股东在公司成立后没有抽逃出资这一事实。

4. 利润分配记录和凭证的记载

公司关于向股东分配利润的账册、报表,以及公司实际向股东拨付利润分配的财务凭证,通常能够从一个侧面反映出股东身份的真实信息。例如,甲持有公司20%的股权,但从来没有按照可分配利润的20%分取利润,公司章程也没有关于甲不参与利润分配的规定,则甲的股东身份存疑。

5. 财务资料记载

公司财务账册、报表和凭证关于公司与股东的关联往来也能够反映出股东身份的真实信息。例如,甲向公司出资10万元,公司设立以后随即向甲汇回10万元,记为“其他应收款”,公司与甲并没有订立借款协议,公司股东会也没有就此进行审议和批准,则甲的股东身份存疑。另外,如果公司组织过清产核资、财务审计或者资产评估,则清产核资报告或资产评估报告所附的资产清单和资产权属证明以及审计报告确认的会计报告附注,都可能对澄清股东身份的谜团有直接的帮助。

6. 股东会决议或股东之间协议的记载

股东(大)会决议或股东协议可能会从主观和客观两个方面揭示股东身份的真实信息。例如,主观方面,股东(大)会决议或股东协议可能直接规定甲不行使股东权利也不承担股东义务和责任;客观方面,甲从不参加股东(大)会或始终委托股东乙出席股东会并表决。

(三)股东实际拥有多少权益

股东对公司的权益包括表决权益、利润分配权益、增资权益、转让权益和清算权益。

表决权益是股东在股东(大)会上行使投票权的份额。

利润分配权益是股东在公司分配税后利润时可以从公司获得分配的份额。

增资权益是股东在公司增加注册资本时为避免摊薄自己的股权比例而获得的增资部分的认购份额。

转让权益既包括股东相互转让或向其他第三人转让公司股权时可以出让的份额,也包括购买其他股东拟出让股权的优先权份额。

清算权益是股东在公司清算时从公司获得分配的剩余财产份额。

通常情况下,各股东的权益按照出资比例确定,但因为如下原因,可能较为复杂:

1. 公司章程作出其他规定

根据《公司法》第 42 条和第 166 条的规定,公司章程可以规定有限责任公司股东不按照出资比例行使表决权,股份有限公司的股东不按照持股比例分配利润。例如,甲为持股 30%的股东,甲除了向公司出资以外,还同意公司无偿使用其采购渠道和销售渠道,同时甲方还主要承担了公司经营管理的责任。为此,全体股东可以一致同意在公司章程中规定,甲在股东会审议通过有关经营管理事项的决议时拥有 51%的表决权。

2. 股东存在其他约定或股东会作出其他决定

根据《公司法》第 34 条的规定,全体股东可以约定不按照出资比例分取红利或者不按照出资比例优先认缴出资。例如,管理层持股 5%,股东(大)会可以决定当公司年度税后利润超过公司净资产 10%时,管理层股东可以获得可分配利润的 10%,反之,当公司年度税后利润低于公司净资产 1%时,管理层股东不参加可分配利润的分配。

3. 股东身份存疑情形

在前面所述股东身份存疑的情况下,记名股东实际拥有的权益自然也处于存疑状态。

通常在进行股东真实身份调查核实的同时,股东在公司实际拥有的真实权益也应当随之能够得到量化确认。

(四)股东是否滥用权利

1. 是否利用关联交易滥用股东权利

通常情况下,股东投资设立公司是为了让公司盈利,从而使自己间接获益,但为了实现利益最大化,股东或实际控制人会在自己控制的下列企业之间,以商业交易的形式转移利益或负担:

①母公司与子公司。通常是子公司向母公司转移利益,母公司向子公司转移义务或负担。但当母公司的股东或实际控制人同时也是子公司股东,而母公司已经债务缠身、财务状况恶化时,就可能反其道而行之,母公司向该子公司转移利益,而该子公司向母公司转移负担。

②控股比例高的子公司与控股比例低的子公司。通常情况下是实际控制人实际持股比例低的子公司向持股比例高的子公司转移利益,持股比例高的子公司向持股比例低的子公司转移负担和义务。

③上市公司与非上市公司。通常是上市公司向非上市公司转移利益,非上市公司向上市公司转移负担或义务。特定情况下,为制造上市公司的优良业绩或为使上市公司免于摘牌退市的后果,也可能出现非上市公司向上市公司转移利益,上市公司向非上市公司转移负担的情形。

④业绩好的公司与业绩差的公司。通常,实际控制人会根据合并报表的需要,决定在业绩好和业绩差的子公司之间人为调节利益和负担。

⑤税负高(或其他成本高)的公司与税负低(或其他成本低)的公司。通常是税负低的公司向税负高的公司转移负担,而税负高的公司向税负低的公司转移利益。

⑥准备持久控制、经营的公司与准备退出或准备放弃的公司。通常是实际控制人准备持久控制、经营的公司向不准备挽救的公司转移负担和义务,而不准备持久经营也不准备挽救的公司向持久经营公司转移利益。

2. 是否利用治理结构滥用股东权利

通常情况下,股东通过派出股东代表和董事的方式间接行使治理公司的权利,但股东也可能通过下列方式滥用股东权利,直接治理所投资的公司:

①越过股东(大)会直接任免董事、董事长、监事、监事会召集人、总经理或其他高级管理人员。

②要求公司使用股东开设的银行账户,或要求将子公司的资金调由母公司或母公司指定的关联方使用。

③越过公司经营管理层、董事会和股东(大)会,直接向公司下达指令,要求公司从事某项行为或承担某项义务,例如要求公司为母公司的债务担保。

3. 核实是否存在滥用权利的标准

①查明控股股东、实际控制人以及实际控制人控制的其他企业相互之间的持股关系。

②核实公司与控股股东、实际控制人及其控制的其他企业之间的交易是否履行了所需要的批准程序。

③确认交易的实质内容是否符合公允原则和一般市场惯例。

④确认股东是否存在通过公司股东(大)会以外的其他途径行使股东权利的情况。

(五)公司是否依赖于股东

尽管股东没有滥用权利,也没有损害公司利益,但如果公司经营依赖于股东,则可能由于股东违约、股东出让股权、股东清算、股东财产被保全后受到第三人权利的限制、股东与第三人之间的争议或纠纷等原因,而使公司的财产和正常经营活动面临诸多风险。公司对股东的依赖主要包括:

①主要使用股东的技术;

②主要使用股东制造的专用设备;

③主要原材料需要向股东采购;

④主要产品向股东返销或依赖股东的销售渠道销售;

⑤流动资金主要依赖股东支持;

⑥公司运营主要依赖股东提供的能源、运输等服务;

⑦公司经营管理主要依赖股东推荐的原就职于公司的股东或其关联企业的人员。

二、主营业务

1. 公司的主营业务是什么?

主营业务是指为公司创造主要营业收入或贡献主要营业利润的业务。

对投资人和投资银行而言,确认公司的主营业务是研究公司盈利模式、认可公司商业发展计划的基础。

对律师而言,确认公司的主营业务是调查和确认公司营业活动的合法性、公司重大资产、重大债权债务和重大合同合法性和有效性的基础,也是律师向交易当事人提示交易风险的基础。

确认主营业务主要须考察:

①该业务是否属于公司登记机关核准的公司经营范围;

②该业务产生的营业收入是否占公司总营业收入的主要部分,或者该业务所产生的营业利润是否占公司总营业利润的主要部分;

③该业务是否占用了公司的主要资产和雇员;

④就该业务签署的业务合同是否占公司对外签署业务合同的主要部分。

2. 公司从事主营业务需要取得什么资质或许可?

在合法取得营业执照的前提下,公司从事主营业务需要取得的资质或许可通常包括:

①业务资质,即公司为从事其业务经营所需取得的行业主管部门的批准或经营许可证,例如从事证券承销业务许可证;

②公司产品的生产许可、销售许可,例如药品生产许可证和药品销售许可证;

③公司主营业务依赖的主要技术或生产线、设备的使用许可;

④公司特许经营许可或专业资质许可,例如高速公路管理和收费的特许经营;

⑤生产安全许可、环境保护许可、产品质量许可或卫生合格许可;

⑥公司从事经营所需的其他许可。

3. 公司从事具体重大经营活动需要取得什么许可?

公司从事具体重大经营活动需要按照公司内部规定和外部法定的程序履行立项、论证和报批手续。公司重大项目的可行性研究报告和立项报批文件在依照章程规定经过董事会和股东(大)会批准以后,还需要根据项目的特征报经计划发展部门、行业主管部门以及商务部门(涉及外商投资)批准。

4. 开展重大业务可能要签署哪些重大合同?

重大合同指其性质对公司主营业务具有重要影响的合同或标的金额达到公司董事会议事规则或经理办公会议事规则规定标准的合同,通常包括:

①公司的生产原料或材料的采购合同;

②公司与主要供应商、主要客户以及主要经销商的交易合同;

③任何载有非正常条款(包括非正常负担或非正常市场价格)的业务合同;

④提供动力的合同;

⑤委托经营、委托管理、委托理财合同及承包经营合同;

⑥公司的经销权、专营权、特许权或限制性交易方面的主要合同;

⑦投资合同及重大资产收购、处置、置换和出售合同;

⑧贷款合同、综合授信合同及其从合同,如保证、抵押、质押等合同;

⑨业务活动保险或产品责任保险合同;

⑩公司与董事、监事或高级管理人员之间签署的任何合同;

⑪正常业务范围之外的其他重大合同。

5. 对主营业务的合法性构成影响的其他事项

除去资质许可、行为许可和重大合同等影响因素外,对主营业务这一公司要素需要关注的事项还包括:

①公司注册资本未达到法律、行政法规规定的从事该项目经营的最低注册资本数额;

②法律、行政法规、国务院规定特定行业的企业只能从事经过批准的项目而公司申请其他项目;

③一般经营项目因法律、行政法规、国务院决定调整为许可经营项目后,公司未按有关规定申请办理审批手续并获得批准;

④许可经营项目由法律、行政法规、国务院决定要求重新办理审批,公司未按有关规定申请办理审批手续并获得批准;

⑤许可经营项目由审批机关批准的经营期限届满,公司未重新申请办理审批手续并获得批准的;

⑥经营范围中的许可经营项目被审批机关取消。

三、净资产

公司净资产直接反映了公司的价值金额。律师关注净资产,是通过确认资产和负债的法律特征来帮助交易当事人(甚至会计师和评估师)确认资产和负债是否存在、是否具有所声明的价值以及是否包含法律瑕疵或风险。

借助会计报表中的资产负债表,我们就更容易理解净资产的含义。

资产负债表

编制单位：　　　　年　　月　　日　　　　单位:元

资产	行次	年初数	期末数	负债和所有者权益(或股东权益)	行次	年初数	期末数
流动资产：				流动负债：			
货币资金	1			短期借款	68		
短期投资	2			应付票据	69		
应收票据	3			应付账款	70		
应收股利	4			预收账款	71		
应收利息	5			应付工资	72		
应收账款	6			应付福利费	73		
其他应收款	7			应付股利	74		
预付账款	8			应缴税金	75		
应收补贴款	9			其他应付款(1)	80		
存货	10			其他应付款(2)	81		
待摊费用	11			预提费用	82		
1年内到期的长期债权投资	21			预计负债	83		
其他流动资产	24			1年内到期的长期负债	86		
流动资产合计	31			其他流动负债	90		
长期投资：							
长期股权投资	32			流动负债合计	100		
长期债权投资	34			长期负债：			
长期投资合计	38			长期借款	101		
固定资产：				应付债券	102		
固定资产原价	39			长期应付款	103		
减:累计折旧	40			专项应付款	106		
固定资产净值	41			其他长期负债	108		
减:固定资产减值准备	42			长期负债合计	110		
固定资产净额	43			递延税项：			
工程物资	44			递延税款贷项	111		
在建工程	45			负债合计	114		
固定资产清理	46						
固定资产合计	50			所有者权益(或股东权益)：			
无形资产及其他资产：				实收资本(或股本)	115		
无形资产	51			减:已归还投资	116		
长期待摊费用	52			实收资本(或股本)净额：	117		
其他长期资产	53			资本公积	118		
无形资产及其他资产合计	60			盈余公积	119		
				其中:法定公益金	120		

（续表）

资产	行次	年初数	期末数	负债和所有者权益（或股东权益）	行次	年初数	期末数
递延税项：				未分配利润	121		
递延税款借项	61			所有者权益（或股东权益）合计	122		
资产总计	67			负债和所有者权益（或股东权益）总计	135		

（一）净资产和股东权益的关系

公司的净资产就是公司股东权益，即公司资产中属于股东所有的财产份额，它是股东出资与公司经营盈余积累之和，包括股东实缴资本、公司公积金和未分配利润。

股东实缴股本即公司实收资本，是股东按照章程规定实际向公司缴付的资本金。

公积金包括资本公积金和盈余公积金。资本公积金主要是股东实际出资金额超出股本金额的溢价部分、公司接受的资产捐赠、公司经营中发生的汇兑盈余等；盈余公积金为股东（大）会按照章程规定通过决议，从公司年度税后利润当中提取的金额，又分为法定盈余公积金和任意盈余公积金。

未分配利润为公司当期留存的尚未向股东分配的可分配利润。

公司设立时，如果所有股东按照章程规定的出资额一次性向公司缴付出资，则公司的净资产等于注册资本，也等于股东实缴资本，也就是公司收到的实收股本。如果股东按照约定的比例一次性溢价向公司出资，则溢价部分记为资本公积金，公司的净资产等于股东实缴资本与公司资本公积金之和。如果股东按照约定的比例分期向公司出资，则公司的净资产等于当期股东实缴资本，各期股东实缴资本之和等于公司注册资本。

公司设立以后，如果经营盈利，公司按照章程规定从税后利润中提取了一定比例的盈余公积金，并且提取盈余公积金以后的税后利润没有向股东分配或没有全部分配，则剩余部分记为未分配利润，公司净资产为股东实缴资本与资本公积金、盈余公积金和未分配利润之和。如果公司经营出现亏损，则亏损将扣减以前年度的未分配利润，如果亏损额大于以前留存的未分配利润，则公司当前会计期间期末的未分配利润为净负值。经公司股东（大）会批准，可以用盈余公积金弥补亏损。如果盈余公积金全部用于弥补亏损以后，亏损还在进一步扩大，则亏损将侵蚀股东的实缴资本和资本公积金，直至将实缴资本和资本公积金全部侵蚀完，此时，公司净资产为零，即股东在公司的权益为零，公司的全部资产都属于债权人权益，公司处于破产边缘。当亏损进一步扩大，公司净资产为负值，则公司的全部资产不足以清偿对外债务，公司在财务上就达到了破产的条件。

（二）净资产与资产和负债的关系

公司通过股东出资、经营盈余积累和对外借债而形成公司资产，而股东出资和盈余积累构成股东权益，故公司净资产为公司资产减去公司负债后的余额。

1. 公司资产

公司资产主要由流动资产、固定资产、长期股权投资、无形资产构成。

（1）流动资产

流动资产为可在1年内或超过1年的一个营业周期内变现或耗用的资产，主要包括现金、银行存款、短期投资、应收款项、预付账款、存货、待摊费用等。

流动资产中值得律师关注的主要是短期投资、应收款项和预付账款。

①短期投资。通过证券公司或者第三人理财而进行短期投资的，时常因为对短期投资的性质发生争议而使投资资金面临风险，包括是否实际为借贷、是否默许挪用等。

②应收款项。包括应收账款、应收票据和其他应收款。应收账款表明公司开展正常业务而对第三人拥有的债权,通常应有业务合同支持;对于应收票据和其他应收款则应核实基于何种交易而产生此项债权。实践中公司的许多瑕疵行为甚至违规、违法行为,在财务上都隐藏在应收款项内,尤其是其他应收款科目内。

③预付账款。与应收账款性质相似,为公司开展正常业务对第三人拥有的债权,应有业务合同支持。

(2)固定资产

固定资产主要为使用期限超过1年的房屋、建筑设施、机器设备、运输工具以及其他与生产经营相关的设备、工具、器具等。

关于固定资产,值得律师关注的是:

①固定资产的来源是股东出资还是公司自购;

②固定资产是否应当有以及实际是否有权属证明;

③固定资产的权属证明是否存在争议或瑕疵;

④固定资产是否设置了第三人权利,是否被保全;

⑤固定资产是否由公司完整占有和实际控制使用。

(3)长期股权投资

长期股权投资为准备持有超过1年的对外股权投资。

关于长期股权投资,值得律师关注的是:

①对外投资是否履行了所有必需的内外部批准程序;

②对外投资是否已经如约实际交付;

③对外投资的权利证明是否完备、正确无误和合法有效;

④对外投资权利上是否有第三人权利,是否被保全;

⑤公司对被投资对象是否具有控制力或影响力;

⑥公司与被投资对象是否有关联交易,是否存在同业竞争;

⑦公司是否保存了参与被投资对象所有重大决策的文件资料。

(4)无形资产

无形资产系公司为生产产品或提供服务或为管理目的而持有的、没有实物形态的非货币长期资产,包括土地使用权、专利权、非专利技术、商标权、著作权等。

关于无形资产,值得律师关注的是:

①无形资产的来源是否合法有效;

②无形资产是否应当有以及实际有权利证明;

③无形资产的权利证明是否存在争议、瑕疵或期限、条件;

④无形资产是否设置了第三人权利,是否被保全;

⑤无形资产是否由公司完整占有和实际控制使用,公司是否许可第三人使用,是否存在第三人侵权的情形;

⑥公司采取哪些措施保护自己的无形资产。

2. 关于公司债务

公司债务主要包括流动负债和长期负债。

(1)流动负债

流动负债指公司将在1年或者超过1年的一个营业周期(即企业从支付现金购买用于生产制造的原材料起至销售产品实现现金或现金等价物收入的期间)内偿还的债务,主要包括短期借款、应付票据、应付账款、预收账款、应付工资、应付福利费、应付股利、应交税金、其他应付款、其他暂收款、预提费用和1年内到期的长期借款等。

值得注意的是，其他应付款和其他暂收款不属业务所生之债，可能提示不正常交易或瑕疵交易。其余流动负债属公司正常运营对外产生的债务，其财务记录应当有业务合同、内部管理制度以及国家法律、法规的支持。

(2)长期负债

长期负债指偿还期在1年以上或者超过1年的一个营业周期以上的债务，主要包括长期借款、应付债券和长期应付款等。

长期负债均应当有合同详细记载其交易内容。

律师还需要在确认公司资产的过程中随时注意询问是否存在债务(如担保)，以排除资产的风险。

3.“营改增”及其对律师公司法律业务的影响

(1)“营改增”简介

自2012年底开始，中国开始进行营业税改增值税的税制改革，简称“营改增”，主要内容包括：从事交通运输业和部分现代服务业的纳税人自新旧税制转换之日起，由缴纳营业税改为缴纳增值税；在现行增值税13%和17%两档税率的基础上，新增6%和11%两档低税率；租赁有形动产等适用17%税率，交通运输、建筑业等行业适用11%税率，部分现代服务业中的研发和技术服务、信息技术服务、文化创意服务、物流辅助服务、鉴证咨询服务适用6%税率。

财政部和国家税务总局于2016年3月6日发布《关于全面推开营业税改征增值税试点的通知》(财税〔2016〕36号)，确定“经国务院批准，自2016年5月1日起，在全国范围内全面推开营业税改征增值税试点，建筑业、房地产业、金融业、生活服务业等全部营业税纳税人，纳入试点范围，由缴纳营业税改为缴纳增值税”。至此，在中国境内销售服务、无形资产或者不动产的单位和个人，为增值税纳税人，不再缴纳营业税，在中国境内销售服务、无形资产或者不动产的行为，为增值税应税行为，营业税正式被增值税取代。

(2)“营改增”对以无形资产和不动产投资入股的影响

根据《营业税改征增值税试点实施办法》及其附件“销售服务、无形资产、不动产注释”的规定，以无形资产或不动产投资入股，构成“销售无形资产”或“销售不动产”，即转让无形资产或不动产所有权或者使用权的业务活动(转让建筑物有限产权或者永久使用权的，转让在建的建筑物或者构筑物所有权的，以及在转让建筑物或者构筑物时一并转让其所占土地的使用权的，视为销售不动产)。

《营业税改征增值税试点实施办法》附件“销售服务、无形资产、不动产注释”对无形资产和不动产进行了定义和列举。无形资产是指不具实物形态，但能带来经济利益的资产，包括技术、商标、著作权、商誉、自然资源使用权和其他权益性无形资产；不动产，是指不能移动或者移动后会引起性质、形状改变的财产，包括建筑物、构筑物等。“技术”“自然资源使用权”和“其他权益性无形资产”的范围均有相应列举式规定。

根据上述规定和注释，以列举的无形资产或不动产投资入股应当缴纳增值税。

(3)“营改增”对股权转让的影响

根据《营业税改征增值税试点实施办法》附件“销售服务、无形资产、不动产注释”的定义，股权应当属于“其他权益性资产”，但根据“其他权益性无形资产”的列举式规定，其“包括基础设施资产经营权、公共事业特许权、配额、经营权(包括特许经营权、连锁经营权、其他经营权)、经销权、分销权、代理权、会员权、席位权、网络游戏虚拟道具、域名、名称权、肖像权、冠名权、转会费等”，并未包括股权(或股份、出资额、股东权益)，加之，股权转让原本并不属于营业税的应税行为，故股权转让不属增值税应税行为，不应缴纳增值税。

(4)“营改增”对其他重组行为的影响

①对涉及实物资产的资产重组的影响。根据国家税务总局《关于纳税人资产重组有关增值税问题的公告》(国家税务总局2011年第13号公告及2013年第66号公告)的规定,纳税人在资产重组过程中,通过合并、分立、出售、置换等方式,将全部或者部分实物资产以及与其相关联的债权、负债和劳动力一并转让给其他单位和个人,不属于增值税的征税范围,其中涉及的多次货物转让,均不征收增值税。

②对涉及不动产、土地使用权的资产重组的影响。《关于全国推开营业税改征增值税试点通知》中附件2“营业税改征增值税试点有关事项的规定”第1条第(二)项“不征收增值税项目”第5点规定,“在资产重组过程中,通过合并、分立、出售、置换等方式,将全部或者部分实物资产以及与其相关联的债权、负债和劳动力一并转让给其他单位和个人,其中涉及的不动产、土地使用权转让行为”,不征收增值税。

同时,附件3“营业税改征增值税试点过渡政策的规定”第1条“下列项目免征增值税”第(三十五)项规定,“将土地使用权转让给农业生产者用于农业生产”,免征增值税。

③对涉及股票、债券等金融商品的资产重组的影响。根据《营改增试点实施办法》附录“销售服务、无形资产、不动产注释”第一条“销售服务”第(五)项“金融服务”第4点“金融商品转让”规定:“金融商品转让,是指转让外汇、有价证券、非货物期货和其他金融商品所有权的业务活动。”“其他金融商品转让包括基金、信托、理财产品等各类资产管理产品和各种金融衍生品的转让。”因此,纳税人转让上市公司有价证券的,属于金融商品转让的应税行为,应当缴纳增值税。

四、管理当局和员工

公司管理当局就机构而言指公司的董事会、监事会和经营管理机构,就自然人而言指公司董事、监事和高级管理人员。实践中,公司的管理当局也被称为“团队”。

由于有了管理当局和员工的职务行为,公司得以开展主营业务,生存并发展,股东得以实现投资收益,用户得到公司提供的产品或服务,债权人得以如约实现债权,管理当局自身也实现了自我价值,而要实现这一切,公司必须:

①建立运行体制和规则;

②设立相应的机构和岗位来实施所建立的体制和规则;

③董事、监事和高级管理人员以及骨干员工与公司建立和谐的关系。

关于上述三项,将在本编第三章中介绍。

第三章　律师应掌握的公司治理结构

本章提示

性恶论者认为，人都有这样的本性：希望自己只行使权利而不履行义务，只享受利益而不承担责任，当两个以上的人相遇时，本性便使他们的愿望发生了冲突。解决冲突最初始的选择是暴力或者其他强制手段，当暴力手段不能达到目的或者虽然能够达到目的但成本过高时，他们便选择妥协：分享权利和利益的同时也分担义务和责任。这种妥协就是治理结构。

作为成熟社会中的营利性组织，公司治理结构的使命并不仅仅是妥协利益冲突，更主要的是防范和控制风险以及提高资源配置的效率。

公司治理结构是公司与其利益关系人——股东、管理当局、员工、交易伙伴、消费者、政府——之间关系规范的总和，在公司正常运营的情形下，治理结构的主要矛盾是股东之间、管理当局之间以及他们相互之间的关系，在公司清算的情形下，治理结构的主要矛盾是债权人(公司员工和交易伙伴)之间以及他们与政府(人民法院)之间的关系。

本章是第二章中股东和实际控制人以及管理当局两大要素的延伸，描述的是公司治理结构中股东之间、管理当局之间以及他们相互之间的关系。律师在协助进行公司设立业务时，就应当关注公司治理问题，并且，律师在开展尽职调查时，公司的治理结构也是调查对象之一。

第一节　律师应当掌握的公司治理理念

律师在开展公司业务，尤其参与公司组织机构设计和内部规范制定时，应当首先对公司治理建立一些基本概念，本节讲述的就是律师应当了解的关于公司治理结构的一些基本观念和指导思想。

一、投资人关注的治理结构

投资人，尤其是不以参与经营管理为目的的战略投资人，对公司治理结构的关注集中在哪些方面呢？一般而言，他们关注：

①公司面临的可预见的主要风险因素有哪些，公司在制度建设、机构设置和流程设计中采取了哪些措施来防范和控制这些风险；

②公司业务的持续成长对股东、业务交易伙伴、公司管理当局和骨干员工、地方政府等利益关系人的依赖程度；

③公司运行的效率主要依赖制度还是依赖管理当局的个人魅力；

④公司的股权结构是否有利于股东对公司的支持，控股股东是否与公司存在同业竞争，存在重大的或持续的关联交易；

⑤公司管理当局和员工对公司组织机构的设置、组织机构的职能定位、岗位工作流程的评价如何。

投资人关注公司治理结构的出发点是投资风险控制，落脚点是公司运营管理的风险防范能力与风险控制能力。

二、企业家关注的治理结构

公司管理当局的企业家,尤其是董事长和经理,又关注公司治理结构的哪些方面呢?通常,他们关注:

①持续扩张企业的市场价值和规模,包括投资人规模、资本规模、资产规模、业务交易规模、员工队伍规模等;

②在机构设置和制度建设方面保障交易安排的自主性、灵活性和自己对交易决策和交易执行的控制力;

③整合企业资源,协调好公司与政府、股东、银行、员工、客户和供应商的关系;

④实现企业管理者和雇员的价值,实现对管理者和员工的激励;

⑤防范和控制企业运营风险。

企业家——公司的经营管理人——关注公司治理结构的出发点是企业价值的提升和企业规模的扩大,落脚点是公司运营管理的效率。

三、治理结构的载体

公司治理结构有两大有形的载体,一是成文的治理规则;二是公司机关,也就是公司的内部组织机构。

成文的治理规则可以分为四大类:章程、三会(即股东会、董事会和监事会)议事规则、重大事项规则和一般管理制度。

公司机关也分为四大类:权力机关、决策机关、执行机关和监督机关,即公司股东(大)会、董事会、经理机构和监事会。

治理规则和公司机关相结合可以确定:

①公司机关的职能、职权、利益和责任;

②公司运营管理过程中各类重大事项所涉及的机关和岗位;

③机关和岗位执行其职能的流程;

④各岗位执行职能所应获得的薪酬、奖励或惩罚。

四、关于股东大会的基本治理准则

股东(大)会是公司的权力机关,其职能是管理与股东权利和股东利益直接关联的事项,包括:

①任免董事和股东代表监事;

②批准财务预决算和利润分配方案;

③批准公司经营方针和投资计划;

④批准数额巨大的重大交易;

⑤决定合并、分立、清算;

⑥批准章程及其修订。

以上职能是股东(大)会的固有职能,股东(大)会不可放弃,也不可委托公司其他机关执行这些职能。反过来说,股东(大)会也不能因为是公司权力机关就可以行使其他机关的固有职能,例如代替董事会任免高级管理人员。

股东(大)会的基本运行机制是利益推动、权益主导,即股东基于自身利益驱动作出意思表示,决议结果取决于资本的表决力量。因此,股东会决策的特点是对议案说通过或不通过、说是或不是,而不参与议案的具体内容的形成。

股东(大)会的具体职能和运行流程由公司章程和股东(大)会议事规则规定。

五、关于董事会的基本治理准则

董事会是公司的决策机构,事实上决定了本公司所有的重大事项,包括:

①拟制供股东(大)会审议通过的所有议案,提出这些议案并执行股东(大)会决议;

②任免公司高级管理人员;

③决定公司经营管理机构的设置;

④制定或批准章程和三会议事规则以外的所有重大管理制度;

⑤批准按权限划分应由董事会批准的重大交易和重大事项。

以上职能是董事会的固有职能,不得放弃也不得转授。

董事会的运行机制是智慧推动、多数成员主导,即依赖大多数成员的智慧作出决定。董事会不仅要对所审议的议案说是或不是,还要说为什么是或为什么不是,更重要的,董事会还要参与议案内容的确定。为此,推动董事会决策的是董事的智慧,是董事对风险因素的把握,对公司利益和其他关系人利益的平衡。

一个谋求持续发展的公司,应当考虑从四个层面产生董事会成员:来自股东(尤其是实际控股人)的股东代表董事,来自经营管理机构的执行董事,来自战略投资人的非执行董事和来自社会的独立非执行董事。

另外,除了会议审议以外,董事会的职能需要从三个方面作日常化分解:

①董事长:董事会召集人和主持人、董事会议案的主要预审人、董事会决议的执行监督人;

②董事会专门委员会:董事会议案论证人;

③董事会秘书(包括董事会日常工作机构):信息搜集、整理和提供人,董事和董事会专门委员会工作的技术支持人。

股东代表董事职务可以无因解除但应获得合理补偿。公司法理论和实践普遍认为,公司与董事之间实为委托关系,依股东会的选任决议和董事同意任职而成立合同法意义上的委托合同,合同双方均有任意解除权,即公司可以随时解除董事职务,无论其任期是否届满,董事也可以随时辞职。为此,2019 年 4 月 28 日最高人民法院公布的《关于适用〈中华人民共和国公司法〉若干问题的规定(五)》第 3 条规定:“董事任期届满前被股东会或者股东大会有效决议解除职务,其主张解除不发生法律效力的,人民法院不予支持。董事职务被解除后,因补偿与公司发生纠纷提起诉讼的,人民法院应当依据法律、行政法规、公司章程的规定或者合同的约定,综合考虑解除的原因、剩余任期、董事薪酬等因素,确定是否补偿以及补偿的合理数额。”需要注意的是,我国公司治理机构中依法设有职工董事,因职工董事不由股东提名、股东会决议任免,因此不存在股东会或股东大会决议解除其职务的情形。

六、关于经营管理机构的基本治理准则

以经理(总经理、总裁、首席执行官)为核心的经营管理机构是公司的执行机关,组织公司的日常经营管理活动。与股东会和董事会主要通过会议履行职能相区别,经营管理机构主要是通过处理日常事务来履行职能,包括:

①提名并组成经营班子,决定经营班子的分工和工作目标;

②任免中层以下人员并决定被任免人员的薪酬和奖惩;

③设计经营管理组织结构及其职能;

④制定日常经营管理制度;

⑤向董事会提出关于公司经营管理的议案;

⑥组织实施董事会决议;

⑦安排部署产、供、销经营计划的执行;

⑧调拨资金、资产;

⑨对外代表公司与利益关系方洽商经营交易。

以上职能是经营管理机构的固有职能。

经营管理机构的运行机制是首长负责制,即主管领导人自己作出决定,自己承担责任。

运行要求是在正确的时间向正确的下属下达正确的指令,进行过程的持续组织和指挥。

七、关于监事会的基本治理准则

监事会是公司的监督机构,代表股东和员工监督、约束董事和经理,避免内部人控制,其职能主要包括:

①监督董事,并向股东(大)会报告监督结果;

②监督经营班子并向董事会通报监督结果;

③听取股东的意见和建议;

④向股东(大)会报告,并且在董事会怠于履行职责时履行召集股东(大)会的职能。

监事会的运行机制是列席跟踪、集体报告,即监事主要通过列席董事会会议和经理办公会议、审阅董事审议的文件,监督董事和经营管理机构履行职能的行为,然后由监事集体评议,再由监事会召集人代表监事会作出报告或发表集体意见。

八、关于母公司与子公司的基本治理准则

公司既可以是其他公司的股东甚至控股股东,同时也可能是由其他公司投资甚至控股的子公司,关联企业通过实际控制人的控制关系构成了企业集团,企业集团中的成员既要发挥自己的个体作用,又要发挥集团组成部分的作用,此时,处理母公司与子公司治理结构的基本准则有两条:

①保证独立法人间的"六分开",即母公司和子公司各自作为独立法人和利益主体必须在经营管理人员任职、组织机构、业务、资产、财务管理和法律责任等六个方面保持独立;

②实现企业集团运行的"六统一",即在规章制度和企业文化建设、预算制定、市场开拓和划分、信息共享、人才培养和调遣、资金投放等六个方面争取协调一致。

一般而言,母公司或实际控制人控制子公司或成员企业的正常途径为:

①提名董事、监事;

②推荐高级管理人员;

③提出股东会、董事会和监事会提案;

④参与股东会、董事会、监事会表决;

⑤母、子公司之间按合法、通行的商业规范和形式进行关联方的商业交易。

母公司对子公司的控制不应出现:

①在人员、机构、业务、资产、财务和债务等方面混同;

②母公司与子公司同业竞争;

③子公司受母公司操纵直接向母公司转移利益或资产;

④子公司受母公司操纵进行不公平的或不正常的关联交易。

九、各类型公司的公司机关设置特点概要

各种类型的公司关于公司机关的设置特点可以参考下表:

公司类型	股东会/股东大会	董事会/执行董事	监事会/监事	经营管理机构
有限责任公司（不包括国有独资公司）	股东会由全体股东组成，分为定期会议与临时会议	设董事会，成员3人至13人，设董事长1名，可以设副董事长。若股东人数较少，可设立1名执行董事	设监事会，成员不少于3人，其中职工代表比例不少于1/3，设主席1人，选举产生。若股东人数少，可只设1至2名监事。董事、高管不得兼任监事	经理由董事会聘任或解聘，列席董事会会议。执行董事可兼任公司经理
一人有限责任公司	只有一个自然人股东或一个法人股东，不设股东会			
股份有限公司	股东大会由全体股东组成，应当每年召开一次年会	设董事会，其成员为5人至19人，可以有公司职工代表，每年度至少召开两次会议	设立监事会，其成员不得少于3人，应当包括股东代表和适当比例的公司职工代表（不少于1/3）。设主席1人，可以设副主席，由选举产生。董事、高级管理人员不得兼任监事。每6个月至少召开一次会议	经理由董事会决定聘任或者解聘。其他规定同有限责任公司。公司董事会可以决定由董事会成员兼任经理
中外合资经营企业（形式为有限责任公司）	权力机构为董事会	设董事会，其人数组成由合营各方协商，在合同、章程中确定，并由合营各方委派和撤换。董事长和副董事长由合营各方协商确定或由董事会选举产生。中外合营者的一方担任董事长的，由他方担任副董事长。董事会成员不得少于3人。董事名额的分配由合营各方参照出资比例协商确定	《中外合资经营企业法》无明文规定，原则上应适用《公司法》，按照关于有限责任公司的规定设立监事会	正副总经理（或正副厂长）由合营各方分别担任。经董事会聘请，董事长、副董事长、董事可以兼任合营企业的总经理、副总经理或者其他高级管理职务。总经理或者副总经理不得兼任其他经济组织的总经理或者副总经理，不得参与其他经济组织对本企业的商业竞争
中外合作经营企业（组织形式为有限责任公司）	无	设董事会，每年至少召开一次会议。董事会是合作企业的权力机构。成员不得少于3人。中外合作者的一方担任董事长的，副董事长由他方担任，产生办法由章程决定	《中外合作经营企业法》无明文规定，原则上应适用《公司法》，按照关于有限责任公司的规定设立监事会	设总经理1人，由董事会聘任、解聘。委托合作各方以外的他人经营管理的，必须经董事会一致同意，并应当与被委托人签订委托经营管理合同
外资企业	外资企业的组织形式为有限责任公司。经批准也可以为其他责任形式。三资企业职工都有权建立工会			
上市公司	设独立董事、设董事会专门委员、设董事会秘书			

十、关联交易及其损害补救

1. 关联交易的表决机制

股东各方可以在章程中规定关联交易的回避表决机制，即与审议事项有关联关系的董事或股东可以出席董事会会议或股东（大）会，并可以依照会议程序阐明其观点，但在投票表决时必须回避，而且不得干预表决。董事会表决时，关联方提名或委派的董事应回避，股东（大）会表决时，关联股东应回避。

公司向股东提供借款或担保事项必须实行股东（大）会回避表决批准制。

2. 关联交易的公允定价机制

关联交易实行与第三方相比定价公允机制,即公司与关联方之间的交易定价条件和公司与无关第三方之间的同类交易相比,或关联方与无关第三方之间的同类交易相比,不能存在下列情况:

(1)关联方获得的利益或权利显著较高;

(2)关联方承担的义务或责任显著较低;

(3)关联方承担的风险显著较低。

3. 受关联方控制的关联交易的损害补救机制

针对一些公司控股股东、实际控制人或管理层,利用与公司的关联关系和控制地位,迫使公司与公司的关联方进行对公司不利的交易,以达到挪用公司资金、转移利润或转移风险、责任及负担的目的,严重损害公司、非控股股东和债权人利益等情形,2019 年 4 月 28 日最高人民法院公布的《关于适用〈中华人民共和国公司法〉若干问题的规定(五)》对于关联交易分两个层次进行了规范:第一个层次规定了关联交易的内部赔偿责任;第二个层次否认关联交易相关合同的效力。

关于关联交易的内部赔偿责任问题。该规定明确规定了关联交易损害公司利益的,履行法定程序不能豁免关联交易赔偿责任。实践中,公司关联交易损害责任纠纷案件的相关关联方往往会以其行为已经在公司履行了合法程序而进行抗辩,最主要的是经过了公司股东会或董事会决议批准,且关联方和其代表按照规定回避表决等。但是,最高人民法院认为关联交易的核心是公平,因而通过司法解释强调,尽管交易已经履行了相应的程序,但如果违反公平原则,损害公司利益,公司依然可以主张由关联方承担损害赔偿责任。鉴于在关联交易情形下,关联方往往能够控制公司或者对公司决策产生重大影响,公司本身很难主动主张赔偿责任,故该规定明确股东在相应情况下可以提起代表诉讼。

关联交易相关合同的效力否认问题。《关于适用〈中华人民共和国公司法〉若干问题的规定(五)》将股东代表诉讼引入到关联交易合同的确认无效和撤销纠纷中。通常情形下,根据合同关联性原则,公司作为合同一方,如果合同存在无效或者显失公平等可撤销情形,可以依法直接请求确认合同无效或撤销该合同。但是关联交易是关联方通过关联关系促成的交易,而关联方往往控制公司或者对公司决策具有重大影响,即使合同存在无效或者可撤销的情形,公司本身也很难主动提出请求。针对此情形,该规定扩大了股东代表诉讼的适用范围,规定在公司不撤销该交易的情形下,符合条件的股东可根据法律规定提起股东代表诉讼,来维护公司利益,进而维护股东自身利益。

十一、利润分配期限法定化

在《关于适用〈中华人民共和国公司法〉若干问题的规定(四)》关于股东以诉讼形式强制公司分配利润规定的基础上,最高人民法院《关于适用〈中华人民共和国公司法〉若干问题的规定(五)》第 4 条进一步规定了利润分配的完成时限:分配方案中有规定的,以分配方案为准;分配方案中没有规定的,以公司章程为准;分配方案和公司章程中均没有规定,或者有规定但时限超过 1 年的,则应当在 1 年内分配完毕。

如果具体分配方案中载明的分配时间超过了章程的规定,这属于公司决议内容违反章程规定,符合决议可撤销情形,股东有权依法起诉撤销该决议中关于分配时间的部分。分配时间被撤销后,则应当依照章程的规定进行分配。可见,本规定明确了公司决议可以部分撤销,决议部分撤销不影响其他部分的效力,但是如果该分配时间与决议其他部分密不可分,则不能单独撤销分配时间,能否撤销需要人民法院根据案件审理情况具体确定。

十二、关于非控股股东的知情权

非控股股东以外的其他投资人股东(包括财务投资人)的知情权包括法定基本知情权、附条件知情权和限制性特定知情权。

股东法定基本知情权由《公司法》第 33 条和第 97 条明确规定,公司不得通过公司章程、股东协议、股东(大)会决议或董事会以及公司规章制度予以剥夺或限制,股东法定基本知情权为股东的基本身份权利,权利标的范围包括:公司章程及其他制度规范、股东(大)会和董事会决议、公司财务会计报告以及公司向登记机关提交的所有文件资料。

股东附条件知情权的行使以“目的正当”为前提条件,所谓“目的正当”,应当是为维护股东的合法利益,且不存在下列情形:①股东自营或者为他人经营与公司主营业务有实质性竞争关系业务的,但公司章程另有规定或者全体股东另有约定的除外;②股东为了向他人通报有关信息查阅公司会计账簿,可能损害公司合法利益的;③股东在向公司提出查阅请求之日前的 3 年内,曾通过查阅公司会计账簿向他人通报有关信息损害公司合法利益的;以及④不正当目的的其他情形。股东附条件知情权的权利标的范围包括:股东(大)会会议记录、董事会会议记录、监事会会议记录、会计账簿等。

股东受限制的知情权为公司有权通过公司章程、股东协议、股东(大)会决议或董事会以及公司规章制度予以限制甚至禁止的属于高度商业秘密的信息知悉权,其标的范围包括商业合同、经营机构的内部记录和通讯、会计凭证等。

通常而言,应当首先推定会计人员的专业行为合法,财务会计报表合法、真实、公允地反映了公司的资产负债情况和经营成果,只有在有证据证明或有合理理由怀疑财务会计报表真实性时,股东才可以在行使无条件知情权,查阅公司财务会计报表等文件资料以后,申请行使附条件的知情权或受限制的知情权,进一步查阅公司账簿甚至原始凭证等包含商业秘密的文件资料。

股东依据人民法院生效判决查阅公司文件材料的,在该股东在场的情况下,可以由会计师、律师等依法或者依据执业行为规范负有保密义务的中介机构执业人员辅助进行。

股东行使附条件知情权或受限制知情权后泄露公司商业秘密导致公司合法利益受到损害的,公司有权请求该股东赔偿相关损失,也有权诉请人民法院判令被授权辅助股东查阅公司文件材料的会计师、律师等就其泄露公司商业秘密导致公司合法利益受到的损害,承担损失赔偿责任。

如果公司董事、高级管理人员等未依法履行职责,导致公司未依法制作或者保存《公司法》第 32 条(股东名册)、第 96 条(公司章程、股东名册、公司债券存根、股东大会会议记录、董事会会议记录、监事会会议记录、财务会计报告)规定的公司文件材料,给股东造成损失,股东有权依法请求负有相应责任的公司董事、高级管理人员承担民事赔偿责任。

十三、值得注意的股东(大)会决议瑕疵

律师在协助企业制订公司章程时需要注意,根据《公司法》和 2017 年 8 月 28 日颁布的最高人民法院《关于适用〈中华人民共和国公司法〉若干问题的规定(四)》的规定:

(1)存在下列情形之一的,构成股东(大)会决议不成立:

①公司未召开会议的,但依据《公司法》第 37 条第 2 款或者公司章程规定可以不召开股东会或者股东大会而直接作出决定,并由全体股东在决定文件上签名、盖章的除外;

②会议未对决议事项进行表决的;

③出席会议的人数或者股东所持表决权不符合公司法或者公司章程规定的;

④会议的表决结果未达到公司法或者公司章程规定的通过比例的;

⑤导致决议不成立的其他情形。

(2)股东(大)会决议的内容违反法律或行政法规的强制性效力规范规定的,构成决议无效。

(3)股东会或者股东大会、董事会的会议召集程序、表决方式违反法律、行政法规或者公司章程,或者决议内容违反公司章程的,构成决议可撤销,公司股东、董事、监事以及其他有直接利害关

系的当事人可以自决议作出之日起60日内,请求人民法院撤销。

请留意,可撤销决议和不成立决议大多由程序瑕疵而导致,可撤销决议的瑕疵要比不成立决议的瑕疵轻微且可事后补救。可撤销协议的程序瑕疵如果仅限于会议召集程序或者表决方式,并且没有妨碍股东公平地参与决议意思的形成,没有妨碍股东获知对其作出意思表示所需要的信息,则构成"轻微瑕疵",在该程序瑕疵的存在不改变决议的既定结果的前提下,该决议可以不予撤销。对于决议的轻微瑕疵还可以通过追认等补救手段予以治愈,而不成立的决议则不能通过补救予以治愈。对于已经被"治愈"的可撤销决议,如果股东事后再提起决议撤销之诉,则人民法院不予支持。股东也不得以公司对其他股东的会议召集程序存在瑕疵为由,提起决议撤销之诉。另外,股东提起决议撤销之诉的60日除斥期间不得中断、中止或延长,而提起决议不成立或决议无效之诉则按普通诉讼时效,股东等当事人可以在2年内进行。

人民法院判决股东会或者股东(大)会决议不存在、决议无效或者撤销决议的,该决议的效力按照内外有别的原则予以认定。如果决议内容涉及内部关系,原则上判决具有溯及力,即决议自始没有法律约束力。如果公司已经执行该决议而与公司以外的他人建立、变更或终止相应的法律关系,为了保证商事秩序,公司依据该决议与善意相对人形成的民事法律关系不受影响。

十四、股东僵局的调解救济

针对可能导致公司僵局的股东重大分歧,最高人民法院《关于适用〈中华人民共和国公司法〉若干问题的规定(五)》第6条细化了维持公司运营、避免解散的救济途径。解决公司僵局一般采取股东离散方式来避免公司解散,但是有限责任公司基于其人合性特征,股权转让受到诸多限制,不愿意继续经营公司的争议股东退出公司较为困难。故而该规定引进股份有限公司的实践经验,规定通过调解方式在诉讼过程中实现争议股东平和退出公司的结果。通过调解,可以由愿意继续经营公司的股东收购不愿意继续经营公司股东的出资额,类似于股份强制排除制度;可以由公司回购争议股东的出资额,类似于股份回购制度;可以由公司以外第三人收购争议股东的出资额,争议股东退出公司,公司僵局即可解开,从而维持公司正常经营;在转让出资额不能实现的情形下,通过调解,实现公司减资,使得争议股东"套现离场",其余股东继续经营减资后的公司,也可以使得公司存续;公司分立则使得无法继续合作的股东各自拥有并经营分立后的公司,也使得公司以新的形式存续。无论股权在股东之间转让、公司回购股权、股权转让给公司外第三人还是减资、公司分立等,都有各自的条件和程序性要求,调解过程中应遵守法律、法规和监管的强制性规定,遵守相应法定程序。

十五、公司治理与公司对外担保的责任后果

2020年12月31日最高人民法院颁布了《最高人民法院关于适用〈中华人民共和国民法典〉有关担保制度的解释》,其中第7条至第12条就公司治理结构与公司对外担保及债务加入的责任后果进行了规定。

根据该解释第7条的规定,公司的法定代表人违反《公司法》关于公司对外担保决议程序的规定,超越权限代表公司与相对人订立担保合同,人民法院应当依照《民法典》第61条和第504条等规定处理:第一,相对人善意(即相对人在订立担保合同时不知道且不应当知道法定代表人超越权限)的,担保合同对公司发生效力;相对人请求公司承担担保责任的,人民法院应予支持;第二,相对人非善意的,担保合同对公司不发生效力;相对人请求公司承担赔偿责任的,人民法院应当区分不同情形确定公司的赔偿责任:(1)相对人与公司均有过错的,公司承担的赔偿责任不应超过债务人不能清偿部分的二分之一;(2)相对人有过错而公司无过错的,公司不承担赔偿责任;(3)主合同无效导致公司提供的担保合同无效,公司无过错的,不承担赔偿责任;公司有过错的,其承担的赔

偿责任不应超过债务人不能清偿部分的三分之一。法定代表人超越权限提供担保造成公司损失,公司请求法定代表人承担赔偿责任的,人民法院应予支持。

根据该解释第 8 条的规定,有下列情形之一,公司以其未依照公司法关于公司对外担保的规定作出决议为由主张不承担担保责任的,人民法院不予支持:(1)金融机构开立保函或者担保公司提供担保;(2)公司为其全资子公司开展经营活动提供担保;(3)担保合同系由单独或者共同持有公司三分之二以上对担保事项有表决权的股东签字同意。上市公司对外提供担保,不适用上述第(2)项、第(3)项的规定。

根据该解释第 9 条的规定,相对人根据上市公司公开披露的关于担保事项已经董事会或者股东大会决议通过的信息,与上市公司订立担保合同,相对人主张担保合同对上市公司发生效力,并由上市公司承担担保责任的,人民法院应予支持。相对人未根据上市公司公开披露的关于担保事项已经董事会或者股东大会决议通过的信息,与上市公司订立担保合同,上市公司主张担保合同对其不发生效力,且不承担担保责任或者赔偿责任的,人民法院应予支持。相对人与上市公司已公开披露的控股子公司订立的担保合同,或者相对人与股票在国务院批准的其他全国性证券交易场所交易的公司订立的担保合同,适用前述规定。

根据该解释第 10 条的规定,一人有限责任公司为其股东提供担保,公司以违反《公司法》关于公司对外担保决议程序的规定为由主张不承担担保责任的,人民法院不予支持。公司因承担担保责任导致无法清偿其他债务,提供担保时的股东不能证明公司财产独立于自己的财产,其他债权人请求该股东承担连带责任的,人民法院应予支持。

根据该解释第 11 条的规定,公司的分支机构未经公司股东(大)会或者董事会决议以自己的名义对外提供担保,相对人请求公司或者其分支机构承担担保责任的,人民法院不予支持,但是相对人不知道且不应当知道分支机构对外提供担保未经公司决议程序的除外。金融机构的分支机构在其营业执照记载的经营范围内开立保函,或者经有权从事担保业务的上级机构授权开立保函,金融机构或者其分支机构以违反《公司法》关于公司对外担保决议程序的规定为由主张不承担担保责任的,人民法院不予支持。金融机构的分支机构未经金融机构授权提供保函之外的担保,金融机构或者其分支机构主张不承担担保责任的,人民法院应予支持,但是相对人不知道且不应当知道分支机构对外提供担保未经金融机构授权的除外。担保公司的分支机构未经担保公司授权对外提供担保,担保公司或者其分支机构主张不承担担保责任的,人民法院应予支持,但是相对人不知道且不应当知道分支机构对外提供担保未经担保公司授权的除外。另外,如果相对人在订立担保合同时知道或应当知道订立担保合同的对方是分支机构而非独立法人,担保合同对公司不发生效力;相对人请求公司承担赔偿责任的,人民法院应当区分不同情形确定公司的赔偿责任:(1)相对人与公司均有过错的,公司承担的赔偿责任不应超过债务人不能清偿部分的二分之一;(2)相对人有过错而公司及其分支机构无过错的,公司不承担赔偿责任;(3)主合同无效导致公司提供的担保合同无效,公司无过错的,不承担赔偿责任;公司有过错的,其承担的赔偿责任不应超过债务人不能清偿部分的三分之一。

根据该解释第 12 条的规定,法定代表人依照《民法典》第 552 条的规定以公司名义加入债务的,人民法院在认定该行为的效力时,可以参照上述该解释第 7 条至第 11 条关于公司为他人提供担保的有关规则处理。

第二节　律师应当熟练运用的章程自由条款

上文说过,治理结构的有形载体之一是公司的治理规则,而最基本的治理规则是公司章程。无论参与公司设立、公司变更和公司解散业务,律师都应当高度关注公司章程的制定或修订。

股份有限公司的章程可以参考证券监管机关制定的《上市公司章程指引》(2016年修订)以及各上市公司制定的章程文本,此处不作详述。

一般有限责任公司采用的章程多为登记机关提供的格式文本,基本为法定必备条款,少有股东自由约定条款,没有多少个性。本节将主要就公司章程的相对必备条款和任意条款提供一些推荐意见。

一、公司法定代表人的担任人选

对于规模较大、股东较多、董事会履行职能机会较多的公司,建议章程规定:

> 公司法定代表人由董事长担任。

对于规模较小(董事会实际职能不明显)的公司或一个自然人股东的一人公司或不设董事会的公司或者自然人股东与经营管理人员相重合的公司,建议章程规定:

> 公司法定代表人由经理担任。

二、股东(大)会会议的召开时间

对于规模较大、股东较多、董事会和股东会履行职能机会较多的公司,建议章程规定:

> 股东(大)会会议分为定期会议和临时会议。
>
> 公司一年召开两次股东(大)会定期会议,分别在每年4月和8月举行。
>
> 召开股东(大)会会议,应当于会议召开15日以前由董事会通知全体股东;但是,如果出现特殊紧急的事项,董事会可以随时通知召集股东会临时会议。经持股超过30%的股东提议,董事会应当立即召集股东(大)会临时会议。

值得注意的是,由于股东(大)会决议事项直接影响股东的权利和利益,而控股股东或实际控制人也可能滥用优势地位或忽视程序规则而通过股东(大)会决议,由此将引发股东(大)会决议的效力之争。《公司法》第22条赋予股东诉公司股东(大)会、董事会决议无效或撤销的司法救济权利,不过,在司法审判实践中,有限责任公司的股东关于撤销股东会决议的诉讼请求是否能获得人民法院支持,主要取决于股东参与会议并表决的权利是否受到实质性限制或剥夺。例如,北京市高级人民法院《关于审理公司纠纷案件若干问题的指导意见》第9条就规定:“公司召开股东会会议未依法定或章程规定的通知期限通知股东,但全体股东均出席了会议并参加了表决,则相应的股东会视为依法召开。股东以会议通知程序违法或违反章程规定为由请求撤销决议的,人民法院不予支持。”

三、股东会股东表决权的行使方式

如果个别股东对于公司的经营管理承担主要的责任,则可以赋予该股东对于经营管理事项(例如经营发展计划和财务预决算等)较多的表决权,同理,如果个别股东(如战略投资人)对于重大投融资等资本经营活动较有经验,也可以在表决公司资本经营事项时赋予该股东较多的表决权,依此类推,公司章程可以规定:

> 股东会会议就章程第____条第____款第____项至第____项事项进行表决时,各股东方的表决权比例如下:甲方____%,乙方____%,丙方____%。
>
> 股东会会议就章程第____条第____款第____项事项进行表决时,各股东方的表决权

比例如下：甲方____%，乙方____%，丙方____%；

股东会会议就其审议的其余事项进行表决时，各股东方按照出资比例行使表决权，即，甲方____%，乙方____%，丙方____%。

值得注意的是，股东在股东（大）会上按照出资比例（有限责任公司）或所持股份份额（股份有限公司）行使表决权是我国《公司法》确认的基本准则。《公司法》同时也赋予有限责任公司的股东约定其他表决权分配机制的意思自治权，但要确定与"按出资比例分配表决权"不同的表决权分配制度，必须经全体股东一致同意，并记载于公司章程。股份有限公司则必须执行"同股同权"的原则，即同一种类的股份，享有的权利应当完全相同。股份有限公司不得通过股东大会决议或章程作出同种类股份不按照股份份额行使表决权的规定。

四、股东会的议事方式和表决程序

公司章程可以规定：

股东会就章程第____条第____款第____项至第____项事项进行审议时，可以通过股东传签书面文件的方式作出决议。

股东会会议应当有1/2以上股东或其代理人出席且出席股东或其代理人代表了2/3以上表决权，股东会会议方得举行。

通过视频等同步通讯方式参加会议视为出席会议。

股东会会议的议事规则和表决方式，除本章程规定以外，由公司《股东会议事规则》规定。

五、董事会的组成以及董事长、副董事长的产生办法

对于强调股东之间更追求人合的公司，章程可以规定：

公司设董事会，其成员为____人，其中，甲方提名____人，乙方提名____人，丙方提名____人，经提名方提名后，董事候选人由股东会选举就任。无论换届或在任期中更换，候任董事均由原提名方继续提名。

无论经何方提名而当选的董事，经董事会聘任，可以兼任公司高级管理人员。

董事每届任期为3年，自股东会通过决议选举就任之日起算，至3年后股东会通过换届选举决议之日止。

董事经继续提名和连选得以连任。

董事会设董事长1人，设副董事长1人。董事长由提名的董事推举，董事会选举产生，副董事长由提名的董事推举，董事会选举产生。

对于本条规定的董事、董事长和副董事长的产生，各股东方应当约束其股东代表和所提名董事在股东会和董事会上投相应的赞成票。

六、董事会的议事方式和表决方式

公司章程可以规定：

董事会会议分为定期会议和临时会议。

公司1年召开2次董事会定期会议，分别在股东会定期会议召开前15天举行。

召开董事会会议，应当于会议召开10日以前由董事长通知全体董事；但是，如果出

现紧急的事项,董事长可以随时通知召集董事会临时会议。经1/3以上董事提议,董事长应当尽快召集董事会临时会议。

董事会会议应当有1/2以上董事本人亲自出席方得举行。通过视频等同步通讯方式参加会议,视为亲自出席会议。

除章程第____条第____款第____项至第____项规定的事项外,董事会可以通讯方式进行表决,作出决议。

董事会会议的议事规则和表决方式,除本章程规定以外,由公司《董事会议事规则》规定。

七、董事会专门委员会和董事会秘书的设置

公司章程可以规定:

公司可以根据需要适时设董事会相关专门委员会和董事会秘书。

董事会专门委员会和董事会秘书的产生、职责、工作程序等由董事会制订规则规定。

八、利润分配比例

公司章程可以规定:

公司原则上按照出资比例向各股东方分配利润,但当公司净利润率(税后利润/净资产)超过____%时,董事会可以通过决议提出不同比例的利润分配方案报股东会审议。经全体股东一致通过的,则按照董事会提议的分配比例向股东分配利润,未获通过的,仍按出资比例向股东分配利润。

值得注意的是,股东在股东(大)会上按照出资比例(有限责任公司)或所持股份份额(股份有限公司)获得利润分配及新增注册资本份额分配是我国《公司法》确认的基本准则。《公司法》同时也赋予有限责任公司的股东约定其他的利润分配机制和新增出资份额分配机制的意思自治权,但与表决权情形相似,必须经全体股东一致同意,如果公司章程有不同的规定,应同时修改公司章程。股份有限公司同样也没有此项选择权。

另外,公司明确作出通过具体利润分配方案的股东(大)会决议以后又不实际分配利润的,股东有权提起诉讼,请求法院判决执行股东(大)会决议,按照决议实际分配利润。

九、股东的股权转让程序

对于强调股东之间更追求人合的公司,章程可以规定:

股东拟出让股权的,应当书面通知公司和其他全体股东转让意愿和转让条件,其他股东自接到书面通知之日起满30日未答复的,或答复不予购买的,或答复不同意拟出让股东提出的转让条件的,拟出让股东可以向第三人转让。股东答复同意按照拟出让股东提出的转让条件购买的,拟出让股东应当向同意购买的股东转让股权。

十、回避表决

公司章程可以规定:

公司与董事、监事和高级管理人员签订正常的劳动合同以外的其他合同的,应当经

过董事会批准,董事会表决时,有利害关系的董事应当回避。

公司与持股10%以上的股东或其关联方进行关联交易的,如果单次或在一个会计年度内累计金额达到____元人民币,应当经过董事会批准,董事会表决时,该股东方提名的董事或有利害关系的董事应当回避。

十一、关于对外投资和对外担保

章程可以就公司对外投资和对外担保作出如下限制性特别规定:

除非经股东(大)会一致批准,公司单笔对外投资不得超过____万元,单笔对外担保金额不得超过____万元。

无论何种情形,公司累计对外投资均不得超过____万元或公司净资产的____%,累计对外担保均不得超过____万元或公司净资产的____%。

出现下述情形之一时,相关交易必须经过董事会和股东(大)会批准,董事会和股东(大)会表决时,有利害关系的董事和股东应当回避:

(1)公司与本公司董事或高级管理人员或其近亲属共同投资,或公司与控股股东或其关联方及他们的董事或高级管理人员或其近亲属联合投资;

(2)公司向股东的关联方企业投资,或公司收购股东或其关联方持有的第三方股权;

(3)公司向控股股东(或其关联方)的董事或高级管理人员或其近亲属控制的企业投资,或公司收购上述自然人持有的第三方股权;

(4)公司向本公司的董事或高级管理人员或其近亲属控制的企业投资,或公司收购上述自然人持有的第三方股权;

(5)公司为本公司董事或高级管理人员或其近亲属控制的企业提供担保;

(6)公司为股东或其关联企业或为该股东指定的第三方提供担保;

(7)公司为控股股东(或其关联方)的董事或高级管理人员或其近亲属控制的企业提供担保;

(8)公司与下述企业共同为非本公司互保方的第三人提供担保:

①本公司股东或其关联企业;

②本公司控股股东(或其关联方)的董事或高级管理人员或其近亲属控制的企业;

③本公司董事或高级管理人员或其近亲属控制的企业。

提示律师注意:在司法审判实践中,公司提供担保未按照《公司法》第16条的规定及公司章程的规定履行内部决议程序,或者违反公司章程规定的,担保合同将被认定未生效,由公司承担缔约过失责任。担保权人不能证明其尽到充分的注意义务的,将承担相应的缔约过失责任。

第四章　对公司的法律尽职调查

本章提示

在公司股票发行上市、公司收购、重大资产转让、对外投资、企业合并或分立、企业清算等交易活动中,“信息不对称”“暗藏信息地雷”是概括案例失败原因的常见词汇,“尽职调查”也是高频率出现的词汇。准备完成一个真实交易的各方都希望这个交易是持久安全的,对自己的风险影响是有限的和可控制的,自己的收益是可预期的。这需要各方都做出正确的判断和正确的决策。于是,各方都需要获得真实、准确和完备的信息来支持自己的决策过程和决策结论。因此当事人就会聘请财务顾问、法律顾问、审计师和评估师等中介机构和专业人士,按照各自的分工和专业准则,开展审慎和适当的调查和分析,提出意见和建议,汇总成专业化的尽职调查报告提交给自己的委托人。这个工作就被称为尽职调查。

尽职调查通常包括财务尽职调查、业务尽职调查、估值尽职调查和法律尽职调查。

律师进行的是法律尽职调查。

法律尽职调查的基础和重点是律师对投资交易意义上的公司四要素的调查。

再次重申这四个要素:

(1)公司的股东和实际控制人;

(2)公司的主营业务;

(3)公司的净资产;

(4)公司的管理当局和员工。

律师开展尽职调查包括五个方面的主要工作:

(1)向被调查公司索取资料;

(2)整理和研究所获得的资料;

(3)进行进一步核查;

(4)撰写尽职调查报告;

(5)对尽职调查无法证实的事实设计补救措施。

本章意在帮助律师了解:

(1)如何提高法律尽职调查的针对性、可靠性和效率;

(2)如何在法律尽职调查工作中了解并核实调查对象的公司要素;

(3)如何将法律尽职调查工作成果体现为对委托方有意义的专业报告;

(4)如何协助委托方控制尽职调查难以发现的风险。

第一节　准备尽职调查

开展尽职调查工作之前,律师应当明白本项尽职调查的对象和需要做的准备工作。

由于可能涉及被调查公司的几乎所有商业秘密,因此,如果没有被调查公司自愿全面的合作,投资交易中的法律尽职调查便无法进行。在这样的情况下,律师准备尽职调查实际上的工作焦点是,构思和设计要求被调查公司披露信息和提供资料的范围,以及与被调查公司协商其如何披露信息和提供资料。

一、确定法律尽职调查的范围

成功的法律尽职调查，必须至少能正确回答以下问题：

①各方是否具备适当的资格参与这个交易；

②作为交易对象的目标公司的所有要素是否都满足合法性和有效性的要求，这些要素目前的状态是将持续下去还是存在不确定性；

③这个交易的完成需要履行哪些手续和程序，受到哪些条件的制约和限制。

因此，法律尽职调查的功能就是：

①核查交易对象的股东和实际控制人、主营业务、净资产和管理当局及员工等诸要素的适当性；

②核查交易各方主体资格的合法性和适格性；

③核查筹划的交易内容的合法性；

④核查完成这个交易所需要获得的所有批准。

下面将尽可能详细地分解各项具体的核查内容，其中"公司"在公司设立业务中指作为出资财产的股权所属的公司；在公司变更业务中指发生变更的公司；在公司解散和清算业务中指发生解散情形的公司；在拟发行有价证券并上市的交易中指拟发行公司；在收购交易中指标的股权所执行的公司；在重大资产转让、收购、置换、处分交易中指资产所属公司；在对外投资交易中指被投资公司；在企业合并或分立交易中指合并或分立前的公司；在企业清算活动中指进入清算程序的公司。另外，"公司"既包括该企业（母公司）本身，也包括该企业合并财务报表范围内的所有附属企业，根据重要性原则，也可以包括虽然不受母公司控制，但母公司持股超过51%的附属企业，以及母公司的实际出资超过一定金额的其他被投资企业。

针对筹划中的投资交易，律师要求被调查公司提供资料的范围亦即律师尽职调查的范围至少应当包括：

（一）对公司设立及历史沿革的审查——针对"股东与实际控制人"要素

(1)公司设立的协议、申报、审批、出资缴付、工商、税务、外汇、海关登记行为及其证明文件。

(2)公司成立以来的历次增/减资、股权转让的决议、协议、批复、交割、登记等行为及其证明文件。

(3)公司的合并、分立、变更及重大改组、重大投资的可行性研究、决议、协议、批复、交割、登记等行为及其证明文件。

(4)公司股东持股的证明文件，包括但不限于能够确认下述事项的协议、出资凭证、资产评估报告、权属证书、财产移交确认书、验资报告、出资证明书：

①出资比例与数额；

②是否有虚报注册资本或虚假出资情况；

③出资是否被抽逃或挪用；

④出资方式是否变更；

⑤用于出资的有形财产的权属是否清晰，是否经过评估作价，是否移交及过户，证明文件是否有效和可靠；

⑥用于出资的无形财产的权属是否清晰，是否处于有效期，是否经评估作价，是否移交及过户，证明文件是否有效和可靠；

⑦有无出资争议，有无用于出资的有形、无形资产的权属争议，有无潜在的诉讼或仲裁纠纷；

⑧用于出资的有形及无形资产是否被抵押、质押以及其他第三人权利；

⑨出资是否已履行了全部法定手续。

(5)公司年检记录。

(6)影响公司合法存续的重大法律文件,包括但不限于责令整顿、责令关闭,甚至吊销、注销的决定书。

(二) 重点对非正常出资行为及其后果的审查——针对“股东与实际控制人”要素

最高人民法院《关于适用〈中华人民共和国公司法〉若干问题的规定(三)》(2014 年修正,法释〔2014〕2 号)规定了瑕疵出资、隐名出资等非正常出资行为的构成及对应的法律后果,律师在公司法律尽职调查中应当小心审查和识别各种非正常出资行为,确认各种非正常出资行为是否引发对应的法律后果,从而确定它们对公司股权关系和资本控制权关系到底构成了何种影响。律师可以对照参考下面四个表格所列情形,重点核查目标公司的非正常出资行为。

1. 对常见瑕疵出资行为及其法律后果的核查

公司设立和增资过程中常见的 8 种瑕疵出资行为及其引发的法律后果如下表所述:

序号	出资瑕疵情形	公司设立后果	瑕疵出资人出资性质及所持股权性质	瑕疵出资人责任	其他发起人责任	董事、高管责任
1	以犯罪(贪污、受贿、侵占、挪用等)所得货币出资	设立合法有效	出资不合法,股权应经拍卖或变卖处置	丧失股东身份,丧失全部股东权益,包括已获分配股利分配等股权孳息应予追缴	不承担责任	不承担责任
2	以不享有处分权的财产出资					
	(1)其他发起人为善意、财产按合理对价估值、财产已交付或已过户	设立合法有效	出资合法有效,股权合法有效持有	向财产权利人赔偿	不承担责任	不承担责任
	(2)不具备上述全部条件	设立合法有效	参照《民法典》第 311 条的规定,财产权利人有权取回所出资财产,瑕疵出资人对公司构成未出资或未全面出资; 构成瑕疵股权	对公司:在未出资本息范围内补足出资。 对公司债权人:以未出资本息为限,对公司债务不能清偿部分承担补充赔偿责任	与瑕疵出资人承担连带责任(限于公司设立时的瑕疵出资)	不尽责董事和高管按过错程度承担对应赔偿责任(限于增资时的瑕疵出资)
3	未经法定程序或虚构交易/虚构会计结果抽回出资(抽逃出资)	设立合法有效	构成未出资或未全面出资;构成瑕疵股权	对公司:在抽逃出资本息范围内返还出资。 对公司债权人:以抽逃出资本息为限,对公司债务不能清偿部分承担补充赔偿责任	协助抽逃出资的其他股东或实际控制人承担连带责任	协助抽逃出资的董事和高管承担连带责任

（续表）

序号	出资瑕疵情形	公司设立后果	瑕疵出资人出资性质及所持股权性质	瑕疵出资人责任	其他发起人责任	董事、高管责任
4	以划拨土地使用权或设定权利负担的土地使用权出资					
	（1）在指定期限内办理土地变更手续或解除权利负担	设立合法有效	出资合法有效，股权合法有效持有	不承担责任	不承担责任	不承担责任
	（2）在指定期限内未办理完毕土地变更手续或解除权利负担	设立合法有效	构成未全面出资；构成瑕疵股权	对公司：在未出资（瑕疵土地使用权的出资作价金额）本息范围内补足出资。 对公司债权人：以未出资本息为限，对公司债务不能清偿部分承担补充赔偿责任	与瑕疵出资人承担连带责任（限于公司设立时的瑕疵出资）	不尽责董事和高管按过错程度承担对应赔偿责任（限于增资时的瑕疵出资）
5	以房屋、土地使用权或需要办理权属登记的知识产权等财产出资，已经交付公司使用但未办理权属变更手续					
	（1）在指定期限内办理了权属变更手续	设立合法有效	出资合法有效，股权合法有效持有	不承担责任	不承担责任	不承担责任
	（2）在指定期限内未办理权属变更手续	设立合法有效	构成未全面出资；构成瑕疵股权	对公司：在未出资（即未变更权属财产的出资作价金额）本息范围内补足出资。 对公司债权人：以未出资本息为限，对公司债务不能清偿部分承担补充赔偿责任	与瑕疵出资人承担连带责任（限于公司设立时的瑕疵出资）	不尽责董事和高管按过错程度承担对应赔偿责任（限于增资时的瑕疵出资）

(续表)

序号	出资瑕疵情形	公司设立后果	瑕疵出资人出资性质及所持股权性质	瑕疵出资人责任	其他发起人责任	董事、高管责任
6	以房屋、土地使用权或需要办理权属登记的知识产权等财产出资,已办理权属变更手续但未交付公司使用	设立合法有效	构成未全面出资;构成瑕疵股权	对公司:在指定期限内交付。 对公司债权人:不承担责任	不承担责任	不承担责任
7	以非货币财产(包括其他公司股权)出资未依法评估作价,现经评估确定的价额显著低于公司章程所定价额	设立合法有效	构成未全面出资;构成瑕疵股权	对公司:在未出资(即出资价差金额)本息范围内补足出资。 对公司债权人:以未出资本息为限,对公司债务不能清偿部分承担补充赔偿责任	与瑕疵出资人承担连带责任(限于公司设立时的瑕疵出资)	不尽责董事和高管按过错程度承担对应赔偿责任(限于增资时的瑕疵出资)
8	以其他公司股权出资存在瑕疵(3项实体或程序瑕疵)					
	(1)在指定期限内补正	设立合法有效	出资合法有效,股权合法有效持有	不承担责任	不承担责任	不承担责任
	(2)在指定期限内不能补正	设立合法有效	构成未全面出资;构成瑕疵股权	对公司:在未出资(未变更权属财产的出资作价金额)本息范围内补足出资。 对公司债权人:以未出资本息为限,对公司债务不能清偿部分承担补充赔偿责任	与瑕疵出资人承担连带责任(限于公司设立时的瑕疵出资)	不尽责董事和高管按过错程度承担对应赔偿责任(限于增资时的瑕疵出资)

2. 对4种特殊瑕疵出资行为及其法律后果的核查

公司设立和增资过程中还有4种特殊的瑕疵出资行为,这些瑕疵出资行为及其引发的法律后果如下表所述:

出资瑕疵事项	后果	瑕疵出资人责任	其他发起人责任	董事、高管责任
股份有限公司的认股人未按期缴纳所认股份的股款,经公司发起人催缴后,在合理期间内仍未缴纳,发起人对该股份另行募集	原募集行为解除,另行募集行为有效;瑕疵出资人未出资	丧失原募集认购项下出资权,且对延期缴纳股款给公司造成损失承担赔偿责任	发起人不承担责任	不承担责任
第三人代垫资金协助发起人设立公司,双方明确约定在公司验资后或者在公司成立后将该发起人的出资抽回以偿还该第三人,发起人依照前述约定,抽回出资偿还第三人后又不能补足出资	公司设立合法有效,瑕疵出资人股东身份有效,股东权利出现瑕疵,瑕疵出资人承担赔偿责任;代垫出资第三人承担连带责任	对公司:返还抽逃出资本息。 对公司债权人:以抽逃出资本息为限对公司债务不能清偿部分承担补充赔偿责任	协助抽逃出资的其他股东或者实际控制人承担连带责任	协助抽逃出资的董事、高管承担连带责任
出资人以符合法定条件的非货币财产出资后,因市场变化或者其他客观因素导致出资财产贬值,公司全体股东约定贬值财产,出资人承担补足出资责任	公司设立合法有效,瑕疵出资人股东身份有效,股东权利出现瑕疵,瑕疵出资人承担补足责任	对公司:补足贬值部分出资。 对公司债权人:不承担赔偿责任	不承担责任	不承担责任
有限责任公司的股东未履行或者未全面履行出资义务即转让股权,受让人对此知道或者应当知道	公司设立合法有效,瑕疵出资人股东身份有效,股东权利出现瑕疵,瑕疵出资人承担补足责任	对公司:全面履行出资义务。 对公司债权人:以未出资本息为限对公司债务不能清偿部分承担补充赔偿责任	其他发起人不承担责任; 受让人承担连带责任	不承担责任

3. 对瑕疵股权的权利受限后果的核查

上述 8+4 种瑕疵出资的股东在确认股东身份和行使股东权益方面将会受到限制,这些限制如下表所述:

限制事项	瑕疵情形	瑕疵股东的股东身份	瑕疵股东的股东权利受限情形	相关当事人的权利义务
股东权利限制	股东未履行或者未全面履行出资义务或者抽逃出资	有效	根据公司章程或者股东会决议,瑕疵股东利润分配请求权、新股优先认购权、剩余财产分配请求权等股东权利将受合理限制,瑕疵股东对此限制的抗辩不获支持	公司、其他股东对瑕疵股东有补足/归还出资请求权; 公司债权人对瑕疵股东有就公司不能清偿债权部分的补充赔偿请求权(以应补足/归还出资本息为限); 三者均有对发起人(限于设立时的瑕疵出资)、对协助抽逃股东、实际控制人和董事、高管的连带责任请求权,对董事、高管(限于增资时的瑕疵出资)的过错责任请求权
股东身份丧失	有限责任公司的股东未履行出资义务或者抽逃全部出资,经公司催告缴纳或者返还,其在合理期间内仍未缴纳或者返还出资	因股东会决议而被解除	瑕疵股东对公司股东会通过的解除其股东资格的决议的抗辩不获支持	在办理法定减资程序或者其他股东或者第三人缴纳相应的出资之前,公司债权人有权请求公司其他发起人(仅限公司设立出资)、协助抽逃的股东、实际控制人、董事、高管以未出资/抽逃出资本息为限,承担连带清偿责任;请求对公司增资行为中的未出资有过错的董事、高管按过错承担相应赔偿责任
时效	公司股东未履行或者未全面履行出资义务或者抽逃出资		瑕疵股东以诉讼时效为由的抗辩不获支持	公司或者其他股东有权请求瑕疵股东向公司全面履行出资义务或者返还出资; 公司债权人在债权未过诉讼时效期间,有权请求瑕疵股东承担赔偿责任
举证责任:当事人之间对是否已履行出资义务发生争议			被告股东就其已经履行出资义务承担举证责任	原告提供对股东履行出资义务产生合理怀疑的证据

4. 对股东身份的识别及名义出资法律后果的核查

需要识别股东身份的情形及对应的法律后果如下表所述:

需识别股东身份情形	识别结果	名义股东权利	实际出资人权利	相关第三人权利义务
有限责任公司的实际出资人与名义出资人订立合同,约定由实际出资人出资并享有投资权益,以名义出资人为名义股东,实际出资人与名义股东因投资权益的归属发生争议	合同有效,投资权益归属于实际出资人	获签发出资证明书、记载于股东名册、记载于公司章程并办理公司登记机关登记	获得出资权益	第三人对合同不享有权利,也不承担义务
经有限责任公司其他股东半数以上同意,实际出资人请求公司变更股东	实际出资人请求获支持	丧失股东身份	获签发出资证明书、记载于股东名册、记载于公司章程并办理公司登记机关登记	其他股东就是否变更股东拥有表决权,半数以上同意的,公司办理股权变更手续
名义股东将登记于其名下的股权转让、质押或者以其他方式处分,实际出资人以其对于股权享有实际权利为由,请求认定处分股权行为无效	参照《民法典》第311条处理(处分对方为善意、股权按合理对价估值、处分行为已经登记)则处分行为生效	承担处分行为全部后果,同时赔偿给实际出资人造成的损失	丧失对应股东权益,但获得损失赔偿	股权处分对方承担处分行为后果
	不具备上述全部条件则股权处分行为可撤销	恢复处分前原状,同时赔偿给实际出资人造成的损失	不丧失股东权益,有权获得损失赔偿	恢复处分前原状
公司债权人以名义股东未履行出资义务为由,请求其对公司债务不能清偿的部分在未出资本息范围内承担补充赔偿责任	名义股东保有股东身份,承担补充赔偿责任	名义股东以仅为名义股东而非实际出资人为由抗辩不获支持,但承担赔偿责任后,有权向实际出资人追偿	不具备股东身份,不向公司债权人承担责任,但对名义股东的追偿承担责任	债权人仅向名义股东、其他发起人(限于设立)、有过错董事、高管(限于增资)、协助抽逃出资的股东、实际控制人和董事、高管求偿
股权转让后尚未向公司登记机关办理变更登记,原股东将仍登记于其名下的股权转让、质押或者以其他方式处分,受让股东以其对于股权享有实际权利为由,请求认定处分股权行为无效	参照《民法典》第311条处理(处分对方为善意、股权按合理对价估值、处分行为已经登记)则处分行为生效	原股东承担处分行为全部后果,同时赔偿给受让股东造成的损失	丧失股东身份和对应股东权益,但获得损失赔偿	股权处分对方承担处分行为后果; 有过错的董事、高管就未及时登记承担相应责任
	不具备上述全部条件则股权处分行为可撤销	恢复处分前原状,同时赔偿给受让股东造成的损失	不丧失股东身份和股东权益,同时获得损失赔偿	恢复处分前原状,有过错的董事、高管就未及时登记承担相应责任

（续表）

需识别股东身份情形	识别结果	名义股东权利	实际出资人权利	相关第三人权利义务
冒用他人名义出资并将该他人作为股东在公司登记机关登记的	冒名出资行为和冒名登记行为无效	冒名登记行为人承担相应责任	被冒名登记为股东的第三人不承担冒名人的瑕疵出资责任	

（三）对公司与股东关系的审查——还是针对“股东与实际控制人”要素

（1）公司章程中关于限制股权变动的特别规定，例如现有股东拥有除同等条件下优先购买权利以外的其他特别权利，新出资人承担除认购出资或支付对价以外的其他特别义务等。

（2）证明公司在人员、机构、业务、财物和资产等方面具备独立性和完整性的文件。

（3）公司的控股子公司、参股子公司、分公司、办事处、独立核算的业务部门的清单和设立文件。

（4）公司的股东之间、股东与公司之间、股东与公司的主要客户和主要供应商之间存在重大的、持续的或密切交易的清单和交易文件。

（5）证明公司的重大关联交易的批准程序规范、完备的文件。

（6）证明公司与控股股东和/或其他关联方之间主营业务的相似程度和客户共享程度的文件。

（7）证明公司的董事、监事及其他高管人员个人是否在同业公司中任职或拥有任何权益的文件。

（8）公司与股东关于消除或避免同业竞争的有关协议、承诺或计划、安排。

值得律师特别注意的是，自2019年4月29日起施行的最高人民法院《关于适用〈中华人民共和国公司法〉若干问题的规定（五）》明确确立了实质重于形式的原则，根据该规定第1条的规定，关联交易损害公司利益，原告公司依据《公司法》第21条的规定请求关联方赔偿所造成的损失，被告仅以交易已经履行了法定决策程序和信息披露程序为由抗辩的，人民法院不予支持。公司不起诉的，股东有权代位提起诉讼。根据该规定第2条的规定，关联交易合同存在无效或者可撤销情形，公司没有起诉合同相对方的，股东依法有权代位向人民法院提起诉讼。因此，在该规定实施以后，律师就关联交易进行尽职调查时，要按实质重于形式、实体重于程序的原则，着重审查关联交易条件的公允性和平衡性，以评估公司及关联方被诉关联交易合同无效、撤销及损失赔偿的风险。

（四）对公司主营业务资质的审查——针对“主营业务”要素

（1）公司的主营业务属于经核准登记的经营范围之内的说明。

（2）公司从事主营业务已经依法取得所有必需的许可、核准、批准、授权、资质授予或认证。

（3）确认公司从事主营业务是否会因为股东变更或股权比例变更而受到法律规范的限制和/或管制的文件。

（4）公司销售的产品和提供的服务曾经受到有关质量缺陷的投诉或索赔记录。

（5）公司依法建立的关于安全生产的完整制度以及执行这些制度所采取的必要措施说明，企业是否发生过安全责任事故或受到相关处罚的说明。

（6）公司依法建立的关于环境保护的完整制度以及执行这些制度所采取的必要措施说明，企业是否发生过环境污染责任事故或受到相关处罚的说明。

（五）对公司重大合同及债权债务的审查——还是针对"主营业务"要素

（1）公司重大合同（包括但不限于对公司目前或日后的业务有重大影响的将要履行、正在履行以及虽已履行完毕但可能存在潜在纠纷的供应合同、销售合同、借款合同、经销合同、服务合同、劳动合同、担保合同、出资合同、资产收购或处置合同、保险合同、保密合同等）及其所有附件，以及是否存在违约行为及由此导致债务或有债务产生等潜在风险的说明。

（2）公司重大合同在公司控制权改变后是否仍然有效或合同约定是否产生变更的说明。

（3）关于公司重大合同中存在的纯义务性条款、权利义务不对等的条款、限制性条款或特别承诺条款的说明。

（4）对公司重大合同中存在的对拟进行的交易产生限制性影响的条款或约定的说明。

（5）对应于公司对外担保合同的各主合同的履行情况说明。

（6）公司主要债权清单（名称、性质、债务人、金额、期限、产生债权的背景交易概要等）及实现债权的可能障碍的说明。

（7）公司主要债务清单（名称、性质、债权人、金额、期限、产生债务的背景交易概要等）及清偿债务的可能障碍的说明。

（8）公司金额较大的其他应收款、其他应付款情况说明。

（9）关于公司是否发生股权、业务、资产或经营的托管，是否经合法程序批准，相应的协议、合同、授权委托等文件是否有效，托管期限及解除条件何时届满或成就的说明及证明文件。

（10）关于公司是否存在特许经营与代理事项，特许与代理关系的建立是否合法、有效，特许与代理的期限及解除条件是否届满或成就的说明和证明文件。

（11）公司及分支机构、子公司投保财产险或责任险清单及保险合同，关于是否发生过保险索赔或争议的说明。

（六）对公司财产权利的审查——针对"净资产"要素

（1）公司土地使用权清单、权属证书及说明。

（2）公司房产所有权清单、权属证书及说明。

（3）公司在建工程审批文件及施工进度情况说明。

（4）公司专利清单（名称、类别、数量、权属、存续、剩余有效期、有无许可或授权、何种许可或授权、许可或授权的期限）及相关证明文件。

（5）公司商标清单（名称、类别、数量、适用产业分类、权属、存续、有无许可或授权、何种许可或授权、许可或授权的期限）及相关证明文件。

（6）公司著作权清单（类别、数量、权属、存续、有无许可或授权、何种许可或授权、许可或授权的期限）及相关证明文件。

（7）公司已取得或正在研发的专有技术的详细情况和保密措施。

（8）公司拟取得或正在申请的商标、专利、著作权的详细情况及其清单。

（9）公司的其他无形资产情况说明。

（10）公司对外投资的详细情况及相关的权利证明文件，包括分公司及参股、控股子公司及其出资额、所占比例或股份。

（11）公司的资产共有、抵押、质押情况及证明文件。

（12）公司租赁物的性质、类别、期限。

（13）公司的所有财务审计报告和资产评估报告。

（七）对公司纳税情况的审查——还是针对"净资产"要素

（1）公司税务登记证。

(2)公司应纳税的税种、税率说明。

(3)公司各年度纳税申报表及完税证明。

(4)公司享受税收优惠的依据、证明文件及实施情况。

(5)公司享受财政补贴优惠的依据、证明文件及实施情况。

(6)公司享有的税收优惠、财政补贴优惠是否会因拟进行的交易而面临被终止或调整的可能性说明。

(八) 对公司管理当局的尽职调查——针对"管理当局和员工"要素

(1)公司章程、三会议事规则。

(2)公司章程、三会议事规则的制订和修改履行了必要的批准程序和备案程序的证明。

(3)章程中关于股东(大)会、董事会和/或监事会决议事项及表决程序的特别规定,例如僵局条款、特别投票权条款、利润特别分配权条款等。

(4)公司关于股东(大)会、董事会、监事会和经营管理机构有关内部治理机构的设置、成员构成、职能权限,相互关系、运行程序及责任追究机制的配套制度。

(5)公司关于重大事项的申报、审议、决策、执行和跟踪按照规章制度执行的记录或证明。

(6)公司股东(大)会、董事会、监事会、经理办公会和职工(代表)大会按照规定的期间召集、通知、举行和作出决议的记录。

(7)公司按照内部治理规则任免、薪酬和奖惩董事、监事、经理及其他高管人员的决议、决定等记录。

(8)董事、监事和高级管理人员持股情况说明。

(九) 对公司职工状况的尽职调查——还是针对"管理当局和员工"要素

(1)与公司有劳动合同关系的员工人数和岗位分布现状清单。

(2)集体劳动合同样本、所有高级管理人员劳动合同。

(3)公司执行劳动法律、法规及政策的执行情况说明,包括有无重大劳动争议,有无处罚及有无潜在处罚的说明。

(4)公司建立的劳动卫生、劳动安全、劳动保护、劳动保险制度,以及实际执行情况的说明。

(5)公司建立的员工激励计划和员工福利制度。

(6)公司关于职工的各项保险、保障金、基金是否按时足额缴纳的说明。

(7)公司可分流人员范围、数量、构成及补偿方式和标准的说明。

(8)病、残、离、退(包括内退、停薪留职)职工的数量、目前状况及相应协议和执行情况的说明。

(9)公司下岗失业人员的基本生活费是否按时足额发放、是否建立并持续缴纳失业保险金、是否建有最低生活保障制度的说明。

(10)公司员工与企业解除或终止劳动关系后是否存在未结事项的说明。

(11)公司是否存在员工集资或持股情况的说明。

(12)公司职代会/工会建立及运作情况。

(十) 对公司争议与解决情况的审查——针对法律风险

(1)公司现有已发生法律效力的法院判决、裁定、调解书或仲裁裁决,以及公司参与诉讼、仲裁程序的情况说明。

(2)已生效的涉及公司的裁判文书的执行情况。

(3)关于公司正在进行的法律诉讼或仲裁的说明(案由、诉讼地位或仲裁地位及可能的结果)及案件文件。

(4)关于公司可预见的、潜在的重大诉讼或仲裁的说明(案由、诉讼地位或仲裁地位及可能的结果)。

(5)公司因环保、税收、知识产权、产品责任、劳动关系等原因而受到相应行政处罚及其执行情况。

(6)公司因环保、税收、知识产权、产品责任、劳动关系等原因而正在接受相应行政调查,调查进展情况及可能的结论及处罚结果。

(7)公司因环保、税收、知识产权、产品责任、劳动关系等原因而被进行相应调查和处罚的潜在可能性、可能的结论及处罚结果。

(8)公司与他人自行和解、调解、协议取得或放弃的权利、主张、要求或禁止进一步行动的情况。

(9)公司所收到的有关主张公司有专利、商标、著作权等侵权行为、不正当竞争或主张公司违法、违规的函件等。

调查律师确定了向公司索要资料的范围以后,应当尽快整理成为拟向被调查公司发出的尽职调查清单。

提示:上述“确定法律尽职调查的范围”部分要与第二章第二节“投资交易中的公司要素”结合运用,后者按公司要素体系列出了法律尽职调查应当注意排查的重点风险问题,前者则列出了排查这些风险问题需要获取的资料和信息。

二、准备开展尽职调查

(一) 委托方的律师如何准备尽职调查

律师在开展法律尽职调查工作之前,一般需要完成如下准备工作:

1. 接受委托

律师开展尽职调查工作首先需要取得当事人(通常是出资人或收购人或拟发行企业本身)委托,充分了解委托人拟进行交易的意图、交易目的、交易梗概、委托人与其他当事人目前的协商进程、委托人对律师服务的要求和律师的工作职责与范围等,据此,就整个拟交易事项的法律服务或仅就法律尽职调查签署专项法律服务合同,明确委托事项和双方的权利义务。

2. 获得公司认可并签署保密文件

律师接受委托方委托后就要尽快与公司接洽,通常委托人会向公司介绍律师和律师拟开展的尽职调查工作。由于律师的调查可能涉及公司的各项商业秘密,需要公司的自愿合作和全面配合,因此,各方一致认可后,律师应当立即主动提出与公司签署保密协议,或律师单方签署保密函。保密函的格式可以简洁明了,例如:

保　密　函

致:________公司

敬启者:

我们,________律师事务所(以下简称“本所”)律师,受委托人________(以下简称“委托人”)委托,因本次拟进行交易________(以下简称“本次交易”)事项,将在贵公司开展法律尽职调查工作,请贵公司提供必要的支持和便利。由于我们将接触并获悉贵公司非公开信息(以下简称“保密信息”),我们为此向贵公司承诺:在本所内部只有参与本次交易的律师和工作人员接触并获悉保密信息;本所只向委托人披露本所获悉的保密信息,且该等披露只为进行本次交易之目的;未经贵公司事先同意,本所将不向任何第三人披露本所获悉的保密信息;无论本次交易进程及结果如何,本所及获悉保密信息的本所人员均将持续对保密信息承担保密义务,直至该等信息非因本所及本所人员的原因而成为公开信息。

特致此函

________律师事务所

______年____月____日

3. 律师与公司协商调查进程

律师与公司需要确定的日程主要包括:

①律师发出“尽职调查清单”的日期;

②公司准备资料后律师可以进场调阅资料的日期;

③律师需要访问的公司的董事、监事和高级管理人员的范围和大致期间;

④律师与公司各自的联系人和联系方式。

为加快进程,双方可以约定初次提交资料的范围和日期。为尽快了解公司各项要素,律师要求初次提交的资料通常为公司章程、现有的审计报告或未经审计但有完整附注的会计报表,以及公司资产的资产评估报告。

4. 律师准备并向公司发出尽职调查清单

经验证明,律师准备尽职调查清单通常需要综合以下三个方面的信息:

①本节第一部分所列的调查内容;

②根据所接到的初次材料而对公司的各要素的初步判断;

③同类主营业务的上市公司进行同类交易而进行公开信息披露所反映的同类交易的特点。

根据本节第一部分所列调查范围确定的调查清单是适用于所有公司的普遍性清单,可能不完全适用于被调查公司的具体情形,律师在收到并研究初次提交的资料以后,可以初步判断出公司各要素的特征,从而可以对普遍性的调查清单进行增减、取舍处理。为保证所发出清单既具有针对性又具有全面性,律师还应当查询与被调查公司主营业务相同或相似的上市公司公开披露的招股说明书、年度报告、投资交易或资产交易的信息披露文件,研究同类上述公司的股东和实际控制人、主营业务、净资产、管理当局和员工等要素的特征,发现其中值得关注的问题和规律,然后对拟发出的调查清单再次进行修改完善。一份兼具针对性和完整性的调查清单,将会对赢得被调查公司的尊敬和合作、提高尽职调查的质量和效率发挥不可忽视的作用。因此,律师在向公司发出调查清单之前应当反复斟酌。

律师向公司发出的尽职调查清单在征得委托人和公司同意后,通常会抄送参与本次交易的其他中介机构,以使各方的尽职调查工作能够协调得更好。

(二)公司的律师如何准备接待尽职调查

1. 审查保密协议或保密函

由于公司的律师对该企业保密信息的性质、特点和范围较为熟悉,因此,公司的律师应该在有关尽职调查(包括财务及其他尽职调查)的保密协议的审查、协商和确定过程中发挥主导作用,尽量争取使用自己的保密协议或保密函文本。

2. 协商确定尽职调查所涉及的企业范围和资料范围

由于公司的律师对该企业股东、治理结构、主营业务、净资产和管理当局较为熟悉,因此,公司的律师应该在调查律师发出尽职调查清单以前,尽可能地与调查律师沟通,尽量准确地确定尽职调查所涉及的企业范围、人员范围和资料范围,使尽职调查工作少走弯路。

3. 协商确定尽职调查工作日程

公司的律师牵头组织接待尽职调查工作的,要尽可能准确地与调查律师和企业的有关高管人员协调确定好调查日程。

4. 准备资料

公司律师组织整理资料可以按照如下方式进行:

①按公司及其附属企业主体分列,每一企业的资料单独归类;

②按照本节第一部分所列的体系就每一企业主体分门别类地收集和整理,资料并不繁多的,可以按照公司主体资格和股东、公司业务、公司净资产、公司治理结构和管理当局等要素收集和归类相关资料;

③按照时间顺序排列每一类别的资料;

④将所有资料编号、装订成册并编排每页资料的页码;

⑤编制资料目录;

⑥将所有资料按需要或事先约定复制所需套数,妥善存放在固定地址,以备调查律师查阅或向调查律师移交;

⑦公司为上市公司或受信息保密限制不宜向调查人员移交资料的,公司的律师可以将存放资料的特定地方开辟为资料室;为提高效率,可以将准备向所有调查机构开放查阅的全部资料统一存放在资料室中,成为完整的资料库。

第二节　开展尽职调查

公司将资料准备妥当以后,尽职调查工作可以正式展开。

一、移交资料

公司经过准备可以向调查律师移交资料的,公司的律师和调查律师应当按照约定的时间和方式移交资料,双方应当核查确认资料内容与资料目录一致。调查律师应当要求公司在资料目录上逐页盖章,注明“本目录所列资料之复印件均与原件一致”,并由公司高管人员在目录上签字。同时,调查律师在目录上逐页注明“已收到××公司移交本目录所列资料复印件各一份”,并签字。调查律师还应要求公司在所移交资料上加盖骑缝印章。

二、查阅资料

对于因不宜向调查人员移交资料而设立资料室的,公司应当提前向调查律师提供资料室所有资料的目录或索引,调查律师及其他调查人员应当与公司事先确定资料库开放的期间和每天的具体时间,进入资料室查阅资料的具体人员名单和所任职务,以及公司接待查阅的人员名单和具体接待职责。

调查律师和公司的接待人员应当在约定的时间到达资料室。双方应当在公司事先准备的签到簿上签字。调查人员包括法律调查人员、财务调查人员、投资银行调查人员等不同类别,各类人员分类签到并注明各自查阅资料的范围。

调查律师希望复制资料的,应当填写公司事先准备好的“资料复制要求清单”,由公司决定是否同意复制。

三、进行进一步核实

律师取得公司提供的资料以后,经过阅读、整理和研究,如果发现缺少自己审查事项的资料或者资料出现相互矛盾或冲突,则律师应当采取如下行动进行补充调查和进一步核实。

①对于存在疑问的事项,调查律师可以随时汇总成为新的问卷清单,要求公司进一步提供补充资料。

②对于至关重要但缺少有效客观证据支持的事实,调查律师应当要求约见公司的相关管理人员或业务人员进行访问并制作谈话笔录,争取取得受访人员的签字确认,也可以由受访人员自己整理并提交书面说明。对公司以电子文件形式提供的资料,律师应进行备份归档,并转换成纸面形式,争取由提交人员签字和/或盖章确认。

③通过公司自行在互联网、纸质媒介等公开披露的有关公司的相关信息,对照公司提供资料进行对照分析。

④调查律师自行到公司登记注册的公司登记机关调取公司的所有公司登记资料。

⑤调查律师自行到公司受管辖的税务主管机关争取查阅公司的所有税务登记资料,并了解公司的纳税情况。

⑥调查律师自行到公司资产所涉及的土地、房产等主管部门进行调查,争取了解有关公司的土地及房产的权利、各项物权担保设定及其他权利限制。

⑦调查律师自行向当地环保部门了解公司已涉及或可能涉及的有关环保问题。

⑧调查律师自行到知识产权管理机关查询公司的知识产权的登记和权属情况。

⑨必要时可以请求公司协调其所聘请的中介机构向调查律师提供相关中介报告,并介绍相关情况。

⑩到财产所在地或行为发生地进行实地考察。

一般而言,依赖公司提供信息和资料是律师调查的主要渠道,在资料研究、人员访谈和现场核实等方式均无法澄清律师的疑问时,律师可以尝试从其他信息渠道进行进一步核查。需要注意,税务、房屋土地管理、环保、质量监督、卫生监督等管理部门并无接待律师调查或查询特定当事人保密信息的职能,律师可能需要公司引荐或有关人员的陪同,才能在相关部门查询到信息。

四、高度重视勤勉尽责义务

提示律师在尽职调查业务活动中,应高度重视勤勉尽责义务的履行,不仅针对法律专业范围内的事实、证据、风险和不确定性需要进行真实、准确、全面及适时的了解、甄别、确认和披露及重点提示,对于主要属于其他专业(例如审计、评估、评级)机构核实、认定或评价但与法律事实、法律资格、法律关系或法律责任有关的事项,亦需保持适当注意,尤其不能基于“专业信赖”而在程序上省略自身的尽职调查流程、步骤行为,在实体上降低自己的专业关注程度。

例如,杭州市中级人民法院 2020 年 12 月 31 日做出(2020)浙 01 民初 1691 号民事判决书,判决上海锦天城律师事务所就五洋建设集团股份有限公司因其发行债券虚假陈述应向投资人支付总计 7.41 亿元的债券本息损失按 5%的过错比例,连带承担总计约 3,705 万元的赔偿责任。浙江省高级人民法院 2021 年 9 月 22 日作出终审判决,维持一审判决。

杭州中院一审判决认为:锦天城律所虽未受到行政处罚,但与被诉债券发行行为有关,是本案的适格被告;锦天城律所虽对财务数据相关事项仅负有一般注意义务,但其应对可能涉及债券发行条件、偿债能力的重大债权债务、重大资产变化等事项给予关注和提示;在债权信用评级报告已经提示五洋建设控股子公司出售投资性房产事项的情况下,未见锦天城律所对该重大合同及所涉及重大资产变化事项关注核查,对不动产权属尽职调查不到位,未能发现占比较高的重大资产减少情况对五洋建设偿债能力带来的法律风险;故锦天城律所未勤勉尽责,存在过错。

浙江省高级人民法院终审判决认为:在为债券发行提供法律服务的过程中,律师事务所的责任不能仅仅是纯粹形式上的审查,应当对于影响发行人发行条件及偿债能力的重大事项给予必要的关注。在债权信用评级报告已经提示五洋建设控股子公司出售投资性房产事项的情况下,锦天城律所对发行人前述重大资产处置给偿债能力带来的法律风险存在过错。一审判决综合过错程度,对投资人决策影响等因素,酌情确定的锦天城律所应承担的民事责任并无不当。

尽管法学界对中介机构注意义务的范围和程度,中介机构勤勉尽责过错与虚假陈述行为本身及与虚假陈述当事方恶意之间的关联和区别,中介机构过错和虚假陈述各自与证券违约或侵权后果(例如债券兑付不能)之间的因果关系,以及中介机构过错和虚假陈述各自与投资人的损失结果之间的因果关系等实体问题一直存在广泛而激烈的争议,但不争的事实是监管部门和司法机关越来越加重认定律师事务所等中介机构的“看门人”义务和责任,律师必须紧随发展趋势,持续进行自身执业行为合规制度和流程的完善,防范执业风险。

五、确定资料的复制范围

对于因不宜向调查人员移交资料而设立资料室的,调查律师希望复制资料的,通常公司会按照以下优先顺序,同意调查律师进行复制:

①证照、产权凭证、章程、验资报告;

②年度报告和年度审计报告;

③纳税凭证;

④内部决议和外部批文(均为正文);

⑤协议;

⑥报表和其他财务资料;

⑦内部报告、提案、可研分析、预测、决议附件、会议记录等内部文件;

⑧其他文件。

第三节 完成尽职调查

一、撰写尽职调查报告

在完成资料和信息的审核后,调查律师将出具一份尽职调查报告,全面反映律师调查工作的内容,并对调查收集的资料进行全面、客观的法律判断。调查报告的内容应当具有针对性,应将调查中发现的法律问题逐一列明,并说明问题的性质、可能造成的影响及可行的解决方案。对任何可能对本次交易形成障碍的问题应特别提示,并就实体、程序上应注意的问题及解决的方案进行特别说明。

【示例】

尽职调查报告

(结构指引)

前言(尽职调查的任务、方式、范围及期限,律师审核过的资料清单范围,撰写尽职调查报告的依据和所作的各种假设或前提)

一、公司基本情况

1. 名称、住所、通讯方式、法定代表人、主营业务、注册资本

2. 公司当前股东构成及股权结构、公司实际控制人简介

二、公司历史沿革事实概述

1. 公司设立

2. 公司历次增/减资

3. 公司历次股权转让

4. 公司历次组织形式变更

5. 公司历次合并、分立、置换、剥离和其他重组

6. 公司历次其他变更(名称、住所等)

三、历次验资、审计和评估

1. 历次验资及其主体、对象、原因和结论

2. 历次审计及其主体、对象、原因和结论

3. 历次评估及其主体、对象、原因和结论

四、业务——主要项目

1. 公司主营业务(主营业务流程、主要原材料、技术、设备、产品、消费者和上下游业务伙伴、主要使用的能源和自然资源、销售规模、地域和对象、竞争优势和劣势)

2. 主要项目描述[所处行业环境(产品类别、消费主体、产销量、生产厂商、主要技术发展、对资金的需求情况、目前行业结构、未来行业发展趋势、影响行业发展的主要因素、行业竞争态势和进入本行业的壁垒),产业政策,项目的立项、审批、实施和结果,项目在同地域,同行业中的地位和影响]

3. 主要项目的实施对主营业务的贡献

五、业务——行业标准、资质和许可证

1. 行业准入政策和标准

2. 行业资质的分布和公司所取得的资质

3. 行业特许经营制度(广义的和单项目的)及公司所取得的许可证书

4. 行业标准、资质和许可证的制定者、评判者和颁发者

六、业务——奖励、认证和评级

1. 同行业中的主要奖励项目和公司所获得的奖励项目

2. 同行业中的主要认证项目和公司所获得的认证项目

3. 同行业中的主要评级项目和公司所获得的评级结果

七、业务——主要竞争对手的业务状况

主要竞争对手的产品、技术、客户、资产规模和销售规模、销售渠道和区域、市场占有情形

八、业务——风险和对策

1. 公司持续经营所面临的内外部风险因素

2. 风险控制措施

九、主要财产

1. 土地使用权

2. 主要固定资产

3. 主要无形资产

4. 合法所有或使用财产的依据和凭证

十、股东和实际控制人及其演变

1. 控股股东和与其相关联的其他股东

2. 实际控制人及其直接、间接控制的公司权益

3. 公司设立以来实际控制人的变动过程

十一、公司的对外投资
1. 公司对外长期股权投资的对象、时间、金额和持股比例
2. 被投资对象的主营业务、资产和业绩
3. 被投资对象的董事会和经营管理层构成
十二、目前股权结构图和组织结构图
十三、管理层和核心技术、业务人员及其演变
1. 董事会成员名单、监事会成员名单、高级管理人员名单、骨干员工名单
2. 上述人员简历/简介/兼职情况
3. 薪酬、福利待遇和持股情况
4. 主要成果/成就简介
5. 变更过程
十四、员工激励机制
1. 制度描述
2. 实施情况
十五、股东会和董事会决议
1. 最近三年举行会议情况
2. 决议通过清单
3. 重大决议的主要内容
十六、重大规章制度
1. 章程性授权规则和议事规则
2. 经营规则
3. 资产管理规则
4. 人力资源管理规则
5. 财务管理规则
6. 本集团下属/分支机构管理规则
7. 风险控制规则
十七、公司内部组织机构及职能
十八、重大合同
1. 借贷合同
2. 担保合同
3. 投资合同
4. 经营合同
5. 资产购买/处置合同
6. 高管/核心人员的聘用合同
7. 其他重大合同
十九、关联交易和同业竞争
1. 本公司的关联各方及其与本公司的关联关系
2. 关联各方与本公司的关联交易
3. 关联交易的公允性
4. 关联交易的决策程序
5. 关联交易占本公司业务和业绩的比重
6. 关联交易无效或被撤销的风险

7. 大股东的主营业务
8. 大股东与本公司的同业竞争
9. 防止同业竞争的措施
二十、重大资产收购、处置和重组
1. 上述重大事项的决策过程
2. 上市重大事项的执行过程和结果
二十一、最近三年主要财务数据
1. 资产负债类
2. 损益类
3. 现金流类
二十二、税务及财政补贴
1. 公司应交付的税项、税率和所享受的税收待遇
2. 过去三年缴税情况及所受处罚
3. 公司所享受财政补贴的项目、金额和依据
二十三、质量控制、安全和环保
1. 政府的相关制度和要求
2. 公司的内部管理制度
3. 执行情况
4. 公司业务与质量、安全和环保的关系
二十四、重大债务
1. 经营类重大债务及其对象、时间、期限和发生原因
2. 非经营类重大债务及其对象、时间、期限和发生原因
3. 或有负债及其对象、时间、期限和发生原因
二十五、重大争议、纠纷以及所受行政处罚
二十六、未来发展规划、资金使用计划和盈利预测
二十七、可能影响本次交易的重大风险提示
1. 公司股东身份或出资瑕疵所产生的风险
2. 公司从事主营业务的资质瑕疵所产生的风险
3. 公司主要资产的权属瑕疵所带来的风险
4. 公司主要债权债务事项的不确定性所带来的风险
5. 公司受管理当局内部控制或依赖于实际控制人所带来的风险

二十八、本次重大交易需要获得的审批(如适用,包括但不限于本次交易需要取得批准的事项及批准主体、需要履行的程序、需要取得的文件及其他实质性条件、可能经历的期限及需要缴付的税费、支付对象、方式和期限)

1. 交易各方及目标公司(如适用)内部董事会、股东(大)会和职工(代表)大会的审批
2. 国有资产监督管理部门关于国有资产交易的审批和国有资产评估事项的备案或核准
3. 发展与改革主管部门关于投资项目的核准或备案
4. 商务部门关于外商投资企业设立、变更或终止的审批或备案
5. 外汇管理部门关于外汇、外债事项的审批
6. 证券监督管理机关关于证券发行、上市、涉及上市公司重大信息披露事项的审批
7. 土地管理部门关于土地使用权的授予、变更、终止和撤销事项的审批

8. 行业主管部门关于行业准入、从业资质、行业监管和产业政策事项的审批

9. 当地人民政府的批准

10. 市场监督管理部门的核准、登记

二十九、本次重大交易可能给公司带来的变化(包括但不限于管理层的变动计划、资产的变动计划、债务清偿或重组以及或有债务的处理计划、土地使用权的变动、雇员的变动计划、主营业务的变动计划或可能、客户和供应商的变动可能、销售/服务方式的变动计划或可能、特许权变动的可能、税收及其他优惠待遇的变动等)

三十、结论和建议

三十一、本尽职调查报告的用途和责任限制声明

上述尽职调查报告系根据通行的上市公司信息披露格式指引而编排,虽然看起来比较庞杂,实际上还是围绕公司四大要素而展开。其中,第一节至第二十五节是对公司四大要素的调查核实,第二十六节至第二十九节是对交易风险和可行性的分析评估,第三十节是综合结论意见。

第一、二、三、十、十一、十二、十九节核实的是公司的股东、实际控制人和公司关联体系,目的是核实是否存在本篇第二章第二节第一部分"股东和实际控制人"所列的各项风险和问题,其中,第二节"公司历史沿革事实概述"、第十节"股东和实际控制人及其演变"和第十九节"关联交易和同业竞争"是重点,其核心是落实公司的权益人到底是谁,股东和实际控制人有无滥用权利以及公司及股东的业务和业绩是否依赖关联交易。

第四、五、六、七、八、十八、二十三、二十四节核实的是公司业务,目的是核实是否存在本编第二章第二节第二部分"主营业务"所列的各项风险和问题,其中,第五节"业务——行业标准、资质和许可证"、第十八节"重大合同"和第二十四节"重大债务"是重点,其核心是落实公司开展主营业务的合法性、开展主营业务的法律形式与内容以及开展主营业务的法律风险和责任。

第九、二十、二十一、二十二节核实的是公司财产,目的是核实是否存在本编第二章第二节第三部分"净资产"所列的各项风险和问题,其中,第九节"主要财产"和第二十节"重大资产收购、处置和重组"是重点,其核心是落实公司财产有无权属依据、有无法律争议、瑕疵或缺陷。

第十三、十四、十五、十六、十七节核实的是公司的管理当局、员工和管理体制,目的是核实是否存在本编第二章第二节第一部分"管理当局和员工"所列的各项风险和问题,其中第十三节"管理层和核心技术、业务人员及其演变"、第十五节"股东会和董事会决议"和第十六节"重大规章制度"是重点,落实的是公司经营管理当局的构成、管理当局的行为规则以及管理当局对重大经营管理事项决策和执行的过程和结果,同时落实公司对员工承担的义务和责任。

值得注意的是,律师作为拟制交易方案和计划的参与人之一,不仅要对各项公司要素开展尽职调查,还需要结合法律制度体系、市场环境以及当事各方的实际情况,完善自己对本次交易的法律可行性的调查和研究,重点包括上述尽职调查报告框架中第二十七节"可能影响本次交易的重大风险提示"、第二十八节"本次重大交易需要获得的审批"和第二十九节"本次交易可能给公司带来的变化"所列的内容,以使筹划中的交易不仅在各方之间顺利达成协议,而且能够顺利获得必需的审批和许可,在交易执行过程中也能够尽可能减少风险和障碍。

最后,律师应当在综合公司各要素法律调查和相关法律可行性研究的基础上,向委托人提出明确、清晰的关于本次重大交易是否符合法律规定、是否存在法律障碍和风险的结论,以及如何防范和/或控制法律风险的建议。

二、补救尽职调查无法确认的事项

如果在资料研究、人员访谈、现场核实和第三渠道补充核实之后仍然存疑,则对于尽职调查无

法确认的事实,调查律师可以根据交易的具体情况酌情建议各方采用公司及其实际控制人出具特别陈述与保证的方式作为救济措施,以排除交易各方的疑虑。

下述特别陈述与保证的格式可供参考:

【示例】

特别陈述与保证

1. 公司的所有股东对公司认缴的出资均已实际足额缴清,不存在任何可能限制股东行使其权利或使股东身份处于不确定状态的事实。

2. 公司取得了按所有相关法律开展其主营业务所必需的所有执照、授权、核准、许可、同意和资质,并且,上述所有执照、授权、核准、许可、同意和资质自取得日至本次交易生效日均有效存在。在取得上述所有执照、授权、核准、许可、同意和资质的过程中,公司及其股东和实际控制人遵守了所有的相关法律并履行了所有必需的法定程序,交付了所有法定税金或费用。上述所有执照、授权、核准、许可、同意和资质,不会因为目标公司或其董事、监事和高级管理人以及公司的股东或实际控制人的行为而被中止、变更或撤销。

3. 不存在公司的董事、监事、高级管理人员和/或雇员的任何违法的职务行为,从而造成公司违反任何法律、法规或政策要求,并将面临政府部门或检察机关的任何调查、追究、起诉或处罚。

4. 所有价值超过人民币万元的重要合同或对公司正常开展业务有实质性影响的其他重要合同,均合法有效并具执行力,且不会因本次交易被违反或以其他方式受到不利影响。公司和其他当事方均未违反任何此类重要合同项下的义务。

5. 公司始终遵守所有现行关于安全生产、环境保护和卫生质量方面的法律、法规和政府要求,没有遭受或面临政府部门的任何调查、追究或处罚,也没有遭受与此有关的任何民事追索。

6. 公司提供了一份清单,是公司为当事一方的所有贷款和担保协议的完整清单,其内容完整、真实及准确,不具有误导性。公司未违反其在上述协议项下的义务。该等贷款和担保协议不包含任何非正常条款,也并不在任何方面使公司承担非正常的责任或风险。同时,该清单还标注出就公司的股东或股权结构变更以及控制权变化等事宜须取得贷出方或其他任何第三方同意的详细项目。

7. 公司提交了一份清单,该清单真实、准确、完整地描述了公司所拥有和所使用的自有物业和租赁物业的状况。公司已经就该等物业和对应的土地使用权取得合法、有效和完整的权属证明或使用证明,并依法进行了所有必需的登记,公司有权按照该等物业的权属证书和相关协议的记载占有、使用、收益和处分该等物业及对应的土地使用权,而不受任何禁止、限制、对抗或争议。该等物业适合于且正在被使用于公司的业务经营。

8. 没有发生任何事件或存在任何原因,可能致使公司合法拥有的知识产权受到撤销、强制许可、注销或更改,或可能阻碍有关机关根据现有申请授予或注册知识产权。公司没有授权许可任何第三方亦没有默许任何第三方未经授权使用上述任何重大知识产权、专有技术和保密信息。据公司所知,没有任何第三方实际或可能侵犯公司持有或使用的任何重大知识产权、专有技术和保密信息。

9. 公司提交了一份结构图,该结构图真实、准确、完整地描述了公司所直接和间接拥有权益的所有企业及其相互之间的持股关系。公司均已按约定履行了所有对外股权长期投资所涉及的全部出资义务,并且不存在公司还需要承担其他任何义务或责任的任何情形。

10. 公司的所有会计报表均按在整个报表期间持续采用的通用的会计准则编制,这些报表公允地反映了公司在报表期间和相应报表日期的财务状况和经营业绩,并且对公司在相应报表日期的所有重大的债务、或有债务以及减值、坏账和损失均根据相关会计准则计提了充足的准备金,并且给予完整的披露。

11. 不存在任何虚假或虚构的交易或安排,亦不存在其他任何情形,以图实现逃避、推迟或减少公司缴税之目的。

12. 公司至本次交易生效日享受的所有政府补贴和税收优惠均系有权机关依照适当的法定程序合法有效的授予,并且在本次交易生效日仍然符合有效的法律及政策。截至本次交易生效日,公司从政府获得的该等补贴和优惠未因任何原因发生中断或停止。

13. 没有任何针对公司或其实际控制人以及各自的董事或高级管理人员的政府调查或质询。并且,公司或其实际控制人以及各自的董事或高级管理人员,没有因为任何原因受到政府部门或检察机关的任何追究、起诉或处罚。

14. 公司没有任何安排、协议或计划在未来对其任何董事或员工的任何聘用合同进行变更且对公司产生不利影响或承担不正常的支出。公司与其各自任何董事、管理人员或员工之间的所有现存的服务协议或其他协议或合同均可通过事先通知而合法终止,而且这种终止除了法定的经济补偿之外,不会产生任何其他损失索赔或补偿主张。

15. 公司遵守所有劳动法律、法规和劳动合同的条款和条件,遵守关于员工工作健康和安全的所有相关法律所规定的各项义务,已足额提取和支付了所有养老保险金、医疗保险金、住房公基金、失业保险金和其他必需的保险金、基金和/或补贴。

16. 公司的全部公司记录与纪要均是真实且完整的,包含其股东(大)会、董事会、监事会和经理办公会一切会议的准确记录和/或纪要,而且该等记录、纪要的所有复印件与经签署的原件一致。

17. 所有在本次交易生效日之前由公司或其股东或实际控制人及其顾问向出资/收购方及其顾问披露的有关公司及其股东和实际控制人的所有重要信息和文件在披露之时以及生效日都是真实、准确和完整的,且不具有误导性或重大遗漏。

作为平衡,公司的律师也可以建议由公司或其实际控制人出具“特别披露函”,详细列出可能对本次交易的生效和履行、本次交易各方当事人的身份和权利以及公司的业务开展、财产使用以及业绩取得具有不利影响的所有情形,作为特别陈述与保证的例外,以免除公司可能违反陈述与保证的违约责任。

第五章　公司设立业务

本 章 提 示

从本章开始,我们将介绍律师从事各项具体的公司业务所需要掌握的技能。我们首先从公司设立业务开始。

公司设立是公司生命历程的开始。

公司设立包括新建设立和变更设立,前者是从无到有的过程,即出资人或发起人将商业上的公司要素组合在一起,构成登记意义上的公司要素,通过当事人的合意和登记机关的登记而使一个虚拟人格诞生。后者是将现有的公司或其他法人通过公司要素的变更或公司形式的变更而使原有的人格获得再生,例如外资通过增资或股权转让并购内资企业而设立外商投资的有限责任公司或股份有限公司;公司经过新设合并或通过公司分立而设立;有限责任公司或股份有限公司变更组织形式而设立股份有限公司或有限责任公司;其他组织形式的企业法人改制而设立公司;等等。

律师在公司设立过程中的主要任务是:

(1)指导或协助当事人完成登记程序;

(2)协助公司进行前置审批和后置审批;

(3)协助当事人和公司调查、核实出资人对公司的出资(尽职调查);

(4)指导或协助当事人拟制出资协议书和公司章程(参与交易方案设计并落实交易文件);

(5)需要时,就公司设立的合法有效性发表法律意见。

公司设立的登记程序属于完全公开的程序性工作,任何人都可以方便地查询到登记程序的内容、步骤和要提交的文件以及要完成的工作,因此,本章不作详细描述。

关于公司章程的制定已经在本编第三章关于公司治理结构的基本规则部分进行了描述,本章将结合进行解析。

调查和核实出资人对公司的出资属于律师尽职调查工作的范围,本编第四章已有描述,本章也不再重复。

由于并无实体或程序的实质性差别,本章不作有限责任公司设立和股份有限公司设立的区分。本章也不涉及股份有限公司的募集设立。

第一节　公司设立流程

公司的设立实务可以分为三个阶段:一是当事人(出资人或发起人)意思自治,协商发起阶段;二是申请登记阶段(包括公司名称核准登记),如果拟设立公司属于需要前置核准范围,则还包括申请核准;三是登记后完备行为能力阶段,如刻章、购发票。

一、公司设立程序的基本流程

任何市场监督管理机关都会通过办公现场告示、互联网信息公示等方式向社会公布各类公司登记主体办理登记手续的详细程序、应提交文件资料和应注意事项,律师可以从管辖的市场监督管理机关的官方网站方便地查询到与企业登记相关的“办事服务”“办事指南”“服务平台”“e 窗通"或"一次性告知书"等栏目内容或链接。

二、登记管辖

关于公司登记的级别管辖机制,《公司登记管理条例》作出了具体的规定,在这里作概要重述,建议律师能够熟记。2022 年 3 月 1 日《市场主体登记管理条例》正式施行以后的具体登记管辖由国家市场监督管理总局确定。

(1)国家市场监督管理总局负责下列公司的登记:

①国务院国有资产监督管理机构履行出资人职责的公司以及该公司投资设立并持有 50%以上股份的公司;

②外商投资的公司;

③依照法律、行政法规或者国务院决定的规定,应当由国家市场监督管理总局登记的公司;

④国家市场监督管理总局规定应当由其登记的其他公司。

(2)省、自治区、直辖市市场监督管理局负责本辖区内下列公司的登记:

①省、自治区、直辖市人民政府国有资产监督管理机构履行出资人职责的公司以及该公司投资设立并持有 50%以上股份的公司;

②省、自治区、直辖市市场监督管理局规定由其登记的自然人投资设立的公司;

③依照法律、行政法规或者国务院决定的规定,应当由省、自治区、直辖市市场监督管理局登记的公司;

④国家市场监督管理总局授权登记的其他公司。

(3)设区的市(地区)市场监督管理局、县市场监督管理局,以及直辖市的市场监督管理分局、设区的市市场监督管理局的区分局,负责本辖区内除应由国家、省级市场监督管理局登记的公司以外的其他公司,以及国家市场监督管理总局和省、自治区、直辖市市场监督管理局授权登记的公司。

三、公司登记机关置备的格式文件

公司登记机关审核和备案的格式文件由国家市场监督管理总局制定的《企业登记申请文书规范》《企业登记提交材料规范》决定为"公司设立登记申请书",该申请书系格式文件包,内含"企业设立登记申请表""股东(发起人)资格证明""法定代表人董事会、监事和经理的任职文件""企业住所使用证明""前置许可项目审批文件"等表格和文件资料。

"公司设立登记申请书"可随时在各地市场监督管理机关领取,也可以在市场监督管理机关官方网站下载。律师可以先在互联网上通过搜索引擎查找管辖登记的市场监督管理机关的官方网站,然后在对应栏目中找到可下载的格式文件。

上述文件为定制文件,即当事人只能按照格式要求如实填写,不能拒绝填写其中的任何部分,不能删改格式内容,也不能添加新内容。

除上述格式文件外,市场监督管理机关通常也置备公司章程格式、发起人协议书等文件格式供当事人参考。这些文件为非定制文件,在满足必须具有法定内容且不与法律、法规、规章的规定相冲突的两大前提下,当事人可以自主协商拟定。

四、验资

《公司法》自 2013 年 12 月第三次修正起,不再将公司验资列为公司设立的法定程序之一,是否验资由公司出资人决定。不过,由于验资证明对内发生证明股东履行了出资义务、依法应当享受股东权利的效力,对外发生对抗追加出资请求的效力,股东可以以验资证明作为自己对公司和公司债权人已经依法承担了有限责任的直接证据。

就非货币财产出资的验资而言,出资人应当聘请出资各方共同认可的具有评估资格的资产评估机构先予评估作价,出资各方对评估报告确认无误后,再由依法设立的会计师事务所和审计师事务所出具验资证明。在公司成立后,股东或者发起人作为出资的实物、知识产权、土地使用权及其他非货币财产的实际价额显著低于公司章程规定数额的,应当由交付该出资的股东或者发起人补交其差额。原出资中的实物、知识产权、土地使用权及其他非货币财产应当重新进行评估作价。公司实收资本应当进行重新验证并由验资机构出具验资证明。

其实,以非货币财产或财产权利出资所产生的瑕疵,并不仅仅局限于数额上的差距,更常见或更主要的问题往往是存在法律瑕疵。公司或者出资人聘请的律师应当按照本编第四章第一节和第二节的描述,对非货币出资财产或财产权利进行法律尽职调查,以保证这些出资能够满足权属无障碍转移、控制无条件移交和数额与约定相吻合三大要求。

需要强调的是,股东的出资瑕疵责任会发生递延。在审判实践中,如果股权受让人知道或者应当知道有限责任公司设立时的股东瑕疵出资但仍然受让其股权,则公司债权人主张设立时股东与受让股东对公司债务在瑕疵出资范围内共同承担补充赔偿责任的,法院将会予以支持。

五、公司登记机关审核公司的设立登记申请的作业流程

根据 2022 年 3 月 1 日正式施行的《市场主体登记管理条例》的规定,市场主体登记推行当场办结、一次办结、限时办结等制度,实现集中办理、就近办理、网上办理、异地可办,提升市场主体登记便利化程度。登记机关原则上进行形式审查,对申请材料齐全、符合法定形式的予以确认并当场登记。不能当场登记的,应当在 3 个工作日内予以登记;情形复杂的,经登记机关负责人批准,可以再延长 3 个工作日。申请材料不齐全或者不符合法定形式的,登记机关应当一次性告知申请人需要补正的材料。登记申请不符合法律、行政法规规定,或者可能危害国家安全、社会公共利益的,登记机关不予登记并说明理由。公司通过登记机关窗口现场办理公司设立申请的具体经办流程以登记机关现场公示为准。公司通过在线、电子邮件、邮寄等非现场方式申请设立的作业流程,律师应查询相应登记机关的信息公示。

第二节　公司设立所需的前置及后置审批

公司在向市场监督管理机关申请办理设立登记前先向其他行政机关或部门申请核准、许可、同意或备案的程序为前置审批程序。公司在设立登记完成、取得企业法人营业执照之后,为取得经营项目的许可而向行业主管部门申办业务许可的程序为后置审批程序。

前置审批程序和后置审批程序属于行政许可法的范畴,不是我们描述的重点,但律师对此应有基本了解,其中,对于与公司主营业务有关的前置审批程序还需要重点了解。

一、与公司登记有关的前置审批

实务中与公司登记有关的前置审批主要有以下六类:

1. 国资审批

国有资产的持有人以国有资产出资设立公司,出资行为须先获得批准,出资资产的评估立项和评估报告须获得备案或核准,出资形成的国有产权需进行登记。一般情形下国有资产分为两级管理,即国有独资公司(或同级别的国有企业)对国有产权的管理和设立国有独资公司的国有资产监督管理部门对国有产权的管理;在重要产权的原国有控制权改变的情形下,需要报同级人民政府批准;涉及上市公司国有股权的出资事项,需要报国务院国有资产监督管理部门批准。涉及国

有资产出资的审批程序、审批依据和报批文件等可以通过查询各级国有资产监督管理部门的官方网站进行了解。

2. 外商投资审批和备案及负面清单管理

外商投资企业设立的前置许可经历了从审批、核准、备案到负面清单管理的过程。

在2016年10月1日以前，设立外商投资企业的有限责任公司或股份有限公司，公司的章程、合同是否符合有关外商投资企业的法律、法规和规章，公司的主营业务是否符合我国引进外资的产业政策，是否构成外资的行业垄断等，均由商务部门进行备案或审核，确认符合我国法律的，颁发外商投资企业批准证书。

根据全国人民代表大会常务委员会《关于修改〈中华人民共和国外资企业法〉等四部法律的决定》(2016年9月3日第十二届全国人民代表大会常务委员会第二十二次会议通过)，中外合资经营企业、中外合作经营企业、外商独资企业以及台胞投资企业的设立和变更，如果“不涉及国家规定实施准入特别管理措施的”，原适用批准管理的企业合同、章程、经营期限、合并、分立、终止等事项，改为适用备案管理。国家规定的准入特别管理措施由国务院发布或者批准发布。

基于上述法律修改，商务部于2016年10月8日颁布《外商投资企业设立及变更备案管理暂行办法》(中华人民共和国商务部令2016年第3号)，并随后分别于2017年7月30日颁布《关于修改〈外商投资企业设立及变更备案管理暂行办法〉的决定》(商务部令2017年第2号)和2018年6月29日颁布《关于修改〈外商投资企业设立及变更备案管理暂行办法〉的决定》(商务部令2018年第6号)，其中规定，外商投资企业的设立及变更，不涉及国家规定实施准入特别管理措施的，均按该办法办理备案手续；各省、自治区、直辖市、计划单列市、新疆生产建设兵团、副省级城市的商务主管部门，以及自由贸易试验区、国家级经济技术开发区的相关机构是外商投资企业设立及变更的备案机构，负责本区域内外商投资企业设立及变更的备案管理工作；备案机构通过外商投资综合管理信息系统开展备案工作；备案机构应通过综合管理系统发布备案结果，外商投资企业或其投资者可在综合管理系统中查询备案结果信息；备案完成后，外商投资企业或其投资者可凭外商投资企业营业执照(复印件)向备案机构领取《外商投资企业设立备案回执》或《外商投资企业变更备案回执》，载明如下内容：“(一)外商投资企业或其投资者已提交设立或变更备案申报材料，且符合形式要求；(二)备案的外商投资企业设立或变更事项；(三)该外商投资企业设立或变更事项属于备案范围；(四)是否属于国家规定的进口设备减免税范围；经审批设立的外商投资企业发生变更，且变更后的外商投资企业不涉及国家规定实施准入特别管理措施的，应办理备案手续，完成备案的，其《外商投资企业批准证书》同时失效；备案管理的外商投资企业发生的变更事项涉及国家规定实施准入特别管理措施的，应按照外商投资相关法律法规办理审批手续。”

2019年3月15日，第十三届全国人民代表大会第二次会议通过了《中华人民共和国外商投资法》(以下简称《外商投资法》)，该法将于2020年1月1日起正式施行，取代现行的“三资企业”系列法律，即《中华人民共和国中外合资经营企业法》《中华人民共和国中外合作经营企业法》和《中华人民共和国外资企业法》。

比较现行三资企业系列法律，律师应关注《外商投资法》的如下特点：

(1)适用范围。《外商投资法》适用于外国投资者通过该法第2条罗列的方式在中国境内投资并设立企业的所有情形，包括并购投资和新设绿地投资；外商投资企业不再细分为“三资企业”；其组织形式可以是公司也可以是合伙；中国自然人可以作为投资者与外国投资者共同出资设立外商投资企业。

(2)国民待遇加最惠国待遇及对等待遇。《外商投资法》第4条规定：“国家对外商投资实行准入前国民待遇加负面清单管理制度。前款所称准入前国民待遇，是指在投资准入阶段给予外国投资者及其投资不低于本国投资者及其投资的待遇；所称负面清单，是指国家规定在特定领域对外商投资实施的准入特别管理措施。国家对负面清单之外的外商投资,给予国民待遇。负面清单由国务院发布或者批准发布。中华人民共和国缔结或者参加的国际条约、协定对外国投资者准入待遇有更优惠规定的,可以按照相关规定执行。"第40条规定:"任何国家或者地区在投资方面对中华人民共和国采取歧视性的禁止、限制或者其他类似措施的,中华人民共和国可以根据实际情况对该国家或者该地区采取相应的措施。"同时,在"投资促进"一章中,外商投资法还明确规定国家支持企业发展的各项政策同等适用于外商投资企业、外商投资企业平等参与标准化工作和政府采购活动、外商投资企业可以依法通过公开发行股票、公司债券等方式进行融资。《外商投资准入特别管理措施(负面清单)》包括自由贸易试验区(上海、广东、天津、福建)负面清单、海南自由贸易港负面清单和国内其余地区负面清单三大类,由国家发改委、国家商务部按年制订并经国务院核准后联合发布。

(3)特别保护措施。《外商投资法》第20条和第21条规定"对外国投资者的投资不实行征收"、外国投资者的投资及其收益、收入、补偿和财产处置与清算所得等均可以"依法以人民币或外汇自由汇入、汇出"。第22条规定"国家保护外国投资者和外商投资企业的知识产权,保护知识产权权利人和相关权利人的合法权益",明确"行政机关及其工作人员不得利用行政手段强制转让技术"。第26条第1款规定:"国家建立外商投资企业投诉工作机制,及时处理外商投资企业或者其投资者反映的问题,协调完善相关政策措施。"

(4)投资管理措施。除负面清单管理措施以外,《外商投资法》第34条规定:"国家建立外商投资信息报告制度。外国投资者或者外商投资企业应当通过企业登记系统以及企业信用信息公示系统向商务主管部门报送投资信息。外商投资信息报告的内容和范围按照确有必要的原则确定;通过部门信息共享能够获得的投资信息,不得再行要求报送。"第35条规定:"国家建立外商投资安全审查制度,对影响或者可能影响国家安全的外商投资进行安全审查。依法作出的安全审查决定为最终决定。"

(5)过渡期。依据《外商投资法》第42条第2款的规定,《外商投资法》施行前依照"三资企业"法设立的外商投资企业,"在本法施行后五年内可以继续保留原企业组织形式等。具体实施办法由国务院规定"。

(6)商务部门对外商投资企业的个案行政权力

依据《外商投资法》及其实施条例,微观层面上商务部门对具体外商投资项目和外商投资企业原则上已不具有批准或核准行政许可权力,但拥有通过企业登记系统以及企业信用信息公示系统接收外商投资企业报送投资信息的权力,以及在外商投资企业未按制度要求报送投资信息时责令其限期改正及逾期未改正处以行政罚款的权力。

3. 计划和发展审核

通常而言,当公司设立同时涉及投资项目时,该投资项目是否符合国家产业发展政策和产业发展规划,须经计划和发展部门审核并根据投资资金来源予以备案和核准。涉及投资项目的备案及核准程序、依据和报批文件等可以通过查询各级人民政府的发展与改革委员会的官方网站进行了解。

我国自2015年开始推行市场准入负面清单制度,即由国务院以清单方式明确列出在中华人民共和国境内禁止和限制投资经营的行业、领域、业务等,各级政府依法采取相应管理措施的一系列制度安排。市场准入负面清单以外的行业、领域、业务等,各类市场主体皆可依法平等进入,不得设置市场准入审批事项;清单所列禁止准入事项,严格禁止市场主体进入,不得办理有关手续;对清单所列许可准入事项,需要市场主体提出申请的,行政机关应当依法依规作出是否予以准入的决定,需要具备资质条件或履行规定程序的,行政机关应当指导监督市场主体依照政府规定的准入条件和准入方式合规进入。该通知还首次推出"全国一张清单"管理模式和清单动态调整机制,即各地区各部门不得自行发布市场准入性质的负面清单,国家发展改革委、商务部将根据改革总体进展、经济结构调整、法律法规修订等情况,引入第三方评估机制,会同各地区各部门适时调整市场准入负面清单。

4. 土地管理审批

当对公司的出资涉及土地性质变更或土地用途变更时,须经国有土地管理部门批准。涉及土地管理的审批程序、审批依据和报批文件等可以通过查询各级土地管理部门的官方网站进行了解。

5. 股份募集行为审批

当股份有限公司以募集方式设立时,须经国家证券监督管理部门核准。

6. 行业管理审批

当公司的主营业务涉及特定行业时,须先经行业主管部门核准、同意、许可或批准。

二、与公司主营业务有关的若干前置审批

之所以特别突出与公司主营业务有关的前置审批,是因为该项前置审批涉及公司的所有构成要素:

①可能涉及公司股东的身份限制、持股比例限制和控制权限制;

②可能涉及公司开展特定行业的业务所需要具备的所有实体条件,公司的供应商、消费者,公司的业务模式,也涉及公司的重大业务合同、重大资产和重大债务的类别和特点;

③可能涉及公司的注册资本规模限制,净资产、净资本或其他财务指标限制;

④可能涉及公司董事、监事、高级管理人员的任职资格和从业人员的从业资质。

如前所述,对外商投资的前置审批可以归结为对负面清单上的限制类项目予以核准的积极许可和对限制类甚至禁止类项目不予核准的消极许可,事关项目的产业领域和主营业务,因此,亦属与主营业务有关的前置审批。

为此,建议律师对与公司主营业务有关的前置审批给予较多的关注。

市场监督管理机关一般会根据公司申报的经营范围,告知公司应当取得的前置审批。律师可以查询对应的法律、法规、行政规章,同时向有管辖权的当地或国家的相关行业管理部门查询有无地方性的配套规定以及该主管部门具体的审批程序和申报要求。

三、与公司登记有关的后置审批

后置审批往往是前置审批的自然延续,即公司设立前由发起人、出资人或筹备组织申请取得前置审批的原则批复,在公司设立登记办理完毕、取得企业法人营业执照以后,以公司作为申报的法律主体正式申请获得需要的核准、许可和批准。

律师在协助当事人办理前置审批手续时,即需要关注随后的后置审批工作。

随着“先照后证”改革和市场准入负面清单制度的推行,大多仍然保留的原前置许可事项都调整为后置许可事项,律师应当随时查询由国家发展改革委员会适时公布的市场准入负面清单。

四、关于公司注册资本登记体制的改革

根据2013年10月25日国务院常务会议的决定和2013年12月28日第十二届全国人大常委会第六次会议《关于修改〈中华人民共和国海洋环境保护法〉等七部法律的决定》(以下简称“修改公司法的决定”),公司注册资本登记体制改革的主要内容包括:取消对公司注册资本最低限额的法定要求,取消对公司实收资本的登记且公司登记无须提交验资凭证,取消对(首期)认缴出资额、出资方式和出资期限的法定限制,股东对公司注册资本的认缴出资额、出资方式和出资期限由股

东自主约定,并对缴纳出资情况的真实性、合法性负责。

1. 取消对公司注册资本最低限额的法定要求

根据全国人大常委会修改公司法的决定,《公司法》修改了原第23条第(二)项、第26条、第59条、第77条第(二)项、第81条和第178条第3款,删除了关于有限责任公司(包括一人有限责任公司)和股份有限公司最低注册资本限额的规定,但保留了如果法律、行政法规以及国务院决定对公司的注册资本实缴、注册资本的最低限额另有规定则从其规定的但书条款。

这项改革的根本意义是投资人可以根据业务需要、自身条件和市场环境自主决定需要向公司认缴的出资金额——极端情况下单一投资人可以认缴1元人民币的出资额,开办"1元公司"。这有利于创业投资人尤其是服务业的创业投资人、高新技术企业的创业投资人以及其他小微企业的创业投资人开办企业,使大众不因法定投资门槛过高而与投资创业无缘。不过,律师需要留意:

首先,取消注册资本的法定最低限额并不意味着取消注册资本,即不意味着取消出资人对公司、对公司其他股东和对公司债权人的出资承诺,也不意味着取消公司对债权人的资本承诺。公司以其所有的财产对债权人承担有限责任,股东以其认缴的出资额对公司、对公司其他股东和对公司债权人承担有限责任的根本体制没有改变。

其次,注册资本仍然需要全体股东一次性足额认缴(但不需要一次性足额实缴),记载于章程,登记于市场监督管理机关,公示于社会;注册资本的每次增加或减少仍然需要履行严格的批准程序和登记程序。

再次,由于受减少出资承诺责任的避险驱动,公司的注册资本额会呈现普遍降低趋势,负债率则会呈现普遍升高的趋势,公司债权人的风险会普遍加大。但由于过高的负债比率会加大公司的财务成本和运营压力,增加资金链断裂风险,因而股东需要合理规划负债比,合理确定公司的注册资本额,而不是一股脑地走极端,开办"零成本""零首付"的空壳公司。

复次,由于投资人更倾向于增加与公司之间的债权债务交易,减少投资交易,股东之间、股东与公司之间的控制权关系和治理结构将会进一步复杂,关联交易对公司的影响比重将会显著增加,实际控制人作为最大股东和最大债权人并存的可能性会显著增大,为逐利避害,实际控制人滥用控制权,损害公司、公司其他股东及公司债权人利益的风险也会明显上升。

最后,取消对公司注册资本最低限额的普遍限制,并不意味着取消对特定类别公司注册资本的最低限额要求,对于关系社会公共安全的公司(例如商业银行),仍然应当严格规定其注册资本的法定最低限额。

2. 取消对公司实收资本的登记

根据全国人大常委会修改公司法的决定,《公司法》修改了原第23条第(二)项、第29条、第30条、第33条第3款和第84条第3款,删除了关于公司应当登记其实收资本额的规定,也删除了关于股东缴纳出资后,必须经依法设立的验资机构验资并出具证明,并且在公司办理实收资本登记时必须向公司登记机关提交验资证明的规定。

这是本次登记制度改革中最具实质意义的部分。从程序上而言,这项改革举措使内资企业与外商投资企业一样,获得了"先注册后注资"的待遇;从实体上而言,这项改革举措将注资行为的监管体制由政府监管改为股东自律,这会简化公司的登记程序,提升投资资金的使用效率,但也会进一步增加公司债权人的风险。对此,律师应当留意:

首先,不监管不等于豁免责任,取消实收资本登记和豁免提交验资证明并不意味着减轻甚至豁免股东的实际出资义务。本次对公司法的修改并没有涉及"法律责任"一章,没有对有关股东出资责任的条款进行任何修改,"虚报注册资本、提交虚假材料或者采取其他欺诈手段隐瞒重要事实取得公司登记""虚假出资,未交付或者未按期交付作为出资的货币或者非货币财产"和"抽逃出资"仍然属于明文规定的违法行为,仍然属于出资瑕疵,仍然需要承担民事责任、行政责任,甚至承担刑事责任。不仅公司法规定的法律责任应当坚持,最高人民法院关于公司法的司法解释中就股东瑕疵出资规定的民事责任应当坚持,刑法中“虚报注册资本罪”“虚假出资罪”“抽逃出资罪”和“提供虚假财务会计报告罪”规定的刑事责任也应当坚持,这是正确的。在市场信用仍然低下的经济环境当中,在政府放弃事前监管的同时,如果不强化契约的约束力,如果当事人不信守自己的承诺,政府不强化事中监管和事后处罚,公允、安全和便捷的市场秩序不仅得不到维护,甚至会走向崩溃。

其次,公司实收资本由政府监管改为股东自律将加大公司催缴出资的难度,尤其会加大公司对控股股东和实际控制人控制的股东催缴出资的难度。此外,股东实际缴付出资的方式、金额和期限的多样性也进一步加大了公司股东表决权和利润分配权行使的复杂性,增加了公司治理的复杂性。

再次,公司登记豁免实收资本事项加上股东出资缴付条件的多样性和隐蔽性,将加大公司债权人识别公司股东出资瑕疵情形进而追索股东出资责任的难度。

最后,普遍性取消实收资本登记和豁免提交验资证明并不意味着取消对特定类别公司实收资本缴足的法定要求,对于关系社会公共安全的公司(例如商业银行),仍然应当在严格规定其注册资本法定最低限额的同时,严格规定缴足实收资本、提交验资证明的各项条件。

3. 取消对股东认缴出资额、出资方式和出资期限的法定限制

根据全国人大常委会修改公司法的决定,《公司法》修改了原第 26 条、第 27 条第 3 款、第 59 条、第 81 条第 1 款和第 84 条第 1 款,删除了关于有限责任公司(包括一人有限责任公司)和股份有限公司分期出资时首期出资的最低比例、现金出资方式的最低比例以及最长出资期限等规定。

取消对股东认缴出资额、出资方式和出资期限的法定限制是对前两项改革举措的补充和落实。法律将公司设立中的注册资本和实收资本事项放手交由投资人自律,自然就需要将投资行为中的认缴出资额、出资方式和出资期限等执行事项也交由股东自主确定,否则取消注册资本的法定最低限额和取消对实收资本的登记就失去了实际意义。律师应当留意:第一,关于认缴出资额、出资方式和出资期限的约定在坚持效率优先原则的同时,还应当坚持公允、平等和一致原则,出资条件的设定对各股东不应区别对待;第二,应当明确约定各股东实际交付出资的验证方式和验证程序;第三,应当明确规定股东没有按照约定的金额、方式或期限实际交付出资的后果,以及对应的补救措施;第四,关于认缴出资额、出资方式和出资期限的约定以及违反约定的后果及补救措施均应当记载于公司章程,并予以公示,以作为公司、公司股东和公司债权人行使权利的依据;第五,关于股东认缴出资额、出资方式和出资期限约定的执行情况应当记载于公司年报及其他定期报告当中,并予以公示,以作为公司、公司股东和公司债权人识别股东出资瑕疵情形的依据;第六,对于关系社会公共安全的公司(例如商业银行),法律、法规或中央政府应当在严格规定其注册资本法定最低限额,严格规定缴足实收资本、提交验资证明各项条件的同时,对股东的认缴出资额、出资方式和出资期限作出必要的限制性规定。

五、公司登记的“先照后证”改革

“先照后证”系由“先证后照”改革而来,将前置许可尽可能改革为后置许可,即从事需要行政许可经营项目的市场主体,除非国务院明确规定需要先获得前置行政许可的项目之外,均先向市场监督管理部门申请办理营业执照,再到许可审批部门办理许可审批手续。

根据国务院《关于“先照后证”改革后加强事中事后监管的意见》(国发〔2015〕62 号)的规定,各地按照职责法定、信用约束、协同监管、社会共治的原则,全面落实“先照后证”改革。

国家市场监督管理总局负责公布公司登记前置审批事项目录。法律、行政法规、国务院决定新增前置审批事项、取消行政审批事项、将前置审批事项改为后置审批事项的,实施审批的国务院相关部门应当及时通知市场监督管理总局对目录进行更新,并向社会公布。除法律、行政法规和

国务院决定外,一律不得设定公司登记前置审批事项,也不得通过备案等方式实施变相前置审批。

经营者从事公司登记前置审批事项目录中事项的,应当依法报经相关审批部门审批后,凭许可文件、证件向市场监督管理部门申请登记注册,市场监督管理部门依法核发营业执照。经营者从事公司登记前置审批事项目录外事项的,直接向市场监督管理部门申请登记注册,市场监督管理部门依法核发营业执照。

各省级人民政府于2015年底前依法制定公司登记后置审批事项目录,并向社会公布。

在办理登记注册时,市场监督管理部门要根据省级人民政府公布的公司登记后置审批事项目录告知申请人需要申请审批的经营项目和相应的审批部门,并由申请人书面承诺在取得审批前不擅自从事相关经营活动。

在办理登记注册后,市场监督管理部门要运用信息化手段,对经营项目的审批部门明确的,将市场主体登记注册信息及时告知同级相关审批部门;对经营项目的审批部门不明确或不涉及审批的,将市场主体登记注册信息及时在企业信息共享平台上发布,相关审批部门或行业主管部门应及时查询,根据职责做好后续监管工作。

原国家工商行政管理总局于2016年10月发布了《关于调整工商登记前置审批事项目录的通知》,公布了需要前置许可的34项法定事项,律师应当予以关注。2018年2月11日又发布《关于调整工商登记前置审批事项目录的通知》(工商企注字〔2018〕24号),将通用航空企业经营许可由前置审批改为后置审批。随着市场准入负面清单由国家发展改革部门统一公布实施,前置许可事项将以市场准入负面清单所列项目为准。

六、公司登记的"五证合一、一照一码"改革

1. "五证合一、一照一码"改革的主要内容

"五证合一、一照一码"改革系由"三证合一"和"一照一码"改革发展而成,基本上与"先照后证"改革同步配合进行。

"三证合一"就是将企业依次申请的工商营业执照、组织机构代码证和税务登记证三证合为一证;"一照一码"则是在此基础上更进一步,通过"一口受理、并联审批、信息共享、结果互认",实现由一个部门核发加载统一社会信用代码的营业执照。

"一照一码"改革后,所有商事主体均可凭借标注了统一社会信用代码的营业执照,在政府机关、金融机构等部门证明其主体身份和办理相关业务;公众可通过统一社会信用代码在政府和其他信用信息公示平台上查询商事主体的信用信息;社会各界都可以利用统一社会信用代码实现信息共享、数据挖掘和业务协同。以统一社会信用代码为唯一标识建立并关联商事主体的相关信用信息,可与公民身份证一起实现"两码管两人"(自然人和法人),拓宽商事主体信用信息的征信范围,与"先照后证"等改革相配合,实现信用监督的信息化和便利化,在法人和其他组织违法违规和失信惩戒机制的逐渐健全完善后,可真正意义上实现"一处违法,处处受限",促进社会信用体系建设。

2016年6月30日,国务院办公厅发布了《关于加快推进"五证合一、一照一码"登记制度改革的通知》(国办发〔2016〕53号),从2016年10月1日起正式实施"五证合一、一照一码",在全面实施工商营业执照、组织机构代码证、税务登记证"三证合一"登记制度改革的基础上,再整合社会保险登记证和统计登记证,实现"五证合一、一照一码"。

2. 公司申请"五证合一"流程

(1)提交资料

市场监管登记窗口收到申请人申请资料后,经审核,申请资料齐全并符合法定形式的,应向申请人出具"'五证合一'受理通知书",并及时将相关申请信息录入企业注册登记系统,进入联合审

批流程;申请资料不齐全的,市场监管登记窗口应当场一次性告知申请人需要补正的全部内容,并出具“补办通知书”。同时,综合窗口对受理的相关资料进行拍照或扫描,并及时传至平台。

(2)部门审核

市场监管登记窗口在承诺时间(内资2个工作日,外资3个工作日)内完成营业执照审批手续后,将申请资料和营业执照信息传至平台。

质监窗口收到平台推送申请资料和营业执照信息后,要在0.5个工作日内办理组织机构代码登记手续,并将组织机构代码发送至平台。

税务、统计和人力社保等部门窗口收到平台推送的申请资料、营业执照和组织机构代码信息后,要在0.5个工作日内分别办理税务登记证、统计登记证和社会保险登记证相关手续,并分别将税务登记证号、统计登记证号、社会保险登记证号发送至平台。

(3)打印“一照”

综合窗口收到各相关部门核准(或确认)登记信息后,在“五证合一”系统平台上打印出载有注册号、组织机构代码、税务登记证号、社会保险登记证号和统计登记证号的营业执照。

(4)窗口发照

申请人凭“‘五证合一’受理通知书”或有效证件到综合窗口领取“五证合一”营业执照。申请资料原件由市场监管部门保存,在申请人需要向有关部门提交资料原件时,可向市场监管部门查询、复印。

七、市场主体统一登记改革

2021年7月27日,国务院公布《中华人民共和国市场主体登记管理条例》,自2022年3月1日起施行,同时废止《公司登记管理条例》《企业法人登记管理条例》《合伙企业登记管理办法》等各类市场主体的类别登记条例。该条例将公司和非公司企业法人及其分支机构、个人独资企业、合伙企业个体工商户等在中国境内以营利为目的从事经营活动的自然人、法人及非法人组织统称为市场主体,统一进行登记管理。

根据该条例的规定,公司按照该条例登记并不改变现行《公司登记管理条例》规定的登记管辖、登记效力、登记类别、登记事项等内容,但对登记时限予以明确规定:登记机关应当对申请材料进行形式审查。对申请材料齐全、符合法定形式的予以确认并当场登记。不能当场登记的,应当在3个工作日内予以登记;情形复杂的,经登记机关负责人批准,可以再延长3个工作日。申请材料不齐全或者不符合法定形式的,登记机关应当一次性告知申请人需要补正的材料。

国务院市场监督管理部门可以依照该条例制定市场主体登记和监督管理的具体办法。

第三节　律师在公司设立过程中的其他主要业务工作

除了如前所述在设立方案的酝酿和设立过程中提示当事人关注并随后指导或协助当事人完成公司登记程序、协助当事人进行前置审批和后置审批事宜以外,律师在公司设立事务中的主要工作还包括:通过尽职调查协助当事人调查和核实出资人对公司的出资(主要是非现金出资);指导或协助当事人制订出资协议书和公司章程(参与交易方案设计并落实交易文件);在需要时就公司设立的合法有效性发表法律意见。

一、核实出资人的非货币出资

核实出资人的非货币出资为第四章所介绍的尽职调查的组成部分。当出资人以非货币资产对公司出资时,律师应当要求出资人提供资产清单、资产权属证明和评估报告,以便进行如下核实。

(一) 出资资产为实物资产

(1)该资产是否应当有以及是否实际有权属证明;

(2)该资产的权属证明是否存在争议或瑕疵;

(3)该资产是否设置了第三人权利;

(4)该资产是否已被保全;

(5)该资产是否由公司完整占有和实际控制使用;

(6)该资产转移所有权、办理过户手续且实际移交是否存在其他障碍或风险。

(二) 出资资产为无形资产

(1)该无形资产的来源是否合法有效;

(2)该无形资产是否应当有以及实际是否有权利证明;

(3)该无形资产的权利证明是否存在争议或瑕疵;

(4)该无形资产是否设置了有效期限,以及目前剩余多少有效期间;

(5)该无形资产是否设置了使用条件,以及本次出资是否符合所设条件;

(6)该无形资产是否设置了第三人权利;

(7)该无形资产是否被保全;

(8)该无形资产是否由公司完整占有和实际控制使用;

(9)该无形资产是否已许可第三人使用;

(10)该无形资产是否存在第三人侵权的情形;

(11)该无形资产转移权利、办理变更手续且实际移交是否存在其他障碍或风险。

(三) 出资资产为股东权益

(1)取得该股东权益的投资对价是否已经如约实际交付;

(2)该股东权益的权利证明是否完备、正确无误和合法有效;

(3)该股东权益上是否有第三人权利;

(4)该股东权益是否被保全;

(5)出资人对被投资对象是否派遣董事、监事和高级管理人员,是否具有控制力或影响力;

(6)该股东权益转移所有权、办理过户手续且实际移交是否存在其他障碍或风险。

如果出资人以其能够实际控制的公司的股东权益出资,且律师认为该股东权益占出资资产的份额较大,或对拟设立公司的主营业务或净资产有实质性重大影响,则律师应当建议对该公司进行法律尽职调查。

(四) 出资资产为其他财产权利

(1)该财产权利是否为法律、法规、规章明确规定或登记机关公示不得作为出资的财产;

(2)该财产权利是否有属于出资人合法所有的证明;

(3)该财产权利的所有权是否存在争议、瑕疵或共有情形;

(4)该财产权利是否存在有效期限以及目前剩余多少有效期间;

(5)该财产权利是否设置了使用条件以及本次出资是否符合所设条件;

(6)该财产权利是否已经设置了第三人权利;

(7)该财产权利是否已经被保全;

(8)该财产权利是否由出资人完整占有和实际控制、使用、收益;

(9)该财产权利是否存在被第三人侵权的情形;

(10)该财产权利是否具有持续稳定的价值且该价值易于评估计量;

(11)该财产权利转移法律权利、办理过户或变更手续以及实际移交是否存在其他障碍或风险。

关注出资带来的债务责任传导风险是律师的重要任务。

当法人出资人以非货币财产出资设立企业时,律师还要高度关注该出资法人的债务清偿责任随出资资产传导至新设立企业的风险。

此传导风险为律师界所重视,缘起最高人民法院的《吉林未名种业有限公司、甘肃农垦良种有限责任公司买卖合同纠纷再审审查与审判监督民事裁定书》[(2018)最高法民申 697 号]。

该裁定书记载的案情为:

吉林未名种业有限公司(以下简称未名公司)因与甘肃农垦良种有限责任公司(以下简称农垦公司)、永昌金田种业有限责任公司(以下简称金田公司)、松原市利民种业有限责任公司(以下简称利民公司)买卖合同纠纷一案,经甘肃省白银市中级人民法院和甘肃省高级人民法院两审判决,未名公司对金田公司和利民公司应付农垦公司种子款本息在其接收的财产范围内承担连带偿还责任。未名公司向最高人民法院申请再审。

原审判决查明:2013 年 3 月 20 日,农垦公司与金田公司签订了《玉米杂交种子委托生产合同》,约定农垦公司为金田公司生产种子 3300 亩。合同签署后,农垦公司依约向金田公司交付了种子,金田公司未向农垦公司支付种子款。2014 年 3 月 18 日,利民公司向农垦公司出具证明一份,内容为:金田公司是利民公司的子公司,金田公司欠农垦公司的货款,由本公司承担。后利民公司支付了 50 万元利息,剩余货款本金及利息均未支付。另查明,北京未名凯拓农业科技生物技术有限公司与利民公司共同出资成立了未名公司,包括利民公司与凯拓公司签订《出资协议书》共同组建未名公司,并约定利民公司以土地使用权、房屋、其他建筑物、设备设施、种子等实物资产出资,并承诺将利民公司正在经营的核心种业业务全部无偿转让至新公司经营。再查明,北京未名凯拓农业科技生物技术有限公司于 2014 年 6 月 6 日名称变更为未名生物农业集团有限公司。

再审裁定据此认为:依据上述协议,利民公司将土地使用权、房屋及其他建筑物、设备设施等出资,将导致利民公司的财产实质性减少;同时,利民公司将正在经营的核心种业业务全部无偿转让至新公司经营,实质是将优质财产剥离至未名公司,将债务留在利民公司,已严重影响利民公司的偿债能力。再审裁定进一步认为:公司法人资本是公司从事经营活动和对外偿债的物质基础,也是衡量公司有无财产责任能力的基础。企业法人应当以其所有的财产独立对外承担民事责任。企业法人存续期间,其财产不得随意支配、转移和抽逃。最高人民法院《关于审理与企业改制相关民事纠纷案件若干问题的规定》第 7 条规定,企业以优质财产与他人组建新公司,而将债务留在原企业,债权人以新设公司和原企业作为共同被告提起诉讼主张债权的,新设公司应当在所接收的财产范围内与原企业共同承担连带责任。该条规定涉及的企业改制,是指依据《中华人民共和国公司法》《中华人民共和国合同法》等有关法律、行政法规及相关政策,对企业产权制度进行的改造。该规定第七条的目的是防止企业借企业改制逃避债务。依据该条款的精神,即使公司并未涉及改制,但公司将优质资产出资与他人组建新公司而将债务留在原公司,使原公司丧失偿债能力,债权人以新公司与原公司为共同被告主张债权的,若不追加新公司在接受资产的范围内承担责任,将会严重损害债权人的利益。因此,有关公司债务纠纷中,即使公司并未涉及企业改制,人民法院参照该条规定,由新公司在接受资产的范围内承担连带责任,亦不违反相关法律及司法解释的规定。再审裁定还认为:结合本案,金田公司欠付农垦公司相应种子款及利息,利民公司承诺对金田公司的债务承担连带责任。利民公司在无法偿还农垦公司债务的情形下,将优质资产与实物资产向未名公司出资,是致其偿债能力不足的直接原因。同时,未名公司作为协议约定的资产接收人,虽主张并未实际接受资产,但并未提供相应的证据证明。另外,未名公司虽陈述利民公司对其投资已转化为股权,但并未提供利民公司对其所持股权份额及价值的证据。据此,原审参照最高人民法院《关于审理与企业改制相关民事纠纷案件若干问题的规定》第7条规定,判决未名公司在接收财产的范围内承担连带责任,并无不当。

通行的公司责任理论和实务均指向瑕疵股东对其出资企业债务所承担的清偿责任,本判例却反向认定被出资企业应对瑕疵股东的债务瑕疵承担连带清偿责任。这一认定事关公司法基本理论和实践,值得律师认真研究、推敲。

"公司法人资本是公司从事经营活动和对外偿债的物质基础,也是衡量公司有无财产责任能力的基础。"律师应该确认,这一认定是正确的。企业经营和对外偿债都依赖公司资产,而且是所有形态的资产,包括但不限于流动资产、固定资产、对外长期股权投资、无形资产。对外股权投资与流动资产、固定资产和无形资产对公司经营活动发挥的作用各有不同,但具备偿债能力的特质却是共同的、一致的和不可分割的。认为流动资产、固定资产和无形资产具备偿债能力,而对外股权投资不具备偿债能力,是缺乏事实基础、逻辑基础和法律依据的。同时,坚持这一认定还意味着恰恰应当保护被投资企业的法人资本。被投资企业接受出资所形成的资本是被出资企业创立时从事经营活动和对外偿债的物质基础,也是衡量被出资企业创立时有无财产责任能力的基础,应当受到法律保护,不应通过出资传导债务的方式而被损害。

"利民公司将土地使用权、房屋及其他建筑物、设备设施等出资,将导致利民公司的财产实质性减少。"如前所述,出资只是企业资产形态的转变,如果出资具有导致公司财产实质性减少的神奇功能,今天的社会就应当没有一家企业还"存活于世"了,公司会计准则和会计制度也就不存在任何公信力了。但客观事实正好相反,在真正的市场经济环境中,投资是企业财产实质性增加的最主要、最重要也最有效的途径。当然,出资活动导致出资人财产实质性减少的情形不是不可能发生。典型的例子是不公允的关联交易,即出资企业与其实际控制人(或其关联方、一致行动人)或管理层或能够对企业实施有效影响的其他关联方共同出资设立公司,对出资企业出资低估值作价、对控制人出资高估值作价,出资企业由此将其资产权益转移给自己的控制人。

"利民公司将正在经营的核心种业业务全部无偿转让至新公司经营,实质是将优质财产剥离至未名公司,将债务留在利民公司,已严重影响利民公司的偿债能力。"出资企业伴随出资,将与出资资产相关联的人员、业务合同和经营渠道一并转移到被出资企业,这是通行的资产重组方式,有利于被出资企业的业务承接和业务发展。这的确会发生"将优质资产剥离"至被投资企业而把债务留在出资企业的情形,但是否"严重影响"原出资企业的偿债能力,则还是取决于对出资资产估值的公允性,如果估值方式公允,出资资产的作价公允地包含并体现了业务人员、业务渠道和既往业务业绩,则出资企业出资所形成的股东权益就与出资资产的公允价值相匹配,出资企业所持有的股东权益就具备与原出资资产相同的偿债能力。在优势互补的资产重组交易中,出资企业所持有的股东权益甚至具有更强的偿债能力。正因为如此,出资兴办企业、尤其是以优质资产出资兴办企业才成为公认的出资人扩大自身产业规模、提高产业竞争力的有效和便捷途径。

"企业法人存续期间,其财产不得随意支配、转移和抽逃。"企业法人存续期间股东不得抽逃其对企业的出资,这是正理,但在不违反法律和公司章程强制性规定的前提下,公司有权按照自己的意志自由地支配其所拥有的全部财产,包括但不限于以出资的方式支配其财产,这是公司法赋予公司的法定权利,不受任何人剥夺,法院行使裁判权也要在法律限制的范围之内,不能突破甚至颠覆立法原意。

"即使公司并未涉及改制,但公司将优质资产出资与他人组建新公司而将债务留在原公司,使原公司丧失偿债能力,债权人以新公司与原公司为共同被告主张债权的,若不追加新公司在接受资产的范围内承担责任,将会严重损害债权人的利益。"按此逻辑,企业对出资都要以非优质资产甚至劣质资产出资,或者都要连同债务一起对外出资,才不使原公司丧失偿债能力,不追加新公司会严重损害原公司债权人的合法利益,而追加新公司反过来又严重损害新公司债权人的合法利益。

律师最应当坚持的是,有限责任制度是公司法人制度的核心和基石。有限责任不仅仅表现为股东以其认缴的出资额为限对公司负责和公司以其所有的财产为限对其债权人负责,更深层次的意义还在于:公司法人人格须独立于股东及其他利害关系人而存在。公司要享有独立的财产所有权,具有完全的民事权利能力和民事行为能力,能够以自己的名义从事民事活动,并能够独立地承担民事责任。股东有限责任的适用必须遵循公司和股东彻底分离的原则,这种分离首先表现在公司财产和股东财产的彻底分离。只有当出现公司与股东混同、股东滥用控制权、滥用有限责任制度和法人独立人格的时候,才需要外部权力"揭开公司的面纱",责令股东以其财产承担公司债务或者责令公司承担股东的债务,但应限于股东对公司承担责任的正向责任传导,而不是公司对股东承担责任的逆向责任传导。

尽管应当坚持以上基本认知,但已经发生效力的判例提示,律师必须在操作公司设立业务,尤其是操作法人以优质资产出资设立企业业务时,高度关注出资法人的债务情况,以防其债务责任传导至新设企业。

二、拟制出资协议书

律师在参与公司设立方案的设计、协商以后,应当协助出资各方拟制出资协议书,以明确各方在发起设立公司过程中的权利义务以及各方对拟设立公司的安排。

出资协议书一般包括如下条款:

序言;
鉴于;
1. 出资各方;
2. 设立公司;
3. 公司名称和住所;
4. 公司注册资本;
5. 各方出资方式、出资金额和出资期限;
6. 公司经营范围;
7. 出资各方在设立公司过程中的权利和义务;
8. 出资各方在公司股东会中的表决权安排;
9. 出资各方在公司董事会中的席位分配;
10. 出资各方在公司监事会中的席位分配;
11. 公司高级管理人员的产生方式;
12. 出资各方的利润分配比例安排;
13. 公司经营期限;
14. 违约及补救;
15. 保密;
16. 不可抗力;
17. 争议解决;
18. 公司设立不成的后果;
19. 附则。

上述条款的内容基本与公司章程相同,只有"出资各方在设立公司过程中的权利和义务""违约及补救""保密""不可抗力""争议解决"和"公司设立不成的后果"等条款为出资各方之间的协议性条款,其中,“出资各方在设立公司过程中的权利和义务”和“公司设立不成的后果”,为出资协议的特有条款。

“出资各方在设立公司过程中的权利和义务”条款通常约定:

(1)通过各自的内部批准程序;

(2)协助公司取得各项必需的前置审批和后置审批;

(3)协助公司办理设立登记手续;

(4)按照合同约定和公司章程规定缴付各自认缴的出资,转移相应财产及其权属证明;

(5)按照出资比例垫付公司开办费用。

“公司设立不成的后果”条款通常约定:

(1)各方签署的出资协议和公司章程以及以公司名义提交的申报文件归于无效;

(2)各方的出资资产恢复原状;

(3)各方按出资比例分担开办费用;

(4)各方按出资比例分担公司设立过程中以公司名义发生的债务;

(5)因为出资方违法或违约导致公司设立不成的,违约方赔偿守约方损失。

除非为外商投资的有限责任公司,出资协议书不是公司设立所必需的法律文件,也不是公司的法定登记或备案文件。出资协议书与公司章程的目标高度一致,内容也有许多相同之处。

三、拟制公司章程

律师在协助出资各方拟制出资协议书的同时拟制待设立公司的章程。公司章程一般包括如下条款:

序言;

鉴于;

1. 公司名称和住所;
2. 公司的股东各方;
3. 公司注册资本;
4. 股东的出资方式、出资金额和出资期限;
5. 公司经营范围;
6. 股东(大)会的职权和议事规则;
7. 公司董事和董事会的产生方式、任期、职权和议事规则;
8. 公司监事和监事会的产生方式、任期、职权和议事规则;
9. 公司高级管理人员的产生方式、任期和职权;
10. 公司法定代表人的产生、任期和职权;
11. 公司劳动管理、员工薪酬、福利和奖惩;
12. 财务会计;
13. 利润分配;
14. 营业期限;
15. 公司股权转让的特别规定;
16. 公司对外投资的特别规定;

17. 公司对外担保的特别规定；
18. 附则（生效、修改、解释、与法律规范冲突时的效力等）。

在以上条款中，第6—10、13—17条为出资人自由协商条款，这些条款的内容可以参考第三章第二节“律师应当熟练运用的章程自由条款”的介绍。其他条款为格式条款，可以套用登记机关提供的格式文本的对应条款。

四、发表法律意见

律师可能因为前置审批机关的要求或出资人决策机构的要求而就公司设立的合法性和有效性发表法律意见。无论是否被要求出具法律意见，律师都应当对公司设立的合法性和有效性作出明确的判断。

律师就公司设立发表的法律意见通常包括以下内容：

（1）出资各方是否具备法定出资资格；

（2）公司股东人数是否符合法定要求；

（3）约定的公司注册资本是否符合法定要求；

（4）约定的出资方式是否符合法律规定；

（5）约定的各方出资比例是否符合法定要求；

（6）约定的出资期限及每期出资金额是否符合法律规定；

（7）公司拟就任的董事、监事和高级管理人员是否具备法定资质要求；

（8）公司章程的内容是否有与法律规定相冲突之处，是否为出资各方的真实意思表示；

（9）出资资产是否存在法律瑕疵，是否存在财产移交和权利转移的障碍；

（10）出资各方是否履行了设立公司所必需的所有内外部审批程序，截至法律意见发表日尚有哪些审批程序没有完成，是否存在不能获得批准的风险。

律师发表上述意见，应当将公司设立方案、出资协议书和公司章程与公司法、行业管理法律（例如《商业银行法》或《城市房地产管理法》）、行政法规规章（例如《公司登记管理条例》和《电信条例》）、进行前置审批的主管部门颁布的部门规章以及登记机关公示的相关规定相对照，由此判断公司设立方案的合法性和有效性。同时，发表上述第（1）（4）（7）（8）（9）（10）项意见时，律师还要结合自己的尽职调查结果和对整个公司设立方案的法律评价，进一步作出是否合法有效的专业判断。

【示例】

________律师事务所关于
ABC信息技术服务有限公司设立之法律意见书

致：X有限责任公司：

________律师事务所（以下称“本所”）受X有限责任公司（以下称“贵公司”）委托，根据现行《中华人民共和国公司法》（以下称《公司法》）、《中华人民共和国公司登记管理条例》（以下称《登记条例》）、《中华人民共和国电信条例》（以下称《电信条例》）以及中华人民共和国其他法律法规和中国政府机关有关规范性文件（以下统称“规范性文件”）的规定，按照中国律师行业公认的业务标准、道德规范和勤勉尽责精神，就贵公司与Y公司、Z公司和L先生（以下称“出资人”“出资方”或“出资各方”）拟共同出资设立（以下称“本项设立”)从事____________________主营业务(以下称“增值电信业务”)的ABC信息技术服务有限公司(以下称“ABC公司”)事宜,出具本法律意见书。

本法律意见书基于出具日以前所发生的事实或存在的事实而出具。本所律师声明,出资各方向本所及本所律师所作出的任何承诺或确认之事项的准确性、真实性及提供的信息构成本所律师出具本法律意见书的支持性材料,将被本所律师所信赖,出资各方对其承诺或确认之事项的真实性、准确性及完整性承担责任。

本所就本项设立所涉事实独立进行了法律调查,对所涉法律文件进行了适当审阅和核查。在上述调查和核实过程中得到出资各方的如下保证:其所提供且为本法律意见书所依据之文件中的所有签字、印章和戳记均为真实、有效;传真件或复印件均与原件一致;文件中的所有签署方均有权签署该等文件,并且任何签署人均已获得适当授权以签署该等文件;文件中所作任何事实陈述在所有方面均为真实、完整。

本法律意见书并不对有关审计、资产评估、投资决策和技术研究等专业事项和报告发表意见。本法律意见书中对有关资产评估报告和技术研究报告中某些数据和结论的引述,并不意味着本所对这些数据、结论的真实性和准确性作出任何明示或默示的保证,对于该等数据、报告的内容,本所并不具备核查和作出评价的适当资格。

ABC公司的设立系有限责任公司的设立。

本法律意见书仅供ABC公司设立之目的使用,不得用作任何其他用途。

基于上述,本所现出具法律意见如下:

一、出资各方的主体资格

拟出资设立ABC公司的股东分别是:

1. 贵公司,系一家依据中国法律设立并有效存续的有限责任公司。其持续依法经过年检的企业法人营业执照系由________工商行政管理局于____年____月____日签发,注册号为________________________。贵公司注册资本为5 000万元人民币,住所为________________________,经营范围为电子产品、通信设备(未取得专项许可项目除外)、电子计算机软硬件的制造及购销、计算机数据处理,法定代表人为________先生。另查,贵公司的股东均为国有资产占有人,贵公司注册资本均来自国有资产出资,贵公司的控股股东为____有限责任公司,系国有独资公司,贵公司实际控制人为________市人民政府国有资产监督管理委员会。

2. Y公司,系一家依据中国法律设立并有效存续的有限责任公司。其持续依法经过年检的企业法人营业执照系由________工商行政管理局______年____月____日签发,注册号为________________________。Y公司注册资本为1 000万元人民币,住所为________________________,经营范围为新技术和新产品的研究、开发、制造、销售和服务,法定代表人为________女士。

3. Z公司,是一家依据中国法律设立并有效存续的有限责任公司。其持续依法经过年检的企业法人营业执照系由________工商行政管理局于____年____月____日签发,注册号为________________________。Z公司注册资本为1亿元人民币,住所为________,经营范围为投资、投资管理与咨询,法定代表人为________先生。

4. 自然人(L)先生,为中国公民,其身份证号为______________________________,住址为________________________。

经查,ABC公司的出资人共为4方,符合《公司法》第24条关于有限责任公司股东人数的规定。出资各方中贵公司、Y公司和Z公司均为合法设立并有效存续的企业法人,不存在依法或依其章程应当终止、解散的情形;L先生为中国公民;所有出资人均具备完全的民事权利能力与行为能力，符合《公司法》及《登记条例》关于有限责任公司股东资格的规定。

另查，ABC公司拟从事《电信条例》所规定的增值电信业务，而《电信条例》并未就从事电信增值业务公司的股东资格或身份进行限制性规定，故ABC公司的出资各方亦符合《电信条例》关于从事增值电信业务公司的股东资格的规定。

根据出资各方的声明和陈述，出资各方中法人机构的章程、出资各方参与签署的合同、协议和其他法律文件均不禁止或限制其出资设立ABC公司。经本所律师适当核查，没有发现与上述声明和陈述相冲突的情形。

基于上述，本所认为出资各方依法具备出资设立ABC公司的合法及适当资格。

二、出资各方的出资

（一）关于出资方式

经查，贵公司拟以土地使用权、房屋和现金出资，Y公司拟以电子设备和电子仪器等实物以及现金出资，Z公司拟以现金出资，L先生拟以技术成果出资，各方出资方式符合《公司法》第27条第1款关于公司出资方式的规定。

（二）关于注册资本、货币出资比例和各方出资比例

经查，出资各方约定ABC公司的注册资本为1 200万元人民币，各方出资金额和出资比例为：贵公司拟出资624万元，占注册资本52%，其中，土地使用权出资作价150万元，房屋出资作价320万元，现金出资154万元；Y公司拟出资360万元，占注册资本30%，其中设备、仪器等实物出资作价240万元，现金出资120万元；Z公司拟出资120万元，全部为现金出资，占注册资本10%；L先生出资96万元，为________、________和________三项发明创造的技术成果，其中，________和________具有中国专利申请权，________为非专利技术，该等出资占注册资本8%。出资各方关于ABC公司注册资本的约定符合《公司法》第26条关于有限责任公司最低注册资本为3万元的规定，亦符合《电信业务经营许可管理办法》第6条第（4）项关于从事跨地区增值电信业务服务公司最低注册资本为1 000万元的规定。同时，在1 200万元注册资本中，各方的现金出资合计为394万元，占注册资本的32.83%，符合《公司法》第27条第3款关于全体股东的货币出资金额不得低于公司注册资本30%的规定。另外，《公司法》《电信条例》和《电信业务经营许可管理办法》均未就有限责任公司股东的出资金额及出资比例作出其他限制性规定，故出资各方的出资金额、出资比例以及ABC公司的注册资本符合规范性文件的规定。

（三）关于出资期限

根据出资各方的约定，各方的出资将在ABC设立验资前一次性缴清。故各方的出资符合规范性文件的规定。

（四）各方出资的适当性

1. 根据贵公司的声明和陈述并经本所律师适当核查，贵公司用于出资的土地使用权所涉之土地位于________，由贵公司于____年____月____日与市土地管理部门签署________号《国有土地使用权出让合同》，贵公司按该出让合同于____年____月____日缴足土地使用权出让金________万元，随后于____年____月____日领取《国有土地使用权证》（________号）。该幅土地面积为________平方米，土地用途为工业用地，使用期限为____年____月____日至____年____月____日。上述土地使用权权属清晰、完整并由贵公司独立及完整地控制、占有、使用和受益，不存在共有、欠缴土地使用权出让金或其他任何形式的权属争议或瑕疵，亦不存在质押、抵押、被查封、遭保全或其他任何形式的第三人权益。该等土地使用权作为出资转移给ABC公司，也不存在改变土地用途的情形。

另外，贵公司用于向ABC公司出资的房屋为贵公司自建，坐落于________，总建筑面

积为________平方米,为工业厂房,贵公司已经于____年____月____日向市建设主管部门领取了《房屋所有权证》(________号)。上述房屋所有权权属清晰、完整并由贵公司独立及完整地控制、占有、使用和收益,不存在共有或其他任何形式的权属争议或瑕疵,亦不存在质押、抵押、被查封、遭保全或其他任何形式的第三人权益。该等房屋所有权作为出资转移给 ABC 公司以后也不存在改变房屋用途的情形。

根据________号《资产评估报告》,____资产评估有限公司(具有国有资产评估资格和土地评估资格)受贵公司委托,对贵公司用于出资的上述土地使用权和房屋进行了资产评估。上述土地使用权和房屋于评估基准日____年____月____日的评估值分别为150.0146 万元和 319.9769 万元。鉴于贵公司为____________有限责任公司(系国有独资公司)的二级子公司,且贵公司注册资本均来自国有资产,贵公司拟向 ABC 公司出资资产的________号《资产评估报告》已经__________有限责任公司备案。

2. 根据 Y 公司的声明和陈述以及本所律师的适当核查,Y 公司用于向 ABC 公司出资的实物为电子设备和电子仪器等,上述实物均为 Y 公司购买取得。电子设备所附运行软件、计算机程序等均在购买设备实物同时购买了使用权。

上述实物的所有权权属清晰、完整并由 Y 公司独立及完整地控制、占有、使用和收益,不存在共有或其他任何形式的权属争议或瑕疵,亦不存在质押、抵押、被查封、遭保全或其他任何形式的第三人权益。

根据________号《资产评估报告》,________资产评估有限公司受 Y 公司委托,对 Y 公司用于出资的上述电子设备和仪器等实物进行了资产评估。上述实物于评估基准日____年____月____日的评估值为 240.1009 万元。

3. 根据 L 先生的声明和陈述并经本所律师适当核查,L 先生用于出资的发明创造________和________为 L 先生独立研究取得的技术成果,由 L 先生分别于____年____月____日和____年____月____日向中国国家知识产权局专利局申请发明专利,专利申请号分别为________和________,上述专利申请已经分别于____年____月____日和____年____月____日公布。L 先生用于出资的发明创造________亦为 L 先生自主开发形成的技术成果,为非专利技术。上述具有发明专利申请权的发明创造和非专利技术的发明创造均为开展(数据传输和处理、在线信息库查询和存储、电子信箱等)业务所需技术。上述发明创造的权属清晰、完整并由 L 先生独立及完整地控制、占有、使用和受益,不存在共有、拟转让、欠缴专利申请费或其他任何形式的权属争议或瑕疵;迄今没有第三人向专利局提出该等申请不符合《专利法》规定的意见,也没有第三人向 L 先生提出侵权索赔;上述发明创造的专利申请权和非专利技术的技术秘密权没有遭到第三人的侵犯,亦不存在许可使用、质押、抵押、被查封、遭保全或其他任何形式的第三人权益。

根据________号《资产评估报告》,________资产评估有限公司受 L 先生委托,对 L 先生用于出资的上述发明创造进行了资产评估。上述发明创造于评估基准日____年____月____日的评估值分别为:专利申请号为________的技术成果 40 万元,专利申请号为________的技术成果 25 万元,非专利技术 31 万元。

基于上述,本所认为出资各方对 ABC 公司的出资合法、适当,出资各方对 ABC 公司的出资财产进行财产移交和权属变更均不应存在法律障碍。

三、出资协议、ABC 公司章程和出资各方的其他安排

1. ABC 公司的出资各方于____年____月____日就设立 ABC 公司签订了《出资协议》,该协议为出资各方关于设立 ABC 公司的真实意思表示,该协议不存在违反规范性文件或损害任何一方当事人合法权益的情形,该协议的形式及内容均为合法有效。

2. ABC 公司的出资各方于____年____月____日签署了 ABC 公司《章程》(草案),该章程具备所有法定必备条款,为 ABC 公司全体股东的真实意思表示,其形式和内容符合规范性文件的规定。

3. 出资各方制订可行性研究报告,就跨地区增值典型业务的开展,ABC 公司的人员、设备、资金、技术的配置以及经营风险控制与防范等进行分析和研究。尽管《电信条例》等没有就公司拟开展跨地区增值电信业务所需的人员、设备、资金、技术的具体条件作出明确规定,但电信主管部门将对 ABC 公司拟开展跨地区增值电信业务的可行性研究报告进行实质性审查,以确认 ABC 公司是否具备领取《跨地区增值电信业务许可证》的条件。

4. 出资各方提名的 ABC 公司首届董事会、监事会成员不存在《公司法》第 57 条、第 58 条规定的情形,具备担任 ABC 公司董事、监事的适当资格。

四、设立 ABC 公司的授权和批准

(一)关于主营业务许可的前置批准

1. 鉴于 ABC 拟从事的主营业务为增值电信业务,依照《电信条例》第 9 条和第 14 条的规定,ABC 公司应当向电信业务主管部门申请领取《跨地区增值电信业务经营许可证》。根据《登记条例》第 22 条的规定,电信业务主管部门的批准为 ABC 公司设立的前置批准,即如果 ABC 公司设立时申报的经营范围包括增值电信业务,则登记机关将在 ABC 公司获得《跨地区增值电信业务经营许可证》以后,才为 ABC 公司办理公司设立登记手续并颁发《企业法人营业执照》。

2. 根据《电信条例》等的规定,ABC 公司的全体股东应当向信息产业部报送如下文件,办理相应的审批手续:

(1)全体股东共同签署的 ABC 公司经营增值电信业务的书面申请,内容包括:申请电信业务的种类、业务覆盖范围、公司名称、通信地址、邮政编码、联系人、联系电话、电子信箱等;

(2)公司概况,包括公司基本情况,拟从事增值电信业务的人员、场地和设施等情况;

(3)公司经会计师事务所审核的验资报告及电信主管部门要求的其他相关会计资料;

(4)公司章程,公司股权结构及股东的有关情况;

(5)业务发展可行性研究报告和技术方案,包括申请经营电信业务的业务发展和实施计划、技术方案、服务项目、业务覆盖范围、市场调研与分析、收费方案、预期服务质量、投资分析、社会效益和经济效益等;

(6)为用户提供长期服务和质量保障的措施;

(7)信息安全保障措施;

(8)全体股东共同签署的公司依法经营电信业务的承诺书。

信息产业部将在提交文件资料齐备后 60 日内作出批准或不批准颁发《跨地区增值电信业务经营许可证》的决定。

(二)ABC 公司设立的其他批准

1. 经查,贵公司于____年____月____日通过第____届第____次董事会决议,批准贵公司出资 520 万元参与设立 ABC 公司,批准贵公司签署《出资协议书》和 ABC 公司《章程》(草案),并授权贵公司总经理代表贵公司组织办理与设立 ABC 公司有关的一切事宜。贵公司根据规范性文件和贵公司章程规定的权限和程序,合法有效地通过了设立 ABC 公司的决议,决议内容合法有效。

依照国有资产管理的相关体制,________有限责任公司于____年____月____日向贵公司下发了《关于同意(X 公司)出资设立 ABC 公司的批复》,原则同意贵公司出资设立

ABC公司,并就贵公司出资资产的评估报告办理了备案手续。

2. 经查,Y公司于____年____月____日通过了____年第____次股东会决议,批准Y公司出资360万元参与设立ABC公司,批准Y公司签署《出资协议书》和ABC公司《章程》(草案),并授权Y公司董事会代表Y公司办理与设立ABC公司有关的一切事宜。Y公司根据规范性文件和Y公司章程规定的权限和程序,合法有效地通过了设立ABC公司的决议,决议内容合法有效。

3. 经查,Z公司于____年____月____日通过第____届第____次董事会决议,批准Z公司出资120万元参与设立ABC公司,批准Z公司签署《出资协议书》和ABC公司《章程》(草案),并授权Z公司经营管理机构代表Z公司办理与设立ABC公司有关的一切事宜。Z公司根据规范性文件和Z公司章程规定的权限和程序,合法有效地通过了设立ABC公司的决议,决议内容合法有效。

4. 出资各方已经办理了申请ABC公司的名称预先核准手续,工商行政管理局已于____年____月____日,签发了第________号《企业名称预先核准通知书》。

5. 出资各方尚需办理向ABC公司实际出资的验资手续。

五、结论性意见

综上,本所认为,贵公司等出资各方设立ABC公司,除尚需办理验资手续和需得到电信主管部门的前置批准外,其他法定条件均已具备,ABC公司的设立符合中国法律的规定。

本法律意见书一式____份,具有同等效力。

______律师事务所(盖章)

经办律师(签字): 2013年1月1日

第六章　公司变更业务

本章提示

公司设立以后即进入动态发展的过程,本章所涉及的公司变更特指与公司资本有关的变更,包括公司的股权转让、公司增资、公司减资、合并和分立、公司组织形式变更等事项,它们是律师开展的最常见的公司业务活动。

投资于公司是一项以盈利为目标的自愿性质的民事行为,既要有“有限责任”的保底保障,还要有退出投资和处分投资的自由,才能更大程度地保障投资人的投资热情,但投资人退出投资或处分自己的投资不能导致公司营业活动的停止甚至终结,也不能导致其他投资人的投资受到损失,否则就违背了公平、自愿、安全、高效的市场运行原则。因此,投资人将通过公司变更的途径,安全、有效地实现处分自己投资的目的。

本章仍然以公司要素为主线,通过对公司要素(股东和实际控制人、主营业务、净资产、管理当局和员工)变动的分析,描述公司变更的特征。

本编第二章和第四章所介绍的尽职调查的范围、内容、方法和技能完全适用于公司变更情形,本编第三章和第五章所介绍的公司章程的制定方法和技能也适用于公司变更情形,因此,本章侧重于介绍在公司变更业务中,律师如何参与设计变更交易方案及如何将交易方案落实为交易协议。

本章所述公司变更都需要办理变更手续,具体的变更程序、所需提交的文件资料等都能够从市场监督管理机关的信息公示中方便地查询到,因此,本章尽量不涉及具体的变更登记手续,而主要描述律师开展公司变更业务要关注的重点问题、涉及的重点文件及其重点内容。

本章所描述的公司变更的公司范围特指:

(1)有两名或两名以上股东的有限责任公司;

(2)禁售期届满以后发起设立且尚未进行股份公开发行的股份有限公司。

上述公司的股东、出资人或发起人都简称为股东,他们对公司持有的出资、股权、股份、股东权益都简称为股权。

第一节　股权转让

股权转让是股东处分自己所持公司股权的最常见方式,也是律师参与的最常见的公司业务之一。股权转让包括股东间的转让和股东向第三人转让两种情形。

一、股东之间的股权转让

股东之间相互进行股权转让是公司要素变动最小的一种公司变更,因为在这种变更活动中,股东处分自己投资的自由和公司的安全有序以及其他股东的优先投资自由都得到了尊重和保障,公司的债权人和公司员工的利益也不会受到损害。

1. 股东间转让股权需要把握的实体特点

律师在参与设计转让方案时,应当提示公司及相关股东注意:

(1)确定新的股权比例结构

在股东之间转让股权并不改变公司原有的人合基础,不改变公司的股东要素和净资产要素。

在不同时发生资产出售、收购、置换或处置等重大交易的情况下,也不改变公司的主营业务要素。此时可能发生的主要是公司管理当局要素的改变。

律师尤其需要注意,由于股东间转让股权,公司股权结构发生改变,将导致:

①股东(大)会将根据股权转让后的股权比例调整董事会和监事会的组成,重新选举董事和/或监事,使董事会和监事会的席位安排与股东的股权比例大致相同。随之,新的董事会可能会重新聘任总经理、副总经理等高级管理人员。如果股东间股权转让将导致公司实际控制人和实际控制权发生变动,则公司管理当局的变动将会成为转让活动中最关键的部分。此时,律师还应当关注,根据聘用合同以及公司管理规章,在任期内解聘高级管理人员的后果。

②如果公司为有限责任公司,而且章程对股东在股东会上的表决权以及股东的利润分配权作出了特别规定,原各股东并不按照出资比例行使表决权和享有利润分配权,则股东应当就新股权结构下的表决权和利润分配权安排重新进行审议并作出决议,以确定是否修改章程以及如何修改章程的相应规定。

③如果股东间股权转让将导致公司实际控制人和实际控制权发生变动,受让方律师将需要审视公司现有的关于公司治理的规则是否完备以及是否继续适用。

(2)确定转让对价

除国有股权的转让具有特殊性以外,股东相互转让股权原则上以意思自治为主导,包括转让对价的确定。转让的当事各方可以选择按照公司的会计报表记载的公司净资产值作为转让对价的基准,也可以共同聘请审计师和评估师进行财务审计和资产评估,以审计报告和评估报告确认的净资产值作为转让对价的基础。当然,当事各方还可以基于自己的商业判断甚至公司业务、资产和管理团队的价值,自由协商确定转让对价。

通常,如果股东之间的股权转让导致公司实际控制权发生转移,受让方将会聘请中介机构对公司进行尽职调查并出具专业报告,转让各方会基于这些专业报告协商确定转让对价。

(3)安排好三个期日之间的财务指标关系

如果股权结构的变动时间,与会计年度期末有相当的时间间隔,则会有三个期日具有实体意义,可能影响转让对价和各方的利益。

①审计和评估基准日:即审计师和评估师确认公司净资产的基准期日,通常是距离中介机构进场开展尽职调查工作最近的月份的月末日。

②对价交付日:即受让方向出让方实际支付转让对价的期日,是所转让股权对应的公司股东权益实际发生移交的期日,自此期日后的股东权益(尤其是表决权和利润分配权)应当归于受让方。

③年末日:即完成转让对价支付和公司变更登记的当年 12 月 31 日。

建议律师协助当事人考虑好这三个期日对当事人的利益影响:审计和评估基准日对转让对价的确定具有实质意义,对价交付日对权利和利益的转移起始时点具有实质意义,年末日对结算当年度的利润分配有实质意义。本着精益求精的原则,如果公司净资产值和年度利润值都很高,对价交付日与审计和评估基准日间隔较远而公司内部未经审计报表,与审计报表的差异程度又不可忽略不计时,需要考虑以对价交付日为基准日再做财务审计,以便既帮助确认实际支付的转让对价是否有必要进行调整,也帮助确认公司年度税后利润中多少属于出让方,多少属于受让方。不过,精益求精的原则也需要因地制宜。如果公司业务收入的实现具有很强的期间性(例如主营收入主要实现在第四季度),则划分三个时点并由此设计对价调节机制和利润分配划分机制的实际意义就不大了,此时,各方可以简单约定年末利润均属出让方或受让方,受让方向出让方支付的转让对价也不做调整,除非审计和评估基准日至对价交付日期间公司净资产的变动超过了双方约定的幅度。

(4)安排好过渡期的公司管理

如果股东间股权转让的结果导致公司实际控制人和实际控制权发生变动,则自转让各方签署转让协议之日起至公司股权变动完成相应的公司变更登记之日和受让方向出让方支付转让对价完毕之日的后者止,公司进入过渡期间。过渡期间公司业务、资产、团队、治理结构的安全和保持持续正常,对股权转让交易能否成功实现具有重要意义。律师如何在交易文件中注意避免过渡期风险,我们将在股东向第三人转让股权部分详述。

2. 股东间转让股权需要把握的程序特点

律师应当提示公司和股东注意履行转让所需要经历的程序。

(1)内部批准

除非公司原有股东非常重视公司现有股权结构的持续稳定性,在公司章程中自愿对股东间的股权转让作出了实体的和/或程序的限制性规定,股东之间转让股权并不需要公司内部履行审批程序,但转让各方应当协商确定适当的时间,共同正式通知公司和其他股东股权转让事实,并提议召集股东(大)会,改选董事和监事,修改公司章程;如果需要,董事会将同时举行会议,选举新任董事长,任命新的高级管理人员。律师需要及时通知公司在收集资料齐备以后,向市场监督管理部门申办变更事宜。在转让对价交付以后,通知公司向出让方收回原"出资证明书"或股权证明,同时,向受让方签发新的"出资证明书"或股权证明。此外,律师要适时通知公司对股东名册进行相应变更。按照相关规章需要履行外部批准程序的,转让股东应当适时通知公司,并且按照规定提交文件资料,以便公司进行相应的申报工作。

(2)外部批准

股东之间股权转让需要履行外部批准手续的情形包括:

①基于行业管理而进行的外部审批。国家行业主管或监管部门颁布行政规章对公司股东身份、持股比例、股权转让条件有限制性规定的,即使是股东之间的股权转让,也需要符合行业管理规章的规定。管理规章明确规定公司股权变动需要主管部门批准的,无论股权转让是否在原股东之间进行,公司都应当报原许可公司设立的主管部门批准。针对常见的相关行业的管理规章和行业主管机关的情况,可以参考本编第五章第二节的介绍,律师需要根据相关规章,提示公司作为申报主体办理相应的报批事宜。

②基于外商投资管理而进行的外部审批或备案。属于负面清单限制类的外商投资企业股东之间转让股权将会导致原批准的出资比例发生变更,而导致外资持有的股权低于或高于法律、法规、规章及负面清单规定的比例。律师应当提示公司作为申报主体按照原核准部门公示的程序办理相应的报批或报备事宜。

③基于国有产权管理而进行的外部审批。公司的国有独资公司股东、国有企业股东,以及所持股权属于国有产权性质的其他股东(主要是国有控股或参股公司中登记为国有产权的股权持有人)在出让或受让公司股权时,必须对公司的净资产(实质是对拟出让或受让的股权)履行资产评估手续,资产评估立项和评估报告应当报同级国有资产管理部门备案或核准。国有独资公司转让所持股权应当经过同级国有资产监督管理部门审批,转让所持公司股权导致国有产权丧失控股地位的,还要由国有资产监督管理部门转报同级人民政府批准。律师应当提示公司作为申报主体按照国有资产监督管理部门的要求办理相应的报备事宜。除上述审批体制外,律师还需注意《中华人民共和国企业国有资产法》(以下简称《企业国有资产法》)(2009 年 5 月 1 日起施行)还规定了一些特别管理制度。《企业国有资产法》第 11 条第 2 款规定:"国务院和地方人民政府根据需要,可以授权其他部门、机构代表本级人民政府对国家出资企业履行出资人职责。" 第 34 条规定:"重要的国有独资企业、国有独资公司、国有资本控股公司的合并、分立、解散、申请破产以及法律、行政法规和本级人民政府规定应当由履行出资人职责的机构报经本级人民政府批准的重大事

项,履行出资人职责的机构在作出决定或者向其委派参加国有资本控股公司股东会会议、股东大会会议的股东代表作出指示前,应当报请本级人民政府批准。本法所称的重要的国有独资企业、国有独资公司和国有资本控股公司,按照国务院的规定确定。”第 38 条规定:“国有独资企业、国有独资公司、国有资本控股公司对其所出资企业的重大事项参照本章规定履行出资人职责。具体办法由国务院规定。”

(3)产权交易场所

一般而言,资合性较强且信息披露比较充分和规范的公司的股权相对适合在公开的交易市场进行公开竞价交易。在公开的交易场所竞价交易有限责任公司的股权和非上市股份有限公司的股份是我国资本市场的一种创新,主要是为了解决国有产权出售时的市场价格发现机制的问题。根据《企业国有资产法》《企业国有资产监督管理暂行条例》以及国有资产管理的行政规章的规定,国有股权的转让应当通过招标、拍卖或协议的方式进行,通过协议方式转让的,应当经过国有资产监督管理部门批准。而无论通过招标、拍卖方式还是协议方式进行国有股权转让,都需要以国有资产监督管理部门确定的产权交易机构(通常交易参与人为会员制)作为交易场所,履行委托经纪会员、提出转让申请并经审查和受理、公开披露信息征集意向受让人、意向受让人委托经纪会员、提出受让意向申请并经审查和受理、交易场所组织招投标/拍卖/竞价/协商、签署产权转让合同、通过交易场所支付转让对价、确认成交等九项程序。经公开征集只产生一个意向受让方的,可以采取协议方式进行转让;产生两个或两个以上意向受让方的,则采取拍卖、招投标或产权交易场所组织的其他竞价方式进行转让。交易价款将通过产权交易场所开立的独立结算账户统一结算。

值得律师注意的是,实践中,有些地方的市场监督管理部门将产权交易场所的成交确认文书或凭证列为所有公司办理股权转让变更登记都需要提交的前置文件,从而在事实上要求所有身份的股东转让所有性质的股权都需要进入产权交易场所。无论此要求是否值得争议,律师都需要注意事先向当地市场监督管理部门核实,如果市场监督管理部门明确要求即使拟进行的非国有身份股东间的股权转让也需要通过产权交易场所的交易程序,取得产权交易成交确认书或凭证,则律师应当提醒出让股东告知产权交易场所,在相关信息披露中注明现有股东有行使优先购买权的意向,同时由产权交易场所及时通知拟受让股东确认是否行使优先购买权。另外,建议律师在具体开展转让工作之前,先查询清楚主管登记的市场监督管理机关及相关的国有资产监督管理部门确认的产权交易场所制定的产权交易流程和对参加交易各方的各项要求。

二、股东向第三人转让

(一)股东的优先购买权

现有股东对其他股东拟出让的公司股权具有优先购买权适用于有限责任公司,而不适用于股份有限公司,因为有限责任公司具有比较强的“人合”性质,也就是说,在公司各要素中,股东要素的重要性显得相对突出。

1. 通知其他股东的实体和程序要点

股东拟出让所持公司股权应当首先通知公司和公司的各股东方,表达自己拟出售所持股权的意愿和拟接受的转让条件,以及其他股东拟行使优先购买权的回复期。

如果其他股东在期限内回复拟出让股东,原则接受出让条件,则本次股权转让转变为股东间的股权转让。

如果其他股东在期限内回复拟出让股东明确表示放弃优先购买权,或未作回复,则拟出让股东可以与第三人洽商股权转让。此时,律师应当留意程序上的完整性,即建议拟出让股东或公司董事会在通知回复期限届满后立即召集股东会,通过同意拟出让股东向第三人转让公司股权、现有股东均放弃优先购买权的决议。

2. 向出让方的关联企业转让的特殊性

律师需要理解,企业集团的实际控制人会基于业务和治理需要适时整合集团内各成员企业的结构和持股关系,另外,为了便于购买和出售业务和资产,以持股公司或项目公司的方式持有股权也是国际投资业务中普遍采用的方法。因此,公司股东向自己的实际控制人或实际控制人控制的其他关联企业转让股权属股东自主权范围,没有影响股东间的实质性关系,没有影响公司的治理结构,也没有影响公司原有的人合特征,为此,公司现有股东不应当以优先购买权对抗拟出让股东向其关联企业转让股权。通常,完备的公司章程都会规定,股东向其关联企业转让股权属其他股东可以行使优先购买权的例外情形,其他股东应当无条件同意该项转让。

不过,由于拟出让股东与其关联企业毕竟是不同的法律主体,为了避免形式和程序的瑕疵而产生实体争议,建议律师提示拟出让股东履行通知公司和其他股东、提议召集股东会并作出同意决议的程序。

另外,值得律师注意的是,如果公司股东是一家持股公司,则其他股东应当被赋予一项实质性的优先购买权,即:如果 A 是 M 公司的股东且为一家持股公司,而 X 是该股东 A 公司的实际控制人,X 不希望直接由 A 转让所持 M 公司的股权,而是间接地转让 A 公司的股权从而实现转让所持 M 公司股权的目的,虽然形式上 M 公司的股东没有发生变化,但其实际控制人已经发生变更,从而影响 M 公司的治理结构和人合特征。因此,M 公司的章程可以规定,股东为持股公司的,其实际控制人拟向第三人转让所持股东的股权,应当事先通知公司其他股东,其他股东可以对持股公司身份的股东所持有的 M 公司的股权行使优先购买权。

除非公司章程另有明确规定,自然人股东的继承人凭继承事实发生的证据直接办理股权转让所需要的变更或过户登记手续;法人股东的承继人凭该股东已经有效发生公司合并、分立、改制变更或清算事实的证据,直接办理股权转让所需要的变更或过户登记手续,其中,基于公司合并、分立、改制变更或清算事实而产生的股权转让或变更,后文亦将提及。

3. 股东行使部分优先购买权的操作要点

在获悉股东拟出让公司股权的通知以后,其他股东的反应可能是:

(1)行使全部优先购买权,全部购买拟出让的所有股权;或

(2)行使部分优先购买权,实现自己取得公司实际控制权或维持与其他留存股东持股比例不变的格局;或

(3)不行使优先购买权,也不处分自己所持的股权;

(4)考虑到新的公司控制格局和治理结构可能对自己不利,也表示同时部分或全部出让自己所持公司股权。

现有股东行使部分优先购买权的,应当以拟出让股东能够完整地出售其全部拟出让股权为前提,包括现有股东均行使部分优先购买权或现有股东与第三人均行使部分购买权,其结果都是拟出让股东全部出售了拟出让股权。另外,两名以上现有股东均有意愿行使优先购买权,出现竞购时,先协商确定各自的购买比例,协商不成时,竞购股东按照相互之间现有的持股比例行使部分优先购买权。在这里,律师可以事前在制定公司章程时对出现的竞购情形提示当事各方事先约定处理办法,减少当事各方在该问题上出现纠纷乃至僵局的风险。而且,公司章程中的约定可以不必按照现有的持股比例行使部分优先购买权。

例如,甲、乙、丙、丁为公司股东,持股比例分别为:30%、30%、30%和 10%。甲拟出让其所持 30%的股权,乙和丙都愿意收购其中的 1/2 而成为绝对控股股东,丁则表示可以考虑行使优先购买权,但要先观望乙和丙的竞购进程。对此,行使部分优先购买权达成的转让结果可能是:

(1)乙和丙都行使部分优先购买权,各购买 15%的股权,丁放弃优先购买权,新的股权结构为:乙 45%,丙 45%,丁 10%;或

（2）乙、丙和丁都行使部分优先购买权，乙和丙各购买12%的股权，丁购买6%的股权，新的股权结构为：乙42%，丙42%，丁16%；或

（3）乙和丙都行使部分优先购买权，各购买10%的股权，丁放弃优先购买权，甲向第三人出售10%的股权，新的股权结构为：乙40%，丙40%，丁10%，第三人10%。

4. 如何在拍卖中行使优先购买权

实践中，无论是产权交易场所组织的拍卖还是人民法院委托的拍卖，委托方都应当通知公司将发生拍卖公司股权的事实，并要求公司现有股东确认是否行使优先购买权。有行使优先购买权意愿的，应当到达拍卖现场。拍卖师应当告知所有竞买人此项拍卖标的存在优先购买权人。在最高应价者产生以后，拍卖师应当询问优先购买权人是否在此价位行使优先购买权，如果优先购买权人表示行使，拍卖师应当再询问最高应价者是否继续加价。如果最高应价者不加价，则现有股东行使优先购买权成功。如果最高应价者继续加价，则加价后拍卖师继续询问优先购买权人是否行使优先购买权，如此反复，直至一方退出。在最高应价者退出竞价以后，如果还剩下两个以上的现有股东表示愿意行使优先购买权，则他们可以协商双方都行使部分优先购买权，共同购买拟出让股权，也可以在他们之间继续竞价，直至只剩下一名现有股东行使全部优先购买权。

5. 司法解释对有限责任公司股东股份转让权和现有其他股东优先购买权的平衡

2017年8月25日公布的最高人民法院《关于〈中华人民共和国公司法〉若干问题的规定（四）》对有限责任公司股东股份转让权和现有其他股东优先购买权进行了平衡。

有限责任公司的股东向股东以外的人转让股权，在程序上应当就其股权转让事项以书面或者其他能够确认收悉的合理方式通知其他股东征求同意。其他股东半数以上不同意转让，不同意的股东不购买的，转让股东有权请求人民法院确认该等不同意的股东“视为同意转让”。

经股东同意转让的有限责任公司股权，在同等条件下，转让股东以外的其他股东可以主张优先购买权。“同等条件”包括转让股权的数量、价格、支付方式及期限等交易的商务要件因素。转让依法通过拍卖程序进行的，“同等条件”应该符合《拍卖法》及拍卖相关司法解释的规定。国有股权转让依法在产权交易场所进行的，“同等条件”可以采用交易场所的交易规则。

《关于〈中华人民共和国公司法〉若干问题的规定（四）》对现有股东主张优先购买权的时限进行了明确规定，有限责任公司的股东主张优先购买转让股权的，应当在收到通知后，在公司章程规定的行使期间内提出购买请求。公司章程没有规定行使期间或者规定不明确的，以通知确定的期间为准，通知确定的期间短于三十日或者未明确行使期间的，行使期间为三十日。转让依法通过拍卖程序进行的，相关通知及其时限应该符合《拍卖法》及拍卖相关司法解释的规定。国有股权转让依法在产权交易场所进行的，相关通知及其时限可以采用交易场所的交易规则。

为了平衡转让股东的股权处置权与其他股东的优先购买权，司法解释规定，有限责任公司的转让股东，在其他股东主张优先购买后又不同意转让股权的，对其他股东优先购买的主张，人民法院不予支持，但公司章程另有规定或者全体股东另有约定的除外。其他股东主张转让股东赔偿其损失合理的，人民法院应当予以支持。

为了限制转让股东恶意损害现有股东的优先购买权，司法解释进一步规定，有限责任公司的股东向股东以外的人转让股权，未就其股权转让事项征求其他股东意见，或者以欺诈、恶意串通等手段，损害其他股东优先购买权，其他股东主张按照同等条件购买该转让股权的，人民法院应当予以支持，但其他股东自知道或者应当知道行使优先购买权的同等条件之日起三十日内没有主张，或者自股权变更登记之日起超过一年的除外。并且，如果该等其他股东仅提出确认股权转让合同及股权变动效力等请求，没有同时主张按照同等条件购买转让股权，则人民法院不予支持，但其他股东非因自身原因导致无法行使优先购买权，请求损害赔偿的除外。股东以外的股权受让人，因股东行使优先购买权而不能实现合同目的的，可以依法请求转让股东承担相应民事责任。

6. 全民所有制企业改制为公司

根据国务院办公厅 2017 年 7 月 18 日公布的《中央企业公司制改制工作实施方案》的规定，2017 年底前，按照《中华人民共和国全民所有制工业企业法》登记、国务院国有资产监督管理委员会监管的中央企业（不含中央金融、文化企业），全部改制为按照《公司法》登记的有限责任公司或股份有限公司。

改制的主要工作包括：

（1）制订改制方案。中央企业推进公司制改制，要按照现代企业制度要求，结合实际制订切实可行的改制方案，明确改制方式、产权结构设置、债权债务处理、公司治理安排、劳动人事分配制度改革等事项，并按照有关规定起草或修订公司章程。

（2）严格审批程序。中央企业集团层面改制为国有独资公司，由国务院授权履行出资人职责的机构批准；改制为股权多元化企业，由履行出资人职责的机构按程序报国务院同意后批准。中央企业所属子企业的改制，除另有规定外，按照企业内部有关规定履行审批程序。

（3）确定注册资本。改制为国有独资公司或国有及国有控股企业全资子公司，可以上一年度经审计的净资产值作为公司变更登记时确定注册资本的依据，待公司章程规定的出资认缴期限届满前进行资产评估。改制为股权多元化企业，要按照有关规定履行清产核资、财务审计、资产评估、进场交易等各项程序，并以资产评估值作为认缴出资的依据。

改制可以获得的政策支持包括：

（1）划拨土地处置。经省级以上人民政府批准实行授权经营或具有国家授权投资机构资格的企业，其原有划拨土地可采取国家作价出资（入股）或授权经营方式处置。全民所有制企业改制为国有独资公司或国有及国有控股企业全资子公司，其原有划拨土地可按照有关规定保留划拨土地性质。

（2）税收优惠支持。公司制改制企业按规定享受改制涉及的资产评估增值、土地变更登记和国有资产无偿划转等方面税收优惠政策。

（3）公司变更登记。全民所有制企业改制为国有独资公司或国有及国有控股企业全资子公司，母公司可先行改制并办理公司变更登记，其所属子企业或事业单位要限期完成改制或转企。全民所有制企业改制为股权多元化企业，应先将其所属子企业或事业单位改制或转企，再完成母公司改制并办理公司变更登记。

（4）资质资格承继。全民所有制企业改制为国有独资公司、国有及国有控股企业全资子公司或国有控股公司，其经营过程中获得的各种专业或特殊资质证照由改制后公司承继。改制企业应在公司变更登记后 1 个月内到有关部门办理变更企业名称等资质证照记载事项。

（二）买卖双方的尽职调查

拟出让股东与第三人达成转让意向以后，第三人可以自行对目标公司开展尽职调查，也可以聘请中介机构对目标公司开展尽职调查。

如果第三人支付的股权转让对价不是现金，则拟出让股东可以自行对作为转让对价的第三人的非现金资产开展尽职调查，也可以聘请中介机构开展尽职调查。

律师开展尽职调查的有关问题可以参考本编第四章。

值得律师注意的是，通常，双方开展前述尽职调查的前提是，拟出让股东将要求拟受让方就交易对价提出最低报价，并确认接受拟出让方提出的最低转让条件；而拟受让方会要求与拟出让方确定一个排他期间，在此期间内，拟出让方不再与其他任何第三人接触协商本项股权转让事宜。

（三）股权转让协议的重要条款

股权转让协议是转让各方实现各自商业目的的意思表示，也是各方自己或中介机构开展尽职调查工作以后的成果体现,更是律师参与股权转让交易的方案设计并将交易方案落实为交易文件的主要成果,是股权转让活动中最重要的法律文件。

通行的股权转让协议可以包括如下条款:

序言;
鉴于;
定义;
1. 股权转让;
2. 转让对价支付方式和时间;
3. 转让对价外的安排;
4. 股权过户登记;
5. 对价支付和股权过户的前提条件;
6. 出让方提名或委派董事、监事的更换;
7. 股权过户登记前的股东会召集;
8. 双方的陈述和保证;
9. 出让方的额外陈述与保证;
10. 受让方的额外陈述与保证;
11. 过渡期安排;
12. 对价调整机制;
13. 年度利润的分享;
14. 违约及补救;
15. 责任限制;
16. 通知;
17. 保密;
18. 不可抗力;
19. 法律适用;
20. 争议解决;
21. 协议生效;
22. 条款及协议无效的法律后果;
23. 协议的变更和解除;
24. 附则。

股权转让协议通常包括如下附件:

1. 公司股权结构图;
2. 公司最近的经审计的财务报告;
3. 转让标的的资产评估报告;
4. 在支付转让对价日或之前及之后出让方向受让方移交资料清单;
5. 需要受让方补偿的人员清单;
6. 需要受让方提供担保或清偿的债务清单;
7. 出让方的额外陈述与保证;
8. 出让方声明其额外陈述与保证例外情形的特别披露函;
9. 股权质押协议;

10. 股权托管协议；
11. 资金托管协议。

经过多年的实践积累，股权转让协议已经有了相对较为成熟的格式，其中有些条款既具有重要的商业意义，也具有重要的法律意义，被列为股权转让协议的必备条款。

股权转让的内容情形万千，本章建议律师关注以下条款：

1. 转让对价支付方式和时间；
2. 转让对价外的条件安排；
3. 双方的陈述与保证；
4. 出让方的额外陈述与保证；
5. 受让方的额外陈述与保证；
6. 责任限制；
7. 过渡期安排；
8. 对价调整机制；
9. 年度税后利润的分享；
10. 条款或协议无效的法律后果。

1. 转让对价支付方式和时间

股权转让对价的支付条件、支付方式和支付时间是股权转让协议中自由度最大的条款，也是最不容易达成一致的条款。常见的主要方式包括：

(1)先予支付方式，例如：

受让方在本协议签署日后____个工作日内一次性全部支付对价款，即____万元人民币。

(2)分期支付方式，例如：

本次转让的总对价金额为____万元人民币。受让方在本协议签署日后____个工作日内支付全部对价款的____%，即____万元人民币；在本协议获得所有前置许可主管机关或部门对交易和交易文件的核准、许可、备案以后支付全部对价款的____%，即____万元人民币；在办理公司变更登记日后____个工作日内支付全部对价款的____%，即____万元人民币。

(3)前提条件成就后支付方式，例如：

受让方支付转让价款的前提条件是已经取得以下文件或批准或已经成就以下事项：

①所有前置许可主管机关或部门已对交易和交易文件进行核准、许可、备案，而且没有对交易结构、交易条件和交易文件作实质性变动；

②对本交易具有优先购买权的所有第三方已书面同意放弃其优先购买权，目标公司的所有其他股东都同意本交易，并且与受让方就目标公司的新章程草案以及目标公司治理结构的重要规则的修改草案、董事会和监事会的人选方案以及经营管理机构的设置方案和高级管理人员的人选方案达成了一致；

③有权利的债权人均已提供了同意本次交易的书面确认，或受让方、目标公司及债权人已经就债权清偿或担保达成一致；

④出让方的保证和额外保证根据本协议在其作出之日或对价支付之日在所有重大方面均为真实、准确且不具误导性;

⑤目标公司和出让方没有违反关于过渡期的约定或承诺。

(4)共管账户支付方式,与分期支付方式相似,但出让方在期间并不能取得对价款。参考条文如下:

受让方在本协议签署日后____个工作日内在银行(托管银行)开设与出让方共管的专用银行账户(共管账户),在共管账户开设后____个工作日内,受让方向该账户存入全部对价款的____%,即____万元人民币;在本协议获得所有必需的前置许可主管机关或部门对交易和交易文件的核准、许可、备案以后再向共管账户存入全部对价款的____%,即____万元人民币;在办理公司变更登记日后____个工作日内再向共管账户存入全部对价款的____%,即____万元人民币。凭已经办妥的公司变更登记文件,托管银行将共管账户内所有存款本息全部支付出让方指定的银行账户。

受让方向托管账户存入上述各期金额还受限于本协议第____条规定的支付前提条件的成就。

如果受让方没有按照上述规定的期限开立共管账户和/或向共管账户存入规定的金额,则出让方和目标公司暂停办理后续报批手续并书面通知受让方要求补救,受让方在收到通知以后____天内没有采取补救措施,开立共管账户和/或向共管账户存入规定的金额,则本协议终止报批或履行,受让方按照本协议第____条的规定承担违约责任。共管账户中已经存入的金额优先用于向出让方支付违约金,超出违约金的部分由托管银行返还受让方。

如果受让方按照上述规定的期限开立了共管账户并向共管账户存入规定的金额,而出让方和目标公司没有在规定期限内办理相应的报批手续,则受让方可以书面通知出让方和目标公司要求补救,出让方在收到通知以后____天内没有采取补救措施,办理报批和报备和登记等手续,则本协议终止报批或履行,出让方按照本协议第____条的规定承担违约责任。共管账户中已经存入的金额的本息全部由托管银行返还受让方。

除上述规定情形外,托管账户内的金额不得向出让方或受让方拨付或支取。

为执行上述支付机制,出让方、受让方、目标公司将与银行签署《资金托管协议》。

2. 转让对价外的条件安排

一般而言,转让双方的条件应当全部直接体现在转让对价中,但股东向第三人转让股权通常需要银行等债权人事先同意,另外,国有股权出让后可能涉及公司职工身份转换的问题,因此,在某些特定情形下,双方也可能就对价外的其他条件、义务、事项或安排达成一致,例如:

除支付本协议第____条所述转让对价外,受让方还同意:

就附录所列债务向目标公司的债权人提供连带清偿责任担保;

根据省/[直辖]市/自治区/市人民政府关于文件规定的标准,按照附录所列目标公司员工和各自金额,向上述员工一次性支付补偿金/安置费共计____万元。

3. 双方的陈述与保证

双方的陈述与保证(或声明与承诺)条款是转让协议中的格式条款,其常见条文如下:

双方分别向另一方陈述并保证,于签署日和转让对价支付之日:

(1)根据适用的管辖法律,该方为独立法人、依法定程序设立、有效存在且相关手续完备。

(2)该方已经获得全部同意、批准并已实施所有使本协议签订及生效所必需的行为,且该方拥有所有必要的权利和授权订立本协议并履行本协议项下义务。

(3)该方的法定代表人或以正当程序授权的代表已获得代表该方签署本协议的授权,一旦签署本协议,从生效日开始,本协议的条款有效、合法,并对其具有法律约束力。

(4)该方无人启动或威胁采取任何措施或任何法律程序申请其解散,申请宣布其破产或资不抵债,或指定清算委员会或管理人管理其资产或业务。

(5)该方签署本协议以及履行本协议项下义务:

①不会违反其营业执照、成立协议、章程或类似组织文件的任何规定;

②不会违反相关法律或任何政府授权或批准;

③不会违反或导致违反其作为当事人一方的其他任何合同或协议,也不会导致其在该合同项下违约,或违反受之约束的任何单方许诺或保证,或赋予任何第三方对其提起诉讼的权利;并且

④将不违反对其作出的任何判决或仲裁机构仲裁裁决,或任何政府或主管机构的决定或规定。

(6)不存在将影响该方履行本协议项下义务能力的未决诉讼、仲裁或其他司法或行政程序,且据其所知无人威胁将采取上述行动。

(7)该方已披露在其了解的范围内的、在披露给对方后将对对方订立本协议的意愿产生重大影响的一切重大信息。该方向另一方提供的任何信息在重大方面不含有任何虚假的或具有误导性的陈述。

4. 出让方的额外陈述与保证

出让方掌握着关于目标公司和自己所持股权的信息优势,尤其是控股股东或对公司有实际控制力的股东,因此,尽管受让方开展了尽职调查,但仍然会就自己有疑虑的事项要求出让方做出进一步的陈述与保证。除了在前文关于尽职调查后的额外陈述与保证所列以外,还可能包括有关过渡期内确保转让标的和目标公司安全的陈述与保证:

(1)出让方不得出售、转让、质押、处置其在目标公司的股份或股权,或以其他方式对上述股份或股权设定任何限制。

(2)出让方确保其所持目标公司的股权不存在被第三人通过司法保全、行政查封或其他任何途径予以扣押的风险;并且,目标公司及其附属公司的重要资产(如附件所列)亦不存在被第三人通过司法保全、行政查封或其他任何途径予以扣押的风险。

(3)在签署日至完成之日前的期间,出让方应向受让方通知目标公司及本次交易报批程序中的任何重大不利变化并就如何应对事先获得受让方的同意。

5. 受让方的额外陈述与保证

受让方的额外陈述与保证通常主要围绕其资信能力和受让目的:

(1)为本次股权转让而向出让方支付的转让对价的资金来源合法,且有充分能力按本股权转让协议约定方式、期限履行付款义务。

(2)尽全力协助出让方和目标公司办理所有必需的前置许可手续和登记、备案手续。

(3)取得目标公司股权以后____年内不向任何第三人再转让,也不委托任何第三人

管理所持股权。

6. 责任限制

各方可以就违反协议(包括违反陈述与保证)所承担责任设置限制条件,例如:

(1)出让方就所有陈述、声明、保证、承诺承担责任受以下条件限制:

①期间:除非有关索赔因出让方的欺诈、故意隐瞒或不诚实而引起,否则受让方提起索赔的时限以自本协议签署之日起____年为限;

②金额:受让方对于出让方违反单项陈述、声明、保证、承诺的索赔受单项违约索赔金额,以人民币____万元为限;无论基于何种原因和理由,受让方对于出让方累计索赔总额,以人民币____万元为限;

③信息披露除外:若引起索赔的事实、事项、事件或情形已通过公开披露信息、披露函公平、合理地予以披露,而在本协议签署日已经为受让方所获悉。

(2)无论本协议其他条款有何规定,任何一方均不向对方承担因本协议的履行或不履行而造成的收入或利润丧失、商誉丧失或任何间接或后果性损失的赔偿责任。

7. 过渡期安排

股权转让协议签署日至转让对价支付日与股权变更登记完成日之后者的期间为过渡期,为保证交易的安全,双方通常会约定:

出让方应尽合理的商业努力来确保在签署日后、完成之日前,除①本协议有明文规定,②出于正常及通常业务的合理要求或计划,或③经受让方书面同意之外,出让方及目标公司的股东代表和派出董事在参加目标公司和目标公司的附属企业投票时,应不同意:

(1)对目标公司和附属企业的章程、三会议事规则或类似组织文件进行修订;

(2)目标公司出售、转让、质押、处置其在附属企业中的股份或股权,或以其他方式对上述股份或股权设定任何限制物权;

(3)目标公司变更注册资本或进行利润分配;

(4)目标公司和附属企业改变主营业务,或改变主营业务的定价标准和定价机制;

(5)目标公司和附属企业签订或修改任何重大合同,从而导致其承担异常的义务或责任;

(6)目标公司和附属企业出售、处置、出租、许可使用、抵押、质押其名下的任何重大资产;

(7)目标公司和附属企业以出资、合资、收购等方式对外投资,或收购任何第三人的资产或业务;

(8)目标公司和附属企业变更其拥有的土地使用权现状;

(9)目标公司和附属企业改变现有的会计政策和财务管理制度;

(10)目标公司和附属企业经营管理机构作重大调整;

(11)目标公司和附属企业改变员工薪酬和福利政策;

(12)目标公司和附属企业与董事、监事和/或高级管理人员签订使前者承担义务和后者享有权利的协议。

另外,如果受让方的转让对价是先予支付方式,而从支付日至股权变更登记完成日可能需要经历较长期间，则双方可能会规定在此期间出让方将其股权质押给受让方并委托受让方管理，实际行使股东权利：

双方一致同意，自受让方向出让方支付完毕转让对价总额的____%之日起，出让方应将其在目标公司所持有的股权不可撤销地质押给受让方，双方共同向公司登记行政管理机关以及其他任何受理部门申请办理股权质押登记和/或备案手续，同时双方通知公司在公司存档的股东名册上进行质押登记。同时，出让方不可撤销地委托受让方行使原由出让方行使的所有股权权利和权益。上述股权质押和股权委托管理直至出让方所持股权按照本协议约定不附其他条件地办理完毕相关公司变更登记手续，过户至受让方名下之日。

为此，双方将另行签署《股权质押协议》和《股权委托管理协议》，作为本协议之附件。

8. 对价调整机制

通常为使交易结构简化、交易程序便捷，双方会在确定股权转让对价时综合考虑各种因素，预先留有余地而尽量不再调整对价，但如果协议从签署到履行可能经历较长的期间，而且在此期间目标公司的净资产或价值可能因为正常经营以外的因素发生较大的变化，则双方可以约定转让对价的调整机制：

如果经原审计师审计确认，因为正常经营以外的原因，目标公司的净资产在付款日与原审计基准日的净资产值相差____%以上，则受让方将按照付款日经审计确认的净资产值调整对价总金额。其中，如果目标公司的净资产在付款日低于原审计基准日的净资产值的____%，则受让方有权选择是否解除本协议，并按照本协议第____条的规定要求出让方承担违约责任。

9. 年度税后利润的分享

与对价调整机制相似，通常为使交易结构简化，交易程序便捷，双方会在确定股权转让对价时综合考虑各种因素，出让方除了获取转让对价以外就不再从受让方或目标公司获取其他利益。但如果协议履行年度目标公司获得较大的非经常性利润，则双方可以约定对目标公司税后利润的分享机制，例如，在不考虑目标公司章程对利润分配比例作出与出资比例不同规定的情形下约定：

出让方与受让方共享的利润＝目标公司当年度税后利润总额 × 本次转让的股权比例

受让方分享的利润＝∑（每期支付对价的金额/总对价金额 × 每期支付日至年末日的天数/365 × 出让方与受让方共享的利润）

出让方分享的利润＝出让方与受让方共享的利润－受让方分享的利润

10. 条款或协议无效的法律后果

这是典型必备法律条款，可以考虑约定：

本协议一经签署即对各方具有约束力，各方即应依照协议第____条、第____条、第____条和第____条规定，执行[启动内外部报批/开设共管账户并向共管账户存入首期资金/向增资方移交资料]等项事务，而不得以协议尚未生效为由予以对抗。

本协议部分条款/附件/附录的无效并不影响其他条款/附件/附录的有效，也不影响本协议整体的有效性。各方可以协商删除该等无效条款/附件/附录，也可以对其进行修改而使之变为有效。

无论任何原因,即使本协议未生效、无效或终止,本协议第____条、第____条、第____条和第____条规定的陈述与承诺、责任限制、过渡期的稳定、定义、保密、违约责任、适用法律、争议解决、文本等条款的效力将持续存在。

(四) 内外部批准程序

与股东之间的股权转让相比,向第三人转让股权的批准程序特点是因为存在现有股东可能行使优先购买权的情形,因此多了一项内部审批程序,确切地说,多了一次股东(大)会的审批。实践中,现有股东通知公司及其他股东准备出让自己所持股权以后,在回复期间届满时,其他股东没有表示购买意愿的回复,或回复不能满足拟出让股东提出的转让条件,则拟出让股东将提议召集临时股东(大)会,批准其向第三人转让股权,其他股东均放弃优先购买权。此后,拟出让股东与第三人达成意向、开展尽职调查工作、谈判协商等工作才会较为安全。在股权转让的公司变更登记手续办理完毕以后,新股东将提议再一次召集临时股东(大)会,改选董事、监事,甚至修改公司章程。如果需要,董事会同时举行会议,选举新任董事长,任命新的高级管理人员。另外,国资和行业主管部门以及证券监管部门会根据各自制定的行政规章,对新任董事、监事和高级管理人员的任职资格进行审核。

第二节 公司增资

公司增资是公司扩大自身实力与规模的最常见方式,包括现有股东自行增资和第三人向公司增资两种情形。

一、股东自行增资

股东自行增资也是公司要素变动最小的一种公司变更,在这种变更活动中,股东的优先投资自由得到了尊重和保障,通常情况下,公司的债权人和公司员工的利益也不会受到损害。

1. 同比例增资

公司股东同比例增资除了产生增加注册资本的后果并进而可能导致公司资产构成发生变化以外,并不影响公司的其他要素。

(1)公司净资产不增加的同比例增资

当公司以公积金或未分配利润增加注册资本时,公司股东权益不变,净资产也不发生变化。这在有限责任公司称为转增注册资本,在股份有限公司称为转增股本,在上市公司俗称“转”(用公积金增加股本)和“送”(以红股形式分配利润)。

(2)公司净资产增加的同比例增资

当现有股东按照现有持股比例共同新出资增加公司注册资本时,公司股东权益增加,净资产也增加。这在有限责任公司就简称为增资,在股份有限公司称为向股东配售新股,在上市公司俗称“配”(公司向股东配售股份)。

尽管股东自行同比例增资情况比较简单,公司要素的变动不复杂,但建议律师仍留意:

①按照公司章程规定由董事会提请股东(大)会通过,在有限责任公司须经代表2/3以上表决权的股东通过,基准是全体股东;在股份有限责任公司则须经出席会议的股东所持表决权的2/3以上通过,基准是出席会议的股东。

②根据公司性质,在股东(大)会通过决议后,分别报国有资产监督管理部门、商务部门、公司主营业务的行业主管或监管部门、证券监管部门按照各自公示的法定权限和程序进行变更登记前的前置审批或核准。

③股东以非现金资产新出资的,公司应当自行或聘请中介机构对出资资产进行尽职调查,尤其需要聘请评估师进行资产评估。

④增资时的出资方式、期限与公司设立时的出资方式和期限必须符合同样的法定要求,除了关注《公司法》第26条、第27条、第81条和第83条的规定以外,还要关注行业主管部门的行政规章的规定以及证券监管部门的规定。

⑤增资后公司的注册资本等于增资前注册资本与增资额之和。

2. 不同比例增资

当公司股东(大)会作出以新出资方式增加注册资本的决议,而部分现有股东放弃新出资时,公司将出现现有股东不同比例增资的后果。与前述公司净资产增加的同比例增资情形相比,不同比例增资的特点是可能出现实际控制人和公司管理当局要素发生变动的后果。如果增资导致公司的控制权发生变动,通常被视为新取得控制权的股东实施了对公司的增资型收购,此项交易与导致控制权发生变动的股权转让具有更多的相似性。此时,律师除了需要留意公司净资产增加的同比例增资情形下值得留意的上述情节外,还需要参照本章第一节第一部分所述“股东之间的股权转让”所介绍的实体特点,重点留意:

①确定不同比例增资后新的股权比例结构及该比例结构下的公司治理结构。

②确定增资的出资对价,即所有股东按照同等的折算比例(即公司注册资本与净资产的折算比例)向公司缴付出资,并在注册资本和股东权益中占有对应比例,各股东按照各自的出资(包括在增资前股东权益中所占份额和新出资的金额)在公司净资产中所占份额确定自己在注册资本中的比例。

③安排好审计、评估基准日与增资缴付日及年末日各股东的权益关系。

④安排好控制权变动情况下公司过渡期的正常经营管理。

另外,在需要留意的内外部批准程序中,重点需要关注行业主管部门制定的行政规章对于不同身份的股东在公司的持股比例是否有限制性规定,以及候任董事、监事和高级管理人员是否符合关于任职资格的规定。

二、第三人对公司增资

实践中第三人对公司增资的情形通常有两种:一种是意欲取得公司实际控制权的具有收购意义的增资,称为收购型增资或增资型收购;另一种是意欲获得稳定利润分配或获得再转让差价收益的具有策略投资意义的增资,可以称为策略型增资。

(一)尽职调查

如果进行收购型增资,除了公司净资产增加以外,公司诸要素所受到的影响情形与第三人受让公司股权并获得公司控制权的情形更为相似。

公司股东或公司与第三人达成增资意向以后,第三人可以自行对公司开展尽职调查,也可以聘请中介机构对目标公司开展尽职调查。

如果第三人增资的出资方式并非全部为现金,或虽然全部是现金,但这些现金约定将用于购买第三人或其关联方的资产,则公司可以自行对拟作为出资或拟由公司购买的第三人的非现金资产开展尽职调查,也可以聘请中介机构开展尽职调查。

律师如果受聘参与交易,需要留意各方开展前述尽职调查的前提通常是:

(1)公司或公司股东与第三人达成增资的最低报价意向,例如:

公司注册资本为1 000万元,净资产为1 500万元,考虑到公司主营业务的垄断性或成长性等优势以及公司未来的持续盈利能力,各方初步达成意向,公司的商业价值为

> 3 000 万元,第三人出资 3 000 万元对公司增资,公司注册资本由 1 000 万元增加到 4 000 万元,净资产由 1 500 万元增加到 4 500 万元,但第三人在增资后的公司注册资本中只占 51%,而现有股东则占 49%。

在此情形下,各方达成的是溢价的增资报价意向;反之,如果公司主营业务不具有优势,甚至可能不具有持续经营能力,公司持续出现亏损,则各方可能达成的是折价而不是溢价的增资报价意向;无论如何,报价意向对各方最终的增资协议价格不具有约束力,最终成交价格取决于尽职调查的结果。

(2)公司或公司股东与第三人达成报价外的其他先决条件,例如:

> 第三人增资后在一定期间内不向其他方再转让公司股权,第三人须安置公司一定数量的职工,第三人为公司提供担保,第三人收购公司的非主营业务资产等。

各方达成的所有先决条件对最终的协议也没有约束力。

(3)如果第三人主要以非现金资产作为增资的出资方式或者虽以现金出资但公司将再以现金收购第三人资产,则各方也会就拟出资资产或拟收购资产的报价达成意向。

(4)各方确认一个期间,在此期间内,公司不与任何其他方接触并洽商增资事宜,第三人也不与公司的业务竞争对手洽商资本或资产交易。

(二)增资协议的主要条款

增资协议是公司新老股东实现各自投资目的的意思表示,也是各方自己或中介机构开展尽职调查工作以后的成果体现,更是律师参与公司增资交易的方案设计并将交易方案落实为交易文件的主要成果,是增资活动中最重要的法律文件。

增资协议的条款体系结合了新设公司出资协议和股权转让协议的特点,追求完整性的增资协议可以包括如下条款:

> 序言;
> 鉴于;
> 定义;
> 1. 注册资本增加;
> 2. 增资对价和股权比例的安排;
> 3. 增资资金的出资期限和方式;
> 4. 增资资金的用途;
> 5. 增资对价外的安排;
> 6. 增资履行的前提条件;
> 7. 董事和监事席位的安排;
> 8. 签约后股东会的召集;
> 9. 股东会和董事会的僵局;
> 10. 同业竞争;
> 11. 关联交易;
> 12. 各方的陈述和承诺;
> 13. 原股东的额外陈述与保证;
> 14. 增资人的额外陈述与保证;
> 15. 违约方的责任限制;

16. 过渡期安排；
17. 增资对价的调整机制；
18. 财务投资人退出的渠道和优先权；
19. 通知；
20. 保密；
21. 不可抗力；
22. 法律适用；
23. 争议解决；
24. 协议生效；
25. 条款及协议无效的影响后果；
26. 协议的变更和解除；
27. 附则。

增资协议通常可以包括如下附件：

1. 公司股权结构图；
2. 公司最近期的经审计的财务报告；
3. 公司净资产评估报告；
4. 增资资产清单及非货币增资资产的资产评估报告；
5. 在支付增资对价日或之前及之后公司向增资方提交资料清单；
6. 需要增资方补偿的人员清单；
7. 需要增资方提供担保或清偿的债务清单；
8. 需要增资方履行的其他义务事项；
9. 原股东的额外陈述与保证或承诺；
10. 原股东声明其额外陈述与保证或承诺之例外情形的特别披露函。

针对增资协议,建议律师注意的重要条款主要围绕增资资金的拨付、目标公司新老股东之间的关系以及股东对公司的义务三大块,可以概括如下：

1. 增资对价和股权比例的安排；
2. 增资资金的出资期限和方式；
3. 增资资金的用途；
4. 增资对价外的条件安排；
5. 增资履行的前提条件；
6. 股东会和董事会的僵局；
7. 同业竞争；
8. 关联交易；
9. 各方的陈述及保证；
10. 现有股东方的额外陈述与保证；
11. 增资方的额外陈述与保证；
12. 违约方的责任限制；
13. 过渡期安排；
14. 增资对价的调整机制；

15. 财务投资人优先退出机制;

16. 条款及协议无效的法律后果。

上述条款中关于增资履行的条件、各方的陈述与保证、原股东的额外陈述与保证、增资人的额外陈述与保证、违约方的责任限制、过渡期安排、增资对价的调整机制、条款及协议无效的法律后果等条款与股东向第三人转让股权交易中的对应条款大致相似,但为保持完整性,此处仍然列入。

1. 增资对价和股权比例的安排

增资协议应当明确规定增资方出资金额及占增资后目标公司注册资本或股本的比例。

【示例】

增资对价和各方持股比例

公司现注册资本为1 000万元,股东为甲方、乙方和丙方三方,持股比例分别为50%、40%和10%。经各方共同确认且由公司聘请的____会计师事务所出具的________号《审计报告》确认,以____年____月____日为基准日,公司净资产为1 521万元。经各方共同确认且由公司聘请的资产评估有限公司出具的________号《资产评估报告》确认,以____年____月____日为基准日,公司净资产为2 015万元。考虑到公司主营业务的成长性以及公司未来的持续盈利能力,各方同意,丁方出资3 000万元对公司增资,公司注册资本由1 000万元增加到4 000万元。增资完成后,甲、乙、丙和丁方分别占公司注册资本的20%、16%、4%和60%。丁方增资资金的溢价部分,按照企业会计制度的相关规定,记为公司资本公积金。

注意:上述条文中的背景描述可以放在协议的鉴于条款中。

2. 增资资金的出资期限和方式

【示例】

增资出资方式和出资期限

(1)丁方对公司增资3 000万元的出资方式为:以股权出资1 500万元,以土地使用权出资500万元,以现金出资1 000万元。

①丁方持有________有限公司("注入公司")80%的股权,注入公司注册资本为1 000万元,经各方共同确认,且由注入公司聘请的______会计师事务所出具的________号《审计报告》确认,以____年____月____日为基准日,公司净资产为1 815万元。经各方确认,且由注入公司聘请的____资产评估有限公司出具的________号《资产评估报告》确认,以____年____月____日为基准日,公司净资产为1 912万元。各方同意,丁方以其在注入公司所持80%的股权作价1 500万元,向公司增资。

②丁方拥有____省____市____路____号地块,共计____平方米的出让用地土地使用权,持有____号《国有土地使用权证》,该地块土地使用权期限为____年____月____日至____年____月____日,土地用途为工业用地。经各方确认且由公司聘请的____资产评估有限公司出具的________号《资产评估报告》确认,以____年____月____日为评估基准

日,该地块土地使用权评估价值为522万元。各方同意,丁方以其所拥有的该地块土地使用权作价500万元,向公司增资。

(2)乙方对公司增资的期限为两期,在本协议第____条规定的履行生效条件全部成就时,丁方向公司交付第一期出资2 000万元,其中以所持有注入公司80%的股权作价出资1 500万元,以现金出资500万元;在首期出资缴付后的第180天至第200天,丁方向公司交付第二期出资1 000万元,其中以所拥有土地使用权作价出资500万元,以现金出资500万元。

(3)各方进一步同意,在丁方第一期增资缴付以后,各方按照各自实际拥有的股东权益在公司净资产总额中的比例行使股东会表决权和利润分配权,在丁方第二期增资缴付以后,各方按照各自在注册资本中所占比例行使股东会表决权和利润分配权,即:甲方20%、乙方16%、丙方4%和丁方60%。

注意:上述条文中的背景描述也可以放在协议的“鉴于”条款中,另外,应以聘请同一家财务审计机构和同一家资产评估机构开展同一交易中的不同资产的财务审计和资产评估为妥。为同一交易而开展的所有财务审计和资产评估的基准日均应当相同。

3. 增资资金的用途

【示例】

增资资金的用途

(1)各方同意,注入公司将承担公司________项目的研发和生产任务;首期增资现金将用于________项目的研究开发,增资投入的土地将用于________项目产品生产基地的建设,第二期增资现金将用于________项目产品生产基地建设的启动资金。

(2)各方一致同意,根据________项目研发、生产的实际进程,经董事会提议,公司股东会可以对上述增资资金、资产的使用用途进行适时调整。

4. 增资对价外的条件安排

在特殊情况下,增资方除了承担缴付出资的义务以外,可能还会单独或与其他股东共同承担一些义务或责任,其他股东也可能会分担。

【示例】

增资对价外的其他事项

除按本协议第____条所述缴付增资以外,丁方还同意与甲、乙和丙方:

(1)按照附录____所分配的债务各自向目标公司的债权人提供连带清偿责任担保。

(2)根据____省/[直辖]市/自治区/市人民政府关于________文件规定的标准,按照附录____所列,分担需一次性支付的解除劳动合同的职工补偿金/安置费。

(3)在本协议签署后____个工作日内,由丁方单独代目标公司____向市土地管理部门垫缴附录____所列土地地块的土地出让金计____万元,该笔代垫金额将从丁方的首期增资出资金额中予以抵扣。

5. 增资履行的前提条件

增资方通常会要求规定实际缴付出资前需要满足的前提条件。

【示例】

增资履行的前提条件

丁方交付首期出资的前提条件是已经取得以下文件或批准或已经成就以下事项:

(1)所有前置许可主管机关或部门已对交易和交易文件进行核准、许可、备案,而且没有对本次增资的交易结构、交易条件和交易文件作实质性变动。

(2)对本交易具有优先购买权的所有第三方已书面同意放弃其优先购买权,甲、乙、丙方都已书面同意本交易,并且与丁方就目标公司的新章程草案,以及目标公司治理结构的重要规则的修改草案、董事会和监事会的人选方案,以及经营管理机构的设置方案和高级管理人员的人选方案达成了一致。

(3)公司及甲、乙、丙方的陈述与保证和额外保证在其作出之日及本协议履行之日在所有重大方面均为真实、准确且不具误导性。

(4)公司及甲、乙、丙方没有违反关于过渡期的约定。

6. 股东会或董事会的僵局

当公司股东会和董事会出现对峙时,则构成僵局。僵局局面比较容易出现在持股比例各为50%的两人股东的公司中。解决僵局的约定如下:

(1)不论因何种原因导致股东(大)会或董事会会议上不能就某事项形成有效决议,并在双方一致认为如不就该事项形成有效决议将导致公司无法正常存续经营时,则双方讨论这些事项的股东(大)会或董事会会议应在7个工作日内重新召集。如果在重新召集的会议上仍不能达成一致决议,则一方股东有权以书面形式向另一股东宣布已经发生了僵局。

(2)如果僵持事项与年度预算(不包括投资预算)或年度业务计划的批准相关,则前一年的预算或业务计划,应继续执行直至新的预算或业务计划被股东(大)会/董事会批准。

(3)关于其他所有僵持事项,提交的决议事项应被视为未获批准,现状应予维持。

(4)如果发生重大僵持事项,双方应将该事项交由各自的最高执行官讨论决定。如果双方的最高执行官能就该重大僵持事项作出一致决定,则双方应促使其委派的董事/股东代表迅速批准相对应的决议。如果各方的最高执行官无法在交其讨论之日起__日之内解决该事项,任一方均有权提出按照双方协商的价格收购或指定第三人收购对方所持公司股权。

(5)在僵局持续期间,处理公司的事务应当遵循《公司章程》和既有的、通常的和审慎的实践以及为了公司的最大利益的原则。

(6)在任何情况下股东均不试图、不符合通常商业惯例地拒绝或同意需获得董事会或股东(大)会批准的有关事项,从而不合理地启动僵局条款,危及公司的业务或运营。

7. 同业竞争

各方可以约定不与公司进行同业竞争。

【示例】

竞业禁止条款

（1）增资方以及持有公司30%以上股权的任何一方股东及其关联方不得自行或以第三人的名义，直接或间接地进行或从事或参与在约定地域范围内提供与公司相同或相似的产品或服务，或从事与公司构成竞争的营利性活动或在其中有任何利益，除非：

①该方事先获得公司董事会的书面同意；

②该方在本合同签署之日之前，已在从事此类活动并已向其他方充分披露其活动；

③相关项目是根据政府、行业主管部门等正式或非正式的规定、通知要求只能由与该方类似性质的企业从事的项目；

④该方曾经向公司提供与合营服务有关的竞争性服务的机会，而目标公司未在30日或其他根据项目性质在必要的合理期限内以书面方式予以接受。

（2）除非获得公司董事会事先书面同意，增资方以及持有目标公司30%以上股权的任何股东及其关联方不得直接或间接地聘用或雇用下列人员：公司现任的任何雇员、管理人员或部门经理，或在此前两年曾为公司的雇员、管理人员或部门经理；但从一方派遣或借调到公司，在借调期满后又返回派遣方或借出方的原目标公司雇员除外。

8. 关联交易

股东与公司的关联交易应当通过合同条款予以规范，例如：

（1）非持续关联交易。作为本次增资交易的组成部分，在各方签署本协议的同时，增资方将与目标公司另行签署[资产购买]协议，该协议与本协议同时生效。

（2）持续关联交易。各方一致同意，本次增资完成以后，增资方将持续向目标公司提供[动力/原材料/营销渠道/技术]，上述交易构成增资方与目标公司的持续关联交易，该等交易的协议格式如附录所示，每年具体实施每项关联交易的条件由增资方与目标公司协商确定。目标公司的董事会和股东会就上述关联交易进行表决时，增资方应予回避。

9. 各方的陈述及保证

常见的是用于交易各方的陈述与保证条款，如下：

本协议的每一方均向其他方陈述并保证，于本协议签署日和履行日：

（1）根据适用的管辖法律，该方为独立法人、依法定程序设立、有效存在且相关手续完备。

（2）该方已经获得全部同意、批准并已实施所有使本协议签订及生效所必需的行为，且该方拥有所有必要的权利和授权订立本协议并履行本协议项下义务。

（3）该方的法定代表人或以正当程序授权的代表已获得代表该方签署本协议的授权，一旦签署本协议，从生效日开始，本协议的条款有效、合法，并对其具有法律约束力。

（4）该方无人启动或威胁采取任何措施或任何法律程序申请其解散，申请宣布其破产或资不抵债，或指定清算委员会或管理人管理其资产或业务。

（5）该方签署本协议以及履行本协议项下义务：

①不会违反其营业执照、设立协议、章程或类似组织文件的任何规定；

②不会违反相关法律或任何政府授权或批准；

③不会违反或导致违反其作为当事人一方的其他任何合同或协议,也不会导致其在该合同项下违约,或违反受之约束的任何单方许诺或保证,或赋予任何第三方对其提起诉讼的权利;并且

④将不违反对其作出的任何判决或仲裁机构仲裁裁决,或任何政府或主管机构的决定或规定。

(6)不存在将影响该方履行本协议项下义务能力的未决诉讼、仲裁或其他司法或行政程序,且据其所知无人威胁将采取上述行动。

(7)该方已披露在其了解的范围内的、在披露给对方后将对对方订立本协议的意愿产生重大影响的一切重大信息。该方向另一方提供的任何信息在重大方面不含有任何虚假的或具有误导性的陈述。

10. 现有股东方的额外陈述和保证

增资方通常会要求公司的现有股东作出额外的陈述与保证,其内容除了在前文关于尽职调查后的额外陈述与保证所列以外,还包括:

公司现有股东各方不得出售、转让、质押、处置其在目标公司的股份或股权,或以其他方式对上述股份或股权设定任何限制;

目标公司及其附属公司的重要资产(如附件所列)亦不存在被第三人通过司法保全、行政查封或其他任何途径予以扣押的风险;

在签署日至完成之日的期间,出让方应向受让方通知目标公司及本次交易报批程序中的任何重大不利变化并就如何应对事先获得增资方的同意。

11. 增资方的额外陈述和保证

增资方通常也会应要求作出额外陈述与保证,例如:

增资方进一步陈述和保证:

(1)为本次增资的资金、资产来源合法、有效,且有充分能力按本增资协议约定方式、期限履行出资缴付义务;

(2)尽力协助公司能够获得税务、政府补贴或资金方面的优惠待遇;

(3)按照增资后公司股东(大)会和董事会决议所述事件和方式,派遣相应人员进入公司履行公司相应决策和经营管理职能。

12. 违约方的责任限制

各方违反协议或违反其陈述、声明、保证、承诺等应当承担违约责任,但通常会约定承担责任的限制,例如:

违约责任的限制

(1)公司现有股东各方就所有陈述、声明、保证、承诺承担责任,受以下条件限制:

①期间:除非有关索赔因欺诈、故意隐瞒或不诚实而引起,否则一方向另一方提起索赔的时限为自本协议签署之日起____个月;

②金额:一方对于另一方违反单项陈述、声明、保证、承诺的索赔金额以万元为限,累计索赔总额以____万元为限;

③信息披露除外:若引起索赔的事实、事项、事件或情形已通过公开披露信息、披露函公平、合理地予以披露,在签约日已经为其他各方所获悉。

(2)无论本协议其他条款有何规定,任何一方均不向其他方承担因本协议的履行或不履行而造成的收入或利润丧失、商誉丧失或任何间接或后果性损失的赔偿责任。

13. 过渡期安排

协议签署日至协议履行日为过渡期,关于过渡期的约定通常为:

过渡期约定

公司及现有股东各方应尽合理的商业努力来确保在签署日后、履行之日前,除①本协议有明文规定,②因正常业务所需,或③经增资方书面同意之外,现有股东各方及目标公司派出的股东代表和派出董事在参加目标公司和目标公司的附属企业投票时,应不同意:

(1)对目标公司和附属企业的章程、三会议事规则或类似组织文件进行修订;

(2)目标公司出售、转让、质押、处置其在附属企业中的股份或股权,或以其他方式对上述股份或股权设定任何限制;

(3)目标公司变更注册资本或进行利润分配;

(4)目标公司和附属企业改变主营业务,或改变主营业务的定价标准和定价机制;

(5)目标公司和附属企业签订或修改任何重大合同,从而导致其承担异常的义务或责任;

(6)目标公司和附属企业出售、处置、出租、许可使用、抵押、质押其名下的任何重大资产;

(7)目标公司和附属企业以出资、合资、收购等方式对外投资,或收购任何第三人的资产或业务;

(8)目标公司和附属企业变更其拥有的土地使用权现状;

(9)举借超过____万元的债务或提供超过____万元的担保;

(10)目标公司和附属企业改变现有的会计政策和财务管理制度;

(11)目标公司和附属企业经营管理机构作重大调整;

(12)目标公司和附属企业改变员工薪酬和福利政策;

(13)目标公司和附属企业与董事、监事和/或高级管理人员签订使前者承担义务和后者享有权利的协议。

14. 增资对价调整机制

为保证交易的公平,各方可以约定如下的增资调整对价机制:

对价调整机制

如果经原审计师审计确认,因为正常经营以外的原因,公司的净资产在第一期增资缴付日与原审计基准日的净资产值相差____%以上,则丁方将按照第一期缴付日经审计确认的公司净资产值调整第一期增资缴付金额。其中,如果目标公司的净资产在第一期缴付日低于原审计基准日的净资产值的____%,则丁方有权选择是否解除本协议,并按照本协议第____条的规定要求甲、乙和丙方承担违约责任。

15. 财务投资人的优先退出机制

如果增资方为财务投资人,则通常其会要求获得如下的优先退出待遇:

增资方的优先退出:

(1)如果公司未能在年内实现公开发行股票并上市,则公司现有股东各方将购买增资方所持有的公司股权;

(2)如果未来有任何新投资人有意投资于公司,则增资方均有权优先将自己所持股权出让与该新投资人;

(3)一旦任何持有公司30%股权的现有股东有意出让其所持公司股权,则增资方亦有权选择一同出让,在此情形下,现有股东不得在增资方出让所持公司股权之前先行出让其所持股权。

16. 条款或协议无效的法律后果

关于协议条款相互之间的效力影响和制约以及排除制约,可以约定:

关于条款间效力的影响

(1)本协议一经签署即对各方具有约束力,各方即应依照协议第____条、第____条、第____条和第____条规定,执行[启动内外部报批/向增资方移交资料]等项事务,而不得以协议尚未生效为由予以对抗。

(2)本协议部分条款/附件/附录的无效并不影响其他条款/附件/附录的有效,也不影响本协议整体的有效性。各方可以协商删除该等无效条款/附件/附录,也可以对其进行修改而使之变为有效。

(3)无论任何原因,即使本协议未生效、无效或终止,本协议第____条、第____条、第____条和第____条规定的双方陈述与保证及额外陈述与保证、责任限制、过渡期的安排、定义、保密、违约责任、适用法律、争议解决、文本等条款的效力将持续存在。

(三)内外部审批程序

就内部审批而言,律师需要提示公司的董事会重点审议:

(1)增资方案,包括增资目标、出资人范围、出资方式等;

(2)增资以后公司主营业务的发展计划和现有业务、资产的整合重组计划;

(3)第三人进入公司以后公司新的治理结构,包括章程和议事规则的修改、机构设置和管理当局的变更、员工队伍的变动;

(4)与第三人达成的增资协议及其附属文件,尤其是增资协议的上述重要条款;

(5)与第三人达成的持久的关联交易协议,包括购买原材料或动力、购买技术或总经销协议等。

就外部审批而言,重点需要关注行业主管部门制定的行政规章对于不同身份的股东在公司的持股比例是否有限制性规定,以及候任董事、监事和高级管理人员是否符合关于任职资格的规定。

第三节　公司减资

在我国《公司法》颁布实施的最初十余年间，公司减少注册资本受到了较大限制，难以操作。2005 年 12 月修订后的《公司法》，将减少注册资本设定为受债权人制约的股东意思自治事项。

一、减资事由

1. 保护少数股东的合法权益

因为保护少数股东权益而减少公司注册资本的情形如《公司法》第 74 条和第 142 条第 1 款第（四）项所述，即就有限责任公司的股东而言，因发生下述情形，对股东会的相关决议投了反对票的股东，可以请求公司按照合理的价格收购其股权：公司连续 5 年不向股东分配利润，而公司该 5 年连续赢利，并且符合本法规定的分配利润条件；公司合并、分立或转让主要财产；公司章程规定的营业期限届满或者章程规定的其他解散事由出现，股东会会议通过决议修改章程使公司存续；就股份有限公司的股东而言，股东因对股东大会作出的公司合并、分立决议持异议而要求公司收购其股份。

少数股东行使这些权利通常会在收到股东（大）会通知和相关议案时即明确表示将对决议投反对票，同时正式向公司董事会提出书面建议，将请求公司回购自己所持股权事项列入股东（大）会议程。如果公司董事会没有将此请求列为股东（大）会议程，或虽已列入，但其他股东在股东（大）会上投反对票而使该请求没有形成股东（大）会决议，提出请求的少数股东可以向人民法院提起请求公司回购股权之诉。当然，其他股东也可以通过受让少数股东所持公司股权的方式解决双方的分歧。

2. 纠正大股东对公司利益的侵占

当公司大股东利用控制优势，在公司依法成立后，或者抽逃对公司的出资，或者长期占用公司资产，或者对公司形成大额负债，导致公司资产不实，而大股东又没有补足出资、归还占用资产或者清偿债务的，公司股东（大）会可以作出决议，回购该大股东所持股权并予以注销，从而实现大股东以股抵债。当然，大股东可能会通过其对公司尚存的控制，不将该议案列入股东（大）会议程，或行使否决权，此时，其他股东可以向人民法院提起请求公司回购大股东股权并予注销之诉。当然，其他股东也可以通过受让大股东所持公司股权、转让对价注入公司充实公司资本的方式解决这一问题。

3. 改变公司注册资本与净资产长期相差过大的状况

公司经过一段时间的经营，如果持续发生亏损，公司注册资本与净资产出现了较大差距，而公司又很难在短期内改变这种状况时，公司股东（大）会可以作出决议，减少公司注册资本，所有股东对公司的出资额和股东权益金额同比例减少，但所持股权比例不变。

4. 发生公司分立

当公司出现存续分立的情形时，现有公司将分立出去一个以上的新公司，存续公司的总资产、净资产和注册资本都将发生减少。如果不同意公司分立的少数股东请求公司回购其所持股权，则公司的注册资本将进一步减少。

5. 维护上市公司价值

上市公司可以通过回购其股份这种特定的减资方式来提升股价以维护公司价值。2018 年 10 月 26 日，全国人大常委会修订了《公司法》第 142 条，对上市公司回购股票进行了三方面修正。一是将原规定中“将股份奖励给本公司职工”修改为“将股份用于员工持股计划或者股权激励”，增加“将股份用于转换上市公司发行的可转换为股票的公司债券”和“上市公司为避免公司遭受重大损害,维护公司价值及股东权益所必需”两种情形,以及“法律、行政法规规定的其他情形”的兜底性规定。二是增加规定公司因将股份用于员工持股计划或者股权激励、用于转换上市公司发行的可转换为股票的公司债券,以及上市公司为避免公司遭受重大损害、维护公司价值及股东权益所必需而收购本公司股份的,可以依照公司章程的规定或者股东大会的授权,经三分之二以上董事出席的董事会会议决议,不必经股东大会决议。因上述情形收购本公司股份的,公司合计持有的本公司股份数不得超过本公司已发行股份总额的百分之十,并应当在三年内转让或者注销。三是增加规定上市公司收购本公司股份应当依照证券法的规定履行信息披露义务,除国家另有规定外,上市公司收购本公司股份应当通过公开的集中交易方式进行。此外,修正案还删去了关于公司因奖励职工收购本公司股份,用于收购的资金应当从公司的税后利润中支出的规定。上述修改规定虽然仅适用于上市公司,但对于非上市股份有限公司乃至普通有限责任公司的员工股权激励、股债转换以及融资时的公司价值维持等资本操作,都具有重大的引领意义。

二、公司减资业务的操作要点

从登记的角度看,各地市场监督管理部门在其公示信息当中,都会详细介绍办理减资变更的程序和所需要提交的文件,这里只强调以下几个需要律师关注的操作要点。

1. 要关注减资对公司股权结构的影响

律师应当提示公司在减资以前进行尽职调查,尤其要进行财务审计和资产评估,以便正确认定:

(1)公司回购少数股东股权的对价

例如,公司注册资本为1 000万元,股东股权结构为甲:50%、乙:40%、丙:10%,公司股东权益(净资产)经审计确定为2 000万元,少数股东丙要求回购的股权比例是10%,则公司向少数股东支付的回购对价为200万元,公司注册资本由1 000万元减少到900万元,甲和乙分别持有的股权比例为56%和44%,所拥有的股东权益金额为1 000万元和800万元。

(2)公司回购侵占公司资产的大股东将注销的大股东权益的金额和公司将减少的注册资本金额

如上例,假如甲占用公司的资产经评估为500万元且无法以其他方式归还或清偿,公司股东权益(净资产)经审计确定为2 000万元,则公司向大股东回购并注销的股东权益为500万元,注销的股权比例是25%,公司的注册资本将由1 000万元减少为750万元,甲、乙、丙的持股比例分别为33%、33%和34%,拥有的股东权益金额分别为500万元、800万元和200万元。

(3)公司减少的注册资本的金额

仍如上例,如果公司净资产经审计确认为减少到500万元,则公司注册资本可由1 000万元减少为500万元,各方的持股比例不变,拥有的股东权益金额分别为250万元、200万元和50万元。

(4)分立后各公司的注册资本金额和所有股东各自所持比例

仍如上例,假如公司股东权益(净资产)经审计确定为2 000万元,全体股东同意以500万元的净资产分立出一个新公司,在新公司中,乙和丙的股东权益分别为400万元和100万元,则原有公司的注册资本将由1 000万元减少为750万元,甲、乙、丙的持股比例分别为66.67%、26.67%和6.66%,拥有的股东权益金额分别为1 000万元、400万元和100万元;新公司的注册资本250万元,乙、丙的持股比例分别为80%和20%,拥有的股东权益金额分别为400万元和100万元。

2. 要关注减资对公司治理规则、管理当局和实际控制权的影响

除去少数股东请求公司回购其所持股权以外,其他情形都可能对公司的治理规则的修订、公司董事会、监事会和经营管理人员的构成等发生影响,甚至导致公司实际控制权的变动,律师应当针对该等情形提示公司做好章程及其他组织文件的修订工作。

3. 及时通过股东(大)会决议

无论以哪种方式减资,公司必须首先通过股东(大)会的决议,才能启动后面的程序。对于有限责任公司,决议应当获得代表2/3以上表决权的股东同意,对于股份有限公司,决议应当获得代表出席会议的2/3以上表决权的股东同意。

4. 依法通知债权人

律师需要提示公司作出减资的股东(大)会决议以后,应当及时通知已知的债权人,同时在全国发行的报纸上刊载公告。公司在到公司登记管理部门办理变更登记时,需要提供45天以前的刊载公司减资的公告报样。

5. 关注行业管理规范对减资的限制性规定

由于公司减资导致治理结构受到影响,律师还需要关注公司所在行业的行政规章对于公司减资的限制性规定,以及对特定身份股东持股比例的限制性规定。

第四节　公 司 合 并

公司合并分为吸收合并和新设合并。吸收合并可以视同公司增资,新设合并可以视同公司设立。公司合并的操作程序可以从登记机关的官方网站查询到,本节主要概述律师如何参与合并方案的制订。

一、从法律角度审视合并方案

合并各方需要共同聘请中介机构,对参与合并的所有公司进行尽职调查,这样的尽职调查是为了客观地确认拟合并公司的股东和实际控制人、主营业务、净资产、管理当局和员工等要素的定性和定量的特征,从而为合并方案的形成提供可靠的依据。律师开展法律尽职调查也是为了在审视合并方案时心中有数。

1. 合并后公司中各股东应持有的股权比例,主要包括:

①参与合并的各公司的各股东在合并前所持有的真实的股东权益金额;

②合并后公司净资产总值;

③股权质押等股东持股瑕疵的补救措施;

④行政规章对股东持股比例的可能限制。

2. 合并后公司主营业务的持续性,主要包括:

①合并前公司开展主营业务所取得的所有资质、许可、批准、特许对于合并后公司的可继承性,以及继承的便利方式;

②合并前公司的业务合同向合并后公司的可转移性以及转移的便捷方式。

3. 合并后公司资产、债务的构成,又主要包括:

(1)合并前资产和债务向合并后公司转移的便捷方式和程序:

①有权利登记证书的资产转移进入合并后公司需要履行的程序;

②无权利登记证书的资产向合并后公司移交的方式和程序;

③银行债务转移至合并后公司的方式和程序;

④合并后公司对主营业务债务承继的方法。

(2)土地使用权性质或土地用途变动所需要的批准程序和可能发生的费用。

(3)合并前各公司资产瑕疵的补救措施。

4. 合并后公司管理当局的构成、员工安置和公司基本治理规则:

(1)合并后公司董事会、监事会的席位构成。

(2)合并后公司高级管理人员的组成和主要经营机构的设置。

(3)员工安置和解约补偿。

(4)合并后公司股东会表决权比例设置和利润分配权比例设置。

通过尽职调查,律师至少应当就上述问题向合并各方提供法律意见和建议。

二、通知债权人并公告

参加合并的所有公司可以同时召开股东(大)会,通过关于合并的决议以后,应当同时在全国发行的报纸公告合并事项,同时各自书面通知自己的已知债权人。

三、办理变更手续

办理公司合并的程序和需要提供的文件资料均可以在各地市场监督管理机关查询到。值得注意的是,市场监督管理机关在公告合并事项日期45天以后方才受理各方的合并变更登记。

四、合并后果

发生新设合并的,其后果是参与合并的所有公司的股东以其在各公司所拥有的净资产出资设立一家新公司。公司合并的同时,参与合并的所有公司终止,但他们的业务都不停止,而是自动由合并后的公司承继,他们的对外债权债务也自动由合并后的公司承继。

发生吸收合并的,其后果是参与合并的一家公司("吸收方")存续,其余各公司("被吸收方")均终止。被吸收的所有公司的股东以其在各被吸收方所拥有的净资产出资对吸收方增资。通常,所有被吸收方的业务也都不发生停止,而是自动转移给吸收方承继,他们的对外债权债务也自动由吸收方承继。在特殊情况下,母公司为了调整业务链,需要将子公司的业务、资产和业绩直接纳入母公司范围,而不是在财务上通过合并报表纳入,则母公司可以吸收合并子公司。通行的操作方式是,子公司的少数股东按照其在子公司所拥有的股东权益折算换股成为母公司的股东,子公司事实上成为母公司的全资子公司,而后该子公司将其业务、资产、债务、人员等全部转移给母公司承继,随即该子公司终止。TCL集团吸收合并上市公司TCL通讯,然后整体上市,就是最早的涉及上市公司吸收合并的成功案例。值得注意的是,在一个企业集团内部,一家子公司的终止是否属于吸收合并,最为实质性的判断标准是,若该子公司的业务、资产、债务没有发生停止而自动转移给了母公司,则属吸收合并,反之则属正常终止。

还需要注意到:参与合并的各公司中对合并方案投反对票的少数股东,可以要求公司回购自己的股权。

第五节 公司分立

进行公司分立的主要动因包括明晰主营业务和主营业务资产,不同类别的业务分别发展、分别管理和分别融资。

在公司分立的情况下,律师开展尽职调查、审视分立方案和分立协议、通知债权人并公告、办理公司登记手续等工作与公司合并情形下相似。

发生解散分立的,可以看作是新设合并的反向操作,其后果是现有的公司终止,现有公司的业务、资产按照预先确定的标准分割成不同的资产包,每个资产包将构成对一个新设公司的出资,现有公司的股东按照预先确定的组合选择成为不同新设公司的股东。现有公司在新设公司成立的同时宣告终止,现有的业务将不发生停止,而是按照事先确定的搭配关系与不同的资产包相匹配,由对应的新设公司承继,现有公司的对外债权债务也将根据事先协商确定的匹配关系由对应的新设公司承继，就现有公司的债务而言，如果现有公司、新设公司与债权人没有达成一致，则尽管各新设公司按照分立方案和分立协议进行了资产和债务的匹配划分，但各新设公司对于现有公司的债务仍然要承担连带清偿责任。

发生存续分立的，可以看作是吸收合并的反向操作，其后果是现有的公司继续存在而不终止，现有公司的部分业务、资产构成一个或数个资产包，每个资产包将构成对一个新设公司的出资，现有公司的股东按照预先确定的组合选择成为现有公司和/或不同新设公司的股东。现有公司的业务将不发生停止，而是按照事先确定的搭配关系与不同的资产包相匹配，由现有公司继续开展或由对应的新设公司承继，同样，现有公司的对外债权债务也将根据事先协商确定的匹配关系由现有公司继续承担或由对应的新设公司承继。如果现有公司、新设公司与债权人没有达成一致，则尽管现有公司与各新设公司按照分立方案和分立协议进行了资产和债务的匹配划分，但各新设公司对于现有公司的债务仍然要与现有公司一同承担连带清偿责任。在特殊情况下，当有战略投资人对公司的某一项业务具有兴趣，拟对该项业务投资但不愿向整个公司的所有业务投资时，公司可以选择以经营该项业务的资产出资与战略投资人合资组建新公司，而如果存在专为该项业务或资产而发生债务不能继续保留在现有公司，必须与业务和资产一同转移到新设公司时，将要发生的就是公司分立而不再是普通的对外投资，例如，将手机通讯软件事业部或分公司法人化，成为全资子公司，再有战略投资人增资而成为现有公司与战略投资人合资的子公司，就是一种常见的分拆融资性质的公司分立。

第六节 公司组织形式变更

一、公司组织形式变更对公司要素的影响

公司组织形式变更包括有限责任公司变更成股份有限公司和股份有限公司变更成为有限责任公司。实际上，常见的是两名以上股东的有限责任公司整体变更成为两个以上发起人的发起设立的股份有限公司；次常见的是作为上市公司的股份有限公司因为收购人进行要约收购而被私有化，变成了收购人的子公司，包括单一收购人的全资子公司和一致行动收购人共同控股的子公司；另外也有未上市的发起设立的股份有限公司整体变更为有限责任公司的情形。有限责任公司通过吸收合并上市公司或在变更时直接申请公开募集股份，从而变更成为募集设立的股份有限公司的情形则不多见。

无论有限责任公司变更为股份有限公司还是股份有限公司变更为有限责任公司，通常情况下，公司的股东和实际控制人、公司主营业务、公司净资产、公司管理当局和员工等诸要素都不发生变更，公司、公司的出资人、公司的债权人和公司的员工等利益关系人的实体利益也没有受到影响，公司的营业活动不发生停止，因此，公司组织形式的变更对公司构成要素没有实质性影响。

不过，由于有限责任公司与股份有限公司人合程度的差异，以及股份有限公司多数股东持股较少而少数股东持股较多的特点，导致股份有限公司与有限责任公司之间存在一定的差异，这些差异在本节中下面一部分进行了概括归纳。

二、公司组织形式变更操作要点

1. 变更程序

公司变更组织形式大致要经历以下程序：

(1)财务审计。公司将组织财务审计以确定拟变更成为股份有限公司的股本或有限责任公司

的注册资本,可以进行资产评估,但公司变更过程中不基于评估价值调整账目,也不基于评估价值确定变更后公司的股本或注册资本或出资额或股份金额。

(2)股东(大)会决议。公司股东(大)会作出变更公司组织形式的决议,有限责任公司变更为股份有限公司的,由代表2/3以上表决权的股东通过;股份有限公司变更为有限责任公司的,由出席会议的股东所持表决权的2/3以上通过。

(3)通知和公告。公司股东(大)会作出变更公司组织形式的决议以后,应当立即发布公告,同时书面通知已知的债权人。尽管《公司法》并不要求公司变更组织形式需要得到债权人的同意,但如果公司与债权人的协议规定公司变更组织形式需要取得债权人同意的,还要获取债权人的书面同意。

(4)签署发起人协议或出资协议。变更前的有限责任公司的股东应当签署变更后的股份有限公司的发起人协议;变更前的股份有限公司的股东应当签署变更后的有限责任公司的出资协议。

(5)修改章程。变更前公司的股东应当制定变更后公司的章程。

(6)变更后公司的股东(大)会决议。变更后拟设立的公司召集创立大会/首次股东会会议,审议通过变更后公司的筹建事宜、变更后公司的章程以及变更后公司组织机构及其人选等事项。

(7)前置许可申报。变更后公司按照股东身份特征、公司性质特征或所在行业管理特征,申报办理国有产权/股权管理、外商投资企业核准和/或行业管理等所有必需的前置许可、核准、登记和备案手续。

(8)办理变更登记。变更后公司按照企业登记行政管理机关公示的程序和要求办理变更登记,所需要的格式文件可以方便地从相关登记机关的官方网站上提前下载。

值得注意的是,根据《公司法》第95条的规定,有限责任公司变更为股份有限公司时,折合的实收股本总额不得高于公司净资产额,即变更后的股本以变更前的净资产为基准,故必须对原有限责任公司净资产进行审计和评估。但公司法并未规定股份有限公司变更为有限责任公司时注册资本与净资产的关系,变更后有限责任公司的注册资本由股东(大)会自主确定。在2022年3月1日实施统一市场主体登记以后,确定以净资产为基准的,必须进行审计、评估;确定按原股份有限公司股本登记有限责任公司注册资本的,是否进行审计、评估,规范性文件和登记机关未作强制要求,应由股东(大)会自主决定,相应地如何提交公司变更文件资料,应向原股份有限公司登记机关咨询确认。

2. 不同组织形式的差异

实践中,办理公司组织形式变更业务值得律师注意的其他问题主要是把握有限责任公司与股份有限公司的一些主要区别,例如:

(1)设立方式不同

有限责任公司的设立只有出资人发起设立一种方式。

股份有限公司的设立有发起设立和募集设立两种方式。

(2)增资扩股的方式不同

有限责任公司只能以接受特定的对象投资入股的方式筹集增资资金。

股份有限公司则可通过向不特定的对象公开发行股票的方式募集资金、增资扩股。

(3)股东(发起人)人数范围不同

有限责任公司的股东人数为1人以上50人以下,无住所限制要求。

股份有限公司的发起人人数为2人以上200人以下,且半数以上的发起人在中国境内有住所。

(4)股权种类设置不同

有限责任公司所有股东出资所形成的股权种类只有一种,各股东所持股权的区别仅与出资额多少和持股比例高低有关。

股份有限公司可以根据需要设置普通股和优先股,可以有内资股和外资股,还可以有自由流通股和受限制流通股等不同种类。

(5)股权转让的限制程度不同

有限责任公司除股东之间可以自由转让股权外,股东向公司股东之外的他人转让须经其他股东过半数同意。现有股东对于股权转让拥有优先购买权。

股份有限公司不论是在股东之间还是股东向第三人转让股权,均无需其他股东同意,也不存在股东的优先购买权,但股份有限公司发起人或上市公司的董事、监事及高级管理人员所持有的股份转让有禁售期和限售期以及限售份额的限制。

(6)表决权和利润分配权的意思自治程度不同

有限责任公司的全体股东可以在公司章程中规定各股东按照与出资比例不同的表决权比例,在股东会上行使表决权,经全体股东同意,公司可以按照与出资比例不同的分配比例向股东分配利润。

股份有限公司的股东只能按照所持有的股份比例行使表决权,同类股份同股同权。

(7)股东表决权基数不同

有限责任公司股东会表决权的计算基数为全体股东所代表的所有表决权。

股份有限公司股东大会表决权的计算基数为出席会议的全体股东所代表的所有表决权。

(8)董事会议事规则不同

有限责任公司董事会人数为3～13人,规模较小的,可只设执行董事1人,不设董事会;是否设独立董事和董事会表决方式,均由公司章程根据法律和需要自行规定。

股份有限公司不论规模大小,均须设董事会,董事会人数为5～19人,董事会决议须经全体董事的过半数通过。公司趋向于设独立董事,若为上市公司,则须设置董事总数1/3以上的独立董事。

第七章　公司解散和清算业务

本章提示

每天在世界的每个角落都有不计其数的公司诞生,也有不计其数的公司消亡。正常的新陈代谢是世界存续和发展的自然规律,适用于自然界,也适用于人类;适用于自然人格,也适用于虚拟人格。

当公司自愿或不自愿地将要永久性停止其业务活动时,它的解散和清算程序将不可避免地到来。

在公司解散和清算阶段,公司股东和实际控制人、公司主营业务、公司净资产以及公司管理当局和员工等诸要素中,公司净资产要素的地位将显著上升,而其他要素则黯然失色,因为此时公司只剩下财产和债务层面的意义了。

公司解散和清算的任务就是实现债务的公平清偿和公司剩余财产的公平分配。

所谓公平分配至少有两方面的意思:一是过程的公平要靠以债权人为代表的外部人参与甚至主导;二是结果的公平要靠法律的强制以确定财产的分配顺序。公司的股东处于分配顺序的末端。

随着2006年《企业破产法》的颁布和实施,企业破产程序确立了在人民法院督导下由管理人主持破产清算、企业重整和企业和解的体制,律师可以直接担任管理人,也可以担任管理人聘请的法律顾问,在企业破产程序中发挥自己的专业技能,为此,我们把破产业务操作也列为本章的内容。

希望本章的描述能够帮助律师把握:

(1)发生解散和清算的情形;

(2)公司解散和清算基本流程的特点;

(3)在公司解散和清算流程中各当事方的权利、义务特点;

(4)公司解散和清算产生的后果;

(5)破产程序较之一般解散清算程序的特殊性;

(6)破产程序中各利益关系人的权利、义务特点;

(7)公司注销登记程序的要点。

公司解散、清算和破产是程序性极强的活动,本章的介绍亦将侧重介绍律师参与此类业务活动应关注的各项程序特点和要点。

第一节　解散的事由和法律后果

由于公司为资合的营利性组织,其存续与否将直接影响公司的各利益关系人(主要包括出资人、债权人、雇员)的利益和社会公共管理机关对公司的管理行为,因此,公司必须满足一定的条件,才可以解散。

根据《公司法》第180、182、190条的规定,公司解散事由为:

(1)公司章程规定的营业期限届满或者公司章程规定的其他解散事由出现;

(2)股东会、股东大会决议解散或者一人有限责任公司的股东、外商投资的公司董事会决议解散;

(3)因公司合并或分立需要解散；

(4)依法被吊销营业执照、责令关闭或者被撤销；

(5)人民法院依法予以解散；

(6)公司被依法宣告破产。

上述事由为法定解散事由，其中包括股东意思自治的事由，也包括股东意思自治之外的强制事由。

一、股东意思自治的解散事由

1. 公司章程规定的营业期限届满

《公司法》没有就公司营业期限作出规定，也没有将公司营业期限列为公司章程的必备条款，但是《公司登记管理条例》将公司经营期限列为登记事项之一，因此，律师协助制定公司章程时应当注意在章程中规定公司的营业期限。营业期限由公司股东自主决定，通常为 10 年至 50 年。公司章程也可以规定"公司永久存续"。

如果公司章程规定了确定年限的营业期限，则在该期限届满前的 6 个月以前，律师需要提示公司或股东，公司应当解散，除非经持有 2/3 以上表决权的有限责任公司的股东通过，或经持有占出席股东大会的 2/3 以上表决权的股份有限公司的股东通过，股东会或股东大会作出相应决议，修改公司章程，将公司营业期限延长或将公司营业期限修改为无限期(即"永久存续")。值得律师注意的是，如果公司的营业系基于特许经营权或附期限的营业许可，则营业期限的延长将取决于特许经营权期限或营业许可期限的延长。

基于公司营业期限届满而解散的情形，常见于约定了合资经营期限的中外合资经营的有限责任公司和约定了合作经营期限的中外合作经营的有限责任公司。

2. 公司章程规定的其他解散事由

律师可以根据公司的营业特点以及股东对于其投资损益的控制等因素，建议股东在公司章程中自主规定公司解散的其他事由。常见的事由包括：

①公司在一定期间持续亏损，亏损累计达到预定的金额，且未来实现盈利的可能性不大；

②公司的现有主营业务无法继续开展，主营业务收入持续低于预定金额，开展其他主营业务尚不具备条件；

③设立公司的目的无法实现或公司失去持续经营能力；

④设立公司时既定的营业任务或项目已经全部完成。

3. 股东会或股东大会决议解散

律师可以提示公司或股东，尽管公司处于章程规定的营业期间，或甚至章程可能没有规定公司确定期日的营业期限，也没有规定公司解散的其他事由，但在公司存续期间，有限责任公司的股东会或股份有限公司的股东大会均有权随时作出决议，决定公司解散。

股东(大)会作出决议，决定解散公司的常见事由除了前述公司章程规定的常见事由以外，还包括：

①股东之间、股东与经营管理层之间就公司的业务发生不可调和的争议；

②股东或经营管理层不履行约定义务或严重侵犯公司或其他股东的权利或利益；

③原有实际控制人丧失了对公司的实际控制权，而新的实际控制人又无法产生；

④股东发现公司出现法律、行政法规、部门规章规定的可以或应当申请破产或解散的情形。

作出解散公司的决议，有限责任公司必须经持有 2/3 以上表决权的股东通过，股份有限公司必须经持有占出席股东大会的 2/3 以上表决权的股东通过。

二、股东意思自治之外的强制解散事由

1. 公司因合并或分立而解散

公司因合并或分立而解散的事由包括：

①当公司发生吸收合并时,被吸收的公司将解散；

②当公司发生新设合并时,参与合并的全部原有公司均将解散；

③当公司发生解散分立,即将其全部资产分解为向新设公司出资的分立时,原公司将解散。

上述解散将伴随公司合并或分立的发生、生效而必然发生及生效,不以相关公司的意志为转移。但公司合并或分立,必须经过股东同意,股东(大)会作出决议,作出合并或分立以及解散公司的决议,有限责任公司必须经持有2/3以上表决权的股东通过,股份有限公司必须经持有占出席股东大会的2/3以上表决权的股东通过。国有独资公司则由履行出资人代表职责的国务院国有资产监督管理委员会决定,重要的国有独资公司的合并或分立,需先经过国务院国有资产监督管理委员会审核同意报同级人民政府批准。

2. 公司因被吊销营业执照、责令关闭或者被撤销

律师担任公司法律顾问应当适时提示公司注意,公司因违反公司登记条例,可能会遭受市场监督管理机关吊销营业执照或撤销登记的行政处罚而被解散,其常见事由包括：

①虚报注册资本,或提交虚假材料或者采取其他欺诈手段隐瞒重要事实,从而取得公司登记,情节严重的；

②公司成立后无正当理由超过6个月未开始营业,或开业后又自行停止营业连续6个月以上的；

③变更经营范围涉及法律、行政法规或者国务院决定规定须经批准的项目而未取得批准,擅自从事相关经营活动,情节严重的；

④不按照规定接受年度检验,经要求限期接受年度检验而逾期仍不接受年度检验的；

⑤年度检验中隐瞒真实情况、弄虚作假,情节严重的；

⑥伪造、涂改、出租、出借、转让营业执照,情节严重的；

⑦利用公司名义从事危害国家安全、社会公共利益的严重违法行为的。

公司还可能因下列原因而被行业主管部门责令关闭：

①达不到法定生产经营规模或条件；

②不具备法定安全生产经营条件；

③达不到环境保护的法定最低条件,造成环境破坏事故；

④生产经营假冒、伪劣产品或不符合卫生质量标准的产品；

⑤依照《行政处罚法》可以被行政机关处以责令关闭的行政处罚等其他违反法律、法规或规章的行为。

3. 公司被人民法院解散

根据《公司法》第182条的规定,当公司经营管理发生严重困难,继续存续会使股东利益受到重大损失,通过其他途径不能解决时,持有公司全部股东表决权10%以上的股东,可以请求人民法院解散公司。最高人民法院《关于适用〈中华人民共和国公司法〉若干问题的规定(二)》进一步规定,“公司经营管理发生严重困难,继续存续会使股东利益受到重大损失,通过其他途径不能解决”的具体情形包括：

①公司持续两年以上无法召开股东会或者股东大会,公司经营管理发生严重困难的；

②股东表决时无法达到法定或者公司章程规定的比例,持续两年以上不能作出有效的股东会或者股东大会决议,公司经营管理发生严重困难的；

③公司董事长期冲突，且无法通过股东会或者股东大会解决，公司经营管理发生严重困难的；

④经营管理发生其他严重困难，公司继续存续会使股东利益受到重大损失。

而股东以知情权、利润分配请求权等权益受到损害，或者公司亏损、财产不足以偿还全部债务，以及公司被吊销企业法人营业执照未进行清算等为由，提起解散公司诉讼的，人民法院则不予受理。

这是公司自愿解散不能实现而通过转向强制解散赋予股东相应权利的一项司法救济措施。当公司股东(大)会不能召集举行，或虽然举行，但就是否解散公司发生意见分歧，不能依法作出有效决议，此时，如果单一或合并持有公司全部股东表决权 10%以上的股东认为已构成“公司经营管理发生严重困难，继续存续会使股东利益受到重大损失”，则该等股东可以向人民法院申请强制解散公司。

人民法院关于解散公司诉讼作出的判决，对公司全体股东具有法律约束力。人民法院判决驳回解散公司诉讼请求后，提起该诉讼的股东或者其他股东又以同一事实和理由提起解散公司诉讼的，人民法院不予受理。

4. 公司因被人民法院宣告破产而解散

在出现《企业破产法》第 2 条规定的债务履行不能的情形时，经公司或债权人申请，人民法院裁定并公告，公司将予解散。具体情形将在本章第三节中详述。

三、公司解散的法律后果

1. 不需要清算的公司解散的法律后果

公司因合并或分立而解散，为不需要清算的解散。律师应当意识到并提示公司及其股东注意。到此时公司解散的法律后果为：

①在现有公司解散注销的同时，新公司成立；

②公司的营业活动将在新老公司之间转移，但不发生中止、中断或终止；

③公司的股东可以选择是否在合并或分立后新设的公司中持有股东权益；

④公司的财产和债务由合并后新设的公司承继；

⑤公司的财产按约定在分立后新设的公司中间分割；除非此前与债权人另有约定，公司债务则由分立后新设的所有公司连带承担。

需要强调的是，公司因合并或分立而发生的解散，尽管存在公司解散的形式，也需要履行公司解散的登记程序，但实质上，公司合并或分立是公司主体的变更，而不是公司的消亡，公司要素亦未消亡，公司股东将持续保持其公司财产间接权益人的地位，除非其选择出让所持股权。公司的业务和管理行为将持续进行，公司的资产继续使用于公司现有的营业活动，公司的对外债权债务将持续地具有可执行性，公司的经营管理层将持续其对公司的经营管理和对公司财产的直接控制。所发生的情事变更不过是公司财产、债务、业务、业绩、管理层和股东在新的公司主体中进行了组合或分割。

2. 需要清算的公司解散的法律后果

除公司合并或分立以外，因其他事由而发生的解散均为需要清算的解散，其法律后果为：

①公司的法人主体资格归于消灭；

②公司的营业活动终止；

③清算组或管理人对内将接管公司财产和公司管理事务，对外将代表公司行为；

④公司进入清算程序，即公司剩余财产将向债权人分配，分配后仍有剩余的，向股东分配。

需要强调的是，由于公司停止营业活动进入清算程序，未了结的业务需要了结、未收回的财产(包括债权)需要收回、未清偿的债务需要清偿，因此，律师在接受委托就公司清算事宜提供法律服务时的工作要点为：

①以公司要素为主线开展尽职调查；

②根据尽职调查结果并结合可能同步进行的公司财务审计报告和资产评估,就公司资产、债权、债务的确认、资产的有效保全、债权的实现和债务的履行、剩余财产的处置和分配等重大事项提出法律意见和建议;

③协助清算组与第三人协商业务了结、合同终止、债权回收、债务清偿等事项;

④代理公司参加诉讼、仲裁。

第二节 非破产的清算程序

清算程序是公司解散的核心,其任务是停止营业并终结因公司存续所剩的所有法律关系;清理并确认资产;确认并了结债权、债务;处分剩余资产;遣散公司雇员。

一、成立清算组

如前所述,公司进入清算程序以后,清算组即将成立,其将对内接管公司财产和公司管理事务,对外代表公司行为。清算组将成为开展清算事宜的主导人。

清算组的成立分为股东意思自治的清算程序中的清算组和股东意思自治以外的清算程序中的清算组。

1. 自愿成立的清算组

除金融机构等特定行业的企业以外,出现破产以外的其他解散事由后,公司都应当在15日内自行组成清算组进行清算。

律师应当针对不同情形,提示公司按照下列方式成立清算组:

①公司董事会通过解散公司的预案,清算组组成人员和清算组负责人的预案可以作为解散公司的预案的组成部分一并通过,也可以作为单独预案单独通过。

②符合股东(大)会提案权条件的股东可以自行或另行提出解散公司的预案,清算组组成人员和清算组负责人的预案可以作为解散公司的预案的组成部分,也可以作为单独预案。

③有限责任公司的清算组成员必须是公司股东,股份有限公司的清算组成员则不受此限。

④公司股东(大)会通过解散公司的决议,同时通过清算组组成人员和清算组负责人的预案,如果作为解散公司的议案的组成部分,则清算组组成人员和清算组负责人的预案应当经持有2/3以上表决权的股东(就有限责任公司而言),或者经持有占出席股东大会的2/3以上表决权的股东(就股份公司而言)通过;如果作为单独议案,则清算组组成人员和清算组负责人名单将按照公司章程规定的对普通议案表决方式和程序表决通过。根据公司章程的规定,股东(大)会可以授权公司董事会确定清算组成员和清算组负责人名单。

⑤自股东大会通过之日起或公司章程记载的营业期限届满之日起15日后,清算组负责人应当召集清算组全体成员开始履行职责,清算组正式成立。

⑥公司被市场监督管理机关依法吊销营业执照或撤销登记的,在市场监督管理部门作出吊销营业执照或撤销登记的行政决定后,公司应当按照章程规定尽快(原则上为15天)召集股东(大)会作出清算决议,并成立清算组。

⑦公司被其他行政主管部门依法责令关闭的,该部门作出责令关闭的行政处罚决定后,公司应当按照章程规定尽快(原则上为15天)召集股东(大)会作出清算决议,并成立清算组。

⑧清算组自成立之日起10日内将清算组成员、清算组负责人名单向公司登记机关备案。

2. 强制成立的清算组

强制成立的清算组是不受公司意志支配而成立的清算组,由人民法院依公司债权人或股东申请而决定成立,即如果发生公司解散逾期不成立清算组进行清算,或虽然成立清算组但故意拖延清算,或违法清算可能严重损害债权人或者股东利益等情形,债权人可以申请公司住所地人民法院指定有关人员组成清算组进行强制清算,人民法院应当受理该申请。债权人未提起清算申请,公司股东申请人民法院指定清算组对公司进行清算的,人民法院也应当受理。

强制成立的清算组的组成人员和清算组负责人的产生由人民法院决定,不受公司股东或高级管理人员身份的限制,除公司董事、监事和高级管理人员外,通常还包括依法设立的律师事务所、会计师事务所、破产清算事务所等社会中介机构以及上述中介机构中具备相关专业知识并取得执业资格的人员。在存在违法、丧失行为能力、可能有损公司或债权人权利等情形的情况下,人民法院可以根据债权人、公司股东、董事或其他利害关系人的申请,或者依职权更换清算组成员。

3. 清算组的职权

清算组一经成立,即履行以下职权:

①清理公司财产、分别编制资产负债表和财产清单;

②通知、公告债权人;

③处理与清算有关的公司未了结的业务;

④清缴所欠税款及清算过程中产生的税款;

⑤清理债权、债务;

⑥处理公司清偿债务后的剩余财产;

⑦代表公司参与民事诉讼活动。

自清算组成立并开始行使上述职权,律师即由协助公司开展工作转变为协助清算组开展工作。

二、通知和公告债权人及登记债权人的债权申报

1. 通知或公告的时限和方式

清算组应当自成立之日起10日内通知公司的债权人,并于60日内在报纸上公告。

通知债权人应当以书面方式进行。公告应当在全国性报纸上发布,至少发布一次,通常以发布两次为宜。

2. 通知和公告的格式

①通知格式。律师参加清算工作的,建议采用下述书面通知格式直接通知债权人:

致:________公司(债权人)

________公司

关于本公司解散清算及债权人债权申报的通知

敬启者:

根据[本公司股东(大)会/公司登记机关/有关主管部门/有关人民法院]作出的《[关于解散/吊销/撤销/责令关闭本公司的决议/决定]》,________公司(下称“本公司”)自____年____月____日起,开始进行解散清算事宜。

如果本公司对于贵公司负有任何债务,无论是否到期,请贵公司于接此通知后30日内,以书面方式向本公司清算委员会申报贵公司对本公司所享有的该等债权。如贵公司逾期未能申报债权,本公司将不再受理,贵公司对本公司所享有的债权将被视为已放弃。

债权申报文件应包括:

1. 贵公司最新通过年检的营业执照复印件(加盖贵公司法人印鉴);

2. 贵公司债权申报书,其内容应包括但不限于贵公司的名称、地址、联系方式、联系人及贵公司对本公司享有债权的金额、性质、有无担保、是否为连带债权等具体内容;

3. 贵公司债权形成所依据的合同、协议、裁判文书等债权凭证;
4. 贵公司委托代理人的授权委托书(如贵公司委托他人代为申报的);
5. 贵公司联系人及联系方式。

请贵公司按照如下联系方式向本公司送达债权申报文件:

债权申报联系人:______先生/女士

通讯地址:

邮政编码:

电话:

传真:

贵公司接此通知后,请按照上述联系方式中所载传真号码,签署本通知所附回执后,传真回本公司,并将回执原件按上述联系方式挂号邮寄或专人送达至本公司。

就本通知,如有任何问题,亦可按上述联系方式与联系人联系。

此致

________公司清算组

(公章)

____年____月____日

回　执

本公司确认,已于____年____月____日收悉贵公司发送的本项债权申报通知。

债权人:________公司

(公章)

签署时间:____年____月____日

②公告格式。律师参加清算工作的,建议采用下述公告格式公告通知债权人:

________公司
关于________事宜债权申报的公告

关于________事宜债权申报的公告经[本公司股东(大)会/公司登记机关/有关主管部门/有关人民法院决议/决定],本公司自____年____月____日起,开始进入解散清算程序。请本公司债权人自本公告首次刊载之日起[第一次刊载日起]45日内,向本公司清算委员会申报债权,所需提交债权申报文件包括但不限于:债权人最新通过年检的营业执照复印件;载明债权人名称、地址、联系方式、联系人及债权人债权金额、性质、有无担保等具体内容的债权申报书;债权人债权形成所依据的合同、协议等债权凭证。如债权人需委托他人代为申报债权的,还应提交债权人委托代理人的授权委托书。

请债权人按如下联系方式提交上述文件,逾期申报的债权,将不予受理。

债权申报联系人:______先生/女士

通信地址:

邮政编码:

电话：
传真：

________公司清算组
（公章）
____年____月____日

3. 债权申报

债权人在收到书面通知之日起30日内，未收到通知书的，自第一次公告刊载于报纸之日起45日内，向清算组申报债权。债权人申报债权时，应当说明债权的有关事项并提供证明材料。

债权人申报债权应当以书面方式进行，其内容及附件清单如上述通知和公告的要求所列。

清算组最迟应当自收到第一项债权申报之时起，即对债权进行登记。建议律师采用下述登记格式协助清算组登记债权：

________公司债权申报情况登记表

债权人名称	申报日期	债权情况							债权凭证文件清单
		债权本金	违约金或利息	债权总额	债权类型	担保情况	共同债务人	债权到期日	

4. 债权人逾期不申报债权的后果

债权人在前述规定期限内未申报债权的，原则上不列入清算范围内，但是债权人能够证明公司知道债权人而未通知的，不受时间限制。为此，为公司清算事宜提供法律服务的律师应当提示清算组妥善保留通知债权人的证据。

另外，根据最高人民法院《关于适用〈中华人民共和国公司法〉若干问题的规定（二）》的规定，债权人在规定的期限内未申报债权，在公司清算程序终结前补充申报的，清算组应予登记。公司清算程序终结，是指清算报告经股东会、股东大会或者人民法院确认完毕。债权人补充申报的债权，可以在公司尚未分配财产中依法清偿。公司尚未分配财产不能全额清偿，债权人主张股东以其在剩余财产分配中已经取得的财产予以清偿的，人民法院应予支持；但债权人因重大过错未在规定期限内申报债权的除外。债权人或者清算组，以公司尚未分配财产和股东在剩余财产分配中已经取得的财产，不能全额清偿补充申报的债权为由，向人民法院提出破产清算申请的，人民法院不予受理。

三、登记资产和清理债权、债务

清算组自成立之日起，即应开始对公司财产进行清理、核对和登记。

清算组在发出债权申报通知以后，即应当主动开始清理公司债权、债务项目。

如果公司资产规模较大或资产构成情况较为复杂，或者公司的债权、债务项目较为复杂，则清算组可以聘请律师进行相应的法律尽职调查,聘请会计师对公司财务进行审计,聘请评估师对公司财产进行资产评估。

1. 清理资产

聘请了审计师和评估师分别进行财务审计和资产评估的,由审计师和评估师对公司资产进行清点、核对和造册登记。没有聘请审计师或评估师的,由清算组参照审计、评估工作的程序和方法,自行对资产进行清点、核对和造册登记。

律师参与清算的,应当采用本编第二章和第四章介绍的方法进行相关尽职调查,要特别关注以下问题,并提出相应法律意见和建议:

①资产是否实际存在;

②资产目前受何人实际占有和控制;

③资产权属是否有争议;

④资产上是否附加抵押或其他形式的第三人权利;

⑤清算组最终处分资产时是否会受到任何限制或阻碍。

2. 清理债权、债务

这里所说债权是公司债权,即公司对其债务人的债权;债务是公司债务,即公司对其债权人的债务,也就是通知和公告公司债权人申报的债权人对公司的债权。

聘请了审计师进行财务审计的,由审计师核实并造册登记。没有聘请审计师的,由清算组自行清理债权、债务并造册登记,包括根据债权人申报债权的情况,核对和确认公司债务。

债权人对清算组核定的债务有异议的,可以要求清算组重新核定。清算组不予重新核定,或者债权人对重新核定的债务仍有异议,债权人以公司为被告向人民法院提起诉讼请求确认的,人民法院应予受理。

律师参与清算的,应当协助清算组完成下列工作:

①债权、债务清点,即根据公司现有资料初步清点对外债权债务的情况,登记造册;

②债权、债务核对,即与公司债权人和债务人核对债务、债权的项目、当事各方、金额、期限和履行情况等要点,方法是双方进行债权债务证据的交换和核查、核对,包括与债权人申报债权的资料相核对;

③确定了结方案,即与清算组和公司相关经营管理人员研究确定清算组与债权人和债务人协商了结债务、债权的具体方案;

④协商了结债权、债务,即协助清算组与债权人和债务人进行了结债务、债权的磋商、谈判;

⑤代理诉讼、仲裁,即在与债权人或债务人协商了结债务或债权未果的情况下,及时协助清算组制订诉讼或仲裁方案,并依照清算组授权履行代理人职责;

⑥监督债权回收和债务清偿的执行,即协助清算组跟踪和监督经协商或经裁判确定的债权回收和/或债务清偿方案的实际执行。

律师参与上述清算工作,尤其应当关注公司营业活动已经停止,而股东正在等待分配剩余财产、雇员正在等待遣散、债权人正在等待清偿这一事实,也就是说,在协助清算组制订债权、债务了结方案以及参与和债权人或债务人的协商时,不要忽略清算的时间成本,不要忽略清算费用,不要忽略公司剩余财产可能会随时间的流逝出现大幅贬值。

3. 编制资产负债表和财产清单

清算组以其成立日为基准日编制公司资产负债表和财产清单。如果聘请了审计师和评估师,资产负债表由审计师编制,财产清单由评估师编制。

4. 制订清算方案并报成立清算组的机构

此处所称清算方案即债务清偿和剩余财产分配方案。

剩余财产分配通常包括两种方式：

①向股东或第三人出售(包括拍卖)全部或部分资产，所得现金用于清偿债务和分配；

②直接将剩余财产作价，用于清偿对债权人的债务和对股东的分配，此时可能存在获得资产分配的股东需要进行现金补差或资产置换等情形。

律师参与清算的，应当尤其关注：

①支付清算费用，支付职工工资、社会保险费用和法定补偿金，缴纳所欠税款应当以现金方式进行；

②制订以资产向债权人清偿或向股东分配的方案需要事先取得相关债权人和/或股东的同意；

③资产处置方案应当不存在法律或法规限制、资产权属瑕疵限制或第三人权利限制；

④资产处置的费用已经得到合理考虑和安排；

⑤无论公司章程对公司股东表决权和利润分配权进行何种特别规定，进行剩余财产分配时，有限责任公司均按照股东的出资比例分配，股份有限公司均按照股东持有的股份比例分配。

清算方案制订后应当立即报告公司股东(大)会、吊销或撤销公司的行政机关、责令公司关闭的相关主管部门或决定公司解散的人民法院。

5. 发现破产事由时申请破产

清算组在清理公司财产、编制资产负债表和财产清单以后，如果发现公司财产不足以清偿债务的，可以与债权人协商制作有关债务清偿方案。债务清偿方案经全体债权人确认且不损害其他利害关系人利益的，人民法院可依清算组的申请裁定予以认可。清算组依据该清偿方案清偿债务后，应当向人民法院申请裁定终结清算程序。债权人对债务清偿方案不予确认或者人民法院不予认可的，清算组应当依法向人民法院申请宣告破产。

四、清偿债务、分配财产

公司财产能够清偿公司债务的，律师应当提示清算组按照如下顺序清偿债务及分配财产：

①支付清算费用；

②支付职工工资、社会保险费用和法定补偿金；

③缴纳所欠税款；

④清偿债务；

⑤向股东分配。

律师参加清算的，应当尤其关注存在抵押、质押、留置等担保物权的债务应当优先得到清偿。

第三节　破产清算程序

以前面两节为基础，本节试图提炼出破产清算程序的操作特点。

一、破产程序的特点和要点

破产清算程序是一种特殊的非自愿清算程序，该程序具有如下特点和操作要点，律师需要牢记并掌握。

1. 破产程序既可以由公司提起也可以由公司的债权人提起

根据《企业破产法》第2条的规定，提起破产程序的事由为企业法人不能清偿到期债务，并且资产不足以清偿全部债务或者明显缺乏清偿能力。据此，提起公司破产程序的前提，一是“清偿不能”；二是“资不抵债或者明显缺乏清偿能力”。

所谓"清偿不能"是指债权债务关系依法成立且债务履行期限已经届满且债务人未完全清偿债务。所谓"明显缺乏清偿能力"是指债务人账面资产虽大于负债,但因资金严重不足或者财产不能变现等原因,或因法定代表人下落不明且无其他人员负责管理财产,或因长期亏损且经营扭亏困难等原因,无法清偿债务,或经人民法院强制执行,无法清偿债务,或者出现导致债务人丧失清偿能力的其他情形而无法清偿债务。根据《企业破产法》第7条的规定,当公司不能清偿到期债务时,债权人可以申请公司进入破产程序。这是因为,要求债权人了解甚至证明公司资产不足以清偿全部债务或者明显缺乏清偿能力,既对债权人不公平,客观上也不现实。为此,只要其债权到期不能得到清偿,债权人即有权向人民法院申请公司破产清算。

而在一般清算程序中,提起清算程序的主体不包括公司的债权人。

2. 破产程序必须经历司法程序

破产程序必须向人民法院申请并经人民法院受理后方能开始。

破产申请由公司在市场监督管理机关登记的住所地人民法院受理。

破产申请书为法定格式文件,可以参考如下格式:

请求宣告债务人________破产申请书

申请人:________有限公司

住所地:________省____市____路____号

邮政编码:________

法定代表人:________,职务:董事长,电话:________

委托代理人:________律师

委托代理人工作单位:________律师事务所

委托代理人联系方式:

被申请人:________有限公司

住所地:________省____市____路____号

邮政编码:________

法定代表人:________,职务:董事长

被申请人联系方式:________

申请目的:请求裁定宣告被申请人破产清算

事实与理由:

申请人与被申请人于2005年11月19日签订号____《供货合同》,合同约定:由申请人向被申请人出售________等产品共计________标准箱,价款______万元,合同款在货到后5天一次性付清,申请人在合同签订后15日内向被申请人交货。上述合同签订后,申请人如约于2005年12月2日向被申请人交付了合同规定的全部产品,被申请人应于2005年12月7日前向申请人支付货款计______万元,虽经申请人一再催讨,被申请人至今一直未予支付。被申请人未就上述债务向申请人提供担保。

自2006年7月起,在追讨过程中,申请人从被申请人工作人员处获悉,被申请人数年来一直亏损严重,自2006年初以来即停止向所有债权人清偿,自2006年6月起已经基本停止生产经营,停止向其员工发放工资。另外,被申请人还在申请人的追讨函上回复:"我公司目前经营困难,暂无力偿付所欠贵公司货款。"

根据上述情况,申请人认为,被申请人的亏损状态已难改善,而现状继续下去将导致债权人最终得不到任何清偿,为此,根据《中华人民共和国企业破产法》第2条、第7条第

2款的规定,申请人特请求人民法院审查,裁定宣告被申请人破产清算,以使申请人的债权不致完全得不到清偿。

此致

________人民法院

申请人:________有限公司

法定代表人:

____年____月____日

附证据:

1. ________号供货合同
2. 申请人向被申请人交付货物的发货单
3. 被申请人签收货物的验收单
4. 申请人向被申请人催讨货款的函件及被申请人的回复
5. 显示被申请人停止生产经营的照片

债务人破产申请书

申请人(债务人):________有限公司

住所地:________省____市____路____号

邮政编码:________

法定代表人:________,职务:董事长,电话:________

申请目的:申请宣告债务人________有限公司破产清算

事实与理由:

申请人____年____月____日在________市市场监督管理局登记设立,注册资本为人民币____万元,公司《企业法人营业执照》号为________,经营范围为____。

自____年起,由于公司主要依靠举债进行外延式发展,发展规模过快,资金周转出现较大困难,而产品选型由于与市场需求存在较大差距,库存积压严重,加之同类产品更新发展很快,市场竞争激烈,现公司库存产品即使大幅减价也很难销售,因此,申请人几年来一直亏损严重,自____年____月以来已经停止向债权人清偿并停止生产经营。根据目前状况,公司要恢复生产、扭亏为盈已无希望。

根据经审计的财务报告,申请人资产为____万元,负债为____万元,资产负债率为____%,已属资不抵债。根据公司章程第____条之规定,公司股东会于____年第____次会议作出决议,决定公司向人民法院申请破产清算。公司职工代表大会____年第____次会议作出决定,同意公司向人民法院申请破产清算,同时通过了《职工安置预案》。

为此,根据《中华人民共和国企业破产法》第2条、第7条第1款的规定,申请人特请求人民法院裁定宣告申请人破产清算。

此致

________人民法院

申请人:________有限公司

法定代表人:________

____年____月____日

附:证据清单

1. 企业法人营业执照
2. 关于批准公司申请破产的股东会决议
3. 关于同意公司申请破产并通过职工安置预案的职工代表大会决议
4. [经审计的]申请日前最新月末的资产负债表、利润表和现金流量表
5. 亏损情况说明
6. 债权人(应付)明细表
7. 对外拥有的债权(应收)明细表
8. 流动资产清册
9. 房屋建筑物登记册
10. 其他固定资产清册
11. 土地使用权登记册
12. 其他无形资产清册
13. 对外长期投资清册
14. 共有财产登记册
15. 银行开户情况明细表
16. 保证、抵押、质押、留置、定金情况明细表
17. 申请人为原告或上诉人的诉讼/仲裁情况表
18. 申请人为被告或被上诉人的诉讼/仲裁情况表
19. 员工名册
20. 员工安置预案

律师需要注意,上述第2至第20项资料是进行破产财产分配的基础资料。如果担任公司的法律顾问,则上述资料均需要律师参与制订或审核确认;如果担任管理人、管理人聘请的法律顾问或债权人聘请的法律顾问,则律师的工作重点之一也是审核确认上述资料。

人民法院受理破产申请以后,所有实体性和程序性的事项都由人民法院行使最终决定权。

建议律师尤其注意,对于下述事项,人民法院将以裁定方式作出决定:

①决定是否受理破产申请以及受理破产申请时指定管理人;

②在破产申请受理后、破产宣告前,决定驳回破产申请;

③确认债权人和公司均无异议的债权表;

④决定是否撤销债权人会议决议;

⑤决定公司是否进入重整程序;

⑥决定是否接受公司或管理人请求,在6个月期限届满后将重整计划草案的提出期限延长3个月;

⑦决定是否认可甚至强制批准重整计划,从而决定是以积极原因还是以消极原因终止重整程序;

⑧决定是否接受管理人请求,延长重整计划执行的监督期限;

⑨决定终止重整计划的执行并宣告公司破产;

⑩决定公司进入和解程序;

⑪决定是否认可和解协议,从而决定是以积极原因还是以消极原因终止和解程序;

⑫确认因公司欺诈或其他违法行为而成立的和解协议无效;

⑬决定是否认可公司与全体债权人在破产申请受理后,就债权债务的处理自行达成的协

议，从而决定是否终结破产程序；

⑭决定终止和解协议的执行并宣告公司破产；

⑮在债权人会议表决未通过时决定公司财产的管理方案；

⑯决定撤销破产申请受理前 1 年内涉及公司财产的显失公平的行为；

⑰决定是否撤销破产申请受理前 6 个月内公司已出现破产事由，仍对个别债权人单独清偿的行为；

⑱确认涉及公司财产的为逃避债务而隐匿、转移财产或虚构债务或承认不真实的债务的行为无效；

⑲在无重整程序或和解程序时宣告公司破产；

⑳在重整程序或和解程序消极终止时宣告公司破产；

㉑在债权人会议表决未通过时决定破产财产的变价方案；

㉒认可债权人会议通过的破产财产分配方案或强制决定破产财产分配方案；

㉓在公司恢复支付能力时或破产财产清算分配完毕时宣告破产程序终结。

律师无论以何种身份参与公司破产业务，对于人民法院的上述裁定应当关注其效力和当事人后续能够行使的法定救济手段：

①对于决定不受理破产申请或驳回破产申请的裁定，申请人不服的，有权提起上诉；

②对于决定公司财产的管理方案或破产财产的变价方案的裁定，任何债权人不服的，有权向作出裁定的人民法院申请复议，复议期间不停止裁定的执行；

③对于强制决定破产财产分配方案的裁定，享有无担保债权总额 1/2 以上的债权人不服的，有权向作出裁定的人民法院申请复议，复议期间不停止裁定执行；

④其他裁定一旦作出，立即发生效力，所有当事人都应当予以执行。

3. 公司控制权向独立的管理人转移

人民法院受理破产申请以后，公司对内、对外活动的决定权和公司财产的控制权将转移给管理人。管理人由人民法院指定。律师可以担任管理人，也可以受管理人聘请担任其法律顾问。

4. 公司财产受到破产程序保护

人民法院受理破产申请，将会产生使公司和公司财产获得如下特别保护或优先的后果：

①公司对任何个别债权人的清偿均为无效，即任何个别债权人不能向公司主张清偿；

②附加于公司财产上的所有保全措施都自动解除（无论采取保全措施的人民法院是否裁定解除现有保全）；

③尚未执行完毕的执行程序应当中止，管理人应当立即通知执行法院公司破产的申请已经被受理；

④已经开始尚未终结的与公司有关的民事诉讼或者仲裁应当中止，待管理人接管公司财产以后再恢复进行；

⑤与公司有关的民事诉讼，只能向受理破产申请的人民法院提起；

⑥管理人有权单方决定破产申请日前已成立但双方均未履行完毕的合同是否继续履行，但管理人决定后未在法定期限内通知对方、对方催告后未答复对方或对方要求提供继续履行担保而未提供的，视为解除合同；

⑦管理人可以按债权额或留置/抵押物市价孰低原则，向债权人清偿债务或提供担保，取回留置物或抵押物；

⑧如果公司出资人尚未履行完毕出资义务，则管理人应当要求出资人缴付所认缴的全部出资，而不受出资期限的限制；

⑨公司的债务人应当向管理人清偿债务或交付财产。

5. 公司的某些行为可能会被申请撤销甚至被确认无效

公司的如下行为因为侵犯或涉嫌侵犯债权人利益,管理人可以申请人民法院确认无效或撤销,对于任何人因为这些行为而获得的公司的财产,管理人都有权取回或获得对等的给付:

(1)在人民法院受理公司破产申请日以前6个月内已经出现破产事由,仍然向个别债权人清偿,且这项清偿没有使公司的财产收益。

(2)在人民法院受理公司破产申请日以前的1年内从事的显失公平、涉嫌侵犯债权人利益的行为,包括:

①无偿转让财产;

②以明显不合理的价格进行交易;

③对没有财产担保的债务提供财产担保;

④对未到期的债务提前清偿;

⑤放弃债权。

(3)无论何时从事的损害债权人利益的行为,即为逃避债务而隐匿或转移财产、虚构债务或者承认不真实的债务。

另外,无论何时公司的董事、监事或者高级管理人员利用职务便利侵占公司财产或利益的行为,包括利用职务便利从公司获取非正常收入和侵占公司财产等,均属无效行为,管理人应当追回那些非正常收入或公司财产。

6. 债权人在破产程序中拥有较大影响力

与普通清算相比较,债权人拥有如下特别权利:

①在第一次债权人会议上核查管理人在债权登记表上记载的各自申报的债权,有异议的有权提出改正,直至提起诉讼;

②通过债权人会议申请人民法院更换管理人,审查管理人的费用和报酬;

③监督管理人的管理行为;

④参与设立债权人委员会并选举或更换其成员的表决;

⑤参与决定继续或停止公司营业的表决;

⑥参与通过公司重整计划的表决;

⑦参与通过公司和解协议的表决;

⑧参与通过公司财产的管理方案的表决;

⑨参与通过破产财产的变价方案的表决;

⑩参与通过破产财产的分配方案的表决。

债权人行使上述权利的方式和途径为参加债权人会议。

7. 公司可能通过重整而复兴

公司重整为破产程序中的一个特别子程序,它试图在公司出现破产事由但仍有改善可能的情况下,在消极分配公司剩余财产以前,通过债权人的适当让步和公司自身的努力,尝试使公司走出支付不能的困境,恢复正常持续经营的能力,从而保障债权人、出资人和雇员等各利益相关方的最终利益。如果公司没有出现持久的且难以恢复或即使恢复也无经济意义的业务停止情况,则律师可以建议公司、公司股东或实际控制人、管理人和债权人考虑重整。

(1)重整申请的提出

重整程序由有关当事人提出申请,经人民法院裁定批准方为开始,至人民法院裁定终止时结束。重整程序因为积极原因结束的,公司重组将继以重整计划的执行。

以下三类当事人可以提出公司重整:

①公司。公司既可以在破产事由出现后、破产申请提出前直接申请重整,也可以在债权人申

请公司破产被人民法院受理以后、破产宣告以前,申请对公司进行重整。

②债权人。债权人可以在公司支付不能事由出现后、破产申请提出前直接申请对公司进行重整。

③公司的出资人。占公司注册资本 10%以上的出资人,可以在债权人申请公司破产被人民法院受理以后、破产宣告以前,申请对公司进行重整。

(2)重整程序开始的效力

人民法院经审查,认为公司已经出现破产事由但公司存在重组复兴可能,申请人具备申请主体资格且申请程序合法,裁定公司重整并公告,公司自裁定下达日起,进入重整程序。

公司进入重整程序以后:

①如果破产申请尚未提出,公司暂停对任何个别债权人单独清偿债务;

②如果破产申请已经被受理,正在进行的破产清算或和解程序中止;

③对公司特定财产享有担保权的债权人暂停行使担保权,除非担保物有损坏或价值明显减少的可能;

④公司出资人不得要求进行利润分配;

⑤公司董事、监事和高管人员不得向第三人转让所持公司股权,除非经人民法院同意;

⑥人民法院已经指定了管理人的,公司可以向人民法院申请在管理人的监督下,公司恢复自行管理财产和营业事务。

(3)重整程序的终止

重整程序可以因为消极原因而终止,也可以因为积极原因而终止。因为消极原因终止的,人民法院在裁定终止重整的同时,宣告破产。因为积极原因终止的,人民法院裁定终止重整,同时公告重整计划的执行,公司所有对外法律关系均按重整计划确认和执行。

重整程序终止的消极原因包括:

①公司经营状况和财产状况继续恶化,缺乏挽救的可能性;

②公司有欺诈、恶意减少财产或其他显著不利于债权人的行为;

③由于公司的行为致使管理人无法执行其职务;

④公司或者管理人在人民法院作出重整裁定之日起 6 个月内以及经人民法院延期裁定之日起 3 个月内,没有向人民法院和债权人同时提交重整计划;

⑤债权人会议没有通过重整计划,并且人民法院也没有依照《企业破产法》第 87 条的规定强制批准重整计划,或者虽然债权人会议通过了重整计划,但人民法院没有批准重整计划。

重整程序因为消极原因而终止,将导致公司重整终止。

重整程序终止的积极原因包括:

①债权人会议按照《企业破产法》第 84 条、第 85 条和第 86 条的规定分组表决通过了重整计划,经管理人或公司申请,人民法院裁定批准重整计划;

②虽然债权人会议分组表决未通过重整计划,但如果符合《企业破产法》第 87 条第 2 款规定的情形,经管理人或公司申请,人民法院裁定强制批准重整计划。

(4)重整程序积极终止后重整计划的执行

重整计划的执行是重整程序终止后,公司重整的积极继续。

重整计划由公司负责执行,公司恢复对财产和营业事务的控制权和管理权。

重整计划可能包括增减注册资本、公司合并或分立、资产收购、置换或处置、股权或债权转让、债务减免、第三人代公司清偿债务或提供清偿担保、职工分流等安排,因此需要所有当事方的共同参与,需要管理人作为牵头协调人和执行监督人。重整计划中应当设定监督期,管理人在监督期内监督重整计划的执行,公司要向管理人报告重整计划执行情况、公司营业情况和财务状况。

无论是否参与表决,也无论是否赞成,重整计划一旦经人民法院裁定批准,即发生效力,对债权人、公司和公司的出资人都具有约束力。

(5)重整计划执行的终止

重整计划执行的终止是公司重整终止的方式之一。

重整计划的执行可以因为消极原因而终止,也可以因为积极原因而终止。

因为消极原因终止的,人民法院在裁定终止重整计划执行的同时,宣告公司破产。重整计划执行终止的消极原因主要是债权人、公司或出资人没有执行或不能执行重整计划,导致重整计划的目的无法实现,经人民法院裁定后,债权人在重整计划中作出的所有关于债权调整的承诺随之自动无效,但债权人因为重整计划的执行而获得的清偿仍然有效,债权人就原债权额扣减已受清偿额的余额部分主张权利,参与破产财产分配。

因为积极原因终止的,属于当事各方自愿执行重整计划完毕,故人民法院不再主动介入,公司所有对外法律关系均按重整计划的执行结果确定,公司依照重整计划被减免的债务也获得最终豁免,无需再偿还。重整计划的执行因积极原因而终止,表明公司重整的目的已经圆满实现。

如果重整计划的执行结果出现了公司已经清偿全部到期债务,或者第三人已经代公司清偿全部到期债务,或者第三人为公司提供了足额的偿债担保的情形,则公司、公司的出资人、债权人或管理人均可以申请人民法院终结破产程序,人民法院审查确认无误后,应当裁定终结破产程序并予公告。

8. 公司可以通过与债权人达成债务和解的途径避免破产清算

和解程序也是破产程序中的一个特别子程序,和重整程序的设置目的相同,它也试图挽救公司,避免公司在出现破产事由但仍有改善可能的情况下被宣告破产。但律师需要提示公司及其债权人,重整是试图变更公司要素来重组和再生,而和解是试图通过达成债务清偿条件的变更来改变支付不能的现状,故和解对公司的挽救效果有限,各利益关系方作出的挽救措施也有限,主要是通过债权人和公司就公司债务的清偿条件达成协议,尝试使公司走出支付不能的困境,恢复正常的持续经营能力。

(1)和解申请的提出

和解程序由公司提出申请,经人民法院裁定批准方为开始,至人民法院裁定终止时结束。和解程序因为积极原因结束的,债务和解将继以和解协议的执行。

公司既可以在破产事由出现后、破产申请提出前直接申请和解,也可以在人民法院受理破产申请以后、破产宣告以前申请和解。

(2)和解程序开始的效力

人民法院经过审查公司提出的和解申请和所附和解协议草案以及公司财务、业务等其他相关材料,认为公司已经出现破产事由但存在公司与债权人达成和解协议从而避免破产宣告的可能,裁定公司和解并公告,同时召集债权人会议讨论和解协议草案。公司自裁定下达之日起,进入和解程序。

公司进入和解程序以后:

①债权人会议讨论和解协议草案,通过该草案需要获得出席会议的有表决权的债权人过半数同意,并且其所代表的债权额占无财产担保债权总额的2/3以上。

②对公司特定财产享有担保权的债权人可以选择行使担保债权,也可以选择不行使优先权,在没有表决权的情况下,准备接受可能通过的和解协议对自己的约束。

(3)和解程序的终止

公司和解可以因为消极原因而终止,也可以因为积极原因而终止。

和解终止的消极原因是和解协议草案没有获得债权人会议表决通过或虽获通过但没有获得

人民法院认可。此时,人民法院在裁定终止和解程序的同时,宣告公司破产。

和解终止的积极原因是债权人会议表决通过和解协议草案并且人民法院裁定予以认可,并裁定终止和解程序,同时予以公告。公司与所有债权人的债权债务关系均按人民法院认可的和解协议确认和执行。

(4)和解程序积极终止后和解协议的执行

和解协议的执行是和解程序终止后,债务和解的积极履行。

和解协议经人民法院认可后,公司恢复对财产和营业事务的控制权和管理权,管理人履行和解协议执行监督人的职能。

无论是否参与表决,也无论是否赞成,和解协议一旦经人民法院裁定认可即发生效力,对公司以及在人民法院受理公司破产申请(或公司自行直接提出和解申请)时享有无担保债权的所有债权人都自动具有约束力。但上述债权人对于公司的保证人和/或连带债务人的权利不受和解协议的影响或约束。

(5)和解协议执行的终止

和解协议的执行可以因为消极原因而终止,也可以因为积极原因而终止。

和解协议的执行因积极原因而终止,表明债务和解的目的已经圆满实现。

和解协议执行终止的消极原因主要包括:

①和解协议无效。如果和解协议被证明系因公司欺诈或其他违法行为而成立,则人民法院在裁定和解协议无效的同时,宣告公司破产。债权人因为和解协议的执行而获得的清偿,在其他债权人所受清偿同等比例的范围内不再返还。

②和解协议不执行或不能执行。如果公司没有执行或不能执行和解协议,导致和解目的无法实现,经和解债权人请求则人民法院裁定终止和解协议的执行,并宣告公司破产。原来受和解协议约束的债权人在和解协议中作出的所有关于债权调整的承诺随之自动无效,但债权人因为和解协议的执行而获得的清偿仍然有效,债权人就原债权额扣减已受清偿额的余额部分主张权利,参与破产财产分配,但须在其他债权人同自己所受的清偿达到同一比例时,才能继续接受分配。

和解协议可以因为当事各方自愿执行协议完毕而积极终止,此时,人民法院也不再主动介入,公司所有对外法律关系均按和解协议的执行结果确定,公司依照和解协议被减免的债务也获得最终豁免,无需再偿还。

如果和解协议的执行结果出现了公司已经清偿全部到期债务的情形,则公司、债权人均可以申请人民法院终结破产程序,人民法院审查确认无误后,应当裁定终结破产程序并予公告。

9. 破产宣告是正式进入破产实质程序的标志

破产宣告是人民法院对公司符合破产实体和程序要件的正式确认。公司被宣告破产以后开始被称为破产人,公司财产被称为破产财产,在人民法院受理破产申请时对公司享有的债权称为破产债权。

之所以单独设定人民法院宣告破产的程序,是因为在确认重整程序或和解程序对公司都不可行,确认公司已经无法避免财产清算、主体消灭的后果之后,再确认公司破产的事实,就制度设计而言相对较为完善。

出现下列情形之一,人民法院宣告公司破产:

①在受理破产申请以前或以后,没有重整申请或和解申请提出,被申请的公司符合《企业破产法》第2条规定的条件;

②公司重整程序消极终止;

③公司重整计划的执行消极终止;

④公司和解程序消极终止;

⑤公司和解协议的执行消极终止。

人民法院宣告公司破产以裁定的方式作出。

10. 裁定破产程序终结是破产司法程序的终结

(1)破产程序终结的情形

在破产宣告以前,破产程序因为出现如下积极原因,由管理人、公司或债权人申请,经人民法院裁定而终结:

①公司已经清偿全部到期债务;

②第三人已经代公司清偿全部到期债务;

③第三人已经为公司提供了足额的偿债担保。

在破产宣告以后,破产程序因为出现如下消极原因,由管理人请求,经人民法院裁定而终结:

①公司财产已不足以清偿到期应付的破产费用;

②破产人已无财产可供分配;

③破产财产已最后分配完结。

(2)破产程序终结的后续工作

破产程序经人民法院裁定终结后:

①管理人办理破产人的注销登记;

②管理人在办理完毕破产人注销登记之次日起终止执行职务,但尚有未决诉讼或仲裁时除外;

③在人民法院裁定破产终结之日起2年内,发现有依法应追回财产或破产人有应当供分配的其他财产时,债权人有权请求人民法院按照破产财产分配方案追加分配,但若财产不足支付分配费用的,不再追加分配,由人民法院将财产上缴国库。

二、破产业务的操作要点

1. 公司(即债务人)或公司的主要出资人的律师应当关注的要点

(1)破产申请提起阶段

在债权人向公司追偿债权未果或债权人已经对公司提出破产申请的情况下,律师应当协助公司分析并选择如下可能的应对方案:

①承认债权人的破产申请,向人民法院提交《企业破产法》第11条第2款规定的相关资料,期待破产程序对公司财产的保护,摆脱众多债权人的追债,准备将公司事务和财产的管理权移交法院指定的管理人;

②对债权人提出的破产申请提出异议,并向人民法院提交相关资料证明自己不属于“支付不能”和“资不抵债”的情形,期待法院不受理债权人的申请;

③先主动向人民法院提出重整申请,期待人民法院决定公司进入重整程序,以图公司走出财务困境,实现重组和复兴;

④先主动向人民法院提出和解请求并提交拟与主要债权人协商订立的和解协议草案,以图公司在有可能恢复支付能力和持续经营能力的情况下获得喘息时机,避免破产关闭。

(2)破产申请受理以后至破产宣告以前阶段

在人民法院已经受理破产申请(尤其是债权人对公司提出的破产申请)但尚未宣告破产的情况下,律师应当协助公司分析并选择如下可能的应对方案:

①向人民法院提出请求,提交相关资料证明自己不属于“支付不能”和“资不抵债”的情形,期待法院驳回债权人针对公司提出的破产申请;

②协助管理人核实债权人的债权申报,尤其核实债权金额、性质、有无担保、有无共同债权人、有无连带债务人、是否已经进入诉讼或仲裁程序、是否采取了财产保全措施、裁决是否已经执行完

毕等情节；

③向管理人及债权人会议积极建议是否停止公司营业活动；

④在公司出资人或其他第三人可能提供帮助且破产清算并不符合大多数债权金额较大的债权人利益的情况下，自行或协调管理人共同向人民法院提出重整申请，期待人民法院决定公司进入重整程序；

⑤草拟、审阅或协助制订重整计划，协助公司参与重整谈判，协助制定有关重整的法律文件；

⑥在大多数债权金额较大的债权人可能同意协商调整债务支付条件的情况下，自行或协助管理人制订和解协议草案，并自行或与管理人共同向人民法院提出和解请求，期待人民法院决定公司进入和解程序；

⑦在公司因重整或和解而恢复对财产和营业的管理权以后，协助公司确定轻重缓急，妥善执行重整计划或和解协议，尽快改善财务状况；

⑧在公司已经自行清偿全部债务或者第三人代公司清偿了全部债务或提供了足额担保，公司应当及时申请人民法院终结破产程序。

2. 管理人或管理人聘请的律师或债权人聘请的律师应当关注的要点

(1)破产申请提起阶段

在公司(即债务人)已经出现支付不能的情形时，律师应当协助债权人分析并选择如下可能的应对方案：

①综合考虑其他债权人提起或债务人自己提起破产申请的可能性，确定在破产申请提出并被受理以前，通过协商或诉讼(仲裁)程序获得清偿的可行性，协助债权人决定是否及时向人民法院提出针对债务人的破产申请；

②研究分析债务人是否在实质上构成“支付不能”和“资不抵债”，从而协助债权人决定是否对人民法院作出的不受理破产申请或驳回破产申请的裁定提出上诉；

③针对债务人主动提起的重整或和解请求，协助债权人确定是否同意。

(2)破产申请受理以后至破产宣告以前阶段

在人民法院已经受理破产申请但尚未宣告破产的情况下，律师，无论作为管理人或管理人聘请的法律顾问，或者债权人的律师，应当关注并适当选择如下可能的应对方案：

①核对债权申报的正确性和及时性。尤其值得注意的是，管理人有义务调查清理《企业破产法》第 48 条第 2 款所列的不必申报的职工债权，列出清单后公示，职工对清单记载有异议可以要求管理人更正，要求未果的，职工有权向人民法院提起诉讼。另外，债权人或债务人对管理人编制的债权表所记载的债权有异议的，也都可以向人民法院提起诉讼；债权人不申报债权则不可以参加破产程序，也就失去了按照破产法规定的程序行使权利的机会，但债权人可以在破产财产最终分配前补充申报，只不过此前已经进行的分配无缘参与，而且，为审查和确认补充申报的费用，都由补充申报人承担；决定申请人民法院撤销破产申请受理前 1 年内涉及公司财产的显失公平的行为。

②参与债务人资产的清理，尤其关注资产的价值、权属、财产权利的瑕疵和限制、目前的占有和使用状况等情节，核对债务人移交的财产、印鉴、资料的真实性、完整性和正确性，确保管理人对债务人资产和营业事务的有效控制和管理；在发现债务人有大额资产下落不明并且无法合理解释财产去向时，考虑请求人民法院裁定驳回债务人自己提出的破产申请。

③核实债务人继续营业的能力，确定债务人与相对方均未履行完毕的合同是予以解除还是继续履行，审慎行使取回权、别除权和抵销权。

④主动通知有关裁判机构针对债务人的破产申请已被受理，债务人财产受破产程序保护，即现存的针对债务人财产的有关保全措施应予解除；进行中的有关诉讼、仲裁程序均应中止等待管

理人接管后再恢复进行;尚未完结的针对债务人财产的执行程序均应中止而由执行申请人向管理人申报债权;尚未完结的针对债务人的财产的执行程序在管理人接管后继续进行;破产申请受理后新提起的诉讼均应移送破产受理法院管辖;等等。

⑤发现并向人民法院报告涉及债务人财产的欺诈性无效行为,以及一定期间内发生的破坏向所有债权人公平清偿债务原则的行为和显失公平的行为,在人民法院裁定确认无效或撤销后,及时追回相关财产。

⑥确认债务人的出资人是否已经全额出资,未全额出资的要求其补足出资。

⑦确认债务人的董事、监事和高管人员,是否有利用职务之便从债务人处取得非正常收入或侵占债务人财产的情形,如有,予以追回。

⑧确认债务人的债务人应当向债务人清偿的金额,以及占有债务人财产的详细情况,要求相关方清偿债务或返还财产。

⑨管理人在行使上述追回权或要求权时,相对方可以提出异议,也可以向受理破产申请的人民法院提起诉讼;相对方既不按管理人的要求行为,也不提出异议或起诉的,管理人可以请求人民法院裁定后强制执行。

⑩管理人在进行对债权人利益有重大影响的财产处分行为之前,都应当报告债权人委员会,没有设立债权人委员会的,报告人民法院。

⑪随时关注债务人财产是否足以清偿破产费用和共益债务。

⑫审查确认债务人重整申请和重整计划的可行性,关注债权人会议关于重整计划的表决机制:按债权类别分组(甚至可能包括债务人的出资人组)表决;同一表决组债权人过半数且代表该组债权总额 2/3 以上同意方为该组通过;部分表决组未通过时,可以在协商后再表决一次。注意在部分表决组通过的前提下,人民法院对于符合法定条件的重整计划可以强制批准;另外,即使债权人会议通过了重整计划,人民法院也可以不予批准。

⑬审查确认债务人和解申请和和解协议的可行性,关注债权人会议关于和解协议的表决机制:出席会议的债权人过半数且代表无财产担保债权总额的 2/3 以上同意方为通过。注意,即使债权人会议通过了和解协议,人民法院也可以不予认可。

(3)在破产宣告以后阶段

①以债权人利益最大化为原则确定破产财产变价方案,尤其是变价出售方式。

②对特定破产财产享有担保权的别除权人就该特定财产优先受偿。

③注意在随时清偿破产费用和共益债务以后,职工债权的清偿最为优先,也最为敏感;另外,董事、监事和高管人员的工资按债务人职工的平均工资计算。

④注意对于未决债权额和附条件债权额提存分配额,对未受领的分配财产提存。

⑤破产程序终结后,债权人对于按照破产程序未获得清偿的债权,有权继续向破产人的保证人和连带债务人追偿。

(4)律师事务所担任管理人的利害关系审查及利益冲突排除

提示律师和律师事务所注意:律师事务所担任破产管理人往往牵涉大量民事主体和民事关系,而管理人受人民法院指定,行使具有准公共权力性质的职能,需要始终保持专业、中立、公允的立场,不受自己与债务人、债权人及其他利害关系人特殊关系的影响,因此必须严格对照受最高人民法院《关于审理企业破产案件指定管理人的规定》第 23、24 和 25 条和中华全国律师协会《律师执业行为规范(试行)》(2017 年修订)第 49、50、51、52 条以及《律师协会会员违规行为处分规则(试行)》(2017 年修订)第 20、21 条的规定,严格进行利害关系审查和利益冲突排除。发现存在或者可能存在利害关系或利益冲突的,应当在法院指定前向法院真实、准确及全面披露和申报,由法院决定是否指定,并根据法院的决定采取对应的排除措施。

第四节　公司解散的登记

无论清算与否或自愿与否,公司解散均应以办理完毕注销登记手续为完结。

办理公司解散的注销登记手续通常不属律师业务范围,但律师亦需要审核确认公司办理该等手续是否符合法定要求。

一、无需清算的注销登记

如前所述,无需清算的公司解散情形为公司合并或分立。

在发生公司合并的情况下,采取吸收合并方式的,吸收方办理变更登记,被吸收方办理注销登记;采取新设合并方式的,合并各方合并设立的新公司办理设立登记,合并各方办理注销登记。

在发生公司分立的情况下,采取解散分立方式的,原公司办理注销登记,新设立的两个以上的公司办理设立登记。而如果采取存续分立方式,则存续公司办理变更登记,因分立而新设的公司办理设立登记,没有任何公司需要办理注销登记。

如果发生公司合并,则拟解散公司应当在公开披露合并事宜的公告刊载于报纸之日起 45 天以后,及时向登记机关申请办理注销登记;如果发生公司分立,拟解散公司应当在公开披露分立事宜的公告刊载于报纸以后,及时向登记机关申请办理注销登记。

在公司合并或分立时办理相关公司注销登记的,提交如下文件:

①企业注销登记申请书;

②指定(委托)书;

③公司股东(大)会作出的关于批准合并或分立决议;

④合并或分立的当事各方(包括拟设立的新公司)签署的合并协议或分立协议;

⑤有权机关批准本次合并或分立的批准文件(如需批准);

⑥合并或分立的当事各方在报纸上公告合并或分立事宜的报样;

⑦企业法人营业执照正、副本。

二、需要清算的注销登记

如前所述,如果公司不是因为合并或分立的原因而解散,则都属于需要进行清算的公司解散。

在完成清算程序以后 30 天内,清算组向公司登记机关申请办理注销登记。

清算组应当提交如下文件:

①企业注销登记申请书;

②指定(委托)书;

③公司股东(大)会或一人有限责任公司的股东作出的关于解散公司的决议或决定;或者登记机关作出的关于吊销公司营业执照或撤销登记的决定;或者有关主管部门作出的关于责令公司关闭的决定;或者人民法院的破产裁定、解散裁判文书;

④经有权决定公司解散的内部或外部机关确认的清算报告;

⑤公司在报纸上公告解散事宜的报样;

⑥企业法人营业执照正、副本。

参与公司解散事宜的律师应当注意,登记机关根据具体情形,可能要求:

①提供解散公司已经就债权债务处理、职工安置、税款交付等事项进行妥善安排,不存在争议的证明;

②提供至少两次公告报样,并且这些公告报样应当明确包括本公司解散的内容;

③如果公司的设立和重大变更依法或者依照章程需要有关机关许可或批准的,无论是基于主体身份、产业政策或者行业管理,均需要提供原许可或批准机关批准公司解散的许可或批准文件;

④如果本公司存在分公司,则需提供已注销分公司的登记证明。

第八编　知识产权法律业务基本技能

第一章　概　　述

本 章 提 示

掌握知识产权的相关法律知识，是一名执业律师的“基本功”。本章主要介绍知识产权的基本知识，我国知识产权的法律体系和保护机制，以及当前律师知识产权业务的概况，有助于实习律师初步了解知识产权业务的基本操作，形成办理知识产权业务的基本思维。

第一节　知识产权基本知识

一、知识产权的概念

知识产权（Intellectual Property），是指基于人的创造性智力成果并依照法律所产生的权利。或者说，知识产权是指法律赋予智力成果完成人对其特定的创造性智力成果在一定期限内享有的专有权利。随着世界知识产权组织的成立和有关知识产权国际公约的订立，知识产权已经成为世界各国对智力成果权的通用名称。

1967 年 7 月 14 日签订、1970 年 4 月 26 日生效的《建立世界知识产权组织公约》第 2 条（8）款对“知识产权”的范围作了如下概括：①与文学、艺术及科学作品有关的权利；②与表演艺术家的表演活动、录音制品和广播有关的权利；③与人类在一切领域创造性活动产生的发明有关的权利；④与科学发现有关的权利；⑤与工业品外观设计有关的权利；⑥与商品商标、服务商标、商号及其他商业标记有关的权利；⑦与防止不正当竞争有关的权利；⑧一切来自工业、科学及文学艺术领域的智力创作活动所产生的权利。中国于 1980 年 6 月 3 日加入该组织，成为第 90 个成员国。

1994 年 4 月 15 日签署签订、1995 年 1 月 1 日生效的世界贸易组织《与贸易有关的知识产权协定》（TRIPs）第 1 条规定的“知识产权”是指协定第二部分第一节至第七节主题的所有类别的知识产权：①版权和相关权利；②商标；③地理标识；④工业设计；⑤专利；⑥集成电路布图设计（拓扑图）；⑦对未披露信息的保护。

传统的知识产权分为工业产权和版权两大类。其中，工业产权包括三类：创造性成果权（包括发明专利权、实用新型权、外观设计权），识别性标记权（包括商标权、服务标记权、商号权、货源标记权和原产地名称权）和制止不正当竞争权。版权包括作品创作者权和作品传播者权两类。作品创作者权就是一般所讲的著作权或版权（狭义），可分为经济权利（财产权）和精神权利（人身权）两种；作品传播者权就是一般所讲的版权的邻接权，又称为与版权有关的权利，包括表演者权、录制者权、广播者权、出版者权等。①

随着科学技术的迅速发展，知识产权的保护对象不断扩大，涌现出新型的智力成果，例如计算机软件、生物工程技术、遗传基因技术、植物新品种等，也已成为当今世界各国公认的知识产权保护客体。②

---

①　参见李顺德：《知识产权法律基础》，中国知识产权培训中心远程教育课程，载中国知识产权培训中心网，访问日期：2018 年 1 月。

②　参见蒋志培：《知识产权司法保护实务若干问题》，载中国知识产权司法保护网，访问日期：2018 年 1 月。

二、知识产权的特征

一般认为,知识产权具有客体的无形性、专有性、地域性、时间性、可复制性等特征。其中,地域性特征和时间性特征经常是律师在知识产权业务中需要考虑的重要问题。

(一)地域性

地域性,是指按照一个国家或地区法律获得承认和保护的知识产权,只能在该权利产生的领域内有效,在该国家或地区以外不具有法律效力。

因此,在涉外知识产权诉讼中,"地域性"就成为考查外国人能否在我国主张知识产权保护的首要因素。知识产权的地域性特征要求外国人要在我国主张知识产权,不能依据其所属国的知识产权法律,而必须依据我国的知识产权法律。

对于外国人的作品,在两种情况下可以获得我国的著作权保护:一是外国人、无国籍人的作品首先在中国境内出版的,依照我国著作权法享有著作权;二是外国人、无国籍人的作品根据其所属国或者经常居住地国同中国签订的协议或者共同参加的国际条约享有的著作权,受我国著作权法保护。近年来,美国微软公司在中国境内针对涉嫌侵权者提起多起侵犯计算机软件的著作权诉讼。美国微软公司提起的这些诉讼之所以可以被我国法院受理,主要原因在于:微软公司系美国法人,我国和美国均系《伯尔尼公约》的成员国,我国法律应对成员国的作品给予保护。根据我国《计算机软件保护条例》第 5 条第 3 款规定:"外国人、无国籍人的软件,依照其开发者所属国或者经常居住地国同中国签订的协议或者依照中国参加的国际条约享有的著作权,受该条例保护。"微软公司享有相关计算机软件的合法著作权,应当受到我国《计算机软件保护条例》的保护。①

对于外国人的发明创造,在外国取得的专利权,在我国不具有法律效力。外国人的发明创造要在我国得到保护,必须在我国申请并获得专利权。

对于外国人的商标,通常应在我国申请获得注册商标专用权后,才能得到我国商标法的保护。不过,当外国人的商标属于未在我国注册的驰名商标时,也可以受我国法律的保护。

对于外国人的制止不正当竞争诉求,则需根据其所属国与我国签订的协议或共同参加的国际条约办理。

此外,对于国内当事人而言,进行知识产权维权也应注意地域性的问题。曾有国内某公司咨询律师,该公司依据其马来西亚专利,针对国内另一公司在马来西亚起诉专利侵权并获得胜诉判决,那能否根据此判决直接认为另一公司在中国境内也构成专利侵权?这就涉及知识产权地域性的问题,马来西亚的专利权不及于中国境内,不能据此认定另一公司在中国境内也构成专利侵权。该当事人需要依据其中国专利起诉并经人民法院审判后才能确定另一公司是否在中国境内构成专利侵权。

(二)时间性

知识产权有法定的保护期限,在法定的保护期限内权利有效,超过了保护期限则权利终止。

不过应当注意的是,知识产权的终止或失效,只是权利的丧失,作为其客体的智力成果依然存在,只是由"专有领域"进入"公有领域",仍然具有使用价值。据悉,2014 年全球有 326 项药物基本化合物专利期满,2015 年有 293 种原研药(Brand Pharma)迎来专利期的结束,其中包括 80 多个可能影响细分领域市场格局的"重磅炸弹"。这些"重磅炸弹"药物专利到期当年约能给仿制药市场带来近百亿美元的市场。② 2021 年 4 月,国家卫健委等六部门组织专家对国内专利即将到期尚

---

① 参见陈阳:《微软诉某计算机公司侵害计算机软件著作权纠纷案例评析》,载中国法院网福州法院网,2016 年 1 月 6 日。

② 参见朱茜:《大量原研药专利到期,仿制药市场扩容》,载前瞻网,2014 年 8 月 25 日。

未提出注册申请及临床供应短缺、竞争不充分的药品进行遴选论证，制定了《第二批鼓励仿制药品目录》并发布了名单。名单覆盖的17个药品中，氯维地平、米拉贝隆、玛莫瑞林、艾司利卡西平、他司美琼、他喷他多、卡巴他赛7个品种在国内化合物专利已到期；奥贝胆酸、依利格鲁司他、阿福特罗3个品种在国内无化合物专利；阿福特罗等7个品种在国内化合物专利于2021—2022近两年内到期，最迟的噁拉戈利化合物专利将于2024年7月到期。此外，17个品种中氯维地平、米拉贝隆、卡巴他赛、去甲文拉法辛等品种获仿制药企业关注较多，每个品种有15家以上的仿制药企业申报注册申请，竞争激烈，其中氯维地平仿制申报企业最多，已有25家企业申报；其次是卡巴他赛有21家企业申报注册。①

知识产权的时间性特征，是律师在执业过程中审查知识产权有效性的重要考量因素。

【案例】

在一起电视剧本委托创作合同纠纷案中，原告文化公司以创作的电视剧本不符合合同约定为由，起诉要求被告某著名剧作家承担违约责任，并要求解除合同、退还全部稿费。原告诉请主张的理由之一就是：被告在创作电视剧本时，未经许可大量使用他人作品，涉嫌侵犯他人的著作权，导致电视剧本无法正常使用，违反了合同约定。后经庭审查明，被告在电视剧本中使用的作品均为历史资料和书籍，早已超过著作权的保护期限，被告可以使用，并不构成侵权。因此，原告从被告创作的电视剧本涉嫌侵犯他人著作权的角度认为被告违反合同，是难以成立的。

另外，在知识产权交易中，也要特别注意知识产权的时间性问题。律师要通过尽职调查明确标的知识产权的法律状态和时间期限，否则就有可能导致当事人的重大损失。

【案例】

北京某汽车厂在与外商进行合资谈判过程中，外方提出技术入股的具体方案，以其中的97件专利技术，共折合1 600万美元入股，该厂没有调查专利技术的法律状态就草草签约。后来得知，97件专利技术中的23件是过期的，还有29件已临近到期，13件则刚刚递交申请，没有授权，真正算数的专利只有32件，约占总专利数的33%。②

类似上则案例的问题，完全可以通过律师的尽职调查予以避免，至少在明确了标的知识产权的法律状态后，可以增加己方的谈判筹码，以争取更为有利的交易条件。

三、知识产权的主要种类

（一）专利权

专利权，是指国家依法授予发明创造者或者其权利继受者在一定时期内独占其发明创造的权利。

“发明创造”包括发明、实用新型和外观设计。其中，发明是指对产品、方法或者其改进所提出的新的技术方案。实用新型是指对产品的形状、构造或者其结合所提出的适于实用的新的技术方案。外观设计是指对产品的整体或者局部的形状、图案或者其结合以及色彩与形状、图案的结合

① 参见Y. J. M、三叶草：《世界知识产权日！又一批原研药专利到期》，载药智网，2021年4月27日。

② 参见李启章等：《对部分知识产权典型案例的分析报告之三》，载《中国知识产权报》，2005年12月15日。

所作出的富有美感并适于工业应用的新设计。

相应地,我国的专利权包括发明专利权、实用新型专利权和外观设计专利权三种。

发明专利权的期限为20年,实用新型专利权的期限为10年,外观设计专利权的期限为15年,均自申请日起计算。

此外,我国的专利法规定了专利保护期限补偿制度。专利权期限补偿制度是在发明专利获得授权后,国务院专利行政部门就发明专利在授权过程中的不合理延迟以及新药发明专利由于新药上市审评审批占用时间给予专利权期限补偿的一种制度。专利权期限补偿主要包括以下两种情形:(1)自发明专利申请日起满4年,且自实质审查请求之日起满3年后授予发明专利权的,国务院专利行政部门应专利权人的请求,就发明专利在授权过程中的不合理延迟给予专利权期限补偿,但由申请人引起的不合理延迟除外。(2)为补偿新药上市审评审批占用的时间,对在中国获得上市许可的新药相关发明专利,国务院专利行政部门应专利权人的请求给予专利权期限补偿。补偿期限不超过5年,新药批准上市后总有效专利权期限不超过14年。

(二)商标权

商标权是商标专用权的简称,是国家依法授予商标注册人对其注册商标受法律保护的专有权。

在我国的商标法中,“商标”是指任何能够将自然人、法人或者其他组织的商品与他人的商品区别开的标志,包括文字、图形、字母、数字、三维标志、颜色组合和声音等,以及上述要素的组合。

注册商标的有效期为10年,自核准注册之日起计算。注册商标的有效期满,需要继续使用的,商标注册人应当在期满前12个月内办理续展手续。如果在该期间内没有办理续展的,可以给予6个月的宽展期。每次续展注册的有效期为10年,自该商标上一届有效期满次日起计算。需注意的是,如果期满未办理续展手续的,注册商标就会被注销。

【案例】

2021年凯度BrandZ最具价值全球品牌排行榜显示,上榜的100强品牌总价值较一年前增长了42%,涨幅超过了过去15年平均增幅的4倍。上榜的中国品牌达到了18个,这也使中国继续成为上榜品牌数量第二多的国家,并进一步拉开了与欧洲品牌的领先优势。榜单显示,美国品牌占据了100强中的56席;亚马逊和苹果是美国品牌的领先者,两者的品牌价值都超过了5000亿美元。中国的腾讯和阿里巴巴均巩固了自己全球前十强的地位,其中腾讯更是凭借60%的品牌价值增幅跻身全球前五强。茅台是全球价值最高的酒类品牌,是第二名(百威)的4倍。亚马逊卫冕了全球最有价值品牌的宝座,其品牌价值增长了64%,达到了6840亿美元(相当于波兰的GDP)。自从2006年首次进入BrandZ排行榜以来,亚马逊在去年的品牌价值增长幅度最大,一年内上升了2680亿美元,与苹果一起最先跨过了5000亿美元的品牌价值大关。苹果的品牌价值在今年达到了6120亿美元。榜单显示,去年增速最快的品牌是特斯拉:其品牌价值较一年前增长了275%达到了426亿美元,成为最具价值的汽车品牌。①

(三)著作权

著作权也称版权,是国家依法授予作者或其他著作权人在一定期限内对其作品的独占权。从广义上讲,著作权还包括邻接权,在我国的著作权法中被称为“与著作权有关的权利”,指的是作品

---

① 参见《18个中国品牌上榜2021年凯度BrandZ最具价值全球品牌100强》,载中国新闻网,2021年6月21日。

传播者享有的权利,包括出版者权、表演者权、录音录像制作者权、广播电视组织者权。

1. 著作权的主体

著作权的主体是作者或其他依法享有著作权的自然人、法人或者非法人组织,以及作品的传播者。

2. 著作权的客体

著作权的客体是作品以及作品的传播方式。作品是指文学、艺术和科学领域内具有独创性并能以一定形式表现的智力成果。作品的类型包括:文字作品,口述作品,音乐、戏剧、曲艺、舞蹈、杂技艺术作品,美术、建筑作品,摄影作品,视听作品,工程设计图、产品设计图、地图、示意图等图形作品和模型作品,计算机软件及符合作品特征的其他智力成果。

3. 著作权的内容

著作权的内容包括著作人身权和著作财产权。

著作人身权是指作者享有的与其作品有关的以人格利益为内容的权利,也称为精神权利。著作人身权与作者的身份紧密联系,专属于作者。包括:发表权、署名权、修改权、保护作品完整权。

著作财产权是指对作品利用、支配并因此获得报酬的权利,也称为经济权利。财产权可以许可他人行使,也可以转让给他人。包括:复制权、发行权、出租权、展览权、表演权、放映权、广播权、信息网络传播权、摄制权、改编权、翻译权、汇编权及其他权利等。

4. 著作权的保护期

著作人身权中的署名权、修改权、保护作品完整权的保护期不受限制。

著作人身权中的发表权以及著作财产权的保护期:自然人的作品,为作者终生及其死亡后50年,截止于作者死亡后第50年的12月31日;如果是合作作品,截止于最后死亡的作者死亡后第50年的12月31日。法人或者非法人组织的作品,以及著作权(署名权除外)由法人或者非法人组织享有的职务作品,发表权的保护期为50年,截止于作品创作完成后第50年的12月31日;著作财产权的保护期为50年,截止于作品首次发表后第50年的12月31日,但作品自创作完成后50年内未发表的,法律不再保护。

(四) 商业秘密

商业秘密是指不为公众所知悉、具有商业价值并经权利人采取相应保密措施的技术信息、经营信息等商业信息。

1. 商业秘密的客体

商业秘密的客体包括技术信息和经营信息等商业信息。

技术信息,主要包括:技术设计、程序、质量控制、应用试验、工艺流程、设计图纸(含草图)、工业配方、制作工艺、制作方法、试验方式和试验记录等。作为技术信息的商业秘密,称为"技术秘密",实践中也称为"专有技术""非专利技术"等。

技术信息可以是一项完整的技术方案,也可以是一项完整技术方案中的一个或若干个相对独立的技术要点。

经营信息,主要包括:管理方案、管理诀窍、客户名单、货源情报、产销策略、投融资计划、标书、标底等方面的信息。所有可能给权利人带来经济利益或竞争优势的经营类信息,都可以成为经营信息。作为经营信息的商业秘密,称为"经营秘密"。

2. 商业秘密的构成要件

(1)非公知性

商业秘密具有不为公众所知悉的属性,即具有"非公知性"或者"秘密性"。具体是指有关信息不为其所属领域的相关人员普遍知悉和容易获得。也就是说,作为商业秘密的技术信息和经营信息等商业信息,不是能从公开渠道直接获取的,也不是本领域人员众所周知的,而是需要利用一定的知识、经验或技巧,经过研究或者探索,以及投入相应的人力、财力、物力才能获得。

(2)价值性

商业秘密具有商业价值或者经济价值,能给商业秘密权利人带来经济利益或者竞争优势。

(3)保密性

商业秘密不同于商标权或专利权,不需要经过国家行政程序审批,而主要依赖于权利人采取相应的保密措施。

实践中,应当根据所涉信息载体的特性、权利人保密的意愿、保密措施的可识别程度、他人通过正当方式获得的难易程度等因素确定保密措施的方式。权利人采取的保密措施不要求是绝对的、无缺陷的,只要是合理的、适当的即可。

(五)集成电路布图设计专有权

集成电路布图设计专有权,是国家依法授予集成电路布图设计的创作者对其布图设计进行复制和商业利用的专有权利。

集成电路布图设计专有权包括:①对受保护的集成电路布图设计的全部或者其中任何具有独创性的部分进行复制;②将受保护的集成电路布图设计、含有该布图设计的集成电路或者含有该集成电路的物品投入商业利用。

集成电路布图设计专有权的保护期为 10 年,自集成电路布图设计登记申请之日或者在世界任何地方首次投入商业利用之日起计算,以较前日期为准。但是,无论是否登记或者投入商业利用,集成电路布图设计自创作完成之日起 15 年后,不再受我国法律保护。

集成电路布图设计专有权向国家知识产权局申请登记。集成电路布图设计登记申请经初步审查,未发现驳回理由的,国家知识产权局予以登记,发给登记证明文件,并进行公告。

(六)植物新品种权

植物新品种权,是指国家依法授予完成育种的单位或者个人对其所育品种享有的排他独占权。

植物新品种,是指经过人工培育的或者对发现的野生植物加以开发,具备新颖性、特异性、一致性和稳定性并有适当命名的植物品种。

植物新品种权包括:①未经品种权所有人许可,不得为商业目的生产或者销售该授权品种的繁殖材料;②未经品种权所有人许可,不得为商业目的将该授权品种的繁殖材料重复使用于生产另一品种的繁殖材料。

植物新品种权的保护期限,自授权之日起,藤本植物、林木、果树和观赏树木为 20 年,其他植物为 15 年。

植物新品种权的授权由农业农村部、国家林业和草原局按照职责分工共同负责。

其中,农业农村部负责农业植物新品种权的审批。农业植物新品种包括粮食、棉花、油料、麻类、糖料、蔬菜(含西甜瓜)、烟草、桑树、茶树、果树(干果除外)、观赏植物(木本除外)、草类、绿肥、草本药材、食用菌、藻类和橡胶树等植物的新品种。

国家林业和草原局负责林业植物新品种权的审批。林业植物新品种包括林木、竹、木质藤木、木本观赏植物(包括木本花卉)、果树(干果部分)及木本油料、饮料、调料、木本药材等植物的新品种。

第二节 中国知识产权法律体系和保护机制

知识产权法是调整人类在智力创造活动中因智力成果而产生的各种社会关系的法律规范的

总称。通俗地说,知识产权法是规范知识产权产生、获得、使用和保护的法律。

知识产权法可分为两大类,一类是国内法,由各国自主制定,从大多数国家的立法实践来看,一般是将知识产权法作为民事法律部门中的一种法律制度。另一类是国际法,主要包括各国公认的国际条约、国际惯例,以及双边或多边签署的协议。从国际法的原则来讲,一个国家所缔结的国际条约(包括双边协定),除了该国特别声明保留的、条约也允许保留的条款外,都应直接或间接地成为该国国内法的一个组成部分。①

一、我国制定的知识产权国内法律

(一) 基本体系

我国的知识产权制度建设起步较晚,但发展很快。20 世纪 80 年代以来,我国颁布实施了各类涵盖知识产权主要内容的法律法规及一系列相关的规章和司法解释,建立了符合国际通行规则、门类比较齐全的知识产权法律法规体系,并不断使其趋于完善。

我国建立的知识产权法律法规体系主要包括以下层级:

①知识产权法律,如《中华人民共和国著作权法》(以下简称《著作权法》)、《中华人民共和国商标法》(以下简称《商标法》)、《中华人民共和国专利法》(以下简称《专利法》)、《反不正当竞争法》《中华人民共和国促进科技成果转化法》(以下简称《促进科技成果转化法》)等。

②知识产权行政法规,如《中华人民共和国著作权法实施条例》(以下简称《著作权法实施条例》)、《中华人民共和国商标法实施条例》(以下简称《商标法实施条例》)、《中华人民共和国专利法实施细则》(以下简称《专利法实施细则》)、《中华人民共和国植物新品种保护条例》(以下简称《植物新品种保护条例》)、《中华人民共和国知识产权海关保护条例》(以下简称《知识产权海关保护条例》)、《计算机软件保护条例》《集成电路布图设计保护条例》《信息网络传播权保护条例》《著作权集体管理条例》《音像制品管理条例》《出版管理条例》《特殊标志管理条例》《奥林匹克标志保护条例》《专利代理条例》《国家科学技术奖励条例》等。

③知识产权地方性法规、自治条例和单行条例,如《北京市专利保护和促进条例》《广东省专利条例》《深圳经济特区企业技术秘密保护条例》等。

④知识产权部门规章,如《专利行政执法办法》《专利审查指南》《商标评审规则》《驰名商标认定和保护规定》《著作权行政处罚实施办法》《计算机软件著作权登记办法》《著作权质权登记办法》《国家工商行政管理局关于禁止侵犯商业秘密行为的若干规定》《国家工商行政管理局关于禁止仿冒知名商品特有的名称、包装、装潢的不正当竞争行为的若干规定》等。

⑤知识产权司法解释,如最高人民法院《关于审理专利纠纷案件适用法律问题的若干规定》、最高人民法院《关于审理侵犯专利权纠纷案件应用法律若干问题的解释》、最高人民法院《关于审理侵犯专利权纠纷案件应用法律若干问题的解释(二)》、最高人民法院《关于审理商标民事纠纷案件适用法律若干问题的解释》、最高人民法院《关于审理商标授权确权行政案件若干问题的规定》、最高人民法院《关于诉前停止侵犯注册商标专用权行为和保全证据适用法律问题的解释》、最高人民法院《关于审理著作权民事纠纷案件适用法律若干问题的解释》、最高人民法院《关于审理涉及计算机网络著作权纠纷案件适用法律若干问题的解释》、最高人民法院《关于审理涉及计算机网络域名民事纠纷案件适用法律若干问题的解释》、最高人民法院《关于审理不正当竞争民事案件应用法律若干问题的解释》、最高人民法院《关于审理侵犯商业秘密民事案件适用法律若干问题的规定》等。

---

① 参见李顺德:《知识产权法律基础》,中国知识产权培训中心远程教育课程,载中国知识产权培训中心网,访问日期:2018 年 1 月。

为了加强对知识产权切实有效的法律保护,2001年,我国在加入世界贸易组织前后,对保护知识产权的相关法律法规和司法解释进行了全面修改,在立法精神、权利内容、保护标准、法律救济手段等方面更加突出促进科技进步与创新的同时,逐步做到了与《与贸易有关的知识产权协议》以及其他知识产权国际规则相一致。2008年6月,我国发布并实施了《国家知识产权战略纲要》,新一轮的知识产权法律修订工作正在展开。国家知识产权战略的推行,必将使知识产权法律制度成为建设创新型国家、推动科学技术进步和社会文明、实现中华民族伟大复兴的有力武器。2017年习近平总书记在党的十九大报告中指出,要“倡导创新文化,强化知识产权创造、保护、运用”。2018年2月中共中央办公厅、国务院办公厅印发《关于加强知识产权审判领域改革创新若干问题的意见》,提出“积极推进人民法院组织法、专利法、著作权法、有关诉讼法等相关法律的修订工作,研究制定符合知识产权审判规律的特别程序法,加强知识产权案件专门审判组织、诉讼管辖、证据规则、审理程序和裁判方式的法律化、制度化”。2019年3月第十三届全国人民代表大会第二次会议的《全国人民代表大会常务委员会工作报告》提出:“今年要抓紧制定修改深化市场化改革、扩大高水平开放急需的法律,加快推进民生、国家安全、知识产权保护、社会治理、生态文明建设等领域的立法,落实税收法定原则,完善国家机构有关法律制度。”据此,相关知识产权的修法、立法工作正在积极推进中。

(二)主要知识产权法律法规的立法修法进程

1. 商标法

《商标法》于1982年8月23日通过,1993年2月22日第一次修正,2001年10月27日第二次修正,2013年8月30日第三次修正,2019年4月23日第四次修正,修改条款自2019年11月1日起施行。

2. 专利法

《专利法》于1984年3月12日通过,1992年9月4日第一次修正,2000年8月25日第二次修正,2008年12月27日第三次修正,2020年10月17日第四次修正,修改条款自2021年6月1日起施行。

3. 著作权法

《著作权法》于1990年9月7日通过,2001年10月27日第一次修正,2010年2月26日第二次修正,2020年11月11日第三次修正,修改条款自2021年6月1日起施行。

4. 反不正当竞争法

《反不正当竞争法》于1993年9月2日通过,2017年11月4日修订通过,2018年1月1日起施行,2019年4月23日修正并施行。

二、我国参加的知识产权国际条约

截至目前,我国加入的知识产权国际条约主要有:

①综合类。《建立世界知识产权组织公约》(简称WIPO公约);《保护工业产权巴黎公约》(简称《巴黎公约》);《与贸易有关的知识产权协定》(TRIPs协定)。

②专利类。《专利合作条约》(PCT);《国际承认用于专利程序的微生物保存条约》(简称《布达佩斯条约》);《建立工业品外观设计国际分类协定》(简称《洛迦诺协定》);《国际专利分类斯特拉斯堡协定》(简称《斯特拉斯堡协定》)。

③商标类。《商标国际注册马德里协定》(简称《马德里协定》);《关于商标国际注册马德里协定有关议定书》(简称《马德里议定书》);《商标注册用商品和服务国际分类尼斯协定》(简称《尼斯协定》);《商标法条约》(TLT);《商标法新加坡条约》(简称《新加坡条约》)。

④版权类。《保护文学和艺术作品的伯尔尼公约》(简称《伯尔尼公约》);《世界版权公约》;

《保护录音制品制作者防止未经许可复制其录音制品公约》;《世界知识产权组织版权条约》(WCT);《世界知识产权组织表演和录音制品条约》(WPPT);《视听表演北京条约》。

⑤其他类。《集成电路知识产权条约》(简称《华盛顿条约》);《保护植物新品种国际公约》(简称《UPOV 公约》)。

三、我国知识产权保护机制

我国在知识产权保护的实践中形成了行政保护和司法保护“两条途径、并行运作”的知识产权保护“双轨制”机制。知识产权保护的“双轨制”是指,我国分别有由行政机关和司法机关对知识产权侵权提供行政救济和司法救济两种途径。我国采取的行政和司法的双重执法体制不同于世界其他各国的知识产权保护体系,其他各国的知识产权行政执法机构虽有权对侵权行为进行调查,但除了海关以外,一般无权作出决定或者处罚,是否构成侵权以及应当承担什么样的责任均须由法院裁决。

《国家知识产权战略纲要》明确了具有中国特色的知识产权保护“双轨制”。该纲要重点指出,要健全知识产权执法和管理体制。加强司法保护体系和行政执法体系建设,发挥司法保护知识产权的主导作用,提高执法效率和水平,强化公共服务。深化知识产权行政管理体制改革,形成权责一致、分工合理、决策科学、执行顺畅、监督有力的知识产权行政管理体制。

无论是司法保护,还是行政保护,在我国知识产权保护实践中都起到了重要作用。今后一段时期,“双轨制”仍将继续实施,但司法保护将日益成为知识产权保护的主要力量。因此,律师也理应在“双轨制”保护机制中发挥更为重要和积极的作用。

第三节　律师知识产权业务

律师知识产权业务是指律师以知识产权专业知识和技能为手段向目标客户提供的一种中介服务。由于我国知识产权法律制度的历史并不长,知识产权业务还是一门新兴的法律业务,随着当今知识产权法律制度的发展,律师在知识产权业务中可谓“大有所为”。

一、知识产权业务的从业者

在国外,知识产权业务的从业者一般统称为“知识产权律师”,具体包括专利、商标、版权、商业秘密、反不正当竞争等知识产权业务的律师,以及专利代理人、商标代理人、版权经纪人、技术经纪人等。但是由于知识产权律师应当是复合型的专门人才,因此极少有人敢称自己是知识产权业务的全才,一般会自我介绍说“我是专利律师,主要做电子领域的业务(机械方面、化学方面、生物方面,等等)”“我是版权律师,主要做娱乐业领域的业务(出版业、传媒业、软件业、网络业,等等)”。

在我国,目前尚不存在泛指的“知识产权律师”。从市场现状看,知识产权业务的从业者主要有知识产权律师、商标代理人、专利代理师①、版权经纪人等。而其中的“知识产权律师”一般指在律师事务所中从事知识产权法律服务的执业律师。

在知识产权业务中,由于历史原因,知识产权从业者存在执业范围的划分,不同执业范围之间存在较高门槛,在一定程度上阻碍了知识产权业务的良性发展。随着国家知识产权战略的推行,彼此之间的执业壁垒正在逐渐消除。

1. 律师事务所从事商标代理业务

国家知识产权战略明确要求研究建立律师代理知识产权法律事务的相关制度。作为贯彻落

① 修订后的《专利代理条例》(2019 年 3 月 1 日起实施)正式更名专利代理人为专利代理师。

实国家知识产权战略的重要内容和实际步骤,2012 年 11 月 6 日,原国家工商行政管理总局、司法部印发《律师事务所从事商标代理业务管理办法》(工商标字〔2012〕192 号),自 2013 年 1 月 1 日起施行。该管理办法规定,凡在国家知识产权局办理备案的律师事务所均可从事注册商标申请、商标注册驳回复审等商标代理业务。除此之外,律师事务所无需备案即可继续从事管理办法实施之前已经从事的商标国际注册、商标行政复议、商标诉讼、商标纠纷调解仲裁等商标代理法律事务。这意味着,律师事务所将全面介入商标代理业务,律师商标法律服务进入一个新的阶段。

2. 专利代理人(师)代理知识产权诉讼业务

专利代理人能否作为诉讼代理人参加知识产权诉讼,也是实践中一度引发争议的问题。2013 年 1 月 1 日施行的修订后《民事诉讼法》第 58 条规定:“当事人、法定代理人可以委托一至二人作为诉讼代理人。下列人员可以被委托为诉讼代理人:(一)律师、基层法律服务工作者;(二)当事人的近亲属或者工作人员;(三)当事人所在社区、单位以及有关社会团体推荐的公民。”根据这一规定,专利代理人不能直接以普通公民的身份作为诉讼代理人。

为了解决专利代理人的诉讼代理资格问题,最高人民法院《关于在知识产权审判中贯彻落实〈全国人民代表大会常务委员会关于修改〈中华人民共和国民事诉讼法〉的决定〉有关问题的通知》(法〔2012〕317 号)第 2 条规定:“规范专利代理人以公民身份担任诉讼代理人。《民事诉讼法修改决定》施行后,专利代理人经中华全国专利代理人协会推荐,可以公民身份在专利案件中担任诉讼代理人。中华全国专利代理人协会在具体案件中向人民法院个别推荐专利代理人担任诉讼代理人的,人民法院应当对推荐手续和专利代理人资格予以审查。中华全国专利代理人协会以名单方式向最高人民法院推荐专利代理人担任诉讼代理人,经最高人民法院确认后,名单内的专利代理人在具体案件中担任诉讼代理人无需再履行个别推荐手续。各级人民法院根据最高人民法院确认的推荐名单对专利代理人资格予以审查。”

2015 年最高人民法院《关于适用〈中华人民共和国民事诉讼法〉的解释》第 87 条第 2 款规定:“专利代理人经中华全国专利代理人协会推荐,可以在专利纠纷案件中担任诉讼代理人。”根据最高人民法院《关于新修订的〈中华人民共和国行政诉讼法〉实施后专利代理人能否继续代理专利行政诉讼案件的批复》[法(2015)243 号]规定,经中华全国专利代理人协会推荐的专利代理人,可以接受当事人委托,在专利行政诉讼案件中担任诉讼代理人。最高人民法院明确了专利代理人在专利民事诉讼和专利行政诉讼中担任诉讼代理人的条件。

2016 年 3 月,最高人民法院就专利代理人担任诉讼代理人参加知识产权纠纷案件有关问题又发出通知。通知要求,为推动中华全国专利代理人协会加强行业管理和自律,对诉讼代理人名单确认方式进行相应的调整,即由中华全国专利代理人协会自行审查考核代理人资格,并对外公布,同时定期更新代理人名单,不再采取由最高人民法院审核中华全国专利代理人协会集中推荐代理人名单并予以公布的方式。① 为了更好地进行诉讼代理人推荐及管理工作,中华全国专利代理人协会修订并通过了《中华全国专利代理人协会诉讼代理管理办法》(全专协发字〔2019〕004 号),自 2019 年 4 月 15 日起施行。

二、律师知识产权业务的类别

知识产权业务从不同的角度,可以分为不同的类别:

从业务内容来看,知识产权业务可以分为专利业务、商标业务、著作权(包括著作权和邻接权)业务、商业秘密业务、反不正当竞争业务、集成电路布图设计业务、植物新品种业务等,以及与

① 参见《最高法院发出通知调整专利代理人代理专利诉讼的身份确认方式》,载《人民法院报》,2016 年 3 月 6 日。

上述知识产权相关的其他业务。

从业务流程来看,律师可以介入智力成果产生、知识产权取得、管理、运营和保护的全过程或其中任何阶段,因此,知识产权业务可以分为知识产权获取业务、知识产权管理业务、知识产权保护业务、知识产权运营业务等。

从服务方式来看,知识产权业务可以分为授权、确权代理类业务,包括专利代理、商标代理等;诉讼代理类业务,包括民事、行政、刑事诉讼代理;法律顾问类业务,包括审核知识产权规章制度、制定知识产权战略、解答知识产权法律咨询等;许可贸易类业务,即为知识产权的许可贸易提供全程跟踪法律服务。随着知识产权保护范围扩大和保护力度加强,社会知识产权法律意识不断提高,科技作为第一生产力的威力日益显现,知识产权与产业、贸易的关系日益紧密,知识产权国际合作领域的不断拓展,律师知识产权业务的种类和数量仍会大幅上升。

从业务的发展来看,随着知识产权保护范围的扩大和保护力度的加强,社会知识产权法律意识不断提高,科技作为第一生产力的威力日益显现,知识产权与产业和贸易的关系日益紧密,知识产权国际合作领域不断拓展,律师的知识产权业务量仍会大幅度上升。

三、律师知识产权业务的特点

1. 专业性强

律师知识产权业务具有很强的专业性。主要体现在:

①要从技术研发或市场开发的初始期即开始有效保护,而不是只关注遭受侵权之后的维权。

②要在专业人员的帮助下,了解基本技术知识和企业管理常识,合理确定知识产权管理和保护方式。

③要对技术或市场状况以及客户的竞争优劣势等有基本的熟悉和了解。

④要密切关注知识产权法律、政策法规、法学理论和司法实践等的历史演进和最新进展,不断更新知识。

2. 知识面广

从事知识产权业务的律师需要掌握:

①知识产权保护制度、知识产权司法体系以及知识产权权利的法律性质和特征。

②企事业单位管理、专业技术、市场运营模式、人力资源管理等与知识产权保护密切相关的知识。

③民法典、公司法、劳动法、刑法等相关法律法规。

3. 法律规范复杂

涉及知识产权的法律、行政法规和部门规章、司法解释、行业管理规范繁多且交叉,十分复杂,知识产权律师应当通晓和理解各类规定的立法意图,以及实际操作中的具体适用。

4. 管理部门众多

国家市场监督管理总局、国家知识产权局、国家版权局、科学技术部、农业农村部、国家林业和草原局、人力资源和社会保障部、工业和信息化部、国家发展和改革委员会以及各行业部门、行业协会都涉及知识产权的管理,律师要对国家知识产权保护体系和运行机制全面了解,具备交叉管理和保护的能力。

第二章　知识产权法律顾问业务

本章提示

知识产权法律顾问,是指律师事务所接受企事业单位或者自然人的委托,指派律师为委托人提供知识产权方面的法律服务。

从工作内容上看,知识产权法律顾问主要工作类型有:知识产权管理服务;知识产权合同审查;知识产权投融资服务;知识产权信息查询和利用服务;知识产权战略服务;知识产权侵权调查和处理;知识产权侵权防范;知识产权宣传培训等。

根据不同的工作内容,知识产权法律顾问可以分为常年顾问和专项顾问两种形式。一般来讲,经常发生的、数量较大的服务,如知识产权管理服务、知识产权合同审查、知识产权信息查询和利用服务等较适合采用常年顾问的形式,而针对性较强、有特定目的的服务,如知识产权战略服务、知识产权侵权调查和处理等,宜采用专项顾问的形式,做到"专事专办",保证法律服务的质量和时效。

本章根据知识产权法律顾问的主要工作类型,对常见法律顾问工作的具体内容、注意事项和操作实务等进行介绍。

第一节　制定知识产权规章制度

一、知识产权规章制度的构成体系

随着中国加入WTO,国内企业面临的国际竞争越来越激烈。进入中国市场的跨国公司往往具有知识产权的前瞻意识,善于实施知识产权战略,利用知识产权"跑马圈地",抢占技术和市场高地。如此一来,国内企业的生存空间受到了挤压,再加上国内企业的技术创新能力不足,自主知识产权严重缺乏,在市场竞争中经常处于被动挨打的局面。

党的十八大明确提出实施创新驱动发展战略,将其作为关系国民经济全局紧迫而重大的战略任务。党的十八届五中全会将创新作为五大发展理念之首,进一步指出,坚持创新发展,必须把创新摆在国家发展全局的核心位置,不断推进理论创新、制度创新、科技创新、文化创新等各方面创新,让创新贯穿党和国家一切工作,让创新在全社会蔚然成风。党的十九大进一步提出"加快建设创新型国家",明确"创新是引领发展的第一动力,是建设现代化经济体系的战略支撑"。李克强总理在2019年3月5日《政府工作报告》中提出,"坚持创新驱动发展,加快发展现代产业体系。坚持创新在我国现代化建设全局中的核心地位,把科技自立自强作为国家发展的战略支撑。完善国家创新体系,加快构建以国家实验室为引领的战略科技力量,打好关键核心技术攻坚战,制定实施基础研究十年行动方案,提升企业技术创新能力,激发人才创新活力,完善科技创新体制机制,全社会研发经费投入年均增长7%以上、力争投入强度高于十三五时期实际"。

在党和国家的大力扶持和鼓励下,近年来国内企业的自主创新能力不断提高,拥有专利的状况出现了令人欣喜的变化。国家知识产权局局长申长雨在2021年4月25日的新闻发布会上表示,2020年我国知识产权创造量质齐升,全年授权发明专利53万件,每万人口发明专利拥有量达到15.8件,超额完成国家"十三五"规划目标。我国申请人通过《专利合作条约》途径提交的PCT

国际专利申请达到6.9万件,稳居世界首位。全年商标注册576.1万件,收到国内申请人马德里商标国际注册申请7553件。作品登记量331.6万件,计算机软件著作权登记量172.3万件。核准注册地理标志商标765件,认定地理标志保护产品6件,核准使用地理标志专用标志企业1052家。授予农业植物新品种2549件、林业植物新品种441件。世界知识产权组织发布的《2020年全球创新指数报告》中,中国排名第14位,较2015年提升15位。①

不过,虽然国内专利在数量上占据明显优势,但在专利质量、部分高技术和关键技术领域的集中度等方面,还和国外来华专利有较大的差距。统计显示,在世界知识产权组织划分的35个技术领域中,中国国内维持10年以上的有效发明专利在28个技术领域的数量少于国外,特别是光学、电机电气装置、音像技术、医学技术、运输、计算机技术等6个领域,中国与国外差距明显,芯片技术等都包括在其中。② 这说明,跨国公司在华专利布局的力度不减,而我国在关键技术领域仍有待突破。

如果说知识产权是原料,管理制度就是加工原料的机器。③ 面对仍然不容乐观的知识产权形势,国内企业不仅要提高知识产权意识,而且要为知识产权的开发、保护、运营等提供切实可行的制度保障,以激发员工自主创新的积极性,最终实现知识产权利益的最大化。但是,目前建有完善知识产权管理制度并切实有效运行的国内企业并不多见,更多的国内企业在知识产权意识觉醒之后,尚不知道该怎样进行实际操作,希望有专业人士帮助设计适合自身特点的知识产权管理制度。因此,对律师来讲,为客户量身设计知识产权管理制度,在未来较长时期内都会有很大的市场空间。

一般地,相对系统和完善的企业知识产权管理制度体系主要包括以下方面:

①有关知识产权战略决策与发展规划的管理制度;

②有关知识产权管理机构的设置、人员配备及职权的管理制度;

③有关企业和员工之间,以及员工工作变动中知识产权归属的管理制度;

④有关技术研究与开发流程的知识产权管理制度;

⑤有关职务与非职务知识产权的管理制度;

⑥有关技术资料、技术秘密及信息资源合理利用的知识产权管理制度;

⑦有关知识产权转让、许可等合同关系的管理制度;

⑧有关和第三方合作或委托研究开发知识产权的管理制度;

⑨有关知识产权成果转化的管理制度;

⑩有关知识产权的奖励和约束制度;

⑪有关技术成果的保密制度等。

【示例】

企业知识产权管理总则④

第一条　为了加强对本公司知识产权的保护,规范知识产权管理工作,鼓励员工发明创造的积极性,促进科技成果的推广应用,根据国家有关法律法规规定,制定本总则。

第二条　本总则所称的知识产权,包括:

(一)专利权:是指发明、实用新型和外观设计;

---

① 参见《知识产权局:知识产权创造量质齐升超额完成"十三五"规划目标》,载国务院新闻办公室网站,2021年4月25日。

② 参见《中国发明专利拥有量国内占比近七成 核心技术仍有短板》,载中国新闻网,2018年7月11日。

③ 参见罗琼:《浅论企业知识产权管理制度的构建》,载中国网络律师网,2006年12月15日。

④ 参见国家知识产权局:《企业知识产权贯标文件汇总》。

(二)商标权:是指公司拥有的已注册和未注册商标,包括商品商标和服务商标等;

(三)著作权(含计算机软件):主要是指公司的产品设计图及其说明、计算机软件设计以及文档资料、集成电路布图设计、科学技术著述、研究报告等;

(四)商业秘密(含技术秘密和经营秘密):是指在科研、技术创新、技术改造、经营管理等活动中形成的,不为公众所知悉、具有商业价值并经权利人采取相应保密措施的技术信息和经营信息等商业信息;

(五)国家法律规定保护的其他知识产权(含商号、域名、特有名称装潢等其他商业标记权等)。

第三条 本公司知识产权管理遵循统一管理、分工协作、规范有序的原则。

第四条 本公司设立知识产权管理办公室,负责知识产权的管理工作。其他各相关业务部门应当指定本部门知识产权管理工作的专职或兼职人员。

第五条 知识产权管理办公室的主要职责:

(一)制定知识产权各类管理规定,协调知识产权管理工作,划分各岗位的管理范围与职责,指导、监督、检查其他部门的知识产权管理工作;

(二)审核业务部门的申请,组织和建立知识产权档案管理;

(三)代表本公司负责知识产权的申请等对外工作;

(四)代表本公司负责知识产权纠纷处理、诉讼等对外工作;

(五)参与签订或审核涉及本公司知识产权内容的各类合同、协议,建立知识产权合同档案;

(六)组织宣传和学习有关知识产权的法律知识并交流经验。

第六条 本公司员工完成公司工作任务、利用公司名义、利用公司物质技术条件产生的智力劳动成果,属于职务智力劳动成果,其所有权属于本公司。

(一)完成本公司工作产生的智力劳动成果是指:

1. 执行本公司工作任务所完成的智力劳动成果;

2. 履行本岗位职责所完成的智力劳动成果;

3. 履行本公司在本职工作之外分配的任务所完成的智力劳动成果;

4. 所完成的智力劳动成果属于公司的业务范围;

5. 离休、退休、停薪留职、辞职或调离的员工在离开原公司一年内完成的与其在原工作岗位承担的本职工作或分配任务有关的智力劳动成果。

(二)利用本公司的名义完成的智力劳动成果是指:

1. 利用本公司的名誉、名称或社会地位进行的各种行为;

2. 利用本公司的人力及未公开的技术情报资料完成的智力劳动成果;

3. 工作时间内完成的智力劳动成果。

第七条 一切职务智力劳动成果的持有(所有)权归本公司,任何其他公司及个人未经允许不得以任何形式转让、销售、使用或侵吞本公司持有(所有)的职务智力劳动成果。

第八条 职务智力劳动成果的完成人享有在有关成果文件上署名和取得相应荣誉、奖励及获得报酬的权利。

第九条 本公司的注册商标等管理工作由知识产权管理办公室依据国家和本公司的规定执行。

第十条 技术项目完成后,项目负责人须及时向研究项目下达的主管部门报告,按本公司的规定提交全部科技档案文件,并提出申请专利的必要性和可行性,对可申请专利的项目及时办理申请事项,不宜申请专利的技术秘密,应采取相应保密措施。应申请专利而未申请造成本公司经济损失者,要追究直接责任者和公司有关责任人的责任,包括在研究过程中已具备申请专利条件者。

第十一条　专利是知识产权中的重要内容,在专利管理中涉及的具体问题,根据国家和本公司的有关规定执行。

第十二条　完成科技项目合同约定或计划任务书的规定任务后,研究人员须将全部实验报告、实验记录、图纸、声像、手稿等原始技术资料收集整理交本公司知识产权档案管理部门归档并填写鉴定申请书,要按照国家和本公司的有关规定及时组织鉴定。

第十三条　严格执行相关制度规定,包括档案密级制定、借阅程序等,对涉及本公司技术秘密和商业秘密的科技档案应采取限制阅读措施。

第十四条　对本公司的商业秘密,应严格执行国家和本公司的有关规定,签订保密协议。

第十五条　在与其他公司进行委托研究、委托开发或合作研究、合作开发时,必须订立书面合同,合同中必须有关于知识产权保护和保密的条款。

第十六条　订立技术合同(包括技术开发、技术转让、技术咨询、技术服务等合同)必须严格遵守国家和本公司关于技术合同管理的相关规定,明确约定科技成果有关权益的分配等。任何个人未经同意,不得以公司的名义对外签订技术合同。

第十七条　对于在知识产权形成、保护、管理及科技成果转化工作中有突出贡献的,或有效制止侵权、维护公司知识产权合法权益成绩显著的人员,将依据国家和本公司的具体规定,给予包括发放奖酬金、提职、提级、职称评定等物质和精神方面的奖励。

第十八条　属于本公司的技术成果在实施或转让后的收益,按国家和本公司的有关规定进行分配。该项职务科技成果的发明人、设计人可按规定提取酬金。

第十九条　违反本办法,剽窃、窃取、篡改、非法占有或者以其他方式侵犯本公司知识产权的,或造成公司知识产权被侵犯的,由知识产权管理办公室依据规定追究经济责任。构成犯罪的,及时向司法机关举报。

第二十条　侵害人为本公司员工的,应责令其改正,追究直接责任者和部门主要负责人的责任,造成损失的,应当追究其经济责任。

第二十一条　侵害人为非本公司员工的,应要求其停止侵害,承担责任;造成损失的,应当赔偿损失。必要时,提请政府主管机关处理或遵循法律途径解决。触犯刑法的要依法追究刑事责任。

第二十二条　本办法在执行过程中如有与国家法律、法规相抵触的,以国家法律、法规为准。

第二十三条　本办法由知识产权管理办公室负责解释。

第二十四条　本办法自下发之日起执行。

二、制定知识产权规章制度的基本方法

帮助客户制定知识产权管理制度,是知识产权法律顾问基本和首要的工作内容。制定知识产权管理制度,一般可以充分借鉴已有的制度范本,以及先进企业的成功经验,但仍应注意参考以下方法。

(一)把握知识产权管理的基本原则

1. 法定性原则

知识产权是法律设定的一种权利,因此,知识产权管理必须按照法律规定进行,否则,企业的智力劳动成果就难以得到法律保护,甚至白白为他人做了“嫁衣”。据统计资料显示,1986年我国

赶超世界先进技术水平的“863计划”实施后10年间,共鉴定科技成果1 200项,发表论文两万多篇,但申请的专利只有240多件。[①] 这些重大科技成果通过发表论文的方式无偿向社会公开,导致国家投资的大量成果无法得到应有的法律保护,令人痛心!随着“863计划”的进一步开展,获得关键领域、核心技术自主的知识产权逐渐成为重要目标,25年来,“863计划”所产生中国专利超过1.5万件,其中绝大多数为发明专利,很多重大创新打破了国外技术的封锁,推动我国高技术发展实现由跟踪到引领创新的重大转变。[②]

2. 尊重客观规律原则

知识产权的不同客体,具有不同的特征,例如,商标标识和专利技术方案在产生、运营方面显然是不同的。律师在制定企事业单位知识产权管理制度时,应当尊重不同知识产权客体应有的客观规律,针对不同客体制定符合其规律的制度,这样才能有的放矢,具有实际操作性。

3. 系统性原则

知识产权管理是企业管理的一部分,进行知识产权管理必须要和企业的总体目标和其他管理制度有机结合,进行“一盘棋”式的考虑。知识产权的优化配置是提高知识产权经营效益的重要保证,在知识产权管理过程中,要运用系统方法,以最优的方案和办法处理因知识产权而发生的各种关系和问题。只有这样,才能使知识产权得到充分合理的使用,取得良好的综合效益。

4. 利益整合原则

企业知识产权管理涉及各方面的利益,既有经济效益,又有社会效益;既有短期利益,又有长期利益。知识产权管理正是用知识产权这个工具,将各方各面的利益整合起来,最终为企业的生存与发展、竞争能力的提升服务。

(二) 管理制度要切合客户实际

每个企业的实际情况和具体特点不同,比如,科研院所和生产型企业就具有很大区别:一个多是知识产权“输出方”,一个多是知识产权“输入方”;大型企业和小型企业也有不同。因此在制定管理制度时切忌不分青红皂白,照抄照搬别人的规章制度。在这方面律师应当特别注意,不能以为“一招鲜”就能“吃遍天”,直接拿其他企业的管理制度范本让客户直接使用。一定要抓住客户的需求,结合客户的特点,剖析客户知识产权管理中存在的问题,在参考范本的基础上,设计出真正适合客户的管理制度。

(三) 做好管理制度之间的协调配合

知识产权管理制度是一项系统工程,一定要保证各项知识产权制度之间,以及知识产权规章制度和企业其他规章制度的配套统一。比如,在设计知识产权激励与约束制度时,要结合财务制度、职称评定制度、福利待遇制度等,使给予员工的奖励或者处罚有“落脚点”。这样,知识产权管理制度才具有可操作性。

【案例】

2021年1月,美国专利服务机构IFI Claims发布了2020年美国专利授权量前50强榜单(Top 50),以及全球专利持有量最多的250家企业(IFI 250)。尽管受疫情影响,2020年美国专利与商标局(PTO)授予的专利量(352013项专利),仅比上一年下降0.68%。但同时,2020年专利申请数量相较于2019年,增长了近5%。Top 50中,IBM以9130件专利

① 参见赵洪松、余凯:《知识产权:国际竞争的焦点》,载荆楚网,访问日期:2017年5月。

② 参见《“863计划”拥有中国专利1.5万件》,载国家知识产权局网,访问日期:2017年10月。

数量排名第一,比2019年下降1%。这已经是IBM连续第28年获得榜首的位置。① 作为知识产权巨头,IBM每年花费在研究开发方面的经费达数十亿美元,并且在知识产权管理方面相当的系统、科学。

目前IBM对于知识产权的归属及管理实行中央集中管理制,由总公司集中管理。IBM员工所完成的发明及其他智力成果的知识产权均归总公司所有,然后再由总公司负责处理有关授权事项。员工和公司之间要签署一份“有关信息、发明及著作物的同意书”,规定:只要是从IBM内部取得若干机密信息或是从以前员工完成的发明、著作等创作物中摘取若干信息来完成IBM的有关研究开发项目的成果,以及其因执行职务或为公司业务产生的成果,知识产权均应转移给公司。

IBM各子公司都要和总公司签署一份“综合技术协助契约”,规定总公司负担各子公司研究开发费用,但子公司研究开发成果的知识产权必须转移给总公司。

IBM公司总部的知识产权管理部门管辖全球4个地区的知识产权。美国本土共有2个基础研究所和28个开发研究所,但只在主要的研究所设立知识产权管理部门,共计21个。亚太地区则在5个国家设立知识产权管理部门,其中日本有3个。另外,在欧洲、中东、非洲地区的8个国家设有知识产权管理部门,而美国本土以外的美洲地区只在两国设有。知识产权管理部门的职责范围是处理一切有关IBM业务的知识产权事务。

IBM将商业秘密分为绝密、限阅、机密、仅内部使用4个等级来进行管理。然后再决定其在复印、对外公开、对内公开、废弃、保管、资料传送过程中的处理规定。例如:对外公开时,前三类资料必须得到特定人员的同意;复印资料时,前两类资料只有原制作单位才能复印;传送资料时,前两类资料必须转成密码才可传送。另外,未被指定为机密信息者,以及未限定保密期间者,如有碍于IBM的开发及销售,IBM都会再加批示修改。②

第二节　审查知识产权合同

一、知识产权开发合同

知识产权开发合同,是指当事人之间就新技术、新产品、新工艺或者新材料及其系统,商标标识以及文学、艺术和科学作品(包括计算机软件)等的研究开发所订立的合同。知识产权开发是一个产生新智力成果的过程,即从无到有、从旧到新。实践中,知识产权开发最主要和最典型的合同形式是技术开发合同,对此,《民法典》第二十章第二节有专门规定。以下结合技术开发合同来介绍知识产权开发合同的相关内容。

(一)知识产权开发合同的主要内容

1. 项目名称

知识产权开发合同的项目名称一般有技术委托开发合同,产品合作开发合同等。要用简明、准确的语言反映合同的技术特征和法律特征,做到名称与内容相符。

2. 标的内容、形式和要求

知识产权开发合同的标的内容是指当事人通过履行合同所要完成的智力成果。在合同中,当

---

① 参见智圈(ID:izhiquan):《2020年美国专利授权榜:台积电进入Top 10、华为又升一名!》,载搜狐网,2021年1月19日。

② 参见宗和:《IBM的知识产权管理》,载《中国知识产权报》,2004年11月17日。

事人除了要明确约定知识产权开发合同标的成果形式之外,还应注明开发成果的水平以及衡量和评定的主要指标,比如原材料消耗、能源指标,以及技术项目的质量要求和功能效果等内容。如果所开发的技术项目的指标和参数涉及国家标准,应注明国家标准的名称、标准号及发布日期,以便在合同验收、鉴定时查阅参考。

3. 研究开发计划

根据当事人的意愿,通过可行性分析,在合同中约定一个周密、合理的工作计划,包括实施研究开发工作的总体计划、年度计划、半年度计划等,各种计划应明确约定每一阶段所要解决的技术问题,完成的研究内容,达到的目标及完成的期限。

4. 研究开发经费、报酬及其支付或结算方式

双方当事人应当明确写明合同研究开发经费的总金额,以及研究开发经费和报酬的来源,如果是合作开发,应明确双方分担经费的数额并在合同中分别写明。同时还应明确约定,研究开发的报酬数额、支付形式和时限等。合同价款支付方式,当事人可以协商议定采取一次总算、一次总付或一次总算、分期支付的方式,也可以采取提成支付或者提成支付附加预付入门费的方式。约定提成支付的,可按照产品价格、实施技术后新增的产值、利润或者产品销售额的一定比例提成,也可按照约定的其他方式计算。

5. 利用研究开发经费购置的设备、器材、资料的财产权属

双方当事人应根据合同的具体情况,合理划分设备、器材、资料的权属并在合同中明确约定,当事人应分别列出属于单方或共有的设备、器材、资料的清单。

6. 履行的期限、地点和方式

合同中应写明合同开始履行到履行完毕的起止期限,并约定合同履行的具体地点。实践中对合同履行地未约定或约定不明确的,推定在研究开发方所在地履行。合同的履行方式一般通过新材料、新产品、新工艺的研制、开发,样品、样机的试制等各种方式来完成。

7. 技术情报和资料的保密

合同内容涉及国家安全和重大利益需要保密的,必须在合同中载明国家秘密事项的范围;对合同中所涉及的不为公众所知悉并使拥有者在竞争中获得优势的技术情况、资料、数据、信息和其他技术秘密,当事人双方要约定承担保密义务;当事人根据合同所涉及的技术进步程度、生命周期以及其在竞争中的优势等因素,商定技术保密的范围、时间以及各方应承担的保密责任;当事人双方可以约定,不管合同是否变更、解除或终止,合同保密条款继续有效,各方均应继续承担约定的保密义务;保密条款不得与法律、法规及有关政策相抵触。

8. 技术协作和技术指导的内容

双方当事人可以约定技术协作和指导的具体内容以及在协作和指导中各方应承担的义务和责任。

9. 风险责任约定

知识产权开发是一个从无到有的智力创造过程,因此开发失败的风险是客观存在的。在合同中,应当对开发的风险责任作合理约定,约定风险责任承担主体及风险责任承担原则、比例、方式。

10. 技术成果的归属和分享条款

当事人应当在合同中对技术成果所涉及的著作权、专利权、技术秘密等的使用权、转让权如何使用、归谁所有以及利益分配作出约定。

11. 验收的标准和方式

应该按合同所约定的技术标准来验收。验收方法可采用技术鉴定会、专家技术评估等方式,委托方单方认可也可视为验收通过,最后由验收方出具验收证明及文件,作为合同验收通过的依据。

12. 违约金或者损失赔偿额的计算方法

双方当事人应约定对等的违约责任及违约金、损失赔偿额的具体计算方法。

13. 争议的解决方法

双方当事人可以约定选择采用协商解决、调解解决、仲裁解决或者诉讼解决四种解决方法中的一种或多种。但仲裁和诉讼不能同时选择。同时,应写明仲裁委员会的具体名称,或约定具体的管辖法院。

14. 名词和术语的解释

为了避免因关键名词和术语在理解、认识上发生误解而影响合同履行,当事人必须对合同中出现的一些特定名词和术语作必要的说明和注释。

15. 附件

根据列入国家计划的科技项目所订立的合同,应当附项目计划书、任务书及主管机关的批准文件。涉及专利的,应注明发明创造的名称、专利申请人和专利权人,以及申请日期、申请号、专利号及专利权的有效期限。

(二) 订立知识产权开发合同的注意事项

1. 正确理解知识产权开发合同的内涵和特征

知识产权开发合同的目的是创造新的智力成果,是为创新活动而签订的协议,因此合同标的必须具有创新成分和技术进步特征。如果仅仅是根据用户需要,按常规加工定做不同尺寸的产品或者是对现有产品的改型、工艺变更、材料配方的调整以及技术成果的检验、测试和使用等,均不能视为知识产权开发活动,从而不应适用知识产权开发合同的相关规范。

2. 应区别知识产权开发合同与承揽合同

知识产权开发合同和承揽合同的主要区别是:知识产权开发合同涉及新的技术方案或智力成果,具有创造性;承揽合同的工作成果仅是重复性劳动的结果,不具有创造性。了解两类合同的区别,对于确定合同双方当事人的权利义务有一定帮助。

3. 应区别委托开发合同与合作开发合同

委托开发合同与合作开发合同的区别在于是否双方当事人都参与了实质性的研究开发。如果当事人一方仅提供资金、设备、材料等物质条件或者承担辅助协作事项,另一方进行研究开发工作的,属于委托开发合同。两类合同当事人的权利义务是不一样的,因此,辨别合同类型是明确各自权利义务的前提,也是当事人合同谈判的基础。

4. 应明确约定开发目标、成果形式及要求、技术功能或经济指标等

知识产权开发是一个从无到有、从劣到优的过程,双方应对开发完成的结果有较为明确的预期。因此,需要在合同中对开发结果的基本情况、考量标准等进行约定,这样才能保证开发工作的方向不会偏离双方的预期,也便于开发完成后对成果进行验收。

5. 制订详细的计划进度

知识产权开发的计划进度是履行开发合同的重要依据,主要包括:开发成果的交付时间、实施开发项目的阶段进度,各个阶段要解决的技术问题,达到的目标和完成的期限等。

6. 约定成果验收事项

知识产权开发的目标是获得最终成果,而成果是否符合合同约定的标准及要求,需要通过验收来检验。因此,在开发合同中,需要就成果验收的相关事项作出明确约定。验收事项主要包括:①验收的时间安排;②验收的组织和程序;③验收所依据的技术标准及功能要求、相关指标;④验收合格的证明文件及签署方式;⑤没有通过验收时的修正或补救措施;⑥修正或补救之后仍然不能通过验收的善后处理措施,如解除合同、结清费用、承担违约责任等。

7. 约定知识产权归属

双方应明确约定所开发知识产权的权属,是共同所有还是一方所有。

实践中,关于归属的约定,还可以向开发之前和开发之后延伸。也就是说,在开发之前,需要明确双方各自拥有哪些现有的知识产权,如果知识产权的开发及实施会使用到这些在先的知识产权,则各方应同意并给予充分的许可,以保证开发的顺利进行以及后继开发成果的正常使用。在开发完成之后,对于开发成果后继改进而产生的进一步成果,知识产权如何归属也可由双方进行约定,没有约定的,一般处理原则是谁改进归谁所有,其他方无权分享。

8. 风险责任的承担

风险责任是指开发工作遇到无法克服的技术困难而致研究开发失败或部分失败,相应的责任由哪一方来承担。根据《民法典》第 858 条的规定,开发失败的风险责任由当事人在合同中约定;如果当事人没有约定或者约定不明确,以其他方法仍不能确定的,风险责任由当事人合理分担。因此,应在开发合同中明确约定风险责任的承担,以便在风险发生时的责任承担有据可依。

【示例】

技术委托开发合同

委托人(甲方):

法定代表人:

地址:

电话:

研究开发人(乙方):

法定代表人:

地址:

电话:

根据《中华人民共和国民法典》等法律法规的规定,甲乙双方就________项目的技术开发事宜,经协商一致,签订本合同。

一、标的技术的内容、范围及要求(内容略)

二、应达到的技术指标和参数(内容略)

三、研究开发计划(内容略)

四、研究开发经费及支付方式

(一)甲方向乙方支付本项目研究开发经费____元。

(二)支付方式(可选择)

①一次总付________________元,支付时间:

②分期支付,共计______元。第一期______元,支付时间:________;第二期______元,支付时间:________。

③按利润额的________%提成,期限:

④按销售额的________%提成,期限:

⑤其他方式:

五、利用研究开发经费购置的设备、器材、资料的财产权属(内容略)

六、履行期限、地点和方式

本合同自____年____月____日至____年____月____日在____履行。

本合同的履行方式:(包括成果提交方式及数量)

七、保密(内容略)

八、技术协作和技术指导的内容(内容略)

九、技术成果的归属和分享

(一)专利申请权:

(二)技术秘密的使用权、转让权:

十、验收的标准和方式

研究开发所完成的技术成果,达到了本合同第二条所列技术指标,按________标准,采用______方式验收,由______出具技术项目验收证明。

十一、风险责任的承担

在履行本合同的过程中,确因在现有水平和条件下存在难以克服的技术困难,导致研究开发部分或全部失败所造成的损失,风险责任由甲方承担____%,乙方承担____%。

本项目风险责任确认的方式:

十二、违约责任

违反本合同约定,违约方应按照《中华人民共和国民法典》有关条款的规定承担违约责任。

(一)违反本合同第____条约定,________方应承担以下违约责任:

(二)违反本合同第____条约定,________方应承担以下违约责任:

十三、争议解决

在履行本合同的过程中发生争议,双方当事人和解或调解不成,应采取下列第____种方式解决。

(一)双方同意由____仲裁委员会仲裁。

(二)双方同意向(被告住所地、合同履行地、合同签订地、原告住所地、标的物所在地)人民法院起诉。

十四、名词和术语的解释(内容略)

十五、其他(内容略)

委托人(甲方): 研究开发人(乙方):

年 月 日 年 月 日

二、知识产权转让合同

知识产权转让合同,是指合法拥有知识产权的权利人将现有特定知识产权的相关权利让与他人而订立的合同。

(一)知识产权转让合同的主要内容

1. 技术转让合同的主要内容

技术转让合同一般应当包括以下主要内容:①项目名称;②发明创造名称和内容;③专利申请日、申请号、专利号和专利权的有效期限;④专利实施和实施许可情况;⑤技术情报和资料的清单;⑥价款及其支付方式;⑦违约金或者损失赔偿额的计算方法;⑧争议解决;⑨其他需要约定的内容等。

2. 商标转让合同的主要内容

商标转让合同需要包括以下主要内容:①转让人和受让人的名称、住所、法定代表人等;②被转让注册商标的基本情况,包括:商标图样、名称、注册日期、下一次应续展的日期、该商标取得注册所包括的商品或服务;③转让费用及支付方式;④合同生效方式和生效时间;⑤违约责任;⑥争议解决;⑦其他需要约定的内容等。

3. 著作权转让合同的主要内容

著作权转让合同应包括以下主要内容:①转让人、受让人双方的姓名或名称、住址;②转让的作品的名称;③转让的权利种类、地域、范围;④转让的价款;⑤交付转让价款的方式、日期;⑥违约责任;⑦争议解决;⑧其他需要约定的内容等。

(二) 订立知识产权转让合同的注意事项

1. 订立技术转让合同的注意事项

(1)技术的界定。技术具有无形性和发展性,所以难以明确界定其内容,这也是许多技术合同产生争议的原因。因此,作为技术合同的标的,技术的界定显得尤为重要,在订立技术合同时,双方当事人首先应当就合同所涉及的技术的范围达成共识。技术合同中一般应明确技术的内容、要求和工业化开发程度,必要时以附件形式将技术的详细描述在合同中加以规定。

(2)保密条款和技术改进的所属规定。订立技术转让合同前保密协议的一般要求:①对于一方透露的技术机密,另一方只能作出是否受让的评价,不得用于实际生产,更不得泄露给其他人。如果使用或泄露,则要承担由此造成的对方损失的赔偿责任。②对于一方透露的技术秘密,另一方应在协议规定的期限内作出是否受让的评价。如果决定不受让,则要退还技术资料,并对该技术秘密在社会上被公开前的不使用作出保证。③双方可以约定,对事先透露技术秘密支付一定费用。如决定受让,此费用可以抵作一部分技术价款或使用费;如不受让,则要明确费用是否退还或部分退还。④根据最高人民法院《关于审理技术合同纠纷案件适用法律若干问题的解释》(2004)第29条的规定,技术秘密转让合同让与人承担的"保密义务"不限制其申请专利,但当事人约定让与人不得申请专利的除外。因《民法典》对技术转让合同和技术许可合同的规定更加明晰合理,故2020年该司法解释修正时删除了此项规定。不过,对于受让人,如果不希望让与人将技术秘密申请专利,为避免争议,还是建议在合同中作出明确约定。

根据《民法典》第875条的规定,当事人可以按照互利的原则,在技术转让合同中约定实施专利、使用技术秘密后续改进的技术成果的分享办法;没有约定或者约定不明确的,依据《民法典》第510条①的规定仍不能确定的,一方后续改进的技术成果,其他各方无权分享。

(3)专利权的状况。包括:专利权期限、专利技术领域的发展、专利权有没有经历无效程序、诉讼程序及结果、专利权许可状况、专利实施情况等。了解专利权的状况,可以较为全面地评估专利权,以便在专利技术转让中获得最大化的利益,并占据谈判的主动地位。

(4)专利权的性质。主要分析该项专利技术中有没有包含其他专利权人的专利权项。如果该专利技术中包含了其他专利权人的权项,则该专利技术可能属于改进专利,专利权人无权独立将其专利权转让。

(5)专利纠纷的处理。专利权在转让之后出现无效宣告、诉讼等情况的应对处理。由于专利具有无形性的特点,双方难以完全排除转让之后发生无效宣告、诉讼的可能性,因此双方最好在订立合同时明确约定转让之后发生此类情况的处理方法,以便及时应对危机,保障双方的权益。如果没有明确约定,根据《专利法》第47条的规定,宣告专利权无效的决定,对在宣告专利权无效前已经履行的专利实施许可合同和专利权转让合同不具有追溯力。这样一来,受让方可能就会因专利无效而又无法向转让方主张权利而遭受重大损失。

---

① 《民法典》第510条规定:"合同生效后,当事人就质量、价款或者报酬、履行地点等内容没有约定或者约定不明确的,可以协议补充;不能达成补充协议的,按照合同相关条款或者交易习惯确定。"

2. 订立商标转让合同的注意事项

①转让人如果在同种或者类似的商品上注册了相同或近似的商标,转让时应一并转让,不能单独转让其中某一个。

②转让人应将注册商标的专用权全部转让,不允许将注册商标指定保护的类别进行部分转让。

③转让人用于药品、卷烟、报刊的注册商标,受让人应出具有关部门批准经营的有效证明文件。

④转让人如果正在许可他人使用其注册商标,须征得被许可人的同意方可转让给第三者。

3. 订立著作权转让合同的注意事项

①著作权转让合同中著作权的转让应该是永久的权利转让,不应存在转让期限。

②著作权转让后,原著作权人不再享有该权利。

③著作权人可以转让的权利范围为《著作权法》第 10 条第 1 款第(五)项至第(十七)项规定的权利。

④著作权人可以将著作权全部转让,也可以部分转让。需要特别注意的是,在著作权部分转让时,应当明确地在著作权转让合同中确定哪些权利属于转让的范围,合同中没有明确转让的权利,仍归著作权人享有,未经著作权人同意,另一方当事人不得行使。

三、知识产权许可合同

知识产权许可合同是指合法拥有知识产权的权利人就现有特定专利、技术秘密、商标、著作权等许可他人实施、使用而订立的合同。

(一)知识产权许可合同的主要内容

1. 专利许可合同

专利许可合同的主要内容应包括:①项目名称;②发明创造的名称和内容;③实施许可的范围;④专利申请日、申请号、专利号和专利权的有效期限;⑤技术情报和资料及其保密事项;⑥技术服务的内容;⑦验收标准和方式;⑧使用费及其支付方式;⑨违约金或者损失赔偿额的计算方式;⑩后续改进的提供与分享;⑪争议的解决方式;⑫名词与术语的解释;⑬其他需要约定的内容等。

根据《民法典》第 868 条的规定,技术秘密使用许可合同的许可人承担的保密义务,不限制许可人申请专利,但是当事人另有约定的除外。对此,受让人需要特别注意。

2. 商标许可合同

商标许可合同的主要内容应包括:①许可人和被许可人的名称、地址。该名称地址均为经市场监督管理部门依法登记的企业名称(包括法人或者非法人)和工商经营场所;②授权范围:包括商标的使用许可的性质(独占、排他、普通使用许可),被许可商标图样,被许可的服务商标的服务范围,许可使用的区域与时限等;③为保证商品质量而约定的有关措施,如技术、设备、服务等;④许可人保证被许可人商标专用权的有关条款,如按期续展,不得在合同存续期间注销被许可商标等;⑤合同终止或解除条件;⑥商标使用费(许可费)数额及支付办法;⑦违约责任;⑧法律适用与争议的解决方式;⑨其他需要约定的内容。

3. 著作权许可合同

著作权许可合同的主要内容应包括:①许可使用作品的方式。②许可使用的权利是专有使用权还是非专有使用权。专有使用权合同是指著作权人与使用者之间所订立的一种专有许可使用作品的合同。把作品的一项或几项权利向使用人许可后,著作权人不得再与许可人以外的任何人签订相同使用方式的许可使用合同,即该合同所规定的权利具有独占性和排他性。③许可使用的范围、期间。④付酬标准和办法。⑤违约责任。⑥双方认为需要约定的其他内容,比如为了全面履行合同,双方当事人各自应做哪些工作,应共同遵守哪些规则,以及发生纠纷后的处理方式,等等。

(二)订立知识产权许可合同的注意事项

1. 知识产权应当合法有效

知识产权期限届满后将不再受法律保护,可以自由使用,任何人都可以不支付使用费。因此,首先,在签订许可合同时知识产权应当是合法有效的。其次,合同的有效期限应当在知识产权的法定保护期限内,并且合同期限不应超过知识产权的保护期限。最后,可以约定在知识产权的保护期限届满后,许可合同也随之终止。

2. 知识产权不应存在权利瑕疵

知识产权许可合同的许可人应当保证其是所提供技术、商标、作品、软件等的合法拥有者,而且没有第三人会就该知识产权主张权利。如果许可的是从属性的知识产权,许可方必须事先取得主知识产权权利人的授权。如果知识产权因存在权利瑕疵而导致被许可人遭受损失的,可在合同中约定由许可人给予赔偿。

3. 注意明确知识产权要达到的指标或者目标

知识产权许可使用的目的是将知识产权付诸实施,实现双方的商业目的。因此,当事人应当明确约定作为知识产权内容的技术、标识、软件等需要达到的有关技术性能、经济指标等。通常情况下,可以约定许可人有义务保证许可知识产权的完整、无误、有效,能够达到约定的目标。

4. 约定相应的指导和协助等措施

除了权利许可之外,为了有效实施知识产权、实现预期目标,被许可人有时需要许可人提供相关的指导和协助,比如,交付完整的技术资料,进行人员培训,在实际作业中给予指导等。因此,当事人应在合同中明确约定许可方提供技术指导和协助的范围、具体内容等。

5. 验收的方式和程序

许可方向被许可方提供或交付的知识产权,应当按照合同约定的标准进行验收。因此,许可合同应约定验收的方式和程序。在实际履行时,双方均应保留交付、验收以及期间双方沟通往来的各种凭证,作为履行合同的原始证据。

6. 要明确许可使用的方式

根据最高人民法院《关于审理技术合同纠纷案件适用法律若干问题的解释》第25条的规定,专利实施许可包括三种方式;①独占实施许可,即许可人在约定许可实施专利的范围内,将该专利仅许可一个被许可人实施,许可人依约定不得实施该专利;②排他实施许可,即许可人在约定许可实施专利的范围内,将该专利仅许可一个被许可人实施,但许可人依约定可以自行实施该专利;③普通实施许可,即许可人在约定许可实施专利的范围内许可他人实施该专利,并且可以自行实施该专利。如果当事人对专利实施许可方式没有约定或者约定不明确的,认定为普通实施许可。专利实施许可合同约定被许可人可以再许可他人实施专利的,认定该再许可为普通实施许可,但当事人另有约定的除外。技术秘密的许可使用方式参照以上确定。最高人民法院《关于审理商标民事纠纷案件适用法律若干问题的解释》对商标使用许可的方式也作了类似规定。

如果采用独占许可或者排他许可方式的,应确保许可人没有在相同的地域范围和授权范围内,已与第三方订立该知识产权的许可合同。如果许可人已经和第三方签订了许可合同,则应明确约定处理方式,以免日后发生争议。

7. 合理选择许可使用费的支付方式

实践中,知识产权许可使用费的交付方式有一次性支付、分期支付、提成支付以及预付入门费加提成支付等不同方式。律师可以协助当事人选择适合实际情况的许可费使用支付方式,并在许可合同中明确约定。

此外,对于许可人提供技术指导或协助的,实践中也可以约定由被许可人向许可人支付一定的人工费用或者报酬,以便许可人指派员工赴现场开展工作。

【示例】

著作权许可合同

许可方(以下称甲方):
法定代表人:
地址:
电话:
被许可方(以下称乙方):
法定代表人:
地址:
电话:

甲乙双方就甲方拥有著作权之________(作品)授予乙方______权利事宜,经平等自愿协商,达成本合同,以资信守。

第一章　作品及著作权人

第一条　授权作品

1. 作品名称:
2. 作品类型:
3. 作品完成时间:
4. 作品发表时间:
5. 作品首次发表国家或地区:
6. 作品著作权登记证书号码:

第二条　著作权人

1. 作者:
2. 国籍:
3. 著作权人:
4. 作者和著作权人的关系:同一/不同一(如不同一请列明通过何种方式取得著作权)

第三条　甲方授权地位

甲方授权地位为:

1. 著作权所有人
2. 委托授权人
3. 转授权人

第二章　权利许可

……

第四条　许可权利的种类

(请选择具体权项)复制权、发行权、出租权、展览权、表演权、放映权、广播权、信息网络传播权、摄制权、改编权、翻译权、汇编权以及其他甲方授予乙方行使的著作权等。

第五条　许可方式

1. 专有许可:甲乙双方共同确认并同意在许可地域、许可期限及许可权限内,甲方无权就已许可的权利进行使用。否则,乙方有权按照本合同的相关约定追究甲方的违约责任等。

2. 非专有许可:甲乙双方共同确认并同意在许可地域、许可期限及许可权限内甲方有权自行决定上述许可权利的使用方式及使用种类等。在本合同约定的范围内,甲方仍有权许可任何第三方就上述权利进行使用等。

第六条 许可使用的地域范围

第七条 许可使用的期限

第八条 许可使用的语言

第三章 许可费用

第九条 本合同许可费用采取第________种方式。

1. 一次性支付著作权许可费。

2. 基本著作权许可费+版税。

基本著作权许可费是指规定最低销售数量,不论乙方是否达到最低销售数量,均应支付给甲方。

版税是指最低销售数量以外,乙方根据“零售单价 × 版税率 × 销售数量”的计算公式向甲方支付著作权许可费。

第十条 如若采取上述第九条第1种方式,则

1. 著作权许可费为:人民币______元。

2. 支付时间为:

第十一条 如若采取上述第九条第2种方式,则

1. 基本著作权许可费为:人民币______元。

2. 最低销售数量为:______件。

3. 零售价为:人民币______元/件。

4. 版税率为:______%。

5. 基本著作权许可费的支付时间为:

6. 版税的支付时间为:

第四章 销售报告

第十二条 本合同签订之日起,每三个月为一周期,每个周期末10日内,乙方应提供给甲方一份完整、真实的销售报告,写明本周期的销售数量及库存情况。

第十三条 甲方有权自己或自行聘请会计师事务所核查乙方账册,并核对上述销售报告的正确性,如发现销售报告有虚假,核查费用由乙方承担。

第五章 知识产权约定

第十四条 乙方在本合同约定的许可权限、许可地域、许可期限等范围内,仅应依据本合同的约定行使相应授权。

第十五条 乙方在行使上述授权时需明确注明甲方为授权方,行使授权的载体包括但不限于产品、包装、对外的宣传广告等。

第十六条 甲乙双方共同确认并同意甲方系该作品的著作权人。

第十七条 未经甲方同意,乙方不得以任何形式对许可权利进行改编、增删、翻译等。否则,甲方有权追究乙方的违约责任。

第六章 双方保证与承诺

第十八条 甲方保证与承诺

1. 甲方保证甲方有权签署本合同,甲方所授予的权利不会侵犯他人的著作权和其他合法性权益。

2. 甲方保证乙方在授权地域、授权期限内拥有本合同规定之权利,即在本合同签订前,甲方未授权任何第三方以与乙方相同的方式使用上述产品,也不会在合同有效期内将本合同授予乙方的权利以与乙方相同的方式再授予任何第三方使用。

3. 甲方同意提供给乙方因消费者使用本产品所需要之信息。

第十九条　乙方保证与承诺

1. 乙方担保并声明乙方有完整之权利及授权签署本合同。

2. 乙方保证于本合同存续期间内,不签署任何与本合同权益相冲突之合同,否则甲方有权解除或终止本合同,并无需承担任何法律责任。如甲方因乙方的上述行为给甲方造成任何损失的,甲方仍有权要求乙方承担相应的违约责任。

3. 乙方保证在本合同签署后________内使授权产品上市。

4. 乙方保证在授权产品上市前将产品及包装等送交甲方审核,经甲方书面同意后方可上市。

5. 乙方保证在产品上市初赠送甲方________套。

6. 乙方保证在行使上述权利时,不损害甲方及作品的名誉及声誉。

7. 未经甲方书面同意,乙方不得将本合同约定的相应权利授权或转让给任何第三方行使。

第七章　作品交付

第二十条　作品交付时间为:

第二十一条　交付作品的规格:

第二十二条　随附作品交付的其他资料包括:

第八章　保密

第二十三条　甲乙双方共同确认并同意关于双方在本合同项下所知悉的对方商业秘密及保密信息,均应严格保密,不得对任何第三方披露,也不得使用于本合同以外的任何目的。本条在本合同终止或解除后仍然继续有效。

第九章　合同解除

第二十四条　本合同有效期间内,任何一方未经对方书面同意,不得擅自解除本合同,但遇到下列情况之一,可提前解除本合同。合同解除自书面通知发出后3日内生效。合同解除后乙方不得再行使本合同授予的权利。

1. 因不可抗力事件,无法继续履行本合同的。

2. 一方违反合同有关条款,守约方可以单方面解除本合同。

3. 根据合同规定行使单方合同解除权,并不表明其放弃向违约方追索违约金和赔偿金。

第十章　违约责任

第二十五条　除不可抗力因素外,任何一方如违反本合同的约定,另一方有权要求其赔偿因违约所造成的损失,包括但不限于守约方在合同正常履行后可以获得的利益、客户提出的赔偿、诉讼费用、律师费等。

第十一章　其他约定

第二十六条　合同修改

本合同非经甲乙双方书面同意,不得任意修改。如需修改,须以书面方式进行并经双方共同签署。

第二十七条　法律适用

本合同适用中华人民共和国法律。

第二十八条　争议解决

双方因本合同的解释或履行发生争议,由双方协商解决。协商不成,采用下列第______种方式解决:

1. 提交______仲裁委员会仲裁。

2. 向甲方住所地人民法院起诉。

第二十九条　本合同一式两份,自双方签订之日时生效。附件与本合同具有相同法律效力。

甲方:　　　　　　　　　　　　　　乙方:

年　月　日　　　　　　　　　　　　年　月　日

四、知识产权质押合同

知识产权质押是指知识产权权利人以合法拥有的专利权、注册商标专用权、著作权等知识产权中的财产权为质押标的物出质,经评估作价后向银行等融资机构获取资金,并按期偿还资金本息的一种融资行为。知识产权质押是权利质押的一种,质押标的是被质押知识产权中的财产权利。

国内知识产权质押融资的模式主要以北京、上海浦东、武汉三种模式为代表。

北京模式是"银行+企业专利权/商标专用权质押"的直接质押融资模式,是一种以银行创新为主导的市场化的知识产权质押贷款模式。

上海浦东模式是"银行+政府基金担保+专利权反担保"的间接质押模式,是一种以政府推动为主导的知识产权质押贷款模式。

武汉模式是在借鉴北京和上海浦东两种模式的基础上推出的"银行+科技担保公司+专利权反担保"混合模式,主要特点是引入了专业担保机构。

知识产权质押作为一种新兴的融资业务,为律师非诉讼知识产权业务提供了良好的市场机遇。

(一)知识产权质押合同的主要内容

知识产权质押合同,应包括被担保的主债权种类、数额、债务人履行债务的期限、权利人的姓名(名称)、权利证明的文号和财产权范围。根据《民法典》的规定,以知识产权中的财产权出质的,质权自办理出质登记时设立。

(二)订立知识产权质押合同的注意事项

1. 出质人权利的限制

《民法典》第444条第2款规定:"知识产权中的财产权出质后,出质人不得转让或者许可他人使用,但是出质人与质权人协商同意的除外。出质人转让或者许可他人使用出质的知识产权中的财产权所得的价款,应当向质权人提前清偿债务或者提存。"对于出质人权利的限制,应以出质人与质权人所订立的质押合同的规定为限。出质人不得对已设质的权利进行转让或许可他人使用。作为质权人,取得质权后也不能对该项权利任意转让或许可他人使用。

2. 质权人的义务

债务人届期未履行债务,质权人行使质权后,将被质押的权利转让或许可他人使用所得价款价金扣除其他费用和清偿债务尚有余额的,应将剩余部分返还出质人。当债务人履行债务时,质权人应将该项转让费或许可费返还给出质人,质权归于消灭。

3. 质权的实现方式

当债务清偿期届满,债务人不履行或不完全履行债务时,质权人可行使质权,优先受偿其债权时,质权当然归于消灭。

4. 质权所担保的债权范围

知识产权质权所担保的债权范围包括主债权及其利息、违约金、损害赔偿金、质物的保管费用和实现质权的费用。

5. 知识产权的价值评估

知识产权质押最重要的一个环节就是知识产权的价值评估。知识产权是一种无形资产,不仅在价值评估的方法上存在差异,而且影响知识产权价值的因素也具有复杂性和不确定性。在知识产权质押中,从设立质押到质权实现,知识产权的市场价值可能发生变化,因此,如何建立一套科学规范的知识产权质押评估体系,已经成为知识产权质押中的一个重要工作。

五、员工保密合同与竞业限制协议

2005年微软副总裁李开复跳槽Google引发的诉讼,使得保密和竞业限制问题再度成为公众关注的热点。现代劳工制度中,保密合同和竞业限制协议被越来越广泛地应用。这类合同的审查,既涉及知识产权法律关系,又涉及劳动法律关系,实践中比较复杂,是律师业务的一个难点。

《反不正当竞争法》第9条规定了商业秘密的概念和侵犯商业秘密的情形;《劳动法》第22条规定:“劳动合同当事人可以在劳动合同中约定保守用人单位商业秘密的有关事项。”第102条规定:“劳动者违反本法规定的条件解除劳动合同或者违反劳动合同中约定的保密事项,对用人单位造成经济损失的,应当依法承担赔偿责任。”《劳动合同法》第23条、24条和第90条,除了规定可以在劳动合同中约定保密事项外,还明确规定了竞业限制的适用。这些法律及相关法规、司法解释,共同构成了保密合同和竞业限制协议的法律依据。

(一)订立员工保密合同的注意事项

近年来,随着人才流动的日益频繁,员工与用人单位之间的商业秘密纠纷逐渐增多。对于拥有商业秘密的企业而言,和员工在劳动关系存续期间签订保密合同,是有效保护知识产权的重要手段。

1. 保密合同的主要内容

一般来说,保密合同应当包括下列条款:

(1)对原单位合同义务的条款。企业在聘用新员工时应调查其在进入本企业前是否承担了对原企业的保密义务和竞业限制义务。如未承担此类义务,应在合同中明确声明或保证,如“乙方保证在甲方工作期间使用任何知识均与前受聘单位无关,乙方承担甲方交付的任何工作或任务,均不会侵犯前受聘单位的商业秘密”。如承担了对前单位的保密义务,则应保证在本企业工作期间不利用前单位的保密信息为本企业服务。

(2)企业商业秘密范围条款。首先,按照技术信息和经营信息的划分,列举所有属于本企业商业秘密的内容。其次,对该员工所在岗位涉及的技术信息或经营信息作进一步的详细规定。

(3)义务明示条款。此条款主要是把法定的、默示的保密义务明示为合同义务。员工应保证对在本企业工作期间知悉的本企业的商业秘密承担无条件的保密义务。

(4)员工义务的具体描述。如:对上述所列商业秘密,不得直接或间接向企业内部无关人员泄露;不得复制、披露包含企业商业秘密的文件及文件副本等。

(5)离职时保密信息载体的交还。比如,载有保密信息的文档、笔记本电脑、移动存储器等,员工应在离职时交还企业。

(6)保密费的数额及支付。比如,在工资中明示出“保密费”或者“保密津贴”一栏,或者另行记录发放。

(7)违约责任。根据违约行为对企业可能造成的损失,约定违约金、损害赔偿的数额或计算方法等。

2. 应当注意的问题

(1)明确企业商业秘密的范围

《反不正当竞争法》第9条第4款规定:“本法所称的商业秘密,是指不为公众所知悉、具有商业价值并经权利人采取相应保密措施的技术信息、经营信息等商业信息。”这是商业秘密的法定概念。其中,“不为公众所知悉”,是指该信息是不能从公开渠道直接获取的;“具有商业价值”,是指该信息能为权利人带来现实的或者潜在的商业价值;“权利人采取相应保密措施”,包括订立保密合同,建立保密制度及采取其他合理的保密措施;“技术信息、经营信息”,包括设计、程序、产品配方、制作工艺、制作方法、管理诀窍、客户名单、货源情报、产销策略、招投标中的标底及标书内容等信息。①

因此,企业在与员工签订保密合同时,首先要正确界定商业秘密的范围。商业秘密范围的确定根据其构成来认定。如企业将本行业公知的技术作为商业秘密的范围,或者将没有任何商业价值的信息作为商业秘密的范围的,就不属于商业秘密的范围,即使签订了保密合同,也不受法律的保护。

(2)在保密合同中要约定保密费用

在保密合同中,企业和员工的权利义务应当是对等的。通过保密合同要求员工保守商业秘密是企业的权利,员工保守秘密是其义务。而向员工支付保密费是企业的义务,要求企业支付保密费是员工的权利。实践中,有些企业在技术秘密保密合同中,只有员工负保密义务的约定,而没有企业支付保密费用的约定,这是显失公平的。一旦发生争议,员工以企业未支付保密费用作为抗辩的理由,企业的利益就很难得到保护。

(3)保密合同要按照企业的不同岗位而有所区别

企业会根据生产经营的实际需要,设置不同的岗位。而对于不同岗位上的工作人员,与之签订的保密合同应当有所区别。比如,像一般行政内勤人员、保安人员这样不直接接触本企业核心秘密的员工,其保密义务相对其他人员来说并不特定且内容较简单,类似于第三人负有的不得侵犯企业商业秘密的义务。因此,这类人员未必一定要签订专门的保密合同,可以考虑在其劳动合同中加入相应的保密义务条款。而其他人员依据其工作性质,在其工作范围内均有可能接触到企业的商业秘密,包括技术信息和经营信息,特别是高级研发技术人员和高级经营管理人员,通常掌握着企业最核心的商业秘密。这些人员则应该签订专门的保密合同,依据其接触商业秘密的程度和范围,协议内容应尽可能地细化。

(二)订立竞业限制协议的注意事项

竞业限制协议是指,用人单位为避免商业秘密被侵犯,禁止劳动者在劳动关系存续期间或劳动关系结束后的一定时期内,到生产同类产品或经营同类业务且具有竞争关系的其他用人单位兼职或任职,或者自己生产与原单位有竞争关系的同类产品或经营同类业务而签订的一种协议。

1. 竞业限制协议的常见形式

①在劳动合同中约定竞业限制条款。

②在用人单位的员工守则或内部规章制度中规定员工的竞业限制义务。

③在员工离职时签订竞业限制协议或在解聘文书中签订相关条款。

---

① 参见《关于禁止侵犯商业秘密行为的若干规定》(原国家工商行政管理局令第41号)。

竞业限制协议内容一般包括竞业限制的具体时间、期限、补偿费的数额及支付方式、违约责任等内容。

2. 应当注意的问题

(1)补偿费用

竞业限制是对劳动者劳动权利的一种限制,从公平角度出发,用人单位应当给予劳动者合理补偿,以适当弥补劳动者由于不能从事协议限制的工作所造成的损失。因此,《劳动合同法》第23条规定:“用人单位与劳动者可以在劳动合同中约定保守用人单位的商业秘密和与知识产权相关的保密事项。对负有保密义务的劳动者,用人单位可以在劳动合同或者保密协议中与劳动者约定竞业限制条款,并约定在解除或者终止劳动合同后,在竞业限制期限内按月给予劳动者经济补偿。劳动者违反竞业限制约定的,应当按照约定向用人单位支付违约金。”但是,用人单位没有支付补偿的,是否就必然导致竞业限制协议无效呢?实践中,这个问题一直有争议。有的认为,为了保护劳动者权益,应认定失效;有的认为不失效,未按约支付经济补偿,只能导致用人单位的违约,劳动者可请求原用人单位支付竞业限制的补偿金。

最高人民法院《关于审理劳动争议案件适用法律若干问题的解释(四)》(法释〔2013〕4号)第6条第1款规定:“当事人在劳动合同或者保密协议中约定了竞业限制,但未约定解除或者终止劳动合同后给予劳动者经济补偿,劳动者履行了竞业限制义务,要求用人单位按照劳动者在劳动合同解除或者终止前十二个月平均工资的30%按月支付经济补偿的,人民法院应予支持。”可见,没有约定补偿并不当然导致竞业限制协议无效,劳动者可以通过诉讼或者仲裁方式要求用人单位支付经济补偿。

实践中经常发生竞业限制协议约定不明而导致争议的事件,对此,律师最好能起到避免争议的作用,而不是为当事人埋下争议隐患。因此,在审查竞业限制协议时,应当明确补偿金的数额以及支付方式,以免事后发生争议,影响对竞业限制协议效力的认定。

(2)竞业限制的范围

一般认为,用人单位签订竞业限制协议的前提是企业应当具有商业秘密。只有企业花费大量人力、物力所开发的商业秘密、业务关系等,才应是竞业限制的范围,而不应将公共领域的内容纳入到限制范围中,否则很难得到法律支持。

(3)人员范围

竞业限制应限于负有保密义务的劳动者。很多用人单位不论劳动者从事岗位、文化程度及其是否接触到企业商业秘密,一律签订竞业限制协议,这种做法不仅使企业多支付了竞业限制补偿费用,也违反了法律的公平原则。企业应选择核心技术人员、关键技术工人、高级管理人员、市场销售人员等签订竞业限制协议,达到保护企业核心秘密和经营利益的目的。

(4)竞业限制的时间

《劳动合同法》明确规定了解除或者终止劳动合同后的竞业限制期限,不得超过2年。如果劳动者违反竞业限制约定,向用人单位支付违约金后,用人单位可以要求劳动者按照约定继续履行竞业限制义务。

(5)竞业限制的解除

最高人民法院《关于审理劳动争议案件适用法律若干问题的解释(四)》第9条第1款规定:“在竞业限制期限内,用人单位请求解除竞业限制协议时,人民法院应予支持。”此时,劳动者请求用人单位额外支付劳动者3个月的竞业限制经济补偿的,人民法院应予支持。

【示例】

员工竞业限制协议

甲方:
法定代表人:
地址:
电话:
乙方:　　　　性别:　　　　身份证号码:
地址:
电话:
鉴于:

乙方掌握甲方的商业秘密并负有对甲方的保密义务,乙方同意在劳动合同存续期间,以及解除或终止劳动合同后两年内不得自营或者为他人经营与甲方构成竞争的业务或行为。

依照《中华人民共和国劳动合同法》及其他相关的法律、法规之规定,甲乙双方就竞业限制事宜,经充分磋商,在平等自愿的基础上达成本协议,共同遵守执行。

一、定义及适用范围

1.1 本协议所称的竞业限制,是指乙方在劳动合同期限内以及在劳动合同被解除或终止后一定期限内,不得到与甲方生产或者经营同类产品、从事同类业务的有竞争关系的其他用人单位就业,也不得自己开业生产或者经营与甲方同类产品、从事同类业务,甲方给予乙方相应的经济补偿。

1.2 本协议适用于在甲方担任经理、副经理、财务负责人、高级工程师以及其他负有保密义务的人员。

二、乙方承诺

2.1 乙方在与甲方签订劳动合同时,将如实告知是否与其前任用人单位签订有竞业限制协议或条款,并告知该竞业限制协议或条款的主要内容。

2.2 乙方在与甲方签订劳动合同或在甲方培训、实习或从事其他工作时,不违反其与前任用人单位有关竞业限制义务的约定或协议。

2.3 乙方在与甲方的劳动合同存续期间以及该劳动合同终止或解除后两年内,不得在与甲方业务构成竞争的其他用人单位接受或取得任何权益或职位,或向这些用人单位提供任何咨询、顾问、服务或其他协助;同时,乙方本人也不得从事与甲方业务相同或近似的业务,乙方不得出资、组建、参与组建任何与甲方业务相同或近似的其他企业或单位。

2.4 乙方在与甲方的劳动合同终止或解除后两年内,不得接受甲方任何已开发或正在开发的客户或合作者的委托,办理任何与甲方业务相同或相似的事务。

2.5 乙方在与甲方的劳动合同终止或解除后两年内,不得教唆、引诱、聘用或企图聘用任何甲方的现任员工(包括在甲、乙双方终止劳动合同后6个月内甲方所聘用的人员),亦不得帮助其他的任何用人单位、个人进行类似的聘用或者鼓励甲方的任何员工终止与甲方的聘用关系。

2.6 乙方在与甲方的劳动合同终止或解除后两年内,不得从甲方转移或企图转移在其被聘用期间的任何客户、准客户跟甲方的业务往来以及账目。

2.7 乙方在与甲方劳动合同存续期间，未经甲方许可，不得直接或间接出资、参资兴办企业，不得在其他企业兼职（包括担任董事、监事、经理、顾问、职员等），不得为其他与甲方业务相同或类似的企业或个人（无论是直接或间接）提供咨询性、顾问性服务，亦不得利用甲方的条件为其他企业、个人或者自己谋取利益。

三、甲方承诺

3.1 在乙方按照本协议严格履行竞业限制义务的前提下，在解除或终止劳动合同后，甲方在两年的竞业限制期限内按月给予乙方经济补偿金。经济补偿金的总额相当于乙方在甲方任职期间最后___个月的基本工资。

四、告知

4.1 乙方同意：在其与甲方的劳动合同终止或解除后，甲方有权告知乙方的新用人单位其在本协议项下的权利和义务。

五、违约责任

5.1 乙方如有违反在本协议项下的竞业限制义务，甲方将停止支付经济补偿金，乙方应返还甲方此前支付给乙方的全部经济补偿金，同时支付___倍于经济补偿金总额的违约金，并赔偿甲方及关联企业由此而遭受的一切经济和商业损失。此外，如该行为发生在乙方离开甲方或关联企业之前，甲方有权立即解除其与乙方的劳动合同或培训实习关系，并且有权取消乙方的相应的离职补偿金。

5.2 乙方还在此确认：如其未能履行本协议项下的其他有关义务，乙方应赔偿甲方及甲方的关联企业由此而遭受的一切经济和商业损失。此外，如该行为发生在乙方离开甲方或甲方的关联企业之前，甲方有权立即解除其与乙方的劳动合同或培训实习关系，并且乙方将不得要求相应的离职补偿金。

六、争议解决

6.1 因履行本协议或与本协议相关事项而发生的一切争议，双方当事人应通过协商方式解决；如果协商未成，任何一方当事人应当就争议向甲方所在地人民法院提起诉讼。

七、权利保留

7.1 任何一方没有行使其权利或没有就对方的违约行为采取任何行动，不应被视为是对该权利的放弃或是对追究对方违约责任的放弃。所有放弃，均应以书面形式为准。

八、其他

8.1 对于本协议的任何修改、变更，须经双方协商一致形成书面文本并经双方共同签署后，方可生效。

8.2 本协议之条款如与双方之间其他的协议或合同条款存在冲突，以本协议条款为准。

8.3 本协议要求的通知，不论以何种方式传递，均自被通知一方实际收到时起生效。“实际收到”系指通知或通讯内容到达被通知人的法定地址或住所或其指定的通讯地址范围。

8.4 本协议经双方签字或盖章后生效。

甲方：　　　　　　　　　　　　乙方：

　　年　　月　　日　　　　　　　　年　　月　　日

第三节 利用和管理知识产权信息

一、知识产权信息的概念

知识产权信息的内涵十分丰富,目前已成为从事科学研究、技术开发、文学艺术创作以及知识产权学术研究等活动必不可少的重要信息。

广义的知识产权信息是指一切与知识产权相关的信息,如国家的知识产权法律法规及其颁布实施、国际国内知识产权动态发展信息、国际上有关知识产权保护的公约、国内外知识产权活动信息、知识产权主体获得的知识产权信息以及公开的涉及知识产权技术内容的信息等。

狭义的知识产权信息一般仅指体现知识产权主体特征、客体特征、法律特征、经济特征及技术特征的知识产权信息,如专利申请人和专利权人信息、专利技术信息、专利法律信息、专利经济信息、商标权利人信息、商标状态信息、著作权权利人信息、著作权内容信息和著作权法律信息等。

知识产权信息反映了在从事科学、文学、艺术创作活动中因智力成果而获得的财产权与法律保护的权利,这种创作活动几乎涉及人类活动的各个领域,因而知识产权信息具有数量巨大、涉及领域非常广泛的特点。此外,同其他信息相比,知识产权信息还具有较强的法律特性,在许多情况下,未经知识产权权利人同意,不能随意开发、使用、转让等,否则要承担法律责任。如著作权信息所公开的内容不能随意使用;商标信息所公开的注册标记,说明该商标是注册商标不能随意使用;专利信息所公开的技术不能随意用于生产、制造和销售等。

二、检索知识产权信息

知识产权信息检索是指从大量的知识产权信息数据库中筛选出符合自己要求的有关知识信息的过程。在知识产权法律顾问中,常见的知识产权信息检索主要有专利信息检索和商标信息检索等。

(一)专利信息检索

专利信息检索就是根据一项或数项特征,从大量的专利文献或专利数据库中挑选符合某一特定要求的文献或信息的过程。其中的一项或数项特征可以是申请人或专利权人、申请号、发明名称、关键词、专利分类号等。

专利信息检索根据检索目的不同分为三大类型:技术主题检索、著录项目检索、综合性检索。

1. 技术主题检索

技术主题检索主要包括:技术性检索、专利性检索和避免侵权检索。

(1)技术性检索

技术性检索是指从任意一个技术主题对专利文献进行检索,从而找出一批参考文献的过程。它可以分为追溯检索和定题检索。

追溯检索是指人们利用检索工具,由近而远地查找专利技术信息的工作。根据检索顺序,追溯检索又可分为:初步检索和扩大检索。当人们进行技术性的追溯检索时,利用检索工具由近而远地完成一个检索过程,再根据第一个检索过程的结果进行进一步检索,前一检索过程称为初步检索,后一检索称为扩大检索。两种检索是相对而言的,并非在任何情况下都要进行扩大检索。

定题检索是指在追溯检索的基础上,定期从专利文献数据库中检索出追溯检索日之后出现的新专利文献。

当为科研立项收集信息,或为解决技术攻关中的难题,或为开发新产品新技术而查找参考资料时,会选择技术性检索,尤其是科研立项,不仅要进行技术性的追溯检索,还要进行定题检索。

追溯检索可以尽可能多地获取与科研课题相关的专利技术资料,有助于形成决策,减少重复劳动,提高研究起点;而定题检索可以帮助研究人员在科研开题后随时监视国内外与其科研课题相关的新科技动态。

(2)专利性检索

专利性检索是为确定申请专利的发明创造是否具备新颖性和创造性而进行的检索,这两项检索都是在拟申请专利时进行的检索。从发明创造的主题对专利文献进行检索,从而找出可进行新颖性对比的文献,在此基础上,再检出若干件用以确定发明创造性的对比文献。

(3)避免侵权检索

避免侵权检索是与生产经营活动密切相关的检索。根据不同的检索目的,避免侵权检索又可分为:防止侵权检索和被动侵权检索。

防止侵权检索是指为避免发生专利侵权纠纷,主动对某一新技术、新产品进行的专利检索。防止侵权检索主要用在开发出的新产品、新技术准备投放市场或准备出口之时。

被动侵权检索是指被他人指控侵权而进行的专利检索。当被诉侵权时,为保护自己的利益,需要反诉专利无效,或者以公知技术进行抗辩,则应选择被动侵权检索,查找出专利无效或者不构成侵权的依据。

2. 著录项目检索

著录项目检索是指从某一专利文献的著录项目(或称某一专利信息特征)获取特定专利信息的行为。它主要包括:名称检索、法律状态检索及同族专利检索。

(1)名称检索

名称检索是指从某人或某公司名称获取特定专利信息的检索。它可分为:发明人检索、设计人检索和申请人、专利权人检索。名称检索主要用在企业竞争中,企业要想在竞争中做到知己知彼,百战不殆,就要及时了解竞争对手的专利情况。

(2)法律状态检索

法律状态检索是指针对专利时间性和地域效力的检索,分为专利有效性检索和专利地域性检索。

专利有效性检索是查找一项或多项专利是何时申请、何时获得专利权、何时失效、现在是否仍然是有效专利。在从事技术贸易特别是引进国外专利技术时,应进行专利有效性检索。

专利地域性检索是查找一项或多项发明创造都在哪些国家或地区申请了专利及各国公布的专利申请号或专利号。当产品出口时应进行专利地域性检索,了解专利产品的保护地域信息,以避免产品出口到专利保护地区。

(3)同族专利检索

同族检索是指对一项专利或专利申请的专利族进行的检索。按照不同的检索入口,同族专利检索可分为:专利号检索、申请号检索、优先权检索。同族专利检索一方面可以解决语种和馆藏问题,另一方面可以进行专利地域性检索。

3. 综合性检索

综合性检索,也称技术贸易检索,是将技术主题检索中的技术性检索与著录项目检索中的法律状态检索综合到一起进行的检索。

当进行技术贸易、引进国外专利技术时,不但要对专利有效性、地域性进行检索,还要对其进行技术性检索。专利有效性检索和专利地域性检索为引进技术的单位提供引进的专利技术是否是有效专利和这些专利都在哪些国家获得了专利,而技术性检索不仅提供专利有效性信息,而且还可提供用以判断引进技术水平的信息。

(二)商标信息检索

商标信息检索,俗称商标查询,是指商标注册申请人或委托商标代理人到商标注册机关查询有关商标登记注册情况,以了解自己准备申请注册的商标是否与他人已经注册或正在注册的商标相同或近似的程序。

在申请商标注册之前进行商标查询,是申请商标注册的重要步骤,虽然查询结果不具备法律效力,但可用于判断商标申请注册的可行性,降低注册失败的风险,并节约金钱和时间成本。

商标查询的主要方式有三种:

第一种是登录“中国商标网”进行查询。中国商标网是国家知识产权局商标局(以下简称“商标局”)向公众提供免费商标查询的官网。查询的具体步骤为:①登录中国商标网,地址为 http://sbj.cnipa.gov.cn/,进入“商标查询”界面进行查询。②商标近似查询:点击“商标近似查询”,输入商标分类号、查询方式商标名称,点击“查询”。③商标综合查询:点击“商标综合查询”,输入商标注册号或者商标名称或商标申请人,就可以查询商标的综合信息。④商标状态查询:点击“商标状态查询”,输入商标申请号或注册号,可以查询有关商标在业务流程中的状态。

第二种是通过商标代理机构进行查询。商标注册申请人可以委托商标代理机构,通过其商标查询系统进行查询。

第三种是向商标局递交商标查询申请,委托商标局查询员进行查询,需要缴纳一定的查询费用。

需要注意的是,中国商标网查询系统和商标代理机构查询系统只能查询商标局已经公开的商标档案,对于商标局没有对外公开的最近 6 个月申请的商标,只能向商标局申请查询。

三、管理知识产权信息

企业知识产权信息管理的内容既包括对企业内部有关知识产权信息的管理,也包括对企业外部相关知识产权信息搜集和分析的管理。

企业内部知识产权信息管理主要是对已有知识产权的各方面信息进行分析研究,分类整理存档,妥善保管。对企业内部知识产权信息管理的重点,主要在于对相关技术的保密和对相关权利的保护以及进行合法高效的运用。

企业外部知识产权信息管理的内容包括:建立信息管理机构并设定职能;信息管理规章的制定;信息网络和数据库的设置与管理等。外部知识产权信息主要包括:科技发展的各种信息;相关企业技术研究的重要信息;相关知识产权法律保护基本范围的信息;有关知识产权法律保护基本规则及其变化的信息等。

第四节 制定实施企业知识产权战略

一、企业知识产权战略的概念

知识产权是法定的垄断性权利,越来越多的企业、科研院所在激烈的市场竞争中逐渐重视对知识产权的运用,并开始制定和实施知识产权战略。

企业知识产权战略是指:企业通过不断提高运用知识产权制度的能力与水平,大幅度提升创造、管理、实施和保护知识产权的能力与水平,培育和发展自己的核心竞争力,实现可持续发展和效益最大化。

企业知识产权战略是一个跨法律、经济、科技、文化、社会学、心理学等学科于一体的综合学科。我国目前对这一问题的研究主要处于宏观层面,对于操作性较强的微观层面的研究则尚未深入。一般认为,企业知识产权战略研究可以从以下方面展开:①企业知识产权战略的基本理论;

②企业知识产权战略在企业发展中的地位；③企业知识产权战略与企业其他发展战略的关系；④企业知识产权资源在企业经济中如何实现优化配置；⑤企业知识产权战略的类型和具体的实施策略；⑥企业知识产权战略与建立现代企业制度的关系；⑦不同类型企业的知识产权战略；⑧企业知识产权战略的法律保障问题；⑨发达国家企业知识产权战略的实施及对我国企业的启示。

知识产权战略是为了提高企业运用知识产权的能力而进行的总体规划与部署，通俗地讲，知识产权战略就是要“造雷、布雷、防雷、排雷”，其中的“雷”就是指知识产权。“造雷”是指要研发、创造出自己的知识产权；“布雷”是指利用自己的知识产权进行布局，抢占技术和市场；“防雷”是指要防止侵犯其他人的知识产权，避开侵权的法律风险；“排雷”是指对其他人的知识产权采取主动攻击措施，使其丧失效力，打破其知识产权布局。

二、律师在制定实施企业知识产权战略中的作用

在参与制定企业知识产权战略时，律师首先要明确企业关于知识产权战略的基本原则和主要目标。通过对企业实际情况的调研，了解客户企业的治理结构，在行业中的现状和存在的问题，知识产权工作的基础，在知识产权战略上能够投入多大人力、物力和财力等。其次，律师应当将知识产权战略的总目标进行分解，划分为不同层级的分目标，就分目标中相关的知识产权法律问题发表意见，提出具体实施方案。最后，律师还应当对整个知识产权战略方案的各个环节中涉及的法律问题把关。由于企业知识产权战略的制定和实施并不仅仅涉及知识产权法律制度，还可能涉及合同法律制度、公司法律制度、广告法律制度甚至证券法律制度，等等，因此律师应当对知识产权战略中体现的法律问题进行宏观掌控。

在参与实施企业知识产权战略时，律师主要应从知识产权的取得、使用和保护等方面来进行。比如，当有了创新成果时，应根据创新成果的性质、是否易于模仿、对企业甚至行业的影响等角度，分析是采取商业秘密保护还是专利保护，如果采取商业秘密保护，必须根据企业的商业秘密保护制度，及时采取保密措施，防止泄密。如果采取专利保护，则要适时申请专利，而在申请专利之前，务必不能破坏专利的新颖性。再比如，对市场上存在的侵权行为，在调查取证的基础上，选择适用和解、行政查处、民事诉讼、刑事制裁等方式，以保护企业的合法权益。

三、制定实施专利战略

专利战略是企业知识产权战略中最常见和最主要的战略，也是市场竞争中“进可攻、退可守”的杀手锏。根据专利战略进退自如的特性，可以将专利战略分为专利创新战略、专利进攻战略和专利防御战略。

（一）专利创新战略

专利创新战略是以创造技术成果并获得专利权为目标的战略。企业和科研院所通过加强自主专利的研究，增加专利研究的投入，加大原始创新的力度，取得科研创新成果，然后通过法律程序，及时申请国内外专利。可以说，专利创新战略就是“造雷”。在专利创新战略中，律师的主要任务是对如何利用专利法律制度保护科研创新成果提供法律意见，比如专利保护的范围、专利申请的时机、是否申请国外专利等。

（二）专利进攻战略

获得了专利权，手中有了雷，还要善于在市场上为竞争对手“布雷”，这种主动出击的专利战略就是专利进攻战略。实践中，常见的专利进攻战略主要有：

1. 基本专利战略

企业基于对未来发展方向的预测，为保持自己新技术、新产品竞争优势，将其核心技术或基础

研究作为基本专利来保护,并控制该技术领域发展的战略。基本专利战略中的基本专利,往往是企业那些划时代的、先导性的核心技术或主体技术,它具有广泛应用的可能性和获取巨大经济利益的前景。企业通过申请基本专利享有强而有力的专利权,这种法律赋予的垄断权可以有效地排除竞争对手。

2. 外围专利战略

企业围绕专利技术,开发与之配套的外围技术,并及时申请专利,获得专利权的一种战略。围绕基本专利,积极进行技术创新并及时将研究开发成果申请专利,这既是对专利保护功能的充分运用,也是有效保护基本专利的重要手段。大量外围专利的设置,形成以基本技术专利为中心、周边专利技术为网络的专利网,极大地挤压竞争对手的生存空间。

3. 专利收买战略

企业不是通过自己申请专利而获得专利权,而是通过对价从发明人或其他企业那里购买专利权达到独占市场的战略。在某些情况下,实力雄厚的企业会把相关技术领域竞争对手的全部专利买下来,旨在掌控市场。

4. 专利与商标相结合战略

企业在实施专利战略时,如能成功结合商标战略,会取得更好的效果。比如搭配战略、交换战略、承接战略等。

5. 专利投资与产品输出战略

这是向国外出口产品时的一种战略,即企业向准备投资或输出产品的国家申请专利,旨在保护投资和获得未来专利产品输出垄断权的战略。

(三)专利防御战略

在当今市场竞争中,企业除了要主动出击、先发制人外,还要处处小心竞争对手为自己设下的雷,即“防雷”和“排雷”,这种被动防守的专利战略就是专利防御战略,对企业打破既有的市场垄断格局,改善被动地位具有重要意义。

1. 无效对方专利权战略

利用竞争对手专利上的漏洞、缺陷或不符合专利条件的情况,运用专利法赋予的权限,启动专利权无效程序,使对方的专利权部分或全部无效。这种战略的关键是要收集到竞争对手专利权无效的充分证据。

2. 文献公开战略

根据专利法的规定,发明创造欲取得专利权必须具备新颖性等特征。如果企业认为自己开发成功的技术、产品没有必要取得专利权,但又担心其他企业取得这一技术的专利权将给本企业带来威胁时,就可以采取抢先公开技术内容的方式,使之丧失新颖性,从而阻止竞争对手获得专利权。

3. 绕过障碍专利战略

如果竞争对手的专利十分牢固,并且将对本企业构成制约或威胁时,则可以实行绕过障碍专利战略。比如,绕过权项,开发不抵触的技术;使用替代技术;进行先用权抗辩;在专利权所在国的域外利用他人专利技术。

四、制定实施商标战略

商标战略是以商标的选择、使用、推广、保护等为主要内容的知识产权战略。商标作为企业开拓、占领市场的重要工具,其功能和价值日益得到认可。因此,帮助企业做好商标战略的制定与实施,是律师知识产权法律顾问工作的一项重要内容。

（一）商标选择战略

商标作为识别企业商品或服务的标志，应当具有显著性的特征，因此，律师应帮助企业选择显著性强的商标，以满足企业长期战略的需要。

商标应选择便于识别、易于传播的标志。一般来讲，简单明了、好记易读、给人以联想空间、有特定含义的标志，比较适合作为商标使用。比如，一款微型汽车的商标为"小贵族"，既体现了车身小的特征，又表达了厂家赋予产品的气质，读起来也朗朗上口，便于消费者识记。

另外，我国加入WTO之后，企业越来越多地面对国际市场的竞争，在产品外销时，选择商标要具有国际化的眼光，充分考虑产品受众所在国的风俗习惯、文化背景，避免商标因产生不良影响而被排斥。

（二）商标注册战略

根据我国《商标法》的规定，注册商标才享有注册商标专用权。因此，将商标及时进行注册，也是商标战略的重要内容。

在商标注册时，首先应当注意《商标法》规定的禁止性和限制性条件，并避免与他人的在先合法权利相冲突。律师要根据法律规定的条件，对企业拟申请注册的商标作出评估，给出是否适合注册的法律意见。

把握好商标注册申请的时机也是商标注册战略的重要环节。实践中，经常有企业在推出产品甚至投放大量广告之后还没有申请商标注册，从而出现产品在市场上已经具有一定的知名度，但商标却被别人注册的现象。按照《商标法》的规定，如果他人的注册行为不属于恶意抢注，则法律保护在先注册商标的专用权，商标的在先使用者再申请该商标注册将会被驳回，而且只能在原使用范围内继续使用该商标，甚至还需要应商标权人的要求附加适当的区别标识。这对在先使用者的利益影响非常大。

在商标注册战略中，还有一个防御性注册的问题。防御性注册是指注册联合商标和防御商标，其目的在于扩大商标专用权的范围，排除他人在非类似商品上注册与本企业主商标相同或者近似的商标。例如，杭州"娃哈哈"集团注册的"哈哈娃""哈娃娃"等商标就属于联合商标，而该企业除了在儿童饮料类商品（商品国际分类第32类）上注册商标以外，还在其他商品类别上进行的注册，就属于防御商标。①

实践中，特别要注意注册商标的续展问题。根据《商标法》的规定，注册商标的有效期为10年，自核准注册之日起计算。注册商标有效期满，需要继续使用的，商标注册人应当在期满前12个月内按照规定办理续展手续；在此期间未能办理的，可以给予6个月的宽展期。每次续展注册的有效期为10年，自该商标上一届有效期满次日起计算。期满未办理续展手续的，注销其注册商标。所以，律师应对企业注册商标的情况有一个比较清楚的了解，对于期限即将届满的注册商标，要及时提醒企业办理续展注册手续，否则就可能导致失权。

（三）商标使用战略

商标注册的主要目的是在生产经营过程中使用和推广商标，以逐渐形成品牌效应。但是，注册商标的使用并不是随心所欲的，商标法对注册商标的使用规定了一些条件，律师在为企业提供法律顾问服务时，应当指导企业合法、正确地使用和宣传商标。

《商标法》第49条第1、2款规定："商标注册人在使用注册商标的过程中，自行改变注册商标、注册人名义、地址或者其他注册事项的，由地方工商行政管理部门责令限期改正；期满不改正的，由商标局撤销其注册商标。注册商标成为其核定使用的商品的通用名称或者没有正当理由连

① 参见宁晨新：《携假名牌被罚：驰名商标特殊保护的扩张》，载《中国证券报》，2006年4月22日。

续三年不使用的,任何单位或者个人可以向商标局申请撤销该注册商标。”可见,注册了商标后并非万事大吉,如果没有按照法律的要求进行使用,则可能被责令整改甚至导致商标被撤销。

“自行改变注册商标”的行为是指擅自改变注册商标的文字、图形、字母、数字、三维标志和颜色要素以及上述要素的组合。

“连续三年不使用”是指连续三年没有将商标用在商品、商品包装或者容器以及商品交易文书上,或者将商标用于广告宣传、展览以及其他商业活动中。

另外,《商标法》第6条规定:“法律、行政法规规定必须使用注册商标的商品,必须申请商标注册,未经核准注册的,不得在市场销售。”

实践中,常见的商标使用战略主要有:

1. 商标突出使用战略

能够起到区分商品或服务的标志有多种,除了注册商标之外,企业的商号、商品的特有名称、包装、装饰和装潢等,都可起到区分作用。但是,从民事权利的角度看,注册商标专用权的效力是最强的,其他如商号、商品的特有名称等,虽然也能获得法律保护,但是强度却不及注册商标。因此,在经营推广中,应当突出强化商标的使用,比如,在产品包装上将注册商标置于醒目位置,在广告宣传中以商标为主要宣传内容等。

2. 单一商标战略

单一商标战略是指在企业的所有产品上,使用单一的注册商标。使用单一商标的优点是简化商标注册、宣传和管理流程,节省新产品的推广成本,但也存在着企业形象单调、产品领域难以扩大以及由于个别产品的质量问题而波及整个产品线的缺点。一般地,单一商标战略适合规模较小、处于起步阶段的企业。

3. 多种商标战略

如果企业的产品门类较多,仅靠单一商标无法满足市场定位和需求,在不同的产品或种类上使用不同的商标,各有不同,彼此区分,这就是多种商标战略。一般情况下,律师可以指导企业从产品的种类、产品的档次等方面考虑使用不同的商标。比如,中粮集团就采取了多种商标战略,“长城”葡萄酒、“福临门”食用油、“金帝”巧克力,以及“梅林”“珠江桥”“象山”“水仙花”等罐头产品,并享有相当的知名度。①

4. 主副商标战略

“主商标”指的是企业的总商标,代表着企业的整体形象;而“副商标”指的是具体产品的商标,用以区分总商标。在广告宣传中,将企业形象宣传与产品推广分开,通过企业形象广告、公益活动以及新闻事件来提升企业形象;在产品营销中,既使用产品商标也使用总商标,通过产品商标来达到细分消费群体的功能。由于主副商标战略比较复杂,因此,比较适宜于规模大、产品系列丰富的大型企业。

五、制定实施著作权战略

从现实情况看,企业在著作权的保护方面一向重视不够,多认为著作权保护与企业经营管理的关系不大,因此著作权战略可有可无。这种观点实际上是很片面的。随着经济和科技的发展,著作权的触角越来越深入地延及企业的生产经营,比如计算机软件的开发使用、网站建设、网络传播等,都是现代企业生存发展所必须认真面对的问题,否则就可能造成知识产权的流失,或者侵犯他人的合法权益。而且,著作权战略往往会和其他知识产权战略配合使用,以实现企业知识产权的立体交叉保护,如果漏掉了著作权战略这个重要环节,知识产权战略就难以发挥应有的作

① 参见刘烈东:《国有企业必须加强知识产权保护》,载《经济日报》,2005年3月23日。

用,甚至给企业带来损失。

在制定和实施企业著作权战略时,应当注意以下问题:

(一) 明确企业著作权管理的对象

按照比较传统的观点,很多企业认为只有论文、图纸、软件等才是作品,才是企业著作权管理的对象。实际上,企业著作权管理的对象含义很广,比如,有独创性的产品说明书和广告词就是一种文字作品,可以受到著作权法的保护。此外,企业简洁的宣传文本与图册、相关商标申请材料与专利文字材料、公司创办的报刊、摄影作品、内部广播电视台所制作的录音录像剪辑等都属于著作权的保护范围,应该纳入企业著作权管理的框架中。从这个角度看,企业著作权管理并不是无事可做,而是大有可为。

(二) 将著作权保护和其他知识产权保护相结合

对于同一种客体,知识产权法赋予了多种保护途径,因此,在著作权战略中,要善于运用多种保护手段,形成知识产权的立体交叉保护。以产品包装为例,其装潢设计可以作为美术作品受到著作权保护,同时,企业也可以就包装申请外观设计专利,形成专利和著作权的双重保护。再以图形商标、立体商标为例,有可能构成《著作权法》意义上的作品,而商标被注册以后,又可以获得《商标法》的保护,另外,企业还可以就此申请外观设计专利,以获得多重保护。

(三) 积极进行著作权登记

根据《著作权法》的规定,著作权自作品创作完成之日起产生,并不以登记为生效要件。但是,积极进行著作权登记对企业还是有很多好处。比如,为著作权权利归属取得法律上的初步证据,在发生纠纷时为主张权利提供证据;协助司法机关方便、快捷地取证,以便迅速结案;作品办理自愿登记后,权利人可适当宣传,对侵权者起威慑作用;依据政府机构实施管理促进软件产业发展的规定,计算机软件登记企业还可享受免税待遇(销售自有知识产权的产品可以退税6%～17%)。

(四) 做好企业著作权的运营

著作权的运营,是通过著作权的许可使用或者转让等方式,使著作权中的经济利益得到充分实现。因为著作权的人身权利一般不能许可和转让,所以,著作权运营的主要对象为财产权利。

著作权运营时,应重点把握以下环节:

1. 确定企业是合法的著作权人

著作权属于企业,是对外许可和转让的基础条件。否则,就可能导致侵权而承担侵权责任,同时还可能构成对被许可人或者受让人的违约而承担违约责任。为此,企业应当保留作为著作权人的证据,最好是办理相关著作权登记,一旦发生纠纷,可以比较清楚、简捷地证明权利人身份。

2. 根据实际情况选择著作权许可或者转让

著作权许可和转让是不同的:著作权许可可以选择许可的方式、期间,既可以向一人许可,也可以向多人许可;而著作权转让后,受让方即专有行使全部或部分权利,转让方则完全丧失相关权利的权利人身份。

实践中,著作权是许可还是转让,一般可以考虑作品价值、转让价格、该著作权对企业今后生产经营的影响、市场需求情况等因素。

3. 规范著作权许可或转让合同

根据我国法律的规定,著作权许可应当订立许可使用合同,著作权转让应当订立书面合同。书面合同不仅限于纸质的合同,也可以通过信函、传真、电子邮件往来等方式。当然,在著作权运营过程中,最好能签订正规的纸质合同,这对保留证据是十分必要的。

六、制定实施商业秘密战略

随着知识产权意识深入人心,商业秘密作为知识产权的重要组成部分,也逐渐为企业所重视。

商业秘密战略是以相关秘密信息的获取和利用、管理与保护为主要内容的知识产权战略。

(一) 商业秘密保护的选择

实践中,经常困扰企事业单位的一个问题是,技术成果产生后,是选择专利保护还是商业秘密保护。

从理论上讲,对于技术成果,既可以申请专利保护,也可以作为商业秘密来进行保护。但专利保护与商业秘密保护存在很大差别:

(1)专利和商业秘密的产生方式不同。专利必须通过申请,由国家授权后,才受到法律保护。商业秘密则不需申请,更无须授权。权利人只要对其不为公众所知悉的技术信息采取了保密措施,商业秘密就随即产生。

(2)专利和商业秘密的财产权性质不同。专利是一种独占性的权利,谁首先申请专利并得到批准,谁就对这项技术享有专有权。未经专利人许可,其他人都不得实施。商业秘密的权利人则不具备这种独占性,只要不是采用不正当手段获取的,同一项商业秘密,可以由若干权利人同时享有。

(3)专利和商业秘密受保护的时限不同。专利权的保护是有时间限制的,专利保护期限届满后,该项技术不再受法律保护。商业秘密的保护是没有时间限制的,只要不被泄露或由权利人自行公开,可以一直受到法律的保护。

(4)专利和商业秘密的保护方式也不同。专利是通过技术公开和限制使用的方式对专利技术实施法律保护的。商业秘密则是通过采取保密措施,严格控制知悉范围的方式对专有技术实施保护的。

在明确了专利保护和商业秘密保护的区别后,律师在帮助企事业单位对技术成果采取保护措施时,要综合考虑以上因素,作出适合单位特点和技术成果性质的正确选择,不能搞“一刀切”。

具体来说,①对简单的、易被他人自行研究成功或者较容易被他人通过反向工程解析的技术成果,单位应考虑采用申请专利的方式进行保护。②保密制度完备且执行到位的单位,可以采用商业秘密的方式进行保护。③技术成果先进性程度高的,可以先采用商业秘密保护的方式;技术成果可能丧失先进性或者可能被他人申请专利的,应当采用专利保护的方式。

当然,专利保护和商业秘密保护不是绝对对立的。有经验的跨国企业往往采取二者相结合的方式保护技术成果。比如,技术成果产生后,先采取商业秘密保护的方式,待该项技术成果将要在市场上丧失领先优势时,再去申请专利,以获得独占性的保护,这就最大化地延长了技术成果的生命周期。再比如,将技术成果申请专利,但对于其中重要的参数、设计、技术细节等具体信息则采用商业秘密的方式进行保护,形成点面结合的全方位保护。

(二) 商业秘密战略的主要内容

1. 确定商业秘密的工作模式

企事业单位应当根据自身的经营管理模式、企业规划、研发重点、市场比例和竞争优势,安排和调整商业秘密工作模式。

常见的商业秘密工作模式有:分项目管理、分阶段管理、分地域管理、分部门管理。

分项目管理是指,以单位的科研、生产或经营项目为依托,对各个项目中产生的技术成果及相关信息进行商业秘密管理。

分阶段管理是指,按照科研、生产、经营的流程阶段对技术成果及相关信息进行商业秘密管理。

分地域管理是指,如果单位既有总部,又在其他多个地区设有分支机构的,则各地机构分别对技术成果及相关信息进行商业秘密管理。

分部门管理是指，按照单位内部机构的设置和职权划分，以部门为单位进行商业秘密管理。

2. 界定保密信息的范围

开展具体的商业秘密工作，首先就需要明确保密的技术信息和经营信息的具体内容和范围。一般可以采用的方式是划定密级和标注密级。

划定商业秘密范围主要考虑的因素包括：①信息是否具有保密的可能性；②信息的来源；③信息采用商业秘密保护方式的利弊分析；④信息是否与其他法律保护对象相关联。

3. 采取保密措施

保密措施，是商业秘密的权利人为防止商业秘密信息泄露所采取的，与商业秘密的价值等具体情况相适应的合理保护措施。从司法实践来看，人民法院一般根据所涉信息载体的特性、权利人保密的主观意愿、保密措施的可识别程度、他人通过正当方式获得的难易程度等因素，认定权利人是否采取了保密措施。

因此，实践中的保密措施应当具有可识别性，并尽可能地明确商业秘密信息的范围、种类、保密期限和保密方法。

常见的保密措施包括：①与知悉或者可能知悉、接触商业秘密信息的员工或者第三人签订保密协议；②建立系统、详细的规章制度，并对全体员工公示；③以设定警示区域、警示标记及加设门卫等方式，对员工、来访人员的活动区域加以限制；④对商业秘密信息的存放、借阅、转移等做专门档案管理，对作废文件、资料予以专门处理；⑤在商业秘密信息资料、文件、图纸上编制密级；⑥专人使用和管理特定的计算机系统，并采取加密和与单位区域网断链方式予以保密；⑦其他采用技术手段、特定程序或其他公认的合理措施予以保密，等等。

4. 外部关系的处理和内部关系的管理

商业秘密工作要特别注意外部关系的处理和内部关系的管理。

外部关系处理的主要方面包括：

(1)外部来宾访问的接待

单位应在涉密区域设立警示区域和警示标牌，拒绝一般的外部来访人员进入。对于涉及商业秘密或者可能泄露商业秘密信息的资讯、文件、资料、图纸等按规定及时进行整理和收纳，并存放在不能直接查看和拿到的地方。必要时应当告知来访人员，请不要进入标明警示标记的区域或者接触标注有密级的文件。

(2)技术成果的对外交流

企事业单位经常会利用技术成果参加技术交流会、成果论证会、技术鉴定会等对外交流，此时，应当避免展示核心技术资料，确有必要提供的，应当将有关材料标注密级，并指定特定的会议人员接收和退返。而且需要和与会人员、鉴定人员签订保密协议。

(3)展览宣传

企事业单位在参加的各类展览会、成果展示、成果汇报会上，应当尽量避免披露和展示涉及商业秘密信息或者可能泄露商业秘密信息的资讯、信息、资料、图片，以及容易被观察和分析的设施设备。

内部关系的管理主要是指对内部员工的管理。实践中，主要通过单位的规章制度和劳动关系来进行保密管理。

企事业单位可以在劳动合同中约定保守商业秘密和与知识产权相关的保密事项，也可以单独与员工签订保密合同。员工保密合同的主要条款一般包括：岗位职责；保密内容或事项；保密范围和保密期限；保密方式；资料、文件、设备等的保存、归档、交接和处理；违约责任；合同变更与解除；竞业限制义务；争议解决方法；合同成立与生效等。

需要引起高度重视的是，对单位员工发表论文和文章进行保密审核具有重要意义。在我国现行的职称评定体系下,评定技术类职称往往对员工发表论文的数量有硬性的要求。于是,有些单位的员工就有可能将日常接触和掌握的商业秘密写进论文中,一旦论文发表,就会造成单位的商业秘密泄露,给单位造成损失。如果单位是从权利人处获得许可而使用商业秘密的,员工发表论文泄密就可能引发权利人向单位主张违约或者侵权的法律责任,产生法律纠纷,甚至导致双方合作关系破裂或终止。因此,单位有必要建立员工论文的保密审查机制,控制和核定研发人员发表论文、文章的实质性内容,尤其是涉及核心技术的研发思路和具体应用方面的描写,应当给予必要的限制,以防患于未然。

第五节 发表律师声明与警告

一、受托发表律师声明

知识产权是一种无形财产权,不能通过占有宣示其归属,这和有形财产权具有很大的不同。因此,律师可以接受客户委托代为发表声明函,通过在大众媒体上以律师声明的形式,告知公众权利人所拥有的知识产权情况。

律师声明主要应当包括以下内容:①权利状况,比如专利号、专利名称、商标注册号、商标标识等。②权利的种类和范围,专利可以讲明是发明、实用新型还是外观设计,商标可以讲明该商标核准的商品或服务范围。③权利所有人以及利害关系人。④权利的有效期限。⑤其他需要公示的事项。

在发声明函时,律师必须要审查委托人提供的材料,以保证声明函内容的真实性、合法性。

随着互联网的普及和发展,很多企业开始建设自己的网站或者微信公众号等来开展宣传或者进行电子商务,因此,在网站和公众号上通过律师声明的方式明示权利是比较通用的做法。

【示例】

律 师 声 明

凌云商务网(www.lingyun.com)是根据中华人民共和国法律设立的合法网站,所有者为上海市凌云科技有限公司。上海市××律师事务所经上海市凌云科技有限公司授权,特发表如下声明:

一、本网站所有网页的内容,包括但不限于文字、图表、图片、照片、音频、视频、商标、软件、产生网页的代码及其他构成这些网页内容的物体、文件及设计的全部权利,属于本网站所有者,或其他授权本网站使用的内容提供者所有,受到中华人民共和国的著作权法、商标法及其他法律和国际条约的保护。

二、非经本网站所有者同意及书面授权,任何单位或个人不得使用、复制、镜像、传播或修改本网站的内容。

三、任何传输至本网站的内容,均视为传输者拥有合法的知识产权,并视为其已授权本网站所有者可以无偿及无限制地加以使用并不承担任何法律责任。

若发现他人侵害本网站所有者的合法权益,本律师将受托依法追究侵权人的法律责任。

上海市××律师事务所
律师:×××
××年×月×日

二、受托发表警告函

企业在其知识产权受到侵害时,经常会委托律师向侵权人发出警告函,警告侵权人停止侵权,然后视实际情况再决定是否和解或者诉讼。

律师在受托发警告函时,应当注意以下问题:

(一) 对侵权行为进行调查和取证

一般来说,企业向律师通报的是市场上存在侵权行为的初步线索,对于这些侵权行为的具体情况,往往需要律师进一步调查和取证,并将调查取证的结果作为发警告函,或者提起诉讼的依据。

关于侵权调查和取证的方法,本编有专章介绍,在此不再赘述。

(二) 对侵权行为进行分析判断

律师在掌握相关证据后,应当对企业指控的行为进行分析、判断,明确是否构成侵权,构成何种侵权,在明确了这些法律关系之后,再决定能否采取相应的法律手段。

(三) 制作警告函

律师经过专业分析,判定对方当事人的行为构成侵权后,如果侵权的危害后果不是很大,可采用发声明函或律师函的方法警告侵权人。警告函应当力求内容简捷、含义清楚、态度明确。

通常一份警告函应当包含以下内容:

(1)律师自我介绍并说明委托人的情况。需要注意的是,委托人应当是享有该知识产权的权利人,包括该知识产权的所有人和利害关系人,必要时还应当附上委托人享有该知识产权的证明。律师应当有授权委托书。

(2)直接列举对方的侵权行为并说明其法律后果。有时根据需要,律师可以将已经取得的对方侵权行为的证据附上,在说明其行为的法律后果时可以引用相关法律条文。

(3)清楚表明委托人的意见和对对方的要求。在说明对方的行为以及法律后果之后,应当明确向对方提出要求,比如停止侵权、赔偿损失、进行谈判等。

(4)对对方不接受警告函意见的警告。在警告函的最后,律师应当明确告知对方,如果对方拒绝警告函的内容,委托人将保留进一步采取法律措施的权利。

(四) 发送警告函

制作好警告函后,律师应当按照侵权人的确切地址,将警告函的原件发出。在发警告函时,最好采用特快专递的方式,保留底单并存档,以证明主张权利的方式和时间。如果有侵权人的传真或电子邮件,可以先发送传真或电子邮件,使侵权人在第一时间获知警告函的内容。在发送警告函之后,应及时确认侵权人是否收到,为下一步工作做好充分准备。

【案例】

在一起著作权侵权和不正当竞争的知识产权纠纷中,代理律师根据红林文化公司提供的线索进行调查后发现:光彩歌舞团在演出时使用红林文化公司一个知名剧目的名称大肆宣传,但演出的实际内容与红林文化公司的知名剧目完全不同,同时光彩歌舞团还大量使用了红林文化公司创作的剧照、宣传画等,造成了观众的混淆,给红林文化公司造成了巨大损失。根据这些情况,律师受红林文化公司委托向光彩歌舞团发出律师警告函:

律 师 函

致:光彩歌舞团

本律师受红林文化公司的委托,就贵团在上海演出新风杂技舞台剧《××》的相关事宜,特函告如下:

一、新风杂技舞台剧《××》(包括但不限于剧中音乐、服装设计、舞美设计)和相关剧照的全部著作权,以及该剧特有名称"××"的全部权益,由红林文化公司完全享有。因此,任何未经红林文化公司许可,擅自演出《××》、使用相关剧照及该剧特有名称"××"的行为,均构成著作权侵权和不正当竞争,应当承担停止侵害、消除影响、赔礼道歉、赔偿损失等法律责任。

二、据调查,贵团在未获得红林文化公司许可的情况下,于×年×月×日开始,在上海演出时使用《××》剧照及该剧特有名称"××",整个演出按计划将持续至×年×月×日。

三、贵团在以往与红林文化公司合作的过程中,对于《××》、相关剧照及该剧特有名称"××"的权益属于红林文化公司是明知的。

据此,红林文化公司认为:贵团未经许可,擅自使用《××》剧照,涉嫌侵犯红林文化公司的著作权;同时,贵团擅自使用该剧特有名称"××",引起公众误认,涉嫌不正当竞争。贵团的行为已经对红林文化公司正在进行的市场推广计划造成了恶劣的负面影响和巨大的经济损失。

鉴此,本律师特受托声明:

1. 贵团应当自收到本律师函之日起,立即停止包括在上海演出时使用《××》相关剧照及该剧特有名称"××"在内的一切涉嫌侵权行为。

2. 贵团应当于×年×月×日前,对有关情况作出书面说明,并制定解决方案,函告红林文化公司。

3. 红林文化公司保留通过法律手段(包括但不限于申请诉前禁令、提起诉讼、请求行政机关查处等)追究贵团法律责任的权利。

请贵团慎重考虑,谢谢合作!

北京市××律师事务所
律师:×××
××年×月×日

(五)警告函不当具有严重法律后果

2016年4月21日,最高人民法院发布2015年中国法院10大知识产权案件和50件典型知识产权案例。① 其中一例因警告不当而引发的确认不侵犯专利权及损害赔偿诉讼案[最高人民法院(2014)民三终字第7号民事判决书]备受公众热议。该案判决对权利人的不当警告提出了重大警示。通常意义上,权利人发送侵权警告维护自身合法权益,是行使民事权利的一种方式,但应当限定在合理的范围内,否则就可能因侵犯他人的合法权益而承担"反赔"等责任。

---

① 参见《2015年中国法院十大知识产权案件》,载《人民法院报》,2016年4月22日,第3版。

【案例】

2003年9月开始,本田技研工业株式会社(以下简称“本田株式会社”)以石家庄双环汽车股份有限公司(以下简称“双环股份公司”)涉嫌侵害汽车外观设计专利权为由,向其和汽车经销商多次发送警告函。

2003年10月16日,双环股份公司向石家庄市中级人民法院提起确认不侵害涉案专利权之诉。随后向国家知识产权局专利复审委员会请求宣告涉案专利权无效。

2003年11月24日,本田株式会社向北京市高级人民法院起诉双环股份公司等侵害涉案专利权。

专利复审委员会审查后作出宣告涉案专利权无效的行政决定,一、二审行政判决予以维持。

2008年4月26日,双环股份公司以本田株式会社连续发送侵权警告函,造成其经济损失为由,在确认不侵权之诉中增加诉讼请求,请求法院判令本田株式会社赔偿其经济损失及律师费、评估费、诉讼费共计人民币2 579.139万元。

本田株式会社对宣告涉案专利无效的行政判决不服申请再审,最高人民法院受理后提审。2010年11月26日再审判决撤销被诉决定,涉案专利权恢复有效。

之后,本田株式会社针对双环股份公司等向河北省高级人民法院提起侵害涉案专利权诉讼。最高人民法院裁定该案由河北省高级人民法院作为一审法院,并将石家庄市中级人民法院审理的确认不侵权诉讼提至该院合并审理。

2013年4月1日,双环股份公司在确认不侵权诉讼中增加索赔数额至36 574万元。

就上述两案,河北省高级人民法院一审判决:确认双环股份公司生产、销售的涉案汽车不侵害本田株式会社涉案专利权;本田株式会社赔偿双环股份公司经济损失人民币5 000万元(含合理维权费用);驳回双环股份公司的其他诉讼请求。

双环股份公司和本田株式会社均不服,向最高人民法院提起上诉。最高人民法院终审判决确认双环股份公司生产销售的涉案汽车不侵害本田株式会社涉案专利权,改判本田株式会社赔偿经济损失1 600万元。

以上诉讼过程前后历时十余年,涉及多种法律程序,引发了社会的广泛关注。下面结合最高人民法院的终审判决,分析本案为何认定权利人的警告属于不当竞争并需承担赔偿责任。

根据最高人民法院(2014)民三终字第7号民事判决书的记载,本田株式会社发送警告函可分为两个阶段。

第一阶段是2003年9月18日—10月8日,本田株式会社先后8次发送侵权警告函,要求双环股份公司停止生产、销售涉案汽车。在2003年9月18日—9月24日,本田株式会社还对涉案多个汽车经销商分别多次发送警告函,称涉案汽车侵害涉案专利权,经销商的销售行为也构成专利侵权,要求立即停止销售。

第二阶段是2003年10月15日之后,本田株式会社传真函告双环股份公司重新设计的定型方案仍侵害涉案专利权。双环股份公司遂提起确认不侵权诉讼。本田株式会社于2004年1月9日又向双环股份公司在全国多地的十余家经销商发送警告函。

最高人民法院认为,本田株式会社在第一阶段向双环股份公司发送侵权警告函,所涉专利权合法有效。双环股份公司接到侵权警告函后,与本田株式会社进行协商沟通,明确被警告行为的具体信息后,双环股份公司立即对其所称“非定型产品”的外观进行了修改,并于2003年10月15日将改变后的定型产品的外观设计告知本田株式会社。

双环股份公司的行为表明,本田株式会社侵权警告函的内容足以使双环股份公司知悉被警告行为可能存在侵害涉案专利权的事实。因此,本田株式会社在第一阶段针对双环股份公司侵权警告的行为属于专利权人正当行使专利权的维权行为。

但是,最高人民法院认为,本田株式会社在第二阶段发送侵权警告函,在双环股份公司已经与其进行沟通协商,并寻求确认不侵害涉案专利权的司法救济,本田株式会社亦寻求侵害涉案专利权的司法救济后,继续向涉案汽车的销售商发送侵权警告函,并扩大了被警告经销商的发送范围。侵权警告函中仅记载了涉案专利权的名称、涉嫌侵权的产品名称以及受函客户涉嫌侵权的性质,没有披露主张构成外观设计相近似的具体理由或进行必要的侵权比对,也没有披露其与双环股份公司均已向法院寻求司法救济等其他有助于经销商客观合理判断是否自行停止被警告行为的事实。由于被警告的经销商作为双环股份公司的交易方,也是本田株式会社涉案专利产品的竞争者或客户群,本田株式会社在向这些经销商发送的警告函维护其专利权的同时,有打击竞争对手、争取交易对象或者商业机会的目的。因此,本田株式会社在没有进一步证据证明存在侵权事实的情况下,以与向制造者发送侵权警告时相同的注意义务,在第二阶段扩大发送内容不明确的警告函,尚难认定其尽到了合理的审慎注意义务,对被警告者自行判断是否应当停止所警告行为的重大事宜在警告函中不进行披露,致使双环股份公司利益遭受损失,存在过错。本田株式会社的行为并非专利法所赋予的正当的维权方式,而是有悖于鼓励和保护公平竞争的不正当竞争行为。依据《反不正当竞争法》第 20 条的规定,应当对其造成的损害后果承担责任。

从最高人民法院的以上认定可以看出,本田株式会社两个阶段发送警告函的行为具有不同的法律性质和意义。第一阶段属于正当维权,而第二阶段属于不正当竞争。判断警告行为是否正当,需要根据发送侵权警告的具体情况来认定,主要考量因素包括:

①权利人侵权警告必须以确定的具体侵权事实为依据。

②权利人要对所警告的行为是否构成侵权进行充分考量和论证,尽到审慎审查义务。

③权利人侵权警告的内容不应空泛和笼统,应披露权利人的身份、权利的有效性、权利的保护范围以及判断被警告行为涉嫌构成侵权等必要信息。

④权利人对侵权警告不同对象的审慎注意义务不同。制造者作为侵权的源头,通常是权利人进行侵权警告的主要对象。权利人发送侵权警告的对象还可能包括产品的销售商、进口商,或者发明或实用新型产品的使用者等,这些人作为制造者的交易相对方,往往也是权利人争夺的目标客户群。向这些主体进行警告的行为容易直接导致制造商无法销售,影响所涉产品的竞争交易秩序。因此,向这些主体发送侵权警告时,对确定被警告行为构成侵权而产生的注意义务要高于向制造者发送侵权警告的情形,其警告所涉信息应当详细、充分,如披露请求保护的权利的范围、涉嫌侵权的具体信息以及其他与认定侵权和停止侵权相关的必要信息。否则就可能影响公平竞争的交易秩序。

通过这一典型案例可以看出,权利人维权的方式是否适当,应以权利人维权的方式是否正当、是否有违公平的竞争秩序、是否存在打击竞争对手的故意等作为衡量标准。因此,律师在接受客户委托发送警告函时,务必把握尊重事实、恪守法律、方式正当、尺度合理的原则,切不可因警告不当反而给委托人招致诉讼甚至赔偿的法律风险。

第三章　知识产权尽职调查业务

本章提示

知识产权尽职调查是律师开展其他知识产权业务的重要基础和前提。无论是知识产权法律顾问业务，还是知识产权交易业务，甚至是企业并购融资涉及的知识产权业务等，均需在对目标主体知识产权状况进行调查和确认的基础上进行。

知识产权尽职调查的主要步骤包括：调查前准备、实施尽职调查、撰写尽职调查报告，以及提出解决方案或审查交易文件。

知识产权尽职调查的范围根据调查目的不同而有所区别，常见范围包括：知识产权的法律状况，知识产权规章制度情况，知识产权管理、保护和运营情况，与知识产权有关的人员情况，侵权纠纷情况等。

本章主要介绍知识产权尽职调查的主要方法和内容，以及相关的注意事项。

第一节　知识产权尽职调查的准备

一、明确知识产权尽职调查的目的

根据客户的不同需求，明确知识产权尽职调查的目的，是开展知识产权尽职调查的前提。

实践中，律师一般会在为客户提供以下法律服务的过程中，进行知识产权尽职调查。

1. 提供知识产权法律顾问服务

在为客户提供知识产权法律顾问服务之前，需要进行比较系统和深入的知识产权尽职调查。此类尽职调查的目的主要是了解客户现有的知识产权权利情况以及知识产权管理、保护、实施等的工作情况，以便发现现存的问题和不足，为后继法律顾问服务中的改进和完善打下基础。

2. 提供知识产权交易法律服务

知识产权交易包括知识产权的转让和许可，交易的标的就是知识产权。因此，在知识产权交易之前，也需要进行有针对性的尽职调查。此类尽职调查的目的主要是核实知识产权的法律状态和实施状态、是否存在阻碍交易的法律或事实障碍、交易之后能否自由实施等。在通过尽职调查明确前述问题的基础上，制订适当可行的交易方案。

3. 提供人力资源和劳动法律服务

企业和劳动者之间的法律关系，除了普通意义上的劳动关系之外，还有知识产权法律关系。特别是在企业人员流动，也就是人员引进和人员离职的过程中，知识产权问题往往成为非常重要的问题。因此，律师在提供人力资源和劳动法律服务之前，也需要针对特定人员进行知识产权方面的尽职调查。此类尽职调查的目的主要是明晰该人员所掌握的知识产权范围，明确该人员和单位的知识产权权属关系、是否负有保密义务和竞业限制义务、工作历史和未来去向等。通过尽职调查，便于针对该人员制订具体的入职或离职方案及相关的法律文件。

4. 提供并购融资法律服务

企业的并购融资经常涉及大量的知识产权问题。此时的知识产权尽职调查一般会涵盖在对目标主体的全面尽职调查之中。此类知识产权尽职调查主要是明确所涉及的知识产权的具体范围、知识产权的法律状态和实施状态、权属是否明晰等。通过尽职调查,判断并购融资是否存在知识产权方面的法律风险,以促成并购融资的达成。

二、了解相关背景信息

在尽职调查之前,需要对客户或者项目有基本的了解,以便制订尽职调查计划,把握正确的调查方向。尽职调查前需要了解的相关背景信息包括:

①客户的基本情况和主营业务状况,或者交易双方的基本情况,以及客户想要达成的商业目标。

②客户对项目时间的要求,以及能够提供的资源配合,或者项目中存在的障碍和限制。

③客户档案资料的保存方式、地点,以及档案管理的基本流程。

④能够从客户获得何种信息,是否有其他信息来源。

了解相关背景信息的方式一般包括:

①查看公开的报告,如年报、月报、季报。

②查看客户或交易双方的网站或介绍性资料。

③查看其他公开渠道可以获取的文件。

④查看相关领域的专门数据。

⑤查看客户或交易双方通过公众媒体发布的信息。

⑥检索知识产权。

⑦与客户联系人沟通访谈。

三、制订知识产权尽职调查工作计划

明确目的、了解背景之后,需要制订知识产权尽职调查的工作计划,主要内容应包括提出尽职调查清单、界定调查的内容和范围、收集材料的方式、需要参与的人员、时间进度安排等。制订工作计划时还应当注意可能影响计划实施的相关因素,留出可以变通的时间和空间。

第二节　知识产权尽职调查的内容

一、被调查公司的主营业务情况

被调查公司的主营业务会直接影响尽职调查的方向和重点。比如,公司如果以高科技产业为主营业务,则尽职调查的重点在于专利、商业秘密等涉及技术成果的方面,包括现有专利的优势、专利申请授权的可能性、对第三方专利的依赖程度等。公司如果以软件为主营业务,则尽职调查的重点就在于软件程序及其文档的著作权、商业秘密等方面,包括是否采取合理保密措施。公司如果以消费品为主营业务,则尽职调查的重点应在商标、域名、商号等商业标识的权利注册和使用情况等方面。公司如果以文化创意为主营业务,则尽职调查的重点应在著作权、商业标识的获取和保护情况以及知识产权融资等方面。

二、被调查公司的知识产权状况

调查目标公司的知识产权状况是尽职调查的核心工作。具体工作内容包括:

1. 明确所拥有知识产权的范围和法律状态

被调查的知识产权类型不仅包括通常的专利、商标、著作权,还应包括集成电路布图设计、商业秘密、商号、域名及其他商业标识等。法律状态则包括知识产权的权利人、发明人或设计人、申请日期、授权日期、未授权的所处流程、注册类别、注册地域等主要信息。被调查公司拥有前述知识产权的具体情况，可以通过国家相关主管机关的官网查询、客户提供权利证书、查阅档案资料等方式进行了解和确认。确有必要时，可以委托第三方专业机构进行查询。

2. 确定知识产权的权属关系

首先，要核查目标公司是否拥有相关知识产权的全部所有权，并有权进行转让、许可等处分。

其次，要审查目标公司和员工的劳动合同，或者与第三方的合作开发合同、委托开发合同，以及转让合同、许可合同等。确定员工或者合作方是否对所涉知识产权享有权利。

最后，要查明发明人是否对任何第三方承担义务，包括是否有任何投资人、赞助人、合作方或联合开发人对所涉知识产权享有任何权利。

3. 确定知识产权的有效性和可执行性

在以知识产权为标的的交易或者并购融资中，还需要确定知识产权的有效性和可执行性。例如，在专利交易中，就需要对专利权利要求进行有效性评估，甚至需要了解在专利申请授权过程中的审查历史文件。而知识产权的可执行性，也需要验证知识产权能够实际实施且实施后的效果符合预期。

4. 自由实施（FTO）分析

在知识产权交易中，要确保作为交易标的的知识产权在交易之后，能够自由使用和实施，而不会侵犯第三方的知识产权。这就需要在尽职调查中对知识产权进行 FTO 的检索和分析，尤其是专利、技术秘密等涉及技术的成果，应当与第三方在先的专利进行对比分析，判断是否有侵犯他人知识产权的风险。

5. 评估知识产权价值

在涉及知识产权交易的尽职调查中，评估知识产权价值是一项重要内容。这不仅有利于在议价中掌握主动权，也有利于实现企业内部的战略规划。评估知识产权价值，主要从市场因素、技术因素、企业战略价值因素等方面进行。

三、被调查公司的技术来源情况

通常情况下，被调查公司的技术来源可能有多种途径，在尽职调查中需要厘清技术的不同来源，并核验有关的权属情况。

公司的技术来源主要有以下方面：

①公司自主研发；

②公司与其他人合作开发，或者委托其他人开发；

③公司获得其他人的许可或者受让；

④公司在吸收、引进技术的基础上进行改进。

四、被调查公司的知识产权管理情况

在提供知识产权法律顾问服务时，需要对被调查公司的知识产权管理情况进行全面了解。主要调查内容包括：

①知识产权规章制度。包括全部知识产权规章制度，以及与知识产权有关的劳动、财务等制度。

②技术研发管理流程。

③知识产权工作机构及人员情况，包括机构名称、所属部门、在单位组织结构中所处级别、部门职责、主要工作情况、工作人员数量，专职和兼职各多少人、专业背景、岗位职责等。

④知识产权工作经费，如经费的年平均额度，经费的主要来源及用途。

⑤员工构成情况，包括技术人员、销售人员、管理人员等的数量；与知识产权相关的人员所占比例等。

⑥员工合同。包括《劳动合同》《员工守则》《保密协议》《竞业限制协议》等。另需要调查签订《保密协议》《竞业限制协议》的员工占总数的比例,以及前述协议的适用范围。

⑦核心员工的流动情况。如核心技术和管理人员的就业历史,进入公司的员工来源何处,离开公司的员工去向何处,对离职员工的限制等。

⑧在对外交往过程中的保密情况。如来宾访问制度、适用于第三方的《保密协议》等。

⑨商业秘密的管理。

五、被调查公司的知识产权保护情况

知识产权保护情况的调查主要包括:

①公司对智力成果及商业标识采取知识产权保护措施的数量或者比例。

②公司在采取知识产权保护措施时考虑的主要因素。

③公司是否发生过知识产权权属纠纷、侵权纠纷,以及具体情况。

④侵权信息的监控机制。

⑤防范侵权的预警机制。

第三节　知识产权尽职调查的步骤

一、发送知识产权尽职调查清单

根据知识产权尽职调查的目的和计划,针对尽职调查的主要内容制定知识产权尽职调查清单,发送给被调查公司,请求公司按照清单提供相应的文件资料。另外,在尽职调查的过程中,也有可能根据公司反馈的材料或者新了解的情况,提出补充的调查清单。总之,尽职调查清单的目的是确定调查的主要范围和内容,是尽职调查工作的起点。

二、建立知识产权尽职调查材料库

尽职调查清单发出后,公司会按照清单返回大量资料,而且往往是分期分批提供。为了便于对尽职调查材料的分类管理、阅读研究和检查核验,需要根据清单列明的文件结构,建立一个材料库,将相应的资料分别存放。

通常尽职调查的材料库可分为下列部分:

1. 公司架构

主要包括公司的注册资料,分公司、子公司的注册资料,以及公司内部的部门设置及其关系的资料,母子公司的股权结构资料等。

2. 重大合同

主要包括对公司有重大影响的经营合同,以及各种专门的知识产权合同,包括知识产权权属协议,转让合同、许可合同、合资协议、技术开发合同等。

3. 经营情况及产品信息

主要包括公司的主营业务和业绩、主要产品情况、市场占有率,以及实际使用的品牌等。

4. 知识产权权利状况

主要包括专利、商标、著作权、域名的申请及注册情况。

5. 员工管理

主要包括员工劳动合同、保密协议、竞业限制协议、知识产权协议等,以及核心技术和管理人员的基本情况、员工流动过程中的争议及纠纷情况。

6. 信息管理

主要包括重大 IT 合同以及目标公司证券、灾难复原及备用措施的信息。

7. 知识产权管理

主要包括知识产权规章制度、工作机构及人员情况、工作机制运行情况、工作效果评估等。

8. 知识产权纠纷和诉讼

主要包括已经发生或正在发生的知识产权纠纷和诉讼，以及可能发生或潜在的纠纷和诉讼，包括监控到的侵权信息、收到的知识产权警告信息等。

三、检索核查知识产权权利状况

①制作目标公司所有专利、商标、著作权、商业秘密、商号、域名等知识产权的注册或申请情况清单。

②审核材料库里是否有相应的权利证明。

③开展确权检索，确认材料库里知识产权的权利证明是否真实、信息是否准确。可以在国家有关机关的检索平台进行检索，如果发现清单或材料库中没有列入的知识产权，也需要增加进来。

四、补充或细化知识产权尽职调查的内容

随着知识产权尽职调查的深入，可能发现原有的调查内容有不符合公司实际情况的地方，或者有需要补充或者细化的内容，据此，可以进行补充调查。通过向目标公司发出补充调查清单，请公司提供进一步的材料。

比如，有些重大合同可能在履行中有补充协议，需要纳入尽职调查的范围。另外，如果核查知识产权时发现权属文件缺失、未披露的抵押权等问题时，也需要通过补充尽职调查进一步核实。

五、开展知识产权尽职调查会谈

除了收集并审查知识产权尽职调查材料外，很多时候需要与被调查公司会谈。尤其是在公司对知识产权的设计构想、日常管理流程、目前亟需解决的问题、知识产权纠纷和诉讼情况等方面，更需要通过和公司相关人员面对面的交流，才能获取更为有效和准确的信息。

六、撰写知识产权尽职调查报告

在公司根据尽职调查清单提供了所有需要的材料和信息，律师进行充分核查、分析之后，需要出具知识产权尽职调查报告，作为尽职调查工作的总结性文件。需要注意的是，知识产权尽职调查报告的对象是委托人，而不是律师自己。因此，报告要在陈述事实的基础上，对相关的知识产权问题进行充分阐释，并提出可能的解决方案，甚至今后工作的优先级别和时间计划。

当然，知识产权尽职调查的主要任务是理清现状、发现问题，为下一步解决问题打下事实基础，因此，报告的重点应在于陈述事实情况、总结现存问题，而后提出的解决方案和工作计划等，要有针对性，突出律师工作的必要性和亮点，对客户产生足够的吸引力，这样将有利于开展下一步的法律服务。

七、审查和知识产权尽职调查相关的法律文件

知识产权尽职调查的目的是进一步开展其他法律服务，因此，尽职调查工作并不因尽职调查报告的完成而结束。运用知识产权尽职调查的成果，审查与之相关的法律文件，也应属于知识产权尽职调查的工作内容。

1. 审查涉及知识产权的并购法律文件

(1)在合同中要界定知识产权的含义，建议应约定的相对宽泛，以涵盖不同地域、不同种类、处

于不同程序的各类知识产权和有关权益。

(2)作为并购方聘请的外部律师,毕竟难以通过一次尽职调查就能了解被并购方的全部真实情况,因此,可以让被并购方在合同中作出如下保证:

①已经如实披露了所有的知识产权;

②所有知识产权均是合法有效的,并且可以实施;

③使用上述知识产权不会侵犯任何第三方的知识产权及合法权益,而且也不存在任何已经发生或者可能发生的与上述知识产权相关的警告通知、索赔要求、诉讼、禁令、行政处罚或其他法律程序。

④在并购资产交割之前不得擅自转让、许可、放弃或处置任何知识产权。

(3)明确约定并购方对于并购资产交割之前的知识产权侵权行为具有维权的权利。如果没有此种约定,则会阻碍并购方对交割之前的知识产权侵权行为提起诉讼。

(4)如果并购对象只是目标公司的部分资产或业务,则该部分资产或业务所使用的全部知识产权应当随并购一起进行许可或转让。否则,并购方购买资产或业务后,可能因没有取得相应的知识产权转让或许可而无法正常使用或经营,导致并购目标不能实现。

(5)因为并购合同的签署与资产交割往往并不同步,所以相关的知识产权转让或者许可应当安排单独签署知识产权协议。

2. 审查知识产权交易法律文件

在知识产权交易中进行尽职调查后,需要根据对目标知识产权具体情况的了解,确定交易的具体方式、价格等商务条款。特别要注意的是,如果目标知识产权在本次交易之前已经有过许可,则需要评估在先许可对本次交易有无影响、影响多大,并根据评估结果制订解决方案。该等解决方案也应写入交易法律文件中,以保证在先许可和本次交易涉及的许可日后不会发生冲突而影响实施。

第四章　知识产权授权和确权业务

本章提示

随着经济和科技的发展,近年来我国专利和商标申请数量迅猛增加。对律师来说,知识产权授权和确权代理业务,随着代理准入机制的改革,将成为一项市场广阔的非诉讼法律业务。

在专利代理业务方面,根据2019年3月1日施行的《专利代理条例》第10条的规定,具有高等院校理工科专业专科以上学历的中国公民可以参加全国专利代理师资格考试;考试合格的取得专利代理师资格证。实际上,我国现在的律师绝大多数都是以法律为专业背景的,无法参加专利代理师资格考试。

第一节　代理专利申请

一、专利申请的基本原则

(一) 先申请原则

《专利法》第9条第2款规定:“两个以上的申请人分别就同样的发明创造申请专利的,专利权授予最先申请的人。”该条确立的就是“先申请原则”。这是由专利权的独占性所决定的,即同样内容的发明创造,在一国领土范围内只能授予一个专利权。因此,确定申请日对专利申请来说是非常重要的。专利管理机关以收到合格的申请文件之日为申请日,如果申请文件是邮寄的,则以寄出的邮戳日为申请日。因申请的提出而获得的申请号,是专利申请的重要标记,在以后的专利审批过程和整个专利有效期内都要以申请号来办理各种手续。

(二) 单一性原则

单一性原则是指一件发明或者实用新型专利申请应当限于一项发明或者实用新型。属于一个总的发明构思的两项以上的发明或者实用新型,可以作为一件申请提出。一件外观设计专利申请应当限于一项外观设计。同一产品两项以上的相似外观设计,或者用于同一类别并且成套出售或者使用的产品的两项以上外观设计,可以作为一件申请提出,称为合案申请。

(三) 优先权原则

按照《保护工业产权巴黎公约》的规定,申请人已经在任何一个巴黎公约成员国内提出正式专利申请以后,又在特定期限内就同一内容的发明创造向其他巴黎公约成员国提出申请的,申请人有权要求将第一次提出申请的申请日作为后续申请的申请日,这种将后续申请的申请日提前的权利即为优先权。第一次提出申请的日期,称为优先权日。上述的特定期限,就是优先权期限。

优先权必须具备一定的条件:第一,提出优先权请求的人必须是享有优先权的人。第二,首次申请的专利必须是正式申请。正式申请是指足以确定在有关国家提出申请的日期的申请,而不问该申请以后的结局如何。第三,优先权的发明创造必须与首次申请属同一内容。第四,必须在巴黎公约成员国提出优先权请求,优先权的效力仅限于巴黎公约成员国的范围内。最后,优先权请求只能在优先权期限内提出,超过了这一特定期限,优先权自然失效。根据我国《专利法》的规定,发明专利和实用新型专利的优先权期限为12个月,外观设计专利的优先权期限是6个月,均从第一次提出专利申请之日起算。

(四)书面原则

专利申请的书面原则是指申请人为获得专利权所履行的各种法定手续都必须依法以书面形式办理。专利申请中的书面原则主要通过专利申请文件得以落实,这些文件一般都有特制的格式,以实现标准的统一。相关书式可登录国家知识产权局官网下载。

二、专利申请的主要材料

(一)发明和实用新型专利申请的主要材料

1. 请求书

请求书是申请人用于表达请求专利授予机关对其发明或实用新型授予专利权的愿望的书面文件。它是一种专门印制的标准表格,申请人要按表格规定的格式或要求填写。请求书主要包括以下内容:

①发明或者实用新型的名称。名称应当简明扼要,避免写入发明的区别特征,同时还要避免写入非技术性内容,如方便、快捷、多功能等限定词。

②发明人的姓名。发明人即完成发明创造的人或对发明创造的实质性特点作出了创造性贡献的人。发明人只能是自然人,而且即使专利申请权经转让后,申请人与发明人不一致,发明人仍然是完成发明创造的人,其署名权不因转让而消灭。

③申请人姓名或者名称、地址,以及其他事项,以便备案和通知送达等。

④是否要求优先权。

2. 说明书

说明书是具体阐述发明创造内容的重要书面文件,它既是一个技术性文件,也是一个法律性文件。根据《专利法》第26条第3款的规定,说明书应当对发明或者实用新型作出清楚、完整的说明,以所属技术领域的技术人员能够实现为准;必要的时候,应当有附图。

3. 权利要求书

权利要求书应当以说明书为依据,清楚、简要地限定要求专利保护的范围。权利要求书应当有独立权利要求,也可以有从属权利要求。独立权利要求应当从整体上反映发明创造的技术方案,记载解决技术问题的必要技术特征。从属权利要求应当用附加的技术特征,对引用的权利要求作进一步限定。

发明的独立权利要求应当包括前序部分和特征部分,按照下列规定撰写:

①前序部分:写明要求保护的发明技术方案的主题名称和发明主题与最接近的现有技术共有的必要技术特征;

②特征部分:使用“其特征是……”或者类似的用语,写明发明区别于最接近的现有技术的技术特征。这些特征和前序部分写明的特征合在一起,限定发明要求保护的范围。

发明的性质不适于用前款方式表达的,独立权利要求可以用其他方式撰写。

一项发明应当只有一个独立权利要求,并写在同一发明的从属权利要求之前。

发明的从属权利要求应当包括引用部分和限定部分,按照下列规定撰写:

①引用部分:写明引用的权利要求的编号及其主题名称;

②限定部分:写明发明或者实用新型附加的技术特征。

从属权利要求只能引用在前的权利要求。引用两项以上权利要求的多项从属权利要求,只能以择一方式引用在前的权利要求,并不得作为另一项多项从属权利要求的基础。

《专利法》第26条第5款还规定了依赖遗传资源完成的发明创造,申请人应当在专利申请文件中说明该遗传资源的直接来源和原始来源;申请人无法说明原始来源的,应当陈述理由。该规定充分体现了保护遗传资源的立法目标。

4. 说明书摘要

说明书摘要应当写明发明或者实用新型的技术要点以及所公开内容的概要,即写明发明或者实用新型的名称和所属技术领域,并清楚地反映所要解决的技术问题、解决该问题的技术方案的要点以及主要用途。

(二) 外观设计专利申请的主要材料

1. 请求书

请求书的内容与发明和实用新型专利请求书相同。

2. 图片或者照片

由于外观设计专利是一种造型,难以用文字详细描述,所以用图片或照片更能表达清楚。有关图片或者照片应当清楚地显示要求专利保护的产品的外观设计。

3. 对外观设计的简要说明

外观设计的简要说明应当写明该外观设计的设计要点、请求保护色彩、省略视图等情况。

三、专利申请的主要程序

专利申请的程序主要包括专利申请的提交、专利申请的审批、专利申请的授权或者专利申请的驳回及请求复审。

(一) 专利申请的提交

根据国家知识产权局的相关规定,专利申请人应当以电子文件形式或者书面形式提交专利申请。

如果以电子文件形式申请专利,应当事先办理电子申请用户注册手续,通过国家知识产权局专利电子申请系统提交申请文件及其他文件。

如果以书面形式申请专利,可以将申请文件及其他文件当面交到国家知识产权局专利局的受理窗口或寄交至“国家知识产权局专利局受理处”(以下简称“专利局受理处”),也可以当面交到设在地方的专利局代办处的受理窗口或寄交至“国家知识产权局专利局 × 代办处”(以下简称“专利局代办处”)。

另外,如果申请国防专利,则应向国防知识产权局提交申请。

(二) 专利申请的审批

发明专利申请的审批程序主要包括受理、初步审查、公布、实质审查以及授权五个阶段。实用新型或者外观设计专利申请的审批程序主要包括受理、初步审查和授权三个阶段。

1. 专利申请的受理

专利局受理处或专利局代办处收到专利申请后,对符合受理条件的申请,将确定申请日,给予申请号,发出受理通知书;不符合受理条件的,将发出文件不受理通知书。

向专利局受理处寄交申请文件的,一般在一个月左右可以收到专利局的受理通知书,超过一个月未收到专利局通知的,申请人应当及时向专利局受理处查询。

关于申请日的确定,以电子文件形式提交专利申请的,以专利局专利电子申请系统收到电子文件之日为申请日。向专利局受理处或者代办处窗口直接递交专利申请的,以收到日为申请日。通过邮局邮寄递交专利申请的,以信封上的寄出邮戳日为申请日;寄出的邮戳不清晰无法辨认的,以专利局受理处或者代办处收到日为申请日。通过速递公司递交到专利局受理处或者代办处的专利申请,以收到日为申请日。需要注意的是,邮寄或者递交到专利局非受理部门或者个人的专利申请,其邮寄日或者递交日不具有确定申请日的效力,应以受理处或者代办处实际收到日为申请日。

2. 专利申请的审查

专利申请的审查分为初步审查和实质审查。

初步审查是指对专利申请是否符合《专利法》及其实施细则规定的形式要求以及明显的实质性缺陷进行审查。

实质审查是指对专利申请是否符合授予专利权的实质性条件所进行的审查。

专利审查的内容一般包括:①是否符合《专利法》第 2 条规定的发明定义,即对产品、方法或者其改进所提出的新的技术方案;②是否符合《专利法》第 5 条的规定,即申请专利的主题是否有违反国家法律、社会公德或者妨害公共利益的情况;③是否符合《专利法》第 25 条的规定,即申请专利的主题是否属于不能授予专利权的范围;④是否具有《专利法》第 22 条第 4 款所规定的实用性;⑤说明书是否按照《专利法》第 26 条第 3 款的要求充分公开了请求保护的主题;⑥权利要求所限定的技术方案是否具备《专利法》第 22 条第 2 款和第 3 款规定的新颖性与创造性;⑦权利要求书是否按照《专利法》第 26 条第 4 款的规定,以说明书为依据,清楚、简要地限定要求保护的范围,独立权利要求是否表述了一个解决技术问题的完整的技术方案;⑧申请文件的修改是否符合《专利法》第 33 条及其《实施细则》第 51 条的规定;⑨分案申请是否符合《专利法实施细则》第 43 条第 1 款的规定;⑩权利要求书是否没有单一性;⑪依赖遗传资源完成的发明创造,还需要审查申请文件是否符合《专利法》第 26 条第 5 款的规定。

(三) 专利申请的授权

发明专利申请经实质审查,实用新型和外观设计专利申请经初步审查,未发现驳回理由的,专利局将发出授权通知书和办理登记手续通知书。

申请人接到通知以后,应当按照通知的要求在两个月之内办理登记手续。办理登记手续时,不必再提交任何文件,申请人只需按规定缴纳专利登记费、公告印刷费、印花税和授予专利权当年的年费。如果没有在规定的期限内按规定办理登记手续,视为放弃取得专利权的权利。

(四) 专利申请的驳回及请求复审

如果申请人应审查员的要求陈述意见或进行修改或补正以后,国家知识产权局认为申请仍不符合《专利法》及其实施细则规定的,将作出驳回申请的决定,并通知申请人。

申请人对国家知识产权局驳回申请的决定不服的,可以自收到通知之日起 3 个月内向国家知识产权局请求复审。如果申请人对复审决定仍然不服的,可以自收到通知之日起 3 个月内向人民法院起诉。

(五) 专利申请的特殊程序——向外国申请专利前的保密审查

根据我国《专利法》第 19 条的规定,任何单位或者个人将在中国完成的发明或者实用新型向外国申请专利的,以及中国单位或者个人根据中华人民共和国参加的有关国际条约提出专利国际申请的,应当事先报经国家知识产权局进行保密审查。经保密审查确定涉及国家安全或者重大利益需要保密的,任何单位或者个人不得就该发明或者实用新型的内容向外国申请专利。对违反保密审查规定向外国申请专利的发明或者实用新型,在中国申请专利的,不授予专利权。

提出向外国申请专利前的保密审查请求有下列三种方式:

①以技术方案形式单独提出保密审查请求。以该种方式提出请求的,申请人应当提交向外国申请专利保密审查请求书和技术方案说明书,并采用书面形式将文件当面交到专利局的受理窗口或寄交至专利局受理处。

②申请中国专利的同时或之后提出保密审查请求。以该种方式提出请求的,申请人应当提交向外国申请专利保密审查请求书。

③向国家知识产权局提交专利国际申请的,视为同时提出了保密审查请求,不需要单独提交向外国申请专利保密审查请求书。

第二节　代理专利无效宣告

一、请求宣告专利无效的理由

(一) 不符合授予专利权条件的发明创造

《专利法》第22条规定:“授予专利权的发明和实用新型,应当具备新颖性、创造性和实用性。新颖性,是指该发明或者实用新型不属于现有技术;也没有任何单位或者个人就同样的发明或者实用新型在申请日以前向国务院专利行政部门提出过申请,并记载在申请日以后公布的专利申请文件或者公告的专利文件中。创造性,是指与现有技术相比,该发明具有突出的实质性特点和显著的进步,该实用新型具有实质性特点和进步。实用性,是指该发明或者实用新型能够制造或者使用,并且能够产生积极效果。本法所称现有技术,是指申请日以前在国内外为公众所知的技术。”

《专利法》第23条规定:“授予专利权的外观设计,应当不属于现有设计;也没有任何单位或者个人就同样的外观设计在申请日以前向国务院专利行政部门提出过申请,并记载在申请日以后公告的专利文件中。授予专利权的外观设计与现有设计或者现有设计特征的组合相比,应当具有明显区别。授予专利权的外观设计不得与他人在申请日以前已经取得的合法权利相冲突。本法所称现有设计,是指申请日以前在国内外为公众所知的设计。”

从以上规定可以看出,《专利法》自第三次修订时提高了专利授权的标准。专利授权条件由“相对新颖性标准”提高为“绝对新颖性标准”。此前,一些没有公开发表过的技术,虽然在国外已经被公开使用或者已经有相应的产品出售,但只要在我国国内还没有人公开使用或者没有相应的产品出售,就可以在我国授予专利,从而导致我国专利质量不高。而现行《专利法》则规定授予专利权的发明创造必须在国内外都没有为公众所知。

依照《专利法》第45条的规定,对于专利权的授予不符合法定条件的,任何单位或个人,均可请求国家知识产权局宣告某项专利权无效。国家知识产权局经过审查,认为确实不具备专利条件的,可作出宣告专利权无效的决定。

(二) 违反合法条件的发明创造

根据《专利法》第5条的规定,对违反法律、社会公德或者妨害公共利益的发明创造,不授予专利权。比如,用于吸毒、赌博的工具,或为偷盗用的撬锁的方法等发明或实用新型是不能授予专利权的。

此外,对违反法律、行政法规的规定获取或者利用遗传资源,并依赖该遗传资源完成的发明创造,不授予专利权。根据《生物多样性公约》的规定,遗传资源的利用应当遵循国家主权、知情同意、惠益分享的原则,其明确规定了专利制度应有助于实现保护遗传资源的目标。目前,一些国家已经通过专利法律制度保护遗传资源。我国是遗传资源大国,为防止非法窃取我国遗传资源进行技术开发并申请专利,《专利法》作出了前述规定。

如果国家知识产权局已对上述的发明创造授予了专利权,那么,任何单位或个人均可向国家知识产权局提出该专利权无效的请求。国家知识产权局经过审查,认为该请求属实,即可宣告该专利权无效。

(三) 不属于授予专利权的法定领域

依据《专利法》第25条的规定,科学发现;智力活动的规则和方法;疾病的诊断和治疗方法;动物和植物品种;原子核变换方法以及用原子核变换方法获得的物质;对平面印刷品的图案、色彩或者二者的结合作出的主要起标识作用的设计,不授予专利权(对于动物和植物新品种的生产方法可以授予专利权)。如果国家知识产权局对上述发明创造已授予专利权,任何单位或个人均可请求国家知识产权局宣告其专利权无效。

二、专利无效宣告的主要程序

(一) 提出专利无效宣告的请求书

任何单位或个人请求宣告专利权无效的,应当向国家知识产权局提出请求书,说明理由。

请求宣告专利权无效或者部分无效的,应当向国家知识产权局提交专利权无效宣告请求书和必要的证据一式两份。无效宣告请求书应当结合提交的所有证据,具体说明无效宣告请求的理由,并指明每项理由所依据的证据。无效宣告请求书应包括以下内容:请求宣告无效的专利权的专利号、发明创造的名称以及专利公告的日期;请求宣告专利权无效的范围和理由;说明是否已在人民法院提起侵权诉讼。

国家知识产权局收到无效宣告的请求书后,应将请求书的副本送交专利权人,要求其在指定的期限内陈述意见。如果专利权人在指定的期限内无正当理由而不答复,即被视为无反对意见。

(二) 对专利无效请求进行审查

在国家知识产权局受理无效宣告请求后,请求人可以在提出无效宣告请求之日起1个月内增加理由或者补充证据。

国家知识产权局应当将专利权无效宣告请求书和有关文件的副本送交专利权人,要求其在指定的期限内陈述意见。专利权人和无效宣告请求人应当在指定期限内答复国家知识产权局发出的转送文件通知书或者无效宣告请求审查通知书。

在无效宣告请求的审查过程中,发明或者实用新型专利的专利权人可以修改其权利要求书,但是不得扩大原专利的保护范围。发明或者实用新型专利的专利权人不得修改专利说明书和附图,外观设计专利的专利权人不得修改图片、照片和简要说明。

国家知识产权局根据当事人的请求或者案情需要,可以决定对无效宣告请求进行口头审理。国家知识产权局决定对无效宣告请求进行口头审理的,应当向当事人发出口头审理通知书,告知举行口头审理的日期和地点。当事人应当在通知书指定的期限内作出答复。无效宣告请求人对国家知识产权局发出的口头审理通知书在指定的期限内未作答复,并且不参加口头审理的,其无效宣告请求视为撤回;专利权人不参加口头审理的,可以缺席审理。

(三) 宣布审查结果

对于无效宣告请求的审查结果,即宣告无效或维持专利权的决定,国家知识产权局应通知请求人和专利权人,并进行登记和公告。

三、专利无效宣告的法律后果

宣告无效的专利权视为自始即不存在。

宣告专利权无效的决定,对在宣告专利权无效前人民法院作出并已执行的专利侵权的判决、调解书,已经履行或者强制执行的专利侵权纠纷处理决定,以及已经履行的专利实施许可合同和专利权转让合同,不具有追溯力。但是因专利权人的恶意给他人造成的损失,应当给予赔偿。如果不返还专利侵权赔偿金、专利使用费、专利权转让费,明显违反公平原则的,应当全部或者部分返还。

第三节　代理商标注册申请

一、商标注册的基本原则

（一）注册原则

我国对于商标权的取得采取注册原则，经商标局核准注册的商标为注册商标，商标注册人享有商标专用权，受法律保护。商标权通过注册取得，不管商标是否经过申请人使用，只要符合商标法的规定，经商标局核准注册，申请人便可取得商标权。但是，需要注意的是，2019 年 4 月 23 日修正的《商标法》第 4 条作出规定："不以使用为目的的恶意商标注册申请，应当予以驳回。"并在第 19 条第 3 款增加商标代理机构的审查义务，在第 33 条和第 44 条将恶意注册情况规定为提起异议和无效的理由之一，旨在打击实践中大量不具有真实使用目的的恶意商标注册行为。

（二）自愿注册原则

商标所有人自行决定是否申请商标注册，要获得商标权应当提出注册申请，不注册的商标虽然也可以使用，但是不享有商标专用权。

商标法在实行自愿注册原则的同时，对于涉及人们身体健康的极少数商品，如卷烟、雪茄烟和有包装的烟丝等烟草制品，实行强制注册。①

（三）申请在先原则

两个或者两个以上的申请人，在同一种商品或者类似商品上，分别以相同或者近似的商标在同一天申请注册的，各申请人应当自收到商标局通知之日起 30 日内提交其申请注册前在先使用该商标的证据。同日使用或者均未使用的，各申请人可以自收到商标局通知之日起 30 日内自行协商，并将书面协议报送商标局；不愿协商或者协商不成的，商标局通知各申请人以抽签的方式确定一个申请人，驳回其他人的注册申请。所以，我国的商标注册实行的是以申请在先为主，以使用在先为补充的原则。

（四）优先权原则

优先权原则是《巴黎公约》确立的工业产权国际保护的重要原则之一。任何一个该公约成员国国民向任何一个该公约成员国第一次提出商标注册申请之日起 6 个月内，又向其他成员国就相同商品以同一商标提出商标注册申请的，该成员国应当以该申请人的第一次申请日视为在该国提出申请的日期，即该申请人享有优先权。《商标法》第 25 条第 1 款规定："商标注册申请人自其商标在外国第一次提出商标注册申请之日起六个月内，又在中国就相同商品以同一商标提出商标注册申请的，依照该外国同中国签订的协议或者共同参加的国际条约，或者按照相互承认优先权的原则，可以享有优先权。"第 26 条第 1 款规定："商标在中国政府主办的或者承认的国际展览会展出的商品上首次使用的，自该商品展出之日起六个月内，该商标的注册申请人可以享有优先权。"

二、商标注册申请的准备工作

（一）确定主体

根据《商标法》的规定，自然人、法人或者其他组织均可以提出商标注册申请，从而成为商标权

① 参见《烟草专卖法》第 19 条第 1 款规定："卷烟、雪茄烟和有包装的烟丝必须申请商标注册，未经核准注册的，不得生产、销售。"

的主体。律师在提供商标注册申请服务时,要根据申请人的实际情况,确定商标注册申请的主体。比如,在集团公司与子公司、控股公司与被控股公司等关联公司之间确定主体时,一般情况下应选择集团公司、控股公司作为商标注册申请的主体,以便对商标的统一管理和使用。

(二)选择商标

1. 不得违反《商标法》的禁止性条款

《商标法》第10条规定了不得作为商标使用的一般情况,第11条规定了不得作为商标注册的一般情况,第12条规定了以三维标志申请商标时不得注册的情况,第13条规定了因侵害驰名商标权利而不予注册并禁止使用的情况。因此,在选择商标时,务必注意不得违反《商标法》的相关禁止性条款,否则,可能导致注册失败,甚至使申请人面临行政处罚的法律风险。

实践中,就上述《商标法》禁止性条款的理解存在一些模糊认识。最高人民法院2017年1月10日发布并于2017年3月1日施行的《关于审理商标授权确权行政案件若干问题的规定》对相关问题作出了规定。

(1)有关《商标法》第10条适用的问题

①第1款第(一)项规定的同中华人民共和国的国家名称等相同或者近似,是指商标标志整体上与国家名称等相同或者近似。如果标志中含有中华人民共和国的国家名称等,但整体上并不相同或者不相近似,则可以作为商标使用。但是,该标志作为商标注册可能导致损害国家尊严的,可以认定属于有害于社会主义道德风尚或者有其他不良影响的情形,不得作为商标使用。

②第1款第(八)项规定的"其他不良影响",包括商标标志或者其构成要素可能对我国社会公共利益和公共秩序产生消极、负面影响的情况,以及将政治、经济、文化、宗教、民族等领域中的公众人物姓名等申请注册为商标等情况。

③第2款所指的"县级以上行政区划的地名或者公众知晓的外国地名",不包括商标标志由县级以上行政区划的地名或者公众知晓的外国地名和其他要素组成,并且整体上有别于该地名的含义的情况。

(2)有关《商标法》第11条适用的问题

①通用名称的判断标准

"通用名称"包括法定的商品通用名称或者约定俗成的商品通用名称。

法定的商品通用名称,是指法律规定或者国家标准、行业标准规定的商品通用名称。

约定俗成的商品通用名称,是指相关公众普遍认为能够指代一类商品的通用名称。实际判断时,一般以全国范围内相关公众的通常认识为判断标准。对于由于历史传统、风土人情、地理环境等原因形成的相关市场固定的商品,在该相关市场内通用的称谓,可以认定为通用名称。如果被专业工具书、辞典等列为商品名称的,可以作为认定约定俗成的商品通用名称的参考。另外,判断是否属于通用名称的时间点,一般以商标申请日时的事实状态为准,但核准注册时事实状态发生变化的,则以核准注册时的事实状态为准。

②直接描述性标志的判断标准

商标标志只是或者主要是描述、说明所使用商品的质量、主要原料、功能、用途、重量、数量、产地等的,应当认定其属于《商标法》第11条第1款第(二)项规定的情形。商标标志或者其构成要素暗示商品的特点,但不影响其识别商品来源功能的,不属于前述《商标法》所规定的情形。

2. 选择显著性强的商标

显著性是商标法对注册商标的基本要求。因此,申请人应尽可能选择显著性强的商标。一般来说,具有创意的商标,比通俗、常见的商标更具显著性,便于识别,注册成功的概率较大。

①显著特征的基本判断标准

商标是否具有显著特征,应当根据商标所指定使用商品的相关公众的通常认识,判断该商标整体上是否具有显著特征。对于其中含有描述性要素但不影响整体具有显著特征的,或者描述性标志以独特方式表现的,相关公众能够根据其识别商品来源的,应当认定具有显著特征。

【案例与评析】

2010年11月12日,创博亚太(山东)科技有限公司(以下简称"创博亚太公司")向国家工商行政管理总局商标局提出"微信"商标的注册申请,指定第38类信息传送、电话业务等服务。2011年8月27日,该商标经商标局初步审定公告。但在法定异议期内,第三人张新河对该商标提出异议。

2013年3月19日,商标局作出裁定,被异议商标不予核准注册。创博亚太公司向商标评审委员会提出复审申请。2014年10月22日,商标评审委员会以创博亚太公司申请"微信"商标可能对社会公共利益和公共秩序产生消极、负面的影响为由,作出不予核准注册的裁定。

创博亚太公司不服,向北京知识产权法院提起行政诉讼。北京知识产权法院一审认为,腾讯公司的"微信"已经具有很高的知名度和影响力,如果核准创博亚太公司的第38类"微信"文字商标注册申请,不仅会使广大消费者对"微信"产生错误认知,也会对已经形成的稳定的市场秩序造成消极影响。因此,商标评审委员会认定创博亚太公司第38类"微信"文字商标的申请注册构成《商标法》第10条第1款第(八)项所禁止的"有害于社会主义道德风尚或者有其他不良影响的"情形并无不当,遂判决维持了商标评审委员会不予核准注册的复审裁定。

创博亚太公司向北京市高级人民法院提起上诉。2016年4月20日,北京市高级人民法院终审判决驳回创博亚太公司的上诉,维持原判。

北京市高级人民法院认为:(1)本案被异议商标由中文"微信"二字构成,现有证据不足以证明该商标标志或者其构成要素有可能会对社会公共利益和公共秩序产生消极、负面影响,被异议商标的注册申请行为并不涉及社会公共利益和公共秩序,因此,不属于《商标法》第10条第1款第(八)项规定的具有其他不良影响的情形。(2)本案被异议商标由中文"微信"二字构成,指定使用在信息传送、电话业务、电话通讯等服务上。"微"具有"小""少"等含义,与"信"字组合使用在上述服务项目上,易使相关公众将其理解为是比电子邮件、手机短信等常见通信方式更为短小、便捷的信息沟通方式,是对上述服务功能、用途或其他特点的直接描述,而不易被相关公众作为区分服务来源的商标加以识别和对待。因此,被异议商标在上述服务项目上缺乏显著特征,属于《商标法》第11条第1款第(二)项所指的不得作为商标注册的情形。并且,创博亚太公司提交的证据不足以证明被异议商标经过使用,已经与创博亚太公司建立起稳定的关联关系,从而使被异议商标起到区分服务来源的识别作用。因此,被异议商标不应予以核准注册。①

从"微信"商标案可以看出,法院认为"微信"使用在通信服务方面,难言显著性,因此"微信"本身不应作为商标注册。而且,创博亚太公司对"微信"的使用比较有限,也不符合《商标法》第11条第2款规定的"经过使用取得显著特征,并便于识别"的情况,所以,创博亚太公司申请的"微信"商标,不应核准注册。

②外文标志显著特征的判断标准

---

① 参见郭京霞、赵岩:《北京高院终审驳回微信商标案 法院认为被异议商标缺乏显著特征不适用在先申请原则》,载《人民法院报》,2016年4月23日,第3版。

对于商标为外文标志的,应当根据中国境内相关公众的通常认识,对该外文商标是否具有显著特征进行审查判断。标志中外文的固有含义可能影响其在指定使用商品上的显著特征,但相关公众对该固有含义的认知程度较低,能够以该标志识别商品来源的,可以认定具有显著特征。

③三维标志显著特征的判断标准

第一,仅以商品自身形状或者自身形状的一部分作为三维标志申请注册商标,相关公众一般情况下不易认为其是商标的,则该三维标志不具有显著特征。而且,该形状系申请人所独创或者最早使用并不能当然导致其具有显著特征。第二,如果前述三维标志经过长期或者广泛使用,相关公众能够通过该标志识别商品来源的,则可认定该三维标志具有显著特征。

3. 避免与他人合法在先权利冲突

对于申请注册的商标要审查是否与他人的著作权、名称权、专利权等在先权利相冲突。如存在冲突或有冲突的可能应建议申请人放弃该商标申请。委托他人设计或征集的商标,在委托合同中应明确约定作品除署名权外的其他著作权归委托人或征集人所有,以防在商标注册申请过程中,或者在注册成功且有很高知名度后,在先权利人主张权利,给商标权人造成损失。

在先权利是指当事人在商标申请日之前享有的民事权利或者其他应予保护的合法权益。常见的在先权利包括著作权、姓名权、字号、与作品名称或角色名称有关的权益等。

(1)著作权

申请商标是否侵犯在先著作权,应当依照著作权法等相关规定,对所主张的客体是否构成作品、当事人是否为著作权人或者其他有权主张著作权的利害关系人以及商标是否构成对著作权的侵害等进行审查。

如果商标标志构成受著作权法保护的作品的,当事人提供的涉及商标标志的设计底稿、原件、取得权利的合同、诉争商标申请日之前的著作权登记证书等,均可以作为证明著作权归属的初步证据。

(2)姓名权

申请商标中包括自然人的姓名,如果相关公众认为该商标标志指代了某特定自然人,容易认为标记有该商标的商品系经过该自然人许可或者与该自然人存在特定联系的,应当认定该商标损害了该自然人的姓名权。

涉及笔名、艺名、译名等的,如果该特定名称具有一定的知名度,与特定自然人建立了稳定的对应关系,相关公众以其指代特定自然人的,也可以认定为侵犯姓名权。

【案例与评析】

乔丹体育股份有限公司(以下简称“乔丹公司”)是国内具有较高知名度的体育用品企业,在第25类、第28类等商品或者服务上注册了“乔丹”“QIAODAN”等商标。

迈克尔·乔丹是美国著名篮球明星。2012年,迈克尔·乔丹以乔丹公司上述注册商标损害其姓名权、违反《商标法》关于“申请商标注册不得损害他人现有的在先权利”的规定等为由,向商标评审委员会提出撤销争议商标的申请。

商标评审委员会经评议,裁定维持乔丹公司争议商标的注册。迈克尔·乔丹不服,向北京市第一中级人民法院提起行政诉讼。北京市第一中级人民法院一审判决维持商标评审委员会的裁定。迈克尔·乔丹又向北京市高级人民法院提起上诉,北京市高级人民法院二审判决驳回上诉。

随后,迈克尔·乔丹向最高人民法院申请再审。2015年12月,最高人民法院民三庭以迈克尔·乔丹的再审申请符合相关法律规定为由,提审10起案件。

2016年12月8日,最高人民法院就上述10起商标争议行政案件公开宣判。

最高人民法院判决认为:

1. 关于涉及“乔丹”商标的3起案件。因争议商标的注册损害了再审申请人迈克尔·乔丹对“乔丹”享有的在先姓名权，违反《商标法》有关“申请商标注册不得损害他人现有的在先权利”的规定，应予撤销，故判决撤销商标评审委员会作出的被诉裁定及一、二审判决，判令商标评审委员会针对争议商标重新作出裁定。

2. 关于涉及拼音“QIAODAN”的4起案件，以及涉及拼音“qiaodan”与相关图形组合商标的4起案件，共计7起案件，因再审申请人对拼音“QIAODAN”“qiaodan”不享有姓名权，争议商标的注册未损害再审申请人的在先姓名权。争议商标也不属于《商标法》规定的“有害于社会主义道德风尚或者有其他不良影响”“以欺骗手段或者其他不正当手段取得注册”的情形，故判决维持二审判决，驳回迈克尔·乔丹的再审申请。

最高人民法院的再审判决明确了商标侵犯在先姓名权的认定标准，即争议商标中使用了某特定名称，如果该特定名称符合以下条件：①该特定名称在我国具有一定的知名度，为相关公众所知悉；②相关公众使用该特定名称指代特定的自然人；③该特定名称已经与该自然人之间建立了稳定的对应关系。那么，该特定的自然人可以就该特定名称主张姓名权保护，此时应认定争议商标侵犯了该特定自然人的在先姓名权。①

(3)企业字号

申请商标中包含其他企业的字号或与之近似，而该企业字号具有一定的市场知名度，申请商标容易导致相关公众对商品来源产生混淆的，可以认定为侵犯企业字号的权益。

(4)与作品名称或角色名称有关的权益

申请商标中包含作品名称、作品中的角色名称等，而该名称具有较高知名度，申请商标使用在相关商品上容易导致相关公众误认为其经过权利人的许可或者与权利人存在特定联系，可以认定为侵犯该名称的在先权利。

4. 选择商标的种类

商标按不同的标准可分为文字商标、图形商标、组合商标；平面商标、立体商标；普通商标、集体商标、证明商标等。应建议申请人根据不同的情况，选择不同的商标申请注册。文字商标可以从音、形、义三个方面给消费者刺激，便于呼叫和记忆的商标应该是首选的商标。对于出口型企业或将来产品有可能出口的企业，还应注册英文商标。

立体商标与平面商标相比更直观，给消费者的视觉冲击力更强，更能引起消费者的注意。因此，有些产品本身具有的显著造型或独特的外包装，可以申请注册为立体商标。

申请注册组合商标时，除了将该组合商标作为一个整体进行注册外，还可以将组合商标的主要部分拆开来，每一部分都作为一个独立的商标进行注册。

(三) 选定商品和服务类别

《商标法》第22条第1款规定：“商标注册申请人应当按规定的商品分类表填报使用商标的商品类别和商品名称，提出注册申请。”

商标是区别商品或服务来源的一种标志，每一个注册商标都是指定用于某一商品或服务上的。因此，在办理商标注册申请时，必须指定商品或服务及其所属类别。

1. 选择商品类别的依据

在商标注册的早期阶段，各国商标主管机关都是根据本国国情及对商品的理解，制定各自的商品分类表，供商标主管机关及商标注册申请人使用。

20世纪50年代，世界经济得到了较大的发展，国际间的交往更加频繁。各国使用各自的商品

---

① 参见罗沙：《最高法宣判“乔丹”商标案：飞人对中文“乔丹”享有姓名权》，载新华网，2016年12月8日。

分类表已不能适应有关商标事务的国际联系,给商标所有人到国外注册带来了麻烦,不利于商标事业的发展和经济发展。在这种情况下,1957 年 6 月 15 日,在法国南部城市尼斯签订了《商标注册用商品和服务国际分类尼斯协定》(以下简称《尼斯协定》),1961 年 4 月 8 日生效。

《尼斯协定》的宗旨是建立一个共同的商标注册用商品和服务国际分类体系,并保证其实施。目前,国际分类共包括 45 类,其中商品 34 类,服务项目 11 类,共包含一万多个商品和服务项目。

我国自 1988 年 11 月 1 日起采用国际分类,制定了《类似商品和服务区分表》。1994 年 8 月 9 日我国加入《尼斯协定》。商标局将尼斯分类的商品和服务项目划分类似群,并结合实际情况增加我国常用商品和服务项目名称,制定《类似商品和服务区分表》,为申请人申报商标注册时使用。尼斯分类每年修订一次,《类似商品和服务区分表》随之予以调整。

2. 准确选定商品类别和名称

根据《类似商品和服务区分表》,可以将商品或服务项目进行分类,并确定具体的商品名称或服务项目名称。为便于商标注册管理,商标局要求申请人不仅要填报商品或服务类别,还要填报具体的商品名称或服务项目名称。确定具体的商品名称和服务项目的方法就是在分类表中查找相同或最接近的规范名称。

3. 选择相关商品和类别

商标注册申请除了注册具体生产和销售的商品外,也应注册与之相关的商品。这样做一方面便于品牌扩张,另一方面有利于维护商标专用权。

(四) 商标查询检索

申请注册的类别及具体的商品或服务确定后应进行商标查询检索。

查询检索之前,申请人首先需要确定商标的中、英文名称和商品所属类别、群组,除检索具体类别外,也应该对一些有可能构成类似的类别进行检索。

三、商标注册申请的主要材料

国内的申请人申请商标注册有两种途径:一是自行办理,即直接到商标局注册大厅办理;二是委托依法设立的商标代理机构办理。外国人或者外国企业(香港、澳门特别行政区和台湾地区的申请人参照外国人)在中国申请商标注册和办理其他商标事宜的,应当委托依法设立的商标代理机构办理,但在中国有经常居所或者营业所的外国人或外国企业除外。

(一) 国内自然人直接办理商标注册申请的必备材料

自然人直接办理商标注册申请时应当提交以下文件:按照规定填写打印的《商标注册申请书》并由申请人签字、商标图样、个体工商户营业执照复印件、自然人身份证复印件、经办人身份证复印件。

农村承包经营户可以以其承包合同签约人的名义提出商标注册申请,商品和服务范围以其自营的农副产品为限。申请时应提交承包合同复印件。

(二) 国内法人或者其他组织直接办理商标注册申请的必备材料

国内法人或者其他组织直接办理商标注册申请时应当提交以下文件:按照规定填写打印的《商标注册申请书》并加盖申请人公章、商标图样、申请人身份证明文件复印件、经办人身份证复印件。

(三) 外国人直接办理商标注册申请的必备材料

外国人办理商标申请事宜应委托依法设立的商标代理机构办理。在中国有经常居所的外国人,可直接到商标注册大厅办理。外国人直接到商标注册大厅办理的,应提交以下文件:按照规定填写打印的《商标注册申请书》并由申请人签字、商标图样、申请人的身份证明文件复印件、公安部门颁发的《外国人永久居留证》或有效期一年以上《外国人居留许可》的复印件、经办人身份证复印件。

四、商标注册申请的主要程序①

商标注册流程简图

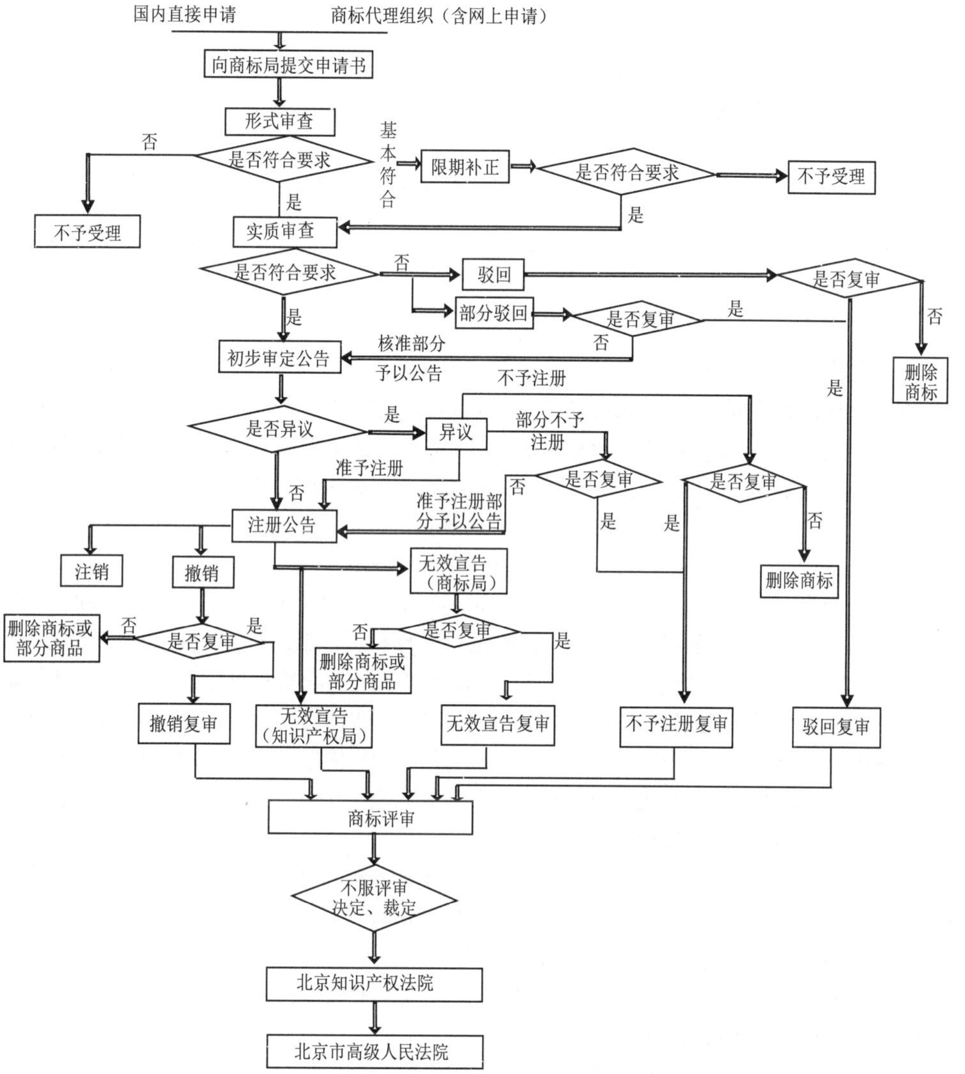

① 《商标注册流程简图》,载中国商标网,2015 年 8 月 26 日。

第四节 代理商标异议

一、商标异议申请

(一) 法律依据

《商标法》第33条规定:“对初步审定公告的商标,自公告之日起三个月内,在先权利人、利害关系人认为违反本法第十三条第二款和第三款、第十五条、第十六条第一款、第三十条、第三十一条、第三十二条规定的,或者任何人认为违反本法第四条、第十条、第十一条、第十二条、第十九条第四款规定的,可以向商标局提出异议。公告期满无异议的,予以核准注册,发给商标注册证,并予公告。”

根据以上法律规定,商标异议针对的是“初步审定公告的商标”。受理商标异议的单位是商标局。

(二) 异议期限

提出商标异议的法定期限是自被异议商标初审公告日之日起三个月内。

(三) 异议主体及理由

根据异议理由的不同,提出异议申请的主体可以分为两类,一类是在先权利人及其利害关系人,异议理由主要是被异议商标违反《商标法》第13条第2款和第3款、第15条、第16条第1款、第30条、第31条、第32条的规定;另一类是任何人,异议理由主要是被异议商标违反《商标法》第4条、第10条、第11条、第12条、第19条第4款的规定。

1. 在先权利人及其利害关系人可以提起商标异议的理由

所谓在先权利,根据最高人民法院《关于审理注册商标、企业名称与在先权利冲突的民事纠纷案件若干问题的规定》第1条的规定,在先权利包括著作权、外观设计专利权、企业名称权等。此外,根据最高人民法院《关于审理商标授权确权行政案件若干问题的意见》第17条第1款规定,对商标法已有特别规定的在先权利,按照商标法的特别规定予以保护,商标法虽无明确规定,但根据《民法典》和其他法律规定属于应予保护的合法权益的,应该根据该概括性规定给予保护,也就是说除著作权、外观设计专利权、企业名称权、姓名权等明确规定的权利外,包括商号权、域名权利等其他权利均可以被认为是在先权利。

所谓利害关系人,根据最高人民法院《关于审理商标民事纠纷案件适用法律若干问题的解释》第4条第1款的规定,利害关系人一般包括注册商标使用许可合同的被许可人、注册商标财产权利的合法继承人等。

上述在先权利人及其利害关系人提起商标异议的理由主要有:

(1)被异议商标损害驰名商标权益

TRIPs协议第16条、《巴黎公约》第6条之二规定了对驰名商标的保护。为了切实保护驰名商标权利人的利益,根据TRIPs协议的规定和我国的实际做法,《商标法》第13条第2款规定:“就相同或者类似商品申请注册的商标是复制、摹仿或者翻译他人未在中国注册的驰名商标,容易导致混淆的,不予注册并禁止使用。”第3款规定:“就不相同或者不相类似商品申请注册的商标是复制、摹仿或者翻译他人已经在中国注册的驰名商标,误导公众,致使该驰名商标注册人的利益可能受到损害的,不予注册并禁止使用。”

①是否损害未注册驰名商标权利的判断

在判断被异议商标是否侵害未注册驰名商标的权利时,应当综合考量下列因素以及因素之间的相互影响,认定是否容易导致混淆:第一,商标标志的近似程度;第二,商品的类似程度;第三,请求未注册驰名商标保护的商标的显著性和知名程度;第四,相关公众的注意程度等。商标申请人的主观意图以及实际混淆的证据可以作为判断混淆可能性的参考因素。

②是否损害已注册驰名商标权利的判断

在判断被异议商标是否侵害已注册驰名商标的权利时,应当综合考虑下列因素,以认定申请商标的使用是否足以使相关公众认为其与驰名商标具有相当程度的联系,从而误导公众,致使驰名商标注册人的利益可能受到损害:第一,引证商标的显著性和知名程度;第二,商标标志是否足够近似;第三,指定使用的商品情况;第四,相关公众的重合程度及注意程度;第五,与引证商标近似的标志被其他市场主体合法使用的情况或者其他相关因素。

(2)代理人或者代表人抢注权利人商标

《商标法》第15条规定:"未经授权,代理人或者代表人以自己的名义将被代理人或者被代表人的商标进行注册,被代理人或者被代表人提出异议的,不予注册并禁止使用。就同一种商品或者类似商品申请注册的商标与他人在先使用的未注册商标相同或者近似,申请人与该他人具有前款规定以外的合同、业务往来关系或者其他关系而明知该他人商标存在,该他人提出异议的,不予注册。"此条意在规制经销商等代理人或代表人未经授权恶意抢注权利人商标的行为,完善了商标法律制度,并提供了明确的法律依据。

该条所指的"代理人或者代表人",包括商标代理人或者代表人,以及经销代理等销售代理关系意义上的代理人或者代表人。如果商标申请人与前述代理人或者代表人之间存在亲属关系等特定身份关系的,可以推定其商标注册行为系与该代理人或者代表人恶意串通,也应适用该条规定进行审查。

该条所指的"其他关系",包括:商标申请人与在先使用人之间具有亲属关系,劳动关系,营业地址邻近,曾就达成代理、代表关系进行过磋商但未形成代理代表关系,曾就达成合同业务往来关系进行过磋商但未达成合同业务往来关系等情形。

(3)被异议商标含有容易误导公众的地理标志

《商标法》第16条第1款规定:"商标中有商品的地理标志,而该商品并非来源于该标志所标示的地区,误导公众的,不予注册并禁止使用;但是,已经善意取得注册的继续有效。"因此,对保护地理标志的规定,也是提出商标异议申请的理由之一。

(4)被异议商标与他人商标构成同种或类似商品上的相同或近似商标

被异议商标与他人商标构成同种或类似商品上的相同或近似商标,是提起商标异议最常用的理由。《商标法》第30条规定:"申请注册的商标,凡不符合本法有关规定或者同他人在同一种商品或者类似商品上已经注册的或者初步审定的商标相同或者近似的,由商标局驳回申请,不予公告。"异议人认为被异议商标与引证商标存在相同或近似时,如果同时出现在同种或类似产品市场上,可能造成消费者混淆或误认,就可以此款为依据向商标局提出异议申请。

(5)被异议商标属于在后申请或者在后使用的商标

《商标法》第31条规定:"两个或者两个以上的商标注册申请人,在同一种商品或者类似商品上,以相同或者近似的商标申请注册的,初步审定并公告申请在先的商标;同一天申请的,初步审定并公告使用在先的商标,驳回其他人的申请,不予公告。"根据该条规定,商标局应当初步审定并公告在先申请的商标,如果在同一天申请的则应初步审定并公告在先使用的商标。如果初步审定并公告的商标实际属于在后申请或者在后使用的商标,则异议人可以据此提出异议。

(6)被异议商标侵犯在先权利或者以不正当手段抢注

《商标法》第32条规定:"申请商标注册不得损害他人现有的在先权利,也不得以不正当手段抢先注册他人已经使用并有一定影响的商标。"这条规定为解决当前存在的大量违反诚实信用原则进行商标抢注以牟取不正当利益问题和保护在先权利问题提供了法律依据。

实践中,在先使用人主张商标申请人以不正当手段抢先注册其在先使用并有一定影响的商标的,如果在先使用商标已经有一定影响,而商标申请人明知或者应知该商标,即可推定其构成"以不正当手段抢先注册"。在先使用人需要就在先使用商标已经有一定影响承担举证责任,包括在先商标有一定的持续使用时间、区域、销售量或者广告宣传等。但是商标申请人举证证明其没有利用在先使用商标商誉的恶意的除外。需要注意的是,该条只限于商标申请人在相同或者类似的商品上申请注册他人在先使用并有一定影响的商标,如果注册的商品不相类似,则不应适用该条。

2. 任何人都可以提起商标异议的理由

如果被异议商标违反《商标法》禁止使用和注册的条款,则任何人均可以提起异议。

商标注册的禁用条款包括绝对禁用条款和相对禁用条款。

绝对禁用条款是指法律规定绝对不能作为商标使用的情形,由《商标法》第 10 条规定。

相对禁用条款是指法律规定一般不能作为商标注册,但经过使用获得显著性后,可以作为商标注册的情形,由商标法第 11 条规定,即"下列标志不得作为商标注册:(一)仅有本商品的通用名称、图形、型号的;(二)仅直接表示商品的质量、主要原料、功能、用途、重量、数量及其他特点的;(三)其他缺乏显著特征的。前款所列标志经过使用取得显著特征,并便于识别的,可以作为商标注册"。该规定不仅符合《巴黎公约》等国际条约的规定,也是相对禁用条款与绝对禁用条款的区别所在。

为了防止申请注册的立体商标缺乏显著性,并避免通过申请立体商标注册阻碍技术进步,《商标法》第 12 条规定:"以三维标志申请注册商标的,仅由商品自身的性质产生的形状、为获得技术效果而需有的商品形状或者使商品具有实质性价值的形状,不得注册。"另外,根据《商标法》第 4 条的规定,不以使用为目的的恶意商标注册申请,应当予以驳回。对于违反第 4 条规定的,任何人可以提出异议。

(四) 申请材料及办理流程

1. 应提交的书件

(1)商标异议申请书;

(2)明确的异议理由、事实和法律依据,并附相关证据材料,异议理由书应有异议人的签字或加盖公章;

(3)被异议商标初步审定公告的复印件;

(4)经异议人盖章或者签字确认的主体资格证明文件(包括作为在先权利人或利害关系人的证明文件、营业执照或其他身份证明文件)复印件;

(5)直接到商标注册大厅办理的需提供经办人身份证及复印件;

(6)委托商标代理机构办理商标异议申请的,提交商标代理委托书。代理委托书应载明代理人代理权限、代理事项及授权日期。同一代理人不能在同一商标异议案件中同时代理异议双方当事人。

2. 具体要求

(1)一份商标异议申请只能对一个初步审定的商标提出异议,商标异议申请书及相关证据材料应提交一式两份,编排证据目录及页码并装订成正副本。

(2)办理商标异议申请及相关事宜应当使用中文。商标异议申请书应当打字或印刷,其他书件可以用钢笔、签字笔填写,但应当字迹工整、清晰。相关证据材料内容为外文的,应提供对应的中文翻译件。

(3)应正确、规范、逐项填写商标异议申请书,并在"申请人章戳(签字)"位置加盖与异议申请人名义相同的印章或签名。

（五）商标异议费用

商标异议费用按所提异议的类别收取，每个类别500元人民币。

（1）委托商标代理机构办理异议申请的，异议费用从该商标代理机构的预付款中扣除。

（2）直接到商标注册大厅办理异议申请的，在商标注册大厅的缴费窗口缴纳异议费用。

（3）通过邮寄办理异议申请的，应当通过银行信汇、电汇方式缴纳费用。

二、商标异议答辩

针对异议人的异议请求，被异议人依法拥有异议答辩权。商标局在审理异议申请之前，应当将商标异议材料副本及时送交被异议人，限其自收到商标异议材料副本之日起30日内答辩。被异议人不答辩的，不影响商标局作出决定。被异议人在向商标局提出异议答辩时，应当提供有关的证据材料，如被异议人需要在答辩后补充有关证据材料的，应当在答辩书中声明，并自提交答辩书之日起3个月内提交。

代理异议答辩时，律师应当仔细分析异议人提出的异议事实和理由，一方面从事实上判断真伪，核实异议人所举证据材料的真实性、关联性以及合法性，指明异议人所述不实或夸大之处；辩驳商标不近似，从商标的音、形、义等方面进行叙述；辩驳商品不类似，从商品的本身来说明有区别，尤其是对消费者的购买使用是否有影响。另一方面从法律依据上进行论证，分析异议理由所依据的法律规定是否合法有效，引用法律条文是否符合案情，有针对性地进行论证，驳斥异议观点，维护答辩人的合法权益。

第五节　代理商标续展和变更

一、商标续展

注册商标的续展，是指延长注册商标的有效期。根据《商标法》第40条及《商标法实施条例》第33条规定，注册商标的有效期为10年。注册商标有效期满后需要继续使用的，应当在期满前的12个月内按照规定办理续展手续；在此期间未能办理的，可以给予6个月的宽展期。每次续展注册的有效期为10年，自该商标上一届有效期满次日起计算。期满未办理续展手续的，注销其注册商标。

根据相关规定，办理商标续展应当提交的申请书件包括：①《商标续展注册申请书》；②申请人经盖章或者签字确认的主体资格证明文件复印件；③委托代理的提交《代理委托书》，直接在商标注册大厅办理的提交经办人的身份证及复印件（原件经比对后退还）；④注册证复印件；⑤申请文件为外文的，还应提供经翻译机构或代理机构签章确认的中文译本。

《商标续展注册申请书》上应填写商标注册号，续展商标的类别应按照商品国际分类的类别填写。注册商标所有人一定要在法定期限内办理续展申请，否则有可能丧失已使用多年且有一定知名度的商标专用权。

二、商标变更

商标变更是指商标注册事项的变更。注册事项的变更包括变更商标注册人名义、地址、代理人或者删减指定的商品等其他注册事项。商标在注册有效期内，当注册事项发生改变时，应当及时到商标局办理相应的变更手续。

（一）需要提交的书件

（1）《变更商标申请人/注册人名义/地址/变更集体商标/证明商标管理规则/集体成员名单申请书》；

(2)《变更商标代理人/文件接收人申请书》。

(二) 申请材料及办理流程

1. 准备申请书件

(1)申请变更商标申请人/注册人名义应提交如下文件:

①《申请书》。

②申请人的主体资格证明文件(如企业的营业执照副本、自然人的身份证/护照等)经申请人盖章或者签字确认的复印件(直接到商标局注册大厅、商标局驻中关村国家自主创新示范区办事处办理的,原件经比对后退还)。

③申请人直接在商标注册大厅办理的,提交经办人的身份证复印件;委托商标代理机构办理的提交《代理委托书》。

④登记机关出具的变更证明。注册人是企业的,应当出具市场监督管理机关登记部门的变更证明;注册人是事业单位的,应当出具事业单位主管机关的变更证明;注册人是自然人的,应当出具户口所在地派出所出具的变更证明。证明上的变更前名义和变更后名义应当与申请书上变更前名义和申请人名称相符。外国企业或外国人仅需变更其中文译名的,应提供该外国企业或外国人申请变更中文译名的声明。

(2)申请变更商标申请人/注册人地址应提交如下文件:

①《申请书》。

②申请人的主体资格证明文件(如企业的营业执照副本、自然人的身份证/护照等)的原件和申请人经盖章或者签字确认复印件(原件经比对后退还)。

③申请人直接在商标注册大厅办理的,提交经办人的身份证复印件;委托商标代理机构办理的提交《代理委托书》。

④办理变更商标申请人/注册人地址的,不需要提交变更证明文件,跨国变更地址的除外。自然人跨国籍变更地址的,应当提交在变更后地址所在国家享有居留权的证明文件。

(3)申请变更集体商标/证明商标使用管理规则应提交如下文件:

①《申请书》。

②申请人的主体资格证明文件(如企业的营业执照副本、自然人的身份证/护照等)的原件和申请人经盖章或者签字确认复印件(原件经比对后退还)。

③申请人直接在商标注册大厅办理的,提交经办人的身份证复印件;委托商标代理机构办理的提交《代理委托书》。

④变更后的集体商标/证明商标使用管理规则。如果涉及地理标志区域范围变化的,需提交界定地理标志产品地域范围的历史资料或地理标志所在地县级以上人民政府或行业主管部门出具的地域范围变更证明文件。

(4)申请变更集体商标集体成员名单应提交如下文件:

①《申请书》。

②申请人的主体资格证明文件(如企业的营业执照副本、自然人的身份证/护照等)的原件和申请人经盖章或者签字确认复印件(原件经比对后退还)。

③申请人直接在商标注册大厅办理的,提交经办人的身份证复印件;委托商标代理机构办理的提交《代理委托书》。

④变更后的集体商标集体成员名单。

(5)申请变更商标代理人应提交如下文件:

①《申请书》。

②申请人的主体资格证明文件(如企业的营业执照副本、自然人的身份证/护照等)的原件和

申请人经盖章或者签字确认复印件(原件经比对后退还)。

③申请人与变更后商标代理机构签订的《代理委托书》。

(6)外国人/外国企业申请变更国内文件接收人应提交如下文件：

①《申请书》。

②申请人的主体资格证明文件(如企业的营业执照副本、自然人的身份证/护照等)的原件和申请人经盖章或者签字确认复印件(原件经比对后退还)。

2. 提交申请书件

申请人直接办理的,在商标注册大厅的申请受理窗口直接提交申请文件;委托商标代理机构办理的,由该商标代理机构将申请文件报送商标局。

第六节　代理注册商标无效宣告

一、请求宣告注册商标无效的理由

《商标法》第 44 条第 1 款规定:“已经注册的商标,违反本法第四条、第十条、第十一条、第十二条、第十九条第四款规定的,或者是以欺骗手段或者其他不正当手段取得注册的,由商标局宣告该注册商标无效;其他单位或者个人可以请求商标评审委员会宣告该注册商标无效。”可知,该条所规定的商标无效途径有两种,一种是由商标局宣告无效,另一种是其他单位和个人请求知识产权局宣告无效。无效的理由包括《商标法》第 4 条、第 10 条、第 11 条、第 12 条、第 19 条第 4 款所规定的,以及以欺骗或不正当手段取得商标注册的。

另外,《商标法》第 45 条第 1 款规定:“已经注册的商标,违反本法第十三条第二款和第三款、第十五条、第十六条第一款、第三十条、第三十一条、第三十二条规定的,自商标注册之日起五年内,在先权利人或者利害关系人可以请求商标评审委员会宣告该注册商标无效。对恶意注册的,驰名商标所有人不受五年的时间限制。”

【案例及评析】

江阴市卓莹针织制衣有限公司(以下简称“卓莹制衣公司”)于 2011 年 6 月 13 日向国家商标局申请注册了“平安 PINGAN 及图”商标(以下简称“争议商标”),并于 2012 年 7 月 7 日获准注册,核定的商品项目为“服装,内衣,童装,婴儿全套衣,帽子,袜,手套(服装),领带,围巾,皮带(服饰用)”。中国平安保险(集团)股份有限公司(以下简称“中国平安”)以争议商标系对中国平安在先注册的“平安”(注册号:6974784)和“PING AN”商标(注册号:6974816)两个驰名商标在不相同或者不近似商品上的复制和摹仿,易导致相关公众的混淆和误认,致使中国平安的利益可能受到损害,违反《商标法》第 13 条的规定,争议商标应当不予注册并禁止使用。

商标评审委员会经过审理认为:中国平安的“平安 PINGAN”商标自核准注册后,其主营业务收入及净利润非常巨大,服务范围至全国大部分省市区,累计投入了大量的广告费用,并积极利用各种宣传方式,增加了平安商标的知名度,扩大了平安商标在国内外的影响力,加强了企业的知识产权保护,中国平安的“平安 PINGAN”商标已在保险、银行、基本投资服务等服务项目上享有较高的知名度,认定其属于在中国为相关公众广为知晓,并享有较高声誉的驰名商标。虽然争议商标与中国平安的“平安”和“PING AN”商标具有一定的近似性,但是“平安”和“PING AN”商标指定使用在保险等服务上,与争议商标指定使用的“服装,内衣,童装,婴儿全套衣,帽子,袜,手套(服装),领带,围巾,皮带

(服饰用)"商品在功能、用途、所用原料、消费对象等方面区别明显,无密切关联,争议商标注册并使用在核定使用的商品上一般不会误导公众。因此,卓莹制衣公司注册争议商标的行为未构成修改前《商标法》第12条第2款所指的情形,中国平安无效宣告理由不成立,裁定争议商标予以维持。①

以上案例表明,已注册驰名商标虽然可以享受跨类保护,但是并不意味着在所有其他类别上都能获得保护。实践中需要根据双方的商标在各自类别上使用是否可能导致公众的混淆误认来判断。本案驰名商标"平安"和"PING AN"指定的服务为保险,而争议商标指定的商品为服装等,这两者的差别还是很明显的,在日常生活中也没有太大的关联,一般不会导致公众的混淆误认,因此,争议商标的注册不会损害驰名商标所有人的利益。

二、注册商标无效宣告的主要程序

(一)商标局宣告注册商标无效的主要流程

(1)商标局作出宣告注册商标无效的决定,应当书面通知当事人。

(2)当事人对商标局的决定不服的,可以自收到通知之日起15日内向国家知识产权局申请复审。

(3)国家知识产权局应当自收到申请之日起9个月内作出决定,并书面通知当事人。有特殊情况需要延长的,经国家知识产权局批准,可以延长3个月。

(4)当事人对国家知识产权局的决定不服的,可以自收到通知之日起30日内向人民法院起诉。

(二)单位或者个人请求宣告注册商标无效的主要流程

(1)单位或者个人请求国家知识产权局宣告注册商标无效的,应当向国家知识产权局提出申请。

(2)国家知识产权局收到申请后,应当书面通知有关当事人,并限期提出答辩。

(3)国家知识产权局应当自收到申请之日起9个月内(在先权利人或者利害关系人依法请求宣告无效的为12个月内)作出维持注册商标或者宣告注册商标无效的裁定,并书面通知当事人。有特殊情况需要延长的,经国家知识产权局批准,可以延长3个月(在先权利人或者利害关系人依法请求宣告无效的为6个月)。

(4)当事人对国家知识产权局的裁定不服的,可以自收到通知之日起30日内向人民法院起诉。人民法院应当通知商标裁定程序的对方当事人作为第三人参加诉讼。

(5)国家知识产权局在对无效宣告请求进行审查的过程中,所涉及的在先权利的确定必须以人民法院正在审理或者行政机关正在处理的另一案件的结果为依据的,可以中止审查。中止原因消除后,应当恢复审查程序。

三、注册商标无效宣告的法律后果

宣告无效的注册商标,由商标局予以公告,该注册商标专用权视为自始即不存在。宣告注册商标无效的决定或者裁定,对宣告无效前人民法院作出并已执行的商标侵权案件的判决、裁定、调解书和市场监督管理部门作出并已执行的商标侵权案件的处理决定以及已经履行的商标转让或

---

① 参见李丹意:《名商标被傍名牌,怎么办?——浅析驰名商标跨类保护的法律适用——兼评第9587089号"平安PINGAN及图"商标无效宣告申请案》,载中国知识产权律师网,访问日期:2016年5月9日。

者使用许可合同不具有追溯力。但是,因商标注册人的恶意给他人造成的损失,应当给予赔偿。同时,如果不返还商标侵权赔偿金、商标转让费、商标使用费,明显违反公平原则的,应当全部或者部分返还。

第七节　代理著作权登记

一、作品登记的受理范围

1. 可以受理登记的作品

根据《著作权法》第 3 条的规定,以下述形式创作的文学、艺术和自然科学、社会科学、工程技术等作品,无论该作品是否发表,均可申请登记:文学作品;口述作品;音乐、戏剧、曲艺、舞蹈作品;美术、摄影作品;工程设计、产品设计图纸及其说明;地图、示意图等图形作品;法律、行政法规规定的其他作品。

2. 不予受理登记的作品

①不受著作权法保护的作品;

②超过著作权保护期的作品;

③依法禁止出版、传播的作品。

3. 作品登记机关可以撤销登记的作品

①登记后发现属于是不予受理登记的作品;

②登记后发现与事实不相符合的作品;

③申请人申请撤销原作品登记的;

④登记后发现是重复登记的;

⑤其他不符合登记条件的作品。

二、作品登记的主要材料

1. 作者或其他著作权人的身份证明文件

①作者身份证明文件,即身份证或户口登记证复印件,并在复印件上由作者签名;

②如果是法人或非法人单位为著作权人,还要提供法人或非法人单位的公司注册登记证明或其他相关证明文件(复印件);

③如果是委托作品,还需要提供委托作品的委托合同(复印件);

④如果是合作作品,还需要提供合作作者的合作协议或合同(复印件)及各合作作者签名的身份证明复印件;

⑤如果是继承人为著作权人,提供身份证明文件(复印件,并签名)。

2. 作品

作品封面及版权页的复印件;文字作品部分或全部手稿的复印件或样本;作品章节目录;美术作品、摄影作品等原稿复制件或作品照片;影视作品、音像制品 封套或照片、样带(片);专有权许可使用合同(复印件)。

对计算机软件来说,需要提供软件的相关资料:

①源程序(使用计算机语言编写的指令或者语句序列);

②文档(如:用户手册、设计说明书、使用说明书等任选一种);

③申请登记软件 V1.0 以上的高版本或以其他符号作为版本号进行原创软件登记时,应提交版本说明。

3. 作品说明书

①作品简介,文字作品要求说明文章字数;

②创作经过及作品创意;

③作品完成时间,并说明是否为独立创作完成;

④说明作品是否已经发表,以何种方式发表;如果未发表,拟什么时候发表,准备以什么方式发表。

4. 委托书

作者签署的授权他人(如律师)办理著作权登记的委托书。

三、作品登记的主要程序

1. 填写申请表

在中国版权保护中心网站(www. ccopyright. com)上,首先进行用户注册,然后用户登录,在线按要求填写申请表后,确认、提交并打印。

2. 提交申请文件

申请人或代理人按照要求提交登记申请文件。

3. 缴纳申请费

申请文件符合受理要求时,登记机构发出缴费通知,申请人或代理人按照通知要求缴纳费用。

4. 登记机构受理申请

申请文件符合受理要求并缴纳申请费的,登记机构在规定的期限内予以受理,并向申请人或代理人发出受理通知书及缴费票据。

5. 补正程序

需要补正材料的,申请人自接到补正通知书后 60 日内完成补正,登记机构自收到符合要求的补正材料后 30 个工作日办理完成。

6. 获得登记证书

申请受理之日起 30 个工作日后,申请人或代理人可登录中国版权保护中心网站,查阅著作权登记公告。北京地区的申请人或代理人在查阅到所申请的登记公告后,可持受理通知书原件在该登记公告发布 3 个工作日后,到版权登记大厅领取证书。

第五章　知识产权侵权调查取证业务

本 章 提 示

证据,在知识产权诉讼和仲裁案件中居于十分重要的地位,无论是诉前和解,还是诉讼控辩,关键时候都要靠证据说话。律师能不能全面、准确、充分地调查收集证据,直接关系到案件的最终处理结果,进而影响客户的切身利益。因此,知识产权侵权的调查取证,是律师知识产权业务的重要环节,也是律师从事知识产权业务的"必修课"。

本章主要从范围和方法两个角度入手,讲述了知识产权侵权调查取证的应对思路以及操作技巧。

第一节　知识产权侵权调查取证的范围

一、权利类证据

权利类证据的主要证明目的在于:①当事人是知识产权权利的拥有者或其利害关系人,可以成为合法的原告或投诉人。②知识产权在中国境内合法存在、有效,可以被依法行使,并受到中国法律的保护。

在著作权纠纷中,提交权利类证据的目的在于证明著作权的归属和权利状态。主要包括:涉及著作权的底稿、原件、合法出版物、著作权登记证书、认证机构出具的证明、取得权利的合同。

在商标权纠纷中,提交权利类证据的目的在于证明商标权的归属,受保护的是何种类型的商标,是否为驰名商标,从而确定该商标权的保护范围。主要包括:商标注册证及续展手续。如果是国际商标注册,则需由国家商标局发布该国际注册在中国有效的证明。主张驰名商标的还要提交商标已经驰名的相关证据。

在专利权纠纷中,提交权利类证据的目的在于明确专利权的归属、权利状态、专利的有效期限,确定专利权的保护范围。主要包括:①专利权证书,包括授权权利要求书、说明书及附图。该专利权如经历无效或撤销程序,且对专利文件进行了变更的,应当提交相应的行政审查决定。如果是实用新型专利,则最好还要有国家知识产权局证明该实用新型具有专利性的检索报告。②最近一次缴纳年费的收据。③专利权的被许可人单独或和权利人共同提起诉讼的,应当提交相应的专利实施许可合同。

二、侵权类证据

侵权类证据要能够证明:侵权人实施了或正在实施被控侵权行为。例如,侵权人促销宣传材料、产品样品、产品销售合同、销售发票,等等。

在著作权侵权纠纷中,提交侵权类证据的目的在于确认侵权人实施了侵犯著作权的行为。主要包括:被控侵权作品、复制品,登载侵权作品的报刊、网页,销售发票,视听资料等。

在商标权侵权纠纷中,提交侵权类证据的目的在于确认侵权人以何种形式侵犯商标权,侵权行为发生的范围等。主要包括:侵权人生产的被控侵权产品(外包装、产品说明)及其网站的网页、企业产品广告及销售发票、买卖合同,甚至企业名片等,总之,可能使用被控侵权商标的任何载体,均可作为证据。

在专利权侵权纠纷中,提交侵权类证据的目的在于证明侵权人实施了侵犯专利权的行为,是判令侵权人承担侵权民事责任的事实依据。主要包括:①侵权人生产的被控侵权产品,即侵权行为的直接证据。②如因客观原因不能取得被控侵权产品,则可以先提供诸如侵权人在报刊上刊登的销售其产品的广告、与他人签订的买卖合同等间接证据,再以其他方式获得侵权的直接证据。③被控侵权产品的销售和使用者明知该产品是侵权产品而仍然进行销售和使用的证据。④就被控侵权产品与权利人专利权利要求书进行的技术对比,说明其技术特征如何落入了权利人专利的保护范围,从而构成对专利权的侵犯,必要时,可先行单方委托鉴定机构进行技术鉴定,出具鉴定报告作为证据。

三、损害赔偿类证据

在知识产权侵权诉讼中,如果请求经济赔偿,则应当提交有关赔偿数额的计算方法及支持的证据。侵犯知识产权的赔偿数额的计算方法均不止一种,且在几种计算方法都可以使用的情况下,原告可以根据实际情况,选择最有利的计算方法,保护自身的合法利益,并据此提交相应的证据。

侵犯著作权的赔偿数额的计算方法包括:①权利人因被侵权所受到的实际损失,可以根据权利人因侵权所造成的复制品发行减少量或者侵权复制品销售量与权利人发行该复制品单位利润乘积进行计算。发行减少量难以确定的,按照侵权复制品市场销售量确定。②侵权人的违法所得。③权利人的实际损失或者侵权人的违法所得难以计算的,可以参照该权利使用费给予赔偿。④对故意侵犯著作权或者与著作权有关的权利,情节严重的,可以在按照上述方法确定数额的 1 倍以上 5 倍以下给予赔偿,即惩罚性赔偿。⑤权利人的实际损失、侵权人的违法所得、权利使用费难以计算的,由人民法院根据侵权行为的情节,判决给予 500 元以上 500 万元以下的赔偿,即法定赔偿。赔偿数额中应当包括权利人为制止侵权行为所支付的合理开支,如调查取证费用、检测鉴定费用以及符合国家有关部门规定的律师费用等。

侵犯商标专用权的赔偿数额的计算方法包括:①权利人因被侵权所受到的实际损失。可以根据权利人因侵权所造成的商品销售减少量或者侵权商品销售量与该注册商标商品的单位利润乘积计算。②实际损失难以确定的,按照侵权人因侵权所获得的利益确定。可以根据侵权商品销售量与该商品单位利润乘积计算;该商品单位利润无法查明的,按照注册商标商品的单位利润计算。③权利人的损失或者侵权人获得的利益难以确定的,参照该商标许可使用费的倍数合理确定。④对恶意侵犯商标专用权,情节严重的,可以在按照上述方法确定数额的 1 倍以上 5 倍以下确定赔偿数额,即惩罚性赔偿。⑤权利人的实际损失、侵权人因侵权所获得的利益、注册商标许可使用费难以确定的,由人民法院根据侵权行为的情节判决给予 500 万元以下的赔偿,即法定赔偿。赔偿数额中应当包括权利人为制止侵权行为所支付的合理开支,如调查取证费用、检测鉴定费用以及符合国家有关部门规定的律师费用等。

需要注意的是,根据《商标法》第 64 条的规定,注册商标专用权人请求赔偿,被控侵权人以注册商标专用权人未使用注册商标提出抗辩的,人民法院可以要求注册商标专用权人提供此前 3 年内实际使用该注册商标的证据。注册商标专用权人不能证明此前 3 年内实际使用过该注册商标,也不能证明因侵权行为受到其他损失的,被控侵权人不承担赔偿责任。该规定强调了实际使用对于注册商标所有人的重要性,如果获准注册商标而没有实际使用,也无法证明因侵权受到其他损失,注册商标所有人在商标侵权案件中可能很难获得赔偿。

侵犯专利权的赔偿数额的计算方法包括:①权利人因被侵权所受到的实际损失。②侵权人因侵权所获得的利益。③权利人的损失或者侵权人获得的利益难以确定的,参照该专利许可使用费的倍数合理确定。④对故意侵犯专利权,情节严重的,可以在按照上述方法确定数额的 1 倍以上 5 倍以下确定赔偿数额,即惩罚性赔偿。⑤权利人的损失、侵权人获得的利益和专利许可使用费均难以确定的,人民法院可以根据专利权的类型、侵权行为的性质和情节等因素,确定给予 3 万元以上 500 万元以下的赔偿,即法定赔偿。赔偿数额中应当包括权利人为制止侵权行为所支付的合理开支,如调查取证费用、检测鉴定费用以及符合国家有关部门规定的律师费用等。

四、有关侵权人主体情况的证据

主要包括侵权人确切的姓名、名称、地址、企业性质、注册资金、人员数量、经营范围、联系方式等情况。权利人根据侵权人的具体情况,采取有针对性的策略和方案,确定诉讼或行政打假的方案,并确定管辖或主管的机关。

在有关侵权人主体的信息中,对确定管辖有重要意义的是侵权人的住所地信息。民事诉讼确定地域管辖的基本原则是"原告就被告",即被告住所地法院对案件具有管辖权是无争议的。但如何确定住所地,是实践中容易发生错误认识的问题。根据《民事诉讼法》和最高人民法院《关于适用〈中华人民共和国民事诉讼法〉的解释》的相关规定,住所地按照以下方式确定:

(1)公民的住所地是指公民的户籍所在地。如果户籍所在地与经常居住地不一致的,则经常居住地人民法院具有管辖权。经常居住地是指公民离开户籍所在地至起诉时已连续居住一年以上的地方,但公民住院就医的地方除外。

(2)法人或者其他组织的住所地是指法人或者其他组织的主要办事机构所在地。如果主要办事机构所在地不能确定的,则法人或者其他组织的注册地或者登记地为住所地。

(3)没有办事机构的个人合伙、合伙型联营体的住所地是指其注册登记地。

第二节 知识产权侵权调查取证的方法

一、当事人自行调查取证

根据谁主张谁举证的原则,当事人有义务提供证据证明侵权行为的存在。因此,当事人自行调查取证是最常见的方式。由于律师较当事人在调查取证方面有一些便利条件,因此,实践中当事人大多会把知识产权侵权调查取证的任务委托给律师进行。

律师调查取证应当注意以下四个问题:

(一)在法律允许的范围内调查取证

律师虽然享有调查取证的权利,但这一权利必须依法行使。律师调查取证是接受当事人委托进行的,因此,相关的法律手续,比如当事人出具的授权委托书、律师事务所开具的调查专用函和介绍信、律师本人的执业证等,都应齐备。律师在调查取证时,应当采用合法的手段进行,不能以侵害他人合法权益的方式进行,否则,不但取得的证据可能被认定为无效,而且律师本人还可能要承担相应的法律责任。实践中曾发生的一起"陷阱取证"案例,就引起了广泛争议,律师应特别注意这一问题。

【案例】

原告某公司和某研究所经调查发现,被告公司非法制售原告开发的软件。为获取盗版证据,原告从 2001 年 6 月起,派下属公司职员以普通用户身份多次和被告员工联系,商谈购买照排机及安装软件事宜,并与被告签订了相关合同。此后,原告员工分两次支付货款并取得收据,被告员工也安装、调试了照排机,并在主机中安装盗版的原告软件,留下装有盗版软件的光盘及“加密狗”等。这一过程都经公证人员公证。

在案件一审时,北京市第一中级人民法院认为,原告采取的是“陷阱取证”的方式,该方式并未被法律所禁止,应予认可,据此判决被告赔偿原告各项损失共计100万元。

但在案件二审时,北京市高级人民法院认为,原告公司“陷阱取证”虽未被明令禁止,但有违诚信原则,一旦获得支持,将对正常的市场交易秩序造成破坏,故不予提倡。据此,该院对一审判决进行了改判。

原告公司不服,向最高人民法院提请再审。最高人民法院最终认定:原告通过公证取证方式获取打假线索,其目的并无不正当性,其行为并未损害社会公共利益和他人合法权益,加之计算机软件著作权侵权行为具有隐蔽性强、取证难度大等特点,采取该取证方式有利于解决此类案件取证难的问题,起到威慑和遏制侵权行为的作用,也符合依法加强知识产权保护的法律精神,原告的取证方式合法有效,对其证明的事实应作为定案根据。①

(二) 根据证据的不同特点采取适当的取证方式

根据《民事诉讼法》第66条的规定,证据包括:当事人的陈述、书证、物证、视听资料、电子数据、证人证言、鉴定意见、勘验笔录等8种形式。每种形式的证据都具有自己的特点,律师在取证时要认真把握。比如,在提取视听资料时,应当将录有原始录音、录像的器材(如录音笔、手机等)作为原件,再通过拷贝其中的录音、录像文件刻制成光盘作为复制件。在提取证人证言时,除了要取得证人出具的书面证言外,还要安排证人出庭作证。

(三) 调查取证时应当规范操作

律师在调查取证时,应当按照诉讼的要求,详细记录证据的来源出处、种类、数量等,规范调查取证工作的流程。特别是在做调查笔录时,应写明调查人与被调查人的姓名、被调查人的性别、年龄、工作单位、住址、与本案当事人关系、调查时间与地点等情况,并由被调查人签名或盖章。

(四) 电子数据取证的操作实务

随着信息技术的飞速发展,电子数据已经成为人类社会信息交换的重要方式。知识产权诉讼也越来越多地对电子数据进行调查收集和审查认定。因此,有必要就电子数据的调查收集单独做一些介绍。

1. 电子数据的概念

电子数据是法定的一种证据类型。根据最高人民法院《关于适用〈中华人民共和国民事诉讼法〉的解释》第116条的规定,电子数据是指通过电子邮件、电子数据交换、网上聊天记录、博客、微博客、手机短信、电子签名、域名等形成或者存储在电子介质中的信息。根据《中华人民共和国电子签名法》第8条的规定,审查数据电文作为证据的真实性,应当考虑以下因素:①生成、储存或者传递数据电文方法的可靠性;②保持内容完整性方法的可靠性;③用以鉴别发件人方法的可靠性;④其他相关因素。

2. 电子数据的取证方法

从上述规定可见,判断电子数据证据真实性的关键在于生成、储存、传递电子数据方法的可靠性以及保持电子数据内容完整性方法的可靠性等因素。据此,在收集电子数据时,通常会采用以下方法:

①事先制订电子数据证据固定和提取的方案计划。主要内容包括:电子数据的范围、目标设备、需明确取证人员分工和责任、准备用于复制提取电子数据的存储设备、取证的标准规范与技术

---

① 孙继斌:《最高法提审改判,洗脱“陷阱取证”恶名》,载《法制日报》,2006年12月27日。

方案、取证流程等。

②取证时应保证电子数据证据的原始性、安全性和完整性。在固定和提取电子数据的同时,还应固定和提取系统中与该电子数据有关的其他电子数据,包括但不限于相关的附属信息和环境信息数据,如存储介质的状态、系统运行的进程、操作系统信息、软硬件信息等。

③可用平面方式展示的电子数据,最好通过直接将有关内容打印在纸张上的方式进行提取,注明电子数据证据打印的时间、地点,该电子数据证据储存的位置或来源、取证人员等。不可用平面方式展示的电子数据,则采用适当的储存介质进行原始的镜像备份。

④制作电子数据提取笔录,载明复制的时间、地点、复制的方法、处理人员、使用软硬件、复制过程等。还可以对取证过程进行全程录音录像。

⑤电子数据固定和提取后,应按照安全性的要求,采取适当措施对存储有电子数据证据的硬件设施,尤其是存储有原始数据的设施进行保存,并制作相应的备份。

3. 对时间戳服务系统的取证

时间戳(timestamp)是一个唯一标识某刻时间的字符序列。一般情况下,用户将需要加时间戳的文件用 Hash 编码加密形成摘要,然后将该摘要发送到数字时间戳服务系统,系统加入了收到文件摘要的时间信息后再对该文件加密(数字签名),回送给用户。

时间戳可分为自建时间戳和可信时间戳。在我国,可信时间戳已经逐步在知识产权保护和司法实践中得到应用。

我国的可信时间戳由“联合信任时间戳服务中心”来认证。该中心由北京联合信任技术有限公司与中国科学院国家授时中心联合设立,通过法定时间源和密码技术的结合,给当事人提交的电子数据文件颁发一个《可信时间戳认证证书》,用于证明该电子数据文件的形成时间以及内容完整、未被更改。中国科学院国家授时中心负责系统的国家标准时间溯源及系统时间同步与分配。北京联合信任技术服务有限公司负责时间戳服务系统的建设、应用开发、技术支持以及时间戳服务中心的商业化运营。

(1)对时间戳服务系统取证的步骤

相关司法判例①确认,通常对时间戳服务系统取证的主要步骤如下:

首先,在联合信任时间戳服务中心官方网站 www. tsa. cn 上注册为用户,然后登录该网站取证系统。

其次,运行电脑中安装的屏幕录像软件进行录像,同时使用外录设备对整个操作过程进行录像。

再次,用户对取证电脑及操作环境进行清洁性检查。包括:使用杀毒软件、安全卫士进行杀毒;打开任务管理器,查看程序与进程;在 360 浏览器的 Internet 选项中删除历史记录;在 360 浏览器的 Internet 选项下的“链接”中点击“局域网”设置,以保证没有连接代理;检查 hosts 文件,以保证取证电脑未经人为篡改系统、未被连接到虚拟网站;在命令窗口输入“ipconfig/all”命令查看本地电脑 IP 地址,以保证取证电脑接入互联网的真实性;在命令窗口输入“ping+目标页面域名”,以确认目标页面 IP 地址,保证接入网站的真实性;在命令窗口输入“tracert+目标网页域名”,以确认连接到目标页面网络服务器的路径,保证接入网站的真实性。

最后,固定证据。包括:查看中国科学院国家授时中心标准时间;通过搜索引擎进入待取证网站,查找并截屏保存待取证页面及查看网站 ICP 备案等信息;登录时间戳网站 www. tsa. cn,将截屏保存的页面压缩包申请时间戳,并进行验证;结束录像前再次查看时间戳网站显示的中国科学院国家授时中心标准时间;录像结束后,将屏幕录像文件(avi 格式)、录像机录像文件(MTS 格式)分别申请时间戳并验证。

---

①　参见北京知识产权法院(2016)京 73 民终 147 号民事判决书,载“知产北京”微信公众号,2016 年 12 月 27 日。

(2)获得证据的种类

对时间戳服务系统取证之后形成的证据主要包括:

第一,保全页面截图的压缩包、对应的时间戳认证证书(pdf 格式)及时间戳证书(tsa 格式)。

第二,屏幕录像文件、对应的时间戳认证证书(pdf 格式)及时间戳证书(tsa 格式)。

第三,录像机录像文件、对应的时间戳认证证书(pdf 格式)及时间戳证书(tsa 格式)。

上述各种文件在申请时间戳时,会自动产生一个唯一对应的数字指纹(hash 值)和 tsa 格式的电子证书。之后在验证时间戳时,将待验证的文件与申请时间戳时形成的 tsa 格式的电子证书进行匹配。如果文件自申请时间戳时起,内容保持完整、未被更改,则可通过时间戳验证,反之则无法通过验证。

通过以上方式利用时间戳对电子数据取证,不论是电子数据的生成和储存方法,还是保持电子数据内容完整性的方法,均比较可靠。一般在没有相反证据的情况下,此类电子数据的真实性可以在司法实践中得到确认。

二、申请公证机关保全证据

保全证据公证是指公证机关根据自然人、法人或者其他组织的申请,依法对与申请人权益有关的、有法律意义的证据、行为过程加以提取、收存、固定、描述或者对申请人的取证行为的真实性予以证明的活动。

公证证据具有推定为真的效力。《民事诉讼法》第 72 条规定:“经过法定程序公证证明的法律事实和文书,人民法院应当作为认定事实的根据,但有相反证据足以推翻公证证明的除外。”

公证机关对证据进行保全,效果与法院依职权所进行的保全相同。在起诉前,当事人充分利用公证机关收集、保全证据,是做好诉前准备工作的有效方法。最高人民法院《关于审理著作权民事纠纷案件适用法律若干问题的解释》第 8 条规定:“当事人自行或者委托他人以定购、现场交易等方式购买侵权复制品而取得的实物、发票等,可以作为证据。公证人员在未向涉嫌侵权的一方当事人表明身份的情况下,如实对另一方当事人按照前款规定的方式取得的证据和取证过程出具的公证书,应当作为证据使用,但有相反证据的除外。”

(一)申请公证需要提交的材料

当事人申请办理保全证据公证的,按照公证机关的一般要求,需要提交下列材料:

①申请人的身份证明、资格证明,如公民身份证、公司营业执照、事业单位法人登记证书等。

②申请人与保全的证据有利害关系的证明材料,如申请人为知识产权权利人的,提供权利证书,并且证明保全证据涉嫌侵犯其知识产权。

③有关申请保全证据的理由、用途和证据取得的方式或者方法的书面说明。

④与申请保全证据相关的其他证明材料。

(二)保全证据公证的主要方法

实践中,公证机关主要采取绘图、照相、录像、录音、复制、封存、非专业性鉴定和勘验、制作笔录等方法,对证据进行固定。同时,公证机关会就取证过程和结果制作工作记录。

对于需要公证机构派员外出进行保全公证的,应当由二人共同办理,而且承办的公证员应当亲自到场。

如果保全过程中涉及专业技术鉴定或者评估的事项,应当由当事人委托专业机构办理,或者征得当事人的同意由公证机构代为委托,公证机关不自行鉴定和评估。

(三)网络证据保全公证的操作实务

公证取证方式在网络侵权案件中被经常采用。在保全公证过程中,有一些细节问题往往被忽略,而这些问题却直接影响证据的效力,需要注意。

1. 保全公证之前

①如果是对特定地点的计算机网络进行保全公证,应当事先对该地点的现场情况进行勘察,明确能够确定该地点的环境特征,以便在保全公证时对这些环境特征进行拍照、录像和记录,用于证明保全公证确实发生于该地点。

②要对所用的电子设备进行全面检查,保证各种设备能实现取证的需要,包括成像效果是否清晰、电池电量是否足够、存储卡容量是否充裕、是否需要支架等辅助设备,等等。

③应将计算机或者摄录设备的时间设置为自然状态下的实际时间。在公证书附件的计算机页面截屏或者录像视频中,一般会显示时间,这个时间是计算机或者摄录设备设置的时间,如果不是取证当时的实际时间,就会在公证书的质证过程中产生争议。因此,在保全证据之前应当注意调校相关设备的时间。

④有条件的应先进行一遍实际操作,记录操作程序。如果没有条件进行事先演练的,也应尽可能地设想保全的操作步骤,以及可能遇到的问题,形成操作方案。

2. 保全公证之中

①应当通过公证机关的计算机接入互联网,指向侵权内容,而不要在客户或者律师事务所的计算机上进行操作。因为客户或者律师事务所的计算机连接的是否为公共网络,获取的内容是否经过修改等情况都不好确定,而这很可能成为被告否认证据效力的理由。

②应当按照书面操作记录或者操作方案进行操作。公证人员应当按照操作顺序记录登录网络、进入相关网址(网页)、下载、打印(或者刻录光盘)等整个过程和所使用的操作软件的名称与版本,并要注意审核下载的内容是否与网页内容相符,必要时可以对保全过程进行录像。

需要注意,在记录操作步骤时应保证完整、连续,不能漏记,而且操作步骤与取得的结果要对应。比如,公证书正文记载:在网页上点击链接,进入网页,所见结果经打印见附件第__页。这时,就必须保证打印的结果就是进入网页所见的实际结果。

3. 保全公证之后

①在保全公证中采用拍照方式的,公证之后需要选用拍摄的照片。选用的照片能够反映取证的基本过程和主要节点,比如取证现场外部环境、内部环境、飞字幕抓拍、业务文件和机顶盒特写等。照片中尽量不要出现无关的人员,并注意对他人隐私的保护。照片的清晰度要满足冲洗后呈现的需要。确有必要时,可以进行补拍,但务必在公证书中客观记录补拍的情况。

②取得公证书后,要及时进行核验检查。重点包括:公证书中记载的事实与视频录像中的内容是否一致,避免出现录像视频中的某些事实在公证书中没有相关描述;公证书中所记载各事项的时间点和时长与视频、录像以及电视机中所显示的时间是否吻合;公证书记载的存储文件名称、属性与录像录音的文件名称、属性是否一一对应。如果发现问题,要立即向公证机关申请更正。

三、申请人民法院进行诉前证据保全

商标法和著作权法首次在中国明确建立了诉前证据保全制度。第三次修正的《专利法》第 67 条增加规定了诉前证据保全,自此在专利案件中适用诉前证据保全制度有了明确的法律依据。保全措施后,当事人或利害关系人应在法定时间段里提起诉讼。如果没有向法院提起诉讼,则此种保全措施应当予以解除,或者将有关证据予以销毁或发还,同时申请人还要就此所造成的损失承担赔偿责任。2012 年第二次修正的《民事诉讼法》第 81 条第 2 款明确规定,“因情况紧急,在证据可能灭失或者以后难以取得的情况下,利害关系人可以在提起诉讼或者申请仲裁前向证据所在地、被申请人住所地或者对案件有管辖权的人民法院申请保全证据”,正式确定了民事诉讼程序中的诉前证据保全制度。

【案例】

欧特克公司、奥多比公司系两家美国软件公司,其认为上海风语筑展览有限公司未经许可,擅自复制、安装并商业使用了两公司的AutoCAD、Photoshop、Acrobat等系列计算机软件。鉴于安装有非法计算机软件的计算机均在上海风语筑展览有限公司的经营场所内,申请人客观上无法获得相关证据;同时,由于涉案证据均为计算机软件以及相关数据,具有无形性,极易藏匿或者毁灭,一旦证据被转移、隐匿或者灭失,将难以取得,从而对相关事实的认定造成困难,故申请人请求上海知识产权法院进行诉前证据保全。

上海知识产权法院审查后认为,申请人申请保全的证据属于法律规定的可能灭失或者以后难以取得的情形,且申请人亦因客观原因不能自行收集上述证据,符合诉前证据保全的条件,遂裁定对被申请人经营场所内的计算机以及其他设施设备上的上述系列软件的相关信息进行证据保全。

本案是上海知识产权法院成立以来首次计算机软件诉前证据保全案件,涉及大型工作场所近400台电脑中的相关证据保全,保全工作具有较强的专业性和复杂性。证据保全裁定作出后,上海市第三中级人民法院与上海知识产权法院相关部门通力合作,聘请相关技术专家协助保全,制定了周密的证据保全工作预案;成立技术专家组、现场清点组、现场控制组等工作小组,明确职责,分工协作;各小组规范操作,有序保全,顺利完成了诉前证据保全工作。①

四、申请人民法院进行诉讼证据保全

《民事诉讼法》第84条第1款规定,在证据可能灭失或者以后难以取得的情况下,当事人可以在诉讼过程中向人民法院申请保全证据,人民法院也可以主动采取保全措施。基此,当事人往往在提起专利侵权、商标侵权或著作权侵权诉讼的同时,提出证据保全申请,保全的证据通常分为三类:①保全被控侵权产品;②保全被控侵权单位的财务账册,以便确定赔偿额;③保全被控侵权人实施侵权行为的证据。申请法院保全证据应当注意:一是申请保全的证据范围要明确,而且和案件需要查明的事实密切相关;二是证据可能灭失或以后难以取得的具体情况,比如该类证据由被告掌握,有随时毁损灭失的可能,当事人自行无法调查收集等;三是申请必须注意举证时限。

根据《著作权法》《商标法》《专利法》的规定,人民法院为确定赔偿数额,在权利人已经尽力举证,而与侵权行为相关的账簿、资料主要由侵权人掌握的情况下,可以责令侵权人提供与侵权行为相关的账簿、资料;侵权人不提供或者提供虚假的账簿、资料的,人民法院可以参考权利人的主张和提供的证据判定赔偿数额。

五、委托鉴定机构或审计、评估机构出具鉴定意见

鉴定意见是法律规定的一种证据形式,是指具有专门知识的人对案件中的专门性问题所出具的专门性意见。在知识产权侵权诉讼中,鉴定意见主要有委托鉴定机构出具的鉴定报告,以及委托审计机构或评估机构出具的审计报告或评估报告等形式。

(一)鉴定报告

在涉及科学技术的知识产权侵权案件中,经常会遇到一些专门性的问题,例如被控侵权产品和知识产权权利人产品的技术方案是否相同或实质相似等,需要运用专业知识才能查明和判

---

① 参见《上海知产法院建院一周年,发布十大典型案例》,载知识产权律师网,2015年12月29日。

断,这时可以依法委托鉴定机构进行鉴定。

司法实践中,鉴定一般包括以下步骤:

1. 提出鉴定申请

侵权案件的双方当事人,即权利人和被控侵权人,都有权提出鉴定申请,最后由受案法院结合案件情况来决定是否进行鉴定。

2. 确定委托事项

明确委托鉴定的具体事项,比如,是鉴定技术信息的非公知性,还是鉴定控辩双方技术信息的一致性;是对比整体技术方案,还是对比其中的若干技术特征等。这是技术鉴定的重要前提。委托事项应由申请鉴定的一方明确,并由法院确定。法院也可根据审理需要直接确定委托事项。

3. 选择鉴定机构

鉴定机构可以先由双方当事人协商选择。如果协商不成,由法院在司法鉴定机构名册中进行选择,有时需要通过摇号确定。

4. 选定鉴定人员

鉴定机构选定并委托之后,其应向法院提供鉴定专家的名单,由双方当事人进行选择,以便当事人行使申请鉴定人回避的权利。鉴定机构选择双方当事人均无异议的鉴定人组成鉴定专家组。

5. 确定鉴定期限

法院在委托鉴定机构时会指明鉴定期限,如果因客观原因不能按期完成的,需要进行说明,并由法院决定是否延长。

6. 提交鉴定材料

双方提交的鉴定材料,应经过双方质证后,由法院移交鉴定机构。另外,鉴定机构在鉴定中也会检索查询相关文献资料。上述鉴定材料均应在鉴定报告中明确列示,以说明鉴定的事实依据。

7. 出具鉴定报告

鉴定完成后,鉴定机构应当提出书面鉴定报告,并由鉴定人签名及鉴定机构盖章。如果多个鉴定人中有对鉴定意见持不同意见的,应当在报告中注明。

8. 鉴定报告质证

鉴定意见应在庭审中由双方当事人质证,未经质证的鉴定意见不得作为定案的依据。

根据法律规定,鉴定人应当出庭接受当事人的质询,如确有特殊原因无法出庭的,经法院准许,可以书面答复当事人的质询。在对鉴定意见的质证过程中,当事人可以申请具有专门知识的人出庭,经法庭许可后对鉴定人进行询问。

(二) 审计报告和评估报告

在知识产权侵权案件中,确定损害赔偿的数额,往往涉及对原告损失或者被告获利的查证,需要对相关财务资料进行审计,或者对知识产权的价值进行评估。因此,委托审计机构或评估机构出具的审计报告或评估报告,也是一种常见的鉴定意见。

1. 委托事项

为了确定损害赔偿的数额,常见的委托事项包括:①对权利人的经济损失进行审计;②对侵权人的获利进行审计;③对涉案知识产权的价值进行评估;④对涉案知识产权的许可价值或者许可费进行评估等。

2. 鉴定方法

在对知识产权进行评估时,常用的方法有成本法、市场法和收益法三种。

成本法是根据知识产权的成本来确定知识产权价值的方法。成本是指重置成本,是将知识产权研发时所耗用的材料、人工等开支和费用用现在的价格来进行计算而求得的成本,或者是用现在的方法来取得相同功能的知识产权所需消耗的成本。

市场法是根据类似知识产权的市场价经过适当的调整,来确定知识产权价值的方法。

收益法是将知识产权在未来一段时期内产生的收益,按一定的折现率折算成现值,来确定知识产权价值的方法。收益法是目前在知识产权评估中使用最多的一种方法。

3. 出具和质证

审计报告、评估报告出具和质证的基本程序,和前述鉴定报告类似,请参考上文内容。

第六章　知识产权侵权诉讼业务

本章提示

知识产权侵权诉讼代理，是律师实务的重点，也是难点。在侵权诉讼中，不仅各种不同知识产权的保护对象和权利范围大有不同，而且侵权行为的种类也是纷繁复杂，同时，对于知识产权侵权构成的判定，相关法律法规缺乏明确规定，理论界和实务界尚存多种观点，这些都增加了律师代理此类业务的难度。

本章介绍了专利侵权、商标侵权、著作权侵权、不正当竞争等最常见的知识产权侵权诉讼。并结合知识产权的基本理论和实践中的典型案例，介绍各种知识产权侵权案件中的权利保护范围、侵权行为种类、侵权判定标准等主要问题，以揭示律师代理知识产权侵权诉讼的方法与技巧。

另外，在知识产权侵权诉讼中，确定管辖法院和适用诉前临时措施是较为特殊的程序问题，本章予以专节介绍。

第一节　代理专利侵权诉讼

一、专利权的保护范围

发明或实用新型专利权最重要的是独立权利要求。在界定保护范围时，应明确权利要求书中的独立权利要求。权利要求书有两项以上权利要求的，权利人应当在起诉状中载明据以起诉被告侵犯其专利权的权利要求。

对于权利要求的解释，应当根据权利要求的记载，结合本领域普通技术人员阅读说明书及附图后对权利要求的理解，确定权利要求的内容。在确定专利权的保护范围时，独立权利要求的前序部分、特征部分以及从属权利要求的引用部分、限定部分记载的技术特征均有限定作用。对于权利要求中以功能或者效果表述的技术特征，应当结合说明书和附图描述的该功能或者效果的具体实施方式及其等同的实施方式，确定该技术特征的内容；对于仅在说明书或者附图中描述而在权利要求中未记载的技术方案，不应纳入专利权保护的范围。

外观设计专利权的保护范围以表示在图片或者照片中的该产品的外观设计为准。

权利人在提起诉讼时，需要提交专利证书、说明书及附图、权利要求书或者外观设计照片图片、简要说明等材料，用于确定专利权的保护范围。① 其中的权利要求书应当是最后授权的文本。

【案例】

2006 年 11 月 15 日原告胡小泉的专利号为 ZL 200410024515. 1 的发明专利“注射用三磷酸腺苷二钠氯化镁冻干粉针剂及其生产方法”获得授权。该专利中涉及产品的独立权利要求 2 为：“一种注射用三磷酸腺苷二钠氯化镁冻干粉针剂，其特征是：由三磷酸腺

---

① 《专利法》第 64 条规定：“发明或者实用新型专利权的保护范围以其权利要求的内容为准，说明书及附图可以用于解释权利要求的内容。外观设计专利权的保护范围以表示在图片或者照片中的该产品的外观设计为准，简要说明可以用于解释图片或者照片所表示的该产品的外观设计。”

苷二钠与氯化镁组成,二者的质量比为100毫克比32毫克。”原告认为,被告山西振东泰盛制药有限公司制造、山东特利尔营销策划有限公司医药分公司销售的“注射用三磷酸腺苷二钠氯化镁”产品与原告专利独立权利要求2的保护范围完全相同,构成专利侵权。

被告辩称,原告专利权利要求2为封闭式权利要求,组分为两种,即三磷酸腺苷二钠与氯化镁,不包括其他组分;而被告产品组成成分为4种,三磷酸腺苷二钠、氯化镁,以及两种辅料碳酸氢钠和精氨酸。故被告产品没有落入原告专利权利要求2的保护范围,不构成侵权。

原审判决认为,根据《专利审查指南》有关规定,封闭式组合物权利要求,其要求保护的组合物由所指出的组分组成,没有别的组分,即没有别的组分也是权利要求之一。被控侵权产品的组分和质量比与涉案专利权利要求2的组分构成和质量比相同。至于被控侵权产品中增加了辅料碳酸氢钠和精氨酸,但其仅为辅料而非主要成分。加入辅料是药物制剂过程中的必备环节。被控侵权产品中发挥治疗作用的活性成分为三磷酸腺苷二钠和氯化镁,碳酸氢钠和精氨酸是药物制备工艺中的常用辅料,不是发挥药效的活性成分。因此,对涉案权利人封闭式权利要求进行解释时,“不包括其他组分”不应理解为不包括辅料成分。被申请人主张加入两种辅料不落入涉案专利保护范围的抗辩理由不能成立。据此,判决被告构成专利侵权。

最高人民法院再审[最高人民法院(2012)民提字第10号]后最终判定:原告涉案专利的权利要求属于“封闭式权利要求”,被告因被控侵权产品中含有其他组分而不构成专利侵权。① 主要理由包括:

第一,“封闭式权利要求”的解释。

最高人民法院指出,对于“封闭式权利要求”,一般应当解释为不含有该权利要求所述以外的结构组成部分或者方法步骤;对于组合物封闭式权利要求,一般应当解释为组合物中仅包括所指出的组分而排除所有其他的组分,但是可以包含通常含量的杂质。但是,辅料并不属于杂质,本案被控侵权产品中含有辅料,因此不落入涉案专利的保护范围。

第二,“封闭式权利要求”侵权判定中“等同原则”的适用。

最高人民法院指出,专利权人选择了“封闭式权利要求”,即表明其明确地将其他未被限定的结构组成部分或者方法步骤排除在专利权保护范围之外,因此,不宜再通过适用“等同原则”将其重新纳入保护范围。

该案例反映的封闭式组合物权利要求的解释方法,在最高人民法院《关于审理侵犯专利权纠纷案件应用法律若干问题的解释(二)》中得到确认。该司法解释第7条规定:“被诉侵权技术方案在包含封闭式组合物权利要求全部技术特征的基础上增加其他技术特征的,人民法院应当认定被诉侵权技术方案未落入专利权的保护范围,但该增加的技术特征属于不可避免的常规数量杂质的除外。”

二、专利侵权的主要种类

关于专利侵权行为的种类,综合《专利法》和《专利法实施细则》等的规定,可以分为两类。

(一) 实施他人专利行为

这类专利侵权行为必须满足两个条件:(1)未经专利权人许可;(2)以生产经营为目的。具体包括:

---

① 参见《最高人民法院知识产权案件年度报告(2012)》,载《人民法院报》,2013年4月25日。

(1)制造、使用、许诺销售、销售或进口他人发明专利产品或实用新型专利产品；

(2)使用他人发明专利方法以及使用、许诺销售、销售或进口依照该专利方法直接获得的产品；

(3)制造、许诺销售、销售或进口他人外观设计专利产品。

(二)假冒他人专利行为

这类专利侵权行为是指侵害专利权人的标记权，具体包括：

(1)未经许可，在其制造或者销售的产品、产品的包装上标注他人的专利号；

(2)未经许可，在广告或者其他宣传材料中使用他人的专利号，使人将所涉及的技术误认为是他人的专利技术；

(3)未经许可，在合同中使用他人的专利号，使人将合同涉及的技术误认为是他人的专利技术；

(4)伪造或者变造他人的专利证书、专利文件或者专利申请文件。

三、专利侵权的判定方法

专利侵权判定既涉及法律衡平的问题，也涉及技术问题，因此一直是司法界比较难以解决的问题。在司法实践中判定专利侵权时，应将被控侵权的产品或方法的全部技术特征与专利权的全部必要技术特征进行对比，而不应以专利权利要求与被诉的专利权利要求相比较，也不应以专利产品与侵权产品相比较；外观设计专利侵权对比时，则是将被控侵权产品与表示在图片或照片中的外观设计专利产品进行对比。目前专利侵权判定一般采用以下原则：

(一)专利权有效原则

专利权是国家基于当事人的申请，经审查符合条件后授予的，在国家授予其专利权的同时也规定了专利权人应当履行的义务，如专利权人未履行其应尽义务，将会直接导致专利权的消灭。因此，如权利人失去该项权利，也就因失去了保护客体而不存在被侵权的问题。

(二)全面覆盖原则

全面覆盖是指被控侵权物(产品或方法)将专利权利要求中记载的技术方案的必要技术特征全部再现，被控侵权物(产品或方法)与专利独立权利要求中记载的全部必要技术特征一一对应并且相同。该原则又称全部技术特征覆盖原则或字面侵权原则。在司法实践当中对专利侵权判定时，一般最先适用这个原则，具体情形包括：

(1)字面侵权。即从字面上分析比较就可以认定被控物的技术特征与专利的必要特征相同。比如，一项专利的权利要求为：电动按摩椅，其特征在于椅靠背的底端装有电动按摩器。被控侵权物正是这种结构，即落入专利保护范围，构成侵权。

(2)专利权利要求中使用的是上位概念，被控侵权物的结构属于上位概念中的具体概念。比如，一项专利，其权利要求为：一种新型机器人行走机构，其特征在于电机接传动机构，传动机构的输出轴上装有驱动轮。被控侵权物的结构为，电机经齿轮传动，输出轴上装有驱动轮；被控物采用齿轮传动，齿轮传动的结构属于“传动机构”的具体概念，因此，被控侵权物落入专利保护范围，构成侵权。

(3)被控侵权物的技术特征多于专利的必要技术特征，即使在性能方面可能优于专利产品，但由于未经许可使用了他人的专利，仍属于侵权行为。

(三)等同原则

等同原则是指被控侵权物(产品或方法)中有一个或者一个以上技术特征与专利独立权利要求保护的技术特征相比，从字面上看不相同，但经过分析可以认定两者是相等同的技术特征。这种情况应当认定被控侵权物落入专利权的保护范围。

适用等同原则来判定专利侵权时,一般主要考虑等同物以及专利所属领域中普通技术人员无需经过创造性劳动就可以联想到的技术特征。等同物是指以实质上相同的技术手段代替权利要求中的一部分或全部必要技术特征并在实质上产生同样的效果。等同物实质上就是等效技术特征的意思。在专利侵权案件中主要以等同物相互替换为主,即在权利要求中记载的某个技术特征,在被控侵权产品或方法中也存在一个对应的技术特征,这两个技术特征在产品或方法中所起的作用或效果相同或基本相同,那么对于这样的等同替换应当认定为侵权。

普通技术人员的认知问题在专利侵权的判定中亦很重要。《专利审查指南》中规定的普通技术人员指的是一种假设,这种假设是基于申请日或优先权日之前发明所属的技术领域所有普通技术人员能够获得该领域所有的现有技术,并具有应用该日期前常规的手段和能力,但不具有创造能力。基于这些,在司法实践中,对于专利侵权判定时判断普通技术人员的认知,主要把握专利的申请时间、领域以及是否具有创造性,具体把握:(1)应以发明申请日之前最接近的现有技术为基础,检索出最相关的对比文件,将该对比文件作为判断技术人员所了解技术状况的基础;(2)明确专利技术的领域;(3)结合上述两点分析技术人员的创造性。由此适用等同原则作出对专利侵权的判定。

【案例】

湖南科力远新能源股份有限公司(以下简称"科力远公司")拥有名称为"一种海绵状泡沫镍的制备方法"的发明专利权,在该专利的授权程序中,专利申请人陈述磁控溅射工艺条件的总结体现了涉案专利的创造性,同时将原权利要求1和涉及磁控溅射具体工艺参数的原权利要求2合并修改为新的权利要求1,以体现涉案专利的创造性。科力远公司以侵犯发明专利权为由将爱蓝天高新技术材料(大连)有限公司(以下简称"爱蓝天大连公司")、湖南凯丰新能源有限公司(以下简称"凯丰公司")诉至法院。长沙市中级人民法院审理认为,爱蓝天大连公司使用的制造方法的相应技术特征与涉案专利方法特征相同或者等同,判令爱蓝天大连公司赔偿科力远公司经济损失2 900余万元。湖南省高级人民法院二审维持一审判决。爱蓝天大连公司向最高人民法院申请再审,最高人民法院指令江苏省高级人民法院再审本案。再审法院审理认为,涉案专利权利要求记载的特征之一是本底真空度及工作真空度分别为$(1.1\sim4.7)\times10^{-3}$Pa、$(2.7\sim4.7)\times10^{-2}$Pa,而被控侵权技术方案中的本底真空度及工作真空度分别为2×10^{-2}Pa、$(2.0\sim2.5)\times10^{-1}$Pa,两者相差一个数量级(10倍),在没有直接的证据表明此大约10倍的压强变化不会影响溅射效率的情况下,不应认定两者达到了基本相同的效果。涉案专利磁控溅射过程中所涉及的各种参数条件,虽然都是现有技术中曾经提到过或者是从现有技术大范围中选择出的小范围,但是,为了获得最终的期望溅射效果,这些工艺参数范围要在精心计算的基础上进行大量的具体实验才能确定,因此,这些参数已经由现有技术中供所有人员参考选择的公开属性转变为专用于某种特定对象的专有属性。而被控侵权技术方案中所采用的真空度参数则系本领域普通技术人员无需创造性劳动即可从现有技术中轻易得到的技术方案。因此不能轻易地以两者间可能存在简单联想来主张等同特征的适用。最后,涉案专利权利要求中真空度参数是有明确端点的数值范围,该范围是经过专利申请人概括选择之后确定的,应当严格控制等同原则的适用,不应将与该范围差异明显的数值纳入到等同技术特征的范围内。综上,被控侵权技术方案中的"本底真空度和工作真空度"特征与涉案专利权利要求中记载的"本底真空度和工作真空度"特征既不相同也不等同,被控侵权技术方案未落入涉案专利权的保护范围。此时,无需再审理其他技术特征是否相同或等同。据此判决驳回科力远公司的诉讼请求。①

（四）禁止反悔原则

专利申请人、专利权人在专利授权或者无效宣告程序中，通过对权利要求、说明书的修改或者意见陈述而放弃的技术方案，权利人在专利侵权诉讼过程中禁止反悔。实际上，禁止反悔也是一种权利要求解释规则，在解释专利范围时，禁止将专利审批程序中已经取消或放弃的内容重新纳入保护。此项原则一般作为被控侵权行为人的抗辩手段。

在司法实践中，被告主张禁止反悔原则与原告主张等同原则经常在案件中同时发生，此时，就产生哪一原则应优先适用的问题。北京市高级人民法院《专利侵权判定指南(2017)》第61条规定："被诉侵权技术方案中的技术特征与权利要求中的技术特征是否等同进行判断时，被诉侵权人可以专利权人对该等同特征已经放弃、应当禁止其反悔为由进行抗辩。禁止反悔，是指在专利授权或者无效程序中，专利申请人或专利权人通过对权利要求、说明书的限缩性修改或者意见陈述的方式放弃的保护范围，在侵犯专利权诉讼中确定是否构成等同侵权时，禁止权利人将已放弃的内容重新纳入专利权的保护范围。"

【案例】

原告解文武向国家知识产权局申请了名称为"手机自动隐形拨号报失的实现方法"的发明专利。国家知识产权局在向解文武发出第一次审查意见通知书时指出：某项权利要求相对于对比文件不具备创造性。解文武修改专利申请文件部分内容后被授予专利权。2005年3月14日，解文武在大中电器中关村店购买海尔信鸽3 100手机（海尔彩智星Z3100手机）一部。经实际操作，解文武发现该手机具有的"智能防盗"功能，仿制了其发明专利，遂以海尔通信公司为被告提起诉讼。在本案中，解文武在专利实质审查阶段提交的意见陈述书表明，非法用户可以正常使用与非法用户不能正常使用是两种效果完全不同的技术方案，而解文武是在明确将非法用户不能正常使用的情形排除在专利保护范围之外的情形下，才获得专利权。因此，在侵权诉讼中，解文武主张非法用户不能正常使用的情形系对本专利的变劣，故被控侵权产品的方法与本专利的技术特征是等同的，该主张是解文武对自己在专利审批阶段陈述的反悔，不应得到支持。法院最终判决驳回了原告的诉讼请求。②

（五）多余指定原则

多余指定原则，是指在专利侵权判定中，在解释专利独立权利要求和确定专利权保护范围时，将记载在专利独立权利要求中的明显附加技术特征（即多余指定的特征）略去，仅以专利独立权利要求中的必要技术特征来确定专利权保护范围的原则。该原则是在对专利权保护范围作出扩大性解释，目的是为了公正地保护专利权人的专利权，防止他人利用专利权人的技术构思仿冒侵权。产生这个问题的原因主要在于专利权人申请专利时难以预见所有等同技术手段以及撰写权利要求书的经验不足所致。

【案例】

1995年的周林频谱专利侵权案是一个典型的适用多余指定原则案例。在该案中，原

① 《2013年中国法院十大知识产权案件》，载《人民法院报》，2014年4月22日。

② 李燕蓉：《案例评析：禁止反悔原则在专利侵权诉讼中的适用》，载中国保护知识产权网，访问日期：2006年9月13日。

告专利的独立权利要求中有一项关于立体声放音系统的技术特征。被控侵权产品具备了原告权利要求里除了放音系统以外的所有其他特征。从该专利的发明目的来看,这项技术特征不具备完成专利发明目的所必不可少的功能和作用。缺少了这项特征,不影响频谱治疗仪的功能和作用,也不影响整个技术方案的完整性。由此看来,显然是专利申请人缺乏专利撰写的经验,将不必要的特征写进了独立权利要求中。最终法院认定,缺少了这一项非必要技术特征,被控产品仍然构成侵权。①

但是应当注意,司法实践对"多余指定原则"的适用,已经有了新的变化。最高人民法院于 2005 年 8 月 22 日在提审大连新益建材有限公司与大连仁达新型墙体建材厂侵犯专利权纠纷一案中对"多余指定原则"明确表明了自己的态度:"应当认为,凡是专利权人写入独立权利要求的技术特征,都是必要技术特征,都不应当被忽略,而均应纳入技术特征对比之列。本院不赞成轻率地借鉴适用所谓的'多余指定原则'。"②最高人民法院《关于审理侵犯专利权纠纷案件应用法律若干问题的解释》第 7 条第 1 款对此作了进一步明确:人民法院判定被诉侵权技术方案是否落入专利权的保护范围,应当审查权利人主张的权利要求所记载的全部技术特征。这就排除了"多余指定"原则在实践中的适用。

外观设计专利的侵权判定主要以产品的种类为准,如果被控侵权产品与专利产品不属于同类产品,即不构成侵犯外观设计专利权。如果被控侵权产品与专利产品属于同类产品,由于外观设计在申请专利权时与发明专利及实用新型专利不同,没有相应的权利要求书体现权利的保护范围,因此仅能将被控侵权产品与专利产品进行整体观察与综合对比,看二者之间是否具有相同的美感,其重点是专利权人独创的富于美感的主要外观设计部分与被控侵权产品进行比较,审查被控侵权产品是否抄袭、模仿专利产品的独创部分。

四、专利侵权的损害赔偿

《专利法》规定了确定侵犯专利权赔偿数额的方法,具体包括:

(一)按照权利人因被侵权所受到的实际损失确定

权利人因被侵权所受到的实际损失可以根据专利权人的专利产品因侵权所造成销售量减少的总数乘以每件专利产品的合理利润所得之积计算。权利人销售量减少的总数难以确定的,侵权产品在市场上销售的总数乘以每件专利产品的合理利润所得之积可以视为权利人因被侵权所受到的实际损失。

(二)按照侵权人因侵权所获得的利益确定

侵权人因侵权所获得的利益可以根据该侵权产品在市场上销售的总数乘以每件侵权产品的合理利润所得之积计算。侵权人因侵权所获得的利益一般按照侵权人的营业利润计算,对于完全以侵权为业的侵权人,可以按照销售利润计算。

(三)如果权利人的损失或者侵权人获得的利益难以确定的,参照该专利许可使用费的倍数合理确定

如果权利人的损失或者侵权人获得的利益难以确定,有专利许可使用费可以参照的,人民法院可以根据专利权的类型、侵权行为的性质和情节、专利许可的性质、范围、时间等因素,参照该专

① 宿迟、杨庭椿、唐占蕴主编:《知识产权名案评析》,人民法院出版社 1996 年版,第 138 页。

② 中华人民共和国最高人民法院民事判决书(2005)民三提字第 1 号。

利许可使用费的倍数合理确定赔偿数额。

（四）惩罚性赔偿

对故意侵犯专利权，情节严重的，可以在按照上述方法确定数额的1倍以上5倍以下确定赔偿数额。

（五）法定赔偿

权利人的损失、侵权人获得的利益和专利许可使用费均难以确定的，人民法院可以根据专利权的类型、侵权行为的性质和情节等因素，确定给予一万元以上一百万元以下的赔偿。

（六）合理开支另行计算

权利人主张其为制止侵权行为所支付合理开支的，可以在上述赔偿数额之外另行计算。

在目前的司法实践中，权利人因被侵权所受到的实际损失难以确定的，人民法院可以要求权利人对侵权人因侵权所获得的利益进行举证。在权利人已经提供侵权人所获利益的初步证据，但是与专利侵权行为相关的账簿、资料主要由侵权人掌握的情况下，人民法院可以责令侵权人提供该账簿、资料。此时，如果侵权人无正当理由拒不提供或者提供虚假的账簿、资料，人民法院可以根据权利人的主张和提供的证据认定侵权人因侵权所获得的利益并判定赔偿数额。

【案例】

在北京知识产权法院审理的（2015）京知民初字第441号原告北京握奇数据系统有限公司（以下简称“握奇公司”）诉被告恒宝股份有限公司（以下简称“恒宝公司”）侵犯发明专利权纠纷案中，原告握奇公司诉称，握奇公司对专利号为ZL200510105502.1的“一种物理认证方法及一种电子装置”发明专利享有专利权，原告握奇公司发现，被告恒宝公司制造、销售的多款USB Key产品落入了原告专利权利要求16的保护范围，构成侵权产品，同时，被告恒宝公司使用该被诉侵权产品进行网上银行转账交易涉及的物理认证方法还落入了专利权利要求1的保护范围，又构成方法侵权。被告恒宝股份有限公司的上述行为已构成对原告握奇公司专利权的侵犯，且给原告握奇公司造成了巨大经济损失，故提起诉讼，请求：判令被告恒宝公司停止制造、销售、许诺销售被控侵权产品，并停止使用被控侵权方法；判令被告恒宝公司赔偿原告握奇公司经济损失4 900万元，以及因诉讼支出的合理费用100万元。

被告恒宝公司辩称，原告握奇公司未能证明涉案专利权的保护范围。被控侵权产品与涉案专利产品技术方案既不相同也不等同；被告使用被控侵权产品在网上银行转账交易过程中使用的物理认证方法也与涉案专利方法不同；现有证据不能证明被控侵权产品及方法落入了涉案专利权的保护范围。被告恒宝公司不构成侵权，原告握奇公司提出的赔偿请求没有依据，请求驳回原告握奇公司诉讼请求。

北京知识产权法院审理认定，恒宝公司实施了原告所起诉的侵权行为，构成对原告握奇公司专利权的侵犯。

在赔偿数额方面，法院通过向中国银行等单位进行调查取证的方式，查明了被告向全国12家银行销售侵权产品的实际数量。通过侵权产品的实际销售数量乘以每件专利产品的合理利润所得之积计算得出原告的实际损失为4 814.2万元。此外，法院还确认被告向上述12家银行以外的3家银行销售了侵权产品，但无法通过调查取证等手段查清实际销售数量，而被告持有实际销售数量的证据却拒绝提供，法院决定适用最高人民法院司法解释中关于举证妨碍的规定，支持了原告提出的85.8万元的赔偿请求。根据上述两项，法院全额支持了原告提出的4 900万元经济赔偿请求。

此外,对于握奇公司提出的100万元律师费的赔偿请求,法院认为,原告在本案中提供的律师事务所计时收费方式是目前律师行业正常采用的收费方式之一,不违反法律法规,可以作为诉讼合理开支中律师费的计算依据。据此,法院从案件代理的必要性、案件难易程度、律师的实际付出等因素进行综合考量后,全额支持原告提出的100万元律师费赔偿请求。

据悉,该案是北京知识产权法院建院以来作出的最高金额判决,也是首次在判决中以计时收费的方式计算律师费。①

五、专利侵权的抗辩

作为专利侵权诉讼的被告,一般可以考虑从下列方面进行抗辩:

(一) 原告主体不适格抗辩

根据专利法和相关司法解释的规定,有权提起专利侵权诉讼的原告应当是专利权人以及利害关系人,包括专利权的被许可人、专利权的合法继承人等。

在专利权人起诉的情况下,如果专利权为多人共有,则专利的共有权人应共同起诉,除非其他专利权人书面明确放弃起诉或者授权其中一名权利人单独起诉主张权利。

在专利被许可人起诉的情况下,独占使用许可合同的被许可人可以向人民法院提起诉讼;排他使用许可合同的被许可人可以和专利权人共同起诉,也可以在专利权人不起诉的情况下,自行提起诉讼;普通使用许可合同的被许可人经专利权人明确授权,可以提起诉讼。

(二) 专利权无效抗辩

被告可以在答辩期内向国家知识产权局请求宣告原告的专利无效,同时请求受案法院中止侵权案件的审理。

根据最高人民法院《关于审理专利纠纷案件适用法律问题的若干规定》的规定,对于侵犯实用新型、外观设计专利权纠纷案件,被告在答辩期间内请求宣告该项专利权无效的,人民法院应当中止诉讼,但具备下列情形之一的,可以不中止诉讼:(1)原告出具的检索报告或者专利权评价报告未发现导致实用新型或者外观设计专利权无效的事由的;(2)被告提供的证据足以证明其使用的技术已经公知的;(3)被告请求宣告该项专利权无效所提供的证据或者依据的理由明显不充分的;(4)人民法院认为不应当中止诉讼的其他情形。对于侵犯发明专利权纠纷案件或者经国家知识产权局审查维持专利权的侵犯实用新型、外观设计专利权纠纷案件,被告在答辩期间内请求宣告该项专利权无效的,人民法院可以不中止诉讼。

如果在被告提起的专利无效宣告程序中,原告所主张的权利要求被国家知识产权局宣告无效,则审理专利侵权纠纷案件的人民法院可以裁定驳回权利人基于该无效权利要求的起诉。

【案例】

在最高人民法院审理的(2016)最高法民申633号坦萨土工合成材料(中国)有限公司(以下简称"坦萨中国公司")、坦萨科技有限公司诉泰安现代塑料有限公司(以下简称"现代公司")、泰安市瑞亨建材有限公司(以下简称"瑞亨公司")侵害发明专利权纠纷案再审中,最高人民法院认定,在专利侵权纠纷的审理中,如果涉案专利权被宣告全部无效或部分无效的无效宣告审查决定一经作出,即令侵权法院必须中止民事诉讼以等待无效

① 黄洁:《北京知产法院作出建院最高赔额判决》,载《法制日报》,2016年12月9日。

宣告审查决定的司法审查结果,无助于提高专利侵权诉讼的审理效率。为尽可能缓解审理周期较长的负面影响,权利人在专利侵权诉讼中主张的权利要求被专利复审委员会宣告无效的,审理侵犯专利权纠纷案件的人民法院可以裁定驳回权利人基于该无效权利要求的起诉。但是否裁定驳回起诉,应当根据具体案情决定。如果宣告涉案专利权无效的审查决定被人民法院的行政裁判推翻,在涉案专利权的权利基础存在的情况下,专利权人仍然可以通过另行起诉的方式进行维权。①

（三）不侵犯专利权抗辩

被告可以被控侵权技术没有落入原告专利权的保护范围为由进行抗辩。关于是否落入专利权保护范围的判断,请参见本章前述内容。

（四）现有技术或现有设计抗辩

《专利法》第67条规定:“在专利侵权纠纷中,被控侵权人有证据证明其实施的技术或者设计属于现有技术或者现有设计的,不构成侵犯专利权。”

现有技术或者现有设计,是指专利申请日以前在国内外为公众所知的技术或者设计。现有技术的公开方式包括:涉案专利申请日以前在世界任何地方通过公开的出版物发表、在国内外公开使用或以其他方式为公众所知。

现有技术或现有设计抗辩情况下,虽然被告的被控侵权技术落入原告涉案专利权保护范围,但因被控侵权技术与一项现有技术方案中的相应技术特征相同或者无实质性差异,则应认定为现有技术,不构成侵权。

【案例】

在最高人民法院审理的(2014)民提字第87号银川东方京宁建材科技有限公司(以下简称“京宁公司”)、徐焱诉天津保兴建材工贸有限公司(以下简称“保兴公司”)、宁夏煤炭基本建设有限公司(以下简称“宁煤公司”)实用新型专利权侵权纠纷再审案中,徐焱和京宁公司诉称,徐焱是名称为“一种带硬质加强层的轻质发泡材料填充件”、专利号为ZL200420077923.9的实用新型专利(以下简称“涉案专利”)的专利权人,涉案专利申请日为2004年7月16日,授权日为2005年8月10日。涉案专利权利要求书主要内容如下:“1. 一种带硬质加强层的轻质发泡材料填充件,包括一个本体,其特征在于本体四周具有一个密封层,密封层与本体之间具有加强层。2. 根据权利要求1所述的一种带硬质加强层的轻质发泡材料填充件,其特征在于本体的截面形状为多边形及直线与弧线的组合图形。3. 根据权利要求1所述的一种带硬质加强层的轻质发泡材料填充件,其特征在于加强层位于本体的主要受力平面上。4. 根据权利要求1所述的一种带硬质加强层的轻质发泡材料填充件,其特征在于密封层为涂胶层。5. 根据权利要求1所述的一种带硬质加强层的轻质发泡材料填充件,其特征在于涂胶层由胶带缠绕而成。”2007年1月1日,徐焱授权京宁公司在宁夏地区独占使用涉案专利技术。京宁公司和徐焱认为保兴公司和宁煤公司侵犯了涉案专利权。在再审庭审中,京宁公司和徐焱明确表示只主张涉案专利的权利要求3。

保兴公司对被诉填充体落入涉案专利权利要求3的保护范围没有异议,但辩称其所使用的技术源自专利号为ZL0229.5、名称为“具有多种截面形状用于混凝土中的轻质多

① 《最高院明确专利侵权案遭无效宣告应否中止审理》,载知产库网,访问日期:2016年9月14日。

孔材料填充体”、授权公告日为2004年2月25日的实用新型专利现有技术(以下简称“在先专利”),因此不构成侵权。宁煤公司辩称,其所使用的填充体系通过熙贝公司向保兴公司购买所得,有合法来源,属于善意使用,不应当承担赔偿责任。

一审法院认为:涉案专利要求保护的填充件具备以下4个必要技术特征:A. 轻质发泡材料本体;B. 本体四周具有一个密封层;C. 密封层与本体之间具有加强层;D. 加强层位于本体的主要受力平面上。被诉填充体特征是:a. 主材为聚苯泡沫的本体;b. 在聚苯泡沫的一面有水泥砂浆和网格状纤维布的组合体,且该组合体在施工过程中位于本体的上表面;c. 整个产品外面裹了一层塑料胶带。故被诉填充体具备涉案专利所要求保护的全部4个必要技术特征。在先专利申请日早于涉案专利,可以作为涉案专利的公知技术。但在先专利没有公开“只有一面有水泥砂浆和网格状纤维布的组合体隔离层,且该隔离层位于本体上表面”的技术特征。因此,被诉填充体不属于公知技术,被告构成侵权。

二审法院认为:在先专利分别公开了被诉填充体中a主材为聚苯泡沫、b主材外面裹了塑料胶带、c主材外面有水泥砂浆和网格布组合物的3项技术特征,但是没有公开d水泥砂浆和网格布组合物位于聚苯泡沫的上表面的特征,故被诉填充体不属于公知技术,侵权成立。

最高人民法院再审认为:本案中,涉案专利权利要求3限定的技术方案包括如下四个特征:A轻质发泡材料本体;B本体四周具有一个密封层;C密封层与本体之间具有加强层;D加强层位于本体的主要受力平面上。被诉落入涉案专利权利要求3保护范围的被诉填充体包括如下特征:a主材为聚苯泡沫、b主材外面裹了塑料胶带、c主材与塑料胶带之间有水泥砂浆和网格布组成的加强物、d加强物位于聚苯泡沫的上表面。在先专利的权利要求虽然限定填充体由轻质多孔材料、隔离层和加强层组成,但说明书中明确加强层可以取消;轻质多孔材料可以是聚苯乙烯泡沫塑料;同时,在先专利说明书提出主材外壁涂刷或缠绕一层或数层隔离材料,隔离材料可以是灰浆类材料(如水泥浆)、纤维类(如纤维布)……胶带类(如塑料胶带)其中一种或几种的组合。综合上述内容,可以认定在先专利公开了一种主材是聚苯乙烯泡沫塑料,在主材外壁涂刷一层由水泥浆和纤维布组合而成的隔离层,再缠绕一层塑料胶带的填充体的技术方案。显然,现有技术公开了特征a和特征b。被诉填充体设置特征c加强物的目的是为了防止踩踏、碎裂,现有技术中已经公开了可以用水泥浆和纤维布组合作为隔离材料的技术方案,且现有技术中已经明确提到“隔离层能够抵御施工中的一般碰撞、踩踏”,虽然水泥砂浆的强度可能略强于水泥浆,但并无实质性差异,因此现有技术公开了被诉填充体中的技术特征c。对于特征d,现有技术公开的是在多孔材料外涂刷水泥浆和纤维布,考虑到现有技术中设置隔离层的目的主要是起到隔离作用,因此通常理解为在本体的周身涂刷,但如前所述,现有技术明确提到由水泥浆和纤维布组成的隔离层可起到加强、防止碰撞踩踏的效果,而实际施工中这些外力主要来自上表面,本领域普通技术人员容易想到只在主体上表面设置加强物的技术方案,因此被诉填充体的特征d与现有技术公开的相应技术特征无实质性差异。一、二审判决关于现有技术没有公开特征d的认定错误。综上,被诉落入涉案专利权利要求3的全部技术特征,与在先专利公开的现有技术方案中的相应技术特征相同或者无实质性差异,保兴公司提出的现有技术抗辩成立,被诉填充体不构成侵害涉案专利权。①

(五)非生产经营目的抗辩

我国专利法规定的专利侵权是以生产经营为目的实施他人专利,因此,不以生产经营为目的

① 《案例报告:现有技术抗辩中关于公知技术的具体认定》,载上海知识产权研究所网,2014年9月30日。

使用他人专利的，比如为了私人消费目的而实施专利的，不构成专利侵权。司法实践中，被告使用该抗辩的情况比较少。使用该抗辩的注意问题包括：

（1）可以采用该抗辩的主体是任何单位和个人，而不只局限于个人。

（2）单位主张非生产经营目的抗辩，应限于纯粹为公共服务、公益事业和慈善事业等，且不能从中直接或间接获得任何经济利益。①

（六）不视为侵犯专利权抗辩

1. 权利用尽抗辩

《专利法》第75条第（一）项规定，专利产品或者依照专利方法直接获得的产品，由专利权人或者经其许可的单位、个人售出后，使用、许诺销售、销售、进口该产品的，不视为侵犯专利权，即专利权人制造或者经专利权人许可制造的专利产品售出后，使用并销售该专利产品的行为，应当认为是得到了专利权人的默许。

2. 先用权抗辩

《专利法》第75条第（二）项规定，在专利申请日前已经制造相同产品、使用相同方法或者已经作好制造、使用的必要准备，并且仅在原有范围内继续制造、使用的，不视为侵犯专利权。

运用先用权抗辩时需要注意以下条件：

（1）被告必须在专利申请日前已经制造、使用或作好了制造相同产品或使用相同方法的必要准备，并且被告使用的技术是合法取得的。

（2）原有范围，一般是指专利申请日前所准备的专用生产设备的实际生产产量或者生产能力的范围。超出原有范围的制造、使用行为，则构成侵犯专利权。

3. 临时过境抗辩

《专利法》第75条第（三）项规定，临时通过中国领陆、领水、领空的外国运输工具，依照其所属国同中国签订的协议或者共同参加的国际条约，或者依照互惠原则，为运输工具自身需要而在其装置和设备中使用有关专利的，不视为侵犯专利权。因为临时过境行为一般不会损害本国专利权人的利益。

4. 科研及实验目的抗辩

《专利法》第75条第（四）项规定，专为科学研究和实验而使用有关专利的，不视为侵犯专利权。专为科学研究和实验而使用专利，是指以研究、验证、改进他人专利技术为目的而使用专利。这是专利法为了鼓励创新而设立的制度，通过科研实验使用有关专利，可能在已有专利的基础上产生新的技术成果，从而促进科技进步。

5. 医药行政审批抗辩

《专利法》第75条第（五）项规定，为提供行政审批所需要的信息，制造、使用、进口专利药品或者专利医疗器械的，以及专门为其制造、进口专利药品或者专利医疗器械的，不视为侵犯专利权。

（七）合法来源抗辩

《专利法》第77条规定，为生产经营目的使用、许诺销售或者销售不知道是未经专利权人许可而制造并售出的专利侵权产品，能证明该产品合法来源的，不承担赔偿责任。也就是说，如果被告是在不知情的情况下使用或销售专利侵权产品，而且是通过合法的进货渠道、正常的买卖合同和合理的价格从他人处购买而来的，则被告虽然构成侵权，但不需要承担赔偿责任。

六、举证责任倒置

根据《专利法》第66条第1款的规定，专利侵权纠纷涉及新产品制造方法的发明专利的，制造

① 参见祝建军：《专利纠纷中非生产经营目的的免责抗辩成立的条件》，载《人民法院报》，2014年7月23日。

同样产品的单位或者个人应当提供其产品制造方法不同于专利方法的证明,即在新产品制造方法发明专利的侵权纠纷中,适用举证责任倒置,制造同样产品的单位或个人必须证明其使用了专利方法以外的其他方法获得相同的产品,也就是其产品的制造方法不同于专利方法,如果不能提供相应的证据,就将被认为侵犯权利人的发明专利权。

(一) 关于新产品的认定

我国《专利法》《专利法实施细则》都没有对新产品作出明确的界定。最高人民法院《关于审理侵犯专利权纠纷案件应用法律若干问题的解释》第 17 条规定:“产品或者制造产品的技术方案在专利申请日以前为国内外公众所知的,人民法院应当认定该产品不属于《专利法》第 61 条第 1 款规定的新产品。”据此,新产品是指在专利申请日以前不为国内外公众所知的产品,或者是使用在专利申请日以前不为国内外公众所知的技术而制造的产品。可见,新产品的认定标准和专利的“新颖性”标准比较类似。

(二) 关于新产品制造方法专利的认定

在认定一项方法专利是否属于新产品制造方法专利时,应当以依照该专利方法直接获得的产品为依据。依照专利方法直接获得的产品,是指使用专利方法获得的原始产品,而不包括对该原始产品作进一步处理后获得的后续产品。

需要注意的是,举证责任倒置并不意味专利权人不需要承担任何举证责任。在适用举证责任倒置时,权利人需要提供以下证据:(1)权利人享有方法专利权;(2)采用该方法专利所制造的产品是一种新的产品;(3)被告被控侵权产品与采用专利方法直接获得的产品相同。权利人证明以上内容之后,才能由被告承担相应的举证责任。

第二节 代理商标侵权诉讼

一、注册商标专用权的保护范围

在把握注册商标专用权的保护范围时,要注意分清“注册商标专用权的范围” 和“注册商标专用权的保护范围”两个概念。

注册商标专用权的范围,是指商标注册人对其注册商标所享有独占使用权的范围,即以核准注册的商标和核定使用商品或服务为限,超出该范围就无权以注册商标的形式使用。因此,商标专用权的范围是明确、具体的。

注册商标专用权的保护范围,即商标禁用权的范围,是指商标注册人依法请求行政或司法机关制止他人以一定形式使用商标的行为,以保护其注册商标专用权的范围。根据《商标法》第 57 条的规定,注册商标专用权的保护范围不仅包括了商标注册人有权禁止他人擅自在相同的商品或服务上使用与自己注册商标相同的商标,同时还包括了商标注册人有权禁止他人擅自在相同的商品或服务上使用与自己注册商标相近似的商标,有权禁止他人在与自己核定的商品或服务相类似的商品或服务上使用与自己注册商标相同或者近似的商标,有权禁止他人以法律规定的其他形式侵害自己注册商标专用权的行为。因此,商标禁用权的范围是宽泛、不确定的。

上述可见,商标禁用权的范围明显大于商标专用权的范围。

二、商标侵权的主要种类

实践中,商标侵权行为的种类繁多,但关于商标侵权行为种类的规定,散见于《商标法》《商标法实施条例》、最高人民法院《关于审理商标民事纠纷案件适用法律若干问题的解释》中,为了给出一个比较清晰、系统的整体框架,现将商标侵权行为的种类概括如下:

(一) 生产商或服务商商标侵权的表现形式

(1)未经商标注册人许可,在同一种商品或服务上使用与注册商标相同的商标。

(2)未经商标注册人许可,在同一种商品或服务上使用与注册商标近似的商标,容易导致混淆的。

(3)未经商标注册人许可,在类似商品或服务上使用与注册商标相同或者近似的商标,容易导致混淆的。

(4)未经商标注册人同意,更换其注册商标并将该更换商标的商品又投入市场的。

(5)复制、模仿、翻译商标注册人的驰名商标或其主要部分,在不相同或者不相类似商品上作为商标使用,误导公众,致使该驰名商标注册人的利益可能受到损害的。

(6)复制、模仿、翻译商标使用人未在中国注册的驰名商标或其主要部分,在相同或者类似商品上作为商标使用,容易导致混淆的。

(7)将商标注册人相同或者相近似的文字作为企业的字号,在相同或者类似商品上突出使用,容易使相关公众产生误认的。

(8)将与商标注册人相同或者近似的文字注册为域名,并且通过该域名进行相关商标交易的电子商务,容易使相关公众产生误认的。

(9)在同一种或者类似商品上,将与商标注册人相同或者近似的标志作为商品名称或者商品装潢使用,误导公众的。

(二) 销售商商标侵权的表现形式

销售商销售侵犯注册商标专用权的商品,是销售商侵权的表现形式。如果销售商不知道是侵犯注册商标专用权的商品,能证明该商品是自己合法取得并说明提供者的,只承担停止侵权的责任,不承担赔偿责任。

(三) 制造或销售商标标识商标侵权表现形式

(1)伪造他人注册的商标标识,如按注册商标人实际使用商标标识的大小、质地、颜色等仿造商标的行为。

(2)擅自制造商标标识,包括未经商标权人授权或超过授权范围而制造注册商标标识的行为。

(3)销售他人伪造的注册商标标识的行为。

(4)销售他人擅自制造的注册商标标识的行为。

(四) 为侵权人提供便利条件帮助侵权

故意为侵犯他人注册商标专用权行为提供仓储、运输、邮寄、隐匿等便利条件,帮助他人实施侵犯商标专用权行为。

三、商标侵权的判定方法

判定某种商标使用行为是否构成侵权的核心问题是:判断商标是否相同或近似、商品或服务是否同种或类似。

(一) 商标相同和近似的判断

1. 相同商标

相同商标,是指被控侵权的商标与商标注册人的注册商标相比较,二者在视觉上基本无差别。在判断被控侵权商标与商标注册人的注册商标是否相同时,应以商标注册人注册商标证上所核准的商标进行比对,而不以商标注册人实际使用的商标进行比对。相同商标,并不是两商标完全相同,而是视觉上基本无差别或差别细微,或者说商标的构成要素基本相同。如“长城”标志与“长城”,“hot”与“HOT”。

2. 近似商标

近似商标,是指被诉侵权的商标与商标注册人的注册商标相比较,其文字、读音、含义或者图形的构图及颜色,或者其各要素组合后的整体结构相似,或者其立体形状、颜色组合近似,易使相关公众对商品的来源产生误认或者认为其来源与原告注册商标的商品有特定的联系。

3. 判定商标近似的方法

(1)以相关公众的一般注意力为标准

相关公众,是指与注册商标所标注的某类商品或服务有关的消费者和与前述商品或者服务的营销有密切关系的其他经营者。一般情况下,购买日用消费品的相关公众与购买汽车的相关公众是有明显不同的,前者购买商品的随机性强,所占用的时间短,对商品上的商标注意力弱,后者反复比较,所用时间长,对商品上的商标注意力强。日用消费品上两个近似的商标,如果使用在汽车上就有可能不构成近似。显然相关公众感受相同的不同商标其近似程度是不一样的。因此,相关公众在判断商标近似时是必须考虑的因素。这就要求在判断商标近似时首先要确定相关公众的范围。

一般注意力,是指消费者在认知商标时施以通常的注意力,既不是特别认真,也不是疏忽大意。

(2)比对整体和主要部分

商标是否近似是应将两个商标进行整体比对,同时要将组合商标中的主要部分进行比对。如果从整体上看,两商标的各构成要素总体印象区别不大可判为近似。两个商标总体不近似的组合商标,但其主要部分最具鲜明特色或相同或近似的程度很高,也应判定为近似。组合商标中的主要部分是指商标中最显著的部分。组合商标中的文字部分,如:汉字、汉语拼音、英文单词,因其可呼叫,且能从音、形、义三方面给消费者以刺激,所以也是组合商标的主要部分,如果该部分视觉上无差别,两组合商标也应判定为近似。

【案例】

在2006北京法院知识产权十大典型案例之一的“长城”葡萄酒商标侵权纠纷案中,“长城及图”是原告中粮集团使用在其葡萄酒产品上的注册商标并被国家工商局认定为驰名商标。原告认为被告北京嘉裕东方葡萄酒有限公司使用“嘉裕长城”商标制造和销售各种葡萄酒,侵犯其商标权给其造成极大的经济损失,故向法院提起诉讼,索赔1亿元人民币。从双方提交的证据来看,原告“长城”商标中的文字具有识别原告葡萄酒产品的显著性,构成其主要部分。被告“嘉裕长城”虽由文字和图形组合而成,但足以使相关公众将含有“长城”文字的“嘉裕长城”商标的葡萄酒产品与原告产品相混淆,或认为两者在来源上具有特定联系。被告的“嘉裕长城”商标使用了原告“长城”商标最具显著性的文字构成要素,侵犯了原告“长城”商标专用权。法院判决被告立即停止侵权,赔偿原告经济损失1 000余万元。

(3)隔离状态下分别比对

判断两个商标是否近似,不应将两个商标放在一起直接进行比对。直接比对,容易同中见异,其结果是不近似,而分别比对容易异中见同,能够准确判断出两个商标是否近似。隔离对比的方法是,先观察一个商标,得出一定印象后,再观察另一个商标看能否得出近似的印象。

(4)考察商标显著性强弱

商标的显著性越强消费者对其印象越深刻,与其标注的商品及商品的生产者联系越紧密,与被控侵权的商标相比对,判定近似的可能性就大。显著性越强的商标,被判定近似的可能性就越大。如独创性很强的“奇瑞”商标与被控侵权的商标相比判为近似的可能性较大,而“长城”商标被广泛使用,显著性较差,判为近似的可能性较小。

(5)考察商标知名度大小

商标的知名度越高,相关公众的范围越大,与消费者的联系也越紧密,与被控侵权商标相对比更容易判为近似。

(6)判断是否易产生误认或联系

《商标法》第57条第(二)项规定:"未经商标注册人的许可,在同一种商品上使用与其注册商标近似的商标,或者在类似商品上使用与其注册商标相同或者近似的商标,容易导致混淆的",属于侵犯注册商标专用权。最高人民法院《关于审理商标民事纠纷案件适用法律若干问题的解释》第9条规定了在判断商标近似时要判断是否易产生误认或联系。需要说明的是,这里的"误认"和"联系"应理解为误认的可能和联系的可能,不是必须实际已产生"误认"或"联系"。商标注册人的商品尚未上市,侵权人就使用了其注册商标,这种情况下根本不能产生"误认"或"联系"。反过来讲,如果有证据证明已产生了"误认"或"联系",则应该认定被控侵权商标与商标注册人的注册商标构成近似。

判断侵权人在同一种商品上使用相同商标是否构成侵权,不用考虑消费者会不会产生误认或联系,侵权人只要使用了相同商标就应认定侵权。

(7)个案审查

在对商标近似与否进行判断时,应就每个案件视具体情况独立判断,并根据个案自身的事实作出判定。原则上,对近似商标只需基于个案从整体印象并联系所指定使用商品及该商标的市场实际状况作出认定。

【案例】

鳄鱼商标案涉案双方当事人,一为原告法国拉科斯特衬衫有限公司,一为被告香港鳄鱼恤有限公司,都是国际市场上的知名厂商。原告公司认为其已在中国申请注册了多个鳄鱼图形商标,被告对鳄鱼图形的使用属于商标侵权行为。被告提出的抗辩理由是:商标保护应全面考虑商标使用的历史、现代社会消费者对商标识别能力的提高、维护市场主体利益平衡和促进社会经济发展等各方面,商标的区别性应从商标文字、读音、图形、含义、所合并使用的企业名称、装潢、店堂设计、使用颜色、经销模式、价位、消费群体等加以整体考虑。在本案中,香港鳄鱼恤公司产品早于原告进入大陆市场,同时香港鳄鱼恤公司已在中国大陆申请注册了包括鳄鱼恤、鳄鱼、"Crocodile"等上百件商标。况且即使采取单独比对的方式,香港鳄鱼恤公司使用的鳄鱼图形与原告注册的鳄鱼图形方向完全相反。而因两个商品在价格、营销方式等方面均有很大不同,因此消费者对于原、被告商品根本不会产生混淆。

"法国鳄鱼"商标图样

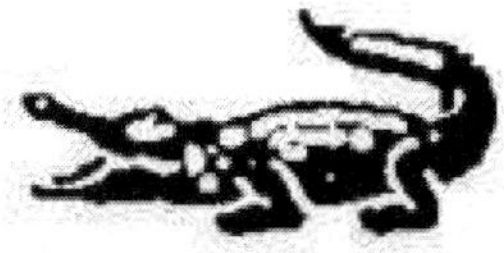

"香港鳄鱼"商标图样

后来,为了共同合作打击中国内地市场上的假冒鳄鱼商标产品,巩固和扩大在内地的业务,双方握手言和。

(二) 类似商品的判断

类似商品,是指在功能、用途、生产部门、销售渠道、消费对象等方面相同。或者相关公众一般认为其存在特定联系,容易造成混淆的商品。判定类似商品的方法有:

1. 参照《类似商品和服务区分表》

最高人民法院《关于审理商标民事纠纷案件适用法律若干问题的解释》第12条规定,人民法院认定商品或者服务是否类似,应当以相关公众对商品或者服务的一般认识综合判断;《商标注册用商品和服务国际分类表》《类似商品和服务区分表》可以作为判断类似商品或者服务的参考。

国家知识产权局商标局根据世界知识产权组织提供的《商标注册用商品和服务国际分类表》制定出《类似商品和服务区分表》。将商品分为34个类别,服务分为11个类别,每个类别又分若干个类似群。两个商品分属不同类别时类似的可能性较小,但也有类似的可能,如:第五类的"医用营养液"与第三十类的"非医用营养液",在《类似商品和服务区分表》中对此有标注。

《类似商品和服务区分表》可以将商品大致划定一个范围,但不是唯一的依据,实践中还应综合分析其他因素,准确判断商品是否类似。

【案例】

在北京华旗资讯科技发展有限公司诉北京海尔集成电路设计有限公司侵犯"爱国者"商标权案中,一审法院认为,原告"爱国者"注册商标的核定使用商品为第9类。由于原告的数码视听及存储产品与被告的解码芯片同属于第9类商品,且原告的MP4等产品与被告的解码芯片也都属于与视频有关的数码产品,故双方的产品应属类似商品。①

2. 分析商标的功能、用途、生产部门、销售渠道、销售对象

在判断商品是否类似时,对商品的功能、用途、生产部门、销售渠道、销售对象等方面认真进行分析研究,如果前述内容基本相同可判定为类似。值得注意的是,并不是所有内容都相同才能判为类似,只要大部分内容相同或主要内容相同,也应判为类似。其中,商品的功能、用途、销售对象应为主要内容。

3. 判断商品间是否存在特定联系

有些商品分属不同类别,其功能、销售渠道、销售对象等方面也不相同,但在实际使用中却存在着特定联系,如成品与配件的关系,互为依存的关系,配合使用等关系,只要这种联系是稳定的、客观的,而且易使相关公众产生或实际已产生混淆,则两商品应为类似商品。

4. 考察商品的价值

商品的价值高低也是判断商品类似的因素。商品价值越高,消费者的注意力越高,类似的可能性越小;商品的价值越低,消费者的注意力越低,类似的可能性越大。

5. 判断混淆

商品类似的混淆分为有混淆的可能和实际已造成混淆。容易造成混淆是指有混淆的可能,不是必然产生混淆。如果有证据证明客观上已经产生了混淆,那么两商品应属于类似商品。

6. 综合判断

在判断商品类似时,要把各方面的因素进行综合判断,具体情况具体分析,切忌生搬硬套,坚持个案处理的原则。

(三) 商品与服务类似的判断

商品与服务类似是指商品和服务之间存在特定联系,容易使相关公众产生混淆。如"汽车"与

① 《爱国者状告海尔商标侵权案一审宣判》,载中顾法律网,2010年7月3日。

“汽车维修”，“食品”与“饭店”，“洗发液”与“美容美发”。虽然一个是商品另一个是服务，分属不同的类别，但在商品实际使用与服务中，两者间产生了必然的联系，而这种联系，易使消费者产生混淆，应认定为商品与服务类似。有些商品与服务客观上存在特定的联系，判断是否构成类似比较容易，除遵照判断商品和服务类似的方法外，更应该重视是否有混淆的可能和实际混淆的证据。

四、商标侵权的损害赔偿

我国商标法规定了确定侵犯商标权赔偿数额的方法，具体包括：

(1)按照权利人因被侵权所受到的实际损失确定赔偿数额。

(2)如果权利人的实际损失难以确定，按照侵权人因侵权所获得的利益确定赔偿数额。

(3)如果权利人的损失或者侵权人获得的利益难以确定，参照该商标许可使用费的倍数合理确定赔偿数额。

(4)恶意侵权的惩罚性赔偿。对恶意侵犯商标专用权，情节严重的，可以在以上三种方法确定数额的1倍以上5倍以下确定赔偿数额。

【案例】

小米科技公司等与中山奔腾公司等侵害商标权及不正当竞争纠纷案[(2019)苏民终1316号，江苏省高级人民法院]

2011年4月，小米科技公司注册了“小米”商标，核定使用商品包括手提电话、可视电话等。此后还陆续申请注册了“MI”“智米”等一系列商标。小米科技公司、小米通讯公司自2010年以来，先后获得行业内的多项全国性荣誉，各大媒体对小米科技公司、小米通讯公司及其小米手机进行了持续、广泛地宣传报道。

2011年11月，中山奔腾公司申请注册“小米生活”商标，2015年被核准注册，核定使用商品包括电炊具、热水器、电压力锅等。2018年“小米生活”注册商标因“系通过不正当手段取得注册”被宣告无效。此外，在中山奔腾公司注册的90余件商标中，不仅有多件与小米科技公司“小米”“智米”标识近似，还有多件与“百事可乐 PAPSIPAPNE”“盖乐世”“威猛先生”等知名品牌相同或近似。

江苏省高级人民法院审理后认为，网店商品的评论数可以作为认定商品交易量的参考依据。涉案23家店铺的销售额可以纳入本案侵权获利额的计算范围。同时认为，(1)直到二审期间，中山奔腾公司等仍在持续宣传、销售被诉侵权商品，具有明显的侵权恶意。(2)中山奔腾公司等通过多家电商平台、众多店铺在线上销售，网页展示的侵权商品多种多样，数量多，侵权规模大，该情节亦应作为确定惩罚数额的考量因素。(3)“小米”商标为驰名商标，具有较高的知名度、美誉度和市场影响力。(4)被诉侵权商品被上海市市场监督管理局认定为不合格产品，部分用户亦反映被诉侵权商品存在一定的质量问题。中山奔腾公司等实施的被诉侵权行为导致小米科技公司、小米通讯公司良好声誉受到损害，应当加大惩处力度，以侵权获利额为赔偿基数，按照三倍确定赔偿额，对小米科技公司、小米通讯公司主张的5000万元赔偿额予以全额支持。

该案判决全面分析阐述了认定惩罚性赔偿的“恶意”“情节严重”要件以及确定基数和倍数的方法，既考虑到被诉侵权商品销售特点，又全面分析了影响惩罚倍数的相关因素，确定了与侵权主观恶意程度、情节恶劣程度、侵权后果严重程度相适应的倍数，是一起典型的适用惩罚性赔偿制度的司法实例。①

① 最高人民法院新闻局:《侵害知识产权民事案件适用惩罚性赔偿典型案例》,访问日期:2021年3月15日。

(5)法定赔偿。权利人因被侵权所受到的实际损失、侵权人因侵权所获得的利益、注册商标许可使用费难以确定的,由人民法院根据侵权行为的情节判决给予500万元以下的赔偿。

此外,人民法院为确定赔偿数额,在权利人已经尽力举证,而与侵权行为相关的账簿、资料主要由侵权人掌握的情况下,可以责令侵权人提供与侵权行为相关的账簿、资料;侵权人不提供或者提供虚假的账簿、资料的,人民法院可以参考权利人的主张和提供的证据判定赔偿数额。

【案例】

在北京知识产权法院审理的美巢集团股份公司(以下简称"美巢公司")诉北京秀洁新兴建材有限责任公司(以下简称"秀洁公司")等侵害注册商标专用权纠纷案中,原告美巢公司诉称,其拥有使用在"工业用粘合剂、工业用胶"等商品上的第3303708号和第4882697号注册商标"墙锢"。该商标与被认定为中国驰名商标的美巢公司"美巢"商标、"易呱平"商标结合进行商业宣传和使用,已经具有较高市场知名度。秀洁公司未经许可,擅自在其制造、销售的同类商品上突出使用"秀洁墙锢""易康墙锢""兴潮墙锢"字样,侵犯了美巢公司的注册商标专用权,因此美巢公司请求判令秀洁公司等停止侵权行为,消除影响,并连带赔偿经济损失及制止侵权的合理开支共计1 000万元。

秀洁公司辩称,"墙锢"为同类商品约定俗成的通用名称,其使用形式并非商标意义的使用,据此请求法院驳回美巢公司诉讼请求。

北京知识产权法院审理认为,认定约定俗成的通用名称应以全国范围内相关公众普遍认为某一名称能够指代一类商品为前提,将他人注册商标作为商品名称突出使用亦属于商标意义的使用行为。在本案中基于双方当事人提交的证据,全国范围内的建筑装修材料经营者、消费者对"墙锢"文字的认知尚未能够达到指代混凝土界面处理剂商品的程度,不属于混凝土界面处理剂商品约定俗称的通用名称,且秀洁公司将上述文字突出使用于外包装桶的显著位置,字体较大,属于商标意义使用,侵犯了美巢公司注册商标专用权。

关于损害赔偿数额,北京知识产权法院认为,美巢公司主张根据秀洁公司因侵权所获得的利益来确定损害赔偿数额,并提供了其从公开信息渠道可以获知的秀洁公司经营侵权商品的相关证据,包括秀洁公司的经营规模、侵权商品的单位销售利润、产量、销售时间、销售门店数量、地域范围等,已尽到相应的举证责任。而证明侵权商品的关键数据,如实际销售数量、销售单价等均由秀洁公司掌握。法院向秀洁公司释明了相应的法律后果,责令其提交实际经营情况的相关证据,但是秀洁公司无正当理由拒绝提供相应的证据。且美巢公司主张侵权赔偿的考量因素与本案查明的相关事实能够相互印证,秀洁公司应当自行承担拒绝提供相关证据的法律责任。因此,北京知识产权法院依据证据妨碍制度,全额支持美巢公司的诉求,判令秀洁公司赔偿美巢公司1 000万元。据悉,这是北京知识产权法院建院以来,在商标民事侵权案件中作出的最大判赔金额。①

五、商标侵权的抗辩

作为商标侵权诉讼的被告,一般可以考虑从下列方面进行抗辩:

(一)原告主体不适格抗辩

根据最高人民法院《关于审理商标民事纠纷案件适用法律若干问题的解释》的规定,商标侵权

① 石月炜:《侵犯他人商标权并拒绝提供相关账簿资料,北京一公司被判全额赔偿原告诉求1000万元》,载《人民法院报》,2016年11月22日。

诉讼的原告应当是注册商标的所有权人,或者是利害关系人,包括注册商标使用许可合同的被许可人、注册商标财产权利的合法继承人等。

在商标许可使用的情况下,独占使用许可合同的被许可人可以向人民法院提起诉讼;排他使用许可合同的被许可人可以和商标注册人共同起诉,也可以在商标注册人不起诉的情况下,自行提起诉讼;普通使用许可合同的被许可人经商标注册人明确授权,可以提起诉讼。

被告在进行抗辩时,可以根据上述规定判断原告的主体是否适格。

(二) 商标不相同及不相近似抗辩

根据前述商标相同或者近似的判断方法,如果被诉侵权的商标和注册商标不相同,也不近似,则被告可以抗辩不构成侵权。

(三) 商品或服务不属于同种及类似抗辩

同样,如果被告使用商标的商品或服务,和原告注册商标使用的类别不属于同种及类似的,则被告可以抗辩不构成侵权。

【案例】

金阿欢于2009年2月16日申请、2010年9月7日获得"非诚勿扰"商标注册,核定服务项目为第45类,包括"交友服务、婚姻介绍所"等。

江苏电视台于2010年1月开播大型婚恋交友节目《非诚勿扰》,播出后取得了很高的收视率和知名度。金阿欢认为,江苏电视台的《非诚勿扰》栏目容易引发与婚介交友服务相关的消费者和经营者的误认,侵犯了其注册商标专用权,而珍爱网作为《非诚勿扰》栏目的主要协办单位之一,为节目推选相亲对象,提供广告推销服务,并曾在深圳招募嘉宾,江苏电视台和珍爱网构成共同侵权。2013年2月,金阿欢以商标侵权为由起诉至深圳市南山区人民法院。

2014年9月29日,一审判决认为,《非诚勿扰》栏目虽然与婚恋交友有关,但仍为一档电视节目,与金阿欢的商标核定服务类别不同,不构成侵权,驳回金阿欢的诉讼请求。

金阿欢不服一审判决,提出上诉。

2015年12月11日,深圳市中级人民法院二审判决认为,江苏电视台节目的名称"非诚勿扰"与金阿欢的文字商标"非诚勿扰"相同,江苏电视台使用"非诚勿扰"为商标性使用。《非诚勿扰》节目提供了征婚、相亲、交友服务,与"非诚勿扰"商标核定的服务项目"交友、婚姻介绍"相同。由于江苏电视台的知名度及节目的宣传,使相关公众误认为权利人的注册商标使用与江苏电视台产生错误认识及联系,造成反向混淆。同时,珍爱网公司因参与了《非诚勿扰》节目的嘉宾招募,并在其网站上进行宣传等,与江苏电视台构成共同侵权。二审判决之后,2016年1月15日,江苏卫视发表声明称栏目暂时更名为《缘来非诚勿扰》。

江苏电视台与珍爱网均不服二审判决,依法提起再审申请。

2016年5月13日,广东省高级人民法院裁定提审本案。2016年12月30日,广东省高级人民法院再审判决撤销深圳中院的二审判决,维持深圳南山区人民法院的一审判决,江苏电视台、珍爱网不构成侵权。

广东省高级人民法院认为,1. 江苏电视台对被诉"非诚勿扰"标识的使用,从客观使用情况和主观意图来看,属于商标性使用。2.《非诚勿扰》节目作为一档以相亲、交友为题材的电视文娱节目,其服务目的在于向社会公众提供旨在娱乐、消遣的文化娱乐节目;

凭节目的收视率与关注度获取广告赞助等经济收入;服务的内容和方式为通过电视广播渠道提供和传播节目;服务对象是不特定的广大电视观众等。与满足特定服务对象、以通过提供促成婚恋配对服务来获取经济收入的“交友服务、婚姻介绍”,在服务目的、内容、方式和对象上均区别明显。以相关公众的一般认知,能够清晰区分电视文娱节目的内容与现实中的婚介服务活动,两者不构成类似服务。即使认定为类似服务,也必须紧扣商标法宗旨,考虑涉案注册商标的显著性与知名度,在确定其保护范围与保护强度的基础上考虑相关公众混淆、误认的可能性,从而判断是否构成商标侵权。由于金阿欢注册商标本身显著性较低,本案对该注册商标的保护范围和保护强度,应与金阿欢对该商标的显著性和知名度所作出的贡献相符。因被诉节目标识作为娱乐、消遣的综艺性文娱电视节目为公众所熟知,相关公众能够对该服务来源作出清晰区分,不会产生两者误认和混淆,被诉行为并未损害涉案注册商标的识别和区分功能,不构成商标侵权。①

(四) 使用自己注册商标抗辩

商标禁用权的范围大于商标专用权的范围,而且商标禁用权的范围会随着商标知名度的增加而不断扩大。尤其在涉及近似商标的判断时,界限比较模糊。如果某个注册商标禁用权的范围和另一个注册商标专用权的范围发生冲突,则他人合法使用自己注册商标的行为也可能会被认为是商标侵权行为。此时,被告可以使用的是自己合法取得注册的商标来抗辩。

(五) 商标权权利用尽抗辩

商标权权利用尽原则也称权利穷竭或首次销售原则,是指对于经商标权人许可或以其他方式合法投放市场的商品,其他人在购买之后,无需经过商标权人的许可即可将该带有商标的商品再次售出或以其他方式提供给公众。

也就是说,如果被告销售的是有合法来源的、使用了原告注册商标的正品,则被告可以抗辩不构成侵权。

但需注意,如果被告在合法取得商标注册人的商品后,更换了其注册商标,并销售更换商标后的商品的,则被告的行为属于商标侵权行为。

(六) 正当使用抗辩

《商标法》第 59 条第 1、2 款规定了商标正当使用的两种类型,即叙述性合理使用和功能性合理使用。

1. 叙述性合理使用

叙述性合理使用是指使用商标中文字或图形的目的是对商品或服务本身进行描述,而不是用以指示商品或服务的特定来源。《商标法》59 条第 1 款规定,注册商标中含有的本商品的通用名称、图形、型号,或者直接表示商品的质量、主要原料、功能、用途、重量、数量及其他特点,或者含有的地名,注册商标专用权人无权禁止他人正当使用。

叙述性合理使用一般应满足以下条件:(1)使用出于善意;(2)不是作为区分商品或服务的来源而使用;(3)使用的目的是描述或者说明商品或服务。

2. 功能性合理使用

《商标法》第 59 条第 2 款规定,三维标志注册商标中含有的商品自身的性质产生的形状、为获得技术效果而需有的商品形状或者使商品具有实质性价值的形状,注册商标专用权人无权禁止他人正当使用。

---

① 章宁旦:《“非诚勿扰”商标权纠纷案再审宣判:法官详解为何江苏电视台不构成侵权》,载法制网,2017 年 1 月 3 日。

（七）先用权抗辩

《商标法》第59条第3款规定："商标注册人申请商标注册前，他人已经在同一种商品或者类似商品上先于商标注册人使用与注册商标相同或者近似并有一定影响的商标的，注册商标专用权人无权禁止该使用人在原使用范围内继续使用该商标，但可以要求其附加适当区别标识。"该条确立了商标先用权规则。

商标先用权是指在他人获得商标权之前已经使用该商标的所有人，享有在原有范围内继续使用该商标的权利。

1. 商标先用权的成立条件

(1)具有在先使用的客观事实

在他人申请商标注册以前，在先使用人已经连续使用了该商标，这是构成商标先用权的首要条件，如果没有时间上的先用事实，就不会产生相关的权利。另外，在先使用人对该商标的使用应是连续性的，如果无正当理由而中断使用的，在他人注册后则不得继续使用，否则会破坏商标的注册原则，不利于对注册商标权利人的保护。

(2)在先使用的商标相同或近似且使用的商品同种或类似

如果在先使用的商标与注册商标不构成相同或者近似，或者使用的商品不是同类或类似商品，那么商标先使用人当然有权继续使用。只有当在先使用人与他人注册商标相同或近似，并且使用在同类或类似商品或服务上的情况下，才有商标先用权的问题。

(3)在先使用的商标应有一定影响

在先使用商标需要"有一定影响"，即具有一定的市场知名度和美誉，但并没有要求必须达到驰名的程度。

(4)在先使用人出于善意

在他人对相同的商标注册取得权利后，在先使用人使用商标主观上应是善意的，不得和注册商标权人的商品和服务相混淆。

2. 商标先用权行使的限制

使用范围的限制。在他人商标注册后，在先使用人只能在原有范围内继续使用该商标。

附加适当区别标识。为防止商品来源的混淆，保护注册商标权人利益，商标权人可要求先用权人在相同的商品或服务上附加适当区别的标识，以表明该商品来源于不同的生产厂家。适当的标识，可以是不同的包装、企业的字号或者名称、产地等。

【案例】①

贵阳市云岩区启航英语培训学校于2003年取得第41类学校(教育)等服务上的"启航学校 Qihang School"注册商标，并将该商标许可给北京中创东方教育科技有限公司(以下简称"中创公司")独占使用。中创公司发现北京市海淀区启航考试培训学校(以下简称"启航考试学校")及北京市启航世纪科技发展有限公司(以下简称"启航公司")在共同运营的启航世纪网站、发放的宣传材料、名片、教材等上以及对外加盟行为中使用与涉案商标相近似的"启航考研"等标识，认为上述行为侵犯其享有的涉案商标专用权，遂诉至法院。启航考试学校成立时间为1998年，启航公司成立于2003年。1998年至2001年间，启航考试学校编写了由中国人民大学出版社出版的各类考研书籍。启航考试学校及启航公司认为其系对自己在先登记使用并已有极高知名度的企业名称和字号使用，未侵

① 北京知识产权法院(2015)京知民终字第588号民事判决书。

犯中创公司享有的商标权。北京市海淀区人民法院及北京知识产权法院均认为,在“启航”商标的申请日,即2001年10月18日之前,启航考试学校已经在公开出版的图书上使用“启航考研”字样并在公开媒体上发布“启航考研”招生信息,且已经具有一定规模,符合商标法第五十九条第三款的适用要件,不构成对注册商标专用权的侵犯。

(八)原告未实际使用注册商标抗辩

《商标法》第64条第1款规定,注册商标专用权人请求赔偿,被控侵权人以注册商标专用权人未使用注册商标提出抗辩的,人民法院可以要求注册商标专用权人提供此前3年内实际使用该注册商标的证据。注册商标专用权人不能证明此前3年内实际使用过该注册商标,也不能证明因侵权行为受到其他损失的,被控侵权人不承担赔偿责任。但需要注意的是,被控侵权人需承担停止侵权等其他民事责任。

(九)合法来源抗辩

《商标法》第64条第2款规定,销售不知道是侵犯注册商标专用权的商品,能证明该商品是自己合法取得并说明提供者的,不承担赔偿责任。但需要注意的是,此处免除的仅是赔偿责任,销售者仍需承担停止侵权的民事责任。

(十)诉讼时效抗辩

最高人民法院《关于审理商标民事纠纷案件适用法律若干问题的解释》第18条规定,侵犯注册商标专用权的诉讼时效为3年,自商标注册人或者利害权利人知道或者应当知道权利受到损害以及义务人之日起计算。商标注册人或者利害关系人超过3年起诉的,如果侵权行为在起诉时仍在持续,在该注册商标专用权有效期限内,人民法院应当判决被告停止侵权行为,侵权损害赔偿数额应当自权利人向人民法院起诉之日起向前推算3年计算。

六、对驰名商标的特殊保护

驰名商标是指,在中国为相关公众广为知晓并享有较高声誉的商标。在商标侵权诉讼中,充分利用驰名商标的特殊保护,是维护权利人利益的重要手段。

(一)对驰名商标的特殊保护

驰名商标分为注册的驰名商标和非注册的驰名商标,在我国受保护的范围及措施是不同的。作为未注册商标的驰名商标能够禁止他人在与其相同或者类似商品申请注册商标并禁止使用;而作为注册商标的驰名商标能够禁止他人在与其不相同或者不相类似商品申请注册商标并禁止使用,即跨类保护,其保护范围较非注册商标更为广泛。

此外,对驰名商标的保护还有:第一,对于已注册的商标提起无效宣告的,对恶意注册的,驰名商标所有人不受5年的时间限制。第二,商标所有人认为他人将其驰名商标作为企业名称登记,可能欺骗公众或者对公众造成误解的,可以向企业名称登记主管机关申请撤销该企业名称登记。第三,在域名纠纷案件中,被告域名或其主要部分构成对原告驰名商标的复制、模仿、翻译或音译的,对以商业为目的将他人驰名商标的恶意注册行为,认定构成侵权或者不正当竞争。

但需注意,根据商标法的规定,生产、经营者不得将“驰名商标”字样用于商品、商品包装或者容器上,或者用于广告宣传、展览以及其他商业活动中。

(二)驰名商标的认定方式

根据《商标法》第14条的规定,驰名商标认定应当考虑的因素包括:(1)相关公众对该商标的知晓程度;(2)该商标使用的持续时间;(3)该商标的任何宣传工作的持续时间、程度和地理范围;(4)该商标作为驰名商标受保护的记录;(5)该商标驰名的其他因素。

我国对驰名商标认定采取的是“个案认定、被动保护”原则,具体方式包括行政认定和司法认定。

1. 驰名商标的行政认定

驰名商标的行政认定又分为两种情况:

第一种是由国家知识产权局在商标注册审查、市场监督管理部门查处商标违法案件过程中进行驰名商标认定。

(1)在商标异议案件中认定驰名商标

具体是指,如果当事人认为他人经初步审定并公告的商标违反《商标法》第13条的规定,可以依据商标法及实施条例的规定向商标局提出异议,并申请认定其商标驰名。

当事人可以在被异议商标初步审定公告之日起3个月的异议期内,向商标局提出异议,并提交相关书件,包括商标异议申请书、明确的请求和事实依据,以及证据材料等。如果证据在提出异议申请时不能提交的,应当在异议申请书中声明,并应自提交异议申请之日起3个月内提交证据。商标局收到商标异议申请后,经过形式审查后,符合受理条件的开具《受理通知书》。此后商标局将对商标异议案件进行审查,并对申请人的商标是否驰名作出认定。

(2)在商标管理案件中认定驰名商标

具体是指,在商标管理工作(主要是商标侵权行政管理工作)中,如果当事人认为他人使用的商标属于《商标法》第13条规定的情形,请求保护其驰名商标的,可以向案件发生地的市(地、州)以上市场监督管理部门提出禁止使用的书面请求,并申请认定其商标驰名。同时,抄报其所在地省级知识产权局。最后由商标局认定驰名商标。

第二种是由国家知识产权局在商标争议处理过程中进行驰名商标认定。具体是指,如果当事人认为他人已经注册的商标违反《商标法》第13条规定的,可以依据商标法及其实施条例的规定向国家知识产权局请求宣告该注册商标无效,并申请认定其商标驰名。

当事人应自争议商标注册之日起5年内提出无效宣告申请,但对恶意注册的,驰名商标所有人不受5年的时间限制。国家知识产权局在收到《注册商标争议裁定申请书》后,将副本交被争议人,并告知其限期答辩。然后,国家知识产权局将充分听取当事人双方的理由和事实,依据事实和法律规定作出裁定。

2. 驰名商标的司法认定

自2001年起,最高人民法院通过《关于审理涉及计算机网络域名民事纠纷案件适用法律若干问题的解释》和《关于审理商标民事纠纷案件适用法律若干问题的解释》等规定,确立了人民法院在民事诉讼中认定驰名商标的制度。《商标法》第14条第4款规定:“在商标民事、行政案件审理过程中,当事人依照本法第十三条规定主张权利的,最高人民法院指定的人民法院根据审理案件的需要,可以对商标驰名情况作出认定。”

(1)驰名商标司法认定的机构

驰名商标司法认定的机构为省、自治区政府所在地的市、计划单列市的中级人民法院①,以及专门的知识产权法院。

---

① 最高人民法院《关于涉及驰名商标认定的民事纠纷案件管辖问题的通知》(2009年1月5日发布,法[2009]1号):“各省、自治区、直辖市高级人民法院,解放军军事法院,新疆维吾尔自治区高级人民法院生产建设兵团分院:为进一步加强人民法院对驰名商标的司法保护,完善司法保护制度,规范司法保护行为,增强司法保护的权威性和公信力,维护公平竞争的市场经济秩序,为国家经济发展大局服务,从本通知下发之日起,涉及驰名商标认定的民事纠纷案件,由省、自治区人民政府所在地的市、计划单列市中级人民法院,以及直辖市辖区内的中级人民法院管辖。其他中级人民法院管辖此类民事纠纷案件,需报经最高人民法院批准;未经批准的中级人民法院不再受理此类案件。以上通知,请遵照执行。”

(2)驰名商标司法认定的案件范围

近年来,司法认定驰名商标的途径在现实中有被滥用的情况。2009 年 5 月 1 日起施行的最高人民法院《关于审理涉及驰名商标保护的民事纠纷案件应用法律若干问题的解释》对在司法程序中认定驰名商标的情形、范围和条件作了明确规定,以规范和完善驰名商标的司法认定程序。

该司法解释严格限制驰名商标司法认定的范围,只有在审理涉及驰名的注册商标跨类保护、请求停止侵害驰名的未注册商标,以及有关企业名称与驰名商标冲突的侵犯商标权和不正当竞争民事纠纷案件中,在确有必要的情况下才可以认定驰名商标。而对于其他一些可能涉及驰名商标的知识产权纠纷或者不正当竞争案件,驰名商标的认定不是侵权成立要件或者侵权缺乏其他要件而不成立的,人民法院对于所涉商标是否驰名不予审查。而且,人民法院对于商标驰名的认定,仅作为案件事实和判决理由,不写入判决主文。

(3)驰名商标司法认定需要提交的主要证据和材料

根据该司法解释,当事人主张商标驰名的,应当根据案件具体情况,提供下列证据和材料,以证明在被诉的侵犯商标权或者不正当竞争行为发生当时,其商标已经驰名:

①使用该商标的商品的市场份额、销售区域、利税等;

②该商标的持续使用时间(包括核准注册前持续使用的情形);

③该商标的宣传或者促销活动的方式、持续时间、程度、资金投入和地域范围(包括核准注册前持续使用的情形);

④该商标曾被作为驰名商标受保护的记录;

⑤该商标享有的市场声誉;

⑥证明该商标已属驰名的其他事实。

【案例】

北京国美电器有限公司(以下简称"北京国美"),是一家从事家电零售的连锁企业。1997 年,北京市国美电器总公司取得"国美电器"注册商标专用权,核定服务项目为第 35 类,包括广告、室外广告、样品散发、张贴广告、商品展示、商店橱窗布置、商业信息、贸易业务的专业咨询、推销(替他人)和公共关系。2000 年,该注册商标经核准转让给北京国美。近几年来,北京国美及其分布在全国各地的 120 家分部在电视、电台、报纸等媒体上投入 2 亿余元用于广告宣传,获得 111 项各类荣誉。其中,"国美电器"被北京市工商行政管理局认定为 2000 年度北京市著名商标。2003 年,北京国美位居中国连锁百强第 3 名。

涂汉桥于 2003 年 12 月成立武汉市江汉区国之美百货店。同月,涂汉桥在《武汉晚报》上以江汉区国美百货的名义刊登招聘启事,并在其经营场所悬挂"国 de 美百货"的标识。2004 年,北京国美以涂汉桥侵犯"国美电器"注册商标专用权为由向武汉市中级人民法院提起诉讼。

法院经审理认为,"国美电器"作为服务商标使用达 6 年,北京国美及其分部投入巨额资金,用于持续的、覆盖全国的广告宣传。公司销售额不断上升,位居同行业前列。并有被评定为著名商标的记录。"国美电器"符合认定为驰名商标的条件。涂汉桥的上述行为,是在不相类似的服务上摹仿驰名商标"国美电器",误导公众,造成北京国美的利益受损,应构成商标侵权。依法判决:"国美电器"为驰名商标,涂汉桥在经营活动中不得使用"国美""国之美""国 de 美"字样。双方当事人均未提起上诉。①

---

① 《最高法院公布十个驰名商标认定案例》,载中国法院网,2005 年 4 月 26 日。

第三节　代理著作权侵权诉讼

一、著作权的保护范围

著作权保护的是作品中具有独创性的思想表现形式，不保护作品所表达的观点、理论、原则、情感、构思等思想内容本身，一般可以从主题表现、篇章结构、人物设计、故事情节安排、布局、造型、表现手法等多个方面加以考查。

【案例】

原告陈喆，笔名琼瑶，于1992年10月创作完成剧本《梅花烙》，未以纸质方式公开发表；怡人传播有限公司依据剧本《梅花烙》拍摄完成电视剧《梅花烙》，于1993年10月13日起在中国台湾地区首次电视播出，于1994年4月13日起在中国大陆首次电视播出，电视剧内容与剧本高度一致。

小说《梅花烙》系根据剧本《梅花烙》改编而来，于1993年6月30日创作完成，1993年9月15日起在中国台湾地区公开发行，同年起在中国大陆公开发表，主要情节与剧本《梅花烙》基本一致。小说《梅花烙》作者署名是陈喆。

余征系剧本《宫锁连城》载明的作者，剧本共计20集，剧本创作完成时间为2012年7月17日，首次发表时间为2014年4月8日。电视剧《宫锁连城》根据剧本《宫锁连城》拍摄。电视剧《宫锁连城》署名编剧余征，片尾出品公司依次署名为：湖南经视公司、东阳欢娱公司、万达公司、东阳星瑞公司。电视剧《宫锁连城》完成片共分为两个版本，网络播出的未删减版本共计44集，电视播映版本共计63集，电视播映版本于2014年4月8日起，在湖南卫视首播。剧本《宫锁连城》与剧本《梅花烙》相比，人物关系更复杂，故事线索更多。陈喆主张侵权的内容主要集中在剧本《宫锁连城》的前半部分。

一审法院认为：《宫锁连城》剧本侵害了原告就《梅花烙》剧本和小说享有的改编权，《宫锁连城》电视剧侵害了原告的摄制权。判令被告承担停止侵权；公开赔礼道歉、消除影响；赔偿原告经济损失及诉讼合理支出共计500万元。各被告提出上诉，二审法院判决维持原判。①

该案受到影视界的高度关注，在著作权侵权案件中具有重大典型意义。

第一，明确了文学作品中思想与表达的区分标准。文学作品的表达，不仅表现为文字性的表达，也包括文字所表述的故事内容，但人物设置及其相互的关系，以及由具体事件的发生、发展和先后顺序等构成的情节，只有具体到一定程度，即文学作品的情节选择、结构安排、情节推进设计反映出作者独特的选择、判断、取舍，才能成为著作权法保护的表达。确定文学作品保护的表达是不断抽象过滤的过程。

第二，明确实质性相似的判断标准。著作权侵权需满足"接触"加"实质性相似"两个要件。文学作品中，情节的前后衔接、逻辑顺序将全部情节紧密贯穿为完整的个性化表达，这种足够具体的人物设置、情节结构、内在逻辑关系的有机结合体可以成为著作权法保护的表达。如果被诉侵权作品中包含足够具体的表达，且这种紧密贯穿的情节设置在被诉侵权作品中达到一定数量、比例，可以认定为构成实质性相似；或者被诉侵权作品中包含的紧密贯穿的情节设置已经占到了权利作品足够的比例，即使其在被诉侵权作品中

① 《2015年中国法院十大知识产权案件》，载《人民法院报》，2016年4月22日。

所占比例不大,也足以使受众感知到来源于特定作品时,可认定为构成实质性相似。

二、著作权侵权的主要种类

《著作权法》第52条和第53条规定了著作权侵权行为的19种类型,是实践中认定著作权侵权的重要法律依据。律师在办理著作权侵权案件时应当明确。

《著作权法》第52条规定的著作权侵权行为包括:(1)未经著作权人许可,发表其作品的;(2)未经合作作者许可,将与他人合作创作的作品当作自己单独创作的作品发表的;(3)没有参加创作,为谋取个人名利,在他人作品上署名的;(4)歪曲、篡改他人作品的;(5)剽窃他人作品的;(6)未经著作权人许可,以展览、摄制视听作品的方法使用作品,或者以改编、翻译、注释等方式使用作品的,本法另有规定的除外;(7)使用他人作品,应当支付报酬而未支付的;(8)未经视听作品、计算机软件、录音录像制品的著作权人、表演者或者录音录像制作者许可,出租其作品或者录音录像制品的原件或者复制件的,本法另有规定的除外;(9)未经出版者许可,使用其出版的图书、期刊的版式设计的;(10)未经表演者许可,从现场直播或者公开传送其现场表演,或者录制其表演的;(11)其他侵犯著作权以及与著作权有关的权利的行为。

《著作权法》第53条规定的著作权侵权行为包括:(1)未经著作权人许可,复制、发行、表演、放映、广播、汇编、通过信息网络向公众传播其作品的,本法另有规定的除外;(2)出版他人享有专有出版权的图书的;(3)未经表演者许可,复制、发行录有其表演的录音录像制品,或者通过信息网络向公众传播其表演的,本法另有规定的除外;(4)未经录音录像制作者许可,复制、发行、通过信息网络向公众传播其制作的录音录像制品的,本法另有规定的除外;(5)未经许可,播放、复制或者通过信息网络向公众传播广播、电视的,本法另有规定的除外;(6)未经著作权人或者与著作权有关的权利人许可,故意避开或者破坏技术措施的,故意制造、进口或者向他人提供主要用于避开、破坏技术措施的装置或者部件的,或者故意为他人避开或者破坏技术措施提供技术服务的,法律、行政法规另有规定的除外;(7)未经著作权人或者与著作权有关的权利人许可,故意删除或者改变作品、版式设计、表演、录音录像制品或者广播、电视上的权利管理信息的,知道或者应当知道作品、版式设计、表演、录音录像制品或者广播、电视上的权利管理信息未经许可被删除或者改变,仍然向公众提供的,法律、行政法规另有规定的除外;(8)制作、出售假冒他人署名的作品的。

需要注意的是,《著作权法》第53条规定的侵权行为,如果同时损害公共利益的,可以由主管著作权的部门责令停止侵权行为,予以警告,没收违法所得,没收、无害化销毁处理侵权复制品以及主要用于制作侵权复制品的材料、工具、设备等,违法经营额5万元以上的,可以并处违法经营额1倍以上5倍以下的罚款;没有违法经营额、违法经营额难以计算或者不足5万元的,可以并处25万元以下的罚款;构成犯罪的,依法追究刑事责任。

三、著作权侵权的判定方法

著作权侵权判定主要经过以下步骤:

(一)明确原告作品中受著作权法保护的具体内容,剔除思想部分以及属于公有领域中的内容

著作权法不保护思想,只保护思想的表达,因此,不能将思想作为保护的内容,即使被告作品所反映的思想和原告作品相同或类似,也不能认为构成侵权。

原告作品含有的公有领域内容也应排除。公有领域的内容不受著作权法保护,任何人都有权自由使用。

(二) 将原告作品中受保护的内容和被告作品做对比

在著作权案件中,将原告作品和被控侵权作品进行对比,特别在指控剽窃、抄袭、歪曲、篡改等侵权纠纷案中,应当进行作品异同对比,全面了解作品完成时间、发表时间、资料来源出处、主题表现、篇章结构、人物设计、故事情节安排、布局、造型、表现手法等多方面的异同。在律师实务操作中,确定某种使用作品的行为是否侵犯著作权,需要律师进行客观、理性的分析。通常情况下,剽窃他人的作品以自己的名义发表;未经著作权人同意,擅自发表其未曾发表过的作品;擅自将他人的受著作权法保护的图书、音像制品等复制出售的行为,判定侵权相对容易。但是,对于利用他人已发表的作品创作新的作品是否侵犯著作权就比较难确定,因为利用的内容属性、利用的范围属性、利用的是思想还是表达形式等,并没有明确可量化的标准,实践中应根据个案的具体情况来分析和认定。如果经过原被告作品的比对,被告作品的内容和原告作品的实质性相似,则可能被认定为侵犯著作权。

【案例】

北京北大方正电子有限公司(以下简称“北大方正公司”)是方正兰亭字库 V5.0 版中的方正北魏楷体 GBK 等 5 款方正字体的权利人。暴雪娱乐股份有限公司(以下简称“暴雪公司”)是网络游戏《魔兽世界》的版权所有人,其授权上海第九城市信息技术有限公司(以下简称“第九城市公司”)对网络游戏进行汉化,并由第九城市公司在我国大陆运营该网络游戏。九城互动信息技术(上海)有限公司(以下简称“九城互动公司”)从第九城市公司经营该游戏的收入中进行分成并作为 2005 年、2006 年该游戏的会计核算主体。北京情文图书有限公司(以下简称“情文公司”)是第九城市公司授权的网络游戏《魔兽世界》客户端软件光盘经销商之一。北大方正公司认为暴雪公司等在该游戏客户端中,未经许可复制、安装了北大方正公司享有著作权的上述 5 款字体;在该游戏运行过程中,各种游戏界面的中文文字分别使用了上述 5 款字体。前述行为侵犯了北大方正公司对上述 5 款字体的计算机软件著作权以及其中每个汉字的美术作品著作权,向北京市高级人民法院提起诉讼,请求判令其停止侵权、赔礼道歉并赔偿经济损失 4.08 亿元。一审法院认为,字库不属于计算机软件保护条例所规定的程序,但字库中每个字体的制作体现出作者的独创性,涉案字库中每款字体的字形是由线条构成的具有一定审美意义的书法艺术,属于受著作权法及其实施条例保护的美术作品。第九城市公司在《魔兽世界》客户端软件和相关补丁程序中使用涉案 5 款字体并进行销售的行为,以及通过计算机网络向游戏玩家提供相关客户端软件等的行为,分别侵犯了北大方正公司对涉案方正兰亭字库中的字体的美术作品著作权中的复制权、发行权以及信息网络传播权,暴雪公司、九城互动公司与其承担连带责任。判决暴雪公司等立即停止侵权并赔偿北大方正公司经济损失 140 万元及诉讼合理支出 5 万元。北大方正公司、暴雪公司、第九城市公司不服一审判决,向最高人民法院提出上诉。最高人民法院经审理认为,本案诉争字库中的字体文件的功能是支持相关字体字形的显示和输出,其内容是字形轮廓构建指令及相关数据与字形轮廓动态调整数据指令代码的结合,其经特定软件调用后产生运行结果,属于《计算机软件保护条例》第三条第(一)项规定的计算机程序。字库中的字体并非由线条、色彩或其他方式构成的有审美意义的平面或者立体的造型艺术作品,故其不属于著作权法意义上的美术作品。暴雪公司侵犯了北大方正公司对诉争字库计算机软件的复制权、发行权以及信息网络传播权。另外,经相关计算机软件调用运行后产生的汉字只有具有著作权法意义上的独创性时方能认定其构成美术作品。本案中暴雪公司、第九城市公司在其游戏运行中使用上述汉字是对其表达思想、传递信息等功能的使用,无论前述汉字是否属于著作权法意义上的美术作品,这种使用均不侵犯北大方正公司的相关权利。综上,二审判决暴雪公司等停止侵权并赔偿北大方正公司经济损失200万元及诉讼合理支出5万元。①

该案涉及计算机中文字库的法律属性的认定。最高人民法院在本案中认为:(1)方正兰亭字库应作为计算机软件而不是美术作品受到著作权法的保护。(2)计算机中文字库运行后产生的单个汉字,只有具有著作权法意义上的独创性时方能认定其为美术作品。(3)计算机中文字库运行后产生的单个汉字,无论其是否属于美术作品,均不能限制他人正当使用汉字来表达一定思想、传达一定的信息的权利。

四、著作权侵权的损害赔偿

《著作权法》规定了确定侵犯著作权赔偿数额的方法,具体包括:

(一)按照权利人的实际损失给予赔偿

权利人的实际损失,实践中可以根据以下方法计算:

(1)被告侵权使原告利润减少的数额。

(2)被告以报刊、图书出版或类似方式侵权的,可以参考下列因素,在国家有关稿酬规定的2至5倍内确定赔偿数额:作品的知名度及侵权期间的市场影响力、作者的知名度、被告的过错程度、作品创作难度及投入的创作成本等。

国家版权局2014年11月1日施行的《使用文字作品支付报酬办法》第5条规定,基本稿酬的标准为:①原创作品:每千字80~300元;②演绎作品:改编每千字20~100元,汇编每千字10~20元,翻译每千字50~200元。

(3)原告合理的许可使用费。

(4)原告复制品销量减少的数量乘以该复制品每件利润之积。

(5)被告侵权复制品数量乘以原告每件复制品利润之积。

(6)因被告侵权导致原告许可使用合同不能履行或难以正常履行产生的预期利润损失。

(7)因被告侵权导致原告作品价值下降产生的损失。

(8)其他确定权利人实际损失的方法。

(二)按照侵权人的违法所得给予赔偿

侵权人的违法所得,可以按照产品销售利润、营业利润或者净利润计算。一般情况下,应当以被告营业利润作为赔偿数额。如果被告侵权情节或者后果严重的,可以产品销售利润作为赔偿数额。但侵权情节轻微,且诉讼期间已经主动停止侵权的,可以净利润作为赔偿数额。

(三)参照权利使用费给予赔偿

权利人的实际损失或者侵权人的违法所得难以计算的,可以参照该权利使用费给予赔偿。

(四)惩罚性赔偿

对故意侵犯著作权或者与著作权有关的权利,情节严重的,可以在按照上述方法确定数额的1倍以上5倍以下给予赔偿,即惩罚性赔偿。

(五)法定赔偿

权利人的实际损失、侵权人的违法所得、权利使用费难以计算的,由人民法院根据侵权行为的

① 《2012年中国法院知识产权司法保护十大案件》,载中国法院网,2013年4月22日。

情节，判决给予500元以上500万元以下的法定赔偿。赔偿数额中应当包括权利人为制止侵权行为所支付的合理开支，如调查取证费用、检测鉴定费用以及符合国家有关部门规定的律师费用等。

通常可以考虑的因素包括：原告可能的损失或被告可能的获利；作品的类型，合理许可使用费，作品的知名度和市场价值，权利人的知名度，作品的独创性程度等；侵权人的主观过错、侵权方式、时间、范围、后果等。

（六）精神损害赔偿

根据《著作权法》的规定，著作权包括人身权和财产权，其中人身权具体包括：发表权、署名权、修改权、保护作品完整权。在著作权侵权诉讼中，经常涉及前述四项人身权利的侵权。根据最高人民法院《关于确定民事侵权精神损害赔偿责任若干问题的解释》第1条、第5条的规定，当公民人身权益受到侵害时，可以向人民法院提起精神损害赔偿之诉。因此，在著作人身权受到侵害的情况下，著作权人可以提起精神损害赔偿。精神损害的赔偿数额根据以下因素确定：(1)侵权人的过错程度，但是法律另有规定的除外；(2)侵权行为的目的、方式、场合等具体情节；(3)侵权行为所造成的后果；(4)侵权人的获利情况；(5)侵权人承担责任的经济能力；(6)受理诉讼法院所在地的平均生活水平。

【案例】

在湖北省高级人民法院审理的微软公司诉武汉银嘉信息技术有限公司（以下简称“银嘉公司”）侵害计算机软件著作权纠纷二审案中，微软公司诉称，微软公司开发完成了Office 2003、Office 2007、Windows 7三种计算机软件，并在美国进行了版权登记。2012年10月至11月期间，微软公司的委托代理人四次前往银嘉公司卖场，以普通消费者身份分别公证购买了8台笔记本电脑，8台电脑均安装Windows 7旗舰版软件，其中一台还安装有Office 2003、Office 2007软件。据此，微软公司诉请法院判令银嘉公司停止侵权、赔偿经济损失1 000万元并登报消除影响。

一审法院认定银嘉公司侵犯了微软公司对涉案软件的著作权，并依据涉案Windows 7软件的版本价格、市场购买需求、预装软件版本的比例、侵权持续期间、日均销售电脑台数等考量因素，酌定本案因复制安装Windows 7旗舰版软件的侵权行为造成微软公司经济损失为540万元。Office软件作为办公软件，并非产品购买者运行电脑所必备的工具软件，酌定因复制安装Office 2003、Office 2007软件造成的经济损失为40万元。一审法院判决银嘉公司赔偿微软公司经济损失580万元、合理费用30万元。

银嘉公司不服一审判决，提起上诉。湖北省高级人民法院认为：银嘉公司在侵权期间造成微软公司减少软件销售所得约为1 098.969万元（即153天×79台×36.96%×2 460元≈1 098.969万元），一审法院酌定银嘉公司因复制安装Windows 7软件造成微软公司经济损失为540万元，并无不当。一审法院在法定赔偿额度的范围内，酌定银嘉公司复制安装Office办公软件造成的经济损失为40万元，以及合理开支30万元，符合法律规定。遂判决驳回上诉，维持原判。

五、著作权侵权的抗辩

作为著作权侵权诉讼的被告，一般可从以下方面进行抗辩：(1)原告主体不适格；(2)原告主张的作品不属于著作权法保护的客体；(3)原告作品的著作权保护期限届满，不再受法律保护；(4)被告为独立创作，没有接触和使用原告作品；(5)被告的作品和原告的作品不构成实质性相似；(6)被告使用的是有合法来源的第三方作品，不是原告作品；(7)被告对原告作品的使用属于合理使用；

(8)被告对原告作品的使用属于法定许可;(9)被告关于承担侵权责任具体方式的抗辩;(10)被告关于赔偿数额的抗辩;等等。

【案例】

在上海知识产权法院审理的上海美术电影制片厂(以下简称“美影厂”)与浙江新影年代文化传播有限公司(以下简称“新影年代公司”)、华谊兄弟上海影院管理有限公司(以下简称“华谊兄弟公司”)著作权侵权纠纷二审案中,美影厂诉称,新影年代公司在宣传其投资制作的电影《80后的独立宣言》时制作了一张海报,海报在背景中使用了美影厂拥有著作权的“葫芦娃”和“黑猫警长”卡通形象,因此,新影年代公司侵犯了美影厂对其作品的修改权、复制权、发行权、信息网络传播权。华谊兄弟公司在其新浪官方微博上发布了该款海报,侵犯了美影厂的信息网络传播权。美影厂请求判令新影年代公司和华谊兄弟连带赔偿美影厂经济损失及维权费用合计人民币53万余元。

新影年代公司辩称,涉案电影讲述的是“80后”青年创业故事,在海报中使用“葫芦娃”和“黑猫警长”卡通形象是为了说明电影主角的年龄特征,构成著作权法上的“合理使用”,不属于侵权。

一审法院认为新影年代公司的行为为适当引用,判决驳回美影厂诉讼请求。

一审判决后,美影厂不服,向上海知识产权法院提起上诉。

上海知识产权法院认为,合理使用的审查认定并不以被引用作品在新作品中的引用是否必需为要件。涉案电影海报中不仅仅引用了“葫芦娃”“黑猫警长”美术作品,还引用了诸多八十年代少年儿童经历的具有代表性的人、景、物,因此,电影海报中引用“葫芦娃”“黑猫警长”美术作品不再是单纯地再现“葫芦娃”“黑猫警长”美术作品的艺术美感和功能,而是反映曾经经历“葫芦娃”“黑猫警长”动画片盛播的时代年龄特征,亦符合电影主角的年龄特征。因此,“葫芦娃”“黑猫警长”美术作品被引用在电影海报中具有了新的价值、意义和功能,其原有的艺术价值功能发生了转换,而且转换性程度较高,属于我国著作权法规定的为了说明某一问题的情形。另外,涉案电影海报中所使用的包括“葫芦娃”“黑猫警长”美术作品在内的时代元素均构成电影主角的背景图案,“葫芦娃”“黑猫警长”美术作品与其他背景图案比例协调,符合背景图案的功能。因此,涉案电影海报中作为背景图案引用“葫芦娃”“黑猫警长”美术作品不会产生替代性使用,亦不会影响权利人的正常使用。同时,涉案电影海报引用“葫芦娃”“黑猫警长”美术作品旨在说明“80后”这一代少年儿童的年代特征,此创作应属特殊情况,不具有普遍性,且涉案电影海报的发行期短暂,随着电影播映期的消逝,该电影海报的影响也会逐步减小,因此不会不合理地损害权利人的合法利益,对此应当认定为适当引用。据此,上海知产法院判决驳回上诉,维持原判。①

六、网络著作权侵权的主要类型

近年来,随着信息技术的发展,涉及网络的著作权侵权案件层出不穷。从侵权行为的种类来看,网络著作权侵权诉讼的常见类型包括:

(一)与上传作品有关的侵权诉讼

根据著作权法的规定,著作权人享有作品的信息网络传播权。因此,上传作品应当得到著作

① 《海报使用葫芦娃、黑猫警长,上海知产法院判决属合理使用》,载中国国际贸易促进委员会专利商标事务所网,2016年5月24日。

权人的许可,否则就构成侵权。同时,未经许可上传录音录像制品的,还会侵犯表演者和录音录像制作者的邻接权。

在上传作品的侵权诉讼中,可从以下方面把握:

第一,根据《著作权法》和《信息网络传播权保护条例》的规定,能够享有信息网络传播权的主体包括著作权人、表演者、录音录像制作者以及广播电视组织。在案件中,无论是作为原告还是被告的代理律师,都应当搞清楚对于案件涉及的被上传的作品,到底由谁享有信息网络传播权。一般的,文字作品的信息网络传播权主体只是作者,而歌曲、舞蹈等作品的信息网络传播权主体除了作者之外,还要考虑表演者和录音录像制作者。

第二,上传作品的方式。上传作品是指将作品置于信息网络中。最高人民法院《关于审理侵害信息网络传播权民事纠纷案件适用法律若干问题的规定》第 2 条规定,信息网络包括以计算机、电视机、固定电话机、移动电话机等电子设备为终端的计算机互联网、广播电视网、固定通信网、移动通信网等信息网络,以及向公众开放的局域网络。可见,随着信息技术和通讯技术的发展,上传作品的方式也呈现出越来越多样化的趋势。

实践中,信息网络传播行为的认定标准有服务器标准,实质性替代标准以及用户感知标准,但多数采用的还是服务器标准。

【案例】

在北京知识产权法院审理的(2016)京 73 民终 143 号深圳市腾讯计算机系统有限公司(以下简称"腾讯公司")诉北京易联伟达科技有限公司(以下简称"易联伟达公司")侵害信息网络传播权纠纷二审案中,腾讯公司诉称,其享有《宫锁连城》(以下简称《宫》)的独家信息网络传播权。2014 年 6 月 4 日,腾讯公司发现易联伟达公司在其经营的"快看影视"手机端,通过信息网络非法向公众提供《宫》剧的在线播放。易联伟达公司对大量影视作品进行了编辑分类,在播放时无显示来源,直接进入到播放页面;易联伟达公司在播放涉案作品时无任何前置广告及暂停播放时的广告。腾讯公司认为,易联伟达公司进行了《宫》剧的编辑,具有恶意,易联伟达公司为获取盈利直接设链播放涉案作品,未经任何权利人的同意,侵犯了腾讯公司的合法权利。请求判令易联伟达公司立即停止对《宫》剧的在线播放服务,赔偿经济损失及合理费用共计 50 万元。

易联伟达公司辩称,《宫》剧并非在快看影视上播放,快看影视只提供设链服务,无获利行为。请求法院驳回腾讯公司的全部诉讼请求。

北京市海淀区人民法院一审认为,快看影视属于视频聚合类平台,易联伟达公司在破坏技术措施的情况下不仅提供了深度定向链接,还进行了选择、编排、整理等工作,扩大了作品的域名渠道、可接触用户群体等网络传播范围,分流了相关获得合法授权视频网站的流量和收益,客观上发挥了在聚合平台上向用户"提供"视频内容的作用,产生了实质性替代效果,却未向权利人支付获取分销授权的成本支出。被诉行为属于盗链行为,并非合法链接。为此,判决易联伟达公司赔偿腾讯公司经济损失包括合理支出 3.5 万元。

易联伟达公司不服,认为其行为仅为提供链接的行为,且链接至有合法授权的乐视网,并未实施将涉案作品上传到服务器中,未侵犯腾讯公司的信息网络传播权。为此,上诉至北京知识产权法院。

北京知识产权法院二审认为,虽然实践中对信息网络传播行为的认定存在不同标准之争,包括服务器标准、用户感知标准以及一审判决所持实质性替代标准等。但是综合来看,服务器标准应是信息网络传播行为的合理认定标准。

北京知识产权法院进一步指出:

1. 服务器标准作为信息网络传播行为认定标准最为合理

信息网络传播行为必然是一种对作品的传输行为,且该传输行为足以使用户获得该作品。在网络环境下,这一传播行为的对象是作品的数据形式。在信息网络传播过程可能涉及的各种行为中,只有初始上传行为符合上述要求,因此,信息网络传播行为应指向初始上传行为。因任何上传行为均需以作品的存储为前提,未被存储的作品不可能在网络中传播,而该存储介质即为服务器标准中所称"服务器",因此,服务器标准作为信息网络传播行为的认定标准最具合理性。

而链接行为,无论其是普通链接,还是深层链接行为,均不会使用户获得作品,因此,不构成信息网络传播行为。

2. 实质性替代标准不应作为信息网络传播权的认定标准

实质性替代标准,未将视频聚合服务所涉选择、编排、整理以及破坏技术措施、深层链接等各行为进行区分,导致该标准在认定基础上便存在偏差。该标准未清晰认定信息网络传播行为认定的事实认定属性,将合法性认定过程中可能考虑的损害及获益因素作为行为认定依据,这一做法存在基本逻辑错误。即便在该过程中需要考虑损害及获益因素,但实质性替代标准将合同利益、经营利益等同于著作权利益,未对上述利益进行划分。据此,实质性替代标准无法作为信息网络传播行为的认定标准。

3. 本案易联伟达公司不构成对腾讯公司信息网络传播权的侵犯

本案中,虽然用户在易联伟达公司"快看影视"App 可以实现对《宫》剧的在线观看,但其内容播放页面中显示了乐视网(经过腾讯公司授权)相应页面的地址,且点击该地址可进入乐视网页面。上述事实说明,将涉案内容置于网络中传播的是乐视网,而非易联伟达公司,易联伟达公司仅提供了指向乐视网中涉案内容的链接,因此,易联伟达公司的行为不构成侵权。

基于上述,北京知识产权法院二审判决撤销北京市海淀区人民法院的一审判决,驳回深圳市腾讯计算机系统有限公司全部诉讼请求。①

(二)与链接有关的侵权诉讼

链接又称超链接、超文本链接,是指通过使用超文本标示语言(HTML)编辑包含标记指令的文本文件,在两个不同的文档或同一文档的不同部分建立联系,从而使访问者可以通过一个网址访问不同网址的文件或通过一个特定的栏目访问同一站点上的其他栏目。超文本链接技术是 HTTP 协议及万维网浏览器为人们提供的一种超媒体、超时空的信息接续方式,是万维网上最重要的技术,一般有三种:文字链接、图像链接和视框链接。最易引起法律纠纷的就是视框链接,利用这种技术可将他人网站上的资料显现在自己网页的某一视框内,而本身网站的其他内容(如广告、菜单等)仍然不变,访问用户可能根本不知道他在视框内看到是另一个网站的资料。因为屏幕上的网址仍然为设链网页的网址,而非被链接的网页的网址。

根据现行法律法规和司法解释的规定,如果设置链接的网络服务提供者明知或者应知网络用户利用网络服务侵害信息网络传播权,未采取删除、屏蔽、断开链接等必要措施,或者提供技术支持等帮助行为的,应当认定其构成帮助侵权行为。如果设置链接的网络服务提供者能够证明已采取合理、有效的技术措施,仍难以发现网络用户侵害信息网络传播权行为的,应当认定其不具有过错,不应认定构成帮助侵权行为。

---

① 北京知识产权法院(2016)京 73 民终 143 号民事判决书。

在认定网络服务提供者的过错时,应注意以下问题:

(1)网络服务提供者的过错包括对于网络用户侵害信息网络传播权行为的“明知”或者“应知”。

(2)认定网络服务提供者是否构成“应知”的考虑因素主要包括:①基于网络服务提供者提供服务的性质、方式及其引发侵权的可能性大小,应当具备的管理信息的能力;②传播的作品、表演、录音录像制品的类型、知名度及侵权信息的明显程度;③网络服务提供者是否主动对作品、表演、录音录像制品进行了选择、编辑、修改、推荐等;④网络服务提供者是否积极采取了预防侵权的合理措施;⑤网络服务提供者是否设置便捷程序接收侵权通知并及时对侵权通知作出合理的反应;⑥网络服务提供者是否针对同一网络用户的重复侵权行为采取了相应的合理措施等。

实践中,如果网络服务提供者在设置链接等网络服务时,对热播影视作品等以设置榜单、目录、索引、描述性段落、内容简介等方式进行推荐,使得公众可以在其网页上直接以下载、浏览或者其他方式获得的,可以认定网络服务提供者应知网络用户侵害信息网络传播权。而且,如果网络服务提供者从网络用户提供的作品、表演、录音录像制品中直接获得经济利益的,一般会被认定其对该网络用户侵害信息网络传播权的行为负有较高的注意义务。

(3)网络服务提供者没有对网络用户侵害信息网络传播权的行为主动进行审查的,不应仅凭此项就认定网络服务提供者具有过错。

(三)与复制网页有关的侵权诉讼

网页是网站的具体形式。复制网页一般包括两种情况,一种是复制网页中的具体内容,比如文章、图片等,另一种是复制网页的整体版式。

对于第一种情况,如果网页的某项具体内容构成“作品”,则未经许可擅自复制的行为构成侵权。对于第二种情况,如果网页在整体的设计与编排上体现出独创性,那么也可以成为“汇编作品”而得到著作权法保护。

【案例】

上海嫣妮公司是一家专门经营家政服务的企业,2002年12月,该公司委托某网络公司建设了网站,双方约定网站的全部著作权归嫣妮公司所有,网站的首页上还已标明“嫣妮家政版权所有”字样。另一家从事家政服务的博伲公司也建立了自己的网站,网站的部分频道页面上所使用的网标,频道名称及各个频道页面上的中英文文字、页头样式及相关图片的内容和排列组合方式,均与嫣妮公司的基本相同,且两者给人的整体视觉印象雷同。嫣妮公司以博伲公司侵权为由诉至法院。上海市第一中级人民法院判决博伲公司构成侵权,公开赔礼道歉及赔偿嫣妮公司经济损失人民币2.5万元。①

在该案中,判断原告网页是否构成著作权法意义上的作品是整个案件定性的基础。虽然原告网页使用的颜色、文字、图标等属于公共信息,但原告委托网络公司对这些因素进行了特定的选择、组合、编排,形成一个整体的网页,体现出了独创性,符合汇编作品的条件,应当受到著作权法保护。而被告复制了原告网页中具有独创性的部分,应当承担侵权责任。

(四)与搜索引擎有关的侵权诉讼

《信息网络传播权保护条例》第23条明确了搜索引擎应当承担的责任:网络服务提供者为服务对象提供搜索或者链接服务,在接到权利人的通知书后,根据本条例规定断开与侵权的作品、表

① 上海市第一中级人民法院(2004)沪一中民五(知)初字第184号知识产权判决书。

演、录音录像制品的链接的,不承担赔偿责任;但是,明知或者应知所链接的作品、表演、录音录像制品侵权的,应当承担共同侵权责任。

这一规定被称为搜索引擎的“避风港”,即搜索引擎服务商在符合法律规定的情况下,可以免除相应的侵权责任。但需注意的是,搜索引擎服务商责任免除的前提必须是主观上没有过错,即对所链接的作品、表演、录音录像制品侵权,搜索引擎服务商不是明知或者应知。实践中,判断搜索引擎服务商是否主观有错,一般可以“经济上是否可能造成损害、技术上是否可以避免”原则考虑,而就目前搜索引擎的技术来说,还不能识别抓取得到的海量信息是否侵权,因此,法院可以此判搜索引擎服务商主观没有过错。①

第四节 代理不正当竞争诉讼

一、不正当竞争行为的主要种类

1993 年 12 月 1 日施行的《反不正当竞争法》是我国社会主义市场经济法律体系中的一部重要法律,20 多年来在促进市场公平竞争、维护交易秩序等方面发挥了重要作用。但是,随着时代发展和社会进步,妨碍公平竞争的新现象、新情况不断出现,不正当竞争行为涉及的法律问题和技术问题也愈发复杂。为了适应经济社会发展的变化,《反不正当竞争法》进行了全面修订,并于 2018 年 1 月 1 日施行,于 2019 年 4 月 23 日再次修正。

《反不正当竞争法》第二章第 6 条至第 12 条规定了七种不正当竞争行为,具体包括:

1. 混淆行为(《反不正当竞争法》第 6 条)。经营者实施引人误认为是他人商品或者与他人存在特定联系的混淆行为,包括:(1)擅自使用与他人有一定影响的商品名称、包装、装潢等相同或者近似的标识;(2)擅自使用他人有一定影响的企业名称(包括简称、字号等)、社会组织名称(包括简称等)、姓名(包括笔名、艺名、译名等);(3)擅自使用他人有一定影响的域名主体部分、网站名称、网页等;(4)其他足以引人误认为是他人商品或者与他人存在特定联系的混淆行为。

2. 商业贿赂行为(《反不正当竞争法》第 7 条):经营者采用财物或者其他手段,贿赂交易相对方的工作人员、受交易相对方委托办理相关事务的单位或者个人、利用职权或者影响力影响交易的单位或者个人,以谋取交易机会或者竞争优势。

3. 虚假宣传行为(《反不正当竞争法》第 8 条):经营者对其商品的性能、功能、质量、销售状况、用户评价、曾获荣誉等作虚假或者引人误解的商业宣传,欺骗、误导消费者。

4. 侵犯商业秘密行为(《反不正当竞争法》第 9 条):经营者采用下列手段侵犯商业秘密:(1)以盗窃、贿赂、欺诈、胁迫、电子侵入或者其他不正当手段获取权利人的商业秘密;(2)披露、使用或者允许他人使用以前项手段获取的权利人的商业秘密;(3)违反保密义务或者违反权利人有关保守商业秘密的要求,披露、使用或者允许他人使用其所掌握的商业秘密;(4)教唆、引诱、帮助他人违反保密义务或者违反权利人有关保守商业秘密的要求,获取、披露、使用或者允许他人使用权利人的商业秘密。经营者以外的其他自然人、法人和非法人组织实施前款所列违法行为的,视为侵犯商业秘密。第三人明知或者应知商业秘密权利人的员工、前员工或者其他单位、个人实施本条第一款所列违法行为,仍获取、披露、使用或者允许他人使用该商业秘密的,视为侵犯商业秘密。

5. 不当有奖销售行为(《反不正当竞争法》第 10 条):经营者进行下列有奖销售行为:(1)所设奖的种类、兑奖条件、奖金金额或者奖品等有奖销售信息不明确,影响兑奖;(2)采用谎称有奖或者

① 参见陆俊:《百度 MP3 侵权案一审全球唱片巨头败诉》,载《信息时报》,2006 年 11 月 21 日。

故意让内定人员中奖的欺骗方式进行有奖销售；(3)抽奖式的有奖销售，最高奖的金额超过五万元。

6. 诋毁商誉行为(《反不正当竞争法》第 11 条)：经营者编造、传播虚假信息或者误导性信息，损害竞争对手的商业信誉、商品声誉。

7. 互联网不正当竞争行为(《反不正当竞争法》第 12 条)：经营者利用技术手段，通过影响用户选择或者其他方式，实施下列妨碍、破坏其他经营者合法提供的网络产品或者服务正常运行的行为：(1)未经其他经营者同意，在其合法提供的网络产品或者服务中，插入链接、强制进行目标跳转；(2)误导、欺骗、强迫用户修改、关闭、卸载其他经营者合法提供的网络产品或者服务；(3)恶意对其他经营者合法提供的网络产品或者服务实施不兼容；(4)其他妨碍、破坏其他经营者合法提供的网络产品或者服务正常运行的行为。

此外，司法实践中还有一些不正当竞争案件，虽不在上述七种法律明文规定的行为之列，但可以依据《反不正当竞争法》第 2 条认定和处理。

因不正当竞争纠纷的种类繁多，本节主要介绍实践中较为常见的几种不正当竞争纠纷。

二、擅自使用知名商品特有名称、包装、装潢诉讼

《反不正当竞争法》第 6 条第(一)项规定，经营者擅自使用与他人有一定影响的商品名称、包装、装潢等相同或者近似的标识，引人误认为是他人商品或者与他人存在特定联系的混淆行为，属于不正当竞争。

擅自使用知名商品特有名称、包装、装潢诉讼应注意把握以下法律要件：

1. 知名商品的认定

知名商品是指在中国境内具有一定的市场知名度，为相关公众所知悉的商品。实践中认定知名商品，应当考虑该商品的销售时间、销售区域、销售额和销售对象，进行任何宣传的持续时间、程度和地域范围，作为知名商品受保护的情况等因素，进行综合判断。对商品市场知名度的举证责任在于原告。

2. 特有名称、包装、装潢的认定

特有的名称、包装、装潢是指具有区别商品来源的显著特征的商品的名称、包装、装潢。但有下列情形之一的，一般不认定为知名商品特有的名称、包装、装潢：

(1)商品的通用名称、图形、型号；

(2)仅仅直接表示商品的质量、主要原料、功能、用途、重量、数量及其他特点的商品名称；

(3)仅由商品自身的性质产生的形状，为获得技术效果而需有的商品形状以及使商品具有实质性价值的形状；

(4)其他缺乏显著特征的商品名称、包装、装潢。

不过，对于前述(1)、(2)、(4)种情形，如果经过使用而取得显著特征的，可以认定为特有的名称、包装、装潢。

3. 混淆的认定

认定与知名商品特有名称、包装、装潢相同或者近似，可以参照商标相同或者近似的判断原则和方法。

引人误认为是他人商品或者与他人存在特定联系，是指足以使相关公众对商品的来源产生误认，或者误认为与知名商品的经营者具有许可使用、关联企业关系等特定联系。如果在相同商品上使用相同或者视觉上基本无差别的商品名称、包装、装潢，则应当视为足以造成和他人知名商品相混淆。

在执业中应当注意，有几种情况被认为不构成不正当竞争：一是商品的名称、包装、装潢属于

《商标法》第 10 条第 1 款规定的不得作为商标使用的标志,当事人请求保护的,人民法院不予支持;二是知名商品特有的名称、包装、装潢中含有本商品的通用名称、图形、型号,或者直接表示商品的质量、主要原料、功能、用途、重量、数量以及其他特点,或者含有地名,他人因客观叙述商品而正当使用的,不构成不正当竞争行为;三是在不同地域范围内使用相同或者近似的知名商品特有的名称、包装、装潢,在后使用者能够证明其善意使用的,不构成不正当竞争行为。

【案例】

2012 年 7 月 6 日,广州医药集团有限公司(简称广药集团)与广东加多宝饮料食品有限公司(简称加多宝公司)分别提起诉讼,均主张享有"红罐王老吉凉茶"知名商品特有包装装潢的权益,并据此指控对方生产销售的红罐凉茶商品的包装装潢构成侵权。

广东省高级人民法院一审认为:"红罐王老吉凉茶"包装装潢的权益享有者为广药集团,因此广州王老吉大健康产业有限公司(简称大健康公司)经广药集团授权生产销售的红罐凉茶不构成侵权。而加多宝公司不享有涉案包装装潢权益,因此其生产销售的一面"王老吉"、一面"加多宝"和两面"加多宝"的红罐凉茶均构成侵权。一审法院判决加多宝公司停止侵权行为,刊登声明消除影响,并赔偿广药集团经济损失 1.5 亿元及合理维权费用 26 万余元,同时驳回加多宝公司的诉讼请求。

加多宝公司不服两案一审判决,向最高人民法院提起上诉。

最高人民法院二审认为:双方诉争的知名商品为"红罐王老吉凉茶",在红罐王老吉凉茶产品的罐体上包括"黄色王老吉文字、红色底色等色彩、图案及其排列组合等组成部分在内的整体内容",为知名商品特有包装装潢。广药集团与加多宝公司均主张对红罐王老吉凉茶的特有包装装潢享有权益,综合红罐王老吉凉茶的历史发展过程、双方的合作背景、消费者的认知及公平原则等因素的考量,因广药集团及其前身、加多宝公司及其关联企业,均对涉案特有包装装潢权益的形成、发展和商誉建立,发挥了积极作用,故将涉案特有包装装潢权益完全判归一方所有,均会导致显失公平的结果,并可能损及社会公众利益。因此,涉案知名商品特有包装装潢权益,在遵循诚实信用原则和尊重消费者认知并不损害他人合法权益的前提下,由广药集团与加多宝公司共同享有,广药集团与加多宝公司相互指控对方生产销售的红罐凉茶商品构成擅自使用他人知名商品特有包装装潢的主张,均不能成立。最高人民法院二审判决驳回广药集团及加多宝公司的诉讼请求。①

三、擅自使用他人企业名称诉讼

《反不正当竞争法》第 6 条第(二)项规定,经营者擅自使用他人有一定影响的企业名称(包括简称、字号等)、社会组织名称(包括简称等)、姓名(包括笔名、艺名、译名等),引人误认为是他人商品或者与他人存在特定联系的混淆行为,属于不正当竞争。

擅自使用他人企业名称诉讼应注意把握以下法律要件:

1. 企业名称的认定

《反不正当竞争法》第 6 条第(二)项规定的"企业名称",是指企业登记主管机关依法登记注册的企业名称,以及在中国境内进行商业使用的外国(地区)企业名称。具有一定的市场知名度、为相关公众所知悉的企业名称的简称、企业名称中的字号,也可以认定为企业名称。

① 《最高法发布 2017 年中国法院 10 大知识产权案件》,载中国法院网,2018 年 4 月 19 日。

2. 使用的认定

《反不正当竞争法》第 6 条第(二)项规定的"使用",是指在中国境内进行商业使用,包括将企业名称、姓名用于商品、商品包装以及商品交易文书上,或者用于广告宣传、展览以及其他商业活动中。

【案例】

原告天津中国青年旅行社(以下简称"天津青旅")诉称:被告天津国青国际旅行社有限公司在其版权所有的网站页面、网站源代码以及搜索引擎中,非法使用原告企业名称全称及简称"天津青旅",违反了《反不正当竞争法》的规定,请求判令被告立即停止不正当竞争行为、公开赔礼道歉、赔偿经济损失 10 万元,并承担诉讼费用。

被告天津国青国际旅行社有限公司(以下简称"天津国青旅")辩称:"天津青旅"没有登记注册,并不由原告享有,原告主张的损失没有事实和法律依据,请求驳回原告诉讼请求。

法院审理查明:天津中国青年旅行社于 1986 年 11 月 1 日成立,是从事国内及出入境旅游业务的国有企业,直属于共青团天津市委员会。共青团天津市委员会出具证明称,"天津青旅"是天津中国青年旅行社的企业简称。2007 年,《今晚报》等媒体在报道天津中国青年旅行社承办的活动中已开始以"天津青旅"简称指代天津中国青年旅行社。天津青旅在报价单、旅游合同、与同行业经营者合作文件、发票等资料以及经营场所各门店招牌上等日常经营活动中,使用"天津青旅"作为企业的简称。天津国青国际旅行社有限公司于 2010 年 7 月 6 日成立,是从事国内旅游及入境旅游接待等业务的有限责任公司。

2010 年底,天津青旅发现通过 Google 搜索引擎分别搜索"天津中国青年旅行社"或"天津青旅",在搜索结果的第一名并标注赞助商链接的位置,分别显示"天津中国青年旅行社网上营业厅 www. lechuyou. com 天津国青网上在线营业厅,是您理想选择,出行提供优质、贴心、舒心的服务"或"天津青旅网上营业厅 www. lechuyou. com 天津国青网上在线营业厅,是您理想选择,出行提供优质、贴心、舒心的服务",点击链接后进入网页是标称天津国青国际旅行社乐出游网的网站,网页顶端出现"天津国青国际旅行社-青年旅行社青旅/天津国旅"等字样,网页内容为天津国青旅游业务信息及报价,标称网站版权所有:乐出游网-天津国青,并标明了天津国青的联系电话和经营地址。同时,天津青旅通过百度搜索引擎搜索"天津青旅",在搜索结果的第一名并标注推广链接的位置,显示"欢迎光临天津青旅重合同守信誉单位,汇集国内出境经典旅游线路,100%出团,天津青旅 400-611-5253 022. ctsgz. cn",点击链接后进入网页仍然是上述标称天津国青乐出游网的网站。

法院认为,"天津中国青年旅行社"是原告 1986 年成立以来一直使用的企业名称,原告享有企业名称专用权。"天津青旅"作为其企业名称简称,于 2007 年就已被其在经营活动中广泛使用,相关宣传报道和客户也以"天津青旅"指代天津中国青年旅行社,经过多年在经营活动中使用和宣传,已享有一定市场知名度,为相关公众所知悉,已与天津中国青年旅行社之间建立起稳定的关联关系,具有可以识别经营主体的商业标识意义。所以,可以将"天津青旅"视为企业名称与"天津中国青年旅行社"共同加以保护。而天津国青旅作为从事旅游服务的经营者,未经天津青旅许可,通过在相关搜索引擎中设置与天津青旅企业名称有关的关键词并在网站源代码中使用等手段,使相关公众在搜索"天津中国青年旅行社"和"天津青旅"关键词时,直接显示天津国青旅的网站链接,从而进入天津国青旅的网站联系旅游业务,达到利用网络用户的初始混淆争夺潜在客户的效果,主观上具有使相关公众在网络搜索、查询中产生误认的故意,客观上擅自使用"天津中国青年旅行社"及"天津青旅",利用了天津青旅的企业信誉,损害了天津青旅的合法权益,其行为属于不正当竞争行为,依法应予制止。天津国青旅作为与天津青旅同业的竞争者,在明知天津青旅企业名称及简称享有较高知名度的情况下,仍擅自使用,有借他人之名为自己谋取不当利益的意图,主观恶意明显。因此,天津国青旅的行为构成擅自使用他人企业名称的不正当竞争,应当承担停止侵害、消除影响、赔偿损失的法律责任。①

四、虚假宣传诉讼

《反不正当竞争法》第8条规定,经营者不得对其商品的性能、功能、质量、销售状况、用户评价、曾获荣誉等作虚假或者引人误解的商业宣传,欺骗、误导消费者。

1. 虚假宣传诉讼的起诉主体

实践中,虚假宣传行为有两种比较常见的情况,一是在将自己商品和其他人商品对比的过程中进行虚假宣传,二是仅对自己商品做虚假宣传,未涉及其他人的商品。

在第一种情况下,因侵权人的虚假宣传行为直接损害了特定相对人的合法利益,作为被对比主体的特定相对人可以针对侵权人提起虚假宣传诉讼。

在第二种情况下,因侵权人的虚假宣传行为不针对特定的相对人,一般可以由有关监督检查部门依法对其进行行政处罚。如果其他经营者要提起虚假宣传诉讼,则应当证明其合法权益因被告的虚假宣传行为而遭受实际损害,否则,原告的起诉可能因不能证明与案件有直接利害关系而不被受理,即使获得受理,原告的诉讼请求也难以得到支持。

2. 虚假宣传的认定

根据最高人民法院《关于审理不正当竞争民事案件应用法律若干问题的解释》第8条的规定,经营者具有下列行为之一,足以造成相关公众误解的,可以认定为虚假宣传行为:(1)对商品作片面的宣传或者对比的;(2)将科学上未定论的观点、现象等当作定论的事实用于商品宣传的;(3)以歧义性语言或者其他引人误解的方式进行商品宣传的。但是,以明显的夸张方式宣传商品,不足以造成相关公众误解的,不属于引人误解的虚假宣传行为。

实践中,应当根据日常生活经验、相关公众一般注意力、发生误解的事实和被宣传对象的实际情况等因素,对虚假宣传行为进行认定。

【案例】

在广州医药集团有限公司(简称"广药集团")、广州王老吉大健康产业有限公司(简称"大健康公司")诉加多宝(中国)饮料有限公司(简称"加多宝公司")、广东加多宝饮料食品有限公司(简称"广东加多宝公司")虚假宣传纠纷案中,广药集团、王老吉大健康公司一审诉称,广药集团是王老吉商标的合法持有者,授权其下属子公司王老吉大健康公司使用王老吉商标生产、销售罐装王老吉凉茶。经调查发现,自2014年3月24日开始,加多宝(中国)公司、广东加多宝公司陆续在其官方网站、南方日报等报刊媒体以及北京各大超市等宣传"国家权威机构发布:加多宝连续7年荣获'中国饮料第一罐'""加多宝凉茶荣获中国罐装饮料市场'七连冠'"等。而加多宝(中国)公司、广东加多宝公司于

① 《天津中国青年旅行社诉天津国青国际旅行社擅自使用他人企业名称纠纷案》,载中国法院网,2014年6月26日。

2012年5月后才推出加多宝凉茶,之前生产的均为王老吉凉茶。故请求判令立即停止虚假宣传行为,消除影响,连带赔偿经济损失2 000万元及合理支出100万元。

加多宝(中国)公司、广东加多宝公司辩称,广东加多宝公司不是涉案广告的广告主,不是本案的适格被告。涉案广告并未给广药集团、王老吉大健康公司造成直接损害,两公司无权提起本案诉讼。涉案广告内容引用中国行业企业信息发布中心发布的统计数据客观真实,表述清晰明确,不会引起相关公众的误解,不构成虚假宣传。

一审法院认定加多宝公司、广东加多宝公司构成虚假宣传。加多宝公司、广东加多宝公司不服,向北京市高级人民法院提起上诉。

北京市高级人民法院二审认为,涉案广告语的核心内容是加多宝凉茶连续七年获得中国饮料市场第一罐。由于加多宝集团在2012年之前使用的是王老吉商标。涉案广告语将《统计调查信息证明》中的内容进行人为选择编排后形成的表达为"加多宝凉茶连续七年荣获中国饮料第一罐"等。涉案广告语的表达确实存在与事实不符之处,向消费者隐瞒了加多宝集团生产的罐装凉茶在2007年至2011年期间是王老吉红罐凉茶这一事实,容易使相关公众误认为"加多宝"品牌已具有七年的历史并在中国市场在销售数量或者销售金额方面一直排名第一。故涉案宣传用语是对相关商品信息的片面、歧义性宣传,容易使相关公众对包括相关商品的品牌历史在内的商品信息产生误解,因而构成虚假宣传。①

五、侵害商业秘密诉讼

(一)侵害商业秘密的法律救济途径

实践中,当商业秘密被侵害时,权利人可以寻求的法律救济途径包括:(1)民事救济。对于侵害商业秘密的行为,权利人可以主张违反保密协议的违约责任,或者侵害商业秘密的侵权责任。(2)劳动法救济。如果是和单位有劳动关系的员工违反了劳动合同中的保密条款,或者违反了保密协议且在保密协议中约定了争议适用劳动仲裁,则权利人可以申请劳动仲裁。(3)行政法救济。根据《反不正当竞争法》第21条的规定,经营者以及其他自然人、法人和非法人组织违反本法第9条规定侵犯商业秘密的,由监督检查部门责令停止违法行为,没收违法所得,处10万元以上100万元以下的罚款;情节严重的,处50万元以上500万元以下的罚款。(4)刑法救济。在侵犯商业秘密行为涉嫌构成《刑法》第219条侵犯商业秘密罪的情况下,商业秘密权利人可以向公安机关报案,也可以向人民法院提起刑事自诉。

(二)侵害商业秘密诉讼的操作实务

1. 代理原告进行侵权指控的相关工作

(1)总结商业秘密点,确定商业秘密的载体、具体内容和范围

作为原告的代理律师,需要根据当事人陈述和初步收集的证据材料,判断涉案商业秘密点,也就是判断涉案商业秘密的具体内容和范围。如果商业秘密是由若干部分组成的,还应当明确整体或组成部分是商业秘密,或者整体与组成部分均是商业秘密。

此外,权利人请求保护的商业秘密,应当固定在相应的载体上,通过载体能够重复再现商业秘密的具体内容。

(2)判断涉案信息是否符合商业秘密的法定构成要件

根据《反不正当竞争法》第9条的规定,商业秘密具有"非公知性""商业价值性"和"保密性"。

---

① 李万祥:《"中国饮料第一罐"虚假宣传纠纷案终审落槌》,载中国经济网,2015年7月28日。

因此,在起诉之前,需要判断涉案技术信息或者经营信息等商业信息是否符合商业秘密的上述法定构成要件。

“非公知性”是指有关信息不为其所属领域的相关人员普遍知悉和容易获得。实践中,可以认定有关信息不具有非公知性的情形包括:该信息为其所属技术或者经济领域的人的一般常识或者行业惯例;该信息仅涉及产品的尺寸、结构、材料、部件的简单组合等内容,进入市场后相关公众通过观察产品即可直接获得;该信息已经在公开出版物或者其他媒体上公开披露;该信息已通过公开的报告会、展览等方式公开;该信息从其他公开渠道可以获得;该信息无需付出一定的代价而容易获得。

“商业价值性”是指有关信息具有现实的或者潜在的商业价值,能为权利人带来竞争优势。

“保密性”是指权利人为防止信息泄露所采取的与其商业价值等具体情况相适应的合理保护措施。实践中,在正常情况下足以防止涉密信息泄露的下列情形,应当认定权利人采取了保密措施:限定涉密信息的知悉范围,只对必须知悉的相关人员告知其内容;对于涉密信息载体采取加锁等防范措施;在涉密信息的载体上标有保密标志;对于涉密信息采用密码或者代码等;签订保密协议;对于涉密的机器、厂房、车间等场所限制来访者或者提出保密要求;确保信息秘密的其他合理措施。

在商业秘密纠纷中,“客户名单”是一种比较特殊的商业秘密。虽然法律规定商业秘密中的经营秘密包括客户名单,但并不是所有客户名单都能成为商业秘密而受到法律保护。实践中,客户名单受到商业秘密法律保护的一个重要因素是客户名单的独特性。客户名单一般是指客户的名称、地址、联系方式以及交易的习惯、意向、内容等构成的区别于相关公知信息的特殊客户信息,包括汇集众多客户的客户名册,以及保持长期稳定交易关系的特定客户。通常情况下,客户名单中的客户均是社会公开存在的市场主体,其相关信息具有较强的公知性。因此,如果客户名单只是已经公开的通讯地址集、厂商名录等,就不具有独特性,不能成为商业秘密。只有企业花费时间、金钱、劳动,经过独特积累、搜集、加工、整理,得出了客户名单,成为企业市场竞争的特有优势,此种客户名单才能成为商业秘密获得法律保护。

(3)明确权利主体

商业秘密的产生可能有多种来源,因此,需要根据当事人的陈述及其提供的证据材料,确定涉案商业秘密权属主体。

如果当事人是继受取得商业秘密的,应当明确取得的性质和方式。不同性质的权利主体,不仅拥有的实体权利不同,而且享有的诉讼权利也不同。根据《最高人民法院关于审理不正当竞争民事案件应用法律若干问题的解释》第 15 条的规定,对于侵犯商业秘密行为,商业秘密独占使用许可合同的被许可人有权以自己名义单独提起诉讼;排他使用许可合同的被许可人可以和权利人共同提起诉讼,也可以在权利人不起诉的情况下自行提起诉讼;普通使用许可合同的被许可人可以和权利人共同提起诉讼,也可以经权利人书面授权单独提起诉讼。

(4)确定义务主体

在商业秘密侵权纠纷中,根据不同的情况,侵权主体可能是现职员工、离职员工、转让方、被许可方或者其他第三方等;在涉及商业秘密的技术成果权属纠纷中,主要的义务主体是合同对方或者员工;在商业秘密合同纠纷中,义务主体主要是合同对方。律师应当根据案件情况,初步确定可能涉及的义务主体。

(5)审查诉讼时效

对商业秘密侵权提起的诉讼,适用《民法典》一般诉讼时效为 3 年的规定,自权利人知道或者应当知道权利受到损害以及义务人之日起计算,同时适用有关诉讼时效中止、中断和延长的规定。

(6)选择纠纷主管机关

商业秘密纠纷的实际情况很复杂,律师应协助当事人根据纠纷情况选择适当的救济渠道以及相应的主管机关。

商业秘密纠纷属于用人单位和员工之间劳动合同纠纷的,也就是说劳动合同中明确约定了有关保守商业秘密的内容,由于劳动者违反保密义务,造成用人单位商业秘密被侵害而发生劳动争议,当事人可以向劳动争议仲裁委员会申请仲裁。但是,如果员工离职后违反保密合同的约定,侵犯原所在单位商业秘密的,单位可依据保密合同或合同中的保密条款,独立提起保密合同纠纷诉讼。

商业秘密纠纷属于用人单位和员工及其新聘用单位之间的侵权纠纷,或者属于平等民事主体之间的合同纠纷(不包括劳动合同)或者侵权民事纠纷,应向人民法院或者商事仲裁委员会起诉或者申请仲裁;此外,如前所述,对于侵权行为,也可向市场监督管理部门投诉;

商业秘密纠纷涉嫌犯罪的,可以向公安机关报案,也可以直接向人民法院提起刑事自诉。

对于因劳动者与用人单位之间的竞业限制协议引发的纠纷,如果当事人以违约为由主张权利,则属于劳动争议,依法应当通过劳动争议处理程序解决;如果当事人以侵犯商业秘密为由主张权利,则属于不正当竞争纠纷,人民法院可以依法直接予以受理。

(7)确定地域管辖

商业秘密侵权纠纷的地域管辖,可根据实际情况选择在被告所在地或侵权行为地起诉。

侵权行为地应当根据原告指控的侵权人的具体侵权行为来确定。侵权行为地包括侵权行为实施地和侵权结果发生地。

侵权行为实施地,是指被告被指控实施侵权行为的地域,包括非法获取商业秘密地、非法披露商业秘密地以及非法使用商业秘密地。

侵权结果发生地,一般是指侵权行为直接产生的结果发生地,不能以原告受到损害就认为原告所在地就是侵权结果发生地,也不能将侵权结果到达地作为侵权结果发生地。

(8)收集侵权行为的证据

证明侵权行为的证据是指证明被告非法获取、披露、使用权利人商业秘密的行为的证据。

商业秘密侵权一般采用“接触加相似”的方法进行证明。

第一,证明被告曾经接触过原告的商业秘密,例如被告曾是原告单位的员工,依职责掌握涉案商业秘密;或者被告和原告有过合作关系,接触到涉案商业秘密等。如果被告信息的载体或使用该信息所产生的成果本身,已经证明该信息是原告的商业秘密,比如被告图纸上有原告的署名或者签章,内容中有原告特有的标记等,则不必证明被告接触或可能接触了原告的商业秘密。

第二,被告持有或使用的信息与原告的商业秘密相同或者实质相似。

(9)收集损害赔偿的证据

侵犯商业秘密行为的损害赔偿额,可以参照确定侵犯专利权的损害赔偿额的方法进行,主要包括:

第一,按照权利人因被侵权所受到的实际损失确定赔偿数额。

权利人因被侵权所受到的损失,可以根据权利人的产品因侵权所造成销售量减少的总数,乘以每件产品的合理利润所得之积计算。权利人销售量减少的总数难以确定的,侵权产品在市场上销售的总数乘以每件产品的合理利润所得之积可以视为权利人因被侵权所受到的损失。

第二,按照侵权人因侵权所获得的利益确定赔偿数额。

如果权利人的实际损失难以计算的,则按照侵权人因侵权所获得的利益确定赔偿数额。侵权人因侵权所获得的利益,可以根据侵权产品在市场上销售的总数,乘以每件侵权产品的合理利润所得之积计算。侵权人因侵权所获得的利益一般按照侵权人的营业利润计算,对于完全以侵权为业的侵权人,可以按照销售利润计算。

此时,原告应当提供的相关证据包括,原被告双方的产量、销量,利润率,侵权前后利润情况对比,财务报表等。

第三,惩罚性赔偿。

经营者恶意实施侵犯商业秘密行为,情节严重的,可以在按照上述方法确定数额的1倍以上5倍以下确定赔偿数额。赔偿数额还应当包括经营者为制止侵权行为所支付的合理开支。

第四,法定赔偿。

权利人因被侵权所受到的实际损失、侵权人因侵权所获得的利益均难以确定的,由人民法院根据侵权人侵权行为的情节等因素,判决给予权利人500万元以下的赔偿。

第五,如果侵权行为导致商业秘密已为公众所知悉的,应当根据该项商业秘密的商业价值确定损害赔偿额。

商业秘密的商业价值,根据其研究开发成本、实施该项商业秘密的收益、可得利益、可保持竞争优势的时间等因素综合确定。

此时,原告应当提供研制、开发该商业秘密的费用,该商业秘密商业价值的评估报告等证据。

2. 代理被告进行抗辩的相关工作

在代理商业秘密侵权诉讼的被告应诉时,律师一般可以考虑从以下方面进行抗辩:

(1)原告是否为适格的权利人,其选择的法律程序是否适当;

(2)涉案信息是否符合商业秘密的法定构成要件;

(3)涉案商业秘密的范围是否明确、内容是否具体、载体是否真实且固定;

(4)被告是否不正当获取、使用、披露了原告主张的商业秘密;

(5)被告信息与原告商业秘密是否相同或者实质相似;

(6)被告是否有反向工程、第三方合法来源等抗辩情形;

(7)侵权责任的承担方式和赔偿数额等。

3. 商业秘密侵权诉讼中的鉴定

商业秘密侵权诉讼一般会涉及专业、复杂的技术性问题,因此常常需要进行鉴定。

(1)鉴定机构

人民法院同意当事人鉴定申请的,通常应由当事人协商确定有鉴定资质的机构和人员,协商不成的,由人民法院指定,并通知当事人在合理的期限内对鉴定机构、鉴定人员的资格或者是否申请回避等事项提出意见。

(2)鉴定事项

一般是针对涉案信息进行鉴定,包括非公知性鉴定和同一性鉴定两个部分。当事人应当明确鉴定的对象及其范围,主要包含权利人所称商业秘密是否不为公众所知悉,被侵权人使用的信息与权利人商业秘密是否相同或实质相似等。

需要注意的是,人民法院只能就专业事实委托鉴定,而权利人的技术信息、经营信息是否构成商业秘密,被诉侵权人是否侵权等属于法律问题,不属于委托鉴定的范围,鉴定机构不应对此发表意见,应由人民法院根据相应证据作出判定。

(3)鉴定材料

诉讼中法院委托鉴定的,应当按照证据的审查原则,组织双方当事人对鉴定材料的关联性、真实性及合法性进行质证,随后提交鉴定机构作为鉴定的基础材料。如果依据未经双方当事人质证或者核对的证据材料所做出的鉴定结论,不能作为认定案件事实的依据。

(4)鉴定意见

鉴定意见要依法经过当事人质证才能作为定案依据。对鉴定意见的质证中,一般需要鉴定人出庭接受质询。

4. 商业秘密侵权诉讼中的评估

在计算损害赔偿数额时,可能涉及商业秘密价值或者遭受损失大小的评估。因此,在商业秘密侵权诉讼中，评估也是一种常用的查明损害事实的方式。

（1）评估机构

商业秘密评估属于专业性的鉴定，应当委托具有资质的鉴定人进行评估，而且鉴定机构和人员应当取得无形资产价格鉴定或者评估资格。

（2）评估事项

商业秘密评估的事项通常包括：商业秘密的价值评估，以及商业秘密由于侵权行为而导致的价值损失，即权利人的损失。

（3）评估方法

商业秘密的评估方法主要包括成本法、收益法和市场法，注册资产评估师应当根据商业秘密的实际情况进行合理选择。

5. 商业秘密纠纷诉讼中的注意问题

（1）申请不公开审理

为了防止诉讼中造成商业秘密的二次泄露，如果诉讼中涉及己方的商业秘密，无论是原告还是被告，都应及时申请法院进行不公开审理。

（2）提出保密申请

双方当事人均可申请法院告知对方承担保密义务。具体形式可以是法院记入笔录，由诉讼参与人签字，或者由诉讼参与人签署承担保密责任的承诺书等书面文件。

双方当事人还可以向法院申请对相关证据保密。具体形式可以是裁判文书中不披露商业秘密实质性内容、卷宗标注密级、保密证据归入副卷等。

（3）申请专家辅助人出庭

对于涉及专业技术或经营信息中专业性较强的问题，当事人可以申请一至二名具有专门知识的人员出庭就案件的专门性问题进行说明。出庭的专家辅助人之间以及其与当事人、鉴定人之间，可以相互询问的方式进行质证。

【案例】

2016年9月，最高人民法院作出判决的（2014）民三终字第3号化学工业部南通合成材料厂、南通中蓝工程塑胶有限公司、南通星辰合成材料有限公司诉南通市旺茂实业有限公司、陈建新、周传敏、陈晰、戴建勋、李道敏侵害技术秘密和经营秘密纠纷二审案①，是一起被控侵权方充分利用“保密措施”成功抗辩的商业秘密案例。

本案中，原告方主张涉案商业秘密为三家共有，虽然被告方不认可三家共有，但对中蓝公司的权利人身份表示认可。法院认定，在中蓝公司权利人身份无异议的情况下，中蓝公司在诉讼中已明确表示同意将其所拥有的技术信息和经营信息与合成材料厂、星辰公司共有，而该行为属于民事权利主体对自身权利的处分，没有违反法律规定，因此，合成材料厂、星辰公司、中蓝公司可以涉案信息共有人的身份共同提起本案诉讼。

因此，本案的关键问题是，在涉案信息处于共有的状态下，如何判断权利人采取了合理的保密措施。

最高人民法院在二审判决中指出：

首先，保密措施通常是由商业秘密的权利人所采取的，体现出权利人对其主张商业秘密保护的信息具有保密的主观意愿。本案中三上诉人（指原告方）主张的涉案信息实际上是在较长的历史时期内，在合成材料厂、星辰公司和中蓝公司三个民事主体处分别

① 《商业秘密共有状态下对各共有人保密措施的要求》，载知产宝网，访问日期：2016年11月26日。

形成的。因此,前一主体所采取的保密措施,仅适用于在该主体处形成的涉案信息,而不能作为在其后主体处取得或形成的涉案信息的保密措施。现三上诉人主张对涉案信息共有,则需三上诉人明确涉案各项技术信息和经营信息形成的具体时间以及相对应的权利人,并在此基础上才能确定三上诉人对主张的各项涉案信息是否采取了合理的保密措施。但是,虽经法院多次释明,三上诉人始终不能就各项涉案信息的形成时间和对应的权利人作出合理地说明或证明,由此产生的不利后果应当由上诉人方自行承担。

其次,三上诉人主张共有涉案信息,而关于共有人对共有财产享有的权利和承担的义务,《中华人民共和国民法通则》第78条规定:"共有分为按份共有和共同共有。按份共有人按照各自的份额,对共有财产分享权利,分担义务。共同共有人对共有财产享有权利,承担义务。"《最高人民法院关于贯彻执行〈中华人民共和国民法通则〉若干问题的意见(试行)》第89条规定:"共同共有人对共有财产享有共同的权利,承担共同的义务。"虽然三上诉人未明确其对涉案信息是按份共有还是共同共有,但不论共有方式如何,各上诉人均应就涉案信息采取合理的保密措施。因此,三上诉人有关"只要某一上诉人采取了合理的保密措施,就应视为三上诉人均采取了合理的保密措施"的主张缺乏事实和法律依据。

再次,在三上诉人主张共有之前,中蓝公司作为涉案信息唯一的权利人,应当就涉案信息采取合理的保密措施。在三上诉人主张共有之后,中蓝公司作为共有人之一,也应当就涉案信息采取合理的保密措施。但本案中三上诉人提供的证据不能证明中蓝公司采取了合理的保密措施。

最后,三上诉人有关中蓝公司也实施了合成材料厂、星辰公司的保密措施的主张不能成立。第一,三上诉人为各自独立的民事主体,组织机构各不相同,本案并无充分证据证明三上诉人存在"三个单位、一套人马、三位一体"的情形。第二,五个自然人被上诉人(指被告方中的五位自然人)在三上诉人的任职情况,也不能证明中蓝公司适用合成材料厂、星辰公司的保密措施。第三,三上诉人有关员工出具的三上诉人通用保密措施的证言,因员工均与本案三上诉人有利害关系,且没有出庭质证,证言不予采信。

综上所述,由于中蓝公司未对涉案信息采取合理的保密措施,三上诉人主张的涉案信息不构成反不正当竞争法第10条规定的商业秘密,不能受到反不正当竞争法的保护。

该案例体现出最高人民法院对于共有状态下保密措施是否合理的判断标准:(1)对于形成于不同时期、不同主体的技术信息和经营信息,如果在诉讼中主张共有,则共有人均有义务根据自己成为权利人的时间提供证据证明采取了合理的保密措施。(2)在涉案技术信息和经营信息共有状态下,合理的保密措施意味着各共有人对涉案信息均应采取合理的保密措施,切不可认为只要一个共有人采取了合理的保密措施,就视为其他共有人均采取了合理保密措施。

六、商业诋毁诉讼

《反不正当竞争法》第11条规定,经营者不得编造、传播虚假信息或者误导性信息,损害竞争对手的商业信誉、商品声誉。

诋毁竞争对手,是当前我国市场竞争中比较多见的不正当手法。诋毁往往是针对市场上已占有优势的与自己产品有竞争关系的同行,其手法往往通过口头、信函、匿名信、公开信、文章、公告、传单、订单用语、新闻发布会等,散布竞争对手的生产、经营、服务、质量方面的虚假的不良信息,使其商业信誉受损,丧失竞争优势,失去客户,从而使自己获得利益。

【案例】

北京奇虎科技有限公司、奇智软件（北京）有限公司（合称奇虎公司等）针对腾讯科技（深圳）有限公司、深圳市腾讯计算机系统有限公司（合称腾讯公司等）的QQ软件专门开发了“360扣扣保镖”软件，在相关网站上宣传扣扣保镖软件全面保护QQ软件用户安全，并提供下载。在安装了扣扣保镖软件后，该软件会自动对QQ软件进行体检，以红色字体警示用户QQ存在严重的健康问题，以绿色字体提供一键修复帮助，同时将“没有安装360安全卫士，电脑处于危险之中；升级QQ安全中心；阻止QQ扫描我的文件”列为危险项目；查杀QQ木马时，显示“如果您不安装360安全卫士，将无法使用木马查杀功能”，并以绿色功能键提供360安全卫士的安装及下载服务；经过一键修复，扣扣保镖将QQ软件的安全沟通界面替换成扣扣保镖界面。腾讯公司等以上述行为构成不正当竞争为由，提起诉讼。

广东省高级人民法院一审认为，奇虎公司等前述行为构成不正当竞争行为；其针对腾讯公司等的经营，故意捏造、散布虚伪事实，损害了该公司的商业信誉和商品声誉，构成商业诋毁。遂判决奇虎公司等公开赔礼道歉、消除影响，并连带赔偿经济损失及合理维权费用共计500万元。奇虎公司等不服，提起上诉。

最高人民法院二审认为，在市场竞争中，经营者通常可以根据市场需要和消费者需求自由选择商业模式，这是市场经济的必然要求。腾讯公司等使用的免费平台与广告或增值服务相结合的商业模式是本案争议发生时互联网行业惯常的经营方式，也符合我国互联网市场发展的阶段性特征。这种商业模式并不违反《反不正当竞争法》的原则精神和禁止性规定，腾讯公司等以此谋求商业利益的行为应受保护，他人不得以不正当干扰方式损害其正当权益。奇虎公司等前述行为破坏QQ软件及其服务的安全性、完整性，干扰了其正当经营活动，损害了其合法权益。奇虎公司等前述行为根本目的在于依附QQ软件强大用户群，通过对QQ软件及其服务进行贬损的手段来推销、推广360安全卫士，从而增加奇虎公司等的市场交易机会并获取市场竞争优势，此行为本质上属于不正当地利用他人市场成果、为自己谋取商业机会从而获取竞争优势的行为，违反了诚实信用和公平竞争原则，构成不正当竞争。最高人民法院判决驳回上诉，维持原判。①

七、网络域名侵权诉讼

（一）网络域名侵权的构成要件

最高人民法院《关于审理涉及计算机网络域名民事纠纷案件适用法律若干问题的解释》第4条明确规定了域名侵权的构成要件：

①原告请求保护的民事权益合法有效；

②被告域名或其主要部分构成对原告驰名商标的复制、模仿、翻译或音译；或者与原告的注册商标、域名等相同或近似，足以造成相关公众的误认；

③被告对该域名或其主要部分不享有权益，也无注册、使用该域名的正当理由；

④被告对该域名的注册、使用具有恶意。

从这一规定中可以看出，域名侵权的核心构成要件在于：客观上的“相似性”和主观上的

① 《2014年中国法院10大知识产权案件简介》，载最高人民法院网，2015年4月20日。

“恶意”①。

关于“相似性”,分为两种情况:一种是与原告的注册商标、域名等相同或近似,足以造成相关公众的误认,另一种是对原告驰名商标的复制、模仿、翻译或音译。值得注意的是,对驰名商标的相似性判断是不需要“足以造成相关公众误认”的条件的。

所谓“恶意”,主要是指:(1)为商业目的将他人驰名商标注册为域名的;(2)为商业目的注册、使用与原告的注册商标、域名等相同或近似的域名,故意造成与原告提供的产品、服务或者原告网站的混淆,误导网络用户访问其网站或其他在线站点的;(3)曾要约高价出售、出租或者以其他方式转让该域名获取不正当利益的;(4)注册域名后自己并不使用也未准备使用,而有意阻止权利人注册该域名的;(5)具有其他恶意情形的。

但在被告举证证明在纠纷发生前其所持有的域名已经获得一定的知名度,且能与原告的注册商标、域名等相区别,或者具有其他情形足以证明其不具有恶意的情况下,可以不认定被告具有恶意。

可见,域名侵权的“恶意”要件,是明显区分于传统知识产权领域侵权案件的。②

(二)网络域名侵权的法律责任

域名侵权成立时,可以判令被告停止侵权、注销域名,或者依原告的请求判令由原告注册使用该域名;给权利人造成实际损害的,可以判令被告赔偿损失。

【案例】

2005年5月9日,庄辰超注册了“qunar. com”域名并创建了“去哪儿”网。北京趣拿信息技术有限公司(以下简称“趣拿公司”)于2006年3月17日成立后,“qunar. com”域名由庄辰超转让给该公司。经过多年使用,“去哪儿”“去哪儿网”“qunar. com”等服务标识成为知名服务的特有名称。广州市去哪信息技术有限公司(以下简称“去哪公司”)的前身成立于2003年12月10日,后于2009年5月26日变更为现名,经营范围与趣拿公司相近。2003年6月6日,“quna. com”域名登记注册,后于2009年5月转让给去哪公司。去哪公司随后注册了“123quna. com”“mquna. com”域名,并使用“去哪”“去哪儿”“去哪网”“quna. com”名义对外宣传和经营。趣拿公司以去哪公司上述行为构成不正当竞争为由,请求判令去哪公司停止不正当竞争行为并赔偿损失300万元等。

广州市中级人民法院一审认为,去哪公司使用“去哪”“去哪儿”“去哪网”“quna. com”服务标记的行为构成对趣拿公司知名服务特有名称的侵害,去哪公司在其企业字号中使用“去哪”字样的行为构成不正当竞争,去哪公司使用“quna. com”“123quna. com”“mquna. com”域名的行为构成对趣拿公司域名权益的侵害。遂判决去哪公司停止使用上述企业字号、服务标记、域名,并限期将上述域名移转给趣拿公司;去哪公司赔偿趣拿公司经济损失35万元。去哪公司不服一审判决提出上诉。

广东省高级人民法院二审认为,去哪公司使用“去哪”企业字号和“去哪”标识等构成不正当竞争行为。去哪公司对域名“quna. com”享有合法权益,使用该域名有正当理由,根据《最高人民法院关于审理涉及计算机网络域名民事纠纷案件适用法律若干问题的解释》第四条规定,不构成不正当竞争,去哪公司随后注册“123quna. com”“mquna. com”域名也应当允许注册和使用。双方均享有来源合法的域名权益,需要彼此容忍、互相尊重、长期共存,一方不能因为在经营过程中知名度提升,就剥夺另一方的生存空间;

① 参见蒋志培:《中国域名纠纷案件的司法实践与理论探索》,载中国知识产权司法保护网,访问日期:2018年1月。

② 参见魏浩征:《域名侵权纠纷法律问题研究》,载博客网,访问日期:2018年1月。

另一方也不能恶意攀附知名度较高一方的商誉,以谋取不正当的商业利益。据此,去哪公司虽然有权继续使用"quna. com"等域名,但是也有义务在与域名相关的搜索链接及网站上加注区别性标识,以使消费者将上述域名与趣拿公司"去哪儿""去哪儿网""qunar. com"等知名服务特有名称相区分。二审法院维持了一审判决关于去哪公司停止使用"去哪"企业字号及"去哪"等标识的判项;撤销了去哪公司停止使用"quna. com"等域名并限期将上述域名移转给趣拿公司的判项,并把赔偿数额相应调整为 25 万元。①

八、互联网不正当竞争行为

《反不正当竞争法》第 12 条对利用技术手段在互联网领域从事妨碍、破坏其他经营者合法提供的网络产品或者服务正常运行的不正当竞争行为作了列举规定,业界称为"互联网专条"。

该条概括的互联网领域特有不正当竞争行为主要包括:

①未经其他经营者同意,在其合法提供的网络产品或者服务中,插入链接、强制进行目标跳转;

②误导、欺骗、强迫用户修改、关闭、卸载其他经营者合法提供的网络产品或者服务;

③恶意对其他经营者合法提供的网络产品或者服务实施不兼容;

④其他妨碍、破坏其他经营者合法提供的网络产品或者服务正常运行的行为。

【案例】

经营优酷网的合一公司调查发现,乐视公司经营的乐视盒子中的乐视浏览器在点播优酷网免费视频时,屏蔽了优酷网的贴片广告,有意针对优酷网更改浏览器 UA(User-Agent)设置并使用乐视播放器覆盖优酷播放器。合一公司认为乐视公司构成不正当竞争,起诉要求乐视公司停止不正当竞争行为、消除影响并赔偿经济损失600 万元。

乐视公司辩称,因为优酷网针对不同端口有不同的广告规则,对 iphone 端浏览器不提供视频广告,用户体验和资源较好,所以,安卓系统的乐视浏览器访问优酷网时,乐视公司将浏览器 UA 设置为 iphone 端标识,此举不构成不正当竞争。

法院查明:优酷网针对 iphone 端提供的免费视频不加载贴片广告,与其他系统终端提供免费视频时加贴片广告不同。乐视公司主动将安卓系统的乐视浏览器访问优酷网时的 UA 设置更改为 iphone 端标识,导致市场中 iphone 端浏览器访问优酷网的用户增加,优酷网针对安卓系统端获得的广告收益减少。法院认为:由于终端设备系统设置、技术原因以及区分终端设备授权等因素,优酷网或者出于主动的商业安排,或者由于技术兼容性等问题,会针对不同系统的终端设备推送不同的视频资源、提供不同服务。乐视公司为自身利益,有意采取技术措施获得优酷网为特定系统终端提供的服务,导致优酷网合法权益受到损害。因此,乐视公司的行为干扰了合一公司的正常经营活动,构成不正当竞争。法院一审判决乐视公司不得更改乐视浏览器 UA 设置、链接优酷网 iphone 端,并赔偿合一公司 20 万元。乐视公司不服一审判决提起上诉,二审维持原判。②

九、不正当竞争纠纷的损害赔偿

根据《反不正当竞争法》第 17 条的规定,经营者违反本法规定,给他人造成损害的,应当依法

① 《2014 年中国法院 10 大知识产权案件简介》,载最高人民法院网,访问日期:2015 年 4 月 20 日。

② 参见《海淀法院发布网络不正当竞争纠纷审判情况分析——暨十大典型案例》,载"知产力"微信公众号,2018 年 4 月 19 日。

承担民事责任。因不正当竞争行为受到损害的经营者的赔偿数额,按照其因被侵权所受到的实际损失确定;实际损失难以计算的,按照侵权人因侵权所获得的利益确定。经营者恶意实施侵犯商业秘密行为,情节严重的,可以在按照上述方法确定数额的1倍以上5倍以下确定赔偿数额。赔偿数额还应当包括经营者为制止侵权行为所支付的合理开支。经营者违反本法第六条、第九条规定,权利人因被侵权所受到的实际损失、侵权人因侵权所获得的利益难以确定的,由人民法院根据侵权行为的情节判决给予权利人500万元以下的赔偿。

另外,根据《最高人民法院关于审理不正当竞争民事案件应用法律若干问题的解释》第17条的规定,确定《反不正当竞争法》规定的侵犯商业秘密行为的损害赔偿额,可以参照确定侵犯专利权的损害赔偿额的方法进行;确定《反不正当竞争法》混淆行为、虚假宣传行为、诋毁商誉行为的损害赔偿额,可以参照确定侵犯注册商标专用权的损害赔偿额的方法进行。

第五节　代理确认不侵犯知识产权诉讼

一、确认不侵犯知识产权诉讼的概念

确认不侵犯知识产权诉讼,是指利益受到特定知识产权影响的行为人,以该知识产权权利人为被告提起的,请求确认其行为不侵犯该知识产权的诉讼。

2002年7月,最高人民法院(2001)民三他字第4号《关于苏州龙宝生物工程实业公司与苏州朗力福保健品有限公司请求确认不侵犯专利权纠纷案的批复》,是我国司法实践中第一例确认不侵犯知识产权的诉讼。

《民事案件案由规定》第153个案由为"确认不侵害知识产权纠纷",具体包括确认不侵害专利权纠纷、确认不侵害著作权纠纷、确认不侵害商标权纠纷三类。

最高人民法院《关于审理侵犯专利权纠纷案件应用法律若干问题的解释》(法释〔2009〕21号)第18条规定,"权利人向他人发出侵犯专利权的警告,被警告人或者利害关系人经书面催告权利人行使诉权,自权利人收到该书面催告之日起一个月内或者自书面催告发出之日起两个月内,权利人不撤回警告也不提起诉讼,被警告人或者利害关系人向人民法院提起请求确认其行为不侵犯专利权的诉讼的,人民法院应当受理"。这是我国司法解释首次对确认不侵权诉讼作出明确规定。

目前在司法实践中,除了《民事案件案由规定》规定的三类确认不侵权诉讼外,其他类型的知识产权都已经成为确认不侵权诉讼涉及的权利。

二、确认不侵犯知识产权诉讼的受理条件

根据上述司法解释以及相关司法案例,提起确认不侵权诉讼的条件包括:

(1)提起确认不侵权诉讼的主体是被控侵权人;

(2)权利人向被控侵权人发出侵犯知识产权的警告,包括委托律师发出律师函、权利人发出警告函,以及权利人向有关主管部门提起举报、投诉等;

(3)被控侵权人或者利害关系人书面催告权利人行使诉权;

(4)权利人自收到书面催告之日起1个月内,或者自书面催告发出之日起2个月内,不撤回警告也不提起诉讼。

(5)权利人发出警告但又迟迟不起诉的行为,导致被控侵权人或者利害关系人处于是否侵权的不确定状态,为了尽快稳定法律关系和恢复市场秩序,被控侵权人可以提起确认不侵权诉讼。

【案例】

怀化正好制药有限公司（以下简称“正好公司”）于2005年7月1日向国家知识产权局提出名称为“一种药物金刚藤微丸及其制备方法”的发明专利申请，并于2009年6月17日获得授权，专利号为ZL200510080293.X。湖南方盛制药股份有限公司（以下简称“方盛公司”）就药品名称为“金刚藤分散片”的片剂药品向湖南省食品药品监督管理局（以下简称“湖南省食药监局”）提出新药申请，湖南省食药监局于2005年10月19日对该申请予以受理。2008年12月25日，国家食品药品监督管理局药品审评中心（以下简称“审评中心”）向方盛公司致函称，在该公司的“金刚藤分散片”注册过程中，正好公司向审评中心反映该申报药品涉及专利问题。审评中心通知方盛公司对此出具答复意见。2009年1月9日，方盛公司向审评中心出具了对上述问题的答复意见，认为“金刚藤分散片”的药品注册申请未与正好公司的专利权形成冲突。方盛公司于2011年9月13日向正好公司致函，督促其行使诉权或者向国家药监局撤回异议。后正好制药公司既未提起诉讼，亦未撤回异议。方盛公司向湖南省长沙市中级人民法院提起确认不侵害专利权之诉。一审法院判决确认方盛公司的“金刚藤分散片”不侵犯正好公司的专利权。正好公司不服，提起上诉。湖南省高级人民法院二审判决驳回上诉、维持原判。

对于该起确认不侵犯专利权诉讼是否应予受理的问题，一审法院认为，根据最高人民法院《关于审理侵犯专利权纠纷案件应用法律若干问题的解释》第18条的规定，被告正好公司虽未直接向原告方盛公司发出侵权警告函，但被告以相关专利权人的身份通过国家食品药品监督管理局药品审评中心对原告申请注册的“金刚藤咀嚼片”提出异议，双方已经形成争议的事实，相对于该事实，原告属于利害关系人。且原告方盛公司早在2011年9月就向被告正好公司发送了函件督促被告行使诉权或者撤回异议，被告正好公司既未提起诉讼，亦未撤回异议，本案符合确认不侵权之诉受理条件。

二审法院认为，虽然正好公司并未直接向方盛公司发出侵权警告函，但是通过向国家食品药品监督管理局药品审评中心提出异议，且国家食品药品监督管理局药品审评中心向方盛公司转达了正好公司的异议，应视为是专利人正好公司向方盛公司发出了侵犯专利权的警告。方盛公司遂向国家食品药品监督管理局药品审评中心出具了答复意见，向正好公司出具催告函，后又寄出催告邮件，且该邮件已由正好公司签收。正好公司对方盛公司要求其撤回警告或依法行使诉权的请求不予理睬超过2个月，方盛公司可以提起确认不侵权之诉。

最高人民法院在推荐本案例时指出，权利人发出侵权警告函是确认不侵权之诉成立的行为要件之一。司法实践中，以律师函等形式体现的警告函的发送对象通常是涉嫌侵权的生产经营者本人。本案的意义在于扩展了侵权警告函的形式和对象的范围，即本案中的侵权警告是以正好公司针对方盛公司的新药申请而向国家有关部门提出的权利异议的方式体现。虽然它有别于权利人与涉嫌侵权人之间直接建立的侵权警告关系，但由于正好公司提出的该种异议已经直接影响到了方盛公司的生产经营活动，从而在实质上起到了直接向方盛公司发送警告函相同的作用和后果，考虑到市场经营活动中已经越来越多地出现了这种当事人借助合法形式，拖延或干扰他人正常的生产经营活动的行为，从尽快稳定法律关系和恢复市场秩序的角度出发，法院在本案中对侵权警告函的形式和对象作出的灵活处理和解释，符合法律设置确认不侵权之诉的立法本义。①

① 《2014中国法院10大创新性知识产权案件简介》，载最高人民法院网，2015年4月20日。

第六节　代理知识产权侵权诉讼中的特殊程序

一、知识产权侵权诉讼的管辖法院

知识产权侵权案件的地域管辖以侵权行为地或者被告所在地为原则,级别管辖以中级法院作为第一审法院为原则。但根据案件的不同性质,又略有差别。这是律师在代理知识产权侵权诉讼中应当注意的重要问题。

(一) 专利侵权诉讼的管辖

对于专利案件,从级别管辖的角度看,由知识产权法院、最高人民法院确定的中级人民法院(一般是省级政府所在地的中级人民法院以及其他由最高人民法院指定的中级人民法院)和最高人民法院确定的基层人民法院管辖。从地域管辖的角度看,由侵权行为地或者被告住所地法院管辖。

实践中,一般认为侵权行为地包括:被控侵犯发明、实用新型专利权的产品的制造、使用、许诺销售、销售、进口等行为的实施地;专利方法使用行为的实施地,依照该专利方法直接获得的产品的使用、许诺销售、销售、进口等行为的实施地;外观设计专利产品的制造、销售、进口等行为的实施地;假冒他人专利的行为实施地;以及上述侵权行为的侵权结果发生地。

(二) 商标侵权诉讼的管辖

对于商标案件,从级别管辖的角度看,由中级以上人民法院管辖。各高级人民法院根据本辖区的实际情况,经最高人民法院批准,可以在较大城市确定 1～2 个基层人民法院受理第一审商标民事案件。从地域管辖的角度看,由侵权行为的实施地、侵权商品的储藏地或者查封扣押地、被告住所地法院管辖。

这里需要注意的是,所谓侵权商品的"储藏地",是指大量或者经常性储存、隐匿侵权商品所在地,而不是零散的、临时性的。"查封扣押地"是指海关、市场监督管理等行政机关依法查封、扣押侵权商品所在地,而不是法院证据保全或财产保全的地方。

(三) 著作权侵权诉讼的管辖

对于著作权案件,从级别管辖的角度看,由中级以上人民法院管辖。各高级人民法院根据实际情况,可以确定若干基层人民法院管辖第一审著作权民事纠纷案件。从地域管辖的角度看,由侵权行为的实施地、侵权复制品储藏地或者查封扣押地、被告住所地法院管辖。其中,侵权复制品储藏地或者查封扣押地的认定,与商标侵权诉讼是相同的。

最高人民法院《关于适用〈中华人民共和国民事诉讼法〉的解释》第 25 条规定:"信息网络侵权行为实施地包括实施被诉侵权行为的计算机等信息设备所在地,侵权结果发生地包括被侵权人住所地。"在该司法解释实施后,实践中出现了大量主张以此条款为管辖依据的案件,由此产生的管辖异议也大量出现。

【案例】

奇虎公司认为小米公司生产的小米手机对其经营的 360 安全卫士进了阻碍安装、强制卸载等不正当竞争行为,故以不正当竞争为由将小米公司诉至法院。奇虎公司认为根据《民事诉讼法》司法解释第 25 条规定,侵权结果发生地包括被侵权人住所地,故向其住所地法院提起了本案诉讼。小米公司认为本案不应由原告住所地法院管辖,故提起管辖异议。

法院认为:《民事诉讼法》司法解释第25条所称信息网络侵权行为,是指侵权人利用互联网发布直接侵害他人合法权益的信息的行为,比如侵权人在互联网上发布的信息直接侵害权利人对作品享有的信息网络传播权等,而非凡是案件事实与网络有关的侵权行为或不正当竞争行为均属于信息网络侵权行为。本案系不正当竞争纠纷,是以被控不正当竞争的计算机软件或网站是否设置了妨碍他人正当竞争的功能设置为判定基础,并非信息网络侵权行为,本案不属于《民事诉讼法》司法解释第25条规制的范畴。管辖权的确定对当事人而言至少应当具有确定性和可预期性。确定管辖权,主要依据"两便原则"以及为防止原告滥用诉权而规定的"原告就被告"原则。对不正当竞争纠纷而言,无论是由被控侵权人进行相关设置的服务器所在地、进行相关设置所使用的计算机终端所在地、被告住所地确定管辖,都相较于起诉人住所地更有利于法院对被控不正当竞争行为进行审查以及相应判决的执行。倘若以相关计算机软件可以在互联网下载运行就准许原告住所地法院对本案管辖,不仅不利于法院对被控不正当竞争行为的审查以及相应判决的执行,不符合管辖权确定的基本原则,也可能使以"被告住所地"确定管辖的制度设计落空。法院裁定将本案已送至被告住所地法院审理。①

(四)知识产权法院集中管辖

随着我国经济社会发展,知识产权审判的重要作用日益凸显,案件数量迅猛增长,新型疑难案件增多,矛盾化解难度加大。为了进一步深入实施国家知识产权战略,优化知识产权保护体系;妥善协调司法保护和行政执法的关系,发挥司法保护知识产权主导作用,2014年8月31日,十二届全国人大常委会第十次会议表决通过了《全国人大常委会关于在北京、上海、广州设立知识产权法院的决定》。2014年10月31日,最高人民法院发布《关于北京、上海、广州知识产权法院案件管辖的规定》。

2014年11月6日,北京知识产权法院正式成立。2014年12月16日,广州知识产权法院正式成立。2014年12月28日,上海知识产权法院正式成立。

知识产权法院实行知识产权案件的集中管辖,具体管辖所在市辖区内的下列第一审案件:

(1)专利、植物新品种、集成电路布图设计、技术秘密、计算机软件民事和行政案件;

(2)对国务院部门或者县级以上地方人民政府所作的涉及著作权、商标、不正当竞争等行政行为提起诉讼的行政案件;

(3)涉及驰名商标认定的民事案件。

三个知识产权法院在地域管辖范围方面有所差别。北京知识产权法院目前审理北京地区的知识产权案件,以及知识产权授权确权类行政案件;广州知识产权法院则可跨区域管辖,对广东省内的部分案件享有一审管辖权,对广东省内基层法院的部分上诉案件,享有二审管辖权;上海知识产权法院审理上海地区的知识产权案件,现与上海第三中级人民法院合署办公。

二、知识产权侵权诉讼的诉前禁令

诉前禁令,是指知识产权权利人或利害关系人在起诉前请求法院作出责令侵权人停止正在实施或者即将实施的侵权行为,以防止其合法权益受到难以弥补的损害。

诉前停止侵权行为的措施,在英美法和大陆法系中被称为"临时性禁令",《与贸易有关的知识产权协定》(TRIPs协定)中第三章第三节第50条之二也规定:"如果认为适当,司法当局应有权在开庭前依照一方当事人的请求,采取临时措施,尤其是在一旦有任何迟误则可能给权利持有人造

① 《2015年度北京市法院十大知识产权创新案例》,载新浪网司法频道,2016年4月19日。

成不可弥补的损害的情况下,或在有关证据显然有被销毁的危险的情况下。”

我国在加入 WTO 时,按照 TRIPs 协定的要求修改了专利法、商标法和著作权法等知识产权法律,确立了知识产权的诉前禁令制度。最高人民法院制定的《关于对诉前停止侵犯专利权行为适用法律问题的若干规定》《关于诉前停止侵犯注册商标专用权行为和保全证据适用法律问题的解释》以及《关于审理著作权民事纠纷案件适用法律若干问题的解释》等司法解释,进一步明确了该制度的具体操作标准和规范。

《民事诉讼法》第 103 条和 104 条正式确定了民事诉讼的诉前禁令制度。

律师在办理诉前禁令案件时,应注意从以下方面把握。

(一) 申请主体

申请诉前禁令的主体包括专利权人、商标注册人、著作权人等知识产权权利人,以及利害关系人。利害关系人,包括知识产权许可合同的被许可人、知识产权的合法承受人等。在知识产权许可合同被许可人中,独占许可合同的被许可人可以单独向人民法院提出申请;排他许可合同的被许可人可以和权利人共同起诉,也可以在权利人不申请的情况下,自行提出申请;普通许可合同的被许可人经权利人明确授权,可以提出申请。

(二) 管辖法院

诉前禁令应向被申请保全行为所在地、被申请人住所地具有相应知识产权与竞争纠纷管辖权的人民法院或者具有实体案件管辖权的人民法院提出。

(三) 是否做出诉前禁令的考虑因素

一般情况下,法院会考虑下列因素,决定是否作出诉前禁令。

(1)申请人在本案中是否有胜诉可能性,包括作为申请人的知识产权权利人或者利害关系人拥有的权益是否有效、稳定;

(2)因被申请人一方的行为或者其他原因是否可能造成将来的判决难以执行或者造成申请人其他损害,或者使申请人的合法权益受到难以弥补的损害;

(3)采取保全措施对被申请人造成的损害是否明显超过不采取保全措施给申请人带来的损害;

(4)采取保全措施是否会损害社会公共利益。

(四) 需要提供担保

法院会要求申请人提供担保,担保金额一般以能够弥补被申请人因申请保全错误而遭受的损失为限。

【案例】

“the Voice of...”节目是荷兰塔尔帕(Talpa)公司开发的以歌唱比赛为内容的真人选秀节目。在塔尔帕公司的授权下,第 1—4 季“中国好声音”由灿星公司于 2012 年至 2015 年期间制作播出。随后,2016 年 1 月,唐德公司取得独占授权开发制作“中国好声音”第 5—8 季。

2016 年 6 月,唐德公司向北京知识产权法院提出诉前保全申请,称“the Voice of...”节目在全球享有极高知名度,灿星公司在没有授权的情况下,擅自宣传、推广和制作第 5 季“中国好声音”(后更名为“2016 中国好声音”)节目,世纪丽亮公司协助灿星公司组织和主办全国校园海选,因此,请求裁定灿星公司和世纪丽亮公司立即停止有关侵权行为。

6 月 20 日,北京知识产权法院裁定灿星公司立即停止在歌唱比赛选秀节目的宣传、推广、海选、广告招商、节目制作过程中使用包含“中国好声音”“the Voice of China”字样的节目名称及相关注册商标；责令世纪丽亮公司立即停止在歌唱比赛选秀节目的宣传、推广、海选、广告招商过程中使用包含“中国好声音”字样的节目名称。

随后，灿星公司和世纪丽亮公司申请复议。北京知识产权法院于2016年7月4日裁定驳回其复议请求。

北京知识产权法院认为，审查是否应当责令被申请人停止相关行为，主要考虑以下因素：(1)申请人是否是权利人或利害关系人；(2)申请人在本案中是否有胜诉可能性；(3)是否具有紧迫性，以及不立即采取措施是否可能使申请人的合法权益受到难以弥补的损害；(4)损害平衡性，即不责令被申请人停止相关行为对申请人造成的损害是否大于责令被申请人停止相关行为对被申请人造成的损害；(5)责令被申请人停止相关行为是否损害社会公共利益；(6)申请人是否提供了相应的担保。

对于唐德公司是否具有主张“中国好声音”节目名称权益的基础，以及是否具有胜诉可能性的问题，北京知识产权法院认为，现有证据显示，“中国好声音”中文节目名称被认定为电视文娱节目及其制作服务类的知名服务特有的名称，存在较大可能性。唐德公司获得了塔尔帕公司关于包括有关注册商标、“中国好声音”中文节目名称等在内的多项权利或权益的独占且唯一的授权，其据此提出诉前行为保全申请，具有权利或权益基础。根据现有证据判断，“中国好声音”这一节目最初来源于塔尔帕公司关于相关节目模式的授权，即“中国好声音”这一节目名称指向一种具有特定模式的节目，且该节目名称权益的产生来源于塔尔帕公司的经营行为，因此，唐德公司经授权可能享有对“中国好声音”这一节目名称的在先权益。而灿星公司和世纪丽亮公司的行为存在构成商标侵权和不正当竞争的可能性。

对于是否具有紧迫性的问题，北京知识产权法院认为，“中国好声音”节目作为一档全国知名的歌唱比赛选秀节目，该节目的知名度与其节目内容和节目所采用的模式及特色密切关联，而如出现另一档节目名称包含“中国好声音”的歌唱比赛选秀节目，显然可能会造成相关公众的混淆误认，从而可能导致唐德公司后续依约开发制作的该类型节目失去竞争优势。同时，在有众多新闻媒体、广告商、参赛选手参与的节目录制过程中，后续媒体报道等将带来较大范围的传播和扩散，很可能会显著增加唐德公司的维权成本和维权难度。因此，在有证据表明灿星公司将要制作“2016 中国好声音”歌唱比赛选秀节目且浙江卫视将播出此节目的情况下，采取诉前保全措施符合民事诉讼法所规定的“情况紧急”情形。

对于是否符合损害平衡性以及是否损害社会公共利益的问题，北京知识产权法院认为，第四季“中国好声音”节目与“2016 中国好声音”节目可能存在商誉承继关联。采取行为保全措施，并不会影响节目更名后的制作和播出，损失数额是可以预见的，而“2016 中国好声音”歌唱比赛选秀节目一旦制作完成并公开播出，对唐德公司造成的损失将难以计算，故本案采取行为保全措施，符合损害平衡性。同时，灿星公司等主张采取保全措施将损害浙江卫视、海选歌手等案外人的利益，因上述利益并非社会公共利益的范畴，故在尚无相应证据的情况下，本案采取行为保全措施将不会损害社会公共利益。①

“中国好声音”诉前禁令是我国知识产权专门法院的首张诉前禁令，在我国人民法院普遍对诉前行为保全都较为谨慎的背景下，具有十分重大的积极意义。

---

① 《北京知识产权法院“中国好声音”诉前保全复议裁定十大焦点问题解读》，载“知产北京”微信公众号，2016年7月5日。

第七章　知识产权权属诉讼业务

本章提示

知识产权法律制度的目的是鼓励创新,因此,一般来说,知识产权应当归属于智力成果的创造者。但是,现实生活是复杂的,很多智力成果的产生,需要不同的人以不同的作用参与创造过程。这时,就产生了知识产权的权利归属问题。

本章从我国法律关于知识产权权利归属的基本原则出发,结合最高人民法院公布的一起典型案例,讲解权利归属诉讼中判定“谁是权利人”的主要方法和应当注意的问题,为解决此类纠纷提供些许借鉴。

第一节　知识产权权利的归属

一、著作权的权利归属

(一) 法人作品的权利归属

《著作权法》第 11 条第 3 款规定了法人作品,即由法人或者非法人组织主持,代表法人或者非法人组织意志创作,并由法人或者非法人组织承担责任的作品。对于法人作品,法人或者非法人组织视为作者,并因此享有完整的著作权。

(二) 职务作品的权利归属

1. 一般职务作品

自然人为完成法人或者非法人组织工作任务所创作的作品属于一般职务作品,著作权由作者享有,但单位在其业务范围内享有优先使用的权利。作品完成 2 年内,未经单位同意,作者不得许可第三人以与单位使用相同的方式使用该作品。作品完成的 2 年期限,自作者向单位交付作品之日起计算。

2. 特殊职务作品

包括:(1)主要利用单位物质技术条件创作并由单位承担责任的职务作品,如工程设计图、产品设计图、地图、示意图、计算机软件等;(2)报社、期刊社、通讯社、广播电台、电视台的工作人员创作的职务作品;(3)法律、行政法规规定或者合同约定著作权由法人或者非法人组织享有的职务作品。特殊职务作品,除了署名权由作者享有外,著作权的其他权利由作者所在的单位享有,单位可以给予作者奖励。

(三) 委托作品的权利归属

委托作品是指一方接受另一方的委托,按照委托合同规定的有关事项进行创作的作品。委托作品的著作权归属由委托人和受托人通过合同约定,如果合同未作明确约定或者没有订立合同的,则著作权属于受托人,即创作者。

实践中有一类比较常见的委托作品案件——有奖征集作品案,比如征集设计图案、广告语等。这类案件中,如果在征集作品的同时,就征集作品的著作权归属问题有明确告知,则不会产生争议;但在没有明确著作权归属时,著作权归谁所有?如何行使?是律师应当注意的问题。

【案例及评析】

在王某诉上海东方商厦有限公司征集入选的广告语著作权归属纠纷案中，被告上海东方商厦通过刊登广告语有奖征集活动启事，向社会公开征集企业广告语。原告王某看到该征集启事后，在规定期限内，投稿应征，最后被录用获奖。事后，原告发现被告已在广播、电视、报刊、出租汽车、商品包袋等处使用该广告语，遂向被告提出异议。因协商未果，原告于1993年7月向法院起诉被告侵权。

在该案中，被告通过公开发布征集启事的方式，征集广告语，原告王某依照被告的要求创作应征，并被被告录用授奖，双方之间已形成实践性的委托创作合同关系。基于这种委托创作合同关系，且双方对征集作品的著作权归属没有明确约定，因此，原告创作的广告语的著作权应属受托人即原告所有。至于被告使用原告享有著作权的广告语的行为，是否构成侵权。根据案情，被告征集广告语的目的就是为了在广告宣传过程中使用，并且被告也为原告支付了奖金，该奖金是使用作品的对价，可以认为，被告在符合征集广告语目的的范围内使用原告作品，已经取得原告许可，不构成侵权。

（四）合作作品的权利归属

合作作品是指两人以上合作创作的作品，著作权由合作者共同享有。确定什么是合作作品，除了符合创作人数为多人及创作结果为作品的要求之外，还应考虑：(1)必须有共同的创作意图。这是从作品创作的立意来说的，也就是说对于写一部什么内容的作品，以什么形式表现等由合作者共同商量，然后可以根据不同的分工来进行创作。合作作品的内容反映了合作者的共同意志。(2)具有共同的创作行为。即合作者都必须对作品的创作付出劳动。不论分工如何，这种劳动须含有创造性，不能将一些简单的劳务性工作也视为创作劳动，如抄写稿件、整理资料等。

根据《著作权法》第14条的规定，合作作品的著作权由合作作者通过协商一致行使；不能协商一致，又无正当理由的，任何一方不得阻止他方行使除转让、许可他人专有使用、出质以外的其他权利，但是所得收益应当合理分配给所有合作作者。如果合作作品可以分割使用的，作者对各自创作的部分可以单独享有著作权，但行使著作权时不得侵犯合作作品整体的著作权。

二、专利权的权利归属

（一）职务发明创造的权利归属

职务发明创造是指发明人或设计人执行本单位的任务或者主要是利用本单位的物质技术条件所完成的发明创造，其中，“执行本单位的任务所完成的发明创造”是指：(1)在本职工作中做出的发明创造；(2)履行本单位交付的本职工作以外的任务所作出的发明创造；(3)退职、退休或调动工作后一年之内作出的，与其在原单位承担的本职工作或者原单位分配的任务有关的发明创造。“本单位的物质技术条件”是指本单位的资金、设备、零部件、原材料或不对外公开的技术资料等。对于职务发明创造，申请专利的权利属于该单位，专利申请被批准后，该专利为专利权人。

此外，利用本单位的物质技术条件所完成的发明创造，单位与发明人或者设计人订有合同，对申请专利的权利和专利权的归属作出约定的，从其约定。

（二）合作发明创造的权利归属

合作发明创造是指两个以上单位或个人基于合作开发合同而共同完成的发明创造。

合作开发的发明创造，合作的当事人可以在合同中约定专利的申请权归属，如没有约定或约定无效或不明，申请专利的权利属于合作开发的当事人共有，申请被批准后，专利权归合作开发当事人共有。

在合作方共同拥有专利申请权或专利权的情况下,一方转让共有的专利申请权或专利权的,其他各方享有同等条件下优先受让的权利。专利申请权的行使实行协商一致的原则,一方不同意申请专利的,他方不得申请。一方放弃申请权的,他方申请获准后,放弃申请权的一方可以免费实施该专利。

(三)委托发明创造的权利归属

委托发明创造,是指一方委托另一方研究开发的发明创造。委托发明创造权利归属的原则是:

(1)优先适用合同约定,如果委托合同中对技术成果的权属有约定(或属于委托方或属于受托方或共同所有),应优先适用合同约定。

(2)没有约定或约定不明的,技术成果归研究开发方享有,研究开发方享有申请专利的权利,申请被批准后,享有专利权。这种情况下,委托方可以免费实施该专利,研究开发人转让专利申请权的,委托方享有以同等条件优先受让的权利。

第二节　代理知识产权权属诉讼的操作实务

一、著作权权属纠纷案件操作实务

著作权权属争议一般发生在法人作品、职务作品、合作作品、委托作品等类型中,之所以会引起争议,又往往是因为创作前、创作中对署名权、获酬权及其他著作权没有书面协议造成的。

律师在代理这类案件时,应重点抓住以下五点:

(1)分清创作人有谁,排除非创作人;

(2)明确创作人有无职务身份或被委托身份;

(3)查证有无为创作专门所作的开发任务记录、创作人员与分工、经费或其他物质投入等凭证;

(4)分析个人意志、法人意志、合作意愿或委托意思表示;

(5)论证谁对作品承担责任。

【案例】

在上海市第二中级人民院审理的(2011)沪二中民五(知)终字第62号胡进庆、吴云初诉上海美术电影制片厂著作权权属纠纷二审案中,胡进庆、吴云初诉称,二人是被告上海美术电影制片厂的职工,20世纪80年代,被告上海美术电影制片厂指派两原告担任系列动画片《葫芦兄弟》的造型设计,两原告共同创作了"葫芦娃"角色造型形象。两原告认为,"葫芦娃"动画形象作为美术作品可以独立于影片而由作者享有著作权,两原告从未利用被告上海美术电影制片厂的物质技术条件创作葫芦兄弟电影的分镜头台本,因此该美术作品属于一般职务作品,在双方未就著作权进行约定的情况下,"葫芦娃"动画形象的美术作品著作权应归两原告所有。遂诉至法院,请求法院确认《葫芦兄弟》及其续集《葫芦小金刚》系列剪纸动画电影中"葫芦娃"(即葫芦兄弟和金刚葫芦娃)动画形象美术作品的著作权归两原告所有。

一审法院经审理认为,根据动画形象"葫芦娃"创作的时代背景、历史条件和法律规定,可以认定"葫芦娃"美术作品的著作权由被告上海美术电影制片厂享有,两原告仅享有表明其作者身份的权利,遂判决驳回两原告的诉讼请求。两原告不服,提起上诉。

二审法院经审理认为，在创作动画形象“葫芦娃”时，双方当事人没有就系争作品的著作权归属签订过书面合同，对系争作品著作权的归属未作明确约定。同时，当时的法律对系争作品的归属也没有明确的规定。因此，根据当时计划经济体制下的社会背景，本案系争的“葫芦娃”动画形象美术作品应属于特定历史条件下创作的“特殊职务作品”，应由胡进庆、吴云初享有署名权，著作权的其他权利由上海美术电影制片厂享有，遂驳回上诉，维持原判。①

二、专利权权属纠纷案件操作实务

1. 界定发明人的身份

发明人在完成专利技术方案之前，与单位之间有无聘任关系，是区分职务发明创造与非职务发明创造的要件之一。单位有无主张专利权属的权利，首先要看该发明人在涉案专利技术方案完成前是否属于本单位职工，包括正式职工和形成聘任关系的借调人员、兼职人员。

2. 界定发明人的职务范围

职务范围是指工作职责范围、本职工作任务范围，而不能过宽地解释为发明人所学的专业范围或单位的经营范围，也不能过窄地解释为八小时工作时间内的工作或离职前的工作范围。在本单位交付的任务或本人的职责范围内、在在职期间和离职后一年内作出的发明创造，不论是在工作时间内还是业余时间里完成的，都是职务发明创造。

3. 界定专利技术方案完成时间

确定专利技术方案是在到该单位之前就已完成，或者是到该单位后才由技术构思实现了专利技术方案，或者在离开该单位后一年内或一年后完成了专利技术方案，是判定职务发明创造与非职务发明创造的重要标准。律师应当注意收集对己方有利的书证、物证、证人证言。

4. 界定是否主要利用了单位提供的物质技术条件

要从单位提供物质技术条件的目的是不是为了完成该项发明创造，所提供的资金、设备、零部件、原材料或不对外公开的技术资料等是否实际起到了完成该项发明创造所不可缺少的作用等各方面进行查证。

5. 界定是属于自行开发、委托开发还是属于合作开发

要从双方合作时诉争的专利技术方案是否已经完成，合作目的是进行技术开发、后续改进还是实施该专利技术方案，有无合作开发意愿或委托开发意思表示，有无合作分工共同完成专利技术方案的行为，对于专利技术方案的完成有无实质性贡献等方面进行论证。

【案例】

最高人民法院收录的“陶义诉北京市地铁地基工程公司发明专利权属纠纷案”是一起专利权属纠纷的典型案例。

1988年12月25日，北京市地铁地基工程公司以原告陶义的“钻孔压浆成桩法”是职务发明为由，请求北京市专利管理局将“钻孔压浆成桩法”的发明专利权确认为本单位所有。北京市专利管理局于1989年8月1日确认“钻孔压浆成桩法”发明为职务发明，专利权归北京市地铁地基工程公司所有。原告陶义对北京市专利管理机关的确认不服，以“钻孔压浆成桩法”发明专利技术方案的完成，既不是执行本单位的任务，也不是履行本岗位职责，更没有利用本单位的物质条件为由，向法院起诉，请求将该发明专利权判决归

① 《动画形象“葫芦娃”著作权权属纠纷案》，载人民网，2013年4月25日。

其个人所有。法院经审理后判决“钻孔压浆成桩法”发明专利权归陶义所有。①

在本案中,判定“钻孔压浆成桩法”发明专利权的归属主要考虑的因素为:

第一,陶义在单位的职责范围是什么。陶义作为构件厂厂长,其职责范围应当是领导和管理建筑构件的生产经营活动,而地基施工不属于构件厂的经营范围,地基施工方面的研究和发明也不应认为是构件厂厂长的本职工作。

第二,陶义研究完成的“钻孔压浆成桩法”是否属于单位交付的任务。案情表明,单位没有交付过开发这一技术方案的任务,该技术方案是陶义在其多年从事地基工程方面的工作经验积累的基础上研究出来的。

第三,陶义研究完成的“钻孔压浆成桩法”是否主要利用了本单位的物质条件。陶义在完成发明过程中,主要依靠自己几十年从事地基工程施工的经验积累,并非主要利用本单位的物质条件。

综合以上因素可以认定,陶义研究完成的“钻孔压浆成桩法”不是职务发明,专利权应属于陶义个人而不是单位。

① 摘自《中华人民共和国最高人民法院公报》1992年第3期。

第八章　知识产权合同诉讼业务

本章提示

本章是以第二章第二节“审查知识产权合同”为基础的，因此，关于知识产权合同的基本理论和主要内容，在此不再重复。本章的角度是从实务技巧方面谈合同诉讼，以点明控辩双方在诉讼中应注意的重点问题。

第一节　知识产权合同诉讼中的重点审查事项

一、审查合同效力

知识产权合同纠纷诉讼的前提是知识产权合同合法有效，因此，无论是要提起诉讼，还是要应诉，首先必须审查合同是否有违反法律、侵害第三人合法权利、代理人超越代理权及显失公平等使合同无效或者被撤销的情形。

【案例】

毕加索国际企业股份有限公司（以下简称“毕加索公司”）是某图形商标的商标权人。2008年9月8日，毕加索公司授予上海帕弗洛文化用品有限公司（以下简称“帕弗洛公司”）在中国大陆地区于书写工具类别上独家使用涉案商标，期限为2008年9月10日至2013年12月31日。2009年3月12日，该商标使用许可合同备案被国家工商总局商标局核准。2010年2月11日，毕加索公司与帕弗洛公司约定商标使用许可期限在原契约基础上延展十年。2012年1月1日，毕加索公司与帕弗洛公司约定双方终止涉案商标使用许可备案，但双方关于该商标的其他约定不受影响。2012年2月16日，毕加索公司与上海艺想文化用品有限公司（以下简称“艺想公司”）签订《商标使用许可合同书》，约定艺想公司2012年1月15日至2017年8月31日期间独占使用涉案商标。帕弗洛公司认为毕加索公司与艺想公司的行为属于合同法所规定的“恶意串通，损害第三人合法利益”及“违反法律、行政法规的强制性规定”，向法院提起诉讼请求判令：毕加索公司与艺想公司签订的《商标许可使用合同》无效；两者共同赔偿帕弗洛公司经济损失100万元。上海市第一中级人民法院认为，系争商标使用许可合同系双方当事人真实意思表示，目的在于获取涉案商标的独占许可使用权，难以认定其有损害帕弗洛公司合法利益的主观恶意；《商标法》司法解释第3条第（一）项的内容是对商标法所规定的商标使用许可方式的定义，不属于强制性法律规范，系争合同的订立并未违反法律、行政法规的强制性规定。遂判决驳回帕弗洛公司的全部诉讼请求。帕弗洛公司、艺想公司均不服，提起上诉。上海市高级人民法院认为，毕加索公司与艺想公司在签订系争商标使用许可合同时，均知晓帕弗洛公司与毕加索公司之间已存在涉案商标独占使用许可关系，因而艺想公司并不属于在后被授权之善意第三人，但尚无充分证据证明艺想公司有损害帕弗洛公司的主观恶意，亦无证据证明毕加索公司与艺想公司间存在串通行为，故难以认定此种合同行为属恶意串通损害第三人利益之行为。但由于艺想公司不属于善意第三人，帕弗洛公司对涉案商标享有的独占许可使用权可以对抗在后的系争商标使用许可合同关系，毕加索公司实际上并未履行系争商标使用许可合同的义务，艺想公司不能据此系争合同获得涉案商标的使用权。故判决驳回上诉、维持原判。①

二、审核合同条款

知识产权合同涉及权利的处分，因此，对于权利授予及约束的条款，应重点审查，比如权利许可使用的方式、许可的地域范围、许可的期限、权利人应受的合同约束、被许可人应负的合同义务等。此外，既然属于合同，也应当关注合同中的违约责任条款、合同变更和解除条款等，看是否有不够具体明确或容易引起歧义的地方。

三、查证履约过程

知识产权合同纠纷主要发生在合同履行过程当中，因此，应当认真研究合同履行过程，搞清楚违约行为的表现形式，违约方是一方还是双方，违约方的过错大小，违约造成的后果，违约的合同责任和法律责任。如果存在不可抗力，存在守约方扩大损失等情由，也应收集相应证据。

根据《民法典》第577条的规定，当事人一方不履行合同义务或者履行合同义务不符合约定的，应当承担继续履行、采取补救措施或者赔偿损失等违约责任。另外，《民法典》第585条规定，当事人可以约定一方违约时应当根据违约情况向对方支付一定数额的违约金，也可以约定因违约产生的损失赔偿额的计算方法。约定的违约金低于造成的损失的，当事人可以请求人民法院或者仲裁机构予以增加；约定的违约金过分高于造成的损失的，当事人可以请求人民法院或者仲裁机构予以适当减少。当事人就迟延履行约定违约金的，违约方支付违约金后，还应当履行债务。

第二节　代理知识产权合同诉讼的操作实务

一、注意反诉的运用和应对

在知识产权合同纠纷诉讼中，反诉作为一种诉讼策略经常被运用。因此，无论是代理原告还是被告，都要注意研究反诉的可能性和可行性，并据此调整本诉策略。

在一起证券信息许可使用合同纠纷中，原告与被告签订了一份证券信息许可使用合同，约定原告向被告提供上海证券交易所的实时股票行情并许可被告编制指数，但合同同时约定，实时股票行情的全部知识产权归上海证券交易所所有，原告作为上海证券交易所指定的唯一的证券信息提供商，未经其书面许可，被告不得对上海证券交易所证券信息进行永久储存或使用，包括但不限于复制、传播、编辑、转让、许可他人使用和开发衍生产品。合同订立后，被告将开发的一个指数产品许可给海外一家证券交易所开发上市了相应的指数期货。原告遂以被告违约而起诉。被告在积极抗辩其行为不构成违约的同时，以“实时股票行情不具有任何知识产权，原告通过合同约定上海证券交易所对实时股票行情拥有知识产权并限制被告使用是违法且显失公平的”为由，提出了撤销合同相关条款的反诉，目标直指原告指控侵权的根基。

二、证明损害以及违约行为与损害之间的联系

在知识产权合同纠纷诉讼中，当事人的违约行为是违约责任成立的必备要件，但同时也要考

① 《最高法发布2015中国法院10大知识产权案件》，载法制网，2016年4月21日。

查是否有损害,以及违约行为与损害之间的联系。在实践中,原告在提起诉讼时,一般比较注意收集被告是否有违约行为、有哪些违约行为的证据,却往往忽视证明损害,以及被告的违约行为与损害之间的因果关系。这样造成的结果就是:因原告不能证明有损害或不能证明被告的违约行为与损害有必然的因果关系,相应的诉讼请求不能得到法院支持。

第九章　知识产权行政保护和行政诉讼业务

本 章 提 示

随着我国加强对知识产权的保护力度,行政措施和刑事制裁越来越多地被应用于知识产权保护。对于律师来讲,虽然目前知识产权行政业务和刑事业务的数量还不多,但是,从事行政业务和刑事业务,确是对律师自身素质的全面考量。而且,这一领域的业务正处于发展上升时期,律师应当也能够在其中发挥所长。

本章分为律师代理行政保护、海关保护、行政诉讼和刑事诉讼四个方面,因本书其他篇章对其中部分内容已有论述,本章主要从知识产权的特殊性角度展开,注重专业性。

第一节　知识产权的行政保护

一、知识产权行政保护的概念

知识产权行政保护是指当知识产权被侵犯后,行政机关依权利人的申请或者依照职权来保护当事人的合法权益,维护市场正常秩序。《专利法》《商标法》《著作权法》等知识产权法律中都规定了知识产权行政保护。可见,我国已经形成了行政保护和司法保护"两条途径、并行运作"的知识产权保护模式,这为国内外知识产权权利人的合法权益提供了充分保障。

知识产权行政保护和司法保护两相比较各有优势:司法保护具有稳定性、专属性、效力终极性、注重对权利人赔偿等优点,但司法保护程序周期较长,而且一般是被动保护;行政保护具有主动保护、成本小、程序简便、结案所需时间较短等优点,但行政机关对于侵权赔偿只能调解。将两者有机结合起来,在现实中能够充分实现保护知识产权的功能与任务。

二、著作权行政保护

根据《著作权法》的规定,在著作权侵权行为损害公共利益时,经权利人投诉或者知情人举报,或者经主管著作权的行政机关自行调查,可以由行政机关依法追究侵权人的行政责任。

(一) 受理机关

受理著作权行政投诉的机关为各级著作权行政管理部门。权利人发现侵权行为后,可以根据情况向侵权行为实施地、侵权结果发生地(包括侵权复制品储藏地、依法查封扣押地、侵权网站服务器所在地、侵权网站主办人住所地或者主要经营场所地)的著作权行政管理部门投诉。

(二) 投诉范围

根据著作权法的规定,行政投诉涉及的侵权行为应当是侵犯著作权而且同时损害公共利益的行为。权利人即使不知道侵权行为是否损害公共利益,也可以向著作权行政管理部门投诉,由受理机关进行审查判断。

(三) 提交材料

投诉人向著作权行政管理部门投诉时,应当提交下列材料:

(1)调查申请书,其中应当写明投诉人、被投诉人的姓名(或者名称)和地址、投诉日期、申请调查所根据的主要事实和理由；

（2）投诉人的身份证明（如果投诉人委托代理人进行投诉，应当同时提交委托书和代理人的身份证明）；

（3）权利归属的初步证据，如作品原稿、由投诉人署名发表的作品、作品登记证书、取得权利的合同，或者认证机构出具的证明等；

（4）侵权证据，包括侵权复制品，涉及侵权行为的账目、合同和加工、制作单据，证明侵权行为的公证书、有关照片等。

（四）处理结果

著作权行政管理部门受理投诉后，将对涉嫌侵权行为进行调查，并根据调查结果作出以下之一的处理决定：（1）对侵权人予以行政处罚；（2）侵权轻微的，可以不予行政处罚；（3）侵权不成立的，不予行政处罚；（4）涉嫌构成犯罪的，移送司法机关处理。

著作权行政管理部门可以给予侵权人的行政处罚包括：（1）责令停止侵权行为；（2）警告；（3）没收违法所得；（4）没收、无害化销毁处理侵权复制品以及主要用于制作侵权复制品的材料、工具、设备等；（5）罚款，违法经营额5万元以上的，可以并处违法经营额1倍以上5倍以下的罚款；没有违法经营额、违法经营额难以计算或者不足5万元的，可以并处25万元以下的罚款。

三、商标权行政保护

《商标法》规定，如果发生侵犯注册商标专用权行为，引起纠纷，可以由当事人协商解决。不愿协商或者协商不成的，商标注册人或者利害关系人可以向人民法院起诉，也可以请求市场监督管理部门处理。

（一）受理机关

商标权行政保护的主管机关为侵权行为地的县级以上市场监督管理部门。涉外商标案件或大案、要案应由市级或直接由省级市场监督管理部门办理。

（二）提交材料

商标注册人向市场监督管理部门投诉，请求保护其商标专用权的，应当递交书面投诉申请，同时附送其有效的证明材料，具体包括：

（1）投诉书（包括投诉对象、投诉事项及要求、权利人或投诉人联系方式）；

（2）商标权利人权利状况（商标注册证明）；

（3）商标实际使用图片（包括权利人自己商标实际使用图片，被投诉人商品商标实际使用图片）；

（4）涉外商标的，需要按照规定出具相应的公证、认证材料。

（三）调查方式

进行查处时，市场监督管理部门可以询问有关当事人，调查与侵犯他人注册商标专用权有关的情况；查阅、复制当事人与侵权活动有关的合同、发票、账簿以及其他有关资料；对当事人涉嫌从事侵犯他人注册商标专用权活动的场所实施现场检查；检查与侵权活动有关的物品；对有证据证明是侵犯他人注册商标专用权的物品，可以查封或者扣押。

（四）处理结果

市场监督管理部门处理时，认定侵权行为成立的，责令立即停止侵权行为，没收、销毁侵权商品和主要用于制造侵权商品、伪造注册商标标识的工具，并可处以罚款。当事人对处理决定不服的，可以自收到处理通知之日起15日内依照《行政诉讼法》向人民法院起诉；侵权人期满不起诉又不履行的，市场监督管理部门可以申请人民法院强制执行。进行处理的市场监督管理部门根据当事人的请求,可以就侵犯商标专用权的赔偿数额进行调解;调解不成的,当事人可以依照《民事诉讼法》向人民法院起诉。

【案例】

2015年,全国各级工商、市场监管部门查处商标侵权假冒案件2.74万件,涉案金额3.67亿元;依法向司法机关移送涉嫌犯罪案件238件,涉案金额1.2亿元。工商部门查处的案件中,包括不少影响广泛、社会反响大的案件,如广州市工商局番禺分局查处销售侵犯迪斯尼商标权婴幼儿食品案、南京市雨花台区工商局查处侵犯施耐德商标专用权案、吉林省四平市工商局铁西分局查处侵犯潘婷等注册商标专用权案、吉林市工商局丰满分局查处侵犯绿色食品标志证明商标专用权案等,对基层执法工作具有典型指导意义。①

四、专利权行政保护

根据《专利法》和《专利法实施细则》的规定,专利权行政保护主要包括三种类型的案件,即处理专利侵权纠纷案件、调解专利纠纷案件以及查处假冒专利行为案件。

(一)处理专利侵权纠纷案件

1. 法律依据

根据《专利法》第65条的规定,未经专利权人许可,实施其专利,即侵犯其专利权,引起纠纷的,由当事人协商解决;不愿协商或者协商不成的,专利权人或者利害关系人可以向人民法院起诉,也可以请求管理专利工作的部门处理。

2. 受理条件

第一,请求处理专利侵权纠纷的人是专利权人或者利害关系人。其中,利害关系人包括专利实施许可合同的被许可人、专利权人的合法继承人。专利实施许可合同的被许可人中,独占实施许可合同的被许可人可以单独提出请求;排他实施许可合同的被许可人在专利权人不请求的情况下,可以单独提出请求;除合同另有约定外,普通实施许可合同的被许可人不能单独提出请求。

第二,有明确的被请求人。

第三,有明确的请求事项和具体事实、理由。

第四,属于受案管理专利工作的部门的受案和管辖范围。

第五,当事人没有就该专利侵权纠纷向人民法院起诉。

3. 提交材料

请求人应当提交以下材料:

第一,请求书。请求书应当由请求人签名或者盖章,内容应当记载:

(1)请求人的姓名或者名称、地址,法定代表人或者主要负责人的姓名、职务,委托代理人的,代理人的姓名和代理机构的名称、地址;

(2)被请求人的姓名或者名称、地址;

(3)请求处理的事项以及事实和理由。有关证据和证明材料可以以请求书附件的形式提交。

第二,主体资格证明。请求人为个人的,应当提交居民身份证或者其他有效身份证件;请求人为单位的,应当提交有效的营业执照或者其他主体资格证明文件副本及法定代表人或者主要负责人的身份证明。

第三,专利权有效的证明,即专利登记簿副本,或者专利证书和当年缴纳专利年费的收据。

① 《2015年工商、市场监管部门查处商标侵权典型案例》,载商标圈网,2016年4月28日。

第四,专利侵权纠纷涉及实用新型或者外观设计专利的,管理专利工作的部门可以要求请求人出具由国家知识产权局作出的专利权评价报告(实用新型专利检索报告)。

被请求人应当在管理专利工作的部门送达请求书及其附件后15日内提交答辩书。被请求人逾期不提交答辩书的,不影响管理专利工作的部门进行处理。

4. 口头审理

在处理专利侵权纠纷时,如果案情需要管理专利工作的部门可以决定进行口头审理。

决定进行口头审理的,应当至少在口头审理3个工作日前将口头审理的时间、地点通知当事人。当事人无正当理由拒不参加的,或者未经允许中途退出的,对请求人按撤回请求处理,对被请求人按缺席处理。在进行口头审理时,应当将口头审理的参加人和审理要点记入笔录,经核对无误后,由执法人员和参加人签名或者盖章。

5. 处理结果

(1)双方当事人愿意调解的,在达成一致后,由管理专利工作的部门制作调解协议书,加盖其公章,并由双方当事人签名或者盖章。

(2)双方当事人不愿意调解,或者调解不成的,管理专利工作的部门应当及时作出处理决定。管理专利工作的部门认定侵权行为成立的,可以责令侵权人立即停止侵权行为。当事人不服的,可以自收到处理通知之日起15日内依照《行政诉讼法》向人民法院起诉;侵权人期满不起诉又不停止侵权行为的,管理专利工作的部门可以申请人民法院强制执行。

管理专利工作的部门的处理决定书应当写明认定侵权行为是否成立的理由和依据;如果责令侵权人立即停止侵权行为的,应当明确责令被请求人立即停止的侵权行为的类型、对象和范围。

(二)调解专利纠纷案件

1. 法律依据

根据《专利法》第65条的规定,进行专利侵权处理的管理专利工作的部门应当事人的请求,可以就侵犯专利权的赔偿数额进行调解。

2. 提交材料

请求人应当提交请求书。请求书的内容应当记载:

(1)请求人的姓名或者名称、地址,法定代表人或者主要负责人的姓名、职务,委托代理人的,代理人的姓名和代理机构的名称、地址;

(2)被请求人的姓名或者名称、地址;

(3)请求调解的具体事项和理由。

(4)单独请求调解侵犯专利权赔偿数额的,应当提交有关管理专利工作的部门作出的认定侵权行为成立的处理决定书副本。

被请求人可以在收到管理专利工作的部门送达的请求书后15日内提交意见陈述书。被请求人逾期未提交意见陈述书,或者在意见陈述书中表示不接受调解的,管理专利工作的部门不予立案,并通知请求人。

3. 处理结果

当事人经调解达成协议的,由管理专利工作的部门制作调解协议书,加盖其公章,并由双方当事人签名或者盖章。未能达成协议的,管理专利工作的部门以撤销案件的方式结案,并通知双方当事人。

(三)查处假冒专利行为案件

1. 法律依据

根据《专利法》第68条的规定,假冒专利的,除依法承担民事责任外,管理专利工作的部门有权查处。

2. 受理机关

查处假冒专利行为由行为发生地的管理专利工作的部门管辖。

3. 处理结果

案件调查终结,经管理专利工作的部门负责人批准,根据案件情况分别作如下处理:

(1)假冒专利行为成立应当予以处罚的,依法给予行政处罚,包括:责令改正并予公告,没收违法所得,可以处违法所得5倍以下的罚款;没有违法所得或者违法所得在5万元以下的,可以处25万元以下的罚款;

(2)假冒专利行为轻微并已及时改正的,免予处罚;

(3)假冒专利行为不成立的,依法撤销案件;

(4)涉嫌犯罪的,依法移送公安机关。

第二节 知识产权的海关保护

知识产权海关保护,指海关依法禁止侵犯知识产权的货物进出口的措施。在世界贸易组织《与贸易有关的知识产权协定》中被称为知识产权"边境措施"。近年来,知识产权海关保护日益发挥重要作用。2017年中国海关采取知识产权保护措施2.25万余次,实际扣留进出境侵权嫌疑货物1.91万余批,涉及货物4094万余件。①

一、知识产权海关保护的范围

海关保护是对知识产权实行的一种特别保护措施,并不是所有类型的知识产权都能得到海关保护。在我国,海关保护的知识产权包括专利权、注册商标专用权、著作权和邻接权。此外,根据国务院颁布的《奥林匹克标志保护条例》和《世界博览会标志保护条例》的规定,对奥林匹克标志和世界博览会标志也给予海关保护。

二、知识产权海关保护的措施

知识产权海关保护的内容包括:扣留即将进出口的侵权嫌疑货物、对货物的侵权状况等进行调查、对侵权货物的收发货人进行处罚、没收和处置侵权货物等。对于扣留侵权嫌疑货物,海关既可以依当事人申请进行,也可以依职权进行。

(一) 依申请扣留

在知识产权权利人发现侵权嫌疑货物即将进出口后向海关提出申请,海关可以根据知识产权权利人的申请扣留侵权嫌疑货物。

在依申请扣留方式中,需要注意:

(1)知识产权权利人发现侵权嫌疑货物后可以直接向口岸海关申请扣留,不必事先将其知识产权向海关总署备案;

(2)海关不负责对侵权嫌疑货物的进出境进行监控;

(3)知识产权权利人应当向海关提供相当于侵权嫌疑货物价值的担保;

(4)海关无权对货物的侵权状况进行调查。海关扣留侵权嫌疑货物后,知识产权权利人应当向人民法院申请司法扣押。如果人民法院未能在海关扣留货物后20个工作日内通知海关协助扣押,海关应当放行被扣留的货物。

---

① 参见海关总署:《2017年中国海关知识产权保护状况》,载海关总署网,2018年4月27日。

鉴于此种方式下,海关不会主动采取制止侵权货物进出口的措施,所以,依申请扣留也被称作“被动保护”。

（二）依职权扣留

在海关对进出口货物的监管过程中,对其发现的侵犯知识产权的进出口货物可以主动采取的扣留和调查处理。

在依职权扣留方式中,需要注意:

(1)知识产权权利人应当事先将其知识产权向海关总署备案;

(2)海关发现涉嫌侵犯备案知识产权的进出口货物,应当中止放行,并书面通知有关知识产权权利人;

(3)知识产权权利人要求海关扣留侵权嫌疑货物的,应当在3个工作日内提出申请;

(4)知识产权权利人向海关提供的担保最高不超过人民币10万元;

(5)海关有权对货物的侵权状况进行调查和认定;对不能认定货物侵权状况的,海关应当通知知识产权权利人向人民法院申请司法扣押;

(6)海关对其认定侵权的货物,有权予以没收并对侵权货物的收发货人给予行政处罚。对构成犯罪的还应当向公安机关移送;

(7)没收的侵权货物,海关有权依法进行处置。

鉴于此种方式下,海关有权主动采取制止侵权货物进出口的措施,所以,依职权扣留方式也被称作“主动保护”。

【案例】

2015年9月24日,大连海关经过风险研判,对哈尔滨某公司申报出口至俄罗斯的一批汽车零配件实施布控,经查验,发现其中部分汽车零配件上标有“奇瑞”英文商标“CHERY”及图形标识。该批汽车零部件包装不整、做工粗糙、质量低劣,涉嫌侵犯奇瑞汽车在海关总署备案的“CHERY”商标专用权,该关随即对该批汽车零配件采取了知识产权保护措施。经鉴定,该票5 628件、申报价值为39.23万元的汽车零配件全部构成侵权。①

三、知识产权海关保护的备案

知识产权海关保护备案,是指知识产权权利人,按照《知识产权海关保护条例》的规定,将其知识产权的法律状况、有关货物的情况、知识产权合法使用情况和侵权货物进出口情况以书面形式通知海关总署,以便海关在对进出口货物的监管过程中能够主动对有关知识产权实施保护。

2020年,中国海关共采取知识产权保护措施6.53万次。查扣进出口侵权嫌疑货物6.19万批次,同比增长20.11%;涉案货物数量5 618.19万件,同比增长20.07%。② 2020年,最高人民法院新收知识产权行政案件1 909件,全国地方人民法院共新收知识产权行政一审案件18 464件,其中,专利案件1 417件,商标案件17 035件,著作权案件12件。③

虽然知识产权备案不是向海关申请保护的前提条件,但如果要得到海关的“主动保护”,则必须事先进行备案。这一点是律师应当提请委托人充分注意的。

---

① 《2015年中国海关知识产权保护典型案例》,载海关总署网,2016年4月26日。

② 参见《二〇二〇年中国知识产权保护状况》,载国家知识产权局网站,2021年4月25日。

③ 参见《二〇二〇年中国知识产权保护状况》,载国家知识产权局网站,2021年4月25日。

第三节 代理知识产权行政诉讼

2015年,全国地方人民法院共新收知识产权行政一审案件9 839件,其中,专利案件1 721件,商标案件7 477件,著作权案件10件,其他行政案件631件。最高人民法院新收和审结知识产权行政案件378件和377件。①

从以上案件统计数据可以看出,知识产权行政诉讼主要以专利行政诉讼和商标行政诉讼为主,尤以专利和商标的确权授权行政诉讼为多见。

一、专利行政诉讼

(一) 主要种类

根据被诉的行政机关不同,以及决定的类型不同,专利行政诉讼主要分为以下两类:

(1)以国家知识产权局作为被告的专利行政诉讼

①不服国家知识产权局维持驳回申请复审决定案件。专利申请人对国家知识产权局作出驳回其专利申请、不授予专利权的决定不服,向国家知识产权局请求复审,但国家知识产权局经审查仍然维持国家知识产权局的驳回决定。专利申请人对国家知识产权局的复审决定不服的,可以自收到通知之日起3个月内,以国家知识产权局为被告,向人民法院提起专利行政诉讼。

②不服国家知识产权局专利权无效宣告请求决定案件。专利权人或者无效宣告请求人对国家知识产权局作出的宣告专利权无效或者维持专利权有效的决定不服的,可以自收到通知之日起3个月内,以国家知识产权局为被告,向人民法院提起专利行政诉讼。

③不服国务院专利行政部门实施强制许可决定案件;

④不服国务院专利行政部门实施强制许可使用费裁决案件;

⑤不服国务院专利行政部门行政复议决定案件。

(2)以地方管理专利工作的部门为被告的专利行政诉讼

地方管理专利工作的部门,是指由各省、自治区、直辖市人民政府以及专利管理工作量大又有实际处理能力的设区的市级人民政府设立的管理专利工作的部门。依照专利法及专利法实施细则的规定,地方管理专利工作的部门具有执法职能,可以根据当事人的申请或者依照职权处理以下案件:

①责令停止专利侵权行为;

②处罚假冒专利行为;

③惩戒专利代理机构或者专利代理师的违法行为;

④调解专利纠纷。

上述第①—③项,管理专利工作的部门可以作出行政处罚决定,相对人对行政处罚决定不服的,可以管理专利工作的部门为被告,向有管辖权的人民法院提起行政诉讼。上述第④项,管理专利工作的部门主要是根据当事人的申请进行调解,调解不成的,当事人可以对方当事人为被告,向人民法院提起民事诉讼。

(二) 管辖法院

以上第一类和第二类专利行政诉讼,根据最高人民法院《关于北京、上海、广州知识产权法院案件管辖的规定》,即以国家知识产权局作为被告的专利行政诉讼,由北京知识产权法院作为第

---

① 参见《中国法院知识产权司法保护状况(2015年)》,载中国网,2016年4月21日。

一审法院,最高人民法院作为第二审法院。以上第三类专利行政诉讼,即以地方管理专利工作的部门为被告的行政诉讼,第一审案件由各省、自治区、直辖市人民政府所在地的中级人民法院和最高人民法院指定的中级人民法院管辖。

(三) 常见的应注意问题

1.《专利法》《中华人民共和国专利法实施细则》(以下简称《专利法实施细则》)和《专利审查指南》不同版本的适用

我国《专利法》自实施以来已历经四次修改,而相应的《专利法实施细则》《专利审查指南》也经过多次修改。因此,有的专利在审查过程中经历了一次或者数次法律修改,需要在专利行政诉讼中准确适用法律。

对于这一问题,北京市高级人民法院认为:

(1)判断专利申请文件的修改是否合法,原则上应适用专利申请日(有优先权的,应为优先权日)时施行的专利法及其实施细则。

(2)判断专利"三性"问题,因法律和审查指南几次修改的变化不大,只是个别章节有局部调整,故适用不同版本在内容上没有实质变化,对处理结果影响不大,但是仍应注意适用正确的版本。

2. 公知常识的举证及限制

对于公知常识的证明责任,《专利审查指南》规定,在实质审查和复审程序中,审查员对依职权引入的公知常识负有举证或说明理由的义务;在无效程序中,主张公知常识的当事人要承担举证责任。

因此,在专利行政诉讼中,要注意审查国家知识产权局是否对依职权引入的公知常识履行了举证责任。如果应当充分说明而未说明、应当举证而未举证、确有可能影响行政相对人实体权利的被诉决定,应当依法予以撤销。

对于国家知识产权局主动引入公知常识而宣告专利无效的情况,违反了当事人请求原则,不符合《专利审查指南》的规定,但不宜一律撤销被诉决定,而应区别情况对待:(1)如果无效程序对公知常识进行了听证,而且公知常识的引入确实能够导致专利权被宣告无效,应当在判决中指出国家知识产权局依职权引入公知常识虽违反当事人请求原则,但考虑到行政效率并防止程序空转,可以在个案中予以认可;(2)如果无效程序对公知常识没有进行听证,则应当撤销被诉决定。

3. 试验数据的提交及采信

在专利授权确权行政案件中,申请人或者专利权人经常提交试验数据,以证明其专利申请或专利技术已经充分公开,或者具有创造性。但对于提交试验数据问题,1993 年版《审查指南》和 2001 年版《专利审查指南》规定的差别很大。

对于这一问题,北京市高级人民法院认为:根据 1992 年《专利法》《专利法实施细则》以及 1993 年版《专利审查指南》申请的专利,专利申请存在未提供试验证据的情形的,在符合 1993 年版《专利审查指南》所述情形下应当允许申请人在申请日之后补交试验数据和实施例,以证明发明的效果及其能够实施。对于创造性判断中专利权人补充提交的试验数据,如果该有益效果在说明书中被明确或含蓄提及,则应当接受该补充的试验数据;如果该有益效果在说明书中未被明确或含蓄提及,则应当不予接受。但是,由于在申请日后补充试验数据可能与专利先申请原则产生矛盾,故需要严格掌握试验数据的补充条件,即相应的技术效果在说明书中必须有所记载,而且该试验数据应当是按照专利申请日之前的现有技术中已知的试验条件和试验方法无需创造性劳动即可得出。①

---

① 参见《北京高院整理发布当前知识产权审判中需要注意的若干法律问题(专利)》,载《北京审判》,2016 年 5 月 11 日。

【案例】

上海智臻网络科技有限公司(以下简称“智臻公司”)是名称为“一种聊天机器人系统”的发明专利(以下简称“本专利”)的专利权人。

2012年11月19日,苹果电脑贸易(上海)有限公司(以下简称“苹果公司”)针对本专利权向专利复审委员会提出了无效宣告请求。

2013年9月3日,专利复审委员会作出第21307号无效宣告请求审查决定,认定本专利符合《专利法》和《专利法实施细则》的相关规定,维持本专利权有效。苹果公司不服,提起行政诉讼。

法院审理认为:根据涉案专利说明书的记载,实现游戏功能是本专利实现拟人化的一种表现形式,并非拟人化的附加功能。游戏功能也应当是本专利权利要求1所记载的必要技术特征。然而,本专利说明书仅仅记载了具有一个游戏服务器以及提到实现互动游戏的设想,而对于游戏服务器与聊天机器人的其他部件如何连接完全没有记载。此外,根据说明书的记载和教导,本专利的聊天机器人系统中,如果用户输入的是和游戏相关的语句,即使其能够由过滤器分析处理,也只是被过滤器判断为自然语句或格式化语句,而送到人工智能服务器或查询服务器中,根本不可能送到游戏服务器中。由此可见,本专利说明书未充分公开如何实现本专利权利要求1所限定的游戏功能,违反了《专利法》第26条第3款的规定,本专利权应当被宣告无效。由于本专利说明书未对如何实现游戏功能进行充分公开,且仅在形式上记载了游戏服务器,未进一步说明游戏服务器的组成部分和工作机理,“游戏服务器”的有关特征没有得到说明书的支持,本专利权利要求1不符合《专利法》第26条第4款的规定。由于本专利权利要求1没有清楚限定将何种语句转发至游戏服务器,说明书也难以进行解释,过滤器与三个服务器之间的连接关系不清楚,本专利权利要求1不符合《专利法实施细则》第20条第1款的规定,应当被宣告无效。专利复审委员会维持专利权有效的决定是错误的,应当予以纠正。

法院判决:撤销第21307号无效宣告请求审查决定;专利复审委员会重新作出决定。①

二、商标行政诉讼

(一)主要种类

根据被诉的行政机关不同,以及决定的类型不同,商标行政诉讼主要分为以下三类:

(1)不服国家知识产权局作出的复审决定或者裁定的行政诉讼

这类行政诉讼也称为商标授权确权行政诉讼,是指相对人或者利害关系人因不服国家知识产权局作出的商标驳回复审、商标不予注册复审、商标撤销复审、商标无效宣告及无效宣告复审等行政行为,向人民法院提起诉讼的案件。包括:

①商标申请驳回复审行政诉讼。商标申请驳回复审行政诉讼是指,商标注册申请人不服商标局驳回其商标注册申请的决定,向国家知识产权局申请复审,国家知识产权局作出驳回其商标注册申请(含部分驳回)的决定,商标注册申请人不服该决定提起的行政诉讼。

②商标不予注册复审行政诉讼。商标不予注册复审行政诉讼是指,商标注册申请人不服商标局对其初步审定公告的商标作出的不予核准注册决定,向国家知识产权局申请复审,国家知识产

① 《2015年十大典型案例》,载北京市高级人民法院网,2016年4月14日。

权局对该商标作出不予核准注册(包括部分不予核准注册)的决定,商标注册申请人不服该决定提起的行政诉讼。

③商标异议复审行政诉讼。商标异议复审行政诉讼是指,当事人不服商标局于 2014 年 5 月 1 日前依据 2001 年 12 月 1 日起施行的《商标法》(以下简称 2001 年《商标法》)对其已经初步审定公告的商标作出的异议裁定,向国家知识产权局申请复审,国家知识产权局于 2014 年 5 月 1 日后对该商标作出不予核准注册(包括部分不予核准注册)的裁定,当事人不服该裁定提起的行政诉讼。

④商标权无效宣告复审行政诉讼。商标权无效宣告复审行政诉讼是指,商标注册人不服商标局作出的宣告其注册商标专用权无效的决定,向国家知识产权局申请复审,国家知识产权局作出宣告其注册商标专用权无效(包括部分无效)的决定,商标注册人不服该决定提起的行政诉讼。

⑤商标权无效宣告请求行政诉讼。商标权无效宣告请求行政诉讼是指,当事人不服国家知识产权局作出的维持争议商标专用权有效或者宣告争议商标专用权无效(包括部分无效)的裁定提起的行政诉讼。

⑥商标权撤销复审行政诉讼。商标权撤销复审行政诉讼是指,当事人不服商标局作出的撤销或者不予撤销注册商标专用权的决定,向国家知识产权局申请复审,国家知识产权局作出撤销复审决定,当事人不服该决定提起的行政诉讼。

(2)不服国家知识产权局作出的具体行政行为的行政诉讼

这类行政诉讼是以商标局为被告,针对的是商标局作出的有关商标的具体行政行为,例如,不服商标局核准或未核准转让注册商标专用权的行政诉讼等。

(3)不服各级市场监督管理部门作出的有关商标的其他具体行政行为的行政诉讼

这类行政诉讼是当事人对市场监督管理部门作出的行政处罚决定不服而提起的行政诉讼。

(二) 管辖法院

以上第一类和第二类商标行政诉讼,根据最高人民法院《关于北京、上海、广州知识产权法院案件管辖的规定》,即以国家知识产权局作为被告的商标行政诉讼,由北京知识产权法院作为第一审法院,北京市高级人民法院作为第二审法院。

以上第三类专利行政诉讼,即以各级市场监督管理部门为被告的行政诉讼,由最初作出具体行政行为的市场监督管理机关所在地人民法院管辖。经复议的案件,复议机关改变原具体行政行为的,也可以由复议机关所在地人民法院管辖。

(三) 常见的应注意问题

1. 国家知识产权局“违反法定程序”的认定

实践中,以下情况可以认为属于《行政诉讼法》第 70 条第(三)项规定的“违反法定程序”:

①遗漏当事人提出的评审理由,对当事人权利产生实际影响的;

②评审程序中未告知合议组成员,经审查确有应当回避事由而未回避的;

③未通知适格当事人参加评审,该方当事人明确提出异议的;

④其他违反法定程序的情形。

2. 事实变化对商标行政诉讼的影响

如果在人民法院审理商标授权确权行政案件的过程中,国家知识产权局对诉争商标予以驳回、不予核准注册或者予以无效宣告的事由不复存在的,人民法院可以依据新的事实撤销国家知识产权局相关裁决,并判令其根据变更后的事实重新作出裁决。

3. “相同事实和理由”的认定

在商标驳回复审程序中,国家知识产权局以申请商标与引证商标不构成使用在同一种或者类似商品上的相同或者近似商标为由准予申请商标初步审定公告后,以下情形不视为“以相同的事

实和理由”再次提出评审申请:

①引证商标所有人或者利害关系人依据该引证商标提出异议,国家知识产权局商标局予以支持,被异议商标申请人申请复审的;

②引证商标所有人或者利害关系人在申请商标获准注册后依据该引证商标申请宣告其无效的。

此外,如果当事人依据在原行政行为之后新发现的证据,或者在原行政程序中因客观原因无法取得或在规定的期限内不能提供的证据,或者新的法律依据提出的评审申请,不属于以“相同的事实和理由”再次提出评审申请。

4. 没有正当理由连续3年不使用注册商标的审查

《商标法》第49条第2款规定,注册商标没有正当理由连续3年不使用的,任何单位或者个人可以向商标局申请撤销该注册商标。

(1)“正当理由”的审查

商标权人有真实使用商标的意图,并且有实际使用的必要准备,但因其他客观原因尚未实际使用注册商标的,可以认定商标权人有不使用的正当理由。

(2)“使用”的审查

对于“使用”的认定应当符合市场实际,根据最高人民法院《关于审理商标授权确权行政案件若干问题的规定》第26条的规定,“使用”包括商标权人自行使用、他人经许可使用以及其他不违背商标权人意志的使用。如果实际使用的商标标志与核准注册的商标标志有细微差别,但未改变其显著特征的,也可以视为注册商标的使用。但是,注册商标确实没有实际使用,仅有转让或者许可行为,或者仅是公布商标注册信息、声明享有注册商标专用权的,不能认定为商标使用。

在使用证据的认定上,应当坚持优势证据原则。只要证据显示,使用注册商标的核定商品在市场上能够被相关消费者获得且持续一定的时间,使用行为不违反商标法的禁止性规定,就应当认定该注册商标已经进行了真实、公开、合法、有效的使用。如果商标注册人提供的部分使用证据系伪造,则应当对所有证据从严审查,相应提高证明标准,并应当对伪造证据的行为进行处罚。①

【案例】

北京稻香村食品集团1996年1月提出“稻香村”商标(以下简称“引证商标”)的注册申请,并于1997年5月获准注册,核定使用商品为第30类的馅饼、饺子、年糕、粽子、元宵等。经核准,该商标注册人名义变更为北京稻香村食品有限责任公司(以下简称“北京稻香村公司”)。2006年7月,苏州稻香村食品工业有限公司(以下简称“苏州稻香村公司”)提出“稻香村及图”商标(以下简称“被异议商标”)的注册申请,指定使用商品为第30类的饼干、面包、糕点等。被异议商标初步审定公告后,北京稻香村公司提出异议申请。国家工商行政管理总局商标局裁定被异议商标准予注册。北京稻香村公司申请复审。商标评审委员会认为,被异议商标与引证商标属于近似商标,被异议商标指定使用的商品与引证商标核定使用的商品属于类似商品。苏州稻香村公司虽在饼干、糕点等商品上经受让在先取得由“稻香村”文字、“DXC”字母及图形外框组合而成的两个商标(以下简称“在先取得商标”),但该两商标与被异议商标在表现形式上差异较大,而与北京稻香村公司长期使用并有较高知名度的引证商标“稻香村”更为接近,如允许其注册,将打破业已形成的市场秩序,增加市场及相关公众混淆的可能性,因此,被异议商标与引证商

① 参见《北京高院整理发布当前知识产权审判中需要注意的若干法律问题(商标)》,载《北京审判》,2016年5月12日。

标构成《商标法》第 28 条所指使用在类似商品上的近似商标,裁定对被异议商标不予核准注册。苏州稻香村公司不服,提起行政诉讼。北京市第一中级人民法院一审判决维持了商标评审委员会的裁定。苏州稻香村公司不服,提起上诉。北京市高级人民法院二审认为:北京稻香村公司的“稻香村”商标经过长期使用具有了较高的知名度,其与苏州稻香村公司在先取得商标之间已经存在能够区分的市场实际和稳定的市场秩序。被异议商标标识与其在先取得的商标差异较大,反而与北京稻香村公司的引证商标非常接近,因此苏州稻香村公司申请注册被异议商标,不能认定为对其在先已受让的稻香村商标声誉的延续,而是侵入到北京稻香村公司商标的排他权范围内,打破了能够区分的市场实际和已形成的稳定市场秩序,将导致消费者对商品来源的混淆误认,判决驳回上诉,维持一审判决。①

① 《2014 年中国法院 10 大知识产权案件简介》,载最高人民法院网,2015 年 4 月 20 日。

第十章　知识产权刑事诉讼业务

本章提示

我国《刑法》在"破坏社会主义市场经济秩序罪"中专门规定了"侵犯知识产权罪",包括七种具体的犯罪。随着国家大力加强知识产权保护的力度,刑事措施已经成为打击知识产权侵权、震慑知识产权犯罪的有力武器。实践中,也有越来越多的知识产权权利人选择刑事程序以实现维权目标。律师在知识产权刑事诉讼中,可以协助被害人(权利人)进行举报启动刑事程序,可以代理被害人提起自诉,也可以担任犯罪嫌疑人的辩护人。总之,律师在知识产权刑事诉讼中可以发挥的作用也将日益增强。

第一节　侵犯知识产权罪概述

一、侵犯知识产权罪的主要类型

从我国近年来的刑事司法实践来看,侵犯知识产权犯罪案件主要有两类:一类是指《刑法》中"侵犯知识产权罪"规定的七种犯罪,即,假冒注册商标罪(第 213 条),销售假冒注册商标的商品罪(第 214 条),非法制造、销售非法制造的注册商标标识罪(第 215 条),假冒专利罪(第 216 条),侵犯著作权罪(第 217 条),销售侵权复制品罪(第 218 条),侵犯商业秘密罪(第 219 条);一类是指按照生产、销售伪劣商品罪(《刑法》第三章第一节)和非法经营罪(《刑法》第 225 条)定罪处罚的侵犯知识产权犯罪案件。

二、侵犯知识产权罪的管辖

《刑事诉讼法》第 25 条规定:"刑事案件由犯罪地的人民法院管辖。如果由被告人居住地的人民法院审判更为适宜的,可以由被告人居住地的人民法院管辖。"

对于知识产权犯罪案件的犯罪地,根据 2011 年 1 月最高人民法院、最高人民检察院、公安部联合发布的《关于办理侵犯知识产权刑事案件适用法律若干问题的意见》的规定,侵犯知识产权犯罪案件由犯罪地公安机关立案侦查。必要时,可以由犯罪嫌疑人居住地公安机关立案侦查。

侵犯知识产权犯罪案件的犯罪地,包括侵权产品制造地、储存地、运输地、销售地,传播侵权作品、销售侵权产品的网站服务器所在地、网络接入地、网站建立者或者管理者所在地,侵权作品上传者所在地,权利人受到实际侵害的犯罪结果发生地。

对有多个侵犯知识产权犯罪地的,由最初受理的公安机关或者主要犯罪地公安机关管辖。多个侵犯知识产权犯罪地的公安机关对管辖有争议的,由共同的上级公安机关指定管辖,需要提请批准逮捕、移送审查起诉、提起公诉的,由该公安机关所在地的同级人民检察院、人民法院受理。

对于不同犯罪嫌疑人、犯罪团伙跨地区实施的涉及同一批侵权产品的制造、储存、运输、销售等侵犯知识产权犯罪行为,符合并案处理要求的,有关公安机关可以一并立案侦查,需要提请批准逮捕、移送审查起诉、提起公诉的,由该公安机关所在地的同级人民检察院、人民法院受理。

从上述可以看出,侵犯知识产权罪的案件,管辖地可能会有多个,因此,根据具体案件情况,合理利用地域管辖,对有效保护知识产权、提高刑事追诉效率可以产生实际和重要的作用。

三、侵犯知识产权罪的单位犯罪

1. 侵犯知识产权罪的单位犯罪的构成要件

《刑法》第30条规定："公司、企业、事业单位、机关、团体实施的危害社会的行为，法律规定为单位犯罪的，应当负刑事责任。"

《刑法》第220条规定了侵犯知识产权罪的单位犯罪，具体是指，单位犯《刑法》第213条至第219条规定的侵犯知识产权罪的，对单位判处罚金，并对单位中直接负责的主管人员和其他直接责任人员，依照个人犯侵犯知识产权罪的相关规定进行处罚。

2001年1月21日最高人民法院印发的《全国法院审理金融犯罪案件工作座谈会纪要》在"关于单位犯罪问题"部分规定，"根据刑法和《最高人民法院关于审理单位犯罪案件具体应用法律有关问题的解释》的规定，以单位名义实施犯罪，违法所得归单位所有的，是单位犯罪"。

根据以上法律和司法文件的规定，单位犯罪的构成要件包括：以单位名义实施犯罪；违法所得归单位所有。

对于"以单位名义实施犯罪"，通常可以从下列角度综合考虑：①犯罪行为的目的是为了单位的利益；②以单位的名义实施犯罪行为，而不是以某人的个人名义；③实施犯罪行为经过单位的决策；④具体行为人履行的是单位的职务行为等。

对于"违法所得归单位所有"，是指因侵犯知识产权而获得的非法利益由单位所有或者控制。

2. 侵犯知识产权罪的单位犯罪的处罚

司法实践中，侵犯知识产权罪的单位犯罪的定罪量刑标准曾经发生过重大变化。最高人民法院、最高人民检察院2004年曾在《关于办理侵犯知识产权刑事案件具体应用法律若干问题的解释》第15条中规定，单位犯罪的，按照"相应个人犯罪的定罪量刑标准的3倍定罪量刑"。该条规定引发了较大争议。为了加强打击侵犯知识产权犯罪案件的力度，最高人民法院、最高人民检察院在2007年《关于办理侵犯知识产权刑事案件具体应用法律若干问题的解释(二)》第6条中规定，单位犯罪的，按照"相应个人犯罪的定罪量刑标准定罪处罚"。该规定统一了单位犯罪和个人犯罪的定罪量刑标准。

四、侵犯知识产权罪中罚金刑的适用

根据《刑法》的规定，侵犯知识产权罪中的七种犯罪，均可以适用罚金刑。司法实践中，人民法院会综合考虑犯罪的违法所得、非法经营数额、给权利人造成的损失、社会危害性等情节，依法判处罚金。罚金数额一般在违法所得的1倍以上5倍以下确定，违法所得数额无法查清的，罚金数额一般按照非法经营数额的50%以上1倍以下确定。违法所得数额和非法经营数额均无法查清，判处3年以下有期徒刑、拘役、管制或者单处罚金的，一般在3万元以上100万元以下确定罚金数额；判处3年以上有期徒刑的，一般在15万元以上500万元以下确定罚金数额。

五、侵犯知识产权罪的自诉程序

根据《刑事诉讼法》第210条的规定，侵犯知识产权罪出现以下情况时，可以由被害人向人民法院提起自诉：①被害人有证据证明的轻微侵犯知识产权罪案件；②被害人有证据证明对被告人侵犯自己知识产权的行为应当依法追究刑事责任，而公安机关或者人民检察院不予追究被告人刑事责任的案件。

在侵犯知识产权罪的自诉案件中，被告人有罪的举证责任由自诉人承担。司法实践中，因为知识产权权利人在自行取证方面存在很大的难度，所以侵犯知识产权犯罪自诉案件的数量比较少。

为了解决自诉人取证难的现实问题,最高人民法院、最高人民检察院、公安部、司法部发布的《关于办理侵犯知识产权刑事案件适用法律若干问题的意见》第 4 条规定:“人民法院依法受理侵犯知识产权刑事自诉案件,对于当事人因客观原因不能取得的证据,在提起自诉时能够提供有关线索,申请人民法院调取的,人民法院应当依法调取。”因此,律师在代理侵犯知识产权犯罪的自诉案件时,应注意充分利用该条规定,在能够提供犯罪行为线索的基础上,积极申请人民法院调查取证。

如果被害人曾请求行政执法部门对侵权行为做过调查、处理的,行政执法部门依法收集、调取、制作的物证、书证、视听资料、检验报告、鉴定结论、勘验笔录、现场笔录等,以及证人证言、当事人陈述等,也可以在被害人提起自诉时作为证据使用,至少可以作为申请人民法院调查取证的基本线索。

另外,对于侵犯知识产权犯罪的自诉案件,人民法院可以进行调解。自诉人在宣告判决前,也可以和被告人自行和解或者撤回自诉。

第二节 假冒注册商标罪

一、假冒注册商标罪的定义和构成

《刑法》第 213 条规定了假冒注册商标罪,即未经注册商标所有人许可,在同一种商品、服务上使用与其注册商标相同的商标,情节严重的行为。

假冒注册商标罪的构成要件包括:

1. 行为人未经注册商标人许可使用其注册商标

“注册商标所有人”,即商标注册人。在我国,凡依法提出商标注册申请,并经商标局核准的,该商标注册申请人即成为注册商标所有人。“未经注册商标所有人许可”,是指行为人使用他人注册商标时,未经注册商标所有人同意。这是构成本罪的前提条件。

2. 行为人在客观上实施了在同一种商品、服务上使用与他人注册商标相同的商标的行为

该罪客观上必须具备商标相同,使用商标的商品、服务为同一种类两个条件。其他情况,比如行为人在同一种商品上使用与他人注册商标近似的商标,或者在类似商品上使用与他人注册商标相同的商标,或者在类似商品上使用与他人注册商标近似的商标,可能构成商标侵权行为,但不构成本罪。

3. 行为人的上述行为达到情节严重的程度

行为人实施了上述行为,而且情节严重,方构成本罪。“情节严重”是指以下情形之一:①非法经营数额在 5 万元以上或者违法所得数额在 3 万元以上的;②假冒两种以上注册商标,非法经营数额在 3 万元以上或者违法所得数额在 2 万元以上的;③其他情节严重的情形。这是区分罪与非罪的标准。

二、假冒注册商标罪认定中的主要问题

律师在办理假冒注册商标罪案件中,在认定是否构成该罪时,需要注意以下问题:

1. “同一种商品”的认定

名称相同的商品以及名称不同但指同一事物的商品,可以认定为“同一种商品”。“名称”是指国家知识产权局在商标注册工作中对商品使用的名称,通常即《类似商品和服务区分表》中规定的商品名称。“名称不同但指同一事物的商品”是指在功能、用途、主要原料、消费对象、销售渠道等方面相同或者基本相同,相关公众一般认为是同一种事物的商品。

认定“同一种商品”，应当在权利人注册商标核定使用的商品和行为人实际生产销售的商品之间进行比较。

2. “相同的商标”的认定

“相同的商标”，是指与被假冒的注册商标完全相同，或者与被假冒的注册商标在视觉上基本无差别、足以对公众产生误导的商标，比如：

(1)改变注册商标的字体、字母大小写或者文字横竖排列，与注册商标之间基本无差别的；

(2)改变注册商标的文字、字母、数字等之间的间距，与注册商标之间基本无差别的；

(3)改变注册商标颜色，不影响体现注册商标显著特征的；

(4)在注册商标上仅增加商品通用名称、型号等缺乏显著特征要素，不影响体现注册商标显著特征的；

(5)与立体注册商标的三维标志及平面要素基本无差别的；

(6)其他与注册商标基本无差别、足以对公众产生误导的商标。

3. “非法经营数额”的认定

“非法经营数额”，是指行为人在实施侵犯知识产权行为过程中，制造、储存、运输、销售侵权产品的价值。

已销售的侵权产品的价值，按照实际销售的价格计算。

制造、储存、运输和未销售的侵权产品的价值，按照标价或者已经查清的侵权产品的实际销售平均价格计算。侵权产品没有标价或者无法查清其实际销售价格的，按照被侵权产品的市场中间价格计算。另外，在计算制造、储存、运输和未销售的假冒注册商标侵权产品价值时，对于已经制作完成但尚未附着(含加贴)或者尚未全部附着(含加贴)假冒注册商标标识的产品，如果有确实、充分的证据证明该产品将假冒他人注册商标，其价值计入非法经营数额。

对于多次实施侵犯知识产权行为，未经行政处理或者刑事处罚的，非法经营数额累计计算。

两年内多次实施侵犯知识产权违法行为，未经行政处理，累计数额构成犯罪的，应当依法定罪处罚。

三、假冒注册商标罪的刑罚

假冒注册商标罪的处罚分两个档次：情节严重的，处3年以下有期徒刑，并处或者单处罚金；情节特别严重的，处3年以上10年以下有期徒刑，并处罚金。

“情节特别严重”是指以下情形之一：①非法经营数额在25万元以上或者违法所得数额在15万元以上的；②假冒两种以上注册商标，非法经营数额在15万元以上或者违法所得数额在10万元以上的；③其他情节特别严重的情形。

罚金的数额，一般在违法所得的1倍以上5倍以下，或者按照非法经营数额的50%以上1倍以下确定。

实践中，如果行为人假冒他人注册商标生产、销售伪劣商品构成犯罪的，应按照刑法规定的处罚较重的规定处罚。

【案例】

邓某以深圳某公司的名义未经商标权利人许可生产带有某图形商标、某文字商标，以及由美国UL安全实验所所有的第1219955号UL商标的无线网桥及电源适配器，并将所生产的产品在中国境内、外销售。2011年11月17日，公安机关将邓某抓获，并当场查获大量带有上述注册商标的假冒产品。

原审法院认为，邓某在同一种商品上使用与他人注册商标相同的某图形商标和某文字商标,非法经营数额达190余万元,情节特别严重,已构成假冒注册商标罪,判处被告人邓某有期徒刑5年,并处罚金100万元。

对于邓某在电源适配器上使用第1219955号UL商标的行为,原审法院认为,因该商标属证明商标,并不具备普通商标"区别商品或服务的来源或提供者"的识别功能,因此该行为不构成假冒注册商标罪。

经二审开庭审理,深圳市中级人民法院对上诉意见、被害人意见以及原审判决作出了评议,并最终裁定驳回上诉,维持原判。对于被告人使用UL商标的行为,深圳市中级人民法院认为,UL商标在中国依法核准注册,上诉人未经商标所有人美国UL安全实验所的许可,在同一种商品上使用与其相同的商标,非法经营数额达到法定情节特别严重标准,构成假冒注册商标罪。一审认定上诉人在无线网桥的电源适配器上使用UL商标的行为不构成犯罪,与法律规定不符,二审法院依法予以纠正。

第三节　销售假冒注册商标的商品罪

一、销售假冒注册商标的商品罪的定义和构成

《刑法》第214条规定了销售假冒注册商标的商品罪,即销售明知是假冒注册商标的商品,违法所得数额较大或者有其他严重情节的行为。

(1)行为人非法销售假冒注册商标的商品。所谓销售,是指以采购、推销、出售或兜售等方法将商品出卖给他人的行为,包括批发和零售、请人代销、委托销售等多种形式。这里所销售的商品不应是自己生产、制造或加工的商品。倘若销售的不是假冒他人注册商标的商品,如是没有商标的商品,或者虽有商标但不是注册商标的商品,或者虽有注册商标但不是他人而是自己的注册商标的商品,或者虽有他人注册商标但不是使用在与该商品相同的商品上的注册商标的商品等,则不构成本罪。

(2)行为人主观上属于故意。销售假冒注册商标的商品罪的主观方面必须是故意,即明知是假冒注册商标的商品而销售。如果行为人不知情,则不构成本罪。对于犯罪嫌疑人实施销售假冒注册商标时是否明知的认定,应当根据案件的客观事实认定。只要能证明其知道或应当知道销售的是仿冒品的,即可以认定为明知。

(3)行为人销售假冒他人注册商标的商品的违法所得数额较大或者有其他严重情节。

二、销售假冒注册商标的商品罪认定中的主要问题

律师在办理销售假冒注册商标的商品罪案件中,在认定是否构成该罪时,需要注意"明知"的认定问题。

明知一般表现为以下形式:

①知道自己销售的商品上的注册商标被涂改、调换或者覆盖的;

②因销售假冒注册商标的商品受到过行政处罚或者承担过民事责任,又销售同一种假冒注册商标的商品的;

③伪造、涂改商标注册人授权文件或者知道该文件被伪造、涂改的;

④其他知道或者应当知道是假冒注册商标的商品的情形。

三、销售假冒注册商标的商品罪的刑罚

销售假冒注册商标的商品罪的处罚分两个档次:违法所得数额较大或者有其他严重情节

的,处3年以下有期徒刑,并处或者单处罚金;违法所得数额巨大或者有其他特别严重情节的,处3年以上10年以下有期徒刑,并处罚金。

需要注意的是,行为人实施假冒注册商标的犯罪,又销售该假冒注册商标的商品,构成犯罪的,应当以假冒注册商标罪定罪处罚。但是,如果行为人实施假冒注册商标犯罪,又销售明知是他人的假冒注册商标的商品,构成犯罪的,应当按照两种犯罪进行数罪并罚。

【案例】

被告人王译辉,男,1966年12月4日出生,北京天虹普众网络科技中心法定代表人。2012年2月16日因涉嫌犯销售假冒注册商标的商品罪被逮捕。

北京市海淀区人民检察院以被告人王译辉犯销售假冒注册商标的商品罪,向北京市海淀区人民法院提起公诉。被告人王译辉对指控的事实和罪名无异议。其辩护人提出,公诉机关以被害单位出具的价格证明来认定假冒H3C牌模块的价值,数额过高。

北京市海淀区人民法院经审理查明:2009年4月9日,被告人王译辉伙同他人销售假冒思科牌模块时被抓获。公安人员在王译辉位于北京市海淀区知春东里9号楼1809室、2010室的经营地、暂住地,以及海淀区知春里14号楼地下室A05-2室库房内,查获大量H3C牌模块、思科牌模块。经鉴定,上述产品均系假冒H3C牌和思科牌注册商标的产品,其中假冒思科牌注册商标的产品价值人民币(以下币种同)173 124元。

北京市海淀区人民法院认为,对于查获的假冒H3C牌模块的价值,公诉机关仅以被侵权单位杭州华三通信技术有限公司出具的价格证明作为价值认定依据,未提供价格认证中心的财产价格鉴定意见,缺乏客观性,故对指控的假冒H3C牌产品价值不予认可,并在犯罪数额中予以扣除。鉴于王译辉具有未遂情节,且到案后如实供述犯罪事实,依法可以对其从轻处罚。据此,依照《刑法》第214条、第23条、第67条第3款、第53条之规定,北京市海淀区人民法院以被告人王译辉犯销售假冒注册商标的商品罪,判处有期徒刑1年,并处罚金。

一审宣判后,王译辉未上诉。北京市海淀区人民检察院提出抗诉,北京市人民检察院第一分院支持抗诉。具体理由是:①一审判决将查获的假冒H3C牌模块的价值从犯罪数额中予以扣除,属于认定事实错误,采信证据有误。②查获的假冒H3C牌模块的实际销售价格,因出入库单在时间、数量上不能一一对应,且记载产品型号不规范、不一致,认定实际销售价格的证据未达到"确实、充分"的证明标准,属于"无法查清销售价格"的情形。根据最高人民法院、最高人民检察院2004年联合出台的《关于办理侵犯知识产权刑事案件具体应用法律若干问题的解释》第12条的规定,应当依据"被侵权产品的市场中间价格",即抗诉机关在二审期间补充调取的被侵权产品的价格鉴定意见认定上述模块的价值。

被告人王译辉对原审判决无异议。其辩护人提出,检察机关在二审期间调取的价格鉴定意见系根据H3C牌模块真品价格作出,金额过高,与实际销售情况不符。

北京市第一中级人民法院经审理查明的事实、证据与一审法院基本相同。另查明,公安机关在王译辉处查获的假冒H3C牌模块货值金额共计51 880元。

北京市第一中级人民法院认为,被告人王译辉销售明知是假冒注册商标的商品,销售金额数额较大,其行为构成销售假冒注册商标的商品罪,依法应当惩处。本案中,购销双方对于"知假卖假、知假买假"均有明确认识,假货的销售价格与真品有很大差距。因此,按照查获的假冒产品本身的价格计算犯罪数额,更能体现罪责刑相适应原则。一审中公诉机关仅依据被侵权单位出具的真品价格证明,认定查获的假冒 H3C 牌模块的犯罪金额,缺乏客观性。而一审法院仅以控方证据不足为由,对该项事实的犯罪数额不予认定,亦属不当。经查,查获的假冒 H3C 牌注册商标的产品货值金额大约为 5.1 万余元。对检察机关的抗诉意见和支持抗诉意见,部分予以采纳。原判决对于部分事实认定有误,应予纠正。鉴于二审查明的数额仍在一审确定的量刑幅度内,一审判决不属于量刑畸轻,故予以维持。据此,依照《刑事诉讼法》第 225 条第 1 款第(一)项之规定,北京市第一中级人民法院裁定驳回抗诉,维持原判。

第四节 非法制造、销售非法制造的注册商标标识罪

一、非法制造、销售非法制造的注册商标标识罪的定义和构成

《刑法》第 215 条规定了非法制造、销售非法制造的注册商标标识罪,即伪造、擅自制造他人注册商标标识或者销售伪造、擅自制造的注册商标标识,情节严重的行为。

非法制造、销售非法制造的注册商标标识罪的构成要件包括:

1. 犯罪对象是他人的注册商标标识

所谓商标标识,是表明注册商标的商品显著特征的识别标志,指附有商标图样、商标注册标记、“注册商标”字样、注册商标标志、核准注册的名称等的物质载体,如商标纸、商标片、商标织带等。包括:

①在商品上或者商品包装、说明书以及其他附着物上所标明的“注册商标”字样或者注册商标标识以及注册标记;

②在商品或者包装物上印制的注册商标图形,即注册商标的文字、字母、图形及其组合图样;

③经商标局核准注册或能起到商标作用的商品特定名称及外观装潢部分。

2. 行为人实施了伪造、擅自制造他人注册商标标识或者销售伪造、擅自制造的商标标识的行为

所谓伪造,是指无权制作他人注册商标,即未经县级以上市场监督管理机关批准而获得指定印制商标单位的资格的单位或个人,未经注册商标所有人的合法许可、委托或授权,私自仿照他人注册商标标识的式样、文字、图形及组合、形态、色彩、质地、特征及制作技术等制作与他人注册商标标识相同的商标标识,或者非商标所有权人,委托他人包括有权印制商标的单位或个人为自己非法制造他人注册商标标识的行为。

所谓擅自制造,是指依法经过批准有权印制商标的单位及个人,未经商标所有权人委托,制造与其注册商标标识相同的商标标识,或者虽受注册商标所有人的委托授权,但违反委托合同的规定,任意超量印制商标标识的行为。伪造、擅自制造他人商标标识,包括印刷、印染、制版、刻字、晒蚀、印铁、铸模、冲压、烫版、贴花等各种工艺活动。

所谓销售,是指出售、兜售或者转手倒卖伪造的或者擅自制造的他人注册商标标识的行为,其中包括擅自出售带有他人注册商标的废次标识之行为。只有销售属于伪造或擅自制造的注册商标标识的,才可能构成本罪。如果销售的不是伪造的或擅自制造的,如销售自己的商标标识或者他人真实的注册商标标识,就不构成本罪。

3. 行为人的行为达到情节严重的程度

如果仅是只有伪造、擅自制造或者非法销售等行为,但没有达到情节严重之程度,亦不能构成本罪。

“情节严重”包括以下情形:①伪造、擅自制造或者销售伪造、擅自制造的注册商标标识数量在

2 万件以上,或者非法经营数额在 5 万元以上,或者违法所得数额在 3 万元以上的;②伪造、擅自制造或者销售伪造、擅自制造两种以上注册商标标识数量在 1 万件以上,或者非法经营数额在 3 万元以上,或者违法所得数额在 2 万元以上的;③其他情节严重的情形。

二、非法制造、销售非法制造的注册商标标识罪认定中的主要问题

1. "尚未销售或者部分销售非法制造的注册商标标识"的定罪

销售他人伪造、擅自制造的注册商标标识,具有下列情形之一的,以销售非法制造的注册商标标识罪(未遂)定罪处罚:

①尚未销售他人伪造、擅自制造的注册商标标识数量在 6 万件以上的;

②尚未销售他人伪造、擅自制造的两种以上注册商标标识数量在 3 万件以上的;

③部分销售他人伪造、擅自制造的注册商标标识,已销售标识数量不满 2 万件,但与尚未销售标识数量合计在 6 万件以上的;

④部分销售他人伪造、擅自制造的两种以上注册商标标识,已销售标识数量不满 1 万件,但与尚未销售标识数量合计在 3 万件以上的。

2. "件"的认定

以上标准中的"件",是指标有完整商标图样的一份标识。

3. 罪名的选择适用

本罪是选择性罪名。在具体适用时,可以确定一个罪名,如"非法制造注册商标标识罪"或者"销售非法制造的注册商标标识罪"。

三、非法制造、销售非法制造的注册商标标识罪的刑罚

非法制造、销售非法制造的注册商标标识罪的处罚分两个档次,情节严重的,处 3 年以下有期徒刑,并处或者单处罚金;情节特别严重的,处 3 年以上 10 年以下有期徒刑,并处罚金。

"情节特别严重"包括以下情形:①伪造、擅自制造或者销售伪造、擅自制造的注册商标标识数量在 10 万件以上,或者非法经营数额在 25 万元以上,或者违法所得数额在 15 万元以上的;②伪造、擅自制造或者销售伪造、擅自制造两种以上注册商标标识数量在 5 万件以上,或者非法经营数额在 15 万元以上,或者违法所得数额在 10 万元以上的;③其他情节特别严重的情形。

【案例】

2012 年以来,被告人张盛为了制造假冒的调味品销售牟利,与被告人王渭宝电话联系,从王渭宝处购买未经授权非法制造的印有"南街村"商标的南德调味料包装袋 10 000 套、印有"莲花"商标的莲花味精包装袋 25 000 套。被告人张盛、邹丽先购买一般品牌的味精、鸡精,进行包装后冒充"太太乐"鸡精、"莲花"味精产品进行销售,后又自己配方,用食盐、味精、香料等制造调味品,冒充"南街村"调味料进行销售,销售金额达 115 565 元。2013 年 8 月 14 日,湖北省襄阳市老河口市公安局对张盛、邹丽二人租住地方及租用的仓库进行了搜查,发现了大量的制假设备、原料以及假冒的"南街村"调味品、"太太乐"鸡精、"莲花"味精包装、商标标识。被告人张盛、邹丽所使用的"南街村"调味料、"太太乐"鸡精以及"莲花"味精外包装袋上均印制有与上述商标相同的商标标识。湖北省襄阳市中级人民法院一审认为,被告人张盛及邹丽未经"南街村""太太乐"和"莲花"商标的商标所有人许可,采用购买一般品牌的味精、鸡精,进行分装后冒充"太太乐"鸡精、"莲花"味精进行销售,并自己配方,制造调味品,冒充"南街村"调味料进行销售,销售数额达 115 565 元,均已构成假冒注册商标罪。被告人王渭宝销售了非法制造的"南街村"南德

调味料包装10 000套、“莲花”味精包装袋25 000套,其销售的两种注册商标标识数量在1万件以上,已构成销售非法制造的注册商标标识罪。故判决:一、被告人张盛犯假冒注册商标罪,判处有期徒刑2年,并处罚金60 000元。二、被告人邹丽犯假冒注册商标罪,判处有期徒刑1年,并处罚金50 000元。三、被告人王渭宝犯销售非法制造的注册商标标识罪,判处有期徒刑1年,并处罚金10 000元。湖北省高级人民法院在依法纠正一审判决对王渭宝刑期计算错误的基础上,维持一审判决。

该案表明,为假冒注册商标罪的主犯提供帮助的行为,在何种情况下应以共犯论处,在何种情况下独立构成犯罪。

第五节 假冒专利罪

一、假冒专利罪的定义和构成

《刑法》第216条规定了假冒专利罪,即假冒他人专利,情节严重的行为。

假冒专利罪的构成要件包括:

1. 行为人实施了假冒他人专利的行为

“假冒他人专利”的行为包括:

①未经许可,在其制造或者销售的产品、产品的包装上标注他人专利号的;

②未经许可,在广告或者其他宣传材料中使用他人的专利号,使人将所涉及的技术误认为是他人专利技术的;

③未经许可,在合同中使用他人的专利号,使人将合同涉及的技术误认为是他人专利技术的;

④伪造或者变造他人的专利证书、专利文件或者专利申请文件的。

2. 行为人的上述行为达到情节严重的程度

“情节严重”是指:

①非法经营数额在20万元以上或者违法所得数额在10万元以上的;

②给专利权人造成直接经济损失50万元以上的;

③假冒两项以上他人专利,非法经营数额在10万元以上或者违法所得数额在5万元以上的;

④其他情节严重的情形。

二、假冒专利罪认定中的主要问题

行为人既假冒他人专利,又生产、销售他人专利的伪劣商品,在刑法上属于吸收犯。因为生产、销售假冒他人专利的伪劣商品是假冒他人专利的一个组成部分,前行为吸收后行为,此时应认定行为人的行为构成假冒专利罪,从重处罚,而不按数罪处理。

行为人既假冒他人专利,又假冒他人注册商标,符合两个犯罪构成的要件,应按两罪处理,实行数罪并罚。

行为人既假冒他人专利和注册商标,又生产或销售伪劣商品,应定数罪。假冒他人专利和注册商标是前提,生产或销售伪劣商品是结果,后者被前者所吸收,但假冒他从专利和注册商标是两个独立的行为。因此对行为人既假冒他人专利和注册商标,又生产或销售伪劣商品的行为,按假冒专利罪和假冒他人注册商标罪数罪并罚。

三、假冒专利罪的刑罚

假冒专利罪处3年以下有期徒刑或者拘役,并处或者单处罚金。

【案例】

被告人张某、朱某系夫妻。张某原为案涉专利权人陆某经营的南通恒维化工厂业务人员。张某离职后注册成立海安县江源机电公司,生产、销售锅炉清灰剂。自 2008 年始,为增加销售量,张某制作了产品宣传册,还委托当地一网络公司制作公司网页。宣传册封面及网页中载有的发明专利号,与陆某于 1997 年 4 月 7 日申请的尚处于有效期间内的炉窑添加剂发明专利号完全相同。张某在销售锅炉清灰剂过程中,朱某协助其销售,以发放宣传册及通过互联网向客户宣传推介产品。2012 年 1 月至 2013 年 6 月期间,张、朱二人共销售锅炉清灰剂 65 吨,销售金额共计 491 750 元。

法院经审理认为,被告人张某、朱某未经专利权人许可,擅自在其生产的锅炉清灰剂产品的宣传册和公司网页上使用专利权人的发明专利号,将产品冒充为专利产品,易使社会公众产生误认,侵害了专利权人的合法权益,且危害国家对专利的管理制度,情节严重,构成假冒专利罪。综合两被告人的犯罪情节及悔罪表现,以被告人张某犯假冒专利罪,判处有期徒刑 1 年,缓刑 2 年,并处罚金 25 万元;被告人朱某犯假冒专利罪,判处拘役 3 个月,缓刑 6 个月,并处罚金 5 万元。①

第六节 侵犯著作权罪

一、侵犯著作权罪的定义和构成

《刑法》第 217 条规定了侵犯著作权罪,即以营利为目的,有下列侵犯著作权或者与著作权有关的权利的情形,违法所得数额较大或者有其他严重情节的行为:

(1)未经著作权人许可,复制发行、通过信息网络向公众传播其文字作品、音乐、美术、视听作品、计算机软件及法律、行政法规规定的其他作品的;

(2)出版他人享有专有出版权的图书的;

(3)未经录音录像制作者许可,复制发行、通过信息网络向公众传播其制作的录音录像的;

(4)未经表演者许可,复制发行录有其表演的录音录像制品,或者通过信息网络向公众传播其表演的;

(5)制作、出售假冒他人署名的美术作品的;

(6)未经著作权人或者与著作权有关的权利人许可,故意避开或者破坏权利人为其作品、录音录像制品等采取的保护著作权或者与著作权有关的权利的技术措施的。

侵犯著作权罪的构成要件包括:

1. 行为人主观上为故意,并且以营利为目的

侵犯著作权罪只能由直接故意构成,即行为人明知自己的行为未经著作权人或与著作权有关的其他权益人的许可,但仍然希望侵犯著作权犯罪的危害结果的发生。

并且,行为人还具有营利的目的。“以营利为目的”,是指行为人希望通过实施侵犯他人著作权的行为,获取一定的利润。如果不是以营利为目的,而是其他目的,如为了自己出名、分享传播等,则不构成本罪。实践中,一般认为以刊登收费广告等方式直接或者间接收取费用的情形,属于“以营利为目的”。

① 《江苏法院 2015 年度知识产权司法保护十大案例》,载江苏省高级人民法院网,2016 年 5 月 11 日。

2. 行为人实施了以下六种侵犯著作权或者与著作权有关的权利的行为

(1) 未经著作权人许可,复制发行、通过信息网络向公众传播其文字作品、音乐、美术、视听作品、计算机软件及法律、行政法规规定的其他作品的

"未经著作权人许可",是指没有得到著作权人授权或者伪造、涂改著作权人授权许可文件或者超出授权许可范围的情形。

"复制发行",包括复制、发行或者既复制又发行的行为。通过信息网络向公众传播他人文字作品、音乐、电影、电视、录像作品、计算机软件及其他作品的行为,应当视为"复制发行"。

"发行",包括总发行、批发、零售、通过信息网络传播以及出租、展销等活动。侵权产品的持有人通过广告、征订等方式推销侵权产品的,也属于"发行"。

(2)出版他人享有专有出版权的图书的

出版,通常是指作品经编辑加工后,经过复制向公众发行的行为。出版活动通常包括编辑、复制、发行三种行为。专有出版权,是指图书出版者对著作权人交付出版的作品在合同约定的期限和地区范围内以原版、修订版方式出版图书的专有权。

(3)未经录音录像制作者的许可,复制发行、通过信息网络向公众传播其制作的录音录像的

录音制作者,是指最初将声音固定在录音制品上的人。录音制品则是指任何录音作品的原始制品,如录音磁带、激光唱片等。录像制作者,是指制作录像制品的人。任何人未经录音录像制作者的同意,以翻录等方式大量复制并以批发、出售、出租等方式发行其录音录像制品的,即构成对录音、录像制作者权利的侵犯。

(4)未经表演者许可,复制发行录有其表演的录音录像制品,或者通过信息网络向公众传播其表演的。

(5)制作、出售假冒他人署名的美术作品的

假冒他人署名的美术作品行为主要表现为以下三种形式:一是以临摹的方法临摹他人的美术作品,然后署上被临摹作品著作权人的姓名;二是在自己创作的美术作品上署上他人的姓名,然后假冒其美术作品出售,牟取非法利益;三是在他人的美术作品上署上名家的姓名,然后假冒名家的作品出售。

(6)未经著作权人或者与著作权有关的权利人许可,故意避开或者破坏权利人为其作品、录音录像制品等采取的保护著作权或者与著作权有关的权利的技术措施的。

3. 行为人的上述行为达到违法数额较大或者有其他严重情节的标准

"违法数额较大"是指违法所得数额在3万元以上的。

"其他严重情节",包括下列情形:①非法经营数额在5万元以上的;②未经著作权人许可,复制发行其文字作品、音乐、电影、电视、录像作品、计算机软件及其他作品,复制品数量合计在500张(份)以上的;③其他严重情节的情形。

如果是通过信息网络向公众传播他人文字作品、音乐、电影、电视、美术、摄影、录像作品、录音录像制品、计算机软件及其他作品,具有下列情形之一的,属于"其他严重情节":①非法经营数额在5万元以上的;②传播他人作品的数量合计在500件(份)以上的;③传播他人作品的实际被点击数达到5万次以上的;④以会员制方式传播他人作品,注册会员达到1 000人以上的;⑤数额或者数量虽未达到前述标准,但分别达到其中两项以上标准一半以上的;⑥其他严重情节的情形。

二、侵犯著作权罪认定中的主要问题

侵犯著作权罪是对他人著作权的合法权利的侵犯,因此,应从行为的合法性和非法性方面进行综合分析。区分侵犯著作权犯罪行为与正当行使著作权行为的界限,主要应当从以下三个方面

加以考察：

1. 侵犯著作权与合理使用的界限

《著作权法》规定了"合理使用"制度，即在某些特定情况下，可以不经过著作权人许可，也不需支付费用而使用其作品。从使用的形式上看，合理使用的具体行为方式已经构成对他人著作权的侵害，但是基于社会公众利益，而没有将该等行为规定为侵权行为。因此，如果符合合理使用的条件，则该种行为不构成本罪。

2. 侵犯著作权与法定许可使用的界限

《著作权法》规定了"法定许可使用"制度，即在尊重著作权人的其他各项人身权和财产权的情况下，可以不经著作权人许可，以特定的方式有偿使用他人已经发表的作品的行为。

《著作权法》规定的法定许可使用主要包括：

①为实施九年制义务教育和国家教育规划而编写出版教科书，除作者事先声明不许使用的外，可以不经著作权人许可，在教科书中汇编已经发表的作品片段或者短小的文字作品、音乐作品或者单幅的美术作品、摄影作品，但应当按照规定支付报酬，指明作者姓名、作品名称，并且不得侵犯著作权人依照著作权法享有的其他权利。

②作品在报刊刊登后，除著作权人声明不得转载、摘编的外，其他报刊可以转载或者作为文摘、资料刊登。

③录音制作者使用他人已经合法录制为录音制品的音乐作品制作录音制品，可以不经著作权人许可，但应当按照规定支付报酬；著作权人声明不许使用的不得使用。

④广播电台、电视台播放他人已发表的作品。

⑤广播电台、电视台播放已经出版的录音制品，可以不经著作权人许可，但应当支付报酬。当事人另有约定的除外。

因此，如果属于上述法定许可使用的情况，则该种行为不构成本罪。

3. 侵犯著作权与一般侵权和违法行为的界限

《著作权法》规定了多种侵权行为，以及应当给予行政处罚的违法行为，但侵犯著作权罪只针对其中的四种侵权违法行为，并且需达到违法所得数额较大或者有其他严重情节的程度。实践中应当特别注意区分。

三、侵犯著作权罪的刑罚

侵犯著作权罪的刑罚分为两个档次，违法所得数额较大或者有其他严重情节的，处3年以下有期徒刑，并处或者单处罚金；违法所得数额巨大或者有其他特别严重情节的，处3年以上10年以下有期徒刑，并处罚金。

其中"违法所得数额巨大"，是指违法所得数额在15万元以上的。

"有其他特别严重情节"包括：①非法经营数额在25万元以上的；②未经著作权人许可，复制发行其文字作品、音乐、电影、电视、录像作品、计算机软件及其他作品，复制品数量在2 500张(份)以上的；③其他特别严重情节的情形。

如果是通过信息网络向公众传播他人文字作品、音乐、电影、电视、美术、摄影、录像作品、录音录像制品、计算机软件及其他作品，则数额或者数量达到前述与信息网络相关的"其他严重情节"标准5倍以上的，属于"有其他特别严重情节"。

【案例】

被害人广联达公司为软件开发公司，其公司官网向公众免费提供正版软件的下载，使用者下载软件后，需从广联达公司购买软件加密锁方能正常使用。

自2013年4月起,被告人霍红伟身为安阳伟杰电子商务有限公司法定代表人及实际负责人,雇佣被告人吴素梅、段玉亭、郝丽蒙、申玲、刘奕斐,未经著作权人许可,利用互联网销售广联达公司享有著作权的软件的加密锁和软件破解驱动程序,以达到销售广联达公司享有著作权的软件的实质目的,非法经营数额为274 944元。被告人刘奕斐于2013年6月起参与上述犯罪,非法经营数额为189 436元。

2013年10月28日,被告人霍红伟、吴素梅、段玉亭、郝丽蒙、申玲、刘奕斐被公安机关抓获归案。到案后,被告人霍红伟向广联达公司支付赔偿金50万元,广联达公司对其表示谅解。

法院认为:被告人霍红伟、吴素梅、段玉亭、郝丽蒙、申玲、刘奕斐身为安阳伟杰电子商务有限公司直接负责的主管人员或直接责任人员,以营利为目的,未经著作权人许可,以公司名义发行他人享有著作权的计算机软件,侵犯他人著作权,其中霍红伟、吴素梅、段玉亭、郝丽蒙、申玲的行为情节特别严重,刘奕斐的行为情节严重,其行为均已构成侵犯著作权罪,应予惩处,公诉机关指控罪名成立。

对于被告人霍红伟及其辩护人关于应以销售侵权复制品罪追究被告人霍红伟的刑事责任的辩护意见,在案证据显示,被告人通过销售广联达软件加密锁和软件破解驱动程序,达到销售广联达公司享有著作权的计算机软件的目的,实质为发行他人作品之行为,符合侵犯著作权罪的犯罪构成,应认定为侵犯著作权罪。①

第七节　销售侵权复制品罪

一、销售侵权复制品罪的定义和构成

《刑法》第218条规定了销售侵权复制品罪,即以营利为目的,销售明知是《刑法》第217条规定的侵权复制品,违法所得数额巨大或者有其他严重情节的行为。

销售侵权复制品罪的构成要件包括:

1. 行为人实施了销售侵权复制品的行为

销售是指将侵权复制品向消费者出卖,非销售营利行为不能构成销售侵权复制品罪。如果行为人不是销售而是赠与、出借或收买自用等,均不符合该罪的行为特征。

2. 行为人在主观方面表现为故意,并且具有营利目的

行为人在主观上属于故意,即明知是侵权复制品而仍进行销售。"明知"包括"明知必然是"和"明知可能是"两种情况,只要行为人有其中之一情形的,就可认为其属于"明知"。对于"明知"的认定,不能仅凭行为人的口供,而应根据全案情况尤其是侵权复制品的来源渠道、行为人进货与销售的价格等客观事实来综合分析判断。

并且,行为人还具有营利的目的。"以营利为目的",是指行为人希望通过实施侵犯他人著作权的行为,获取一定的利润。

3. 行为人的上述行为达到违法数额巨大或者有其他严重情节的标准

"违法所得数额巨大"是指违法所得数额在10万元以上。达到该标准的,按照销售侵权复制品罪论处。

---

① 《2015年十大典型案例》,载北京市高级人民法院网,2016年4月14日。

二、销售侵权复制品罪认定中的主要问题

司法实践中,需要注意区分销售侵权复制品罪与侵犯著作权罪的界限。两罪的区别一般可以从下列方面把握:

①从行为的主体角度看,销售侵权复制品罪的主体只能是侵权复制品制作者以外的其他自然人或单位,而侵犯著作权罪的主体一般是制作者,或者与其通谋的发行者或销售者。

②从行为的客观方面看,销售侵权复制品罪在客观方面表现为销售侵权复制品的行为;侵犯著作权罪的行为方式则可以是复制发行或出版,也可以是制作、出售等。

实践中,行为人如果实施侵犯著作权的行为构成犯罪,又销售其制作的侵权复制品且违法所得数额巨大的,对其只以侵犯著作权罪论处。

如果行为人实施侵犯著作权犯罪,又销售明知是他人的侵权复制品构成犯罪的,应当以侵犯著作权罪和销售侵权复制品罪实行数罪并罚。

三、销售侵权复制品罪的刑罚

销售侵权复制品罪处5年以下有期徒刑,并处或者单处罚金。

【案例】

2011年10月,罗明勇、宁传银等人为牟取非法利益,在未取得权利人授权的情况下,共谋成立一个统一供货、统一进价、统一销售价格、统一分红的销售非法复制注册金融分析师CFA教材的团伙。截至案发,朱建君将非法印制的CFA教材共2万余套销售给罗明勇等人,销售金额共计100余万元。2012年1月至3月,该团伙销售非法复制的CFA教材违法所得共计130余万元。2012年7月,公安机关在罗明勇租赁的仓库内查获盗版的CFA教材25 000本。

另查明,宁传银为牟取非法利益,伙同他人在未取得权利人授权的情况下,非法复制销售国际注册会计师ACCA教材。截至案发,宁传银共销售非法复制的ACCA教材100余本,非法获利2 500余元。公安机关查获宁传银尚未销售的非法复制的ACCA教材521本。

2012年6月8日,上海市公安局杨浦分局立案侦查。2012年8月22日、9月19日,14名涉案人员经杨浦区人民检察院批准,分别被执行逮捕。2012年11月22日,该案由杨浦区人民检察院依法提起公诉。2013年2月1日,杨浦区人民法院以侵犯著作权罪判处朱建君有期徒刑3年零8个月,并处罚金15万元;以销售侵权复制品罪判处罗明勇等13人有期徒刑1年零6个月至8个月不等,各并处罚金7万元至3.5万元不等。①

该案中,朱建君非法印制了2万余套CFA教材并销售给罗明勇等人,其中非法印制CFA教材的行为构成侵犯著作权罪,随后又向他人销售其制作的侵权教材,对其应以侵犯著作权罪论处,不再单独定销售侵权复制品罪。其他人销售非法复制的教材,则应以销售侵权复制品罪论处。

---

① 《朱建君侵犯著作权、罗明勇等13人销售侵权复制品案》,载正义网,2014年4月23日。

第八节 侵犯商业秘密罪

一、侵犯商业秘密罪的定义和构成

《刑法》第219条规定了侵犯商业秘密罪,即以盗窃、利诱、胁迫或者其他不正当手段获取权利人的商业秘密,或者非法披露、使用或者允许他人使用其所掌握的或获取的商业秘密,给商业秘密的权利人造成重大损失的行为。

侵犯商业秘密罪的构成要件包括:

(1)犯罪行为的对象为商业秘密。

(2)行为人实施了侵犯商业秘密的行为,通常表现为以下四种情况:

①以盗窃、贿赂、欺诈、胁迫、电子侵入或者其他不正当手段获取权利人的商业秘密。盗窃,一般是指通过窃取商业秘密的载体而获取商业秘密;利诱,是指以金钱、物品或者其他利益为诱饵,使知悉商业秘密内容的人提供商业秘密;胁迫,是指对知悉商业秘密的人进行恐吓、威胁,迫使其提供商业秘密。

②披露、使用或者允许他人使用以前述手段获取的权利人的商业秘密。披露,是指将非法获得的商业秘密告知他人,或者公之于众;使用,是指将非法获取的商业秘密用于生产经营;允许他人使用,是指允许他人将非法获得的商业秘密用于生产经营。

③违反保密义务或者违反权利人有关保守商业秘密的要求,披露、使用或者允许他人使用其所掌握的商业秘密。这种行为和前述两种行为的主要区别是,行为人知悉和掌握商业秘密是合法的,但违反了保密要求,披露、使用或者允许他人使用其合法知悉和掌握的商业秘密。

④明知前述第一种至第三种违法行为,而获取、披露、使用或者允许他人使用他人商业秘密。这种行为同样以侵犯商业秘密论。

⑤为境外的机构、组织、人员窃取、刺探、收买、非法提供商业秘密。

(3)给权利人造成了重大损失。根据最高人民法院、最高人民检察院《关于办理侵犯知识产权刑事案件具体应用法律若干问题的解释(三)》第4条的规定,实施《刑法》第219条规定的行为,具有下列情形之一的,应当认定为"给商业秘密的权利人造成重大损失":(1)给商业秘密的权利人造成损失数额或者因侵犯商业秘密违法所得数额在30万元以上的;(2)直接导致商业秘密的权利人因重大经营困难而破产、倒闭的;(3)造成商业秘密的权利人其他重大损失的。

二、侵犯商业秘密罪认定中的主要问题

在侵犯商业秘密罪的认定中,权利人的商业秘密是否成立,被告是否侵犯权利人的商业秘密,以及给权利人造成多大的损失是需要认定的关键问题。而这些问题大多涉及科学技术、经济财务等方面的专业知识,属于"专门性问题"。因此,侵犯商业秘密罪的案件中,司法鉴定是认定事实的一种重要方式,在司法实践中被广为采用。

商业秘密分为技术秘密和经营秘密。经营秘密不涉及专业技术知识,法官通过日常生活和工作的常识、经验等,可以作出判断,一般不需要进行鉴定。但是技术秘密涉及复杂、专业的技术问题,往往需要进行司法鉴定。

侵犯商业秘密罪案件的司法鉴定范围一般包括:

(1)权利人主张的信息是否具有非公知性

在技术秘密案件中,在判断权利人主张的信息是否构成技术秘密时,应根据法律规定的构成要件逐一进行审查。其中的首要问题是,权利人主张的信息是否具有非公知性,即秘密性,因

此,这一问题是司法鉴定的主要内容之一。

需要注意的是,不能将“涉案信息是否构成商业秘密”作为鉴定的内容。“是否构成商业秘密”属于法律问题,应由法院认定,而鉴定只能针对事实问题进行。

(2)被告人的信息和权利人的信息是否实质相同

判断是否侵犯商业秘密的重要考量因素是被告人的信息和权利人的信息是否实质相同。是否实质相同也涉及技术问题,因此也是司法鉴定的主要内容之一。该种鉴定主要是将被告人掌握或者使用的信息,和权利人主张的信息进行技术对比,从技术上得出是否“实质相同”的结论。如果构成实质相同,则可以根据这一结论认定被告人侵犯了权利人的商业秘密。

(3)被告人侵权行为给权利人造成的损失

构成本罪需要达到给权利人造成重大损失的标准。在具体案件中,可以根据证据情况,采用审计或者评估的方式认定权利人的损失。

根据最高人民法院、最高人民检察院《关于办理侵犯知识产权刑事案件具体应用法律若干问题的解释(三)》第5条的规定,侵犯商业秘密行为造成的损失数额或者违法所得数额,可以按照下列方式认定:(1)以不正当手段获取权利人的商业秘密,尚未披露、使用或者允许他人使用的,损失数额可以根据该项商业秘密的合理许可使用费确定;(2)以不正当手段获取权利人的商业秘密后,披露、使用或者允许他人使用的,损失数额可以根据权利人因被侵权造成销售利润的损失确定,但该损失数额低于商业秘密合理许可使用费的,根据合理许可使用费确定;(3)违反约定、权利人有关保守商业秘密的要求,披露、使用或者允许他人使用其所掌握的商业秘密的,损失数额可以根据权利人因被侵权造成销售利润的损失确定;(4)明知商业秘密是不正当手段获取或者是违反约定、权利人有关保守商业秘密的要求披露、使用、允许使用,仍获取、使用或者披露的,损失数额可以根据权利人因被侵权造成销售利润的损失确定;(5)因侵犯商业秘密行为导致商业秘密已为公众所知悉或者灭失的,损失数额可以根据该项商业秘密的商业价值确定。商业秘密的商业价值,可以根据该项商业秘密的研究开发成本、实施该项商业秘密的收益综合确定;(6)因披露或者允许他人使用商业秘密而获得的财物或者其他财产性利益,应当认定为违法所得。商业秘密的权利人为减轻对商业运营、商业计划的损失或者重新恢复计算机信息系统安全、其他系统安全而支出的补救费用,应当计入给商业秘密的权利人造成的损失。

【案例】

广东省深圳市罗湖区人民法院审理的(2001)深罗法刑初字第651号“何家平、张英俊侵犯商业秘密案”中,法院认为:被告人何家平违反与中兴公司签订的保密协议,秘密盗取中兴公司的商业秘密,出售给被告人张英俊。被告人张英俊购买明知是违法得来的商业秘密并加以使用(本案中的使用方式主要为“对中兴公司的商业秘密资料进行修改、复制并组织人员对技术研究开发”)。但是,二被告人侵犯商业秘密的行为给中兴公司造成的实际损失难以计算,也没有因侵犯商业秘密而产生非法利润。深圳市公安局委托广东省科技评估中心出具的关于中兴公司技术无形资产评估咨询报告书,证明涉案技术无形资产的评估值为人民币4 664.49万元,许可使用费的评估值为204.48万元。因此,涉案商业秘密的许可使用费人民币204.48万元应当认定为中兴公司的重大损失。

三、侵犯商业秘密罪的刑罚

侵犯商业秘密罪的刑罚分为两个档次,情节严重的,处3年以下有期徒刑,并处或者单处罚金;情节特别严重的,处3年以上10年以下有期徒刑,并处罚金。

为境外的机构、组织、人员窃取、刺探、收买、非法提供商业秘密的,处5年以下有期徒刑,并处或者单处罚金;情节严重的,处5年以上有期徒刑,并处罚金。

【案例与评析】

被告人余志宏、罗石和、肖文娟、李影红原系珠海赛纳公司员工,四人在日常工作中能够接触并掌握珠海赛纳公司的品牌区、南美区、亚太区的客户资料以及2010年的销售量、销售金额及珠海赛纳公司产品的成本价、警戒价、销售价等经营性信息,并负有保守珠海赛纳公司商业秘密的义务。2011年初,余志宏与他人成立江西亿铂公司,生产打印机用硒鼓等耗材产品,并成立中山沃德公司及香港Aster公司、美国Aster公司、欧洲Aster公司销售江西亿铂公司产品。余志宏、罗石和、肖文娟、李影红等人将各自因工作关系掌握的珠海赛纳公司的客户采购产品情况、销售价格体系、产品成本等信息私自带入江西亿铂公司、中山沃德公司,以此制定了该二公司部分产品的美国价格体系、欧洲价格体系,并以低于珠海赛纳公司的价格向原属于珠海赛纳公司的部分客户销售相同型号的产品。经对江西亿铂公司、中山沃德公司的财务资料和出口报关单审计,二公司共向原珠海赛纳公司的11个客户销售与珠海塞纳公司相同型号的产品金额共计7 659 235.72美元;按照珠海赛纳公司相同型号产品的平均销售毛利润率计算,给珠海赛纳公司造成的经济损失共计人民币22 705 737.03元(2011年5月至12月的经济损失人民币11 319 749.58元;2012年1月至4月的经济损失人民币11 385 987.45元)。

广东省珠海市中级人民法院二审认为,江西亿铂公司、中山沃德公司、余志宏、罗石和、肖文娟、李影红的行为构成侵犯商业秘密罪,判处江西亿铂公司罚金人民币2 140万元;判处中山沃德公司罚金人民币1 420万元;判处余志宏有期徒刑6年,并处罚金人民币100万元;判处罗石和有期徒刑3年,并处罚金人民币20万元;判处李影红有期徒刑2年,缓刑3年,并处罚金人民币10万元;判处肖文娟有期徒刑2年,缓刑3年,并处罚金人民币10万元。[①]

从该案可以看出,法院认定了权利人的客户采购产品情况、销售价格体系、产品成本以及客户名单等信息属于经营秘密。被告人利用在权利人处工作时掌握的前述信息,制定了被告公司的价格体系,并向权利人的部分客户销售产品,即被告人实施了披露、使用权利人经营秘密的行为,而被告公司明知被告人的行为违法,仍然实施了获取、使用权利人经营秘密的行为。因此,被告人和被告公司构成侵犯商业秘密罪,而且属于单位犯罪。本案中法院判处的罚金总额高达3 700万元,是2013年以来,商业秘密犯罪案件中罚金数额最高的案例。

① 《江西亿铂电子科技有限公司、余志宏等侵犯商业秘密罪刑事案》,载中国法院网,2013年10月22日。

第九编　房地产法律业务基本技能

第一章 概　　述

在各类律师业务中,房地产业务属于专业特征较为明显的一个分支。1993年出台的《关于当前经济情况和加强宏观调控的意见》,奠定了房地产业在国民经济中长期担任经济增长引擎的重要地位,而房地产行业高速发展带来的不仅仅是城市面貌的日新月异,还有房地产领域法律、法规的日臻完善。

虽然和其他业务分支一样,房地产业务也是以《民法典》《公司法》等一系列法律法规为基础,但除了这些普遍适用于各类业务的法律法规外,房地产律师还需熟练掌握房地产领域的单行法律法规、行业政策及相关专业知识。并且,由于房地产业务本身具有较强的地域性特征,掌握不同地区的地方性法规、政策和实操模式也是一名优秀的房地产律师所必备的技能。

同时,作为一个强周期性的行业,房地产业与宏观经济有着密切的关联关系,房地产业的兴衰发展、利润空间、房价走向等均深受宏观调控政策的影响。如果以十年为一个周期,从20世纪90年代末至今,中国的房地产市场经历了低成本、高收益、野蛮生长的"黄金十年"和竞争加剧且充分优胜劣汰的"白银十年",而目前基于世界经济的整体走势和国内去杠杆的宏观调控导向,中国房地产市场已然开始步入地产即金融的"镀金时代"。事实证明,在不同的发展时期,律师可以从事以及主要从事的房地产业务的类型有着非常明显的时代特征,甚至代际之间也存在着非常大的差别。以商品房买卖法律服务为例,自20世纪90年代至今,商品房买卖法律服务可以说是房地产律师的主要业务之一,该内容也是本书本次修订之前"房地产业务基本技能"一编着重讲述的内容之一。然而,随着社会经济的发展,房地产开发商在商品房买卖业务中聘请律师提供服务已经成为历史。如今,除了传统的建设工程、大宗并购、租赁及其他日常业务外,具有新的时代特征的集体土地流转、长租公寓、产业地产及不动产金融等业务在房地产法律服务中的占比已经明显增大,甚至成为相当一部分律师事务所和律师的主营业务。

由于本书定位于培养律师执业的基本技能,因此本编在内容上无法做到面面俱到。但为了相对全面地展现房地产业务,本编将分别从纵向和横向两个方面介绍房地产领域的主要知识点和律师业务。其中,纵向而言,包括"拿地"前的土地开发、"拿地"、开发建设、销售、物业管理、租赁/运营管理等板块;横向而言,则包括房地产并购交易、房地产投融资和外商投资房地产等板块。在每一章节的具体内容上,则主要从相关板块的基础法律规定着手,全面介绍相关规定和规则,并基于此介绍律师可以从事的该具体领域的业务类型、主要内容、主要工作范围、工作重点及操作方式等内容。

由于房地产行业涉及的内容较为广泛,无论是技术层面的规范还是法律层面的规范,其更新、完善的速度都非常快,而在国家持续宏观调控的大背景下,房地产行业的政策依赖性也较强,从事房地产业务的律师必须持续学习并紧密跟踪政策导向和经济发展趋势,方能成为一名合格甚至优秀的房地产律师,进而才能为委托人提供优质、高效的服务。

第二章　土地前期开发阶段及土地使用权出让、转让阶段的律师服务

第一节　土地前期开发阶段的主要政策及制度

本节主要介绍土地前期开发阶段涉及的土地储备制度和土地一级开发。

一、土地储备制度

我国土地储备制度起源于上海。1996年8月,在上海成立了我国第一家土地储备机构——上海市土地发展中心。1997年8月,杭州土地储备制度启动。1999年,原国土资源部(现为自然资源部)向全国推广杭州、青岛两市开展土地储备的经验。2001年4月30日,国务院发布《关于加强国有土地资产管理的通知》(国发〔2001〕15号),明确提出:"为增强政府对土地市场的调控能力,有条件的地方政府要对建设用地试行收购储备制度。市、县人民政府可划出部分土地收益用于收购土地,金融机构要依法提供信贷支持。"2007年11月29日,原国土资源部、财政部、中国人民银行印发《土地储备管理办法》(国土资发〔2007〕277号)(已失效);2018年1月3日,原国土资源部、财政部、中国人民银行与原中国银行业监督管理委员会印发修订后的《土地储备管理办法》(国土资规〔2017〕17号),进一步规范了土地储备制度。

根据《土地储备管理办法》的规定,土地储备是指县级(含)以上国土资源主管部门为调控土地市场、促进土地资源合理利用,依法取得土地,组织前期开发、储存以备供应的行为。

1. 土地储备机构

根据《土地储备管理办法》的规定,土地储备工作统一归口国土资源主管部门管理,土地储备机构承担土地储备的具体实施工作。土地储备机构应为县级(含)以上人民政府批准成立、具有独立的法人资格、隶属于所在行政区划的国土资源主管部门、承担本行政辖区内土地储备工作的事业单位。国土资源主管部门对土地储备机构实施名录制管理。市、县级国土资源主管部门应将符合规定的机构信息逐级上报至省级国土资源主管部门,经省级国土资源主管部门审核后报原国土资源部,列入全国土地储备机构名录,并定期更新。

2. 储备土地的取得

根据《土地储备管理办法》的规定,可以纳入储备范围的土地包括:依法收回的国有土地;收购的土地;行使优先购买权取得的土地;已办理农用地转用、征收批准手续并完成征收的土地;其他依法取得的土地。综合《土地储备管理办法》的规定和实务中的操作,储备土地的取得主要是通过征收、收回、购买和置换四种方式。

3. 储备土地前期开发

根据《土地储备管理办法》的规定,土地储备机构应组织开展对储备土地必要的前期开发,为政府供应土地提供必要保障。储备土地的前期开发应按照该地块的规划,完成地块内的道路、供水、供电、供气、排水、通讯、围挡等基础设施建设,并进行土地平整,满足必要的"通平"要求。具体工程需要按照有关规定,选择工程勘察、设计、施工和监理等单位进行建设。

4. 储备土地临时利用

根据《土地储备管理办法》的规定,在储备土地未供应前,土地储备机构可将储备土地或连同

地上建(构)筑物,通过出租、临时使用等方式加以利用。储备土地的临时利用,一般不超过两年,且不能影响土地供应。储备土地的临时利用应经同级国土资源主管部门同意。其中,在城市规划区内储备土地的临时使用,需搭建建(构)筑物的,在报批前,应当先经城市规划行政主管部门同意,不得修建永久性建筑物。

5. 储备土地供应

根据《土地储备管理办法》的规定,储备土地完成前期开发,并具备供应条件后,应纳入当地市、县土地供应计划,由市、县国土资源主管部门统一组织土地供应。

6. 资金管理

根据《土地储备管理办法》的规定,土地储备资金收支管理严格执行财政部、原国土资源部关于土地储备资金财务管理的规定。土地储备资金通过政府预算安排,实行专款专用。

目前许多省、市均已出台有关土地储备制度的规定,土地储备制度也成为最具地域性的制度之一。以北京市为例,2002 年 1 月 31 日,北京市人民政府批转市国土房管局《关于加强国有土地资产管理建立土地储备制度意见的通知》(京政发〔2002〕4 号),自此形成了北京市的地方性土地储备制度。之后,北京市又发布了《北京市土地储备和一级开发暂行办法》(京国土市〔2005〕540 号)及《北京市土地资源整理暂行办法》等规定,对土地储备制度作了进一步的规定。律师在提供法律服务时同样应关注这些地方性规定。

二、土地一级开发

在“八三一大限”①之前,土地一级开发还未广泛推广,协议出让是最主要的一种土地出让方式,“毛地”出让合法且普遍存在,开发商基本是通过协议出让的方式获得“毛地”的开发权,然后进行拆迁整理,取得国有土地使用权,继而进行项目开发建设。

随着土地招标拍卖挂牌制度与土地储备制度的逐步确立及实施,从“生地”到“熟地”的土地一级开发越来越具有独立性,并成为土地投资业务的重要内容。虽然经过十几年的发展,但是,国家法律层面对土地一级开发的概念尚无统一规定。同时,虽然全国许多地区都在进行探索和实践,但大部分地方尚未形成较为成熟的体系。土地一级开发目前仍缺乏统一称谓,其包含的内容也仍未统一,有关土地一级开发的相关规定主要存在于地方层面的地方性法规或地方政府规章及规范性文件等规定之中。② 比如,根据《北京市土地储备和一级开发暂行办法》的规定,土地储备和一级开发,是指政府依法通过收购、收回、征收等方式储备国有建设用地,并组织实施拆迁和市政基础设施建设,达到土地供应条件的行为。再如,根据《哈尔滨市土地一级开发暂行办法》(哈政发法字〔2008〕26 号)的规定,土地一级开发,是指政府依据国民经济和社会发展计划、城市总体规划和土地利用总体规划,根据土地储备计划和土地一级开发实施方案,对城市国有土地或者乡村集体土地统一组织实施征地、拆迁、安置、补偿以及适当的市政配套设施建设,使该区域范围内土地具备规定的土地供应条件。

简单地说,土地一级开发就是将不具备建设条件的“生地”加工成达到“三通/五通/七通一平”或需求者要求的建设条件的“熟地”的过程,这一过程通常包括土地的征地、拆迁,土地的平整以及市政基础设施的建设。

土地一级开发的实施主体包括国家各级土地储备机构和社会企业。对于企业参与土地一级开发而言,许多地方通常会提出程序性要求或资质要求。比如,北京市、贵阳市和石家庄市都规

---

① 根据原国土资源部、监察部 2004 年 3 月 31 日联合发布的《关于继续开展经营性土地使用权招标拍卖挂牌出让情况执法监察工作的通知》(国土资发〔2004〕71 号)的规定,2004 年 8 月 31 日后,不得再以历史遗留问题为由采用协议方式出让经营性土地使用权,代之以公开招标拍卖挂牌出让方式。

② 截至目前,北京、石家庄、哈尔滨、贵阳、昆明、长春、海南等省、市均已出台了规范土地一级开发的相关规定。

定,通过招标等公开形式选择土地一级开发实施单位。同时,北京市还规定,参与土地一级开发项目投标的投标人还应满足具备北京市房地产开发企业资质等条件。

企业参与土地一级开发,除可以获取相应的土地一级开发收益①外,更关注的则是希望可以进行"一、二级联动开发",即在土地一级开发完成后,以相对优势和优惠条件取得项目用地的国有土地使用权,继续进行二级开发,获取房地产开发收益。

鉴于在"八三一大限"之前,协议出让是最主要的一种土地出让方式,"毛地"出让合法且普遍存在,当时的土地"一、二级联动开发"只是开发商合法获得"毛地"开发权的一种普遍甚至是必需的方式。但"八三一大限"之后,经营性用地必须采取公开"招、拍、挂"的方式进行出让,开发企业在完成了土地一级开发后,仍须由政府土地储备部门将土地进行收储,并通过公开"招、拍、挂"的合法程序在土地二级市场进行出让,不排除出现其他竞买人,也就使得土地一级开发企业希望通过"一、二级联动开发"获取土地使用权不再顺理成章。

同时,政府对于经营性用地土地的出让金,必须执行"收支两条线"②。且根据财政部、原国土资源部、中国人民银行、原银监会《关于规范土地储备和资金管理等相关问题的通知》(财综〔2016〕4 号)的规定,在土地前期开发和收储过程中,项目承接主体或供应商应当严格履行合同义务,并按合同约定数额获取报酬,不得与土地使用权出让收入挂钩,也不得以项目所涉及的土地名义融资或者变相融资,这意味着通过土地收益分成获取土地一级开发收益存在实质性政策障碍。因此,从事土地一级开发的企业在参与土地一级开发时须避免触碰土地出让金"收支两条线"及土地一级开发收益"不得与土地使用权出让收入挂钩"的政策红线。

第二节 土地前期开发阶段的律师工作

在为政府部门提供土地前期开发阶段法律服务时,律师可以提供的法律服务包括:

(1)提供法律咨询服务,出具法律服务意见;

(2)起草或审核土地收储合同;

(3)根据当地的相关规定,设计、论证合法且具有可操作性的土地一级开发操作模式;

(4)制作相应的尽职调查文件,提示政府部门对拟申请参与土地一级开发的申请人进行包括资质、资信及履约能力等方面的调查;

(5)对于拟通过招标方式选定土地一级开发实施单位的项目,协助政府部门起草或审查包括招标文件等在内的相关的法律文本,提示政府部门按相应的法定程序组织招标、对拟申请参与人进行资格审查等事宜;

(6)协助政府部门参与项目相关会议讨论、谈判;

(7)起草、修订、审核土地一级开发协议等相关的合同文件、协议文件,必要时根据协议履行情况起草通知、催告、律师函等文件。

---

① 比如,根据《北京市土地储备和一级开发暂行办法》的规定,通过招标方式选择开发企业负责土地开发具体管理的,开发企业的管理费用不高于土地储备开发成本的 2%;通过招标方式选择开发企业实施土地开发的,由开发企业负责筹措资金、办理规划、项目核准、征地拆迁和大市政建设等手续并组织实施。招标底价包括土地储备开发的预计总成本和利润,利润率不高于预计成本的 8%。再如,根据《石家庄市市区土地一级开发暂行办法》(石政办发〔2008〕27 号)的规定,通过招标方式进行土地一级开发的,由土地储备机构与中标单位签订土地一级开发协议;中标人负责筹措资金、办理规划、项目核准、征地拆迁和大市政建设等手续并组织实施;招标底价包括土地一级开发的预计总成本和利润,利润不高于成本的 10%。

② 《关于规范国有土地使用权出让收支管理的通知》(国办发〔2006〕100 号)及《关于进一步加强土地出让收支管理的通知》(财综〔2009〕74 号)等文件均明确要求,地方的土地出让收入应全额缴入地方国库,支出则通过地方基金预算从土地出让收入中予以安排,实行彻底的"收支两条线"管理。

在为企业提供土地前期开发阶段法律服务时，律师可以提供的法律服务包括：

(1)提供法律咨询服务，出具法律服务意见；

(2)对土地一级开发项目开展尽职调查，调查事项包括参与土地一级开发项目所需资质、项目相关审批事项、项目征地及拆迁政策、项目当地政府优惠政策与操作惯例及程序性保障等，并出具尽职调查意见；

(3)根据项目当地的相关规定，设计土地一级开发方案，或论证委托人拟参与或实施的土地一级开发操作模式的合规性；

(4)协助委托人编制投标文件；

(5)协助委托人参与项目相关会议讨论、谈判；

(6)协助委托人处理与政府有关部门的关系，代为起草、修改相关请示文件等；

(7)起草、修订、审核土地一级开发协议等相关的合同文件、协议文件，必要时根据协议履行情况起草通知、催告、律师函等文件。

第三节　与国有土地使用权出让及转让相关的主要政策及制度

一、与国有土地使用权出让相关的主要政策及制度

20世纪50年代，我国逐步建立起高度集中的计划经济体制。在城市，对国有土地使用实行无偿划拨制度；在农村，国家通过推行农业合作化，将农村土地所有权由农民个人所有转变为由农村集体所有。由此，土地买卖被逐步禁止。

1990年5月19日，国务院发布《城镇国有土地使用权出让和转让暂行条例》（国务院令第55号，以下简称《暂行条例》），明确提出实行国有土地使用权出让和转让的制度。

根据《暂行条例》的规定，土地使用权出让是指国家以土地所有者的身份将土地使用权在一定年限内让与土地使用者，并由土地使用者向国家支付土地使用权出让金的行为。

国有土地使用权出让最高年限按下列用途确定：①居住用地70年；②工业用地50年；③教育、科技、文化、卫生、体育用地50年；④商业、旅游、娱乐用地40年；⑤综合或者其他用地50年。

国有土地使用权出让的方式包括：①招标出让；②拍卖出让；③挂牌出让；④协议出让。

1. 公开招标拍卖挂牌出让

为规范国有土地使用权出让行为，优化土地资源配置，建立公开、公平、公正的土地使用制度，根据《城市房地产管理法》《土地管理法》和《土地管理法实施条例》等法律、法规的规定，原国土资源部于2002年5月9日发布了《招标拍卖挂牌出让国有土地使用权规定》（国土资源部令第11号），该规定自2002年7月1日起施行。2007年9月28日，原国土资源部又通过了《招标拍卖挂牌出让国有建设用地使用权规定》（国土资源部令第39号），该规定自2007年11月1日起施行，取代了《招标拍卖挂牌出让国有土地使用权规定》。自此，国内以招标、拍卖或挂牌出让国有建设用地使用权的，均开始执行《招标拍卖挂牌出让国有建设用地使用权规定》。

《招标拍卖挂牌出让国有建设用地使用权规定》对招标、拍卖、挂牌出让国有建设用地使用权作出如下解释：

(1)招标出让国有建设用地使用权，是指市、县人民政府国土资源行政主管部门（以下简称“出让人”）发布招标公告，邀请特定或者不特定的自然人、法人和其他组织参加国有建设用地使用权投标，根据投标结果确定国有建设用地使用权人的行为。

(2)拍卖出让国有建设用地使用权，是指出让人发布拍卖公告，由竞买人在指定时间、地点进行公开竞价，根据出价结果确定国有建设用地使用权人的行为。

(3)挂牌出让国有建设用地使用权,是指出让人发布挂牌公告,按公告规定的期限将拟出让宗地的交易条件在指定的土地交易场所挂牌公布,接受竞买人的报价申请并更新挂牌价格,根据挂牌期限截止时的出价结果或者现场竞价结果确定国有建设用地使用权人的行为。

根据原国土资源部于 2006 年 5 月 31 日发布的《招标拍卖挂牌出让国有土地使用权规范(试行)》的规定,有六类情形必须纳入招标拍卖挂牌出让国有土地使用权范围:

(1)供应商业、旅游、娱乐和商品住宅等各类经营性用地以及有竞争要求的工业用地;

(2)其他土地供地计划公布后同一宗地有两个或者两个以上意向用地者的;

(3)划拨土地使用权改变用途,《国有土地划拨决定书》或法律、法规、行政规定等明确应当收回土地使用权,实行招标拍卖挂牌出让的;

(4)划拨土地使用权转让,《国有土地划拨决定书》或法律、法规、行政规定等明确应当收回土地使用权,实行招标拍卖挂牌出让的;

(5)出让土地使用权改变用途,《国有土地使用权出让合同》约定或法律、法规、行政规定等明确应当收回土地使用权,实行招标拍卖挂牌出让的;

(6)法律、法规、行政规定明确应当招标拍卖挂牌出让的其他情形。

值得注意的是,原国土资源部、原监察部于 2007 年 4 月 4 日发布《关于落实工业用地招标拍卖挂牌出让制度有关问题的通知》(国土资发〔2007〕78 号),明确政府供应工业用地,必须采取招标拍卖挂牌方式公开出让或租赁,必须严格执行《招标拍卖挂牌出让国有土地使用权规定》(该规定已被《招标拍卖挂牌出让国有建设用地使用权规定》取代)和《招标拍卖挂牌出让国有土地使用权规范(试行)》规定的程序和方法。两部门又于 2009 年 8 月 10 日发布《关于进一步落实工业用地出让制度的通知》(国土资发〔2009〕101 号),强调凡属于农用地转用和土地征收审批后由政府供应的工业用地,政府收回、收购国有土地使用权后重新供应的工业用地,必须采取招标拍卖挂牌方式公开确定土地价格和土地使用权人。

2. 适用协议出让的情况

为加强国有土地资产管理,优化土地资源配置,规范协议出让国有土地使用权行为,根据《城市房地产管理法》《土地管理法》和《土地管理法实施条例》等法律、法规的规定,原国土资源部于 2003 年 6 月 11 日发布了《协议出让国有土地使用权规定》(国土资源部令第 21 号),该规定自 2003 年 8 月 1 日起施行。根据该规定,协议出让国有土地使用权,是指国家以协议方式将国有土地使用权在一定年限内出让给土地使用者,由土地使用者向国家支付土地使用权出让金的行为。

根据原国土资源部于 2006 年 5 月 31 日发布的《协议出让国有土地使用权规范(试行)》的规定,出让国有土地使用权,除依照法律、法规和规章的规定应当采用招标、拍卖或者挂牌方式外,方可采取协议方式,主要包括以下情形:

(1)供应商业、旅游、娱乐和商品住宅等各类经营性用地以外用途的土地,其供地计划公布后同一宗地只有一个意向用地者的;

(2)原划拨、承租土地使用权人申请办理协议出让,经依法批准,可以采取协议方式,但《国有土地划拨决定书》《国有土地租赁合同》、法律、法规、行政规定等明确应当收回土地使用权重新公开出让的除外;

(3)划拨土地使用权转让申请办理协议出让,经依法批准,可以采取协议方式,但《国有土地划拨决定书》、法律、法规、行政规定等明确应当收回土地使用权重新公开出让的除外;

(4)出让土地使用权人申请续期,经审查准予续期的,可以采用协议方式;

(5)法律、法规、行政规定明确可以协议出让的其他情形。

值得注意的是,根据《协议出让国有土地使用权规定》的规定,以协议方式出让国有土地使用权的出让金不得低于按国家规定所确定的最低价,协议出让最低价不得低于新增建设用地的土地有偿使用费、征地(拆迁)补偿费用以及按照国家规定应当缴纳的有关税费之和,有基准地价的地区,协议出让最低价不得低于出让地块所在级别基准地价的70%。

3. 用地预申请

与土地使用权出让相关的另一项制度是用地预申请制度。《招标拍卖挂牌出让国有土地使用权规范(试行)》对用地预申请制度作出了规定:"为充分了解市场需求情况,科学合理安排供地规模和进度,有条件的地方,可以建立用地预申请制度。单位和个人对列入招标拍卖挂牌出让计划内的具体地块有使用意向的,可以提出用地预申请,并承诺愿意支付的土地价格。市、县国土资源管理部门认为其承诺的土地价格和条件可以接受的,应当根据土地出让计划和土地市场情况,适时组织实施招标拍卖挂牌出让活动,并通知提出该宗地用地预申请的单位或个人参加。提出用地预申请的单位、个人,应当参加该宗地竞投或竞买,且报价不得低于其承诺的土地价格。"

针对工业用地预申请,原国土资源部、原监察部于2009年8月10日发布《关于进一步落实工业用地出让制度的通知》,提出:"各地要大力推进工业用地预申请制度,加快制定工业用地预申请政策措施和操作程序。"在2010年房地产市场调控政策收紧的情况下,原国土资源部又于2010年3月8日发布了《关于加强房地产用地供应和监管有关问题的通知》(国土资发〔2010〕34号),再次强调:"条件具备的地方,可以探索房地产用地出让预申请制度。"

《招标拍卖挂牌出让国有土地使用权规范(试行)》虽然提出"有条件的地方,可以建立用地预申请制度",但并没有对"用地预申请"的适用提出强制性要求,而是授权地方政府对用地预申请制度进行探索。截至目前,上海市、广州市、汕头市、佛山市、厦门市及福州市等地均已出台了有关用地预申请制度的相关规定。

需要说明的是,各地对于用地预申请制度的规定存在较大差异,律师在提供法律服务时应着重关注项目地的地方性规定。

4. 实操中需关注的两个具体问题

(1)结合目前政府部门的实际情况,国有建设用地使用权出让合同文本是政府制定的标准格式合同文本,凡按照招标拍卖挂牌程序取得的国有土地使用权,都需要签署政府提供的出让合同文本。在实际操作中,基本上没有修改、增加任何条款内容的可能性。

(2)投资者竞得土地之后,通常既可以以其自身名义与政府签订国有建设用地使用权出让合同,也可以以其设立的项目公司与政府签订国有建设用地使用权出让合同。因房地产开发项目的特殊性,实践中采取后一种方式的较为常见。但是,需要注意的是,其后续设立的项目公司的股权结构必须与其参与竞买土地时承诺的未来项目公司股权结构保持一致。如仅有一个投资者参与竞买,如果后续设立项目公司与政府签订国有建设用地使用权出让合同,则该项目公司应为该投资者的全资子公司;若两个或两个以上的投资者组成竞买联合体参与竞买,如果后续设立项目公司与政府签订国有建设用地使用权出让合同,则项目公司的股权结构应与各投资人向国土部门提交的联合竞买协议中承诺的未来各投资人在合资项目公司中的持股比例保持一致。

二、与国有土地使用权转让相关的主要政策及制度

根据《暂行条例》的规定,土地使用权转让是指土地使用者将土地使用权再转移的行为,包括出售、交换和赠与。未按土地使用权出让合同规定的期限和条件投资开发、利用土地的,土地使用权不得转让。土地使用权转让应当签订转让合同。以出让方式取得土地使用权的,转让房地产后,其土地使用权的使用年限为原土地使用权出让合同约定的使用年限减去原土地使用者已经使用年限后的剩余年限。

土地使用权转让实质是房地产(项目)的转让,根据《城市房地产管理法》的规定,房地产转

让,是指房地产权利人通过买卖、赠与或者其他合法方式将其房地产转移给他人的行为。

根据《城市房地产管理法》的规定,房地产转让,应当符合以下条件:

(1)以出让方式取得土地使用权的,转让房地产时,应当符合下列条件:①按照出让合同约定已经支付全部土地使用权出让金,并取得土地使用权证书;②按照出让合同约定进行投资开发,属于房屋建设工程的,完成开发投资总额的25%以上,属于成片开发土地的,形成工业用地或者其他建设用地条件。转让房地产时房屋已经建成的,还应当持有房屋所有权证书。

(2)以划拨方式取得土地使用权的,转让房地产时,应当按照国务院规定,报有批准权的人民政府审批。有批准权的人民政府准予转让的,应当由受让方办理土地使用权出让手续,并依照国家有关规定缴纳土地使用权出让金。以划拨方式取得土地使用权的,转让房地产报批时,有批准权的人民政府按照国务院规定决定可以不办理土地使用权出让手续的,转让方应当按照国务院规定将转让房地产所获收益中的土地收益上缴国家或者作其他处理。

转让房地产开发项目,应当依照规定办理土地使用权和地上建筑物、其他附着物所有权转让的过户登记手续,转让人和受让人还应当自土地使用权变更登记手续办理完毕之日起30日内,持房地产开发项目转让合同到房地产开发主管部门备案。

实践中,为了合理地规避市场和法律上的诸多风险,很多开发商每开发一个房地产项目即成立一个房地产开发有限公司(以下简称"项目公司"),由不同的项目公司开发不同的项目,各个项目公司之间独立经营、自负盈亏,同时也可以避免因一个项目发生问题或纠纷导致同一个项目公司名下的其他各项目被查封。

而在转让房地产项目中,转让双方往往会避免选择直接转让在建工程或房地产产权的方式,而以转让房地产项目公司股权的形式实现转让房地产项目的目的,从而由受让方间接取得房地产项目。在转让项目公司股权的方式下,转让标的是项目公司的股权而不是房地产项目的物权,房地产项目权益作为房地产项目公司的资产随公司股东主体变化而自然转移,因此不需要办理房地产项目土地、房屋权属及开发许可手续变更登记等手续,从而可以高效、简便地实现房地产项目的转让,同时还可能减少税费负担。目前,我国法律对以股权转让方式转让房地产项目并没有禁止性规定,这种转让方式在实践中被广泛应用。

实践中还存在一种情形,即拟转让项目属于在建工程,且已投资额未达到投资总额的25%,直接以资产转让方式转让在建工程的条件尚未成就,为此,交易双方采取股权转让方式实现转让该在建工程的商业目的。但是需要注意的是,各地对于以股权转让方式转让在建工程是否要求已投资额达到投资总额的25%以上的理解和操作有较大的不同,虽然很多地方对此不作审查或不作严格审查,但确实有一些地方严格执行这一要求。

值得注意的是,2017年1月22日,原国土资源部印发《关于完善建设用地使用权转让、出租、抵押二级市场的试点方案》(国土资发〔2017〕12号),明确在北京市房山区、天津市武清区、上海市松江区、浙江省湖州市德清县及河北省石家庄市等34个市县(区)开展建设用地使用权转让、出租、抵押二级市场试点工作,试点内容包括完善建设用地使用权转让机制,明确建设用地使用权转让形式(将各类导致建设用地使用权转移的行为都视为建设用地使用权转让,包括买卖、交换、赠与、出资等,以及司法处置、资产处置、法人或其他组织合并或分立等形式涉及的建设用地使用权转移)、明晰不同权能建设用地使用权转让的必要条件等。截至2017年6月20日,原国土资源部已批复了全部34个试点地区关于完善建设用地使用权转让、出租、抵押二级市场试点的实施方案。同时,许多试点地区也已出台了关于完善建设用地使用权转让、出租、抵押二级市场交易管理的相关规定。在一些地区的司法实践操作中,以股权转让方式转让已投资额未达到投资总额25%的在建工程的,还可能存在被司法机关认定为构成非法转让、倒卖土地使用权罪的风险。

另外，需要注意的是，各试点地区出台的关于完善建设用地使用权转让、出租、抵押二级市场交易管理的相关规定存在较大差异。律师在提供法律服务时应着重关注项目地是否属于前述试点地区以及项目地（尤其是试点地区）具体的地方性规定。

此外，国有土地使用权转让涉及国有资产交易情形的，还应当遵守国有资产管理的相关法律法规和政策的规定。

第四节　国有土地使用权出让及转让阶段的律师工作

一、国有土地使用权出让阶段的律师工作

在国有土地使用权出让中，律师的主要工作是协助委托人处理取得土地使用权的相关事务，主要有：

(1)协助委托人确定适当的土地使用权取得方式，就不同的土地使用权取得方式提供法律分析及建议。

(2)委托人以招标拍卖挂牌方式取得项目土地的，协助委托人与政府土地管理部门协商供地条件、确定土地供应的经济指标、协助编制竞买文件、协助签署土地出让合同等。

(3)协助委托人处理与政府有关部门的关系，代为起草、修改相关请示文件等。

二、国有土地使用权转让阶段的律师工作

在国有土地使用权转让（即房地产项目转让，包括直接转让土地使用权和通过转让项目公司股权形式转让土地使用权）中，律师可以为委托人提供的法律服务包括：

(1)对国有土地使用权权属（包括转让方是否已取得国有土地使用权证或不动产权证书，土地使用权出让年限，是否存在他项权利，是否属于闲置土地以及是否符合转让条件或是否存在禁止转让情形等）、转让或受让方当事人及项目背景与状态等事项展开法律尽职调查，并出具尽职调查报告。对于转让项目公司股权的，还需要着重对项目公司的情况（包括注册情况、融资担保、签署的重大合同及涉及的诉讼仲裁、行政处罚等情况）进行审查。

(2)协助委托人设计交易架构、论证房地产项目转让或受让的方案。

(3)协助委托人参加与交易对方的主要谈判。

(4)起草、修订、审阅房地产项目转让合同等与交易有关的文件，出具法律意见书。

(5)协助委托人签署房地产项目转让合同及履约交割。

(6)接受项目双方当事人的委托，对转让合同的定金、保证金、价款予以托管服务。

如果委托人需要律师出具国有土地使用权转让方面的法律意见，律师应当依据土地使用权转让合同及其补充协议，同时根据《城市房地产管理法》等法律、法规的要求审查并出具法律意见。具体包括：

1. 审查相关土地是否可以转让

以通过出让方式取得土地使用权转让为例，《城市房地产管理法》第39条规定："以出让方式取得土地使用权的，转让房地产时，应当符合下列条件：（一）按照出让合同约定已经支付全部土地使用权出让金，并取得土地使用权证书；（二）按照出让合同约定进行投资开发，属于房屋建设工程的，完成开发投资总额的百分之二十五以上，属于成片开发土地的，形成工业用地或者其他建设用地条件。转让房地产时房屋已经建成的，还应当持有房屋所有权证书。"

如果审查后土地不具备上述条件，则转让的土地不符合国家法定转让条件，如果转让，则政府土地管理部门有权没收违法所得并可处以罚款。对于开展完善建设用地使用权转让二级市场的

试点地区而言,还需特别关注当地的具体规定。

2. 审查相关土地是否属于闲置土地

闲置土地,是指在依法取得土地使用权后,使用权人未经原批准用地的人民政府同意,超过规定的期限未动工开发的建设用地。原国土资源部于2012年5月22日修订通过的《闲置土地处置办法》(国土资源部令第53号)第2条对何为闲置土地作了明确规定:“本办法所称闲置土地,是指国有建设用地使用权人超过国有建设用地使用权有偿使用合同或者划拨决定书约定、规定的动工开发日期满一年未动工开发的国有建设用地。已动工开发但开发建设用地面积占应动工开发建设用地总面积不足三分之一或者已投资额占总投资额不足百分之二十五,中止开发建设满一年的国有建设用地,也可以认定为闲置土地。”

此外,因特殊情况,未约定、规定动工开发日期,或者约定、规定不明确的,以实际交付土地之日起一年为动工开发日期。实际交付土地日期以交地确认书确定的时间为准。

值得注意的是,自1999年4月28日起实施的《闲置土地处置办法》(国土资源部令第5号)对动工开发、投资额等概念并未作出明确规定,使开发商可能通过“围而不建”等方式对该办法予以规避。2012年5月22日修订后的《闲置土地处置办法》第30条明确规定:“动工开发:依法取得施工许可证后,需挖深基坑的项目,基坑开挖完毕;使用桩基的项目,打入所有基础桩;其他项目,地基施工完成三分之一。已投资额、总投资额:均不含国有建设用地使用权出让价款、划拨价款和向国家缴纳的相关税费。”

如果经律师审查,发现委托人已经取得或准备取得的土地属于闲置土地,则应依据《闲置土地处置办法》及《城市房地产管理法》第26条的规定,明确提示委托人并提示可能的后果:

(1)征收土地闲置费

未动工开发满一年的,由市、县国土资源主管部门报经本级人民政府批准后,向国有建设用地使用权人下达《征缴土地闲置费决定书》,按照土地出让或者划拨价款的20%征缴土地闲置费。土地闲置费不得列入生产成本。

(2)收回土地使用权

未动工开发满两年的,由市、县国土资源主管部门按照《土地管理法》第37条和《城市房地产管理法》第26条的规定,报经有批准权的人民政府批准后,向国有建设用地使用权人下达《收回国有建设用地使用权决定书》,无偿收回国有建设用地使用权。

(3)新申请用地及土地使用权流转受限

国有建设用地使用权人违反法律法规规定和出让合同约定恶意囤地、炒地的,依照《闲置土地处置办法》规定处理完毕前,市、县国土资源主管部门不得受理该国有建设用地使用权人新的用地申请,不得办理被认定为闲置土地的转让、出租、抵押和变更登记。

因为政府、政府有关部门的行为造成动工开发延迟的,国有建设用地使用权人应当向市、县国土资源主管部门提供土地闲置原因说明材料,经审核属实的,可通过延长动工期限、调整土地用途及规划条件、由政府安排临时使用、由国土资源主管部门协议有偿收回国有建设用地使用权、置换土地等方式处置。

3. 审查相关税费的承担方式

土地使用权转让涉及多项税费,包括增值税及附加、土地增值税、所得税、印花税、契税等。直接转让土地使用权(资产转让)和通过转让项目公司股权形式转让土地使用权(股权转让)所涉及的税费有所不同。详情见下表:

税种 转让方式	转让方				受让方	
	增值税	土地增值税	所得税	印花税	印花税	契税
资产转让	11%	超额累进，最高为增值部分的60%	个人20% 企业25%	0.05%	0.05%	3%～5%
股权转让	—	根据不同情况，有不同的缴纳义务	个人20% 企业25%	0.05%	0.05%	—

值得注意的是，国有土地使用权转让双方可以在合同中约定税费的承担方式，比如，在转让合同的补充协议中特别约定，土地使用权转让所需缴纳的全部税费（包括依照税法及国土资源管理有关法律的规定，由国土资源管理部门代扣的转让方及受让方应缴纳的各项税费），均由受让方负责缴纳。此种约定并未违反法律、法规中的强制性规定，因而合法有效。律师在审查国有土地使用权转让合同时，对税费承担问题需要特别关注。

4. 需要注意的细节

国有土地使用权转让合同既涉及民法典的相关规定，又涉及土地管理相关法律法规，比较复杂。国有土地使用权转让不仅涉及土地使用权证书的变更，还牵涉其他多种开发许可证照的变更问题。在采用在建工程转让方式时，土地转让方正常情况下已经办理建设用地规划许可证、建筑工程施工许可证等证照，在转让后除土地使用证需要办理权属转移手续外，这些开发许可证照也都需要进行相应的变更。

此外，如果转让方已经与工程承包方等签订了设计、施工、监理等建设合同和设施设备采购合同，在国有土地使用权及在建工程转让完成之后，由于办理前述项目开发许可证照时需要设计、施工、监理等单位的配合，如受让方出于项目开发需要，仍希望继续聘用上述相关方的，则相关合同主体也需变更，即由受让方承继合同的权利与义务。

第五节　集体建设用地使用权出让、转让及该阶段的律师工作

一、与集体建设用地使用权出让及转让相关的主要政策及制度

2019年8月26日前，虽然允许集体经营性建设用地以出让或转让形式流转的试点和探索早已在各地展开①，但在国家层面，受限于《土地管理法（2004修正版）》第43条第1款和第63条②的规定，农村集体建设用地只能用于兴办乡镇企业、建设住宅和进行乡（镇）村公共设施和公益事业建设，在通过出让或转让形式流转方面受到极大限制。

2015年2月27日，第十二届全国人民代表大会常务委员会第十三次会议通过了《关于授权国务院在北京市大兴区等三十三个试点县（市、区）行政区域暂时调整实施有关法律规定的决定》，决

---

① 例如，2002年10月23日，安徽省人民政府印发《安徽省集体建设用地有偿使用和使用权流转试行办法》；2003年7月30日，原北京市国土资源和房屋管理局印发《北京市农民集体建设用地使用权流转试点办法》；2005年6月23日，广东省人民政府发布《广东省集体建设用地使用权流转管理办法》；2006年11月9日，湖北省人民政府发布《湖北省农民集体所有建设用地使用权流转管理试行办法》；2008年3月2日，原成都市国土资源局发布《成都市集体建设用地使用权流转管理暂行办法》。

② 《土地管理法》第43条第1款规定："任何单位和个人进行建设，需要使用土地的，必须依法申请使用国有土地；但是，兴办乡镇企业和村民建设住宅经依法批准使用本集体经济组织农民集体所有的土地的，或者乡（镇）村公共设施和公益事业建设经依法批准使用农民集体所有的土地的除外。"

定在北京市大兴区等三十三个试点县(市、区)行政区域,将《土地管理法》第 43 条第 1 款和第 63 条以及《城市房地产管理法》第 9 条[①]关于集体建设用地使用权不得出让等的规定,暂时调整为在符合规划、用途管制和依法取得的前提下,允许存量农村集体经营性建设用地使用权出让、租赁、入股,实行与国有建设用地使用权同等入市、同权同价。目前,该决定已过延长期且未有新文件延长该决定的试点期限。[②]

2019 年 8 月 26 日全国人大常委会颁布了《中华人民共和国土地管理法(2019 修正版)》(以下简称《土地管理法》),删除了《土地管理法(2004 版)》第 43 条,将《土地管理法》第 63 条修改为"土地利用总体规划、城乡规划确定为工业、商业等经营性用途,并经依法登记的集体经营性建设用地,土地所有权人可以通过出让、出租等方式交由单位或者个人使用,并应当签订书面合同,载明土地界址、面积、动工期限、使用期限、土地用途、规划条件和双方其他权利义务。前款规定的集体经营性建设用地出让、出租等,应当经本集体经济组织成员的村民会议三分之二以上成员或者三分之二以上村民代表的同意。通过出让等方式取得的集体经营性建设用地使用权可以转让、互换、出资、赠与或者抵押,但法律、行政法规另有规定或者土地所有权人、土地使用权人签订的书面合同另有约定的除外。集体经营性建设用地的出租,集体建设用地使用权的出让及其最高年限、转让、互换、出资、赠与、抵押等,参照同类用途的国有建设用地执行。具体办法由国务院制定"。

目前,许多试点地区都已出台了允许集体经营性建设用地以出让或转让形式流转的规定。以佛山市南海区为例,2020 年 12 月 22 日,佛山市南海区人民政府印发《佛山市南海区农村集体经营性建设用地入市管理试行办法》(南府〔2020〕80 号)[③],允许存量农村集体建设用地中土地利用总体规划和城乡规划确定为工矿仓储、商服等经营性用途的土地(即农村集体经营性建设用地),通过出让、租赁、作价出资(入股)、出租和抵押等形式入市流转。其中,关于农村集体经营性建设用地出让及转让的主要内容有:

1. 农村集体经营性建设用地使用权出让

农村集体经营性建设用地使用权出让,是指村(居)集体经济组织以土地所有者的身份将农村集体经营性建设用地使用权在一定年限内让与土地使用者,由土地使用者向村(居)集体经济组织支付土地出让价款的行为;出让的最高年限,不得超过同类用途国有建设用地使用权出让的最高年限;出让前,须取得区规划部门出具的规划条件。

农村集体经营性建设用地使用权公开出让、租赁的起始价(起始租金)、协议出让价(协议租金)或作价出资(入股)价格,原则上不得低于农村集体经营性建设用地基准地价(基准租金)的 70%;因特殊原因,起始价(起始租金)、协议出让价(协议租金)或作价出资(入股)价格低于 70% 的,该宗地在申请入市审批时,村(居)集体经济组织须提交加具公章的相关说明材料,说明材料应包含降低起始价(起始租金)、协议出让价(协议租金)或作价出资(入股)价格的原因。农村集体经营性建设用地使用权的起始价(起始租金)、协议出让价(协议租金)或作价出资(入股)价格的

---

① 《城市房地产管理法》第 9 条规定:"城市规划区内的集体所有的土地,经依法征收转为国有土地后,该幅国有土地的使用权方可有偿出让,但法律另有规定的除外。"

② 根据第十二届全国人民代表大会常务委员会第三十次会议于 2017 年 11 月 4 日通过的《全国人民代表大会常务委员会关于延长授权国务院在北京市大兴区等三十三个试点县(市、区)行政区域暂时调整实施有关法律规定期限的决定》及第十三届全国人民代表大会常务委员会第七次会议于 2018 年 12 月 29 日通过的《全国人民代表大会常务委员会关于延长授权国务院在北京市大兴区等三十三个试点县(市、区)行政区域暂时调整实施有关法律规定期限的决定》的规定,调整实施《土地管理法》第 43 条第 1 款和第 63 条以及《城市房地产管理法》第 9 条的试点期限已被延长至 2019 年 12 月 31 日。现已过试点期限。

③ 佛山市南海区人民政府于 2020 年 12 月 22 日发布《佛山市南海区人民政府关于印发佛山市南海区农村集体经营性建设用地入市管理试行办法的通知》,该文件的有效期至 2022 年 12 月 31 日,载佛山市南海区人民政府网(http://www.nanhai.gov.cn/),访问日期:2021 年 11 月 22 日。

设定不符合上述要求的,镇(街道)农村集体资产管理部门不予受理其入市申请。出让年限续期的,受让人应当至迟于使用年限届满前一年与村(居)集体经济组织协商,在取得区自然资源部门及镇(街道)联席会议同意后,村(居)集体经济组织经表决同意续期的,重新约定出让价格,签订出让合同,在支付土地出让价款,按规定缴纳土地增值收益调节金及税费后,办理集体土地使用权变更登记。

2. 农村集体经营性建设用地使用权转让

农村集体经营性建设用地使用权转让,是指土地使用权人将农村集体经营性建设用地使用权再转移的行为,包括出售、交换和赠与。通过出让、作价出资(入股)方式取得的农村集体经营性建设用地使用权转让的,原受让人的权利、义务随之转移;通过出让、作价出资(入股)方式取得的农村集体经营性建设用地使用权出租的,受让人应与承租人签订书面合同,约定双方的权利、义务。转让的年限为原出让、作价出资(入股)合同约定年限减去已使用年限后的剩余年限。转让必须符合下列条件:①已按照出让、作价出资(入股)合同约定支付地价款或租金,并取得集体土地使用证或土地他项权利证明书;②出让、作价出资(入股)合同约定的其他条件。

二、集体建设用地使用权出让及转让阶段的律师工作

在《土地管理法》关于限制集体建设用地出让及转让的规定尚未完成修订的情况下,除了入市试点地区外,集体建设用地使用权在出让及转让方面还存在较大障碍。同时,由于各试点地区关于集体建设用地使用权出让及转让的规定存在地区差异,律师在提供相关服务时需着重关注项目地的具体规定。

在集体建设用地使用权出让中,律师的主要工作是协助委托人处理取得土地使用权的相关事务,主要有:

(1)提示委托人项目地关于集体建设用地使用权出让的规定及政策,协助委托人确定适当的土地使用权取得方式,就不同的土地使用权取得方式提供法律分析及建议。

(2)协助委托人与政府土地管理部门及村(居)集体经济组织(土地出让方)协商供地条件、确定土地供应的经济指标、协助编制竞买文件、协助签署土地出让合同等。

(3)协助委托人处理与政府有关部门及村(居)集体经济组织的关系,代为起草、修改相关请示文件等。

在集体建设用地使用权转让中,律师可以为委托人提供的法律服务包括:

(1)对集体建设用地使用权权属、转让方或受让方当事人及项目背景与状态展开法律尽职调查,并出具尽职调查报告。

(2)协助委托人设计交易架构、论证转让或受让方案。

(3)协助委托人参加与交易对方的主要谈判。

(4)起草、修订、审核转让合同等与交易有关的文件,出具法律意见书。

(5)协助委托人签署转让合同及履约交割。

(6)接受项目双方当事人的委托,对转让合同的定金、保证金、价款予以托管服务。

第三章　房地产项目开发及商品房预/现售过程中的律师服务

第一节　房地产项目开发建设的一般流程

房地产项目的开发建设通常是指房地产开发企业在取得国有建设用地的土地使用权后，在该地块上进行基础设施、房屋及配套设施等建设的行为。[①] 房地产项目开发建设的一般流程通常始于取得土地使用权，之后就项目的开发建设完成立项、规划设计等工作，再按照经批准的规划设计方案进行施工建设直至完工，最终完成竣工验收备案，并取得所开发建设的房屋所有权。

本节主要从项目立项、规划设计、施工建设、竣工验收及初始产权登记五个方面介绍房地产项目开发建设的一般流程和相关法律问题（土地前期开发及土地取得详见本编其他章节相关内容），具体如下：

一、项目立项

建设单位取得建设用地土地使用权之后，在进行项目开发建设之前，首先需申请办理房地产项目的立项手续，以获得相应的建设工程项目建设指标与建设资格。一般来说，项目立项审批包括核准制与备案制两种，其中：关系国家安全、涉及全国重大生产力布局、战略性资源开发和重大公共利益等项目[②]，以及《政府核准的投资项目目录》内的固定资产投资项目[③]实行核准制管理；其他项目实行备案制管理。除了属于前述应实行核准管理的项目外，一般来说，房地产开发项目属于由地方政府自行确定实行核准管理或者备案管理的项目范畴。

负责项目核准、备案的机关通常为国家发展和改革委员会及地方发展与改革部门（以下统称为“发展与改革部门”），项目建设单位应根据具体项目情况分别就实行核准管理的项目及实行备案管理的项目向有权的发展与改革部门申请办理相应的项目核准手续、项目备案手续，其中：

1. 项目核准手续

实行核准管理的项目，由项目建设单位按照相关要求编制项目申请报告，并连同已经取得的城乡规划行政主管部门出具的选址意见书（仅指以划拨方式提供国有土地使用权的项目）、国土资源（海洋）行政主管部门出具的用地（用海）预审意见（国土资源主管部门明确可以不进行用地预审的情形除外）及主管部门所要求的其他相关文件，向有权的各级项目核准机关报送，申请办理项目核准手续。

项目符合核准条件的，项目核准机关将会对该项目予以核准并向项目建设单位出具项目核准文件。

---

① 由于本编其他章节对房地产项目的销售、租赁及转让等房地产开发经营行为进行了专门介绍，本节仅介绍房地产开发建设的一般流程。

② 国家发展和改革委员会于 2017 年 3 月 8 日发布了《企业投资项目核准和备案管理办法》（2017 年 4 月 8 日起施行）。

③ 《政府核准的投资项目目录（2016 年本）》共分为农业水利、能源、交通运输、信息产业、原材料、机械制造、轻工、高新技术、城建、社会事业、外商投资、境外投资 12 大类。

2. 项目备案手续

实行备案管理的项目,项目建设单位应当在开工建设前通过在线平台将相关信息告知项目备案机关,依法履行投资项目信息告知义务。备案的信息通常包括:企业基本情况;项目名称、建设地点、建设规模、建设内容;项目总投资额及项目符合产业政策的声明;等等。项目备案机关收到前述全部信息即为备案。若已备案项目信息发生较大变更的,项目建设单位应当及时告知备案机关。

项目备案管理,简化了项目立项的审批流程。但就实行备案管理的项目,项目建设单位应注意及时履行备案义务并更新备案信息,否则将可能受到相应的行政处罚。

二、规划设计

就项目取得立项核准或完成备案后,项目建设单位即可开始着手项目规划设计工作。但为合理缩短项目建设期,在符合相关规定及当地政府部门实践要求的前提下,规划设计和项目立项也可以同时或交叉进行。在规划设计阶段,建设单位主要应取得用地规划许可文件、工程规划许可文件及相关单项审查/批复等。

1. 建设用地规划许可证

城乡规划行政主管部门(以下简称“规划主管部门”)对建设用地规划许可进行统一规划和管理,以确保经济、合理地使用土地,促进社会全面协调可持续发展。规划主管部门对建设用地规划的审查管理主要从下述几个方面进行:土地使用性质、核定土地开发强度、确定建设用地位置与范围、核定土地使用的其他规划要求及规划主管部门根据规定需审查的其他内容等。

就以划拨方式取得土地使用权的项目而言,经有关部门批准、核准、备案后,建设单位应当向有权规划主管部门提出建设用地规划许可申请,由有权规划主管部门依据控制性详细规划核定建设用地的位置、面积、允许建设的范围及其他有关事项后,依规定核发建设用地规划许可证。建设单位在取得建设用地规划许可证后,方可向县级或其他有权土地主管部门申请用地,经有权政府部门审批后,由土地主管部门向建设单位划拨土地。同时,需要注意的是,如果按照相关规定需要有关部门批准或者核准的建设项目,以划拨方式获得土地使用权的,则建设单位在向有关部门报送批准或者核准前,应当向规划主管部门申请核发选址意见书。

就以出让方式取得土地使用权的项目而言,在国有土地使用权出让前,项目地块所在位置、使用性质、开发强度等,由规划主管部门依据控制性详细规划所确定的该地块相关规划条件,需作为国有土地使用权出让合同内容的有效组成部分(项目规划条件未纳入国有土地使用权出让合同的,该国有土地使用权出让合同无效)。建设单位在取得建设项目的批准、核准、备案文件和签订国有土地使用权出让合同后,向规划主管部门申领建设用地规划许可证。

2. 建设工程规划许可证

城市、镇规划区内进行建筑物、构筑物、道路、管线和其他工程建设的,建设单位应当向规划主管部门申请办理建设工程规划许可证。建设工程规划许可管理是规划主管部门依据城市规划对具体建设工程项目的建筑物及配套设施的性质、位置、规模、开发强度、设计方案及其他相关内容进行的审查管理,对符合控制性详细规划、规划条件且申请文件均符合要求的建设工程项目,由规划主管部门予以核发建设工程规划许可证。

未取得建设工程规划许可证不得进行开发建设;已经取得建设工程规划许可证的,应按照建设工程规划许可证所核准的规划条件进行开发建设。否则,建设单位将可能会面临被责令停止建设、限期整改(针对尚可采取改正措施消除对规划实施的影响的项目)、限期拆除(针对无法采取改正措施消除影响的项目)、罚款及其他处罚措施。

3. 单项审查/批复

在规划设计阶段,建设单位就其所开发建设项目,除应取得建设用地规划许可文件、建设工程规划许可文件外,还应同时向消防、交通、人防、绿化园林、环保、文化等相关主管部门进行单项的审批申报,包括但不限于:消防事项的审查、园林绿化事项的审查、防空地下室设置事项的审查、市政公用设施安全事项的审查、国家安全事项的审查、机场空域安全管理事项的审查、无线电管理事项的审查、电力保护事项的审查、环境影响评价文件的审查、建设行政主管部门的规划设计方案的审查,以及涉及文物保护事项的审查等。

具体需取得的单项审查/批复文件,因项目而异。并且,具体单项审查文件的名称及办理流程,不同项目所在地的实践操作也不尽相同,需基于项目实际情况相应地取得必要的单项审查/批复文件。

三、施工建设

在中国境内从事各类房屋建筑及其附属设施的建造、装修装饰和与其配套的线路、管道、设备的安装,以及城镇市政基础设施工程的施工,在开工之前,建设单位均应当向有关住房城乡建设主管部门(以下简称"住建部门")申请领取施工许可证,而在申领施工许可证之前,应先确定施工企业。建设单位在施工建设阶段需完成的主要事项包括:

1. 确定施工企业及是否为必须招标的工程项目

建设单位在向住建部门申领施工许可证时,应提交已经确定施工企业的相关证明文件。而其所确定的施工企业,应当具备符合要求的相应资质条件,且对于按照规定应当招标、公开招标的建设项目,应完成合法合规的招投标手续。否则,将可能导致建设单位所确定的施工企业无效或受到相应的处罚。

根据《招标投标法》《必须招标的工程项目规定》①等相关规定,使用国有资金或国有融资的项目、使用国际组织或者外国政府贷款或援助资金的项目、前述两种项目之外的大型基础设施和公用事业等关系社会公共利益、公共安全的项目等,其勘察、设计、施工、监理以及与工程建设有关的重要设备、材料等的采购达到相关标准的②,必须招标。

除了必须招投标的项目外,就社会资本投资房地产项目开发建设是否需要进行招投标,各地均陆续制定了相应的实施细则。如北京市建设工程招标投标管理办公室于2018年3月19日发布的《关于深化本市社会投资建设项目招投标改革的实施细则》明确规定:社会投资项目(包括民间投资的房屋建筑工程),建设单位可以自主决定发包方式,不再强制要求进行招投标;上海市住房和城乡建设管理委员会于2018年3月29日发布的《关于进一步改善和优化本市施工许可办理环节营商环境的通知》明确规定:在本市社会投资的房屋建筑工程中,可由建设单位自主决定发包方式,不再强制要求进行招投标。

建设单位应根据国家相关规定及项目所在地的具体规定,并结合所开发建设项目的具体情况来确定施工企业,并确定项目是否为必须进行招投标的项目,如是,则需确保合法有效地履行招投标手续。

2. 建筑工程施工许可证

根据相关规定,除工程投资额在30万元以下或者建筑面积在300平方米以下的建筑工程外③,其

---

① 国家发展和改革委员会于2018年3月27日发布《必须招标的工程项目规定》。

② 《必须招标的工程项目规定》第5条第1款规定:"本规定第二条至第四条规定范围内的项目,其勘察、设计、施工、监理以及与工程建设有关的重要设备、材料等的采购达到下列标准之一的,必须招标:(一)施工单项合同估算价在400万元人民币以上;(二)重要设备、材料等货物的采购,单项合同估算价在200万元人民币以上;(三)勘察、设计、监理等服务的采购,单项合同估算价在100万元人民币以上。"

③ 《建筑工程施工许可管理办法》第2条第2、3款规定:"工程投资额在30万元以下或者建筑面积在300平方米以下的建筑工程,可以不申请办理施工许可证。省、自治区、直辖市人民政府住房城乡建设主管部门可以根据当地的实际情况,对限额进行调整,并报国务院住房城乡建设主管部门备案。按照国务院规定的权限和程序批准开工报告的建筑工程,不再领取施工许可证。"

他的建设工程项目,均应当申请领取施工许可证。未取得施工许可证的,一律不得开工。并且,建设单位不得将应当申请领取施工许可证的工程项目分解为若干限额以下的工程项目,规避申请领取施工许可证。取得施工许可证之后,建设项目方可正式进入施工建设阶段。

建设单位申领《建筑工程许可证》应具备相应的条件,包括:①依法应当办理用地批准手续的,已经办理该建筑工程用地批准手续;②在城市、镇规划区的建筑工程,已经取得建设工程规划许可证;③施工场地已经基本具备施工条件,需要征收房屋的,其进度符合施工要求;④已经确定施工企业;⑤有满足施工需要的技术资料,施工图设计文件已按规定审查合格;⑥有保证工程质量和安全的具体措施;⑦按照规定应当委托监理的工程已委托监理;⑧建设资金已经落实;⑨法律、行政法规规定的其他条件。

建设单位取得施工许可证后,还需注意所取得的施工许可证的时效性,即应当自领取施工许可证之日起 3 个月内开工。因故不能按期开工的,应当在期满前向发证机关申请延期,并说明理由;延期以两次为限,每次不超过 3 个月。既不开工亦未申请延期或者超过延期次数、时限的,施工许可证自行废止。

四、竣工验收

工程建设完工之后,由建设单位负责组织实施工程竣工验收,住建部门主管工程竣工验收的监督管理工作。在竣工验收之前,在工程建设过程中,建设单位与勘察、设计、施工、监理等单位,将根据具体建设情况对建设施工的分部工程和单位工程不定期进行验收。在工程整体完工后,建设单位应组织实施工程竣工验收,包括各专项验收、综合验收及最终的竣工验收备案。

1. 专项/单项验收

工程项目完工后,建设单位负责向政府有关行政主管部门或授权检测机构申请各项专业、系统验收,包括:规划(面积)验收、环保验收、消防验收、人防验收、电梯设备验收、管线验收、绿化验收、卫生防疫及环卫验收、档案验收等。需要注意的是,规划验收、环保验收、消防验收、档案验收等单项验收的瑕疵或滞后也可能将直接影响项目整体的竣工验收进度。

2. 竣工验收备案

建设工程符合相关的要求①后方可进行竣工验收,竣工验收的流程通常如下:

首先,施工单位在工程完工后,向建设单位提交工程竣工报告,申请工程竣工;

其次,建设单位对符合竣工验收要求的工程,组织勘察、设计、施工、监理等单位组成验收组,制订验收方案;

再次,建设单位在工程竣工验收 7 个工作日前将验收的时间、地点及验收组名单书面通知负责监督该工程的工程质量监督机构;

最后,由建设单位组织工程竣工验收。工程竣工验收合格后,建设单位提出工程竣工验收报

---

① 住房和城乡建设部《关于印发〈房屋建筑和市政基础设施工程竣工验收规定〉的通知》第 5 条规定:“工程符合下列要求方可进行竣工验收:(一)完成工程设计和合同约定的各项内容。(二)施工单位在工程完工后对工程质量进行了检查,确认工程质量符合有关法律、法规和工程建设强制性标准,符合设计文件及合同要求,并提出工程竣工报告。工程竣工报告应经项目经理和施工单位有关负责人审核签字。(三)对于委托监理的工程项目,监理单位对工程进行了质量评估,具有完整的监理资料,并提出工程质量评估报告。工程质量评估报告应经总监理工程师和监理单位有关负责人审核签字。(四)勘察、设计单位对勘察、设计文件及施工过程中由设计单位签署的设计变更通知书进行了检查,并提出质量检查报告。质量检查报告应经该项目勘察、设计负责人和勘察、设计单位有关负责人审核签字。(五)有完整的技术档案和施工管理资料。(六)有工程使用的主要建筑材料、建筑构配件和设备的进场试验报告,以及工程质量检测和功能性试验资料。(七)建设单位已按合同约定支付工程款。(八)有施工单位签署的工程质量保修书。(九)对于住宅工程,进行分户验收并验收合格,建设单位按户出具《住宅工程质量分户验收表》。(十)建设主管部门及工程质量监督机构责令整改的问题全部整改完毕。(十一)法律、法规规定的其他条件。”

告,并在工程竣工验收合格之日起 15 日内,向工程所在地统计主管部门、住建部门备案,填报《竣工统计登记表》并取得备案机关已经签署“文件收讫”的《工程竣工验收备案表》。

未竣工验收的工程项目、竣工验收不合格的项目,均不得投入使用。否则,建设单位将可能会被处以罚款,如造成损失的,还应当依法承担赔偿责任。

五、初始产权登记

项目完成立项、规划设计、施工建设各个阶段的事项,并最终竣工验收备案后,建设单位可委托测绘机构(通常为房屋登记管理部门下设的测绘机构),由测绘机构参考图纸、预测数据及国家测绘规范等相关数据及规定,对项目进行实地勘测、绘图、计算并出具实测报告。实测报告经住房城乡建设主管部门备案后,将作为房屋初始产权登记的依据。

严格来说,实测报告中所记载的房屋实测建筑面积,应与规划许可文件所记载核准的建筑面积保持一致。但实践中,就实测建筑面积与规划许可文件批准的建筑面积存在的误差,各地政府相关部门的具体处理方式会有所不同。如根据北京市相关规定①,“经规划验收合格的建设工程,国土房管行政主管部门依实际测量面积进行房屋权属登记。但每幢建筑面积为 20 000 平方米以下的建设工程实测面积超过规划许可 7%,20 000—50 000 平方米的实测面积超过规划许可 5%,50 000 平方米以上的实测面积超过规划许可 3%的,国土房管部门应将情况及时通报市规划委,由市规划委同市国土房管局分析查找原因”;根据浙江省相关规定②,“建筑面积的合理误差按以下规定累进计算:(一)1 000 平方米以内(含 1 000 平方米)部分为 3%;(二)1 000—5 000 平方米(含 5 000 平方米)之间部分为 2%;(三)5 000—10 000 平方米(含 10 000 平方米)之间部分为 1.5%;(四)10 000 平方米以上部分为 0.5%。累进计算的建筑面积合理误差不得超过 500 平方米”。对于实测建筑面积超出规划许可面积在合理误差范围内的部分,如没有其他违法建设情形的,则按规定补缴土地出让金和相关规费;对合理误差范围外的部分则认定为违法建筑,由城市管理行政执法机关依据有关法律法规进行处罚。

在取得符合要求的实测报告并经住房城乡建设主管部门备案后,建设单位即可根据《不动产登记暂行条例》及《不动产登记暂行条例实施细则》等相关规定,持办理不动产登记所需资料向项目所在地的县级人民政府不动产登记机构申请办理不动产登记。不动产登记机构受理后,视项目具体情况可采取书面审核或实地查看等方式对不动产权属进行审核。经审核符合登记条件及要求的,不动产登记机构应当将申请登记事项记载于不动产登记簿,并向建设单位核发不动产权证书或者不动产登记证明。

六、小结

以上关于立项、规划设计、施工建设、竣工验收及初始产权登记的相关流程介绍,系基于目前关于房地产项目开发建设的一般性规定。在国务院的深化“放管服”改革和优化营商环境的部署下,各地政府部门也将逐步推出优化营商环境的具体地方规范性文件,以精简、取消部分审批前置条件(如逐步推进将消防设计审核、人防设计审查等纳入施工图联审,以进一步缩减工程建设项目审批时限等)。综上,房地产项目开发建设过程中每个阶段的具体流程、审批程序及要求,非一成不变,均需结合具体项目、项目所在地的地方性规定及当地政府部门的办理实践,区别对待。

---

① 参见原北京市规划委员会、北京市国土资源和房屋管理局(现已合并为北京市规划和自然资源委员会)发布的《关于新建房屋权属登记与建设工程规划验收有关问题的通知》。

② 参见浙江省住房和城乡建设厅发布的《浙江省城镇建设工程竣工规划核实管理办法》。

第二节 房地产项目开发过程中的律师工作

房地产项目开发经营的整个过程包括土地前期开发及土地取得、房地产项目的开发建设，以及房地产项目建成后的包括销售、租赁及管理等在内的房地产项目运营管理。房地产项目的开发经营是一项长期、复杂的系统工程，每个环节及流程都涉及纷繁复杂、或大或小的法律问题，律师所提供的法律服务在整个房地产开发经营过程中不可或缺。律师可向房地产开发企业或其他相关主体（以下统称为"委托人"）提供全流程、全方位的法律服务：比如，律师可在事前通过法律分析论证及风险防范措施，未雨绸缪地为委托人规避及预防风险；在事中从合规性角度督促及提醒委托人合法合规地顺利完成房地产项目的开发建设及运营管理；在事后通过法律途径维护委托人的合法权益，为其减少损失，乃至通过诉讼、仲裁等争议解决方式协助委托人解决纠纷。

鉴于本编其他章节对土地前期开发及土地取得、房地产项目运营管理及房地产项目工程建设中的律师服务进行了详细阐述，本节将主要介绍房地产项目开发建设过程中的项目立项、规划设计及施工、竣工验收备案及初始产权登记等各阶段律师可提供的主要法律服务，具体如下：

一、立项阶段的律师工作

在项目立项阶段，律师可以为委托人提供的法律服务包括：

（1）提供法律咨询服务，出具法律意见。对于属于由地方政府自行确定实行核准管理或者备案管理的房地产开发项目，律师可协助委托人根据具体项目情况，在对国家和项目所在地地方政府有关投资项目管理的规定及政策等进行充分法律调研的基础上，就项目立项是适用核准制还是备案制、是否为使用政府投资项目、是否属于重大项目和限制类项目、是否需履行特别的审批程序，以及其他需进行法律论证的事项等，向委托人出具法律意见，并协助委托人办理相关手续。

（2）协助委托人准备项目立项所需提交的文件及资料。律师可从法律合规性的角度，协助委托人准备项目立项所需提交的文件，如项目建议书、可行性研究报告或项目申请报告等相关申报文件等。

（3）协助委托人向发展改革部门申请和办理相应的立项手续。根据项目具体情况，协助委托人按照项目建设总规模及其他相关条件，向有权的主管部门进行报批，并完成立项手续。

（4）根据委托人的要求，提供其他相关法律服务。

二、规划设计及施工阶段的律师工作

在规划设计及施工阶段，建设单位主要应就项目取得用地规划许可文件、工程规划许可文件、施工许可文件及相关单项审查/批复（以下统称为"规划报建手续"）。在规划设计及施工阶段，律师可提供的法律服务主要包括：

（1）提供法律咨询服务，出具法律意见。在办理规划报建手续过程中，律师可根据有关国家法律和地方性法规，就需进行法律论证的事项等，向委托人提供法律咨询服务及出具法律意见。

（2）协助委托人准备规划报建手续所需的相关文件、资料。

（3）就项目规划报建过程中所涉及的勘察、设计、施工、监理、造价咨询等各类单位的选聘，审查投标单位资质及其文件资料的合法有效性；参加招标会、开标会、评标会，确保招投标程序的合法性；起草、修订、审核相关招投标文件、各类合同/协议/文件；协调、处理在招标过程中招标方与投标方之间发生的争议或纠纷。

（4）就委托人就项目勘察、设计、施工、监理、造价咨询及其他事项与第三方所签署的全部文件/合同的签署及履约提供法律服务。起草、修订、审核各类合同/协议/文件；协助委托人与第

三方沟通、谈判;必要时根据协议履行情况起草通知、催告、律师函等文件;在发生合同纠纷时,协助委托人解决和处理争议及纠纷(包括但不限于通过诉讼及仲裁等方式)。

(5)督促、提示委托人严格按照规划许可文件所记载的规划内容、施工许可文件所记载的开、竣工时间及建设要求进行开发建设,以避免因此受到处罚,影响项目竣工验收和房屋初始登记手续的办理。

(6)根据委托人的要求,提供其他相关法律服务。

三、竣工验收阶段的律师工作

建设单位将在工程建设完工之后负责组织实施工程竣工验收,向政府主管部门申请竣工验收备案,取得竣工验收备案表后即完成了竣工验收手续。在竣工验收阶段,律师可以提供的法律服务包括:

(1)提供法律咨询服务,出具法律意见。在进行竣工验收过程中,律师可根据有关国家法律和地方性法规,就需进行法律论证的事项等,向委托人提供法律咨询服务及出具法律意见。

(2)在项目达到单项验收条件时,协助委托人根据项目单项审批、批复文件的要求和相关法律法规的规定,及时办理相应的规划、消防、环保、绿化、防雷、防震、交通等单项验收手续。

(3)督促委托人遵照《房屋建筑和市政基础设施工程竣工验收备案管理办法》及其他有关法律、法规的规定,在项目完成五方验收及单项验收后,及时申请和办理项目竣工验收备案手续,取得竣工验收备案表。

(4)就工程竣工验收过程中,协助委托人与勘察单位、设计单位、施工单位、监理单位及其他第三方之间进行沟通、谈判,必要时根据协议履行情况起草通知、催告、律师函等文件;在发生合同纠纷时,协助委托人解决和处理争议及纠纷(包括但不限于通过诉讼及仲裁等方式)。

(5)协助委托人/建设单位对竣工工程进行验收、交接工作。

(6)提示和协助委托人对项目建设档案进行收集和整理,在竣工验收备案手续办理完毕后及时报当地城建档案馆存档。

(7)根据委托人的要求,提供其他相关法律服务。

四、初始产权登记阶段的律师工作

在房地产项目办理完毕竣工验收备案手续后,建设单位可委托测绘机构对项目进行实地勘测、绘图、计算并出具实测报告。建设单位取得实测报告并经住房城乡建设主管部门备案后,即可就项目向房屋登记主管部门申请办理房屋初始产权登记手续,以取得房屋所有权证书(通常称为“总登”或办理“大产权证”)。在房屋初始产权登记阶段,律师可提供的法律服务包括:

(1)协助委托人选聘具备相应资质的测绘机构,起草、修订、审阅测绘服务合同并协助委托人完成签约,督促测绘机构依法、依约完成项目测绘工作,出具符合要求的实测报告。

(2)就房屋实测面积是否符合规划许可文件及相关规定,及办理初始产权登记过程中需进行法律论证的事项,向委托人提供咨询意见。

(3)协助委托人就实测报告向住房城乡建设主管部门申请备案。

(4)协助委托人办理房屋初始产权登记手续,取得房屋所有权证书(根据项目所在地的具体规定,房屋所有权证书的名称一般为《房屋所有权证》《房地产权证》或《不动产权证书》)。

(5)根据委托人的要求,提供其他相关法律服务。

第三节　商品房销售

根据《商品房销售管理办法》的规定,商品房销售包括商品房现售和商品房预售。商品房现售是指房地产开发企业将竣工验收合格的商品房出售给买受人,并由买受人支付房价款的行为;商品房预售是指房地产开发企业将正在建设中的商品房预先出售给买受人,并由买受人支付定金或者房价款的行为。商品房预售、现售的相关政策和制度是在我国房地产行业市场化的进程中建立并逐步发展完善起来的,本节将对商品房预售、现售的主要法律法规、政策及制度进行简要介绍。

一、关于商品房销售(预售/现售)①的主要法律法规及政策

1.《城市房地产管理法》

改革开放初期,政府部门为解决住宅严重短缺问题、加速城镇住房建设而实施的住房预订购制度,在一定程度上可视为商品房预售制度的雏形。1994 年 7 月,全国人大常委会颁布了《城市房地产管理法》(分别于 2007 年及 2009 年修订),正式确立了商品房预售制度,《城市房地产管理法》对商品房预售条件、预售监管措施、转让房地产的一般性条件及限制等均作出了原则性的规定。

2.《城市商品房预售管理办法》

1994 年 11 月,住房和城乡建设部颁布了《城市商品房预售管理办法》(分别于 2011 年、2018 年、2019 年、2020 年 3 月及 11 月五次修订),该办法进一步明确了商品房预售的定义、预售所需的前提条件、开发企业须办理预售登记并取得预售许可等内容。

3.《城市房地产开发经营管理条例》

1998 年 7 月,国务院发布了《城市房地产开发经营管理条例》(分别于 2011 年及 2018 年修订),对于商品房预售的前提条件、申请预售许可所需文件、预售商品房购房人所需进行的登记手续等作出了细化规定。同时,对商品房现售办理土地使用权变更和房屋所有权登记手续等事项也进行了相关规定。

4.《商品房销售管理办法》

2001 年 6 月,原建设部颁布了《商品房销售管理办法》,再次重申商品房预售实施预售许可制度,并明确了对违规预售行为的处罚措施。同时,对商品房现售的定义、条件及现售备案程序等作出了明确规定。

5. 最高人民法院《关于审理商品房买卖合同纠纷案件适用法律若干问题的解释》

最高人民法院发布的《关于审理商品房买卖合同纠纷案件适用法律若干问题的解释》(2003 年 6 月 1 日起施行,并于 2020 年进行了修正)(以下简称《商品房买卖司法解释》)中,就商品房买卖合同纠纷常见问题,如合同效力、交付面积差异、违约责任等问题作出了法律适用层面的详细规定与解答。

6. 地方性政策

鉴于房地产项目的地域性特征,各地政府部门对商品房销售往往还会根据当地具体情况出台实施细则或相关政策。因此对商品房销售,除了应遵守国家层面的相关规定外,还需遵守项目所在地的地方性规定及政策。

例如,北京市就商品房现售的备案程序等作出了更为细致的规定②,对房地产开发企业进行商品房现房销售备案的申请途径、申请资料及审批流程作出了进一步明确。现房销售备案完成后,房地产开发企业应在 3 日内一次性公开销售全部房源,并严格执行明码标价、一房一价,销售价格不得高于申报价格。房地产开发企业进行商品房现房销售时,应将商品房现售备案证明文件在售楼场所公示。同时,还明确了两种不得办理现房销售备案的情形:一为申请销售房屋有查封

---

① 如没有特别说明,本章节中“商品房销售”均指商品房预售及商品房销售。

② 2016 年,北京市住房和城乡建设委员会颁布《关于进一步加强商品房现房销售管理有关问题的通知》(京建发〔2016〕462 号)。

等限制情况的,不得办理现房销售备案;二为房地产开发企业依据不动产权证或者房屋所有权证所载明的房屋范围申请现房销售备案,对于同一证下未申请销售的房屋,不得再次申请现房销售备案。

二、商品房销售的前提条件

根据《城市商品房预售管理办法》《城市房地产管理法》《城市房地产开发经营管理条例》《商品房销售管理办法》及其他相关规定,商品房在销售之前,房地产开发企业及所销售的房屋均需满足相应的条件,其中:

1. 商品房预售/现售需满足的前置许可条件

(1)商品房预售

商品房预售应当符合下列条件:①已交付全部土地使用权出让金,取得土地使用权证书;②持有建设工程规划许可证;③按提供预售的商品房计算,投入开发建设的资金达到工程建设总投资的25%以上,并已经确定施工进度和竣工交付日期;④房屋所在地政府要求的其他条件。

房地产开发企业进行商品房预售,应当向房地产管理部门申请预售许可,取得《商品房预售许可证》。申请办理《商品房预售许可证》应提交的文件包括:①开发经营企业的《营业执照》。②建设项目的投资立项、规划、用地和施工等批文。③工程施工进度计划。④投入开发建设的资金已达建设总投资50%以上的证明材料。⑤商品房预售方案。预售方案应当说明商品房的位置、装修标准,交付使用日期,预售总面积、交付使用后的物业管理等内容,并应当附商品房预售总平面图。⑥需向境外预售商品房的,应当同时提交允许向境外销售的批准文件。

综上,商品房预售除应符合法律规定的相关条件外,就办理《商品房预售许可证》所需提交的证明文件中所列的条件及事项,房地产开发企业在进行商品房预售之前也需满足。

(2)商品房现售

就商品房的现售而言,应当符合以下条件:①现售商品房的房地产开发企业应当具有企业法人营业执照和房地产开发企业资质证书;②取得土地使用权证书或者使用土地的批准文件;③持有建设工程规划许可证和施工许可证;④已通过竣工验收;⑤拆迁安置已经落实;⑥供水、供电、供热、燃气、通讯等配套基础设施具备交付使用条件,其他配套基础设施和公共设施具备交付使用条件或者已确定施工进度和交付日期;⑦物业管理方案已经落实;⑧房屋所在地政府要求的其他条件。

房地产开发企业应当在商品房现售前将房地产开发项目手册及符合商品房现售条件的有关证明文件报送房地产开发主管部门备案。

2. 违规进行商品房销售的法律后果

根据《城市商品房预售管理办法》《城市房地产管理法》《城市房地产开发经营管理条例》《商品房销售管理办法》《商品房买卖司法解释》及其他相关法律规定,如房地产开发企业存在违规销售、未按照规定取得预售许可即擅自预售商品房,或隐瞒有关情况、提供虚假材料,或者采用欺骗、贿赂等不正当手段取得商品房预售许可的,将会面临被责令停止违法行为、没收违法所得、罚款、撤销商品房预售许可等处罚。并且,未取得商品房预售许可证明,与买受人订立的商品房预售合同,应当认定无效(在起诉前取得商品房预售许可证明的,可以认定有效)。

三、商品房销售过程中的相关重要问题

1. 商品房买卖合同/商品房预售合同的签署与备案

(1)合同示范文本

为进一步规范商品房交易行为,维护公平公正的商品房交易秩序,住房和城乡建设部、原国家

工商行政管理总局联合制定了《商品房买卖合同(预售)示范文本》(GF-2014-0171)、《商品房买卖合同(现售)示范文本》(GF-2014-0172)。虽然该等合同示范文本并非强制性使用,但政府部门积极提倡和引导商品房交易当事人使用该等合同示范文本。实践中,大部分房地产开发企业与买受人通常会使用该等合同示范文本,或使用房屋所在地政府制定的合同示范文本。如北京市住房和城乡建设委员会、北京市工商行政管理局基于前述住房和城乡建设部、国家工商行政管理总局制定的合同示范文本,制定并完善了《北京市商品房预售合同》《北京市商品房现房买卖合同》示范文本(2017年1月1日正式推行使用)。

但无论是否使用政府部门制定的合同示范文本,商品房销售时,房地产开发企业和买受人均应当订立书面商品房买卖合同,且应明确以下主要内容:①当事人名称或者姓名和住所;②商品房基本状况;③商品房的销售方式;④商品房价款的确定方式及总价款、付款方式、付款时间;⑤交付使用条件及日期;⑥装饰、设备标准承诺;⑦供水、供电、供热、燃气、通讯、道路、绿化等配套基础设施和公共设施的交付承诺和有关权益、责任;⑧公共配套建筑的产权归属;⑨面积差异的处理方式;⑩办理产权登记有关事宜;⑪解决争议的方法;⑫违约责任;⑬双方约定的其他事项。

(2)合同备案/网签

根据《城市商品房预售管理办法》《城市房地产开发经营管理条例》《城市房地产管理法》及其他相关法律规定,商品房预售人应当按照国家有关规定将预售合同报县级以上人民政府房产管理部门和土地管理部门登记备案;且商品房预售所得款项,必须用于有关的工程建设。

《城市商品房预售管理办法》及《城市房地产开发经营管理条例》进一步明确规定,开发企业应当自签约之日起30日内,向房地产管理部门和市、县人民政府土地管理部门办理商品房预售合同登记备案手续。

关于商品房买卖合同/商品房预售合同的签署、备案及网签的具体流程与要求,各地政府通常会有针对性的具体规定。如北京市规定自2006年1月1日起,就商品房(含经济适用住房)现房销售,出卖人与购房人签订《北京市商品房现房买卖合同》时,应在北京市房地产交易管理系统(www.bjfdc.gov.cn)进行网上签约。

(3)备案手续对合同效力的影响

《商品房买卖司法解释》第6条规定:"当事人以商品房预售合同未按照法律、行政法规规定办理登记备案手续为由,请求确认合同无效的,不予支持。当事人约定以办理登记备案手续为商品房预售合同生效条件的,从其约定,但当事人一方已经履行主要义务,对方接受的除外。"可见,虽然相关规定均明确规定了商品房预售合同必须履行登记备案手续,但除非当事人明确约定以办理登记备案手续为商品房预售合同生效条件的,未履行商品房预售合同备案手续并不必然导致商品房预售合同无效。

2. 商品房销售的红线

根据《商品房销售管理办法》的规定,房地产开发企业对商品房的销售方式需遵守下述限制性规定:

(1)房地产开发企业不得采取返本销售或者变相返本销售的方式销售商品房,不得采取售后包租或者变相售后包租的方式销售未竣工商品房;

(2)商品住宅按套销售,不得分割拆零销售;

(3)不符合商品房销售条件的,房地产开发企业不得销售商品房,不得向买受人收取任何预订款性质的费用;符合商品房销售条件的,房地产开发企业在订立商品房买卖合同之前向买受人收取预订款性质的费用的,订立商品房买卖合同时,所收费用应当抵作房价款;当事人未能订立商品房买卖合同的,房地产开发企业应当向买受人返还所收费用;当事人之间另有约定的,从其约定。

3. 商品房销售的宣传与广告

发布宣传广告是房地产开发企业销售商品房最为重要及常见的营销手段之一,根据《广告法》《房地产广告发布规定》《商品房销售管理办法》及其他相关规定,房地产开发企业、房地产中介服务机构发布商品房销售宣传广告的,应当遵守有关规定,广告内容必须真实、合法、科学、准确;属于不得发布广告情形的,不得违规发布房地产广告。

房地产开发企业、房地产中介服务机构发布的商品房销售广告和宣传资料所明示的事项,当事人应当在商品房买卖合同中进行约定。根据《商品房买卖司法解释》的规定,商品房的销售广告和宣传资料通常为要约邀请,但是出卖人就商品房开发规划范围内的房屋及相关设施所作的说明和允诺应具体明确,并对商品房买卖合同的订立以及房屋价格的确定有重大影响的,应当视为要约。该说明和允诺即使未载入商品房买卖合同,亦应当视为合同内容,当事人违反的,应当承担违约责任。

4. 商品房销售代理

实践中,房地产企业常常会委托专业中介服务机构就商品房提供销售代理服务。根据《商品房销售管理办法》的规定,受托机构应当是依法设立并取得工商营业执照的房地产中介服务机构,且房地产开发企业应当与受托房地产中介服务机构订立书面委托合同,委托合同应当载明委托期限、委托权限以及委托人和被委托人的权利、义务。受托房地产中介服务机构销售商品房时,应当向买受人出示商品房的有关证明文件和商品房销售委托书,并如实向买受人介绍所代理销售商品房的有关情况,且不得收取佣金以外的其他费用。

各地政府就销售代理也会有相应的地方性规定,如根据《北京市住房和城乡建设委员会关于加强房地产经纪机构备案及经营场所公示管理的通知》的规定,凡在本市行政区域内从事房地产经纪活动(含通过互联网提供房地产经纪服务)的,应当依法在本市设立房地产经纪机构或分支机构,工商登记经营范围应当包含"房地产经纪服务"项目,并自机构成立之日起 30 日内到所在区房屋行政管理部门办理初始备案,取得《北京市房地产经纪机构备案证明》或《北京市房地产经纪机构(分支机构)备案证明》。如前述备案证明内容发生变更的,应按要求及时办理变更手续。

5. 商品房交付

房地产开发企业应根据相关法律法规的规定以及与购房人所签署的商品房买卖合同或商品房预售合同的约定,将符合法定及约定交付标准及交付使用条件的商品房交付买受人。

《民法典》《建筑法》《消防法》《城市房地产管理法》《城乡规划法》《城市房地产开发经营管理条例》《建设工程质量管理条例》《建设项目环境保护管理条例》《商品房销售管理办法》及其他相关法律法规,对商品房的交付标准等事项均作出了相应的规定。同时,房地产开发企业与买受人通常在商品房买卖合同/商品房预售合同中也会对商品房交付使用条件进行相应的约定。关于商品房交付的具体事宜,详见本章第四节的相关内容,此处不再赘述。

6. 房屋所有权登记

《城市房地产开发经营管理条例》第 32 条规定:"预售商品房的购买人应当自商品房交付使用之日起 90 日内,办理土地使用权变更和房屋所有权登记手续;现售商品房的购买人应当自销售合同签订之日起 90 日内,办理土地使用权变更和房屋所有权登记手续。房地产开发企业应当协助商品房购买人办理土地使用权变更和房屋所有权登记手续,并提供必要的证明文件。"

《城市商品房预售管理办法》第 12 条规定,如由于开发企业的原因,承购人未能在房屋交付使用之日起 90 日内取得房屋权属证书的,除开发企业和承购人有特殊约定外,开发企业应当承担违约责任。

《商品房销售管理办法》第 34 条规定,房地产开发企业应当在商品房交付使用之日起 60 日内,将需要由其提供的办理房屋权属登记的资料报送房屋所在地房地产行政主管部门。

尽管有上述法律规定,但在实践中,受限于各地政府管理部门的登记流程,房地产项目在竣工验收后办理产权初始登记的时间往往远远超出上述90日的权属转移登记办理时限,因此房地产开发企业与买受人通常在商品房买卖合同/商品房预售合同中对商品房产权转移登记的时间进行相应的约定,以避免逾期办理产权而导致的违约风险。各地颁布的商品房买卖合同格式文本中,一般对此会有专门的选择性约定。

四、房地产调控政策对商品房销售的影响

需要注意的是,为维护房地产市场秩序、促进房地产市场平稳健康发展,中央和地方政府近年来陆续推出了以"限购"(限制购买商品房的资格和数量)、"限售"(限制出售、转让)、"限价"(限制房屋销售的最低价或最高价)、"限贷"(限制购房人的贷款资格和贷款金额)、"限商"(防止商业办公等非住宅类建筑变相建成公寓类建筑)为代表的全方位的房地产调控政策,对商品房销售产生了极大的影响。

1. 国家层面的相关调控政策

自2010年开始,为合理引导住房消费、抑制投机投资性购房,国务院及各部委陆续出台了相关调控措施,主要包括以下相关规定及政策:

(1)国务院办公厅《关于促进房地产市场平稳健康发展的通知》

国务院办公厅于2010年1月7日发布并实施的《关于促进房地产市场平稳健康发展的通知》强调,要增加保障性住房和普通住房的有效供给,合理引导住房消费,抑制投机投资性购房需求(包括要求对已利用贷款购买住房、又申请购买第二套以上住房的家庭,贷款首付款比例不得低于40%,贷款利率严格按照风险定价),加强风险防范和市场监管,加快推进保障性安居建设,落实地方各级人民政府责任。

(2)《关于进一步加强房地产市场监管完善商品住房预售制度有关问题的通知》

住房和城乡建设部于2010年4月13日发布并实施了《关于进一步加强房地产市场监管完善商品住房预售制度有关问题的通知》,强调要进一步加强房地产市场监管,完善商品房住房预售制度,加强商品住房交付和质量管理,并健全房地产市场监督管理机制。

(3)国务院《关于坚决遏制部分城市房价过快上涨的通知》

国务院于2010年4月17日发布《关于坚决遏制部分城市房价过快上涨的通知》,再次强调要坚决抑制不合理住房需求,包括要实行更为严格的差别化住房信贷政策,对购买首套自住房且套型建筑面积在90平方米以上的家庭,贷款首付款比例不得低于30%;对贷款购买第二套住房的家庭,贷款首付款比例不得低于50%,贷款利率不得低于基准利率的1.1倍;对贷款购买第三套及以上住房的,贷款首付款比例和贷款利率应大幅度提高,具体由商业银行根据风险管理原则自主确定;商品住房价格过高、上涨过快、供应紧张的地区,商业银行可根据风险状况,暂停发放购买第三套及以上住房贷款;对不能提供1年以上当地纳税证明或社会保险缴纳证明的非本地居民暂停发放购买住房贷款。

(4)国务院办公厅《关于进一步做好房地产市场调控工作有关问题的通知》

国务院办公厅于2011年1月26日发布《关于进一步做好房地产市场调控工作有关问题的通知》,提出要强化差别化住房信贷政策,对贷款购买第二套住房的家庭,首付款比例不低于60%,贷款利率不低于基准利率的1.1倍,合理引导住房需求。

(5)国务院办公厅《关于继续做好房地产市场调控工作的通知》

国务院办公厅于2013年2月26发布《关于继续做好房地产市场调控工作的通知》,提出要完善稳定房价工作责任制,坚决抑制投机投资性购房[包括要进一步完善现行住房限购措施,限购区域应覆盖城市全部行政区域;限购住房类型应包括所有新建商品住房和二手住房;购房资格审查环节应前移至签订购房合同(认购)前;对拥有1套及以上住房的非当地户籍居民家庭、无法连续

提供一定年限当地纳税证明或社会保险缴纳证明的非当地户籍居民家庭,要暂停在本行政区域内向其售房],加强市场监管和预期管理等。

(6)《关于调整房地产交易环节契税、营业税优惠政策的通知》

2016年2月17日,财政部、国家税务总局及住房和城乡建设部发布《关于调整房地产交易环节契税、营业税优惠政策的通知》,调整房地产交易环节契税、营业税优惠政策,具体为对个人购买家庭唯一住房,面积为90平方米及以下的,减按1%的税率征收契税;面积为90平方米以上的,减按1.5%的税率征收契税;对个人购买家庭第二套改善性住房,面积为90平方米及以下的,减按1%的税率征收契税;面积为90平方米以上的,减按2%的税率征收契税;个人将购买不足2年的住房对外销售的,全额征收营业税;个人将购买2年以上(含2年)的住房对外销售的,免征营业税。但北京市、上海市、广州市、深圳市暂不实施本通知所规定的契税优惠政策及营业税优惠政策。上述城市仍按照2015年3月30日财政部、国家税务总局发布的《关于调整个人住房转让营业税政策的通知》的规定执行税收政策,即个人将购买不足2年的住房对外销售的,全额征收营业税;个人将购买2年以上(含2年)的非普通住房对外销售的,按照其销售收入减去购买房屋的价款后的差额征收营业税;个人将购买2年以上(含2年)的普通住房对外销售的,免征营业税;契税无相关优惠。

(7)《关于加强房地产中介管理促进行业健康发展的意见》

2016年7月29日,住房和城乡建设部、国家发展和改革委员会联合其他五部委、机构发布《关于加强房地产中介管理促进行业健康发展的意见》,提出要规范房地产中介行为、完善行业管理制度,并加强中介市场监管。

(8)住房和城乡建设部《关于进一步规范房地产开发企业经营行为维护房地产市场秩序的通知》

住房和城乡建设部于2016年10月10日发布《关于进一步规范房地产开发企业经营行为维护房地产市场秩序的通知》,提出要依法查处房地产开发企业不正当经营行为,包括未取得预售许可证销售商品房;不符合商品房销售条件,以认购、预订、排号、发卡等方式向买受人收取或者变相收取定金、预订款等费用,借机抬高价格;捂盘惜售或者变相囤积房源等其他不正当经营行为,并对相关房地产开发企业采取包括但不限于约谈、书面警示、公开通报、列入违法失信房地产开发企业名单及重点审核资质等措施。

(9)住房城乡建设部《关于进一步做好房地产市场调控工作有关问题的通知》

住房和城乡建设部于2018年5月19日发布《关于进一步做好房地产市场调控工作有关问题的通知》,提出要切实加强资金管控、大力整顿房地产市场秩序等。

2. 地方相关调控政策(以北京市为例)

除了国家层面外,各地政府也纷纷出台了房地产调控政策,以北京市为例,北京市近年来出台的调控措施主要包括:

(1)《北京市人民政府贯彻落实国务院关于坚决遏制部分城市房价过快上涨文件的通知》

2010年4月30日,北京市人民政府发布了《贯彻落实国务院关于坚决遏制部分城市房价过快上涨文件的通知》,为全面贯彻落实国务院《关于坚决遏制部分城市房价过快上涨的通知》,明确须坚决抑制不合理住房需求,严格执行差别化住房信贷政策,增加住房有效供给等。

(2)北京市人民政府办公厅《关于贯彻落实国务院办公厅文件精神进一步加强本市房地产市场调控工作的通知》

2011年2月15日,北京市人民政府办公厅发布《关于贯彻落实国务院办公厅文件精神进一步加强本市房地产市场调控工作的通知》,提出要切实执行差别化住房信贷政策(首付款比例不低于60%,贷款利率不低于基准利率的1.1倍),合理引导住房需求,继续巩固限购政策成果[对已拥有1套住房的本市户籍居民家庭、持有本市有效暂住证在本市没拥有住房且连续5年(含)以上在本市缴纳社会保险或个人所得税的非本市户籍居民家庭,限购1套住房;对已拥有2套及以上住房的本市户籍居民家庭、拥有1套及以上住房的非本市户籍居民家庭、无法提供本市有效暂住证和连续5年(含)以上在本市缴纳社会保险或个人所得税缴纳证明的非本市户籍居民家庭,暂停在本市向其售房]。

(3)北京市人民政府办公厅《贯彻落实〈国务院办公厅关于继续做好房地产市场调控工作的通知〉精神进一步做好本市房地产市场调控工作的通知》

2013年3月30日,北京市人民政府办公厅发布《贯彻落实〈国务院办公厅关于继续做好房地产市场调控工作的通知〉精神进一步做好本市房地产市场调控工作的通知》,提出要切实承担稳定房价工作的责任,就国务院办公厅《关于继续做好房地产市场调控工作的通知》中各项内容提出了更为细致的目标要求,并明确本市户籍成年单身人士在本市未拥有住房的,限购1套住房;对已拥有1套及以上住房的,暂停在本市向其出售住房;严格购房资格审核,加大执法查处力度,对不如实申报、提供虚假材料骗取购房资格的家庭,不予办理产权登记手续,家庭承担相应的法律责任,且5年内不得在本市购买住房。构成犯罪的,将依法追究刑事责任。

(4)《关于促进本市房地产市场平稳健康发展的若干措施》

2016年9月30日,北京市人民政府办公厅转发市住房和城乡建设委员会、原市规划和国土资源管理委员会、市工商局、市金融局、人民银行营业管理部、原北京银监局制定的《关于促进本市房地产市场平稳健康发展的若干措施》,提出要强化"控地价、限房价"的交易方式,进一步完善差别化住房信贷政策(购买首套普通自住房的首付款比例不低于35%,购买首套非普通自住房的首付款比例不低于40%。对拥有1套住房的居民家庭,为改善居住条件再次申请商业性个人住房贷款购买普通自住房的,无论有无贷款记录,首付款比例均不低于50%;购买非普通自住房的,首付款比例不低于70%),加强对房地产开发企业及其销售行为的管理,加强对房地产经纪机构及其经纪活动的管理,并严肃查处房地产市场违法违规行为等。

(5)《关于完善商品住房销售和差别化信贷政策的通知》

北京市住房和城乡建设委员会、中国人民银行营业管理部、中国银行业监督管理委员会北京监管局等于2017年3月17日发布了《关于完善商品住房销售和差别化信贷政策的通知》,进一步强化限购措施,将居民购买首套商品住房的首付款比例上调为普通住房35%、非普通住房40%,二套房首付款比例则上调为普通住房60%、非普通住房80%;在确定购房套数时,采用"认房又认贷"的原则,即便名下无房但有贷款记录,也将被认定是二套住房;且对企业购买的商品住房,在三年内限制上市交易。

鉴于各地关于房地产的宏观调控政策及具体调控措施均有所不同,且政策亦处于不断更新中,在此不一一赘述。总体来说,律师应结合国家及房屋所在地的具体规定,就与商品房销售相关的限制性规定及调控政策,向委托人提供准确、及时的法律咨询意见。

第四节　商品房交付阶段的法律服务

商品房交付,通常是指房地产开发企业依据相关法律法规的规定以及与购房人所签署的《商品房买卖合同》或《商品房预售合同》(以下统称"购房合同")的约定,将符合法定及约定交付标准的商品房交付购房人、且购房人检验并接收商品房的行为。除了法律另有规定或当事人另有约定外,对商品房的转移占有,视为商品房的交付使用,且伴随着商品房的交付,商品房毁损、灭失的风险亦由房地产开发企业转移至购房人。① 但需要注意的是,商品房的所有权并不随着商品房的交

① 参见《商品房买卖司法解释》第11条。

付自房地产开发企业同时转移至购房人,商品房的房屋所有权应自办理完毕房屋所有权的转移变更登记手续、购房人就商品房取得《房地产权证》/《房屋所有权证》之日起方归购房人所有。

一、商品房交付标准

《商品房销售管理办法》第30条第1款规定:"房地产开发企业应当按照合同约定,将符合交付使用条件的商品房按期交付给买受人。未能按期交付的,房地产开发企业应当承担违约责任。"本条是对商品房交付标准的概括性规定,即符合交付使用条件的房屋方可交付。但何谓"符合交付使用条件",还需要从法定标准及约定标准两个层面进行判断:

1. 法定标准

我国目前尚无专门的法律法规就商品房的交付标准作出系统性的规定,相关规定散见于各类法律、法规、规章、规范性文件及政策性文件之中。经过梳理,商品房符合交付使用条件的法定标准,应至少符合下述要求:

(1)商品房需经验收合格

《民法典》第799条第2款规定:"建设工程竣工经验收合格后,方可交付使用;未经验收或者验收不合格的,不得交付使用。"

《建筑法》第61条规定:"交付竣工验收的建筑工程,必须符合规定的建筑工程质量标准,有完整的工程技术资料和经签署的工程保修书,并具备国家规定的其他竣工条件。建筑工程竣工经验收合格后,方可交付使用;未经验收或者验收不合格的,不得交付使用。"

《消防法》第13条第3款规定:"依法应当进行消防验收的建设工程,未经消防验收或者消防验收不合格的,禁止投入使用;其他建设工程经依法抽查不合格的,应当停止使用。"

《城市房地产管理法》第27条第2款规定:"房地产开发项目竣工,经验收合格后,方可交付使用。"

《城乡规划法》第45条第1款规定:"县级以上地方人民政府城乡规划主管部门按照国务院规定对建设工程是否符合规划条件予以核实。未经核实或者经核实不符合规划条件的,建设单位不得组织竣工验收。"

《城市房地产开发经营管理条例》第17条第1款规定:"房地产开发项目竣工,依照《建设工程质量管理条例》的规定验收合格后,方可交付使用。"

《建设工程质量管理条例》第16条规定:"建设单位收到建设工程竣工报告后,应当组织设计、施工、工程监理等有关单位进行竣工验收。建设工程竣工验收应当具备下列条件:(一)完成建设工程设计和合同约定的各项内容;(二)有完整的技术档案和施工管理资料;(三)有工程使用的主要建筑材料、建筑构配件和设备的进场试验报告;(四)有勘察、设计、施工、工程监理等单位分别签署的质量合格文件;(五)有施工单位签署的工程保修书。建设工程经验收合格的,方可交付使用。"

《建设项目环境保护管理条例》第19条第1款规定:"编制环境影响报告书、环境影响报告表的建设项目,其配套建设的环境保护设施经验收合格,方可投入生产或者使用;未经验收或者验收不合格的,不得投入生产或者使用。"

根据以上法律、法规的规定,商品房在交付使用之前至少应通过规划验收、消防验收、环保验收等各项单项验收及工程竣工验收,并取得备案机关出具的《工程竣工验收备案表》。

(2)商品房需完成实际面积测绘("实测")并取得实测报告

《商品房销售管理办法》第34条第1款规定:"房地产开发企业应当在商品房交付使用前按项目委托具有房产测绘资格的单位实施测绘,测绘成果报房地产行政主管部门审核后用于房屋权属登记。"据此,商品房必须经过实测,且取得的实测报告应经房地产行政主管部门审核备案。

(3)房地产开发企业就商品住宅需提供“两书”

所谓“两书”即住宅质量保证书和住宅使用说明书。《城市房地产开发经营管理条例》第30条规定:“房地产开发企业应当在商品房交付使用时,向购买人提供住宅质量保证书和住宅使用说明书。住宅质量保证书应当列明工程质量监督单位核验的质量等级、保修范围、保修期和保修单位等内容。房地产开发企业应当按照住宅质量保证书的约定,承担商品房保修责任。保修期内,因房地产开发企业对商品房进行维修,致使房屋原使用功能受到影响,给购买人造成损失的,应当依法承担赔偿责任。”

(4)其他法定标准

鉴于房地产行业具有地域性特征,各地政府及相关部门对房地产项目的开发建设及运营管理通常会制定地方性规章制度及政策。商品房交付的法定标准除了需满足国家层面的法律法规及政策规定的要求外,还应符合房屋所在地的地方性规定对房屋交付的相关要求。

2. 约定标准

商品房交付的法定标准仅为房地产开发企业向买受人交付商品房时必须满足的必要条件,且由于法定标准过于笼统、概括,无法满足实践中复杂多样的商品房交付标准要求。因此,买卖双方通常会在购房合同中约定交房标准,进一步明确法定交付标准以及商品房交付的个性化要求等。

(1)对法定标准的进一步明确

如前所述,部分法定交付标准过于笼统,可能导致双方对商品房交付条件的具体标准无法准确把握。为消除该等不确定性及潜在风险,律师可以协助买卖双方在购房合同中对法定标准作出进一步的详细解释及延伸。同时,也可在购房合同中就其他法定标准再一次重申,例如“商品房已取得房屋测绘报告”“出卖人应向买受人提供住宅质量保证书和住宅使用说明书”等,以达到进一步明确具体交付标准及条件的目的。

(2)对交付条件的个性化约定

在满足法定交付标准的前提下,买受人往往更加关注房地产开发企业所承诺的其他更高的交付标准、条件,也就是该商品房有别于其他商品房的个性之处,通常包含以下内容的特殊约定:

①商品房基本情况:面积、位置、楼层、结构、户型、层高、朝向等。

②取得其他验收合格证明:已取得消防、人民防空、环境卫生设施、防雷装置等验收合格证明文件。

③基础设施设备:包括但不限于供水、排水、供电、供暖、燃气、电话通信、有线电视、宽带网络等。

④公共服务及其他配套设施:包括但不限于小区内绿地率、小区内非市政道路、规划车位、车库、物业服务用房、医疗卫生机构、幼儿园、学校、配套生活垃圾分类设施、社区菜市场或社区菜店等。

⑤商品房装饰装修:包括但不限于外墙、内墙、地面、阳台、管道、窗户、家具、家电等。

⑥根据具体房屋情况所设定的其他交付标准及条件。

二、商品房交付流程

商品房交付的具体流程,通常由买卖双方根据相关规定在购房合同中,结合具体房屋情况自行约定商品房交付流程。下述商品房交付流程为实务操作中的通常做法:

(1)房地产开发企业按购房合同约定向买受人发出《交付通知书》,告知买受人办理商品房交付的期限、地点及所需提供的相关证件材料。实践中,买卖双方通常会在购房合同中约定一个商品房最迟交付日期,在买受人未收到《交付通知书》的情况下,即以该最迟交付日期作为办理商品房交付手续的时间。但是,出于促成合同顺利履行及留存证据的双重目的,房地产开发企业通常会以挂号信或快递等方式向买受人发出书面《交付通知书》,甚至通过公证方式证明其已履行完毕相应通知义务。

(2)买受人携带相关证件材料,在《交付通知书》或购房合同要求的期限内到房地产开发企业指定的地点,在房地产开发企业相关工作人员的陪同下查验商品房及相关文件(包括但不限于《建设工程竣工验收证明文件》《房屋测绘报告》《住宅使用说明书》和《住宅质量保证书》等)。

(3)如在查验商品房或相关文件过程中,发现商品房存在质量问题或相关文件不全,则买受人可以根据实际情况,依照购房合同约定及相关法律规定要求房地产开发企业对商品房立即进行修复、出具书面修复承诺、解除购房合同、拒绝收房或提出其他赔偿要求。

(4)结算房款、交纳专项维修基金、契税及其他费用。商品房经查验符合交付条件的,买卖双方根据《房屋测绘报告》及购房合同相关约定对房款进行结算,买受人交纳专项维修基金、契税及其他费用。

(5)签署房屋交接单。买受人确认商品房符合法定及约定的交付标准,房地产开发企业也确认买受人已按合同约定履行了付款义务,买卖双方就应签署房屋交接单。

(6)买受人从房地产开发企业或物业服务企业处领取房屋钥匙,办理物业服务相关手续,交纳物业服务费。

三、商品房交付法律服务工作

在商品房交付阶段,律师可为房地产开发企业或买受人提供房屋交付相关法律服务。无论是为房地产开发企业提供法律服务,还是为买受人提供法律服务,律师在交付阶段的工作内容大致相同,但委托人不同时,律师在商品房交付阶段的法律服务工作的具体范围、内容及侧重点将会有所差异。

1. 商品房交付前期准备

(1)审查购房合同及其相关补充协议,重点关注房屋交付条件、交付手续、交付期限和违约责任等相关条款,注意审查是否存在无效条款,或者合同条款是否存在可变更、可撤销的情形,就发现的问题提示委托人,并提供解决方案及法律意见。

(2)起草/审查《交付通知书》《房屋交接单》及相关流程文件。如律师接受房地产开发企业的委托,则往往需要参与设计交房流程,起草、修改《交付通知书》《房屋交接单》等相关文件。与之相反,当律师受买受人委托提供法律服务时,则需要审查房地产开发企业所制定的各类流程性文件,如相关文件中存在违反法律规定、购房合同约定或显失公平的条款,律师还应及时提示买受人相关风险,代理买受人与房地产开发企业进行谈判、协商。

(3)指导买受人按《交房通知书》准备办理交房手续所需相关证件材料,包括但不限于身份证件、委托书、购房合同、银行卡等。

(4)根据委托人的具体要求及实际情况,为委托人提供其他相关服务。

2. 商品房实际交付阶段

(1)准备/查验相关交付文件。律师应根据相关规定及购房合同的约定,提示房地产开发企业准备《建设工程竣工验收证明文件》《房屋测绘报告》《住宅使用说明书》和《住宅质量保证书》及其他商品房交付所必需的相关文件,或者协助买受人对该等文件的真实性、完整性进行查验。

(2)查验商品房。商品房查验是商品房交付阶段最为重要的一环,需要查验商品房是否符合购房合同约定的标准、是否符合国家相关建筑规范要求,是针对商品房基本情况、基础设施设备情况、公共服务及其他配套设施情况等全方位的查验。由于查验过程涉及工程、设计等专业领域,律师受限于自身专业知识可能无法就商品房是否符合某些特定技术标准发表准确意见或无法及时发现商品房存在的质量问题。因此,房地产开发企业通常会安排专业的验房师或其他工作人员陪同买受人一同查验房屋。就买受人来说,律师可建议买受人委托具有专业资质的机构就商品房质量及其他相关事项进行全面的查验、检测。律师在此过程中的主要工作为协助买受人就商品房一般情况进行查验,以及就所发现的房屋质量问题进行证据固定。

(3)纠纷及争议解决。在商品房查验完毕之后,如发现商品房存在质量问题,根据问题性质不同,律师应向委托人提示其就该质量问题可选择的解决方式(例如要求立即修复房屋、限期修复房屋、拒绝收房、解除合同及主张其他赔偿责任等),分析每种具体解决方案的可行性及相应的法律后果,并协助委托人与对方进行沟通、谈判,必要时根据实际情况起草通知、催告、律师函等文件;通过诉讼及仲裁等方式解决纠纷。

(4)协助委托人办理前期物业服务的相关手续,审查需委托人签署的有关协议、合同、临时业主公约以及承诺书等文件。

(5)协助委托人办理结算房款、交纳专项维修基金、契税及其他费用等。

(6)根据委托人的具体要求及实际情况,为委托人提供其他相关服务。

第五节 常见的商品房买卖合同纠纷

根据《商品房买卖司法解释》第1条的规定,“商品房买卖合同是指房地产开发企业(以下统称为出卖人)将尚未建成或者已竣工的房屋向社会销售并转移房屋所有权与买受人,买受人支付价款的合同”。而商品房买卖合同纠纷,即是买卖双方就商品房买卖合同的内容、效力、履约、解除及其他相关事项所产生的争议及纠纷,具体纠纷内容繁杂,包括但不限于:关于商品房广告宣传的纠纷,关于房屋面积、房屋质量的纠纷,关于房屋交付使用的纠纷,关于办理房屋所有权登记的纠纷,关于房屋购房款支付纠纷,等等。

本节试举若干常见案例,并就案件涉及的相关法律问题加以分析、说明,希望对律师在未来处理类似案件时能有所助益。

一、商品房交付纠纷

1. 典型案例

2003年12月19日,D地产公司(为出卖人)与管某(为买受人)签订《商品房买卖合同》,约定:D地产公司向管某出售广州市某广场112号房,该商品房用途为商业用房,建筑面积共54.53平方米,其中,套内建筑面积24.54平方米,公共部位与公用房屋分摊建筑面积29.99平方米;出卖人与买受人约定按套内建筑面积计算商品房价款,该商品房单价为每平方米171 473.96元,总金额4 207 971元。公共部位与公用房屋分摊建筑面积的建设费用计入套内建筑面积销售单价内,不再另行计价。合同约定计价面积与实测面积有差异的,以实测计价面积为准。商品房交付后,实测计价面积与合同约定计价面积发生差异,双方同意按以下方式进行处理:①面积误差比绝对值在0.6%以内(含本数)的,买卖双方不作任何补偿;②面积误差比绝对值在0.6%以上(不含本数)至3%以内(含本数)的,买卖双方按实测面积及本合同约定的房屋单价结算;③实测面积大于合同约定面积3%时,3%以内(含本数)由买受人按合同约定的每平方米价格补足房款,超出3%以上(不含本数)的面积由买受人无偿拥有,合同继续履行。面积误差比=(实测计价面积-合同约定计价面积)/合同约定计价面积×100%。

2011年,广州市国土局就案涉商品房为管某核发《房地产权证》,载明建筑面积为55.72平方米,套内建筑面积为26.41平方米,共有分摊面积为29.31平方米。套内建筑面积26.41平方米比合同约定的套内建筑面积24.54平方米多出1.87平方米,共有分摊面积为29.31平方米比合同约定公摊面积29.99平方米少0.68平方米。

D 地产公司与管某就案涉房屋出现套内面积增多、分摊面积减少所产生的房屋补偿问题发生争执,经多次协商无果而引发本案诉讼。

2. 裁判要旨

法院认为:首先,案涉房屋套内建筑面积为 26.41 平方米,比合同约定的套内建筑面积 24.54 平方米多出 1.87 平方米,面积误差比为 7.6%。根据合同约定,"3%以内(含本数)由买受人按合同约定的每平方米价格补足房款,超出 3%以上(不含本数)的面积由买受人无偿拥有",因此,管某应付的房款应为 24.54 平方米 × 3% × 171 473.96 元/平方米=126 239.13 元。其次,虽然合同约定按套内面积计价并以之为依据进行面积确认及差异处理,但公摊面积与套内面积一同构成销售建筑面积,与套内面积共同构成处分权益的内容而随套内面积进行物权流转,并与套内面积一样具有保障用益的功用。本案中,涉案房屋产权登记的套内面积与公摊面积均与合同约定的面积不一致,但无论套内建筑面积增加还是公摊面积减少,均是对合同约定的变更,双方的权利义务也应作相应的调整。故公摊面积差异的处理可以参照《商品房买卖司法解释》第 14 条的规定进行处理。同时由于双方在合同中就公摊面积单价及面积差异处理没有约定,可按"总房价÷(套内面积+公摊面积)"计算 D 地产公司物化到销售面积所作的投入。经计算,D 地产公司应支付的公摊面积差异房价款为:总房价 4 207 971 元÷(24.54 平方米+29.99 平方米) × 公摊面积差异 0.6857 平方米=52 914.10 元。将双方应向对方支付的款项进行抵扣后,管某仍需向 D 地产公司支付 73 325.03 元(126 239.13 元-52 914.10 元)。

3. 案例分析说明

因预售商品房买卖合同在签署时,商品房尚未建设完毕,因此买卖双方只能以预测房屋面积(即约定面积)确定房屋价款。但是,商品房预测面积与实测面积存在误差在所难免,房屋交付或实测完成后,买卖双方通常需要根据实测面积对房屋价款进行相应的调整,根据面积差异多退少补。该阶段也极易引发争议。

《商品房销售管理办法》第 20 条对商品房实测面积与预测面积存在差异时的处理方式作出了明确规定:"按套内建筑面积或者建筑面积计价的,当事人应当在合同中载明合同约定面积与产权登记面积发生误差的处理方式。合同未作约定的,按以下原则处理:(一)面积误差比绝对值在 3%以内(含 3%)的,据实结算房价款;(二)面积误差比绝对值超出 3%时,买受人有权退房。买受人退房的,房地产开发企业应当在买受人提出退房之日起 30 日内将买受人已付房价款退还给买受人,同时支付已付房价款利息。买受人不退房的,产权登记面积大于合同约定面积时,面积误差比在 3%以内(含 3%)部分的房价款由买受人补足;超出 3%部分的房价款由房地产开发企业承担,产权归买受人。产权登记面积小于合同约定面积时,面积误差比绝对值在 3%以内(含 3%)部分的房价款由房地产开发企业返还买受人;绝对值超出 3%部分的房价款由房地产开发企业双倍返还买受人。

$$\text{面积误差比}=\frac{\text{产权登记面积}-\text{合同约定面积}}{\text{合同约定面积}}\times 100\%$$

因本办法第二十四条规定的规划设计变更造成面积差异,当事人不解除合同的,应当签署补充协议。"

上述规定相对较为公平合理,商品房预售示范文本通常将该条规定所述的面积差异处理方式直接作为合同条款。当然,出卖人和买受人也可以自行在合同中约定面积差异的处理方式。

二、商品房宣传广告纠纷

1. 典型案例

徐某欲购买由 A 地产公司开发建设的某商品房。徐某看房期间,A 地产公司销售人员向徐某发放了户型宣传资料,说明该商品房为三室两厅两卫,建筑面积约 135 平方米,在该户型图中,阴影部分标注赠送,并明确载明"三重馈赠:南向宽幅阳台、主卧 L 型空间、北向设备空间全赠送"等内容,同时在宣传图册下方以小号字体注明"本户型图仅为要约邀请,双方权利义务以买卖合同为准"。2015 年 7 月 29 日,徐某(买受人)、A 地产公司(出卖人)签订《商品房买卖合同》,合同载明:徐某购买该商品房建筑面积共 135.49 平方米,该商品房单价为 9 749.52 元/平方米,总金额为 1 320 962 元。《商品房买卖合同》第 5 条约定:合同约定面积与产权登记面积有差异的,以产权登记面积为准;商品房交付后,产权登记面积与合同约定面积发生差异,双方同意面积误差比绝对值在 3%以内(含 3%)的,据实结算房价款。2015 年 7 月,徐某向 A 地产公司交付了房款 1 320 962 元。2015 年 8 月 9 日,A 地产公司将房屋交付徐某使用。2015 年 9 月 18 日,经 A 地产公司委托,经纬测绘公司实际测量面积后,确定徐某购买的房屋建筑面积 138.39 平方米,面积误差 2.9 平方米,误差面积经双方确认为飘窗,此部分被计入产权面积。A 地产公司要求徐某补交面积差价,徐某认为飘窗部分系赠送面积,由此引发争议。

2. 裁判要旨

法院认为:A 地产公司向徐某等购房人发放的宣传资料中明确载明"三重馈赠:南向宽幅阳台、主卧 L 型空间、北向设备空间全赠送"等内容,此宣传资料所作出的该项允诺具体确定,并足以对徐某等购房人作出购买案涉商品房的决策产生重大影响,符合《商品房买卖司法解释》第 3 条所规定的特征,故 A 地产公司在宣传资料中作出的"赠送飘窗面积"允诺应视为《商品房买卖合同》的部分内容。A 地产公司在宣传资料中作出"赠送面积"允诺之前,案涉房屋设计格局和建筑面积均已确定,A 地产公司对于其投入的开发成本及获取的销售利润额度亦有明确预知,虽然测绘标准改变将原不计入建筑面积的"飘窗"列入了房屋建筑面积测绘范围,但并未因此对 A 地产公司的预期利润产生任何影响。A 地产公司在自身损益没有任何变化的情况下,仅因测绘标准调整要求徐某等购房人补交所谓的"增加面积款",依法不应予以支持。故法院最终判决案涉商品房实际测绘面积 138.39 平方米与《商品房买卖合同》约定面积 135.49 平方米之间存在误差的 2.9 平方米面积属于 A 地产公司承诺的赠送面积。

3. 案例分析说明

发布宣传广告是房地产开发企业销售商品房最为重要及常见的营销手段之一,绝大多数购房人也是通过宣传广告、宣传资料初步了解商品房的基本情况并进而决定是否购买该商品房。但是,为了吸引潜在购房人,房地产开发企业可能在宣传广告、宣传资料中对商品房作出与事实情况不符的说明或允诺,尤其是在商品房预售交易中,此类"名实不符"情况发生的可能性更高,这就导致因商品房广告而引起的纠纷在全部商品房买卖纠纷中占有很大比例。该类案件中一个重要的争议焦点就是出卖人就商品房所发布的销售广告、宣传材料是否可以被认定为要约。

《商品房买卖司法解释》第 3 条规定:"商品房的销售广告和宣传资料为要约邀请,但是出卖人就商品房开发规划范围内的房屋及相关设施所作的说明和允诺具体确定,并对商品房买卖合同的订立以及房屋价格的确定有重大影响的,应当视为要约。该说明和允诺即使未载入商品房买卖合同,亦应当视为合同内容,当事人违反的,应当承担违约责任。"据此,销售广告、宣传资料满足以下两个特征即可被认定为要约:①就商品房开发规划范围内的房屋及相关设施所作的说明和允诺具体确定;②对商品房买卖合同的订立以及房屋价格的确定有重大影响。

同时,对商品房进行宣传的房地产广告,《广告法》《房地产广告发布规定》等有关法律法规,也明确规定:房源信息应当真实,面积应当表明为建筑面积或者套内建筑面积;广告以虚假或者引人误解的内容欺骗、误导消费者的,构成虚假广告。房地产开发企业在对商品房进行广告宣传时,应确保其广告宣传的内容真实、合法、科学、准确。

三、商品房捆绑销售纠纷

1. 典型案例

2013 年 11 月 20 日,原告高某(买受人)与被告 B 地产公司(出卖人)签订了北京市商品房预售合同。2013 年 11 月 1 日,高某(甲方、业主)与某装修公司(乙方、装修单位)、B 地产公司(丙方)签订《幸福家居解决方案协议书》。该协议书主要内容为:鉴于甲、丙双方已就甲方购买某项目 × 号楼 × 单元 × 号的商品房事宜达成一致意见,经友好协商,甲、乙、丙三方就该房屋"幸福家居解决方案"事宜达成一致意见,乙、丙双方同意共同实施本次"幸福家居解决方案",甲方向丙方支付相应装修费用。在商品房预售合同及《幸福家居解决方案协议书》履行过程中,高某向 B 地产公司交付了购房款,也向其交纳了相关装修款 42 万元。同日,高某给 B 地产公司书写声明一份,内容为:"经出卖人给予买受人充分提示、解释及说明,买受人已详细阅读并充分理解《幸福家居解决方案协议书》(以下简称《协议》)的条款及其含义。买受人在此确认:买受人签署《协议》系本人真实意思表示,不存在重大误解,也不认为《协议》存在显失公平,买受人自愿选择幸福家居解决方案并自愿签署《协议》。"

2015 年 7 月,高某认为 B 地产公司以装修的形式掩盖变相涨价的目的,违反了《消费者权益保护法》《价格法》《北京市商品房价格销售管理办法》等规范性文件的规定,要求确认《幸福家居解决方案协议书》无效,向法院提起诉讼。

2. 裁判要旨

法院认为:依法成立的合同,自成立时生效,合同对当事人具有法律约束力。就本案而言,法院认为《幸福家居解决方案协议书》已依法成立,并已生效,具体理由如下:首先,该协议书应是高某、B 地产公司、某装修公司真实的意思表示,是对三方当事人各自权利义务的明确约定,并不存在关于合同无效的法定情形。因此,该协议书并不违反法律、行政法规的强制性规定,应为有效。其次,高某认为该协议书违反国务院及北京市政府就房地产调控作出的规范性文件,以拆分合同的形式,掩盖变相涨价的非法目的。现高某仅依据其他装修公司对房屋装修所作的咨询报价来证实装修价格偏高,证据不足,且该协议书已对价格偏高的原因作出了解释说明,高某在签订该协议书和作出声明时对价格偏高的事实也未持异议。行政机关只是对符合一定条件的商品住宅实行政府指导价格,实际销售价格高于政府指导价格并不必然导致销售目的不符合法律规定,也并不必然导致合同无效。最后,该协议书并不侵犯高某的自主选择权和公平交易权。高某是在明知装修协议内容,而且是在自己已作出声明的情况下签订该协议书,如其不同意该协议书约定的内容,其完全有理由拒绝签订,进而有条件选择购买其他地段的房屋。高某以此为由认为该协议书违反了《消费者权益保护法》的规定,要求确认该协议书无效,依据不足,本院不予采纳。

3. 案例分析说明

为规避政府部门出台的商品房限价政策所带来的不利影响,房地产开发企业惯常采取的措施之一是进行捆绑式销售,主要包括捆绑销售车位、捆绑提供房屋装修服务等方式。司法实践中,买受人主张相关捆绑销售合同因违反限价政策而无效或应予以解除,多数不会得到法院支持,主要理由有两点:①政府部门有关商品房限价的规范性文件并非《民法典》第 153 条"违反法律、行政法规的强制性规定"。因此,即使房地产开发企业通过捆绑销售车位、装修服务,导致商品房实际销售价格高于政府指导价格,也并不必然导致合同无效。②在业主明确知悉捆绑销售合同及购房合同相关约定的情况下,业主可自主选择是否签订捆绑销售合同,其仍具有自主选择权和公平交易权。

对于买受人来说,如接受房地产开发企业的捆绑式销售系其真实意思表示,则其单以此主张所签署的合同无效、解除或撤销合同,难以得到法院的支持。而对于出卖人来说,虽然捆绑销售合同在很大程度上可能被认定为合法有效,但是不排除出卖人可能因违反限价政策而被相关行政主管部门进行处罚。

四、购房合同解除纠纷

1. 典型案例

2014 年 2 月,张某、徐某两原告与被告 C 地产公司签订了《商品房买卖合同》,合同约定:原告购买被告开发的“凯旋华府”小区商品房一套。签约时,鉴于原告对房间布局及具体方位的明确要求,被告承诺案涉房产的具体房间方位为:以入户朝向为标准,主卧、次卧、卫生间等房间在右手边;餐厅、客厅等在左手边。同时将双方约定的房间布局与方位平面图作为合同附件并加盖公章予以确认。原告依约一次性付清总房款 630 000 元。2015 年 7 月初,原告应被告通知前去验房,在验房过程中,原告发现所购房产的实际房间布局与双方合同约定的完全不一致:实际该房的主卧、次卧、卫生间与餐厅、客厅等房间布局正好相反。原告与被告就此事多次沟通无果,遂向法院提起诉讼。

2. 裁判要旨

法院认为:合同目的包括客观目的和主观目的。客观目的即典型交易目的,当事人购房的客观目的在于取得房屋所有权并用于居住、孩子入学、投资等,影响合同客观目的的实现的因素有房屋位置、面积、楼层、采光、质量、小区配套设施等,客观目的可通过社会大众的普通认知标准予以判断。主观目的为某些特定情况下当事人的动机和本意。一般而言,《合同法》第 94 条[①]第(四)项中的合同目的不包括主观目的,但当事人将特定的主观目的作为合同的条件或成交的基础,则该特定的主观目的客观化,属于《合同法》第 94 条的规制范围。根据《合同法》第 94 条第(四)项的规定,当事人一方迟延履行债务或者有其他违约行为致使不能实现合同目的,当事人可以解除合同。该条赋予合同目的不能实现时非违约方的法定解除权,案涉房屋内部布局左右相反导致上诉人张某、徐某合同目的不能实现,其有权解除购房合同。二审法院判决,撤销一审法院判决,确认原告与被告签订的《商品房买卖合同》解除,被告返还原告购房款。

3. 案例分析说明

本案是较为典型的商品房买卖合同解除纠纷。根据《民法典》的相关规定,合同当事人有三种方式解除合同,分别为协商解除、约定解除和法定解除。[②] 协商解除及约定解除主要依赖买卖双方协商及购房合同的约定,在此重点介绍房地产开发企业及买受人分别享有的法定解除权。

(1)买受人享有法定解除权的情形

除《民法典》第 563 条规定的合同当事人享有的合同解除权以外,相关法规、规章、司法解释等还就买受人有权解除购房合同的情形作出了详细规定,具体如下:

①房屋主体结构质量不合格或存在其他质量问题严重影响正常居住使用

根据《商品房买卖司法解释》第 12 条、第 13 条及《城市房地产开发经营管理条例》第 31 条之规定,如房屋主体结构质量不合格,或房屋质量问题严重影响正常居住使用,购房人可以要求解除合同和赔偿损失。

②房屋面积误差过大

根据《商品房销售管理办法》第 20 条之规定,出卖人交付使用的房屋套内建筑面积或者建筑

① 对应《民法典》第 563 条。

② 《合同法》第 93 条规定:“当事人协商一致,可以解除合同。当事人可以约定一方解除合同的条件。解除合同的条件成就时,解除权人可以解除合同。”第 94 条规定:“有下列情形之一的,当事人可以解除合同:(一)因不可抗力致使不能实现合同目的;(二)在履行期限届满之前,当事人一方明确表示或者以自己的行为表明不履行主要债务;(三)当事人一方迟延履行主要债务,经催告后在合理期限内仍未履行;(四)当事人一方迟延履行债务或者有其他违约行为致使不能实现合同目的;(五)法律规定的其他情形。”

面积与商品房买卖合同约定面积不符,面积误差比绝对值超出3%,且合同对此没有约定或者约定不明确的,买受人有权请求解除合同、返还已付购房款及利息。

③出卖人迟延交付房屋

商品房交易中,就出卖人而言,其最重要的义务即向买受人按期交付符合法定及约定条件的房屋。前述规定是对《民法典》第563条在商品房买卖中适用的进一步阐释,即出卖人和买受人可在对方不履行主要义务的情况下单方解除合同,并对解除权的行使期限进行了详细规定。

《商品房买卖司法解释》第11条规定:“根据民法典第五百六十三条的规定,出卖人迟延交付房屋或者买受人迟延支付购房款,经催告后在三个月的合理期限内仍未履行,解除权人请求解除合同的,应予支持,但当事人另有约定的除外。法律没有规定或者当事人没有约定,经对方当事人催告后,解除权行使的合理期限为三个月。对方当事人没有催告的,解除权人自知道或者应当知道解除事由之日起一年内行使;逾期不行使的,解除权消灭。”

④迟延办理房屋所有权登记

根据《商品房买卖司法解释》第19条之规定,由于出卖人的原因,在商品房买卖合同约定或者《城市房地产开发经营管理条例》第32条规定的办理不动产登记的期限届满后超过一年仍无法办理不动产登记的,买受人有权请求解除合同和赔偿损失。

⑤因出卖人原因未能订立担保贷款合同并导致商品房买卖合同不能继续履行

《商品房买卖司法解释》第23条规定,商品房买卖合同约定,买受人以担保贷款方式付款、因当事人一方原因未能订立商品房担保贷款合同并导致商品房买卖合同不能继续履行的,对方当事人可以请求解除合同和赔偿损失。因不可归责于当事人双方的事由未能订立商品房担保贷款合同并导致商品房买卖合同不能继续履行的,当事人可以请求解除合同,出卖人应当将收受的购房款本金及其利息或者定金返还买受人。

⑥擅自变更规划、设计

根据《商品房销售管理办法》第24条之规定,房地产开发企业不得擅自变更商品房规划、设计。确需变更相关规划、设计,需要经规划部门批准、设计单位同意,并且相关变更导致商品房的结构型式、户型、空间尺寸、朝向变化,以及出现合同当事人约定的其他影响商品房质量或者使用功能情形的,应书面通知买受人,买受人有权决定是否退房。房地产开发企业未在规定时限内通知买受人的,买受人有权退房;买受人退房的,由房地产开发企业承担违约责任。

(2)出卖人享有法定解除权的情形

商品房买卖交易中,买受人的主要义务为支付购房款。因此,通常只有在买受人未能按期支付足额购房款项的情况下,出卖人才享有单方合法解除购房合同的权利,主要有两种情况:

①买受人迟延支付购房款

《商品房买卖司法解释》第11条规定:“根据民法典第五百六十三条的规定,出卖人迟延交付房屋或者买受人迟延支付购房款,经催告后在三个月的合理期限内仍未履行,解除权人请求解除合同的,应予支持,但当事人另有约定的除外。法律没有规定或者当事人没有约定,经对方当事人催告后,解除权行使的合理期限为三个月。对方当事人没有催告的,解除权人自知道或者应当知道解除事由之日起一年内行使;逾期不行使的,解除权消灭。”

②因买受人原因未能订立担保贷款合同并导致商品房买卖合同不能继续履行

《商品房买卖司法解释》第23条规定:“商品房买卖合同约定,买受人以担保贷款方式付款、因当事人一方原因未能订立商品房担保贷款合同并导致商品房买卖合同不能继续履行的,对方当事人可以请求解除合同和赔偿损失。因不可归责于当事人双方的事由未能订立商品房担保贷款合同并导致商品房买卖合同不能继续履行的,当事人可以请求解除合同,出卖人应当将收受的购房款本金及其利息或者定金返还买受人。”

第六节　城市更新项目

随着经济发展,我国城市开发建设逐步转向以提升城市品质为主的存量提质改造,以存量改造为主的城市更新业务作为“房企第二赛道”,为房地产企业提供了新的业务增长点,也是为从事房地产领域的律师提供业务增长点。

2020 年 10 月 29 日党的十九届五中全会通过的《中共中央关于制定国民经济和社会发展第十四个五年规划和二〇三五年远景目标的建议》及 2021 年 3 月 11 日十三届全国人大四次会议通过的《中华人民共和国国民经济和社会发展第十四个五年规划和 2035 年远景目标纲要》,在国家层面明确提出转变城市发展方式,实施城市更新行动。2020 年 12 月以来,各地逐渐发布了与“城市更新”相关的地方性法规和规范性文件,例如:

发布时间	发布城市	文件名称(节选)
2020. 12. 30	深圳	《深圳经济特区城市更新条例》(城市更新的首部地方性法规)
2021. 6. 10	北京	《北京市人民政府关于实施城市更新行动的指导意见》(京政发〔2021〕10 号,下称“10 号文”)及 4 个配套实施细则
2021. 6. 18	重庆	《重庆市城市更新管理办法》
2021. 6. 24	天津	《天津市老旧房屋老旧小区改造提升和城市更新实施方案》

一、城市更新的含义及主要内容

关于城市更新的具体含义,国家层面和各地区没有统一的规定。北京、上海、广州、深圳、重庆及成都等地出台的规定中将城市更新作如下界定:

北京	《北京市人民政府关于实施城市更新行动的指导意见》第 1 条第(二)款:城市更新主要是指对城市建成区(规划基本实现地区)城市空间形态和城市功能的持续完善和优化调整,是小规模、渐进式、可持续的更新。
上海	《上海市城市更新实施办法》(现已失效)第 2 条:本办法所称城市更新,主要是指对本市建成区城市空间形态和功能进行可持续改善的建设活动,重点包括:(一)完善城市功能,强化城市活力,促进创新发展;(二)完善公共服务配套设施,提升社区服务水平;(三)加强历史风貌保护,彰显人文底蕴,提升城市魅力;(四)改善生态环境,加强绿色建筑和生态街区建设;(五)完善慢行系统,方便市民生活和低碳出行;(六)增加公共开放空间,促进市民交往;(七)改善城市基础设施和城市安全,保障市民安居乐业;(八)市政府认定的其它城市更新情形。 本办法适用于本市建成区中按照市政府规定程序认定的城市更新地区。已经市政府认定的旧区改造、工业用地转型、城中村改造的地区,按照相关规定执行。
广州	《广州市城市更新办法》第 2 条第 1 款:本办法所称城市更新是指由政府部门、土地权属人或者其他符合规定的主体,按照“三旧”改造政策、棚户区改造政策、危破旧房改造政策等,在城市更新规划范围内,对低效存量建设用地进行盘活利用以及对危破旧房进行整治、改善、重建、活化、提升的活动。
深圳	《深圳经济特区城市更新条例》第 2 条第 2 款:本条例所称城市更新,是指对城市建成区内具有下列情形之一的区域,根据本条例规定进行拆除重建或者综合整治的活动:(一)城市基础设施和公共服务设施急需完善;(二)环境恶劣或者存在重大安全隐患;(三)现有土地用途、建筑物使用功能或者资源、能源利用明显不符合经济社会发展要求,影响城市规划实施;(四)经市人民政府批准进行城市更新的其他情形。

(续表)

重庆	《重庆市城市更新管理办法》第2条:本办法所称城市更新,是指对我市城市建成区城市空间形态和功能进行整治提升的活动。主城都市区范围内的城市更新工作适用本办法,其他区县(自治县)城市更新工作参照本办法执行。
成都	《成都市城市有机更新实施办法》第4条:本办法所称城市有机更新,是指对建成区城市空间形态和功能进行整治、改善、优化,从而实现房屋使用、市政设施、公建配套等全面完善,产业结构、环境品质、文化传承等全面提升的建设活动。

结合各地关于城市更新的相关规定,概括来说城市更新主要包括:对城市规划区内旧小区、旧工业区、旧商业区、旧楼宇、旧街道、棚户区及城中村等城市空间形态和功能区,在原状基础上以整治、改善、优化或拆除重建等方式进行一定的建设活动的内容。但有别于以往很多城市大量进行的棚户区和城中村改造,"十四五"规划中提出的城市更新行动内容更为丰富,是在完成以往的农村城镇化的基础上,进一步通过改造提升城市发展的质量。

就城市更新的方式和类型,各地划分标准不尽相同,但总体上看,城市更新大致可以分为综合整治类和拆除重建类两大类型。综合整治类城市更新通常是指,在维持现状建设格局基本不变的前提下,采取修缮、加建、改建、扩建、局部拆建或者改变功能等一种或者多种措施,对城市建成区现有空间形态和功能区进行整治、改善、保护、活化的活动。拆除重建类城市更新是指,通过综合整治方式难以改善或者消除现状建设格局下存在的基础设施和公共服务设施不完善、环境恶劣或者存在重大安全隐患以及与城市规划不协调等问题,需要拆除全部或者大部分原有建筑物,并按照规划进行重新建设的活动。

不同于深圳以往城市更新行动中的以拆除重建为主的更新方式,就北京市而言,根据10号文及城市更新配套文件的规定,整体上不鼓励大拆大建,城市更新以综合整治类型为主。北京市城市更新以街区为单元实施,按照街区功能定位的不同,针对不同空间业态和功能区,将城市更新分为如下六种类型:

序号	类型	主要内容
1	老旧小区改造	根据居民意愿,可利用小区现状房屋和公共空间补充便民商业、养老服务等公共服务设施;可利用空地、拆违腾退用地等增加停车位,或设置机械式停车设施等便民设施。鼓励老旧住宅楼加装电梯。
2	危旧楼房改建	为改善居民居住条件,对房屋行政主管部门认定的危旧楼房,允许通过翻建、改建或适当扩建方式进行改造,具备条件的可适当增加建筑规模,实施成套化改造或增加便民服务设施等。
3	老旧厂房改造	明确老旧厂房改造利用业态准入标准,在符合规划的前提下,优先发展智能制造、科技创新、文化等产业。鼓励利用老旧厂房发展新型基础设施、现代服务业等国家和北京市支持的产业业态;鼓励利用老旧厂房补充公共服务设施。鼓励老工业厂区通过更新改造或用地置换的方式实施规划,增加道路、绿地、广场、应急避难场所等设施。
4	老旧楼宇更新	鼓励老办公楼、老商业设施等老旧楼宇升级改造、调整功能、提升活力,发展新业态。允许老旧楼宇增加消防楼梯、电梯等设施,允许建筑功能混合、用途兼容;鼓励对具备条件的地下空间进行复合利用。
5	首都功能核心区平房(院落)更新	在符合北京市相关法规及相关技术、标准前提下,鼓励对首都功能核心区平房(院落)进行申请式退租、换租及保护性修缮和恢复性修建,打造共生院,消除安全隐患,保护传统风貌,改善居住条件。腾退空间优先用于保障中央政务功能、服务中央单位、完善地区公共服务设施。同时,鼓励腾退空间用于传统文化展示、体验及特色服务,建设众创空间或发展租赁住房。

（续表）

序号	类型	主要内容
6	其他类型	包括城市公共空间改造提升、“三大设施”补充完善、特色街区建设、传统商圈调整升级、产业园区更新改造、疏解腾退空间再利用，以及推进城镇棚户区改造收尾等。

二、城市更新的一般操作流程

城市更新项目的操作流程通常包括以下几个步骤（各地区规定的具体操作流程可能存在差别）：

1. 列入城市更新年度计划

某一项目是否列入城市更新年度计划，通常需经过摸底建档、划定更新片区范围、项目盈亏平衡测算甚至是拆迁安置补偿方案制定等前期准备工作。列入城市更新年度计划后，项目方能在当年度开启更新改造流程。

2. 确定项目实施主体

项目实施主体的确定，是要考虑到项目盈亏平衡、项目原产权关系等因素，并充分征询原产权单位及相关权利人的意见。以北京市为例，根据10号文的规定，城市更新项目产权清晰的，产权单位可作为实施主体，也可以协议、作价出资（入股）等方式委托专业机构作为实施主体；产权关系复杂的，由区政府依法确定实施主体。

3. 编制实施方案

实施主体应在充分摸底调查的基础上，编制更新项目实施方案并征求相关权利人或居民意见。方案中应明确更新范围、内容、方式及建筑规模、使用功能、建设计划、土地取得方式、资金筹措方式、运营管理模式等内容。

4. 实施方案报批

实施方案报批时根据项目的类型及规模等，审批的机构可能有所不同。以北京市为例，根据10号文的规定，对于一般性更新项目，实施方案由区相关行业主管部门牵头进行审查，经区政府同意后实施，而重点地区或重要项目实施更新如涉及首都规划重大事项，要按照有关要求和程序向党中央请示报告。

5. 项目审批及开发建设手续的办理

项目实施方案获批后，进入项目审批及开发建设手续的办理阶段。除城市更新项目可能存在的特殊性要求之外，该阶段手续办理与一般房地产项目手续办理存在共通之处。

三、律师在城市更新项目中的核心关注点

作为律师，在为城市更新项目提供法律服务过程中应主要关注以下几个方面：

1. 实施主体的选择

从选择方式上看，原产权人在引入合作方时，可以采用招标等公开招商方式，也可以采用委托授权或协议方式，某些特定情况下，城中村/旧村改造项目中涉及集体资产交易的，可能还需在公共资源交易中心公开进行，某一项目具体采取哪种方式需具体根据当地关于城市更新的规定及政策而定。以北京市为例，根据《关于开展老旧楼宇更新改造工作的意见》的规定，鼓励原产权单位（或产权人）作为实施主体进行自主更新；如产权关系复杂，按照《民法典》规定，经参与表决专有部分面积四分之三以上的业主且参与表决人数四分之三以上的业主同意后，可依法授权委托产权单位（或产权人）作为实施主体；由原产权单位（或产权人）授权的运营主体，或由区政府委托的平台公司依法依规取得楼宇产权或运营权后，也可作为实施主体。再以广州市为例，根据《关于进一步

规范旧村合作改造类项目选择合作企业有关事项的意见》(穗建规字〔2020〕16 号)的规定,对于旧村改造类项目,村集体经济组织是合作企业选择主体,应按照公开、公平、公正的原则,通过政府公共交易平台选择有社会责任、有实力的合作企业进行旧村改造。

在实施主体的选择时机上,存在多种模式,包括:(1)项目早期(比如摸底排查阶段)实施主体即介入模式;(2)限制实施主体过早介入模式,该模式项下,实施主体仅可在项目供地后介入;(3)实施主体通过收并购方式介入模式,该模式项下,并不限制实施主体早期介入项目,新的实施主体在项目开展过程中某一阶段通过收并购方式取代旧的实施主体,进而介入项目。

2. 规划调整

(1)城市更新单元规划编制

城市更新单元规划编制,主要涉及城市更新规划与国土空间规划(城乡规划、土地利用总体规划)、控制性详细规划的关系。对此,各地区有不同的规定:①在北京市,正在推进街区控制性详细规划编制,根据 10 号文的规定,以街区为单元实施城市更新,更新地区规划综合实施方案和更新项目实施方案,依据街区控制性详细规划编制;②在广州市,根据《广州市城市更新办法》的规定,城市更新中长期规划应当符合国民经济和社会发展总体规划、城乡总体规划和土地利用总体规划,城市更新片区策划方案涉及调整控制性详细规划的,应编制控制性详细规划调整论证报告,申请调整控制性详细规划;③在深圳市,根据《深圳经济特区城市更新条例》的规定,城市更新部门应当按照全市国土空间总体规划组织编制全市城市更新专项规划,城市更新专项规划经市人民政府批准后实施,作为城市更新单元划定、城市更新单元计划制定和城市更新单元规划编制的重要依据,城市更新单元规划是城市更新项目实施的规划依据;④在重庆市,根据《重庆市城市更新管理办法》的规定,市规划自然资源局组织编制市级城市更新专项规划,确定城市更新目标、功能结构、规划布局等内容,各区政府(管委会)组织编制本辖区的城市更新专项规划,在规划中明确划分更新片区范围,并纳入辖区国土空间总体规划。

(2)规划调整方面的优惠政策

规划调整方面的优惠政策主要涉及建筑规模、规划用途和容积率等方面的内容。比如,根据北京市 10 号文的规定,对于符合规划使用性质正面清单,保障居民基本生活、补齐城市短板的更新项目,可根据实际需要适当增加建筑规模,增加的建筑规模不计入街区管控总规模;在满足相关规范和安全的前提下,允许规划使用性质兼容转换,老旧小区现状公共服务设施配套用房可根据实际需求用于市政公用、商业、养老、文化、体育、教育等符合规划使用性质正面清单规定的用途;商业、商务办公建筑内可安排文化、体育、教育、医疗、社会福利等功能;地下空间平时可综合用于市政公用、交通、公共服务、商业、仓储等用途,战时兼顾人民防空需要。又如,根据《深圳经济特区城市更新条例》的规定,实施主体在城市更新中承担文物、历史风貌区、历史建筑保护、修缮和活化利用,或者按规划配建城市基础设施和公共服务设施、创新型产业用房、公共住房以及增加城市公共空间等情形的,可以按规定给予容积率转移或者奖励。

3. 土地利用

城市更新项目中,土地利用方面的政策主要涉及土地取得方式、土地使用年限、土地性质、土地用途和土地出让价款缴纳等方面的内容。

(1)土地取得方式

以北京市为例,根据 10 号文及城市更新配套文件的规定:①城市更新项目可依法以划拨、出让、租赁、作价出资(入股)等方式办理用地手续。其中,符合《划拨用地目录》的,可以划拨方式供地;不符合《划拨用地目录》的,可以协议方式办理用地手续,也可结合市场主体意愿,依法采取租赁、先租后让、租让结合、作价出资(入股)等方式办理用地手续,但法律、法规以及国有建设用地划拨决定书、有偿使用合同等明确应当收回土地使用权重新出让的除外;②代建公共服务设施产权移交政府有关部门或单位的,以划拨方式办理用地手续。经营性设施以协议或其他有偿使用方式办理用地手续,在不改变更新项目实施方案确定的使用功能前提下,经营性服务设施建设用地使用权可依法转让或出租。

除北京外,其他省市也就城市更新项目的土地供应方式进行了规定,例如:

<table>
<tr><td>深圳</td><td>《深圳经济特区城市更新条例》:实施主体应当先按照规划要求向政府无偿移交公共用地,再申请以协议方式取得更新单元规划确定的开发建设用地使用权。</td></tr>
<tr><td>广州</td><td>《广州市城市更新办法》:
旧城镇更新项目:按国有建设用地公开出让方式供应土地。
旧厂房更新项目:政府收储的,纳入土地供应计划,由政府按规定组织土地供应。
旧村改造项目用地:复建安置地块转为国有土地的可采取划拨方式供地,融资地块可采取公开方式出让给市场主体或协议出让给村集体经济组织等主体。</td></tr>
<tr><td>重庆</td><td>《重庆市城市更新管理办法》:涉及土地出让的,采取协议出让或公开招拍挂(含带方案招拍挂)方式。符合划拨条件的城市更新项目土地,按划拨方式办理供地手续。</td></tr>
<tr><td colspan="2">此外,《重庆市城市更新管理办法》及《成都市城市有机更新实施办法》均规定:
城市有机更新涉及产权变动的,可通过协议搬迁、房屋征收、房屋买卖、资产划转、股份合作等方式依法办理不动产登记。城市有机更新不涉及产权变动的,可通过市场租赁方式取得原建筑使用权。城市有机更新既不涉及产权变动,也不需要取得原建筑使用权的,经充分征求原建筑权利人意见后依法实施。</td></tr>
</table>

(2)土地使用年限及针对新产业、新业态项目的过渡期政策

以广州市为例,根据《广州市城市更新办法》的规定,城市更新项目以拆除重建方式实施的,其土地使用权出让年期不超过相应用途经营性用地的最高出让年期;以改建扩建方式实施且用途不改变的,其出让年期与原土地出让合同保持一致,涉及用途改变的,其出让年期不超过相应用途经营性用地的最高出让年期。在北京市,除了以划拨、出让、租赁、作价出资(入股)等方式办理相应期限供地手续外,10 号文还规定了实施 5 年过渡期政策,即:在符合规划且不改变用地主体的条件下,更新项目发展国家及北京市支持的新产业、新业态的,由相关行业主管部门提供证明文件,可享受按原用途、原权利类型使用土地的过渡期政策;过渡期以 5 年为限,5 年期满或转让需办理用地手续的,可按新用途、新权利类型,以协议方式办理用地手续。北京过渡期政策明确适用于利用老旧厂房发展 5G、人工智能、大数据、工业互联网、物联网等新型基础设施项目,这也正契合目前国家及北京支持新型基础设施发展的现状,为拟投资发展新基建项目的投资者提供了更多可以选择的项目类型及供地方式。

此外在天津、重庆亦存在类似的过渡期政策:《重庆市城市更新管理办法》规定,已建工业用地使用权登记超过 8 年或工业用房所有权登记超过 6 年的,在不改变使用权人的情况下,经批准后,方可实施转型升级;转型升级满 5 年的,方可按前款规定办理用地和产权手续。《天津市老旧房屋老旧小区改造提升和城市更新实施方案》规定,涉及国家支持发展的各类产业情形的,或利用闲置用房等存量房屋建设各类公共服务设施以及兴办国家支持发展的各类产业的,可适用在 5 年过渡期内暂不办理变更用地主体和土地使用性质的建设用地过渡期政策。

(3)土地性质

土地性质的改变通常发生在城中村改造项目中,地块性质由集体土地变更为国有土地。以广州市为例,根据《广州市城市更新办法》的规定,旧村改造项目用地,村集体可选择保留集体土地性质或按规定转为国有土地。

(4)土地用途

在城市更新项目以规划引领原则下,土地用途改变要符合功能区定位、更新规划中关于规划

用途的规定,或者依法申请调整规划用途。

(5)土地出让价款缴纳

以北京市为例,根据10号文及城市更新配套文件的规定,用地性质调整需补缴土地价款的,可分期缴纳,首次缴纳比例不低于50%,分期缴纳的最长期限不超过1年。其他省市也有关于土地出让金缴纳的相关优惠政策:

广州	《广州市旧厂房更新实施办法》及《广州市人民政府办公厅关于印发广州市深入推进城市更新工作实施细则的通知》: 属于新型产业用房或产业配套设施的,按照相应基准地价标准的50%计收土地出让金。 土地出让金可分期缴纳,首次缴交比例不低于30%,余款1年内缴清。 原土地权利人申请自行改造的"三旧"用地,按办理土地有偿使用手续时新规划用途市场评估价的70%缴交土地出让金;"工改工"项目无需缴交土地出让金。
成都	《成都市人民政府办公厅关于进一步推进"中优"区域城市有机更新用地支持措施的通知》: 对按城市规划要求实施自主改造用于商品住宅开发的,按"双评估"价差的90%收取土地出让价款。 用于发展服务业(含总部经济)的商服用地按70%收取土地出让价款〔对自持物业比例超过60%(含60%)的按65%收取土地出让价款;自持全部物业的按60%收取土地出让价款;自持全部物业的省、市重点项目可按不低于55%收取土地出让价款〕。

通过上述政策可见,有些城市不仅规定土地出让价款可以分期补缴,同时还调减了改造主体所需补缴的土地出让价款金额,减轻了改造主体的资金压力。

4. 资金筹措

通常,城市更新项目资金来源有:(1)市、区财政安排的城市更新改造资金及各级财政预算中可用于城市更新改造的经费;(2)国家有关城市更新改造政策性信贷资金;(3)城市更新项目地块的土地出让金收入;(4)参与城市更新市场主体投入资金;(5)金融机构金融产品融资;(6)更新改造范围内土地、房屋权属人自筹资金。

其中,城市更新项目地块的土地出让金收入作为城市更新项目资金来源的,多见于城中村/旧村改造项目中,尤其是成片改造的项目中,具体方式为由实施主体先行提供地块一级开发资金,待地块在二级市场出让后政府将一定比例的出让金返还补偿实施主体提供的一级开发资金。

5. 原产权人补偿

城市更新项目(尤其是拆除重建类项目)中,涉及对被拆迁人的安置补偿,实践中,安置补偿方式包括实物安置补偿(产权置换)、货币化安置补偿以及两者相结合的方式,具体因地区因项目而异。

早期的城市更新项目,基本以实物安置补偿为主,项目规模相对较小,且进度缓慢。随后至本轮房地产调控之前,许多地区大规模采用了货币化安置补偿的方式。相比于实物安置补偿,货币化安置补偿是提高安置效率、推进项目进度的一个重要推力。近期,对接国家"房住不炒"房地产调控政策,更强调因城施策、因地调控的方式,对于商品住房库存不足、房价上涨压力较大的地方,更多地采取实物安置补偿方式。实物安置补偿方式在一定程度上改变了"先补偿,后拆迁"的拆迁安置补偿模式,也有助于减轻实施主体的前期资金投入压力。

6. 经营性服务设施利用

在城市更新项目中,出于项目盈亏平衡等的需要,对于经营性服务设施可以采取灵活的利用方式。以北京市为例,根据10号文及城市更新配套文件的规定,一方面,利用更新改造空间按有关要求从事经营活动的,相关部门可予办理经营许可;另一方面,经营性服务设施可按所有权和经营权相分离的方式,经业主同意和区政府认定后,将经营权让渡给相关专业机构。以天津市为例,根据《天津市老旧房屋老旧小区改造提升和城市更新实施方案》第3条第(二)款的规定,城市更新项目的公共停车场、充电桩、能源站等配套公共服务设施可以由实施主体负责运营。

前述政策通过提高经营性服务设施的商业价值、盘活城市更新项目自身盈利能力,以经营性服务设施的回报作为更新项目的投入回报,对社会资本参与城市更新项目起到了切实的激励作用。

第四章　工程建设中的律师服务

第一节　工程建设招投标中的律师工作

招投标是工程建设启动的标志,也是最重要的风险控制环节之一。如果这一环节出现漏洞,工程建设中的许多纠纷或损失便已经"命中注定"。但很多企业对招投标环节的相关法律规定和法律风险认识不足,并因此而遭受损失。

一、与建设工程有关的招投标法律规定

1. 必须招投标的工程范围法律规定

《中华人民共和国招标投标法》(以下简称《招标投标法》)由第九届全国人民代表大会常务委员会第十一次会议于1999年8月30日通过,自2000年1月1日起施行,后于2017年12月27日经第十二届全国人民代表大会常务委员会第三十一次会议修订。《招标投标法》第3条对必须进行招标的工程建设项目进行了规定:"在中华人民共和国境内进行下列工程建设项目包括项目的勘察、设计、施工、监理以及与工程建设有关的重要设备、材料等的采购,必须进行招标:(一)大型基础设施、公用事业等关系社会公共利益、公众安全的项目;(二)全部或者部分使用国有资金投资或者国家融资的项目;(三)使用国际组织或者外国政府贷款、援助资金的项目。前款所列项目的具体范围和规模标准,由国务院发展计划部门会同国务院有关部门制订,报国务院批准。法律或者国务院对必须进行招标的其他项目的范围有规定的,依照其规定。"第4条规定:"任何单位和个人不得将依法必须进行招标的项目化整为零或者以其他任何方式规避招标。"

《中华人民共和国招标投标法实施条例》(以下简称《招标投标法实施条例》)于2011年12月经国务院颁布,自2012年2月1日起施行,先后分别于2017年3月1日和2018年3月19日和2019年3月2日经国务院两次修订。其中第2条对法定招标项目作出了进一步概念性解释:"招标投标法第三条所称工程建设项目,是指工程以及与工程建设有关的货物、服务。前款所称工程,是指建设工程,包括建筑物和构筑物的新建、改建、扩建及其相关的装修、拆除、修缮等;所称与工程建设有关的货物,是指构成工程不可分割的组成部分,且为实现工程基本功能所必需的设备、材料等;所称与工程建设有关的服务,是指为完成工程所需的勘察、设计、监理等服务。"

2000年原国家发展计划委报经国务院批准发布的《工程建设项目招标范围和规模标准规定》(国家发展计划委令第3号,以下简称3号令),进一步细化了必须招标的工程项目的具体范围和规模标准。3号令颁布实施以来,我国逐步形成了强制招标制度体系,对促进招标投标制度的推广应用,规范招标投标行为,保障公平竞争,提高招标采购质量效益,预防惩治腐败发挥了积极作用。

关于招投标的立法,除了《招标投标法》《招标投标法实施条例》以及3号令之外,国务院有关部门针对工程建设中的不同项目也发布了有关招投标的部门规章,主要包括国家发改委联合国务院多个部门发布的《工程建设项目施工招标投标办法》(2003年发布)、《工程建设项目勘察设计招标投标办法》(2003年发布)、《工程建设项目货物招标投标办法》(2005年发布)等。以上三部规章均于2013年3月修订,经国家发改委发布,于2013年5月开始实施。除了部门规章以外,地方人民代表大会和政府也颁布了地方性招标投标法规,例如《北京市招标投标条例》等。

2. 有关必须招标的工程项目规定的最新变化

随着我国经济社会不断发展和改革持续深化,2018 年 3 月,国家发改委经国务院批准先后发布了《必须招标的工程项目规定》(国家发展和改革委员会令第 16 号,以下简称 16 号令,于 2018 年 6 月 1 日起施行)和《必须招标的基础设施和公用事业项目范围规定》(发改法规〔2018〕843 号,以下简称 843 号文,于 2018 年 6 月 6 日起施行),大幅缩小了必须招标的工程项目范围。2020 年 10 月,国家发改委发布了《国家发展改革委办公厅关于进一步做好〈必须招标的工程项目规定〉和〈必须招标的基础设施和公用事业项目范围规定〉实施工作的通知》(发改办法规〔2020〕770 号,以下简称 770 号文,于 2020 年 10 月 19 日起施行),2021 年 5 月 27 日,国家发改委在其官网"招投标法规咨询选登"栏目中进行了公开答复(以下简称招投标答复),进一步明确了 16 号令和 843 号文中必须招标的工程项目范围。一方面,此次立法是招投标领域落实党的十九大和十九届二中、三中全会精神,深化"放管服"改革的重要举措,有助于扩大市场主体特别是民间投资者的自主权,减轻企业负担。另一方面,各省、区、市根据 3 号令的规定,普遍制定了本地区必须招标项目的具体范围和规模标准,不同程度上扩大了强制招标范围并造成了规则不统一,因此有必要通过新的立法来重新规范必须招标项目的范围和标准。主要修改内容对比详见下表:

3 号令	16 号令、843 号文、770 号文和招投标答复
第 4 条　使用国有资金投资项目包括:(一)使用各级财政预算资金的项目;(二)使用纳入财政管理的各种政府性专项建设基金的项目;(三)使用国有企业事业单位自有资金,并且国有资产投资者实际拥有控制权的项目。 **第 5 条**　国家融资项目包括:(一)使用国家发行债券所筹资金的项目;(二)使用国家对外借款或者担保所筹资金的项目;(三)使用国家政策性贷款的项目;(四)国家授权投资主体融资的项目;(五)国家特许的融资项目。	**16 号令第 2 条**　全部或者部分使用国有资金投资或者国家融资的项目包括:(一)使用预算资金 200 万元人民币以上,并且该资金占投资额 10% 以上的项目;(二)使用国有企业事业单位资金,并且该资金占控股或者主导地位的项目。 **770 号文**　16 号令第二条第(一)项中"预算资金",是指《预算法》规定的预算资金,包括一般公共预算资金、政府性基金预算资金、国有资本经营预算资金、社会保险基金预算资金。第(二)项中"占控股或者主导地位",参照《公司法》第 216 条关于控股股东和实际控制人的理解执行,即"其出资额占有限责任公司资本总额百分之五十以上或者其持有的股份占股份有限公司股本总额百分之五十以上的股东;出资额或者持有股份的比例虽然不足百分之五十,但依其出资额或者持有的股份所享有的表决权已足以对股东会、股东大会的决议产生重大影响的股东";国有企业事业单位通过投资关系、协议或者其他安排,能够实际支配项目建设的,也属于占控股或者主导地位。项目中国有资金的比例,应当按照项目资金来源中所有国有资金之和计算。 **招投标答复**　16 号令第二条中"使用国有企业事业单位资金"中的"国有企业"也包括国有控股企业。
第 6 条　使用国际组织或者外国政府资金的项目包括:(一)使用世界银行、亚洲开发银行等国际组织贷款资金的项目;(二)使用外国政府及其机构贷款资金的项目;(三)使用国际组织或者外国政府援助资金的项目。	**16 号令第 3 条**　使用国际组织或者外国政府贷款、援助资金的项目包括:(一)使用世界银行、亚洲开发银行等国际组织贷款、援助资金的项目;(二)使用外国政府及其机构贷款、援助资金的项目。

(续表)

3 号令	16 号令、843 号文、770 号文和招投标答复
第 2 条 关系社会公共利益、公众安全的基础设施项目包括:(一)煤炭、石油、天然气、电力、新能源等能源项目;(二)铁路、公路、管道、水运、航空以及其他交通运输业等交通运输项目;(三)邮政、电信枢纽、通信、信息网络等邮电通讯项目;(四)防洪、灌溉、排涝、引(供)水、滩涂治理、水土保持、水利枢纽等水利项目;(五)道路、桥梁、地铁和轻轨交通、污水排放及处理、垃圾处理、地下管道、公共停车场等城市设施项目;(六)生态环境保护项目;(七)其他基础设施项目。 **第 3 条** 关系社会公共利益、公众安全的公用事业项目包括:(一)供水、供电、供气、供热等市政工程项目;(二)科技、教育、文化等项目;(三)体育、旅游等项目;(四)卫生、社会福利等项目;(五)商品住宅,包括经济适用住房;(六)其他公用事业项目。	**16 号令第 4 条** 不属于本规定第二条、第三条规定情形的大型基础设施、公用事业等关系社会公共利益、公众安全的项目,必须招标的具体范围由国务院发展改革部门会同国务院有关部门按照确有必要、严格限定的原则制订,报国务院批准。 **843 号文第 2 条** 不属于《必须招标的工程项目规定》第二条、第三条规定情形的大型基础设施、公用事业等关系社会公共利益、公众安全的项目,必须招标的具体范围包括:(一)煤炭、石油、天然气、电力、新能源等能源基础设施项目;(二)铁路、公路、管道、水运,以及公共航空和 A1 级通用机场等交通运输基础设施项目;(三)电信枢纽、通信信息网络等通信基础设施项目;(四)防洪、灌溉、排涝、引(供)水等水利基础设施项目;(五)城市轨道交通等城建项目。
第 7 条 本规定第二条至第六条规定范围内的各类工程建设项目,包括项目的勘察、设计、施工、监理以及与工程建设有关的重要设备、材料等的采购,达到下列标准之一的,必须进行招标:(一)施工单项合同估算价在 200 万元人民币以上的;(二)重要设备、材料等货物的采购,单项合同估算价在 100 万元人民币以上的;(三)勘察、设计、监理等服务的采购,单项合同估算价在 50 万元人民币以上的;(四)单项合同估算价低于第(一)、(二)、(三)项规定的标准,但项目总投资额在 3 000 万元人民币以上的。	**第 16 号令第 5 条** 本规定第二条至第四条规定范围内的项目,其勘察、设计、施工、监理以及与工程建设有关的重要设备、材料等的采购达到下列标准之一的,必须招标:(一)施工单项合同估算价在 400 万元人民币以上;(二)重要设备、材料等货物的采购,单项合同估算价在 200 万元人民币以上;(三)勘察、设计、监理等服务的采购,单项合同估算价在 100 万元人民币以上。同一项目中可以合并进行的勘察、设计、施工、监理以及与工程建设有关的重要设备、材料等的采购,合同估算价合计达到前款规定标准的,必须招标。 **770 号文** 16 号令第二条至第四条及 843 号文第二条规定范围的项目,其勘察、设计、施工、监理以及与工程建设有关的重要设备、材料等的单项采购分别达到 16 号令第五条规定的相应单项合同价估算标准的,该单项采购必须招标;该项目中未达到前述相应标准的单项采购,不属于 16 号令规定的必须招标范畴。 **770 号文** 16 号令中第五条规定的“同一项目中可以合并进行”,是指根据项目实际,以及行业标准或行业惯例,符合科学性、经济性、可操作性要求,同一项目中适宜放在一起进行采购的同类采购项目。 **770 号文** 对于 16 号令第二条至第四条规定范围内的项目,发包人依法对工程以及与工程建设有关的货物、服务全部或者部分实行总承包发包的,总承包中施工、货物、服务等各部分的估算价中,只要有一项达到 16 号令第五条规定相应标准,即施工部分估算价达到 400 万元以上,或者货物部分达到 200 万元以上,或者服务部分达到 100 万元以上,则整个总承包发包应当招标。

（续表）

3号令	16号令、843号文、770号文和招投标答复
	招投标答复　16号令中的“合同估算价”，指的是采购人根据初步设计概算、有关计价规定和市场价格水平等因素合理估算的项目合同金额。没有计价规定情况下，采购人可以根据初步设计概算的工程量，按照市场价格水平合理估算项目合同金额；必要时，采购人可以通过市场询价方式来合理估算项目合同金额。

以上有关强制性招标项目范围的规定，是建设工程招标投标法律规定的基础内容。在实践中，律师需要对以上条款进行充分的理解并运用到建设工程法律服务中。

3. 招投标方式

招标分为公开招标和邀请招标。《招标投标法》对两种招标方式分别进行了定义：“公开招标，是指招标人以招标公告的方式邀请不特定的法人或者其他组织投标。邀请招标，是指招标人以投标邀请书的方式邀请特定的法人或者其他组织投标。”

《招标投标法》第11条规定：“国务院发展计划部门确定的国家重点项目和省、自治区、直辖市人民政府确定的地方重点项目不适宜公开招标的，经国务院发展计划部门或者省、自治区、直辖市人民政府批准，可以进行邀请招标。”也就是说，原则上，国家重点项目和省、自治区、直辖市人民政府确定的地方重点项目应当公开招标；不适宜公开招标的，经相应的人民政府批准，可以进行邀请招标。

《招标投标法实施条例》第7条规定：“按照国家有关规定需要履行项目审批、核准手续的依法必须进行招标的项目，其招标范围、招标方式、招标组织形式应当报项目审批、核准部门审批、核准。项目审批、核准部门应当及时将审批、核准确定的招标范围、招标方式、招标组织形式通报有关行政监督部门。”第8条对招投标方式进行了细化：“国有资金占控股或者主导地位的依法必须进行招标的项目，应当公开招标；但有下列情形之一的，可以邀请招标：（一）技术复杂、有特殊要求或者受自然环境限制，只有少量潜在投标人可供选择；（二）采用公开招标方式的费用占项目合同金额的比例过大。有前款第二项所列情形，属于本条例第七条规定的项目，由项目审批、核准部门在审批、核准项目时作出认定；其他项目由招标人申请有关行政监督部门作出认定。”

对于需要履行项目审批、核准手续的依法必须进行招标的项目，根据前述规定以及国务院《关于投资体制改革的决定》（国发〔2004〕20号）、《国务院关于发布政府核准的投资项目目录（2016年本）的通知》（国发〔2016〕72号）及《企业投资项目核准和备案管理办法》（国家发展和改革委员会令第2号）的规定，由国务院核准项目的招标范围、招标方式、招标组织形式应当由国务院投资主管部门（即国家发展和改革委员会）在项目核准文件中作出认定；由省级政府、地方政府核准的项目的核准机关由省级政府确定，并由省级政府确定的核准机关在项目核准文件中认定项目的招标范围、招标方式、招标组织形式。

4. 中央与地方招投标要求出现差异时的法律判断

在16号令出台以前，各地方政府根据3号令的规定，普遍制定了本地区必须招标项目的具体范围和规模标准。实践中，当地方招投标要求与中央要求不一致时，应当如何处理？

以2016年江苏省某标的为2 000万元的通风空调工程施工案为例，该案属于商品住宅建设工程项目中的施工项目之一。《江苏省工程建设项目招标范围和规模标准规定》（以下简称江苏省规定）第4条规定：“关系社会公共利益、公众安全的公用事业项目的范围包括：（一）供水、供电、供气、供热、园林、绿化、路灯照明等市政工程项目；（二）科技、教育、文化、体育、旅游、卫生、社会福利、防灾减灾项目;(三)新闻出版、广播电视项目;(四)经济适用房、职工集资房;(五)其他公用事业项目。"根据江苏省的规定,经济适用房和职工集资房系关系社会公共利益、公众安全的公用事业项目,属于强制招标的项目。那么本案中属于商品住宅项目的通风空调工程施工项目是否可不招标?

首先,根据3号令第3条和第7条的规定,涉案合同属于关系社会公共利益、公众安全的公用事业项目,且施工单项合同估算价在200万元人民币以上,依法必须招标。其次,江苏省规定是3号令的下位法,从一般法理来讲,其作为下位法不得缩减3号令规定的招标范围,但可以增加需招标的项目。对于江苏省规定仅列明"经济适用房、职工集资房"需招标应理解为江苏省仅是补充增加了职工集资房需招标,对未列明的项目仍需按照上位法要求进行招标。此外,江苏省规定第4条第(五)项列明必须招标的项目包括"其他公用事业项目",该条款属于兜底条款,涉案工程可以纳入该其他公用事业,依法必须招标。

需要注意的是,16号令取消了对省级政府在本地区就必须招标的项目设置更严格的范围或标准的授权。因此,在16号令实施后,全国执行统一的规模标准,各地不得另行调整。

二、招投标与政府采购

《中华人民共和国政府采购法》(以下简称《政府采购法》)自2003年1月1日实施后,国内政府采购工作已经相继开展。《政府采购法》实施的主要目的在于规范政府采购行为、促进市场公平竞争、保障供应商合法权益,同时以财政政策手段实现对市场的培育和支持。对于政府采购和招标投标有什么相同或不同,许多人对此并不了解。作为律师,需要准确把握二者的异同,才能在实际工作中有针对性地为委托人提供法律服务。

(1)政府采购和招标投标的基本目标一致,都是为了保护国家和社会公共利益,保护当事人的合法权益,提高经济效益,规范采购程序和采购人(招标人)的行为。

(2)二者都是采取规范的程序,在尽最大努力节约资金的同时,选择理想的供应商。

但是,作为不同规范范畴的政府采购和招标投标,两者是有严格区别的。具体体现在:

(1)法律界定的范围不同。招投标包括所有的招投标活动,而政府采购仅涵盖使用财政性资金的采购活动。

(2)采购对象的范围不同。必须进行招投标的内容主要包括各类工程以及与工程建设有关的货物、服务,而政府采购明确规定把货物、工程、服务纳入自己的采购范围。

(3)具体方式不同。招标分为公开招标和邀请招标,而政府采购则不仅包括公开招标和邀请招标方式,还包括竞争性谈判、单一来源采购、询价以及国务院政府采购监督管理部门认定的其他采购方式。同时,需要注意的是,招标程序中的主要法律法规依据为《招标投标法》和《招标投标法实施条例》,而政府采购中招投标方式的主要依据则为《政府采购货物和服务招标投标管理办法》。

(4)监督管理部门不同。发展改革部门是指导和协调招标投标工作、对工程招标投标活动实施监督检查的部门,同时工业和信息化、住房城乡建设、交通运输、铁道、水利、商务等部门,按照规定的职责分工对有关招标投标活动实施监督。而政府采购的监督管理部门则为各级人民政府的财政部门。

在建设工程领域,政府采购和招投标是有一定衔接之处的。按照《政府采购法》第4条及《中华人民共和国政府采购法实施条例》第7条的规定,政府采购工程以及与工程建设有关的货物、服务,采用招标方式采购的,适用《招标投标法》。在处理采用招投标方式进行的建设工程及与建设工程有关的货物、服务政府采购时,适用的仍然是《招标投标法》,政府采购工程以及与工程建设有关的货物、服务,采用非招标方式采购的,则要适用《政府采购法》。因此,律师在实际工作中应当注意这一点。

三、黑白合同

1. 历史沿革

在建设工程领域,经常会出现建设单位和施工企业就同一建设工程签订两份或两份以上在实质性内容上存在差异的合同,通常将经过招投标并经备案的合同称为"白合同",把实际履行的、与备案合同存在实质性差异的合同称为"黑合同"。

"黑白合同"产生的原因是,一方面,随着市场经济的发展,施工企业的数量增多,建筑市场形成僧多粥少的局面,竞争激烈。建设单位往往利用优势地位,要求施工企业签订违反诚实信用原则的合同,施工企业明知因此签订的合同条款对自己不公平,但为了揽到工程,只得接受这些合同条款。另一方面,由于建筑市场尚不规范,竞争秩序混乱,许多地方政府对《招标投标法》未规定必须招标的工程项目也以行政方式实行强制招标,建设单位被强制要求按政府规定进行招投标程序,而经招投标程序确立的工程标底一般被认为是一种"合理低价"。而这种"合理低价"在实际操作中仍具有一定的降价空间,建设单位便采取种种措施力求节省开支,降低成本,建筑市场供过于求的供需关系又决定了许多施工企业愿意在这种"合理低价"之下承揽招标建设工程项目。于是,建设单位与施工企业往往签订"黑白合同",签订比中标标底确定的"合理低价"的价款还低、工期还短、质量标准更高、违约责任更大的"黑合同"。

当然,个别情况下,施工企业反过来会处于优势地位,利用建设单位工期紧等不利情况要求对招投标文件、中标结果进行修改。还有些时候,建设单位和施工企业为了共同的利益,对原合同进行实质性内容的修改,形成了"黑合同"。

在实践中,当事人因履行合同发生纠纷诉至人民法院时,常常遇到双方当事人各持一份对自己有利的建设工程施工合同,对人民法院正确认定合同的真实性和合法性造成不小的困难。最高人民法院在 2020 年制定的《关于审理建设工程施工合同纠纷案件适用法律问题的解释(一)》(以下简称《建设工程司法解释》)第 2 条规定:"招标人和中标人另行签订的建设工程施工合同约定的工程范围、建设工期、工程质量、工程价款等实质性内容,与中标合同不一致,一方当事人请求按照中标合同确定权利义务的,人民法院应予支持。招标人和中标人在中标合同之外就明显高于市场价格购买承建房产、无偿建设住房配套设施、让利、向建设单位捐赠财物等另行签订合同,变相降低工程价款,一方当事人以该合同背离中标合同实质性内容为由请求确认无效的,人民法院应予支持。"上述条款,对"实质性内容"的认定作出规定,具体指"工程范围、建设工期、工程质量、工程价款等实质性内容"。

另外需要注意,2001 年发布的《房屋建筑和市政基础设施工程施工招标投标管理办法》(原建设部令第 89 号)第 47 条规定:"招标人和中标人应当自中标通知书发出之日起 30 日内,按照招标文件和中标人的投标文件订立书面合同;招标人和中标人不得再行订立背离合同实质性内容的其他协议。订立书面合同后 7 日内,中标人应当将合同送工程所在地的县级以上地方人民政府建设行政主管部门备案。中标人不与招标人订立合同的,投标保证金不予退还并取消其中标资格,给招标人造成的损失超过投标保证金数额的,应当对超过部分予以赔偿;没有提交投标保证金的,应当对招标人的损失承担赔偿责任。招标人无正当理由不与中标人签订合同,给中标人造成损失的,招标人应当给予赔偿。"住建部于 2018 年 9 月 28 日发布《关于修改〈房屋建筑和市政基础设施工程施工招标投标管理办法〉的决定》(中华人民共和国住房和城乡建设部令第 43 号),删去上述第 47 条第 1 款中的"订立书面合同后 7 日内,中标人应当将合同送工程所在地的县级以上地方人民政府建设行政主管部门备案"的规定。根据修改后的规定,对依法必须进行招标的房屋建筑和市政基础设施工程,招标人和中标人签订合同后不再需要到工程所在地的县级以上地方人民政府建设行政主管部门备案。

2. 黑白合同的效力

《建设工程司法解释》第22条规定:“当事人签订的建设工程施工合同与招标文件、投标文件、中标通知书载明的工程范围、建设工期、工程质量、工程价款不一致,一方当事人请求将招标文件、投标文件、中标通知书作为结算工程价款的依据的,人民法院应予支持。”此条规定明确了结算的基本原则,即应当按照“白合同”作为结算依据,但并未完全否定“黑合同”的法律效力。由于实务中“黑白合同”的产生具有不同的原因,应当区别不同情况来具体认定合同效力。

(1)违反《招标投标法》第43条无效的情形

《招标投标法》第43条规定,在确定中标人前,招标人不得与投标人就投标价格、投标方案等实质性内容进行谈判。建设单位如果在招投标之前就已经与投标人就投标价格、投标方案等实质性内容进行谈判的,即使后面双方履行了招投标程序,签订了施工合同,也因违反《招标投标法》第43条的规定导致中标无效。根据《建设工程司法解释》第1条第(三)项的规定,中标无效的,则有关施工合同因违反法律、行政法规的强制性规定而无效。因此,在违法招投标导致中标无效的情形下,不管是经过备案登记的中标合同(即“白合同”),还是在中标合同之前就已经签订的施工合同(即“黑合同”),均属于无效合同。

(2)违反《招标投标法》第46条和《民法典》第153条规定无效的情形

根据《招标投标法》第46条第1款的规定,招标人和中标人应当自中标通知书发出之日起30日内,按照招标文件和中标人的投标文件订立书面合同。招标人和中标人不得再行订立背离合同实质性内容的其他协议。根据《民法典》第153条的规定,违反法律、行政法规的强制性规定的民事法律行为无效。因此,投标人和中标人签订中标合同即“白合同”之后,双方又另行签订与中标合同实质性内容不一致的“黑合同”,则该“黑合同”无效。

(3)不属于黑白合同的情形

《建设工程司法解释》第23条规定:“发包人将依法不属于必须招标的建设工程进行招标后,与承包人另行订立的建设工程施工合同背离中标合同的实质性内容,当事人请求以中标合同作为结算建设工程价款依据的,人民法院应予支持,但发包人与承包人因客观情况发生了在招标投标时难以预见的变化而另行订立建设工程施工合同的除外。”根据上述条款的精神,对于不属于必须招标的建设工程项目,在招标后因为客观情况发生了当事人在招投标时难以预见的变化而另行签订合同,这一行为不属于违背招投标规定,此时另行签订的合同不属于一般意义的“黑合同”。

四、充分重视招投标文件

1. 招投标文件对纠纷处理和结算工作有重要作用

纠纷处理和结算工作的依据是双方签订的合同,但是很多合同在该方面约定得很模糊,这时作为合同文件组成部分的招投标文件便起到了关键作用,主要表现在以下方面:

(1)还原双方当事人的真实意思表示;

(2)援引招投标文件相关内容以解释合同中存在争议的条款;

(3)合同中无法体现的内容,可以在招投标文件中进行还原。

《建设工程司法解释》第22条规定:“当事人签订的建设工程施工合同与招标文件、投标文件、中标通知书载明的工程范围、建设工期、工程质量、工程价款不一致,一方当事人请求将招标文件、投标文件、中标通知书作为结算工程价款的依据的,人民法院应予支持。”上述规定凸显了招投标文件及中标通知书在司法实践中作为结算工程价款依据的重要意义。

2. 在招投标文件中以风险提示方式规避以后发生的风险

在招标代理费低、专业性强的招投标工作中,业主砍价、时间紧迫、主管单位不喜欢复杂合同和个性化合同等因素,会促使各方准备一个固定版本的招标文件去招标或投标。固定的版本通常不能充分反映双方的真实意图,不利于解决纠纷。在招标文件的编写中,应当把各自的真实意图通过风险提示写在招标文件中,或者写在图纸说明中,或者写在报价原则、工程量清单的解释条款、工程量清单使用方法中,甚至专设一章予以说明。这样对纠纷处理和结算有很强的指导意义,避免纠纷久拖不决。

3. 招投标文件能预防承包商低报价、高结算

例如,某承包商在投标文件中报价 168 万元,但实际耗费高达 800 余万元,业主因无法接受而将承包商告上法庭,并要求承包商支付差价。由于双方在合同中的约定不完善,承包商诉称业主方事先提供的地质情况相关资料太过简单,提供的资料所反映的地质特征和条件与实际情况相差悬殊,从而导致造价相差悬殊,因而主张应由业主方补齐差价。业主方律师从早已被"束之高阁"的众多招投标文件中,发现与承包商同时竞标的其他建筑单位的报价都在数百万元,只有现在这家承包商报价为 168 万元。业主方曾经与这家承包商进行电话确认,承包商非常确定这个报价没有任何问题,可以用这个低价完成项目。从其他竞争者均报出了相差不大的价格可以说明,招投标阶段中业主提供的地质资料并没有问题,是该承包商使用了报价技巧,欲通过低报价高结算的行为中标,而不是出于对地质情况的误解而报出如此低价。但是,业主方在与该承包商进行电话确认时并未保留有效证据,因此无法举证。

通过以上案例,我们可以看出,招投标文件在结算纠纷处理方面具有非常关键的作用。业主在工程进行过程中,应当充分重视招投标文件及工程资料、文件的整理和存档。有条件的,应当集中人力专门研究工程发承包问题,负责文件起草、协商、审定、备案等工作,也可以引入专业律师进行法律服务。特别值得提醒的是,业主不仅要保存中标人招投标过程中的文件,还应当保存所有入围竞标单位的投标文件,这些文件在工程纠纷中将有助于对诉争条款的解释。

五、律师需要特别关注招投标文件的法律条款

根据《房屋建筑和市政工程标准施工招标文件》和《标准施工招标文件》的规定,招标文件的主要内容有:招标公告、投标须知、合同主要条款及附件、技术规范、投标文件(格式)、图样和技术资料(另附)、工程量清单、评标办法、附件。律师在审核招投标文件时,需尽量关注如下内容:

1. 招标公告的发布媒介

按照《招标投标法》的规定,依法必须招标项目的招标公告应当在国家指定的媒介发布。对不是必须招标的项目,招标人可以自由选择招标公告的发布媒介。国家指定的媒介,包括:①国家发改委指定招标公告的发布媒介。按照 2017 年 11 月发布的《招标公告和公示信息发布管理办法》(中华人民共和国国家发展和改革委员会令第 10 号,自 2018 年 1 月 1 日起施行)的规定,依法必须招标项目的招标公告和公示信息应当在"中国招标投标公共服务平台"或者项目所在地省级电子招标投标公共服务平台发布。②依据 2019 年 3 月 13 日发布的第二次修正后的《房屋建筑和市政基础设施工程施工招标投标管理办法》(中华人民共和国住房和城乡建设部令第 47 号,自 2019 年 3 月 13 日施行)的规定,依法必须进行施工公开招标的工程项目,除了应当在国家或者地方指定的报纸、信息网络或者其他媒介发布招标公告外,还应同时在中国工程建设和建筑业信息网上发布招标公告。③地方政府指定的招标公告发布媒介。《招标公告和公示信息发布管理办法》规定,依法必须招标项目的招标公告和公示信息,可在项目所在地省级电子招标投标公共服务平台发布,且省级电子招标投标公共服务平台应当与"中国招标投标公共服务平台"对接,按规定同步交互招标公告和公示信息,各省级政府发展改革部门一般都指定了招标公告的发布媒介。

2. 投标人须知

投标人须知是招标文件中很重要的一部分内容,律师需提醒投标者在投标时应仔细阅读和理解,按须知中的要求进行投标。其内容包括总则、招标文件、投标、开标、合同授予、重新招标和不

再招标、纪律和监督与需要补充的其他内容等。一般在投标人须知前有一张前附表。前附表将投标人须知中的关键内容和数据摘要列出,起到强调和提醒作用,为投标人迅速掌握投标人须知的内容提供方便。

投标人须知中一般会有项目概况、招标范围、投标人资格要求等详细内容。律师在协助招标人进行招标时,需对招标人的主体资格,货物、工程或项目的合法性等进行审查,以确保招标事项及项目在合法有效的前提下顺利进行。对于投标人资格,如委托人提出要求,律师可以协助审查投标人是否具备投标法律资格,比如,律师在审核投标人营业执照时,应认真审核营业执照中的事项,包括投标人是否具备该项目的经营资格、经营内容是否符合本次招标交易内容、是否及时通过了合法年检、是否被列入失信被执行人、是否有涉诉情况等。律师在协助招标人进行资格审核时还应注意联合体投标的问题,《招标投标法》第 31 条第 2 款规定:"联合体各方均应当具备承担招标项目的相应能力;国家有关规定或者招标文件对投标人资格条件有规定的,联合体各方均应当具备规定的相应资格条件……"为避免联合体一方资质不符合要求甚至无资质,律师在审核时应注意联合体各方的资质。对于明确不接受联合体的招标,如投标人以联合体方式投标,则其投标资格不合格。

投标人须知中还会有很多与日后签署的合同有关的条款描述,包括工期、质量、价款的描述,应确保该等描述前后一致,且与日后签署的合同约定一致,以免日后发生争议。

3. 合同条款及格式

合同条款及格式一般包括通用条款、专用条款、合同协议书、相关附件等。

律师在审核合同条款时,应尽量使格式文件、合同条款规范一致,从而使得招投标文件逻辑清晰、表达准确,避免产生歧义和争议。招标文件合同条款部分如采用通用合同条款和专用合同条款形式编写的,正确的合同条款编写方式为:"通用合同条款"全文引用,不得删改;"专用合同条款"按其条款编号和内容,根据工程实际情况进行修改和补充。如需对通用合同条款的部分约定进行修改,则务必注意在专用合同条款中援引正确的条款编号、条款名称。

合同条款需引起律师的重点关注,特别是有关建设工期、工程质量、工程造价等法律条款,应约定明确,因为一旦正式签订的合同约定不明产生严重分歧时,招投标文件中的相关约定就有重要的参考作用。

例如,在某监理取费纠纷案中,业主的《监理招标文件》第二章"合同条件"的专用条件部分规定"委托人同意按以下的计算方法、支付时间与金额,支付附加工作报酬:附加工作报酬 = 附加工作日数 × 合同报酬/监理服务日,如发生争议,双方另行协商"。在业主与监理单位签订的《监理合同》专用条件部分则约定"委托人同意按以下的计算方法、支付时间与金额,支付附加工作报酬:如发生争议,双方另行协商"。该案中,由于招标文件未将附加工作报酬计算公式删除,导致合同履行过程中,业主与监理单位就附加工作报酬发生重大争议。监理单位认为《监理招标文件》中的计算公式是对《监理合同》的补充,业主则认为在双方正式签订的《监理合同》中已经删除了附加工作报酬计算公式,所以不能适用。

上述案例让我们注意到,不能以为招投标文件在合同签署后就不再发挥作用了,招投标文件是建设工程合同文件的重要组成部分,在正式签订的合同约定不明时,具有重要的参考作用。所以不仅要注意留存招投标文件,还要保证招投标文件内容的前后衔接,严格审核招标文件中的合同条款。

4. 技术规范

技术规范的内容主要包括各项工艺指标、施工要求、材料检验标准,以及各分部、分项工程施工成型后的检验手段和验收标准等。招标文件规定的工程项目的材料、设备各项技术标准应符合国家强制性标准。

律师在审核时需要注意的是,招标文件中规定的各项技术标准均不得要求或标明某一特定的专利、商标、名称、设计、原产地或生产供应者,不得含有倾向或者排斥潜在投标人的其他内容。如果必须引用某一生产供应者的技术标准才能准确或清楚地说明拟招标项目的技术标准,则应当在参照后面加上“或相当于”的字样。此外,技术规范中的条款指引及内容指引应当明确具体,避免产生矛盾或空白的情况,以免日后对技术要求产生争议。

5. 投标文件(格式)

投标文件的格式包括商务标投标文件的格式和技术标部分的格式。其主要作用是为投标人编制投标文件提供固定的格式和编排顺序,以规范投标文件的编制,同时便于评标委员会评标。

6. 图样和技术资料(另附)

图样和技术资料是编制工程量清单及投标报价的重要依据,是合同文件的重要组成部分,也是施工及验收的依据。通常招标时的图样并不是工程所需的全部图样,在投标人中标后还会陆续下发新的图样以及对招标时图样的修改。因此,律师要尽量提醒招标人,在招标文件中,除了附上招标图样外,还应列明图样目录,方便施工过程中进行合同管理的变更与索赔工作。同时,对于招标时提供的图样对合同定价的影响,以及与日后提供的图样的法律关系、法律定位,应当作出明确约定,以免日后出现界定不清的情况。

7. 工程量清单

随着《建设工程工程量清单计价规范》的实施,工程建设项目使用工程量清单招标逐渐成为一种趋势。《建设工程工程量清单计价规范》要求招标人对所提供的工程量清单的准确性和完整性负责,而投标人只是在投标报价时对工程量的合理性负责。因此,在招投标阶段,律师需提醒招标人尽可能使招标工程量清单准确、完整,并提醒招标人在工程量清单编制阶段,要由专业造价人员进行编制,然后由专业人员对工程量清单进行审查,必要时由招标人委托造价咨询公司进行审核。

律师还应提醒招标人关注工程量清单评标时的报价与技术标不对应的问题。在工程量清单招标投标中,往往建设工程质量、工期、施工方案未能在投标报价中得到充分反映,这是清单招标中需要特别注意的问题。如建筑工程技术标中大型机械的选用、脚手架安拆和施工排水方案的选择等具体问题都不能反映在投标报价的相关项目之中。而中标人则在合同履行过程中以工程签证方式将该部分利益“另行计算”,使得招标人最后难以控制项目建设成本和经济效益,因此律师应当提醒招标人在编制招标文件时关注上述问题,可以在招标文件中约定投标人必须在报价中体现上述问题,而招标人必须加大对投标文件的审核力度。

8. 审核招投标文件时需要关注的其他问题

防范招投标文件中的违法、歧视性条款。招投标文件的内容必须遵守招投标的法律法规,坚持公平、公正、遵纪守法的要求。严格防范招标文件中出现违法、歧视、倾向性条款、排斥或保护潜在投标人,并要公平合理划分招标人和投标人的风险责任。只有招投标文件客观与公正,才能保证整个招投标活动的客观与公正。

招标文件需明确投标人实质性响应的内容。投标人需按照招标文件的要求编写投标文件,如果投标人没有对招标文件的实质性要求和条件作出响应,或者响应不完全,都可能导致投标人投标失败。所以,招标文件中需要投标人作出实质性响应的所有内容,如招标范围、工期、投标有效期、质量要求、技术标准和要求等应具体、清晰、无争议,且以醒目的方式提示,避免使用原则性的、模糊的或者容易引起歧义的语句。

此外,招标文件中往往会约定几种废标情形,对此应约定清晰且符合法律规定,以免日后产生争议。

六、招投标过程中的常见问题

1. 招投标文件偏离真实意图

许多地方实施强制性的招投标代理制度,本意是借此使招投标活动规范化,主观意愿虽然好,事实上的效果却经常与主观愿望相背离。

(1)业主重关系轻实质

有些代理公司可能起源于建设工程行政主管机关的关联部门,与其有着或多或少的联系,代理公司常以此招揽业务。业主也往往看重这一点才试图通过它们快速推进项目,因此最终导致重形式不重实质、重关系轻视专业的结果。

(2)编制文件千篇一律

具体操作中,招投标文件几乎千篇一律,没有针对性条款,不能反映业主的真实意图或需求。招投标文件未完全涵盖的问题,往往形成了以后的争议。例如,有些业主在图纸还未出清的情况下就进行招投标,如按照清单的方法要求承包人提供准确报价,则必然造成投标文件和前期准备先天不足。

(3)轻视地质勘探

由于轻视地质勘探或未充分提示地质状况,往往导致地基施工大大超过预算,并引起争议甚至造成亏损。例如,某项目地质资料只有 3 页纸并且只是肤浅地提示了有溶洞,但挖开后发现遍布溶洞和断层,打地基的费用从施工报价的 180 万元增加到了 1 000 多万元,承包商因此要求重新结算地基处理费用。

2. 低价中标和高价结算

由于招标制度存在一定的缺陷,同时也由于建筑行业竞争激烈,承包单位喜欢低价中标、勤做签证、高价结算。这类情况的出现主要有两个原因:

(1)未熟练掌握清单计价方法

清单计价方法从 2003 年 7 月才开始实施,整个市场对该计价方法内容的理解、执行的力度、蕴含风险的认识还不够,需要磨合、吃透才能熟练掌握。

(2)施工单位有意低价投标

对于承包单位,低价投标既可以挤垮对手,也可以在施工过程中利用签证变相加价结算从而获利。因此,要完全避免变更签证所带来的影响是不可能的,只有把那些属于原来允许变更调整的事项和因为原来认识不够而导致变更调整的必要签证事项管理好,才能在最大限度上控制签证风险。

3. 设计问题导致频繁变更

频繁签证的重要原因往往是设计不充分,以致在报价时出现诸如“暂估价”“暂报价”等含混不清的部分,这些缺陷往往导致造价的大幅攀升。

(1)设计未能到位

此风险不仅指施工图还未定稿就招投标的情形,也包括那些已经报送主管机关审批,并且工程已经实施的项目,在施工过程中才发现这并不是业主所设想的工程,因此需要非常大的变更。这类变更导致预算的确定性很差,大幅增加了工程成本。

(2)频繁变更签证

工程的结算价款一般分为两个部分:一是预算造价中已有的价格;另一个就是大量签证所确定的价款。如果因设计未完而招投标,频繁变更必然涉及巨额的工程款。

七、律师在招投标活动中的作用

1. 审查招投标文件中的法律条款内容

律师在审查相关招投标文件的内容时,应从以下四个方面把握:

(1)重点审查招投标文件中有关建设工期、工程质量、工程造价等法律条款内容。

(2)就建设工期、工程质量、工程造价等核心内容在不同文件中应予以统一规定。例如,如果确定了固定总价的报价模式,则在各个不同文件中应统一约定该报价模式,否则在结算时极易产生分歧。

(3)审查违约责任条款,明确违约责任实现程序、数额或计算方法,同时明确违约条款存在哪些风险点,进而采取一定的方式来尽可能预防。

(4)招投标文件中相关法条的援引应准确无误。

2. 对招投标程序提出合法建议

除了招投标文件的内容之外,招投标程序也很重要。《招标投标法》和《招标投标法实施条例》对招标文件、资格预审文件等的发售、澄清、修改、提交的时限作了明确规定,违反这些规定将视情节轻重可能会受到行政监督部门的责令改正、罚款,对中标结果造成实质性影响,且不能采取补救措施予以纠正的,则可能导致招投标无效。笔者简要梳理了招投标程序,见下图:

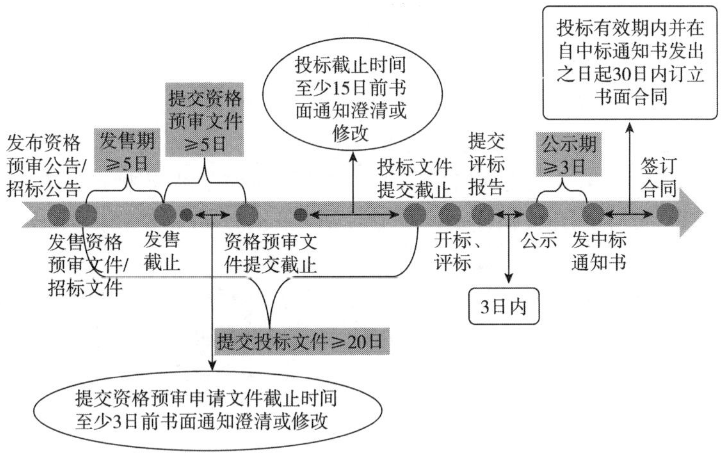

对上图进一步说明如下:

(1)公开招标的项目,应当依照《招标投标法》和《招标投标法实施条例》的规定发布招标公告、编制招标文件。招标人采用资格预审办法对潜在投标人进行资格审查的,应当发布资格预审公告、编制资格预审文件(参见《招标投标法实施条例》第 15 条);

(2)资格预审文件或者招标文件的发售期不得少于 5 日(参见《招标投标法实施条例》第 16 条);

(3)依法必须进行招标的项目提交资格预审申请文件的时间,自资格预审文件停止发售之日起不得少于 5 日(参见《招标投标法实施条例》第 17 条);

(4)澄清或者修改的内容可能影响资格预审申请文件或者投标文件编制的,招标人应当在提交资格预审申请文件截止时间至少 3 日前,或者投标截止时间至少 15 日前,以书面形式通知所有获取资格预审文件或者招标文件的潜在投标人(参见《招标投标法实施条例》第 21 条);

(5)依法必须进行招标的项目,自招标文件开始发出之日起至投标人提交投标文件截止之日止,最短不得少于 20 日(参见《招标投标法》第 24 条);

(6)依法必须进行招标的项目,招标人应当自收到评标报告之日起 3 日内公示中标候选人,公示期不得少于 3 日(参见《招标投标法实施条例》第 54 条);

(7)招标人和中标人应当自中标通知书发出之日起 30 日内,按照招标文件和中标人的投标文件订立书面合同(参见《招标投标法》第 46 条)。

3. 协调文件冲突和法律冲突

国际上通行一种“三驾马车”的团队组合:工程顾问公司、工程测量师行、律师行,这在国际工程界也是比较成熟的模式。工程顾问相当于招投标代理单位,但其工作范围要广得多。工程测量师,相当于公司的预算部、管理公司、造价测算事务所等。而律师行则能够帮助各方协调文件中的法律冲突。

招投标文件非常复杂,不仅名词繁多,还有专用条款、中标通知书、中标预算书,以及其他约束双方的规范、图纸和双方约定的其他文件等。施工过程中的管理文件、图纸多如牛毛,这些都是组成合同的一部分,冲突在所难免。因此,可由律师协助理顺文件使用顺序、协调冲突,并协调各方工作团队之间的配合。

同时,律师也可以作为专业的法律研究者,且在丰富的实践经验的基础上,能够很好地协助业主在招标文件中充分提示报价风险,并且有序、有条理地进行编写和归类工作,协调文件间的关系,最大限度地避免相关内容的冲突。

4. 提供与招投标有关的其他服务

由于招标投标工作的专业性和利益各方的复杂性,除上述三方面外,律师还应尽可能提供如下服务:

(1)协助解决招投标过程中出现的争议。招投标中常出现的如投标人对招投标的过程、结果产生异议,评分排名第二的投标人对排名第一的投标人的质疑等争议,需要律师结合法律法规和招投标文件,协助解决招投标中出现的争议。

(2)对涉嫌违反招投标有关规定的权利救济。《招标投标法》和《招标投标法实施条例》规定了招标人、投标人、招标代理机构违反招标投标规定的责任条款。如《招标投标法》第53条规定,投标人相互串通投标或者与招标人串通投标的,中标无效;情节严重的,取消其一年至二年内参加依法必须进行招标的项目的投标资格并予以公告,直至由市场监督管理机关吊销营业执照;构成犯罪的,依法追究刑事责任。面对行政机关的行政处罚、司法机关的刑事责任追究,建议及时委托律师介入,通过提起行政复议、行政诉讼,进行刑事辩护等方式,最大限度地维护委托人的合法利益。

第二节 工程建设中的合同及签证管理

招投标工作完成后,在工程建设过程中,律师最常见的工作除了根据委托人的要求,就工程发包承包、施工管理,以及建设过程中的各个方面所涉及的法律问题或重大事宜提供口头或书面的法律意见或建议外,就是对建设过程中所涉及的各类合同进行审查、修改、起草服务,和与之相关的工作方案讨论、谈判,以及对于签证的审查及管理。因此,建设工程合同法律服务占据了建设工程法律服务相当大的比重。

一、建设工程合同的三种主要类型

由于房地产涉及的主体多、建设周期长、工作内容复杂,因此建设工程领域合同种类非常多,涉及的法律内容也极为繁杂。

1. 总承包合同和分包合同

根据承包工程的范围不同,可以将建设工程合同分为总承包合同和分包合同。《中华人民共和国建筑法》(以下简称《建筑法》)第24条第2款规定,建筑工程的发包单位可以将建筑工程的勘察、设计、施工、设备采购一并发包给一个工程总承包单位,也可以将建筑工程勘察、设计、施工、设备采购的一项或者多项发包给一个工程总承包单位。总承包单位与发包单位签订的合同称为总承包合同。《建筑法》第29条规定,建筑工程总承包单位可以将承包工程中的部分工程发包给具有相应资质条件的分包单位;但是,除总承包合同中约定的分包外,必须经建设单位认可。总承包单位与分包单位签订的合同称为分包合同。

分包合同的类型十分复杂,常见的工程分包合同类型有:《建筑幕墙工程施工合同》《电梯安装工程承包合同》《装饰装修工程合同》《空调工程施工合同》《建筑智能化工程施工合同》《永久用电工程安装施工合同》《定桩定界委托合同》《仓储设备设计及制造安装合同》《土地平整施工合同》《临电施工安装合同》《建设工程机电安装施工合同》《消防系统工程施工合同》《场区园林绿化施工合同》《市政排水系统工程施工合同》等。

2. 勘察合同、设计合同、施工合同

工程建设可以分为勘察阶段、设计阶段、施工阶段,据此,可以将建设工程合同分为勘察合同、设计合同、施工合同。勘察合同是指根据建设工程的要求,查明、分析、评价建设场地的地质、地理环境特征和岩土工程条件,编制建设工程勘察文件的协议。设计合同是指根据建设工程的要求,对建设工程所需的技术、经济、资源、环境等条件进行综合分析、论证,编制建设工程设计文件的协议。施工合同是发包人与承包人签订的,为完成特定的建筑安装施工任务,明确各自权利义务的协议。

3. 固定价格合同、可调价格合同、成本加酬金合同

根据合同价款计价方式不同,可以将建设工程合同分为固定价格合同、可调价格合同、成本加酬金合同。固定价格合同是指双方当事人约定合同价款包含的风险范围和风险费用的计算方法,合同价款在约定的风险范围内不再调整的合同。可调价格合同是指合同价款可根据双方的约定并按照约定的调整方法进行调整的合同。成本加酬金合同是指双方约定发包单位向承包单位支付建设工程的实际成本和一定酬金的合同。其中固定价格合同又分为固定单价合同和固定总价合同。

二、建设工程合同文件的组成及解释顺序

1. 合同文件的组成

1999 版《建设工程施工合同(示范文本)》(GF-1999-0201)第 2 条约定的施工合同的文件组成包括:(1)合同协议书;(2)中标通知书;(3)投标书及其附件;(4)合同专用条款;(5)合同通用条款;(6)标准、规范及有关技术文件;(7)图纸;(8)工程量清单;(9)工程报价单或预算书;(10)双方有关工程的洽商、变更等书面协议或文件视为本合同的组成部分。2007 版示范文本与 1999 版保持了一致。

2013 版《建设工程施工合同(示范文本)》(GF-2013-0201)第 1.5 条对该条款作了优化调整,根据其“合同协议书”第 6 条的规定,合同文件包括:(1)合同协议书;(2)中标通知书(如果有);(3)投标函及其附录(如果有);(4)专用合同条款及其附件;(5)通用合同条款;(6)技术标准和要求;(7)图纸;(8)已标价工程量清单或预算书;(9)其他合同文件。该条还同时约定,在合同订立及履行过程中形成的与合同有关的文件均构成合同文件的组成部分。2017 版《建设工程施工合同(示范文本)》(GF-2017-0201)保留了上述内容。

FIDIC(国际咨询工程联合会)通用合同条款第 1.5 条约定的构成合同的文件包括:(1)合同协议书;(2)专用条件;(3)通用条件;(4)雇主要求;(5)投标书及构成合同自成部分的其他文件。

从上述规定可以看出,不同时期、不同文本对合同构成文件的约定略有不同,但基本一致。尤其是 2013 版《建设工程施工合同(示范文本)》列明了“其他合同文件”这一开放性的内容,使得组成合同的文件范围更加广泛。

2. 合同文件的解释顺序

前述各版本示范文本均约定,除专用合同条款另有约定外,解释合同的优先顺序即按照前述列明的顺序进行。在众多的合同文件解释的优先顺序中,很多人会形成思维定式,认为合同协议书处于最优先的解释顺序、合同专用条款优先于合同通用条款、图纸优先于工程量清单……实际上并非尽然如此,当事人双方是可以根据项目实际情况作出符合具体工程情况的顺序安排的。如需要对合同解释顺序作出特别约定,则通常在专用合同条款中对通用合同条款的该部分约定进行

修改。

三、合同计价模式

1. 工程价款的计价方式

1999版《建设工程施工合同(示范文本)》(GF-1999-0201)对于合同的计价方式约定有三种:固定价格合同、可调价格合同、成本加酬金合同。其中,固定价格合同是指双方在专用条款内约定合同价款包含的风险范围和风险费用的计算方法,在约定的风险范围内合同价款不再调整,风险范围以外的合同价款调整方法,应当在专用条款内约定;可调价格合同是指合同价款可根据双方的约定而调整,双方在专用条款内约定合同价款调整方法;成本加酬金合同是指价款包括成本和酬金两部分,双方在专用条款内约定成本构成和酬金的计算方法。

2004年施行的《建设工程价款结算暂行办法》第6条规定了工程价款的三种约定方式:固定总价、固定单价、可调价格。其中,固定单价是指双方在合同中约定综合单价包含的风险范围和风险费用的计算方法,在约定的风险范围内综合单价不再调整,风险范围以外的综合单价调整方法,应当在合同中约定。可调价格包括可调综合单价和措施费等,双方应在合同中约定综合单价和措施费的调整方法,调整的因素包括:①法律、行政法规和国家有关政策变化影响合同价款;②工程造价管理机构的价格调整;③经批准的设计变更;④发包人更改经审定批准的施工组织设计(修正错误除外)造成的费用增加;⑤双方约定的其他因素。

2013版及2017版《建设工程施工合同(示范文本)》规定了以下三种确定合同价款的形式:单价合同、总价合同、其他价格形式。其中,其他价格形式是指合同当事人在专用合同条款中约定其他合同价格形式。根据2017版《建设工程施工合同(示范文本)》的界定,前两种计价方式是指:

(1)单价合同是指合同当事人约定以工程量清单及其综合单价进行合同价格计算、调整和确认的建设工程施工合同,在约定的范围内合同单价不作调整。合同当事人应在专用合同条款中约定综合单价包含的风险范围和风险费用的计算方法,并约定风险范围以外的合同价格的调整方法,其中因市场价格波动引起的调整按第11.1款"市场价格波动引起的调整"约定执行。

(2)总价合同是指合同当事人约定以施工图、已标价工程量清单或预算书及有关条件进行合同价格计算、调整和确认的建设工程施工合同,在约定的范围内合同总价不作调整。合同当事人应在专用合同条款中约定总价包含的风险范围和风险费用的计算方法,并约定风险范围以外的合同价格的调整方法,其中因市场价格波动引起的调整按第11.1款"市场价格波动引起的调整"、因法律变化引起的调整按第11.2款"法律变化引起的调整"约定执行。

不同报价模式的选择

项目	固定单价	固定总价	可调价	成本加酬金
主要特征	单价固定; 单价列表; 合同总价为暂估总价,用以支付进度款; 按实际工程量结算工程价款。	按设计图纸确定工程量; 图纸范围内的工程造价固定; 图纸范围外价款按约定情形调整。	价格不固定;合同中约定调价情形	业主据实承担实际发生的成本,业主按约定向承包方支付酬金
适用情形	图纸及工程量均不确定	图纸及工程量相对确定	工期较长、业主要求不确定	工程范围很难确定/设计完成前已经开工的工程

2. 固定单价模式下不同的组价方式

我国目前的固定单价模式下的组价方式,主要包括两种:定额计价方法和工程量清单计价方法。

(1)两种组价方式的介绍

定额计价方法中的工程价款包括直接工程费、间接费、利润和税金。计算工程价款时,直接工程费以各地建设主管部门规定的定额为依据,按定额规定的分部分项逐项计算工程量,套用定额单价确定,然后再按规定的标准构成工程价格的间接费、利润和税金,最后汇总成整个工程价款。

工程量清单计价方法中的工程价款包括分部分项工程费、措施项目费、其他项目费、规费和税金。在工程量清单计价方法中,发包人按照施工设计图纸的要求,依据《建设工程工程量清单计价规范》(GB50500-2013)等的规定,将拟建设工程的全部项目和内容依据统一的项目编码、项目名称、计量单位和工程量计算规则,计算出反映拟建工程的分部分项工程量清单、措施项目清单、其他项目清单。承包方根据上述工程量清单自主确定其完成一个规定计量单位项目的综合单价,包括所需的人工费、材料费、机械使用费、管理费和利润,并考虑风险因素。计算工程价款时,根据分部分项工程量清单、措施项目清单、其他项目清单和综合单价计算出分部分项工程费、措施项目费、其他项目费、规费和税金,从而汇总得出工程价款。

(2)两种组价方式的发展过程

在我国早期工程实践中,一直采用的是定额计价法。定额标准由各地建设主管部门根据本地建筑市场建安成本的平均值确定,是一种人为规定的额度,是建立在政府定价为主导的计划经济管理基础上的一种价格管理模式,它体现的是行政力量对工程价格的直接管理和调控。然而,随着市场经济的发展,我国对定额管理方式及计价模式进行了调整,逐渐以市场竞争形成价格,采用工程量清单计价。2012 年 12 月 25 日通过的《建设工程工程量清单计价规范》(GB50500-2013)明确规定,使用国有资金投资的建设项目,必须采用工程量清单计价,非国有资金投资的建设项目,宜采用工程量清单计价。

(3)两种组价方式的比较

定额计价和工程量清单计价主要包括以下七个方面的不同:①编制工程量的单位不同。前者分别由发包单位和承包单位按施工图计算,后者则由发包单位计算。②编制工程量清单的时间不同。前者是在发出招标文件后编制,后者必须在发出招标文件前编制。③表现形式不同。前者一般是总价形式,后者采用综合单价形式。④编制依据不同。前者依据图纸,人工、材料、机械台班单价,消耗量,依据建设行政主管部门颁发的预算定额,根据造价管理部门定期发布的价格信息进行计算;后者依据企业定额、市场价格信息计算。⑤费用组成不同。前者由直接工程费、间接费、利润和税金组成,后者由分部分项工程费、措施项目费、其他项目费、规费和税金组成。⑥项目编码不同。前者全国各省市采用不同的定额子目;后者全国实行统一编码,项目编码采用 12 位阿拉伯数字表示,其中前九位为统一编码,第十至十二位为清单项目名称顺序码。⑦投标计算口径达到统一。在招投标中,前者因采用不同的定额子目,各投标人计算的工程量均不一致;后者则达到了计算口径统一。

3. 计价模式约定不明时的处理规定

根据《民法典》第 510 条、第 511 条的规定,合同生效后,当事人就价款没有约定或者约定不明确的,可以协议补充;不能达成补充协议的,按照合同有关条款或者交易习惯确定。按照前述规定仍不能确定的,按照订立合同时履行地的市场价格履行;依法应当执行政府定价或者政府指导价的,按照规定履行。

《建设工程价款结算暂行办法》第 11 条规定:"工程价款结算应按合同约定办理,合同未作约定或约定不明的,发、承包双方应依照下列规定与文件协商处理:(一)国家有关法律、法规和规章制度;(二)国务院建设行政主管部门,省、自治区、直辖市或有关部门发布的工程造价计价标准、计价办法等有关规定;(三)建设项目的合同、补充协议、变更签证和现场签证,以及经发、承包人认可的其他有效文件;(四)其他可依据的材料。"

四、建设工程的工期

工程合同的工期计算涉及开工日期和竣工日期,开工日期即是工期计算的起始点,竣工日期即是工期计算的终点。建设工期的计算,就是工期计算的终点减去计算的起始点。

1. 开工日期

根据 2018 年修订的《北京市建筑工程施工许可办法》第 3 条的规定,开工是指建筑工程开始施工作业。其中,新建工程的开工,是指开始进行基础桩施工或者土方开挖;改建、扩建工程和旧有房屋装饰装修工程的开工,是指开始进行拆改作业。需要注意的是,开工应满足一定的实质条件,否则所谓的"开工"可能不符合法定或约定的条件而无法予以认定。

(1)开工应满足的条件

例如,根据 2021 年修订的《北京市建筑工程施工许可办法》第 2 条、第 3 条、第 6 条的规定,在本市行政区域内进行工程投资额在 30 万元以上或者建筑面积在 300 平方米以上的房屋建筑及其附属设施和与其配套的线路、管道、设备安装的新建、改建、扩建工程,市政基础设施的新建、改建、扩建工程,房屋装饰装修工程,应当领取施工许可证。上述工程未领取施工许可证的,建筑工程不得开工。而领取施工许可证,应当具备下列条件:"(一)已经办理该建筑工程用地批准手续,房屋装饰装修工程应当取得房屋所有权人同意;(二)依法应当办理建设工程规划许可证的,已经取得建设工程规划许可证;(三)施工场地已经基本具备施工条件,需要征收房屋的,其进度符合施工要求;(四)已经确定施工企业。按照规定应当招标的工程没有招标,应当公开招标的工程没有公开招标,或者肢解发包工程,以及将工程发包给不具备相应资质条件的企业的,所确定的施工企业无效;(五)有满足施工需要的资金安排、施工图纸及技术资料,建设单位应当提供建设资金已经落实承诺书,施工图设计文件已按规定审查合格;(六)有保证工程质量和安全的具体措施。施工企业编制的施工组织设计中有根据建筑工程特点制定的相应质量、安全技术措施。建立工程质量安全责任制并落实到人。专业性较强的工程项目编制了专项质量、安全施工组织设计,并按照规定办理了工程质量、安全监督手续。"也就是说,法律意义上的开工通常需要以取得施工许可证为前提,而实践意义上的开工通常是以具备可以开始施工的条件为前提。由于取得开工证需要具备的条件往往不容易实现,实践中未取得开工证却实际开工的情况较为常见。

(2)开工日期的认定

开工日期,是建设工程工期的起算点,也是控制工期风险的第一个重要节点。2017 版《建设工程施工合同(示范文本)》中规定,开工日期包括计划开工日期和实际开工日期。计划开工日期是指合同协议书约定的开工日期;实际开工日期是指监理人按照约定发出的符合法律规定的开工通知中载明的开工日期。对于没有开工通知或开工报告的,则应以实际开工时间确定。实践中,实际开工时间一般是指建筑工程开始施工作业,其中,新建工程的开工,是指开始进行基础桩施工或者土方开挖;改建、扩建项目和旧有房屋装饰装修工程的开工,是指开始进行拆改作业。

《建设工程司法解释》出台以前,各地对开工时间的认定标准并不统一,例如《北京市高级人民法院关于审理建设工程施工合同纠纷案件若干疑难问题的解答》(京高法发〔2012〕245 号,以下简称《北京高院建设工程解答》,于 2012 年 8 月 6 日发布并生效)第 25 条的规定,建设工程施工合同实际开工日期的确定,一般以开工通知载明的开工时间为依据;因发包人原因导致开工通知发出时开工条件尚不具备的,以开工条件具备的时间确定开工日期;因承包方原因导致实际开工时间推迟的,以开工通知载明的时间为开工日期;承包人在开工通知发出前已经实际进场施工的,以实际开工时间为开工日期；既无开工通知也无其他相关证据能证明实际开工日期的，以施工合同约定的开工时间为开工日期。

《建设工程司法解释》第8条对开工日期的认定进行了明确规定，法院应当分别按照以下情形对开工日期予以认定："（一）开工日期为发包人或者监理人发出的开工通知载明的开工日期；开工通知发出后，尚不具备开工条件的，以开工条件具备的时间为开工日期；因承包人原因导致开工时间推迟的，以开工通知载明的时间为开工日期。（二）承包人经发包人同意已经实际进场施工的，以实际进场施工时间为开工日期。（三）发包人或者监理人未发出开工通知，亦无相关证据证明实际开工日期的，应当综合考虑开工报告、合同、施工许可证、竣工验收报告或者竣工验收备案表等载明的时间，并结合是否具备开工条件的事实，认定开工日期。"根据上述条款第（一）项，"开工通知"是否发出和"开工条件"是否具备是认定开工日期的关键。而实践中，施工单位在开工通知尚未发出或不完全具备施工条件时即进场施工的情况比比皆是，根据上述条款第（二）项的规定，从尊重事实的理念出发，此时"以实际进场施工时间为开工日期"。

2. 竣工日期

因为竣工日期涉及工程款的支付时间和利息的起算时间、逾期竣工违约和违约金的数额、工程风险转移等重要问题，竣工日期的认定同样十分重要。然而在实践中，由于承包人工程完工之日和竣工验收时间经常有时间差，同时还有四方验收记录（五方验收记录）、竣工验收备案、合同约定的竣工日期（例如约定业主签发完工证书），使得竣工日期的认定变得较为复杂。

（1）竣工验收应满足的条件

2019年修订的《建设工程质量管理条例》第16条第2款规定："建设工程竣工验收应当具备下列条件：（一）完成建设工程设计和合同约定的各项内容；（二）有完整的技术档案和施工管理资料；（三）有工程使用的主要建筑材料、建筑构配件和设备的进场试验报告；（四）有勘察、设计、施工、工程监理等单位分别签署的质量合格文件；（五）有施工单位签署的工程保修书。"

《北京市房屋建筑和市政基础设施工程竣工验收管理办法》第5条规定："工程竣工验收应当具备下列条件：（一）完成工程设计和合同约定的各项内容；（二）有完整的技术档案和施工管理资料，其中应包括工程使用的主要建筑材料、建筑构配件和设备的进场试验报告、工程质量检测和功能性试验报告、采购信息备案资料，并取得城建档案馆预验收文件；（三）单位工程质量竣工验收合格；（四）建设单位已按合同约定支付工程款；（五）有施工单位签署的工程质量保修书；（六）取得法律、行政法规规定应当由规划行政部门出具的认可文件或者准许使用文件；（七）工程无障碍设施专项验收合格；（八）对于住宅工程，建设单位组织施工和监理单位进行的质量分户验收合格；（九）对于民用建筑工程，建设单位已组织设计、施工、监理单位对节能工程进行专项验收，并已在市或区县建设主管部门进行民用建筑专项备案；（十）对于商品住宅小区和保障性住房工程，建设单位已按分期建设方案要求，组织勘察、设计、施工、监理等有关单位对市政公用基础设施和公共服务设施验收合格；（十一）规划许可中注明规划绿地情况的建设工程，建设单位组织设计、施工、监理等有关单位对附属绿化工程是否符合设计方案验收合格；（十二）建设单位已按照国家和本市有关规定，在工程明显位置设置了载明工程名称和建设、勘察、设计、施工、监理等单位名称及项目负责人姓名等内容的永久性标识；（十三）建设主管部门及工程质量监督机构责令整改的问题全部整改完毕；（十四）法律、法规规定的其他条件。"

（2）竣工日期的认定标准

《建设工程司法解释》第9条规定："当事人对建设工程实际竣工日期有争议的，人民法院应当分别按照以下情形予以认定：（一）建设工程经竣工验收合格的，以竣工验收合格之日为竣工日期；（二）承包人已经提交竣工验收报告，发包人拖延验收的，以承包人提交验收报告之日为竣工日期；（三）建设工程未经竣工验收，发包人擅自使用的，以转移占有建设工程之日为竣工日期。"

司法解释中的“竣工验收合格”的时间应如何认定。根据《建筑工程施工质量验收统一标准》(GB50300-2013)的规定,单位工程质量竣工验收是工程验收的最后一步,因此,司法解释中所称的“竣工验收合格”的时间,即为单位工程质量竣工验收记录(即实践中所称的“四方验收单”或“五方验收单”)签字确认的时间。

《北京市房屋建筑和市政基础设施工程竣工验收管理办法》第8条明确规定,工程竣工验收合格后,应当及时形成经验收组人员共同签署意见并加盖各单位公章的工程竣工验收记录,作为工程竣工验收合格的证明文件。工程竣工验收记录中最迟签署意见的日期为工程竣工时间。《北京高院建设工程解答》第25条也规定,发包人、承包人、设计和监理单位四方在工程竣工验收单上签字确认的时间,可以视为原最高人民法院《关于审理建设工程施工合同纠纷案件适用法律问题的解释》第14条第(一)项[该解释已于2021年1月1日失效,相关内容参见《建设工程司法解释》第9条第(一)项]规定的竣工日期,但当事人有相反证据足以推翻的除外。

以下是《建筑工程施工质量验收统一标准》(GB50300-2013)中单位工程验收记录的格式,也就是四方验收记录(五方验收记录)。

<table>
<tr><td>工程名称</td><td></td><td>结构类型</td><td></td><td>层数/
建筑面积</td><td></td></tr>
<tr><td>施工单位</td><td></td><td>技术负责人</td><td></td><td>开工日期</td><td></td></tr>
<tr><td>项目负责人</td><td></td><td>项目技术
负责人</td><td></td><td>完工日期</td><td></td></tr>
<tr><td>序号</td><td>项　目</td><td colspan="2">验收记录</td><td colspan="2">验收结论</td></tr>
<tr><td>1</td><td>分部工程验收</td><td colspan="2">共　分部:经查符合设计及标准规定　分部</td><td colspan="2"></td></tr>
<tr><td>2</td><td>质量控制资料核查</td><td colspan="2">共　项,经核查符合规定　项</td><td colspan="2"></td></tr>
<tr><td>3</td><td>安全和使用功能核查及抽查结果</td><td colspan="2">共核查　项,符合规定　项,
共抽查　项,符合规定　项,
经返工处理符合规定　项</td><td colspan="2"></td></tr>
<tr><td>4</td><td>观感质量验收</td><td colspan="2">共抽查　项,达到“好”和“一般”的　项,经返修处理符合要求的　项</td><td colspan="2"></td></tr>
<tr><td colspan="2">综合验收结论</td><td colspan="4"></td></tr>
<tr><td rowspan="2">参加验收单位</td><td>建设单位</td><td>监理单位</td><td>施工单位</td><td>设计单位</td><td>勘察单位</td></tr>
<tr><td>(公章)
项目负责人:
年　月　日</td><td>(公章)
总监理工程师:
年　月　日</td><td>(公章)
项目负责人:
年　月　日</td><td>(公章)
项目负责人:
年　月　日</td><td>(公章)
项目负责人:
年　月　日</td></tr>
</table>

注:单位工程验收时,验收签字人员应由相应单位的法人代表书面授权。

(3)竣工验收日期的法律意义

《民法典》第799条第1款规定:“建设工程竣工后,发包人应当根据施工图纸及说明书、国家颁发的施工验收规范和质量检验标准及时进行验收。验收合格的,发包人应当按照约定支付价款,并接收该建设工程。”建设工程竣工经验收合格后,方可交付使用;未经验收或者验收不合格的,不得交付使用。《建设工程质量管理条例》第16条规定,建设工程经验收合格的,方可交付使用。根据这些规定,工程竣工验收合格是发包人支付后续相应价款以及工程交付的前提。通常情况下,发包人除支付正常进度工程款外,还会在工程竣工验收合格环节继续支付部分工程款,同时工程竣工验收合格后就可以交付使用。

除了竣工验收合格日期外,实践中还会经常提及竣工验收备案这个概念。竣工验收备案指向的是发包人将项目竣工验收文件交给建设主管部门备案的时间及对应的竣工验收备案表。竣工验收备案表并非竣工时间,取得竣工验收备案表的法律意义指向的是办理后续大产权。

3. 合理工期

合理的施工工期,能最大限度地减少工程费用,使建设工程的经济效益达到最大化。但是实践中,有的施工方为了拿到施工项目,无视施工规律和施工安全,在投标文件中任意压缩合理工期,这样的做法极易导致安全隐患。根据《建设工程质量管理条例》第10条的规定,建设工程发包单位不得迫使承包方以低于成本的价格竞标,不得任意压缩合理工期。建设单位不得明示或者暗示设计单位或者施工单位违反工程建设强制性标准,降低建设工程质量。由于我国有工期定额,其中对不同项目应有的工期进行了规定,因此一般参照工期定额设定的工期来判断是否属于合理工期。

五、律师合同管理工作的特点

工程实施中的合同管理蕴涵着两个方面的含义:一方面是对之前帮助当事人所达成的合约的一种检验;另一方面则是为今后可能出现的纠纷处理做好准备。因此,这一阶段的工作起着承上启下的作用,其工作特点也比较突出。

1. 合同审查的专业化程度高

一项完整的工程因为工程建设过于专业,涉及的合同种类、数量较多,且合同内容往往涉及很多建设工程的专业知识,这就要求建设工程律师既要有基本的法律知识,还要具备一定的建设工程专业知识。

2. 合同内容必须与工程实施相协调

从前述介绍可以看出,建设工程是从第一个合同开始,通过一系列合同的签订、履行而取得预期结果的过程。由于合同的复杂性,合同的管理就要有计划性,并且要和工程的进度计划相吻合。一个管理有序的项目通常会有合同计划安排表,包括市场询价、财会供款、合同谈判以及合同签署、合同执行的监督等事项的安排,律师可以结合合同计划安排表,根据整个工程的进展逐步开展工作,并提供有针对性的、符合具体合同需求的法律意见。

从合同的构想到最后谈判签署存在一个时间差,因此合同的安排要有计划性,否则会非常仓促、被动。比如,在电梯采购事项中,何时供货、交付的方式、保管责任分配等都与工程计划有关。为了协调合同计划与工程进度的关系,一定要以倒排时间推算合同计划。例如,某项目中的几栋楼是酒店式公寓,不是卖给业主的,因此开发商没有让律师审查合同就与电梯厂签订了采购合同。然而在工程即将交付前的半个月,电梯厂通知要延迟交付电梯,声称后采购的几部电梯是单独签约的,不是与以前的几十部电梯一起签约的,因此没有一起排产。然而,合同中约定的违约责任只有17万元左右的赔偿,这些赔偿相对于开发商因延迟交付而要支付的巨额赔偿来说微不足道。这一案例说明,如果忽视了合同的审查,忽视了合同的计划性,就有可能造成严重后果。

3. 合同的解释须避免分歧

律师帮助当事人对合同进行解释,就是研究合同如何对当事人最为有利。在工程施工过程中有大量的合同、协议等文件,合同的版本也很多,在合同的执行过程中,双方难免会出现分歧,这时,律师对合同的解释工作就起到了重要作用。

对于合同的解释,律师可以用专业的视角去研究合同,根据相关的法律法规,结合合同以及其他文件,从对当事人最为有利的角度进行。当然,与其事后补救,不如在审查合同、制作合同时就考虑周全。

4. 督促合同的实际履行

在项目的实施过程中,律师还可以从法律和技术层面督促合同的执行。在实际生活中,很多房地产公司在对方违约时会通过电话沟通,但却没有留下录音等证据,通过开会进行磋商的没有会议纪要,或者虽有会议纪要,双方却没有签字确认,从而使证据材料保留不完善。

因此,律师通过对合同履行情况的监督,会在适当的时候提醒业主如何履行合同、如何处理事件。特别是涉及数额比较大的项目,更能够有力地保护业主的利益,同时也对对方起到震慑作用,使其更好地履行合同。

六、律师在建设工程中的签证管理

在建设工程施工过程中,由于不可避免地要发生设计变更或施工变更,从而导致施工承包合同的工程量和单价发生变动,这时便需要以现场出具并经双方认可的书面凭据作为结算的依据。这种书面凭据便是工程签证单,也被称为工程联系单或设计施工变更单。由于签证单既是合同履行情况的证据又是结算审计的重要依据,因此,接受当事人授权予以审核,便是律师非常重要的工作。

施工中的签证单主要从法律和技术两个方面进行把握。从法律上把握,主要是区分哪些是合同支持的、哪些是合同不支持的。从技术上鉴别,主要是仔细阅读每张签证单,看其形式要件和实质要件是否都具备,是否有其他记录表明该签证内容确实在现场实际发生。

建设工程中经常出现工程技术签证、变更、洽商等行为,这也是工程实施中最容易出现问题的环节,无论是其形式或内容的不规范都会导致工程风险。

1. 签证形式不规范

一般情况下,签证应当由提出方、设计方、承包商认可,或者业主认可、监理认可或批准等。但在实践中,形式不规范的签证大量存在。比如,只有提出方签署,没有后续的认可或审批,所以无法准确判断该行为是否实际发生。

2. 业主签署不规范

在工程的不同阶段,业主方可能会有不同的签署签证的代表,各个阶段的前后衔接、交底、档案移交应当有一套完整的文件档案记载以便日后查询。但是很多项目在这方面漏洞很多甚至无档可查,以致在后来的纠纷中陷入不利的局面,甚至在发生纠纷收集证据时,发现有几十份签证看起来是同一时间签署的事情。正确的做法应当是,签证随发生随签署,各方均要签署,有收发文登记,并进行统一编号,这样可以使事后补签、造假作伪证无机可乘。

3. 签证内容不规范

除了具备形式上的要件外,签证在具体内容上还要保证清晰、准确,不应存在不同的理解或内容遗漏,在内容上至少要包括以下方面:①变更事项、工程子目、作业位置、原内容及调整变更内容、工程量、施工做法及图纸。②涉及经济内容的,还应当另纸说明价格,是否冲减原工程量、价款,及明确减少或增加工程款及准确数额。③签证上列满了多项工程项目的,地点、做法、图纸、数量等要分别列举,否则会导致在事实确认及是否应当发生给付等方面产生问题。

需要特别说明的是,发生技术签证不一定增加结算价款。虽然工程实施过程中不可避免地要发生技术签证,但如果只是一种技术上的调整,不一定涉及经济上的结算。面对技术签证,律师应重点考虑如下工作:

(1)鉴别工作

要辨别哪些技术签证可能会发生经济补偿。如隔断墙已经砌好又要拆除,则要发生拆墙费。但如果发生了隔断墙变更位置的,则不一定发生费用的变化。如果约定 3 000 元以下的签证不予结算的,则要明确是累计额还是单项子目。

(2)核实工作

业主对于施工方的要求和自己的主张,都要通过核实合同条款、报价明细来确定。很多公司管理工程的人员不看合同,只在现场看图纸,然后和施工方洽谈协商。但是由于相关人员对合同不熟悉,甚至是没有见过合同,不知道合同如何约定的,在洽谈协商中就会非常被动。

第三节　建设工程的结算

律师参与建设工程的结算工作,应当对办理结算的程序有所了解。一般情况下,工程竣工后开始办理结算的程序是:四方验收合格—业主报竣—竣工备案证书发放—施工方提报结算报告书—业主方审核结算报告—商定结算价款及工程遗留问题处理方法—业主方结算付款——维修期维保服务—维保期结束并结付质保金—按合同约定日期及条件结付保函。

一、建设工程结算阶段律师的工作内容

律师参与建设工程结算工作,对推动项目结算具有重要意义。律师在结算阶段的工作应当着眼于法律层面,主要包括梳理文件、协助确定结算原则、协助处理争议等。而对于工程量和价款的计算等技术性工作,主要依赖技术人员和审核人员共同完成,律师无需承担具体的计算工作。因此,律师在建设工程结算阶段的法律服务,应当注意围绕工作的核心展开,保证法律层面的工作全面、高效、准确地完成。

1. 梳理合同文件,协助确定结算原则

律师与当事人一同梳理合同文件,目的是使之齐全、完整。实践中,有部分当事人对文件疏于管理,纠纷产生后进入诉讼阶段时,甚至发现找不到合同原件,给举证工作带来阻碍。因此,律师要特别注意提醒、协助当事人梳理合同文件。

结算原则是结算工作的核心依据,在梳理合同文件时,协助当事人确定结算原则也是律师参与结算的重要工作之一。《建设工程司法解释》是律师参与结算、纠纷处理工作的必读内容。该司法解释详细列举了建设施工合同签订及履行期间可能存在的垫资、工程质量与结算、价款确定、阴阳合同等问题,并规定了具体的解决方法,这些内容都是确定结算大方向的基本依据。此外,《建设工程司法解释》对开工时间的认定、工期顺延的认定、发包人主张工程质量问题的处理、合同无效工程价款结算等问题作出了规定,律师可参考相关规定协助客户确定结算原则。

2. 协助收集整理结算审核资料(详见“二、结算审核资料的收集与整理”)

建设工程结算涉及的文件繁杂琐碎,需要律师耐心、细心地协助当事人收集、整理。

3. 结算争议的协助处理

解决结算争议并非只有诉讼一种途径。争议产生后,律师首先应当协助当事人与对方进行沟通和协商,尝试通过致函或谈判等方式对争议事项达成统一。在这一阶段,律师可以协助客户起草函件或出具律师函。往来函件有可能成为日后诉讼的证据,律师和客户应当在发出和回复时特别重视函件内容和措辞,争取形成有利于客户的证据。

4. 诉讼阶段的法律服务

建设工程项目的纠纷主要集中在四个方面:关于协议签订、关于工期认定、关于合同计价模式和关于建设工程鉴定。建设工程项目诉讼阶段的法律服务对律师有很高的要求。律师需要对建设工程相关专业性知识有充分的了解,并且充分掌握项目各个阶段的情况包括特殊情况,从而对案情进行综合判断。建设工程项目诉讼的举证工作难度很大,律师需要充分收集和归纳整理繁杂的文件,从而形成清晰的证据链条。

二、结算审核资料的收集与整理

在竣工结算阶段收集、整理并审核结算资料可以从工期、质量、造价三个方面进行。任何工程的结算业务,都离不开这三个元素,它们基本涵盖了工程结算业务的全部要点。

无论是谈判业务还是诉讼业务,律师在与客户进行工作准备时,应当向客户提供一个文件清单,列举客户需要向律师提供的文件。按照什么逻辑或者标准向客户索要文件,以及材料准备的充分程度,都可以体现律师的专业业务能力。以下列举的六项内容具有很强的逻辑联系,按照下面的文件顺序要求客户提供相关文件,可以在材料收集准备阶段做到逻辑清楚、条理清晰,为以后的工作打下坚实的基础。

1. 合同性法律文件

合同性文件是找到解决问题的方法的基础文件,主要包括招标文件、投标文件、合约性文件和往来信函。之所以要收集往来信函,是因为这些信函的内容很可能构成了双方的再次协商,构成了对合约中某些问题的承认、修改或者变更。

对于合同性法律文件以及其他法律文件,要做到“片纸不遗”——任何材料,只要是记载了重要内容,即使是餐巾纸、烟盒纸都要保存起来,并通过这类文件的细节内容以及相互的印证,来支持自己的观点,反驳对方的观点。

2. 技术性法律文件

合同性文件必须有技术性文件相印证才能将结算问题证明清楚。技术性文件包括图纸、技术变更及洽商、施工组织设计、临时施工技术措施或方案。

在技术性文件中,图纸是工程量计算的基础,而增加、维持、减少工程造价又与技术变更及洽商密切相关,施工组织设计在工程招投标过程中可以说是技术标的的核心,而临时施工技术措施或方案是在项目进行过程中大量发生并有可能引发经济支付的重要文件。因此,技术性文件的收集要十分齐全。

施工组织方案是承包商对业主的一种承诺,而其中的场地、人员调配等实际情况与预计的施工组织方案会有差别,某些调整有可能会转化为索赔依据,需要律师考察新的施工工艺等是否包含在原有的施工组织方案中。此外,即使事先未在合同中详细约定,施工调整并非必然发生费用的变化,需要考察风险提示条款是否涵盖了工程中的此类风险。

工程施工过程中临时出现的技术措施也会引起费用之争。某项目在“非典”期间被要求在工地现场增加工棚以保证通风,还要求采取消毒洒水等措施,这些都属于突发性的临时性事项。要确定该索赔如何处理,需要对方就该事实是否发生加以证明,另外还要看合同性文件的风险条款是否已经涵盖了此种事项的费用。如果在报价中对方已经收取了不可预见的风险费用,则不具有索赔的基础。

3. 监理性文件

监理性文件主要包括监理日志、监理月报、会议纪要、监理通知、监理专项专题报告、监理工程总结等内容。监理性文件可以起到与其他证据相互印证的作用。同时,由于监理公司的法律地位属于第三方,监理性文件的证明力相对较强。

监理日志是工程监理师对监理活动每日的记录。它并非直接具有证明作用,而是记录工地上发生的事情,是一个间接证明文件,但有时能从中检索出直接的证明材料。例如,对于下雨是否足以引起工地停工的问题,需要确认是否真的存在下雨的事实。但即使下雨也并不必然发生停工,例如浇筑混凝土的施工停止不会导致其他施工的停止。如果全面停工,还要核查当地气象部门的资料,以确定是否有实际降雨以及降雨的强度。由此可见,可以从日志中能查到一些琐碎的线索或原始的依据,从而找到更具有证明力的资料。另外,将监理日志与工程量报进行对比,如有矛盾或不符,就有可能存在欺诈工程款的行为。

监理月报与监理日志不同,不是事无巨细的报告,而是选择要点加以汇报。有时在工程中出现了问题,监理公司还要向业主和施工方提交专题报告。

4. 商务类文件

商务类文件主要包括施工方工程量月报、经济洽商、监理对工程量月报的批复、业主对施工方工程量月报的批复。这些都是典型的商务类文件,它们能够解决累计工程量的证据性问题,例如在工程量月报没有反映时,可以作出合理怀疑。

5. 验收类文件

验收类文件包括开工与竣工报告、重要工程部门隐蔽验收报告、重要节点的验收报告、各种中期证书等。其中,各种中间验收的证书、某子项验收证书、部分工程完工的验收证书、全部工程联动投料试车完成后签发的文件等,能够证明一项工程在某个时点上所达到的程度,能够与合同性法律文件、技术性法律文件结合起来相互印证。这些文件中很可能提出了某些意见或者整改要求,有助于律师认识反索赔事项是否有理、有据。

6. 从反索赔角度准备资料

前述文件主要能帮助业主和承包方解决承发包的算价问题,不能解决工程拖期、质量瑕疵、维修保养等问题。作为业主方律师,应该帮助当事人论证反索赔事项,帮助业主收集反索赔证据材料。这些证据材料的收集工作往往都是非常琐碎和细小的,因为工程主体结构不合格的情况非常少,往往都是在主体合格之后,其他一些细小的地方不合格。但这些细小的反索赔事项,其工作量可能比一个主诉业务还要大和复杂。

(1)质量瑕疵扣减项目的证据

结算中扣减项目及反索赔项目要注意资料的证据性特点,形成完整的证据链条。例如,发现质量问题(物业使用人对业主的通知或业主自行发现的记录)—业主对承包人的通知—修复、返工、更换(或施工方不回复)—再验不合格或不回复—通知自行修复或委托第三方修复—实施自行修复或小型工程合同委托第三人修复—与第三人结算—致函施工方扣减。

(2)监理公司提供的有效证据

由于监理公司的地位是施工关系的第三方,因此可以向其收集证据,也可以由社会上某质量鉴定机关来证明该项目有瑕疵、不合格。如果主体质量合格,施工方只是承担维保责任而负责修复,这时发包方要求修复的函件非常重要。例如,水龙头漏水将地板泡坏了,首先应发函通知施工方来维修,这时如果对方不能及时修复而需要找第三方修复,则还应该发函告知施工方。这些警告函件都要收齐,以便作为日后索赔的证据材料。

三、建设工程结算原则

1. 法定的结算原则

建设工程的结算需要依据法律法规的规定、合同的约定及工程实施中形成的文件进行。在没有特别约定的前提下,根据最高人民法院颁布的《建设工程司法解释》的规定,工程款的结算主要有以下原则:

（1）按合同约定结算

根据《建设工程司法解释》第19条的规定，如果当事人在建设工程施工合同中约定了工程的计价标准或计价方法，则从其约定。因设计变更导致建设工程的工程量或者质量标准发生变化，当事人对该部分工程价款不能协商一致的，可以参照签订建设工程施工合同时当地建设行政主管部门发布的计价方法或者计价标准结算工程价款。建设工程施工合同有效，但建设工程经竣工验收不合格的，依照《民法典》第577条规定（即"当事人一方不履行合同义务或者履行合同义务不符合约定的，应当承担继续履行、采取补救措施或者赔偿损失等违约责任。"）处理。《建设工程司法解释》第29条的规定也体现了按约结算的原则：当事人在诉讼前已经对建设工程价款结算达成协议，诉讼中一方当事人申请对工程造价进行鉴定的，人民法院不予准许。

（2）合同无效，工程经验收合格的结算

在建设工程施工合同无效的情况下，比如承包人无资质或者超越资质，无资质的实际施工人借用有资质的建筑施工企业名义，建设工程必须进行招标而未招标或者中标无效等，根据《民法典》第793条第1款的规定，建设工程施工合同无效，但是建设工程经验收合格的，可以参照合同关于工程价款的约定折价补偿承包人。

当事人就同一建设工程订立的数份建设工程施工合同均无效，但建设工程质量合格时，根据《建设工程司法解释》第24条的规定，当事人可请求参照实际履行的合同关于工程价款的约定折价补偿承包人，若实际履行的合同难以确定，当事人可请求参照最后签订的合同关于工程价款的约定折价补偿承包人。

（3）合同无效且工程经验收不合格的处理

《民法典》第793条第2款对建设工程施工合同无效且建设工程经验收不合格时的结算，按照修复后的建设工程经验收是否合格为标准，分为两种情况处理：修复后的建设工程经验收合格的，发包人可以请求承包人承担修复费用；修复后的建设工程经验收不合格的，承包人无权请求参照合同关于工程价款的约定折价补偿。同时，本条第3款还规定，若发包人对因建设工程不合格造成的损失有过错的，也应承担相应的责任。

（4）合同解除和未完工程的结算

合同解除时对于已完成的工程，区分工程质量是否合格来分别处理。根据《民法典》第806条第3款的规定，已经完成的建设工程质量合格的，发包人应当按照约定支付相应的工程价款；已经完成的建设工程质量不合格的，参照《民法典》第793条的规定（即建设工程施工合同无效）处理。

对于未完工的工程（俗称"烂尾工程"），不论是由于发包人的原因还是承包人的原因造成的，通常认为发包人仍应对承包人已经完成的工程量的价款进行结算。

未完工程的工程价款结算，核心问题是工程量的确认。建设工程合同价款主要有三种模式，分别是固定单价、固定总价和可调价格。如果合同约定采用可调价格方式，未完工程价款的确定一般通过鉴定部门对工程量进行鉴定，以鉴定结论为依据进行结算。如果约定以固定价款结算的，实务中存在的做法是通过鉴定确定所完工程的工程量占全部工程量的比例，按所完工程量的比例乘以合同约定的固定价款得出工程价款。

（5）工程质量不合格且承包人有过错时的结算

因承包人的原因造成建设工程质量不符合约定，承包人拒绝修理、返工或者改建，根据《建设工程司法解释》第12条的规定，发包人有权请求减少支付工程价款。该原则适用于工程施工过程中及工程竣工验收后的保修期间。

（6）业主反索赔的结算原则

根据《建设工程司法解释》第14条的规定，建设工程未经竣工验收，发包人擅自使用后，发包人即丧失对工程质量瑕疵等问题的反索赔权。同时要明确一点，承包人对于地基基础工程和主体结构质量应当在建设工程的合理使用寿命内承担民事责任。

(7)工程变更后的结算

工程变更,是指在工程施工过程中合同内容、范围发生变化的情况。针对工程变更后的工程价款结算问题,合同对此有约定的,按照合同约定处理。合同无约定的,应当由当事人协商解决;不能协商一致的,就变化了的工程量或者质量标准,可以委托有审价资质的机构审定最终工程造价。

对于采用固定单价合同和固定总价合同来说,若合同对变更无明确约定,变更工程的结算可分别参照住房和城乡建设部、原国家工商行政管理总局于 2017 年制定的《建设工程施工合同(示范文本)》(GF-2017-0201)中第二部分通用条款第 10 条(变更)及以下原则处理:

(1)固定单价合同的工程变更

若工程量清单中已列明变更工程的单价,则按列明的单价和双方认可的变更工程量计算确定变更工程的结算价格。若工程量清单中未列明变更工程单价,可参照类似项目的单价认定。若工程量清单中无类似项目,由当事人协商确定变更工程的单价。协商无法达成一致的,应依据造价工程师参考类似工程定价方法确定的工程变更单价。根据以上方式确认变更工程单价后,按实际完成工程量计算确定变更工程结算价值。

对于原合同范围以外的变更工程项目,若其性质和内容与原合同性质、内容相同,则可采用原合同单价或投标报价书总的相应单价确定变更工程单价;若其性质和内容与原合同性质、内容不同,则双方应另行签署新的合同,协商确定变更工程单价。

(2)固定总价合同的工程变更

对于固定总价合同的变更,如果变更事项与原合同范围内的项目性质和内容相同,则在结算中对于变更工程结算价值不予确认,仍按原合同价值确定该工程结算价值。如果变更事项与原合同范围内的项目性质和内容不相同,应参考类似项目单价认定。若无类似项目,或变更导致实际完成的变更工程量与已标价工程量清单中列明的该项目工程量的变化幅度超过 15%的,双方可按照合理的成本与利润构成原则协商确定[参见《建设工程施工合同(示范文本)》(GF-2017-0201)通用条款 10.4.1]。无法协商确定的,参照当地建设行政主管部门发布的计价方法或者计价标准,通过鉴定方式确定。

2. 合同可以约定的结算原则

作为专业的律师,在结算问题上首先要理清法定结算原则,并结合实践中可能出现的情况、当事人双方的特点,然后从众多的方式中选定结算原则。可供选择的约定方式有以下五种:

(1)可以选择的结算原则

合同以及工程实施过程中形成的文件,可以包含下列三类结算原则:

①价格标准,即约定采用定额方法还是清单方法。

②工程量核定及调整的约定,尤其是变更情况下工程量的调整原则。

③签证给付的原则,即凭业主认可的签证给付,否则由施工方承担。

(2)签证的要件及授权

签证既有实质要件也有形式要件,前者是指签证所包含的内容要求,后者是指其必须符合一定的形式。除此之外,双方还可以约定签证的管理流程,违反这一流程的同样无效。例如,业主方在合同中约定,只有报送到公司备案的签证才可作为结算依据。

如果需要,还可以对签证的技术性与经济性进行约定,如约定技术性签证中不得含有经济性内容,以防止施工方将两种内容写在一起或者签署确认了技术内容同时意味着认可经济内容,避免业主在结算时必须无条件接受签证中的价格。

(3)低额签证不结算

很多情况下,业主与施工方都会在合同中约定一定金额以下的签证不计入结算价格。

①限价用品。超过限价的违约责任有时并未在合同中约定,但是在设计文件的说明页中,对材料的品种、规格等内容都有很详细的说明,因此要到设计文件中去查找。

②价款扣减。关于质量返工、修复及不合格问题的价款扣减。

③工期赔偿。有些业主并不赞同工期提前完成,认为工期的提前是以质量的减损为代价的,因此在合同中约定如果提前完工所要承担的赔偿责任,必要时还会约定因此所引发的第三方提出索赔要求的责任承担问题。当然,关于工期拖延的违约责任的约定更是必不可少。

④实质性修正。工程管理过程中的某些往来文件会对合同进行实质性的修正。对此首先要弄清往来文件是否全面、有没有遗漏、对方是否收到、收到后是否回复。然后,要在众多文件中找出确定无疑、可以获得双方确认的文件,并根据这些文件找到双方确认的原则。

⑤材料设备变更。注意工程管理过程中往来文件对限价材料设备的使用及变更,供货期、价格调整、变更工程量、确认质量等问题的意见,是否工程对合同的修改。

(4)约定垫资利息

《建设工程司法解释》第25条对于垫资问题进行了规定:“当事人对垫资和垫资利息有约定,承包人请求按照约定返还垫资及其利息的,人民法院应予支持,但是约定的利息计算标准高于垫资时的同类贷款利率或者同期贷款市场报价利率的部分除外。当事人对垫资没有约定的,按照工程欠款处理。当事人对垫资利息没有约定,承包人请求支付利息的,人民法院不予支持。”因此,如果项目中存在垫资问题,应当对利息予以明确。

除上述可以约定的内容外,还有一个实际操作中的问题需要引起注意,即中期工程量确认、工程产值确认问题。施工方要进行中期工程量确认,应当认证审核。在某案件中,施工方谎称年底要进行资质升级,现在需要一份工程量的确认材料,希望业主方提前出具一份工程量确认函。业主方在并未认可的工程量确认函上签字后才发现,该施工方资质早已升级完毕,施工方要进行工程量确认的目的在于最后的结算。

(5)闭口价合同

闭口价合同是国际标准《土木工程施工合同条件》(FIDIC条款)中广泛适用的一种报价形式,是指双方确定工程施工项目之后,工程款不再变化的价格。合同一旦签订,总价就确定下来了,任何合同总价的错误,无论是计算上的错误还是其他错误,皆视为已获双方认可。《建设工程司法解释》第28条规定:“当事人约定按照固定价结算工程价款,一方当事人请求对建设工程造价进行鉴定的,人民法院不予支持。”因此,对于闭口价合同,应当以当事人之间约定的固定价格作为认定工程价款的依据。若当事人请求对建设工程造价进行鉴定的,法院不予支持。但是,工程量有增加或减少时,可以对增加或减少部分的工程量按合同约定的结算方法和结算标准进行造价鉴定。在认定闭口价合同的工程款时应当注意两个问题:

第一,必须是在合同中约定固定价格、不变价格或不作调整等内容,方可认定为闭口价;若在价格前面有“暂定”字样或据实结算等内容,应认定为开口价。

第二,在实际操作中,有时会出现合同履行过程中发生与订立合同时有重大变化的情况,如果仍然按照合同约定的闭口价结算,可能会产生不公平的结果。此时能否对价格进行调整,需要结合《民法典》第533条有关情势变更之规定,即“合同成立后,合同的基础条件发生了当事人在订立合同时无法预见的、不属于商业风险的重大变化,继续履行合同对于当事人一方明显不公平的,受不利影响的当事人可以与对方重新协商;在合理期限内协商不成的,当事人可以请求人民法院或者仲裁机构变更或者解除合同。人民法院或者仲裁机构应当结合案件的实际情况,根据公平原则变更或者解除合同”的规定进行判断,此处不再赘述。适用情势变更原则往往会非常严格,这一点要注意。

需要提示的是,无论是法定结算原则还是约定结算原则,都是一种参考或参照。结算工作往往是非常复杂的,既有法律规定层面的规定,也有各地不同的要求,当事人约定通常不会过于单一。这种情况下,需要参照上述原则,结合实际情况灵活运用,而不能一味照搬。

第四节　建设工程实施过程中可能出现的其他问题

一、建设工程合同管理模式

1.《建筑法》层面的总承包责任制

建设工程的总承包责任制体现在《建筑法》第 24 条的规定:“提倡对建筑工程实行总承包,禁止将建筑工程肢解发包。”具体而言,建筑法规定发包方可以将建筑工程的勘察、设计、施工、设备采购一并发包给一个总承包方,也可以将其中的一项或者多项发包给总承包单位。总承包责任在工程质量方面体现在《建筑法》第 55 条的规定,即在总承包模式下,工程质量由工程总承包单位负责,总承包单位将建筑工程分包给其他单位的,应当对分包工程的质量与分包单位承担连带责任。竣工验收方面,住建部和质检总局联合发布的《建筑工程施工质量验收统一标准》(GB50300-2013)作为强制性国家标准,规定了由建设单位项目负责人组织监理、施工、设计、勘察等单位项目负责人进行单位工程验收。

2. EPC 模式的推行

为进一步贯彻《建筑法》第 24 条的相关规定,2003 年 2 月 13 日,原建设部发布了《关于培育发展工程总承包和工程项目管理企业的指导意见》(〔2003〕30 号),在该意见中,原建设部明确将 EPC 总承包模式作为一种主要的工程总承包模式予以政策推广。

EPC 模式,即设计—采购—施工(Engineering-Procurement-Construction),在我国又称为“工程总承包”模式。EPC 模式的特点是,业主只和总包单位建立合同关系,总包单位再和各分包单位建立合同关系。业主向总包单位支付分包管理费,与分包有关的各种事项均由分包单位负责(参考下图)。

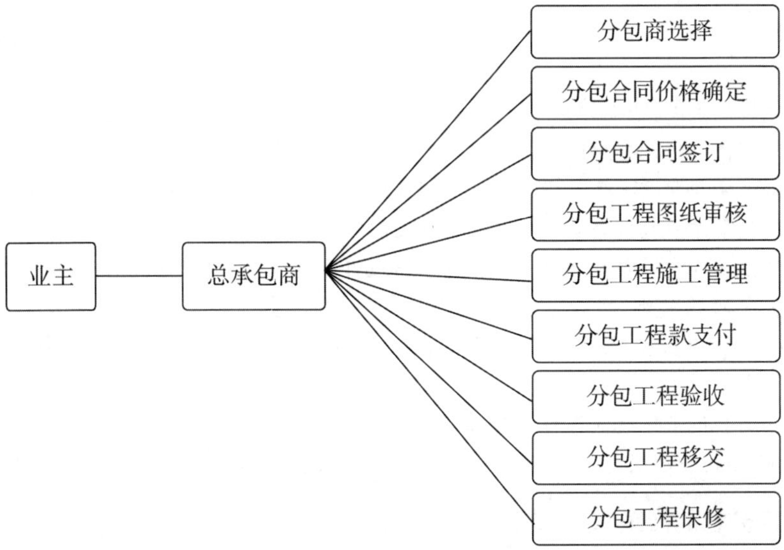

在 EPC 总承包模式下,其合同结构形式通常表现为以下几种形式:交钥匙总承包(LSTK)、设计—采购总承包(E—P)、采购—施工总承包(P—C)、设计—施工总承包(D—B)。其中交钥匙总

承包最为常见,它是设计—采购—施工总承包业务和责任的延伸,最终向业主提交一个满足使用功能、具备使用条件的工程项目。

3. 实践中可能出现的其他几种模式

除了上述合同管理模式外,实践中还存在以下常见的合同管理模式:

(1)业主将工程的地基基础和主体结构部分发包给一家总包单位,工程的其他部分由业主分包给其他单位并与分包方分别签订合同。

(2)业主将工程的地基基础和主体结构部分发包给一家总包单位,同时该总包单位还负责其他部分工程,例如机电工程、装饰装修等。对于工程其余部分,业主可以通过指定分包或者直接发包的方式分包给其他单位负责。

(3)对于消防、市政等垄断性工程,由业主按照建筑主管部门推荐或指定与施工单位直接签订合同。

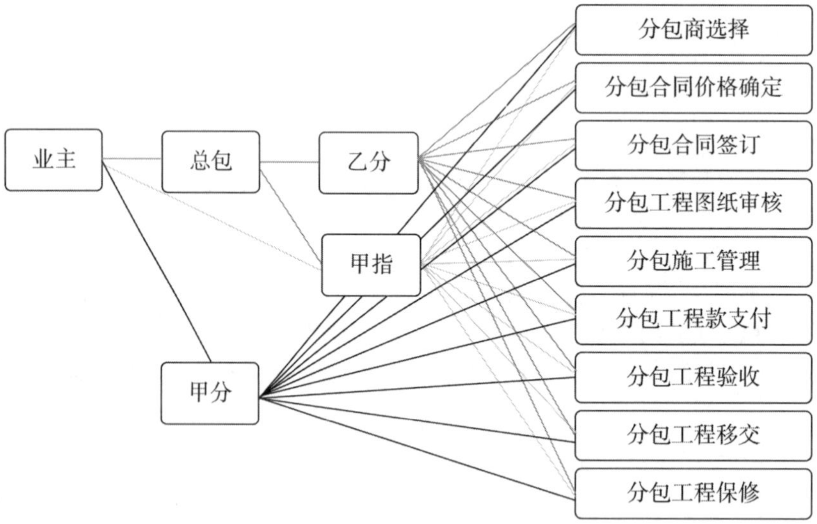

在以上几种模式下,业主分别和总包单位、分包单位、勘察设计、采购单位等建立合同关系。这些常见模式的优点是,业主对工程管控强,管理更灵活。与此同时,常见模式存在的缺点是,业主需要投入很多管理成本;发生纠纷后责任界面通常划分不清,存在较大法律风险;造价风险大,等等。因此,常见模式相对适用于对风险管控能力强的业主。

与上述其他模式相较而言,EPC 模式的优点是总包单位对建设工程负全责,责任界面清晰;总包单位进行统一协调管理,降低了业主的管理成本;造价易控制。缺点是,业主对工程的管理差,主要依赖总包单位进行项目管理。因此,在总包单位经验丰富、业主要求明确具体的情况下,适用 EPC 模式。

EPC 模式与其他常见模式各有利弊,律师在为客户提供法律服务时,应根据客户公司的特点和具体情况,提出合理建议。

二、指定分包的问题

直接指定分包,是指依法应进行招投标的分包项目未经总包招投标而由业主直接确定分包商的行为。我国《招标投标法》、3 号令(现已废止)、16 号令、770 号文明确规定了必须进行招投标项目的范围,应据此判断分包工程是否需进行招标。此外,根据《房屋建筑和市政基础设施工程施工分包管理办法》第7条的规定，建设单位不得直接指定分包工程承包人。《工程建设项目施工招标投标办法》第66条规定，招标人不得直接指定分包。因此，如果属于必须进行招投标的项目，而业主直接指定分包的，则构成违法发包。

值得一提的是，根据住建部于2014年8月27日发布的第一次修正后的《房屋建筑和市政基础设施工程施工分包管理办法》中第10条的规定，分包工程发包人应当在订立分包合同后7个工作日内，将合同送工程所在地县级以上地方人民政府建设行政主管部门备案。但在住建部于2019年3月13日发布的第二次修正后的《房屋建筑和市政基础设施工程施工分包管理办法》中删除了分包合同需进行备案的规定。自此，发包人无需对分包合同进行备案，未对分包合同进行备案不会因此导致被认定为违法分包。

通过下面的案例，可了解实践中应如何判断指定分包是否合法。

某业主公司与总承包商于2016年签订了工程总承包交钥匙合同，总包合同已报建委备案。总包合同总价款约为12亿元，但该总包合同实际未进行招投标。总包合同《合同通用条款》中有约定（以下简称"总包合同条款a"）："总承包商收到业主指定分包工程的招标文件（含合同条款）5个日历天内完成审阅并提出意见，否则视为同意业主指定分包工程招标文件的全部内容。"该工程的分包合同金额为2 000万元，其签订未经招投标程序，并且合同未在建委备案。其中《分包合同通用条款》中有条款（以下简称"分包合同条款b"）约定："在本协议有效期内，业主在全国各地投资的X项目的总承包商如需进行本协议附件1内约定的工程施工，总承包商经过业主同意有权选择供方为该工程的分包商。但总承包商也有权根据自己实际需要经业主同意后另行选择其他公司施工，无需向供方说明任何理由，即供方不是此类工程的唯一分包商。"

判断指定分包是否合法，可以按照以下步骤进行：

第一步，首先看合同约定，即判断总承包商对于分包商是否具有选择权。根据分包合同条款b的约定，"总承包商经过业主同意有权选择供方为该工程的分包商"，因此总承包商对于分包商的选择具有决定权。其次，从总包合同条款a来看，总承包商在选定分包单位时仍需要进行招标，并且对招标文件可以提出意见，由此总承包商在选定分包单位的过程中享有发言权，业主公司提出的分包商仅为推荐性质，并非直接指定分包。再次，《分包合同通用条款》中有规定："在分包商已向总承包商提交了付款申请的情况下，除非不恰当，否则，总承包商应将分包商付款申请中所列款额包括在总包合同规定的总承包商的付款证书的申请中。"《分包合同专用条款》中有规定："分包商向总承包商开具发票（发票先交到业主处），然后总承包商再统一向业主开具发票（业主在收到总承包商发票后，再将分包商的发票交换给总承包商）。"从付款申请和发票关系来看，分包单位并不与业主公司直接发生关系。

因此，如果按照上述合同约定执行，则业主已给予了总包方对分包方的选择权，并且从付款等方面总包方对分包方具有控制权，不能认定分包方为业主公司直接指定的分包方。对此，业主需进一步提供将分包招标文件交予总包方征求意见的证据、总包方的付款申请中包含分包方工程款额等证据。

第二步，看实际履行，即判断实际履行情况和合同约定是否相符。实际履行中，假设没有业主方将招标文件交予总包征求意见等证明总包参与了分包选择的证据，并结合有证据证明是由业主方直接向分包方付款的，即使合同中约定选定分包单位时需要招标、由总包方向分包方付款，也可能会被认定为业主实际执行情况与合同约定不符，根据实际执行情况认定业主方构成直接指定分包。

综上，若分包合同无证据证明总包方参与了分包方的选择，再结合付款也是由业主支付给分包方的事实，本案业主可能被认定为构成直接指定分包。

三、施工过程中可能出现的其他情况

除了合同履行中的违约问题外,还有一些比较特殊的情况可能发生,律师对此要有一定的思想准备,并尽可能将相关违约责任写进合同中。

1. 施工单位违约

(1)施工单位怠工

怠工一般是指在施工过程中,由于管理不善、施工组织安排不合理、对施工人员约束力不足、材料不到位、准备不足等原因引起的施工停滞。怠工是否会引发法律效果,具体情况要看合同的约定。

(2)施工单位停工

停工是指在施工过程中,由于业主方的要求或施工单位的故意行为,造成施工停止。停工有时是由于业主频繁要求施工方整改;有时是施工单位以停工要挟业主,由于停工会对业主工期安排和市场营销造成非常大的影响,因此,施工单位往往利用这一点,以停工来要挟业主支付工程款或作出其他承诺。因业主方原因引起的停工,业主方应承担由此增加的费用和(或)延误的工期,并支付施工单位合理的利润;因施工单位原因引起的停工,施工单位应承担由此增加的费用和(或)延误的工期。

从建筑法、民法典等的相关规定分析,只要工程款停付一段时间,施工单位就可以停工。但如果双方在总包合同中有特别约定,即双方即使有争议,施工单位也不能擅自停工,则应另当别论。施工单位停工会使工期不能保证,随之而来的是一系列的问题,首先是对商品房买受人的责任。即使是部分工程停工,也会影响到后续工程能否进行、材料的品质变化以及材料的保管费增加等。当这一问题出现时,律师的工作主要是以下几个方面:

①及时向关联各方发函,提醒其采取相应措施来减轻停工带来的损失;

②替业主方发函给施工单位提醒其保护施工现场,并帮助业主方分析责任、提出建议和采取的措施;

③作为施工单位一方的律师,应分析停工是否是一个有利的措施,研究停工时享有的权利,并分别向施工单位的上游及下游单位发函,做好安排和解释工作。

(3)施工单位拒绝交付工程

承包人以发包人拖延结算或欠付工程款为由拒绝交付工程的,如何处理?由此造成的损失如何承担?

《北京高院建设工程解答》第38条规定:“工程竣工验收合格后,承包人以发包人拖延结算或欠付工程款为由拒绝交付工程的,一般不予支持,但合同另有明确约定的除外。承包人依据合同约定拒绝交付工程,但其拒绝交付工程的价值明显超出发包人欠付的工程款,或者欠付工程款的数额不大,而部分工程不交付会严重影响整个工程使用的,对发包人因此所受的实际损失,应由当事人根据过错程度予以分担。”

2. 建设单位违约

(1)逾期支付工程款

当事人对工程款的支付时间有明确约定的,应按照约定支付。当事人对付款时间没有约定或约定不明的,根据《建设工程司法解释》第27条的规定,下列时间视为应付款时间:①建设工程已实际交付的,为交付之日;②建设工程没有交付的,为提交竣工结算文件之日;③建设工程未交付,工程价款也未结算的,为当事人起诉之日。

关于逾期支付工程款的利息。根据《建设工程司法解释》第26条的规定,当事人对欠付工程价款利息计付标准有约定的,按照约定处理。没有约定的,按照同期同类贷款利率或者同期贷款市场报价利率计息。若承包人同时主张逾期支付工程款的违约金和利息的，如何处理呢？根据《北京高院建设工程解答》第 36 条的规定，若建设工程施工合同明确约定发包人逾期支付工程款，承包人可以同时主张逾期付款违约金和利息的，依照其约定，发包人主张合同约定的违约金和利息之和过分高于实际损失请求予以适当减少的，按照《合同法司法解释（二）》第 29 条的规定（《合同法司法解释（二）》已于 2021 年 1 月 1 日失效，相关内容参见《民法典》第 585 条第 2 款的规定，“约定的违约金过分高于造成的损失的，人民法院或者仲裁机构可以根据当事人的请求予以适当减少”。）处理；若没有约定或约定不明的，对承包人的主张，一般不应同时支持，但承包人有证据证明合同约定的违约金或利息单独不足以弥补其实际损失的除外。

（2）未提供施工条件

建设单位未提供施工条件的情形包括：

①未完成“三通一平”；

②未组织甲方提供设备、材料订货；

③施工手续不全；

④监理、勘察单位未及时到位；

⑤未及时下发施工指令、提供施工图纸等资料；

⑥未提供其他施工条件。

《建设工程施工合同（示范文本）》（GF-2017-0201）中规定，因发包人原因未能按合同约定及时向承包人提供施工现场、施工条件、基础资料的，由发包人承担由此增加的费用和（或）延误的工期。

（3）未支付安全文明施工费等费用

安全文明施工费等费用是按照国家有关规定和建筑施工安全规范、施工现场环境与卫生标准，购置施工安全防护用具、落实安全施工措施以及改善安全生产条件所需的费用，是保证施工安全、文明的不可竞争性费用。在司法实践中，若业主与施工单位就该笔费用发生分歧，对施工单位的实际支出费用，法院一般会予以支持。

在黑龙江省某建设工程纠纷案中，施工单位在工程项目中实际支出了安全防护、文明施工措施费用，但未申请进行安全检查现场评价，亦未经费用标准核定。于是开发商根据《黑龙江省建设工程安全文明施工费使用管理办法》（黑建发〔2010〕11 号）第 7 条“未经现场评价的建设工程项目不得计取安全文明施工费”的规定，主张施工单位不能计取安全防护、文明施工措施费用。但法院最终判决认为，安全防护、文明施工措施费用，虽未经当地安全检查部门现场评价、未经费用标准核定，但已实际发生，应计入工程总造价。

（4）建设单位肢解发包

肢解发包是我国《建筑法》明令禁止的行为，如何对其进行认定，对建设工程的发承包模式有着直接的影响。但是在国家法律法规层面多为原则性规定，而没有一个明确的、可执行的认定标准。

如《建筑法》第 24 条规定，发包单位不得将应当由一个承包单位完成的建筑工程肢解成若干部分发包给几个承包单位。但《建筑法》没有说明什么是“应当由一个承包单位完成的建筑工程”。《建设工程质量管理条例》第 78 条规定，本条例所称肢解发包，是指建设单位将应当由一个承包单位完成的建设工程分解成若干部分发包给不同的承包单位的行为。但其仍未说明什么是“应当由一个承包单位完成的建筑工程”。

住建部《关于进一步加强建筑市场监管工作的意见》（建市〔2011〕86 号）提出了肢解发包的标准，“建设单位将施工总承包单位资质范围内的工程发包给两个及以上单位的，视为肢解发包，有关部门要依法进行查处”。原国务院法制办《建筑市场管理条例（征求意见稿）》规定：“建设单位不得有下列行为：……（三）实行总承包的建设工程，将总承包人资质等级许可范围内的建设工程项目发包给两个以上单位。”

但住建部和原国务院法制办的规定仍未明确肢解发包的认定标准,因为无论是住建部《关于进一步加强建筑市场监管工作的意见》(建市〔2011〕86 号),还是原国务院法制办《建筑市场管理条例(征求意见稿)》,都只是禁止将施工总承包资质范围内的工程发包给多个单位,而未强行要求只发包给总包单位,业主可以将相关工程不纳入总包范围,而是直接发包给一家专业承包单位,从而构成多项直接发包的专业工程并存的平行发包。

由于国家层面的法律、法规和规章尚不足以对肢解发包的标准作出明晰的认定,许多地方政府都出台了有关规定,对肢解发包予以进一步的界定。

其中,建设工程应“以单位工程为最小发包单位”已成为非常普遍的共识。《北京市住房和城乡建设委员会关于进一步规范北京市房屋建筑和市政基础设施工程施工发包承包活动的通知》(京建发〔2011〕第 130 号)第 1 条规定:“建设工程发包人应当将工程发包给具备相应资质条件的承包人。建设单位发包工程时应当以单位工程为最小单位,将其发包给一个施工总承包单位。建设单位将单位工程发包给多个施工单位的,视为肢解发包。”此外,安徽、甘肃、广西、湖南、江苏、山东、陕西、上海、云南等地方也采纳了“以单位工程为最小发包单位”。

另外一些地方如天津市、淮南市、淄博市等地方的现行规定中,并不强制要求将单位工程作为最小发包单位,而是以“专业工程”作为最小发包单位。福建省则允许将具备一定专业性的“分项工程”作为最小发包单位。

3. 监理单位工作不规范

监理工作是控制工程风险的一个非常重要的组成部分,能否充分发挥监理的作用,关系到整个工程能否顺利进行、发生工程纠纷能否主动解决的问题。因此,应当特别关注监理在工作中的不规范行为,否则很容易使业主利益受到损害。

(1)工作流程不规范。监理工作流程如果不规范,严重时甚至缺少监理月报、阶段性监理报告、重大事件监理报告、重要监理建议等很重要的监理文件。

(2)监理文件不完整。例如,监理公司发出的监理通知、协调函、批单等各种监理文件不完整,资料不齐备甚至很少;监理文件没有统一的编号、看不出文件顺序;监理日志不完整或者是记事不准确,导致无法判断监理公司是否在跟踪监理。

(3)监理公司与业主的配合差。由于交流存在问题,某些项目中的业主与监理公司存在隔阂,妨害了业主权利的行使,损害了业主的利益。

(4)监理公司不尽职。例如,监理公司在工程土方工程、土方外运、卸土选址、取费问题上没有从专业角度、市场角度就土方工程的计量、外运、取费、措施费等重要问题向业主提示风险,直接导致工程的土方问题取费过高,使业主受到损失。

(5)监理公司在《监理合同》之外另行主张监理费。当业主与监理公司签订的《监理合同》对监理取费方式约定不明确时,监理公司可能会另行主张工期延长部分的附加工作报酬。

四、工程质量问题

工程质量问题主要包含两大方面:一是限定材料以次充好、不使用限价或定牌材料;二是大量甩项未完工程及局部质量不合格工程。发现上述问题,随之而来的就是保修,如保修不合格则需进一步采取索赔措施。与保修相关的是缺陷责任期和不同部位的质保期等相关问题。

1. 缺陷责任期与不同部位的质保期

(1)缺陷责任期

《建设工程质量保证金管理办法》第 2 条规定,建设工程质量保证金是指发包人与承包人在建设工程承包合同中约定,从应付的工程款中预留,用以保证承包人在缺陷责任期内对建设工程出现的缺陷进行维修的资金。缺陷是指建设工程质量不符合工程建设强制性标准、设计文件,以及承包合同的约定。缺陷责任期一般为1年,最长不超过2年,由发、承包双方在合同中约定。从上述规定可知,缺陷责任期具有如下五个方面的特征:①基于合同约定产生。缺陷责任期是发包人和承包人通过合同约定产生的,而非来源于法律法规的直接规定,即双方当事人未约定则无缺陷责任期。②与工程质量保证金密切相关。缺陷责任期概念的提出与工程质量保证金的规范管理密切相关,其本质为发包人预留工程质量保证金的期限。③缺陷责任期的期限。缺陷责任期一般为1年,最长不超过2年,具体以双方约定为准。④起算时间。根据《建设工程质量保证金管理办法》第8条的规定,缺陷责任期从工程通过竣工验收之日起计算,但也有例外,即由于发包人的原因导致无法按规定期限进行竣工验收的,在承包人提交竣工验收报告90天后,工程自动进入缺陷责任期。⑤缺陷责任期的法律效果。若在缺陷责任期内发现建设工程存在质量缺陷,如承包人不维修也不承担费用,根据《建设工程质量保证金管理办法》的规定,发包人可按合同约定扣除质量保证金。缺陷责任期届满后发包人应当将剩余的质量保证金退给承包人。

(2)不同部位的质保期

《建设工程质量管理条例》第39条规定,建设工程实行质量保修制度。建设工程承包单位在向建设单位提交工程竣工验收报告时,应当向建设单位出具质量保修书。质量保修书中应当明确建设工程的保修范围、保修期限和保修责任等。第40条规定:“在正常使用条件下,建设工程的最低保修期限为:(一)基础设施工程、房屋建筑的地基基础工程和主体结构工程,为设计文件规定的该工程的合理使用年限;(二)屋面防水工程、有防水要求的卫生间、房间和外墙面的防渗漏,为5年;(三)供热与供冷系统,为2个采暖期、供冷期;(四)电气管线、给排水管道、设备安装和装修工程,为2年。其他项目的保修期限由发包方与承包方约定。建设工程的保修期,自竣工验收合格之日起计算。”第41条规定:“建设工程在保修范围和保修期限内发生质量问题的,施工单位应当履行保修义务,并对造成的损失承担赔偿责任。”

根据《房屋建筑工程质量保修办法》第9、10、11条的规定,房屋建筑工程在保修期限内出现质量缺陷,建设单位或者房屋建筑所有人应当向施工单位发出保修通知。施工单位接到保修通知后,应当到现场核查情况,在保修书约定的时间内予以保修。发生涉及结构安全或者严重影响使用功能的紧急抢修事故,施工单位接到保修通知后,应当立即到达现场抢修。发生涉及结构安全的质量缺陷,建设单位或者房屋建筑所有人应当立即向当地建设行政主管部门报告,采取安全防范措施;由原设计单位或者具有相应资质等级的设计单位提出保修方案,施工单位实施保修,原工程质量监督机构负责监督。保修完成后,由建设单位或者房屋建筑所有人组织验收。涉及结构安全的,应当报当地建设行政主管部门备案。

2. 关于工程质量问题需注意的事项

(1)对承包商施工工艺的批准、认可,可能使工艺导致的工程质量风险转移至业主,因此,应谨慎处理对承包商施工工艺的批准、认可。承包商的施工工艺通常涉及业主的批准、认可,业主通常没有承包商专业,审批常成为外行管理内行,然而,业主一旦审批,将对施工工艺承担法律后果,可能使风险转移到自身。因此,业主更低风险的做法是“不反对”,在施工合同中明确约定:承包商应在保证工程质量、工作效率且不增加工作成本的前提下,满足业主的需求。同时业主应当要求施工单位、监理单位、设计单位履行相应的审查程序、形成审查文件,业主至多进行相应审查文件的备案。

(2)工程建设过程中,竣工验收即意味着工程合格,在存在未完工程或缺陷工程时,尽量不要进行竣工验收。根据《建设工程司法解释》第14条的规定,建设工程未经竣工验收,发包人擅自使用后,又以使用部分质量不符合约定为由主张权利的,人民法院不予支持;但是承包人应当在建设工程的合理使用寿命内对地基基础工程和主体结构质量承担民事责任。

实践中,一方面有些法院认为,如果通过质量鉴定可以明确区分上述质量问题是由承包人而非业主使用造成的,则不适用上述司法解释;另一方面也有法院认为,承包商对保修责任的承担问题,即使业主在竣工验收前提前使用了建设工程,在质量保修期内,承包商仍应依合同约定,对建设工程存在的质量问题承担保修责任。

(3)应重视整改程序,在发现工程质量问题后,首先通知承包商自行整改,在承包商不整改或怠于整改时,再选择第三方整改,在此过程中重视证据保留。许多甩项工程的二次作业的费用远远大于原施工方继续收尾的费用,在核实工程项目时,一定要通过盘查发现甩项,首先及时通报原施工单位。否则在索赔时就会陷入被动,使对方以仅仅负有保修责任而业主并没有及时报修为借口,拒绝支付业主聘请第三方施工所付出的费用。通知原施工方甩项问题之后,还应责令其限期维修,并警告其如不能在限期内维修解决,则要委托第三方进行作业。

如果原施工方拒绝承接甩项工程的,则可以考虑聘请第三方进行施工。第三方对于该工程的报价也应该及时发函告知原施工方,因为在报价中第三方很可能根据自己对该工程的判断,变更了某些施工范围,这些变更又超出了原施工方的责任范围,原施工方也会据此拒绝支付超出部分的费用。

即使在工程完工交用之后,也会出现由物业公司、所有权人、使用人发现的大量质量问题、产品问题。对此,要及时转单通知承包商更换、重做、维修或作出赔偿。此类通知、索赔在形式和内容上都应明确无误。

此外,业主必须保留存在质量问题的相关视频、音频资料,且确保清晰、准确、无异议,否则,极易给日后索赔带来争议。

(4)注意索赔时效,及时索赔。在合同范本中,一般都会对索赔期限作出严格限制。站在业主角度准备的文本中,也通常会约定,如未在约定期限内主张索赔,则可能丧失索赔权利。因此,在涉及索赔的时候,应及时行使索赔权利,以确保索赔程序、索赔资料、索赔时限等项符合要求。当然,从司法实践角度,也有法院倾向认为实质大于争议,如果确实能够证明发生了索赔事项,即便未在索赔期限内提起,也会适当保护索赔方的利益。

(5)业主因工程质量问题遭受第三方索赔,应及时通知施工方(总包及分包单位)到场,并应在该过程中谨慎对质量问题进行表态。很多建设工程建成后,业主会将相关房产进行出售或出租。此时,业主可能会因工程质量问题被第三方索赔。根据合同相对性的原理,业主向第三方承担责任后,可以向施工方追偿。但此时需要注意的是,很多时候,施工方因其在工程质量问题进行认定时未参与(尤其是鉴定过程),而对相关问题予以推脱。为避免这样的情况出现,律师可提示业主在与第三方处理涉及工程质量问题时,及时转单通知施工方(总包及分包单位)到场,并在该过程中谨慎对质量问题进行表态。同时需要注意的是,该等通知在形式和内容上均应明确无误,并应保存好通知的相关证据。如通知后,施工单位拒不到场,则应注意保留日后维修的全部证据材料,以便日后进行索赔。

在某开发商诉施工单位的质量索赔案中,开发商已经因工程质量问题而被业主委员会索赔并取得生效判决。在开发商与业主委员会案件中,除一处位置外,其余位置均已维修完毕。但开发商在应诉过程中,既未及时通知施工方参与诉讼、参与鉴定,还明确表示剩余未维修的部位与已维修部位问题相似,并认可以未维修的一处部位为代表进行鉴定。在开发商向业主委员会履行支付义务后,开发商据此另行向施工单位提起诉讼,要求施工单位承担维修费用。但是,在开发商与施工单位的诉讼中,开发商就面临了此前未保留通知施工单位的证据、施工单位不认可鉴定部位的代表性问题、施工单位认为存在交叉施工等其他施工单位原因、施工单位不认可维修费用等一系列问题,给开发商日后向施工单位主张索赔增加了极大的困难。而归根到底,就是由于开发商未做好相应的预备工作。

第五章　房地产项目运营阶段的法律服务

第一节　概　　述

房地产项目在前期开发建设完成后，将会进入到后期运营阶段。除了前文提及的商品房预/销售外，实践中房地产项目运营阶段还会涉及的两类最为常见的业务，分别为房地产租赁业务和房地产物业管理业务。

房地产租赁业务是房地产项目链条中一个最为基本的“点”，其业务内容及类型相对简单，法律关系主要围绕着出租方和承租方两方当事人展开，且有关于房地产租赁的相关法律法规也相对较少，除根据《民法典》《城市房地产管理法》《商品房屋租赁管理办法》及最高人民法院《关于审理城镇房屋租赁合同纠纷案件具体应用法律若干问题的解释》进行规范外，更多的是基于实践中的双方约定以及根据长期市场经验形成的较为普遍化的行业惯例。过去房地产租赁业务一直属于房地产业务中相对普通的版块，在律师业务及法律服务中并未获得过多的关注及重视。

随着近几年国家大力推行“房子是用来住的、不是用来炒的”“租购并举”等有利于房地产租赁市场发展的利好消息及相关政策，使得近几年房地产租赁市场呈现出增长趋势，相关房地产租赁业务需求也呈爆发式增长。例如近几年“长租公寓”“联合办公”等新兴房地产项目运营模式都进入到迅速扩张阶段，不论是前期对房地产租赁政策的解读、研究及适用，或是以承租人或产权人身份寻求项目落地的物业租赁阶段，还是后期面向社会公众运营的对外出租阶段，每一环节都与房地产租赁业务息息相关，因此律师在其中可以且需要发挥的作用及价值也就迅速凸显出来。律师对于房地产租赁行业动态及业务发展的掌握、租赁合同文本起草技能的掌握、租赁物业谈判技能的掌握等都将直接影响到律师为当事人提供法律服务的质量。

房地产物业管理业务是房地产项目运营阶段相对具有自身特点的业务类型，不论是房地产销售还是房地产租赁都需要配套考虑物业管理服务，而各种不同类型的房地产运营模式对于物业管理的需求及侧重点也不尽相同，这就决定了律师在工作中需要将物业管理这一房地产链条中的必备环节依据不同的业务需求及模式特点研究不同的行业特点及业务工作要求，更好地为当事人提供物业管理相关业务的服务工作。

房地产运营阶段的租赁业务及物业管理业务虽然都是房地产法律服务中比较普通及小众的业务类型，但作为基础性的法律业务类型，此类型的业务仍然会是律师法律服务工作中需要掌握的基础职业技能。

第二节　房屋租赁常见法律问题

房屋租赁是指房屋的所有权人、使用权人或其他有出租权的当事人作为出租人将房屋出租及交付承租人使用、由承租人向出租人支付租金的行为。在房屋租赁的法律关系中，出租人的基本义务是按照约定将房屋交付承租人使用，并在租赁期间保持房屋符合约定的用途；承租人的基本义务是按照约定的用途和方法使用房屋并向出租人支付租金。

我国《民法典》合同编中单列“租赁合同”一章，规定了出租人和承租人的基本权利和义务，同时《城市房地产管理法》、最高人民法院《关于审理城镇房屋租赁合同纠纷案件具体应用法律若干问题的解释》《商品房屋租赁管理办法》等对城镇规划区内的房屋租赁法律关系作出了具体的规定。上述法律法规及司法解释确立了我国房屋租赁法律领域的基本制度。本章基于我国现有法律法规的相关规定,对城镇规划区内的房屋租赁的基本内容和常见法律问题进行简要介绍。

一、房屋租赁的基本内容

1. 房屋租赁合同应采用书面形式

根据《民法典》第707条的规定,租赁期限6个月以上的,应当采用书面形式。当事人未采用书面形式,无法确定租赁期限的,视为不定期租赁。

由于在房屋租赁法律关系中,出租人与承租人各自均有不同的权利义务事项,如出租人负有将房屋交付承租人使用,保证承租人正常使用租赁房屋的义务;承租人负有按照合同约定使用房屋,按期向出租人支付租金并在租期届满时向出租人及时返还房屋的义务。这些权利义务关系应当明确、具体,否则容易产生争议。尤其是随着我国经济的发展,房屋的价值不断上升,房屋租赁合同金额较大,期限有时也会较长,若无明确的书面约定,在双方产生租赁合同争议时,往往会给当事人造成严重的损失。因此,为保护承租人和出租人的合法权益,《城市房地产管理法》规定,房屋租赁,出租人和承租人应当签订书面租赁合同,并向房产管理部门登记备案。

根据《民法典》第469条第2款及第3款的规定,书面形式可以是合同书、信件、电报、电传、传真等可以有形地表现所载内容的形式。以电子数据交换、电子邮件等方式能够有形地表现所载内容,并可以随时调取查用的数据电文,视为书面形式。

根据《民法典》第704条的规定,租赁合同的内容一般包括租赁物的名称、数量、用途、租赁期限、租金及其支付期限和方式、租赁物维修等条款。

虽有以上规定,如果当事人并未采用书面形式,双方的租赁关系仍会建立,形成事实上的租赁合同法律关系,只是对于双方的权利义务,除法律法规明确规定之外,其他事项需要结合事实情况及双方的举证情况判断,较之书面订立的租赁合同,缺乏对当事人的合理保障。

2. 租赁期限

出租人与承租人可以根据房屋的性质和用途自由约定租赁期限,但是按照《民法典》第705条的规定,租赁期限最长不得超过20年,超过20年的,超过部分无效。但20年并非绝对的最高限,租赁期限满20年,双方仍希望保持租赁关系的,可以通过重新签订租赁合同的方式续期。

租赁合同对租赁期限没有约定或者约定不明确,依照《民法典》第707条的规定仍不能确定的,视为不定期租赁。当事人可以随时解除合同,但出租人解除合同应当在合理期限之前通知承租人。之所以要求出租人解除合同时应当提前通知承租人,是因为租赁合同终止的,承租人可能需要寻找新的租赁房屋,如居住房屋的承租人需要寻找替代房屋,商业房屋的承租人需要寻找新的经营位置、处理库存及进行房屋装修等,因此,出租人解除不定期租赁合同的,应当给予承租人合理期限,但何为"合理",法律并未明确规定,需要结合租赁房屋的用途、性质和当事人的实际情况综合判断。

3. 租金支付

《民法典》第721条规定,承租人应当按照约定的期限支付租金。对支付租金期限没有约定或者约定不明确,依照《民法典》第510条的规定仍不能确定,租赁期间不满一年的,应当在租赁期间届满时支付;租赁期间一年以上的,应当在每届满一年时支付,剩余期间不满一年的,应当在租赁期间届满时支付。

根据上述规定,租金支付的期限和标准应首先通过租赁合同以书面形式进行确定,若约定不明或无法确定的,则依照《民法典》的有关规定确定。房屋租赁合同涉及租金金额一般较大,出租人与承租人会在合同中明确租金的支付时间和金额。在我国目前房屋租赁实践中,不论居住房屋租赁还是商业房屋租赁,租金比较常见的是按照月度、季度或年度并以预付的形式进行缴纳,即承租人在约定的时间节点支付下一个月度、季度或年度的租金。同时,出租人会要求承租人缴纳一定金额的保证金(或称押金),作为履行租赁合同义务的保证,承租人逾期支付租金或有其他违约行为给出租人造成损失的,出租人可以直接从保证金中扣除相应的金额,保证金可以采用现金、银行保函或其他出租人可以接受的形式。

承租人逾期支付租金的,出租人可以按照租赁合同的约定追究其违约责任,若无明确约定的,根据《民法典》第 722 条的规定:"承租人无正当理由未支付或者迟延支付租金的,出租人可以要求承租人在合理期限内支付;承租人逾期不支付的,出租人可以解除合同。"

4. 租赁房屋的维修

《民法典》第 712 条规定:"出租人应当履行租赁物的维修义务,但当事人另有约定的除外。"对租赁房屋的维修义务是指在租赁房屋出现不符合约定的使用状态时,有维修义务的一方须对租赁房屋进行修理和维护,以保证租赁房屋能够正常使用。维修义务也包括对租赁房屋的正常保养。对于维修义务的承担主体,我国采取以出租人为主,有约定从约定的基本原则。我国房屋租赁实践中,一般也会约定由出租人承担维修责任,但对于维修费用较低、物件较小的,也可能由承租人直接维修。

承租人要求出租人承担维修责任时,应通知出租人且给予出租人合理期限。《民法典》第 713 条规定:"承租人在租赁物需要维修时可以要求出租人在合理期限内维修。出租人未履行维修义务的,承租人可以自行维修,维修费用由出租人负担。因维修租赁物影响承租人使用的,应当相应减少租金或者延长租期。"《商品房屋租赁管理办法》第 9 条规定:"出租人应当按照合同约定履行房屋的维修义务并确保房屋和室内设施安全。未及时修复损坏的房屋,影响承租人正常使用的,应当按照约定承担赔偿责任或者减少租金。"

综上,房屋维修义务系出租人的重要义务,除租赁合同另有约定的,出租人应向承租人履行该等义务,若因出租人怠于履行且影响承租人使用的,将可能产生相应的赔偿责任。

5. 租赁房屋的装修装饰

承租人经出租人同意,可以对租赁房屋进行装修装饰,租赁期间届满或者合同解除时,除非双方在租赁合同中有明确约定,装修装饰物处理方式应当区分是否形成附合,对于未形成附合的装修装饰物,出租人可以要求承租人拆除,因此造成租赁房屋毁损的,承租人应当恢复原状。对于已形成附合的装饰装修物,租赁期间届满时,如未另行约定,承租人不得要求出租人支付补偿费用。

对于承租人经出租人同意装饰装修,若因任何一方或其他原因导致租赁合同在履行期间被解除的,对于已形成附合的装饰装修物的处理没有约定的,可以参考最高人民法院《关于审理城镇房屋租赁合同纠纷案件具体应用法律若干问题的解释》中的有关规定确定装修装饰损失赔偿责任:

①因出租人违约导致合同解除,出租人应赔偿承租人剩余租赁期内装饰装修残值损失;

②因承租人违约导致合同解除,承租人应自行承担剩余租赁期内装饰装修残值损失,但出租人同意利用的,应在利用价值范围内予以适当补偿;

③因双方违约导致合同解除,剩余租赁期内的装饰装修残值损失,由双方根据各自的过错承担相应的责任;

④因不可归责于双方的事由导致合同解除的,剩余租赁期内的装饰装修残值损失,由双方按照公平原则分担,法律另有规定的,适用其规定;

6. 转租

根据《民法典》第 717 条的规定,承租人转租租赁房屋的,需经出租人同意,且转租期限不得超过承租人剩余租赁期限,否则超过期限部分的约定对出租人不具有法律约束力,除非出租人与承租人另有约定。

出租人同意承租人转租的,出租人与承租人之间的租赁合同继续有效,承租人应按照原租赁合同的约定支付租金、履行相应的义务,承租人与次承租人应按照双方签署的转租合同履行各自的义务;次承租人在租赁期间对租赁房屋造成损失的,承租人应当赔偿出租人的损失。根据《民法典》第719条的规定,若承租人拖欠租金,次承租人可以代承租人支付欠付的租金和违约金,但转租合同对出租人不具有法律约束力的除外。次承租人代为支付的租金和违约金超出其应付的租金数额,可以向承租人追偿。

根据《民法典》第716条第2款及第718条规定,承租人未经出租人同意转租的,出租人可以解除合同。但是,若出租人知道或者应当知道承租人转租,但在6个月内未提出异议的,视为其同意转租,此时出租人不得以承租人未经同意为由请求解除合同。

7. "买卖不破租赁"原则

我国《民法典》第725条规定:"租赁物在承租人按照租赁合同占有期限内发生所有权变动的,不影响租赁合同的效力。"根据该条规定,租赁房屋所有权在租赁期间变动的,租赁合同继续有效,受让人在受让租赁房屋时同时替换原出租人,成为新的出租人,承继原出租人的权利和义务,受让人要受该租赁合同的约束,不得以租赁房屋所有权人变更为由解除租赁合同。

但是,"买卖不破租赁"并不是绝对的,根据最高人民法院《关于审理城镇房屋租赁合同纠纷案件具体应用法律若干问题的解释》第14条的规定:"租赁房屋在承租人按照租赁合同占有期限内发生所有权变动,承租人请求房屋受让人继续履行原租赁合同的,人民法院应予支持。但租赁房屋具有下列情形或者当事人另有约定的除外:(一)房屋在出租前已设立抵押权,因抵押权人实现抵押权发生所有权变动的;(二)房屋在出租前已被人民法院依法查封的。"根据上述规定,如果租赁房屋抵押、查封在先设定,则抵押、查封优先于承租人的租赁权,承租人不得以"买卖不破租赁"为由要求继续履行合同。

8. 承租人的优先购买权

根据《民法典》726条规定:"出租人出卖租赁房屋的,应当在出卖之前的合理期限内通知承租人,承租人享有以同等条件优先购买的权利;但是,房屋按份共有人行使优先购买权或者出租人将房屋出卖给近亲属的除外。出租人履行通知义务后,承租人在十五日内未明确表示购买的,视为承租人放弃优先购买权。"承租人行使优先购买权应当在租赁合同的存续期间,且在同等条件下,所谓同等条件是指承租人与其他购买人在买卖条件上的等同,包括买卖的价款、付款的期限和方式等。另外,承租人行使优先购买权必须在一定期限(《民法典》规定为15日)内。若在该等期限内,承租人未行使优先购买权,则优先购买权丧失。

为保障承租人的优先购买权,出租人应当在出卖租赁房屋之前的合理期限内通知承租人,否则出租人应当承担相应的赔偿责任。《民法典》第728条规定:"出租人未通知承租人或者有其他妨害承租人行使优先购买权情形的,承租人可以请求出租人承担赔偿责任。但是,出租人与第三人订立的房屋买卖合同的效力不受影响。"因此,承租人可以在出租人侵害其优先购买权时要求出租人承担赔偿责任,但是出租人与第三人签订的房屋买卖合同仍然有效。

实践中,关于承租部分房屋的承租人在出租人整体出卖房屋时是否享有优先购买权的问题和纠纷也比较多,最高人民法院《关于承租部分房屋的承租人在出租人整体出卖房屋时是否享有优先购买权的复函》中对处理此类案件认为可以从以下两个方面综合考虑:第一,从房屋使用功能上看,如果承租人承租的部分房屋与房屋的其他部分是可分的、使用功能是可相对独立的,则承租人的优先购买权应仅及于其承租的部分房屋;如果承租人的部分房屋与房屋的其他部分是不可分的、使用功能整体性较明显的,则其对出租人所卖全部房屋享有优先购买权。第二,从承租人承租的部分房屋占全部房屋的比例看,承租人承租的部分房屋占出租人出卖的全部房屋一半以上的,则其对出租人出卖的全部房屋享有优先购买权;反之则不宜认定其对全部房屋享有优先购买权。

当出租人和抵押权人以出租房屋协议折价或变卖房屋清偿债务时,最高人民法院《关于审理城镇房屋租赁合同纠纷案件具体应用法律若干问题的解释》第 15 条亦明确规定应通知承租人并保障承租人行使优先购买权。

当然,承租人的优先购买权并不是绝对的,受到一定限制,在下列情形下,承租人主张优先购买房屋的,人民法院不予支持:

①房屋按份共有人行使优先购买权的;

②出租人将房屋出卖给近亲属;

③出租人履行通知义务后,承租人在 15 日内未明确表示购买的。

9. 租赁合同备案制度

备案制度是房屋租赁领域的一项基本管理制度。根据《城市房地产管理法》的规定,房屋租赁,出租人和承租人应当签订书面租赁合同并向房产管理部门登记备案。《商品房屋租赁管理办法》第 14 条规定:"房屋租赁合同订立后三十日内,房屋租赁当事人应当到租赁房屋所在地直辖市、市、县人民政府建设(房地产)主管部门办理房屋租赁登记备案。房屋租赁当事人可以书面委托他人办理租赁登记备案。"

但在实践中,仍存在大量未进行备案的房屋租赁合同,若房屋租赁合同未备案,是否会影响其效力?根据《民法典》第 706 条的规定:"当事人未依照法律、行政法规规定办理租赁合同登记备案手续的,不影响合同的效力。"因此,合同备案是一项行政管理规定,并不属于影响合同效力的效力性强制规定,未予备案的租赁合同,如无其他特殊约定,仍属于有效合同。

二、房屋租赁领域常见法律问题

1. 承租人延迟支付租金

在房屋租赁领域,承租人延迟支付租金比较常见,特别是商业房屋租赁领域,承租人经营状况恶化、经济下行导致资金紧张或双方产生纠纷承租人以拖延支付租金作为抗辩等,均可能发生承租人延迟支付租金的情形。收取违约金、停止水电等能源供应、强制关闭租赁房屋或解除房屋租赁合同,是出租人追究承租人违约责任的常见手段。

承租人延迟支付租金的违约责任一般会在租赁合同中明确约定,若无明确约定或约定不明的,则需依据法律法规的规定处理。

《民法典》第 722 条规定:"承租人无正当理由未支付或者迟延支付租金的,出租人可以请求承租人在合理期限内支付;承租人逾期不支付的,出租人可以解除合同。"承租人延迟支付租金,出租人可以依据合同约定或者法律的规定解除合同,此时,出租人行使解除权应按照《民法典》第 565 条的规定:"当事人一方依法主张解除合同的,应当通知对方。合同自通知到达对方时解除……"因此,即使出租人依据合同约定或者法律规定行使合同解除权的,依然需要履行通知义务,且该等通知的时限应具备相关规定及司法实践中的合理性。

2. 未经出租人同意的承租人擅自转租

根据《民法典》第 716 条的规定,承租人将租赁房屋对外转租的,应当经出租人同意,若承租人未经出租人同意擅自转租的,出租人可解除合同。

但出租人行使解除权受到限制,《民法典》第 718 条规定:"出租人知道或者应当知道承租人转租,但是在六个月内未提出异议的,视为出租人同意转租。"因此,若出租人知道或者应当知道承租人转租行为的,出租人应在知道或者应当知道之日起 6 个月内行使,否则解除权消灭。

3. 未取得工程规划许可或未竣工验收的房屋租赁合同效力

根据我国法律的规定,房屋建筑在建设前应取得建设工程规划许可证才能施工建设,但在实践中,部分房屋并未取得建设工程规划许可证或者房屋并未按照规划建设。就该等房屋对外出租而签署的合同是否有效?最高人民法院《关于审理城镇房屋租赁合同纠纷案件具体应用法律若干问题的解释》第2条规定:“出租人就未取得建设工程规划许可证或者未按照建设工程规划许可证的规定建设的房屋,与承租人订立的租赁合同无效。但在一审法庭辩论终结前取得建设工程规划许可证或者经主管部门批准建设的,人民法院应当认定有效。”根据该条规定,未取得建设工程规划许可证或者未按照建设工程规划许可证的规定建设的房屋租赁合同无效,但是在一审法庭辩论终结前取得建设工程规划许可证或者经主管部门批准建设的,该房屋租赁合同仍有效。

4. 划拨土地上的房屋对外出租

划拨土地是指土地使用者通过各种方式依法无偿取得的土地。《城镇国有土地使用权出让和转让暂行条例》第45条规定:“符合下列条件的,经市、县人民政府土地管理部门和房产管理部门批准,其划拨土地使用权和地上建筑物,其他附着物所有权可以转让、出租、抵押:(一)土地使用者为公司、企业、其他经济组织和个人;(二)领有国有土地使用证;(三)具有地上建筑物、其他附着物合法的产权证明;(四)依照本条例第二章的规定签订土地使用权出让合同,向当地市、县人民政府补交土地使用权出让金或者以转让、出租、抵押所获收益抵交土地使用权出让金。”《城市房地产管理法》第56条规定:“以营利为目的,房屋所有权人将以划拨方式取得使用权的国有土地上建成的房屋出租的,应当将租金中所含土地收益上缴国家。具体办法由国务院规定。”

因此,划拨土地上的房屋满足前述条件的,可以对外出租,但是如果未能将租金中所含的土地收益上缴国家,房屋租赁合同效力如何?在部分案例中,法院认为,租赁合同仍然有效。如《中华人民共和国最高人民法院公报》2002年第1期(总第75期)公报案例“新疆维吾尔自治区建筑木材加工总厂与中国民主同盟新疆实业发展总公司房屋租赁纠纷上诉案”中,最高人民法院认为:“出租房屋所占用的土地性质为国有划拨用地,《城市房地产管理法》第56条规定,房屋所有人以营利为目的,将以划拨方式取得使用权的固有土地上建成的房屋出租的,应当将租金中所含土地收益上缴国家。由于房屋租赁合同成立、生效后,出租人才可能收取租金并将其中土地收益部分上缴国库;缴纳土地收益并不是合同成立并生效的前提条件。木材总厂应根据法律规定将收取的房租中所含的土地收益部分上缴国家并办理出租登记备案、领取租赁许可证。实业公司承租讼争房屋开办金三角大市场获得乌鲁木齐市人民政府有关部门批准,并已办妥营业、税收、消防审批手续,据此,一审判决认定《营业大楼租赁合同书》有效是正确的,应予维持。”

5. 租赁合同无效后的装修损失处理

最高人民法院《关于审理城镇房屋租赁合同纠纷案件具体应用法律若干问题的解释》第7条规定:“承租人经出租人同意装饰装修,租赁合同无效时,未形成附合的装饰装修物,出租人同意利用的,可折价归出租人所有;不同意利用的,可由承租人拆除。因拆除造成房屋毁损的,承租人应当恢复原状。已形成附合的装饰装修物,出租人同意利用的,可折价归出租人所有;不同意利用的,由双方各自按照导致合同无效的过错分担现值损失。”

因此,经出租人同意的装饰装修,租赁合同无效时,出租人同意利用的,不论是否形成附合,均应对承租人折价补偿,出租人不同意利用的,未形成附合的装饰装修物可由承租人拆除;已形成附合的装饰装修,双方按照过错分担现值损失。此处需要注意的是,若租赁合同有效,租赁合同因任何一方的原因或其他原因解除的,装修装饰损失应当按照残值损失计算,而租赁合同无效时,装修装饰的损失按照现值损失计算。在主张损失时,应当予以区别对待。

6. 逾期返还租赁房屋

在租赁合同中,出租人比较关注的事项除了承租人按时足额支付租金外,还有承租人如期返还租赁房屋的问题。《民法典》第733条规定:“租赁期间届满,承租人应当返还租赁物。返还的租赁物应当符合按照约定或者租赁物的性质使用后的状态。”按照法律规定,租赁合同终止的,承租人应当返还租赁房屋。如果承租人逾期返还房屋的,应当承担相应的违约责任。

一般情况下,租赁合同会约定承租人逾期返还房屋的违约责任,如常见约定为,承租人逾期返还房屋,应按照一定的标准支付滞纳金,此等情况下,在合同中还会约定承租人遗留在租赁房屋内的物品的所有权归属出租人。

若租赁合同中未约定承租人逾期返还的违约责任,在司法实践中出租人也可在诉讼阶段提出要求承租人赔偿损失的主张,包括租金、物业费、水电等能源费的损失,但赔偿范围需要根据出租人的实际损失来确定。

7. 租赁合同无效情况下的房屋使用费用

根据法律规定,无效的合同自始不产生法律约束力。合同无效后,应当恢复到合同未订立的状态,房屋租赁合同无效,出租人应当向承租人返还租金、物业管理费及其他依据房屋租赁合同取得的费用,而承租人应将租赁房屋返还出租人并恢复原状。若任何一方遭受损失的,有过错的一方应当赔偿该等损失,双方均有过错的,应当各自承担相应的责任。

但若出租人将其收取的租金、物业管理费等全部返还承租人,对于出租人明显缺乏公允性,因为承租人在房屋租赁期间使用了房屋,而出租人却未得到任何收益。因此,最高人民法院《关于审理城镇房屋租赁合同纠纷案件具体应用法律若干问题的解释》第4条第1款规定:“房屋租赁合同无效,当事人请求参照合同约定的租金标准支付房屋占有使用费的,人民法院一般应予支持。”据此,出租人可以参照租金标准向承租人主张房屋使用费。此种情况下,承租人向出租人缴纳的租金转化为房屋使用费,出租人的损失也得到了一定程度上的弥补。但是房屋使用费的标准并非完全与租金标准一致,法院也可能根据双方过错按照责任比例进行分担。

第三节　房屋租赁过程中的律师工作

在房屋租赁过程中,从房屋租赁意向阶段的风险审查到房屋租赁合同履行阶段的法律咨询及权利救济,无论是出租方抑或承租方,律师均可以提供全过程的专业法律服务。需要注意的是,由于各地对房屋租赁均有不同规定,本节仅介绍在基本法律框架下,律师在商品房屋租赁过程中提供法律服务的工作内容及关注要点。

一、房屋租赁意向阶段的律师工作

在房屋租赁意向阶段,律师的主要工作为协助委托人进行风险控制,完成相应的法律尽职调查工作。此阶段律师进行法律尽职调查主要审查如下内容:

1. 租赁关系当事人的租赁资格审查

在为作为出租人的委托人提供法律服务时,律师通常需要协助委托人对承租人的租赁资格进行审查,常见的审核资料为承租人的营业执照以及承租人运营相关业务的资质或授权证明文件。

在为作为承租人的委托人提供法律服务时,律师通常需要协助委托人对出租人的租赁资格进行审查。如果出租人是产权人的,应审查产权证记载权利人是否与出租人身份一致;如出租人是委托出租或代理出租的,除应审查授权人是否与产权证记载权利人一致外,还应审查授权委托、授权代理的证明文件;如房屋的出租人可能是通过向产权人承租房屋而获得的房屋出租权益,则除审查出租人是否为产权人外,还应审查出租人与产权人签署的租赁合同内容中是否有出租人获得了对外转租权的内容;如租赁房屋为共有房屋的,应审查其他共有人是否出具了同意出租的证明文件等。

2. 租赁房屋的建设及产权情况核查

无论代表租赁关系中双方当事人的哪一方,租赁房屋是否为可依法对外出租的房屋,亦是律师协助委托人进行审核的重要内容。如租赁房屋属于违法建筑,存在不符合安全、防灾等工程建设强制性标准的情形,存在违反规划改变房屋使用性质或法律、法规规定禁止出租的其他情形的,则租赁房屋不得出租。①

律师应审查租赁房屋的建设及产权情况,确认租赁房屋是否依法取得了土地使用证及房屋所有权证(在二证合一后,为不动产权证)。如尚未取得房屋所有权证的,应核实租赁房屋是否已经完成了建设并取得了竣工验收备案证明文件,若租赁房屋正在建设过程中,应核实租赁房屋是否取得了建设工程规划许可证和施工许可证、是否为按照建设工程规划许可证的规定建设的房屋。此外还应审查消防审批验收文件等,避免租赁房屋存在无法通过消防安全检查、消防验收/备案手续的风险。如租赁房屋系临时建筑物的,应审查是否经过批准、是否为按照批准内容进行建设的建筑物、是否超过临时建筑物的使用期限。对于未取得建设工程规划许可证或者未按照建设工程规划许可证的规定建设的房屋、或未经批准或者未按照批准内容建设的临时建筑,租赁合同存在无效的风险。对于临时建筑物,租赁期限超过临时建筑物的使用期限的,存在超过部分无效的风险。②

3. 租赁房屋规划用途

律师应审查租赁房屋的租赁用途是否符合房屋的规划用途。如租赁用途与规划用途不一致的,应审查是否有规划主管部门作出的批准变更用途的批准文件,否则存在消防手续无法通过的风险。在不符合规划用途的情形下,还可能存在工商、税务等登记手续无法办理的风险。

4. 租赁房屋的面积情况

律师应审查租赁房屋的面积与产权证记载的面积是否相符,是否存在租赁面积超过产权证记载面积的情形,是否存在违建、加建面积情形,计价面积与产权面积的关系,等等。

5. 租赁房屋权利限制情况

律师应审查租赁房屋是否存在被司法机关或行政机关依法查封情形、是否存在抵押情形或者其他权利限制的情形。如租赁房屋在租赁前已存在查封、抵押情形,租赁房屋在租赁期间发生所有权变动的,房屋租赁合同存在被解除的风险。③ 必要时,可前往房地产主管部门就租赁房屋的权利负担、权利限制情形进行查询。

6. 涉及转租需特别关注的问题

(1)原租赁合同的审查

如租赁房屋涉及转租的,律师可协助审查作为转租人的承租人与出租人签署的全部房屋租赁合同是否存在对承租人或次承租人的限制条件、承租人的违约风险,如委托人拟租赁转租房屋且不接受该等限制条件或违约条款的,则需取得权利人或出租人的同意豁免的书面文件。

(2)转租合法性的审查

律师可协助审查房屋租赁合同项下承租人是否有权对外转租租赁房屋,是否需取得出租人的

---

① 《商品房屋租赁管理办法》第6条规定:“有下列情形之一的房屋不得出租:(一)属于违法建筑的;(二)不符合安全、防灾等工程建设强制性标准的;(三)违反规定改变房屋使用性质的;(四)法律、法规规定禁止出租的其他情形。”

② 最高人民法院《关于审理城镇房屋租赁合同纠纷案件具体应用法律若干问题的解释》第2条规定:“出租人就未取得建设工程规划许可证或者未按照建设工程规划许可证的规定建设的房屋,与承租人订立的租赁合同无效。但在一审法庭辩论终结前取得建设工程规划许可证或者经主管部门批准建设的,人民法院应当认定有效。”第3条规定:“出租人就未经批准或者未按照批准内容建设的临时建筑,与承租人订立的租赁合同无效。但在一审法庭辩论终结前经主管部门批准建设的,人民法院应当认定有效。租赁期限超过临时建筑的使用期限,超过部分无效。但在一审法庭辩论终结前经主管部门批准延长使用期限的,人民法院应当认定延长使用期限内的租赁期间有效。”

③ 最高人民法院《关于审理城镇房屋租赁合同纠纷案件具体应用法律若干问题的解释》第14条规定:“租赁房屋在承租人按照租赁合同占有期限内发生所有权变动,承租人请求房屋受让人继续履行原租赁合同的,人民法院应予支持。但租赁房屋具有下列情形或者当事人另有约定的除外:(一)房屋在出租前已设立抵押权,因抵押权人实现抵押权发生所有权变动的;(二)房屋在出租前已被人民法院依法查封的。”

事先书面同意。如承租人未经出租人书面同意对外转租租赁房屋的,出租人有权解除房屋租赁合同并收回房屋。

(3)转租期限的审查

对于出租人同意承租人将租赁房屋转租给第三人使用的,转租期限不得超过承租人剩余租赁期限,否则超过部分对出租人不具有法律约束力。但如出租人与承租人另有约定的可以除外。①

二、房屋租赁合同拟订阶段的律师工作

在房屋租赁合同的拟订阶段,律师可协助审查委托人与交易对方达成的房屋租赁合同条款是否存在免除交易对方法定责任、加重委托人责任的内容。律师亦可协助拟订房屋租赁合同。

1. 房屋租赁合同的内容

房屋租赁合同一般应当包括以下内容:

(1)房屋租赁当事人的姓名(名称)和住所;

(2)租赁房屋的坐落、面积、结构、附属设施,家具和家电等室内设施状况;

(3)租金和租赁保证金数额、支付方式;

(4)租赁用途和租赁房屋使用要求;

(5)租赁房屋和室内设施的安全性能;

(6)租赁期限、租赁房屋的交付日期;

(7)租赁房屋的交付状态与返还状态;

(8)租赁房屋维修责任;

(9)物业服务、水、电、燃气等相关费用的缴纳;

(10)租赁房屋的转让、转租的约定;

(11)争议解决方式和违约责任;

(12)房屋租赁当事人的其他约定。

2. 律师应审查的房屋租赁合同重点条款

律师除协助审查本节第一部分"房屋租赁意向阶段的律师工作"中内容的条款外,还应审查如下重点条款:

(1)租赁期限条款

《民法典》第705条规定:"租赁期限不得超过二十年。超过二十年的,超过部分无效。租赁期间届满,当事人可以续订租赁合同;但是,约定的租赁期限自续订之日起不得超过二十年。"

(2)租金、物业管理费用及租赁保证金条款

审查和明确房屋租赁合同项下租金及其他各方费用的承担范围。关于租金条款,应审查租金的计算依据、租金是否为含税租金、租金是否包含物业管理费用等。如租金依照租赁房屋建筑面积(实测面积)为计算标准的,则应明确租赁面积与租赁房屋建筑面积存在差异的处理方式。

对于物业管理费用条款,如租金不包含物业管理费用的,应审查物业管理费用的标准、计算依据、是否包含水电等公共事业费用、空调费用等。

对于租赁保证金条款,应审查租赁保证金的合理性。出租人是否有权直接使用租赁保证金抵扣承租人欠缴租金、各项费用、违约金、赔偿金等,承租人是否有权要求出租人直接从租赁保证金中抵扣承租人欠缴的租金、各项费用、违约金、赔偿金等。律师还应审查租赁保证金的没收、返还条件的可行性及风险。

---

① 《民法典》第717条规定:"承租人经出租人同意将租赁房屋转租给第三人,转租期限超过承租人剩余租赁期限的,超过部分的约定对出租人不具有法律约束力。但是出租人与承租人另有约定的除外。"

(3)装修条款

如承租人有装修需求的,应审查房屋租赁合同中有关房屋装修条款的内容及要求,出租人是否同意承租人对租赁房屋进行装饰装修、承租人的装修权限、装修承包商的资质要求、承租人对装修承包商的管理、装修期间造成出租人或第三人损害的责任承担、装修期间各项费用(包括但不限于租金、物业管理费、水电等公共事业费)的承担、装修期间产权人和/或出租人和/或物业管理公司的配合协助义务等。

如承租人未经出租人同意进行装修装饰的,则出租人可以要求承租人恢复原状或者赔偿损失。①

(4)维修责任条款

除出租人与承租人另有约定外,租赁房屋基本主体结构、共用设施设备的维修、维护责任通常应由出租人履行,并应确保租赁房屋和室内设施的安全。如出租人未及时修复损坏的租赁房屋、影响承租人正常使用的,则应承担赔偿责任或减少租金。但如因承租人使用不当或过错造成的损坏或故障,则相应的维修责任或维修费用由承租人承担。

(5)租赁房屋交付、返还条款

租赁房屋的交付条款是房屋租赁合同的核心条款,应审查租赁房屋的交付日期、交付标准、交付手续,租赁房屋交付与租赁期限的起算的关系,以及租赁房屋的交付标准是否作为租赁房屋的返还标准等。

对于租赁房屋的返还条款,应审查并明确租赁房屋在租赁期限届满、房屋租赁合同提前解除等情形下的返还标准及返还期限等,以及逾期返还时的处理措施。

(6)优先购买权条款

根据《民法典》第 726 条的规定,出租人转让租赁房屋所有权的,承租人享有优先购买权,出租人应当在转让前的合理期限内通知承租人。② 因此,律师应审查和明确承租人是否放弃租赁房屋的优先购买权。

但需注意的是,即便承租人未放弃就租赁房屋的优先购买权,在下列情形下,承租人亦不享有租赁房屋的优先购买权:

①房屋按份共有人行使优先购买权的;

②出租人将房屋出卖给近亲属;

③出租人履行通知义务后,承租人在 15 日内未明确表示购买的。

(7)优先承租权

《民法典》第 734 条第 2 款规定:“租赁期限届满,房屋承租人享有以同等条件优先承租的权利。”该条款将承租人的优先承租权设定为法定权利,有利于保障承租人租赁的稳定性。但对于商业物业而言,承租主体的品牌知名度、业态类型、客流量等都直接影响了该租赁物业以及周边其他物业的整体价值和经济效益,优先承租权在一定程度上限制了出租人自主招商的权利。因此,律师应审查和明确承租人是否放弃了租赁房屋的优先承租权。

(8)保险条款

对于经营性房屋租赁的,律师根据委托人的需求应审查租赁房屋是否投保建筑工程一切险、公众责任险或财产一切险等。

---

① 《民法典》第 715 条规定:“承租人经出租人同意,可以对租赁物进行改善或者增设他物。承租人未经出租人同意,对租赁物进行改善或者增设他物的,出租人可以要求承租人恢复原状或者赔偿损失。”

② 《民法典》第 726 条规定:“出租人出卖租赁房屋的,应当在出卖之前的合理期限内通知承租人,承租人享有以同等条件优先购买的权利;但是房屋按份共有人行使优先购买权或者出租人将房屋出卖给近亲属的除外。出租人履行通知义务后,承租人在十五日内未明确表示购买的,视为承租人放弃优先购买权。”

(9)违约责任及合同解除、终止条款

违约责任及合同解除、终止条款是房屋租赁当事人用于保护合同权利的条款,律师应当予以重点审查,对是否存在免除交易对方违约责任、加重委托人违约责任的内容、是否存在单方解除权、违约责任的承担是否合理等方面进行审查。

3. 参与房屋租赁合同谈判及见证工作

除前述房屋租赁合同的起草及审查外,在房屋租赁合同拟订阶段,律师可协助委托人与交易对方进行房屋租赁合同的谈判工作,降低委托人的商业风险。

律师还可协助委托人参与房屋租赁合同的见证工作。律师参与房屋租赁合同见证,应当要求对方当事人出具营业执照、法定代表人身份证明、授权委托书,审核房屋租赁合同签署者的合法性(包括身份的真实性、授权的有效性等),并要求房屋租赁合同签署者在律师前签字、捺印和盖章,核查不同房屋租赁合同文本的内容是否完全一致,房屋租赁合同文本有多页内容时,应要求房屋租赁合同签署者在各页文本上保留印鉴或对各页文本做好骑缝处理。

4. 协助当事人办理房屋租赁合同的登记备案手续

《商品房屋租赁管理办法》第 14 条规定:"房屋租赁合同订立后三十日内,房屋租赁当事人应当到租赁房屋所在地直辖市、市、县人民政府建设(房地产)主管部门办理房屋租赁登记备案。房屋租赁当事人可以书面委托他人办理租赁登记备案。"

办理房屋租赁合同登记备案,房屋租赁当事人应当提交下列材料,且房屋租赁当事人提交的材料应当真实、合法、有效,不得隐瞒真实情况或者提供虚假材料:

①房屋租赁合同;

②房屋租赁当事人身份证明;

③房屋所有权证书或者其他合法权属证明;

④直辖市、市、县人民政府建设(房地产)主管部门规定的其他材料。

律师应提示委托人注意的是,对于房屋租赁合同未经房地产主管部门登记备案的,存在租赁权益不得对抗第三人的风险。如出租人就同一房屋订立数份租赁合同,在合同均有效的情况下,按照下列顺序确认履行合同的承租人:

①已经合法占有租赁房屋的;

②已经办理登记备案手续的;

③合同成立在先的。

三、房屋租赁合同履行阶段的律师工作

在房屋租赁合同履行阶段,律师可以提供全方位的法律咨询服务及权利救济服务。在这一阶段,律师提供的法律服务主要内容如下:

1. 法律咨询服务

在房屋租赁合同履行过程中,尤其经营性租赁,律师可就房屋租赁合同项下权利义务如何履行、房屋租赁合同中未明确约定的情形下房屋租赁当事人责任承担及救济方式、房屋租赁当事人的法定权利及责任义务等提供法律建议及法律分析。

2. 函件拟订服务

房屋租赁当事人在房屋租赁合同履行阶段与交易对方的各项沟通应尽量以书面形式作出。在此过程中,律师可协助委托人拟定各类函件,包括但不限于履行合同义务的告知函/警示函、租金等费用的催缴函、存在违约行为后的单方解约函。应注意的是,律师在拟定前述各类函件前,应当审查该等函件是否符合房屋租赁合同的约定及相关法律法规规定,事先了解纠纷事项的具体情况,并给予委托人专业的法律分析意见,以此判断函件发送的必要性和其中所需要拟定的具体内容。

3. 诉讼或仲裁的代理服务

当房屋租赁当事人就房屋租赁存在争议且无法协商解决的情形下,律师可接受当事人委托,担任代理人,代理参加诉讼、调解或仲裁活动,维护当事人的合法权益。

第四节 关于物业管理的主要制度及概况

对于新房购房者而言,除了考虑房产的地段和位置,另一重要因素就是房地产开发商的知名度,因为知名的房地产开发商往往具有丰富的房地产开发建设管控经验,很大程度上能够决定房产的建筑质量。而对于二手房购房者而言,房产已经竣工验收并交付使用,此时,购房者往往更为关心拟购房产所在小区的物业服务企业,因为知名的物业服务企业凭借其丰富的物业管理经验能够保证小区的安全、卫生和居住舒适度。甚至在房产市场萎靡的情况下,良好的物业管理也是房产保值的有效手段。

物业管理直接关系到业主权益的方方面面,随着物业管理的日益专业化、社会化、市场化,与物业管理相关的纠纷层出不穷,促使与物业管理相关的法律制度日益完善。本节将就物业管理的主要制度进行简要介绍。

一、物业管理的基本概念

根据《物业管理条例》第 2 条的规定,物业管理是指业主通过选聘物业服务企业,由业主和物业服务企业按照物业服务合同约定,对房屋及配套的设施设备和相关场地进行维修、养护、管理,维护物业管理区域内的环境卫生和相关秩序的活动。

可以从以下几个方面理解物业管理的概念:

从主体方面,物业管理涉及两方主体,一方是业主,即房屋的所有权人;另一方是物业服务企业,即从事物业管理服务的、具有法人资格的企业。业主和物业服务企业之间需要通过签订物业服务合同的方式来对物业管理事项、服务质量、服务费用、双方的权利义务、专项维修资金的管理与使用、物业管理用房、合同期限、违约责任等内容进行约定。需要指出的是,如已成立业主大会,一般签订物业服务合同的主体均是业主委员会。

从客体方面,物业管理针对的对象是房屋及其配套的设施设备和相关场地。

从物业服务的内容方面,物业服务主要是提供维修、养护、管理服务,并维护物业管理区域内的环境卫生和相关秩序。

当然,以上对于物业管理概念的界定和分析,更多是从狭义角度而言的。从广义角度而言,物业管理还包括业主自治管理、物业服务企业选聘等问题,下文会涉及。

二、物业管理的分类

1. 自行管理和委托管理

根据《民法典》第 284 条的规定①,基于是否委托他人提供物业服务,物业管理可以划分为自行管理和委托管理。其中,委托管理也可以进一步区分为委托自然人管理和委托专业物业服务企业管理。

事实上,随着目前物业管理服务日益专业化、社会化和市场化,自行管理已不再是物业管理的主流,自行管理往往存在物业服务质量差等普遍问题,也不再适应目前房地产市场化发展的大背

---

① 《民法典》第 284 条规定:"业主可以自行管理建筑物及其附属设施,也可以委托物业服务企业或者其他管理人管理。对建设单位聘请的物业服务企业或者其他管理人,业主有权依法更换。"

景。相反,委托管理,尤其是业主委托专业的物业服务企业提供物业服务,较之自行管理则具有专业化的优势,业主也能够有效监督物业服务企业,并在不同的物业服务企业之间形成竞争机制,优胜劣汰,更有利于为业主提供良好的物业管理服务。

2. 前期物业管理和物业管理

基于物业管理时间的划分,可以将委托管理分为两个阶段,即前期物业管理和物业管理。

前期物业管理,指在业主、业主大会选聘物业服务企业之前,建设单位选聘物业服务企业提供物业服务,并由建设单位与物业服务企业签订前期物业服务合同。在前期物业管理阶段,业主大会及业主委员会尚未成立,建设单位作为主体与物业服务企业签订前期物业服务合同。

物业管理,指业主或业主委员会选聘物业服务企业提供物业服务,并签订物业服务合同。在物业管理阶段,业主大会及业主委员会已成立,业主有权决定是否继续由前期物业服务企业提供物业服务,或者选择新的物业服务企业取代前期物业服务企业。因此,前期物业管理和物业管理是两个相互衔接的阶段,两个阶段的划分点为物业实际控制权的转移——自建设单位移交至业主(即建筑物区分所有权人)。

需要指出的是,虽然《物业管理条例》及《业主大会和业主委员会指导规则》均对业主大会和业主委员会的成立进行了规定,但在实践中,也存在业主大会和业主委员会迟迟不成立,而由前期物业服务企业一直以前期物业服务合同为依据提供物业服务的情形。

三、物业管理的立法现状

相较于物业管理行业的飞速发展,物业管理法律体系的建设却相对缓慢。国家尚未就物业管理制定法律层面的专门法,更多的仍是以行政法规和部门规章、地方性法规和地方政府规章等形式对物业管理进行规范。

1. 法律

对于物业管理,国家尚未在法律层面专门立法,有关物业管理的法律规范只是散见于一些法律中,其中以《民法典》物权编、《物业管理条例》为主。

2. 行政法规和部门规章

国务院于 2003 年 6 月 8 日公布了《物业管理条例》,自此,《物业管理条例》成为物业管理领域的基础性规定。此后,随着物业管理行业的新发展,《物业管理条例》历经 2007 年 8 月 26 日、2016 年 2 月 6 日以及 2018 年 3 月 19 日三次修订。

(1)2007 年的首次修订

2007 年修订对物业管理有关主体作出相关规定,物业由“管理”到“服务”,进而在物业服务提供者和业主之间厘定了各自的法律地位,更加强调业主的自治管理和物业服务;同时,增加了业主委员会成立的指导部门——街道办事处、乡镇人民政府;2007 年修订还对专项维修资金的使用条件进行了严格规定。

(2)2016 年的第二次修订

2016 年修订后,从事物业管理的人员无须再取得职业资格证书,对物业服务企业聘用未取得物业管理职业资格证书的人员从事物业管理活动的处罚也相应取消。

(3)2018 年的第三次修订

2018 年修订删除了物业服务企业“具有相应资质的”限定,增加“守信联合激励和失信联合惩戒机制”以及完善了关于物业费的相关规定。

除《物业管理条例》外,建设部、发改委、国税局等部门还就物业管理中的具体事务制定了相应的规章制度。例如,2003 年 11 月 13 日,原建设部、发改委联合发布了《物业服务收费管理办法》,以规范物业管理服务收费行为,保障业主和物业服务企业的合法权益;2004 年 3 月 17 日,原建设部为了加强对物业服务活动的监督管理,规范物业服务市场秩序,提高物业服务水平,制定和发布了《物业管理企业资质管理办法》[根据住房城乡建设部《关于废止〈物业服务企业资质管理办法〉的决定》(中华人民共和国住房和城乡建设部令第39号),此文件已被废止];2007年9月10日,为提高政府制定物业服务收费的科学性,合理核定物业服务定价成本,发改委和原建设部印发了《物业服务定价成本监审办法(试行)》。

3. 地方性法规和地方政府规章

除上述法律、行政法规及部门规章外,全国各地相应出台了物业管理的地方性法规或地方政府规章,例如,2006年1月1日起施行的《吉林市物业管理条例》、2008年1月1日起施行的《深圳经济特区物业管理条例》、2009年5月1日起施行的《山东省物业管理条例》等。

4. 司法解释

最高人民法院分别于2009年5月14日及2009年5月15日就物业管理领域发布了相关司法解释,即最高人民法院《关于审理建筑物区分所有权纠纷案件适用法律若干问题的解释》和《关于审理物业服务纠纷案件适用法律若干问题的解释》,前述司法解释于2020年进行了修正。该等司法解释也为处理物业管理相关纠纷提供了指导性意见。

综上,我国目前形成了以法律、行政法规、部门规章、地方性法规、地方政府规章及司法解释为核心的物业管理法律法规体系。同时,也应注意到,随着物业管理水平的提高和人民维权意识的提升,物业管理相关纠纷层出不穷,导致与物业管理有关的纠纷日益增多,更多的与物业管理紧密相关的具有典型性意义的判决也大量出现,并逐渐成为纠纷发生当地和省市、国家范围内判断物业管理合法合规性的标准之一。对此,从事相关业务的律师也应给予一定程度的关注。

四、物业管理相关重要问题

以下简要介绍物业管理中涉及的四项重要问题。

1. 住宅物业与商业物业在物业管理中的区别

《物业管理条例》并未对物业类型作出区分,内容多为规范住宅物业的管理。有些地方性法规甚至明确为“住宅区”物业管理条例,如《深圳经济特区住宅区物业管理条例》(该条例已废止)。与住宅物业相对应,商业物业的物业管理则有所不同。

(1)住宅物业管理

作为传统的物业类型,《物业管理条例》对于住宅物业管理的规范全面而细致,主要包括以下几个方面:

①成立业主大会

业主享有召开业主大会会议、制定临时公约、选举业主委员会、监督物业服务企业履行物业服务合同等权利,同时也应履行遵守管理规约、按规定交纳专项维修基金、按时交纳物业服务费等义务。根据业主大会决议所成立的业主委员会应当切实履行业主大会决定事项,向业主负责。

②前期物业管理

如前所述,前期物业管理是业主从建设单位购入房屋前这一过渡阶段的物业服务状态。根据《物业管理条例》的规定,建设单位与物业买受人签订的买卖合同应当包含前期物业服务合同约定的内容,即在业主选聘新的物业服务企业前,业主承继建设单位在前期物业服务合同项下的权利义务。

③物业管理服务

一个物业管理区域由一个物业服务企业实施物业管理,由业主委员会与选聘的物业服务企业订立书面的物业服务合同。该物业服务合同应当对物业管理事项、服务质量、服务费用、双方的权利义务、专项维修资金的管理与使用、物业管理用房、合同期限、违约责任等内容进行约定。

④交纳专项维修资金

《物业管理条例》第 53 条规定:“住宅物业、住宅小区内的非住宅物业或者与单幢住宅楼结构相连的非住宅物业的业主,应当按照国家有关规定交纳专项维修资金。专项维修资金属于业主所有,专项用于物业保修期满后物业共用部位、共用设施设备的维修和更新、改造,不得挪作他用。专项维修资金收取、使用、管理的办法由国务院建设行政主管部门会同国务院财政部门制定。”根据上述规定,专项维修资金的交纳者为住宅物业、住宅小区内的非住宅物业或者与单幢住宅楼结构相连的非住宅物业的业主,纯商业物业并不涉及专项维修资金,故原建设部、财政部于 2007 年 12 月 4 日发布的《住宅专项维修资金管理办法》直接以“住宅”限定专项维修资金。但在实践中,办公楼或商业物业也存在收缴专项维修资金的情况,而专项维修资金很少被适当地管理和使用,开发商非法侵吞或滥用专项维修资金的情形也屡见不鲜。

(2)商业物业管理

相较于住宅物业,商业物业主要以租赁方式存在,由于租户的流动性,难以形成业主委员会。若业主为建设单位或单一业主,业主通常自行选聘物业服务公司,甚至自行成立子公司(物业管理公司)为该物业提供服务,并将物业服务内容加入租赁合同中。

另外,若商业物业不是住宅小区内的非住宅物业或者与单幢住宅楼结构相连的非住宅物业,则商业业主无须交纳专项维修资金。

2. 前期物业服务企业原则上应通过招投标方式确定

《物业管理条例》第 24 条规定:“国家提倡建设单位按照房地产开发与物业管理相分离的原则,通过招投标的方式选聘物业服务企业。住宅物业的建设单位,应当通过招投标的方式选聘物业服务企业;投标人少于 3 个或者住宅规模较小的,经物业所在地的区、县人民政府房地产行政主管部门批准,可以采用协议方式选聘物业服务企业。”

因此,住宅物业的建设单位原则上应通过招投标的方式选聘前期物业服务企业。建设单位违反该规定,未通过招投标的方式选聘物业服务企业或者未经批准,擅自采用协议方式选聘物业服务企业的,存在被房地产行政主管部门责令限期改正、给予警告或罚款的风险。

3. 成立业主大会及相关问题

根据《业主大会和业主委员会指导规则》第 8 条的规定,物业管理区域内,已交付的专有部分面积超过建筑物总面积 50%时,建设单位应当按照物业所在地的区、县房地产行政主管部门或者街道办事处、乡镇人民政府的要求,及时报送筹备首次业主大会会议所需的文件资料,包括物业管理区域证明、房屋及建筑物面积清册、业主名册、建筑规划总平面图、交付使用共用设施设备的证明、物业服务用房配置证明及其他有关的文件资料。

因此,在业主大会具备成立条件的情况下,建设单位有义务及时向房地产行政主管部门或者街道办事处、乡镇人民政府报送筹备首次业主大会会议的文件资料。同时,对于符合成立业主大会条件的,区、县房地产行政主管部门或者街道办事处、乡镇人民政府应当在收到业主提出筹备业主大会书面申请后 60 日内,负责组织、指导成立首次业主大会会议筹备组。

4. 物业服务企业的退出

实践中,由于物业服务企业提供的物业服务直接关系到业主的日常生活,故物业服务企业提前退出或终止物业服务的,仍需要履行必要的程序,而不能立即自行终止服务。一般而言,物业服务企业提前退出或终止服务的,物业服务企业应与业主委员会达成一致,并报告相关主管部门。在相关物业服务企业和新物业服务企业交接完毕之后,方可退出物业区域。

第五节　物业管理过程中的律师工作

一、律师在前期物业管理中的工作

1. 选聘前期物业服务企业过程中的律师工作

首先,在物业销售前,律师为建设单位选聘前期物业服务企业提供法律服务,并建议建设单位通过招投标的方式选聘具有相应能力的物业服务企业。在选聘过程中,应当向建设单位说明:住宅物业,应通过招投标选聘;投标人少于3个或者住宅规模较小的,经报物业所在地的区、县人民政府房地产行政主管部门批准,可以采用协议方式选聘。在前期物业管理招投标活动中,律师应按照《前期物业管理招标投标管理暂行办法》及各地规定,帮助建设单位规范相关招投标活动,包括委托招标代理机构、发布招标公告、编制招标文件、招标备案、资格预审、开标和评标、签订合同及合同备案。

其次,律师应当参与草拟或审查建设单位与前期物业服务企业的相关法律文件,包括但不限于招标文件、前期物业服务合同。其中,前期物业服务合同的主要内容可以参考《前期物业管理服务合同(示范文本)》,且必须以书面形式签订。另外,临时管理规约也是前期物业管理的重要组成部分,应于销售物业前制订,并向物业买受人明示和说明。

最后,除前期物业服务企业的选聘外,律师还可协助建设单位聘请其他物业服务提供方,并草拟相关委托服务合同,如制定审核保安服务合同、保洁服务合同、设备维修服务合同等。

2. 在前期物业管理服务过程中的律师工作

首先,根据《物业管理条例》的规定,建设单位应制订业主临时管理规约。律师应协助建设单位制订业主临时管理规约,且应当向建设单位说明临时管理规约不得侵害物业买受人的合法权益,在签订《商品房买卖合同》时,该等内容将作为《商品房买卖合同》和前期物业管理合同的组成部分,并且要求商品房买受人对遵守临时管理规约予以书面承诺。

其次,律师应提示建设单位在用地范围内按照规定建设必要的物业管理用房,面积应符合出让合同或当地法规要求,在前期物业服务企业进场时完成移交,不得侵占做办公或商业用。

再次,已竣工但尚未出售或者尚未交给物业买受人的物业,物业服务费用由建设单位交纳,故律师应提示相关方注意。

最后,物业管理区域内已交付的专有部分面积超过建筑物总面积50%、召开首次业主大会时,律师可协助建设单位依据区、县房管部门或者街道办事处、乡镇人民政府的指导,提交相关手续,为业主大会及选举业主委员会准备材料。

二、律师在业主自治过程中的工作

1. 为成立业主大会和选举产生业主委员会提供法律服务

物业管理区域内已交付的专有部分面积超过建筑物总面积50%时,律师应提示业主监督建设单位应当按照物业所在地的区、县房地产行政主管部门或者街道办事处、乡镇人民政府的要求,及时报送筹备首次业主大会会议所需的文件资料,协助业主成立首次业主大会会议筹备组。届时,律师可以帮助草拟或审查管理规约、业主大会议事规则、业主委员会委员候选人产生办法、业主委员会选举办法等需要在大会上通过或使用的文件,确定首次业主大会会议表决规则,并在会议召开前以书面形式公告。

2. 为业主、业主大会及业主委员会提供法律服务

律师可以告知业主,可以自行管理,也可以委托物业服务企业或者其他管理人管理。在选聘

新的物业服务企业时，律师应提醒业主更换物业服务企业应当由专有部分面积占比三分之二以上的业主且人数占比三分之二以上的业主参与表决，且应当经参与表决专有部分面积过半数以上的业主且参与表决人数过半数的业主同意。会议可以采用集体讨论的形式，也可以采用书面征求意见的形式。业主选聘物业服务企业后，律师应帮助业主起草或审查物业服务合同，重点关注委托物业服务的内容、范围和期限，物业服务企业及业主的权利义务、专项维修资金的管理和使用、物业管理用房、违约责任的约定等。

此外，律师也可以向业主、业主委员会提供讲解和培训常见物业服务纠纷及应对措施等法律服务。

三、律师为物业服务企业提供的法律服务

1. 帮助物业服务企业投标

在建设单位或业主大会发布物业服务招标公告后，协助物业服务企业准备标书及其他投标材料。

2. 起草、审阅前期物业服务合同或物业服务合同

律师应重点帮助物业服务企业起草或审查物业服务合同，重点关注委托物业服务的内容、范围和期限，物业服务企业及业主的权利义务、专项维修资金的管理和使用、物业管理用房、违约责任的约定等。

3. 业主拖欠物业服务费时，协助催要物业费

律师应当首先协调业主、物业公司及业主委员会就物业费事宜进行协商，尽量以协商方式予以解决。若协商无法解决，律师可告知物业服务企业先通过发律师函的方式向业主催收，以诉讼方式解决。

4. 对物业服务企业人员进行法律培训

律师可以向物业服务企业人员讲解常见的物业纠纷及其解决方法，并协助物业服务企业梳理物业管理流程，做到合法合规。

四、律师在物业管理纠纷中的工作

实践中，常见的物业管理纠纷为：建设单位占用物业用房导致的纠纷；业主拖欠物业费的纠纷；滥用或侵吞专项维修资金产生的纠纷；业主间相邻权纠纷；物业费收费过高产生的纠纷；因未签订书面物业合同而产生的纠纷等。

在处理物业管理纠纷过程中，律师应当从以下两个方面把握：

一方面，法律最为重要的作用是“定分止争”，律师作为法律执业者，应当引导业主、物业服务企业、建设单位运用正当手段维护权益。特别是催缴物业费中，物业服务企业常用断水、断电、限制业主进出的方式施压，但最后常常两败俱伤，这些做法缺乏合法性，不宜提倡，也达不到自力救济的作用，甚至会构成侵权。《民法典》第 944 条第 3 款对此有明确规定：“物业服务人不得采取停止供电、供水、供热、供燃气等方式催交物业费。”

另一方面，律师在处理物业服务合同、商品房买卖合同、临时管理规约等文件时，应当具有预见性，设定合理的权利义务及违约责任，平衡各方利益，实现多赢。

律师应当在日常法律服务过程中对业主、建设单位、物业服务企业等服务对象进行适当的培训，把律师服务渗透到物业管理的每一个细节，提高服务对象法律意识，减少法律纠纷。

第六章　房地产项目交易中的律师服务

第一节　房地产项目交易概述

本章中的房地产项目交易主要是指房地产并购交易，是房地产开发企业为了获取土地使用权及地上建筑物、构筑物及附属设施的权益而采取的受让持有该等权益的公司的股权或直接受让土地使用权及地上建筑物、构筑物及附属设施权益的行为。自 2014 年以来，随着产业升级转型及政府政策的规范化引导，国内房地产企业间掀起了一股房地产并购交易的浪潮。随着政府对房地产行业调控措施不断深化，房地产企业融资渠道收紧及土地一级市场拿地成本增加等因素的驱动下，房地产行业开始新一轮洗牌，大中型房地产企业通过房地产并购交易扩张布局实现规模化发展，小型房地产企业则在被并购后逐步退出房地产市场，优势资源逐步向优势企业汇聚。虽然受到新冠疫情的巨大冲击，2020 年上半年国内房地产并购交易规模较同期有所下降，但是房地产市场仍然表现出较强的韧性，从整体交易数量而言，2020 年上半年房地产并购交易并未出现大幅下降，与去年同期持平，维持在 200 笔左右。①

相较于传统的通过“招、拍、挂”方式拿地后再进行房地产项目开发建设，房地产并购交易一方面能够推动房地产开发企业快速实现规模化增长，企业可以通过相对较低的成本在较短的时间内获得大面积土地储备，实现对不同区域甚至是全国的战略布局；另一方面也促进了房地产企业的多元化转型，尤其是适应不断出现的新市场增长点，如长租公寓市场、产业地产、不动产金融及不良资产处置等。

一般来说，房地产项目交易可以分为股权转让交易与资产转让交易两种类型，其在税收成本、转让手续及责任承担、风险控制等方面各有优劣，交易双方往往根据特定的商业目的，选择合适的房地产项目并购交易方式。当然，不管是股权转让交易还是资产转让交易，其在实操过程中要比房地产企业通过“招、拍、挂”获取土地后直接进行房地产项目开发要复杂，存在的法律风险点也不尽相同，稍有不慎就可能会陷入法律纠纷。因此，作为房地产项目交易律师，通常需要结合每一个房地产交易项目的特点，综合考虑房地产项目的施工现状、整体规划情况、交易成本及发展前景等各个方面，以把控风险为原则，兼顾经济效益，协助委托人选择最佳的交易方案。

为明确房地产项目交易中律师的基本工作，本章拟从下述两个方面切入介绍：其一，从总括角度对房地产项目交易的类型进行分析，并分述各自区别；其二，对房地产并购项目交易的两大类型即股权转让交易和资产转让交易的注意事项及律师工作进行专节介绍。

第二节　房地产项目交易的主要类型及区别

在房地产项目交易中，最常采用的是股权转让与资产转让两种交易类型。两种交易类型存在诸多不同，且各有优劣，交易双方往往需要根据特定的商业目的、项目实际情况选择合适的交易类型。因此本节将对两种房地产项目交易类型的区别进行简要介绍。

---

① 数据来源：投中集团、汤森路透及普华永道。

一、房地产项目交易的主要类型

房地产项目交易最为常见的是如下两种类型：

1. 项目公司股权转让

项目公司的股权转让交易，就是项目公司股东将其持有的公司股权部分或全部转让给交易对手的交易类型，最终目的是以公司股权转让方式间接实现房地产项目的转让，其实质在于获得项目土地使用权及地上建筑物的产权或在建工程等资产。

在实践操作中，项目公司股权转让交易被普遍采用。在这种交易类型中，转让标的是项目公司的股权而不是房地产项目，房地产项目权益作为项目公司的资产随公司投资主体变化而自然发生转移，因此不需办理房地产项目的权属变更登记等手续，且税费成本较低，从而可以高效、简便、低成本地实现房地产项目权益的转让，但同时也存在较多法律风险。

2. 项目资产转让

房地产项目资产转让交易，是指权利人将其拥有的物业产权或者在建项目作为一个整体转让给受让方。根据《城市房地产管理法》《土地管理法》等相关法律法规的规定，项目资产转让交易要依法办理繁琐的审批手续，同时还需要承担较高的税费成本，但相比较而言，该种交易类型的优点是存在的法律风险相对较小。

二、股权转让与资产转让交易的区别

虽然股权转让和资产转让两种交易方式都能实现房地产项目转让的目的，但两种交易类型存在诸多不同，只有在了解两种交易类型不同特点的前提下，才能根据项目实际情况选择合适的交易类型。两种交易类型主要存在以下区别：

（一）转让的主、客体不同

资产转让交易中，转让客体是标的房地产项目的不动产权，如国有建设用地使用权、在建工程的所有权或房屋所有权等，也即国有建设用地使用权与地上附着建筑物的所有权复合而成的权利。资产转让交易中的主体为房地产开发项目的不动产权人（即房地产项目公司）和受让方。

股权转让交易中，当投资者为开发一个房地产项目设立项目公司，由该项目公司直接持有房地产项目时，投资者并不直接享有房地产项目的不动产权，而是作为项目公司股东而相应享有的股东权益，因此在股权转让交易中，转让客体是项目公司股权，该等股权是项目公司股东基于对项目公司投资形成的股权而享有的收益分红、剩余财产分配、对公司经营管理事务的投票权、对管理人员的任命权等综合性权利，权利对应的标的物不直接指向房地产开发项目。受让方收购项目公司的股权，其面对的交易对方为项目公司的股东，在此过程中涉及三个主体，分别为项目公司、项目公司的股东（即转让方）和受让方。

（二）转让的程序不同

1. 资产转让交易程序

（1）项目开发需达一定程度

根据《城市房地产管理法》的规定，以出让方式取得土地使用权的，转让房地产时，应当符合下列条件：（一）按照出让合同约定已经支付全部土地使用权出让金，并取得土地使用权证书；（二）按照出让合同约定进行投资开发，属于房屋建设工程的，完成开发投资总额的25%以上，属于成片开发土地的，形成工业用地或者其他建设用地条件。转让房地产时房屋已经建成的，还应当持有房屋所有权证书。同时，也存在禁止转让的情形：（一）以出让方式取得土地使用权的，不符合《城市房地产管理法》第39条规定的条件的；（二）司法机关和行政机关依法裁定、决定查封或者以其他形式限制房地产权利的;(三)依法收回土地使用权的;(四)共有房地产,未经其他共有人书面同意的;(五)权属有争议的;(六)未依法登记领取权属证书的;(七)法律、行政法规规定禁止转让的其他情形。

(2)需要债权人/抵押权人同意

房地产项目往往存在抵押情况。若存在抵押,资产转让则通常需要事先取得债权人/抵押权人同意,并在提前解除抵押或者获得抵押权人同意函后方可进行。

(3)国有资产转让的特殊程序

转让国有企业房地产项目的,应按照《企业国有资产交易监督管理办法》及相关法律法规中有关国有资产转让的规定履行评估及公开进场等程序。

(4)交易双方需就资产转让事宜签订有关项目转让协议

根据《城市房地产管理法》的相关规定,房地产转让应当签订书面转让协议。

(5)不动产变更登记、备案手续

交易双方在签署转让协议后,应前往不动产登记管理部门办理相关不动产权变更登记手续。《民法典》第209条规定:"不动产物权的设立、变更、转让和消灭,经依法登记,发生效力;未经登记,不发生效力,但是法律另有规定的除外。依法属于国家所有的自然资源,所有权可以不登记。"因此,房地产开发项目的转让未经登记不发生物权变动的效力。同时,《城市房地产开发经营管理条例》第20条对房地产项目转让的备案手续作了进一步的详细规定:"转让房地产开发项目,转让人和受让方应当自土地使用权变更登记手续办理完毕之日30日内,持房地产开发项目转让合同到房地产开发主管部门备案。"

(6)开发建设许可手续的变更

除不动产权证需要过户更名外,对于项目地块土地使用权及在建工程所有权转让而言,则资产转让后还涉及建设用地规划许可证、建设工程规划许可证、建筑工程施工许可证、预售许可证明/商品房现房销售备案证及其他单项审批及单项验收文件等部分或全部建设手续的更名,且需要得到当地政府主管部门的批准方可完成,耗费时间较长。

(7)与项目相关工程及施工合同的交割

除签署需要完成不动产权证书及相关开发建设手续的更名外,特别是对于项目地块土地使用权及在建工程所有权转让,还需对于已签署但尚未履行完毕的相关工程及施工合同(特别是总包合同)进行交割,包括需要签署主体变更协议、履行相应的招投标、审批、备案手续的或者要求解除原工程及施工合同,原承包人完成相关施工资料/施工图纸的移交及撤场。

总之,相对于股权转让交易而言,资产转让交易的程序性要求更高、政府审批环节更繁琐。

2. 股权转让交易程序

相比较而言,股权转让交易程序较为简单,交易双方需就项目公司股权转让事宜签署转让协议,并将股权变动情况记载于公司的股东名册,为了彰显股权变动的公信力,交易双方还应当前往市场监督管理部门办理股权变更登记手续。根据《公司法》第32条的相关规定,公司应当将股东的姓名或者名称向公司登记机关登记;登记事项发生变更的,应当办理变更登记。未经登记或者变更登记的,不得对抗第三人。

在股权转让交易中,房地产项目通常无需满足《城市房地产管理法》第39条规定的条件(除非项目公司已签署的土地出让合同或开发建设的审批手续中存在限制转让条款),亦无需经过其他第三方同意(除非项目公司已签署的商业合同或合作协议中存在特殊条款)。对特殊的企业来说,股权转让交易亦需要遵守特殊的交易规则,如国有股权转让的,需要进行相应的前置审批、评估、公开进场交易等程序。

股权转让交易办理手续较为简单,受让方可以快速受让项目公司股权并投入到后续项目开发建设中。

（三）承担的风险不同

一般来说，资产转让的转让客体仅为房地产开发项目的不动产权，风险相对较小，受让方的权益基本能够得到保障。当然，这并不是说资产转让交易中就不存在任何风险，法律风险主要集中于不动产权的权属瑕疵，如转让房地产项目是否达到法定转让条件、是否存在无法取得权属证明的情况、是否存在权利限制情况（如抵押、查封情况）以及房地产开发项目折旧摊销导致资产缩水减值等情形。若涉及开发建设手续变更的，还可能面临无法顺利办理相关变更手续的风险。

股权转让交易中，受让方除需承担股权瑕疵、项目不动产权瑕疵等风险外，更大的风险来自于项目公司的潜在负债。项目公司为独立的经营主体，除了资产外，也会存在负债及或有负债，而负债及或有负债具体包括日常经营过程中签订的合同约定由项目公司应付未付的款项、从银行等金融机构借入的贷款、项目公司计提的应付未付职工薪酬、项目公司卷入诉讼而被司法机关裁判应付未付的款项以及其他潜在应付未付款项。如果项目公司的这些负债总和大于其持有的包含房地产开发项目在内的资产价值，则项目公司构成了“资不抵债”，进而严重影响受让方为获取收购资产价值而最终能够取得的收益。

（四）涉及税费不同

由于资产转让与股权转让的收益性质不同，二者所涉及的税种及交易双方所承担的税负情况也有很大区别，税费负担在很大程度上影响着项目采取何种交易类型。

1. 资产转让交易中交易双方的税负情况

资产转让交易中，交易双方需承担较高的税费，这也是实践中房地产项目并购普遍采取股权转让交易的主要原因之一。

（1）受让方税负情况

受让方在资产转让交易中主要涉及两个税种：印花税和契税。

根据《印花税暂行条例》的规定，在中华人民共和国境内书立、领受本条例所列举凭证的单位和个人，都是印花税的纳税义务人，应当缴纳印花税。产权转移书据的印花税税率是合同金额的0.05%。

根据《契税法》的规定，在中华人民共和国境内转移土地、房屋权属，承受的单位和个人为契税的纳税人，应当依法缴纳契税。契税税率为3%～5%，以国有土地使用权出让、土地使用权出售、房屋买卖的成交价格为计税依据，契税具体缴纳税率需以当地政策为准。

（2）转让方的税负情况

转让方在资产转让交易中涉及的税种较多，除了要缴纳印花税（税率通常为0.05%）外，还有增值税、土地增值税和企业所得税。

①增值税

根据《增值税暂行条例》的规定，纳税人销售不动产，转让土地使用权，税率为11%。

根据《房地产开发企业销售自行开发的房地产项目增值税征收管理暂行办法》的规定，房地产开发企业中的一般纳税人（以下简称一般纳税人）销售自行开发的房地产项目，适用一般计税方法计税，按照取得的全部价款和价外费用，扣除当期销售房地产项目对应的土地价款后的余额计算销售额。销售额的计算公式如下：

销售额=（全部价款和价外费用-当期允许扣除的土地价款）÷（1+11%）。

根据《财政部、国家税务总局关于调整增值税税率的通知》（财税〔2018〕32号）的规定，纳税人发生增值税应税销售行为或者进口货物，原适用17%和11%税率的，税率分别调整为16%、10%。

根据《关于深化增值税改革有关政策的公告》（财政部、税务总局、海关总署公告2019年第39

号,2019 年 4 月 1 日起生效)规定,增值税一般纳税人(以下称纳税人)发生增值税应税销售行为或者进口货物,原适用 16%税率的,税率调整为 13%;原适用 10%税率的,税率调整为 9%。

因此根据上述规定,自 2019 年 4 月 1 日起,增值税一般纳税人销售不动产、转让土地使用权的,税率为 9%。

②土地增值税

众所周知,房地产项目土地增值税是高税率的税赋。土地增值税直接影响房地产项目开发者的投资收益,甚至会直接关系一个并购项目的成败。根据《土地增值税暂行条例》的规定,转让国有土地使用权、地上的建筑物及其附着物并取得收入的单位和个人,应当缴纳土地增值税。土地增值税的征税对象是转让国有土地使用权、地上的建筑物及其附着物所取得的增值额。增值额为纳税人转让房地产的收入减除《土地增值税暂行条例》第 6 条规定的扣除项目后的余额为增值额。土地增值税实行四级超率累进税率:增值额未超过扣除项目金额 50%的部分,税率为 30%。增值额超过扣除项目金额 50%、未超过扣除项目金额 100%的部分,税率为 40%。增值额超过扣除项目金额 100%、未超过扣除项目金额 200%的部分,税率为 50%。增值额超过扣除项目金额 200%的部分,税率为 60%。

③企业所得税

根据《企业所得税法》的规定,在中华人民共和国境内,企业和其他取得收入的组织为企业所得税的纳税人,应缴纳企业所得税。企业所得税的税率为 25%。

按照财政部、国家税务总局《关于企业重组业务企业所得税处理若干问题的通知》(财税〔2009〕59 号)①的规定,资产转让属于企业重组的类型之一,企业重组的税务处理区分不同条件分别适用一般性税务处理规定和特殊性税务处理规定。在满足财税〔2009〕59 号文件第 5 条规定的条件下,交易各方对其交易中的股权支付部分可根据该文件规定进行特殊性税务处理。

采取资产转让交易模式,交易双方尤其是转让方有较大金额的税费支出,该等税费负担将在双方谈判时推高交易对价,使受让方交易成本上升。

2. 股权转让交易中交易双方的税负情况

(1)受让方税负情况

根据财政部、国家税务总局《关于继续执行企业》(财政部税务总局公告 2021 年第 17 号)的规定,在股权(股份)转让中,单位、个人承受公司股权(股份),公司土地、房屋权属不发生转移,不征收契税。因此在股权转让交易中,受让方免征契税,只需按照《印花税暂行条例》的规定缴纳万分之五的产权转移书据印花税,税负相对较低。

(2)转让方税负情况

在股权转让交易中,转让方除需交纳印花税外,还需交纳企业所得税。相比较资产转让模式,转让方无需缴纳增值税、土地增值税(是否需要缴纳尚存争议)。

①土地增值税(是否需要缴纳尚存争议)

在股权转让交易模式(尤其是 100%股权转让交易)中是否应征收土地增值税问题,实践中存有争议,主要原因在于,国家税务总局《关于以转让股权名义转让房地产行为征收土地增值税问题的批复》(国税函〔2000〕687 号)、国家税务总局《关于土地增值税相关政策问题的批复》(国税函〔2009〕387 号)及国家税务总局《关于天津泰达恒生转让土地使用权土地增值税征缴问题的批复》

---

① 该法规被《财政部、国家税务总局关于促进企业重组有关企业所得税处理问题的通知》(2014 年 12 月 25 日发布;2014 年 1 月 1 日实施)修订,《关于企业重组业务企业所得税处理若干问题的通知》第 6 条第(二)项规定了"股权收购,收购企业购买的股权不低于被收购企业全部股权的 75%"规定调整为"股权收购,收购企业购买的股权不低于被收购企业全部股权的 50%"。第 6 条第(三)项规定了"资产收购,受让企业收购的资产不低于转让企业全部资产的 75%"规定调整为"资产收购,受让企业收购的资产不低于转让企业全部资产的 50%"。

(国税函〔2011〕415号)三份批复均认为100%股权转让行为(且这些以股权形式表现的资产主要是土地使用权、地上建筑物及附着物)等同于房地产交易行为,应征收土地增值税。但最高人民法院在“马庆泉、马松坚与湖北瑞尚置业有限公司股权转让纠纷二审民事判决书”[(2014)民二终字第264号]中认为:“由于转让股权和转让土地使用权是完全不同的行为,当股权发生转让时,目标公司并未发生国有土地使用权转让的应税行为,目标公司并不需要缴纳营业税和土地增值税。”

在股权转让交易的实践操作中,转让方被要求缴纳土地增值税的情况较少出现,但不代表该项风险可以忽略,税务机关有权要求转让方予以缴纳。同时,对于受让方而言,股权转让交易模式可能会导致土地增值税税务缴纳风险的转移,因对于项目截至交易时实际成本与交易价格之间的增值部分,在未来核算土地增值税时均将视为项目溢价,按照溢价比例缴纳土地增值税。因此在股权转让交易中不能忽略对于土地增值税承担的约定。

②企业所得税

股权转让交易同属于财政部、国家税务总局《关于企业重组业务企业所得税处理若干问题的通知》(财税〔2009〕59号)规定的企业重组类型之一,在符合特定条件时,可以适用特殊性税务处理。

第三节　股权转让交易中的主要注意事项及律师工作

由于房地产开发项目转让存在手续繁琐、耗时较久、税费过高等特点,在实践中,转让方更多会以房地产项目公司股权转让的方式实现房地产项目的转让。房地产项目公司股权转让交易的目的是取得房地产项目实际控制权并获取收益,但是房地产项目公司股权转让的形式相比较资产转让形式而言,受让方面临更多的风险,这种风险不仅包括一般公司股权并购中的或有负债、财务税务等风险,还包括因房地产行业的特殊性而产生的其他特殊风险。因此在房地产项目公司股权转让交易中,需要律师对股权交易中的风险进行分析并加以控制。

一、房地产项目公司股权转让之法律风险

因无法准确核实房地产项目公司真正的经营状况,无法穷尽及披露诉讼仲裁风险,无法准确核查项目公司对外债务、担保及或有债务风险,甚至是地方政府决策风险,对于股权受让方来说,项目公司股权交易存在的法律风险点较多。受让方受让项目公司股权后,成为项目公司股东,则受让方应对股权受让前及受让后的所有债务及其他风险承担认缴出资额度内的有限责任,同时受让方进行股权转让交易的目的是取得房地产项目实际控制权并获取收益,受让方很有可能在股权受让后投入大量资金进行项目后续开发建设,若房地产项目因存在法律风险而无法开发建设或运营的,将使得受让方的交易目的无法实现,从而蒙受巨大经济损失。

从项目公司股权交易中的风险类型来说,除了一般公司股权并购所要面临的如或有负债、债务、诉讼仲裁等风险外,因房地产行业的特殊性,导致房地产并购存在与其他公司股权并购不同的风险。

(一) 公司主体风险

1. 股权转让主体资格及行为瑕疵

如果转让方、受让方不具备股东资格或存在限制转让的情形,则会对交易的顺利进行造成影响,甚至对适格的交易方造成经济利益损失。

转让方主体资格瑕疵包括但不限于转让方拟转让的股权设定了股权质押、冻结情况;房地产项目公司存在隐名股东或股权代持情况,转让方仅为代他人持股的显名股东,转让方存在法律或公司章程中规定的限制转让主体或行为的情形等;受让方同样存在主体资格是否符合法律规定的

问题,如受让方不符合法律或公司章程规定的主体条件等。

另外,股权转让为要式行为,股权转让应当符合公司法规定的条件。股权转让行为的瑕疵主要包括:

(1)股权转让主体不合法。如《公司法》第141条规定:“发起人持有的本公司股份,自公司成立之日起一年内不得转让。公司公开发行股份前已发行的股份,自公司股票在证券交易所上市交易之日起一年内不得转让。公司董事、监事、高级管理人员应当向公司申报所持有的本公司的股份及其变动情况,在任职期间每年转让的股份不得超过其所持有本公司股份总数的百分之二十五;所持本公司股份自公司股票上市交易之日起一年内不得转让。上述人员离职后半年内,不得转让其所持有的本公司股份。”发起人、公司董事、监事、高级管理人员等违反前述规定转让持有的公司股份的,便属于股权转让主体不合法。

(2)股权转让程序不合法。如股权转让程序违反公司章程的规定、国有股权转让未经国有资产监督管理部门审批及未履行评估、公开进场交易等。

2. 债务风险

房地产项目公司股权转让交易完毕后,受让方将间接承继原项目公司债务。即使交易文件中明确约定受让方对原项目公司债务不承担责任,但该等约定主要为交易双方的约定,对外而言并不能完全对抗善意第三人,受让方通常有可能需要在承担上述债务后再依据交易文件的约定对转让方进行追偿。

对受让方而言,房地产项目公司的债务风险包括但不限于:项目公司未披露的对外保证、抵押、质押等担保,潜在的合同违约风险,潜在的司法执行、查封风险,未披露的关联交易风险,未缴纳完土地出让金及市政配套费用,未如实披露与金融机构、其他单位或个人之间存在借贷关系、欠缴大额税费等风险。

3. 员工、社会保险缴纳等风险

受让方受让项目公司股权,便涉及是否承继项目公司原有员工的问题。若受让方不需要保留原有员工,则需要一并考虑解除或终止原员工劳动合同时劳动年限累计计算及相应的补偿金等问题。

就项目公司为员工缴纳社会保险问题,《关于规范社会保险费缴费基数有关问题的通知》第5条第(二)项规定:“参保单位缴纳基本医疗保险、失业保险、工伤保险、生育保险费的基数为职工工资总额,基本医疗保险、失业保险职工个人缴费基数为本人工资,为便于征缴可以以上一年度个人月平均工资为缴费基数。”《中华人民共和国社会保险法》第86条规定:“用人单位未按时足额缴纳社会保险费的,由社会保险费征收机构责令限期缴纳或者补足,并自欠缴之日起,按日加收万分之五的滞纳金;逾期仍不缴纳的,由有关行政部门处欠缴数额一倍以上三倍以下的罚款。”若项目公司未按照上述规定为员工缴纳各项社会保险的,受让方受让项目公司股权后,可能存在间接承继公司因未及时为员工缴纳各项保险而受到行政处罚或卷入劳动争议的风险。

4. 重大诉讼、仲裁案件的风险

对于正在进行中的诉讼、仲裁案件,由于尚未作出最终裁判,该等案件裁判结果的不确定性会妨碍受让方对项目公司及房地产项目的情况作出准确判断,案件裁判结果的不确定性会让公司资产随时处于风险之中。实践中,项目公司与工程承包方常因工程款的结算、工程质量等原因而引起诉讼、仲裁,在诉讼或仲裁中项目公司资产及土地使用权可能被采取诉讼保全,这些被冻结的资产存在被法院强制执行的风险。

同时,目前中国司法及仲裁系统并未设置官方公开平台提供公众查询诉讼、仲裁案件的基本情况,且最高人民法院主办的中国执行信息公开网及其他非官方查询网站(例如企查查)公示的信息也存在难以确保准确性和时效性的弊端,若项目公司、转让方未能如实披露公司的诉讼、仲裁等情况,则受让方很难及时完整地了解及判断项目公司的诉讼、仲裁及执行案件情况。

5. 欠缴税费的风险

出于利益驱动,项目公司往往存在欠缴、迟缴、逃避缴纳应缴税费的问题。项目公司原股东通过股权转让方式转让项目时,其很大一部分动机即是可以有效规避可能面临的巨额税费,从而将风险转移至受让方身上。因此,受让方需要通过完备的法律及财务尽职调查,发现项目公司潜藏的税务风险,并在交易价款中予以体现,或者要求项目公司进行补缴。

(二) 房地产项目权属及开发手续风险

1. 土地闲置的风险

实践中,项目公司所持有的开发项目土地可能会存在不同程度的土地闲置情况,且有的项目已经面临政府行政处罚和巨额罚款,严重的甚至面临被政府无偿收回土地的风险。受让方在受让项目公司股权后,此类风险将间接由受让方继续承担。若未能妥善处理的,将可能给项目公司和受让方造成巨大损失。

2. 项目存在抵押、查封、出租等禁止性或限制转让瑕疵

在股权转让交易中,受让方受让股权的实质在于受让房地产项目权益,如果该房地产项目存在抵押、查封、出租等禁止性或限制转让的情形,该等限制情形将影响股权转让价格及受让方交易目的的实现。具体而言,若项目土地使用权与房屋、在建工程设定了抵押权等担保的,随着项目公司股权的转让,该等担保也将由受让方间接承继,日后若债务人无力履行主债务,抵押权人行权的,项目土地使用权及房屋所有权将可能被拍卖、变卖;若项目土地使用权及房屋存在租赁情况,且股权转让时该等租赁尚未到期的,则原则上该等租赁关系将在股权转让交易完成后由受让方通过项目公司间接承继。

3. 项目规划、开发建设手续存在瑕疵

房地产项目并购与其他类型公司并购最大的不同在于除了确认不动产本身价值外,了解不动产工程建设是否合法合规也具有重大意义。若项目在规划、开发建设过程中存在违法违规情形的,将可能面临行政处罚、补缴土地出让金及契税等法律风险,情况严重的,甚至会被政府主管机关责令拆除违法建筑,导致受让方交易目的无法实现,蒙受经济损失。

二、股权转让交易的风险控制

如前文所述,房地产项目公司股权转让交易涉及风险较多,交易的顺利进行离不开专业律师的参与。为防范法律风险,尤其针对股权受让方,律师应当从以下两个阶段对股权转让交易中的法律风险予以预防和解决。

(一) 做好法律及财务尽职调查工作

股权转让交易的首要工作是对转让方所转让的股权及项目公司的状况进行详尽细致的法律及财务尽职调查,必要时还可以聘请专业工程机构对项目工程进行调查。由于财务及工程调查属于其他专业领域,在本节不再赘述。

法律尽职调查也称审慎调查(Due Diligence),是指在收购过程中受让方对标的股权和目标公司的资产、负债、经营、财务状况、法律关系以及目标公司所面临的机会和潜在的风险等进行的一系列调查。律师一般接受受让方委托对标的股权和项目公司进行法律尽职调查,以期发现各类风险,并在发现风险的基础上提出解决问题的方式和对策。

通过法律尽职调查,受让方可以了解标的股权、项目公司及项目的真实情况、是否存在无法克服的法律障碍和风险、了解可能影响交易价格的因素等,以供受让方在作出是否进行交易的决策、采用何种交易结构或相应调整交易结构时参考。律师可在交易文件中体现尽职调查的结果及载

明要求项目公司及转让方履行的义务,确保项目公司、转让方消除由其导致的法律风险,从而预防可能发生的风险。

法律尽职调查主要涉及标的股权、项目公司及项目等方面内容:

1. 项目公司及标的股权的调查范围

(1)项目公司的主体资格及存续

调查项目公司设立及变更的程序、条件等是否符合当时法律、法规和规范性文件的规定,股东出资是否到位及标的股权是否存在出质、冻结等限制性情况等;项目公司是否有效存续,其经营范围和经营方式是否合法合规;项目公司的章程规定是否合法法规,章程对股权转让有无限制或反收购条款,该等约定是否构成收购障碍或需要增加收购成本。

(2)项目公司的主要财产和财产权利

对于项目公司财产的调查主要体现在以下几个方面:项目公司拥有或租赁的生产经营设备、车辆、办公桌椅等固定资产,商标、专利等无形资产情况;上述财产是否存在产权纠纷或潜在纠纷;项目公司以何种方式取得上述财产的所有权或使用权,是否已取得完备的权属证书,若未取得,取得该等权属证书是否存在法律障碍;项目公司对其主要财产的所有权或使用权的行使有无限制,是否存在担保或其他权利受到限制的情况;项目公司有无租赁房屋、土地使用权等情况以及租赁的合法有效性等。

(3)项目公司的重大债权债务、担保

律师应核查项目公司的对外债权债务,以及金额较大的应收、应付款和其他应收、其他应付款情况,是否真实有效存在,是否有法律或合同依据;项目公司将要履行、正在履行以及虽已履行完毕但可能存在潜在纠纷的重大合同的合法性、有效性。项目公司提供对外担保情况,包括对外提供连带责任、差额补足承诺等是否有代为清偿的风险以及代为清偿后的追偿风险。

(4)项目公司的诉讼、仲裁或行政处罚

律师应当核查项目公司是否存在尚未了结的或可预见的重大诉讼、仲裁及行政处罚案件;同时应当关注转让方或项目公司的其他股东是否存在尚未了结的或可预见的重大诉讼、仲裁及行政处罚案件,因为如果股东存在此类情况,其又不具备被执行能力,可能会对项目公司股权结构以及履约能力产生影响。

(5)税务

由于地方政府存在名目繁多的税收优惠、财政补贴,如果项目公司享受优惠政策、财政补贴等政策,律师应关注该政策是否合法、合规,避免追缴及处罚风险。

(6)员工及社会保险的缴纳

律师需要关注项目公司高管人员的聘用合同、普通员工劳动合同,了解员工基本情况、社会保险、住房公积金的缴纳情况(包括缴纳基数),以便在后续交易文件的起草中对员工安排作出妥善约定。

2. 房地产项目的调查范围

(1)项目公司的开发资质

律师应核查项目公司是否具备与项目规模相对应的房地产企业开发资质,确认项目公司是否具有与项目相适应的开发资格和能力。实践中,房地产项目多采用“项目公司制”(即每开发一个新的房地产项目,便设立一个新的项目公司)。受限于项目公司成立时间及开发经验等,项目公司通常较难取得较高等级的房地产开发资质。考虑到前述客观情况,各地房地产主管部门对于房地产开发企业资质等级与项目建设规模不匹配问题的监管并不严苛,甚至允许建设单位通过分期开发(每期工程建设规模控制在企业资质等级批准承建范围)的方式进行房地产开发。并且,对于新成立的房地产开发企业,若其母公司或所属集团公司具备较高等级的房地产开发企业资质,各地房地产主管部门通常会默认其具备同等开发资质。

(2)项目公司是否合法取得国有建设用地使用权

律师应关注项目公司是否取得国有建设用地使用权；项目公司取得土地使用权的方式；土地规划用途、面积、规划条件等；是否已取得土地权属证书，或是否存在取得的法律障碍；土地出让金、契税及各项政府费用等税费是否已支付完毕；土地使用权是否已抵押，如有，相关的抵押合同对权利的限制等。

(3)项目开发、销售情况

项目基本概况，包括项目性质、容积率等规划指标；项目是否根据进展取得了相应的政府批准文件，如建设用地规划许可、建设工程规划许可、建筑施工许可、预售/销售许可/备案及包括但不限于消防、环评、交通、人防等单项审批文件。还需特别审查实际开发情况与政府批文是否存在不符的情况，与规划设计相对照是否存在变更情况，该等变更是否需要再次报批以及是否已经补缴土地出让金及契税，同时还需审查在建工程是否存在抵押、查封情况。

(4)项目公司签订的关于项目开发的重大合同

律师应注意审查项目公司对外签署的各类与项目开发有关的重大合同，包括但不限于规划设计合同、设备采购合同、施工承包合同、预售/销售合同，应关注该等合同的签订是否履行必要的程序，如招标程序；合同内容是否全面、详尽；是否可能存在潜在纠纷；合同履行情况及是否存在欠缴工程款的情况等。

(二) 起草交易文件

法律尽职调查作为正式并购交易的前置程序，其重要性不言而喻，那么在全面尽职调查的基础上，对于一宗房地产项目公司股权转让交易项目，从交易结构设计到交易文件起草，律师需要处处关注交易风险，将股权转让各方的权利义务、违约责任等予以明确约定，并采取一定的防范措施，以做到防患于未然。

1. 交易文件的主要条款

通常，项目公司股权转让交易文件需具备以下条款：

①鉴于条款(或“项目公司及项目的基本情况”条款)；

②概括性交易条款(概述整体交易安排以及交易目的)；

③股权转让价款及支付时间和方式条款；

④公司股权的交割时间及方式条款；

⑤过渡期间的权利行使及责任条款；

⑥双方的权利义务条款；

⑦陈述与保证条款；

⑧合同的变更与解除条款；

⑨违约责任条款；

⑩争议解决条款。

2. 设置特殊条款来防范风险

前述为一般意义上股权转让交易文件的组成条款，各个项目股权交易都有不同的特殊情况，律师应根据每个项目的特殊性相应设计交易文件条款来防范风险。本节主要从股权受让方角度选取以下四个常见的风险防控条款的设置方法进行阐述：

(1)通过设置付款条件防范交易风险

对于股权受让方而言，在股权转让过程中设置合理的付款节点，是防范交易过程中资金风险的主要手段。每个并购交易均有其特殊性，故交易价款支付的节点设置应与交易的重要安排紧密相关，既可以让转让方在不同时间获得合理的交易对价，也可以及时激励转让方尽快完成交易文件项下义务,推动交易顺利进行。

在股权转让交易过程中,相对于转让方而言,受让方义务较单一,往往仅承担付款义务,故转让方往往要求受让方证明其有足够的资金可以支付交易价款,或对于需要使用交易价款来让转让方解决目标公司或项目面临的可能影响交易进行事项的情况下,要求受让方先行支付一部分交易价款,在上述情况发生时,为确保交易价款的安全性或交易价款按照约定用途使用,可以采用设立共管账户的方式,对交易价款进行管理。

(2)寻求有效的担保措施减少资金风险

在并购交易过程中,担保往往包括受让方对于可以按时支付款项的担保和转让方对于可以按协议履行义务的担保。常用的担保方式为保函,既包括各方母公司、关联方、实际控制人出具的保函,也包括银行等金融机构开立的银行保函。两种保函相比,银行保函的可信度及可实现性更高,但由于银行保函的开立往往需要大额资金占用并需要支付高额的手续费,因此往往会导致交易成本的增加,在此种情况下,律师应考虑担保的现实可操作性并给予交易各方恰当的法律建议。

(3)特殊的声明和保证条款

项目公司股权转让中,受让方面临的一个重大风险就是对转让方原有的、不可知的债务的承担以及承担之后向转让方追偿而不得的风险。为控制这一风险,可要求转让方对项目公司情况进行披露并承担披露不实的违约责任,即在股权转让合同中设定转让方声明和保证的义务条款。声明及保证的内容应主要包括项目公司及转让方已提供的文件与资料均真实且无遗漏;除已披露的债权债务外项目公司不存在其他债权债务;项目公司未设定披露外的保证、抵押、质押、对外承担连带责任、提供差额补足义务等担保;公司的财产权完整无瑕疵等。同时,应当对上述保证声明约定相应的违约责任以及合同解除权,并由转让方提供相应的担保。

(4)设置过渡期条款

股权转让合同签订后,从签订之日到股权交割日之间有一段过渡期,宜在交易文件中设置过渡期条款。过渡期条款主要规定当事人双方在过渡期间的权利义务,如转让方在过渡期内应继续妥善经营和管理项目公司,不得有减损项目公司资产或其他利益的行为,转让方、项目公司对外签订新的重大合同或有重大投资应征求受让方同意,受让方先期进入项目公司参加公司经营管理等事项。该条款的主要目的是为了促进股权交付工作的顺利进行,防范项目公司在完成股权收购交易前的过渡期内的经营风险。

三、结语

由于房地产行业本身具有特殊性,加上股权转让交易模式风险通常较大,使得本来就纷繁复杂的房地产项目公司股权转让交易事务存在多重需要关注的法律风险点。

除本节所论述的普遍可采的风险防控措施外,律师应当根据交易各方不同的交易需求、项目的不同特点采取不同的风险防范措施,以减少或杜绝不必要的争议。

第四节 资产转让交易中的主要注意事项及律师工作

资产转让交易,是转让方将其持有的国有土地使用权及其在该土地上开发建设的房地产项目在建工程或房屋所有权(即"房地产项目")直接转让给受让方的一种房地产项目交易模式。与股权转让交易相比,资产转让交易方式更为直接,涉及的风险范围相对较小;但同时资产转让也存在必须满足一定的转让条件、转让手续较为复杂以及税负较重等特点。因此,资产转让交易中的法律风险及相应的注意事项和主要工作与股权转让交易相比存在一些不同之处。

一、房地产项目资产转让之法律风险

在房地产项目资产转让交易中，法律风险主要包括转让方与受让方是否具备交易的主体资格以及与项目本身开发、建设、经营、管理情况有关的法律风险。但受制于资产转让交易必须满足一定的法定条件，以及资产转让交易的高税负特点，律师在资产转让交易中还应注意与项目转让条件及税负承担有关的法律风险。

1. 转让方、受让方的主体资格

(1)转让方的主体资格及资产转让程序

在资产转让交易中，转让方应为项目公司，即持有房地产项目的房地产开发企业。律师应注意转让方是否具备进行资产转让交易的主体资格，主要审查转让方是否依法设立并有效存续以及是否具有履约能力，其公司章程及组织架构符合中国现行法律、法规的规定和要求，是否存在被终止或注销的情形等，同时应根据有关法律法规及转让方章程的规定，判断转让方应就资产转让事宜取得的内部授权文件。此外，律师应根据国家及地方有关房地产开发企业资质的管理制度和规定，审查转让方是否取得了与项目建设规模相适应的房地产开发企业资质证书且是否在有效期内。

同时，房地产项目公司以房地产项目的开发、建设、经营为主业，一般而言，其持有的房地产项目是项目公司的主要和重大资产，而公司章程中通常会对公司重大资产处置的内部表决方式和程序作出规定。故律师也应注意审查项目公司章程中的相关规定，确保项目公司在对外转让房地产项目前已依法履行了相应的内部决策程序。

除上述事项外，由于国家对国有资产转让存在一些特殊的法律规定和政策要求，律师还应关注转让方是否属于国有及国有控股企业、国有实际控制企业，如是，律师则应根据《企业国有资产交易监督管理办法》及地方有关国有资产转让的法规和政策规定，调研和判断资产转让交易涉及的国有资产转让要求和程序，例如交易是否必须在产权交易机构公开进行，以及项目转让需要履行的国有资产评估、国有企业内部决策和审批程序等。

涉及国有资产转让的条件和程序是影响资产转让交易的重大因素之一。如果交易依法必须在产权交易机构公开进行的，则将存在项目最终被第三人竞得的风险；同时国有资产转让的审批流程一般较长，也将对交易进程产生重大影响。因此，律师应予以相当的重视并及时判断和披露相关风险。

(2)受让方的主体资格

资产转让交易的受让方也应具备受让房地产项目的主体资格。律师应注意受让方是否依法设立并有效存续以及是否具有履约能力，其公司章程及组织架构是否符合中国现行法律、法规的规定和要求，是否存在被终止或注销的情形等；同时，在拟转让项目为在建工程，项目转让后仍需受让方进行开发建设的情况下，受让方的经营范围应包含房地产开发、建设方面的内容，并具备与拟受让房地产项目规模相适应的房地产开发企业资质。

2. 项目权属及开发建设情况

在资产转让交易中，房地产项目作为交易标的，其权属的合法合规性及开发建设情况直接关系着受让方交易目的的实现，从而影响整个交易的进行。因此，与股权转让交易类似，在资产转让交易中律师同样应当全面关注和审查房地产项目的权属来源和权利限制、规划报建手续办理、销售和租赁、物业管理等与项目开发、建设、经营和管理过程有关的全部内容。与此相关的内容在“股权转让交易的风险控制”部分已作介绍，在此不再赘述。

3. 与项目有关的合同履行情况

虽然资产转让交易的标的是房地产项目，而项目有关合同的签订主体是资产交易中的转让方,表面上看即便合同存在应付未付款项或其他违约情形,也应由转让方承担相应责任。但实际上,如果该等合同存在应付未付款项或其他重大违约情形(特别是应付未付工程款),将可能导致房地产项目被查封或者拍卖变卖,从而对受让方在资产转让交易中的权益产生重大不利影响。例如,《民法典》明确规定,发包人未按照约定支付价款的,承包人可以催告发包人在合理期限内支付价款。发包人逾期不支付的,除根据建设工程的性质不宜折价、拍卖外,承包人可以与发包人协议将该工程折价,也可以请求人民法院将该工程依法拍卖。建设工程的价款就该工程折价或者拍卖的价款优先受偿。同时,对项目有关合同的相对方和合同履行情况的准确掌握,对后续开发建设许可手续变更的配合也是受让方考虑是否承继该等合同的基本前提。因此,在资产转让交易中,律师应当对项目有关合同的签署和履行情况进行审查和了解,尤其是合同金额较大的工程类合同,律师应对其予以重点关注。

4. 项目经营、管理情况

除以上内容外,律师还应注意与房地产项目经营、管理等有关的一些事项:

(1)项目销售情况

如房地产项目已部分销售的,则律师应关注项目销售行为是否合法合规,包括转让方是否依法办理了预售许可/现售备案手续等,是否存在违约风险,避免存在群体诉讼产生的法律及舆论风险。

此外,项目销售情况将直接影响受让方所能取得的项目权益,因此律师应结合转让方披露的项目销售台账以及当地房屋主管部门官方网站公示的信息,对项目已售和未售的房屋套数及建筑面积等销售情况进行统计和核实。

(2)项目租赁情况

根据《民法典》规定的"买卖不破租赁"原则,租赁物在租赁期间发生所有权变动的,不影响租赁合同的效力。因此,在资产转让交易中,如果交易双方没有特别约定,则在交易完成后,受让方将承继转让方已就项目签署的租赁合同。同时,该等租赁合同常常并不符合受让方拟订的项目经营计划和商业安排。因此,律师应对转让方已就项目签署的租赁合同及其履行情况进行审查,以便受让方充分了解其在交易完成后可能需要承继的租赁合同项下权利和义务,以及与转让方就承租人预付租金及押金的结算和移交达成一致。如受让方拟在交易前要求转让方或在交易完成后自行解除一部分租赁合同的,则律师应注意该等租赁合同项下的解约条款并提示受让方解约所需承担的违约责任等风险。

此外,《民法典》规定,出租人出卖租赁房屋的,应当在出卖之前的合理期限内通知承租人,承租人享有以同等条件优先购买的权利。据此,律师还应关注项目租赁合同中是否包含有关承租人放弃优先购买权的约定。如无,则须提示转让方应在交易前取得承租人放弃优先购买权的书面文件。

(3)项目物业管理情况

律师应审查转让方就项目签订的物业管理合同及其履行情况,以供转让方与受让方提前沟通物业管理合同的处置方式,并及时与物业服务企业签订权利义务转让协议以承继该合同,如该项目本身即为一个物业管理区域①的话,也可以由转让方与物业服务企业解除物业管理合同、由受让方另行委托其他物业服务企业。

(4)项目投保情况

由于保险具有规避风险、减少损失的作用,项目作为交易的重要标的,项目是否投保保险对于项目安全性十分重要,因此律师应关注项目的投保情况。

---

① 《物业管理条例》第33条规定:"一个物业管理区域由一个物业服务企业实施物业管理。"

5. 项目是否满足转让条件

根据《城市房地产管理法》《城镇国有土地使用权出让和转让暂行条例》等相关法律法规的规定,房地产项目转让必须满足一定的条件。故而,在房地产项目资产转让交易中,律师除应注意项目自身所涉及的法律风险外,还应重点关注项目是否满足必要的转让条件以及是否存在禁止或限制转让的情形。此等条件的满足事关资产转让交易的现实可行性,是通过资产转让交易方式实现房地产项目转让时应着重考虑的关键因素之一。

根据《城市房地产管理法》《城镇国有土地使用权出让和转让暂行条例》的规定,就不同的项目土地使用权取得方式,资产转让交易的条件也有所不同:

(1)土地使用权类型为出让的项目转让条件

如前所述,以出让方式取得土地使用权的房地产项目资产转让需满足缴清全部出让金取得土地证,完成开发投资总额的25%以上,形成工业用地或者其他建设用地条件(适用于成片开发土地)及取得房屋所有权证书(适用于转让房地产时房屋已经建成的情形)等条件。

(2)土地使用权类型为划拨的项目转让条件

如果转让人系通过划拨方式取得项目地块土地使用权,则资产转让交易应满足以下条件:

①土地使用者为公司、企业、其他经济组织和个人;

②领有国有土地使用证;

③具有地上建筑物、其他附着物合法的产权证明;

④依照城镇国有土地使用权出让和转让暂行条例《城镇国有土地使用权出让和转让暂行条例》第二章的规定签订土地使用权出让合同,向当地市、县人民政府补交土地使用权出让金或者以转让、出租、抵押所获收益抵交土地使用权出让金。

(3)其他条件

除上述转让条件外,在某些特定情形下,资产转让交易还需要满足一些额外条件,该等条件前文已有提及,此处予以简要归纳和总结:

①转让方属于国有及国有控股企业、国有实际控制企业的,应满足法定的国有资产转让条件并履行相关程序,如取得国资委或国有企业内部审批、国有资产评估、公开进场交易等。

②项目存在抵押、查封等权利限制情况的,应取得抵押权人的同意,注销抵押登记(或获得抵押权人出具的带抵押过户的同意函)并解除查封。

③项目存在出租情况的,应就转让事宜提前通知承租人,并取得承租人放弃优先购买权的书面文件。

6. 办理权属转移登记及项目转让合同备案手续问题

在房地产项目满足转让条件、转让方与受让方就资产转让交易达成一致并签约后,双方应就项目的转让前往不动产登记事务中心办理项目地块土地使用权和地上在建工程或房屋所有权的权属转移登记手续。

律师应注意审查和提示办理转移登记手续的具体要求和申请材料,协助交易双方办理过户手续。此外,根据《城市房地产开发经营管理条例》第20条的规定:"转让房地产开发项目,转让人和受让方应当自土地使用权变更登记手续办理完毕之日起30日内,持房地产开发项目转让合同到房地产开发主管部门备案。"故律师还应提示交易双方及时前往房地产开发主管部门进行项目转让合同的备案。

7. 税务负担

如本章第二节所述,房地产项目资产转让交易主要涉及增值税及附加、土地增值税、印花税等税种。与股权转让交易相比,资产转让交易中双方的税负均较高,尤其是转让方需要承担高额的土地增值税。因此,律师应提示转让方、受让方及时就资产转让交易中的税费承担问题进行有效沟通和协商,避免双方因税负问题产生纠纷而影响交易的顺利进行。

二、资产转让交易的风险控制

律师在资产转让交易中的工作就是通过采取各种风险防范措施,规避和控制交易双方的法律风险,尤其是受让方的法律风险,促成转让方和受让方就房地产项目资产转让交易达成一致,协助双方完成交易。具体而言,在房地产项目资产转让交易中,律师应承担的工作主要包含以下三个方面:

1. 法律尽职调查

同股权转让交易相同,在资产转让交易前,律师应首先对转让方及拟转让的房地产项目进行完整、详尽的法律尽职调查,全面审查和披露交易可能涉及的法律风险,并判断风险的性质、程度以及对交易的影响和后果,提出相应的解决方法和策略。

如本节第一部分所述,资产转让交易与股权转让交易在交易标的、交易条件等方面存在一些不同之处,因而就资产转让交易进行的法律尽职调查范围亦有所不同。资产转让交易涉及的主要尽职调查内容应包括转让方的主体资格、项目开发建设的合法合规性、项目经营管理情况以及项目是否满足必要的转让条件等,、项目公司的金融机构负债(同时应关注工程款的结算及支付情况)和担保(特别是与项目抵押情况有关的)、诉讼、仲裁和行政处罚(与项目查封及开发、建设和运营情况有关的除外)等事项,无需关注项目公司的员工、其他重大资产等事项。此等法律尽职调查内容中的具体注意事项已在本节第一部分进行了详细的介绍,此处不再赘述。

2. 起草交易文件

在法律尽职调查工作完成后,律师应协助交易双方解决和规避交易风险,提出有针对性的风险控制措施并协助设计和搭建合理、可行的交易结构,协助交易双方就具体的合同条款进行磋商和谈判,根据交易双方的协商情况起草、审查和修改相关的交易文件,最终促成交易双方达成一致和签约。

(1)交易文件的主要条款

房地产项目资产转让交易文件的主要条款与股权转让交易较为类似,主要有以下条款:

①鉴于条款(或“项目公司及项目的基本情况”条款);

②资产转让的概括性条款;

③资产转让价款及支付时间和方式条款;

④办理项目权属转移登记手续的时间条款;

⑤项目交付时间及方式条款;

⑥过渡期间的权利行使及责任条款;

⑦双方的陈述和保证条款(包括有关项目转让条件的保证条款);

⑧合同的变更与解除条款;

⑨违约责任条款;

⑩争议解决条款。

(2)主要风险控制措施

在资产转让交易中,拟转让房地产项目及项目公司的情况纷繁复杂,律师应根据项目的具体情况制定有针对性的风险防控措施,并据此对交易文件的内容进行调整和完善。本章第三节第二部分中介绍的设置付款条件、寻求有效的担保措施、由转让方作出单方声明和保证、设置过渡期条款等股权转让交易中的风险防控措施也适用于资产转让交易。

3. 协助办理交割事项

在交易双方签约后,律师应协助双方完成交易有关的交割事项,主要包括:

(1)办理权属转移登记及转让合同备案手续

律师应根据相关法律法规的规定和咨询当地不动产登记中心的结果,就资产转让交易涉及的不动产权属转移登记手续的办理程序和要求进行审查,协助交易双方备齐所需资料并办理完毕项目权属转移登记手续。转移登记手续办理完毕后,律师还应提示和协助交易双方持项目转让合同到房地产开发主管部门备案。

(2)办理证照变更登记手续

项目仍在开发建设过程中的,律师可协助交易双方前往政府有关部门,就项目开发建设过程中取得的相关许可、审批等文件办理更名手续,包括但不限于项目立项审批/核准/备案文件、建设用地规划许可证、建设工程规划许可证、建筑工程施工许可证、商品房预售许可证及单项审批文件等。

(3)项目有关合同的承继或解约

对于转让方就项目签订的工程合同、物业合同、租赁合同等尚未履行完毕的合同文件,如交易文件中约定应由转让方予以解除的,应由转让方与合同相对方签署解除协议,并完成合同款项及所涉违约金的结算和支付、工程现场/承租物业的清场和交接等工作;如交易文件中约定应由受让方予以承继的,则应确保转让方、受让方及合同相对方就该等合同签署权利义务转让协议,并协助三方共同履行合同款项的结算和交付事宜。

(4)项目档案资料的交接

律师还可协助交易双方完成项目有关档案资料的清点和交接工作,包括但不限于项目规划报建文件、工程图纸、项目有关合同文件及其台账和票据、财务和税务资料等。

(5)项目交接

律师可参与项目交接工作,协助转让方按照交易文件约定的期限履行项目(包括在建工程、地上建筑物、构筑物及附属设施等)交付义务,审查项目是否符合交易文件约定的所有交付条件;协助受让方及其委托的新的工程施工单位及物业服务企业(如有)接收和接管项目。

三、结语

相比股权转让交易,资产转让交易有其特殊之处,转让程序更为复杂且耗时长久,且交易双方的税负较高,导致资产转让交易在实践中受到一定的限制。但由于其涉及的风险范围相对可控,无需承担项目公司自身经营和或有负债风险,虽然税负较高但可以获得冲抵后期销售税费的成本发票等优势,使得资产转让交易方式在房地产项目交易中仍然被大量采用。

律师在对资产转让交易中的法律风险进行审查和把控时,也应从资产转让交易的特点出发,重点关注其涉及的交易双方主体资格、项目合法合规性及开发建设经营情况以及项目转让条件等法律风险,综合考虑和应用各种风险控制措施一一解决该等风险,设计和搭建合理、可行的交易架构并制定完备的交易文件,在有效控制交易双方风险的基础上促成交易的达成。

第七章　房地产投融资中的律师服务

房地产投融资是一个比较广义的概念,包含了各个房地产市场参与主体所进行的与房地产相关的各项投资与融资活动。其参与主体可以是房地产开发企业,也可能是持有物业的各类主体(包括普通企业、机构、自然人等)或投资于房地产相关金融产品的各类投资者(如各类金融机构、专业投资机构等)。所进行的投融资活动可以是房地产企业向银行借款,也包括房地产企业发债、引入外部投资者进行股权投资,或者是发行以房地产为底层资产的信托、基金、证券类产品等。本章主要以房地产企业作为参与主体,围绕房地产企业的各项投融资活动进行介绍。

第一节　房地产企业的主要融资途径

在我国,房地产行业作为国民经济中的支柱产业,受到较强的政府监管,因此房地产企业的融资方式受政策影响较大。在不同时期,根据房地产行业发展情况、监管重点的不同,房地产企业能够采用的融资途径、获得融资的难度、融资成本都会有所区别。总体而言,房地产企业融资途径主要有银行贷款、非标融资、债券融资、股权融资、房地产私募投资基金以及资产证券化等方式。

一、银行贷款

房地产类的银行贷款是我国商业银行重要的业务领域,同时也是房地产企业最主要的资金来源。根据《商业银行房地产贷款风险管理指引》(银监发〔2004〕57号)的规定,房地产贷款是指与房产或地产的开发、经营、消费活动有关的贷款。主要包括土地储备贷款、房地产开发贷款、个人住房贷款、商业用房贷款等。其中,与房地产企业融资相关的主要是房地产开发贷款与商业用房贷款。此外,并购贷款和经营性物业贷款亦是实践中常见的房地产企业融资常用的贷款类型。

1. 房地产开发贷款

房地产开发贷款是指向借款人发放的用于开发、建造向市场销售、出租等用途的房地产项目的贷款。房地产开发贷款既可以用于住宅类房地产开发,也可以用于商业用房、保障性住房等项目的开发。房地产开发贷款通常金额较大、周期较长且风险较高,我国在商业银行就房地产开发贷款的发放、风险控制、贷后管理方面均制定了严格的政策。其中最主要的,即是向房地产企业发放开发贷款必须严格遵守"四三二"要求。

(1)房地产项目条件

"四三二"要求中的"四"是指房地产开发项目的"四证"。原建设部、原国家计委、财政部、原国土资源部、中国人民银行、国家税务总局《关于加强房地产市场宏观调控促进房地产市场健康发展的若干意见》(建住房〔2002〕217号)规定了"要严格审核房地产开发项目贷款条件,切实加强对房地产开发贷款使用的监管。对未取得土地使用权证书、建设用地规划许可证、建设工程规划许可证和施工许可证(开工报告)的项目,商业银行不得发放任何形式贷款"。取得"土地使用权证书、建设用地规划许可证、建设工程规划许可证和施工许可证"之"四证"即成为发放开发贷款的必备要素之一。该项要求在此后的中国人民银行《关于进一步加强房地产信贷业务管理的通知》(银发〔2003〕121号)以及《商业银行房地产贷款风险管理指引》(银监发〔2004〕57号)中均得到了进一步强调。中国银保监会于2019年出台的《关于开展"巩固治乱象成果促进合规建设"工作的通知》(银保监发〔2019〕23号)中,将"未严格审查房地产开发企业资质,违规向'四证'不全的房地产开发项目提供融资"列为银行机构"巩固治乱象成果促进合规建设"的工作要点之一,亦再次对"四证"要求进行了重申和强调。

"四三二"要求中的"三"是指房地产项目的资本金占项目总投资的比例,项目资本金比例期间经过20%、35%、30%、25%等多次调整,但多习惯将项目资本金占比要求按照"30%"的"三"来简称。最早,根据1998年实施的《城市房地产开发经营管理条例》(国务院令第248号)的规定,房地产开发项目应当建立资本金制度,资本金占项目总投资的比例不得低于20%。此后,国务院于2004年4月下发《关于调整部分行业固定资产投资项目资本金比例的通知》(国发〔2004〕13号,现已失效),将房地产开发项目(不含经济适用住房项目)资本金最低比例由20%提高到35%。2004年8月30日生效的《商业银行房地产贷款风险管理指引》(银监发〔2004〕57号)亦规定了"商业银行对申请贷款的房地产开发企业,应要求其开发项目资本金比例不低于35%"。2009年5月25日,国务院发布《关于调整固定资产投资项目资本金比例的通知》(国发〔2009〕27号),规定"保障性住房和普通商品住房项目的最低资本金比例为20%,其他房地产开发项目的最低资本金比例为30%"。2015年9月9日,国务院《关于调整和完善固定资产投资项目资本金制度的通知》(国发〔2015〕51号)再次作出调整,"保障性住房和普通商品住房项目维持20%不变,其他项目由30%调整为25%"。

此外,根据中国人民银行《关于进一步加强房地产信贷业务管理的通知》(银发〔2003〕121号)的规定,贷款应重点支持符合中低收入家庭购买能力的住宅项目,对大户型、大面积、高档商品房、别墅等项目应适当限制。对商品房空置量大、负债率高的房地产开发企业,要严格审批新增房地产开发贷款并重点监控。

(2)借款人资质条件

"四三二"要求中的"二"是指借款人或其股东应具备不低于二级房地产开发资质。根据中国人民银行《关于进一步加强房地产信贷业务管理的通知》(银发〔2003〕121号)的规定,房地产开发贷款对象应为具备房地产开发资质、信用等级较高、没有拖欠工程款的房地产开发企业。虽然上述规定并未明确房地产开发企业需要具备几级房地产开发企业资质,但实践中多数商业银行会要求贷款申请主体或其控股股东具有二级房地产开发资质。这一要求与原中国银监会《关于支持信托公司创新发展有关问题的通知》(银监发〔2009〕25号)中"申请贷款的房地产开发企业或其控股股东资质应不低于国家建设行政主管部门核发的二级房地产开发资质"①的规定一致。

《商业银行房地产贷款风险管理指引》(银监发〔2004〕57号)还规定了商业银行应对申请贷款的房地产开发企业的企业性质、股东构成、经营管理财务情况等进行深入调查审核。"对资质较差或以往开发经验较差的房地产开发企业,贷款应审慎发放;对经营管理存在问题、不具备相应资金实力或有不良经营记录的,贷款发放应严格限制。"

此外,中国人民银行、原中国银行业监督管理委员会《关于加强商业性房地产信贷管理的通知》(银发〔2007〕359号)亦规定了"对经国土资源部门、建设主管部门查实具有囤积土地、囤积房源行为的房地产开发企业,商业银行不得对其发放贷款;对空置3年以上的商品房,商业银行不得接受其作为贷款的抵押物"。

---

① 原中国银监会《关于支持信托公司创新发展有关问题的通知》(银监发〔2009〕25号)虽然就房地产企业或其控股股东资质应不低于二级房地产开发资质还规定了"发放贷款的信托公司最近一年监管评级为2C级(含)以上、经营稳健、风险管理水平良好的除外",但银监会于2010年颁发的《关于加强信托公司房地产信托业务监管有关问题的通知》(银监办发〔2010〕54号)已停止执行上述规定。

(3)其他要求

根据《商业银行房地产贷款风险管理指引》(银监发〔2004〕57号)、中国人民银行、中国银行业监督管理委员会《关于加强商业性房地产信贷管理的通知》(银发〔2007〕359号)等规定,商业银行对房地产开发企业发放的贷款只能通过房地产开发贷款科目发放,严禁以房地产开发流动资金贷款或其他贷款科目发放。针对这一点,商业银行在开发贷款资金落实后,应对借款人的资金使用情况进行监控,防止贷款挪作他用。

此外,商业银行发放的房地产开发贷款原则上只能用于本地区的房地产开发项目,不得跨地区使用。对确需用于异地房地产开发项目并已落实相应风险控制措施的贷款,商业银行在贷款发放前应向监管部门报备。

2. 并购贷款

根据《商业银行并购贷款风险管理指引》(银监发〔2015〕5号)的规定,所谓并购贷款,是指商业银行向并购方或其子公司发放的,用于支付并购交易价款和费用的贷款。并购贷款常用于房地产项目的并购,无论是资产并购还是收购项目公司股权,均可使用并购贷款。① 其中,并购是指境内并购方企业通过受让现有股权、认购新增股权,或收购资产、承接债务等方式以实现合并或实际控制已设立并持续经营的目标企业或资产的交易行为。

根据规定,并购贷款具有以下特征:

①并购交易价款中并购贷款所占比例不应高于60%。

②并购贷款期限一般不超过7年。

③并购方依法合规经营,信用状况良好,没有信贷违约、逃废银行债务等不良记录。

④并购交易合法合规,涉及国家产业政策、行业准入、反垄断、国有资产转让等事项的,应按相关法律法规和政策要求,取得有关方面的批准和履行相关手续。

⑤并购方与目标企业之间具有较高的产业相关度或战略相关性,并购方通过并购能够获得目标企业的研发能力、关键技术与工艺、商标、特许权、供应或分销网络等战略性资源以提高其核心竞争能力。

⑥商业银行原则上应要求借款人提供充足的能够覆盖并购贷款风险的担保,包括但不限于资产抵押、股权质押、第三方保证,以及符合法律规定的其他形式的担保。在房地产并购领域,在完成并购前,商业银行通常会要求借款人提供股权质押担保,或要求借款人之有实力的关联方提供保证担保。在完成并购后,借款人应在一定期限内以目标物业/目标公司持有的物业向商业银行提供抵押担保,办理完毕抵押担保后,此前提供的股权质押/关联方保证担保等可能获得释放。

⑦商业银行应在借款合同中约定保护贷款人利益的关键条款(如财务指标的约束性条款、主要账户的监管条款等),并约定在并购双方出现相关不利情形时可采取的风险控制措施。在房地产并购领域,商业银行通常会要求在完成并购后,对目标物业租金或其他运营收入的现金流进行监管,保证未来并购贷款的还款来源。

⑧商业银行应在借款合同中约定提款条件以及与贷款支付使用相关的条款,提款条件应至少包括并购方自筹资金已足额到位(即前款所述的并购交易价款中并购贷款所占比例不应高于60%)和并购合规性条件已满足等内容。

---

① 最早于1996年发布的《贷款通则》(中国人民银行令〔1996〕第2号)第20条规定,不得用贷款从事股本权益性投资,国家另有规定的除外。但此后2008年12月国务院办公厅发布的《关于当前金融促进经济发展的若干意见》(国办发〔2008〕126号),允许商业银行对境内外企业发放并购贷款,并完善企业并购税收政策,积极推动企业兼并重组。同日发布的《商业银行并购贷款风险管理指引》(银监发〔2015〕5号)进一步对并购贷款的适用进行了规定,明确并购贷款可用于股权并购。

3. 经营性物业贷款

经营性物业贷款又称经营性物业抵押贷款，在我国法律项下并没有明确的概念，但在商业银行的实践中已得到广泛应用。通常情况下，经营性物业贷款具有以下特征：

①借款人为持有经营性物业的主体，贷款期限通常较长，可能会有5～8年。

②物业应用于经营用途，可产生稳定现金流，通常为酒店、商场、写字楼等，银行可能对出租率、物业坐落等会有特别要求，并且对物业租金或其他运营收入的现金流进行监管，保证未来贷款的还款来源。

③通常需要办理物业抵押，并且贷款金额与抵押物之评估价值以及物业运营收入挂钩，如光大银行规定，以酒店类经营性物业抵押的贷款额度最高不得超过物业评估价值的60%；以办公楼及商业类经营性物业抵押的贷款额度最高不得超过物业评估价值的50%；以其他类经营性物业抵押的贷款额度最高不得超过物业评估价值的40%。①

④对于贷款用途没有明确规定，但实践中，商业银行对于贷款资金的用途限制于物业经营改造装修需求、清偿或置换贷款等。此外，如中国银监会办公厅《关于开展银行业“违法、违规、违章”行为专项治理工作的通知》（银监办发〔2017〕45号）明确规定，借道通过发放经营性物业贷款等为房地产开发企业提供融资属于违规行为。中国银保监会《关于开展“巩固治乱象成果促进合规建设”工作的通知》（银保监发〔2019〕23号）将“并购贷款、经营性物业贷款等贷款管理不审慎，资金被挪用于房地产开发”列为工作要点，明确了将并购贷款、经营性物业贷款等用于房地产项目的开发建设属于违规行为。

二、非标融资

“非标准化债权”的定义可以参见中国银监会《关于规范商业银行理财业务投资运作有关问题的通知》（银监发〔2013〕8号，已废止）的规定：“非标准化债权资产是指未在银行间市场及证券交易所市场交易的债权性资产，包括但不限于信贷资产、信托贷款、委托债权、承兑汇票、信用证、应收账款、各类受（收）益权、带回购条款的股权性融资等”。后该通知被《商业银行理财业务监督管理办法》（中国银行保险监督管理委员会令2018年第6号）所废止。2018年4月发布的《关于规范金融机构资产管理业务的指导意见》（银发〔2018〕106号，以下简称“资管新规”）对标准化债权类资产应当符合的条件进行了规定，并明确标准化债权类资产之外的债权类资产均为非标准化债权类资产。简而言之，非标准化债权主要是指未在银行间市场、证券交易所市场等交易市场交易的，缺乏公允定价机制以及流动性较弱的债权类资产。房地产非标融资主要包括委托贷款、房地产信托，来源于银行理财、信托、资管计划和基金的资金，通过银行贷款或信托贷款通道，投资于房地产项目。

非标融资的资金大多来源于银行，包括银行自有资金，也包括银行的理财资金，自2013年以来，我国逐渐出台各项政策对银行投资非标融资进行监管。如对于理财资金投资，中国银监会《关于规范商业银行理财业务投资运作有关问题的通知》（银监发〔2013〕8号）曾规定：“商业银行应实现每个理财产品与所投资资产（标的物）的对应，做到每个产品单独管理、建账和核算。……对于本通知印发之前已投资的达不到上述要求的非标准化债权资产，商业银行应比照自营贷款，按照《商业银行资本管理办法（试行）》要求，于2013年底前完成风险加权资产计量和资本计提。”中国银监会《关于规范银信类业务的通知》（银监发〔2017〕55号）、《商业银行委托贷款管理办法》（银监发〔2018〕2号）以及资管新规的出台，限制了银行理财资金嵌套资管计划、信托或私募基金进行

---

①　参见http://www.cebbank.com/site/gsyw/rz/cpgl60/27726588/index.html#md_01，访问日期：2021年11月23日。

投资,一定程度上导致了非标投资规模的降低。

房地产私募投资基金亦是非标融资的重要资金来源。法律上对房地产私募投资基金没有明确定义,主要指定向投资于房地产行业的私募投资基金。从组织形式的角度,房地产私募投资基金可以划分为合伙型、契约型和公司型基金。从投资房地产所处阶段的角度,私募投资基金可以划分为土地孵化、地产开发、物业持有、项目并购以及股权合作等基金模式。房地产私募投资基金的投资方式主要有三种,即纯股权投资、大股小债投资(通常债权比例不超过20%)以及明股实债投资。2017年2月,中国基金业协会发布《证券期货经营机构私募资产管理计划备案管理规范第4号》,对私募基金投资房地产的资金用途、投资方向等作出了限制。2018年《私募投资基金备案须知》(已废止)公布后,进一步大大限制了房地产私募投资基金的投资范围,"通过委托贷款、信托贷款等方式直接或间接从事借贷活动"被列为不符合"投资"本质的经营活动,不属于私募基金范围。2019年发布的新版《私募投资基金备案须知》则在2018年版《私募投资基金备案须知》的基础上,将这种限制进行了进一步明确和加深,"变相从事金融机构信(存)贷业务的,或直接投向金融机构信贷资产"、"从事经常性、经营性民间借贷活动,包括但不限于通过委托贷款、信托贷款等方式从事上述活动"、"私募投资基金通过设置无条件刚性回购安排变相从事借(存)贷活动,基金收益不与投资标的的经营业绩或收益挂钩"以及"通过投资合伙企业、公司、资产管理产品(含私募投资基金,下同)等方式间接或变相从事上述活动"均被列为不符合"基金"本质的募集、投资活动,不属于私募投资基金备案范围,房地产私募投资基金在中国基金业协会的备案难度进一步增大。中国证监会于2020年12月30日发布施行的《关于加强私募投资基金监管的若干规定》更进一步明确了私募基金通过股权投资方式提供股东借款的限制,规定私募基金以股权投资为目的,可以按照合同约定为被投企业提供1年期限以内借款、担保,但借款或者担保到期日不得晚于股权投资退出日,且借款或者担保余额不得超过该私募基金实缴金额的20%。

1. 委托贷款

受限于我国长期对于信贷业务活动的严格限制,以及大量民间富余资金对于投资优质项目的需求,1996年发布的《贷款通则》规定了"委托贷款,系指由政府部门、企事业单位及个人等委托人提供资金,由贷款人(即受托人)根据委托人确定的贷款对象、用途、金额期限、利率等代为发放、监督使用并协助收回的贷款。贷款人(受托人)只收取手续费,不承担贷款风险"。此后,在2018年1月正式发布的《商业银行委托贷款管理办法》(银监发〔2018〕2号)重新对委托贷款进行了定义,即"指委托人提供资金,由商业银行(受托人)根据委托人确定的借款人、用途、金额、币种、期限、利率等代为发放、协助监督使用、协助收回的贷款,不包括现金管理项下委托贷款和住房公积金项下委托贷款"。

(1)委托贷款的法律关系

《商业银行委托贷款管理办法》(银监发〔2018〕2号)规定:"委托贷款业务是商业银行的委托代理业务。商业银行依据本办法规定,与委托贷款业务相关主体通过合同约定各方权利义务,履行相应职责,收取代理手续费,不承担信用风险。"

委托贷款主要涉及两个层面的法律关系:一是委托人(即贷款人)与受托人(即商业银行)之间的委托关系;二是贷款人与借款人之间的借贷关系。因委托人并不以自身名义向借款人发放借款,委托人、商业银行与借款人之间属于《民法典》第925条规定的"受托人以自己的名义,在委托人的授权范围内与第三人订立的合同,第三人在订立合同时知道受托人与委托人之间的代理关系"。实践中,通常委托人、受托人与借款人会共同签署一份《委托贷款合同》,在该合同项下对上述参与三方主体的权利义务直接进行约定。根据《商业银行委托贷款管理办法》的规定,合同中应载明贷款用途、金额、币种、期限、利率、还款计划等内容,并明确委托人、受托人、借款人三方的权利和义务。

(2)委托贷款的委托人限制

因银行、信托公司、企业集团财务公司、小额贷款公司等持牌机构可以直接放贷,为防止该等机构通过委托贷款来规避相关贷款监管,《商业银行委托贷款管理办法》第 7 条规定,商业银行不得接受委托人为金融资产管理公司和经营贷款业务机构的委托贷款业务申请。

(3)委托贷款的资金来源限制

《商业银行委托贷款管理办法》亦禁止委托贷款以受托管理的他人资金、银行的授信资金、特定用途的专项资金、债务融资(国务院另有规定的除外)或者不能确定来源的资金为资金来源。鉴此,结合委托贷款对委托人身份的限制,金融机构通过委托贷款投资非标产品的渠道已被封堵。

此外,因为受托管理的他人资金不能作为委托贷款的资金来源,证券公司、基金子公司或私募基金管理公司将难以通过设立资产管理计划或私募基金的方式募集资金,并以委托贷款形式向他人提供贷款。相应地,银行资金(包括理财资金和自有资金)通过嵌套资管计划、私募基金等,进而以委托贷款的方式投资于房地产的方式亦无法操作。一方面,根据 2018 年 4 月银保监会等四部门发布的《关于规范民间借贷行为维护经济金融秩序有关事项的通知》的规定,“民间借贷中,出借人的资金必须是其合法收入的自有资金,禁止吸收或变相吸收他人资金用于借贷”。资产管理计划、私募基金等本身并不具备放贷资质,如直接向第三方发放借款,则可能因为“吸收他人资金用于借贷”而被认定为非法进行民间借贷。另一方面,即使资产管理计划、私募基金等可以合法直接向第三方发放借款,实践中,多地不动产登记机关仅接受将不动产抵押登记给自然人或金融机构、金融资产管理公司等,普通的基金管理人或证券公司、基金子公司无法被登记为抵押权人,这在一定程度上也会影响相关非标产品的安全性与稳定性。可以看出,近期相关政策的出台,都旨在希望各类非标产品管理机构能够从事真正的投资活动,而非简单专注于放贷。

(4)委托贷款的资金用途

在《商业银行委托贷款管理办法》实施以前,我国对于委托贷款的用途并没有明确的限制,符合委托贷款合同的约定即可。但《商业银行委托贷款管理办法》规定,委托贷款的资金用途不得从事债券、期货、金融衍生品、资产管理产品等投资,并且不得用于股本权益性投资或增资扩股(监管部门另有规定的除外)。其中,委托贷款资金不得进行股本权益性投资或增资扩股,“永续债”类非标融资产品将可能因此受到影响。“永续债”虽然为债的形式,但实践中存在被认定为所有者权益核算的可能,进而被认定为“股本权益性投资”而遭到禁止。

2. 房地产信托

我国对于信托公司的信托产品并没有统一的分类标准,通常从产品结果与投资人的角度,可以将信托产品分为单一资金信托、集合资金信托与财产权信托。目前信托公司在房地产领域提供的金融服务主要是房地产信托融资与房地产股权投资。房地产投资信托基金亦是一种在国/境外较常见的与房地产相关的信托型金融工具,但我国一直未能具备发展房地产投资信托基金的合适条件。

(1)房地产信托融资

结合我国的信托实践,房地产信托融资主要有发放信托贷款与“转让+回购”两种形式。信托贷款主要分为流动资金贷款、固定资产贷款、个人贷款与项目融资贷款四类。与房地产相关的信托贷款,多可以参照商业银行贷款的监管法规和相应标准执行。

所谓“转让+回购”即指信托公司以信托资金购买房地产企业合法所有的某项资产(实务中常见的为某个房地产项目的收益权)并在约定期限届满时由房地产企业以一定溢价率进行回购的交易模式。在该种业务模式下,信托公司很少直接购买房地产项目,而是购买该房地产项目的“特定资产收益权”,信托公司很难对房地产项目进行实质性控制,因此通常都会附带房地产抵押以及相关收入(如租金等)质押的担保措施。该种业务同样属于融资性业务,应按照融资性业务的标准执行相关监管法规。

根据中国银监会办公厅《关于加强信托公司房地产、证券业务监管有关问题的通知》、中国银监会《关于信托公司开展项目融资业务涉及项目资本金有关问题的通知》、中国银监会办公厅《关于加强信托公司房地产信托业务监管有关问题的通知》及《关于进一步加强信托公司风险监管工作的意见》、中国银保监会《关于开展"巩固治乱象成果促进合规建设"工作的通知》等监管文件要求的规定,房地产信托融资主要存在如下限制:

①房地产项目应符合"四三二"标准,严禁以投资附加回购承诺、商品房预售回购等方式间接发放房地产贷款。

②不得向不符合"四三二"标准的房地产开发项目以股权投资+股东借款、股权投资+债权认购劣后、应收账款、特定资产收益权等方式变相提供融资。

③严禁直接或变相向房地产开发企业发放流动资金贷款,严禁以购买房地产开发企业资产附回购承诺等方式变相发放流动资金贷款,不得向房地产开发企业发放用于缴交土地出让价款的贷款。

④严格防范对建筑施工企业、集团公司等的流动资金贷款用于房地产开发。

⑤审慎发放土地储备贷款,不得直接或变相为房地产企业缴交土地出让价款提供融资。

⑥严格执行国家固定资产投资项目资本金管理制度,对股东借款(股东承诺在项目公司偿还银行或信托公司贷款前放弃对该股东借款受偿权的情形除外)、银行贷款等债务性资金和除商业银行私人银行业务外的银行个人理财资金,不得充作项目资本金。

⑦不得将债务性集合信托计划资金[包括以股权投资附加回购承诺(含投资附加关联方受让或投资附加其他第三方受让的情形)等方式运用的信托资金]用于补充项目资本金,以达到国家规定的最低项目资本金要求。

⑧信托公司以结构化方式设计房地产集合资金信托计划的,其优先和劣后受益权配比比例不得高于3∶1。

(2)房地产信托股权投资

房地产信托股权投资是信托投资房地产的主要形式。所谓房地产信托股权投资,即信托公司通过受让房地产企业原股东持有的公司股权,或对房地产公司增资扩股的方式,成为房地产企业的股东,并以股东身份参与房地产项目的开发建设。《信托公司管理办法》第20条规定:"信托公司固有业务项下可以开展存放同业、拆放同业、贷款、租赁、投资等业务。投资业务限定为金融类公司股权投资、金融产品投资和自用固定资产投资。信托公司不得以固有财产进行实业投资,但中国银行业监督管理委员会另有规定的除外。"因此,信托公司不能直接以自有资金投资房地产企业,而需要通过单一资金信托/集合资金信托计划向房地产企业进行股权投资。除以股权形式进行投资外,信托公司亦会向房地产企业发放股东借款,或受让原股东对房地产企业持有的股东借款,但因信托公司为房地产企业的股东,其股东借款的偿还顺序需排在银行贷款或其他债务之后。

相较于房地产信托融资,房地产信托股权投资可运用于土地一级开发和"四证"取得前的房地产开发项目,投资范围更广,但承担的风险更大。实践中,信托公司通常会与房地产企业原股东或其关联方达成合作协议或委托管理协议,授权原股东或其关联方对房地产项目进行建设与未来的销售或运营管理,并以股东身份对房地产项目的开发建设、资金运用以及销售回款进行监管。如信托公司与原股东共同持有房地产企业股权,信托公司亦会通过向房地产企业委派董事、高级管理人员,以及在章程中约定其对房地产企业重要事项的表决权等方式,保持对房地产企业的监管以控制风险。

三、证券市场融资

上市融资，即发行人在证券交易所首次公开发行股票并上市流通、投资者认购股份并向发行人支付认购款项，也是房地产企业重要的融资途径。房地产企业可以在境内外证券交易所（就境内而言，亦可以在全国中小企业股份转让系统）发行股票，并在完成上市后进行再融资。上市融资是房地产企业直接融资的方式之一，无需向融资人支付融资利息。但上市融资程序复杂，且对房地产企业的合规要求更高。

1. 境内发债

房地产企业在我国境内可发行的信用债可分为企业债、公司债和非金融企业债务融资工具等。根据《企业债券管理条例》的规定，企业债券是指我国境内具有法人资格的企业依照法定程序发行、约定在一定期限内还本付息的有价证券，但不包括金融债券和外币债券。企业债包括普通的城投债、双创债、绿色债、项目收益债、可续期债、中小企业集合债以及一些专项债。根据《公司债券发行与交易管理办法》的规定，公司债券是指公司依照法定程序发行、约定在一定期限还本付息的有价证券。根据《银行间债券市场非金融企业债务融资工具管理办法》的规定，非金融企业债务融资工具，是指具有法人资格的非金融企业在银行间债券市场发行的、约定在一定期限内还本付息的有价证券，主要包括中期票据、短期融资券、超短期融资券、定向融资工具、资产支持票据、中小企业集合票据、项目收益票据等。

企业债、公司债和非金融企业债务融资工具简要对比如下：

（1）发行主体

①企业债：具备法人资格的企业均可发行，除公司外，亦包括依据《中华人民共和国全民所有制工业企业法》设立的全民所有制工业企业、依据《中华人民共和国城镇集体所有制企业条例》设立的集体所有制企业等，但发行主体仅能为我国境内企业，不得为境外企业。

②公司债：公司，不包括地方政府融资平台公司，但可以是境外注册的公司。

③非金融企业债务融资工具：非金融企业法人。

（2）审核和主管部门

①企业债：中央企业发行企业债券，由中国人民银行会同国家计划委员会审批；地方企业发行企业债券，由中国人民银行省、自治区、直辖市、计划单列市分行会同同级计划主管部门审批，即企业债券主要由中国人民银行及发改委审批。

②公司债：中国证监会依法对公司债券的公开发行、非公开发行及其交易或转让活动进行监督管理。证券自律组织（包括证券交易所、全国中小企业股份转让系统、中国证券业协会以及中国证监会认定的其他自律组织）可依照相关规定对公司债券的上市交易或转让、非公开发行及转让、承销、尽职调查、信用评级、受托管理及增信等进行自律管理。因此，公司债主要由证券交易所等自律组织以及中国证监会监督、管理。

③非金融企业债务融资工具：企业发行债务融资工具应在中国银行间市场交易商协会注册，中国银行间市场交易商协会对债务融资工具的发行与交易实施自律管理。

（3）发行方式

①企业债：企业进行有偿筹集资金活动，必须通过公开发行企业债券的形式进行。但是，法律和国务院另有规定的除外。

②公司债：可以公开发行，也可以非公开发行。

③非金融企业债务融资工具：以招标方式、簿记建档方式及非公开定向方式发行。

（4）资金用途

①企业债：所筹资金应当按照审批机关批准的用途，用于本企业的生产经营，不得用于房地产

买卖、股票买卖和期货交易等与本企业生产经营无关的风险性投资。

②公司债:公开发行公司债券,募集资金应当用于核准的用途;非公开发行公司债券,募集资金应当用于约定的用途。除金融类企业外,募集资金不得转借他人。①

③非金融企业债务融资工具:募集资金应当用于非金融企业债务融资工具注册文件约定的用途,法律意见书应当对募集资金用途是否合法合规,尤其是是否符合国家产业政策以及规则指引作出结论性意见。

2. 境外发债

目前境外发债包括直接境外发债和间接境外发债两种。直接境外发债即境内企业直接作为发债主体在境外发债。由于直接境外发债对企业资质要求高,审批程序复杂,耗时长,并存在不确定性,采取这种直接在境外发行债券方式的境内机构绝大部分为大型的金融机构与国有企业。间接境外发债是指企业采用在境外(通常在香港特区、英属维尔京群岛、开曼群岛)设立的全资子公司作为发债主体,债券币种可为人民币也可为其他币种。《关于全口径跨境融资宏观审慎管理有关事宜的通知》(银发〔2017〕9号)规定,"本通知适用的企业仅限非金融企业,且不包括政府融资平台和房地产企业",因此,房地产企业境外发债主要采用间接发债。

境外发债所适用的规定主要取决于选择的境外发债场所,关于发债的资金用途,根据国家发改委有关负责人在就国家发展改革委、财政部《关于完善市场约束机制严格防范外债风险和地方债务风险的通知》答记者中问强调,房地产企业境外发债主要用于偿还到期债务,避免产生债务违约,限制房地产企业外债资金投资境内外房地产项目、补充运营资金等,并要求企业提交资金用途承诺。

3. 境内上市

境内上市主要有两种模式,一种是首次公开发行股票(即A股IPO),另一种是"借壳上市"。借壳上市主要是指房地产企业收购上市公司股份,使得上市公司的控制权发生变更,并且在完成收购后上市公司通过重大资产重组实现原有资产、业务的置出,以及收购原房地产企业项下相关资产的交易行为。受限于一直以来对于房地产企业的一些政策限制,"借壳上市"被不少房地产企业所利用。中国证监会于2013年出台的《关于在借壳上市审核中严格执行首次公开发行股票上市标准的通知》规定,上市公司重大资产重组方案构成《上市公司重大资产重组管理办法》规定的借壳上市的,上市公司购买的资产对应的经营实体应当是股份有限公司或者有限责任公司,且符合《首次公开发行股票并上市管理办法》规定的发行条件,并且不得在创业板借壳上市。该文件于2020年2月21日废止,但2020年3月20日修订的《上市公司重大资产重组管理方法》仍规定,上市公司实施重大资产重组的,上市公司购买的资产对应的经营实体应当是股份有限公司或者有限责任公司,且符合《首次公开发行股票并上市管理办法》规定的其他发行条件,即借壳上市的标准并未出现实质性放松,仍需执行IPO的标准。通常完成借壳上市后,房地产企业均需要进行证券市场的再融资。

根据《上市公司证券发行管理办法》的规定,房地产企业上市后,再融资渠道包括向原股东配售股份(即配股)、向不特定对象公开募集股份(即增发)以及发行可转换公司债券等。房地产

---

① 根据2016年10月上海证券交易所、深圳证券交易所发布的《关于试行房地产、产能过剩行业公司债券分类监管的函》的规定,房地产企业募集资金用于项目,应符合如下要求:①根据国务院《关于调整和完善固定资产投资项目资本金制度的通知》的要求,保障性住房和普通商品住房项目最低资本金比例应不低于20%,其他项目应不低于25%。②发行人应披露项目基本情况、建设投资情况、资金来源等,并测算项目资金缺口和预计项目未来收益。项目涉及立项、土地、环保等需要发行人有权机构决议或需要报有关主管部门批准或需要签署协议的,应提交发行人有权机构决议、相关主管部门批准文件、签署的相关协议等。③发行人应针对募集资金监管专户,约定存续期的监管机制和信息披露安排,并提供相应的监管协议。

企业的上市与再融资行为受房地产政策影响较大。2010 年 4 月，国务院发布的《关于坚决遏制部分城市房价过快上涨的通知》（国发〔2010〕10 号）规定，对存在土地闲置及炒地行为的房地产开发企业，商业银行不得发放新开发项目贷款，证监部门暂停批准其上市、再融资和重大资产重组。2014 年 3 月起，中国证监会就房产地开发企业再融资申请，向国土部和住建部征求意见，房地产企业再融资重启。2015 年 1 月，中国证监会新闻发言人表示，上市公司再融资、并购重组涉及房地产业务的，国土资源部不再进行事前审查。对于是否存在土地闲置等问题认定，以国土资源部门公布的行政处罚信息为准；对于是否存在正在被（立案）调查的事项，中介机构应当充分核查披露。

4. 境外上市

境外上市是指房地产企业在境外证券交易所公开发行股票融资，企业可以选择境外直接上市与境外间接上市两种模式。境外直接上市，是指房地产企业根据《关于股份有限公司境外发行股票和上市申报文件及审核程序的监管指引》（证监会公告〔2012〕45 号）的规定，向中国证监会报送相关行政许可文件，公司收到中国证监会的受理通知后，可向境外证券监管机构或交易所提交发行上市初步申请；收到中国证监会行政许可核准文件后，可向境外证券监管机构或交易所提交发行上市正式申请。公司应在完成境外发行股票和上市后 15 个工作日内，就境外发行上市的有关情况向中国证监会提交书面报告。境外间接上市，是指境内房地产企业通过其境外关联方实现在境外证券交易所上市，“红筹模式”即是最主要的模式之一。

境外上市包括发行股票和再融资两种，境内房地产企业较多会选择在香港联合交易所发行股票上市或再融资。境外上市融资获取的资金用途限制较少，可用于支付土地出让金、项目建设、偿还贷款和补充流动资金，也可用于并购项目公司。

此外，在境外（主要是我国香港特别行政区和新加坡的交易所）通过发行房地产投资信托基金（Real Estate Investment Trusts，以下简称“REITs”）进行融资是一些具备发行条件的企业的融资渠道。境外 REITs 形态可以是公司制（比如美国），也可以是信托基金（比如新加坡、我国香港特别行政区），其本质是一种持续运行实体，由专业资产管理公司进行持续管理与运营，是类似于上市公司的不动产运作平台。目前境外 REITs 绝大多数属于公募发行产品，少数采取私募发行，根据投资方式分为权益型 REITs、混合型 REITs 和抵押型 REITs，其中以持有不动产项目股权为特征的权益型 REITs 为最主要形式，REITs 基础标的囊括了商业零售、办公、工业、公寓住宅、医疗养老、基础设施、酒店、仓储物流等各种不动产业态。

四、其他融资方式

房地产企业除上述投融资方式外，实践中，通常还会采用合作开发、引入外部投资者以及资产证券化等方式进行融资。其中，伴随着 2014 年中国证监会《证券公司及基金管理公司子公司资产证券化业务管理规定》及其配套细则的出台，资产证券化产品由事先审批核准制变更为基金业协会备案制，资产证券化正成为新兴的房地产企业重要的融资方式，下文将进行详细的介绍与分析。

第二节　各类传统融资模式下的注意事项及律师工作

根据房地产投融资模式的不同，以及代表主体的不同，律师在房地产投融资项目项下需要承担的工作也不尽相同。在银行贷款业务中，如律师接受房地产企业（融资方）的委托，则主要协助融资方与银行进行协议谈判以及准备银行要求的提款前提条件，如律师接受银行的委托，则除协助银行进行协议谈判外，还需要对融资方进行必要的尽职调查以及根据银行的要求，就特定事项出具法律意见。综合各种融资类型，律师在该等项目中主要的工作分为尽职调查、起草交易文件以及出具法律意见三个方面,以下分别进行说明。

一、尽职调查

从资金提供方的角度,在各类融资项目正式展开以前,多数情况下需要对融资方及融资项目进行尽职调查。如《信托公司集合资金信托计划管理办法》第9条规定:“信托公司设立信托计划,事前应进行尽职调查,就可行性分析、合法性、风险评估、有无关联方交易等事项出具尽职调查报告。”法律尽职调查是资金提供方需要进行的尽职调查工作的重要组成部分,也是律师最终出具法律意见书的重要依据。根据投融资模式的不同,开展尽职调查的侧重内容和工作目的往往不尽相同,法律尽职调查需要充分考虑宏观的法律法规监管要求,以及作为资金提供方的金融机构或其他机构的内部合规要求。并且进行法律尽职调查以前需要了解拟采用的交易结构,以更有针对性地核查风险、提出解决方案。一般而言,尽职调查主要从以下三个方面进行:

1. 融资方

①融资主体基本情况:营业执照、最新工商档案、股权关系图、公司章程(关注融资行为内部决策程序)、房地产开发企业资质证书;

②经营和财务情况:实收注册资本、重大债权债务;

③信用情况:信用状况良好,无重大违法违规行为和不良信用记录(企业信用报告、信用评级报告、信用中国网站);

④受限资产情况:对外担保情况、自身资产受限情况(如股权质押等)、对外出具的《承诺函》等文件;

⑤重大诉讼:诉讼、仲裁、执行、行政处罚、异常经营、抽查检查、纳税等重大情况。

2. 担保方

①担保主体基本情况:具备企业法人资格,具备担任担保主体的法定资质,没有依法依章程需要终止的情况;

②经营和财务情况:具有持续经营能力,财务状况良好;

③信用情况:信用状况良好,无重大违法违规行为和不良信用记录(企业信用报告、信用评级报告、信用中国网站);

④受限资产情况:对外担保情况,是否存在股权质押信息、应收账款质押信息、土地使用权和在建工程抵押信息;

⑤重大诉讼:诉讼、仲裁、执行、行政处罚、异常经营、抽查检查、纳税等重大情况。

3. 投资项目

①项目基本情况:权属清晰无争议、总投资和资本金、是否已缴清地价款;

②项目性质:符合国家宏观政策、产业政策、监管政策及相关规定,不得投资国家明令禁止或限制的项目;

③项目环评、节能:项目环境影响报告书批复、节能批复等文件;

④建设工程情况:“四证”是否齐备,是否延期开工/竣工,土地是否闲置,是否存在建设方面的行政处罚;

⑤已有融资情况:抵押及质押情况,是否实行资金监管等。

二、起草交易文件

1. 银行贷款

贷款合同(包括前期可能的Term Sheet、Commitment Letter)以及配套的担保协议(如抵押合同、保证合同)。

2. 房地产信托投融资

①意向性及框架性安排文件：合作框架协议、投资合作意向书等；

②交易端文件：合作协议、增资协议/股权转让协议、贷款合同/债权转让协议、特定资产收益权转让及回购协议、抵押合同等担保协议；

③信托端文件：信托合同、信托计划说明书、认购风险说明书；

④公司内部授权文件：融资人内部有权机构作出的董事会、股东会决议。

3. 房地产私募基金投融资

①基金募集及设立文件：契约型私募基金合同/合伙协议/出资协议/增资协议、公司章程等；

②基金投资及财产运作文件（以股+债投资为例）：合作协议、增资协议、股权转让协议、股权回购协议、项目公司章程以及资金监管协议、物业抵押合同（如可以办理抵押登记）、股权质押协议等担保文件。

三、出具法律意见

针对监管机构或资金提供方内部合规要求，律师通常需要就融资的全部或部分事项的合法合规性出具法律意见书。如《信托公司集合资金信托计划管理办法》规定，信托计划说明书应当包括律师事务所出具的法律意见书。又如《公司债券发行与交易管理办法》规定，公开发行公司债券的，发行人和主承销商应当聘请律师事务所对发行过程、配售行为、参与认购的投资者资质条件、资金划拨等事项进行见证，并出具专项法律意见书。律师在出具法律意见书之前，需要先仔细阅读相关规定及关于出具法律意见书的配套指引，了解法律意见书需要包含的事项以及重点分析的内容。如对于非金融企业债务融资工具公开发行，应参考《非金融企业债务融资工具公开发行注册文件表格体系（2020 版）》“3. F 系列表（法律意见书信息披露表）”。对于在深圳证券交易所公开发行公司债券，应参考《债券业务办理指南第 1 号——公开发行公司债券上市预审核业务办理》的相关规定。

第三节 房地产项目资产证券化概述

一、资产证券化概述

根据《证券公司及基金管理公司子公司资产证券化业务管理规定》的规定，所谓资产证券化，是指以基础资产所产生的现金流为偿付支持，通过结构化等方式进行信用增级，在此基础上发行资产支持证券的业务活动。前述基础资产通常为流动性较差、但能产生稳定现金流的资产。而所谓房地产资产证券化，即是指将与房地产相关的流动性较差、但却能够形成稳定现金流的资产作为基础资产设立证券化产品。与银行贷款、信托贷款等融资方式相比，资产证券化是一种面向投资人的直接融资方式，融资资金均来自投资人的资金，而非金融机构资金。并且，资产证券化产品更看重的是底层基础资产的质量与稳定性，而非发行人本身的信用与能力，这有助于本身实力不强或现金流情况不是特别好的企业以较低的成本融得资金。

按照监管部门的不同，目前房地产项目资产证券化主要有证券公司、基金子公司资产证券化（即企业资产证券化）与资产支持票据两类，其中企业资产证券化产品占绝大多数。企业资产证券化与资产支持票据的主要对比如下：

	企业资产证券化	资产支持票据
主管部门	中国证监会	中国银行间交易商协会
发起人	非金融企业及部分金融企业(如金融租赁公司)	非金融企业
发行方式	非公开发行	公开发行或非公开定向发行
投资人	合格投资者,且合计不超过200人,不穿透核查最终投资人之和	公开发行面向银行间市场所有投资人;定向发行面向特定机构投资人
基础资产	实行负面清单制。要求符合法律法规规定,权属明确,可以产生独立、可预测的现金流且可特定化的财产或财产权利,可以是单项财产权利或者财产,也可以是多项财产权利或者财产构成的资产组合。可以是企业应收款、租赁债权、信贷资产、信托受益权、基础设施、商业物业等不动产财产或不动产收益权	符合法律法规规定,权属明确,能够产生可预测现金流的财产、财产权利或财产和财产权利的组合。基础资产不得附带抵押、质押等担保负担或其他权利限制,但能够通过相关合理安排解除基础资产的相关担保负担和其他权利限制的除外
特殊目的载体(SPV)	证券公司/基金子公司资产支持专项计划	不强制要求设立特殊目的载体,可以引入特定目的信托、特定目的公司或交易商协会认可的其他特定目的载体
受托机构	证券公司、基金管理公司子公司	信托公司
信用评级	取得中国证监会核准的证券市场资信评级业务资格的资信评级机构,对资产支持证券进行初始评级和跟踪评级	公开发行应聘请具有评级资质的信用评级机构对资产支持票据进行信用评级,并在存续期内进行跟踪评级
交易场所	证券交易所、证券业协会机构间报价与服务系统、证券公司柜台市场	全国银行间债券市场
登记托管机构	中国证券登记结算有限责任公司	上海清算所
审核方式	备案制	注册制
主要规章及依据	《证券公司及基金管理公司子公司资产证券化业务管理规定》	《银行间债券市场非金融企业资产支持票据指引》

企业资产证券化的基本交易结构,具体而言,分为以下五个步骤:

①计划管理人就专项计划取得证券交易所无异议函后,向投资人募集资金并签署《认购协议》。募集资金达到专项计划目标规模后,簿记发行专项计划。

②专项计划设立后,原始权益人(融资人)向专项计划转让基础资产并签署《资产转让协议》。专项计划享有基础资产的所有权。

③原始权益人或其关联方接受计划管理人的委任,作为资产服务机构为专项计划提供基础资产的归集、回收、转付、催收等服务。

④专项计划账户收到基础资产产生的现金流后,根据专项计划文件的安排通过登记结算机构

定期向投资人兑付预期收益与本金。

⑤专项计划的增信主体根据专项计划文件的安排在特定情况下对专项计划承担增信义务。

具体参见下图：

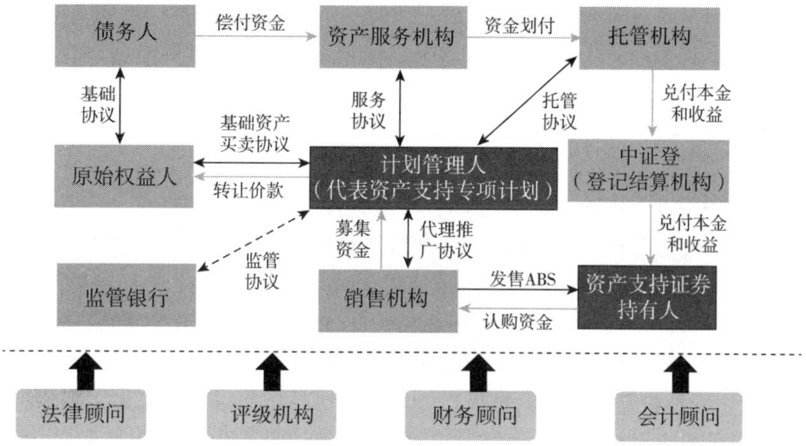

目前市场上出现的房地产资产证券化产品主要包括类 REITs、CMBS、购房尾款证券化产品、物业费证券化产品；此外，随着 2020 年 4 月 30 日《中国证监会、国家发展改革委关于推进基础设施领域不动产投资信托基金（REITs）试点相关工作的通知》（证监发〔2020〕40 号）的出台，公募 REITs 成为境内基础设施不动产资产证券化产品的新类型。资产证券化产品的基础资产则包括项目公司股权、不动产物权、租金债权、物业费债权、房屋销售尾款债权等。

二、租金债权证券化

所谓租金债权证券化，是指以房地产物业所产生的租金收入作为基础资产所设立的证券化产品。在资产证券化交易中，基础资产权属清晰、可特定化以及具有稳定的现金流往往是最基本的条件。然而，以物业的租金收入直接作为基础资产却存在如下问题：一是现有租赁合同项下的租赁期限往往无法与专项计划期限相匹配。实践中，房地产租金债权类专项计划期限往往需要 3～5 年，但物业的租赁期限却往往时间较短、无法覆盖专项计划期限。此外，实践中证券化项目的融资人往往不是租赁物业的实际持有人，而是“二房东”，其收取的租金常常为转租租金，并且其与业主之间签署的租赁合同很可能也无法覆盖专项计划期限。在该等情况下，因为作为专项计划存续期间部分现金流产生基础的租赁合同尚未订立，就会造成专项计划存续期间基础资产现金流无法特定且不稳定。二是就单个物业而言，可能存在多份租赁合同并且该等租赁合同项下约定的租赁期限并不一致。同时，实践中例如商铺或者公寓等租赁合同的履行并不是特别稳定，常常会发生承租人提前退租的情形，这些都将造成未来基础资产现金流的不稳定。有鉴于此，为解决上述租金债权的常见问题，通常会采用“专项计划+信托”的结构来设立租金债权类证券化产品。

所谓“专项计划+信托”的结构，有别于一般证券化项目的单一 SPV（专项计划）结构，而采用专项计划与信托的双 SPV 结构，并以信托的信托受益权作为专项计划的基础资产。实践中通常有“专项计划+资金信托”与“专项计划+财产权信托”两种模式。

本部分主要讨论租金债权证券化的基础资产法律关系以及交易结构两个问题。

1. 租金债权法律性质

就租金债权类证券化产品而言，确定底层资产现金流的法律关系以及现金流来源是非常重要的一环。只有确定了底层资产现金流的法律关系，才能确定可纳入专项计划底层资产的现金流规模，进而确定专项计划的发行规模以及设计配套的资金监管措施等。一般而言，租金债权主要有以下三种模式：

（1）自持物业模式

自持物业模式下法律关系相对简单，融资方为物业的所有权人，因此融资方就物业收取的租金等收入均可以纳入专项计划/信托的还款来源。同时该种模式又可以区分为"整租"与"散租"（包括直接散租与委托管理）两种。

在整租情形下，物业持有人将物业整体出租予第三方，由第三方再对外进行散租或运营管理。虽然整租合同项下交易对手单一且通常租约时间较长，但因为交易对手过于集中，未来专项计划的还本付息对于该整租方依赖较大，一旦整租方出现运营困难或资不抵债，则会对专项计划的兑付造成很大影响。因此，实务中就整租模式，通常依然会采用搭配信托的双 SPV 模式，以创设稳定的现金流。此外，根据《证券公司及基金管理公司子公司资产证券化业务信息披露指引》的规定，基础资产池所对应的单一债务人未偿还本金余额占比超过 15%，或债务人及其关联方的未偿还本金余额合计占比超过 20%的，应披露该等债务人的相关信用情况。

在散租情形下，包括由物业持有人直接对外运营管理及散租，以及委托运营方对物业进行运营管理但仍由物业持有人直接与承租人签署租赁合同两种情形。与整租情形类似，散租租金通常均可以作为专项计划的底层资产与收入来源。但在实务中需要重点关注委托管理情形下的租金支付路径，是否全部租金直接进入物业持有人账户，还是需要先进入委托管理方的账户、委托管理方提取一定比例后再转付至物业持有人账户。如存在委托管理方需要提取或分配一定比例租金的情形，则需要配套设置相应的现金流监管措施，以及在进行现金流测算时根据具体情形充分考量纳入底层资产租金收入范围。

（2）"二房东"模式

所谓"二房东"模式，即融资方并非物业的所有权人，而是物业的承租人，其依据与业主之间的租赁合同以及允许转租的同意，对外进行租赁或运营管理。在该种模式下，与自持物业一样，转租租金可以全部用来作为专项计划的底层资产并计算产品规模。但因为融资方并非物业所有权人，需要向物业所有权人支付租金，且无法提供物业抵押担保，因此如以全部转租租金作为底层资产，通常需要向监管部门说明未来向业主支付租金的资金来源，且可能需要向信托/专项计划提供较强的外部增信措施。

（3）委托管理模式

严格来说，在委托管理模式项下，即使融资方作为委托管理人以自己的名义与实际承租人签署租赁合同，也需要充分分析委托管理人与业主以及实际承租人之间的法律关系，以判断收取的租金中哪些部分可以作为专项计划底层资产的收入来源。如委托管理方与业主之间需要就收取的租金进行分成，或定期转付保底租金予业主，甚至是租金仅为代业主收取（虽然收取的租金部分将被用于业主向管理方支付管理费），则可能需要转付业主的部分无法构成现金流来源。

以某公寓运营商为例，其与房屋的业主签订《资产管理服务合同》，约定业主委托该运营商管理运营房屋，同时授权其对房屋进行经营出租。该运营商根据业主的授权委托与实际承租人签订《房屋租赁合同》，并代业主实际收取房屋租金。在委托管理模式下，委托管理方实际并不享有租金收益，其收入来源仅为业主向其支付的管理费。如以管理费作为专项计划的底层资产，则可能因为管理费金额较少而导致可融资规模非常小，通常房地产企业不会选择以管理费作为现金流来源发行证券化产品。

2\. 专项计划+资金信托

在过往的项目中，实际融资人往往会通过关联方/外部过桥方以一笔过桥资金作为委托资金设立资金信托(可以是单一资金信托也可以是集合资金信托,取决于委托人的数量),并通过该资金信托向融资人发放信托贷款,融资人以物业租赁收入作为信托贷款的还款来源并以租金应收账款向信托公司提供质押担保。专项计划设立后,信托计划的委托人向专项计划转让信托受益权,信托公司定期向专项计划分配信托利益以作为专项计划的分配来源。以信托受益权作为专项计划的基础资产,解决了底层资产无法特定以及现金流不稳定的问题。实际融资人根据信托公司的安排定期对信托贷款进行还本付息,创设了长期稳定、可预测的现金流。但需要特别说明的是,根据中国证券投资基金业协会发布的《资产证券化业务基础资产负面清单指引》的规定,最终投资标的为符合负面清单规定的基础资产类型的信托计划受益权的,该等信托受益权亦同样落入负面清单的规定范围。因此,采用专项计划+信托的结构创设信托受益权,并不能解决最底层资产不符合《资产证券化业务基础资产负面清单指引》规定的问题,融资人依然必须确保信托公司所投资的底层资产符合负面清单的相关规定。采用专项计划+资金信托模式的基本交易结构如下图:

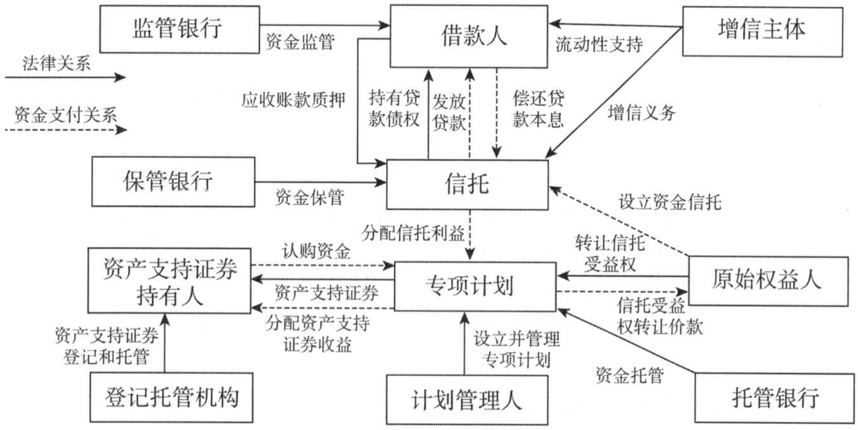

2014年发行的"海印股份信托受益权专项资产管理计划"即是第一单采用"专项计划+信托"的双SPV结构的专项计划产品。在该笔证券化产品中,为解决融资人广东海印集团股份有限公司(以下简称"海印股份")仅作为租赁物业的"二房东"等造成的基础资产现金流不稳定等问题,通过大业信托有限责任公司设立了单一资金信托,海印股份为单一资金信托项下的借款人,以物业租赁收入向单一资金信托还本付息。专项计划向原始权益人受让单一资金信托的信托受益权,单一资金信托的信托受益权即为专项计划的基础资产。

3. 专项计划+财产权信托

除常见的"专项计划+资金信托"外,实践中亦有"专项计划+财产权信托"的案例。根据财产权信托的信托财产的不同,该种模式又可以分为两类:

(1)借款债权作为信托财产

与"专项计划+资金信托"的结构类似,在以借款债权作为信托财产的财产权信托模式下,通常由过桥资金方先向融资人发放一笔借款,再由过桥资金方作为委托人将该借款债权作为信托财产,委托信托公司设立财产权信托。通过这样的安排,财产权信托即成为融资人的债权人,融资人根据借款合同的安排定期向财产权信托还本付息。在专项计划设立后,过桥资金方将财产权信托项下的信托受益权转让给专项计划,专项计划以财产权信托分配的信托利益向投资人进行兑付。在监管机构对以信托作为通道发放信托贷款监管日益趋严的形势下,该种交易模式不失为一种变通方式。

需要注意的是,在借款债权作为信托财产的交易模式下,初始债权人往往为融资人之关联方,借款债权通常为民间借贷。因此,为确保专项计划基础资产的合法合规性,应首先保证该民间借贷的合法性。鉴此,律师需要根据最高人民法院《关于审理民间借贷案件适用法律若干问题的规定》《关于规范民间借贷行为维护经济金融秩序有关事项的通知》等相关规定对借款债权进行核查。例如,就民间借贷的出借资金来源,出借人的资金必须是其合法收入的自有资金,禁止吸收或变相吸收他人资金用于借贷。

(2)租金债权作为信托财产

如以租金债权作为信托财产设立财产权信托,因《信托法》规定"设立信托,必须有确定的信托财产",该租金债权必须是确定的租赁合同项下债权,而不能是未来的尚未签署租赁合同的资金债权。因此,这种交易模式对租金债权的要求比较高,已经发行的产品数量相对较少。中信诚资产管理有限公司作为计划管理人设立的"中信茂庸投资租金债权信托受益权资产支持专项计划"为其中的典型案例。在该专项计划项下,原始权益人北京茂庸投资有限公司直接持有目标物业,目标物业仅有两个承租人,仅需签署两份租赁合同,且租赁期限均能覆盖专项计划期限。

三、CMBS 项目

CMBS(即 Commercial Mortgage Backed Securities,商业房地产抵押贷款支持证券),系指以商场、写字楼等商业物业抵押贷款组合包装构建底层资产,通过结构化设计以该商业地产未来租金等运营收入作为未来收益来源的资产证券化产品。与租金债权证券化产品类似,CMBS 项目的底层资产收入来源亦为物业的租金收入或其他运营收入。CMBS 项目的主要特点在于:①底层物业为商场、写字楼等处于较好城市的繁华区域的优质商业物业,物业价值较高、租赁情况较好;②融资人为物业的所有权人,可以物业对信托提供抵押担保及/或应收账款质押担保。相较于单纯的银行经营性物业贷款而言,房地产企业选择 CMBS 的目的在于能够打破借款人的主体信用,以更好的物业获取规模更大、成本更低的融资。

CMBS 项目的交易结构与租金债权证券化产品交易结构基本一致,实操中主要采用"专项计划+信托"的结构,其中既有"专项计划+资金信托"的交易结构,如市场上第一单 CMBS 产品"高和招商—金茂凯晨资产支持专项计划",也有"专项计划+财产权信托"的交易结构,如"长城证券—北京合生汇资产支持专项计划"。

除"专项计划+信托"的结构外,亦可采用以委托贷款债权作为专项计划基础资产的单 SPV 结构,即原始权益人与委托贷款银行、借款人签署《委托贷款合同》,原始权益人以过桥资金委托贷款银行向借款人发放借款。专项计划成立后,专项计划与原始权益人签署《资产买卖协议》、以募集资金向原始权益人购买委托贷款债权。鉴此,即构成基础资产为委托贷款债权的单 SPV 结构的 CMBS 产品。实践中该结构的应用相对较少,"深圳益田假日广场资产支持专项计划"为一例。

四、类 REITs 项目

REITs (Real Estate Investment Trusts),即不动产投资信托基金,是一种以发行收益凭证的方式,汇集特定多数投资者的资金,由专门机构进行房地产投资经营与管理,并将投资收益按比例分配给投资者的一种金融产品。在国际市场上,REITs 多可以公开募集。公募 REITs 具有流动性强、税收中性、财务稳健(杠杆率通常不超过 50%)和分红稳定(每年经营收益 90%以上用于现金分红)等特点。但受限于法律规定①,除在基础设施领域开展公募 REITs 试点外,目前对于商业地产

---

① 《证券投资基金法》第 72 条规定:"基金财产应当用于下列投资:(一)上市交易的股票、债券;(二)国务院证券监督管理机构规定的其他证券及其衍生品种。"

《证券公司及基金管理公司子公司资产证券化业务管理规定》第 29 条第一句规定:"资产支持证券应当面向合格投资者发行,发行对象不得超过二百人,单笔认购不少于 100 万元人民币发行面值或等值份额。"

等非基础设施类房地产项目,我国尚没有公募 REITs,并且目前此类商业地产 REITs 产品尚需以专项计划作为载体发行,因此称为"类 REITs"。

1. 交易结构

类 REITs 产品与一般证券化产品最大的区别即是专项计划项下的基础资产/底层资产并非某一公司持有的某项普通资产,而是由专项计划直接或间接(通过私募基金/信托)持有项目公司股权,并通过项目公司持有目标物业。实践中,主要发展出了如下三种交易结构:

(1)专项计划+私募基金

"专项计划+私募基金"的双 SPV 结构是实践中最常见的类 REITs 项目结构。在该结构下,由基金管理人设立契约式私募基金,并通过底层资产重组实现契约式私募基金持有项目公司 100%股权,同时对项目公司持有一定金额的债权。项目公司通过对目标物业的运营管理,以目标物业的运营收入向契约型私募基金还本付息以及分配股东红利(如有),契约型私募基金定期向专项计划分配利益。专项计划以获取的基金利益向资产支持证券持有人兑付本金及预期收益。我国第一单类 REITs 项目"中信启航专项资产管理计划"即采用了该交易结构,此后多数项目均采用该结构。但需要注意的是,受限于《商业银行委托贷款管理办法》《私募投资基金备案须知》《关于加强私募投资基金监管的若干规定》等规定,目前"专项计划+私募基金"结构在向项目公司发放借款层面存在一定限制。因私募基金不能再向项目公司发放委托贷款,且以私募基金直接向项目公司发放股东借款亦受到借款时间及投资比例的限制,且多数地区亦尚未放开以非金融机构作为抵押权人办理抵押登记,则可能难以办理底层物业向私募基金的抵押登记,一定程度上影响了专项计划的增信措施。"专项计划+私募基金"的基本交易结构如下图所示:

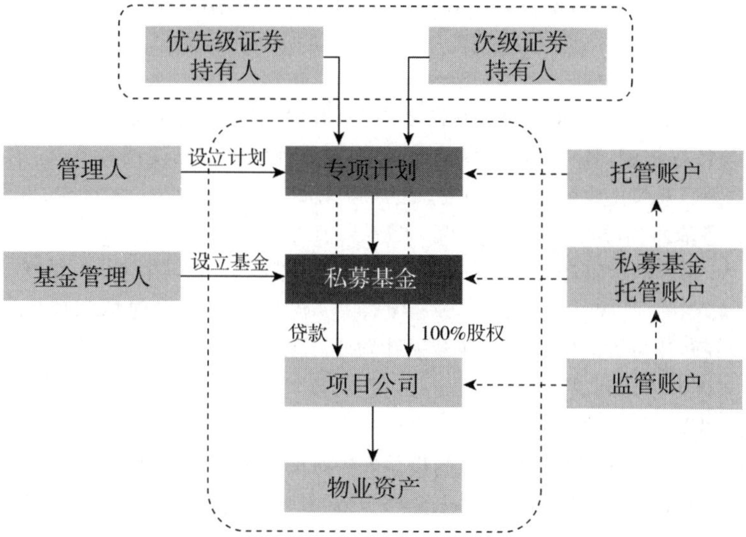

(2)专项计划直接持有项目公司股权

"招商创融—天虹商场(一期)资产支持专项计划"类 REITs 项目采用了由专项计划直接持有项目公司股权的结构, 该结构相较于"专项计划+私募基金",省略了契约型私募基金,结构更加简单清晰,但因为专项计划无法向项目公司发放贷款,项目公司仅能通过股东分红向专项计划回流资金,专项计划收入可能产生税收摩擦。

(3)专项计划+信托

"专项计划+信托"模式主要搭建了专项计划与财产权信托两个 SPV,其交易步骤如下:①原始权益人直接或间接(通过资管计划或其他资管产品,但需要考虑目前监管政策对资管产品放贷的限制)持有项目公司100%股权及一定金额债权;②原始权益人以持有之项目公司股权和债权作为信托财产,委托信托受托人成立财产权信托;③计划管理人设立专项计划;④原始权益人将持有之财产权信托的信托受益权转让予专项计划,专项计划以募集资金向原始权益人支付转让对价。目前已发行的"天风光大—亿利生态广场一期资产支持专项计划"项目即采用了该结构。

鉴于私募基金暂无法通过委托贷款银行向项目公司发放委托贷款,本结构套用信托的模式一定程度上解决了办理底层物业抵押登记问题。

2. 底层资产重组

为了实现将持有底层物业之项目公司装入到专项计划与私募基金项下,在设立专项计划以前,类REITs项目通常需要进行底层资产的重组,以实现专项计划对底层物业的间接控制,并创设稳定、可预测现金流,同时还需要尽可能降低重组与未来物业运营的税务负担。底层资产重组是一个相对耗时并复杂的过程,为实现上述目的,需要从财务、法务、税务等各方面综合考量。简要概括,底层资产重组主要涉及以下四个步骤:

(1)项目公司新设/重组

为保障专项计划的运营安全,一般而言最终由私募基金/信托持有股权之项目公司应是权属清晰、无债权债务(私募基金/信托股东借款除外)或其他权利负担的主体,因此实践中通常采用新设项目公司的方式。如在重组以前项目公司即已存在,但该项目公司仅为持有底层物业的目的设立,则对私募基金完成尽职调查后如其符合要求,亦可以使用原有项目公司。

为实现新设之项目公司能够相对税收中性地受让底层物业,较常见的做法是目标物业原持有人通过以目标物业作价入股的方式新设项目公司,但该方式对于项目公司原持有人为房地产企业的情况可能"税收中性"效果有限,融资人需结合目标物业情况以及整体交易目的,选择合适的新设及物业转让方式。

(2)新设SPV

在底层资产重组中,新设SPV的目的在于构建"股权+债权"的交易结构,一方面项目公司层面要形成股权与债权并存,另一方面私募基金/信托发放的借款应已使用并支付,不能沉淀在项目公司,同时还要保证未来物业运营收入现金流的最大化回收。

(3)设立私募基金/信托

原始权益人、私募基金管理人/信托受托人设立契约型私募基金或财产权信托。私募基金/信托与SPV原股东签署《股权转让协议》、与SPV签署《借款合同》,实现私募基金/信托持有新设SPV的股权(股权转让价款的实际支付在专项计划成立后,但先办理股转手续)及债权(借款金额的实际支付在未来专项计划成立后)。

(4)专项计划设立、完成重组

专项计划设立后,以募集资金受让原始权益人持有的私募基金份额或信托受益权。在搭配私募基金的结构下,因前期私募基金份额并未全部实缴,专项计划持有私募基金全部份额后,还需用募集资金对私募基金份额进行实缴。私募基金获得实缴后以实缴资金对新设SPV增资及发放借款,新设SPV以增资款及借款支付项目公司的股权转让价款。

五、购房尾款证券化

购房尾款证券化的交易背景如下:在普通的商品房销售中,购房人与开发商签署《商品房预售合同》或《商品房现房买卖合同》后,就购房价款的支付,通常会选择自行支付部分首付款,剩余价款通过商业银行按揭贷款或公积金贷款(仅适用于住宅型商品房)的形式支付。因为自签署购房合同至商业银行/公积金中心发放贷款之间通常存在数个月的时间间隔,且随着开发商持续销售商品房、不断会有新的销售尾款产生,房地产企业便会选择将该部分应收账款进行打包发行证券化产品进行融资。

1. 基础资产类型与法律性质

根据一般购房合同项下的付款方式分类,购房尾款主要有以下四种类型:①购房人通过商业银行按揭贷款形成的购房尾款;②购房人通过公积金贷款形成的购房尾款;③购房人通过商业银行按揭贷款与公积金贷款组合形成的购房尾款;④购房人以自有资金分期支付形成的购房尾款。

除购房人以自有资金分期支付形成的购房尾款外,虽然其他几种形式的购房尾款的款项支付方为按揭贷款商业银行或公积金中心,但支付购房尾款实质的义务人仍然是购房人。因此,虽然《资产证券化业务基础资产负面清单指引》规定"以地方政府为直接或间接债务人的基础资产"不能作为专项计划的基础资产,但公积金形式的购房尾款的债务人实质为购房人而非公积金中心,因此依然能够被纳入购房尾款证券化的基础资产。

2. 基础资产的筛选

因单一购房合同项下的尾款回款期限通常只有数个月,而专项计划的期限则为数年,因此为满足专项计划项下持续稳定的现金流,通常会设计循环购买的安排,而为了实现循环购买并保证专项计划底层资产的质量,便会在交易文件中约定基础资产的合格标准。一般而言,基础资产/底层资产需满足以下条件:

(1)购房合同

①适用中国法律,且在中国法项下合法有效,原始权益人(无论是作为购房合同项下的出售方或依据《应收账款转让合同》受让取得相应购房合同项下的相关权利的主体)可依据购房合同的相关条款向购房人主张权利;

②购房合同项下的出售方已经履行并遵守了基础资产对应的购房合同项下的应尽义务;

③对于购房尾款的支付方式进行了明确约定,且能够产生可预测的现金流收入;

④购房人在购房合同项下不享有任何主张扣减或减免应付款项的权利(但不包括购房人因房屋实际面积误差而享有的对实际购房款扣减的权利)。

(2)购房人

①依据中国法律在中国境内设立并合法存续的企业法人、事业单位法人、自然人或其他组织,并且未发生申请停业整顿、申请解散、申请破产、停产、停业、注销登记、被吊销营业执照或涉及重大诉讼或仲裁;

②已付清购房合同项下首付款。

(3)基础资产

①原始权益人合法拥有基础资产,且基础资产上未设定抵押权、质权或其他权利限制;

②基础资产可以进行合法有效转让,且无需取得购房人或其他第三方的同意;

③基础资产不涉及诉讼、仲裁、执行、破产程序或被强制执行司法程序。

3. 交易结构

购房尾款证券化通常仅采用专项计划单 SPV 结构,由原始权益人向专项计划转让基础资产,并且专项计划将在循环购买期内以专项计划资产向原始权益人循环购买符合合格标准的基础资产。计划管理人委托原始权益人作为资产服务机构对基础资产的汇款进行管理,资产服务机构定期将基础资产汇款归集至专项计划账户。专项计划以基础资产汇款定期向投资人支付预期收益并偿还本金。购房尾款证券化的基本交易结构如下图:

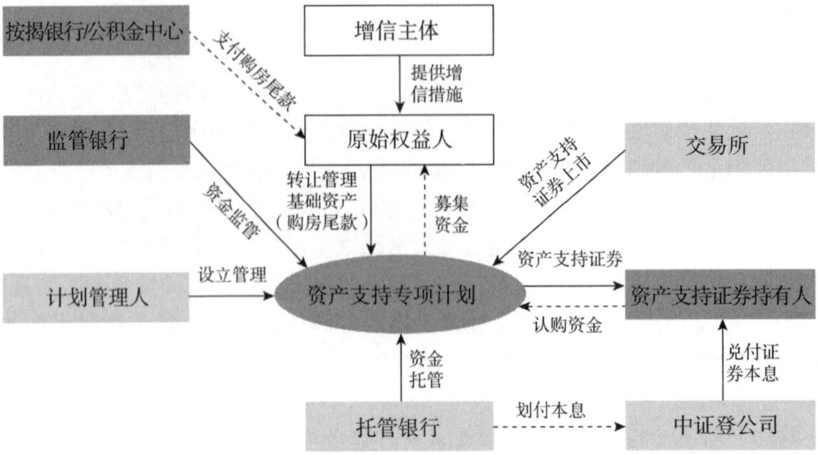

六、物业费证券化

所谓物业费证券化，即物业公司以未来应收取的物业费作为基础资产设立证券化产品。实操中，物业公司普遍因为规模较小、利润率较低等原因而导致主体信用等级较低，如通过常规的银行等途径进行融资，则融资成本较高。因此，物业费证券化有助于自身经营状况较好的物业公司扩大融资途径、降低融资成本。

1. 基础资产类型与法律性质

（1）底层物业的类型

从底层物业的角度，物业公司管理的物业主要有住宅及商业物业两种类型。一般而言，住宅物业的管理费单价较商业物业的管理费单价低，但住宅物业的物业服务费的收取相较于商业物业的物业服务费的收取而言，具有更强的稳定性。实践中，如选择直接以物业服务债权作为基础发行证券化产品，则需注意尽量不要将住宅物业服务费与商业物业服务费混合作为基础资产。

（2）物业服务合同类型

物业服务合同主要区分为前期物业服务合同与一般物业服务合同两种，此外，可能还包括停车场管理合同等。其中最为特殊的是前期物业服务合同。

根据《物业管理条例》的规定，在业主、业主大会选聘物业服务企业之前，建设单位选聘物业服务企业的，应当签订书面的前期物业服务合同。已竣工但尚未出售或者尚未交给物业买受人的物业，物业服务费用由建设单位交纳。因此，就前期物业服务合同而言，存在建设单位统一向物业公司支付物业费的可能。根据《证券公司及基金管理公司子公司资产证券化业务信息披露指引》的规定，基础资产池所对应的单一债务人未偿还本金余额占比超过15%，或债务人及其关联方的未偿还本金余额合计占比超过20%的，应披露该等债务人的相关信用情况。并且，《深圳证券交易所资产证券化业务问答》（深圳证券交易所固定收益部2020年5月修订）①亦规定“对于由开发商付费的前期物业服务合同，管理人应就该部分物业费用的入池比例、历史支付情况和延迟支付风险进行详细披露。如开发商与物业服务公司存在关联关系，管理人应重点进行说明和风险揭示，”及“针对未交付物业项目，管理人应说明未交付小区物业预期交付的时间和进展安排，披露未交付小区物业的物业费规模占专项计划全部物业费规模的比例，披露如未交付小区物业未能及时向业主

① 深圳证券交易所于2020年12月31日发布的《深圳证券交易所关于发布〈深圳证券交易所资产证券化业务指南第1号——挂牌条件确认业务办理〉的通知》（深证上〔2020〕1279号）已将《深圳证券交易所资产证券化业务问答（2020年5月修订）》废止，但目前尚未发布新版适用规则。下同。

实际交付而导致物业费无法按时足额归集对专项计划现金流的影响，充分揭示风险并提供缓释措施。”

(3)物业费收取方式

根据《物业服务收费管理办法》的规定，物业管理费的收取方式主要有包干制与酬金制两种。

①包干制：是指由业主向物业管理企业支付固定物业服务费用，盈余或者亏损均由物业管理企业享有或者承担的物业服务计费方式。在包干制下，全部物业服务费均可以计为物业公司的营业收入，因此全部物业收入现金流均可以纳入基础资产现金流，并且物业服务费应收账款能够进行整体转让。

②酬金制：是指在预收的物业服务资金中按约定比例或者约定数额提取酬金支付给物业管理企业，其余全部用于物业服务合同约定的支出，结余或者不足均由业主享有或者承担的物业服务计费方式。在酬金制下，仅物业服务合同约定比例的酬金可以作为专项计划的现金流资产，并且该物业管理费债权无法实现整体转让。

2. 基础资产的筛选

与购房尾款证券化项目基础资产的合格标准类似，一般而言，物业费项目入池的基础资产/底层资产需满足以下标准：

①基础资产对应的全部物业费合同或其他类似文件(以下简称“物业合同”)适用法律为中国法律，且在中国法律项下均合法有效；

②原始权益人履行并遵守基础资产所对应的任一份物业合同项下应尽义务；

③同一物业合同项下委托人尚未支付所有物业费；

④物业合同中的委托人系依据中国法律在中国境内设立且合法存续的法律实体，且未发生申请停业整顿、申请解散、申请破产、停产、歇业、注销登记、被吊销营业执照或涉及重大诉讼或仲裁；

⑤原始权益人合法拥有基础资产，且基础资产上未设定抵押权、质权或其他权利负担；

⑥基础资产可以进行合法有效的转让，且无需取得委托人或其他第三方的同意；

⑦基础资产所对应的任一份物业合同项下的到期物业费最新一年的缴费率均已到达一定标准，并且不存在其他实质性的重大违约情况；

⑧在物业合同受托人妥为履行其在物业合同中的义务时，委托人在物业合同项下不享有任何主张扣减或减免应付款项的权利；

⑨基础资产不涉及诉讼、仲裁、执行、破产程序或被强制执行司法程序。

3. 交易结构

《深圳证券交易所资产证券化业务问答》规定，管理人应对入池物业合同的存续期限进行核查和披露。对于基础资产直接为物业服务合同债权的，物业合同期限应与专项计划期限相匹配。对于不以物业服务合同债权为基础资产的，物业合同期限如不能覆盖专项计划期限，管理人和律师应在专项计划文件中就合同续签事项发表明确意见，同时对投资者充分揭示风险并提供合理缓释措施。因为物业费证券化项目的期限一般较长、物业管理合同的期限难以覆盖专项计划期限，根据过往的物业费证券化产品实践，可选择以资金信托的信托受益权或委托贷款债权作为基础资产设立专项计划，即过桥资金方通过委托贷款银行/资金信托向融资方(物业公司)发放委托贷款/信托贷款，并以符合入池标准的物业费应收账款作为委托贷款/信托贷款的还款来源以及提供质押担保。通过搭建双 SPV 结构，亦有助于解决底层收费权难以定性的问题(如住宅及商业物业物业管理费的区别，以及物业合同项下的收费权可能存在多种性质，如物业费、车位管理费、绿化费等)。基本交易结构如下图所示：

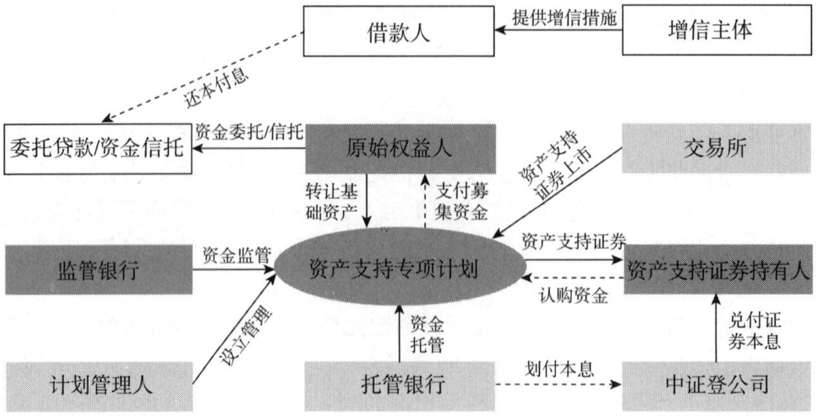

七、基础设施公募 REITs

近年来,我国金融监管体系和资本市场条件日渐成熟,国内类 REITs 产品也积累了大量的实践经验。在此基础上,在国家大力推进供给侧结构性改革的背景下,为有效盘活存量资产、促进基础设施高质量发展,2020 年 4 月 30 日,中国证监会、国家发展改革委联合发布了《关于推进基础设施领域不动产投资信托基金(REITs)试点相关工作的通知》(证监发〔2020〕40 号),正式在基础设施领域启动公募 REITs 试点。

在中国证监会发布的《公开募集基础设施证券投资基金指引(试行)》(中国证券监督管理委员会公告〔2020〕54 号)等国内基础设施公募 REITs 法律框架下,基础设施公募 REITs 产品是指依法向社会投资者公开募集资金形成基金财产,通过基础设施资产支持证券和项目公司等特殊目的载体持有基础设施项目,由基金管理人主动运营管理基础设施项目,并将产生的绝大部分收益分配给投资者的标准化金融产品。在交易结构上,基础设施公募 REITs 采用"公募基金+资产支持证券"的双层架构,公募基金 80%以上基金资产应投资于基础设施资产支持证券并持有其全部份额,通过资产支持证券持有基础设施项目公司全部股权,穿透取得基础设施项目的完全所有权或经营权利,进而通过底层基础设施项目运营产生的租金、收费等现金流获得基金收益。基金采取封闭式运作,收益分配比例不低于合并后基金年度可供分配金额的 90%。纳入公募 REITs 试点的底层基础设施项目类型主要包括交通基础设施、能源基础设施、市政基础设施、生态环保基础设施、仓储物流基础设施、园区基础设施、新型基础设施及保障性租赁住房等(不包括酒店、商场、写字楼等商业地产项目)。

基础设施公募 REITs 与国内常见的两类房地产项目资产证券化产品——类 REITs、CMBS 之间的主要区别如下:

产品类别	公募 REITs	类 REITs	CMBS
底层资产	基础设施	商业物业	商业物业
产品属性	权益导向	多数为固定收益型	债权属性
资产管理	主动管理	被动管理	被动管理
发行方式	公开发行	私募发行	私募发行
产品期限	永久或长期	有存续期	有存续期
退出方式	二级市场交易或基金清盘退出	回购或资产处置,流动性弱	回购或资产处置,流动性弱
增信措施	无需主体增信,不分层	可以设置结构化分层、差额补足等	与类 REITs 相比,还可设置项目公司股权质押、应收账款质押等

基础设施公募 REITs 的基本交易结构如下图所示：

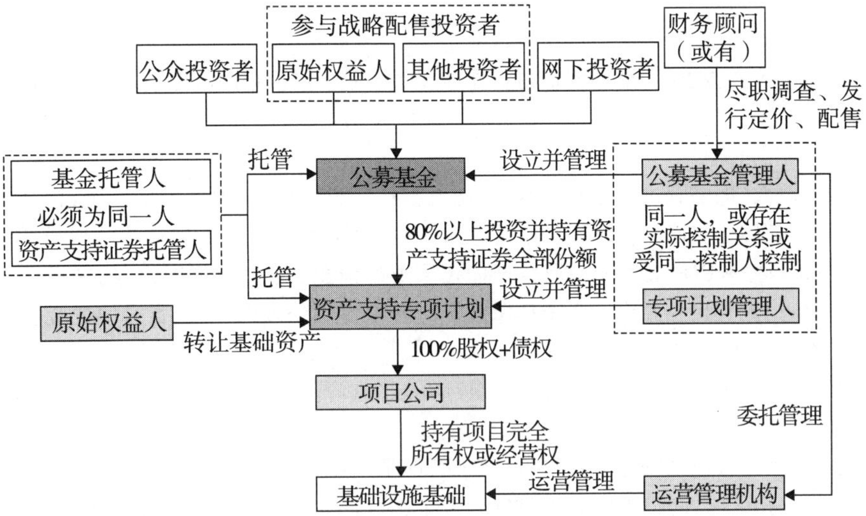

第四节　各类房地产项目资产证券化的基本操作流程

一、专项计划+信托结构产品的操作流程

如前所述，在房地产资产证券化项目中，专项计划+信托的产品结构被广泛应用，CMBS 项目、租金债权证券化以及物业费证券化等多应用该结构。专项计划+信托结构分为两种模式，一种为专项计划+资金信托模式，一种为专项计划+财产权信托模式。该两种模式的操作流程分别如下：

1. 专项计划+资金信托

(1)设立资金信托

由原始权益人(即资金过桥方)与信托受托人签订《信托合同》，约定将信托本金信托给信托受托人设立资金信托，原始权益人因设立信托而取得该信托项下的信托受益权。同时，信托受托人与保管银行签订《保管合同》，约定信托受托人委托保管银行开立专门信托账户，负责对信托资金进行保管以及信托资金的对外划付等事宜。

(2)发放信托贷款

信托受托人(代表信托)与融资方(借款人)签订《信托贷款合同》，向融资方发放信托贷款。融资方、信托受托人(代表信托)与监管银行签订《监管协议》，对融资方持有的物业租赁运营收入进行监管。

(3)物业资产抵押以及物业运营收入/物业费质押(如需)

融资方与信托受托人(代表信托)签署《物业抵押合同》(如融资方为物业所有权人)与《应收账款质押合同》，以底层物业为信托贷款提供抵押担保，以租金/物业运营收入/物业管理费等应收账款对信托贷款提供质押担保。

(4)设立专项计划、受让原始权益人持有的信托受益权

计划管理人设立专项计划，向投资者募集资金并发行资产支持证券。计划管理人将专项计划资金专项用于向原始权益人购买其持有的信托受益权，签署《信托受益权转让协议》，该信托受益权成为专项计划的基础资产，计划管理人以信托利益为主要来源向资产支持证券持有人分配专项

计划利益。

2. 专项计划+财产权信托

财产权信托模式与资金信托的操作流程基本一致。

(1)创设借款债权

融资方与原始权益人签署《借款合同》,原始权益人基于借款合同对融资方享有未偿本金余额债权。

(2)发放信托贷款

由原始权益人(即资金过桥方)与信托受托人签订《信托合同》,原始权益人、信托受让方以及融资方签署《债权转让与确认协议》,约定将原始权益人对融资方的债权转让予信托受托人设立财产权信托,原始权益人因设立信托而取得该信托项下的信托受益权。同时,信托受托人与保管银行签订《保管合同》,约定信托受托人委托保管银行开立专门信托账户,负责对信托资金进行保管以及信托资金的对外划付等事宜。

融资方、信托受托人(代表信托)与监管银行签订《监管协议》,对融资方持有的物业租赁运营收入进行监管。

(3)物业资产抵押以及物业运营收入/物业费质押(如需)

融资方与信托受托人(代表信托)签署《物业抵押合同》(如融资方为物业所有权人)与《应收账款质押合同》,以底层物业为信托贷款提供抵押担保,以租金/物业运营收入/物业管理费等应收账款对信托贷款提供质押担保。

(4)设立专项计划、受让原始权益人持有的信托受益权

计划管理人设立专项计划,向投资者募集资金并发行资产支持证券。计划管理人将专项计划资金专项用于向原始权益人购买其持有的信托受益权,签署《信托受益权转让协议》,该信托受益权成为专项计划的基础资产,计划管理人以信托利益为主要来源向资产支持证券持有人分配专项计划利益。

二、购房尾款证券化基本操作流程

购房尾款证券化项目仅采用专项计划单一载体,操作流程相对简单,具体操作如下:

1. 设立专项计划

资产支持证券投资人与计划管理人签署《认购协议》,计划管理人在认购资金达到目标规模后成立专项计划,投资人持有相应的资产支持证券。

2. 购买基础资产与循环购买

计划管理人与原始权益人签署《资产买卖协议》并以专项计划募集资金向原始权益人支付购买价款。如原始权益人并非直接持有所有拟入池基础资产,则在签署《资产买卖协议》之前或同时,原始权益人应与持有基础资产的关联方签署《应收账款转让协议》,受让关联方在基础资产对应的各个购房合同项下享有的要求购房人支付购房价款的权利和收益。

在循环购买期间内,专项计划根据《标准条款》等专项计划文件的安排持续向原始权益人购买符合合格标准的入池资产。

3. 聘请资产服务机构、资金监管

计划管理人(代表专项计划)与原始权益人或其关联方签署《资产服务协议》,约定原始权益人或其关联方为专项计划提供与基础资产及其回收有关的管理服务,包括但不限于基础资产现金流的归集管理、维护与购房人的关系等。并且资产服务机构、计划管理人(代表专项计划)与监管银行签署《监管协议》,约定资产服务机构应在约定日期将基础资产产生的现金流归集到专项计划账户。

4. 分配专项计划收益

在相应的兑付日,专项计划向专项计划托管银行发送分配指令,以基础资产产生的现金流对资产支持证券持有人分配预期收益及偿还本金(如需)。

三、类 REITs 产品的操作流程

相较于前述各类房地产证券化项目,类 REITs 产品的操作流程主要增加了底层资产重组环节,具体如下:

1. 底层资产重组

(1)重组/新设项目公司

目标物业原持有方以目标物业实物出资入股或其他方式新设项目公司,并使得项目公司持有目标物业 100%所有权。如经基金管理人/计划管理人尽职调查,目标物业原持有方(或融资人内部重组后目标物业的持有方)股权清晰、无重大债权债务或其他权利负担,则可不新设项目公司。

(2)新设 SPV

融资人或契约型私募基金出资新设 SPV。实践中,如由契约型私募基金出资新设 SPV,则构成私募基金的对外投资,需私募基金完成在基金业协会备案后方可进行。鉴此,为加速项目进度,通常由融资人先出资新设 SPV,在私募基金完成备案后再转让予私募基金。

(3)项目公司股权转让

项日公司原股东与 SPV 签署《股权转让协议》,使得 SPV 持有项日公司 100%股权并办理相应股权转让工商登记,但约定股权转让价款在专项计划成立后支付。

(4)成立私募基金、收购 SPV 股权并设置股东借款

原始权益人、基金管理人与基金托管银行签署《基金合同》并完成基金备案。基金管理人(代表私募基金)与融资人签署关于 SPV 的《股权转让协议》,使得私募基金持有 SPV 之 100%股权。私募基金与 SPV 签署《借款合同》,向私募基金发放股东借款。

(5)物业运营管理与资金监管

如需要对物业进行运营管理,计划管理人、基金管理人、项目公司(或作为整租方之 SPV)以及运营管理方签署《物业运营管理协议》,委托运营管理方运营目标物业并协助办理物业运营收入的回收等。

项目公司、SPV(如需)与契约型私募基金以及监管银行签署《资金监管协议》,就物业运营收入的回流以及契约型私募基金发放的股东借款的还本付息进行资金监管,确保私募基金能够按时足额分配。

2. 专项计划层面

(1)设立专项计划

资产支持证券投资人与计划管理人签署《认购协议》,计划管理人在认购资金达到目标规模后成立专项计划,投资人持有相应的资产支持证券。

(2)购买基础资产并实缴私募基金份额

计划管理人与原始权益人签署《基金份额转让协议》受让契约型私募基金全部份额。专项计划持有基金全部份额后,专项计划以募集资金实缴私募基金份额。

(3)专项计划端相关增信措施

计划管理人(代表专项计划)与融资人或其关联方等签署《优先收购协议》(如需)、《差额补足协议》(如需)、《流动性支持协议》(如需)等,设置专项计划项下相关增信措施。

四、基础设施公募 REITs 产品的操作流程

与类 REITs 相比,基础设施公募 REITs 产品增加了公募基金的发售上市及公募基金认购资产

支持证券份额环节。此外,由于基础设施公募 REITs 产品要求基金管理人主动运营管理基础设施项目,类 REITs 产品结构中设置私募基金管理人所承担的底层资产管理职能弱化,且基础设施公募 REITs 试点允许 ABS 直接向项目公司发放股东借款,不再需要通过设立私募基金形成存量债权来构建股+债结构,以及公募基金+ABS+项目公司的交易架构已较为复杂等原因,基础设施公募 REITs 产品的交易结构在 ABS 与项目公司之间不再设立私募基金。

1. 底层资产重组

与类 REITs 产品相同,基础设施公募 REITs 产品首先需进行底层基础设施项目的重组,且资产重组需在基金成立前全部完成。

2. 搭建交易结构

基金成立后(基金发行程序详见下文)按照下述交易步骤完成交易结构的搭建,最终实现公募基金通过资产支持证券和项目公司等特殊目的载体持有基础设施项目:

(1)基金管理人(代表基础设施基金)与专项计划管理人签订相关认购协议,将认购资金委托专项计划管理人管理;专项计划管理人设立并管理基础设施资产支持专项计划,基金管理人(代表基础设施基金)取得专项计划资产支持证券的全部份额。

(2)专项计划管理人(代表资产支持专项计划)根据项目公司股权转让协议的约定向发起人(原始权益人)支付项目公司股权转让价款,成为项目公司股东并向项目公司发放股东借款。

实操中也存在先设立 SPV 再由项目公司反向吸收合并的交易模式。在此种模式下,发起人(原始权益人)在基础设施资产支持专项计划设立前投资设立 SPV,专项计划管理人(代表资产支持专项计划)根据 SPV 股权转让协议的约定向发起人(原始权益人)支付 SPV 股权转让价款(也可由专项计划管理人设立 SPV,再将 SPV 全部股权转让予资产支持专项计划)。SPV 股权转让完成后,资产支持专项计划以剩余资金向 SPV 进行增资、实缴出资或发放股东借款。而后,发起人(原始权益人)将项目公司全部股权转让予 SPV,SPV 以资产支持专项计划缴付的出资及/或提供的股东借款支付项目公司股权转让价款。最后,项目公司反向吸收合并 SPV,SPV 对资产支持专项计划所负股东借款债务由项目公司承继。反向吸收合并完成后,资产支持专项计划成为项目公司股东并对项目公司享有股东借款债权。

3. 基金发行程序

基础设施公募 REITs 产品的发行需要经过项目入库、发改委审核、证监会和交易所审核以及基金发售上市等环节。

(1)项目储备阶段

各地发改委组织发起人(原始权益人)选择优质项目纳入全国基础设施 REITs 试点项目库。

(2)发改委审核阶段

发起人(原始权益人)选择入库项目向省级发改委报送申报材料。对符合条件、拟推荐开展试点的项目,省级发改委向国家发改委出具无异议专项意见。国家发改委综合评估后向中国证监会提交推荐项目名单。

(3)证监会、交易所审核阶段

中国证监会、交易所同步对国家发改委推荐的项目进行审核。交易所出具同意资产支持证券挂牌和基金上市的无异议函并报送中国证监会,中国证监会出具准予基金注册的批复。

(4)基金发售上市

①基金发售:经中国证监会注册后基金份额开始发售。基金份额的发售分为战略配售、网下询价并定价、网下配售、公众投资者认购等环节。基金管理人或财务顾问通过向网下投资者以询价的方式确定基础设施基金认购价格后,投资者按照确定的认购价格参与基础设施基金份额认购。基金募集期限届满后,基金管理人办理验资和基金备案手续,经中国证监会书面确认后基金

合同生效。

基金上市前,基金管理人通过交易所相关平台提交基金份额场内限售和场外锁定申请,交易所审核通过并登记生效后,基金管理人披露基金份额限售/锁定公告。

②基金发行:中国证监会出具准予基金注册的批复后,基金管理人向交易所正式提出协助发行申请,经交易所同意后按要求进行信息披露。

③基金上市:基金正式成立并完成基金备案及份额限售和锁定后,基金管理人向交易所提出上市申请,经交易所审核同意后确定上市日期。基金在上市日期正式上市交易。

第五节　资产证券化过程中的律师工作

在资产证券化项目中,区分为计划管理人为专项计划聘请的律师以及融资人聘请的律师。计划管理人需要确保专项计划的合法合规与安全性,而融资人则希望能够争取到对自身更有利的交易条件,严格来说,两者存在利益冲突。通常所说的专项计划的法律顾问即是计划管理人为专项计划聘请的律师。此外,对于基础设施公募 REITs 项目而言,基金管理人需聘请律师对基础设施项目合法合规性、基础设施项目转让行为合法性、主要参与机构资质等出具法律意见书。本节重点讨论律师作为基础设施基金/专项计划的法律顾问的工作,主要包括法律尽职调查、交易文件起草、法律意见书的出具、协助基金管理人/计划管理人答复监管部门的意见等。

一、法律尽职调查

尽职调查是资产证券化项目中律师工作非常重要的一环,尽职调查结果对于交易安排的设计、交易文件的起草以及法律意见书的出具都有重要意义。中国证监会《证券公司及基金管理公司子公司资产证券化业务尽职调查工作指引》(中国证券监督管理委员会公告〔2014〕49 号)规定了对于业务参与人以及基础资产的尽职调查要求。

1. 底层物业的核查

①物业或其租金的原始持有人享有物业的完全所有权(包括土地使用权的取得、开发建设、竣工验收是否合法)或长期租赁物业,权属清晰,相关证照齐备,不存在经济或法律纠纷。CMBS 项目下如存在权利限制情况的,应设置合理安排在贷款放款后解除相关权利限制。管理人须就解除权利限制的流程、资金监控措施和风险处置安排等进行明确约定和披露。基础设施公募 REITs 的原始权益人应享有底层基础设施项目的完全所有权或经营权利,不存在重大经济或法律纠纷,且不存在抵押、质押等权利限制(基础设施基金成立后能够解除的除外)。

②不存在抵押、质押等他项权利限制,或在原始持有人长期租赁标的物业的情形下租赁合同不受物业他项权利限制的影响。

③经营记录良好(如底层物业为酒店等具有特殊性的物业,需已经具备运营管理所需的全部证照),租金收入稳定;如存在空置、在建等情形的,需不违反负面清单要求,并有充分依据证明未来其可以产生长期稳定现金流。基础设施公募 REITs 的底层基础设施项目现金流应基于真实合法的经营活动产生,价格或收费标准符合相关规定,符合市场化原则,不依赖第三方补贴等非经常性收入,持续、稳定,来源合理分散,近 3 年总体保持盈利,且具备成熟稳定的运营模式,运营时间原则上不低于 3 年,近 3 年总体出租率/运营收入较高。

④CMBS 项目的底层物业应为借款人合法持有的成熟商业物业(写字楼、购物中心、酒店等)。

⑤基础设施公募 REITs 的底层基础设施项目应不存在法定或约定的限制转让或限制抵押、质押的情形,且转让已获得有效的审批手续(如适用);土地实际用途应与其规划用途及其权证所载用途相符,如不一致应说明其实际用途的法律、法规及政策依据;涉及经营资质的,相关经营许可

或资质应合法、有效。基础设施项目最近3年及一期的关联交易应当符合法律法规规定和公司内部管理控制要求,定价公允、依据充分,项目现金流来源于关联方的比例合理。

2. 交易主体的核查

①借款人应具备持续运营能力。管理人应对专项计划存续期间借款人运营物业的相关成本进行测算,并对成本覆盖做出安排(储备金账户、母公司补足、提取部分物业收入等);

②增信主体、资产服务机构的合法存续以及具备持续运营能力。

③基础设施公募REITs项目下的原始权益人企业信用稳健、内部控制健全,最近3年无重大违法违规行为。基础设施项目公司应当依法设立并合法存续,财务会计制度和财务管理制度规范,并合法持有基础设施项目相关资产。

3. 基础资产的合法

①不存在负面清单规定的情形;

②不存在抵押、质押等他项权利限制(包括私募基金份额、项目公司股权、信托受益权等);

③基础资产的转让是否已经取得转让方、受让方内部合法有效的授权、是否存在不得转让的情形、是否第三方享有优先购买权等。对于基础设施公募REITs项目,基础资产的转让存在限制条件的,应当符合相关要求或具备解除条件,且转让对价应当公允。

二、交易文件起草

各种类型的房地产证券化产品所包含的交易文件具体如下:

(1)专项计划+信托结构产品:

①信托端交易文件:《信托合同》《信托贷款合同》《物业抵押合同》(如需)、《应收账款质押合同》《资产服务协议》《监管协议》(如为财产权信托,则《信托贷款合同》替换为《债权转让与确认协议》及《借款合同》);

②专项计划端交易文件:《标准条款》《认购协议》《托管合同》《信托受益权转让协议》以及专项计划端的相关增信协议(例如《流动性支持协议》《优先收购协议》等)。

(2)购房尾款证券化产品交易文件:《标准条款》《认购协议》《基础资产买卖协议》《托管合同》《资产服务协议》以及相关增信协议。

(3)类REITs产品:

①底层重组部分交易文件:《股权转让协议》《整租合同》/《委托管理协议》《借款合同》《资金监管协议》《基金合同》《募集结算资金专用账户监管协议》以及私募基金端的相关增信协议;

②专项计划端交易文件:《标准条款》《认购协议》《托管合同》《基金份额转让协议》以及专项计划端的相关增信协议。

(4)基础设施公募REITs产品:

①底层资产重组交易文件:《作价出资协议》/《公司分立协议》及基础设施项目相关合同换签协议(具体视资产重组方式而定)、《资金监管协议》等;

②专项计划端交易文件:《计划说明书》《标准条款》《专项计划托管协议》《项目公司股权转让协议》《股东借款协议》等;

③公募基金端交易文件:《招募说明书》《基金合同》《基金托管协议》《专项计划认购协议》《运营管理协议》《物业管理协议》等。

三、出具法律意见书

法律意见书是证券化产品申报所必需的文件,《证券公司及基金管理公司子公司资产证券化业务信息披露指引》第10条规定,"管理人应当聘请律师事务所对专项计划的有关法律事宜发表专业意见，并向合格投资者披露法律意见书”，并对法律意见书必须包含的内容进行了规定。《上海证券交易所资产证券化业务指引》附件一《资产支持证券挂牌转让申请材料清单》中亦对法律意见书必须包含的内容进行了说明与规定。综合而言，在证券交易所发行的专项计划产品的法律意见书必须包含以下内容：

①原始权益人、管理人、销售机构、托管人、增信机构等证券化服务机构的资质及权限；

②计划说明书、资产转让协议、托管协议、认购协议等法律文件的合规性；

③基础资产的真实性、合法性、权利归属及其负担情况、特定化、完整性；

④基础资产转让行为的合法性；

⑤基础资产未被列入负面清单的相关意见；

⑥风险隔离的效果；

⑦循环购买（如有）安排的有效性；

⑧专项计划信用增级安排的合法性、有效性；

⑨可能影响资产支持证券投资者利益的其他重大事项的意见；

⑩通过中央人民银行出具的《企业信用报告》和最高人民法院主办的“中国执行信息公开网”（http://zxgk.court.gov.cn/）查询特定原始权益人的资信情况，明确说明其是否为失信被执行人；

⑪通过生态环境部网站、“信用中国”网站、国家企业信用信息公示系统查询特定原始权益人是否存在环境保护领域失信记录。

此外，对于分期发行的资产支持证券产品，首次法律意见书中应对基础资产的合格标准发表法律意见。补充法律意见书应对当期发行的资产支持证券所涉基础资产的合法性及其是否符合合格标准发表法律意见。

对于基础设施公募 REITs 产品，在其申报过程中除需具备关于资产支持专项计划的法律意见书外，还包括以下法律意见：

①发改委试点申报法律意见书：发起人（原始权益人）向发改委申报基础设施公募 REITs 试点项目时，应提交符合条件的律师事务所就基础设施项目权属和资产范围、基础设施项目合法合规性、基础设施项目转让行为合法性等出具的法律意见书；

②公募基金法律意见书：基金管理人应聘请律师事务所就公募基金的发售募集出具相应的法律意见书；

③产品发售法律意见书：基金管理人应聘请律师事务所分别就战略配售和网下发售相关事项出具相应的法律意见书。

四、协助答复监管部门的反馈意见

《深圳证券交易所资产支持证券挂牌条件确认业务指引》规定，深圳证券交易所的书面反馈意见在受理计划管理人报送的挂牌条件确认申请文件后 10 个交易日内，通过指定业务邮箱或者本所固定收益品种业务专区送达管理人。管理人应当在收到书面反馈意见后 20 个交易日内组织相关中介机构予以书面回复；回复意见涉及申请文件修改的，应当同时提交修改后的申请文件及修改说明。《深圳证券交易所资产证券化业务问答》第二部分“挂牌条件确认”中亦规定，管理人应当根据反馈意见的具体内容，组织原始权益人、相关机构开展相关工作，逐项明确回复，并形成书面反馈意见回复。回复意见应逐项列明反馈结论及落实情况、概括具体修改内容，并说明修改部分在相关项目文件中的具体位置（章节或页码）。反馈回复涉及申请文件修改的，应提交修改后的申请文件及《修改说明表》，并以楷体加粗方式在申请文件中对所修改内容进行标注；需要管理人或律师进行补充发表意见的，管理人和律师应当完善原计划说明书、尽职调查报告、法律意见书或者出具专项意见。

《上海证券交易所资产证券化业务指引》规定,自受理申请文件之日起 10 个工作日内,通过申报系统出具书面反馈意见。管理人应当于收到本所书面反馈意见之日起 15 个工作日内通过申报系统提交《关于反馈意见的答复》,在《关于反馈意见的答复》中对反馈意见进行逐项回复并包含具体文件修订内容,同时由管理人加盖公章;回复涉及申请文件修改的,应当在回复同时提交修改后的申请文件及《修改勘误表》,修订内容应以楷体加粗或黄色高亮的方式注明。

此外,对于基础设施公募 REITs 项目,根据《深圳证券交易所公开募集基础设施证券投资基金业务办法(试行)》规定,深交所自受理基础设施基金上市及基础设施资产支持证券挂牌条件确认申请之日起 30 个工作日内出具首次书面反馈意见。基金管理人、资产支持证券管理人应当在收到书面反馈意见后 30 个工作日内予以书面回复。深交所对回复意见文件进行审核,不符合要求的,可再次出具反馈意见。《上海证券交易所公开募集基础设施证券投资基金(REITs)业务办法(试行)》亦规定,上交所自受理基础设施基金上市及基础设施资产支持证券挂牌条件确认申请之日起 30 个工作日内出具首次书面反馈意见。基金管理人、资产支持证券管理人应当在收到书面反馈意见后 30 个工作日内予以书面回复。上交所对回复意见文件进行审核,不符合要求的,可再次出具反馈意见。

鉴此,律师作为专项计划/基础设施基金(针对基础设施公募 REITs 项目)的法律顾问,有义务协助计划管理人/基金管理人回复交易所的书面询问。如涉及需要修改完善交易文件、法律意见书或其他文件的,也应相应修改完善。

第八章　外商投资房地产业务中的律师服务

第一节　概　　述

在2006年之前,外商投资于中国境内房地产行业和投资其他一般性外商投资行业几乎遵循相同的法律法规。但是,基于境外“热钱”不断涌入境内房地产行业的客观情况,我国于2006年开始正式对外资进入房地产市场进行调控和规范,调控范围也从传统的经营范围、投资主体逐步扩大到外汇、注册资本、资本金和外债结汇等多个方面。然而,政策始终是服务于经济和市场发展需求的,外商投资房地产的各项政策尤其明显。随着国内外宏观经济情况和市场的变化,特别是新的《外商投资法》及《外商投资法实施条例》及相关配套制度的颁布及实行后,时至今日,始于2006年的一系列“限外令”也是几经调整,目前绝大部分已经废止/失效,或者虽然未被废止/失效,但实操中已不再适用。

整体而言,经过多年的发展和宏观调控,我国关于外商投资房地产的法律体系已经成型,而房地产律师,尤其是从事涉外业务的房地产律师,应当熟练掌握外商投资房地产的基本规范,并了解政策变迁的过程及导致该等变迁的深层次原因,唯有如此,方能做到融会贯通、游刃有余,从而为委托人提供优质的法律服务和行之有效的解决方案。

第二节　外商投资境内房地产的主要政策及制度

一、外商投资境内房地产的政策变迁

1998年7月3日颁发的《关于进一步深化城镇住房制度改革、加快住房建设的通知》(国发〔1998〕23号)标志着中国福利分房政策的终止,这为此后中国房地产行业的快速发展奠定了基础。到了2003年,中国经济开始步入新一轮扩张,彼时,房地产行业已经被正式认定为国民经济的支柱产业,房价也由此开始了长达5年之久的快速上涨期。房价的非理性上涨,使社会对房价上涨产生了不满情绪。而同时,外汇管制体系下外资涌入所带来的外汇储备增加和国内流通性过剩,最终引发了国内生产资料的价格大幅上涨,通货膨胀随之而来,人民币国外升值国内贬值的现象严重威胁了国民经济的正常运转。在人民币升值预期和超额利润的刺激下,自2006年开始,境外资金开始大规模进入国内房地产行业,对房价的上涨推波助澜。而这其中也不乏追求短期回报的国际游资,即所谓的“热钱”。

在此情形下,原建设部、商务部、发改委、中国人民银行、国资委、国税总局、原国家工商行政管理总局、证监会、外汇管理局等有关部门在2006年至2007年间单独或联合颁发了《关于规范房地产市场外资准入和管理的意见》(建住房〔2006〕171号)(以下简称“171号文”)及其他一系列限制外商投资境内房地产的政策,即所谓的“限外令”,全面封堵外资投资中国房地产行业的渠道。经历了2008年至2013年的限制加适度放松的过渡期后,自2014年起,面对房地产行业的全面调整以及二线城市去库存的压力,国家逐渐放宽对外商投资境内房地产的限制,全面下放备案审核权限。至2015年11月,商务部、外汇管理局联合发布《关于进一步改进外商投资房地产备案工作的通知》(以下简称“商资函〔2015〕895号文”,已失效),进一步简化外商投资房地产

企业管理工作,彻底取消了自"限外令"施行以来外商投资房地产备案制度,这标志着执行了长达10年之久的"限外令"全面松绑。2020年1月1日生效的《外商投资法》及《外商投资法实施条例》,对于外商投资实行国民待遇加负面清单的外资准入制,基本实现了内、外资商事主体组织形式及治理结构统一以及平等待遇原则。2021年12月,国家发改委、商务部发布了《外商投资准入特别管理措施(负面清单)(2021年版)》[以下简称"外商投资准入负面清单(2021年版)"],就特定行业及领域规定了股权要求、高管要求等外商投资准入方面的特别管理措施,其中除核电站及民用机场建设外,房地产行业未被列入负面清单中,体现了我国关于外商投资房地产政策的进一步开放。

目前,中国对外商投资房地产行业的限制日趋减少,国家更倾向于给予外资在房地产行业以国民待遇,但是在长期发展过程中沉淀下来的"商业存在"原则、"项目公司制"原则依然在发挥作用,而禁止外商投资房地产企业举借外债的规定也尚未废止。该等保留下来的各项原则、制度连同外商投资相关的法律法规共同构成了中国现行的外商投资房地产的基本法律体系。

二、现行的外商投资房地产的基本原则

如前所述,目前外商投资境内房地产,需遵循两大基本原则:一是商业存在原则;二是项目公司制原则。

1. 商业存在原则

171号文第1条第(一)项规定:"境外机构和个人在境内投资购买非自用房地产,应当遵循商业存在的原则,按照外商投资房地产的有关规定,申请设立外商投资企业;经有关部门批准并办理有关登记后,方可按照核准的经营范围从事相关业务。"

商业存在原则是外资进入中国房地产行业的基本原则之一,适用的例外情形为境外机构和个人在境内投资购买自用房地产。但是根据《关于进一步规范境外机构和个人购房管理的通知》第1条的规定,境外个人在境内只能购买一套用于自住的住房;在境内设立分支、代表机构的境外机构只能在注册城市购买办公所需的非住宅房屋,法律法规另有规定的除外。也就是说,外资拟在中国境内开发、购买、持有及/或运营房地产,必须首先在中国境内成立一家外商投资企业,以该外商投资企业的名义实施前述行为。自171号文颁布实施之日起,外资直接持有境内房地产项目或物业已经成为历史,此前已经直接由外资持有的房地产项目或物业可以维持原有状态,但是除非通过对境外持有人进行境外股权重组的方式间接取得境内不动产项目或物业的产权,该等已有的外资直接持有的不动产项目或物业亦不能再直接转让予外资。

2. 项目公司制原则

2007年,商务部、国家外汇管理局发布的《关于进一步加强、规范外商直接投资房地产业审批和监管的通知》(商资函〔2007〕50号,以下简称"50号令")第2条规定:"外商投资从事房地产开发、经营,应遵循项目公司原则:(一)申请设立房地产公司,应先取得土地使用权、房地产建筑物所有权,或已与土地管理部门、土地开发商/房地产建筑物所有人签订土地使用权或房产权的预约出让/购买协议。未达到上述要求,审批部门不予批准。(二)已设立外商投资企业新增地产开发或经营业务,以及外商投资房地产企业从事新的房地产项目开发经营,应按照外商投资有关法律法规向审批部门申请办理增加经营范围或扩大经营规模的相关手续。"

2008年,商务部颁发的《关于做好外商投资房地产业备案工作的通知》(商资函〔2008〕23号,以下简称"23号文",已失效)第2条第2款则进一步规定,投资设立(增资)的公司符合项目公司原则,投资(包括增资)仅限于经批准的单一房地产项目。也就是说,所谓的"项目公司制"是指外商投资成立的房地产项目公司必须先有项目,然后才能申请设立公司,并且一个项目公司仅能开发一个项目,即使该项目销售或处置完毕,该项目公司亦不得再开发和持有其他房地产项

目。实践中,外商投资房地产企业的营业执照上的经营范围中都会明确载明该公司所具体开发或持有的项目的名称,有的甚至具体到了项目的坐落。这正是项目公司制使然。

在商资函〔2015〕895号文(已失效)颁布实施前的法律实践中,基于项目公司制原则,境外主体申请设立房地产公司,应先以境外股东的身份取得土地使用权、房地产建筑物所有权,或已与土地管理部门、土地开发商/房地产建筑物所有人签订土地使用权或房产权的出让文件(如土地成交确认书、中标通知书)/购买协议或购买意向书,再就成立项目公司及拟开发或购入的房地产项目向有审批权限的发改委提交可行性研究报告。经发改委审查通过后,发改委签发立项批复,并由外资依据该立项批复向有审批权限的商务部门申请《外商投资批准证书》,继而再向有管辖权的工商部门申请设立项目公司。商资函〔2015〕895号文(已失效)以及2018年6月29日修改后的《外商投资企业设立及变更备案管理暂行办法》(已失效)的出台后,外商投资房地产企业的设立及商务备案程序得到了简化。2020年12月31日,为进一步扩大对外开放,改善营商环境,商务部与国家市监局联合颁布《外商投资信息报告办法》,取消外商投资企业设立的审批/备案程序,进一步确立了外商投资信息报告制度。因房地产行业不属于负面清单限制或禁止类行业,房地产行业的外国投资者或者外商投资企业仅需按照内外资一致的原则向工商登记机关申请登记注册,并通过企业登记系统以及国家企业信用信息公示系统向商务主管部门报送投资信息即可。

尽管50号令尚未被废除,但因目前实行外商投资信息报告制度,因此商务部门已经不再对房地产企业的设立、变更进行审批,而是由市场监督管理部门对外商投资企业设立予以审查,并向商务部门进行信息报告,同时因为房地产行业不属于负面清单限制或禁止类行业,因此市场监督管理部门通常也不会对外商投资房地产企业的设立进行审查,而且按照内外资一致原则进行设立及变更,因此50号令及23号文所确立的项目公司制原则在实践中已较少被适用。

三、现行外商投资房地产的主要制度

1. 关于外商投资房地产企业设立的一般规定

现行有效的《外商投资准入负面清单(2021年版)》于2021年12月27日发布,自2022年1月1日起施行。在具体的特别管理措施上,《外商投资准入负面清单(2021年版)》进一步缩小了禁止、限制外商投资的行业范围,负面清单缩减至31条。对于负面清单内的领域统一列出股权要求、高管要求等外商投资准入方面的特别管理措施,负面清单之外的领域,按照内外资一致原则实施管理。境内外投资者统一适用《市场准入负面清单》的有关规定。

自《外商投资产业指导目录(2015年修订)》首次将1995年以来就被列入限制类的房地产相关产业删除,删除的内容包括限制类中的"土地成片开发(限于合资、合作)""高档宾馆、高档写字楼和国际会展中心的建设、经营"及"房地产二级市场交易及房地产中介或经纪公司"(意味着这几类产业被归为允许类);《外商投资产业指导目录(2017年修订)》(以下简称"17年指导目录")开始以"负面清单形式"统一列出股权要求、高级管理人员要求等外商投资准入方面的限制性措施以及列明禁止外商投资的产业,但对于内外资一致的限制性措施以及不属于准入范畴的限制性措施,不列入外商投资准入特别管理措施(外商投资准入负面清单)。因此,17年指导目录将房地产行业视为内外资一致的限制准入范畴(限制措施包括但不限于从事房地产开发经营业务需取得房地产开发企业资质,从事土地一级开发通常需为当地政府认可的房地产一级开发商等),不再对外资适用额外限制措施,并将"大型主题公园的建设、经营"从限制类别产业中删除、将"高尔夫球场、别墅的建设"从禁止类别产业中删除。现行有效的《外商投资准入负面清单(2021年版)》中仅保留了对"核电站的建设、经营须由中方控股"及"民用机场的建设、经营须由中方相对控股。外方不得参与建设、运营机场塔台"的限制,未对其它房地产相关产业作出限制。

2. 关于外商投资设立房地产企业注册资本金与投资总额比例的规定

外商投资企业设立时,除需确定注册资本外,还需确定投资总额。2006年出台的171号文曾对房地产企业的投资比进行了特别规范,即投资总额超过1 000万美元(含本数)的,注册资本金不得低于投资总额的50%。随后出台的商务部办公厅《关于贯彻落实〈关于规范房地产市场外资准入和管理的意见〉有关问题的通知》(商资字〔2006〕192号)第3条对不同投资额采用不同注册资本作出分层规定,外商投资设立房地产企业,投资总额在1 000万美元(含1 000万美元)以上的,其注册资本应不低于投资总额的50%;投资总额在300万美元至1 000万美元的,其注册资本应不低于投资总额的50%;投资总额在300万美元以下(含300万美元)的,其注册资本应不低于投资总额的70%。

2015年8月19日,住房和城乡建设部、商务部、国家发展和改革委员会、中国人民银行、原国家工商行政管理总局、国家外汇管理局联合颁布了《关于调整房地产市场外资准入和管理有关政策的通知》(建房〔2015〕122号,以下简称"122号通知"),该通知规定外商投资房地产企业注册资本与投资总额比例应按照原国家工商行政管理局《关于中外合资经营企业注册资本与投资总额比例的暂行规定》(工商企字〔1987〕第38号)执行,这也是现行外商投资房地产企业注册资本与投资总额比例要求,与其他一般性外商投资企业的要求相同。即:"(一)中外合资经营企业的投资总额在三百万美元以下(含三百万美元)的,其注册资本至少应占投资总额的十分之七。(二)中外合资经营企业的投资总额在三百万美元以上至一千万美元(含一千万美元)的,其注册资本至少应占投资总额的二分之一,其中投资总额在四百二十万美元以下的,注册资本不得低于二百一十万美元。(三)中外合资经营企业的投资总额在一千万美元以上至三千万美元(含三千万美元)的,其注册资本至少应占投资总额的五分之二,其中投资总额在一千二百五十万美元以下的,注册资本不得低于五百万美元。(四)中外合资经营企业的投资总额在三千万美元以上的,其注册资本至少应占投资总额的三分之一,其中投资总额在三千六百万美元以下的,注册资本不得低于一千二百万美元。"

尽管122号通知尚未被废止/失效,由于《外商投资法》及《外商投资准入负面清单(2021年版)》未对房地产企业的出资比例作出特别规定,且根据外商投资信息报告制度,商务部门对外商投资房地产企业设立时的注册资本金与投资总额的比例不进行实质性的审批,仅实行信息报告制度。故实践中,设立外商投资企业房地产企业时,市监局往往按照内外资一致原则予以审查,对企业注册资本及投资总额的比例不作特殊限制,企业需对其报送的包括投资总额在内的各项信息负责。

3. 关于外商投资房地产企业办理贷款、外汇借款结汇的规定

171号文第7条规定:"外商投资房地产企业注册资本金未全部缴付的,未取得《国有土地使用证》的,或开发项目资本金未达到项目投资总额的35%的,不得办理境内、境外贷款,外汇管理部门不予批准该企业的外汇借款结汇。"

国家外汇管理局、建设部《关于规范房地产市场外汇管理有关问题的通知》(汇发〔2006〕47号,以下简称"47号文")第6条规定:"外商投资房地产企业注册资本未全部缴付的,或未取得《国有土地使用证》的,或开发项目资本金未达到项目投资总额的35%的,不得向境外借用外债,外汇局不予办理外债登记和外债结汇核准。"

对于外商投资房地产企业举借外债的问题,《外债登记管理操作指引》(汇发〔2013〕19号)"审核原则"部分第6条有一个非常全面的总结性规定:"外商投资房地产企业的外债按以下原则管理:(1)对2007年6月1日以后(含)取得商务主管部门批准证书且通过商务部备案的外商投资房地产企业,不予办理外债签约登记手续。(2)2007年6月1日以前(不含)成立的外商

投资房地产企业,可在原投注差范围内按相关规定举借外债;增资后投注差小于其增资前投注差的,以增资后投注差为准。(3)外商投资房地产企业未取得《国有土地使用证》的,或开发项目资本金未达到项目投资总额35%的,不得借用外债,外管局不予办理外债签约登记手续。"

2015年5月4日,国家外汇管理局发布《关于废止和修改涉及注册资本登记制度改革相关规范性文件的通知》(汇发〔2015〕20号,以下简称"20号文"),将47号文第6条修改为"外商投资房地产企业未取得《国有土地使用证》的,或开发项目资本金未达到项目投资总额的35%的,不得向境外借用外债,外管局不予办理外债登记和外债结汇核准"。122号通知则进一步取消了外商投资房地产企业办理境内贷款、境外贷款、外汇借款结汇必须全部缴付注册资本金的要求。但是,囿于《外债登记管理办法》依然有效,外商投资房地产企业举借外债依然严格受限。并且,实践中,一些地方的外汇管理部门对于借用外债非常谨慎,无论相关外商投资房地产企业是否具备《外债登记管理操作指引》中所列的举借外债的三项条件,实操中一概不予办理新的外债签约登记,只允许对已借用并登记的外债在一定条件下进行展期登记。虽然中国人民银行于2017年1月11日发布了《关于全口径跨境融资宏观审慎管理有关事宜的通知》(银发[2017]9号),给予内资企业和外商投资企业更多的空间和更大的额度可向境外借入外债。但是,该《通知》明确规定了外商投资房地产企业不可适用,因此,外商投资房地产企业无法借外债的情况仍然未改变。

4. 关于外商投资房地产企业资本金结汇的规定

结汇,是指外汇收入所有者将其外汇收入出售给外汇指定银行或者存入外汇账户的行为。根据外汇的来源,结汇可分为经常项目结汇和资本金项目结汇。其中,经常项目是指国际收支中经常发生的交易项目;资本金项目是指国际收支中因资本输出、输入而产生的资本与负债的增减项目,包括直接投资、各类贷款、证券投资等。

目前,外汇资本金项目结汇(以下简称"资本金结汇")分为支付结汇制和意愿结汇制。支付结汇制,是指外商投资企业在生产经营范围内将资本金账户内的外汇资金结汇成人民币向其他法人或自然人支付的制度安排。也就是说,只有使用支付时才能凭结汇依据(如和收款方签署的各类合同等)结汇。意愿结汇制则是允许外商投资企业根据意愿自主结汇并在自有人民币账户保留用于日后支付,即"先兑换,后支付"。特定情形下(如人民币汇率持续上涨),意愿结汇制可以为企业规避汇兑风险。

2008年8月29日,外管局下发《关于完善外商投资企业外汇资本金支付结汇管理有关业务操作问题的通知》(汇综发〔2008〕142号,已失效,以下简称"142号文"),该通知第3条规定:"外商投资企业资本金结汇所得的人民币资金,应当在政府审批部门批准的经营范围内使用,除另有规定外,结汇所得人民币资金不得用于境内股权投资。除外资房地产企业外,外资企业不得以资本金结汇所得人民币资金购买非自用境内房地产……"

2009年4月30日,国家外汇管理局颁发了《关于外商投资房地产企业外汇登记有关问题的通知》(汇综发〔2009〕42号,已失效,以下简称"42号文"),该通知规定,可通过商务部官方网站查询检索已通过商务部备案的外商投资房地产企业名单,并以此作为办理外商投资房地产企业外汇登记和资本项目结售汇业务的依据。但该通知已于2013年5月10日被国家外汇管理局废止。与之相应的,由于商资函〔2015〕895号文取消了外商投资企业的备案制度,42号文规定的完成商务部备案登记作为办案结汇的前提要求亦已取消。

2015年3月30日国家外汇管理局颁发的《关于改革外商投资企业外汇资本金结汇管理方式的通知》[汇发(2015)19号]第1条第1款规定:"外商投资企业外汇资本金意愿结汇是指外商投资企业资本金账户中经外汇局办理货币出资权益确认(或经银行办理货币出资入账登记)的外汇资本金可根据企业的实际经营需要在银行办理结汇。外商投资企业外汇资本金意愿结汇比例暂定为100%……”

2016年6月9日,国家外汇管理局颁发了《关于改革和规范资本项目结汇管理政策的通知》(汇发〔2016〕16号),该通知规定:“自本通知实施之日起,境内企业(包括中资企业和外商投资企业,不含金融机构)外债资金均可按照意愿结汇方式办理结汇手续。”资本项目外汇收入意愿结汇是指相关政策已经明确实行意愿结汇的资本项目外汇收入(包括外汇资本金、外债资金和境外上市调回资金等),可根据境内机构的实际经营需要在银行办理结汇。

但是,在实践操作层面,意愿结汇制度的落实情况差强人意,想申请意愿结汇的企业很多,但是基本很难实现。

5. 关于外商投资房地产企业禁止性(限制性)规定

除上述四项制度外,政府部门还对外商投资房地产企业作了如下限制性规定:

(1)禁止固定回报和变相固定回报

171号文规定,外商投资房地产企业的中外投资各方,不得以任何形式在合同、章程、股权转让协议以及其他文件中,订立保证任何一方固定回报或变相固定回报的条款。

47号文规定,外商投资房地产企业的中外投资各方,在合同、章程、股权转让协议以及其他文件中,订立保证任何一方固定回报或变相固定回报条款的,外汇局不予办理外商投资企业外汇登记或登记变更。

50号令规定,外商投资房地产企业的中外投资各方,不得以任何形式订立保证任何一方固定回报或变相固定回报的条款。

(2)严格控制返程投资

50号令规定,严格控制以返程投资方式(包括同一实际控制人)并购或投资境内房地产企业。境外投资者不得以变更境内房地产企业实际控制人的方式,规避外商投资房地产审批。

(3)不得通过购销房地产物业以套利,也不得设立房地产开发经营业务的投资性公司

2010年11月22日,商务部发布了《关于加强外商投资房地产业审批备案管理的通知》(商办资函〔2010〕1542号)第2条规定:“各地商务主管部门要会同当地有关部门加强对跨境投融资活动的监控以及对房地产市场风险的防范,抑制投机性投资。对境外资本在境内设立房地产企业,不得通过购买、出售境内已建/在建房地产物业进行套利。商务部将会同住房城乡建设部、外汇局等有关部门对此类项目备案材料严格审查。”

第三节 外商投资境内房地产工程中的律师工作

一、外商投资房地产方式的选择与律师工作

外商投资房地产业的主要途径有三种:新设、并购和转投资。其中,对新设房地产企业的限制性规定是最为基础和全面的,体现了对外商投资房地产企业的一般要求;而并购及转投资的方式则在满足上述一般性要求外,还需考虑相关项目满足相关法规对外资并购和转投资的规定。但针对各种投资方式的不同,律师可以在方式的选择以及不同方式下法律风险的梳理方面给予投资者专业的意见或建议。

就外商投资新设房地产开发企业而言,律师可以协助其完成设立行为,主要包括公司设立登记、交易文件的起草、办理房地产开发企业资质等程序。

并购分为资产并购和股权并购,针对不同的并购方式,法律风险点也不尽相同,例如:资产收购的目标项目应当符合在建工程转让的条件;股权并购则是承接房地产企业以往的所有法律风险,律师应当协助外商对项目公司进行全面而细致的法律尽职调查,揭示公司主体、项目(开发

建设)、销售与租赁、债权债务、诉讼、保险及税务等各个方面的法律问题;资产并购与股权并购涉及税费的不同,严重影响到并购方式的选择。

转投资是指在中国境内依法设立的外商投资企业,以本企业名义,在中国境内投资设立企业或购买其他企业投资者股权的行为。根据《关于外商投资企业境内投资的暂行规定(2015修正)》的规定,外商投资企业境内投资比照执行《指导外商投资方向暂行规定》(已失效)和《外商投资产业指导目录》(已失效)的规定,外商投资企业不得在禁止外商投资的领域投资。根据现行的《外商投资准入负面清单(2021年版)》,外商投资企业在中国境内投资,应符合《外商投资准入负面清单》的有关规定,并且除核电站及民用机场建设外的房地产行业未被列入负面清单中,故新设立或已设立的外商投资企业可以再投资房地产。

上文介绍了外商投资房地产的三种方式,这三种方式是比较基础和简单的投资形式,但是,在投资实践中,外商会根据自己所掌握的资源的不同,而对投资模式产生不同的需求。例如,外商在境内已有固定的、值得信赖的境内合作者,外商在境内已经设立外商投资企业但未曾从事过房地产开发、被并购的项目公司或其他主体原来就具有外商性质,等等。

二、外商投资组织形式与律师工作

根据现行外商投资法律法规,境外投资主体在中国境内开展的直接股权投资可以采取以下几种形式,包括:(1)外国投资者单独或者与其他投资者共同在中国境内设立外商投资企业;(2)外国投资者取得中国境内企业的股份、股权、财产份额或者其他类似权益;(3)法律、行政法规或者国务院规定的其他方式的投资。其中,外商投资企业是指全部或者部分由外国投资者投资,依照中国法律在中国境内经登记注册设立的企业,其性质为境内企业,适用中国法律并受中国司法管辖。我国早期的外商投资企业组织形式包括中外合作企业、中外合资企业及外商独资企业。其中,中外合作企业主要出现在改革开放初期,当时很多中方投资人以土地、房产等出资,而外商则负责投入资金和技术,很多情况下,双方并不按出资比例分配利润,而是约定利润分配比例。但是,随着中国经济的持续发展及境内投资人实力的不断增强,目前中外合作企业这种形式已较少出现,而中外合资企业和外商独资企业则成为较常见的形式。《外商投资法》颁布后,该等外商投资组织形式均合称为外商投资企业。由于《外商投资法》实施后,新旧法律法规及相关政策的衔接尚不完备,故部分尚未被修订的法律法规或政策文件对于不同组织形式的外商投资企业仍存在差异性的规定,以及各地政府主管部门对于相关规定的理解和行政执法亦存在差异,故律师在处理该类业务时必须熟悉掌握相关法律法规并积极咨询主管部门的相关意见,否则很可能给出错误的咨询意见或解决方案。

随着我国陆续推出了一系列国家层面的外商投资促进政策,在2020—2021年期间全国多地颁发或修订了当地(包括北京、深圳、珠海、广州、深圳、青岛、珠海、厦门等)关于QFLP试点的相关政策文件。,但是实践中仍存在设立QFLP企业的准入门槛较高且程序复杂,基金投资资产范围限制(例如海南、天津均规定QFLP基金不得投资非自用不动产)、外汇监管(包括资本金结汇、收益分配汇出等)等问题,因此QFLP应用并不如预期广泛。但随着外资国民待遇的逐步放开以及各地试点政策的持续发展与完善,在国家层面一系列促进外资政策的指引下,QFLP能否在房地产行业进一步推广有待进一步观望。

三、外商投资房地产业务中的法律服务

以下将对过往实践中外商投资房地产常见的法律服务进行梳理,以供新执业的律师参考:

1. 法律咨询服务

相比于境内投资人,外商对于中国的法律体系、制度更为陌生,因此在进入国内市场以前通

常希望对中国的相关法律制度进行了解。以房地产行业为例,外商通常希望通过律师了解国内有关外商投资房地产的各类禁止性和限制性规定、优惠政策、通常的操作流程及注意事项等。

对此,中国律师可以利用对法律的掌握及从事房地产行业的经验为外商提供相应的法律咨询服务,并可以根据其需求提供量身定制的解决方案或专项报告。

2. 协助外商签署获取项目或不动产交易文件

就外商获取相应的房地产项目与交易对方达成一致,即签署相关交易文件。在此过程中,律师可以向外商提供相关的交易架构设计、交易文件起草、谈判等一系列法律服务。

3. 协助设立外商投资房地产企业

根据"商业存在"原则和"项目公司制"原则,外商从事中国境内房地产投资应当设立外商投资企业。针对外商投资房地产企业的设立,律师可以协助完成公司登记以及房地产资质的办理等。其中,办理公司登记前,律师可依据有关法律法规及注册地市场监督管理部门的要求有针对性地协助委托人准备外商投资企业设立的全套文件(例如合资合同、公司章程、高级管理人员任命文件等),并指导委托人准备需要由外商提供的各项证明文件(如商业证书的公证、认证等)。

4. 外商并购时提供法律尽职调查及交易服务

若外商选择以并购方式投资境内房地产,则对目标公司及目标项目的尽职调查是不可或缺的前置步骤。律师应根据交易的特点、并购方式等因素决定法律尽职调查的范围和深度。

如果外商对尽职调查结果满意,则将进入交易环节。交易方案是投资的灵魂,律师则应在交易方案设计、论证中发挥至关重要的作用。一方面,律师凭借自己对法律法规的了解及以往实践经验为投资人提供交易方案的思路;另一方面,在交易方案成型后,律师应就交易方案进行仔细、全面的论证,协助投资人确定合法且可行的交易方案、合规的交易步骤、完整封闭的投资路径、合理的税务筹划等。

待交易各方就交易方案达成一致意见后,律师则可以基于此起草、修订各份交易文件,并参与相关的磋商谈判。在此过程中,律师可以发挥其法律专业特长,为委托人提示及防范风险,并通过合理的条款设置尽可能地规避日后产生争议的可能,同时对争议产生时的救济措施及可以争取的权益做好提前安排。

在此过程中应注意,任何一个交易都需要交易双方的权益平等,如果过于倾向于其中一方而过度限制另一方,一则有可能无法达成交易,二则即使交易达成,另一方也会在履约过程中产生更多的违约动机。对此,律师要妥当地把握尺度,既要保护委托人的权益,又要兼顾交易的稳定性。

5. 房地产开发、销售及运营各环节与律师服务

在房地产开发、销售及运营环节,外商投资房地产企业应当遵守的法律法规和程序与内资房地产企业并无区别。因此,在房地产开发、销售及运营的各个环节,律师可以为外商投资房地产企业提供法律服务与内资企业几乎相同,包括但不限于梳理开发流程,起草、审阅施工合同、委托合同、监理合同及销售合同等各类合同文本,提供日常法律咨询意见等,具体可参照本编其他各章节的相关内容。但是,在实践中,外商投资企业更注重合规性,故律师可以发挥作用的空间会更大。

第十编　劳动法律业务基本技能

第一章 概　　述

本 章 提 示

劳动法业务是传统律师业务的组成部分,它是针对劳动问题的综合业务,既有传统的劳动仲裁、诉讼案件的代理业务,也有帮助用人单位制定单位内部规章制度、劳动合同、集体合同的非仲裁诉讼事务,以及为工会提供法律咨询等业务。后者的业务数量庞大、增长迅速,成为律师重点开发的业务领域。

绝大多数用人单位内部均设立了人力资源部或者劳动工资部或者劳动人事部,这些部门是从事劳动法业务律师的联系对象。用人单位的内部法律顾问一般很难深入研究劳动法专业问题,并且,由于公司内部法律顾问与争讼的劳动者之间是同事关系,不便出庭,这就给从事劳动法业务的律师留下了业务开拓的空间。

由于劳动者与用人单位的劳动关系存在着时间上的连续性,而中国劳动制度改革仍在进行中,解决劳动问题所适用的法律法规政策可能涉及十几年前,甚至几十年前的规定,而这些法律法规尤其是政策,浩如烟海,给律师查找法律依据和解决劳动法问题带来了不少困难。这要求律师不仅要研究现行的法律,而且要了解中华人民共和国成立以来的劳动政策和法律法规。

中国地域辽阔,各地经济社会发展不平衡,劳动法赋予地方立法机关在劳动领域一定的立法权,导致中央和地方针对同样的问题可能存在不同的规定,这要求律师不仅要研究全国的规定,还需要熟悉和掌握地方的规定。

由于劳动法业务涉及用人单位和劳动者,这两者的关系在没有纠纷的情况下是和谐的,而用人单位是内部劳动规则的制定者,所以劳动合同和内部劳动规则的起草要更多地体现制度的合理性和公平性,尽可能不使劳动者对劳动合同和内部劳动规则产生抵触情绪,能够主动遵守。

用人单位的情况千差万别,律师应当深刻理解用人单位的行业特点和人力资源政策倾向,根据用人单位的要求,提出合理化建议,制定一个既符合用人单位实际,又符合法律规定,便于用人单位和劳动者执行的劳动合同和内部劳动规则。

劳动法业务还涉及社会敏感事件。一件劳动争议案件看起来是只涉及一个劳动者的事情,其实不然。该案件的处理结果直接涉及用人单位过去的做法和将来的处理方式,没有卷入争讼的员工也在关注着案件的发展。所以,一个劳动者的案件实际是与用人单位所有劳动者有关的案件。涉及多名劳动者的案件,还会引起媒体的关注,处理不当有可能引起罢工、怠工等群体事件,给用人单位和社会带来巨大的损失。

劳动法业务要求律师不仅掌握劳动法知识,还要了解人力资源管理知识并具备处理该类案件的技能。

本编介绍中国劳动法概况及劳动法业务的基本情况,并介绍律师代理劳动仲裁和诉讼,以及处理非仲裁和诉讼业务的基本知识和技能。

第一节　劳动法的体系和特点

一、劳动法体系的主要组成部分

1. 劳动基准法

劳动基准法是有关劳动报酬和劳动条件最低标准的法律规范的总称。劳动基准法涉及工作时间和休息休假(最高工时)、工资(最低工资)、劳动安全卫生、女工及未成年人保护等内容。用人单位可以采用高于但不能低于劳动基准法所规定的标准。

中国的劳动基准主要是在《中华人民共和国劳动法》(以下简称《劳动法》)中规定的,分别是第四章“工作时间和休息休假”,第五章“工资”,第六章“劳动安全卫生”,第七章“女职工和未成年工特殊保护”。

而一些具体的规定则包含在相应的法律法规和规章制度中,主要包括:

有关工作时间和休息休假的主要规定:《关于职工工作时间的规定》(1994 年 2 月 3 日国务院令第 146 号公布,1995 年 3 月 25 日修订,自 1995 年 5 月 1 日起施行)、《全国年节及纪念日放假办法》(2013 年 12 月 11 日第三次修订,自 2014 年 1 月 1 日起施行)、《职工带薪年休假条例》(2007 年 12 月 7 日国务院第 198 次常务会议通过,自 2008 年 1 月 1 日起施行)等。

有关工资的主要规定:《关于工资总额组成的规定》(1989 年 9 月 30 日国务院批准,1990 年 1 月 1 日国家统计局令第 1 号发布)、《工资支付暂行规定》(1994 年 12 月 6 日原劳动部发布)、《最低工资规定》(2004 年 1 月 20 日原劳动和社会保障部令第 21 号发布)等。

有关劳动安全卫生的主要规定:《中华人民共和国职业病防治法》(2001 年 10 月 27 日中华人民共和国主席令第 60 号公布,根据 2018 年 12 月 29 日第十三届全国人民代表大会常务委员会第七次会议《关于修改〈中华人民共和国劳动法〉等七部法律的决定》第四次修正)、《中华人民共和国安全生产法》(2002 年 6 月 29 日中华人民共和国主席令第 70 号公布,2014 年 8 月 31 日第二次修正)、《生产安全事故报告和调查处理条例》(2007 年 4 月 9 日国务院令第 493 号发布,自 2007 年 6 月 1 日起施行)等。

有关女职工和未成年工特殊保护的主要规定:《中华人民共和国人口与计划生育法》(2001 年 12 月 29 日通过,2015 年 12 月 27 日修正)、《禁止使用童工规定》(2002 年 10 月 1 日国务院令第 364 号发布)、《女职工劳动保护特别规定》(2012 年 4 月 28 日发布)、《未成年工特殊保护规定》(1994 年 12 月 9 日发布)等。

2. 就业促进法

就业促进法是关于就业政策支持、公平就业、就业服务和管理、职业教育和培训及就业援助的法律。2007 年 8 月 30 日中华人民共和国第十届全国人民代表大会常务委员会第二十九次会议通过《中华人民共和国就业促进法》,于 2015 年 4 月 24 日由第十二届全国人民代表大会常务委员会第十四次会议《关于修改〈中华人民共和国电力法〉等六部法律的决定》修正。

3. 劳动合同法

劳动合同是劳动者与用人单位之间确立劳动关系、明确双方权利和义务的协议。在我国,劳动合同不属于《中华人民共和国合同法》所调整的“合同”,而专门由《劳动法》和《中华人民共和国劳动合同法》(以下简称《劳动合同法》)调整。

另外,原劳动部还制定了很多关于劳动合同的部门规章,以补充《劳动法》的不足,如:《违反〈劳动法〉有关劳动合同规定的赔偿办法》(1995 年 5 月 10 日原劳动部发布)等。律师需要注意,这些规定因为《劳动合同法》的实施而需要修改。

2007年6月29日中华人民共和国第十届全国人民代表大会常务委员会第二十八次会议通过了《劳动合同法》,专门对劳动合同进行了全面的规定,2012年12月28日修改,2013年7月1日起施行。2008年9月18日国务院通过了《中华人民共和国劳动合同法实施条例》(以下简称《劳动合同法实施条例》),对于《劳动合同法》实施中遇到的问题进行了更为细致的规定。

4. 工会法和集体合同法

工会法是关于工会的性质、职能、权利义务、组织等内容的法律,而集体合同法是关于工会或者劳动者选举的代表与用人单位之间进行平等协商、签署集体合同的法律。

现行的《中华人民共和国工会法》是在1992年4月3日第七届全国人民代表大会第五次会议通过的,并于2001年10月27日第九届全国人民代表大会常务委员会第二十四次会议第一次修正、于2009年8月27日第十一届全国人民代表大会常务委员会第十次会议进行了第二次修正。

目前国家尚未制定专门的集体合同法。《劳动法》第33—35条涉及集体合同。《劳动合同法》第51—56条也对此作了规定。对集体合同规定比较详细全面的是《集体合同规定》(2004年1月20日发布),以及专门调整工资集体协商和集体合同的《工资集体协商试行办法》(2000年11月8日发布)。

5. 社会保险法

《劳动法》第70条规定:"国家发展社会保险事业,建立社会保险制度,设立社会保险基金,使劳动者在年老、患病、工伤、失业、生育等情况下获得帮助和补偿。"因此,我国现行的社会保险包括养老保险、医疗保险、工伤保险、失业保险和生育保险五种。《中华人民共和国社会保险法》已由第十一届全国人民代表大会常务委员会第十七次会议于2010年10月28日通过,自2011年7月1日起施行,于2018年12月29日修正。2019年4月,国务院办公厅颁布《降低社会保险费率综合方案》,该方案规定自2019年5月1日起,降低城镇职工养老保险单位缴费比例,目前单位缴费比例高于16%的,可降至16%。实施失业保险总费率1%的省,延长阶段性降低失业保险费率的期限至2020年4月30日。工伤保险基金累计结余可支付月数在18至23个月的统筹地区,可以下降20%,累计结余可支付月数在24个月以上的统筹地区可下降50%。在社会保险法律领域,律师除了需要研究全国统一的规定外,还需要特别研究地方性法规和规章以及政策性规定。全国统一的规定如下:

养老保险:国务院《关于完善企业职工基本养老保险制度的决定》(2005年12月3日国务院发布)、《企业年金办法》(2016年12月20日人力资源和社会保障部第114次部务会审议通过,财政部审议通过,自2018年2月1日起施行)。

医疗保险:国务院《关于建立城镇职工基本医疗保险制度的决定》(1998年12月14日国务院发布)。

工伤保险:《工伤保险条例》(2003年4月27日国务院令第375号发布,根据2010年12月20日《国务院关于修改〈工伤保险条例〉的决定》修订)。

失业保险:《失业保险条例》(1999年1月22日国务院发布)。

生育保险:《企业职工生育保险试行办法》(1994年12月14日原劳动部发布)。

此外,1999年1月22日国务院颁布《社会保险费征缴暂行条例》。2018年7月中共中央办公厅、国务院办公厅颁布《国税地税征管体制改革方案》,明确从2019年1月1日起将基本养老保险费、基本医疗保险费、失业保险费、工伤保险费、生育保险费交由税务部门统一征收。

6. 劳动争议处理法

劳动争议,是指劳动关系双方在劳动合同和集体合同履行过程中所发生的关于劳动标准或者劳资关系的争议。一旦发生劳动争议,当事人可以协商解决,依法申请调解、仲裁、提起诉讼。协商解决属于最友好的一种解决方式,但是一旦协商不成,当事人就只能选择其他解决方式,比如调解或者仲裁。如果选择向本单位劳动争议调解委员会(如有)请求调解,一旦达成调解协议,当事人应当自行履行;如果不能达成协议,则当事人一方有权向当地劳动争议仲裁委员会申请仲裁。调解不是必经程序,当事人一方也可以直接向劳动争议仲裁委员会申请仲裁。仲裁是强制的前置程序,当事人只有不服仲裁裁决才可以向人民法院提起诉讼。各类劳动争议处理机构在组织上最重要的特点,就是采取"三方原则",即劳动争议仲裁委员会应当由雇主组织、工会和政府劳动保障部门三方的代表参加,但是具体案件的审理采取仲裁庭的方式。

《中华人民共和国劳动争议调解仲裁法》(以下简称《劳动争议调解仲裁法》)已由第十届全国人民代表大会常务委员会第三十一次会议于 2007 年 12 月 29 日通过,自 2008 年 5 月 1 日起施行。

目前处理劳动争议所依照的主要法律法规,根据效力等级可以分为三个方面:

法律,主要是《劳动争议调解仲裁法》和《民事诉讼法》的有关规定。

司法解释,最重要的是最高人民法院《关于审理劳动争议案件适用法律问题的解释(一)》(2020 年 12 月 25 日最高人民法院审判委员会第 1825 次会议通过,自 2021 年 1 月 1 日起施行)。2001 年 4 月 16 日发布的最高人民法院《关于审理劳动争议案件适用法律若干问题的解释》(2008 年 12 月 16 日修正,2008 年 12 月 31 日起施行)、2006 年 8 月 14 日发布的最高人民法院《关于审理劳动争议案件适用法律若干问题的解释(二)》、2010 年 9 月 13 日发布的最高人民法院《关于审理劳动争议案件适用法律若干问题的解释(三)》及 2013 年 1 月 18 日发布的最高人民法院《关于审理劳动争议案件适用法律若干问题的解释(四)》均废止。

部门规章,主要是国家人力资源保障行政部门对劳动争议仲裁问题所作的各项规定,包括《劳动人事争议仲裁组织规则》(2017 年 4 月 24 日人力资源和社会保障部发布,自 2017 年 7 月 1 日起施行)、《劳动人事争议仲裁办案规则》(2017 年 4 月 24 日人力资源和社会保障部发布,自 2017 年 7 月 1 日起施行)。

二、中国劳动法的主要特点

1. 涉及调整个人劳动关系的法律规范占据主要地位

自 1986 年中国推行劳动合同制度以来,调整用人单位与劳动者个人之间劳动关系的法律法规占据了中国劳动法全部规定的大部分。劳动法中的绝大多数条款是为了调整个人劳动关系而设定的。个人劳动关系指的是单个的员工和单个的用人单位建立的劳动关系,与个人劳动关系相对的是集体劳动关系。

2. 涉及调整集体劳动关系的法律规范尚未起到重要作用

集体劳动关系是关于工会或职工代表与用人单位之间或用人单位联合体之间的涉及劳动者权利义务的关系。虽然其在中国由于多种原因尚未发展起来,但是律师应当注意到,作为集体劳动关系的一方主体——工会,正在经历变革。劳动者迫切需要工会能够在市场经济的发展中代表其利益、保护其权益。

3. 法律规定较为简单,执法者的权力较大

中国劳动法及其相关规定较为原则,这给执法者留下了较大的执法空间。劳动保障执法部门、劳动争议仲裁机构以及法院在处理劳动争议时会由于其自身对于劳动法的理解的不同而得出不同的法律适用结果。

4. 地方立法影响较大

《劳动法》授权省、自治区、直辖市人民政府根据本法和本地区的实际情况,规定劳动合同制度的实施步骤,并报国务院备案。《劳动法》实施后,各省、自治区、直辖市人民代表大会或者人民政府根据这一授权,制定了适用于省、自治区、直辖市的劳动合同条例或者办法。

不仅涉及劳动合同的地方立法非常繁杂,而且涉及劳动就业、劳动保护、集体合同、工会、社会

保险等领域的地方立法也非常繁多,这就难免在法律适用上给用人单位造成困惑,也给劳动保障机关、劳动仲裁机构以及法院处理劳动问题带来不少困难。

律师应当注意,在劳动法领域,还存在大量的“会议纪要”或者“问题解答”等文件。这些文件多由当地的省级劳动争议仲裁机构或者高级人民法院发布,成为实际执行中的“司法解释”。《行政法规、地方性法规、自治条例和单行条例、经济特区法规备案审查工作程序》第7条规定:“国务院、中央军事委员会、最高人民法院、最高人民检察院和各省、自治区、直辖市的人大常委会认为法规同宪法或者法律相抵触,向全国人大常委会书面提出审查要求的,由常委会办公厅报秘书长批转有关的专门委员会对法规进行审查。上述机关之外的其他国家机关和社会团体、企事业组织以及公民认为法规同宪法或者法律相抵触,向全国人大常委会书面提出审查建议的,由常委会工作机构先行组织有关人员进行研究。需要审查的,由常委会办公厅报秘书长批准后,送有关的专门委员会对法规进行审查。被审查的法规的内容涉及两个或者两个以上专门委员会的,应同时分送有关的专门委员会进行审查。”全国人民代表大会常务委员会法制工作委员会设置了法规审查备案室负责该项工作。

第二节　劳动法律业务概要

一、劳动法律业务基本类型

1. 劳动仲裁诉讼业务与劳动非仲裁诉讼业务

以律师从事法律业务是否出庭作为划分标准,可以将劳动法律业务划分为仲裁诉讼业务和非仲裁诉讼业务。

(1)劳动仲裁诉讼业务

劳动仲裁制度是中国劳动法独特的解决劳动争议的制度。劳动争议仲裁制度是指劳动争议仲裁机构依据法律规定,居中进行公断或调解,并作出对当事人双方均有法律约束力的裁决的一种处理劳动争议的方式。它是中国劳动争议处理的法定前置程序。

根据《劳动争议调解仲裁法》的规定,符合条件的劳动争议案件应当首先提交劳动争议仲裁委员会,任何一方或双方不服劳动争议仲裁委员会裁决的,除该法另有规定的外,才可以向人民法院起诉;进入诉讼程序后,适用《民事诉讼法》处理劳动争议。

律师需要注意,劳动仲裁与经济仲裁是完全不同的两种制度。有关两项制度的比较可以参考本编和仲裁编。劳动仲裁实质上是一种国家介入的劳动争议处理机制,借用仲裁之名,并无仲裁之实。

劳动争议仲裁诉讼案件在各类案件中的增长幅度较快。劳动法仲裁诉讼业务在实践中呈现出方兴未艾的趋势,越来越多的律师投入到该业务中来。但是,由于用人单位和劳动者支付律师费用的能力差距太大,用人单位支付律师费的能力一般强于劳动者,能够聘请律师为其代理,而劳动者则不易聘请到律师,这使得劳动者一方处于更弱的地位。解决这个问题需要制定新的法律,由败诉的用人单位承担劳动者的律师费用,以此改变目前的局面。同时,也需要更多的律师在处理劳动争议时帮助劳动者维护自身的权利。

(2)劳动非仲裁诉讼业务

除劳动仲裁诉讼业务外,非仲裁诉讼业务也越来越多样化。从服务的形式上看,主要包括如下四种:

①劳动法律咨询业务

随着用人单位和劳动者法律意识的增强,有关劳动法律方面的法律咨询业务也越来越多。比如用人单位就其内部规章制度的合法性、合理性进行咨询;劳动者对于用人单位解除劳动合同的合法性进行咨询等。这类咨询业务是律师劳动法律业务中非常重要的一个方面。

②帮助用人单位制定内部劳动规则

不论是担任法律顾问还是做单独的项目,用人单位的内部劳动规则(也可称为人力资源管理制度)是律师尤其应当开发的一项业务。这些内部劳动规则包括:聘任协议、劳动合同制度、集体合同制度、培训制度、工资制度、休假制度、奖惩制度、保密制度、保险福利制度、企业内部民主管理制度等。

③合法性审查

主要是应用人单位的聘请,审查其内部劳动规则的合法性。

④各类劳动法律文书的草拟和审核

这些劳动法律文书包括:聘任意向书、劳动合同、集体合同、培训合同、保密和竞业限制合同、劳务派遣合同等。

2. 代理劳动者(含工会)业务和代理用人单位业务

由于劳动关系的主体是确定的,利益是相对的,根据劳动法律业务服务的对象不同,可以将劳动法律业务划分为代理劳动者(含工会)业务和代理用人单位业务两种。

(1)代理劳动者(含工会)业务

代理劳动者(含工会)业务,主要围绕保护劳动者在劳动法律关系中的权益展开,包括:

①宣讲劳动法知识,普及劳动法理念;

②向准备主张权利的劳动者提供代书服务,劳动者认为用人单位侵犯其合法权益的,律师可以帮助劳动者撰写法律文书,包括申诉书、起诉书、上诉状以及向有关部门提交的举报信,行政复议申请书,行政诉讼的起诉书、上诉状等;

③代理劳动者或者工会与用人单位进行沟通,送达律师函;

④代理劳动者进行劳动仲裁、劳动诉讼;

⑤担任工会的法律顾问;

⑥代理工会与用人单位进行集体协商;

⑦为工会起草集体合同;

⑧协助劳动者组建工会;

⑨协助劳动者或者工会成立职工代表大会或者职工大会。

律师需要注意,企业工会不是企业内部的一个机构,它是中华全国总工会的一个分支机构。关于工会的性质、法律地位、权利义务等内容,《中华人民共和国工会法》中有详细介绍,本编不作详细介绍。

(2)代理用人单位业务

代理用人单位业务是律师从事劳动法律业务的主要部分。一方面用人单位数量庞大,另一方面每个用人单位对待人力资源政策和管理的理念各不相同,这就要求律师深入理解客户要求,从客户需求出发,根据劳动法的规定,制定出符合用人单位实际需求的内部管理制度。

主要的业务内容包括:

①就用人单位涉及员工切身利益的重大决策提供法律意见,或者应用人单位的要求,对决策进行法律论证;

②对用人单位起草或者拟发布的有关劳动工资、保险福利等内部管理制度文件,从法律方面提出修改和补充建议;

③审查用人单位拟作出的对员工的处理决定,包括:警告、降职、降薪、解除劳动合同等;

④参与处理尚未进入仲裁诉讼程序的劳动纠纷,包括参与调解工作;

⑤代理用人单位参加仲裁活动,维护用人单位的合法权益;

⑥代理用人单位参加诉讼活动,维护用人单位的合法权益;
⑦代理用人单位与工会进行集体协商;
⑧帮助用人单位起草各类劳动合同和集体合同等;
⑨帮助用人单位设立职工代表大会或者职工大会,制定章程和议事规则。

二、律师从事劳动法律业务应当注意的问题

1. 选择服务对象,避免利益冲突

考虑到律师为劳动者和用人单位提供法律服务的特点,律师在从事劳动法律业务时,一般要慎重选择提供法律服务的对象,防止发生利益冲突。

劳动法律业务的利益冲突情况较为明显。在有些国家,律师一旦选择为劳动者或者工会提供法律服务,则一般不会再为用人单位提供劳动法律服务;相反亦然。因为两者存在潜在的利益冲突。但是在中国,法律目前仅限制在具体案件中不得代理冲突双方,并不限制服务对象的范围。行业惯例也没有限制律师为用人单位服务后就不可以再为劳动者服务。

鉴于劳动案件的特殊性,律师首先要慎重作出选择,要充分认识选择客户群体的后果。其次,律师在为用人单位提供劳动法律服务的过程中,要以促进用人单位合法经营、促进劳动关系和谐为基本准则;而在为劳动者提供法律服务的过程中则应鼓励依法维权。

2. 把握业务特点,争取和谐关系

律师从事劳动法律业务,要把握劳动关系的特质。由于劳动争议案件涉及用人单位和劳动者(工会)两个特定主体,所以劳动争议案件有以下四个特点:

(1)劳动关系的敏感性

劳动争议案件从表面上看仅是劳动争议当事人之间的纠纷,但其实与发生争议的劳动者案情相同或者相似的其他劳动者也在关心案件的进展。而用人单位也在经历一场考验,其作出的处理决定是否能够得到劳动争议仲裁委员会或者法院的支持,事关单位的管理权威和单位决策者的威信。

(2)争议的波及性

一件劳动争议案件的结果如何,直接波及单位其他劳动者的利益。如果企业做法错误但拒绝改正,则可能导致更多的劳动者离开单位或者提起仲裁申请。

(3)劳动关系的社会性

劳动争议从本质上说是社会问题,容易引起社会的关注,也容易影响单位的社会形象。

(4)劳动关系的人身性

在用人单位处分行为的审查案件中,如果用人单位的处分决定被撤销,而员工又坚持继续履行劳动合同,其可能重回用人单位工作,这会使用人单位的管理陷入被动。

正因为劳动争议具有上述特点,律师在处理劳动案件时要格外慎重。

律师应当把握上述特点,从促进和谐关系的角度出发,为当事人提供合适的解决方案。

3. 律师审查用人单位处分决定应当掌握的方法

由于用人单位对于劳动者的处分案件是劳动争议案件的主要类型,所以律师审查用人单位的处分决定是一项基本的工作。律师应当掌握下述方法:

(1)以合法性审查为原则,合理性审查为参考

根据劳动法的规定,合法性审查原则具体应当包括三个方面的内容:

①劳动法审查的对象是用人单位针对员工的处分行为。这些处分行为包括用人单位作出的开除、解除劳动合同等处理决定。这些处理决定是否合法,是争议的焦点。

②劳动争议仲裁委员会和人民法院一般仅限于对用人单位的处分行为进行合法性审查,不审查其合理性。劳动法赋予用人单位制定内部劳动规则的权利和义务,只要用人单位根据法律、法

规、规章的授权,履行了法定程序,根据事先制定的内部劳动规则作出具体处分决定,就可以得到支持。

③不得低于劳动基准的原则。对于劳动基准规范,例如最低工资、经济补偿金、加班费标准等,任何协议的约定低于标准的,应当补齐至标准。

(2)合法性审查原则对律师的要求

在合法性原则的框架下,律师应在准确理解劳动法的本质特征的前提下进行工作。一般意义上,合法性审查原则对于律师有以下三个方面的要求:

①通过合法性审查原则审查判断用人单位的处分决定是否会得到劳动争议仲裁委员会和法院的支持。在准确判断用人单位处分行为性质的前提下,律师可以确定是否接受当事人的代理要求。

②通过合法性审查原则来审查判断代理的策略。实践中,多数用人单位的处分决定都存在一定的问题,因此律师在代理劳动案件中,应当结合劳动法的特点,考虑当事人的利益,制定准确的仲裁诉讼策略及可能的调解方案,以便达到当事人利益的最大化。

③通过合法性审查原则准确提出仲裁或诉讼请求。律师要在与当事人充分沟通的基础上,根据合法性审查原则的特点,准确提出仲裁诉讼请求,维护当事人的合法权益。

(3)用人单位对处分行为的合法性承担举证责任

举证责任,是指提供证据证明案件事实的责任。负举证责任者如果提不出充分的证据证明案件事实,就要承担因举证不能而对自己不利的后果。依据最高人民法院《关于民事诉讼证据的若干规定》第6条、最高人民法院《关于审理劳动争议案件适用法律问题的解释(一)》第44条的规定,因用人单位作出的开除、除名、辞退、解除劳动合同、减少劳动报酬、计算劳动者工作年限等决定而发生的劳动争议,用人单位负举证责任。

《劳动争议调解仲裁法》第6条也规定:“发生劳动争议,当事人对自己提出的主张,有责任提供证据。与争议事项有关的证据属于用人单位掌握管理的,用人单位应当提供;用人单位不提供的,应当承担不利后果。”

第二章　律师代理调解仲裁诉讼中的工作

第一节　代理劳动调解仲裁

一、接待客户，确定纠纷是否是劳动争议

律师代理调解仲裁诉讼案件是从接待客户开始的。劳动法业务的客户分为劳动者和用人单位。多数的劳动争议案件，劳动者是案件的发起者。

律师应当首先确定客户所述纠纷是否是劳动争议。

根据《劳动争议调解仲裁法》第 2 条的规定，中华人民共和国境内的用人单位与劳动者发生的下列劳动争议，适用该法：

①因确认劳动关系发生的争议；

②因订立、履行、变更、解除和终止劳动合同发生的争议；

③因除名、辞退和辞职、离职发生的争议；

④因工作时间、休息休假、社会保险、福利、培训以及劳动保护发生的争议；

⑤因劳动报酬、工伤医疗费、经济补偿或者赔偿金等发生的争议；

⑥法律、法规规定的其他劳动争议。

律师应当注意的是，劳动者因用人单位未缴纳基本社会保险费用而与用人单位之间发生的争议在一些地方，例如北京市，不属于劳动争议仲裁委员会的受案范围，劳动者只能向用人单位所在地的劳动保障监察部门投诉。

律师需要为客户确定争议的解决机构是劳动争议调解机构、劳动争议仲裁委员会还是劳动保障监察部门。

一些地方的劳动争议仲裁委员会已经改名为劳动人事争议仲裁委员会，可以受理人事争议。律师应注意劳动争议仲裁委员会和人事争议仲裁委员会机构合并的最新动态。

律师在接待客户时，要尽可能全面地了解劳动者的工作状况，如：参加工作的时间、工资标准（包括基本工资、奖金等）、社会保险缴费情况、工作性质和内容，以及是否签署劳动合同、保密竞业限制协议等。几乎每一个劳动者的申诉请求都与其工作条件有关，故律师在为劳动者设计申诉请求事项时，绝对不能漏掉任何法律赋予劳动者的权利。

实践中，基于调解仲裁诉讼请求的策略考虑，客户可能会提出放弃某项请求，律师应当向客户索取权利放弃书。

当劳动争议发生后，如果当事人选择协商，则律师可以要求与对方当事人进行谈判。如果选择调解，当事人可以到下列调解组织申请调解：

（1）企业劳动争议调解委员会；

（2）依法设立的基层人民调解组织；

（3）在乡镇、街道设立的具有劳动争议调解职能的组织。

企业劳动争议调解委员会由职工代表和企业代表组成。职工代表由工会成员担任或者由全体职工推举产生，企业代表由企业负责人指定。企业劳动争议调解委员会主任由工会成员或者双方推举的人员担任。

当事人申请劳动争议调解可以书面申请,也可以口头申请。口头申请的,调解组织应当当场记录申请人基本情况、申请调解的争议事项、理由和时间。经调解达成协议的,应当制作调解协议书。

调解协议书由双方当事人签名或者盖章,经调解员签名并加盖调解组织印章后生效,对双方当事人具有约束力,当事人应当履行。

自劳动争议调解组织收到调解申请之日起 15 日内未达成调解协议的,当事人可以依法申请仲裁。

达成调解协议后,一方当事人在协议约定期限内不履行调解协议的,另一方当事人可以依法申请仲裁。

因支付拖欠劳动报酬、工伤医疗费、经济补偿或者赔偿金事项达成调解协议,用人单位在协议约定期限内不履行的,劳动者可以持调解协议书依法向人民法院申请支付令。人民法院应当依法发出支付令。

实践中,为了使调解协议能够成为法院可以直接执行的生效法律文书,各地仲裁机构和法院尝试受理调解协议换成仲裁委员会或者人民法院的调解书的业务。这极大地促进了调解协议的及时履行。

劳动争议发生后,如果当事人不愿选择协商和调解,或者虽然选择了但最终没有成功,争议依然存在,这时争议当事人已经别无选择,要解决争议就必须选择劳动争议仲裁。

二、确定具体的劳动争议仲裁委员会

根据《劳动争议调解仲裁法》第 17 条的规定,劳动争议仲裁委员会按照统筹规划、合理布局和适应实际需要的原则设立。省、自治区人民政府可以决定在市、县设立;直辖市人民政府可以决定在区、县设立。直辖市、设区的市也可以设立一个或者若干个劳动争议仲裁委员会。劳动争议仲裁委员会不按行政区划层层设立。

劳动争议仲裁委员会组成人员应当为单数,由劳动行政部门代表、工会代表和企业方面代表组成。

以北京市为例,北京市设立了市劳动争议仲裁委员会,各区县设立了区县劳动争议仲裁委员会。北京市劳动争议仲裁委员会与各区县劳动争议仲裁委员会之间无行政隶属关系,仅为业务指导关系。

劳动争议仲裁管辖是指劳动争议仲裁委员会在受理劳动争议案件上的分工和权限。在劳动争议仲裁委员会的仲裁管辖问题上,主要应遵循如下原则:

1. 地域管辖

根据《劳动争议调解仲裁法》第 21 条的规定,劳动争议仲裁委员会负责管辖本区域内发生的劳动争议。劳动争议由劳动合同履行地或者用人单位所在地的劳动争议仲裁委员会管辖。双方当事人分别向劳动合同履行地和用人单位所在地的劳动争议仲裁委员会申请仲裁的,由劳动合同履行地的劳动争议仲裁委员会管辖。

根据《劳动人事争议仲裁办案规则》第 8 条的规定,劳动合同履行地为劳动者实际工作场所地,用人单位所在地为用人单位注册、登记地或者主要办事机构所在地。用人单位未经注册、登记的,其出资人、开办单位或者主管部门所在地为用人单位所在地。

双方当事人分别向劳动合同履行地和用人单位所在地的仲裁委员会申请仲裁的,由劳动合同履行地的仲裁委员会管辖。有多个劳动合同履行地的,由最先受理的仲裁委员会管辖。劳动合同履行地不明确的,由用人单位所在地的仲裁委员会管辖。

案件受理后,劳动合同履行地或者用人单位所在地发生变化的,不改变争议仲裁的管辖。

2. 移送管辖和指定管辖

根据《劳动人事争议仲裁办案规则》第 9 条的规定,仲裁委员会发现已受理案件不属于其管辖范围的,应当移送至有管辖权的仲裁委员会,并书面通知当事人。对上述移送案件,受移送的仲裁委员会应当依法受理。受移送的仲裁委员会认为移送的案件按照规定不属于其管辖,或者仲裁委员会之间因管辖争议协商不成的,应当报请共同的上一级仲裁委员会主管部门指定管辖。

三、审查劳动争议的申请仲裁时效

1. 申请仲裁时效

根据《劳动争议调解仲裁法》第 27 条的规定,劳动争议申请仲裁的时效期间为 1 年。仲裁时效期间从当事人知道或者应当知道其权利被侵害之日起计算。

前款规定的仲裁时效,因当事人一方向对方当事人主张权利,或者向有关部门请求权利救济,或者对方当事人同意履行义务而中断。从中断时起,仲裁时效期间重新计算。

因不可抗力或者有其他正当理由,当事人不能在本条第 1 款规定的仲裁时效期间申请仲裁的,仲裁时效中止。从中止时效的原因消除之日起,仲裁时效期间继续计算。

劳动关系存续期间因拖欠劳动报酬发生争议的,劳动者申请仲裁不受本条第 1 款规定的仲裁时效期间的限制;但是,劳动关系终止的,应当自劳动关系终止之日起 1 年内提出。

人民法院审理劳动争议案件,对下列情形,视为《劳动法》第 82 条规定的"劳动争议发生之日":

①在劳动关系存续期间产生的支付工资争议,用人单位能够证明已经书面通知劳动者拒付工资的,书面通知送达之日为劳动争议发生之日。用人单位不能证明的,劳动者主张权利之日为劳动争议发生之日。

②因解除或者终止劳动关系产生的争议,用人单位不能证明劳动者收到解除或者终止劳动关系书面通知时间的,劳动者主张权利之日为劳动争议发生之日。

③劳动关系解除或者终止后产生的支付工资、经济补偿金、福利待遇等争议,劳动者能够证明用人单位承诺支付的时间为解除或者终止劳动关系后的具体日期的,用人单位承诺支付之日为劳动争议发生之日。劳动者不能证明的,解除或者终止劳动关系之日为劳动争议发生之日。

如果申请仲裁时效期已过,当事人是否可以提起仲裁申请?根据《劳动人事争议仲裁办案规则》第 30 条的规定,仲裁委员会对符合下列条件的仲裁申请应当予以受理,并在收到仲裁申请之日起 5 日内向申请人出具受理通知书:

①属于该规则第 2 条规定的争议范围;

②有明确的仲裁请求和事实理由;

③申请人是与案件有直接利害关系的自然人、法人或者其他组织,有明确的被申请人;

④属于仲裁委员会的管辖范围。

从上述的规定可以看出,仲裁时效不是仲裁委员会受理的条件。

2. 审查仲裁时效的中断和中止

当事人能够证明在申请仲裁期间内因不可抗力或者其他客观原因无法申请仲裁的,人民法院应当认定申请仲裁期间中止,从中止的原因消灭之次日起,申请仲裁期间连续计算。

当事人能够证明在申请仲裁期间内具有下列情形之一的,人民法院应当认定申请仲裁期间中断:

①向对方当事人主张权利;

②向有关部门请求权利救济;

③对方当事人同意履行义务。

申请仲裁期间中断的,从对方当事人明确拒绝履行义务,或者有关部门作出处理决定或明确表示不予处理时起,申请仲裁期间重新计算。

根据《劳动人事争议仲裁办案规则》第27条的规定,在申请仲裁的时效期间内,有下列情形之一的,仲裁时效中断:

①一方当事人通过协商、申请调解等方式向对方当事人主张权利的;

②一方当事人通过向有关部门投诉,向仲裁委员会申请仲裁,向人民法院起诉或者申请支付令等方式请求权利救济的;

③对方当事人同意履行义务的。

从中断时起,仲裁时效期间重新计算。

根据该规则第28条的规定,因不可抗力,或者有无民事行为能力或者限制民事行为能力劳动者的法定代理人未确定等其他正当理由,当事人不能在规定的仲裁时效期间申请仲裁的,仲裁时效中止。从中止时效的原因消除之日起,仲裁时效期间继续计算。

四、撰写仲裁申请书或者答辩状

根据《劳动争议调解仲裁法》第28条的规定,申请人申请仲裁应当提交书面仲裁申请,并按照被申请人人数提交副本。

仲裁申请书应当载明下列事项:

①劳动者的姓名、性别、年龄、职业、工作单位和住所,用人单位的名称、住所和法定代表人或者主要负责人的姓名、职务;

②仲裁请求和所根据的事实、理由;

③证据和证据来源、证人姓名和住所。

书写仲裁申请确有困难的,可以口头申请,由劳动争议仲裁委员会记入笔录,并告知对方当事人。

除此之外,律师还应当注意:

①如果被申请人有第三人或者共同被申请人的,还应列明第三人或者共同被申请人的名称(或姓名)、住所、法定代表人姓名、职务、联系方式。

②仲裁申请书由仲裁请求及事实理由两部分组成。仲裁请求应当明确、具体;事实理由应当客观、详细,且与仲裁请求具有关联性。

③仲裁申请书应当由仲裁申请人签名或盖章。

被申请人应当依据《劳动争议调解仲裁法》的相关规定,在接到仲裁委员会送达的仲裁申请书副本及《应诉通知书》后,应当按照《应诉通知书》指定的期限提交答辩状。逾期未提交的,不影响仲裁庭开庭。通常情况下,被申请人可以在仲裁开庭时提交答辩状,也可以口头答辩。

答辩状应当针对申诉书中的仲裁请求逐一回应和反驳,并提供相应的证据支持。

律师应当注意,劳动争议仲裁委员会并不像法院一样,对于仲裁申请书和答辩状有着严格的要求,但是由于劳动争议仲裁委员会是诉讼的前置程序,如果律师按照法院对起诉书和答辩状的要求严格办理,则可以充分满足仲裁委员会的要求。有关起诉书和答辩状的撰写详见下文。

五、熟悉劳动争议仲裁程序

依据《劳动争议调解仲裁法》的相关规定,劳动争议的立案审批由仲裁委员会办公室负责,其受理案件程序如下:

①劳动争议仲裁委员会收到仲裁申请之日起5日内,认为符合受理条件的,应当受理,并通知申请人;认为不符合受理条件的,应当书面通知申请人不予受理,并说明理由。对劳动争议仲裁委员会不予受理或者逾期未作出决定的,申请人可以就该劳动争议事项向人民法院提起诉讼。

②劳动争议仲裁委员会受理仲裁申请后,应当在5日内将仲裁申请书副本送达被申请人。

被申请人收到仲裁申请书副本后,应当在10日内向劳动争议仲裁委员会提交答辩书。仲裁委员会收到答辩书后,应当在5日内将答辩书副本送达申请人。被申请人逾期未提交答辩书的,不影响仲裁程序的进行。

③劳动争议仲裁委员会受理案件后,发现不应当受理的,除符合《劳动人事争议仲裁办案规则》第9条的规定外,应当撤销案件,并自决定撤销案件后5日内,书面通知当事人。

劳动争议仲裁委员会应当在受理仲裁申请之日起5日内组成仲裁庭并将仲裁庭的组成情况书面通知当事人。

仲裁庭应当在开庭5日前,将开庭日期、地点书面通知双方当事人。当事人有正当理由的,可以在开庭3日前请求延期开庭。是否延期,由劳动争议仲裁委员会根据实际情况决定。

劳动争议仲裁的参加人包括:

(1)劳动争议当事人

即发生劳动争议的用人单位和劳动者(或者工会)。

(2)代表人

用人单位由其法定代表人或主要负责人参加仲裁活动;发生争议的劳动者一方在10人以上,并有共同请求的,劳动者可以推举3至5名代表人参加仲裁活动。

(3)代理人

当事人可以委托1至2名律师或其他人参加仲裁活动。但是,必须向劳动争议仲裁委员会提交载明委托事项和权限并由委托人签名或盖章的授权委托书。无民事行为能力的劳动者或已经死亡的劳动者,以及限制民事行为能力的劳动者,可以由其法定代理人、利害关系人代为参加仲裁活动。法定代理人或利害关系人不明确的,由劳动争议仲裁委员会指定代理人。

(4)共同当事人或者第三人

常见的共同当事人或者第三人包括:发生争议的用人单位被吊销营业执照、责令关闭、撤销以及用人单位决定提前解散、歇业,不能承担相关责任的,依法将其出资人、开办单位或主管部门作为共同当事人;劳动者与个人承包经营者发生争议,依法向劳动争议仲裁委员会申请仲裁的,应当将发包的组织和个人承包经营者作为当事人;劳务派遣中发生的劳动争议、借调中发生的劳动争议,实际用工单位或外国公司驻华代表处为共同当事人;用人单位招用尚未解除劳动合同的劳动者,原用人单位与劳动者发生的劳动争议,可以列新的用人单位为第三人;原用人单位以新的用人单位侵权为由向劳动争议仲裁委员会提起申诉的,可以列劳动者为第三人;原用人单位以新的用人单位和劳动者共同侵权为由向劳动争议仲裁委员会提起申诉的,新的用人单位和劳动者为共同当事人。

共同当事人根据案件的情况列为仲裁申请人或者被申请人。

依据《劳动人事争议仲裁办案规则》的相关规定,仲裁庭可以是合议制的,也可以是独任制的。

劳动争议仲裁委员会裁决劳动争议案件实行仲裁庭制。

仲裁庭由3名仲裁员组成,设首席仲裁员。简单劳动争议案件可以由1名仲裁员独任仲裁。

对于权利义务明确、事实清楚的简单争议案件或经双方当事人同意的其他争议案件,仲裁委员会可指定1名仲裁员独任处理,并可在庭审程序、案件调查、仲裁文书送达、裁决方式等方面进行简便处理。

劳动争议仲裁委员会应当在受理仲裁申请之日起5日内将仲裁庭的组成情况书面通知当事人。

仲裁庭一般由1名首席仲裁员和2名仲裁员组成或者3名以上单数仲裁员组成。仲裁庭组成人员由仲裁委员会办公室负责人确定。

律师在知晓仲裁员名单后,与当事人协商确定是否提出仲裁员回避。

仲裁合议庭及独任仲裁员开庭审理分为如下五个阶段:

(1)开庭准备

仲裁员或者书记员核对当事人、代理人及其他仲裁参与人的到庭情况;宣布仲裁庭纪律;仲裁员宣布仲裁合议庭组成人员,或独任仲裁员宣布自己的姓名、身份等;核实双方当事人、第三人及其代理人的身份;宣布当事人在庭审活动中的权利和义务;询问是否要求回避。

(2)庭审调查

仲裁申请人宣读申诉书;被申请人宣读答辩书;第三人陈述意见;当事人及第三人举证、质证。

(3)庭审辩论

当事人、第三人各方进行辩论,陈述自己的主张,反驳对方的主张。

(4)调解

在庭审辩论结束后,仲裁员主持当事人、第三人进行调解,询问各方是否有调解意愿。愿意调解的,提出调解方案。如果有一方不同意调解或调解不成,则宣布休庭,准备裁决。如果调解成功,仲裁员当庭宣布调解书,制作调解书并当庭送达当事人、第三人。调解书自送达之日起发生法律效力。

(5)裁决

依据庭审调查的事实及相关法律,对案件作出裁决。仲裁裁决的内容主要包括:对申请人的请求作出全部支持、部分支持、驳回的裁决。

六、组织证据和申请财产保全

当事人提交证据的规则如下:

①对于书证,应当提交原件及复印件,经核对无误后由仲裁员在复印件上加盖与原件核对无误章。当事人为用人单位一方的,提供的复印件应加盖本单位公章。

②对于物证,应提交原件。如提取原件有困难的,物证可以提交照片。

③对于证人证言,证人应当出庭自述证言。

④对于鉴定结论,应当是仲裁庭指定的法定鉴定机构作出的书面结论。

⑤当事人提供外文证据,应附中文译本。对方当事人有异议的,可委托仲裁委员会指定的翻译机构翻译。翻译费用由提请方或仲裁委员会指定的一方当事人垫付。

在特殊情况下,律师应当申请仲裁庭收集证据。

在下列情形下,仲裁庭应当收集证据:

①当事人及其代理人因客观原因不能自行收集的;

②仲裁庭认为需要由有关部门进行鉴定的;

③双方当事人提供的证据相互矛盾、难以认定的;

④仲裁庭认为应当由其收集的其他证据。

对于对方当事人有可能隐匿和转移财产的,律师应当建议当事人向法院提起财产保全。律师应当注意,劳动争议仲裁委员会并无财产保全的职权,需要法院就财产保全作出裁定。

最高人民法院《关于审理劳动争议案件适用法律问题的解释(一)》虽然只规定了诉讼过程中的财产保全,但是也可以适用于仲裁阶段的保全。根据该解释第 49 条的规定,在诉讼过程中,劳动者向人民法院申请采取财产保全措施,人民法院经审查认为申请人经济确有困难,或者有证据证明用人单位存在欠薪逃匿可能的,应当减轻或者免除劳动者提供担保的义务,及时采取保全措施。人民法院作出的财产保全裁定中,应当告知当事人在劳动争议仲裁机构的裁决书或者在人民法院的裁判文书生效后三个月内申请强制执行。逾期不申请的,人民法院应当裁定解除保全措施。

七、确定劳动争议仲裁裁决的效力和申请法院不予执行

劳动争议仲裁裁决是否具有终局效力,取决于案件的性质。

律师应当注意,部分劳动争议仲裁委员会的仲裁裁决对于用人单位是终局的。根据《劳动争议调解仲裁法》第 47 条的规定,下列劳动争议,除该法另有规定的外,仲裁裁决为终局裁决,裁决书自作出之日起发生法律效力:

①追索劳动报酬、工伤医疗费、经济补偿或者赔偿金,不超过当地月最低工资标准 12 个月金额的争议;

②因执行国家的劳动标准在工作时间、休息休假、社会保险等方面发生的争议。

根据《劳动争议调解仲裁法》第 48 条的规定,劳动者对该法第 47 条规定的仲裁裁决不服的,可以自收到仲裁裁决书之日起 15 日内向人民法院提起诉讼。

根据《劳动争议调解仲裁法》第 49 条的规定,用人单位有证据证明该法第 47 条规定的仲裁裁决有下列情形之一的,可以自收到仲裁裁决书之日起 30 日内向劳动争议仲裁委员会所在地的中级人民法院申请撤销裁决:

①适用法律、法规确有错误的;

②劳动争议仲裁委员会无管辖权的;

③违反法定程序的;

④裁决所根据的证据是伪造的;

⑤对方当事人隐瞒了足以影响公正裁决的证据的;

⑥仲裁员在仲裁案件时有索贿受贿、徇私舞弊、枉法裁决行为的。

人民法院经组成合议庭审查核实裁决有上述情形之一的,应当裁定撤销。

仲裁裁决被人民法院裁定撤销的,当事人可以自收到裁定书之日起 15 日内就该劳动争议事项向人民法院提起诉讼。

根据《劳动争议调解仲裁法》第 50 条的规定,当事人对该法第 47 条规定以外的其他劳动争议案件的仲裁裁决不服的,可以自收到仲裁裁决书之日起 15 日内向人民法院提起诉讼;期满不起诉的,裁决书发生法律效力。

另依据最高人民法院《关于审理劳动争议案件适用法律问题的解释(一)》第 17 条的规定,劳动争议仲裁机构对多个劳动者的劳动争议作出仲裁裁决后,部分劳动者对仲裁裁决不服,依法提起诉讼的,仲裁裁决对提起诉讼的劳动者不发生法律效力;对未提起诉讼的部分劳动者,发生法律效力,如其申请执行的,人民法院应当受理。

劳动争议仲裁委员会作出的发生法律效力的调解书、裁决书并非全部能够成为人民法院强制执行的依据。律师如果发现有下述情况,应当申请法院不予执行生效文书。依据最高人民法院《关于审理劳动争议案件适用法律问题的解释(一)》第 24 条的规定,当事人申请人民法院执行劳动争议仲裁机构作出的发生法律效力的裁决书、调解书,被申请人提出证据证明劳动争议仲裁裁决书、调解书有下列情形之一,并经审查核实的,人民法院可以根据《民事诉讼法》第 237 条的规定,裁定不予执行:

①裁决的事项不属于劳动争议仲裁范围,或者劳动争议仲裁机构无权仲裁的;

②适用法律、法规确有错误的;

③违反法定程序的;

④裁决所根据的证据是伪造的;

⑤对方当事人隐瞒了足以影响公正裁决的证据的;

⑥仲裁员在仲裁该案时有索贿受贿、徇私舞弊、枉法裁决行为的;

⑦人民法院认定执行该劳动争议仲裁裁决违背社会公共利益的。

人民法院在不予执行的裁定书中,应当告知当事人在收到裁定书之次日起30日内,可以就该劳动争议事项向人民法院提起诉讼。

【示例】

仲裁申请书

申诉人:刘××,女,38岁,新西兰人

工作单位:××(中国)网络有限公司

住所:××市××区××里×号院

被申诉人:××(中国)网络有限公司

法定代表人:史密斯,董事长

住所:××市××区××门××街×号

请求事项:

1. 请求三个月工资损失人民币260 761元;

2. 支付解除劳动合同的经济补偿金人民币382 127元;

3. 支付带薪年休假损失人民币54 589元,本人及直系亲属往返新西兰经济舱机票和住宿费用折算人民币44 000元;

4. 支付一年内不得在××(中国)网络有限公司竞争领域工作的经济补偿金人民币1 778 526元;

5. 被申请人承担全部仲裁费用。

事实和理由:

申请人于2007年4月由××澳大利亚公司派驻北京,创建××(北京)网络有限公司,任总经理。2008年5月,××(北京)网络有限公司投资方更换为美国A公司,本人继续任总经理。2009年底,××(北京)网络有限公司被日本T公司收购,更名为××(中国)网络有限公司,本人继续任总经理、董事。公司自被日本T公司收购以来,从未得到日方1分钱的投资,然而在全体员工的辛勤工作努力下,公司销售业绩仍有大幅度增长。2011年上半年的销售业绩已名列日本T公司全亚太地区销售额最高、最营利的公司。然而日方非但不给奖励,反而无端制造事端,歧视中方职工,并想方设法排挤申请人。2011年9月27日趁本人不在公司之际,日方派人带领一伙非本公司员工在事先未作任何通知的情况下,强行闯入公司办公室,宣布免除申请人和公司其他高级管理人员的职务,并私闯申请人办公室,搜查申请人私人物品,撬开申请人的抽屉。由于公司章程明确规定,总经理任免事项必须由董事会决定,而申请人身为公司董事,从未接到过公司召开董事会的通知,直至今日,申请人也未收到任何董事会免除本人公司总经理的决议。2011年11月初,申诉人从银行得知本人10月份的薪水已被停发。

申请人认为,被申请人的行为已严重侵犯了自己的合法权益,遂依法请求仲裁机构保护本人的合法权益。

此致

北京市劳动争议仲裁委员会

申请人:(签字)

2011年11月28日

答　辩　状

答辩人:××(中国)网络有限公司

法定代表人:史密斯,董事长

住所:××市××区××门××街×号

因申请人刘××诉答辩人劳动争议一案,现答辩如下:

申请人与答辩人不存在劳动关系,其争议不应由北京市劳动争议仲裁委员会管辖。

1. 答辩人系由××(亚洲)有限公司投资设立的独资企业(见证据1),申请人于2011年8月1日与××(亚洲)有限公司及××(香港)有限公司签订了《聘用合同》(见证据2),作为中国地区总经理。可见,申请人并未与答辩人建立劳动关系,而是由答辩人的投资方派遣到答辩人处工作的,而且,申请人的工资均是由派遣方支付的。

2. 前述《聘用合同》第17条规定:"本协议受中国香港或新加坡法律管辖,因本协议引起的任何争议应在中国香港、新加坡或任何国际仲裁法庭通过仲裁解决。"可见,北京市劳动争议仲裁委员会对本案无管辖权。

鉴此,答辩人请求贵委依法驳回申请人的申诉。

此致

北京市劳动争议仲裁委员会

答辩人:××(中国)网络有限公司

2011年12月18日

第二节　代理劳动争议诉讼

劳动争议诉讼是指劳动争议当事人双方不服劳动争议仲裁委员会的裁决处理,在法定的期限内,依法向人民法院起诉,人民法院按照法律规定的程序进行审理和判决的活动。

一般情况下,劳动争议通过协商、调解或仲裁,基本上都能够得到解决,但当事人之间的分歧和矛盾过大时,双方对劳动争议仲裁委员会作出的处理结果往往会觉得不公正。为了贯彻司法终局的原则,并对劳动争议仲裁进行有效的监督,《劳动争议调解仲裁法》将劳动争议诉讼作为保护当事人合法权益的最后一道屏障。当事人如果对仲裁裁决不服,就可以通过诉讼程序维护自己的权益。

一、满足起诉条件

依据《民事诉讼法》第119条、《劳动争议调解仲裁法》第50条的规定,当事人向人民法院起诉时必须符合如下条件:

(1)原告必须是劳动争议的直接利害关系人

原告请求人民法院予以保护的受到侵害或发生争议的劳动权益,必须是自己的或者依法由自己管理、支配的劳动权益。如果原告与案件无直接利害关系,就属于当事人不适格,不能向法院起诉。

(2)必须有明确的被告

不服劳动争议仲裁裁决的当事人必须指明是谁侵害了其劳动权益或与其发生了劳动争议。如果被告不明确,就无人应诉,法院也无从审理,诉讼程序将无法进行。

(3)必须经过劳动争议仲裁委员会仲裁

劳动争议应首先由仲裁委员会进行仲裁,且不属于《劳动争议调解仲裁法》第 47 条的情形,同时当事人对仲裁裁决不服。

(4)必须有具体的诉讼请求

实践中,原告的诉讼请求一般包括三个方面:

①请求依法撤销或者维持用人单位作出的处分决定;

②依据自己主张的事实和理由,请求依法判决被告履行具体的给付义务,或确认原告享有的权利,或变更双方之间的权利义务关系;

③请求由被告承担全部或部分诉讼费用。

律师应当注意,劳动争议的诉讼请求与普通民事案件不同。由于法院不对劳动争议仲裁委员会的裁决作出评价,故当事人的诉讼请求只需写明具体的要求即可,无需请求撤销劳动争议仲裁委员会的裁决。例如,用人单位作出解除劳动合同的决定后被劳动争议仲裁委员会撤销,不服该裁决,可以“维持用人单位的解除劳动合同的处分决定”作为诉讼请求。

(5)必须有事实和理由

当事人提出的诉讼请求,要有事实依据,向人民法院说明劳动争议是如何发生的、争议的内容等,还应当向法院提供能够证明劳动争议案情的一切材料。

(6)应当在法定的期限内提起诉讼

劳动争议当事人对劳动争议仲裁委员会作出的仲裁裁决不服的,自收到仲裁裁决书之日起 15 日内,可以向人民法院起诉,期满不起诉的,裁决书即发生法律效力。

(7)属于人民法院劳动争议诉讼的受案范围和受诉人民法院的管辖范围

依据最高人民法院《关于审理劳动争议案件适用法律问题的解释(一)》第 1 条的规定,劳动者与用人单位之间发生的下列纠纷,属于劳动争议,当事人不服劳动争议仲裁机构作出的裁决,依法提起诉讼的,人民法院应予受理:

①劳动者与用人单位在履行劳动合同过程中发生的纠纷;

②劳动者与用人单位之间没有订立书面劳动合同,但已形成劳动关系后发生的纠纷;

③劳动者与用人单位因劳动关系是否已经解除或者终止,以及应否支付解除或者终止劳动关系经济补偿金发生的纠纷;

④劳动者与用人单位解除或者终止劳动关系后,请求用人单位返还其收取的劳动合同定金、保证金、抵押金、抵押物发生的纠纷,或者办理劳动者的人事档案、社会保险关系等移转手续发生的纠纷;

⑤劳动者以用人单位未为其办理社会保险手续,且社会保险经办机构不能补办导致其无法享受社会保险待遇为由,要求用人单位赔偿损失发生的纠纷;

⑥劳动者退休后,与尚未参加社会保险统筹的原用人单位因追索养老金、医疗费、工伤保险待遇和其他社会保险待遇而发生的纠纷;

⑦劳动者因为工伤、职业病,请求用人单位依法给予工伤保险待遇发生的纠纷;

⑧劳动者依据劳动合同法第 85 条规定,要求用人单位支付加付赔偿金发生的纠纷;

⑨因企业自主进行改制发生的纠纷。

另依据最高人民法院《关于审理劳动争议案件适用法律问题的解释(一)》第 2 条的规定,下列纠纷不属于劳动争议:

①劳动者请求社会保险经办机构发放社会保险金的纠纷;

②劳动者与用人单位因住房制度改革产生的公有住房转让纠纷;

③劳动者对劳动能力鉴定委员会的伤残等级鉴定结论或者对职业病诊断鉴定委员会的职业

病诊断鉴定结论的异议纠纷；

④家庭或者个人与家政服务人员之间的纠纷；

⑤个体工匠与帮工、学徒之间的纠纷；

⑥农村承包经营户与受雇人之间的纠纷。

二、确定诉讼管辖法院

劳动争议诉讼属民事诉讼的范畴。依据最高人民法院《关于审理劳动争议案件适用法律问题的解释(一)》第3条的规定,劳动争议案件由用人单位所在地或者劳动合同履行地的基层人民法院管辖。劳动合同履行地不明确的,由用人单位所在地的基层人民法院管辖。法律另有规定的,依照其规定。

司法实践中,劳动争议案件并非都由基层人民法院管辖。各省、自治区、直辖市的劳动争议仲裁委员会与各高级人民法院达成共识,设立了不同的级别管辖。一般来说,不服省级(包括自治区、直辖市)劳动争议仲裁委员会的仲裁裁决的,可以向省会所在地的中级人民法院起诉;不服市级以下劳动争议仲裁委员会的仲裁裁决的,可以向用人单位所在地的基层人民法院起诉。

当事人双方不服劳动争议仲裁委员会作出的同一仲裁裁决,均向同一人民法院起诉的,先起诉的一方当事人为原告,但对双方的诉讼请求,人民法院应当一并作出裁决。当事人双方就同一仲裁裁决分别向有管辖权的人民法院起诉的,后受理的人民法院应当将案件移送给先受理的人民法院。

律师应当注意下述的诉讼管辖的特殊情形:

①两个以上人民法院对同一劳动争议案件均有管辖权的,由原告选择的法院管辖;

②原告向两个以上有管辖权的人民法院起诉,由最先立案的法院管辖;

③中级人民法院管辖下列第一审劳动争议案件:重大涉外案件,在辖区内有重大影响的案件以及最高人民法院确定由中级人民法院管辖的案件;

④高级人民法院管辖在辖区内有重大影响的第一审劳动争议案件,以及应当由该院审理的劳动争议案件;

⑤人民法院发现受理的案件不属于自己管辖时,应当移送有管辖权的人民法院,受移送的人民法院不得再自行移送;

⑥有管辖权的人民法院,因特殊原因不能行使管辖权的,由上级人民法院指定管辖;人民法院对管辖权发生争议,由争议双方协商解决,协商不成的,报其共同上级人民法院指定管辖;

⑦人民法院受理案件后,当事人对管辖法院有异议的,应当在提交答辩状期间提出;

⑧上级人民法院有权审判下级人民法院管辖的第一审劳动争议案件,也可以把自己管辖的第一审劳动争议案件移交下级人民法院审判;下级人民法院对其管辖的第一审劳动争议案件,认为需要由上级人民法院审判的,可以报请上级人民法院决定。

三、确定诉讼主体

用人单位作为劳动争议诉讼的一方当事人,其参加诉讼的主体地位应当明确。一般在正常情况下,用人单位容易确定。但是,在用人单位并购或转变经营机制的情形下,谁作为用人单位参加诉讼,应当视具体情形而定。司法实践中,人民法院确认用人单位的诉讼主体地位遵循如下规则:

①用人单位与其他单位合并的,合并前发生的劳动争议,由合并后的单位为当事人;

②用人单位分立为若干单位的,其分立前发生的劳动争议,由分立后的实际用人单位为当事人;

③用人单位分立为若干单位后,承受劳动权利义务的单位不明确的,分立后的单位均为当

事人;

④劳动者在与其他平等主体之间的承包经营期间,与发包方和承包方双方或者一方发生劳动争议,依法向人民法院起诉的,应当将承包方和发包方作为当事人。

依据《民事诉讼法》第56条的规定,第三人包括对当事人双方的诉讼标的有独立请求权的第三人,以及虽然对当事人双方诉讼标的没有独立请求权,但案件处理结果与其有法律上的利害关系的无独立请求权的第三人。有独立请求权的第三人有权提起诉讼,无独立请求权的第三人可以申请参加诉讼,或者由人民法院通知其参加诉讼。司法实践中,劳动争议诉讼中的第三人往往是由人民法院通知其参加诉讼的无独立请求权的第三人。

四、组织证据

律师应当依据《民事诉讼法》第63条的规定组织证据。

值得特别注意的是劳动争议案件的举证责任。依据最高人民法院《关于审理劳动争议案件适用法律问题的解释(一)》第44条的规定,因用人单位作出的开除、除名、辞退、解除劳动合同、减少劳动报酬、计算劳动者工作年限等决定而发生的劳动争议,用人单位负举证责任。另依据该解释第42条的规定,劳动者主张加班费的,应当就加班事实的存在承担举证责任。但劳动者有证据证明用人单位掌握加班事实存在的证据,用人单位不提供的,由用人单位承担不利后果。

司法实践中,用人单位的举证责任还包括提供用人单位的内部劳动规则、工资表、考勤卡、集体合同、劳动者履历表等。

需要说明的是,并非用人单位在劳动争议诉讼中负全部的举证责任,劳动者在劳动争议诉讼中就不负举证责任。除上述证据应当由用人单位举证外,其他证据的举证责任,仍按《民事诉讼法》确立的"谁主张、谁举证"原则进行分配。当事人及其诉讼代理人因客观原因不能自行收集证据,或者人民法院认为审理案件需要的证据,人民法院应当调查收集。

在劳动争议诉讼中,律师如果发现需要法院收集证据的,应当申请法院调查收集证据。

(1)人民法院依职权调查收集证据

根据《民事诉讼法》第64条、最高人民法院《关于民事诉讼证据的若干规定》第15条的规定,人民法院只有在两种情形下才可以依职权主动调查收集证据:

①涉及可能有损国家利益、社会公共利益或者他人合法权益的事实;

②涉及依职权追加当事人、中止诉讼、终结诉讼、回避等与实体争议无关的程序事项。

(2)人民法院依当事人的申请调查收集证据

根据最高人民法院《关于民事诉讼证据的若干规定》第17条的规定,当事人及其诉讼代理人在三种情形下才可以申请人民法院调查收集证据:

①申请调查收集的证据属于国家有关部门保存并需人民法院依职权调取的档案材料;

②涉及国家秘密、商业秘密、个人隐私的材料;

③当事人及其诉讼代理人确因客观原因不能自行收集的其他材料。

依据北京市高级人民法院《关于办理各类案件有关证据问题的规定(试行)》第16条的规定,当事人申请人民法院调查收集证据应当具备如下条件:

①确因客观原因,当事人或者诉讼代理人、辩护人无法自行收集;

②能够提供有关被调取证据的确切线索;

③能说明被调取证据确与案件具有关联性。

律师如果处理涉及外国员工的劳动争议,并使用境外证据的,应当格外注意下述规则:

①当事人提交中国境外的证据,应有来源说明;

②境外证据及说明与证据的提交人(居住在中国领域外)的身份证明应当经所在国公证,并经

中国驻该国使领馆认证,或者提供履行中国与证据所在国订立的有关条约中规定的证明手续;

③提供外文书证及有关说明必须附有相应资质的翻译机构的中文译本;

④当事人提交在中国香港特别行政区、澳门特别行政区、台湾地区形成的证据,应当履行相关的证明手续。

五、熟知一审、二审程序

人民法院审理劳动争议案件,参照民事案件的审理方式和程序。劳动争议案件经审理后,人民法院应当宣布判决结果。劳动争议诉讼涉及实体问题的判决结果主要有如下四类:

①判决被告履行义务,如给付工资、劳动保险费、奖金、伤残补助费、津贴等。

②判决确认原告与被告之间存在或不存在某种实体法律关系,如确认劳动合同无效,确认用人单位与劳动者存在的劳动关系等。

③判决变更劳动合同内容。判决变更劳动合同的内容,解除劳动合同或劳动关系,以及对于追索劳动报酬、养老金、医疗费以及工伤保险待遇、经济补偿金、培训费及其他相关费用等案件给付数额不当的,判决予以变更等。

④判决撤销用人单位的决定。用人单位对劳动者作出的开除、除名、辞退等处理,或者因其他原因解除劳动合同确有错误的,人民法院可以依法判决予以撤销。

另外,人民法院在审理劳动争议案件的过程中,涉及对程序上的问题作出决定的,可以作出下述裁定:不予受理、管辖权异议、驳回起诉、财产保全和先予执行、准许撤诉与否、中止或终结诉讼等。

第三节　代理劳动争议案件的执行

一、满足执行条件

执行程序作为一项法律制度,涉及劳动者、用人单位的利益,因此法律上对其作出严格的规定,要启动执行程序必须具备以下条件:

1. 有执行依据

根据《劳动争议调解仲裁法》和《民事诉讼法》的相关规定,可以作为人民法院执行依据的法律文书主要有两种:

①劳动争议仲裁委员会作出的发生法律效力的裁决书或调解书。一方当事人对发生法律效力的调解书和裁决书拒绝履行的,另一方当事人可以向被申请人住所地或被执行的财产所在地的人民法院申请强制执行。

②人民法院作出的发生法律效力的判决书、裁定书和调解书。当事人对发生法律效力的民事判决、裁定拒绝履行的,对方当事人可以向人民法院申请执行,也可以由审判员移送执行员执行。当事人对调解书和其他应当由人民法院执行的法律文书拒绝履行的,对方当事人可以向人民法院申请执行。

2. 必须在法定期限内提出

依据《民事诉讼法》第 239 条的规定,申请执行的期间为 2 年。申请执行时效的中止、中断,适用法律有关诉讼时效中止、中断的规定。

上述规定的期间,从法律文书规定履行期间的最后一日起计算;法律文书规定分期履行的,从规定的每次履行期间的最后一日起计算;法律文书未规定履行期间的,从法律文书生效之日起计算。

3. 必须有执行内容

一般而言,判决书、裁定书、调解书等法律文书中确定一方当事人交付财产、金钱或履行一定义务的,才具有执行性。

4. 必须有执行原因

生效的法律文书会给予当事人一段自行履行义务的时间,如果当事人按照法律文书的规定已经履行了义务或义务人正在履行义务的,不需要再执行。

5. 必须书面申请

当事人申请执行时,应当提交书面申请,说明申请执行的事项和理由,并提供作为执行依据的法律文书和被执行人可供执行的经济、行为能力等状况,才可以开始执行程序。

二、确定执行对象

中国法律实行执行对象有限原则,即法院执行的只能是被申请执行人的财产和行为,如冻结、划拨用人单位的存款,支付拖欠或克扣劳动者的工资,强制劳动者履行劳动合同规定的行为等。根据有关的法律规定,劳动争议诉讼案件的执行对象主要有以下四类:

①劳动者工资、其他劳动报酬及津贴;

②劳动者的社会保险待遇和其他福利待遇;

③由于用人单位或劳动者违反劳动合同和其他劳动法律、法规、政策而造成的经济损失和经济补偿;

④生效的法律文书确定的用人单位奖惩员工错误,应当予以纠正的行为。

三、申请执行措施

根据实践经验的总结,人民法院一般可以采取以下四种措施:

1. 冻结或划拨

通过银行查询被申请执行人的存款情况,冻结或划拨被申请执行人应该履行义务部分的存款,冻结的最长期限为6个月。

2. 强制扣留或提取

强制扣留或提取被申请执行人应当履行义务的部分收入,但应当保留被执行人及其所扶养家属的生活必需费用。

3. 强制执行法律文书指定的行为

法律文书指定的行为包括被申请执行人必须收回被错误开除、除名、辞退的劳动者的行为;被申请执行人不得随意变更、解除、终止劳动合同等。法律文书生效后,如果负有义务的当事人没有正当理由拒不履行法律文书指定的义务,人民法院可以强制执行。对于某些特殊行为,人民法院可以委托有关单位或其他人代为完成,一切费用由被申请执行人负担。

4. 强制支付迟延履行利息或迟延履行金

根据《民事诉讼法》第253条的规定,被执行人未按判决、裁定和其他法律文书指定的期间履行给付金钱义务的,应当加倍支付迟延履行期间的债务利息。被执行人未按判决、裁定和其他法律文书指定的期间履行其他义务的,应当支付迟延履行金。

四、申请执行中止

人民法院在执行过程中如遇到特殊情形,应停止执行,待这些情形消失后再恢复执行。根据《民事诉讼法》第256条、最高人民法院《关于人民法院执行工作若干问题的规定(试行)》第102条的规定,有下列情形之一的,人民法院应当裁定中止执行:

①申请人表示可以延期执行的；

②案外人对执行标的提出确有理由的异议的；

③作为一方当事人的公民死亡，需要等待继承人继承权利或者承担义务的；

④作为一方当事人的法人或者其他组织终止，尚未确定权利义务承受人的；

⑤人民法院已受理以被执行人为债务人的破产申请的；

⑥被执行人确无财产可供执行的；

⑦执行的标的物是其他法院或仲裁机构正在审理的案件争议标的物，需要等待该案件审理完毕确定权属的；

⑧一方当事人申请执行仲裁裁决，另一方当事人申请撤销仲裁裁决的；

⑨仲裁裁决的被申请执行人依据《民事诉讼法》第237条第2款的规定向人民法院提出不予执行请求，并提供适当担保的。

⑩人民法院认为应当中止执行的其他情形。

另外，各地法院针对执行实践中遇到的具体情况，在适用执行中止时也有一些不同的做法。

五、申请不予执行

对于当事人的执行申请，根据《民事诉讼法》第237条第2款的规定，凡有下列情形之一的，人民法院可以裁定不予执行：

①当事人在合同中没有订有仲裁条款或者事后没有达成书面仲裁协议的；

②裁决的事项不属于仲裁协议的范围，或者仲裁机构无权仲裁的；

③仲裁庭的组成或者仲裁的程序违反法定程序的；

④裁决所根据的证据是伪造的；

⑤对当事人向仲裁机构隐瞒了足以影响公正裁决的证据的；

⑥仲裁员在仲裁该案时有贪污受贿，徇私舞弊，枉法裁决行为的。

人民法院在不予执行的裁定中，应当告知当事人在收到裁定书次日起30日内，可以就该劳动争议事项向人民法院起诉。

第三章　劳动合同业务

第一节　草拟工作邀请函

一、工作邀请函的内容

工作邀请函(offer letter)是用人单位,尤其是外资企业经常使用的一种法律文书。有的用人单位仅签署工作邀请函,而不签署劳动合同,工作邀请函经劳动者签署确认后是简单的劳动合同;有的则在签署劳动合同前签署工作邀请函,而在劳动合同签署后工作邀请函失效,其内容由劳动合同认可或者修改;还有的既签署工作邀请函,也签署劳动合同,以劳动合同为准,劳动合同没有约定的,适用工作邀请函。

工作邀请函的内容包括:用人单位拟聘职务、职位说明、工资、奖金、福利、休假、商业秘密(根据需要)、竞业限制(根据需要)、员工手册的遵守承诺、劳动关系、劳动合同与工作邀请函的关系等。工作邀请函需要劳动者签字确认。

二、工作邀请函的格式

工作邀请函并没有法定的格式,甚至劳动保障行政部门也没有"样本"可以参考,但实践中工作邀请函一般采取如下格式:

① 抬头;

②欢迎语,用人单位向将成为本单位员工发出欢迎的表示;

③劳动者将享受的工资(包括奖金)、保险、福利等待遇;

④劳动者的工作岗位及其职责和义务;

⑤工作邀请函的法律效力;

⑥劳动者确认并签字。

三、工作邀请函的语言文字

工作邀请函的语言文字可以是中文,也可以是外文,以劳动者能够知晓为准。倘若工作邀请函发出并得到劳动者确认后,用人单位不再与劳动者签署劳动合同,仅以工作邀请函明确双方权利义务,则工作邀请函具有劳动合同的性质,其文字应当为中文。中国的执法、仲裁机构和司法机关均要求用人单位提供中文文本。

四、工作邀请函的发出人

工作邀请函的发出人可以是用人单位本身,也可以是用人单位的上级部门。倘若用人单位将工作邀请函当作劳动合同使用,则发出人应当是用人单位本身。

五、工作邀请函与劳动合同的关系

经劳动者签署确认的工作邀请函实质上是一个附条件的劳动合同。所附条件包括:拟聘员工应当按照工作邀请函所确定的时间、地点到用人单位报到,报到时应当携带符合招聘条件的证明材料，如最新的体检证明等。所附条件若没有成就，则劳动关系没有建立。

工作邀请函发出后，劳动者符合所附条件的，用人单位应当与之签订劳动合同，将工作邀请函中的权利和义务的简单陈述转化成劳动合同。劳动合同一经签订，工作邀请函失效。

六、工作邀请函实例

工作邀请函

尊敬的张路先生，

我们很高兴地通知您，您已被腾飞（中国）有限责任公司聘用为北京地区的销售经理。

您需要通过公司指定医院的医疗检查并确定您的身体状况良好后，此工作邀请函方为有效。

试用期和通知期

按照公司要求，您需要在两个月的试用期内表现良好，方可成为公司的正式员工。劳动合同的期限为两年，自您开始到公司上班之日起计算。

如果任何一方决定解除劳动关系，必须向对方提前一个月发出通知，否则将支付相应的补偿，但是如发生附于本聘用通知函后的“解除条件”中规定的任何情形，本条款不予适用。

工作时间

您的工作时间为每周一至周五早上9：00到下午6：00，其中12：30至1：30为午餐休息时间。由于工作需要公司可能要求您加班。

报酬

您的基本工资为每月15 500元人民币。此外，每月您可得到1 000元人民币的伙食补助，一年分12次支付。每月15日为工资和补助发放日。

为了与其他中方员工保持一致，您的工资将在今年4月予以评审，此后在每年的4月份进行评审。公司会根据评审结果决定是否调整您的工资。

此外，您将有权参加年度奖金计划。该计划的具体安排将基于公司和个人的业绩。

在此提醒：您有义务按照中华人民共和国的相关法律就您的基本工资、伙食补助、奖金或您从公司得到的其他报酬（若有）缴纳个人所得税。您的工资具有私密性。公司规定每个人的工资详情应当保密，且不得向任何其他方披露。

社会保险及福利

您将依照中华人民共和国相关法律和法规的规定，享受社会保险和福利待遇。公司制订了企业年金计划，您可以根据自身情况参加该项计划。

年假和年终奖

您将享受与您一个月基本工资数额相等的新年奖金和每年15天的带薪年假。在入职的首个日历年中，上述两项权利将根据工作时间按比例计算。

培训和发展

公司理解并期望，同意本工作邀请函的任何应聘者应将在公司工作视为一项重大决定和长期职业规划。公司将为员工提供充足和多样化的培训和发展。鉴于培训和发展投资数额巨大,特此要求如员工首先提出和公司提前解除劳动关系或在其入职3年内因受到纪律处分而导致劳动关系解除,该员工须退还给公司适当数额的培训费用。退还数额将根据其与公司签订的专项协议计算或根据其须在公司履行服务的年限按比例计算。

其他事项

您同意签署并返还所附的“公司行为准则”“电子通讯准则”“解除条件”以备存档。

如果您能够通过签署并在2017年3月1日之前以返还本聘用通知函的方式确认您接受这些条款和条件,以及您能够开始工作的日期,我们将不胜感激。如果您未在该日之前返还适当签署的文件,我们将视为您已经决定拒绝此次工作机会,本工作邀请函失效。

我们希望借此机会祝愿您在公司能够拥有一份成功、愉快的事业。

顺颂商祺!

腾飞(中国)有限责任公司(盖章)
人力资源总监:××(签字)
××××年××月××日

我确认我完全接受并将遵守由腾飞(中国)有限责任公司发出的工作邀请函及以下(可随时予以修改的)文件中规定的条款和条件:

(1)行为准则;

(2)电子通讯守则;

(3)解雇条件;

已签署的聘用函附在本确认函之上。

签署人:××(签字) 日期:××××年××月××日

第二节 草拟劳动合同

一、劳动合同之概念

劳动合同是指劳动者与用人单位依法确立劳动关系,明确双方权利义务的协议。根据《劳动合同法》第10条的规定,建立劳动关系,应当订立书面劳动合同。企业招用员工,使用劳动者的劳动力并与劳动者形成劳动关系,必须与劳动者签订劳动合同,这是中国法律的强制性规定。

二、订立劳动合同的法律要求

1. 主体资格合法

依据《劳动合同法》第2条的规定,用人单位应当是依法成立,能够依法支付工资、缴纳社会保险费、提供劳动保护条件,并能够承担相应的民事责任的中国境内的企业、个体经济组织、民办非企业单位等组织,以及国家机关、事业单位、社会团体。劳动者应当是达到法定就业年龄,具有与履行劳动合同义务相适应能力的自然人。

“等组织”包括依法成立的会计师事务所、律师事务所等合伙组织和基金会。

法定就业年龄是指国家法律法规规定的取得劳动者法律资格的年龄条件。我国一般规定年满16周岁为法定就业年龄。根据《劳动法》第15条的规定,禁止招用未满16周岁的未成年人。由于劳动力形式的特殊性，某些职业对劳动者有特殊要求的，也有一些例外规定。根据《禁止使用童工规定》第13条的规定，文艺、体育单位经未成年人的父母或者其他监护人同意，可以招用未满16周岁的文艺工作者、运动员。

2. 内容合法

依据《劳动法》第17条之规定，劳动合同的内容不得违反法律、行政法规的规定。

3. 合法、公平、平等自愿及协商一致

依据《劳动合同法》第3条的规定，订立劳动合同，应当遵循合法、公平、平等自愿、协商一致、诚实信用的原则。

依法订立的劳动合同具有约束力，用人单位与劳动者应当履行劳动合同约定的义务。

4. 如实告知

根据《劳动合同法》第8条的规定，用人单位招用劳动者时，应当如实告知劳动者工作内容、工作条件、工作地点、职业危害、安全生产状况、劳动报酬，以及劳动者要求了解的其他情况；用人单位有权了解劳动者与劳动合同直接相关的基本情况，劳动者应当如实说明。

有的地方立法中也有类似规定，例如，根据《北京市劳动合同规定》第10条的规定，用人单位应当如实向劳动者说明岗位用人要求、工作内容、工作时间、劳动报酬、劳动条件、社会保险等情况；劳动者有权了解用人单位的有关情况，并应当如实向用人单位提供本人的身份证和学历、就业状况、工作经历、职业技能等证明。

5. 采用书面形式

根据《劳动合同法》第10条的规定，建立劳动关系，应当订立书面劳动合同。

已建立劳动关系，未同时订立书面劳动合同的，应当自用工之日起1个月内订立书面劳动合同。

用人单位与劳动者在用工前订立劳动合同的，劳动关系自用工之日起建立。

根据《劳动合同法》第11条的规定，用人单位未在用工的同时订立书面劳动合同，与劳动者约定的劳动报酬不明确的，新招用的劳动者的劳动报酬按照集体合同规定的标准执行；没有集体合同或者集体合同未规定的，实行同工同酬。

6. 试用期最长不得超过6个月

依据《劳动合同法》第19条的规定，劳动合同期限3个月以上不满1年的，试用期不得超过1个月；劳动合同期限1年以上不满3年的，试用期不得超过两个月；3年以上固定期限和无固定期限的劳动合同，试用期不得超过6个月。

同一用人单位与同一劳动者只能约定一次试用期。

以完成一定工作任务为期限的劳动合同或者劳动合同期限不满3个月的，不得约定试用期。

试用期包含在劳动合同期限内。劳动合同仅约定试用期的，试用期不成立，该期限为劳动合同期限。

7. 劳动者承担的违约金受到严格限制

除《劳动合同法》第22条和第23条规定的情形外，用人单位不得与劳动者约定由劳动者承担违约金。

8. 劳动合同双方分别签字盖章

用人单位的法定代表人（负责人）或者其书面委托的代理人代表用人单位与劳动者签订劳动合同，并在劳动合同上签字盖章。

9. 不得收取押金及扣押身份证明

律师应当注意，劳动关系不适用《中华人民共和国担保法》。依据《劳动合同法》第9条的规定，用人单位招用劳动者，不得扣押劳动者的居民身份证和其他证件，不得要求劳动者提供担保或者以其他名义向劳动者收取财物。

三、劳动合同主体的不可替代性

依据《劳动法》第17条的规定,用人单位与劳动者应当遵循平等自愿、协商一致的原则订立劳动合同,任何一方不得采取欺诈、胁迫等手段与另一方订立劳动合同。这表明,劳动合同的主体一方是用人单位,另一方必须是劳动者本人。工会在劳动法律关系中作为职工利益的代表和维护者,有权依法代表职工与企业签订集体合同,但不能代替劳动者与用人单位签订劳动合同。

四、无效劳动合同

依据《劳动合同法》第26条的规定,下列劳动合同无效或者部分无效:

①以欺诈、胁迫的手段或者乘人之危,使对方在违背真实意思的情况下订立或者变更劳动合同的;

②用人单位免除自己的法定责任、排除劳动者权利的;

③违反法律、行政法规强制性规定的。

对劳动合同的无效或者部分无效有争议的,由劳动争议仲裁机构或者人民法院确认。

根据《劳动合同法》第27条的规定,劳动合同部分无效,不影响其他部分效力的,其他部分仍然有效。

根据《劳动合同法》第28条的规定,劳动合同被确认无效,劳动者已付出劳动的,用人单位应当向劳动者支付劳动报酬。劳动报酬的数额,参照该单位相同或者相近岗位劳动者的劳动报酬确定。

五、事实劳动关系

在现实的劳动就业市场中,并非所有的劳动关系都能按照法律规定建立,因而导致事实劳动关系的大量存在。事实劳动关系是指,劳动者与用人单位未签订劳动合同,但实际上劳动者已成为该用人单位的成员,遵守其规章制度并接受其管理;用人单位向劳动者支付工资等劳动报酬而形成的一种社会关系。

事实劳动关系主要有如下几种情况:

1. 无书面劳动合同而形成的事实劳动关系

从实践中看,无书面劳动合同而形成的事实劳动关系又可分为两种:一种是自始未订立书面劳动合同;一种是原劳动合同期满,用人单位和劳动者未以书面形式续订劳动合同,但是劳动者仍在原单位工作。

对于事实劳动关系,国家相关法律法规并未否认其效力,如原劳动部《关于贯彻执行〈中华人民共和国劳动法〉若干问题的意见》中规定:"中国境内的企业、个体经济组织与劳动者之间,只要形成劳动关系,即劳动者事实上已成为企业、个体经济组织的成员,并为其提供有偿劳动,适用劳动法。"根据《违反〈劳动法〉有关劳动合同规定的赔偿办法》的规定,用人单位故意拖延不订立劳动合同,即招用后故意不及时续订劳动合同的,对劳动者造成损害的,应赔偿劳动者的损失。

如何判断事实劳动关系?

根据原劳动和社会保障部《关于确立劳动关系有关事项的通知》的规定,用人单位招用劳动者未订立书面劳动合同,但同时具备下列情形的,劳动关系成立:

①用人单位和劳动者符合法律、法规规定的主体资格;

②用人单位依法制定的各项劳动规章制度适用于劳动者,劳动者受用人单位的劳动管理,从事用人单位安排的有报酬的劳动;

③劳动者提供的劳动是用人单位业务的组成部分。

用人单位未与劳动者签订劳动合同,认定双方存在劳动关系时可参照下列凭证:

①工资支付凭证或记录(职工工资发放花名册)、缴纳各项社会保险费的记录;

②用人单位向劳动者发放的“工作证”“服务证”等能够证明身份的证件;

③劳动者填写的用人单位招工招聘“登记表”“报名表”等招用记录;

④考勤记录;

⑤其他劳动者的证言等。

其中,①③④项的有关凭证由用人单位负举证责任。

《劳动合同法实施条例》对用人单位与劳动者未签署劳动合同作了详细的规定。

第五条　自用工之日起一个月内,经用人单位书面通知后,劳动者不与用人单位订立书面劳动合同的,用人单位应当书面通知劳动者终止劳动关系,无需向劳动者支付经济补偿,但是应当依法向劳动者支付其实际工作时间的劳动报酬。

第六条　用人单位自用工之日起超过一个月不满一年未与劳动者订立书面劳动合同的,应当依照劳动合同法第八十二条的规定向劳动者每月支付两倍的工资,并与劳动者补订书面劳动合同;劳动者不与用人单位订立书面劳动合同的,用人单位应当书面通知劳动者终止劳动关系,并依照劳动合同法第四十七条的规定支付经济补偿。

前款规定的用人单位向劳动者每月支付两倍工资的起算时间为用工之日起满一个月的次日,截止时间为补订书面劳动合同的前一日。

第七条　用人单位自用工之日起满一年未与劳动者订立书面劳动合同的,自用工之日起满一个月的次日至满一年的前一日应当依照劳动合同法第八十二条的规定向劳动者每月支付两倍的工资,并视为自用工之日起满一年的当日已经与劳动者订立无固定期限劳动合同,应当立即与劳动者补订书面劳动合同。

而对于劳动合同到期后未续订而继续在原单位工作的情形,根据最高人民法院《关于审理劳动争议案件适用法律若干问题的解释(一)》第 34 条的规定,劳动合同期满后,劳动者仍在原用人单位工作,原用人单位未表示异议的,视为双方同意以原条件继续履行劳动合同。一方提出终止劳动关系的,人民法院应予支持。根据《劳动合同法》第 14 条的规定,用人单位应当与劳动者签订无固定期限劳动合同而未签订的,人民法院可以视为双方之间存在无固定期限劳动合同关系,并以原劳动合同确定双方的权利义务关系。

2005 年 5 月 25 日,原劳动和社会保障部颁布的《关于确立劳动关系有关事项的通知》进一步规定,用人单位招用劳动者后与其形成事实劳动关系的,用人单位应当与劳动者补签劳动合同,劳动合同期限由双方协商确定。协商不一致的,任何一方均可提出终止劳动关系,但对符合签订无固定期限劳动合同条件的劳动者,如果劳动者提出订立无固定期限劳动合同,用人单位应当订立。用人单位提出终止劳动关系的,应当按照劳动者在该单位工作年限每满 1 年支付 1 个月工资的经济补偿金。

2. 双重劳动关系而形成的事实劳动关系

双重劳动关系是指,劳动者与两个或以上的用人单位建立的劳动关系。双重劳动关系在现实生活中大量存在。如下岗或停薪留职到另一单位工作,或同时从事几份兼职工作等。在双重劳动关系下,劳动者通常会有一个正式的挂靠单位,哪怕并不提供劳动,但可以领取最低工资、享受社会保险待遇。对于双重劳动关系来说,如果第二个劳动关系发生纠纷诉至法院,一般会被认定为劳务关系而不作为劳动关系来处理,也就是说,劳动者只能要求劳动报酬的给付而不能要求其他依照劳动法所能享有的权益。

六、唯一劳动合同及例外

劳动合同作为建立劳动关系的一种基本方式,表示一个劳动者在一个用人单位就业;一般而言,一个劳动者只能与一个用人单位建立劳动关系,即只能签订一份劳动合同。但在某些特殊情况下,例如非全日制用工形式中,同一劳动者在不同用人单位就业,这就产生了同一劳动者签订两份或多份劳动合同的情况。我国劳动法法规对此有着较为严格并明确的限制。

根据国家科委《关于科技人员业余兼职若干问题的意见》规定,企业科技人员在完成本职工作的前提下,可以在其他单位业余兼职,并签订聘用合同。笔者认为,这里的聘用合同即指确立劳动关系的劳动合同。1993 年国务院颁发的《国有企业富余职工安置规定》规定,职工离岗退养和停薪留职期间,经与原单位协商并征得其同意,可以在继续作为本企业职工的同时,在其他单位从事有收入的工作,并与其签订劳动合同。但是如果停薪留职期满,本人继续在其他单位工作就应终止与原单位订立的劳动合同。

此外,从事非全日制工作的劳动者,可以与两个或多个用人单位建立劳动关系。用人单位招用符合建立劳动关系条件的非全日制劳动者,应当与其订立书面劳动合同,如果劳动者愿意采取口头协议形式,经双方协商一致,也可以订立口头协议。同时,劳动者通过依法成立的劳务派遣组织为其他单位、家庭或个人提供非全日制劳动的,由劳务派遣组织与非全日制劳动者签订劳动合同。

七、特殊人员劳动合同的签署与变更

1. 企业厂长、经理和有关经营管理人员

依照原劳动部《实施〈劳动法〉中有关劳动合同问题的解答》的规定,国有企业的厂长、经理,由于其是上级部门聘任(委任)的,所以应当与聘任(委任)部门签订劳动合同。实行公司制的企业厂长、经理和有关经营管理人员,应当根据《公司法》中有关经理和经营管理人员的规定与董事会签署劳动合同。

2. 派出到合资、参股单位的职工

依照原劳动部《关于贯彻执行〈中华人民共和国劳动法〉若干问题的意见》的规定,派出到合资、参股单位的职工,如果与原单位仍保持着劳动关系,应当与原单位签署劳动合同,原单位可就劳动合同有关内容在与合资、参股单位订立劳务合同时,明确职工的工资、保险、福利、休假等有关待遇。

3. 长期外借人员、带薪上学的人员以及其他非在岗人员

依照原劳动部《关于贯彻执行〈中华人民共和国劳动法〉若干问题的意见》及原劳动部《关于实行劳动合同制度若干问题的通知》的规定,用人单位长期被外单位借用的人员、带薪上学的人员,以及其他非在岗人员但仍与单位保持劳动关系的人员,单位应当与其签署劳动合同,但在员工外借和上学期间,劳动合同中的某些条款经劳动合同当事人双方协商可以变更。“停薪留职”的职工愿意回原单位工作的,如果用人单位不能安排工作岗位,而职工又愿意到其他用人单位工作并继续与原单位保留劳动关系的,也属于非在岗但保留劳动关系的特殊人员。

4. 在校学生利用业余时间勤工助学

依照原劳动部《关于贯彻执行〈中华人民共和国劳动法〉若干问题的意见》的规定,在校学生利用业余时间勤工助学,不视为就业,未建立劳动关系,可以不签署劳动合同。这种在校学生与用人单位的关系,类似于劳务关系,若双方因彼此的合同发生纠纷,当事人可以追索劳动报酬为由向人民法院提起诉讼。

第三节　如何看待政府提供的劳动合同样本

一、政府提供的劳动合同样本仅供参考

政府劳动保障行政部门统一印制的劳动合同标准文本,可以作为各类用人单位在与员工签订劳动合同时的参考范本。原劳动部《关于贯彻执行〈中华人民共和国劳动法〉若干问题的意见》第47条指出,由于各用人单位千差万别,对工作内容、劳动报酬的规定也就差异很大,因此,国家不宜制定统一的劳动合同标准文本。目前,各地、各行业制定并向企业推荐的劳动合同文本,对于用人单位和劳动者双方有一定的指导意义,但这些劳动合同文本仅供用人单位和劳动者参考。

二、劳动合同鉴证不是必经程序

1. 概念

劳动合同鉴证是劳动保障行政部门审查、证明劳动合同的真实性、合法性的一项行政监督措施,尤其在劳动合同制度全面实施的初期有其必要性。劳动保障行政部门鼓励并提倡用人单位和劳动者进行劳动合同鉴证,但劳动争议仲裁委员会不能以劳动合同未经鉴证为由不受理相关的劳动争议案件。

2. 鉴证程序

劳动合同鉴证步骤如下:

①当事人申请。劳动合同签订后,当事人双方依照自愿原则或法规、规章的要求,到劳动合同鉴证机关提出书面或口头申请。

②鉴证机关的鉴证人员按照法定的鉴证内容,对当事人提供的劳动合同及有关证明材料进行审查、核实。

③对符合法律规定的劳动合同,鉴证人员在劳动合同上签名,加盖劳动合同鉴证章或附上加盖劳动合同鉴证章和鉴证人员签名的鉴证专页。

3. 鉴证的内容

劳动合同鉴证应审查的内容如下:

①双方当事人是否具备签订劳动合同的资格;

②合同内容是否符合国家法律、法规和政策;

③双方当事人是否在平等自愿和协商一致的基础上签订劳动合同;

④合同条款是否完备,双方的责任、义务是否明确。

4. 鉴证需提交的材料

劳动合同鉴证时,当事人应当提供下列材料:

①签订的劳动合同文本三份;

②用人单位是法人的,提供法定代表人身份证明或授权委托书;用人单位不是法人的,应提供其主要负责人的身份证明或授权委托书和国家市场监督管理部门颁发的营业执照;

③劳动者身份证明;

④鉴证部门认为需要的其他材料。

5. 劳动合同是否必须经过鉴证

劳动合同鉴证并非是对劳动合同发生法律效力的确认,即劳动合同的生效不以经过鉴证作为必要条件之一。经过劳动合同鉴证机关鉴证过的劳动合同,具有可靠的证明作用,但是鉴证机关的鉴证只是对合同合法性的一种证明。为了避免在劳动合同履行过程中出现问题而导致用人单

位或劳动者自身的利益不能得到应有的保护,避免劳动争议的发生,劳动合同签订后,主动申请鉴证是必要且明智的,尤其是地方劳动保障部门要求鉴证的情形。

第四节　制定符合企业要求的劳动合同文本

一、劳动合同的作用

劳动合同是产生劳动关系的一种法律行为,是我国公民实现劳动权利和履行义务的主要法律形式。劳动合同能够保护劳动关系双方当事人的合法权益,有利于调动劳动者的劳动积极性,能促进用人单位工作效率和企业经济效益的提高,能够有效避免和减少劳动争议的发生。

二、签订劳动合同应当注意的事项

依据《劳动合同法》的规定,签订劳动合同应当注意以下六个方面:

1. 签订劳动合同应当遵循平等自愿、协商一致的原则,不得违反法律、行政法规的规定

平等自愿是指劳动合同双方地位平等,应以平等身份签订劳动合同。自愿是指签订劳动合同完全是出于本人意愿,不得采取强加于人和欺诈、威胁等手段签订劳动合同。协商一致是指劳动合同的条款必须由双方协商达成一致意见后才能签订。

2. 签订劳动合同要符合法律、行政法规的规定

在签订合同前,双方一定要认真审阅合同条款,就权利义务等有关内容达成一致意见,并严格按照法律法规的规定,签订合法有效的劳动合同。

依据《劳动合同法》第 17 条的规定,劳动合同应当具备以下条款:

①用人单位的名称、住所和法定代表人或者主要负责人;

②劳动者的姓名、住址和居民身份证或者其他有效身份证件号码;

③劳动合同期限;

④工作内容和工作地点;

⑤工作时间和休息休假;

⑥劳动报酬;

⑦社会保险;

⑧劳动保护、劳动条件和职业危害防护;

⑨法律、法规规定应当纳入劳动合同的其他事项。

劳动合同除上述的必备条款外,用人单位与劳动者可以约定试用期、培训、保守秘密、补充保险和福利待遇等其他事项。

3. 劳动合同应当以书面形式签订

劳动合同是履行劳动合同和劳动争议处理的重要依据,应以书面形式签订。

4. 既要依据法律、行政法规,又要结合实际需要

签订劳动合同违反法律、行政法规,可能产生无效合同,但是企业制定劳动合同不应当千篇一律,而是必须结合单位的实际情况,特别需要注意法律法规中留有余地之处。如对于《劳动法》规定的每日工作时间不超过 8 小时,平均每周工作时间不超过 40 小时的工作制度,只要每天工作时间不超过 8 小时,工作时间究竟定为几小时,双方当事人都可以协商。这就是争取运用法律、行政法规留有余地之处的一种情况。

5. 劳动合同内容可简可繁

劳动合同签订时要因人、因地、因事而异。如果劳动合同条款过于简单、原则,容易产生认识

和理解上的矛盾,而给双方带来不利影响。如果劳动合同条款过于繁杂,在执行时容易掌握,可以减少分歧和争议的发生,但是在签订时会比较麻烦,而且再详细的劳动合同也不可能做到面面俱到。因此,好的劳动合同文本应当简繁结合,如对于法律、行政法规已有规定的一些没有变通余地的内容,可以只写明按照法律规定执行即可,这就做到了简;而对于那些法律、行政法规没有具体规定或者允许当事人变通的内容,特别是容易产生争议的地方,就应当规定得详细一些。

6. 合同的语言表达要明确、易懂

依法签订的劳动合同是受法律保护的,它涉及当事人的权利、责任和利益,能够产生一定的法律后果。因此,签订劳动合同时,在语言表达和用词上必须通俗易懂,尽量写明确,以免发生争议。

三、劳动合同文本的语言文字

原劳动部办公厅 1995 年 7 月 14 日发布的《关于贯彻〈外商投资企业劳动管理规定〉有关问题的复函》中规定,企业与职工签订合同,须用中文书写,亦可同时用外文书写,但中外文本必须一致,中文合同文本为正本。中外文本劳动合同内容发生矛盾时,以中文本劳动合同为准。

第五节　把握劳动合同的主要内容

一、确定劳动合同的期限

根据《劳动合同法》的规定,劳动合同应当以书面形式订立。劳动合同期限是指劳动合同的有效时间,《劳动法》将劳动合同的期限分为有固定期限的劳动合同、无固定期限的劳动合同和以完成一定工作为期限的劳动合同三种类型。

1. 有固定期限的劳动合同

有固定期限的劳动合同又称定期劳动合同,是指劳动合同当事人双方所订立的劳动合同约定了具体明确的劳动合同起止时间。固定期限劳动合同期限届满,劳动关系即告终止,经双方当事人协商同意,可以续订合同。

2. 无固定期限的劳动合同

根据《劳动合同法》第 14 条的规定,无固定期限劳动合同是指用人单位与劳动者约定无确定终止时间的劳动合同。

用人单位与劳动者协商一致,可以订立无固定期限劳动合同。有下列情形之一,劳动者提出或者同意续订、订立劳动合同的,除劳动者提出订立固定期限劳动合同外,应当订立无固定期限劳动合同:

①劳动者在该用人单位连续工作满 10 年的;

②用人单位初次实行劳动合同制度或者国有企业改制重新订立劳动合同时,劳动者在该用人单位连续工作满 10 年且距法定退休年龄不足 10 年的;

③连续订立两次固定期限劳动合同,且劳动者没有《劳动合同法》第 39 条和第 40 条第(一)项、第(二)项规定的情形,续订劳动合同的。

用人单位自用工之日起满 1 年不与劳动者订立书面劳动合同的,视为用人单位与劳动者已订立无固定期限劳动合同。

3. 以完成一定工作任务为期限的劳动合同

这是指用人单位与劳动者约定以某项工作的完成为合同期限的劳动合同。

用人单位与劳动者协商一致,可以订立以完成一定工作任务为期限的劳动合同。

二、完善劳动合同必备条款

劳动合同必备的条款系指法律及法规所规定的劳动合同应当具备之内容。根据《劳动合同法》第17条之规定,劳动合同必须具备以下九个方面的条款:

①用人单位的名称、住所和法定代表人或者主要负责人。

②劳动者的姓名、住址和居民身份证或者其他有效身份证件号码。

③劳动合同期限。劳动合同期限是指明确规定所订立的劳动合同是固定期限劳动合同、无固定期限劳动合同或者是以完成一定工作为期限的劳动合同。如果是有固定期限的劳动合同,应当约定明确的工作年限。

④工作内容和工作地点。工作内容是指用人单位安排劳动者从事何种工作,是确定劳动者在劳动合同中应当履行的劳动义务的主要内容,包括劳动者的工作岗位、工作性质、工作范围以及劳动生产任务所要达到的数量、质量指标等。工作地点是指劳动者提供劳动的具体地址。

⑤工作时间和休息休假。

⑥劳动报酬。劳动报酬是指用人单位根据劳动者劳动岗位、技能及工作数量、质量,以货币形式支付给劳动者的工资。包括工资的数额、支付日期、支付地点等以及其他社会保险(养老、失业、医疗、工伤、生育等)待遇。劳动报酬的内容和标准不得低于国家法律、行政法规的规定,也不得低于集体合同中的规定。

⑦社会保险。

⑧劳动保护、劳动条件和职业危害防护。这是指在劳动合同中约定的用人单位对劳动者所从事的劳动必须提供的生产、工作条件和劳动安全卫生保护措施,即用人单位保证劳动者完成劳动任务和劳动过程中安全健康的基本要求,包括劳动场所和设备、劳动安全卫生设施、劳动防护用品等。用人单位不仅应提供必需的劳动条件和劳动保护,而且必须提供符合国家规定的劳动安全卫生条件和劳动保护。

⑨法律、法规规定应当纳入劳动合同的其他事项。

律师应当注意:

①劳动纪律不再作为劳动合同的必备条款。劳动纪律是指劳动者在劳动过程中必须遵守的劳动规则,它是劳动者的行为规范。劳动合同的劳动纪律包括国家法律、行政法规、用人单位内部规章制度、对劳动者的个人纪律要求等。例如:上下班制度、工作制度、岗位纪律、奖励和惩罚的条件等。

②劳动合同终止的条件不能约定。劳动合同的终止条件是指劳动关系终止的客观要求,即劳动合同终止的事实理由。劳动合同中约定的劳动合同终止条件,一般是指劳动者和用人单位在国家法律、行政法规规定的劳动合同终止的条件以外,协商确定的劳动合同终止条件。根据《劳动合同法实施条例》第13条的要求,用人单位与劳动者不得在《劳动合同法》第44条规定的劳动合同终止情形之外约定其他的劳动合同终止条件。

三、注意劳动合同的试用期

1. 劳动合同中的试用期

试用期是指用人单位和劳动者为了相互了解、选择而在订立劳动合同时,经过平等协商,在劳动合同中约定一段相互考察的时间,一般是面对初次就业的职工。依照《劳动合同法》第19条的规定,试用期的长短依据劳动合同期限和双方当事人的实际需要确定,但是最长不得超过6个月。

虽然《劳动法》第21条规定了“劳动合同可以约定试用期”。如果劳动者和用人单位认为无需约定试用期,则经过双方当事人平等协商后也可以确定不约定试用期。由于劳动者在试用期内提供了有偿服务，且劳动者和用人单位之间已经形成了劳动关系，因此，试用期必须包括在劳动合同期限内。

2. 试用期的法定期限

依据《劳动合同法》第19条的规定，劳动合同期限3个月以上不满1年的，试用期不得超过1个月；劳动合同期限1年以上不满3年的，试用期不得超过2个月；3年以上固定期限和无固定期限的劳动合同，试用期不得超过6个月。

同一用人单位与同一劳动者只能约定一次试用期。

以完成一定工作任务为期限的劳动合同或者劳动合同期限不满3个月的，不得约定试用期。

试用期包含在劳动合同期限内。劳动合同仅约定试用期的，试用期不成立，该期限为劳动合同期限。

3. 不适用试用期的情形

①非全日制劳动合同中不得约定试用期。这是因为非全日制工作的人员没有长期固定的单位，没有稳定的劳动关系。考虑到非全日制劳动者在同一用人单位的工作时间相对较短和可能在两个以上用人单位工作的特殊情况，对非全日制劳动者不宜采用试用期。

②以完成一定工作任务为期限的劳动合同或者劳动合同期限不满3个月的，不得约定试用期。

4. 见习期、学徒期、实习期和试用期

依照原劳动部办公厅《对〈关于劳动用工管理有关问题的请示〉的复函》的内容，笔者将见习期、学徒期、实习期和试用期四种概念加以简要分析并进行比较：

见习期是见习制度中的一种期限。见习制度是国家对大中专毕业生的毕业分配、派遣到用人单位的一种实习、考核制度，适用于国家机关、企事业单位。见习制度的具体内容是：见习期为1年，期间实行见习工资，不能调动工作；期满经过考核合格转正定级，不合格的可延长见习期，以及低定工资一级。虽然见习期未被明令废止，但是从公务员试用期和聘用合同试用期的规定可以看出，见习期已被各种试用期取而代之。

学徒期是学徒制度中的一种期限。学徒制度是对进入某些工作岗位的新招工人熟悉业务、提高技能的一种培训制度或称培训方式。它是建立劳动关系后的一种岗上培训。目前这种培训制度仍在实行，并根据技术等级标准确定学徒期限。

实习期是实习制度中的一种期限。实习制度是国家对技工学校、中等专业学校、职业高中等学院实行的一种培训教育制度。一般是由学校与对口的用人单位签订实习协议，由用人单位为学院提供实习场所和设备条件。它是建立劳动关系之前的一种岗上培训。目前这种实习培训的做法已经在实际生活中扩大了范围，很多大学生在毕业前夕先去寻找实习单位，目的是为毕业后的就业做准备。因此，用人单位与实习生签署的协议不应当视为劳动合同，而是一种民事合同。

试用期是指用人单位和劳动者为了相互了解、选择而自订立劳动合同时经过平等协商，在劳动合同中约定一段相互考察的时间。试用期不应超过6个月。

因此，见习期、学徒期与试用期可以同时并用，只是应当各自执行各自的规定。

第六节　根据客户需要草拟保密条款

一、把握商业秘密的法律要点

商业秘密的概念最早出现于1992年的《民事诉讼法》中，是指不为公众所知悉、能为权利人带来经济利益、具有实用性并经权利人采取保密措施加以限制的技术信息和经营信息，具体内容包括:设计、程序、产品及化学配方、制作工艺及流程、技术秘诀、管理诀窍、设计图纸、客户名单、货源情况、产销策略、招投标中的标底及标书的内容等资料和信息。

1993年12月1日起施行的《反不正当竞争法》将侵犯商业秘密的行为作为不正当竞争的一种加以禁止。根据《劳动法》第22条的规定,劳动合同当事人可以在劳动合同中约定保守用人单位商业秘密的有关事项。早在1997年,修订的《中华人民共和国刑法》就将侵犯商业秘密的行为规定为刑事犯罪,并在第219条中对刑罚作了明确的规定。

根据《劳动合同法》第23条的规定,用人单位与劳动者可以在劳动合同中约定劳动者保守用人单位的商业秘密和与知识产权相关的保密事项。对负有保密义务的劳动者,用人单位可以在劳动合同或者保密协议中与劳动者约定竞业限制条款,并约定在解除或者终止劳动合同后,在竞业限制期限内按月给予劳动者经济补偿。劳动者违反竞业限制约定的,应当按照约定向用人单位支付违约金。

根据《劳动合同法》第24条的规定,竞业限制的人员限于用人单位的高级管理人员、高级技术人员和其他负有保密义务的人员。竞业限制的范围、地域、期限由用人单位与劳动者约定,竞业限制的约定不得违反法律、法规的规定。在解除或者终止劳动合同后,前述的人员到与本单位生产或者经营同类产品、从事同类业务的有竞争关系的其他用人单位,或者自己开业生产或者经营同类产品、从事同类业务的竞业限制期限,不得超过2年。

二、协助用人单位制定商业秘密的保护措施

实践中,部分劳动者为了谋取更多的个人利益,擅自将其所掌握或了解到的用人单位的商业秘密在离职前后带走或向外泄露,或者在离职前后截留用人单位的客户资源,给用人单位造成无法估量的经济损失;部分用人单位为了提高市场中的竞争力,获得更多的商业秘密,也会采取高价收买的方式,招收掌握或了解原用人单位商业秘密的员工,进而进行不正当竞争。因此,用人单位应当重视掌握单位商业秘密的员工的离职,切实做好保护本单位商业秘密的工作。

首先,用人单位应当制定要求员工保守单位商业秘密的内部规章制度。这是用人单位保护自身商业秘密的重要措施。这里所说的规章制度应当主要包括:用人单位拟保护的商业秘密范围、种类、密级、保密期限、保密方式以及泄密后的法律责任,等等。

其次,用人单位和劳动者可以就保密事项协商,并就保守商业秘密的内容、时间、方式等在劳动合同(或保密协议)中进行约定。同时,用人单位还可以在劳动合同中与掌握商业秘密的职工约定职工在终止或解除劳动合同后的一定期限内(不超过2年),不得到生产同类产品或经营同类业务且有竞争关系的其他用人单位任职,也不得自己生产与原单位有竞争关系的同类产品或经营同类业务,但用人单位应当给予该职工一定数额的经济补偿。

最后,企业如果发现本单位的在职员工或本单位已经离职的员工侵犯了单位的商业秘密,应当尽可能地收集相关证据材料,依法向劳动争议仲裁委员会申请仲裁,维护自身的合法权益。

三、追究违反保密条款的法律责任

劳动者如果违反了劳动合同中约定的保守用人单位商业秘密的条款,擅自泄露单位的商业秘密,对用人单位造成经济损失的,用人单位可以依据劳动合同约定,向劳动者追究法律责任。根据原劳动部1995年5月10日发布并实施的《违反〈劳动法〉有关劳动合同规定的赔偿办法》第5条的规定,劳动者违反劳动合同中约定的保密事项,给用人单位造成经济损失的,应按照《反不正当竞争法》第17条的规定支付用人单位赔偿费用。

四、风险提示

商业秘密是用人单位知识产权的一个组成部分。律师在帮助客户制定商业秘密的保护措施

时,要从多个法律角度进行研究,例如,知识产权、反不正当竞争法、劳动法、劳动合同法、刑法等角度,力求达到全面保护客户的商业秘密的目的。

第七节 根据客户需要草拟竞业限制条款

竞业限制规则产生于市场经济发展的客观要求,其设立的目的是为了对用人单位的商业秘密进行保护。目前,《劳动合同法》对竞业限制进行了规定。随着市场经济的发展,竞业限制作为保护商业秘密的合法手段,将发挥越来越重要的作用。

一、掌握竞业限制的法律要点

竞业限制,又称竞业禁止,是指企业与知悉或可能知悉本企业商业秘密的员工通过签订协议,限制员工在解除或终止劳动关系后一定期限内,不得从事为他人或自己经营与原企业有竞争关系的工作。目前,《劳动合同法》有明确的规定。

保密协议与竞业限制有所不同,保密协议保护的是企业的技术信息和经营信息,竞业限制则保护企业的公平竞争能力,并且,保密协议产生的基础是企业对商业秘密享有的民事权利,不管员工是否择业,员工均有保护企业商业秘密的义务。而竞业限制则不同,它要求员工在与用人单位解除或终止劳动关系后,为保守企业的商业秘密而在择业方面受到限制。

二、确定竞业限制的主体

竞业限制的主体,一方是企业,即用人单位;另一方应是员工(劳动者)。接触、知悉、掌握商业秘密的员工,包括高级管理人员、高级技术人员和其他负有保密义务的人员。

三、控制竞业限制范围

竞业限制的范围是指员工解除或终止劳动关系后,在一定期限内不得经营或为他人经营与原用人单位有直接竞争的业务。竞业限制范围的确认,应从保护原企业商业秘密出发而划定,即原企业不为公众所知悉、具有商业价值并经权利人采取相应保密措施的技术信息和经营信息,如果员工可能利用这些商业秘密为自己或其他企业争取利益,员工所选择的新的职业将被限制。竞业限制的范围是竞业限制协议的必备条款,也是竞业限制条款的必备内容,应在竞业限制协议或条款中予以明确,约定不明的,竞业限制条款无效;约定不合理的,竞业限制协议无效。竞业限制的地域限制,亦属于竞业限制范围之内容。

四、注意竞业限制期限

在劳动关系解除或终止后,员工不得在生产同类产品或经营同类业务且有竞争关系或其他利害关系的企业内任职,或自己生产、经营与原企业有竞争关系的同类产品或业务。商业秘密在市场竞争中随时间推移其秘密性的程度也会不同,与不同的行业、不同的区域以及不同的科技发展速度密切相关。根据《劳动合同法》的规定,竞业限制的期限不得超过2年。

五、支付竞业限制补偿金

竞业限制协议中的补偿条款,或竞业限制条款中的补偿内容,是竞业限制协议或竞业限制条款最重要的部分,没有补偿条款的竞业限制协议或竞业限制条款,限制了员工的劳动权利而又不予补偿,属于违约行为,员工可以不受竞业限制的约束。由于员工在离职后,不能从事自己熟悉的工作,经济收入减少且生活水平下降,此时企业应当给予员工一定的经济补偿。补偿的具体标准应当依据保护商业秘密给企业带来的效益,竞业限制的区域、时间等因素,由双方协商确定。根据最高人民法院《关于审理劳动争议案件适用法律问题的解释(一)》第36条的规定,当事人在劳动合同或者保密协议中约定了竞业限制,但未约定解除或者终止劳动合同后给予劳动者经济补偿,劳动者履行了竞业限制义务,要求用人单位按照劳动者在劳动合同解除或者终止前十二个月平均工资的30%按月支付经济补偿的,人民法院应予支持。前款规定的月平均工资的30%低于劳动合同履行地最低工资标准的,按照劳动合同履行地最低工资标准支付。

六、约定违约责任

1. 劳动者应承担的违约责任

劳动者违反竞业限制协议,用人单位可以要求劳动者承担不得在竞争企业工作的民事责任,还可以要求其承担违约金,并且可以要求其单独或与竞争企业承担连带赔偿责任。赔偿的依据,可以按照原劳动部《违反〈劳动法〉有关劳动合同规定的赔偿办法》第5条的规定,劳动者违反劳动合同中约定的保密事项,给用人单位造成经济损失的,按《反不正当竞争法》第17条的规定支付用人单位赔偿费用。

2. 新用人单位可能承担的违约责任

目前,国内法律中对于新用人单位录用被竞业限制人员应承担的法律责任未作统一的明确规定,值得借鉴的规定有:《广东省技术秘密保护条例》第22条第2款,即"为获取他人技术秘密而录用被竞业限制人员的,录用单位或个人应当承担相应的法律责任";《深圳经济特区企业技术秘密保护条例》第31条,根据该条的规定,明知他人负有竞业限制义务不得到本企业任职,仍然招用该人的,市知识产权行政主管部门应当责令立即停止侵权,并根据情节对单位处以10万元以上20万元以下的罚款。

此外,根据违反竞业限制义务的员工与原用人单位间可能签署的竞业限制协议或条款的约定,原用人单位可能有权按照协议约定向违反竞业限制义务的员工要求经济赔偿,并可能向劳动争议仲裁委员会提出仲裁申请或向人民法院提起诉讼,要求劳动争议仲裁委员会或人民法院就该员工违反竞业限制约定的行为依法作出裁决或判决,而新用人单位将可能被列为共同被告或第三人。劳动争议仲裁委员会或人民法院可能会依照相关规定裁决或判决该员工继续履行原竞业限制协议,责令该员工停止为新用人单位提供服务;在有充分证据的前提下,仲裁委员会或人民法院也可能进一步裁决或判决新用人单位承担因该员工违约而给原用人单位造成的经济损失。

七、防止用人单位滥用解雇权

合同的履行应当且必须坚持诚实信用原则。用人单位解除或者终止劳动合同的做法不得当或者违反法律、行政法规的规定,任意撕毁劳动合同等滥用解雇权的表现,就是不遵守诚实信用原则的表现,用人单位因此也就失去了附着于竞业限制条款上的请求权。如果要求一个因为用人单位的过错而失去了工作的劳动者继续履行竞业限制条款的约定是有失公平的。竞业限制协议在本质上限制了劳动者劳动和就业的权利,这种限制的目的是为了保护用人单位的商业秘密,法律规定通过用人单位给予劳动者适当的经济补偿来达到保护劳动者的劳动权利和用人单位商业秘密的平衡。因此,如果用人单位滥用解雇权,使劳动者的合法权益受到侵害,则竞业限制约定不应继续执行。

八、掌握国家及地方关于竞业限制之主要规定

我国竞业限制方面的规定首次出现于1996年。1996年《深圳经济特区企业技术秘密保护条例》第14条至第20条详细规定,企业可与知悉或可能知悉企业技术秘密的员工签订竞业限制协

议;竞业限制协议应当以书面形式单独签订并必须具备主要条款;竞业限制的期限最长不得超过3年;竞业限制协议的补偿费按年计算不得少于该员工离开企业前最后一个年度从该企业获得的报酬总额的2/3;企业应当自竞业限制协议签订之日起15日内向市科技主管部门备案,以及竞业限制协议自行终止的情形等。

根据原劳动部《关于企业职工流动若干问题的通知》的规定,用人单位可以规定掌握商业秘密的职工在解除或终止劳动合同后的一定期限内(不超过3年),不得到生产同类产品或经营同类业务且有竞争关系的新用人单位任职,也不得自己生产与原单位有竞争关系的同类产品或经营同类业务,但用人单位应当给予该职工一定数额的经济补偿。

《劳动合同法》和最高人民法院《关于审理劳动争议案件适用法律问题的解释(一)》对此已有明确的规定,不再赘述。

第四章　草拟和修改内部劳动规则

第一节　把握内部劳动规则的法律作用

一、理解内部劳动规则的意义

内部劳动规则是指用人单位为了有效地组织生产经营活动、激励员工工作而规定的员工应当享有的权利及应当遵守的各项义务,以及违反义务时的处罚措施。通常内部劳动规则还被称为内部规章制度,但是准确地说,并非用人单位所有的规章制度都是内部劳动规则,只有与用人单位劳动人事或者人力资源管理相关联的规章制度才是内部劳动规则。

二、促使用人单位制定内部劳动规则

用人单位制定的内部劳动规则不仅约束员工,也约束用人单位。对于用人单位而言,对于人力资源的管理只能依据已经制定的内部劳动规则;对于员工而言,享有权利和承担义务均依据内部劳动规则。依据《劳动合同法》第 4 条的规定,用人单位应当依法建立和完善规章制度,保障劳动者享有劳动权利和履行劳动义务。没有内部劳动规则,用人单位的人力资源管理则没有依据,行使处罚权将不受法律的保护。

由于现行劳动法律法规及政策适用上的普遍性及原则性,客观上需要——同时也是《劳动法》的要求——用人单位通过制定内部劳动规则,将自身的特点及需要与现行法律及政策规定作恰当的衔接。从这一意义上看,内部劳动规则是对有关劳动法律及政策规定的具体展开,是实施劳动法律规范及政策的必要手段。因此,法律应当赋予内部劳动规则以效力。

根据最高人民法院《关于审理劳动争议案件适用法律问题的解释(一)》第 50 条的规定,用人单位根据《劳动合同法》第 4 条的规定,通过民主程序制定的规章制度,不违反国家法律、行政法规及政策规定,并已向劳动者公示的,可以作为确定双方权利义务的依据。用人单位制定的内部规章制度与集体合同或者劳动合同约定的内容不一致,劳动者请求优先适用合同约定的,人民法院应予支持。

根据《劳动合同法》第 4 条的规定,用人单位在制定、修改或者决定有关劳动报酬、工作时间、休息休假、劳动安全卫生、保险福利、职工培训、劳动纪律以及劳动定额管理等直接涉及劳动者切身利益的规章制度或者重大事项时,应当经职工代表大会或者全体职工讨论,提出方案和意见,与工会或者职工代表平等协商确定。

在规章制度和重大事项决定实施过程中,工会或者职工认为不适当的,有权向用人单位提出,通过协商予以修改完善。

用人单位应当将直接涉及劳动者切身利益的规章制度和重大事项决定公示,或者告知劳动者。

三、帮助员工获得内部劳动规则的保护

由于员工在劳动过程中处于从属地位,其权利和义务的实现受用人单位支配。制定内部劳动规则既可以使员工的权利和义务明确、具体,又可以使用人单位的劳动管理行为规范化,从而排除

用人单位对员工实现其权利和义务的任意支配,尤其是防止用人单位滥施处罚权。内部劳动规则一旦成为劳动合同的组成部分,与劳动合同具有同等效力。它对员工劳动报酬、社会保险、休息休假以及其他关系员工切身利益的规定,既是用人单位应当履行的劳动法义务,也是员工依法应当享有的劳动法权利,用人单位必须遵守。如果用人单位违反内部劳动规则并损害员工的合法权益,用人单位应当承担劳动合同约定的违约责任及劳动法规定的其他法律责任。

第二节　制定符合法律要求的内部劳动规则

一、把握法律对于内部劳动规则的要求

中国法律承认用人单位有制定内部劳动规则的权利和义务。自 1995 年 1 月 1 日起施行的《劳动法》第 4 条规定了用人单位的义务,即用人单位应当依法建立和完善规章制度,保障劳动者享有劳动权利和履行劳动义务。而根据该法第 3 条第 2 款的规定,劳动者有遵守劳动纪律的义务。这是从劳动者义务角度肯定用人单位制定内部劳动规则(尤其是涉及劳动纪律)的权利。尽管中国法律赋予用人单位制定内部劳动规则的权利,但是,这种权利却往往受到一定程度的限制,即并非用人单位可随意制定内部劳动规则,也并非用人单位制定的任何内部劳动规则都具有法律效力,只有依法制定的内部劳动规则才具有法律效力。

二、保证制定主体和内容合法

为了保证内部劳动规则在用人单位范围内具有统一性和权威性,一般情况下,内部劳动规则只能由用人单位行政部门制定,即用人单位行政系统中处于最高层次、对于用人单位的各个组成部分和员工有权实行全面和统一管理的机构才能制定内部劳动规则。至于单位内的其他管理机构,虽然可参与内部劳动规则的制定活动,但无权以用人单位的名义颁布内部劳动规则,不具有内部劳动规则的制定主体资格。

内部劳动规则应当对立法所列举的必备事项作出适宜于用人单位的具体规定,其内容必须体现权利与义务一致、劳动者利益与劳动效率并重、奖励与惩罚结合、劳动纪律面前人人平等的精神,不得与劳动法规政策和集体合同的规定相悖。其中,关于劳动条件和劳动待遇的规定,不得低于法定最低标准和集体合同约定的最低标准;关于惩罚违纪员工的规定,必须同法定的违纪罚则相符,不得侵犯员工的合法权益。如果内部劳动规则的内容违法,则该内部劳动规则在劳动争议案件的审理中非但不能证明用人单位的行为有理,反而会被作为判定用人单位行为违法的证据。

三、审查内部劳动规则制定程序

在制定内部劳动规则的过程中,凡属于法定必要程序,都必须严格履行;集体合同和既存有效内部劳动规则对此程序若有规定,也应当遵循。目前,中国劳动法律规定的制定内部劳动规则的法定程序主要如下:

1. 民主程序

民主是一个政治概念,意为多数人的统治。显然,政治上的民主不适用于劳动法。而劳动法上的民主应当具有劳动者参与制定的含义。根据《劳动合同法》第 4 条的规定,用人单位在制定、修改或者决定有关劳动报酬、工作时间、休息休假、劳动安全卫生、保险福利、职工培训、劳动纪律以及劳动定额管理等直接涉及劳动者切身利益的规章制度或者重大事项时,应当经职工代表大会或者全体职工讨论,提出方案和意见,与工会或者职工代表平等协商确定。2005 年 10 月 27 日修订的《公司法》为公司履行民主程序提供了法律依据。根据《公司法》第 18 条第 3 款的规定,公司

研究决定改制以及经营方式的重大问题、制定重要的规章制度时,应当听取公司工会的意见,并通过职工代表大会或者其他形式听取职工的意见和建议。

2. 公示和告知程序

公示是公开展示的意思;告知是让劳动者知晓。法律要求用人单位公示内部劳动规则或者告知劳动者,其目的在于劳动者应当知悉对其有约束力的内部劳动规则。公示是用人单位的单方行为,无须征得员工的同意。公示的方法多种多样,可以是张贴,也可以是放在员工可以自由浏览的网络上。但是,不论采用何种公示方法,用人单位均应当保证员工知悉该内部劳动规则。

3. 公示的证据

从实践看,在劳动争议案件中,由于用人单位多负有举证义务,在用人单位无法提供员工知悉的证据,而员工又不承认自己知悉该内部劳动规则时,劳动争议仲裁委员会及人民法院往往拒绝将该内部劳动规则作为处理劳动争议的依据。用人单位败诉往往缘于此。实践中,律师应当建议用人单位采取劳动者签署确认书的方式证明其已经履行了公示或者告知的义务。

4. 备案程序

内部劳动规则涉及劳动法规政策的实施,同员工利益密切相关。为了保证内部劳动规则的内容合法和保护全体员工的利益,许多国家立法要求将内部劳动规则报送相关部门审查或备案,以将内部劳动规则的制定置于国家的监督之下。

目前备案并不是中国法律强制要求。

第三节 组织内部劳动规则的员工培训

一、理解培训的必要性

用人单位制定的内部劳动规则颁布后,其有义务组织员工学习内部劳动规则,对现行有效的内部劳动规则予以培训。用人单位作为内部劳动规则的拟定方,拥有更多的相关知识及信息量,而员工由于对相关知识和信息占有的缺乏,即使在用人单位履行了民主、公示程序后,员工对内部劳动规则内容的理解和把握也将不同程度地存在一定偏差。培训是用人单位履行告知义务的有效方式。

二、确定培训范围

用人单位向员工培训的范围,应当是用人单位现行有效的全部内部劳动规则。具体应当包括如下内容:

①内部劳动规则的制定目的;

②内部劳动规则的具体内容;

③内部劳动规则的制定依据;

④内部劳动规则的制定程序;

⑤违反内部劳动规则的法律责任;

⑥其他与内部劳动规则相关的信息、数据、资料等。

三、保留员工培训的相关证据

用人单位进行内部劳动规则培训的方式多种多样,如集中授课、分组(或部门)讨论、单位考试等。无论采取何种方式,鉴于用人单位在劳动争议案件审理中的举证责任,用人单位均应注意保留对员工进行培训的相关证据,如培训记录、培训签到表、员工考试试卷等。实践中,该证据不仅是证明用人单位履行培训义务的依据,同时,也是用人单位制定内部劳动规则后履行公示程序的有力证据,对用人单位的劳动争议仲裁和诉讼具有关键作用。

第四节　掌握内部劳动规则的主要组成部分

一、劳动合同管理制度

主要内容包括:招聘的条件及程序、试用期管理、劳动合同期限、劳动合同解除和终止条件、劳动合同的续订、违反劳动合同责任,等等。

二、工资管理制度

主要内容包括:工资种类、工资内容、工资等级、工资评定方式、工资支付方式、工资支付时间、工资变更条件及程序、工资争议处理机制,等等。

三、社会保险及福利待遇制度

主要内容包括:用人单位以及员工个人参加社会保险种类、缴费比例、缴费基数计算、福利种类、福利给付的条件及范围,等等。

四、工时休假制度

主要内容包括:工作期间的作息时间、休假种类、请销假条件及程序、休假期间的工资及福利待遇、迟到或早退及旷工处理、加班申请及审核确认、加班工资计算及支付,等等。

五、培训制度

主要内容包括:培训种类、培训条件及程序、培训费用承担、培训期间的工资及福利待遇、培训考核及应达标准、培训后劳动合同的变更、培训协议的签订、培训协议违约责任,等等。

六、绩效考核制度

主要内容包括:考核时间(或周期)、考核种类、考核内容、考评委员会组成、考核方式、考核程序、考核结果公示及复议、对考核合格者的奖励、对考核不合格者的处理,等等。

七、员工奖惩制度

主要内容包括:奖励方式、奖励条件、奖励程序、处罚方式、处罚情形、处罚异议的申诉机制、处罚程序,等等。

八、保密制度

主要内容包括:保密范围、适用对象、保密协议的签订、保密方式、保密资料借阅或复印及管理方法、泄密责任,等等。

九、岗位职责

主要内容包括:岗位设置、岗位工作内容及职责、岗位归属管理,等等。

第五节　进行内部劳动规则更新

一、新设用人单位的内部劳动规则

新设的用人单位在其依法成立时,应当依据自身实际及特点、人力资源管理模式制定自己的内部劳动规则。该用人单位在招聘第一批员工时,该内部劳动规则往往作为劳动合同的附件,对劳动合同双方当事人发生法律效力。在此情形下,由于用人单位成立之初往往未成立工会、职工代表大会等民主管理组织,也无自己的员工,因此,此时作为劳动合同附件的内部劳动规则,在制定程序上无民主、公示等要求。

二、内部劳动规则的更新

内部劳动规则的更新是指用人单位与员工签订劳动合同后,基于国家相关法律法规、政策的变化,或自身人力资源管理策略的调整需要,对作为劳动合同附件的内部劳动规则在内容上所作的变更、修订或增减。

内部劳动规则的更新,应当按照本章第二节的要求,做到主体合法、内容合法、程序合法。

第十一编　婚姻法律业务基本技能

第一章　概　　述

家庭是社会的最小单位,婚姻是组建家庭单位的前提。婚姻家庭就像社会肌体中的细胞组织,与社会整体的和谐稳定息息相关。婚姻制度历史悠久,经历了原始社会群婚制、奴隶制社会和封建社会一夫一妻多妾制、现代社会一夫一妻制几个阶段。随着时代的发展,特别是家庭财富种类的不断丰富,现代婚姻家庭制度呈现出新的特点,对法律人才的需求也在发生着变化,婚姻家庭案件审判改革也在不断深化。家事无小事,把握好当今婚姻家庭法律的司法现状与发展趋势,是新律师的必修课,婚姻家庭纠纷是诉讼的基础业务之一,新执业律师均应予以重视和掌握。

处理婚姻家庭纠纷案件一直以来都是我国各级法院民庭审判工作的重要组成部分。据最高人民法院不完全统计,2018 年至 2020 年,全国法院审结婚姻家庭纠纷案件达 531.3 万件。因为婚姻家庭纠纷数量庞大,涉及面广,因此,几乎每名从事民事业务的律师都有办理此类案件的经验。婚姻法也是我国最为重要的法律之一,正如毛泽东所言:“婚姻法是有关一切男女利害的、普遍性仅次于宪法的国家根本大法之一。”①

随着社会的发展和经济的进步,当前婚姻家庭纠纷呈现出新的特点。

一、涉案标的额增加

随着中国经济的高速发展和国民经济收入的快速增长,离婚涉及的财产标的额与过去相比也有了很大的增加。在上海、北京、深圳等大城市,一起离婚案件或继承案件中涉及的一套房产就可能达到几百万元甚至上千万元,另外还可能涉及有限责任公司、股份有限公司的股权、股票分割,金融理财产品的处理,虚拟财产的分割等。

二、涉案法律关系呈复合化趋势

过去婚姻家庭案件主要争议以房产分割、子女抚养权为主,而当下,越来越多的离婚案件涉及股票、公司股权、债券、无形资产的分割,还有可能涉及境外相关财产的分割,在代理案件时,也可能会涉及国际私法冲突规范的适用问题。甚至一起离婚、继承案件会衍生出数个相关联的案件,如房产转让合同效力案件、股权确权案件、分家析产案件等。可以说,婚姻家庭案件呈现出法律关系交叉化、涉及领域多元化的趋势。

三、“信息对称”时代要求律师提升自身素质

随着互联网时代的来临,微博、微信使用的普及,智能手机使用率的提高,普通民众获得法律知识的渠道越来越多也越来越方便。实践中,因为婚姻家庭案件涉及当事人的自身切实利益,很多当事人都会先查找资料,对比分析,这就要求律师要在法律知识的体系性、精深度方面提升自己,使自己的业务水平能够满足客户不断提升的要求,以适应时代的发展。

---

① 王秀玲主编:《婚姻家庭法学》,兰州大学出版社 1998 年版,第 4 页。

第二章　婚前法律事务

第一节　婚前购房争议及处理

房子是婚姻生活的头等大事。现实生活中,有的女方家庭会将房子作为缔结婚姻的前提条件之一,而有的男方家庭也默认房子是结婚的“标配”,因此婚前购房现象并不罕见,婚前以结婚为目的的购房争议处理技巧较为重要,新执业律师应予以把握。婚前购房争议的表现形式及处理方式主要有以下几种情形:

(一) 恋爱期间一方出资、产权登记在另一方名下的处理

恋爱期间以结婚为目的购房,一方支付全部首付款,房屋产权登记在另一方名下,并以另一方名义办理贷款。后双方未结婚即分手,如何分割该房屋?

此种情况,应结合案件实际情况,从当事人出资购房的真实意愿的角度以及是否达成合意的结果等综合因素酌情判断房产归属。比如上海市高级人民法院民一庭在调研后认为,根据案件查明事实,可以确认尽管产权登记在一方名下,但恋爱双方有以结婚为目的共同购房的意思表示的,宜认定为共同财产,并根据双方的贡献大小对房产进行分割。①

(二) 恋爱期间双方出资、产权登记在双方名下的处理②

对于恋爱期间为了结婚而共同购房,产权登记为双方共有的情形,如果没有按份共有的特别约定,一般认定为共同共有。双方终止恋爱关系后分割共有财产,符合《民法典》物权编关于“共同共有人在共有的基础丧失或者有重大理由需要分割时可以请求分割”的情形。根据最高人民法院“同居生活期间双方共同所得的收入和购置的财产,按一般共有财产处理”的规定,综合考虑双方的出资情况、房屋增值、贬损等因素,应当由取得房屋的一方给予另一方合理的房屋折价补偿款。

【案例】

(2015)爱民初字第310号③判决中,黑龙江省牡丹江市爱民区人民法院认为:最高人民法院《关于人民法院审理未办结婚登记而以夫妻名义同居生活案件的若干意见》第10条规定:“解除非法同居关系时,同居生活期间双方共同所得的收入和购置的财产,按一般共有财产处理……”本案争议房屋系在原、被告同居生活期间购买,应属一般共有财产。根据原《中华人民共和国物权法》第103条、第104条的规定,本案原、被告于2011年8月17日签订的财产协议书中,对争议房屋属共同共有还是按份共有未明确约定,且协议中原、被告对诉争房屋的出资额进行了明确说明,故本案争议房屋应属原告与被告按各自出资额共有。根据原《中华人民共和国物权法》第99条的规定,现原、被告同居关系

① 参见上海市高级人民法院《关于恋爱期间购房处理等婚姻家庭案件若干争议问题指导意见》(上海高院民一庭调研与参考〔2016〕3号)。

② 参见吴晓芳:《婚姻家庭纠纷审理热点、难点问答(一)》,载奚晓明主编:《民事法律文件解读》(2011年总第83辑),人民法院出版社2011年版。

③ 参见中国裁判文书网[http://wenshu. court. gov. cn/content/content? DocID = 4d134d39 - 0b41 - 4feb - b8ec - 973fce0725f7&KeyWord =(2015)爱民初字第310号],访问日期:2018年5月13日。

已经解除,原告要求分割房屋应予以支持。

第二节　如何处理婚前同居关系纠纷

一、婚前“同居”人身关系争议

(一) 法律依据

(1)《民法典》婚姻家庭编第1042条。

(2)最高人民法院《关于适用〈中华人民共和国民法典〉婚姻家庭编的解释(一)》[以下简称《民法典婚姻家庭编司法解释(一)》]第7条、第11条、第12条、第14条、第16条。

(二) 法律处理

(1)如果同居双方在1994年2月1日前已经符合结婚实质要件,则符合结婚实质要件的时间点之前为同居关系;符合结婚实质要件的时间点之后为事实婚姻关系。

(2)如果同居双方在1994年2月1日之后才符合结婚实质要件,则根据是否补办结婚登记区分为两类:未补办结婚登记的,按同居关系处理;已补办结婚登记的,则在双方符合结婚实质要件之前为同居关系,之后为婚姻关系。

二、婚前“同居”财产关系争议

(一) 法律依据

《民法典婚姻家庭编司法解释(一)》第22条。

(二) 法律处理

同居生活期间取得的财产:

(1)双方共同所得的收入和购置的财产,原则上按共有财产处理。

(2)一方所得的收入和购置的财产,原则上按个人财产处理。

(3)实践中还经常听到索赔“青春损失费”的说法。“青春损失费”并不是法律术语,在我国现有法律规范中没有确切含义。同居生活是双方当事人自愿选择的一种生活方式,如果没有民法中侵犯人身权、财产权的具体行为,单纯以同居为由请求法院判令对方支付“青春损失费”的,一般无法得到支持,因为这种请求没有任何法律依据。①

三、婚前“同居”引发的子女关系争议

(一) 法律依据

(1)《民法典婚姻家庭编司法解释(一)》第3条第2款。

(2)《民法典》婚姻家庭编第1071条。

(二) 法律处理

(1)人民法院审理同居关系的案件,应一并解决非婚生子女的抚养问题。

(2)子女抚养问题,先由双方协商,协商不成时,应根据子女的利益和双方的具体情况判决。

(3)哺乳期内的子女,原则上应由母方抚养,如父方条件较好,母方同意,也可由父方抚养,子

---

① 参见吴晓芳:《婚姻家庭纠纷审理热点、难点问答(二)》,载奚晓明主编:《民事法律文件解读》(2012年总第89辑),人民法院出版社2012年版。

女已满8周岁未满18周岁的,应征求子女本人的意见,一方将未成年的子女送他人收养,须征得另一方的同意。

第三节 婚前协议

一、常见婚前协议纠纷及处理

(一)婚前协议与离婚赔偿

法律允许当事人通过书面约定来处理自己的个人所有财产,若男女双方签订的婚前协议内容不规避法律,也没有损害他人财产权益,并且签订时双方已成年,具有完全民事行为能力,约定的内容合法,也系双方当事人的真实意思表示,一般被认定有效的可能性较大。但是,如果在婚前协议中约定的相关条款生效的前提是“离婚”,则不符合婚前协议的实质要求,而成为实质为“离婚协议”的条款;如果婚前协议中的条款涉嫌“借婚姻索取财物”,也可能会引发争议。因此,不能一概认定婚前协议成立并且有效。一般情况下,根据最高人民法院《民法典婚姻家庭编司法解释(一)》第69条的规定,法院对于“离婚协议”的认定态度,是认可协议“成立”,但未在民政部门办理离婚登记手续的前提下,不必然认为其有效。婚前协议中涉及离婚及相关“赔偿”条款的效力也系如此。

(二)婚前协议与“显失公平”

婚前协议不仅仅涉及财产关系,更多的是结合人身关系的特别因素而制订和签署的。因此,仅从“是否公平”的角度来衡量婚前协议的效力似有不妥,应结合具体案情、双方当事人订约时的意思表示等方面具体认定。

(三)婚前协议中附“结婚”赠与的效力

若协议的内容是以双方办理结婚登记手续作为协议中财物赠与的前提要件,则依照有关法律规定,附条件的民事法律行为只有在符合所附条件时才能生效。律师在起草婚前协议时,一定要注意区分法律关系,注意婚前协议中相关条款生效的条件是否以婚姻缔结为条件。

(四)婚前协议中赠与房产的约定及效力

根据《民法典婚姻家庭编司法解释(一)》第32条的规定,婚前或者婚姻关系存续期间,当事人约定将一方所有的房产赠与另一方,赠与方在赠与房产变更登记之前撤销赠与,另一方请求判令继续履行的,人民法院可以按照《民法典》合同编第658条的规定处理,也即赠与人在赠与财产的权利转移之前可以撤销赠与。因此,即使婚前协议中确认协议生效即产生不动产所有权属的变动,也应遵照《民法典》物权编的规定办理过户登记手续,否则在变更登记之前可以撤销。

二、婚前协议司法审判观点分析

笔者于2017年2月4日在中国裁判文书网输入关键词“婚前协议”,共检索到580件涉及民事案由的案例。在580份法院判决中,笔者选取了2016年案件作为分析报告的基础。与婚前协议有关的判决有94份,其中在46份判决中法院直接认定婚前协议有效或者直接作为判决依据,在4份判决中婚前协议被法院认定无效,在44份判决中婚前协议在离婚纠纷中被认定为证据,但由于与诉讼请求关系不大或一审不判决离婚等原因,法院在判决中未判断婚前协议效力、也未作为判决依据之一。从本质上来说,婚前协议是有关身份关系和财产关系的协议,虽然也属于广义上的“合同”,但根据法律规定,还不能完全适用《民法典》合同编的规定。① 当然,如果没有特别法的规制,根据合同法原则,具有完全民事行为能力的双方当事人出于真实的意思表示而约定非法律禁止之内容,符合合同成立之要件,应得到法律的保护。但合同成立与合同有效是两回事,婚前协议中条款的效力当然并非成立即有效,还得依据具体情况而定。

(1)结合个案具体协议,法院大多从单独的条款来认定此条款是否有效,而非认定整个婚前协议是否有效;实践中判决婚前协议有效的案例较多,只要婚前协议是双方自愿订立且没有违背法律强制性规定,一般认定为有效。以上海为例,在(2014)浦民一(民)初字第 36860 号②判决中,上海市浦东新区人民法院认为,原、被告签署的《婚前约定协议书》及 2005 年 9 月对该协议书第 4 条的变更,并未违反法律、法规的规定,应属有效,对双方具有约束力。

(2)在婚前协议被认定无效的 4 份判决中,其无效理由主要是以下两种:第一种,婚前协议中约定以公证作为协议生效要件,而双方当事人未公证。第二种,婚前协议约定超出法律允许的范围,涉嫌违反法律强制性规定。例如:

第一,违反婚姻自由的强制性法律规定而无效。比如,(2016)陕 0902 民初 341 号判决。③ 原、被告在《婚前协议》中约定:“婚前,男方向女方支付定金肆万元,以保证双方对婚姻的坚守,谁违反婚姻的坚守,则按定金定义处罚。”“非男方原则性错误造成的婚姻破裂,女方双倍退赔婚前男方向女方支付的定金。”陕西省安康市汉滨区人民法院认为原、被告达成的定金条款违背了原《婚姻法》的婚姻自由原则,属无效协议,原告应退还被告支付的 4 万元。

第二,违反“借婚姻索取财物”的强制性法律规定而无效。比如,(2016)甘民申 606 号判决。④ 判决中,甘肃省高级人民法院认为,根据原《婚姻法》的有关规定,合法、正常的婚姻关系应当以婚姻自由、男女平等为基础。本案中,申请人袁某某与被申请人汪某某签订的《婚前协议》将房屋、金钱的赠与作为双方缔结婚姻关系的条件,违反了原《婚姻法》第 3 条第 1 款“禁止包办、买卖婚姻和其他干涉婚姻自由的行为。禁止借婚姻索取财物”的规定,对社会道德风尚和婚恋价值观所造成的影响是消极、负面的。为了倡导社会主义精神文明、促进社会和谐稳定,依据我国婚姻家庭的基本制度和基本原则,对双方“婚前协议”的效力不予认定。

第三,约定间接违反法律强制性规定而无效。比如,(2015)杭拱民初字第 1583 号判决。⑤ 判决中,杭州市拱墅区人民法院判决:原、被告签订的《婚前协议书》中关于原告出资 8 万元装修、购买电器的款项的约定明确,但从该约定内容可知,徐某同意将 8 万元款项转换为装修和电器,双方确认该部分属于徐某的财产,目前装修和电器的现值应折价归还徐某,本院酌情确定为 64 000 元。……被告主张原告赔偿离婚损失费 50 万元。本院认为,《婚前协议书》的相关约定表面上未限制当事人的离婚自主权,但实际上束缚了双方提出离婚的自由,违背了婚姻自由的原则,不应受到人民法院的保护,故对被告的该相应请求不予支持。

---

① 《民法典》合同编第 464 条第 2 款规定:“婚姻、收养、监护等有关身份关系的协议,适用有关该身份关系的法律规定;没有规定的,可以根据其性质参照适用本编规定。”

② 参见中国裁判文书网(http://wenshu.court.gov.cn/content/content?DocID=1bb069fc-6034-4302-a497-9bb08da5c288&KeyWord=%E5%A9%9A%E5%89%8D%E5%8D%8F%E8%AE%AE),访问日期:2018 年 5 月 13 日。

③ 参见中国裁判文书网(http://wenshu.court.gov.cn/content/content?DocID=78ac5056-d93e-4f65-b86c-5478cb724aea&KeyWord=%E9%99%950902%E6%B0%91%E5%88%9D341%E5%8F%B7),访问日期:2018 年 5 月 13 日。

④ 参见中国裁判文书网(http://wenshu.court.gov.cn/content/content?DocID=0ea03622-d465-44a2-a588-20a7c678103a&KeyWord=%EF%BC%882016%EF%BC%89%E7%94%98%E6%B0%91%E7%94%B3606%E5%8F%B7),访问日期:2018 年 5 月 13 日。

⑤ 参见中国裁判文书网(http://wenshu.court.gov.cn/content/content?DocID=0fb773aa-0574-4b25-9c69-7c36e55983c0&KeyWord=%EF%BC%882015%EF%BC%89%E6%9D%AD%E6%8B%B1%E6%B0%91%E5%88%9D%E5%AD%97%E7%AC%AC1583%E5%8F%B7),访问日期:2018 年 5 月 13 日。

此外,即使婚前协议有效、约定合法,也不意味着法院一定会按照婚前协议判决。例如:

第一,协议有效,但因相关条款视为"赠与"故而可以撤销。婚前协议约定一方婚前房屋婚后由双方共有,但不动产产权变更须以登记为要件,仅有协议约定无法代表产权的变更。实践中,存在很多男女双方在结婚之前约定男方个人名下所有的房屋需添加女方的名字的案例。但在以婚前协议的形式约定一方名下个人所有的财产变更为共同财产的情形中,法院一般认定为赠与,而赠与是一种要式行为,在实际交付或过户登记之前可以撤销,除非赠与行为具有救灾、扶贫等社会公益、道德义务性质或者经过公证,因此对于此类约定的诉讼请求法院会结合具体情况来判决。

在(2016)陕 01 民申 12 号判决①中,陕西省西安市中级人民法院指出:根据双方婚前协议约定,计某某自愿将其名下两处房产各 50%的产权赠与贾某某,但并未办理变更产权登记,也未实际交付,而且贾某某亦未能提供确实有效的证据证明上述赠与行为属于具有救灾、扶贫等社会公益、道德义务性质的赠与合同或者经过公证的赠与合同,原审据此认为计某某请求撤销婚前协议中关于赠与贾某某两套房产各 50%产权的约定于法有据,判决依法予以支持正确。

第二,个别审判观点认为婚前协议的效力仅作为参考,具体还要结合法律规定处理。在(2016)沪 02 民终 7190 号判决②中,一审上海市杨浦区人民法院判决认为:虽然徐某、顾某某订立了《婚前协议书》,但因原《婚姻法》对婚前协议的效力没有规定,故原审法院在处理孩子抚养和财产分割时仅将该协议书作为参考,仍然依照原《婚姻法》的相关规定进行处理。上海市第二中级人民法院作为二审法院认为原审法院认定事实清楚,所作判决正确。

第四节　如何处理婚前其他财产争议

一、律师在处理"彩礼"争议时应把握的要点

在认定"彩礼"时必须根据以下几个条件进行判断:首先,彩礼必须是以订立婚约为前提条件;其次,彩礼必须是基于当地的风俗习惯而给付的;最后,彩礼必须是价值较大的财物。彩礼给付,一般从法律性质上定性为附解除条件的赠与,而明确彩礼返还的请求权基础,一般认为是基于"不当得利"而产生。

嫁妆一般是指女子出嫁时女方家为其准备的结婚用品及财物。律师应结合案件的客观情况及当事人之间是否有约定等综合因素,来确定结婚前后嫁妆是否系夫妻共同财产。

(一)"彩礼"给付是否以"缔结婚姻关系"为目的

律师应注意,"彩礼"给付是否系"附条件"赠与、是否以缔结婚姻关系为目的;另一方收取彩礼,是否也有与对方缔结婚姻关系的主观意愿。

(二)彩礼给付与"借婚姻索取财物"和"包办、买卖婚姻"的区别

"彩礼"给付没有法律、法规的禁止;而"借婚姻索取财物"和"包办、买卖婚姻"为违法行为,违反了《民法典》婚姻家庭编第 1042 条的规定。

(三)彩礼给付的法律后果

具有《民法典婚姻家庭编司法解释(一)》第 5 条规定的情形的,即双方未办理结婚登记手续、

---

① 参见中国裁判文书网(http://wenshu.court.gov.cn/content/content?DocID=4276b792-3c11-4377-b1a0-cf3495d6d6a4&KeyWord=%EF%BC%882016%EF%BC%89%E9%99%9501%E6%B0%91%E7%94%B312%E5%8F%B7),访问日期:2018 年 5 月 13 日。

② 参见中国裁判文书网(http://wenshu.court.gov.cn/content/content?DocID=0ee98436-c5b6-42fd-954d-d234bbc4f168&KeyWord=%EF%BC%882016%EF%BC%89%E6%B2%AA02%E6%B0%91%E7%BB%887190%E5%8F%B7),访问日期:2018 年 5 月 13 日。

双方办理结婚登记手续但确未共同生活的、婚前给付并导致给付人生活困难的，彩礼才予以返还。

（四）“婚约”无法律强制性

我国《民法典》婚姻家庭编没有对“婚约”作明确规定，当事人“订婚”后一方不履行缔结婚姻的登记手续，另一方欲起诉，法院也会不予受理，但基于“礼金”的财产争议法院可以受理。

（五）彩礼“收受人”的抗辩①

彩礼应具有严格的针对性，必须是基于当地的风俗习惯，为了最终缔结婚姻关系，不得已而为给付的，其具有明显的习俗性。主要应注意以下问题：

（1）当事人适格问题。实践中，彩礼的给付人和收受人并非仅限于男女双方，还可能包括男女双方的父母和亲属，这些人均可成为返还彩礼诉讼的当事人。在中国的传统习俗中，儿女的婚姻被认为是终身大事，一般由父母一手操办，送彩礼也大都由父母代送，且多为家庭共有财产。而在诉讼中大多数也是由当事人本人或父母起诉，因此应诉方以起诉人不适格作为抗辩时，法院可不予采信。

（2）应注意把握彩礼返还的范围，要根据已给付彩礼的实际使用情况，考虑到双方在共同生活中是否发生了必要的消耗，是否为筹办婚事支付了必要的费用等，在此基础上予以适当返还。

【案例】

在（2014）青民申字第22号②判决中，青海省高级人民法院认为：钟某、杨某办理了结婚登记手续并举行婚礼时，双方家人因婚礼习俗细节发生不快，举行完婚礼的第二天二人分居，最终导致解除婚姻关系，双方对此均有过错。根据原最高人民法院《关于适用〈中华人民共和国婚姻法〉若干问题的解释（二）》第10条第1款第（二）项“当事人请求返还按照习俗给付的彩礼的，如果查明属于以下情形，人民法院应当予以支持：……（二）双方办理结婚登记手续但确未共同生活的……”的规定，考虑到钟某、杨某共同生活的时间短，原判判决由杨某等三人返还钟某给付41 000元彩礼中的2万元并无不当。

在此案例中，首先，彩礼返还的对象是杨某等三人，非限于杨某本人。其次，彩礼并非全数返还，而是根据实际情况酌情判决返还了一部分。

二、婚前男女之间的借款纠纷

（一）现金支付的情形

若钱款往来为现金给付，律师可询问及审查现金使用目的及证据。若仅有口头陈述，并无汇款证据，则确认“借款”关系应慎重。

（二）转账支付的情形

即使有转账银行单据，但证明钱款流转给付一定成立债权债务关系尚不全面，有“借款”“不当得利”“赠与”等多种可能。因此，仅凭汇款凭据就主张是“债权债务”关系，难以有胜诉的把握。律师在处理此类纠纷时，需结合其他证据材料或录音、证人证言等其他证据，确定借款关系是否成立。

---

① 参见《最高院肖峰法官解读：彩礼的认定及返还》，载 http://www.toutiao.com/i6285750989148389890/，访问日期：2016年12月16日。

② 参见中国裁判文书网（http://wenshu.court.gov.cn/content/content? DocID = bb807856-fdca-4b46-97e4-b581d640da73&KeyWord=%E5%BD%A9%E7%A4%BC|%E5%BD%A9%E7%A4%BC|%E5%A9%9A%E7%BA%A6），访问日期：2018年5月13日。

(三) 仅有收条、借条的情形

仅有收条、借条,是否就可以确认形成借款关系,不能一概而论。实践中,基于男女双方感情关系的复杂性,也存在有收条或借条,但客观上没有钱款给付的情况。因此,律师需要从出借人的经济实力、借款金额、现金给付的具体过程等因素,综合判断分析。

三、婚前男女馈赠财物纠纷

婚前馈赠财物的给付有三种可能[①]:一是基于习俗,一方给付另一方钱款或物品作为订婚的标志,通常称为彩礼;二是一方赠与对方贵重物品及生产生活资料,如住房、汽车、金银首饰等,在双方缔结婚姻关系之后接受方以嫁妆的形式融入家庭财产中,用于夫妻共同生活,可以称为婚前赠与财产;三是相互赠送小额钱款、礼品及衣物等,属双方之间的礼尚往来。

对于彩礼的争议,可比照《民法典婚姻家庭编司法解释(一)》第5条的规定处理;对于婚前一方赠与价值较大的财物,要结合具体案情证明赠与时是否存在“以结婚为条件”的附条件的意思表示;对于日常礼尚往来的馈赠,则一般可视为赠与。

① 参见吕国强:《婚姻家庭案例精选》,上海人民出版社2006年版,第9页。

第三章　婚内法律事务

第一节　如何处理婚内扶养纠纷

一、律师代理扶养费案件应把握的因素

我国目前的司法实践中，对于夫妻之间的扶养义务，应根据案件当事人的具体需要结合当地的生活水平综合酌情处理，既要满足需要扶养一方的基本生活需要和必要的其他开支，也需要结合当地的物质、生产条件来确定生活费、医疗费等的金额。

具体确定数额时，律师可考虑以下因素：

(1)双方的经济能力。

(2)双方在家庭内部的分工及对婚姻、家庭生活贡献的大小。

(3)双方婚姻存续时间的长短。

(4)双方当事人目前的健康状况。

(5)如果已分居，则考虑双方分居前后的生活水平状况。

(6)双方各自的受教育程度以及社会工作能力。

(7)双方各自的社会经济负担。

(8)双方发生纠纷是否一方存在过错。

(9)双方是否存在婚姻约定，包括双方是否有婚前协议或婚内协议。不过，即使原有婚姻协议有排除扶养义务的约定，但因配偶之间相互扶助的义务乃法律之规定，因此，该约定一般不能成为对抗扶养义务的依据。

(10)扶养义务履行具有灵活性，在给付方式上，可以是给付钱款，也可以是提供居所或其他方式。

如果是以钱款给付为主要方式，则可以是按期给付，也可以是一次性给付。

二、夫妻分居后的扶养费问题

夫妻扶养义务作为法定义务，具有法律强制性。一方可向法院单独提起扶养费的诉讼，不以提起离婚诉讼为前置条件。另外，即使因感情不和而分居，一方仍应向经济困难的对方承担扶养义务，有的夫妻约定各自的工资或收入归各自所有，并不影响夫妻间扶养义务的履行。

在很多夫妻扶养纠纷中，负有扶养义务的一方经常以对方处有一定数量的夫妻共同存款为由，拒绝给付扶养费。从保护生活困难一方的生存利益出发，人民法院如果认可主张生活困难一方对夫妻共同存款去向的合理解释，亦可支持其诉讼请求，而将双方有关夫妻共同财产的争议留待在以后的离婚诉讼中解决。这样处理，既可以加强对弱者的保护，也不会对负有扶养义务的一方造成实质性利益损失。当然，双方以后若不离婚，就更谈不上什么损失了。①

---

①　参见吴晓芳：《婚姻家庭纠纷审理热点、难点问答(二)》，载奚晓明主编：《民事法律文件解读》(2012 年总第 89 辑)，人民法院出版社 2012 年版。

三、结婚时间长短对夫妻扶养义务的影响

实践中有当事人主张结婚时间过短而拒绝履行夫妻扶养义务,对此,最高人民法院吴晓芳法官赞同结婚时间长短不影响夫妻扶养义务的承担的观点。① 夫妻扶养义务的履行以婚姻存在为前提,以一方需要扶养为条件。符合上述要求时夫妻之间的扶养义务就产生了,而不以是否共同生活以及结婚时间的长短为条件。因此,结婚时间短不能成为拒绝履行夫妻扶养义务的理由。

四、法定扶养义务人的范围

《民法典》婚姻家庭编第 1059 条、第 1067 条、第 1071 条、第 1072 条、第 1074 条、第 1075 条规定了长辈对晚辈的抚养义务,夫妻之间、同辈之间的扶养义务,晚辈对长辈的赡养义务,律师在代理扶养纠纷案件时应把握上述法律规定以确定夫妻一方法定扶养义务人的范围。

第二节 分居协议

一、"分居"的法律规定

分居一般是指在不解除婚姻关系的情况下终止或中止夫妻同居义务。根据《民法典》婚姻家庭编第 1079 条第 3 款第(四)项的规定,夫妻在婚内因感情不和连续分居满两年,就构成法定判决离婚的理由。另外,经人民法院判决不准离婚后,双方又分居满一年,一方再次提起离婚诉讼的,应当准予离婚。因此,分居在案件处理中是一个很重要的概念。法律意义上的分居由两个要素构成,即客观上夫妻分开生活;主观上夫妻有分开居住的意愿。

我国《民法典》婚姻家庭编目前没有专门的分居制度,但在实践中,夫妻是否分居对于法院认定夫妻感情是否确已破裂尤为重要。

二、律师代书分居协议的注意事项

律师代书分居协议,要注意以下几个问题:

从内容上,根据当事人的意愿,要体现出分居后夫妻双方权利与义务的变化。如分居期间,夫妻双方不再有同居的义务等。

从财产上,可约定婚姻关系存续期间双方或一方对于财产的占有、使用及处分权利义务。如双方可以约定分居协议签订后,财产关系不再共有,采用分别财产制等,也可以对分居协议签署后的债务问题作内部约定。

可约定子女抚养问题。分居协议可约定子女由一方抚养或双方轮流抚养,并约定另一方享有的探望权等。

分居的期限。双方当事人可约定分居的期限。

分居的终止。协议分居可基于当事人双方的协议或双方当事人的同居行为而终止,也可能是基于当事人一方死亡或法院离婚判决生效而终止。

分居协议的生效条件。原则上双方一经签字即为生效。但是,分居协议生效,并不意味着分居事实已经形成。分居协议是否履行,需根据客观情况确定。在司法审判实践中,法院对分居认定相对慎重,分居协议不仅要证明已经签订,而且要证明是否已实际履行。

---

① 参见吴晓芳:《婚姻家庭纠纷审理热点、难点问答(二)》,载奚晓明主编:《民事法律文件解读》(2012 年总第 89 辑),人民法院出版社 2012 年版。

三、分居的法律后果

(一) 分居不会导致婚姻关系的解除

分居并不导致婚姻关系的终结,结合当前的法律规定,我国不存在分居后“自动离婚”的情形。根据《民法典》婚姻家庭编的规定,虽然“因感情不和分居满两年”可成为法院判决离婚的理由,但解除双方的婚姻关系仍需到民政部门办理协议离婚手续,或者是由法院判决。即使双方签订过分居协议,但如果起诉时仍不符合法定判决离婚的情形,人民法院仍可能驳回原告的离婚诉讼请求。

例如在(2014)杨民一(民)初字第 1811 号①判决中,原、被告于 2013 年 8 月 4 日签订分居协议,自此分居。2014 年原告起诉要求离婚,上海市杨浦区人民法院认为双方情形不符合判决离婚的条件,不予支持。

(二) 分居期间的相互扶养义务及子女抚养问题

《民法典》婚姻家庭编第 1059 条规定:“夫妻有相互扶养的义务。”由于我国不存在法律意义上的分居制度,并且大多数情况下当事人并无分居书面协议相约束,在夫妻分居期间,双方依然有相互的扶养义务和共同抚养子女的义务。

(三) 分居期间的财产关系

分居期间夫妻各自对外的债务,从外部关系来看,一般应视为夫妻共同债务。在夫妻内部而言,对分居期间当事人各自的债务,应根据债务发生的原因、用途等因素确定是否应一并承担。比如,为抚养子女、赡养父母或本人的正常生活所负债务,可以认定为夫妻共同债务;若为个人不正常消费等,应结合具体情况,看是否可视为内部承担的个人债务,是否可从共同财产中抵扣。

《民法典》婚姻家庭编第 1064 条进一步明确了夫妻债务问题:夫妻双方共同签字或者夫妻一方事后追认等共同意思表示所负的债务,应当认定为夫妻共同债务。夫妻一方在婚姻关系存续期间以个人名义为家庭日常生活需要所负的债务,属于夫妻共同债务,但应当排除其中超出家庭日常生活需要所负的债务部分,除非债权人能够证明该债务用于夫妻共同生活、共同生产经营或者基于夫妻双方共同的意思表示。

(四) 律师如何把握分居事实的举证

法律意义上的“分居”有两个法律要点:一是夫妻存在分居的客观事实;二是分居的原因须是因为夫妻感情不和。

关于分居事实的证明,律师可通过物业、居委会的证明、证人证言、出行记录、房屋租住证明等加以证实;如果分居的原因是“感情不和”,也需要证据证实,比如,双方是否有分居协议、分居之前有无发生过纠纷、有无报警记录等。

四、处理涉外案件中分居事项的要点

在最高人民法院《关于旅居外国的中国公民按居住国法律允许的方式达成的分居协议,我驻外使领馆是否承认问题的函》中,最高人民法院认为,“我驻外使领馆办理中国公民之间的有关事项,应当执行我国法律”,当事人的分居协议,“不符合我国婚姻法的规定,故不能承认和协助执行。他们按照阿根廷法律允许的方式达成的分居协议,只能按阿根廷法律规定的程序向阿有关方面申请承认。如果他们要取得在国内离婚的效力,必须向国内原结婚登记机关或结婚登记地人民法院申办离婚手续”。但实践中,分居协议或分居声明可以结合当事人双方提供的其他证据综合认

---

① 参见中国裁判文书网(http://wenshu.court.gov.cn/content/content? DocID = 0e971e7e - fa58 - 49fd - b8e7 - 83217ec29e30&KeyWord = %E5%88%86%E5%B1%85%E5%8D%8F%E8%AE%AE),访问日期:2018 年 5 月 13 日。

定,作为双方感情破裂的证据使用。

第三节 婚内财产约定

一、法律依据及效力

根据《民法典》婚姻家庭编第 1065 条的规定,夫妻可以就婚内和婚前的财产进行约定。婚内财产约定与婚前财产约定的区别在于签订协议的时间不同,一个签订在婚姻关系缔结后,一个签订在婚姻关系缔结前。

夫妻财产约定的法律效力可以分为对内效力和对外效力。①

对内而言,夫妻财产约定一旦生效,婚姻当事人双方均受此约定约束,夫妻双方都必须依照约定行使权利、履行义务,不得随意变更和撤销。确实需要变更或撤销的,须由夫妻双方协商一致后,以书面形式予以确定。如果合同中有明确约定,必须经过公证才能变更和撤销,那么非经公证的变更和撤销不生效。

对外而言,《民法典》婚姻家庭编第 1065 条第 3 款规定:"夫妻对婚姻关系存续期间所得的财产约定归各自所有的,夫或妻一方对外所负的债务,相对人知道该约定的,以夫或妻一方所有的财产清偿。"因此,在夫妻财产约定中,凡第三人事先知道该约定的,具有对抗第三人的效力。如果第三人不知道的,婚姻当事人的约定不得对抗第三人。

二、律师如何把握婚内财产约定

(一)婚内财产约定的适用主体

经双方协商一致,自愿签署婚内协议的男女双方,可适用婚内财产约定。

(二)婚内财产约定要明确财产所有权的属性

律师可以从以下几个方面考虑:

1. 对婚前财产的约定

如采用分别财产制,则可约定:"双方婚前各自名下,各自署名的不动产、房产及收益、汽车、股权及收益、储蓄存款及其他有价证券等财产,均为双方个人财产。"

律师要注意审查当事人婚前财产有无在婚内产生形式上的变化,以及该变化对界定财产属性是否有影响,并根据具体情况及时向当事人解释说明。

究竟哪些财产是婚前财产,在婚前财产协议中是必须明确的一个问题,也是婚姻产生纠纷时双方容易发生争议的问题。在没有协议的情况下,判定婚前财产的依据是取得财产的时间,对于那些无法明确取得时间的贵重物品,在没有证据证明的情况下,将仍定性为夫妻共同财产。

2. 对于婚前财产转归另一方所有的约定

男女双方在婚内协议中,如果约定将一方婚前的财产(或婚后属于一方的财产)转归另一方所有,此种情形,律师要注意和相关法律的结合,特别是《民法典》合同编中关于赠与成就的条件,以避免协议约定条款出现可撤销或不能履行的情形。

3. 对于婚内财产所有权的约定

根据《民法典》婚姻家庭编第 1065 条的规定,婚内约定可以采用归各自所有、共同所有或部分各自所有、部分共同所有几种方式。但应注意,法律没有列明允许"当事人双方婚姻关系存续

---

① 参见吴晓芳:《婚姻家庭纠纷审理热点、难点问答(二)》,载奚晓明主编:《民事法律文件解读》(2012 年总第 89 辑),人民法院出版社 2012 年版。

期间所得的财产完全归一方所有”，如果当事人有这样的意向，要注意相关法律的规定与风险的提示。

（三）确定双方在家庭生活中的权利义务

除了对财产问题作出约定外，双方还可以在婚内协议中约定双方对于家庭生活的权利义务。例如，对于双方老人如何赡养问题的约定，对于子女抚养、生活照料的约定，对于家庭重大事项如何决策的约定，一方违反夫妻忠实义务如何规制，等等。这些约定虽然不一定具有强制执行力，但属于夫妻双方对家庭生活权利义务分配的表现，也是法律所不禁止的。

但是以下三种特殊情形，需要引起注意。

1. 关于夫妻忠实义务的要求与惩戒的法律效力

实践中不少夫妻会签署“忠诚协议”，或者一方签署“净身出户”承诺书。目前，对于婚内财产约定下的“忠实义务”“净身出户”条款的效力，司法实践中已有一定的认识和处理观点，法院倾向于认定无效，而无效理由主要有以下四种：第一，忠诚协议限制了一方的离婚自由；第二，忠诚协议内容过于严苛，完全执行会导致一方生活困难，利益失衡；第三，无法证实忠诚协议系一方的真实意思表示；第四，忠诚协议是以道德义务作为对价与另一方进行交换而订立的，不能理解为确定具体民事权利义务的协议。因此，对此类问题律师应充分关注，如果当事人有这方面的意向，需要适当提醒。

2. 关于生育子女奖励条款的法律效力

实践中还有一类是生育子女奖励条款，例如在婚内协议中明确约定，生育男孩每名奖励多少钱，生育女孩每名奖励多少钱。目前，国内法院对于婚内生育子女奖励条款效力认定的案例较为罕见，此种约定是否有效，实际奖励的给付是否应当参照赠与的相关条款来认定，均是值得探讨的问题。此外，律师还要注意婚内协议中此类条款在境外法律适用的效力认定问题。

3. 婚内财产约定中的继承条款问题

有不少当事人会在婚内财产约定中加入与“继承”相关的条款，若实质是“遗嘱”条款，则在当事人死亡后，应结合具体案情来认定这些条款是否符合遗嘱的生效条件。如果婚内财产约定的继承性质属“共同遗嘱”性质，则还要结合继承法关于“共同遗嘱”的规定及司法实践处理。

（四）婚内财产约定的形式要件与生效条件

1. 形式要件

根据《民法典》婚姻家庭编的规定，婚内财产约定应当采用书面形式。如果是口头协议形式，其效力以夫妻双方均无异议为条件，否则难以认定双方的真实意思表示。

2. 生效条件

如无特别约定，婚内财产约定应在婚内签署，当事人自愿平等达成协议后，原则上签字即为生效，公证和律师见证均不是该类财产约定生效的条件。

三、婚内财产约定在司法实践中的处理

（一）约定“一方个人财产赠与另一方”条款是否适用《民法典》合同编

根据《民法典》合同编的有关规定，除了具有救灾、扶贫等社会公益、道德义务性质的赠与合同或者经过公证的赠与合同之外，赠与人在财产权利转移之前都可以撤销赠与。

由于婚姻关系和夫妻身份的特殊性，夫妻财产协议不同于一般的公民财产性协议，还要考虑其特殊性。对于夫妻财产约定的法律效力，律师应结合《民法典》婚姻家庭编的限制性规定和婚姻家庭关系的特点，参考合同生效的条件等综合考虑。

如果在婚内财产约定中，将原属于一方个人的财产约定为夫妻共同财产，则非系将个人财产

全部赠与另一方,符合《民法典》婚姻家庭编第 1065 条明确规定的范围,一般应视为有效。

例如(2016)京民申 720 号①判决中,北京市高级人民法院认为,婚前或婚姻关系存续期间,当事人可以约定将一方所有的房产赠与另一方。本案中,双方在婚姻关系存续期间签订了涉案的《婚内财产约定协议》,约定将登记在孙某名下的财产变更为夫妻共有,此协议系双方真实意思表示且不违反我国法律的禁止性规定,合法有效。

但实践中也有法院不予考虑婚内财产约定,认为未办理过户登记变更手续仍是一方个人财产。② 律师应根据具体情况把握。

(二) 婚内财产约定的时间、生效时间和范围问题

协议生效的条件、时间及范围,可在不违反法律、法规规定的前提下,由当事人自行确定。

(三) 婚内财产约定的无效、可撤销和变更

夫妻财产约定虽已成立,但若其在内容上或形式上违反了法律、法规的强制性规定和社会公共利益,可以被确认为无效。例如,夫妻以恶意串通、规避债务为目的订立的财产约定。

实践中,当事人主张一方以欺诈或胁迫的手段与其订立约定而主张合同可撤销的情形较为常见。但是,由于可撤销的约定涉及当事人意思表示不真实的问题,而意思表示是否真实,外人常常难以判断。同时,由于可撤销的约定往往只涉及夫妻一方意思表示不真实的问题,如果其自愿接受这种约定的不利后果,自愿放弃其撤销权,或者长期不行使其权利,则构成对其不利的客观事实因素。

夫妻对其财产进行约定后,经双方协商一致,可以变更或废止原约定。当情况发生变化,原协议内容不能适应夫妻实际生活需求时,当事人可以重新达成变更或废止原约定的协议。至于变更的方式,应采用书面方式。

(四) 约定的对内效力和对外效力

对内效力是指双方的财产约定在夫妻之间产生法律效力。对外效力是指双方的财产约定对第三人发生效力。由于夫妻财产约定中对内约定与对外约定的生效条件不一致,因此,其对内约定与对外约定的效力也不完全一致,其中,对外效力是最重要且最易发生争议的。

1. 对内效力

根据《民法典》婚姻家庭编第 1065 条第 2 款的规定,只要夫妻的财产约定符合约定的一般条件,不违反法律的强制性规定,即使其约定没有发生对外效力,对内效力亦应承认。

2. 对外效力

根据《民法典》婚姻家庭编第 1065 条第 3 款的规定,对第三人而言,如果婚姻关系当事人约定夫妻关系存续期间一方所得财产为一方个人财产,而第三人明知该约定的,夫妻有关财产的约定对第三人发生法律效力,否则夫妻双方的约定对第三人没有法律约束力。司法实践中有关“明知”的举证责任由婚姻关系当事人承担。

(五) 扶养、抚养义务可否协议免除

夫妻之间以及与子女、亲属之间的扶养、抚养和赡养义务是基于夫妻特定的身份关系发生的,这种义务既体现为夫妻的人身关系,也体现为夫妻的财产关系。《民法典》婚姻家庭编未对夫妻财产约定内容的合法性作出明确或详细的要求,即使是在夫妻实行财产约定制的情况下,特别

---

① 参见中国裁判文书网(http://wenshu. court. gov. cn/content/content? DocID = 02b7dc74 - 0833 - 4c63 - 87c1 - 54ccaa5aa9f9&KeyWord=%E5%A9%9A%E5%86%85%E8%B4%A2%E4%BA%A7%E7%BA%A6%E5%AE%9A),访问日期:2018 年 5 月 13 日。

② 参见(2013)沪一中民一(民)终字第 3190 号民事判决书。

是当一方将全部财产或大部分财产约定为另一方所有时,一般认为扶养、抚养义务也不能当然免除。

(六) 婚内财产约定中包含离婚财产分割或赔偿的效力问题

婚内财产约定与离婚财产分割是两个不同的法律关系和概念,但很多当事人习惯于在婚内财产约定中加入以离婚为生效条件的条款,比如,在协议中约定,一方出现“婚外情”“家庭暴力”情形,离婚时须净身出户甚至高额赔偿对方。在婚内财产约定中加入以离婚为前提的条款,其效力应参照最高人民法院关于离婚协议效力的规定,适用《民法典婚姻家庭编司法解释(一)》第 69 条的规定,即人民法院会认为此种以离婚为前提的条款成立未生效。

(七) 婚内财产约定的财产归属是否能够撤销

夫妻签订夫妻财产协议中,如果约定财产归属,该财产的归属是否可以撤销呢?

根据《民法典》婚姻家庭编第 1065 条的规定,只要夫妻双方基于意思自治原则,签订书面协议就其名下财产权属进行的约定符合《民法典》婚姻家庭编规定的生效要件,即对夫妻双方发生法律上的约束力,并未要求以夫妻双方办理物权变动手续为生效要件,也未赋予一方可以行使赠与合同任意撤销权的权利。据此,协议若系夫妻对财产的约定,未予以当事人行使任意撤销权的权利。

同时,《民法典婚姻家庭编司法解释(一)》第 32 条仅适用于夫妻一方将其个人所有的房产赠与另一方个人所有或者共有的情形,即属于夫妻婚内财产赠与。此种约定不属于《民法典》婚姻家庭编第 1065 条规定的约定财产制中财产类型的任意一种,因此不应适用《民法典》婚姻家庭编第 1065 条的规定,而应当适用物权编、合同编的一般规定进行处理。依据合同编关于赠与合同的规定,上述约定可以视为夫妻之间的赠与行为,根据该法第 658 条第 1 款的规定,在未办理房屋变更登记手续前,赠与人可以行使任意撤销权,撤销对另一方的赠与,另一方请求继续履行协议办理房屋变更登记的,不应得到支持。

在(2014)三中民申字第 12375 号①判决中,北京市第三中级人民法院认为:本案中诉争的 402 号房屋为马 × 婚前个人购买的财产,实际也登记在马 × 个人名下,马 × 与张 × 在签订的协议中明确约定该房屋属于夫妻共同共有财产,该约定在性质上属于原《婚姻法》第 19 条规定的夫妻婚内财产约定中的混合财产制类型。故在此情形下,应适用原《婚姻法》第 19 条第 2 款的规定,确认该约定对夫妻双方均具有约束力,而不应适用原《婚姻法司法解释(三)》第 6 条赋予一方行使赠与合同任意撤销权的权利。综上,一、二审法院认定该房屋属于夫妻双方的共同财产是正确的。

四、婚内财产协议范本

婚内财产协议书

协议人(男方):李某

协议人(女方):农某

协议人双方经相识、相恋,已经于 ×× 年踏入婚姻殿堂。双方本着互敬、互爱、互信、互相友好协商的原则,就婚前及婚后的有关财产问题,自愿达成如下协议:

一、关于双方婚前财产权利的归属:

双方婚前取得至本协议签订时在各自名下、单独署名的房产及收益、汽车、股权、存

① 参见中国裁判文书网(http://wenshu. court. gov. cn/content/content? DocID = 438cb72d - f792 - 4f94 - 804e - 7ac6e3dd2c1e&KeyWord = %E5%A9%9A%E5%86%85%E8%B4%A2%E4%BA%A7%E7%BA%A6%E5%AE%9A),访问日期:2018 年 5 月 13 日。

款、债券、投资基金及其他有价证券等财产,均为双方个人财产。

(财产清单列表)

二、双方各自婚前债务,由双方以其婚前个人财产清偿。

(债务清单列表)

三、双方婚后自本协议生效之日起,实行夫妻财产共同所有制形式:

1. 双方在婚姻期间所取得的一切法律规定的合法财产均归双方共同所有。

2. 双方应建立家庭财务管理账目,对家庭经济状况实行统一管理,双方对家庭财务状况均享有知情权,应如实记账、规划。

3. 婚后双方对夫妻共同所有的财产,有平等的处理权:

(1)维系家庭日常生活所有费用的支出、子女抚养教育、双方老人的赡养等费用,由双方共同承担。

(2)特殊事项的支出,如对夫妻重大共同财产作重要处理决定时,应由双方在平等、沟通、理解、信任的基础上协商解决,取得一致意见。

四、婚后双方应该互敬互爱,对配偶、子女及家庭应有道德责任感;尊敬双方父母,疼爱子女,善待亲友。夫妻双方应该互相支持,携手共渡难关,不推卸、逃避责任。

五、以上协议是双方真实意思表示,一式两份,经双方签字后生效。如有其他未尽事宜,可本着互相尊重、互敬互爱的原则协商解决。

协议人(男方):　　　　　　　　　　协议人(女方):
年　月　日　　　　　　　　　　　　年　月　日

第四节　如何处理婚内财产权争议

一、婚姻关系存续期间的夫妻财产分割

根据我国婚姻法律制度,如果当事人在婚内没有对各自或共同的财产作出权属约定,则双方在夫妻关系存续期间获得的财产,将会被认为是夫妻共同财产,且是共同共有,并非按份共有。一般来说,只有在离婚时,双方才会分割共同财产。但是,根据《民法典》婚姻家庭编第 1066 条的规定,在两种情况下,夫妻一方可以提出"婚内分财"。

1. 仅限于法条规定的两种情形

《民法典》婚姻家庭编第 1066 条规定了两种重大理由的情形:一方有隐藏、转移、变卖、毁损、挥霍夫妻共同财产或者伪造夫妻共同债务等严重损害夫妻共同财产利益行为的;一方负有法定扶养义务的人患重大疾病需要医治,另一方不同意支付相关医疗费用的。

应当注意的是,应将可以提出"婚内分财"的情形仅限定为上述两种情形,除《民法典》婚姻家庭编第 1066 条规定的情形外,既不能类推适用,亦不能扩大解释。如在判断是否属于第一种情形时,应区别当事人的不同主观意图。从主观上,隐藏、转移、变卖、毁损、挥霍或者伪造债务等行为应为夫妻一方的故意行为,通过上述行为,实现侵占夫妻共同财产的目的。

2. 分割共同财产的前提是不能牺牲债权人的利益

如果夫妻一方有隐藏、转移、变卖、毁损、挥霍夫妻共同财产或者伪造夫妻共同债务等严重损害夫妻共同财产利益的行为,人民法院不必然支持另一方分割夫妻共同财产的主张,只有同时满足不损害债权人利益这一条件时,上述主张方能获得支持。夫妻一方用夫妻共同财产承担法定扶养人或法定赡养人医疗费用,与保护债权人利益冲突时,也不能侵害债权人利益。

二、日常家事代理权

在司法审判实践中,律师要特别注意把握由家事代理权引出的夫妻处理共同财产的权利与限制问题。[①] 日常家事代理权是指夫妻一方在因家庭日常事务而与第三人为一定的法律行为时,享有代理配偶方的权利。

日常家事的范围应当包括家庭生活所必要的日常事务,该事务的范围主要以家庭生活开支的形式表现出来,主要包括:(1)维持共同生活的费用;(2)抚养教育子女的费用;(3)家庭成员所需的医疗费用;(4)其他日常生活所需的费用。

下列事务不属于家事代理的范围:(1)处分不动产;(2)处分具有重大价值的财产;(3)处分与婚姻当事人一方人身有密切联系的事务,如领取劳动报酬、放弃继承等。

三、一方擅自转赠夫妻共同财产的处理

在夫妻双方未选择其他财产制的情形下,夫妻对共同财产形成共同共有,而非按份共有。根据共同共有的一般法理,在夫妻关系存续期间,上述财产应作为一个不可分割的整体,夫妻双方无法对共有财产划分个人份额,也无权在共有期间请求分割共有财产。只有在共同共有关系终止时,才可对共有财产进行分割,确定各自的份额。因此,夫妻一方擅自将共同财产赠与他人的赠与行为应为全部无效,而非部分无效。

四、对一方擅自出卖共有房屋的处理[②]

在夫妻关系存续期间,夫妻一方擅自转让房产的情况并不罕见。审判实践中经常出现这样的情形,夫妻一方未经另一方同意,擅自将夫妻共同共有的房产出卖,另一方向法院提起诉讼,要求确认房屋买卖合同无效、第三人返还房屋的,该如何处理?根据善意取得制度,《民法典婚姻家庭编司法解释(一)》第28条对此问题已作出了明确的规定:“一方未经另一方同意出售夫妻共同共有的房屋,第三人善意购买、支付合理对价并办理不动产登记,另一方主张追回房屋的,人民法院不予支持。夫妻一方擅自处分共同共有的房屋造成另一方损失,离婚时另一方请求赔偿损失的,人民法院应予支持。”

五、一方转移夫妻共有房屋的预防和救济

(一)房屋权利人登记为夫妻双方的情形

配偶一方擅自转让共有房屋的案件多发生于房屋登记在夫妻一方名下的情形。买受方基于信赖房产登记簿上的公示效力,会认可出卖方具有完全的处分权。但若房屋登记在双方名下,买受方应尽注意义务,了解出让双方是否对出卖房屋达成一致意见,否则难以认定买受人为善意。

(二)异议登记

若夫妻关系恶化,为防止一方恶意转移财产,可以向房地产交易中心申请对该房屋进行异议登记。根据《民法典》物权编第220条的规定,异议登记是利害关系人对不动产登记簿记载的权利提出异议并记入登记簿的行为,具有使登记簿上所记载的权利失去正确性推定的效力。因此,异议登记后第三人不得主张基于登记而产生的公信力。但是异议登记也有缺陷,法律要求申请人在

---

① 参见吴晓芳:《婚姻家庭纠纷审理热点、难点问答(二)》,载奚晓明主编:《民事法律文件解读》(2012年总第89辑),人民法院出版社2012年版。

② 参见杜万华、程新文、吴晓芳:《〈关于适用婚姻法若干问题的解释(三)〉的理解与适用》,载《人民司法》2011年第17期。

异议登记之日起15日内起诉,不起诉的,则异议登记失效。

(三)未登记为房屋权利人一方向法院提起共有物确认之诉

未登记为房屋权利人的一方可以向法院提起共有物确认之诉,要求将自己列为房屋共有人。多数法院的观点认为,夫妻之间可以存在多种财产共有形式,因此,夫妻婚后取得的财产并非当然为夫妻共同财产,法律上也没有依据排斥夫妻一方作为共有权利人主张共有权利,即未记载产权登记的配偶一方可向法院提起确认共有的诉讼。

(四)一方擅自出售共有房屋后的救济

一方擅自转让共有房屋且法院判决该转让有效的情形下,配偶一方可以通过以下两种方式救济:

一是在婚姻关系存续期间提出分割。根据《民法典》婚姻家庭编第1066条的规定,配偶一方在房屋被转让后,可以立刻启动夫妻关系存续期间的财产分割程序,降低损失。

二是在离婚诉讼中,要求赔偿。根据《民法典》婚姻家庭编第1092条的规定,离婚时,一方变卖夫妻共同财产的,另一方可要求法院对于私自变卖财产的一方予以少分或者不分。另外,根据《民法典婚姻家庭编司法解释(一)》第28条的规定,夫妻一方擅自处分共有房屋造成另一方损失,离婚时另一方可请求赔偿。

第四章　离婚法律事务

第一节　如何接待离婚咨询

一、电话咨询

电话咨询,是最常见的咨询方式。因此,对于律师来说,学习和掌握电话咨询技巧是非常重要的。

(1)接听环境。律师接听咨询电话,一般应在安静的场所,以保证通话质量。

如果咨询电话由前台或助理、秘书接听,律师事务所则要对接听电话的语言及流程进行规范,必要时可以做咨询来电的记录。

(2)语言。律师在接听咨询电话时,要给咨询者以职业感,回复时应使用相对规范、通俗易懂的语言。

(3)时间。一般建议电话咨询只进行基本问题的回复与概括,对于详细案情及分析,可在与客户面谈交流时再全面展开。

(4)态度。律师接听电话时态度要和蔼,切忌不耐烦。

(5)咨询记录。必要时,律师可作咨询记录,记录咨询者的基本情况和案情,以便查询。

二、面谈

(一)准备工作

(1)咨询者来访之前,要关照客户来访路线、停车位置、是否需要携带证件等细节,以便来访顺利。

(2)咨询尽量安排在整洁、安静的会议室,律师穿着应得体、大方。

(3)面谈咨询时可作记录,以便备查。咨询记录要保密。

(二)询问

接待咨询时,律师需先倾听客户讲述,之后再根据客户的讲述进行分析和提问,主要包括以下几个方面:

(1)来访者与其配偶相识、恋爱的时间,缔结婚姻关系的时间、地点。

(2)生育子女情况,子女抚养情况,目前双方照看孩子的具体方式。

(3)双方婚后感情变化过程以及具体事例,目前双方生活状况,是否分居。

(4)双方的财产情况,要问及:

①房产情况。房屋购买的时间、是现房还是期房、购买时的合同价格、购买时有无贷款、购房款的来源,首付多少、首付来源、主贷人是谁、房产登记在哪方名下,装修出资、装修时间、房产现值、剩余贷款本金情况、房产有无其他抵押、该房屋目前由哪方实际居住、该房产内的户口情况。

②存款情况。客户名下以及对方当事人名下有无存款,相互是否知晓,是否有对方的存、取款凭条或知悉对方当事人的开户行、账号。

③股票情况。客户名下以及对方当事人名下有无股票,是否以当事人本人的名义开户,对方是否知道其股票账号的开户证券公司、股东代码、资金账户以及股市内市值。

④家具、电器情况。除非有特别贵重的相关财物,否则可不必细问。

⑤持有贵重金属、基金、贵重古玩字画及其他有较大价值动产财物的情况。

⑥汽车拥有情况。客户及对方当事人名下是否拥有汽车,如有,询问汽车款型、牌照、购买时间、有无贷款以及还贷情况、购买价值、目前车辆实际使用人、目前车辆市值等。

⑦公司、企业股权。在客户及对方当事人名下是否持有公司、企业股权,公司、企业注册的时间,注册地,注册资金,股东人数,持股比例,公司、企业股金有无变动情况,公司、企业财务情况,上一年度会计报表所有者权益情况,客户对公司、企业的态度等。

⑧其他财产的相关情况,比如债务情况、期权、保险、拆迁利益、遗产等。

(5)双方是否正式谈及过离婚,若谈及,双方的意见是什么。

(6)客户希望律师能够解决的问题和希望获得怎样的帮助。

(三)回复

一般而言,律师应从三个方面回复客户咨询:

(1)以客户告知的信息为基础,为其判断该问题在法律上的可能处理结果。

(2)结合实际操作来看,法律理论后果与实际操作上的结果可能会有哪些差异、实际操作中可能会有哪些问题、如何解决这些问题、客户应有怎样的态度以及做好哪些心理准备。

(3)咨询结束后,客户如何才能解决问题,客户需要做好哪些准备、需要经历哪些阶段、所需的时间和经济成本如何。

律师在回复客户咨询时,不能仅将对客户的咨询问题进行了回复作为完成咨询的标志。律师要弄清楚客户咨询的目的、要解决什么问题。必要时可为客户拟订解决问题的方案和制订具体计划。

律师在接待客户咨询时,要善于把握和控制咨询的整个思路,控制咨询时间。

(四)费用

律师接待面谈咨询,如果需收取咨询费用,应在咨询之前告知客户收费标准,以免引发争议。律师收费应按规定出具正式发票。

第二节 如何与委托人签订代理合同

一、律师应慎重代理以下两种类型的案件

(一)"左右摇摆"型

有些离婚案件中,当事人对于是否离婚并没有明确决心,而是处于情感波折中,对另一方满怀怨恨,对离婚的态度摇摆不定。此时,律师可劝解当事人慎重,认真考虑后再决定是否离婚。

(二)"不切实际"型

有些离婚案件中,当事人对于另一方有强烈的不满,对自己的精神赔偿或经济补偿期望值很高,想借助律师的帮助达到巨额"赔偿"的目的。对于当事人这种不切实际的想法,律师可通过客观分析予以纠正。

二、与委托人签订代理合同需注意的问题

(一)签订合同的主体

与客户签订代理合同的主体是律师事务所。

（二）代理授权类型

在离婚案件中，除非当事人不能亲自出庭且已经法庭允许，一般情形下，律师只接受"一般代理"权限。对于是否同意离婚、具体财产分割、子女抚养等主观意愿，律师一般不能代理。目前，只有对于当事人在境外或没有在国内定居的外国人的离婚案件，以及一方因客观原因不能亲自参加庭审且法庭准许当事人不亲自出庭的离婚案件，才有可能特别授权律师代理。实践中，新执业律师一定应予以注意。

（三）签收法律文书

如果客户授权律师签收法律文书，律师要及时反馈相关收件信息，不能延误，否则可能被委托人追究相关的法律责任①，同时，相关反馈应有证据证明。律师代为签收法律文书由委托人承担相关法律后果，因此，一定要及时向客户反馈法律文书的内容，及时转交。

（四）案情陈述

由于婚姻案件涉及个人隐私，客户在陈述案情时，可能出于疏漏或迟疑原因，对案情表述不全面、不准确，所以律师应保持清醒的头脑、中立的态度，理智分析，描述不可过于细致。为避免冲突或误会，与对方当事人协商离婚事宜时，宜在公共场所或律师的办公地点进行。

（五）代理期限和范围

当事人的离婚案件如果不符合法定判决离婚的条件，在被告不同意离婚的情况下，法院第一次审理的结果很大可能会不支持原告的离婚诉求，因此会导致离婚需要经历两次甚至三次诉讼过程。律师在与客户签订委托代理合同时，一定要明确代理期限，完成哪一个阶段属于代理事项完成，以避免引发争议。

另外，相对复杂的离婚案件还可能会引发其他关联案件，如侵权案件、房产转让、股权转让案件、析产案件等，律师应在委托代理合同中明确代理的范围，以避免引发相关争议。

【示例】

授权委托书

委托人：×××

受委托人：×××律师事务所×××律师

地址：××市××区××路××号

联系电话：　　　　手机：

委托人兹委托×××律师为委托人与×××离婚纠纷案件的代理人。

代理权限：一般代理，代为调查取证、参与调解、和解、谈判、起诉、应诉，签收法律文书、出庭参与庭审（包括但不限于管辖异议的处理）等。

代理期限：本案一审、二审审理完毕止。

委托人：

××年××月××日

① 参见《判决书在律师手里捂了一年 律所被判赔偿30万元》，载中国新闻网（http://www.chinanews.com/n/2003-06-16/26/314548.html），访问日期：2018年5月13日。

三、承办律师建立委托关系的流程

(一) 告知当事人事项

(1)律师提供法律服务必须依照法律,尊重事实。

(2)律师事务所是法律专业中介机构,不是争议裁决的法定机构,无权决定争议事项的裁判结果。

(二) 制作谈话笔录

谈话笔录是反映案情的重要渠道,也是律师与委托人信息交流的证明资料。律师应当对委托事项涉及的主要内容制作谈话笔录,全面准确地反映委托人和律师的原意,完成后最好请咨询者确认并签字。

(三) 注意查询利益冲突

利益冲突行为,是指同一律师事务所同一律师或者不同律师之间已经或者拟代理的两个或者两个以上的委托人之间存在相悖的利益关系,但仍然接受代理的行为。

在接受委托之前,律师及其所属律师事务所应当进行利益冲突排查。同一律师事务所的律师不得在同一诉讼案件中为双方当事人担任代理人,不得代理与本人及其近亲属有利益冲突的法律事务;非诉讼案件中,同一律师事务所的律师必须在获得委托人同意后,才能担任双方的代理人。

律师明知诉讼相对方或利益冲突方或其已聘请的代理人是自己的近亲属或其他利害关系人的,应当主动回避。律师在接受委托后知道诉讼相对方或利益冲突方或其聘请的代理人是自己的近亲属或其他利害关系人的,应当及时告知委托人,并及时协商办理更换承办律师的手续。曾在前一法律事务中为委托人提供过法律服务的律师,即使在解除或终止该等代理关系后,亦不能再接受与前任委托人具有利益冲突的相对方的委托办理同一法律事务(除非前任委托人书面同意)。

四、律师收费

根据不同的服务内容,律师服务可以采用以下三种方式进行收费:

(一) 计件收费

计件收费是指以每一委托事项为基本单位收取律师服务费的收费方式,计件收费一般适用于不涉及财产关系的婚姻家庭案件。

(二) 按标的额比例收费

按标的额比例收费是指按该项法律服务所涉及的标的额的一定比例收取律师服务费的收费方式,一般适用于涉及财产处理的离婚、继承案件。

(三) 计时收费

计时收费是指按照律师计时收费标准和办理法律事务的计费工作时间收取律师服务费的收费方式,须当事人一致认可。

计费工作时间是律师办理法律事务的有效工作时间,包括但不限于律师向委托人了解案情、查阅案卷、起草诉讼文书和法律文件、出庭、参与调解和谈判、商议工作方案、代办各类手续、差旅以及办理其他相关法律事务的必要时间。

五、律师与委托人如何终止合同

委托人与律师协商一致,可终止合同。终止合同应当由律师事务所与当事人签订,若已经将委托关系公函提交法院的,律师还应当配合向法院提交《解除委托关系告知书》。终止合同一般需要以下法律文件：

（一）委托人向法院提交的《解除委托关系告知/申请书》

解除委托关系告知/申请书

告知/申请人：×××

申请事由：撤回申请人对原委托代理×××、×××的委托关系

事实理由：申请人诉×××离婚纠纷一案，已由上海市闸北区人民法院转移至贵院受理。现因申请人已另行委托代理人代为诉讼，故特此撤回对原代理人：××××律师事务所×××的委托关系。

此致

上海市××区人民法院

告知/申请人：

××年××月××日

（二）律师事务所与委托人签订的《终止合同协议》

《终止合同协议》是指律师事务所与委托人就终止原《委托代理合同》、终止相关权利义务达成的协议。

终止合同协议

协议人（甲方）：×××

协议人（乙方）：×××律师事务所

甲、乙双方于2016年1月22日签订聘请律师合同，聘请合同编号为（2016）沪律民字第××号。现甲、乙双方协议终止委托代理合同，甲方无须向乙方支付违约金，乙方不再退还甲方已支付的代理费用。乙方向甲方交付相关的案卷材料，双方再无其他争议。

协议人（甲方）：　　　　协议人（乙方）：

年　　月　　日　　　　年　　月　　日

（三）卷宗材料交接清单

律师从委托人处取得的原件、其他案件材料以及调取的相关证据，应委托人的要求，在向委托人提交时应当做好移交材料的目录清单，由委托人签字确认。

即使委托书不要求出具交接清单，律师也应自觉保存好交接的证据，以免将来因原件保管问题出现纠纷。

六、离婚案件当事人投诉的主要原因及预防

有些情况下，当事人要求终止或解除协议，是由于对律师工作不满造成的，有些情况下是因为与律师之间产生误会所导致。离婚案件涉及当事人重大的切身利益，律师应主动避免与客户的误会与嫌隙。特别是新执业律师，应注意，处理婚姻案件并非完全依赖于过硬的法律知识，还需要一定的心理学知识与社交能力。

(一) 当事人不满意的主要原因分析

(1)律师工作不够尽职,或出现重大失误,引起当事人不满。律师工作不认真,或虽然认真但业务不熟悉,或是承办了超过自己能力的高难度案件,或是由于工作繁忙忽视了当事人的案件造成了不良后果,这些都是常见的引发客户不满的情形。作为律师,应妥善处理自己与当事人的关系,力争避免激化矛盾、扩大影响,将当事人的损失控制在最小范围。一般情况下,只要律师敢于面对自己的错误,积极避免和适当补偿当事人的损失,态度较好,往往都会获得谅解,最终达成和解。

(2)律师工作虽然没有重大漏洞或过失,但由于对待当事人的态度、处理事务的方式等不合适,而引起当事人的反感和不满。例如,当事人感觉律师太忙、无暇处理自己的事务,或是以训斥的口气与当事人说话,或是对当事人表现得很不耐烦。在这些情况下,虽然律师并非存在实质性的过失,但也容易引起当事人的不满和投诉。

(3)律师工作尽职,也未出现错误,但办案结果引起当事人不满。当事人不仅重视律师办案过程,更重视办案结果。案件虽经律师的不懈努力,但最终没有达到当事人期望的结果,不论律师在办案过程中是否存在失误,有些当事人仍然可能会产生不满情绪,引发矛盾。

(二) 避免投诉应注意的问题

(1)在签订律师代理合同之前,律师应多思考分析。签约之前,律师可根据委托人的言行举止等细节来分析委托人的品德、性格等,结合案件本身,判断在代理案件过程中,是否可能产生与委托人无法顺利合作的情况。如果可能会存在严重的配合问题,则应当慎重接案。

(2)代理案件时,应注意处理与委托人的关系。在代理案件过程中,应严格遵守律师执业纪律和职业道德,及时与委托人沟通案情,避免产生误会。

(3)依法合理、合规收费。多数当事人投诉或不满的原因,是律师收费问题。具体收费时,律师应结合办案难度、耗时数量、工作量大小以及自身具体情况酌情依法收取代理费。

第三节 离婚协议及效力

一、离婚协议的效力

(一) 已签订离婚协议中财产部分的效力

根据《民法典婚姻家庭编司法解释(一)》第69条的规定,离婚协议中对于财产分割的约定只有在双方解除婚姻关系后才能生效,也即,离婚协议中的"协议"是附条件的,即以"离婚"为生效条件。

(二) 已签订离婚协议中非财产部分的效力

最高人民法院民一庭肖峰法官认为,人民法院在认定离婚协议中非财产分割条款的效力时,应依法审查协议中非财产分割条款的具体内容。如果离婚协议中非财产分割条款涉及当事人自身利益的处分且当事人在诉讼中对该非财产分割条款明确表示反悔时,一般应认定该非财产分割条款没有生效。

司法实践中,离婚协议中常见的非财产分割条款主要包括夫妻各自财产处理条款、子女抚养权归属条款、抚养费给付条款、夫妻共同债务甚至夫妻个人债务承担条款、损害赔偿数额条款和经济帮助条款等,这些非财产分割条款虽然不在《民法典婚姻家庭编司法解释(一)》第69条的规范范围,但仍应参照该条认定,在登记离婚或协议离婚不成就时,均不生效。

二、律师代书离婚协议应注意的问题

（一）视具体情况对离婚协议的范本进行补充

民政局一般都会有离婚协议的范本或模板，律师可视具体情况对离婚协议的范本或模板进行补充，主要是财产处理和子女抚养方面。比如，分割共同财产的具体明细、分割方式、交付方式，子女的探视时间、地点、抚养费支付的方式、医疗费用的承担比例和支付方式，等等。

（二）离婚协议中的表述应避免争议

离婚协议中的表述应避免模糊和争议，防止纠纷的发生。例如，律师应避免只用诸如“双方各自名下的财产归各自所有”“其他财产归X方所有”这样的表述，应当将上述表述的含义正确、清晰地阐明给当事人，明确财产的类型、名称、数量、权利凭证，等等。对于剩余的双方同意用兜底条款来涵盖的一些小额财产，最好在离婚协议中加一条兜底条款：双方所有的夫妻共同财产已分割完毕，未列举在本协议中的其他财产不代表双方不知晓，双方再无其他未分割的夫妻共同财产争议。

但是，并不是“双方各自名下的财产归各自所有”就意味着离婚后一方起诉要求分割另一方名下的财产就一定会败诉，关键要看，在协议离婚时再次起诉要求分割的财产是否包含在当时双方理解一致的共同财产范围之中。若再次争议的财产属一方在签署离婚协议时不知道的财产，则另一方起诉要求进行分割也能得到法院的支持。再如，“离婚后债权债务全部归男方”的约定，虽然是对债权进行了处分，但并不意味着离婚后女方对新发现的原夫妻关系存续期间男方名下的债权就不能再主张权利。认定的关键在于男女双方在离婚协议中所称的“债权”是否包含了系争的债权。若法院查明女方不可能在签署离婚协议时知道该债权的存在，即该债权不属于离婚协议约定处分的债权范围，则法院应判定该债权应予以分割。

（三）离婚协议应具有操作性和适用性

离婚协议中对于约定事项的具体操作规定应当尽量清楚、细化，从实际出发，以避免日后发生不必要的纠纷，从而保障离婚后双方生活和工作的顺利进行。

（四）注意离婚协议内容的合法性

离婚协议中绝大部分约定在双方协商一致签署并办理离婚登记后会生效，但有些约定可能会因违反法律规定或损害第三人利益而对第三人无效，常见的无效的约定主要集中在以下三个方面：

（1）约定共同债务由一方离婚后单独承担，该类约定在协议男、女双方之间有效，但不能对抗第三人。

（2）处理他人的财产。离婚时处理实际由双方当事人投资但股东以他人名义注册的公司时，律师应建议当事人与名义股东达成股权确认及分割协议，由名义股东在协议中确认名下的股权实际为离婚双方持有，并同意离婚双方的分割意见。

（3）取消一方抚养子女义务的约定有争议。抚养子女是父母的法定义务，法定义务不能因约定而免除，除非这种约定不损害子女的合法权益。此种约定有一定的法律风险。

离婚协议书

协议人：张某，男，××年×月×日出生，汉族，住××市×××路×××号

协议人：王某，女，××年×月×日出生，汉族，住××市×××路×××号

协议人双方于××年×月×日在××区人民政府办理结婚登记手续。因双方性格不合无法共同生活，夫妻感情已完全破裂，现双方就自愿离婚一事达成如下协议：

一、张某与王某自愿离婚。

二、夫妻婚后购有坐落在××路××号的楼房一套,合同价人民币60万元,现值人民币100万元(包括房内装修及附属设施)。购房时以男方为主贷人贷款42万元,现尚剩余贷款本金30万元。该房购买时首付18万元,首付款来源于婚后双方存款。现协商该套房产归女方所有,剩余贷款也由女方偿还,由女方给付男方房屋折价款35万元,折价款计算公式为:(房屋现价100万元-未还贷款本金30万元)÷2。女方给付男方的折价款35万元在两年内分三次付清:

第一次,办理完离婚手续当天给付男方人民币10万元;

第二次,办理完离婚手续的当年12月31日之前,给付男方人民币10万元;

第三次,办理完离婚手续的次年12月31日之前,给付男方人民币15万元。

女方若不按时支付,每逾期一日按逾期支付数额的日万分之五支付逾期违约金。

男方有义务配合女方办理贷款主贷人变更手续,以及产权变更手续,相关变更手续在办理完离婚手续后即予以办理。若由于男方不予配合女方办理房产转移手续而给女方带来不必要的损失,男方必须双倍返还。

房内的家用电器及家具等(见清单),双方同意作价2万元,归女方所有,女方向男方支付1万元。

三、夫妻无共同债权及债务。

四、儿子张某某由女方抚养,由男方每月给付抚养费(包括生活费、教育费、医疗费)500元,在每月10号前付清,直到孩子完成高中教育阶段止。高中教育阶段之后的有关费用双方日后重新协商。

五、张某可在每月的第一个周末与儿子相处,但相处时间不超过24小时。如临时或春节探望,可提前一天与王某协商,达成一致后可按协商的办法进行探望。

本协议一式叁份,双方各执壹份,婚姻登记机关存档壹份,在双方签字并经婚姻登记机关办理相应手续后生效。

协议人:	协议人:
××年×月×日	××年×月×日

三、协议离婚后常见的纠纷与防范

(一) 协议内容表述引起的纠纷

(1)离婚协议内容过于简单,不具有可操作性。比如,协议约定“财产已分割完毕,双方对此无异议”,但是对于有哪些财产、如何进行分割等问题在协议中却没有体现,如此约定漏洞较大。

(2)离婚协议中某些概括性条款的约定过于宽泛。比如,协议约定“男女双方名下的其他财产归各自所有”,或“男女双方无其他财产争议”等类似表述。

(二) 房产引起的纠纷

涉及贷款的房产在离婚协议中分割,律师可向具体贷款银行了解落实离婚协议需要的条件和材料,以防止离婚协议中的房产被贷款银行执行的情形。

另外,财政部与国家税务总局2021年8月27日发布的《关于契税法实施后有关优惠政策衔接问题的公告》(财政部、税务总局公告2021年第29号)规定,夫妻因离婚分割共同财产发生土地、房屋权属变更的,免征契税。因夫妻财产分割而将原共有房屋产权归属一方,是房产共有权的变动而不是现行契税政策规定征税的房屋产权转移行为。因此,对离婚后原共有房屋产权的归属人不征收契税。

（三）银行存款引起的纠纷

夫妻共同生活中，一般银行存款主要存在一方名下，而另一方往往并不清楚家里的积蓄被存于哪个银行，甚至不清楚家里有多少存款。因此，为了使财产分割透明化，防止财产的漏分，在离婚协议中需明确共同存款的数额以及现存于谁的名下、存于哪一个银行，具体来说，可以详细列出包括开户行、开户名、账号、存款余额、币种等在内的信息。这样离婚后一方若发现另一方在离婚协议中没有记载的存款，便可以通过诉讼的方式要求分割并要求故意隐匿的一方承担少分甚至不分的后果。

（四）股票引起的纠纷

离婚协议中，当事人往往只是笼统地约定一方名下股票的总市值，这样一来，一旦对方不履行给付义务，而当事人起诉到法院，由于不知对方的具体股市信息，查询起来就比较麻烦。因此，在协议离婚时，应当在协议中写明股东代码、账号以及开户的证券交易所，从而省去不必要的麻烦。

（五）公司股权引起的纠纷

如果离婚协议中约定，分割一方名下股权的一部分给另外一方，要注意《公司法》关于其他股东优先购买权的问题，以防止该约定无法实施。

（六）前后多份离婚协议书效力认定引起的纠纷

律师应注意，当事人在离婚过程中，可能产生多份离婚协议，甚至在办理完离婚协议手续后，还会就离婚相关事宜达成新的协议。在认定效力上，后签订的协议应当优于先签订的协议。

（七）遗漏财产的分割纠纷

根据《民法典婚姻家庭编司法解释（一）》第84条的规定，当事人依据《民法典》婚姻家庭编第1092条的规定向人民法院提起诉讼，请求再次分割夫妻共同财产的诉讼时效为三年，从当事人发现之日起计算。

（八）公证的离婚协议效力认定

经过公证的附离婚条件的财产分割协议在性质上也属于附生效条件的合同，双方签字后成立，在完成协议离婚手续后生效。公证的效力在于确认协议的内容是双方当事人的真实意思表示，但不能改变协议的生效条件①，也即离婚协议即使经过公证机关公证，但并没有“自动生效”“优先生效”的法律效果。

（九）关于离婚协议中部分条款的特别约定效力

如果当事人在协议中明确约定，“双方到民政部门登记离婚或到法院协议离婚未成，也应按照协议约定的内容履行”，这样的约定是否生效？有观点认为②，当事人已经在协议中明确了协议离婚未成也要按照原约定履行的意思表示，在诉讼离婚时，法院应当充分尊重当事人的意思表示，具体处理时应依照约定的内容进行裁判。

（十）不履行离婚协议中户口迁移条款的效力认定

离婚后，户口迁移问题也是离婚案件的难点。比如，离婚后女方的户口仍在男方为产权人的房子里，而根据离婚协议的约定，女方应该在办理完离婚手续的一段时间后将户口迁出，但女方拒

---

① 参见吴晓芳：《婚姻家庭纠纷审理热点、难点问答（一）》，载奚晓明主编：《民事法律文件解读》（2011年总第83辑），人民法院出版社2012年版。

② 参见杜万华、程新文、吴晓芳：《〈关于适用婚姻法若干问题的解释（三）〉的理解与适用》，载《人民司法》2011年第17期。

不迁出,给男方造成一定的损失或麻烦。根据户籍管理规定以及法院的审判实践,法院一般不会受理以户口强迁为诉讼请求的侵权案件。

为了避免此类纠纷,当事人应在离婚协议中明确约定有义务迁出户口方不履行迁出义务的惩罚措施。例如,可以在离婚协议中约定:"若一方在离婚手续办理完毕的3个月内不能自行将户口迁出,每逾期一日应向另一方支付××元的补偿;若另一方在转让该房时,因为一方户口未迁出原因对房价产生影响,一方应赔偿另一方差价部分。"虽然法院不能直接处理户口迁移问题,但对当事人协商一致的违约条款可以支持和处理。

第四节 如何把握"感情是否确已破裂"

一、判决离婚的规定及应用

(1)《民法典》婚姻家庭编第1079条第3款规定了法院审理离婚案件时应准予离婚的五种情况。

(2)《民法典》婚姻家庭编第1079条第4款规定:"一方被宣告失踪,另一方提出离婚诉讼的,应当准予离婚。"第5款规定:"经人民法院判决不准离婚后,双方又分居满一年,一方再次提起离婚诉讼的,应当准予离婚。"

值得注意的是,上述两款规定用的是"应当准予离婚",而不是可以判离。

(3)《民法典婚姻家庭编司法解释(一)》第23条规定,夫妻双方因生育纠纷,致使感情确已破裂,也属于应准予离婚的情况。

二、律师对于法定判决离婚条款的理解与应用

(一)重婚与同居

重婚是指有配偶或者明知他人有配偶而与之结婚的行为。重婚行为一般表现为两种方式:第一,有配偶或者明知他人有配偶而与之到婚姻登记机关登记结婚。第二,有配偶或者明知他人有配偶,不进行结婚登记,但是与之以夫妻名义持续、稳定地共同居住、生活的行为。重婚不但是严重违反《民法典》的行为,也是违反刑法的犯罪行为。

夫妻一方因被另一方自诉犯重婚罪而判刑,若其中一方以此主张夫妻感情破裂,在一方服刑期间提起离婚之诉,法院应予以判离。《人民法院案例选》公布的"欧阳瑛以被妻子自诉重婚被判刑导致夫妻感情破裂为由在服刑期间诉李元娥离婚纠纷案"①可以印证以上观点。离婚诉讼与重婚罪自诉属于不同诉讼程序,处理时应先中止民事诉讼,待刑事重婚案件审结后再恢复民事诉讼。②

(二)家庭暴力、虐待遗弃

2008年3月,最高人民法院发布了《涉及家庭暴力婚姻案件审理指南》,规定了针对被害人的"人身保护令"③。《民事诉讼法》第103条对行为保全作出了明确规定,该规定使"人身保护令"有了明确的法律依据。

《中华人民共和国反家庭暴力法》已于2016年3月1日生效,有利于进一步保护弱者在家庭和社会中的人身权利。

---

① 参见最高人民法院中国应用法学研究所编:《人民法院案例选》(2001年总第38辑),人民法院出版社2002年版,第78页。

② 参见最高人民法院民事审判第一庭:《民事审判实务问答》第6条,法律出版社2005年版。

③ 参见谢兼明:《人身保护令:有了法律"身份证"》,载 http://rmfyb.chinacourt.org/paper/html/2013-01/21/content_56949.htm,访问日期:2018年5月13日。

（三）赌博、吸毒等恶习屡教不改

律师应注意，并不是一方有赌博、吸毒行为，另一方起诉就一定能离婚，法院还需结合是否“屡教不改”的严重情节，酌情判定。

（四）因感情不和分居满二年

“分居”是指夫妻间不再共同生活，不再互相履行夫妻义务，包括停止性生活，经济上不再合作，生活上不再互相关心、互相扶助等。①

根据《民法典》婚姻家庭编第 1079 条第 3 款第（四）项的规定，夫妻因感情不和分居满二年，法院应当准予离婚。但是要注意，必须是因为感情不和导致分居，并且满二年的时间，法院才予以判决离婚。

上海市高级人民法院认为，因分居而主张离婚的，当事人应当举证证明②：

（1）夫妻双方因感情不和而分居已满两年；

（2）夫妻关系确无和好可能。

（五）其他导致夫妻感情破裂的情形

《民法典》婚姻家庭编第 1079 条第 3 款第（五）项给予法官在审理离婚案件时，可酌情结合案情自由裁量的空间。

第五节　如何把握“过错”对案件的影响

一、法定“过错”及赔偿责任

（一）离婚损害赔偿

《民法典》婚姻家庭编第 1091 条规定的过错情形有：“（一）重婚；（二）与他人同居；（三）实施家庭暴力；（四）虐待、遗弃家庭成员；（五）有其他重大过错。”通常认为，前四项过错属于比较严重的过错，对另一方会造成较为严重的伤害，因此，在这四种情形下，法律赋予无过错方主张离婚损害赔偿的权利。《民法典》在这一条新增了“有其他重大过错”作为兜底条款，因此，除法条列明的几种情形外，其他过错及不良恶习，如“违反忠实义务”等，无过错方同样可以主张离婚损害赔偿。

（二）照顾无过错方

《民法典》婚姻家庭编第 1087 条第 1 款规定：“离婚时，夫妻的共同财产由双方协议处理；协议不成的，由人民法院根据财产的具体情况，按照照顾子女、女方和无过错方权益的原则判决。”因此，“照顾无过错方”作为人民法院审理离婚案件时处理夫妻共同财产问题需遵循的基本原则，也是无过错方可请求人民法院“予以照顾”的法律依据之一。

二、认定“过错”的证据

（一）接报警记录、验伤单、伤残鉴定书

若配偶一方存在家庭暴力，而另一方及时报警验伤，若相关证据能够直接证实加害人系配偶一方，并有一定的伤害后果，即可用来证明加害一方存在过错。

① 参见胡康生主编：《中华人民共和国婚姻法释义》，法律出版社 2001 年版，第 140 页。

② 参见《上海市高级人民法院婚姻家庭纠纷办案要件指南》第一部分第 15 条。

(二) 因吸毒、赌博、违法行为而被行政处罚、刑事处罚等

若配偶一方因违法犯罪行为被予以行政处罚甚至追究刑事责任,相关行政处罚决定书、通知书、刑事判决书等,都可以证实配偶一方存在过错。

(三) 直接证明一方有"婚外情"的证据

实践中,直接证明一方存在"婚外情"的证据相对难以取得,因为收集证据尚需采用合法手段。但是,实践中,若过错方自认,或过错方自己录制的与第三者性爱的录像、照片及与非婚生子女亲子关系鉴定书等,均可作为证据使用。

第六节 离婚中的损害赔偿

一、法定损害赔偿的范围和认定

(一) 法律依据

离婚损害赔偿制度是原《婚姻法》在 2001 年修订后所确立的一项新的离婚救济制度,规定在《民法典》婚姻家庭编第 1091 条及相关司法解释中。

(二) 构成损害赔偿的情形

1. 重婚

重婚包括法律上的重婚和事实上的重婚两种情形。法律上的重婚,是指前婚尚未解除又与他人登记结婚的;事实上的重婚,是指前婚尚未解除又与他人以夫妻名义生活形成事实上的婚姻关系。有配偶的人与他人以夫妻名义同居生活的,或者明知他人有配偶而与之以夫妻名义同居生活的,若符合重婚罪的要件应按重婚定罪处罚。

重婚可能还会触犯刑法,《刑法》第 258 条规定了重婚罪的刑事责任。

应注意的是,司法实践中,对于事实上的重婚行为取证难度相对较大,主要取证要点有二:

(1)证明连续共同居住一段时间的持续性。一般来说,法律对构成重婚的男女双方同居的时间要求有一定的连续性和持续性。

(2)证明以夫妻形式共同生活的外在表现性。实践中表现的重婚行为往往具有一定的隐蔽性,一般不会公开以夫妻名义共同生活,大部分均是外在表现让周围群众以为是夫妻关系。构成重婚一般有两种情况:第一种是有配偶的人又与他人登记结婚,或者与他人以夫妻名义共同生活;第二种是明知他人是已有配偶的人又与之登记结婚,或者以夫妻名义共同生活。

认定重婚,关键是看是否构成另一夫妻关系。实践中,有以下情形之一的,可以向法院主张"以夫妻名义共同生活":

(1)有配偶的人与他人举行结婚仪式的;

(2)有配偶的人虽未与他人举行结婚仪式,但以夫妻相称或者对外以夫妻自居。以夫妻相称,除当事人间承认、日常生活中的称呼外,当事人同居生活期间,一方生病时另一方以配偶的名义签名、陪侍,女方生育孩子男方以父亲的名义在医院签字等,也可以作为认定以夫妻相称的辅助证据。

2. 同居

《民法典婚姻家庭编司法解释(一)》第 7 条规定以 1994 年 2 月 1 日作为区分事实婚姻关系和同居关系的时间点。

《民法典婚姻家庭编司法解释(一)》将有配偶者与他人同居限定在有配偶者与婚外异性对外不以夫妻名义相称,与事实婚姻、重婚等相区别。对于同居的认定,该解释从双方关系的稳定性、

持续性及共同居住生活等方面进行了规定,与应由道德规范调整的通奸、婚外恋等行为相区别。①

实践中,有配偶者与他人同居行为有以下四个特点:

第一,同居双方有固定住所;

第二,双方保持较为稳定的性关系;

第三,双方持续较长时间在一起共同生活;

第四,双方没有以夫妻名义共同生活。

同居、重婚与"通奸"的法律概念及外延不同。"通奸"指有配偶一方秘密与配偶以外的其他人发生性关系的行为。"通奸"与重婚、同居的根本区别就在于它本质上是不公开的,是不愿意被他人知晓的,并不求夫妻名分和配偶权利、不履行配偶义务。②

3. 家庭暴力

《民法典》婚姻家庭编第 1042 条第 3 款明确规定:"禁止家庭暴力。禁止家庭成员间的虐待和遗弃。"对"家庭暴力"可从以下三个方面进行理解:

第一,家庭暴力行为的主体范围。对家庭暴力的认定并不单指夫妻之间的暴力,还包括对子女等其他家庭成员实施的暴力,包括具有亲属身份关系并且在一起共同居住生活的人员。

第二,家庭暴力的表现形式为殴打、捆绑、残害、强行限制人身自由或者其他手段,暴力行为具有复杂多样性。

第三,家庭暴力的构成要件。行为人实施的家庭暴力给其家庭成员的身体、精神等方面造成一定的伤害后果,并且达到了一定程度。上海市高级人民法院也从行为主体、侵害客体、客观方面、主观方面以及暴力行为的程度等方面对家庭暴力作出了定义。③

需注意的是,对于最高人民法院司法解释中所规定的"造成一定伤害后果",不能机械地理解为一次性的伤害后果。伤害后果既有受害人身体上显而易见的伤痕等,也包括长期遭受精神折磨造成的心理健康损害。是否构成家庭暴力,应当以加害一方的暴力行为是否已成为一种行为模式为认定标准。

4. 虐待、遗弃

不同于家庭暴力,虐待的性质和危害程度要比一般的家庭暴力更为严重。《民法典婚姻家庭编司法解释(一)》第 1 条中规定:"持续性、经常性的家庭暴力,可以认定为民法典第一千零四十二条、第一千零七十九条、第一千零九十一条所称的'虐待'",从行为的持续时间、实施频率方面作出了区别规定。④ "虐待是指发生在家庭成员之间,以殴打、捆绑、残害身体、禁闭、冻饿、凌辱人格、精神恐吓、性暴虐等手段,对家庭成员从肉体上、精神上进行伤害、摧残、折磨的行为。"⑤虐待家庭成员,情节恶劣的,即构成虐待罪。遗弃,是指对于年老、年幼、患病或其他没有独立生活能力的人,负有赡养、抚养或扶养义务的人不履行其义务的行为。家庭成员间的遗弃,主要包括子女不履行赡养义务而遗弃老人,父母不履行抚养义务而遗弃子女,丈夫不履行扶养义务而遗弃妻子或者妻子不履行扶养义务而遗弃丈夫等行为。遗弃家庭成员情节恶劣的,构成遗弃罪的,根据《刑法》第 261 条的规定应承担刑事责任。

---

① 参见最高人民法院民事审判第一庭:《〈关于适用《中华人民共和国婚姻法》若干问题的解释(一)〉的起草说明》,载 http://wenku.baidu.com/view/24a3ff31ee06eff9aef8076e.html,访问日期:2018 年 5 月 13 日。

② 参见刘云:《离婚损害赔偿制度探析》,载万鄂湘主编:《婚姻法理论与适用》,人民法院出版社 2005 年版,第 318 页。

③ 参见《上海市高级人民法院婚姻家庭纠纷办案要件指南》第一部分第 11 条。

④ 参见吴晓芳:《婚姻家庭纠纷审理热点、难点问答(一)》,载奚晓明主编:《民事法律文件解读》(2011 年总第 83 辑),人民法院出版社 2011 年版。

⑤ 胡康生主编:《中华人民共和国婚姻法释义》,人民法院出版社 2001 年版,第 139 页。

5. 有其他重大过错

《民法典》婚姻家庭编第 1091 条在原《婚姻法》第 46 条规定的基础上,增加了"有其他重大过错"作为可以适用离婚损害赔偿的情形,扩大了离婚损害赔偿制度的适用范围。原《婚姻法》第 46 条将离婚损害赔偿的适用情形限制在四种情形,但实际上,婚姻中的过错行为远不止上述四种,例如,当一方存在通奸、卖淫、嫖娼、赌博、吸毒等其他过错行为时,非过错方若不能通过离婚损害赔偿制度得到相应的补偿和救济,则有失公平。因此,《民法典》婚姻家庭编在第 1091 条通过概括式规定作为兜底,人民法院应当根据具体案件情况,结合过错情节、损害后果等因素,对过错方是否存在重大过错进行认定。①

(三) 损害赔偿的认定

如何确定离婚精神损害赔偿数额,各国处理方式不一,主要有英美法系的酌情原则、日本的固定赔偿原则、德国的比例赔偿原则等。② 例如,乒乓球选手小山智丽(原名何智丽)1997 年因丈夫有婚外情,使她无法集中精力训练,最终放弃了世乒赛。后来小山智丽提出离婚,索要精神损失费 400 万日元,大阪法院判决离婚时将小山智丽的精神损失费提高到 650 万日元。③

根据我国《民法典婚姻家庭编司法解释(一)》第 86 条的规定,《民法典》第 1091 条规定的"损害赔偿",包括物质损害赔偿和精神损害赔偿。涉及精神损害赔偿的,适用最高人民法院《关于确定民事侵权精神损害赔偿责任若干问题的解释》的有关规定。应当注意,此处的损害赔偿请求权与侵权责任法中的权利人因民事权益受损而享有的损害赔偿请求权的请求权基础不同,婚姻法上的损害赔偿请求权基础是过错方对于婚姻关系的不忠和破坏行为,侵害的是婚姻关系;而侵权法上的请求权基础是受害人的人身或财产权益损害。

2020 年修订的最高人民法院《关于确定民事侵权精神损害赔偿责任若干问题的解释》在第 5 条规定了确定精神损害赔偿数额的六个因素:"(一)侵权人的过错程度,但是法律另有规定的除外;(二)侵权行为的目的、方式、场合等具体情节;(三)侵权行为所造成的后果;(四)侵权人的获利情况;(五)侵权人承担责任的经济能力;(六)受理诉讼法院所在地的平均生活水平。"

而在离婚案件中,实践中普遍观点认为,确定离婚精神损害赔偿数额时应考虑包括结婚时间、侵权情况、损害后果和经济因素在内的几个因素。④

(四) 离婚损害赔偿的责任主体

根据《民法典》婚姻家庭编第 1091 条、《民法典婚姻家庭编司法解释(一)》第 87 条的规定,离婚损害赔偿只能由无过错的夫妻一方向自己的配偶提出,以离婚为前提。

二、损害赔偿的司法应用

(一) 法院严格适用法定条款

法院一般会严格按照法定条件审理当事人的损害赔偿请求。只有过错方有《民法典》婚姻家庭编第 1091 条规定的四种情形,无过错方提起赔偿请求的,法院才有可能支持。

---

① 参见最高人民法院民法典贯彻实施工作领导小组主编:《民法典婚姻家庭编继承编理解与适用》,人民法院出版社 2020 年版,第 332 页。

② 参见黄砚丽:《论离婚损害赔偿制度》,载万鄂湘主编:《婚姻法理论与适用》,人民法院出版社 2005 年版,第 308 页。

③ 参见田岚、何俊萍:《论离婚有过错方的精神损害赔偿责任——析因配偶一方婚外恋导致离婚的现状及其民事责任》,载《东南学术》2001 年第 2 期。

④ 参见武军:《离婚精神损害赔偿制度探析》,载 http://china.findlaw.cn/shpc/sunhaipeichanglunwen/11836.html,访问日期:2018 年 5 月 13 日。

上海市高级人民法院关于离婚损害赔偿的指导意见认为①，夫或妻一方主张离婚损害赔偿请求权的，须具备以下构成要件：

(1)相对方具有原《婚姻法》第46条规定的严重过错行为；

(2)请求方无过错；

(3)相对方因该严重过错行为而导致夫妻离婚。

(二) 损害赔偿条件成立及赔付

《人民法院案例选》收录的“陈某某诉刘某某与他人同居要求离婚并要求过错损害赔偿案”②中，林西县人民法院认为，因原告有证据证实被告存在与他人非法同居的行为，故判令被告给付原告赔偿金2 000元，即为适用原《婚姻法》第46条之相关规定。而在江苏省南京市下关区人民法院审理的“姚某某诉蒋某某离婚纠纷案”③中，南京市下关区人民法院合议庭认为，原告姚某某有重婚犯罪嫌疑，遂将该案移交公安机关查处，暂停民事审判程序。后经刑事判决，姚某某构成重婚罪，判处有期徒刑8个月，第三者丁某被判有期徒刑6个月、缓刑1年。民事程序又重新启动后，南京市下关区人民法院判决姚某某在判决书生效后6个月内，向蒋某某赔偿精神损失费2万元。

在上海市高级人民法院公布的“薛某某诉邵某某离婚及邵某某反诉薛某某损害赔偿案”④中，法院也适用了无过错方得到赔偿的法律规定，责令反诉被告薛某某向反诉原告邵某某赔偿精神损害赔偿款2万元。

此外，实践中的损害赔偿不限于《民法典》婚姻家庭编第1091条规定的情形，还有因子女非亲生而引起的精神损害赔偿案例。

例如(2014)二中民终字第04725号⑤判决中，北京市第二中级人民法院指出：尹×在婚姻关系存续期间与他人生有一女，其对夫妻感情破裂存在重大过错，尹×违背夫妻间相互忠实义务，存在过错，亦对康×造成精神伤害，故康×要求精神损害赔偿的诉讼请求成立，原判酌情判决3万元的精神损害抚慰金数额恰当，本院予以确认。

还有些法院在判决中使用“精神抚慰金”的概念。例如(2021)豫02民终347号⑥判决中，开封市中级人民法院在二审中认为：“关于精神抚慰金应否支持的问题。王某怀孕时与胡某虽不存在婚姻关系，但双方举行了结婚仪式并共同生活，理应互相忠实、互相尊重，王某与他人生育孩子，有悖公序良俗，且其与胡某办理结婚登记时隐瞒了孩子并非胡某亲生的事实，侵犯了胡某作为王某配偶的人身权益，给胡某造成了一定的精神损害，根据《最高人民法院关于确定民事侵权精神损害赔偿若干问题的解释》有关规定，胡某有权要求王某支付精神抚慰金。一审适用法律认定王某系婚内出轨，适用法律不当，但判决结果正确，应予维持。”

(三) 无过错方向“第三者”要求损害赔偿的处理

根据《民法典》婚姻家庭编第1091条的规定，无过错方提起损害赔偿要求的对象为配偶。因此，很少有法院支持因一方通奸造成离婚的无过错方向“第三者”要求赔偿的诉讼请求。但是，《人

---

① 参见《上海市高级人民法院婚姻家庭纠纷办案要件指南》第二部分第10、11条。

② 参见最高人民法院中国应用法学研究所编：《人民法院案例选》(2001年总第38辑)，人民法院出版社2002年版，第83页。

③ 参见国家法官学院、中国人民大学法学院编：《中国审判案例要览》(2003年民事审判案例卷)，中国人民大学出版社2004年版，第376页。

④ 参见上海市高级人民法院编：《2002年上海法院案例精选》，上海人民出版社2003年版，第148页。

⑤ 参见中国裁判文书网(http://wenshu.court.gov.cn/content/content?DocID=72c2fa88-b36c-4346-9a6e-6c0e793eee79&KeyWord=%E7%B2%BE%E7%A5%9E%E6%8D%9F%E5%AE%B3%E8%B5%94%E5%81%BF|%E7%A6%BB%E5%A9%9A)，访问日期：2018年5月13日。

⑥ 参见裁判文书网(https://wenshu.court.gov.cn/website/wenshu/181107ANFZ0BXSK4/index.html?docId=972f58d22d764bdbb506acfa0098dba1)，访问日期：2021年8月23日。

民法院案例选》收录的“周某某诉王某等返还受欺骗抚养非亲生子费用和侵犯配偶权索赔案”①中,江苏省六合县人民法院判令有通奸行为的女方王某某及“第三者”王某连带赔偿男方周某某精神损害赔偿1万元。虽然该案是以男方请求返还受欺骗抚养非亲生子费用提起的诉讼,但由于该案判令“第三者”连带承担精神损害赔偿责任还是有一定突破意义的。

三、当事人提出离婚损害赔偿请求的证据基础

实践中,不少人存在“有过错方能净身出户”的错误理解。一些人认为,只要能证明对方存在“婚外情”“对婚姻不忠”的情形,就可以根据《民法典》婚姻家庭编第1091条的规定,请求人民法院判决剥夺对方分割财产的权利,因而着力于收集配偶婚外情的证据。

其实,捉奸举证和《民法典》婚姻家庭编第1091条的规定没有必然联系。法律的着眼点是反对破坏一夫一妻制的行为,即有配偶者与婚外异性共同居住、一起生活的行为,至于共同居住期间是否发生性行为,并不是法律所关注的。因此,即便配偶一方有通奸行为,另一方也有充分的证据予以证明,并不能据此提起离婚损害赔偿的请求,但可以作为要求离婚的理由。②

四、受欺骗抚养非亲生子女的赔偿认定

婚姻关系存续期间,一方与他人发生性关系而生育子女并隐瞒真情,另一方受欺骗而抚养了非亲生子女,受骗方要求另一方赔偿精神损失的,人民法院应当按照《民法典》侵权责任编及有关司法解释处理。

有法院审判观点认为,一方将本没有亲子关系的子女谎称为有亲子关系,具有欺骗对方的主观故意,使配偶的身份权受到侵害,应属侵权行为,受到侵害一方有权依据《民法典》侵权责任编及有关司法解释提出精神损害赔偿请求。③

第七节　如何把握离婚诉讼证据

一、离婚诉讼中的证据

(一) 各类证据在离婚案件中的运用

1. 当事人陈述

离婚案件中,当事人的陈述,特别是描述客观事实的陈述对案件处理有利害关系,一般会被认定为“自认”。若要推翻,须另行提供证据表明自认的内容与客观事实不符。

2. 书证

离婚诉讼中,书证被大量运用,比如,结婚证、公证书、保证书、遗嘱、借条等。

3. 物证

婚姻家庭纠纷案件中涉及的物证很少,加之当事人缺乏保存意识,导致当事人举证的物证数量较少,常见的物证有毛发、照片、礼物等。

4. 视听资料

视听资料是指录音、录像、光盘、电影胶片等反映的图像和声音,以及电脑储存的资料等。

---

① 参见最高人民法院中国应用法学研究所编:《人民法院案例选》(2001年总第36辑),人民法院出版社2001年版,第56页。

② 参见吴晓芳:《婚姻家庭纠纷审理热点、难点问答(一)》,载奚晓明主编:《民事法律文件解读》(2011年总第83辑),人民法院出版社2011年版。

③ 参见深圳市中级人民法院:《关于婚姻家庭纠纷案件的裁判指引(附理解与说明)》。

5. 电子数据

离婚案件中,运用最多的电子证据有邮件、手机短信,QQ、微信等聊天记录,网站主页、微博及其私信等网页内容等。律师在审查这些证据时,除了要根据证据的"三性"进行审查和质证外,还要根据电子数据的特性,审查其是否具有原始性、安全性和完整性。为了固定电子数据并使该证据得到有效采纳,律师还可以根据证据的不同形式,分别采取公证保全、法院证据保全、司法鉴定等方式固定证据。

6. 证人证言

证人证言是指证人就自己所了解和掌握的案件事实向法院和当事人所作的陈述。

7. 鉴定意见

婚姻案件中,常见的鉴定结论有:伤残证明、诊断证明、精神状况证明、亲子鉴定结论、房屋价格评估报告等。对于伤残证明及医院的诊断证明,主要应用于有家庭暴力行为的案件中。精神状况鉴定证明,主要出现在一方为无民事行为能力人或限制民事行为能力人的情况。亲子鉴定,主要出现在一方对于孩子与自己的血缘关系产生怀疑的情况。一般情况下,鉴定需要法院委托,也可以单方委托律师鉴定,鉴定结论是法院采信概率较高的一类证据。

二、律师调查取证的手段

(一) 律师事务所开具介绍信或证明,由律师自行调查取证

根据《中华人民共和国律师法》(以下简称《律师法》)第35条第2款的规定,律师自行调查取证的,凭律师执业证书和律师事务所证明,可以向有关单位或者个人调查与承办法律事务有关的情况。

(二) 律师向法院申请调查令,持法院开具的调查令调查取证

在实施调查令制度的地区,律师持调查令调查的范围包括:

(1)查询股票交易对账单以及股票资金对账单;

(2)查询公安报警记录;

(3)查询房地产资料的详细档案;

(4)查询案件当事人的工资、薪金发放情况;

(5)查询涉案当事人的病历(如家庭暴力、性病治疗等);

(6)查询公司在市场监督管理部门备案的详细内档信息,例如公司股东的出资情况、章程、验资报告、股权转让情况,等等。

(三) 律师申请法院调查取证

律师申请法院出面调查取证,主要适用于以下三个方面:

(1)调查被申请人的银行存款;

(2)调查被申请人的公积金贷款划扣情况;

(3)其他必须由法院调查取证的情形。

三、家庭暴力的取证与固证

对于已经或可能遭受家庭暴力的当事人,律师应告知如何避免及处理。一般情况下,发生家庭暴力后的处理程序有:

(1)报警。《反家庭暴力法》第13条规定:"家庭暴力受害人及其法定代理人、近亲属可以向加害人或者受害人所在单位、居民委员会、村民委员会、妇女联合会等单位投诉、反映或者求助。有关单位接到家庭暴力投诉、反映或者求助后,应当给予帮助、处理。家庭暴力受害人及其法定代理

人、近亲属也可以向公安机关报案或者依法向人民法院起诉。单位、个人发现正在发生的家庭暴力行为,有权及时劝阻。”

(2)报警备案申请记录或警署接报回执单、询问笔录等证明已报警的证据应当予以固定。

(3)若有伤情,可申请开具验伤通知书。

(4)就医的治疗单据、诊断报告应妥善保存,包括治疗单据、影像报告、门诊病历、出院记录、急诊记录等。

四、“偷拍偷录”证据效力的认定

根据最高人民法院《关于民事诉讼证据的若干规定》第 90 条的规定,存有疑点的视听资料、电子数据不能单独作为认定案件事实的根据。

审判实践中,录音、录像证据要成为人民法院认定案件事实的有效证据[①],一般要具备以下三个条件:一是未被剪接、剪辑或者伪造,前后连接紧密,内容未被篡改,具有客观真实性和连贯性。二是录音、录像证据的取得必须符合法律规定。如果录音、录像证据的持有者采用了侵犯他人隐私或者违反了法律的禁止性规定,比如在其工作场所或者住所以窃听方式取得的录音资料,就属于违反法律禁止性规定取得的证据,不应予以采信。三是对方当事人没有提出反驳或反驳理由不成立。法院还应对录音、录像证据是否有疑点进行审查。

五、分居证据认定的条件

如果夫妻双方已经事实上分居,偶尔的性行为并不构成分居时间计算的中断。因为夫妻双方偶尔发生性行为并不意味着感情一定有所好转,一方仍坚持离婚的,表明了一方离婚的决心。[②] 故夫妻因感情不和分居已满两年,即便双方存在偶发的性行为,一般也会被视为夫妻感情确已破裂而准予离婚。

第八节　如何处理子女抚养权争议

一、律师收集抚养权归属证据的要点

律师代理离婚诉讼过程中,为最大可能地为当事人争取到孩子的抚养权,可以从以下四个方面考虑:

(1)夫妻双方基本条件的取证,如工资收入、教育程度等。

(2)夫妻双方父母基本条件的取证。在长辈帮助夫妻照料子女的家庭中,长辈的意见及自身情况也是法院酌情考虑的因素之一。

(3)孩子生活环境方面的取证。离婚案件中孩子抚养问题的处理原则是不影响孩子的健康成长,有利于孩子入学和生活。

(4)有表达能力子女的意见相当重要。法院在处理抚养问题上,一般会听取 8 周岁以上孩子的意见,并作笔录入卷。

---

① 参见吴晓芳:《婚姻家庭纠纷审理热点、难点问答(二)》,载奚晓明主编:《民事法律文件解读》(2012 年总第 89 辑),人民法院出版社 2012 年版。

② 参见吴晓芳:《婚姻家庭纠纷审理热点、难点问答(一)》,载奚晓明主编:《民事法律文件解读》(2011 年总第 83 辑),人民法院出版社 2011 年版。

二、审判实践关于子女抚养权归属的意见

（一）2周岁以下子女的抚养权归属

为有利于婴儿健康成长，哺乳期内的子女以母亲直接抚养为宜。

根据最高人民法院《民法典婚姻家庭编司法解释（一）》第44条的规定，以2周岁为哺乳期界限。2周岁以下的子女，一般随母方生活，但父母双方协议子女随父亲生活，并对子女健康成长无不利影响的，可予准许。同时，该意见也列明了母亲患有久治不愈的传染性疾病或其他严重疾病、有抚养条件但不尽抚养义务、因其他原因子女确实无法随母方生活的三种情形，若父方能够举证证明或法院查明案件符合该三种情形之一的，则应由父亲直接抚养，体现了以子女利益为重的立法思想。

（二）2周岁至8周岁子女的抚养权归属

根据最高人民法院《民法典婚姻家庭编司法解释（一）》第46条的规定，结合司法实践中的做法，父母一方请求抚养2周岁以上未成年子女的，请求方一般应当举证证明具有下列情形：具有优先直接抚养的条件、子女愿随其生活、具有抚养能力。

对于一方优先直接抚养的条件，可从以下几个方面考虑：2周岁以上的未成年子女，父方和母方均要求随其生活，一方有下列情形之一的，可予优先考虑：①已做绝育手术或因其他原因丧失生育能力的；②子女随其生活时间较长，改变生活环境对子女健康成长明显不利的；③无其他子女，而另一方有其他子女的；④子女随其生活，对子女成长有利，而另一方患有久治不愈的传染性疾病或其他严重疾病或者有其他不利于子女身心健康的情形，不宜与子女共同生活的。父母一方具有以上优先直接抚养条件的，即可据此确定子女由其直接抚养。

如果父方与母方直接抚养子女的条件基本相同，双方均要求子女与其共同生活，但子女单独随祖父母或外祖父母共同生活多年，且祖父母或外祖父母要求并且有能力帮助子女照顾孙子女或外孙子女的，可作为子女随父方或随母方生活的优先条件。祖父母与外祖父母的条件作为相对优先直接抚养的条件，只在父母双方直接抚养子女的条件基本相同且均要求子女与其共同生活时适用。

（三）8周岁以上子女的抚养权归属

《民法典》婚姻家庭编第1084条第3款规定："子女已满八周岁的，应当尊重其真实意愿。"一般情况下，法官可以去学校征询子女的意见，也可以请父亲或母亲将子女带到法院由法官单独会见，听取子女的意见并作笔录，以免除父母一方或双方在场对子女的干扰。

在"史某与吴某离婚纠纷案"①中，法院听取了8周岁以上子女的意见，将子女判归母方抚养，并同时指出："人民法院在审理离婚案件时，对夫妻财产分割往往会给予与子女共同生活一方必要的照顾，这就造成一部分人为了争房、财产，把子女抚养权作为达到个人多占财产目的的跳板。这样做，对其子女将造成更大的伤害，这种行为不仅为法律所禁止，也为社会道德所谴责。"同时法院也指出："离婚父母应当把子女的利益放在首位，在权衡双方抚养优势的前提下，妥善处理好抚养权，为子女提供良好的生存、教育环境，把因离婚对子女造成的伤害降到最低程度。"笔者认为，作为律师，应将上述法律意见贯彻在引导当事人的实践工作中，以达到维护社会和谐、调解社会矛盾的目的。

（四）父母双方轮流抚养

实践中，对父母双方的抚养能力、抚养条件等方面进行综合判断时，一方面应该看到此为动态的而非静止的过程，法官的判断应带有一定的前瞻性；另一方面应结合个案中子女的实际情况，以

---

① 参见上海市第二中级人民法院编：《婚姻家庭案例精选》，上海人民出版社2006年版，第99页。

利于子女的身心健康、全面发展为出发点和归结点。应注意的是,在有利于子女利益的前提下,父母双方协议轮流抚养子女的,可以准许。父母的意愿固然要考虑,但应以有利于子女的健康成长为前提。由于轮流直接抚养子女不断改变孩子的生活环境,可能带来不利影响,实践中应严格掌握。

在“陈甲与陈乙抚养纠纷案”①中,法院判决子女由父母双方轮流抚养。轮流抚养子女,是指法院准予父母以相对稳定的约定期间为时间单位,轮流直接抚养其未成年子女。轮流抚养子女,可以使子女得到完整的父爱和母爱,最大限度地减轻父母离婚对子女心理造成的影响,充分发挥男女双方各自养育子女的长处,有利于子女健康成长,同时也满足父母双方抚养子女的愿望。最高人民法院《民法典婚姻家庭编司法解释(一)》第48条规定:“在有利于保护子女利益的前提下,父母双方协议轮流直接抚养子女的,人民法院应予支持。”

三、子女抚养费纠纷归纳

(一) 抚养费的内容、数额及变更

《民法典婚姻家庭编司法解释(一)》中明确指出,抚养费包括生活费、教育费和医疗费等费用。因此,律师应注意,在书写离婚协议时,如果没有把教育费、医疗费单项列出,抚养费一般会被法院推定为包括教育费、医疗费在内的。但是,如果离婚后孩子产生较大的医疗、教育费用,可以另行起诉要求非直接抚养的一方支付。

需要指出的是,子女患病所需的医疗费应由父母双方共同分担,但一方未与对方商量而擅自决定采用昂贵的医疗方案的,对于超出正常的、必要的医疗费用部分,擅自决定一方无权要求另一方分担。子女所需的教育费应由父母双方共同分担,但一方未与对方商量而擅自决定采用昂贵的教育费用的,对于超出正常的、必要的教育费用,擅自决定一方无权要求另一方分担。司法实践中所指的教育费用通常是普通的、公立教育费用。

根据《民法典婚姻家庭编司法解释(一)》的规定,对于有固定收入的,抚养费一般可按其月总收入的20%～30%的比例给付。负担两个以上子女抚养费的,比例可适当提高,但一般不得超过月总收入的50%。无固定收入的,抚养费的数额可依据当年总收入或同行业平均收入,参照上述比例确定。实践中,很多人认为抚养费标准就是另一方收入的20%～30%,其实这种观点是值得商榷的。除了参照工资收入比例的标准外,孩子的实际需要以及当地的实际生活水平也是相当重要的参考因素。

当事人在离婚协议中已经约定抚养费数额,不直接抚养子女的一方未履行给付义务,另一方以子女名义起诉请求该方负担抚养费的,人民法院应予支持;但协议已经明确约定抚养费给付期限,当事人超过诉讼时效未主张的,人民法院不予支持。

另外,有下列情形的,子女抚养费可以通过协商或诉讼方式追加:

(1)原定抚养费数额按当地实际生活水平,不足以维持正常生活的;

(2)因子女患病、上学,实际需要已超过原定数额的;

(3)有其他正当理由应当增加的,如原来的抚养费是根据几年前甚至十几年前的标准确定的,由于物价上涨,已无法满足实际需要。

司法实践中,对于变更抚养费数额,律师应把握以下三点②:

(1)子女抚养费数额在子女完成高中教育阶段之前并非一成不变,一次性结算抚养费尤其要注意以后可能发生的变化。

---

① 参见上海市第二中级人民法院编:《婚姻家庭案例精选》,上海人民出版社2006年版,第242页。

② 参见上海市第二中级人民法院编:《婚姻家庭案件精选》,上海人民出版社2006年版,第249页。

(2)如果在离婚时一方不要求对方支付抚养费的,双方当事人应以书面形式明确子女抚养费由一方全额承担。

(3)如果支付抚养费一方以财产折抵抚养费,应以书面形式约定折抵的数额或者期限。

对于子女抚养费的负担与变更,上海市法院系统有较为具体的指导意见。[①] 上海市高级人民法院的意见认为,父母双方可就非直接抚养方负担抚养费的多少、支付期限、支付方式、出现问题的处理方法等进行协商达成协议;协议不成或协议不予准许时,由人民法院从保护子女合法权益、有利于子女健康成长出发,根据子女的实际需要、父母双方的负担能力和当地的生活水平依法作出判决。离婚后,无论子女随父方或母方生活,另一方应负担必要的生活费和教育费。父母经平等协商,可就抚养费的相关问题达成明确、具体的协议,不损害子女合法权益的,法院应予准许。由于抚养费协议关系到下一代的健康成长,因此,在父母达成一致协议的基础上,法院仍具有审核的义务,如果协议不利于子女的,法院不应准许。协议不成或不予准许时,法院应根据双方的经济状况、子女的实际需要、当地的生活、教育水平等确定。

在(2020)赣03民再9号判决[②]中,乙男与乙女离婚后,双方的女儿甲女由乙女抚养,乙男自2015年5月起每月支付甲女抚养费1100元,后甲女向法院起诉要求乙男支付甲女的一对一补课费以及医疗费、租房费。对于补课费,江西省萍乡市中级人民法院在再审中认为:"关于甲女的一对一补课费用问题,甲女处于高三学习的关键时期,为提高成绩进行补课属于合理开支,且其因为自身疾病影响学习而进行一对一补课确属必要,原审判决认为此项费用并非学习必然发生的合理开支不当,应予纠正。该笔费用由其父母共同承担,双方各自负担50%,即被申请人乙男应当承担其中的15825元。"

(二) 减少、中止给付抚养费的条件

抚养教育子女是父母应尽的法定义务,但抚养费的实际给付,以其具有负担能力为前提。根据审判实践经验,父母具有下列情形之一的,可适当减少抚养费[③]:

(1)给付方的收入明显减少。

(2)给付方长期患病或丧失劳动能力,又无经济来源,确实无力按原定数额给付子女抚养费的。

(3)给付方因违法犯罪被监禁或被劳动教养(现该制度已被废除),失去经济能力无力给付的。但恢复人身自由后又有经济来源的,则应按原协议或判决给付。

需要注意的是,父方或母方减少或中止给付抚养费后,一旦恢复甚至超过原有的抚养能力,子女仍有权要求恢复至原定的抚养费数额,根据实际情况也可要求增加抚养费。

在上海市第一中级人民法院审结的一起抚养费纠纷案件[④]中,方某和袁某在离婚协议中约定小浩归方某抚养,袁某每月支付孩子抚养费7000元,至孩子18周岁止。后袁某提出要降低小浩的抚养费,理由是受疫情影响,他创业的公司亏损严重,加上他又再婚再育,负担不起每个月7000元的抚养费,方某起诉,要求袁某补付子女的抚养费。上海市第一中级人民法院在二审中认为,如不存在支付方经济状况明显恶化、劳动能力明显降低等特定情况,双方理应恪守离婚当时的约定。一方面,再婚再育与否和当时承诺的抚养费金额之间没有关联;另一方面,关于新冠疫情期间收入下降的问题,本案中,袁某与方某微信沟通过程中,确实提及新冠疫情对其收入造成一定影响,但纵观本案,袁某除口头所称,并未提供起码之证据证明其当前经济状况相较于离婚当时已发生明

---

① 参见《上海市高级人民法院婚姻家庭纠纷办案要件指南》第二部分第3、4条。

② 参见裁判文书网(https://wenshu.court.gov.cn/website/wenshu/181107ANFZ0BXSK4/index.html? docId=fb4e95db34da42bba446aca3003c19ac),访问日期:2021年8月23日。

③ 参见吴晓芳:《婚姻家庭纠纷审理热点、难点问答(二)》,载奚晓明主编:《民事法律文件解读》(2012年总第89辑),人民法院出版社2012年版。

④ 参见人民法院报(https://mp.weixin.qq.com/s/eLRi0FXLrzmociJ3yFysSQ),访问日期:2021年8月23日。

显下降。最后,上海市第一中级人民法院判决袁某补付抚养费 1.8 万元,并判决袁某自 2020 年 12 月起支付小浩抚养费 7000 元,至小浩 18 周岁止。

(三)子女抚养费请求权的诉讼时效规定

未成年人的抚养费请求权因涉及未成年人及无劳动能力人的生计问题,同时往往涉及父母子女等特殊的亲属关系,一旦适用诉讼时效,若超过可能会影响子女的基本生活,因此,一般不应适用诉讼时效的规定。

但是,如果子女已经被父母一方抚养成人,则不能再向另一方追索以前未支付的抚养费。诉讼时效在年满 18 周岁后开始计算,即在 21 周岁前,可以追索其未成年时的抚养费用。

(四)继父母离婚后继子女抚养费的承担

对于已经形成抚养教育关系的继父母与继子女之间的权利、义务关系能否随着继父与生母或继母与生父离婚而解除这一问题,《民法典》并未作出明确的规定。

根据最高人民法院《民法典婚姻家庭编司法解释(一)》第 54 条的规定,生父与继母离婚或者生母与继父离婚时,对曾受其抚养教育的继子女,继父或者继母不同意继续抚养的,仍应由生父或者生母抚养。因此,这也意味着继父或继母放弃了将来可能需要继子女赡养的权利。如果离婚后继父母愿意负担继子女一部分或全部抚养费的应当允许,由于此种给付行为不是法定义务,继父母可以随时终止给付。①

(五)父母双方均不履行法定抚养义务的处理

根据《民法典婚姻家庭编司法解释(一)》第 43 条的规定,离婚并非子女主张抚养费的前置条件。如果父母双方都不履行法定抚养义务时,人民法院可以指定实际照顾、抚养未成年子女的人代理诉讼,比如孩子的祖父母、外祖父母及其他近亲属,指定代理人可以代理未成年子女向其父母主张支付抚养费。②

(六)大学在读子女抚养费的承担

根据《民法典》婚姻家庭编第 1067 条第 1 款的规定,父母不履行抚养义务的,未成年子女或者不能独立生活的成年子女,有要求父母给付抚养费的权利。《民法典婚姻家庭编司法解释(一)》第 41 条规定:"尚在校接受高中及其以下学历教育,或者丧失、部分丧失劳动能力等非因主观原因而无法维持正常生活的成年子女,可以认定为民法典第一千零六十七条规定的'不能独立生活的成年子女'。"制定该条司法解释的初衷是考虑到大学教育并非义务教育,进入大学学习的成年子女是为自己以后更好地就业创造条件,负担大学费用不应成为父母的法定义务。虽然有不少学者对此提出了质疑,但是,在父母对子女抚养期限没有约定的情况下,还应按照最高人民法院目前的司法解释执行,但法院应尽量多做调解工作,以保证尚在校就读的成年子女完成学业;如果父母离婚时约定支付抚养费至子女大学毕业,则应按照约定履行。《民法典婚姻家庭编司法解释(一)》第 41 条规定的"尚在校接受高中及其以下学历教育"是对父母的最低要求。

四、探望权纠纷归纳

(一)法律依据

原《婚姻法》在 2001 年修订后的第 38 条规定了探望权,作为一项新的实体权利,探望权首次

① 参见吴晓芳:《婚姻家庭纠纷审理热点、难点问答(二)》,载奚晓明主编:《民事法律文件解读》(2012 年总第 89 辑),人民法院出版社 2012 年版。

② 参见吴晓芳:《婚姻家庭纠纷审理热点、难点问答(二)》,载奚晓明主编:《民事法律文件解读》(2012 年总第 89 辑),人民法院出版社 2012 年版。

被写入我国的婚姻法律中。《民法典》婚姻家庭编第1086条规定："离婚后，不直接抚养子女的父或者母，有探望子女的权利，另一方有协助的义务。行使探望权利的方式、时间由当事人协议；协议不成的，由人民法院判决。父或者母探望子女，不利于子女身心健康的，由人民法院依法中止探望；中止的事由消失后，应当恢复探望。"

（二）探望权的司法实践

关于离婚案件中法院是否必须规定探望权的问题，目前法律没有明确规定。深圳市中级人民法院认为①，探望权是当事人的权利，有权利的一方不主张则法院不主动处理。因此，律师若代理不直接抚养子女的一方，应明确探望权条款的具体内容。

离婚案件中，一般法院会判决另一方在每个月的单周或双周的某一天行使探望权，也可能会有1～2天的探望时间。如果另一方行使探望权会明显影响孩子的健康成长，或8周岁以下的儿童明确不愿被另一方探望，可另行向法院起诉，由法院暂时中止另一方的探望权。除此之外，任何人不能剥夺另一方对子女的探望权。

实践中，由于离婚后涉及探望、抚养权变更等事项，可能在当事人之间产生较多争议，往往难以达成一致意见。

2013年南京鼓楼区法院在（2013）鼓少民初字第31号判决书中认为：对于不直接抚养方而言，探望既是一种权利，也应是一种义务，当其不履行探望义务时，应承担相应的法律责任。本案原告尚未成年，希望得到父亲的关爱和教诲，实属法理情理之中。

（三）抚养关系的变更与探望权的变更

如果一方在行使探望权过程中，发现另一方不具备直接抚养子女的能力，或子女再随其生活对其成长不利时，有权与对方协商或向法院提起抚养权变更之诉。

审判实践中，法院对是否存在影响子女生活、学习和健康成长的因素进行审查的内容主要包括是否存在影响子女身心健康的情况、是否存在影响子女精神健康的情况、直接抚养子女的一方是否有不履行抚养职责的情况等。

另外，由于探望权行使的时间、方式容易发生变动，如果当事人就探望的具体细节问题发生争议不断提起诉讼，势必造成诉累以及司法资源的浪费，故对当事人再次起诉请求变更探望权行使的时间、方式时，法院应不予受理。为了避免出现这种情况，最好在有关探望权纠纷的判决书中写明："将来双方当事人的情况发生变化时，双方应对探望权行使的时间、方式予以协商进行相应的调整。"在协商不成当事人请求强制执行时，就有关探望权行使的时间、方式问题可以通过执行程序解决，而不必再立新案进行审理②，这样对于节省司法资源、便民化解纠纷有着积极意义。但需注意的是，对于探望权协商不成时，通过执行程序解决虽然在理论上可行，但在具体实践操作中还是有一定难度的。

（四）子女拒绝"被探望"的处理

设立探望权的初衷在于保护子女的利益，父亲或母亲行使探望权也有赖于子女的配合。当子女不愿意见父亲或母亲时，如果一味强调父亲或母亲的探望权利而对子女的意志不加理会，势必会使子女受到伤害。法院应根据子女的年龄和鉴别能力，正确判断子女拒绝探望的原因，应根据子女拒绝父母一方探望的意思表示是否其独立作出，究竟是子女自己不愿意接受探望还是迫于直接抚养一方的压力而不愿接受探望。如果子女已满8周岁，又有正当理由明确表示拒绝探望，应

---

① 深圳市中级人民法院《关于审理婚姻案件的指导意见（试行）》第26条规定："人民法院审理离婚案件中，应当告知当事人可以就探望权利提出诉讼请求，当事人不提出诉讼请求的，人民法院不予处理。"

② 参见吴晓芳：《婚姻家庭纠纷审理热点、难点问答（一）》，载奚晓明主编：《民事法律文件解读》（2011年总第83辑），人民法院出版社2011年版。

当尊重其意愿,享有探望权的父母不得强行对其进行探望。如果子女是迫于压力而拒绝接受探望,可根据情节是否严重,对直接抚养子女一方采取批评教育甚至是拘留、罚款等强制措施,令其改正错误行为,说服子女同意探望。①

(五)"子女最佳利益"原则

根据《民法典》婚姻家庭编第1086条的规定,要在探望权的司法裁决中真正体现"子女最佳利益原则",应注意以下问题②:

支持性原则。行使探望权的一方,其人品、性格、能力、职业、社会关系、(再婚后)家庭状况以及与被探望子女的关系等方面,能对子女的身心健康起积极作用。需要指出的是,与确定抚养关系不同,由于探望侧重的是与未成年子女精神上的交流,因此物质条件并非考虑的重要因素。

稳定性原则。由于未成年人正处于人生中主要的学习和心理趋向成熟的阶段,因此,探望权的行使应考虑被探望子女的生活、学习及情绪、心理的稳定。

子女的身心愉悦原则。探望权的立法目的在于促进子女的身心健康,如果被探望后,其心情舒畅,性格变得开朗,就可以说探望符合子女的利益。反之,就很难说探望符合子女的利益。而被探望后子女的身心是否愉悦甚至健康,一定程度上直接影响探望权的行使(如探望时间的长短和方式)或探望权的中止与否。对此,可以从老师、同学、朋友、邻居等人处获得相关信息。

此外,还应兼顾考虑被探望子女的年龄及意愿。一般来说,子女的年龄和意愿不能决定探望权的行使,但从其可能会影响探望的具体内容和效果的角度考虑,仍有参考的必要。

五、子女姓氏的变更

(一)关于姓氏的法律规定

(1)《民法典》第1015条。

(2)最高人民法院《关于变更子女姓氏问题的复函》。

(3)2002年5月21日公安部发布的《关于父母离婚后子女姓名变更有关问题的批复》。

(4)《民法典婚姻家庭编司法解释(一)》第59条。

(二)一方擅自改变子女姓氏的法律责任

最高人民法院认为,一般情况下,无特别理由,父或母不得单方决定、变更未成年子女的姓名。对于父母一方擅自将子女姓氏改为自己姓氏的,法院应"说服"其恢复子女原来的姓氏。同时,子女姓氏不能变为继父母姓氏,对于父母一方擅自将子女姓氏改为继母或继父姓氏的,应责令恢复子女的原姓氏。

六、亲子鉴定与亲子关系推定

(一)亲子鉴定

亲子鉴定关系到夫妻双方、子女和他人的人身关系和财产关系,是一项严肃的工作。《民法典》婚姻家庭编第1073条规定:"对亲子关系有异议且有正当理由的,父或者母可以向人民法院提起诉讼,请求确认或者否认亲子关系。对亲子关系有异议且有正当理由的,成年子女可以向人民法院提起诉讼,请求确认亲子关系。"

---

① 参见吴晓芳:《婚姻家庭纠纷审理热点、难点问答(一)》,载奚晓明主编:《民事法律文件解读》(2011年总第83辑),人民法院出版社2011年版。

② 参见吴晓芳:《婚姻家庭纠纷审理热点、难点问答(一)》,载奚晓明主编:《民事法律文件解读》(2011年总第83辑),人民法院出版社2011年版。

对要求做亲子鉴定的案件,应从保护妇女、儿童的合法权益,有利于增进团结和防止矛盾激化出发,区别情况,慎重对待。对于双方当事人同意做亲子鉴定的,一般应予准许;一方当事人要求做亲子鉴定的,或者子女已超过3岁的,应视具体情况,从严掌握,对其中必须做亲子鉴定的,也要做好当事人及有关人员的思想工作。对亲子鉴定结论,仅能作为鉴别亲子关系的证据之一。

（二）亲子关系推定

根据《民法典婚姻家庭编司法解释(一)》第39条的规定,在离婚案件中,提起诉讼的一方负有举证证明其主张的责任,其提供的证据可能不够充分,但必须能够形成合理证据链条证明当事人之间可能存在或者不存在亲子关系。其申请亲子鉴定只是对所举证据的一种补充(补强),而不是作为其主张的唯一证据。

1956年9月25日,最高人民法院就河北省庆云县人民法院关于婚姻关系存续期间出生的子女,母亲与其他男子有婚外性关系,就如何断定孩子的生父问题的请示作了复函,该复函指出:男方主张孩子非其所生,应提出证据证明。男方既提不出任何证据而法院亦无法另找证明方法,在这种情况下,法院只能认为男方的主张不能证明。这是目前关于亲子关系推定最早的司法解释。

最高人民法院在发布的地方参考性案例中指出,一方通过提供毛发得出的亲子鉴定结论,证明力不足。① (2014)一中民终字第1284号判决中,北京市第一中级人民法院指出:由于毛发具有可替代性,因此男方提供的证据不足以证明亲子关系不存在的主张。男方与女方所育女儿为年满18周岁的成年人,其不配合重新进行亲子鉴定的,应尊重子女的选择,而不应采取强制措施。据此,对男方主张女儿与其无血缘关系,要求物质与精神损害赔偿的主张,不应支持。

另外,上海市第一中级人民法院在2016年审理了全国首例代孕龙凤胎监护权纠纷案②,对代孕子女的亲子关系的认定有一定的指导作用。该案中,因女方患有不孕不育症,男女双方非法购买卵子,将男方的精子及购买的卵子委托医疗机构体外授精,然后非法委托他人代孕。之后,异卵双胞胎出生,男方因病死亡。男方的父母诉至法院,要求成为孩子的监护人,理由是,男方是两个孩子的生父,但女方与他们无亲生血缘关系。一审法院以女方与双胞胎之间欠缺法定的必备要件故未建立合法的收养关系、代孕行为本身不具有合法性以及女方与双胞胎不构成拟制血亲关系等为由,判决孩子由原告即孩子的祖父母监护。一审判决后,女方不服提起上诉,法院在审理后认为,双胞胎是男女双方结婚后,由男方与其他女性以代孕方式生育的子女,属于缔结婚姻关系后夫妻一方的非婚生子女。两个孩子出生后,一直随男方、女方夫妇共同生活近三年之久,男方去世后又随女方共同生活两年,女方与双胞胎之间已形成有抚养关系的继父母子女关系,其权利义务适用《婚姻法》关于父母子女关系的规定。而祖父母的监护顺序在女方之后,故其提起监护权主张不符合法律规定的条件。同时,从子女最大利益原则考虑,由女方取得监护权更有利于孩子的健康成长,故改判驳回被上诉人的原审诉讼请求。

七、人工授精所生子女权利义务的认定

根据授精方法的不同,人工授精所生子女可分为同质授精所生子女和异质授精所生子女。所谓"同质授精",是采用人工授精方式,将丈夫的精子植入妻子的子宫内,这种方法所生子女,其法律地位一般不会产生质疑。"异质授精"是将非丈夫的精子植入妻子子宫内,这种方法所生子女的法律地位难免会产生质疑。根据最高人民法院的观点,可以分为三种情况③:

① 参见http://www.fae.cn/gz/zdal/find/ay184944.html,访问日期:2018年12月28日。

② 参见人民网(http://sh.people.com.cn/n2/2016/0617/c134768-28527003.html),访问日期:2018年5月13日。

③ 参见吴晓芳:《婚姻家庭纠纷审理热点、难点问答(一)》,载奚晓明主编:《民事法律文件解读》(2011年总第83辑),人民法院出版社2011年版。

第一,精子与卵子来源于夫妻双方,只是采用辅助生殖技术使之结合怀孕所生的子女,该子女与父母双方均有血缘关系,是夫妻双方的亲生子女,其法律地位无可置疑。

第二,婚姻关系存续期间,事先经过丈夫同意或事后丈夫明确表示无异议,妻子采用人工授精技术怀孕,精子不是生育妇女的丈夫提供的,尽管子女与丈夫没有血缘关系,但生育妇女的丈夫应视为该子女法律意义上的父亲。而且一经丈夫同意,经过人工授精技术生育了子女,这种同意和认可是不能反悔的,因为孩子已经出生,否则不利于孩子的健康成长。

第三,婚姻关系存续期间,如果妻子未经丈夫同意,擅自采用他人精子人工授精生育子女,所生子女与丈夫没有法律上的父子关系,丈夫不承担抚养义务,精子提供者也不承担抚养义务。

第九节　如何处理房产争议

离婚案件中,法院分割房产一般是以房产现值作为分割的依据,而非购房时的价值。

房产的市值一般由当事人双方估价后达成一致的意见;若不能达成一致意见,一般由原告向法院申请评估,并预交评估费用,由法院委托相关评估机构进行评估作价,以该评估报告作为分割的标准。评估费用一般在判决离婚后由当事人双方分担。

离婚诉讼中,双方对财产价值有争议的,可通过协商、竞价、作价、评估、拍卖等形式确定和处理财产,处理财产时应贯彻照顾子女和女方权益的原则及照顾无过错方的原则,不是必须委托中介机构评估。①

需注意的是,房屋权属证书上有第三人的名字,是指房屋权属证书上除了有夫妻双方的名字外,还有子女的名字、父母或者其他人的名字。在这种情况下,法院一般不会主动追加第三人,通常的做法是:第一,根据当事人的申请,对房屋部分的财产分割不予审理,由当事人另案起诉;第二,根据当事人的申请,将案件中止审理,告知当事人另行提起析产之诉,根据析产案件的裁判结果,对夫妻共有部分的房屋进行分割。当然,如果房产证上有婚生未成年子女的名字,可在离婚案件中一并处理。

一、产权房争议的处理

(一) 常见的分割情形和处理方法

(1)尚未取得产权或未取得完全产权的房屋。《民法典婚姻家庭编司法解释(一)》第77条规定:“离婚时双方对尚未取得所有权或者尚未取得完全所有权的房屋有争议且协商不成的,人民法院不宜判决房屋所有权的归属,应当根据实际情况判决由当事人使用。当事人就前款规定的房屋取得完全所有权后,有争议的,可以另行向人民法院提起诉讼。”这类房屋包括当事人用标准价购买的拥有部分产权的房改房以及当事人购买的但在离婚时还未办理产权的各类房屋。

(2)一方在婚前已取得完全产权的房屋 。一方在婚前已取得产权证,不管是否支付全部购房款,房产判归该方所有的可能性较大。即使在婚后用共同财产支付了部分购房款,也不影响房屋产权的归属,只是在这种情况下,另一方有权就用共同财产还贷支付的款项及其相对应财产增值部分主张权利。

(3)双方婚后出资(包括贷款)取得的房屋。首先,明确产权,不论房产证上是一方的名字还是双方的名字,均为共同财产。其次,明确产值,即明确房屋价值,按市场现价计算,不是按购买合同金额计算。最后,分清权益部分和债务部分。因为涉及贷款,故未还贷款部分不应计入权益。

① 参见《最高人民法院民一庭涉及婚姻案件处理分析民事审判实务问答》第3条。

（4）一方婚前支付全部房款并取得产权证的房屋。夫妻一方婚前支付了全部房款并取得了产权证，根据物权法原理，婚后房屋增值部分应属一方所有。

（5）一方婚前以个人财产支付首付、婚后用共同财产还贷，登记于首付方名下的房屋。《民法典婚姻家庭编司法解释（一）》第 78 条对此情形进行了规定，应当注意该规定的适用范围，即：只适用于夫妻一方婚前签订不动产买卖合同，以个人财产支付首付款并在银行贷款，婚后用夫妻共同财产还贷，登记于首付款支付方名下的不动产的分割办法。其他情况下的不动产不能适用此条规定。对于"婚后用夫妻共同财产还贷"应从两个方面掌握①：一是从偿还银行贷款的时间看，还贷的时间只要处于婚姻关系存续期间，一般即可认定是双方用夫妻共同财产还贷，而不必区分还贷的金钱来源于夫妻哪一方的收入。二是夫妻之间是否约定实行分别财产制或者对涉案房屋的还贷问题有特别的约定。如果存在，则分割上述不动产时，可以排除《民法典婚姻家庭编司法解释（一）》第 78 条的适用。

（二）对婚前购买婚后共同还贷的房屋共同还贷及增值部分的计算

离婚诉讼中，一方婚前按揭购买房屋，婚后夫妻共同还贷，产权登记在一方名下，离婚时按揭房屋的归属问题成为焦点。通常情况下，买受人与房地产开发商签订房屋买卖合同后，商品房的买卖关系已经成立。贷款购买房屋的，买受人先付清首付款，银行将所贷款项直接划入开发商账户。至此，买受人的付款义务已经全部完成，与银行之间形成债权债务关系。婚后取得房屋所有权证，并不意味着该房屋就属于夫妻共同财产。房屋所有权证虽然系婚后取得，但财产权益在婚前签订房屋买卖合同后就已经取得，因此离婚时将房屋判归产权登记一方比较公平。

关于婚姻关系存续期间用夫妻共同财产还贷部分以及增值部分，离婚时应根据《民法典》婚姻家庭编第 1087 条的规定，在照顾子女、女方和无过错方权益的原则下进行判决，不能完全对半分割。具体到如何分割的问题，杜万华、程新文、吴晓芳法官在《〈关于适用婚姻法若干问题的解释（三）〉的理解与适用》一文中提供了计算公式：双方应共同分割部分＝夫妻婚后共同还贷部分÷实际总房款（总房款本金+已还利息）× 离婚时房屋的市场价值。这种计算方法相对比较公平。

审判实践中，对《民法典婚姻家庭编司法解释（一）》第 78 条涉及的婚内共同还贷支付的款项增值部分的计算，各地法院做法不一，计算结果也存在较大差异。对于一方婚前贷款购买不动产婚后夫妻共同还贷的情形，离婚时如何计算共同还贷支付的款项增值部分，有法官提出了分步计算的方法。

第一步，计算不动产升值率。不动产升值率＝不动产现价格÷不动产成本。这里的不动产成本等于购买时不动产价格+共同已还利息+其他费用。在计算不动产升值率时，必须考虑利息成本，不能简单地用不动产现价格除以结婚时不动产价格直接得出升值率。其他费用是指交易所涉及的成本，属于购房的必要支出，如契税、印花税、营业税、评估费、中介费等，但不包括公共维修基金和物业费，因为其费用产生的基础并非交易，而是不动产在长期使用中产生的费用。

第二步，计算非产权登记一方所得补偿，即共同还贷部分乘以不动产升值率，该数额的一半即为应补偿的数额。

计算具体补偿数额时，应注意确定计算时点，这里的增值是指婚后增值，不包括婚前增值，后者属于一方的个人财产。同时还应考虑两种情形下的修正问题：一是离婚时贷款尚未清偿完毕，只能将夫妻共同已经偿还的利息计入不动产成本，而不能将之后多年的（例如长达 20 年或者 30 年）的尚未还贷的利息都纳入成本，否则会出现非产权登记一方未享受后续可能产生的升值收益却要现实承担因计入所有利息导致补偿额降低的不公平结果；二是一方购买不动产后经过一段时间才结婚的情

---

① 参见吴晓芳：《婚姻家庭纠纷审理热点、难点问答（四）》，载奚晓明主编：《民事法律文件解读》（2012 年总第 91 辑），人民法院出版社 2012 年版。

形,计算不动产升值率时,应以结婚时不动产价格作为计算依据,不能以购买时不动产价格作为依据,因为购买不动产至结婚前这段时间,不动产的增值收益属于一方婚前个人财产。

上述分步计算法简明易懂、好操作,对审判实践中审理相关案件提供了可资借鉴的方法。

另外需要指出的是,在离婚分割争议房产时,法官不仅要明了"双方婚后共同还贷支付的款项及其相对应财产增值部分",同时要根据《民法典》婚姻家庭编第1087条的规定,根据财产的具体情况,按照照顾子女、女方和无过错方权益的原则作出公平裁判。也就是说,计算出的补偿数额不是绝对的,法官可以根据案件的实际情况行使一定的自由裁量权。

审判实践中,有时也会遇到房价下跌的情况,比如购买房产时在一个比较高的点位,婚后夫妻共同还贷若干年后,离婚时房产的现值反而比当初购买时下跌了。面对房产没有增值甚至出现负增长的情况,产权登记一方至少要给另一方共同还贷本息一半的补偿。原因有二:一是一方婚前已经签订房屋买卖合同,购买什么样的房屋是购买方自己的选择,另一方婚后只是共同参与还贷,购买方自然应当承担房价下跌的风险;二是离婚时房产判归产权登记一方,如果只是用于居住而非投资,房价暂时下跌并不会对其造成实质性损失。

另外,北京市高级人民法院民一庭在2014年发布的《关于明确离婚时房屋补偿计算标准的通知》也可作为参考。北京市高级人民法院民一庭指出:产权登记一方对另一方进行房屋补偿的计算公式为:房屋补偿款=夫妻共同支付款项(包括本息)÷(房屋购买价+全部应付利息)×房屋评估现值(或夫妻认可房屋现值)×50%。

(三)父母参与购房出资的处理

1. 如何处理父母对子女购房的赠与

《民法典婚姻家庭编司法解释(一)》第29条规定:"当事人结婚前,父母为双方购置房屋出资的,该出资应当认定为对自己子女个人的赠与,但父母明确表示赠与双方的除外。当事人结婚后,父母为双方购置房屋出资的,依照约定处理;没有约定或者约定不明确的,按照民法典第一千零六十二条第一款第四项规定的原则处理。"

近年来,由于房价高企,子女购房财力有限,往往需要父母的资助,为了子女能够安居乐业,很多父母也是倾其大半生积蓄。父母为子女购房出资的性质以及归属关涉各方切身利益,往往成为社会热点。《民法典婚姻家庭编司法解释(一)》整合了原司法解释的规定,删除了原《婚姻法司法解释(三)》第7条。

首先,认定父母为子女出资购房为赠与的情况下,根据《民法典》第1062条的规定,婚姻关系存续期间受赠的财产原则上为夫妻共同财产,除非赠与合同中确定只归一方的财产。因此,《民法典婚姻家庭编司法解释(一)》没有再作出具体规定,而是转引至《民法典》第1062条第1款第(四)项。要特别注意的是其中的但书条款,即《民法典》第1063条第(三)项的规定,对于如何认定"赠与合同中确定只归一方",司法实践中最具争议。如前所述,我们在《民法典婚姻家庭编司法解释(一)》中首先引导当事人事先约定,以期尽量减少纠纷的发生。但是,基于父母子女间密切的人身关系和特有的中国传统家庭文化的影响,实践中父母与子女之间一般并没有正式赠与合同的存在,或者说没有一个书面赠与合同的存在,对于是否存在口头的赠与合同以及赠与合同的内容,在夫妻离婚时往往是双方争议的焦点。在一方父母出全资并且在购买不动产后将不动产登记在自己一方子女名下的,考虑到原《物权法》已经实施多年,普通民众对不动产登记的意义已经有较为充分的认识,在出资后将不动产登记在自己一方子女名下,认定为是父母将出资确定赠与给自己子女一方的意思表示,符合当事人本意,也符合法律规定的精神。

其次,《民法典婚姻家庭编司法解释(一)》删除了双方父母出资情况下房产按份共有的规定。实践中,由于房价高企,一方父母可能无力单独承担购房负担,由双方父母共同出资为子女购房的情形并不鲜见,父母为子女出资购房不仅是家族财产的传递形式之一,也寄托了父母对子女婚姻幸福美满的期望,在双方没有明确约定的情况下,认定为是按份共有与家庭的伦理性特征不相符,也与法律规定有一定冲突。根据《民法典》第 1062 条的规定,在没有明确表示赠与一方的情况下,应当归夫妻共同所有。同时,《民法典》第 308 条也规定,共有人对共有的不动产或者动产没有约定为按份共有或者共同共有,或者约定不明确的,除共有人具有家庭关系等外,视为按份共有。可见,在双方没有明确约定的情况下,基于家庭关系的特殊身份属性,亦不宜认定为按份共有。①

2. 父母请求子女返还买房的出资时,应如何处理?

从司法实践反馈情况来看,父母请求返还出资所主张的基础法律关系往往为借贷而非赠与。律师在处理该类争议时,应着重把握以下两个方面②:第一,应尊重双方意思自治。对父母出资行为的认定原则上应以父母的明确表示为标准。如果父母与子女之间约定为赠与或者父母明确表示为赠与,就是赠与关系。这里要注意,父母出资赠与的真实意思表示,一般应发生在出资的当时或在出资后。一旦父母在出资时或出资后作出赠与的意思表示,则意味着赠与关系已经成立生效,父母日后再主张借贷关系则一般不能得到支持。第二,对借贷关系是否成立应严格遵循"谁主张、谁举证"原则。在现实生活中,基于彼此间密切的人身财产关系,父母的借贷往往没有借条,父母的赠与也往往没有明确的表示。此时应严格执行"谁主张、谁举证"原则。如果父母有关借贷的举证不充分,则一般应认定该出资为赠与。

在(2021)津 02 民终 5257 号判决③中,房产系男方婚前出首付、婚后还贷购买,款项来自于男方父母。房产后来加女方名,约定各占 50%。双方经法院调解离婚,房产作为共同财产分割。后男方父母起诉出资款为借贷。天津市第二中级人民法院在二审中认为,在现有国情中,基于双方的亲缘关系、子女婚姻关系及子嗣传承的传统观念,在二上诉人(男方父母)在其子被上诉人乙男(男方)婚前购买上河花园房屋时所支付的首付款、房屋契税、印花税、维修基金以及二被上诉人(男女双方)婚后偿还房屋银行贷款时,父母出资的真实意思表示为赠与的可能性要高于资金出借。二上诉人(男方父母)主张其在被上诉人乙男(男方)婚前购买上河花园房屋所支付的首付款、房屋契税、印花税、维修基金,以及二被上诉人(男女双方)婚后偿还房屋银行贷款时的出资为借款,提供了其向被上诉人乙男(男方)转款的银行转账记录为证。但仅凭此尚不足以证明二上诉人(男方父母)与二被上诉人(男女双方)之间就房屋出资款的借贷形成合意。最终,维持一审判决(驳回男方父母要求男女双方返还借款的诉讼请求)。

随着时间的推移,最近几年也有法院为保护老年人的权益,对于这类当初出资时并没有表明性质的款项,在后期父母和子女又补签借款凭证的,有部分法院认定为借款。

3. 夫妻出资,产权登记在未成年子女名下的房产在离婚时如何处理?

深圳市中级人民法院审判观点认为④,夫妻双方在婚姻关系存续期间购买房产登记在未成年子女名下,双方当事人在离婚时主张该房产为夫妻共同财产的,人民法院在离婚案件中不予处理,告知有关当事人在离婚后另行主张分割共有财产。主要理由为夫妻双方购房时将房屋登记在未成年子女名下可能出于多种考虑,而在离婚案件中追加未成年子女参加诉讼,可能给未成年子女带来过大压力,不利于未成年子女的健康成长。

而最高人民法院民一庭吴晓芳法官则倾向于认为:夫妻双方婚后出资购房,若产权登记在双

① 最高人民法院郑学林、刘敏、王丹:《〈关于适用民法典婚姻家庭编的解释(一)〉若干重点问题的理解与适用》,《人民司法》2021 年第 13 期。

② 参见奚晓明主编:《民事法律文件解读》(2011 年总第 83 辑),人民法院出版社 2011 年版,第 66 页。

③ 参见裁判文书网(https://wenshu.court.gov.cn/website/wenshu/181107ANFZ0BXSK4/index.html? docId=8f6f96562fb944228b13ad73014c1746),访问日期:2021 年 8 月 23 日。

④ 参见深圳市中级人民法院《关于婚姻家庭纠纷案件的裁判指引(附理解与说明)》第 28 条。

方及子女名下,视为夫妻双方与子女共同所有。在产权登记中未约定按份共有的,应认定为共同共有。①

另外,审判实践中,夫妻双方共同出资购买房屋后,由于各种原因,有时将房屋产权登记在未成年子女一人名下,但这并不意味着该房屋的真实产权人即为未成年子女,而应审查夫妻双方在购买房屋时的真实意思表示。如果真实意思是将购买的房屋赠与未成年子女,离婚时该房屋应作为未成年子女的财产处理,由直接抚养人暂时管理;如果真实意思并不是将房屋赠与未成年子女,仍应视为夫妻双方的共同财产。

(四)赠与房产的处理

1. 婚内赠与

夫妻在婚前或婚姻关系存续期间约定将一方个人所有的房产赠与另一方或与另一方共有,但没有办理房产过户手续,赠与一方请求法院撤销房产赠与时应如何处理?

婚姻家庭领域的协议常常涉及财产权属的条款,对于此类协议的订立、生效、撤销、变更等并不排斥《民法典》合同编的适用,《民法典》合同编对赠与问题的规定也没有指明夫妻关系除外。一方赠与另一方不动产或约定夫妻共有,在没有办理变更登记之前,依照《民法典》合同编第658条的规定,是完全可以撤销的,当事人享有任意撤销权,这与《民法典》婚姻家庭编的规定并不矛盾。

需要指出的是,《民法典婚姻家庭编司法解释(一)》第32条重点在于明确夫妻之间赠与房产可以按照《民法典》合同编第658条的规定处理。如果赠与的房产已经登记过户,但受赠的夫妻一方对另一方有扶养义务而不履行、严重侵害赠与人或者赠与人的近亲属的合法权益、不履行赠与合同约定的义务等,赠与人可以按照《民法典》合同编第663条的规定行使法定撤销权。

2. 夫妻婚内协议将婚后共同财产的房屋约定归一方个人所有,未办理物权转移登记,一方可否依约取得所有权②

实践中,对该房屋是属于个人财产还是夫妻共同财产存在争议。

(2014)三中民终字第06092号判决中,北京市第三中级人民法院认为:①案涉房屋由石某和陈某婚后共同出资购置,登记为共同共有。双方自愿签署婚内协议,明确约定该房归石某所有,陈某执笔填写相关内容,对于协议约定及执行后果应予知悉。双方基于家庭关系及婚姻情感作出处分共同财产的意思表示应予保护,该协议对双方具有法律约束力。②依法律规定,婚前或婚姻关系存续期间,当事人约定将一方所有房产赠与另一方,赠与方在赠与房产变更登记前可撤销赠与。而本案婚内协议系双方对婚姻关系存续期间所得夫妻共同财产进行的约定,而非系一方将个人房产给予另一方的单纯赠与行为,双方签订协议后房产所有权归石某所有,陈某不享有房产赠与撤销权。判决案涉房屋归石某所有,剩余房款由石某负责偿还。

3. 离婚协议中将共同财产的房产赠与子女条款可否撤销

当事人在民政部门登记离婚时,离婚协议中的房产赠与条款与离婚协议是一个整体,不能单独撤销。有些夫妻是在综合考虑各种因素的前提下才同意登记离婚的,也许附加的条件就是把房产赠与子女。男女双方基于离婚事由将夫妻共同财产处分给子女的行为,可视为一种有目的的赠与行为,在双方婚姻关系因登记离婚而解除的情况下,应认为赠与房产的目的已经实现,基于诚信原则,不能在离婚目的达到后撤销赠与,故赠与房产条款不能随意撤销。

---

① 参见吴晓芳:《婚姻家庭纠纷审理热点、难点问答(四)》,载奚晓明主编:《民事法律文件解读》(2012年总第91辑),人民法院出版社2012年版,第113页。

② 参见李春香:《师小丽诉陈浩离婚纠纷案——夫妻约定共有房产归一方所有,无需物权转移登记即产生法律效力》,载最高人民法院中国应用法学研究所编:《人民法院案例选》(2015年总第94辑),人民法院出版社2016年版。

如果当事人达成的赠与协议经过人民法院审查制成了民事调解书,该调解书一旦生效,即赋予其与判决书同等的强制效力,其效力等同于或高于经过公证的赠与合同,双方当事人均必须履行。结合《民法典》物权编第 229 条的规定,笔者认为,经法院确认的房产赠与,其效力等同于或高于经过公证的房产赠与合同,原则上是不能予以撤销的。

(五)婚内配偶一方将婚前存款婚后购房的性质认定

既然一方婚前财产并不因婚姻关系的缔结以及婚姻关系的存续而自动转为夫妻共同财产,那么,如一方在婚后使用婚前存款购买房屋,则其取得房屋所有权的时间虽然发生在婚姻关系存续期间,但是其仅为一方个人财产价值的具体表现形态通过交易行为发生了变化,该具体表现形态的变化本身并不意味着一方有将其个人财产所有权让渡给夫妻双方这一整体或夫妻另一方的意思表示。当然,进一步而言,根据《民法典》物权编第 209 条的规定,不动产物权的设立、变更、转让和消灭,应当依照法律规定登记。因此,除另有约定外,个人利用婚前存款购买房产,关于房屋所有权如何处分的真实意思表示可以通过其办理房屋转移登记的具体情况来推断①:

(1)如果购房一方将该房屋所有权转移登记到其本人名下,则该房屋为购房一方所有;

(2)如果购房一方将该房屋所有权转移登记到另一方名下,则可视为对另一方的赠与,该房屋即归另一方所有;

(3)如果购房一方将房屋所有权转移登记到夫妻双方名下,则该房屋为夫妻共同所有。

(六)住房补贴与公积金的处理

对于双方都有住房补贴或公积金的,计算出双方婚姻关系存续期间各自尚存的资金总额,通过折抵的方法,由一方给予另一方差价补偿,使双方所得资金额相当;对于仅有一方持有住房补贴与住房公积金的,直接予以各半分割。鉴于住房补贴与住房公积金的提取需要满足一定的条件,因此,法院往往判决当事人以现金折款的方式直接承担给付的义务。

(七)一方婚前购房、产权证登记在一方名下,就一定不是夫妻共同财产吗?

夫妻一方在婚前购买房产并登记在该方名下,另一方主张其在买房时亦有出资且婚前买房的目的即为结婚共同居住,如果并无充分证据显示有关款项属于借款或者赠与等其他性质,深圳市中级人民法院认为应当认定双方按照各自的出资比例共有房产。② 深圳市中级人民法院该条裁判指引主要是考虑双方当事人婚前买房的目的是为了结婚共同生活,并没有明确的借款或者赠与的意思表示,从公平角度考虑,可以认定双方按照各自的出资比例共有该房产。

(八)婚前购房、登记在双方名下如何处理

夫妻一方婚前出资购买房产,登记在夫妻双方名下,如双方未对该房产作出特别约定,应认定该房产为夫妻共同所有,但在离婚分割该房产时,出资一方可适当多分。③ 主要理由为夫妻一方婚前买房时将房产登记在双方名下即表明其愿意将该房产作为夫妻共同财产,但《民法典》婚姻家庭编第 1087 条规定,在对该房产分割时,人民法院可以根据该房产由一方婚前出资的具体情况,对其适当多分。上海市高级人民法院《关于审理婚姻家庭纠纷若干问题的意见》第 13 条规定亦持该观点。

---

① 参见肖峰:《婚前个人存款婚后买房一定归个人所有吗?》,载"法语峰言"微信公众号(https://mp.weixin.qq.com/s?__biz=MzI5NDAyODY5OA==&mid=2649422407&idx=1&sn=7e65fbd75d623714c9b6c262507efc74&mpshare=1&scene=1&srcid=1221wsdB8NYvVJcn4IbyBDeN&pass_ticket=jV3GgLk5jz3B7VJ3igr5I3rWVFdoFGgZpjp2i4YqTfA%3D#rd),访问日期:2018 年 5 月 13 日。

② 参见深圳市中级人民法院《关于婚姻家庭纠纷案件的裁判指引(附理解与说明)》第 25 条。

③ 参见深圳市中级人民法院《关于婚姻家庭纠纷案件的裁判指引(附理解与说明)》第 26 条。

二、其他类型房产争议的处理

(一) 公房承租权的处理

1. 相关司法解释的规定

《民法典婚姻家庭编司法解释(一)》第27条规定:“由一方婚前承租、婚后用共同财产购买的房屋,登记在一方名下的,应当认定为夫妻共同财产。”处理离婚时的公房承租权时,可根据“具体情况、具体分析”原则,分以下八种情形由法院酌情处理:

(1)婚前取得承租权的情况。由于一方在婚前已取得该房的承租权,因此,无论婚姻关系存续的时间多长,房屋均应归该方享有。对此,《民法典婚姻家庭编司法解释(一)》第31条有明确规定。

(2)婚前一方承租的本单位的房屋,离婚时双方均为本单位职工的,房屋如何分割?婚前一方已取得公房承租权,离婚时双方均为本单位职工的,由于这一情况的发生只涉及双方身份关系的变更,因此,不影响公房承租权的归属,即这一情况下承租权仍归该一方享有。

(3)一方婚前借款取得承租权,婚后夫妻共同偿还借款的。这种情况下,该房承租权仍应归该一方享有。如果这种情况下判令承租权由双方共同享有,则势必产生这样一些问题:即如果一方在婚前已偿还了借款的大部分,如为99%,婚后偿还的余额只是一小部分,如为1%,在此情况下,判令承租权归双方享有,对原享有承租权的一方不公平。因此,在此情况下,判令由原享有承租权的一方享有,并判令由该方按照婚后共同偿还借款数额的一半给予另一方补偿,是符合现行法律规定且比较合理的一种处置方式。

(4)婚前一方取得承租权,婚后因该承租房屋拆迁而取得房屋承租权。虽然在这种情况下,承租房屋的承租权是在婚后取得,但是这一承租权的取得是基于原有承租权的存在,所以,笔者认为,根据现行法律规定,该房屋的承租权应归原享有承租权的一方享有。

(5)夫妻双方单位投资联建或联合购置的共有房屋,属夫妻共同财产。

(6)一方将其在婚前承租的本单位房屋交回本单位或交给另一单位后,另一方单位另给调换房屋的,这种情况与第四种情况基本一样,因此,在公房承租权的处置上也应该是一样的。其实,在现实中,可能还存在其他类似情况,比如这栋房屋的承租权变成了那栋房屋的承租权,或者这栋房屋的承租权因拆迁变为货币或者其他财产形态。在这些情况下,只要后一种财产形态的形成完全是基于原来存在的承租权,则后一形态之下的财产,无论是承租权,或者是货币、股票、基金等,都应该归夫妻一方享有。

(7)婚前双方均租有公房,婚后合并调换房屋的,使用权归双方共有。

(8)其他应当认定为夫妻双方均可承租的情形。这是一个弹性条款,给法院以自由裁量权,当法院认为如果将公房承租权判给一方显失公平,或有其他严重不妥的后果时,可以运用这一条款酌情处理。

2. 婚后用个人财产购买婚前承租的公房的处理

对婚后一方以个人财产购买婚前由其承租的公有房屋的,因职工按成本价购买公有房屋,每个家庭只能享受一次,公有住房的出售价格中包含了夫妻双方的工龄折扣等福利待遇,如果认定为个人财产显属不公,但如果认定为夫妻共同财产,也有些不妥。如何分割计算夫妻双方在该房屋上所享有的权利,确属不易。审判实践中比较常见的处理方法是,离婚时判决房屋归承租公房的一方所有,同时将隐含在房改房价格中的福利政策具体物化,考虑到另一方工龄折算出的费用,给予另一方公平合理的补偿。①

---

① 参见奚晓明主编:《民事法律文件解读》(2012年总第90辑),人民法院出版社2012年版。

(二) 公房使用权的补偿

离婚时,若夫妻一方取得了公房的使用权,向另一方"适当补偿"的标准如何界定呢?

有审判意见①认为,部分公有住房可以按照优惠政策以一定的价格获得所有权,而所有权房屋具有市场价值,因此,该所有权房屋的市场价值由两部分组成:一是原公有住房使用权的价值,二是购买售后公房产权投入的资金。由此可见,公有住房使用权具有经济价值。公有住房不能上市交易,因而无法直接衡量其价值。而购买售后公房产权的资金计算有明确的政策规定,所以售后公房的产权市场价值扣除购买售后公房产权投入的资金,即可视为公房使用权价值。当夫妻双方取得共同承租的公房的产权时,房屋的市场价值系双方的共同财产;当夫妻双方未取得共同承租的公房的产权时,应以公房使用权价值作为计算依据,以确定不承租房屋一方可得的经济补偿。

(三)"军产房"的处理

根据《中国人民解放军房地产管理条例》第3条的规定,军队房地产的权属归中央军委,其土地使用权和建筑物、构筑物以及其他附着物的所有权,由总后勤部代表行使。禁止任何单位或者个人丢弃、损坏或者擅自处置军队房地产,否则应当承担相应的法律责任。因此,当事人无权要求分割军产房。

对于军产房,当事人只有居住权,无其他权利,既不能购买,也不能置换或上市交易。若婚姻关系解除,基于军人配偶身份共同居住的当事人无权主张居住权,营房不具备福利分房的性质,也不具备一般公有住房所具有的价值属性。②

(四) 离婚时经济适用房的分割条件③

根据原建设部、国家发展和改革委员会、原监察部、财政部、原国土资源部、中国人民银行、国家税务总局联合发布的《经济适用住房管理办法》的相关规定,经济适用房的价格应当以保本微利为原则,经济适用房购买人所持有的产权是有限产权,并且经济适用房的流转也有诸多限制。购买经济适用住房不满5年,不得直接上市交易,只能由政府按照原价格并考虑折旧和物价水平等因素进行回购。购买经济适用住房满5年,购房人可转让经济适用住房,但应按照届时同地段普通商品住房与经济适用住房差价的一定比例向政府交纳土地收益等价款。

因此,在离婚诉讼中,经济适用房的分割与普通商品房的分割不同,从公平角度出发,法院分割经济适用房时,应当以经济适用房的原购价格为基础,而不是以经济适用房的市场价为基础。

第十节　如何处理股权争议

一、股东身份的认定

(一) 有限责任公司股东身份的认定

1. 查询公司档案

符合查询条件的地区,律师可以持执业证到公司注册地的市场监督管理部门调取企业的工商资料信息。

工商信息分为两种,一种称为机读信息,一般非律师的自然人也可以调取。机读信息反映的是公司最新的基本信息,包括公司的注册资本、经营范围以及股东组成等,其中股东组成信息中包

① 参见上海市第二中级人民法院编:《婚姻家庭案例精选》,上海人民出版社2006年版,第148页。

② 参见上海市第二中级人民法院编:《婚姻家庭案例精选》,上海人民出版社2006年版,第166页。

③ 参见吴晓芳:《婚姻家庭纠纷审理热点、难点问答(四)》,载奚晓明主编:《民事法律文件解读》(2012年总第91辑),人民法院出版社2012年版。

含了股东的姓名、出资额和持股比例,可以作为认定股东资格的直接依据。另一种为公司的内档。公司的内档包括公司成立时向市场监督管理局报备的所有申请材料,以及成立以后,公司历次重要变更时向市场监督管理部门报备的材料及自愿公示材料。就认定股东身份而言,通过翻阅公司内档可以清晰地了解当事人何时取得了股东身份,以及对应的出资额、持股比例的变化,还可以通过报备的银行征询信息了解到股东增资所用的银行账号等关键信息。

2. 网络查询

了解公司信息的另一种途径就是通过市场监督管理部门的官方网站查询。以上海市市场监督管理局为例,进入该网站后,在查询栏中输入企业的名称,点击进入,就可以看到该公司的基本注册信息。当然,现在还有一些 APP 手机软件可供直接查询全国各地的企业工商信息,比较方便,可随时随地查询,并可输入关键词查询,这是全国企业信用信息公示系统所不具备的特点,但是 APP 上的信息可能具有一定的滞后性,新执业律师应予注意。

(二) 境内上市公司股东身份的认定

上市公司与一般有限责任公司有非常大的区别,上市公司具有信息披露义务,其所披露的信息基本都可以在证券交易所的网站上免费查阅。

上市公司需要披露具体的文件包括招股说明书、公司年报、半年报、季度报告、股东会决议、董事会决议,等等。因为公司的股东信息,尤其是原始股东的信息是中国证监会要求披露的主要信息之一,因此只要是以上披露的文件一定会包含详细的原始股东组成情况。另外,比如原始股东在原始股解禁以后,是否对外抛售,公司也有披露的义务,因此还可以从上市公司的临时公告中寻找股东持股比例变化的情况。

具体来说,巨潮资讯网是中国证监会指定的上市公司信息披露网站,查询的方法分为以下三个主要步骤:

(1)登录巨潮资讯网的官方网站。

(2)在搜索框输入要查询的公司简称或证券代码。

(3)选择要查看的相应公告。

(三) 法院认定"隐名股东"的司法实践

"隐名股东"不是法律明确的概念,司法实践中与之对应的是"实际出资人"。最高人民法院关于"名义出资人"与"实际出资人"的规定体现在《关于适用〈中华人民共和国公司法〉若干问题的规定(三)》[以下简称《公司法司法解释(三)》]第 24 条第 2、3 款:"前款规定的实际出资人与名义股东因投资权益的归属发生争议,实际出资人以其实际履行了出资义务为由向名义股东主张权利的,人民法院应予支持。名义股东以公司股东名册记载、公司登记机关登记为由否认实际出资人权利的,人民法院不予支持。实际出资人未经公司其他股东半数以上同意,请求公司变更股东、签发出资证明书、记载于股东名册、记载于公司章程并办理公司登记机关登记的,人民法院不予支持。"

(四) 法院认定"显名股东"的司法实践

通常情况下,除了名义出资人和实际出资人之间对股东资格有明确约定,实际出资人已经实际行使股东权利,且公司及其他多数股东也知情的情形外,实际出资人的股东资格一般不应得到确认。

另外,对于公司内部股权确权的纠纷,实际出资人提供的证据对案件处理结果起着决定性作用。因此,实际出资人在日常商业往来中,应注意对各种书面文书和原始凭证进行保留,以备在纠纷发生时可为自己的主张提供有力的支持。

此外,有的省高级人民法院在司法解答中作出了如何判断股东资格的相关规定。①

(五) 法院认定"冒名股东"的司法实践

根据《公司法》的有关规定,只有通过收购或受让公司某人或某单位持有的股权,并通过修改公司章程、变更工商登记才能正式成为有限责任公司无争议的合法股东,才能在法律上无障碍地享有股东权利。也就是说,公司股东应当在公司章程上签名或盖章,同时,股东还应当按期足额缴纳公司章程中规定的各自所认缴的出资额。

对于姓名被冒用、签名被伪造等"被股东"的情形现实社会中时有发生,而一旦成为公司股东,就要为公司的运营承担一定的风险,对公司的对外债务承担一定的赔偿责任。这对于实际上并不知情的当事人来说,无疑是很不公平的。因此,法院在审理类似案件时,往往会综合考虑签名的真伪、验资公司对资金流向的证明等相关因素来进行判决。

二、股权作为夫妻共同财产的界定

离婚诉讼中,如果一方要求分割股权,首先,要考虑股权取得的时间是婚前还是婚后;其次,即使是在婚姻存续期间取得的股权,也要判断是个人财产还是共同财产。②

(一) 共同股权

共同股权主要有三类:

(1)婚后用夫妻共同财产出资或购买的股权。

(2)婚后因继承或赠与而获得的股权。夫妻之间的赠与,如果没有特别写明是全部赠与给对方,对方所获股权仍为夫妻共同财产,除非在赠与合同中特别明确约定排除该股权属某一方所有。

(3)夫妻一方约定一方名下婚前取得的股权为共同共有。

(二) 个人股权

(1)赠与合同或遗嘱中确定只归夫或妻一方个人所有的股权,根据法律的规定,属于夫妻一方所有,不属于共同财产。

(2)夫妻约定属个人所有的股权。

(3)夫妻一方用婚前个人财产在婚后出资或购买的股权。

股权不同于房产,其是一种投资行为。婚前完全取得的房产,如果婚后发生增值,则增值部分属于一方的个人财产。而婚前取得的股权,如果婚后产生收益,根据《民法典婚姻家庭编司法解释(一)》第25条的规定,属于投资收益,应当属于夫妻共同财产。但也有法官认为还需要细分:如果出资一方参与公司运营或工作,那么是一种付出行为,作为回报,婚后股权的收益属于夫妻共同财产;如果出资一方仅仅是持有股权,未参与公司运作,没有付出劳动,该收益归属存在争议,可能被认定为个人财产。

---

① 参见山东省高级人民法院《关于审理公司纠纷案件若干问题的意见(试行)》(鲁高法发〔2007〕3号)规定:"当事人对股东资格发生争议时,人民法院应结合公司章程、股东名册、工商登记、出资情况、出资证明书、是否实际行使股东权利等因素,充分考虑当事人实施民事行为的真实意思表示,综合对股东资格作出认定。"

② 参见肖峰:《离婚纠纷中涉及有限公司股权的司法处理》,载"法语峰言"微信公众号(https://mp.weixin.qq.com/s?__biz=MzI5NDAyODY5OA==&mid=400129431&idx=1&sn=89a010f26cdedc9a3978909faf0b0e5c&mpshare=1&scene=1&srcid=1221jrnJ3HnbMszWoozVG3f8&pass_ticket=%2B4yj%2FPrGODGUrABh3AmJRp3Uwk6k%2BOE6fuvxmdbeeEs%3D#rd),访问日期:2018年5月13日。

三、有限公司股权的分割

(一) 有限公司股权分割基本原则①

股权是独立的权利,兼有财产权和身份权双重属性。但在分割时,只能分割它的财产性权益,无法直接获得股东身份,这是因为有限责任公司具有人合性的特点,根据《公司法》的规定,非股东一方要获得股东身份,必须经其他股东三分之二以上同意。因此,当公司夫妻两人均为股东或公司为一人公司,不涉及其他人时,股权可以直接进行分割。如果当事人的诉请是分割作为夫妻共同财产的股权,法院一般只进行确权,而不对股权价值进行委托鉴定甚至委托拍卖分割。但如果公司股东还涉及第三人时,则应遵守《公司法》和公司章程的规定。

关于股权分割的原则,《民法典婚姻家庭编司法解释(一)》第 73 条明确规定:"人民法院审理离婚案件,涉及分割夫妻共同财产中以一方名义在有限责任公司的出资额,另一方不是该公司股东的,按以下情形分别处理:(一)夫妻双方协商一致将出资额部分或者全部转让给该股东的配偶,其他股东过半数同意,并且其他股东均明确表示放弃优先购买权的,该股东的配偶可以成为该公司股东;(二)夫妻双方就出资额转让份额和转让价格等事项协商一致后,其他股东半数以上不同意转让,但愿意以同等条件购买该出资额的,人民法院可以对转让出资所得财产进行分割。其他股东半数以上不同意转让,也不愿意以同等条件购买该出资额的,视为其同意转让,该股东的配偶可以成为该公司股东。用于证明前款规定的股东同意的证据,可以是股东会议材料,也可以是当事人通过其他合法途径取得的股东的书面声明材料。"

除此之外,股权分割时还可考虑适用下列条文,实现分割的实质公平:

(1)补偿因素。根据《民法典》婚姻家庭编第 1088 条的规定,夫妻一方因抚育子女、照料老年人、协助另一方工作等负担较多义务的,离婚时有权向另一方请求补偿。

(2)经济帮助因素。根据《民法典》婚姻家庭编第 1090 条的规定,离婚时经济困难的一方可要求住房、股权等适当的经济帮助。

(3)离婚损害赔偿因素。根据《民法典》婚姻家庭编第 1091 条的规定,存在特定情形的,分割财产之后,由法院酌情考虑离婚损害赔偿。

(4)主观过错因素。根据《民法典》婚姻家庭编第 1092 条的规定,隐藏、转移、变卖、损毁、挥霍财产的一方可以少分或不分财产。

(二) 不涉及其他股东的股权分割

在完全以夫妻共同财产出资设立的有限公司中,夫妻两人或一人持有公司股权的:

(1)一方起诉要求分割股权。如双方协商一致,则按双方约定;如无法协商一致,出于男女平等原则,原则上各自一半。如果男方希望获得公司经营权,可回购女方的股权,原则上法院应同意该行为。如双方同意竞价,价高者可得股权,价低者得现金补偿,法院可让双方协商或庭外竞价,之后到法院确认。

(2)一方起诉要求给付相当于特定比例股权价值的价款。如双方协商一致,则按双方约定;如无法协商一致,应告知原告将诉讼请求变更为分割股权,在标的物为可分的时候,一般不支持直接对标的物进行折价。例如,分割的是股权,而不是股权的价格。如原告不变更诉讼请求,法院可裁定驳回起诉。

---

① 参见肖峰:《离婚纠纷中涉及有限公司股权的司法处理》,载"法语峰言"微信公众号(https://mp. weixin. qq. com/s? __biz=MzI5NDAyODY5OA==&mid=400129431&idx=1&sn=89a010f26cdedc9a3978909faf0b0e5c&mpshare=1&scene=1&srcid=1221jrnJ3HnbMszWoozVG3f8&pass_ticket=%2B4yj%2FPrGODGUrABh3AmJRp3Uwk6k%2BOE6fuvxmdbeeEs%3D#rd),访问日期:2018 年 5 月 13 日。

（三）公司股权涉及第三人时的分割

公司股权分割涉及第三人的，结合《公司法》第71条和《民法典婚姻家庭编司法解释（一）》第73条的规定，可考虑按以下方式处理：

（1）股东配偶在其他股东过半数同意且其他所有股东明确表示放弃行使优先购买权的情形下，可成为股东并按约定比例享有股权。

（2）经股东同意转让的股权，且主张优先购买权的，可以对转让价款进行分割。

（3）如半数股东不同意转让，并且就股权转让价格达成一致的，可以对转让价款进行分割。

（4）如半数股东不同意转让，也未就股权转让价款达成一致的，视为其同意转让。

当然，实务中公司也可通过公司章程约定其他股权分割流程。

（四）其他股东过半数如何举证

《民法典婚姻家庭编司法解释（一）》第73条所规定的、用于证明过半数股东同意的证据，可以通过下列方式举证：

（1）股东会决议：此处的股东会决议是股东开会的书面证明，不属于公司内部治理的范畴，而是两个平等主体之间的个体行为，不是公司组织行为。

（2）当事人通过合法途径取得的股东的书面声明材料。

2020年最高人民法院修订的《关于适用〈中华人民共和国民事诉讼法〉的解释》对于非法取得的证据作出了规定，该司法解释第106条规定："对以严重侵害他人合法权益、违反法律禁止性规定或者严重违背公序良俗的方法形成或者获取的证据，不得作为认定案件事实的根据。"

（3）根据《公司法》第71条的规定，股东应就其股权转让事项书面通知其他股东征求同意，其他股东自接到书面通知之日起满30日未答复的，视为同意转让。

（五）双方未协商一致将股权转让给配偶

（1）双方同意，可竞价确定股权价格，体现当事人的意愿。

（2）双方不同意竞价，可对股权价格进行鉴定。

（3）通过竞价或鉴定计算出股权价格后，如股东配偶主张获得股权则参照《公司法》第71条的规定处理。

（六）评估机构无法对涉案股权进行司法鉴定的处理

夫妻共同财产涉及有限责任公司股权，一方要求分割股权或相应的股权折价款，另一方既不同意分割股权，也不同意就股权价值进行协商。若由于该公司经营不规范，法院委托的相关机构无法对公司价值进行评估，进而无法查明持股一方相对应的股权价值，如何处理？

上海市高级人民法院在调研后认为①，根据《公司法》及原《婚姻法司法解释（二）》（现《民法典婚姻家庭编司法解释（一）》第73条）的规定，对离婚纠纷中涉及分割以一方名义拥有的有限责任公司股权，另一方不是该公司股东的，若双方同意以股权折价款进行分割，并可以通过协商或评估确认股权价值的，法院可据此判决非股东一方取得相应股权折价款；若双方不能就股权价值达成一致，也不能通过评估审计确定的，人民法院应首先就非股东一方经股权分割后能取得的份额情况征求公司其他股东的意见，对股东的不同意见按照原《婚姻法司法解释（二）》（现《民法典婚姻家庭编司法解释（一）》第73条）的规定处理；若经书面通知，其他股东自接到书面通知之日起满30日未答复的，亦视为同意转让，法院可就股权份额进行分割处理。

上述意见的前提条件是"若由于该公司经营不规范，法院委托的相关机构无法对公司价值进行评估"。事实上，"无法评估"的原因可能还有很多，除了"经营不规范"之外，还有"拒不交账"

① 参见上海市高级人民法院《继承与婚姻纠纷统一指导意见》（上海高院民一庭调研与参考〔2016〕3号）。

"消极配合"导致相关机构无法审计评估。"审计""评估"无法作出,可通过以下方法处理:

(1)男、女双方协商一致,即达成股权折价合意,"一方拿股、一方拿钱"。在争议很大的案件中,达成这样的协商结果较为困难。

(2)征求其他股东的意见。如果其他股东同意,配偶未持股一方可直接分割股权。如果其他股东不同意,则由其他股东购买。该方法清晰明确,但在具体适用时有三个前提条件:

第一,必须男女双方就股权转让比例和价格达成一致。

第二,能够联系上其他股东,注意,必须"书面"通知,并且通知的程序合法有效。

第三,人民法院能够依职权行使上述权力。

四、股份公司股权的分割

(一)法律、法规

不同于有限责任公司股权转让存在股东优先购买权的情形,股份公司股权转让的禁止性规定,在于《公司法》及相关法律的规定。

《公司法》第141条第1款对发起人转让股份作出了限制,同时,为了防止董事、监事、高级管理人员利用内幕信息从事股票交易,《公司法》第141条第2款对董事、监事、高级管理人员所持有的股份转让也作出了一定程度的限制。

另外,2019年修订的《中国证券登记结算有限责任公司证券登记规则》第18条对资产承继人办理过户登记作出了规定。

(二)上市公司股份分割的常见问题

1. 限售期内的股票能否分割的问题

《公司法》第141条、《深圳证券交易所股票上市规则》(2020年修订)第3.1.4、3.1.5条对股票限售期作出了具体的规定(上海证券交易所与之要求相同)。

对于在上海证券交易所上市的主板(以下简称"上海主板")及深圳证券交易所上市的主板、中小板(以下简称"深圳主板""中小板")及创业板的控股股东和实际控制人而言,相关锁定期的规定都是3年。

另外,为了进一步规范继承、赠与、依法进行的财产分割、法人资格丧失等情形涉及的证券非交易过户业务,中国证券登记结算有限责任公司于2011年颁布了《证券非交易过户业务实施细则》(适用于继承、赠与、依法进行的财产分割、法人资格丧失等情形),后经2020年修订,根据该细则的规定,因离婚、继承、向经省级(含)以上民政部门或作为受赠方基金会的业务主管单位确认的基金会捐赠、法人资格丧失等几种情形,可以申请非交易过户登记。当事人可以通过托管证券公司申请办理,也可以直接向中国证券登记结算有限责任公司申请办理,但如果分割的比例超过该只证券总发行数量的5%,则必须履行披露义务,并直接向中国证券登记结算有限责任公司申请办理。

根据上述规定,股票的非交易过户并没有限售的限制。而根据实践经验,处于限售期并不会影响股票的非交易过户办理,但是分割到股票的一方需要同样遵守限售承诺。

2. 不同股份分割方式比较

上市公司的股份转让有多种方式,最常见的是通过股票二级市场进行公开交易。但对于离婚案件动辄几千万股的转让数量,且因为二级交易市场的对象是不特定人群,通过二级市场进行交易未必可行。因此,根据交易所的相关规定,除了通过二级市场进行自由交易外,还有如下交易方式可供选择:

(1)大宗交易。以深圳证券交易所为例,根据《深圳证券交易所交易规则》第三章第六节"大宗交易"中的表述,满足"A股单笔交易数量不低于30万股,或者交易金额不低于200万元人民币”时,可以采用大宗交易方式进行证券买卖。该方式的好处是,交易双方是确定的,并且有协议作为保障。但采用大宗交易方式转让股份的前提是,股票已经过了解禁期,即股票可以在二级市场流通,否则应采用非交易过户的方式进行转让。

(2)非交易过户。前文已经对非交易过户进行了介绍,此处不再赘述。但需要进一步说明的是,办理因离婚导致的股票非交易过户手续问题。对此,中国证券登记结算有限责任公司深圳分公司根据《上市公司流通股协议转让业务办理暂行规则》等业务规则的规定制定了《中国结算深圳分公司证券非交易过户业务指南》,该指南对证券的非交易过户进行了规定。

对于可以在二级市场直接分割的股票,离婚诉讼中分割上市公司股票,需要确定股票价值的,当事人对确定股票价值的时间点无法达成一致的,可以法庭辩论终结日的股票价值为准。

五、境外上市公司股权的分割

(一) 信息查询

1. 在我国香港特别行政区注册的公司及在香港上市公司资料的查询

(1)非上市公司的资料查询

可以通过“香港公司注册处网上查册中心”(http://www.icris.cr.gov.hk/csci/)网站查询,登录该网站后,用户可以选择无账户使用者,在非注册的情况下,输入涉案公司的名称进行公司基本情况的查询,通过此种方式可以免费查到公司编号、注册成立日期、公司目前的状态等信息。

(2)上市公司的资料查询

如果要查询上市公司的资料,可登录香港交易所网站进行查询。

第一,打开香港交易所的官方网站(http://www.hkex.com.hk/chi/index_c.htm),可选择中文或英文服务。

第二,在搜索框输入关键词,点击搜索。

第三,页面最后会有公司公告选项,可按照自己的需要查找公司披露的信息。

2. 在美国注册的公司资料的查询

查询在美国注册的非上市公司,可搜索关键词“美国公司查询”,搜索结果中会出现一些州的官方网站,比如内华达州、加利福尼亚州,输入公司名称即可查找到相应的公司,但可能无法获得完整的公司档案信息。

对于上市公司,美国披露上市公司信息的是美国证监会(Securities and Exchange Commission),网址是 http://www.sec.gov/,可以查询到上市公司的公告。如果知道股票代码,国内有些 App 也可以查询到在美国及我国香港特别行政区上市的公司的公告,例如东方财富网,可以作为辅助参考。

(二) 中国法院在分割当事人境外公司股权时的难点

1. 管辖法院的确定问题

关于涉外离婚案件的管辖权问题,在英美法系中,采用的基本原则是以当事人的住所、居所为依据确定管辖权;而大陆法系中,以当事人的国籍、住所地为依据进行管辖。

2. 涉外案件中准据法的适用问题

在涉外离婚股权分割案件中,其涉外因素主要的分割标的是境外上市公司的股权,也即案件系争标的形成于境外、涉及股权转让的转让行为亦发生在境外,相关股票的变更登记也是在境外完成。因此,当事人一方很可能会主张,类似案件的准据法应该是境外法。

3. 涉外股权信息的公证及举证适用问题

在涉外离婚财产分割案件中(以美国为例),当事人双方需要向法院提交有关美国证监会公告的相关公司及股权转让信息以及《股权转让协议》等相应证据。

4. 外国离婚判决的认可

根据《民事诉讼法》、最高人民法院《关于中国公民申请承认外国法院离婚判决程序问题的规定》等相关规定,境外法院所作的离婚判决在中国并非自然有效,当事人欲使该判决在中国发生效力,必须依法向中国法院申请承认和执行。

外国法院作出的离婚判决中的中国公民,可以向其住所地中级人民法院申请承认该外国法院的离婚判决;外国法院作出的离婚判决中的外国公民也可以向人民法院申请承认该外国法院的离婚判决,但其离婚的原配偶必须是中国公民;另外,也可以由外国法院依照该国与我国缔结或者参加的国际条约的规定或者按照互惠原则,请求人民法院承认和执行。

六、擅自转让股权的处理

法院认定股权转让无效的要件分析:

1. 配偶一方单方持股、单方转让股权效力的认定

(1)法律规定

①公司法中关于股权转让的法律规定。现行《公司法》中,第三章规定了“有限责任公司的股权转让”,而对有限责任公司股东转让股权应遵守的规定,主要集中于第71条。就该条而言,其主要基于其他股东的“优先购买权”对股权转让作了限制,但并未赋予配偶可以基于“财产共有”而对股权转让作出限制。

②合同法中关于股权转让协议效力的认定。根据《民法典》合同编第502条第1款的规定,依法成立的合同,自成立时生效,但是法律另有规定或者当事人另有约定的除外。股权转让协议也是如此。在配偶一方转让股权的争议中,未持股的另一方并非转让合同的主体,也非受制于合同权利义务的相对方,不能提起合同“撤销”的诉讼,仅能根据《民法典》第154条的规定,请求提起合同“无效”的诉讼。

③婚姻法中关于共同财产转让的规定。《民法典》婚姻家庭编第1062条确立了配偶“财产平等处理权”,但这一规定通常被视为只对夫妻双方具有约束力,而不得及于“善意”第三人。

(2)法院对于配偶单方转让股权效力的认定

观点一,相对有效论。有些审判观点认为,只要配偶转让股权,完全依照《公司法》《民法典》的规定进行,不论受让人的主体身份(包括配偶转让股权给直系亲属),都是有效的。至于转让股权的价格,根据“契约自由”原则,由合同当事人自行商定。

观点二,相对无效论。有些审判观点认为,配偶单方转让股权,出于保护善意第三人的原则,一般应认定为合同有效。但如果配偶另一方有证据证明股权转让合同无效,法院在审查其主张是否符合《民法典》第154条之后,若认为配偶另一方主张成立,即可认定合同无效。并且,在法律适用上,应酌情综合《公司法》与《民法典》合同编、婚姻家庭编的相互适用。

(3)律师处理配偶单方转让股权时应把握的问题

律师在处理该问题时,应从以下五个方面掌握:

①受让方与转让方的关系亲密程度。比如,受让方是否系配偶一方的亲属、同学、朋友,是否知道或应当知道配偶一方与另一方的夫妻感情状态。

②受让方是否支付了合理对价。股权转让的价款,是法院评判此类案件中股权受让一方是否存在主观恶意、衡量股权交易的真实性的一个参照依据。

③股权转让合同签订、履行与夫妻关系恶化的对比。在配偶一方进行股权转让合同的签订、履行过程中,是否与夫妻关系的恶化程度对应,从而间接判断其在转让股权时是否有转移、隐匿财产的主观可能。

④股权转让合同是否已履行并办理了相关的工商变更登记手续。股权转让合同虽然已签订,但是否已实际履行或是已办理工商变更登记手续,也是法院衡量股权转让合同签订双方是否具有签约、履约真实意思的一个参照因素。

⑤股权转让后,是否再转让。股权转让合同签订后,如果受让方将股权再行转让,将大大增加配偶另一方主张合同无效、恢复股权原始状态的难度,将使涉讼层次增加,给法院审理带来难度。

通常来说,对于配偶单方持股、单方转让的情景,司法实践中,对于受让人受让股权是否存在恶意至关重要,是衡量案件是否符合《民法典》第 154 条"合同无效"的最重要的依据,因此,这也是律师处理此类案件的关键所在。

在(2020)浙 03 民终 5698 号判决①中,女方在离婚诉讼期间将所持股权无偿转让给自己的弟弟,温州市中级人民法院在二审中认为:"关于华宇公司的股份权属。华宇公司成立之初的股东虽然登记为甲女一人,但因华宇公司成立于夫妻关系存续期间,华宇公司应属于夫妻共同财产。甲女、乙男主张乙男是隐名股东,但是其提供的证据并不足以证明该主张,本院不予支持,一审认定甲女、甲男各享有华宇公司 50%份额正确。关于股权转让协议是否有效。甲女在与甲男的两次离婚诉讼期间,于 2018 年 3 月 13 日将其名下的股权全部无偿转让给乙男,未经过甲男的同意,损害了甲男的合法权益,一审认定该转让协议无效正确,本院予以维持。"

2. 配偶双方持股但一方将股权转让的效力认定

(1)配偶双方持股在离婚时的法律适用。在离婚案件中,若配偶一方主张分割双方名下的公司股权,法院一般将夫妻双方均视为公司股东,不强调夫妻之间特定的身份关系。因此,对相关股权转让协议的效力,也依照《公司法》与《民法典》合同编的规定加以判断。同时,由于配偶双方均具有股东身份,因此,如果夫妻对各自名下的股权份额已经约定为分别所有,并不妨碍一方在转让时另一方仍然可以享有优先购买权。

(2)离婚案件中,法院处理配偶双方持股的通常方法。法院一般适用调解解决,在征求双方的意见后,通过出具调解书的形式,确认夫妻双方名下的股权份额,并由当事人凭调解书办理相关的工商变更登记手续。但是,在处理时,法院应审查公司章程有无另行规定,对于股东转让股权有无其他合法的限制条件。若调解不成,也不涉及其他股东优先购买权及无其他障碍,法院可将双方股权统一按比例分割。当然,还有一种情况,即在离婚案件中,如果配偶双方对双方名下的股权分割不能达成一致意见而公司又存在其他股东,即股东人数不限于夫妻二人的情形,也可能会建议当事人另案依《公司法》的规定处理股东间内部争议,或建议当事人另案提起离婚后财产纠纷诉讼。

第十一节　担保及夫妻债务承担

《民法典》婚姻家庭编第 1064 条规定:"夫妻双方共同签名或者夫妻一方事后追认等共同意思表示所负的债务,以及夫妻一方在婚姻关系存续期间以个人名义为家庭日常生活需要所负的债务,属于夫妻共同债务。夫妻一方在婚姻关系存续期间以个人名义超出家庭日常生活需要所负的债务,不属于夫妻共同债务;但是,债权人能够证明该债务用于夫妻共同生活、共同生产经营或者基于夫妻双方共同意思表示的除外。"

一、配偶一方对外担保是否为夫妻共同债务

(一)最高人民法院民一庭倾向性意见

担保之债不同于《民法典》规定的夫妻共同生活债务,担保不排除其他利益但不必然导致连带

---

① 参见裁判文书网(https://wenshu.court.gov.cn/website/wenshu/181107ANFZ0BXSK4/index.html? docId=9d688cd074e049a3b55facfa00ee875a),访问日期:2021 年 8 月 23 日。

责任,担保之债不应当适用《民法典》婚姻家庭编第1064条的规定,夫妻一方的担保之债不宜认定为夫妻共同债务。①

(二)最高人民法院民一庭〔2015〕民一他字第9号复函

最高人民法院民一庭《关于夫妻一方对外担保之债能否认定为夫妻共同债务的复函》(〔2015〕民一他字第9号)指出:夫妻一方对外担保之债不应当适用《最高人民法院关于适用〈中华人民共和国婚姻法〉若干问题的解释(二)》第24条的规定认定为夫妻共同债务。

二、配偶一方以个人名义对外所负债务的承担

(一)共同生活期间的债务认定

《民法典》婚姻家庭编第1064条进一步明确了夫妻共同债务的认定规则。

首先,夫妻双方共同签字确认的债务应当属于夫妻共同债务。如果负债时由夫妻一方签字,但事后另一方以追认等共同意思表示认可该债务的,也应当属于夫妻共同债务。

其次,如果夫妻一方在婚姻关系存续期间以个人名义为家庭日常生活需要所负的债务,则无论另一方是否签字或事后认可,则都应当属于夫妻共同债务。

最后,如果夫妻一方在婚姻关系存续期间以个人名义超出家庭日常生活需要所负的债务,将先推定为不属于夫妻共同债务。只有在债权人有证据证明该债务被用于共同生活、共同生产经营或夫妻双方同意的情况下,才能被认定为夫妻共同债务。

(二)夫妻在分居期间所形成的债务的处理

分居现象作为夫妻生活中现实存在的问题,近年来在我国有逐渐扩大的趋势,但《民法典》婚姻家庭编仅在第1079条将因感情破裂导致分居满两年作为离婚的法定理由之一,而对于分居期间的夫妻财产归属以及债务清偿等问题未作规定。

一般而言,夫妻分居两地有两种情况:一种情况是夫妻关系正常,但由于工作等客观原因而不得不分居两地;另一种情况是由于夫妻关系恶化,感情破裂,双方停止同居义务所导致的分居。在第一种情况下,夫妻双方主观上仍具有共同生活的意愿,经济财产上可能也依然混同,认定该分居期间夫妻的各自所得为夫妻共同财产,各自所负的债务为夫妻共同债务合理,也无争议。但对于第二种情形,虽然由于感情的恶化,夫妻不仅在客观上结束了共同生活的状态,主观上丧失了共同生活的愿望,而且经济上一般也处于分离状态,但是,由于双方婚姻关系的继续,基于婚姻本身具备的特殊身份属性,双方间的相互扶养义务及抚养子女的义务仍不能免除。因此,夫妻一方因正常生活或抚养子女所负债务应属于夫妻共同债务。但要注意的是,由于此时夫妻一方恶意举债用于个人挥霍或与第三人串通伪造共同债务的可能性较大,因此,法院在对其性质进行认定时要格外谨慎。

由此,无论夫妻因何种原因分居,对于一方所负之债的性质仍应当按照用途进行考量。只有当一方举债却没有用于正常生活工作,或是恶意举债、进行高消费、擅自资助他人等,才应认定为个人债务。②

(三)侵权债务的承担

夫妻一方因侵权行为产生的债务原则上应当认定为侵权一方的个人债务,但该侵权行为与其家庭利益有关的除外。③

---

① 参见最高人民法院民事审判第一庭编:《民事审判指导与参考》(2016年总第65辑),人民法院出版社2016年版。

② 参见吴晓芳:《婚姻家庭纠纷审理热点、难点问答(四)》,载奚晓明主编:《民事法律文件解读》(2012年总第91辑),人民法院出版社2012年版。

③ 参见深圳市中级人民法院《关于婚姻家庭纠纷案件的裁判指引(附理解与说明)》第39条第1款。

夫妻一方因犯罪行为产生的债务应当认定为实施犯罪行为一方的个人债务。最高人民法院吴晓芳法官在《婚姻家庭纠纷审理热点、难点问答(四)》一文①中即持该观点。

(四) 对通过离婚逃避夫妻共同债务的处理

夫妻离婚协议中约定夫妻共同财产全部或者绝大部分归一方所有,若不分或者明显少分夫妻共同财产的一方在婚姻关系存续期间存在个人债务,债权人有权向人民法院起诉请求撤销该离婚协议中的财产分割部分;若夫妻双方在婚姻关系存续期间存在共同债务,债权人有权向人民法院起诉请求夫妻双方连带偿还有关债务。深圳市中级人民法院持此观点。②

根据《民法典婚姻家庭编司法解释(一)》第35条的规定,对于共同债务,即使夫妻双方恶意串通将财产约定归属一方,债权人亦可以向夫妻双方主张权利,无须行使撤销权。但若一方所负债务为个人债务,债权人只能通过行使撤销权进行救济。上海市高级人民法院《关于审理婚姻家庭纠纷若干问题的意见》第10条规定亦持该观点。

(五)《民法典》明确了债权人与债务人的举证责任分配

根据《民法典》第1064条的规定,夫妻共同债务按照不同的类型,承担举证责任的主体并不相同。

首先,如果夫妻双方共同签署借款合同、借条,以及夫妻一方通过电话、短信、微信、邮件、行为等能证明与另一方确实存在借款合意或事后进行追认的,则可以直接推定为夫妻共同债务,债权人无需承担额外的举证责任。

其次,如果是夫妻一方以个人名义负担的债务,则只要该债务符合家庭日常生活所需的范围,则也可以直接推定为夫妻共同债务,债权人也无需承担举证责任。但如果非举债一方需要否定该债务属于夫妻共同债务的,则必须举证证明该债务并非用于家庭日常生活。

最后,如果是夫妻一方以个人名义负担的债务已经超出了家庭日常生活所需,则举证责任直接就转移到了债权人身上,即债权人主张该债务属于夫妻共同债务的,则必须举证证明该债务属于夫妻共同生活、共同生产经营所负债务,或者所负债务是基于夫妻双方共同的意思表示。

在公司经营中,因对赌协议而形成股权回购义务是否属于夫妻共同债务?在(2021)最高法民申4323号③裁定中,夜光达公司成立于郑某某与许某某婚内,许某某任董事及经理,曾系控股股东,郑某某曾任股东、监事、财务副总等要职。2017年,许某某代表夜光达公司与霍利企业签订对赌协议,后夜光达公司未能上市,霍利企业主张该股权回购款为夫妻共同债务,请求郑某某与许某某对该债务承担连带责任。最高人民法院在再审中认为,许某某取得夜光达公司股权时处于与郑某某的婚姻关系存续期间,该股权应认定为夫妻共同财产。夜光达公司系许某某、郑某某二人分工协力,共同经营的企业,因经营或任职夜光达公司所获得的收入亦应属于夫妻共同财产。案涉协议的签订系出于经营夜光达公司的商业目的,因此产生的回购股权债务应属于公司生产经营所负债务。据此,案涉债务用于许某某、郑某某二人共同生产经营,且有证据证明具有二人共同意思表示,应认定为夫妻共同债务。夜光达公司股权属于夫妻共同财产,夜光达公司亦系许某某、郑某某共同经营,无论商业经营行为的最终结果系盈利或亏损,后果均应及于郑某某。原审认定郑某某长期与许某某共同经营夜光达公司,案涉债务应当认定为夫妻共同债务,并无不当。

投资收益需要投入时间、精力、智力、体力才能取得。根据《民法典婚姻家庭编司法解释(一)》第25条的规定,一方以个人财产投资取得的收益属于《民法典》第1062规定的“其他应当归共同

① 参见奚晓明主编:《民事法律文件解读》(2012年总第91辑),人民法院出版社2012年版。

② 参见深圳市中级人民法院《关于婚姻家庭纠纷案件的裁判指引(附理解与说明)》第40条。

③ 参见裁判文书网(https://wenshu.court.gov.cn/website/wenshu/181107ANFZ0BXSK4/index.html?docId=1458919ddc764f64a219ad6f00d16015),访问日期:2021年8月23日。

所有的财产”。

《民法典婚姻家庭编司法解释(一)》第 26 条用“除外”的表述方式规定了一方个人财产婚后产生收益的归属,也即除孳息和自然增值外,一方个人财产婚后产生的生产经营收益、知识产权收益、投资收益、主动增值收益都应认定为夫妻共同财产。

第十二节 如何收集与处理财产证据

一、收集财产证据概述

(一) 共同财产的范围

1. 关于“生产、经营的收益”的理解

最高人民法院民一庭的倾向性意见①认为,根据婚后收益性质以及取得方式的不同,对夫妻一方婚前财产在婚姻关系存续期间获得的收益大致可以分为以下几类:孳息,包括天然孳息和法定孳息;自然增值;主动增值;投资收益,包括直接投资收益和间接投资收益;知识产权收益;生产经营收益。

按照民法的添附理论和制度,就夫妻一方婚前个人财产而言,如果婚后夫妻双方对该项财产共同管理、共同修缮、共同投入新财产,从而使该项财产主动增值的,夫妻另一方有权主张对该项财产增值的部分享有权利和利益。

投资收益需要投入时间、精力、智力、体力才能取得。根据《民法典婚姻家庭编司法解释(一)》第 25 条的规定,一方以个人财产投资取得的收益属于《民法典》第 1062 规定的“其他应当归共同所有的财产”。

《民法典婚姻家庭编司法解释(一)》第 26 条用“除外”的表述方式规定了一方个人财产婚后产生收益的归属,也即除孳息和自然增值外,一方个人财产婚后产生的生产经营收益、知识产权收益、投资收益、主动增值收益都应认定为夫妻共同财产。

2. 关于一方的破产安置补偿费是否系夫妻共同财产的认定

上海市高级人民法院认为②,虽然根据原《婚姻法司法解释(二)》第 21 条(现《民法典婚姻家庭编司法解释(一)》)第 25 条的规定,婚姻关系存续期间,实际取得的或应当取得的破产安置补偿费应为夫妻共同所有,但考虑到实践中存在着夫妻婚姻关系存续期间较短,以及破产安置补偿费包含非工资补偿或安置补偿等特殊情形,若简单将破产安置补偿费用一概作为共同财产处理,反而有失公平,并容易激化矛盾。因此,若诉讼中当事人对破产安置补偿费是否均属共同财产争议较大,难以确定其中属于共同财产的具体数额时,人民法院可通过被安置方的婚龄与其工龄的比例来计算破产安置补偿费中属于共同财产的数额。具体而言,该比例大于 1,则所取得的破产安置补偿费均作为共同财产;比例小于 1,则破产安置补偿费中相同比例部分,为共同财产。如夫妻一方婚姻关系存续期间内取得破产安置补偿费 10 万元,该方婚龄为 5 年,工龄为 10 年,其婚龄与工龄的比例为 1∶2,10 万元破产安置补偿费的 1/2 即 5 万元为共同财产。若婚龄为 10 年,工龄为 5 年,其婚龄与工龄的比例为 2∶1,则 10 万元破产安置补偿费均为共同财产。

3. 关于知识产权收益财产性质的认定

最高人民法院民一庭倾向性意见③认为,知识产权收益是指作品在出版、上演、播映后取得的

---

① 参见吴晓芳:《婚姻家庭纠纷审理热点、难点问答(一)》,载奚晓明主编:《民事法律文件解读》(2011 年总第 83 辑),人民法院出版社 2011 年版。

② 参见上海市高级人民法院《关于适用最高人民法院婚姻法司法解释(二)若干问题的解答(一)》第 2 条。

③ 参见吴晓芳:《婚姻家庭纠纷审理热点、难点问答(一)》,载奚晓明主编:《民事法律文件解读》(2011 年总第 83 辑),人民法院出版社 2011 年版。

报酬,或允许他人使用而获得的报酬,专利权人转让专利权或许可他人使用其专利所取得的报酬,商标所有人转让商标权或许可他人使用其注册商标所取得的报酬等。审判实践中,可将知识产权收益已经明确取得的时间是否在婚姻关系存续期间内,作为判断该部分收益归属的标准,收益实际取得的时间并不影响其财产性质的认定。

对于离婚时一方尚未取得经济利益的知识产权,由于知识产权是一种智力成果权,具有很强的人身依附性,作者的配偶无署名权,也无权决定作品是否发表。如果作者的手稿、字画、设计稿等在离婚时还没有出版或未被采用,则仅属于夫妻一方的精神财富,离婚时应归一方所有。考虑到夫妻一方从事创作,另一方会承担更多的家务劳动,其知识产权的获得离不开配偶一方的支持和帮助,根据原最高人民法院《关于人民法院审理离婚案件处理财产分割问题的若干具体意见》第15条规定的精神,在分割夫妻共同财产时,可根据具体情况,对另一方予以适当照顾。

4. 关于工资的含义

国家统计局《关于工资总额组成的规定》第3条、第4条对工资的含义及范围作出了明确的表述。工资总额是指各单位在一定时期内直接支付给本单位全部职工的劳动报酬总额。工资总额由下列六个部分组成:

(1)计时工资;

(2)计件工资;

(3)奖金;

(4)津贴和补贴;

(5)加班加点工资;

(6)特殊情况下支付的工资。

工资与薪金属于共同财产是法律明确规定的。对于工资薪金中单位缴付的住房公积金或住房补贴是否属于共同财产,最高人民法院民一庭倾向性意见认为①,住房补贴和住房公积金属于应当归夫妻共同所有的财产。在离婚案件中,首先应区分住房公积金和住房补贴取得于婚前还是婚后,离婚时分割的只应是婚姻关系存续期间的住房公积金和住房补贴。当事人离婚不是提取住房公积金的事由,故应当经过折抵后,由一方根据其拥有的住房公积金、住房补贴的差额给对方补偿。

另外,辞职补偿金不是一般意义上的工资、资金所得,它与身份具有严格、密切的关系,而与婚姻关系存在与否不具有明显的、内在的必然联系,因此,有观点认为,辞职补偿金是个人财产,不能在离婚时予以分割。②

需注意的是,一方婚前个人财产在婚后改变形式,一般不影响法院对于该财产仍为个人财产的认定。一方婚前财产的孳息归个人所有,但婚前的财产在婚后通过经营所产生的增值部分,应认定为夫妻共同财产。③

5. 特殊贡献的奖励是否属于共同财产范围

对于由国家、政府以及权威组织,对有特殊贡献或取得优异成绩的特定主体给予一定的金钱奖励,如自然科学奖、社会科学奖、运动员名次奖等,奖金是否属于共同财产,虽然实践中认识比较一致,认为奖金属于共同财产,但也有个案值得商榷。比如,在《最高人民法院公报》1995年第2期刊登的“刘某某诉郑某某离婚及财产分割案”中,齐齐哈尔市中级人民法院与黑龙江省高级人民法

① 参见最高人民法院民一庭《涉及婚姻案件处理分析民事审判实务问答》第三项第9条。

② 参见“冯宝明诉李伟离婚案”,载乔宪志主编:《2002年上海法院案例精选》,上海人民出版社2003年版,第155页。

③ 参见深圳市中级人民法院《关于审理离婚案件的指导意见(试行)》第28、29条。

院都认定刘某某所得奖牌系其个人荣誉,有着特定人身性质。① 另外,在“陶某某与朱某某离婚案”②中,关于奖励之金牌的归属,上海市静安区人民法院认为,就金牌本身的人文含义和奖励对象的特定身份即奥运冠军而言,可推定为该金牌应为奥运冠军纪念和收藏,系奖励原告个人,故被告欲以共同财产分割之,不合情理也缺乏法律依据,法院难以支持。

6. 关于网络虚拟财产的认定

最高人民法院民一庭倾向性意见认为③,在网络游戏的虚拟环境中产生的虚拟财产,虽然以数据形式存在于特定空间,但由于其具有一定的价值,满足人们的需求,具有合法性,能够为人所掌控,属于在一定条件下可以进行交易的特殊财产,故而其具有财产利益的属性。既然虚拟财产属于民事利益的一种,法律对该利益应予以保护。

7. 对“买断工龄款”的处理

在离婚案件中处理有关买断工龄款问题时,深圳市中级人民法院认为,可以参照最高人民法院原《婚姻法司法解释(二)》中有关军人复员费、自主择业费(现《民法典婚姻家庭编司法解释(一)》第71条)的规定处理。④

所谓“买断工龄”,法律、法规、政策中均未规定,只是社会上的通俗说法,实际上就是企业与下岗职工解除劳动合同,应按《中华人民共和国劳动法》及相关规定支付下岗职工经济补偿金的行为。1999年10月10日《1999年年报劳动统计新增指标解释及问题解答》对买断工龄款的性质明确为:“一次性买断工龄所支付给职工的费用从性质上说属于保障性质而非劳动报酬性质,因此,不应统计为工资。”可见,买断工龄款与解除劳动合同经济补偿金亦有不同之处。

8. 对离婚案件中的人身保险的处理

根据最高人民法院的规定⑤,婚姻关系存续期间以夫妻共同财产投保,投保人和被保险人同为夫妻一方,离婚时处于保险期内,投保人不愿意继续投保的,保险人退还的保险单现金价值部分应按照夫妻共同财产处理;离婚时投保人选择继续投保的,投保人应当支付保险单现金价值的一半给另一方。

婚姻关系存续期间,夫妻一方作为被保险人依据意外伤害保险合同、健康保险合同获得的具有人身性质的保险金,或者夫妻一方作为受益人依据以死亡为给付条件的人寿保险合同获得的保险金,宜认定为个人财产,但双方另有约定的除外。

婚姻关系存续期间,夫妻一方依据以生存到一定年龄为给付条件的具有现金价值的保险合同获得的保险金,宜认定为夫妻共同财产,但双方另有约定的除外。

9. 对养老保险费的处理

《民法典婚姻家庭编司法解释(一)》第25条规定,男女双方实际取得或者应当取得的基本养老金应当认定为夫妻共同财产。这里的"应当取得"是指当事人已经退休具有享受基本养老金的基本条件,但由于某种原因尚未领取基本养老金的情形。离婚时一方或双方当事人尚未退休,显然不符合该条规定的“实际取得或者应当取得”的条件,离婚时当事人请求按照夫妻共同财产分割基本养老金的,不予支持。对此,《民法典婚姻家庭编司法解释(一)》第80条明确规定,离婚时夫妻一方尚未退休、不符合领取基本养老金条件,另一方请求按照夫妻共同财产分割基本养老金

---

① 参见最高人民法院中国应用法学研究所编:《人民法院案例选》(1992—1996年合订本民事卷·上),人民法院出版社1997年版,第26页。

② 参见齐奇主编:《2003年上海法院案例精选》,上海人民出版社2004年版,第18页。

③ 参见姚宝华、马军:《网络游戏中虚拟财产的认定与保护》,载奚晓明主编:《民事审判指导与参考》(总第42集),法律出版社2011年版。

④ 参见深圳市中级人民法院《关于婚姻家庭纠纷案件的裁判指引(附理解与说明)》第34条。

⑤ 参见最高人民法院《第八次全国法院民事商事审判工作会议(民事部分)纪要》,载http://www.chinacourt.org/article/detail/2016/11/id/2361616.shtml,访问日期:2018年5月13日。

的,人民法院不予支持。

《民法典婚姻家庭编司法解释(一)》第 80 条还规定,婚后以夫妻共同财产缴纳基本养老保险费,离婚时一方主张将养老金账户中婚姻关系存续期间个人实际缴纳部分及利息作为夫妻共同财产分割的,人民法院应予支持。需要注意的是,养老保险金与养老保险费是两个不同的概念,该条规定的作为夫妻共同财产分割的不是养老保险金,而是个人实际缴付的养老保险费。①

(二)共同财产与"一方专用生活用品"的区别

一方专用生活用品具有严格的个人附属属性,比如,衣服、首饰、鞋帽。判断是否个人专用,主要看这些物品是否为专用的生活用品,以及专用品一旦脱离专用人是否失去应有的价值。债权、权利、现金或不动产不属于物品生活用品的范围。对于一些价值较大的生活专用品,如女方的钻戒、男方的价值较高的手表,一般应认定为夫妻共同财产为宜。

(三)关于共同财产是否必须均等分割的问题

原《婚姻法》在 2001 年修订中新增的夫妻共同财产类型法定化、离婚经济补偿、离婚损害赔偿等相关制度对夫妻共同财产均等分割原则进行了有益的补充,《民法典》婚姻家庭编对此又进行了完善。这些制度的配套使用,将使均等分割夫妻共同财产的结果可能不符合实质公平原则,造成双方当事人利益的失衡。故将来在夫妻共同财产分割问题上的立法,应在尊重夫妻一方家事劳动贡献的基础上,综合考虑夫妻共同财产分割对离婚后双方生活水平的影响、子女健康成长等因素,而不再机械地适用均等分割原则。②

二、如何开展股票交易信息调查

(一)股市总值与资金余额

在调查股票信息时,应了解股票市值与账户资金余额的概念。

(1)股票总值,是指截止到调查时止,根据市场价格,拟查股票账号内所有股票的市场价值的总和。

(2)资金余额,即拟查股票账户所依托的资金账户内的资金余额数目。律师应注意,在计算对方应分的股票账户总额时,应将当前股票总市值与当前资金账户内的数额相加,累计得出的就是应分的股票价值。比如,经调查,婚后男方在股市内共有 12 只股票。截止到打印对账单时,12 只股票总市值为 33 万元;而资金账户内尚有 2 万元现金,男方股票账号内应作为夫妻共同财产分割的总资金额应为 35 万元。

(3)婚前个人财产购买股票、基金等的婚后收益如何认定。③ 一方婚前用个人财产购买股票、基金等,如果婚姻关系存续期间进行了交易,其收益应当认定为夫妻共同财产。如果没有进行买进和卖出的操作,离婚时账面收益增加倾向于认定为自然增值。一方婚后用个人财产购买彩票取得的收益,如果当事人没有约定,该收益应认定为夫妻共同财产;一方婚前财产用于借贷而于婚后取得的利息属于法定孳息,离婚时应当认定为个人财产。

(二)如何查询股票交易及资金账户信息

如果知道对方在哪一个证券公司开户,律师可以直接申请法院调查令,或直接申请法院到证

---

① 参见吴晓芳:《婚姻家庭纠纷审理热点、难点问答(四)》,载奚晓明主编:《民事法律文件解读》(2011 年总第 91 辑),人民法院出版社 2012 年版。

② 参见肖峰:《夫妻共同财产一定要均等分割?》,载"法语峰言"微信公众号(http://mp.weixin.qq.com/s?__biz=MzI5NDAyODY5OA==&mid=2649422464&idx=1&sn=6ffae0eaad0f134b72680c6d49c0b5c9&scene=0#wechat_redirect),访问日期:2018 年 5 月 13 日。

③ 参见《一方个人财产婚后收益问题的认定与处理》,载最高人民法院民事审判第一庭编:《民事审判指导与参考》(总第 57 辑),人民法院出版社 2014 年版。

券公司调查,找印有股票交易的资金对账单,或直接去开户银行打印股票交易对账单。

目前,中国证券登记结算有限责任公司有上海和深圳两个分公司,可以在该处查询到所有股民的股票交易信息。

如果不知道对方在哪一个证券公司开户,只要知道对方的身份证号,律师便可向法院申请调查令,律师持调查令可直接去中国证券登记结算有限责任公司上海分公司或中国证券登记结算有限责任公司深圳分公司调查对方的股票交易明细。但是如果想查到对方的资金账户情况,需要查出对方的开户证券公司后,再向法院申请调查令或申请法院直接去具体开户的证券公司调查资金对账单。最终,查清对方账户内的股票市值及资金账户余额。

【示例】

调查令申请书

上海市浦东新区人民法院:

贵院受理的案号为(2015)浦民一初字第××号原告刘××诉张××离婚后财产分割纠纷一案,贵院已立案受理。刘××与张××原夫妻共同财产的范围是本案争议焦点。因法律、法规限制,原告无法自行收集股票信息资料,故特申请法院调查收集:

拟调查机构:××证券有限公司××营业部

开户名为:张××

账号:A1161×××××

自2001年10月至2007年6月的股票交易明细、资金进出明细

(请打印资金对账单明细)

申请人:

××年××月××日

三、律师如何开展工资收入信息调查

开展工资收入调查方式有:(1)律师持律师事务所介绍信调查。(2)法院出具调查令调查。

对于没有实施调查令制度的地区,若对方当事人的工资收入对于财产分割和子女抚养较为重要,可以申请法院调查收集对方当事人的相关工资收入情况。

法院调查取证申请书的格式如下:

【示例】

法院调查取证申请书

上海市徐汇区人民法院:

贵院受理的案号为(2015)徐民一(民)初字第××号原告刘某诉被告赵某离婚纠纷一案,贵院已立案受理。刘某与赵某夫妻共同财产的范围是本案争议焦点。因被告单位的要求,原告无法自行收集被告赵某的工资收入,故特申请法院调查收集赵某的工资收入情况。

拟调查单位:上海市某电子信息公司

拟调查内容：赵某从2014年7月至2015年7月的工资发放情况(请打印工资组成明细单)。

申请人：

××年××月××日

四、律师如何开展公司企业财产份额调查

夫妻在公司企业中的财产份额主要有两种形式：公司股权和合伙企业份额。

1. 工商登记的公司股东信息

在国内合法有效注册的公司可以从全国企业信用信息公示系统网站或者使用相关软件(App软件“企查查”等)查询相关的股东持股信息。在查询时要注意是否有隐名股东问题。

2. 合伙企业权益的查询

合伙企业的查询与公司的查询类似，也可以登录全国企业信用信息公示系统网站进行查询。《公司法》与《合伙企业法》的规定不同，《公司法》规定，公司股权只能转让，或公司所有股东同意清算，否则股东无法退出公司；合伙企业则可以退伙退资，这一点与公司股权处理不同。

五、非法转移夫妻共同财产的责任

一方在离婚诉讼期间或离婚诉讼前，隐藏、转移、变卖、毁损夫妻共同财产，或伪造债务企图侵占另一方财产的，离婚分割夫妻共同财产时，依照《婚姻法》第47条的规定可以少分或不分财产。

律师需注意，《民法典》婚姻家庭编第1092条删去了原《婚姻法》第47条规定的“离婚时”这一时间要求。另外，《民法典》婚姻家庭编第1092条同样适用于协议离婚的情形，因为从法律条文的表述来看，并没有区分判决离婚和协议离婚。实际生活中，在离婚当时查清所有的夫妻共同财产并不容易。协议离婚中当事人双方对共同财产分割达成的协议未对全部财产作出处理，是由于一方的隐藏、转移等行为或其他原因导致的，并非是另一方对不知情部分财产行使了处分权，故上述规定适用于所有离婚之情形。

第十三节　律师的诉前调解工作

一、诉前调解的必要性

婚姻案件一般分为三个阶段进行代理。第一个阶段，诉前准备阶段，主要是了解案情，收集相关信息材料；第二个阶段，诉前调解阶段，主要在起诉之前，通过协商调解的方式促使双方达成离婚协议，以协议方式解决争端；第三个阶段，诉讼阶段，即调解不成，通过法院解决婚姻问题或在法院主持下尝试调解。

起诉之前的调解工作非常重要，除了法院会组织调解外，律师也应视情况积极推进双方当事人的私下调解工作。一方面，离婚案件的当事人毕竟共同生活了一段时间，有的还生育有子女，具有调解的感情基础。另外，离婚案件没有胜负，对于双方来说，虽然离婚了，但双方日后还会因为孩子问题而沟通、见面，因此诸如孩子抚养权、抚养费、探望权等问题，通过调解的方式解决更为妥当。

二、诉前调解的步骤和方式

(一) 诉前调解的主体

诉前调解人，可以是律师，也可以是对于双方都较为熟悉的共同朋友或上级领导，或其他亲

属。相对而言,律师调解的作用可能会更为明显一些。

(二) 调解环境

调解建议在咖啡厅或茶馆进行。这些场所一般比较安静。调解时,切记不要单独去委托人的配偶住所处,否则容易产生纠纷或误会。

(三) 调解语言

调解时,尽量给对方当事人中立的感觉,律师也要抱着调解的诚意,不要一味站在自己委托人的角度谈观点、讲道理。在与对方当事人商议时,尽量用亲和的语言交流。同时,在调解中不要对双方的是非过多发表意见,而应围绕争议和分歧。

(四) 调解方法

调解时,先找出分歧,筛选争议焦点,并找出双方分歧的原因以及减少差距的方案。抓住双方争议焦点后,再找到双方的共同点以及解决争议的途径。适度公开自己的和解想法,释明相关的法律规定与双方共同探讨调解思路与方案。在调解时,要注意营造调解氛围,注意抓住调解时机,把握调解的原则,以及注意双方当事人的性格特点。

在调解时,一定要注意离婚案件当事人的情绪,使当事人尽量保持冷静和理性,这样才更容易达成调解。

第十四节 立　　案

一、离婚案件管辖权的规定

1. 民事案件管辖法院的一般规定

《民事诉讼法》第22条对民事案件的管辖权作出了一般性规定,即“原告就被告”。

公民的住所地是指公民的户籍所在地;公民的经常居住地是指公民离开住所地至起诉时已连续居住1年以上的地方,但公民住院就医的地方除外。在被告有经常居住地时,则经常居住地的法院优先于住所地的法院管辖。

《民事诉讼法司法解释》第17条规定:“已经离婚的中国公民,双方均定居国外,仅就国内财产分割提起诉讼的,由主要财产所在地人民法院管辖。”北京市高级人民法院《关于民事诉讼管辖若干问题的规定(试行)》第8条规定:“婚约财产纠纷、离婚后财产纠纷、夫妻财产约定纠纷、分家析产纠纷等纠纷属于婚姻家庭纠纷,不适用不动产专属管辖,按照被告住所地确定管辖法院。《民事诉讼法司法解释》第十七条规定的情形除外。”

2. 民事案件管辖法院的特殊规定

《民事诉讼法司法解释》第7条规定:“当事人的户籍迁出后尚未落户,有经常居住地的,由该地人民法院管辖;没有经常居住他的,由其原户籍所在地人民法院管辖。”这一特别管辖在实践中往往会被忽视,而这一现象日渐增多,应引起广大律师的重视。

3. 离婚案件中特别情形下的管辖权规定

《民事诉讼法》第23条规定了几种由原告住所地或者原告经常居住地法院进行管辖的诉讼情形。

《民事诉讼法司法解释》第8条、第9条也作出了特别规定。

4. 关于军人的离婚案件的管辖法院

《民事诉讼法司法解释》第11条规定:“双方当事人均为军人或者军队单位的民事案件由军事法院管辖。”

5. 关于涉外案件的管辖法院

《民事诉讼法司法解释》第 13 条、第 14 条、第 15 条、第 16 条对涉外离婚案件管辖权作出了规定。

另外，对于在中国有经常居住地的外国人间的离婚案件①，一方或双方在我国有经常居住地的外国人在中国法院起诉离婚的，应予管辖。

6. 无民事行为能力人的离婚诉讼操作②

对于无民事行为能力人起诉离婚问题，《民法典婚姻家庭编司法解释(一)》第 62 条有明确规定，即在特殊情形下，无民事行为能力人可以作为原告提起离婚诉讼。但无民事行为能力人作为原告起诉只是特殊的救济途径，有严格的限定条件，无民事行为能力人的配偶须有虐待、遗弃等严重损害无民事行为能力一方的身心健康或合法权益的行为。

无民事行为能力人由于不具备辨认能力和控制能力，因此自己不能进行诉讼，而是由其监护人代理其提起诉讼。这样一来，首先就需要解决程序上的问题，变更无民事行为能力人的监护权。依据法律规定，配偶是无民事行为能力人的监护人，如果不变更监护关系，就会出现法庭上原告与被告是同一人的情况。因此，《民事诉讼法司法解释》第 83 条对于诉讼中无民事行为能力人和限制民事行为能力人的监护人作出了规定。

二、律师如何撰写离婚案件的起诉状

(一) 诉状中的离婚理由

起诉状中，应写明原、被告相识的时间、婚姻缔结的时间、孩子出生的时间等客观事实及离婚理由。对于导致离婚的理由是否成立，需要当事人举证证明。

(二) 起诉状中不可列第三人

虽然离婚诉讼财产分割涉及第三人的案例较为普遍，如婚后购房中，产权证有一方父母的名字等。离婚案件处理的是夫妻离婚关系纠纷，离婚涉及案外人利益的纠纷均需另案诉讼。

(三) 起诉状正文的撰写

起诉状由以下三个方面的内容构成：原、被告基本情况，诉讼请求，起诉依据的事实和理由。

书写起诉状应注意以下四个方面的问题：

(1) 双方当事人的联系方式，应当明确、具体，以便法院能够联系并送达。

(2) 夫妻共同财产应当列清，还应将财产总额预估好，立案时需要按财产标的预缴诉讼费。

(3) 诉状内容条理清晰。

(4) 不能渲染或虚构事实。

【示例】

民事起诉状

原告：王某，女，1976 年 ×× 月 ×× 日出生，汉族，×× 单位职工，现住 ×× 市 ×× 路 ×× 号，邮编：200 ×××，联系电话：1368 ×××××××

被告：张某，男，1973 年 ×× 月 ×× 日出生，汉族，×× 公司职员，现住 ×× 市 ×× 路

① 参见北京市高级人民法院《关于审理婚姻纠纷案件若干疑难问题的参考意见》第 49 条。

② 参见最高人民法院民事审判第一庭编：《民事审判指导与参考》(总第 60 辑)，人民法院出版社 2015 年版。

××号,邮编:200×××,联系电话:1366×××××××

诉讼请求:

(1)判令原、被告离婚;

(2)婚生儿子由原告抚养,由被告每月支付1 500元抚养费;

(3)共同财产依法分割(具体见附后清单);

(4)本案诉讼费用共同承担。

事实与理由:

原、被告××年经人介绍相识,经过短暂接触后,为了单位分房需要,在没有进行深入了解的情况下领取了结婚证。结婚初期,被告对原告尚可,但随着时间的推移,被告多疑、粗暴、大男子主义的品性开始显现。婚后不到半年,对原告抬手即打、张嘴即骂,家里能拿起来的东西都成为被告发泄的工具,多次造成原告身体软组织挫伤、骨折(见医院治疗证明),原告伤心至极,本想与被告离婚,但拟起诉时才知身怀有孕。原告想,有了孩子被告会回心转意,对原告的态度会有所转变。不料被告不但没有收敛,反而变本加厉,对怀孕的原告打骂更甚,在原告怀孕八个月时差点造成流产,多亏就医及时才保住了孩子。

孩子出生后,被告不但不反思悔改、一心为家,反而经常夜宿在外,对原告及孩子不闻不问。为了孩子,原告对被告一忍再忍、一让再让,但被告却认为原告软弱可欺,特别是上个月十五号,被告赌博输钱,对于原告的劝阻,被告大怒,对原告大打出手,将原告打得头破血流,还用凳子砸原告的背部,造成原告轻伤。

为了孩子,为了这个家,原告早已习惯以泪洗面,容忍被告,对被告一让再让,希望被告能好好过日子,但无数次的希望像肥皂泡一样破灭。现在原告的心早已死,本想寻短见结束这一切,却又舍不得丢下孩子。现在原告已被被告打清醒,原告要结束这一场名存实亡的婚姻,重新开始做人,寻找久违的幸福感觉,寻找作为一个正常女人所期待的温馨家庭。

综上所述,原、被告夫妻感情早已破裂,故特依《民法典》婚姻家庭编第1079条之规定,向贵院起诉,请依法判如诉请,以维护原告之合法权益。

此致

×××人民法院

具状人:王某

××年××月××日

三、立案的基本程序

一般离婚案件立案要提交的材料有:

(1)民事起诉状;

(2)身份证、暂住证或居住证;

(3)对方身份证复印件或派出所出具的户籍证明;

(4)结婚证或婚姻状况证明;

(5)户口信息;

(6)财产清单。

【示例】

证 据 目 录

（被告感情过错方面）

序号	证据名称	证实内容	备　注
1	原告身份证、结婚证	原告身份情况以及原、被告系夫妻关系	
2	2015 年 3 月 2 日，被告与其友的 QQ 聊天记录	被告与其单位女同事有不忠实于婚姻的行为	123 × × × × 是被告 QQ 号 422 × × × × 是其友 QQ 号
3	被告的录音	被告亲口承认证据 1 中的 QQ 聊天记录所述属实	录音时间：2015 年 3 月 14 日 录音地点：× × 录音人：× × 在场人：× ×
4	被告与其女同事密切往来的电话清单（2014 年 10 月—2015 年 4 月）	被告与女同事往来过于密切，常常在深夜十一点以后通话	113 × × × × × × × × 是被告的手机号 133 × × × × × × × × 是被告女同事手机号
5	中国移动通信公司上海分公司的手机用户基本资料单	号码为 113 × × × × × × × × 的手机为被告持有	

提交人：张某

× × 年 × × 月 × × 日

第十五节　律师的庭前准备工作

一、律师对举证及期限的把握

（一）律师应注意离婚案件举证期限的规定

《民事诉讼法》第 68 条对举证期限作出了规定，从该条规定可以看出，对于逾期举证的处理，法官具有一定的自由裁量权。

律师应注意，除了《民事诉讼法》外，最高人民法院还发布了一些程序规则上的司法解释，对于离婚案件来说，相对重要的就是《民事诉讼法司法解释》、最高人民法院《关于适用简易程序审理民事案件的若干规定》和最高人民法院《关于民事诉讼证据的若干规定》。

（二）提交新证据的问题

《民事诉讼法》第 139 条规定，当事人在法庭上可以提出新的证据。

最高人民法院关于《民事诉讼法司法解释》第 231 条规定："当事人在法庭上提出新的证据的，人民法院应当依照民事诉讼法第六十五条第二款规定和本解释相关规定处理。"《民事诉讼法》第 68 条第 2 款规定："人民法院根据当事人的主张和案件审理情况，确定当事人应当提供的证据及其期限。当事人在该期限内提供证据确有困难的，可以向人民法院申请延长期限，人民法院根据当事人的申请适当延长。当事人逾期提供证据的，人民法院应当责令其说明理由；拒不说明理由或者理由不成立的,人民法院根据不同情形可以不予采纳该证据,或者采纳该证据但予以训诫、罚款。”

因此,何时提交证据,提交哪些证据,当事人及其代理人一定要明确。

(三)调解过程中双方的陈述和对事实的认可不能作为判决的依据

根据最高人民法院《民事诉讼法司法解释》第107条的规定,在诉讼中,当事人为达成调解协议或者和解协议作出妥协而认可的事实,不得在后续的诉讼中作为对其不利的根据,但法律另有规定或者当事人均同意的除外。因此,如果法院组织调解,当事人可将自己的真实想法及对财产分割的要求向法院作出陈述。

二、律师如何进行财产保全

(一)房屋的财产保全

如果一方有可能或正在转移夫妻共有的房产,另一方可以向法院申请对该房产进行财产保全。实践中,房屋虽然为共同财产,但如果产权登记在一方名下,那么,未经另一方同意,一方可以在法律程序上完成房产转移的过户交易手续,将售房款独占。根据现行法律规定,当事人申请财产保全应该提供担保。

如果用担保方式申请房屋保全,要提交的材料有:

(1)财产保全申请书;

(2)财产保全担保书,该担保书需要全体产权人签名;

(3)产权人身份证复印件;

(4)用来作担保的房屋产权证原件;

(5)要查封房产的产权登记册或产权证。

申请法院保全的保全费用一般为人民币5 000元。

(二)股票账号的财产保全

一般情况下,法院对股票的查封一般限于冻结被申请人的资金账户,该账户只准进入资金,不准取出资金。一般允许股票的继续买卖,以减小由于保全措施给被申请人造成的经济损失。

如果申请人申请法院查封被申请人股市内的财产,要向法院提交类似于房产保全的相关法律文件,如申请书、担保书、被申请人的股市账户基本信息等。

法院受理当事人的申请后,会依法作出裁定,同时到开户的证券公司依法冻结被申请人的资金账户。

对于有限责任公司或一般的股份有限公司而言,如果当事人向法院申请保全其公司股权(份),接受保全的机构一般为该公司所登记的工商局。但上市公司发起人的限售股的保全机构还应有中国证券登记结算有限责任公司,且需要根据不同的上市地点,前往不同的分公司办理。

(三)银行存款的保全及手续

如果申请人想对被申请人银行存款进行财产保全,首要解决的是担保问题。如果申请人提供了足额的担保,法院核实后,会裁定保全,并到被申请人的开户行对其银行账号进行冻结。

(四)汽车财产保全及手续

法院审查申请人提交的保全材料后,如果裁定保全,会到车管所办理查封汽车的保全手续,裁定生效后,该汽车只能使用,但不能买卖过户。

【示例】

财产保全申请书

申请人:张某
被申请人:刘某
请求事项:

请求人民法院依法对被申请人的中国银行上海分行××支行的储蓄账户的存款进行财产保全。

事实理由:

中国银行上海分行××支行的储蓄账户原由申请人与被申请人在夫妻关系存续期间所开,现经法院查明该账户尚有余款30万元整。申请人认为该账户里的余款为夫妻关系存续期间所得,为夫妻共同财产。申请人考虑到被申请人有转移、隐匿该账户存款的可能,故依据《中华人民共和国民事诉讼法》第103条之规定向贵院申请对该账户的存款进行财产保全。

此致

××××人民法院

申请人:张某
代理人:
××年××月××日

三、律师如何提交答辩状

1. 法律对于提交答辩状的要求

答辩状可写"因原告×××诉请与我离婚一案,提出答辩";若为上诉案件,可写"因×××不服×××人民法院×年×月民字第×号离婚判决,提出上诉,答辩如下……"

答辩的"意见和理由"是最重要的部分,应注意三点:

第一,要尊重事实。

第二,要有针对性,要针对起诉状、上诉状所提的诉讼请求进行答复和反驳,要注意突出重点。

第三,要书写具体,不要用空洞的概念代替具体事实的阐述。

2. 注意提出答辩状的时间

如果是国内普通程序的第一审案件,一般应在收到起诉状副本之日起15天内提出答辩状。

第十六节　开庭及判决

一、律师在法庭调查阶段应注意的问题

(一)告知当事人法庭调查的程序

法庭调查,就是法官调查了解双方的基本情况,包括双方当事人的基本身份情况、婚姻经过情况、现在婚姻出现的问题以及双方对婚姻状态的看法等。

一般双方当事人就座后,在案件正式开庭审理之前,书记员会先核对双方当事人和应到庭的其他诉讼参与人的到庭情况,并向法官报告。之后,书记员宣布法庭纪律,然后正式开庭。

开庭后,首先由审判长逐一核对到庭的当事人,进行当事人及其代理人自然情况的调查。随后,法院会让原告陈述一下起诉的事实和理由,一般原告会按起诉状的内容进行宣读。原告宣读完毕之后,法官会询问被告对于原告诉讼请求的看法,即先询问被告是否同意离婚,然后再询问子女如何抚养、财产如何分割。一般情况下,如果被告明确表示不同意离婚、案件没有法定判决离婚的情节,法院通常不会再将子女及财产问题作为调查重点。

如果被告有答辩状,法院会让被告宣读;如果被告没有准备答辩状,法院会让被告陈述对于原告所述事实和理由的意见。

法庭调查阶段,法官会主要查明当事人双方何时认识、何时确立恋爱关系、何时结婚、何时生育子女、双方何时因何原因引发矛盾、何时分居等基本情况。而对于离婚的原因及过错,主要看当事人的举证。如果当事人不能举证证明对方有过错,仅凭当事人的陈述,法院一般不会采信。

如果在当事人的陈述中,法官认为有些事实还没有说清,可能会主动询问当事人。法官的询问可能较为重要和关键,律师庭前可建议当事人,要认真听清法官的询问,如实回答,不能草率。

法庭调查的最后一项内容,就是当事人之间的相互提问。在有些案件中,当事人之间的相互提问是非常重要的,因此,一定要针对案件的具体情况,利用好这个机会。

(二) 相互质证的策略和技巧

相互质证,是离婚诉讼中一个重要的环节。“打官司,就是打证据”,如何举证及质证是离婚案件当事人双方都必须重视的事情。证据应该具备“三性”,即合法性、真实性和关联性。因此,当事人对证据的质证,基本上也是围绕这三个方面准备。

“合法性”,主要是证据的来源是否合法。比如,某案件中,某女欲证明某男有婚外情,请私人侦探利用针孔摄像头拍摄的录像就存在合法性问题。因为根据法律规定,针孔摄像头是国家明令非侦查部门禁止使用的专用设备,用非法设备获取的证据自然不能被法院认定。再如,为了证明第三者与自己的配偶有婚外情,强行进入第三者家,搜寻到双方的情书,也因为违法行为在先,导致证据因取得过程非法而无效。

“真实性”,主要是指证据的内容是否真实。比如,证明第三者与被告来往密切的电话清单,因为没有电信部门的盖章,对于该通话记录的真实性,在一方提出异议的情况下,法院很难予以采纳。对证据真实性的要求,主要在于庭审时,需要当事人将证据原件一并带上,准备接受对方质证,切不可将关键证据的原件遗忘,造成诉讼中的被动。

“关联性”,主要是要求出示的证据与本案争议的焦点有关联,而不是与本案无关。比如,在离婚案件中,原告提交了被告舅舅因故意伤害罪被判刑的判决书,欲证实被告家有家庭暴力的家风。被告可以对该证据的关联性提出异议。因为原告是与被告打离婚官司,而不是要与被告舅舅离婚,被告亲属是否曾有暴力行为与被告没有直接关系,也与本离婚案件的审理没有直接关系。

在庭审质证时,不仅要从证据本身出发对证据进行质证,而且也要从程序上对证据进行质证。比如,对方是否在指定的期限内向法院提交证据。如果一方的举证不是在举证期限内,又不属于“新的证据”的范围,另一方当事人有权拒绝质证。

(三) 常见“造假”证据的应对策略

“假”证据一般体现在财产分割方面,对于子女抚养及感情过错方面,当事人一般不会造假。因为财产分割涉及当事人的经济利益,因此,在财产分割中,“假”的证据较为常见。

(1)对涉嫌假造债务的认定及处理。涉嫌“债务作假”,多体现在房产上,因为其他方面的生活开销较少,而房产牵涉的经济利益巨大,因此,当事人造假的现象较多,律师要注意辨别。

(2)对假造花销的认定及处理。如果一方当事人想让对方少分在自己名下或自己掌握的财产,可能会向法院提交己方钱财已消费的证据,以求从自己掌握的应分的共同财产中扣减。

遇到另一方可能涉嫌假造花销的情况，应从以下三个方面进行处理：

第一，要看对方所述花费用于何处。只有为家庭生活的开销才能作为共同财产的合理消费。如果一方声称将钱借给其亲友，或声称赌博输掉，均不能成为让另一方共同承担消费的理由。

第二，要看对方声称开销是否有证据印证。

第三，要结合一方消费的原因，分析其开销是否存在主观恶意。比如，某男在与其妻离婚诉讼期间，在商场大肆购物，不仅购买了男士高级衣装，而且还购买了男士名贵手表，开销达数万元。在离婚时，某男声称是其个人专属的物品。再比如，一方突然携父母出国旅游，开销巨大等情况。在这些情况下，基于双方夫妻感情恶化，甚至处于或即将进行离婚诉讼，一方由此产生的不合理的开销，一般情况下，法院不会让双方共同承担。

二、律师如何进行法庭辩论

俗话说"理不辩不明"，诉讼也是如此。辩论是诉讼律师的基本功，双方的观点谁是谁非，不仅需要证据的支持，还需要律师用明晰的语言将自己一方的主张进行归纳和总结，以及用有理有据的语言指出对方观点的错误，以求得法院的支持。这个过程，就是法庭辩论。法院调查阶段结束后，就进入了法庭辩论阶段。

离婚案件一般有三个争议焦点，即夫妻感情是否确已破裂及谁是过错方、子女抚养、财产分割。

庭审辩论应该围绕这三个争议焦点进行，对于每一个争议焦点论点的陈述，都要简明扼要，有理有据，不宜进行长篇大论。

（一）夫妻感情是否确已破裂及谁是过错方的辩论

针对夫妻感情是否确已破裂发表辩论意见，一般要从婚姻基础、婚后感情、夫妻感情破裂的原因、夫妻关系的现状以及有无和好的可能等方面来阐述自己的观点。也就是说，原、被告一方，要站在自己的角度，结合案件事实，针对以上五个方面围绕自己的主张进行辩论。

婚姻基础方面，主要指对双方是否自由恋爱、恋爱接触的时间长短以及双方恋爱期间的感情如何等方面进行辩论。

婚后感情方面，主要指结婚以后，双方的感情生活如何，是不是经常吵闹，甚至发生激烈的冲突等情况。

夫妻感情破裂的原因，主要指造成夫妻之间矛盾或裂痕的原因是什么，是由于第三者的介入，还是双方人生观念不同，还是性格的严重不和导致感情破裂。

夫妻关系的现状，主要指夫妻关系现在如何，是否分居，是否依然同居一室、同吃同住等。

有无和好的可能，是指导致夫妻之间产生分歧的矛盾是不是可以调和，是不是可以通过一定的努力挽回夫妻感情，使夫妻重归于好。

谁是过错方，一般在离婚案件中也是一个争议焦点。根据《民法典》婚姻家庭编及相关规定，离婚时，财产分割的一个基本原则就是照顾无过错方。离婚案件中，常见的过错有婚姻不忠实行为、家庭暴力、恶习三种。如果能够证明自己是无过错方，而对方有过错，在财产分割甚至子女抚养方面都可能会居于一定的优势地位。

（二）子女抚养方面的辩论

关于子女抚养方面，在进行辩论时，主要围绕孩子判给谁对子女成长更为有利这一原则展开。可以从以下四个方面进行辩论：

第一，子女的年龄。根据相关法律的规定，2 周岁以下的子女一般归女方抚养；如果子女在幼儿期，在同等条件下，法院将子女判归女方抚养的可能性会相对大一些；如果子女在 8 周岁以上,一般法院会尊重子女的意见;如果子女在2~8周岁之间,则由法官综合裁判。

第二,子女的性别。如果是女孩,且年龄将近8周岁,因为女方对于指导孩子的青春期更有经验,故同等条件下,法院将孩子判归女方更有利于孩子的成长。

第三,双方的经济条件。如果父母一方收入较高,可能会给子女提供更好的抚养条件,在同等条件下,法院就有可能将子女判归收入较高的一方。

第四,子女一贯的生长环境。比如,孩子一直由爷爷和奶奶带着,或者孩子一直住在某套房屋中,上学也在该房屋周边等,这些都是法官考虑孩子抚养权归属的因素。

(三)财产分割方面的辩论

共同财产分割的基本原则就是等分。当然,在处理具体案情时,还要考虑财产的来源、照顾女方及无过错方等因素。离婚案件中,如果原、被告双方对于财产分割问题不能够达成一致意见,一般要解决两个问题,或者说,离婚纠纷中,财产分割焦点中有两个关键点:

第一,共同财产的范围有哪些。在离婚案件中,原、被告有哪些共同财产可能是案件争议的最大焦点之一。比如,原告说被告隐匿了共同存款,对于房产是不是共同财产或是不是全部属于共同财产分割的范围可能存在分歧,对于夫妻之间是否存在共同债务夫妻意见相左,等等,都是共同财产范围不能明确查明的情形。

第二,共同财产分割的原则是什么。在明确了共同财产的范围之后,如何分割这些共同财产是原、被告的另一个争议焦点。举个例子来说,离婚分割财产就像分蛋糕,首先要解决要分的蛋糕有多大。如果经过举证或协商,双方就蛋糕大小达成一致,接下来就是蛋糕应如何分切,是一人一半,还是男的小半女的大半,具体是多少,都可能是接下来的争议焦点。

法庭辩论一般有两轮,第一轮所需的时间相对较长,一般会在20分钟之内。第二轮是针对第一轮双方提出的观点进行的进一步辩论,时间不会太长,一般在10分钟之内。如果第一轮辩论结束后,对方没有什么大的或明确的其他辩论意见,律师可酌情建议让当事人本人进行第二轮的辩论发言,让其将自己对婚姻感情的看法、对夫妻关系的看法以及对其他争议的焦点发表自己的观点,可以使法官感受到当事人的意思表示与真情流露。

三、庭审笔录

(一)律师应充分重视庭审笔录签字的重要性

出庭参加诉讼的当事人及参与人(即原、被告,原、被告的律师或委托代理人以及出庭作证的证人等)在庭审结束后,都要在庭审笔录上签名,表示对书记员记录的内容的认可。如有异议,可在记录自己陈述的部分作补正,并在补正的地方签名,这是诉讼中必不可少的程序。开庭结束之后,当事人必须在庭审笔录上签字。庭审笔录是相当重要的法律文书,之所以重要,主要体现在以下三个方面:

1. 庭审笔录是当事人的观点和言词最原始、最有效的记录

在开庭的整个过程中,书记员会把法官、各方当事人以及诉讼参与人的发言的主要内容记录下来,以便再现开庭的整个过程。庭审笔录一旦形成,会成为反映庭审的最原始、最有效的记录,只要经过当事人签字认可,任何一方当事人都不能反悔,须对庭审笔录中的发言承担后果和责任。

2. 庭审笔录是法院判案的重要依据

当事人在庭审笔录中的陈述,都会被认定为当事人的真实意思表示,除非能再举反证推翻庭审笔录中已陈述过的内容,否则法官会按庭审笔录中记载的内容断案。

3. 庭审笔录记载的事项非常重要

庭审笔录应记载的事项非常全面、重要,具体包括以下十二个方面:

(1)法官对各方诉讼主体资格和对诉讼文书的送达和接收情况的核对；
(2)法官对当事人及其代理人的各项权利与义务的告知；
(3)当事人对每一证据的名称、形式、内容描述及证明事项或对证据的质证意见；
(4)当事人的陈述与辩解；
(5)当事人提出的每一项申请及法官对该申请的裁定及其理由；
(6)证人、鉴定人的陈述及问答；
(7)当事人及其代理人的辩论意见,包括代理、辩护的意见；
(8)当事人的最后陈述；
(9)每次庭审起止时间,参与人员的具体信息；
(10)法官、当事人及其代理人的发问和回答；
(11)证人、鉴定人的身份情况；
(12)证据的种类、编号、形式、提交时间、提交人等。

(二)律师签阅庭审笔录时应注意的问题

1. 一定要仔细、逐字阅读庭审笔录

目前,全国绝大多数地区法院由书记员使用电脑进行庭审记录,电脑记录的笔录清晰工整,阅读起来不费力气。甚至部分地区的法院采用庭审语音识别技术,直接将庭审发言转成文字,但转换过程仍难免出错,需认真核对准确率。

2. 不能抱有“相信法官、书记员不会有错”的观念

律师应有正确的观念,即使书记员记录的字体非常不工整、阅读有一定困难,也不能放弃阅读笔录的机会。

3. 阅读笔录时一般更关注自己一方的陈述

书记员在记录庭审笔录时,双方当事人说的话都会记录。有的当事人在阅读笔录时,认为对方当事人说的话不对时,往往要求书记员更正,其实这是不对的。书记员的任务,就是把双方当事人在法庭上的陈述记录在案,至于当事人陈述的是否属实,是否在“胡言乱语”,书记员都不能更改,只能按当事人的陈述进行记录。当事人的陈述,只是证据形式的一种,法官断案不会仅仅依据当事人的陈述定案,而要结合另一方当事人的陈述以及其他证据材料断案,因此,当事人只要看自己的陈述与记录是否一致即可。

4. 发现自己的陈述与书记员的记录不一致的,应请求书记员更正

因为书记员记录的速度很可能跟不上当事人发言的速度,因此,有时候书记员会按照自己的理解来记录当事人所说的话。有时这种理解是符合当事人的原意的,有时却理解偏颇甚至曲解了当事人的原意。因此,书记员记错的地方,一定要请书记员更正。

5. 笔录更正的地方一定要签名确认

如果庭审笔录中有更改或添加的地方,一定要自己签名确认。只有这样,变动的地方才能体现是当事人而非书记员的意思表示。有的法院的书记员在变更以后,不要求或忘记让当事人签字确认,若当事人不承认变更的地方是其意思表示,这样很容易引起争议。

6. 签字时每页都需签名确认

个别法官或书记员只要求当事人在庭审笔录的最后一页签字是不妥的。如果对于前几页不加以确认,就会存在书记员更改前几页的内容而当事人不知道的可能性,若当事人对其没有签字页面的记录的真实性和原始性表示怀疑,会造成麻烦。因此,要在庭审笔录的每页都签字,避免双方无法确定责任。

7. 重大、复杂的案件,最好保留一份庭审笔录复印件

对于重大、复杂的案件,当事人最好将庭审笔录复印一份。根据《民事诉讼法》第 52 条第 2 款

的规定,当事人有权查阅本案有关材料,并可以复制与本案有关的材料和法律文书。因此,对于重大、复杂的案件,当事人适时酌情将庭审记录进行复印,有利于对庭审过程有一个客观、全面的掌握。

四、开庭后的工作

(一) 继续调解的工作

离婚案件中的律师之间法庭内外的交流和沟通也是相当重要的。律师是专业法律人员,对于案件的走向和案件处理的结果具有一定的预测能力。庭审后,律师之间、律师与对方当事人之间的交流和沟通,往往能推动双方达成协议。

(二) 律师和法院沟通的工作

虽然有些法院在审理离婚案件时采用速裁程序,在庭审完调解不成的情况下,可能会采用当庭判决的方法结案,但绝大多数法官还是会给当事人一段时间通过调解解决争议,或对案件进行进一步的审理。律师应在庭审完成之后及时向法院沟通案件情况,或请法官出面联系协调,或申请法官组织调解,这样借助于法院的公信力,实现调解的可能性,对于当事人的利益还是有一定的积极保护作用的。

五、律师如何应对法院的法律文书

(一) 判决书的法律意义

如果经过正常的庭审程序,当事人不能就双方的争议达成合意,最终法院会根据事实和法律作出裁决。一份正常的离婚判决书,判决书主文应该对是否判离、财产如何分割、子女抚养权归属及抚养费支付、探望等内容进行阐述。法院送达完毕判决书,法律后果主要体现在以下方面:一旦判决书送达,除最高人民法院的判决外,当事人任何一方均可向上一级人民法院提起上诉。若在规定时间内不提起上诉,则判决书生效,当事人任何一方均可向一审法院申请强制执行。

(二) 律师应分析离婚案件上诉的意义

一般情况下,离婚案件中一审判决一旦生效,如果一审判决不存在认定事实不清、适用法律错误的情况,即使上诉,二审法院改判的可能性较小。比如,如果不存在《民法典》婚姻家庭编规定应当判决离婚的情况,当事人对一审法院不予判离的判决不服提起上诉,二审发回和改判的可能性不大,律师应注意合理引导当事人的期望值。

(三) 撤诉裁定的成因及后果

因为离婚诉讼调解是法院的必经程序,加之离婚案件中当事人受情感因素影响较大,因此,可能在案件审理过程中原告提出撤诉。一般原告提出撤诉的原因有以下四个方面:

第一,原、被告就离婚问题达成了协议,已在或拟在民政局办理离婚手续。

第二,原告因被告悔改,为其言行所动,自愿放弃离婚的诉讼请求,不再要求离婚。

第三,对方坚持不离,法官劝解当事人撤诉,当事人听取了法官的建议。

第四,其他原因导致当事人撤诉。

当事人撤诉的法律后果主要体现在以下两个方面:

第一,当事人撤诉经法院准许并裁定后,当事人不能反悔,若再提起离婚必须另行诉讼,本案终结。

第二,当事人自撤诉裁定下发之日起的6个月内,不能向法院提起离婚诉讼,须在裁定生效6个月后方可重新提起。

（四）调解书的签收及法律后果

离婚诉讼调解贯穿离婚诉讼的始终，加之感情因素的影响，因此，离婚案件在律师及法官的调解之下，最终达成离婚及财产分割、子女抚养的合意也是很正常的。如果双方达成了一致意向，可以在法官主持下做调解笔录，法官再根据调解笔录制作调解书，经双方当事人签收后生效。调解书一旦签收，立即发生法律效力，任何一方当事人不能上诉。因此，当事人签收调解书后，法律后果主要体现在以下两个方面：

第一，当事人在调解协议中的离婚、财产分割、子女抚养方案生效，任何一方不能单方面反悔，一方不履行，另一方可以申请法院强制执行。

第二，调解书不能上诉，只能就财产部分进行申诉。

第十七节　如何处理涉外离婚案件

一、涉外离婚案件的管辖

1. 一般原则

根据《民事诉讼法》第22条的规定，涉外离婚案件应该以"原告就被告"作为一般原则。

2. 特殊原则

《民事诉讼法》第23条、《民事诉讼法司法解释》第13条、第14条、第15条、第16条和第17条对于涉外离婚案件特定情形下的管辖权作出了规定。

二、涉外离婚案件的准据法

在涉外离婚诉讼中，涉及分割夫妻共同财产时按照《中华人民共和国涉外民事关系法律适用法》（以下简称《涉外民事关系法律适用法》）第三章"婚姻家庭"的规定来确定准据法。

最高人民法院民一庭认为①，《涉外民事关系法律适用法》第27条规定："诉讼离婚，适用法院地法律。"根据该条规定的立法精神，主要是指判决离婚应适用法院地法。也就是说，如果涉外离婚诉讼由中国法院审理，则是否离婚需要根据我国婚姻法的规定加以判断，即需要根据原《婚姻法》第32条（现《民法典》婚姻家庭编第1029条）的规定判断夫妻感情是否确已破裂。

至于涉及夫妻共同财产分割问题，可以允许当事人根据《涉外民事关系法律适用法》第24条的规定选择适用法律。

另外需要说明的是，对于涉及夫妻人身关系及父母子女之间人身、财产关系的，则应根据《涉外民事关系法律适用法》第23条、第25条的规定处理。

三、涉外法律文书的公证和认证

一方当事人因不在国内等原因导致不能开庭的，需要提交经过公证、认证的授权委托书、离婚意见书、起诉状等。如果提交在境外形成的证据材料，还需要经过公证、认证手续。

最高人民法院《关于民事诉讼证据的若干规定》第16条规定："当事人提供的公文书证系在中华人民共和国领域外形成的，该证据应当经所在国公证机关证明，或者履行中华人民共和国与该所在国订立的有关条约中规定的证明手续。中华人民共和国领域外形成的涉及身份关系的证据，应当经所在国公证机关证明并经中华人民共和国驻该国使领馆认证，或者履行中华人民共和国与该所在国订立的有关条约中规定的证明手续。当事人向人民法院提供的证据是在香港、澳

① 参见最高人民法院民事审判第一庭编：《民事审判指导与参考》（总第63辑），人民法院出版社2016年版。

门、台湾地区形成的,应当履行相关的证明手续。"

在内地生成的法律文书要在香港特别行政区使用,也要经过类似的程序。

当事人向人民法院提供的证据是在我国香港特别行政区、澳门特别行政区、台湾地区形成的,应当履行相关的证明手续。1996 年,最高人民法院、司法部发布的《关于涉港公证文书效力问题的通知》指出:"在办理涉港案件中,对于发生在香港地区的有法律意义的事件和文书,均应要求当事人提交上述委托公证人出具并经司法部中国法律服务(香港)有限公司审核加章转递的公证证明;对委托公证人以外的其他机构、人员出具的或未经审核加章转递程序的证明文书,应视为不具有《中华人民共和国民事诉讼法》中规定的公证文书的证明效力和执行效力,也不具有《中华人民共和国担保法》第四十三条规定的对抗第三人的效力,所涉及的行为不受法律保护。"

对于台湾地区的法律文书,根据《海峡两岸公证书使用查证协议实施办法》第 4 条、第 5 条、第 10 条的规定,法律文书需要先在台湾地区进行公证,然后经由海峡交流基金会寄交大陆公证员协会进行核证,核证后的法律文书即可在大陆使用。

四、对境外判决、裁定的承认和执行

(一)法律依据

《民事诉讼法》第 288 条、第 289 条、第 290 条的规定。

(二)外国法院的判决在我国的承认与执行

互相承认、执行外国法院裁判和外国仲裁裁决是司法协助的重要内容,属于司法协助中的特殊司法协助。那么,具有离婚内容的外国法院的判决如何在我国得到承认和执行呢?

(1)向人民法院申请承认外国法院的离婚判决,申请人应提出书面申请书,并须附有外国法院离婚判决书正本及经证明无误的中文译本。申请由申请人住所地中级人民法院受理。申请人住所地与经常居住地不一致的,由经常居住地中级人民法院受理。

(2)对于以下情况,判决将不会得到承认:

①判决尚未发生法律效力;

②作出判决的外国法院对案件没有管辖权;

③判决是在被告缺席且未得到合法传唤情况下作出的;

④该当事人之间的离婚案件,我国法院正在审理或已作出判决,或者第三国法院对该当事人之间作出的离婚案件判决已为我国法院所承认;

⑤判决违反我国法律的基本原则或者危害我国国家主权、安全和社会公共利益。

根据国务院《诉讼费用交纳办法》的相关规定,申请承认外国法院的离婚判决,若不涉及财产,申请人应向人民法院交纳案件受理费人民币 50 元至 500 元。当事人之间的婚姻虽经外国法院判决,但未向人民法院申请承认的,不妨碍当事人一方另行向人民法院提出离婚诉讼。申请人的申请被驳回后,不得再提出申请,但可以另行向人民法院起诉离婚。

(三)人民法院判决在境外的认可及操作

《民事诉讼法》第 287 条第 1 款规定:"人民法院作出的发生法律效力的判决、裁定,如果被执行人或者其财产不在中华人民共和国领域内,当事人请求执行的,可以由当事人直接向有管辖权的外国法院申请承认和执行,也可以由人民法院依照中华人民共和国缔结或者参加的国际条约的规定,或者按照互惠原则,请求外国法院承认和执行。"

(四)台湾地区法院的裁判文书在大陆的认可

根据最高人民法院《关于认可和执行台湾地区法院民事判决的规定》第 4 条第 1 款规定:"申请认可台湾地区法院民事判决的案件,由申请人住所地、经常居住地或者被申请人住所地、经常居住地、财产所在地中级人民法院或者专门人民法院受理。”这一规定包含了法院的地域管辖和级别管辖两个问题。地域管辖的规定便于当事人诉讼和案件执行。律师应注意,中级人民法院才有管辖权,基层人民法院不能受理此类申请。

《关于认可和执行台湾地区法院民事判决的规定》第7条第1款规定:“申请人申请认可台湾地区法院民事判决,应当提交申请书,并附有台湾地区有关法院民事判决文书和民事判决确定证明书的正本或者经证明无误的副本。台湾地区法院民事判决为缺席判决的,申请人应当同时提交台湾地区法院已经合法传唤当事人的证明文件,但判决已经对此予以明确说明的除外。”

《关于认可和执行台湾地区法院民事判决的规定》第8条规定:“对于符合本规定第四条和第七条规定条件的申请,人民法院应当在收到申请后七日内立案,并通知申请人和被申请人,同时将申请书送达被申请人;不符合本规定第四条和第七条规定条件的,应当在七日内裁定不予受理,同时说明不予受理的理由;申请人对裁定不服的,可以提起上诉。”

《关于认可和执行台湾地区法院民事判决的规定》第15条规定:“台湾地区法院民事判决具有下列情形之一的,裁定不予认可:(一)申请认可的民事判决,是在被申请人缺席又未经合法传唤或者在被申请人无诉讼行为能力又未得到适当代理的情况下作出的;(二)案件系人民法院专属管辖的;(三)案件双方当事人订有有效仲裁协议,且无放弃仲裁管辖情形的;(四)案件系人民法院已作出判决或者中国大陆的仲裁庭已作出仲裁裁决的;(五)香港特别行政区、澳门特别行政区或者外国的法院已就同一争议作出判决且已为人民法院所认可或者承认的;(六)台湾地区、香港特别行政区、澳门特别行政区或者外国的仲裁庭已就同一争议作出仲裁裁决且已为人民法院所认可或者承认的。认可该民事判决将违反一个中国原则等国家法律的基本原则或者损害社会公共利益的,人民法院应当裁定不予认可。”

第十八节　离婚案件的执行

一、离婚案件执行的种类和特点

(一) 可执行的法律文书

在离婚案件中,可以向法院申请执行的,主要是已经发生法律效力、具有给付内容的法律文书。就目前的实践来看,一般婚姻案件中,可以申请强制执行的主要是财产给付、子女探望等方面。具体主要包括:

(1)给付金钱性质的判决书或调解书。判决内容具有给付性质,若一方不履行,可以申请法院强制执行。

(2)给付财物性质的判决书或调解书。

(3)以完成某种给付为目的的一方必须履行的行为,也可以申请法院强制执行。比如,法院判令房产归男方所有,女方拿折价款。但由于产权证登记在二人名下,变更产权手续时需要女方配合,但女方拒不配合办理产权过户手续,这时男方可以申请法院强制执行。

(4)探望权也可以强制执行。离婚后孩子只能归一方直接抚养,另一方虽然在法律上有探望权,但在实践中,常常遇到探望困难。一方或一方的亲属有意阻挠另一方探望子女,使另一方无法正常探望。对此,《民法典婚姻家庭编司法解释(一)》第68条作出了明确规定。

(二) 不能申请强制执行的种类

(1)户口强迁问题。户口强迁问题始终是离婚案件中难以协调和解决的问题。一般户口强迁问题主要体现在两个方面:

第一,房屋所有权判归一方所有后,另一方拒绝将户口迁出的问题。

第二,子女户口强迁的问题。

(2)行使探望权时,若是子女不配合,则无法申请强制执行要求子女配合行使。

二、执行的程序

(一) 申请执行应提交的材料

申请执行应提交以下材料:

(1)生效的判决、调解书;

(2)申请人的身份证;

(3)执行申请书。

(二) 申请执行的机构和期限

1. 执行机构

《民事诉讼法》第231条规定:"发生法律效力的民事判决、裁定,以及刑事判决、裁定中的财产部分,由第一审人民法院或者与第一审人民法院同级的被执行的财产所在地人民法院执行。法律规定由人民法院执行的其他法律文书,由被执行人住所地或者被执行的财产所在地人民法院执行。"

2. 申请执行期限

根据《民事诉讼法》第246条的规定,申请执行的期间为二年。申请执行的期间,从法律文书规定履行期间的最后一日起计算;法律文书规定分期履行的,从规定的每次履行期间的最后一日起计算;法律文书未规定履行期间的,从法律文书生效之日起计算。

3. 执行费用的交纳

《诉讼费用交纳办法》第14条规定了申请强制执行需交纳的费用数额。

三、执行文书确定一方为债务人的相关法律问题的处理①

(一) 是否可以追加配偶一方作为被执行人?

关于是否可以在执行中追加配偶一方作为被执行人,最高人民法院持否定态度。2016年3月3日,最高人民法院杜万华大法官接受记者采访时明确表达了不得在执行阶段认定夫妻共同债务,也不得在执行程序中追加配偶为被执行人的立场。杜万华法官说,为什么社会对原《婚姻法司法解释(二)》第24条规定反响这么大?一个原因是,在执行阶段直接认定夫妻共同债务。实践中确实出现过这样的情况,债权人拿到法院判决书直接向法院申请强制执行,有的基层人民法院直接引用原《婚姻法司法解释(二)》第24条的规定,把未参加诉讼的夫妻一方直接追加为被执行人,这显然不合适。最高人民法院规定这条司法解释是针对审判阶段,夫妻共同债务的认定只能在审判阶段不能在执行阶段。在2015年12月召开的第八次全国法院民事商事审判工作会议上,专门强调夫妻共同债务应当通过审判程序来认定,不能由执行程序认定。因为如果夫妻共同债务可以通过执行程序认定,那么没有参加诉讼的夫妻一方就失去了利用一审、二审和审判监督程序维护自己合法权益的机会,这是不公平的。笔者认为,在执行过程中,被追加为被执行人的夫妻一方认为不能执行自己的财产,有权依法提出执行异议。

(二) 明确债务的性质及判断标准

浙江省高级人民法院在《关于执行生效法律文书确定夫妻一方为债务人案件的相关法律问题

---

① 参见浙江省高级人民法院:《关于执行生效法律文书确定夫妻一方为债务人案件的相关法律问题解答》(浙高法〔2014〕38号)。

解答》中指出,执行依据确定夫妻一方为债务人(指夫妻一方参加诉讼、仲裁或者公证),且未明确债务性质的,可以执行该债务人个人名下的财产或者夫妻共同财产中属于债务人的份额。

执行机构根据相关证据经审查判断属于夫妻共同债务的,可以执行夫妻共同财产。夫妻共同财产经执行仍不足清偿的,可以执行夫妻另一方的个人财产。

执行依据对债务性质未予明确的,执行程序中可以根据《民法典》婚姻家庭编及其司法解释的规定进行判断和审查,即以债务是否发生在夫妻关系存续期间作为判断标准。

发生在夫妻关系存续期间的下列债务,执行机构在案外人异议审查时可以认定为个人债务:

(1)夫妻一方能够证明债权人与债务人明确约定为个人债务,或者能够证明属于《民法典》婚姻家庭编第1064条第2款规定的情形的。

(2)夫妻一方擅自举债资助与其没有赡养、抚养、扶养义务人所产生的债务。

(3)夫妻一方因继承或者受赠归其个人所有的财产过程中产生的债务。

(4)夫妻一方管理个人财产所产生的债务。

(5)夫妻一方擅自对外担保且另一方未因担保行为获益产生的债务。

(6)夫妻一方因刑事犯罪被判处的财产刑部分。

(7)夫妻一方因赌博、吸毒等违法犯罪行为产生的债务。

(8)为支付夫妻间诉讼而产生的诉讼费用所产生的债务。

(9)法律、行政法规和司法解释规定的其他个人债务。

(三)明确债务性质后的执行

债务性质经判断为夫妻共同债务的,执行机构可直接裁定查封、扣押、冻结、变价夫妻共同财产或者非被执行人的夫妻另一方名下的财产,而无须裁定追加夫妻另一方为被执行人。

执行裁定书主文部分应当写明执行的具体财产。

债务性质经判断为夫妻个人债务的案件,应当执行属于被执行人所有或者其个人名下的财产。

被执行人所有或者其名下的财产不足清偿的,可执行夫妻共同财产中的一半份额。如登记在夫妻另一方名下的财产系夫妻共同财产的,也可执行。执行机构可直接对上述共同财产采取相应的执行措施。

夫妻另一方对被执行人个人名下的财产主张权利,或者对登记在其名下的财产是否系共同财产或者财产份额提出异议的,按照《民事诉讼法》第234条的规定处理。

夫妻另一方就财产份额提出异议,或者对被执行人个人名下的财产主张权利,审理案外人执行异议之诉期间不停止执行。

(四)申请执行人对认定个人债务的异议应如何处理

债务性质经判断为夫妻一方个人债务的,执行机构不得对夫妻另一方个人所有的财产采取执行措施,申请执行人对判断为个人债务有异议,执行机构应当告知其另行诉讼解决。

申请执行人提起诉讼的,立案部门应当受理,案由为夫妻共同债务确认纠纷。

(五)夫妻一方对正在执行的债务提出异议的处理

夫妻一方以正在执行的债务非共同债务,法院执行夫妻共同财产不当为由而提出异议,系对执行机构采取执行措施的财产概括主张实体权利,该异议可视作案外人异议,按照《民事诉讼法》第234条的规定办理。执行机构可进行审查作出裁定。异议人或者执行申请人不服裁定的,可以依法提起案外人或者执行申请人执行异议之诉。

该夫妻另一方提出案外人执行异议之诉是为了阻却执行程序进行,且执行程序中对债务性质的判断主要是依据表面的证据,可能与审判部门经过实体审理后作出的判断不一致,故此类案件在案外人执行异议之诉审理期间,一般情况下不宜对相应财产采取处分性措施,执行机构应当根据判决结果再行执行。但申请执行人提供足额有效担保并要求继续执行的,执行机构可采取处分性措施。

若债务性质判断为夫妻共同债务,但被执行人已经离婚,申请执行人要求执行原夫妻另一方离婚时分得的财产或者其个人财产的,可以裁定执行原夫妻另一方离婚时分得的财产或者其个人财产,而无须追加其为被执行人。原夫妻另一方对执行其财产不服而提出异议,属于案外人异议,应当按照《民事诉讼法》第 234 条的规定①处理。

① 《民事诉讼法》第 234 条规定:"执行过程中,案外人对执行标的提出书面异议的,人民法院应当自收到书面异议之日起十五日内审查,理由成立的,裁定中止对该标的的执行;理由不成立的,裁定驳回。案外人、当事人对裁定不服,认为原判决、裁定错误的,依照审判监督程序办理;与原判决、裁定无关的,可以自裁定送达之日起十五日内向人民法院提起诉讼。"

图书在版编目(CIP)数据

律师执业基本技能. 下/中华全国律师协会编. — 4版. —北京：北京大学出版社，2019.7
ISBN 978-7-301-30521-8

Ⅰ. ①律… Ⅱ. ①中… Ⅲ. ①律师业务—中国—教材 Ⅳ. ①D926.5

中国版本图书馆CIP数据核字(2019)第095947号

书　　名	律师执业基本技能(第四版·下) LÜSHI ZHIYE JIBEN JINENG(DI-SI BAN·XIA)
著作责任者	中华全国律师协会　编
责任编辑	田　鹤
标准书号	ISBN 978-7-301-30521-8
出版发行	北京大学出版社
地　　址	北京市海淀区成府路205号　100871
网　　址	http://www.pup.cn　http://www.yandayuanzhao.com
电子邮箱	编辑部 yandayuanzhao@pup.cn　总编室 zpup@pup.cn
新浪微博	@北京大学出版社　@北大出版社燕大元照法律图书
电　　话	邮购部 010-62752015　发行部 010-62750672　编辑部 010-62117788
印 刷 者	北京鑫海金澳胶印有限公司
经 销 者	新华书店
	720毫米×1020毫米　16开本　49.5印张　1392千字
	2007年5月第1版　2009年8月第2版
	2013年4月第3版
	2019年7月第4版　2023年12月第15次印刷
定　　价	128.00元